Johannes Bähr, Paul Erker

BOSCH

Geschichte eines
Weltunternehmens

Johannes Bähr, Paul Erker

BOSCH

Geschichte eines
Weltunternehmens

C. H. Beck

Mit 88 Abbildungen, 18 Grafiken und 21 Tabellen

© Verlag C. H. Beck oHG, München 2013
Satz: Janß GmbH, Pfungstadt
Druck und Bindung: CPI – Ebner & Spiegel, Ulm
Umschlagentwurf: Kunst oder Reklame, München
Umschlagabbildung: Robert Bosch bei der Feier zum
50-jährigen Firmenjubiläum (1936). © Bosch-Gruppe
Gedruckt auf säurefreiem, alterungsbeständigem Papier
(hergestellt aus chlorfrei gebleichtem Zellstoff)
Printed in Germany
ISBN 978 3 406 63983 8

www.beck.de

Inhalt

Anhang

Einleitung

Am 10. Juli 1996 richtete sich Hans L. Merkle, alarmiert durch einen kurz zuvor in der *Wirtschaftswoche* erschienenen Artikel über Bosch, mit einer schriftlichen Bemerkung an die damaligen Vorsitzenden der Geschäftsführung bzw. der Robert Bosch Industrietreuhand KG, Hermann Scholl und Marcus Bierich. Darin monierte er zum einen offensichtliche Fehler in der Berichterstattung, etwa die Behauptung, dass die Bosch-Stiftung das Unternehmen «kontrolliere». Vor allem aber warnte er vor möglichen Konsequenzen, die sich aus «Forderungen von Erben von Robert Bosch ergeben könnten» und die «unsere [Unternehmens-]Verfassung gefährden. Eine vergleichbare Gefahr sähe ich in der geplanten wissenschaftlichen Aufarbeitung der Unternehmensgeschichte.»[1] Merkle war zu diesem Zeitpunkt zwar schon lange aus allen Leitungsämtern bei Bosch ausgeschieden, aber er verfügte als Ehrenvorsitzender immer noch über erheblichen Einfluss. Die Notiz verweist auf zwei zentrale und weitgehend tabuisierte Problemfelder der Unternehmensgeschichte, die allerdings nichts mehr mit der früher als prekär geltenden Rolle des Unternehmens in der NS-Zeit zu tun haben: einerseits die Neuordnung der Stimmrechtsverteilung zwischen der Unternehmensleitung und der Familie Bosch, die in der Konstituierung einer neuen, stiftungsbasierten Bosch-Verfassung und der Neuformulierung des «Bosch-Grundgesetzes» im Jahr 1964 kumulierte; andererseits die Bedeutung des eigentlichen Macht-, Lenkungs- und Kontrollzentrums bei Bosch, der aus dem Gremium der Testamentsvollstrecker sich herausentwickelnden Robert Bosch Industrietreuhand KG. Solange Merkle lebte, entstand denn auch trotz mehrmaliger Anläufe und ungeachtet aller potenziellen Jubiläumsanlässe keine quellengestützte Unternehmensgeschichte. Und auch danach scheiterten entsprechende Bemühungen aus den unterschiedlichsten Gründen. An den Nachkommen von Robert Bosch lag es dabei nicht; die Mitglieder der Familie drängten seit wahrscheinlich 15 Jahren auf eine solche Studie.[2]

Es ist keine Selbstverständlichkeit, dass nun doch eine Bosch-Unternehmensgeschichte verfasst wurde, und das 125-jährige Jubiläum im Jahr 2011 war dazu mehr Anlass als eigentlicher Grund. Dieser liegt vielmehr in einer unter der Geschäftsführung von Hermann Scholl und Franz Fehrenbach erfolgten Öffnung des Unternehmens und der ausdrücklichen Bereitschaft der wichtigsten Bosch-Führungskräfte, sich dem komplexen und für sie oft nicht einfachen

Prozess einer quellengestützten Analyse und Bewertung durch externe Unternehmenshistoriker zu stellen. So entstand nicht nur eine offizielle, von den Mitarbeitern des Bosch-Archivs zum Firmenjubiläum erstellte Gesamtgeschichte von Bosch,[3] sondern auch die vorliegende, von unabhängigen Unternehmenshistorikern erstellte Analyse, die denn auch mit deutlichem zeitlichen Abstand zum Firmenjubiläum veröffentlicht wird. Sie geht erstmals über die bereits untersuchte Geschichte des Unternehmens in den Jahren 1886 bis 1945 hinaus und analysiert Entwicklungen bis in die Gegenwart hinein. Allerdings fördert sie auch zum Teil neue Erkenntnisse aus der Zeit des Nationalsozialismus zutage und setzt gegenüber der bisherigen Forschung andere Akzente. Dass es im Verlauf des Projektes begleitende Gespräche, Debatten und Diskussionen zwischen den Autoren und dem Bosch-Führungsgremium gab, lag in der Natur der Sache. Der eigene Blick auf die Unternehmensgeschichte und deren Erinnerung, zumal wenn er jene Phasen betrifft, die von den Managern selbst maßgeblich mitgestaltet worden sind, divergiert in manchen Punkten zwangsläufig von den durch externe Aktensichtung gewonnenen Erkenntnissen. Die Prämisse der wissenschaftlichen Unabhängigkeit der Studie wurde dabei jedoch stets geachtet. Die Autoren hatten uneingeschränkten Zugang zu allen relevanten Unterlagen und Akten, die nicht nur im Bosch-Archiv mit seinen sowohl hinsichtlich ihrer Erschließung als auch ihres quantitativen Umfangs einzigartigen Beständen liegen, sondern sich zum Teil noch in der Registratur der Geschäftsführung befanden. Das betraf vor allem die Protokolle der Sitzungen der Geschäftsführung und des Testamentsvollstrecker-Gremiums bzw. der Gesellschafterversammlungen der Robert Bosch Industrietreuhand KG, über die gleichsam Einblick in einen lange Zeit nicht nur außerhalb, sondern auch innerhalb des Unternehmens als Arkanum geltenden Bereich von Bosch genommen wurde. Hinzu kamen ergänzende Recherchen in staatlichen und kommunalen Archiven sowie eine Reihe von Zeitzeugeninterviews.

Die Studie selbst gliedert sich in vier große Teilkapitel. In den ersten beiden Großkapiteln werden die Anfänge und der Aufstieg des Unternehmens bis 1914 sowie seine Geschichte in der Weimarer Republik und im Dritten Reich dargestellt und analysiert. In diesen Jahren stand das Unternehmen unter der dominierenden Führung des Firmengründers, der prägenden Unternehmerpersönlichkeit Robert Bosch. Eine gewisse Sonderstellung nimmt dabei das Kapitel über «Bosch im Dritten Reich» ein. Bosch war in dieser Zeit von herausragender rüstungswirtschaftlicher Bedeutung und während des Krieges am Zwangsarbeitereinsatz beteiligt. Gleichzeitig stand die Unternehmensleitung jedoch in Distanz zum NS-Regime, bis hin zur Unterstützung des Widerstands gegen Hitler. Im Unterschied zur Studie Joachim Scholtysecks[4] wird hier aber der gerade für Bosch charakteristische Spagat aus Anpassung und Gegnerschaft, d. h. die ganze Bandbreite des Verhaltens von Mitarbeitern wie Managern gegenüber dem NS-Regime präsentiert. Die Zeit nach Boschs Tod 1942, vor allem die Periode von den unmittelbaren Nachkriegsjahren bis zu Beginn der 1980er Jahre mit ihren Anpassungs- und Transformationsprozessen zwischen Wirtschaftsboom und Wirtschaftskrisen, markiert in der Bosch-Geschichte eine Scharnierphase von entscheidender Bedeutung. Sie wird im dritten Großkapitel behandelt. In diesen Jahren ging die Unternehmensleitung auf familienfremde Manager über und es wurde die neue, stiftungsbasierte Unternehmensverfassung eingeführt. Beides erfolgte in einem komplexen Aushandlungsprozess und stand im Zeichen des Vermächtnisses, das der Unternehmensgründer hinterlassen hatte. Schließlich werden im vierten Großkapitel die unternehmenspolitischen und strategischen Reaktionen auf die zahlreichen Herausforderungen untersucht, welche die Globalisierung und der fundamentale Umbruch in den Zulieferbeziehungen seit Mitte der 1980er Jahre mit sich brachten und bis in die Gegenwart mit sich bringen. Dass die hier vorgenommene Phaseneinteilung weitgehend den Amtsperioden der Vorsitzenden der Geschäftsführung folgt, ist mehr Zufall und jedenfalls nicht auf einen methodischen Ansatz zurückzuführen.

Anhand dieser ersten Gesamtgeschichte von Bosch kann der große Bogen eines diachronen Vergleichs zwischen den einzelnen Phasen der Unternehmensentwicklung geschlagen werden. Zu vielen Herausforderungen und Entwicklungen in der Nachkriegsgeschichte lassen sich vergleichbare Phänomene in den 1920er Jahren und davor finden: Krisen und Diversifizierungskonflikte, Internationalisierungsbemühungen, Kontroversen um die Rechtsform und unternehmensorganisatorische Experimente sowie Bemühungen, mit Ingenieurswissen und großem Forschungs- und Entwicklungsaufwand an Innovationen und verfahrens-, produkt- und fertigungstechnischen Verbesserungen zu arbeiten. Allenthalben lässt sich über die Jahrzehnte hinweg so etwas wie eine strategische Pfadabhängigkeit der Bosch-Unternehmensführung erkennen. Eines der Ziele der Studie ist es daher, die langfristigen und gleichsam kollektiven, personenübergreifenden und generationsüberspringenden Lerneffekte und Erfahrungsprozesse sichtbar zu machen, die es in der Bosch-Geschichte gab.

Den «roten Faden» der Studie bilden drei Hauptthemen:
- *Unternehmensverfassung, Unternehmensleitung und unternehmerische Prinzipien.* Die Geschichte von Bosch wurde maßgeblich davon geprägt, dass das Unternehmen ein nicht börsennotiertes Familienunternehmen war, das dennoch im Laufe seiner Geschichte mehrmals seine Unternehmensverfassung änderte, ausgehend von einem Personenunternehmen über die 1917 errichtete Robert Bosch AG, die 1937 in eine GmbH umgewandelt wurde, bis zu der 1964 etablierten spezifischen Stiftungslösung. In

diesem Themenkomplex sind auch die Wertvorstellungen und Prinzipien der Eigentümer und der Manager von Bosch zu behandeln. Hinzu kommen Grundsätze der Unternehmensordnung und des Systems der Unternehmensleitung (Corporate Governance) sowie die Rolle der internen Stakeholder (Gesellschafter, Mitarbeiter), Fragen der Unternehmensfinanzierung und der betrieblichen Sozialpolitik.

–   *Technikorientierung und Wettbewerbsstruktur.* Bosch war schon frühzeitig ein innovationsgetriebenes Ingenieursunternehmen. In jedem Zeitraum seiner Geschichte gab es exemplarische Innovationen und wichtige technische Neuerungen, die von Bosch eingeführt worden sind. Hierzu gehört auch die Fertigungstechnik und das Produktionssystem im Kontext der besonderen, schon seit Anfang des 20. Jahrhunderts bestehenden Wettbewerbsposition des Unternehmens als oligopolistisch verankertem Zulieferer auf dem Gebiet der Kraftfahrzeugtechnik und des Erstausrüstungsgeschäfts sowie dessen Wandel.

–   *Internationalisierung und Globalisierung.* Bosch war bereits früh im Ausland vertreten; schon 1913 wurden 88 Prozent des Umsatzes außerhalb Deutschlands erwirtschaftet. Umso wichtiger ist es zu fragen, wie es dem Unternehmen gelang, Auslandsmärkte zu erobern, nach beiden Weltkriegen auf den Weltmarkt zurückzukehren und die mit der Globalisierung während der letzten Jahrzehnte verbundenen Veränderungen zu bewältigen.

Neben diesen Schwerpunkten werden noch weitere Themenstränge bearbeitet:

–   *Unternehmensstrategien.* Welche Konzepte und Entscheidungen gab es, die zu Veränderungen in der Produktions- und Wettbewerbsstruktur führten, aber auch zu Übernahmen und zum Verkauf von Unternehmen? Bosch durchlebte im Laufe seiner Geschichte mehrere Weichenstellungen dieser Art, wie etwa die Entscheidung, eine Haushaltsgerätefertigung aufzunehmen, oder den Einstieg in die Kommunikationstechnik, aus der sich das Unternehmen später wieder zurückzog.

–   *Krisen und Krisenbewältigung.* Das Buch analysiert das Verhalten von Bosch in mehreren Wirtschaftskrisen. Das gilt für die weltwirtschaftlichen Depressionen und Konjunktureinbrüche in den 1930er, 1970er, 1990er Jahren und in der Dekade nach der Jahrtausendwende, wobei vor allem die beiden, von der jeweiligen Unternehmensführung traumatisch erfahrenen Bosch-Krisen von 1926 und 1993 besonders ausführlich thematisiert werden.

Bei alldem geht es nicht nur um Entscheidungs-, sondern auch um Wahrnehmungs- und Aushandlungsprozesse. Diese sind etwa im Zusammenhang mit innerbetrieblichen Machtkonstellationen zwischen Belegschaft und Geschäftsführungen oder beim Ringen um die Auslegung der im Testament und den Richtlinien formulierten «Verfassungsgrundlagen», das sich vor allem zwischen den Familienanteilseignern und den von Robert Bosch eingesetzten Testamentsvollstreckern bzw. dem ausgewählten Kreis unabhängiger Unternehmerpersönlichkeiten vollzog, die zu den Gesellschaftern der Robert Bosch Industrietreuhand KG zählten. Sie zeigten sich aber auch bei der Frage nach der künftigen Markt- und Wettbewerbsposition von Bosch und bei den Bemühungen innerhalb der Geschäftsführung, die für das Unternehmen bestmögliche Wachstums- und Krisenstrategie zu finden. In der Sicht von außen und im Spiegel der Akten erschließt sich die «Bosch-Welt» dabei oft schärfer, zugleich aber bleiben viele ihrer Facetten auch verborgen und lassen sich nur über Zeitzeugeninterviews ansatzweise erahnen. Gezeigt werden soll jedoch nicht allein, wie Robert Bosch auf seine Art Unternehmensführung praktizierte und wie später die Unternehmenszentrale auf der Schillerhöhe «tickte», sondern auch, wie die Ingenieure und Werksleiter von Bosch in den unterschiedlichen Zeiten mit den jeweiligen Fertigungsproblemen zurechtzukommen suchten. Entscheidend ist, dass dabei die vielen Optionen und die Komplexität von Entwicklungen sichtbar gemacht werden, denen die jeweiligen Akteure gegenüberstanden. Viele Verhandlungen um Beteiligungen oder neue Aufträge blieben letztlich ohne Erfolg, zerschlugen sich oder zogen sich über Jahre hin. Verzichtet man auf deren Schilderung, gewinnen Unternehmenspolitik und unternehmerisches Handeln eine später gern gesehene Linearität, Stringenz und Entwicklungslogik, die in dieser Form historisch tatsächlich nie existierte. Veränderungsprozesse innerhalb von Unternehmen sind in historischer Perspektive weit komplexer, langwieriger und diskontinuierlicher, als es ihren Führungskräften heute erscheint bzw. in der jeweiligen Zeit erschien.

Es geht also um eine historisch-kritische Annäherung an das «Phänomen Bosch», und die zentrale Frage lautet, was das Unternehmen so besonders und unverwechselbar machte, auch wenn die eingeschlagenen Pfade keineswegs einzigartig waren. Die Bosch auszeichnenden Unterschiede müssen daher in einer spezifischen Art und Weise, wie Entscheidungsprozesse abliefen und das operative Geschäft betrieben wurde, mithin in unternehmenskulturellen Faktoren zu suchen sein. Das führt zurück auf den Gründer Robert Bosch und dessen allgegenwärtige Präsenz auch Jahrzehnte nach seinem Tode. Wie stark sein Vermächtnis war, zeigte sich nicht nur in der jährlichen Erinnerung an seinen Geburts- und Todestag sowie in den Feiern am Tag der Unternehmensgründung und in den Artikeln im *Bosch-Zünder* mit seinen Sprüchen und Anekdoten. Auch die permanente Orientierung des operativen Geschäfts an den testamentarischen Grundsätzen und Richtlinien, etwa bei der Aufnahme fremden Kapitals oder geplanten Kooperationen, belegt den fortdauernden Einfluss des Unternehmensgründers. So strenge Regeln es mithin durch das

«Bosch-Grundgesetz» und die quasi permanente «Rechtsprechung» der Testamentsvollstrecker bzw. Gesellschafter der Robert Bosch Industrietreuhand KG auch gab, so galt gleichzeitig das Dogma einer Unternehmenskultur, die auf starre Regeln verzichtete und offen war für ständige Reformen. Letztlich steht damit folgende zentrale Frage im Mittelpunkt der Untersuchung: Wie bewältigte Bosch die permanente Doppelaufgabe, die eigene Identität und Unternehmenskultur zu bewahren, gleichzeitig aber gerade mit Hilfe dieses kulturellen Fundaments immer wieder den konjunkturellen und technologischen Veränderungsprozessen auf den Märkten möglichst voraus zu sein?

Dank gilt vor allem dem ebenso kompetenten wie unermüdlichen Team der Historischen Kommunikation der Robert Bosch GmbH unter der Leitung von Dr. Kathrin Fastnacht, wobei hier besonders Dieter Schmitt mit seinen zahllosen hilfreichen Hinweisen aus der Fülle der Bestände des Bosch-Archivs genannt werden soll. Dank geht auch an die zahlreichen Zeitzeugen aus den unterschiedlichen Bereichen der Kontroll- und Leitungsgremien des Unternehmens, an den Betriebsrat und den Kreis der Familie Bosch für ihre offenen Antworten. Es bleibt zu hoffen, dass die Studie nicht das Ergebnis einer spezifischen Konstellation innerhalb der Bosch-Führung bleibt, sondern den Beginn weiterer Einzelstudien zu den vielen Detailaspekten der Bosch-Geschichte markiert, die hier oft nur angedeutet werden konnten.

I. Anfänge und Aufstieg des Unternehmens (1886–1932)

1. Robert Bosch – Porträt eines Gründungsunternehmers

In Albeck, einem Ort auf der Schwäbischen Alb bei Ulm, wurde Robert Bosch am 23. September 1861 als elftes von zwölf Kindern eines Gast- und Landwirtsehepaars geboren. Schon seit mehreren Generationen gehörte der Familie Bosch dort das Gasthaus zur Krone mit einem Grundbesitz von etwa 75 Hektar Ackerland und Wald. Robert Boschs Vater, Servatius Bosch, war ein gebildeter und belesener Herr, ein Freimaurer mit festen Grundsätzen.[1] Die Mutter, Maria Margaretha Bosch, geb. Dölle, stammte aus einer Gast-wirtsfamilie im benachbarten Jungingen und half trotz der großen Kinder-schar unermüdlich im Gasthaus mit. Die Familie war nicht unbedingt reich, aber durchaus vermögend.[2] Nach heutigem Verständnis waren die Eltern wohlhabende Mittelständler.[3]

«Wir Kinder hingen an unseren Eltern, die uns Verständnis entgegenbrach-ten», schrieb Bosch in seinen 1921 verfassten Lebenserinnerungen.[4] Tatsäch-lich hat das Elternhaus ihn stärker geprägt als man auf den ersten Blick annehmen möchte. Seine Eltern haben ihm zwar nicht die Faszination für Elektrotechnik und Feinmechanik vermittelt, wohl aber Geschäftssinn, Ar-beitsdisziplin und die Liebe zur Landwirtschaft. Der Vater wurde für Robert Bosch in vielem zum Vorbild. Mit ihm hatte er die politische Einstellung, das Verständnis für soziale Fragen und einen ausgeprägten Gerechtigkeitssinn gemein. Servatius Bosch empfand als linksliberaler Demokrat, der sich den «Ideen von 1848» verbunden fühlte, eine tiefe Abneigung gegen den preu-ßischen Militarismus. In Albeck trat er als hartnäckiger Widersacher des Bürgermeisters hervor. Er soll einen seiner Meinung nach zu Unrecht einge-sperrten Besenbinder eigenmächtig aus der Zelle befreit haben, was ihm eine zweimonatige Haft im Staatsgefängnis Hohenasperg eintrug.[5] «Sei Mensch und ehre Menschenwürde» – dieses von ihm selbst geprägte Motto schrieb Robert Bosch auch seinem Vater zu.[6] Servatius Bosch gehörte dem örtlichen Eisenbahnkomitee an, woraus man schließen kann, dass er der technisch-industriellen Entwicklung seiner Zeit aufgeschlossen gegenüberstand. 1867 soll der Albecker Kronenwirt die Pariser Weltausstellung besucht haben.[7] Geprägt wurde Robert Bosch auch von seiner Heimat. Zeit seines Lebens verstand er sich als Schwabe. «Der Schwabe», so schreibt Theodor Bäuerle in seiner Bosch-Biografie, «war für ihn der Inbegriff des guten Deutschen, des tüchtigen Ar-beiters, des Trägers deutscher Kultur.»[8] Bosch sprach nicht nur schwäbisch in der Familie, mit Freunden und Mitarbeitern. Er verkörperte auch geradezu mehrere Eigenschaften, die den Schwaben gerne zugeschrieben werden: Gründlichkeit, Genauigkeit, Solidität und eine gewisse Dickköpfigkeit.

1869, als Robert Bosch knapp acht Jahre alt war, zog die Familie nach Ulm. Der Vater verkaufte das Anwesen in Albeck, da keiner der älteren Söhne bereit war, den Gasthof zu übernehmen, und sich abzeichnete, dass der Ort nicht an der neuen Eisenbahnlinie von Ulm nach Heidenheim liegen würde. In Ulm ging Robert Bosch auf die Realschule, während seine Eltern nun als Privatiers von den Erträgen ihres Vermögens lebten.[9] Die Brüder waren inzwischen eigene Wege gegangen. Der älteste, Jakob Bosch, wurde Landwirt und übernahm von seinem Großvater mütterlicherseits den Gasthof Adler in Jungingen.[10] Der Bruder Karl, der Robert Bosch später von allen Geschwistern am nächsten stand, wurde Kaufmann. Er gründete in Köln gemeinsam mit Gustav Haag, dem Mann seiner Schwester Caroline, eine Installationshandlung für Gas- und Wasserapparate. Sein ältester Sohn Carl Bosch wurde später Vorstandsvorsitzender der IG Farben und erhielt 1931 den Nobelpreis für Chemie – eine Karriere, die Robert Bosch mit Stolz darüber erfüllte, «daß aus dem Bauernlande auf der Ulmer Alb zwei Männer hervorgegangen sind, die eine Zierde des deutschen Volkes sind».[11] Ein weiterer Bruder, Albert Bosch, studierte Architektur, ließ sich als Architekt in Ulm nieder und arbeitete dort in der Münsterbauhütte.[12]

Dem Rat seines Vaters entsprechend begann Robert Bosch nach dem Realschulabschluss mit einer Feinmechanikerlehre, obwohl seine Interessen mehr den Naturwissenschaften galten.[13] Während der dreijährigen Ausbildung bei dem Ulmer Mechaniker und Optiker Wilhelm Maier machte er sich erstmals mit elektrotechnischen Apparaten vertraut. Später bezeichnete er die Lehre als eine tiefe Enttäuschung. Sein Lehrherr hätte ihn «nicht einmal zum Lernen angehalten».[14] Diese Erfahrung prägte sich ihm nachdrücklich ein und sollte später für die Lehrlingsausbildung in Boschs Unternehmen eine wichtige Rolle spielen.

Nach der Lehre begannen für Bosch die für junge Gesellen damals üblichen «Wanderjahre». Zunächst arbeitete er in der Firma seines Bruders Karl in Köln, wo er auch Grundkenntnisse in Buchhaltung vermittelt bekam, dann ging er nach Stuttgart zu C. & E. Fein, einer der ersten elektrotechnischen Firmen der Stadt. Auch dort hielt es ihn nicht lange. Bosch wechselte zu einer Bijouterie-Fabrik in Hanau, die Fuchsschwanzketten herstellte.[15] Im Herbst 1880 trat er bei einem Pionierbataillon in Ulm den Militärdienst an. Einer seiner Freunde aus dieser Zeit, Eugen Kayser, wurde später sein Schwager und dann auch ein enger Mitarbeiter. Am Ende seiner Dienstzeit wurde Bosch eine Offizierslaufbahn angeboten. Er entschied sich jedoch dagegen, ging wieder auf «Wanderschaft» und arbeitete erst bei den Schuckert-Werken in Nürnberg,

Abb. 1: Robert Bosch (1881)

dann bei einem Mechaniker in Göppingen, Gottlob Schäffer. Es fiel Bosch
offenbar schwer, sich zwischen der Feinmechanik und der Elektrotechnik zu
entscheiden.[16] So beschloss er, sich an der Polytechnischen Schule in Stuttgart,
der späteren Technischen Hochschule, als Gasthörer einzuschreiben, um sich
mit den theoretischen Grundlagen der Elektrotechnik zu beschäftigen.[17] Schon
nach einem Semester zog es ihn weiter. Im Frühjahr 1884 trat er gemeinsam
mit einem Freund aus Ulm, dem früheren Mitlehrling Leonhard Köpf, die
Überfahrt nach Amerika an. Rückblickend schrieb Bosch, er wäre damals in
die USA gegangen, um sich «in der Welt umzusehen, dann aber auch, weil den
jungen Demokraten, der ich aus Erziehung und nach dem Vorbild meines
Vaters und meiner älteren Brüder war, dieses Land, das Land der Freiheit, besonders lockte.»[18]

In New York wurde Bosch durch Empfehlungen, die er noch in Deutschland erhalten hatte, bei der Firma des deutsch-amerikanischen Unternehmers
Sigmund Bergmann als Mechaniker eingestellt. Der aus Thüringen stam-
mende Bergmann hatte 1879 gemeinsam mit Thomas Edison die ersten Glüh-
lampen entwickelt. Seine Firma war ein Vorgängerunternehmen der später
von Edison gegründeten General Electric Company. Der junge Mechaniker
lernte in New York nicht nur die Welt kennen, sondern auch die Härten eines

ungesicherten Beschäftigungsverhältnisses. Schon beim nächsten Konjunktureinbruch wurde er entlassen und obwohl er bei den Edison Machine Works rasch eine neue Anstellung fand, war dies eine Erfahrung, die sich ihm einprägte. Bosch schloss sich in dieser Zeit einer Arbeiterorganisation, den Knights of Labour, an und bekannte sich in einem Brief an seine spätere Frau Anna Kayser als Sozialist.[19] Vom «Land der Freiheit» war er enttäuscht, weil – wie er später schrieb – «der Eckstein der Gerechtigkeit fehlte: die Gleichheit vor dem Gesetz».[20]

Neben solchen Enttäuschungen dürfte ihn die schriftlich erfolgte Verlobung mit Anna Kayser dazu bewogen haben, die USA nach einem Jahr wieder zu verlassen und nach Europa zurückzukehren. Zunächst arbeitete er für ein halbes Jahr bei Siemens Brothers in der Nähe von London. Doch zu Weihnachten 1885 ging er nach Deutschland zurück, um sich nun auch offiziell mit Anna Kayser zu verloben. Da diese in Obertürkheim wohnte, lag es nahe, in den Raum Stuttgart zu ziehen. Bosch arbeitete zunächst noch einige Monate bei einer Firma in Magdeburg, dem Gasmotorenhersteller Buss, Sombart & Co., und ließ sich dann in Stuttgart nieder.[21] In erster Linie zog es ihn aus privaten Gründen dorthin, nicht wegen der Bedeutung der Stadt als Industriestandort, die zu dieser Zeit noch keineswegs groß war. Robert Bosch wird nach jahrelanger Wanderschaft aber auch das Bedürfnis verspürt haben, in die schwäbische Heimat zurückzukehren, und er wird damit gerechnet haben, dass sich ihm in der württembergischen Hauptstadt, die damals rund 130 000 Einwohner zählte, gute berufliche Perspektiven eröffnen würden.

Als Bosch sich in Stuttgart niederließ, war er 25 Jahre alt. Seit dem Abschluss seiner Lehre waren sieben Jahre vergangen – eine für die damaligen Verhältnisse recht lange Zeit der Wanderschaft. Es drängt sich der Eindruck auf, dass es ihm nicht leicht fiel, sich auf eine bestimmte Tätigkeit festzulegen. Wie aus seinen Briefen hervorgeht, war er allerdings schon länger entschlossen, sich selbstständig zu machen, und dafür sprachen nun auch private Gründe. Von der Gründung einer Firma erwartete sich Bosch die gesicherten Einkünfte, die nach den damaligen Vorstellungen erforderlich waren, um heiraten zu können. Auf die Gründung des Unternehmens im November 1886 folgte ein Jahr später die Hochzeit. Die junge Frau Bosch war die Tochter eines Holzhändlers in Obertürkheim und hatte fast so viele Geschwister wie ihr Mann. Das Ehepaar bekam in den nächsten Jahren vier Kinder, die Töchter Margarete (geb. 1888) und Paula (geb. 1889), den Sohn Robert (geb. 1891) und eine weitere Tochter, Elisabeth (geb. 1893), die früh starb. Die Familie lebte zunächst in Mietwohnungen im Stuttgarter Westen, nicht weit entfernt von der Firma, erst in der Schwabstraße, dann in der Rotebühlstraße und in der Moltkestraße. Mehrere Jahre lang waren die Boschs Nachbarn der Familie

Abb. 2: Anna Kayser (1886)

Kautsky, mit der sie sich anfreundeten. Über Karl Kautsky, den führenden Theoretiker der damaligen Sozialdemokratie, lernte die Familie auch die Emigrantin Clara Zetkin kennen, die in der von Kautsky geleiteten Redaktion der Zeitschrift *Die Neue Zeit* arbeitete. Das berühmte «Erfurter Programm» der SPD von 1890 soll im Stockwerk über Boschs Wohnung in der Rotebühlstraße 145 entstanden sein.[22]

Mit dem Aufstieg des Unternehmens wurde Bosch reich, die Familie zog 1902 in eine kleine Villa um. Acht Jahre später baute der Unternehmer die repräsentative Villa in der Heidehofstraße im Stuttgarter Osten, die heute der Sitz der Robert Bosch Stiftung ist. Bald darauf stellte sich heraus, dass der Sohn Robert Bosch jr., der die Firma später übernehmen sollte, unheilbar an Multipler Sklerose erkrankt war. Er musste 1913 sein Studium an der Technischen Hochschule Stuttgart abbrechen und wurde zum Pflegefall.[23] Das Familienleben wurde fortan von der schweren Krankheit des Sohnes überschattet. Hinzu kamen Konflikte zwischen Bosch und seinen Töchtern, die sich einem linkssozialistischen Kreis angeschlossen hatten. Paula Bosch, die jüngere Tochter, begann eine Beziehung mit dem Maler Friedrich Zundel, der mit Clara Zetkin, der früheren Mitarbeiterin Kautskys, verheiratet war. Zetkin weigerte sich lange, in die Scheidung einzuwilligen. Erst 1926 konnte das Paar heiraten. Die ältere Tochter Margarete studierte an der Universität Tübingen Staatswissenschaft und wurde 1920 promoviert.[24] Am 6. April 1921 starb Robert Bosch jr. im Alter von nur 30 Jahren, während sich sein Vater auf einer Geschäftsreise in Südamerika befand. Bereits 1917 war der damalige «Kronprinz» in der Unternehmensleitung, Gustav Klein, bei einem Flugzeugabsturz ums Leben gekommen, ein Jahr später nahm sich der Schwager Eugen Kayser das Leben. Für Bosch war diese Phase wohl die schlimmste Zeit seines Lebens. Er litt unter einer Herzerweiterung, das Unternehmen

Abb. 3: Paula und Margarete Bosch mit Robert Bosch jr. (um 1903)

befand sich in einer schwierigen Lage und die Ehe war zerrüttet. Nach Robert Boschs Darstellung soll seine Frau nach dem Tod des Sohns in Depressionen versunken sein. 1927 wurde die Ehe geschieden. Zu diesem Zeitpunkt erlebte der Unternehmer bereits neues privates Glück. Er heiratete unmittelbar nach der Scheidung ein zweites Mal. Seine neue Frau, die Sängerin und Förstertochter Margarete Wörz, hatte er kennengelernt, als sie sich bei ihm um ein Stipendium bewarb.[25] Bosch wurde dadurch in hohem Alter noch einmal Vater. 1928 wurde ein Sohn geboren, der wiederum den Namen Robert erhielt, drei Jahre später die Tochter Eva.

Robert Bosch war ein Entrepreneur im Sinne Joseph Schumpeters, ein gestaltungsfreudiger, dynamischer Unternehmensgründer, der neue Ideen umsetzte und sich nie auf seinem Vermögen ausruhte.[26] Anders als etwa Werner von Siemens war Bosch aber kein Erfinderunternehmer. Sein Satz «Ich hatte nie den Ehrgeiz, etwas selber gemacht haben zu wollen» gehört zu den Klassikern in der umfangreichen Überlieferung der Bosch-Zitate.[27] Seine Stärken waren die Fertigkeiten des Feinmechanikers: Präzision und Qualität. In dieser Hinsicht war er ein Perfektionist, der keine Nachlässigkeit duldete und sich nicht mit Kompromissen abfinden konnte. Zu seinen Geschäftsprinzipien gehörte es, «vom Besten das Beste» herstellen zu wollen.[28] Ein Unternehmer mit einem derartigen Anspruch benötigt vor allem fähige Mitarbeiter. Bosch war

Abb. 4: Robert und Margarete Bosch mit Sohn Robert d. J. (1931)

auch deshalb so erfolgreich, weil er es verstand, talentierte Mechaniker, Ingenieure und Kaufleute zu finden, zu motivieren und an sein Unternehmen zu
binden. Der rasche Aufstieg der Firma von einer Werkstatt zu einer globalen
Marke beruhte auf neuen Magnetzündanlagen für Verbrennungsmotoren, die
Boschs Mitarbeiter Arnold Zähringer und Gottlob Honold entwickelt hatten.
Diese Erfindungen allein hätten den Erfolg freilich noch nicht ausgemacht. Sie
mussten auch vermarktet werden und dabei bewies Bosch ein gutes kauf-
männisches Gespür. Der Wirtschaftshistoriker Toni Pierenkemper hat darauf
hingewiesen, dass zu einem derartigen unternehmerischen Erfolg, wie ihn
Bosch hatte, auch «eine Portion Glück» gehörte: «Er war mit dem richtigen
Produkt zur richtigen Zeit im richtigen Markt.»[29]

Zu Boschs charakteristischen Eigenschaften zählte eine besondere Fähigkeit, seine Vorstellungen im Unternehmen zu vermitteln und zu kommunizieren. Er gängelte seine Mitarbeiter nicht und ließ den Direktoren viel Freiheit, erwartete dafür aber, dass sie seinen Ansprüchen gerecht wurden. Bosch
hatte recht genaue Vorstellungen davon, nach welchen Grundsätzen in seinem
Unternehmen gearbeitet werden sollte und was bei der Geschäftstätigkeit zu

beachten war. Seine Prinzipien standen nicht in der Betriebsordnung, aber jeder im Unternehmen kannte sie und sie galten dort als ungeschriebene Regeln. Wer sich darüber hinwegsetzte, hatte es nicht leicht. Viele Mitarbeiter nannten den Unternehmensgründer «Vater Bosch». Diese Bezeichnung war auch noch nach seinem Tod gebräuchlich. Tatsächlich hatte Bosch in seinem Unternehmen eine natürliche Autorität. Er belohnte großzügig, konnte aber auch hart durchgreifen.

Von Unternehmern erwartete Bosch, dass sie «den Arbeiter als einen gleichberechtigten Vertragsgegner anerkennen».[30] Auch in seiner Firma gab es festgefügte Hierarchien, aber ein «Herr im Haus»-Standpunkt, wie ihn viele Ruhrindustrielle im Kaiserreich und darüber hinaus vertraten, lag dem schwäbischen Demokraten Robert Bosch fern. Arbeiterausschüsse und Betriebsräte hat er stets als Teil des Unternehmens akzeptiert, sie dienten aus seiner Sicht dem gegenseitigen Verständnis von Unternehmensleitung und Belegschaft. Gewerkschaftsvertreter, die sich damit nicht begnügen wollten, fanden in ihm allerdings einen unnachsichtigen Gegner. Zu seiner Vorstellung von den Aufgaben eines Unternehmers gehörte auch, dass er für seine Beschäftigten zu sorgen hatte.[31] Diese Auffassung traf sich mit seiner Überzeugung, dass gut verdienende und gut versorgte Arbeiter auch gute Arbeit leisten würden. Bosch zahlte daher hohe Löhne und führte als einer der ersten Arbeitgeber in Deutschland 1906 den Achtstundentag ein. Er betrachtete beides nicht nur als soziale Leistung, sondern verband damit auch ein nüchternes betriebswirtschaftliches Kalkül.[32] Überhaupt war er zutiefst davon überzeugt, dass gutes Handeln sich auch geschäftlich bezahlt macht und verwerfliche Praktiken vom Markt bestraft werden.

Boschs soziale Aufgeschlossenheit unterschied sich stark von den Vorstellungen seiner Standesgenossen. In weiten Kreisen der Öffentlichkeit genoss er deshalb eine Popularität, wie sie einem Großindustriellen selten zuteil wird. Der Journalist Felix Pinner schrieb in seinen 1924 veröffentlichten «Charakterbildern» deutscher Unternehmer über Bosch: «Worin er aber fast allein dasteht, als eine gloriose Ausnahmeerscheinung, nicht nur als ein Gegentypus gegen den zeit- und landläufigen Unternehmer, ist seine Einstellung zu den sozialpolitischen Fragen.»[33] Im Unternehmerlager machte sich Bosch damit nicht sehr beliebt. Schon früh erhielt er den Spitznamen «der rote Bosch».[34] Ganz aus der Luft gegriffen war der Spitzname nicht. Bosch hatte während seiner Zeit in den USA an den Sozialismus geglaubt, war durch Kautsky gut mit der Sozialdemokratie vertraut und wählte bis in die Zeit nach dem Ersten Weltkrieg hinein stets die SPD.[35] Eingriffe in die Autonomie des Unternehmers oder gar eine Verstaatlichung von Betrieben lehnte er jedoch entschieden ab. In wirtschaftspolitischer Hinsicht war er ein überzeugter Liberaler, der für Freihandel und gegen staatliche Reglementierung eintrat. Wie dies zusammenpasste, deutete er in seinen 1921 verfassten Lebenserinnerungen an, in denen er bekannte, aus «Verzweiflung am Bürgertum mit der sozialistischen Partei sympathisiert» zu haben.[36] Unter dem Einfluss des Kreises um Ernst Jäckh und Friedrich Naumann rückte Bosch dann allerdings näher an die Linksliberalen heran und seine Sympathien galten in der Weimarer Republik auch der von Naumann gegründeten Deutschen Demokratischen Partei (DDP). Bei der Reichspräsidentenwahl 1925 rief er öffentlich dazu auf, den Zentrumspolitiker Marx zu wählen, der gegen Hindenburg kandidierte. Sieben Jahre später unterstützte er Hindenburg als das kleinere Übel gegen Hitler.[37] Ein überzeugter Demokrat war Bosch jedenfalls immer, wie schon sein Vater, und seinen Prinzipien blieb er auch im Dritten Reich treu.

Man kann in Bosch einen schwäbischen Eigenbrötler sehen, doch war er zweifellos auch ein Weltbürger und Pionier der Globalisierung. Durch die Entwicklung seines Unternehmens, aber auch bereits durch seine eigenen Auslandsaufenthalte, war er weltgewandt. Es fiel ihm nicht schwer, in Paris, New York oder Buenos Aires zu verhandeln, und er hinterließ dort nicht den Eindruck eines engstirnigen deutschen Geschäftsmanns. Sein großes Engagement für internationale Verständigung war indessen keineswegs nur durch geschäftliche Interessen bedingt. Bosch war auch fest davon überzeugt, dass Großmachtgehabe und militanter Nationalismus den Menschen schaden, indem sie Gerechtigkeit und sozialen Ausgleich behindern. Zu dieser Haltung fand er unter dem Eindruck des Ersten Weltkrieges. Von nun an setzte er sich vor allem für eine Verständigung zwischen Deutschland und Frankreich ein. Ab Ende der 1920er Jahre engagierte er sich zugleich in der von Coudenhove-Kalergi gegründeten Paneuropa-Union, bis hin zur Vision «eines geeinten und befriedeten Europa».[38]

Bosch war sparsam, aber nicht geizig. Er verachtete Geldverschwendung, spendete aber oft und großzügig für Zwecke, die ihm förderungswürdig erschienen. Schon 1910 erhielt die Technische Hochschule Stuttgart von ihm eine Spende in Höhe von 1 Mio. Mark zur Förderung von Forschung und Lehre in den Fächern Physik, Maschinenbau, Elektrotechnik und Bauwesen.[39] Ende 1916 spendete er aus Kriegsgewinnen 13 Mio. Mark für die «Erbauung des Neckarkanals» – ein Projekt, das wegen der hohen Inflation in der Nachkriegszeit nicht zustande kam.[40] Gefördert hat Bosch unter anderem auch die Markel-Stiftung für Begabtenförderung, den von Theodor Bäuerle gegründeten Verein zur Förderung der Volksbildung, die Hochschule für Politik in Berlin, an der sein späterer Biograf Theodor Heuss lehrte, den Deutschen Werkbund, die Stiftung Homöopathisches Krankenhaus Stuttgart und das Haus der deutsch-türkischen Freundschaft in Istanbul. Hans-Erhard Lessing hat in seiner Bosch-Biografie über 30 Stiftungen und Großspenden des Unternehmers aufgelistet, vorwiegend für Hochschulen, Bildungsvereine, medizinische und karitative Einrichtungen.[41] Ein Denkmal setzte sich Robert Bosch, indem er anlässlich seines 75. Geburtstags ein homöopathisches Krankenhaus in Stuttgart stiftete, das heutige Robert-Bosch-Krankenhaus.[42]

Eine große Rolle spielte für Bosch sein Interesse an der Landwirtschaft, das auch ein Erbe des Elternhauses war. Zu einem eigenen Hof kam er, nachdem er 1912 Anteile an einer Gesellschaft erworben hatte, die aus dem Torf eines großen Moors bei Mooseurach in Oberbayern Torfbriketts fertigte. Aus dem Torf sollten auch Ammoniak und Stickstoff für die Herstellung von Kunstdünger gewonnen werden, doch mussten diese Arbeiten nach der Einführung des von Boschs Neffen Carl gemeinsam mit Fritz Haber entwickelten Haber-Bosch-Verfahrens zur Ammoniaksynthese eingestellt werden. Robert Bosch kaufte im Dezember 1913 das Gut Mooseurach und ließ während des Ersten Weltkrieges das Gelände entwässern und abtorfen. Nach dem Krieg erwarb er mehrere umliegende Höfe, um sie zu einem landwirtschaftlichen Großbetrieb zusammenzulegen. Anfang der 1930er Jahre arbeiteten hier über 300 Personen. Unter dem Verwalter Walther Mauk erlebte der Hof nach der Weltwirtschaftskrise einen Aufschwung, doch blieb der Boschhof ein Zuschussgeschäft. Robert Bosch entwickelte auch hier einen gewissen technischen Ehrgeiz, aber mehr noch war der Hof für ihn ein wichtiger Rückzugsort, wo er sich mit der Schwalbenzucht beschäftigen und Obstbäume pflanzen konnte. Für die Familie wurde der Hof zu einem zweiten Wohnsitz. Nach Robert Boschs Tod führte die Familie den Boschhof weiter. Heute wird er von Christof Bosch, einem Enkel des Unternehmensgründers, bewirtschaftet.[43]

Weitere Refugien Robert Boschs waren seine Jagdhütten. Die Jagd war in der Freizeit auch seine größte Leidenschaft, und er empfand dies keineswegs als Widerspruch zu seinem Engagement in der Lebensreformbewegung. Er besaß gleich mehrere Jagden, die «Bosch-Jagd» bei Pfronten im Allgäu, das Revier Wespental bei Dottingen auf der Schwäbischen Alb und ein weiteres an den Kastenalmen in Scharnitz/Tirol. Die Jagd war für ihn nicht aus gesellschaftlichen Gründen von Interesse, sondern eine private Passion, obwohl er häufig auch Mitarbeiter und Geschäftspartner nach Pfronten oder Wespental einlud. «Man lerne sich auf der Jagd ganz anders kennen als in der betrieblichen Atmosphäre», soll Bosch häufiger gesagt haben.[44] Durch die Jagd entstanden auch Freundschaften, wie mit dem Stuttgarter Amtsleiter Otto Metzger und dem Oberforstrat Georg Escherich, einem bayerischen Monarchisten, der Anfang der 1920er Jahre einen rechtsgerichteten, paramilitärischen «Selbstschutzverband» gegründet hatte und gewiss nicht Boschs politische Ansichten teilte. Auch als Jäger stellte Bosch höchste Ansprüche an sich selbst. Escherich, einer der prominentesten Forstleute seiner Zeit, schrieb über das Jagdrevier Wespental: «Das Revier von Robert Bosch in der Rauhen Alb, seit

Abb. 5: Robert Bosch als Jäger (1941)

mehreren Jahrzehnten in der gleichen Hand, ist das beste Revier, das ich heute in Deutschland kenne. Nicht das Geld allein, sondern in erster Linie Verständnis und Können des Revierinhabers hat [sic] dieses jagdliche Kleinod geschaffen.»[45]

Robert Bosch war nicht einfach im Umgang. Er konnte fürchterlich in Zorn geraten, wenn ihm etwas nicht passte oder seinen hohen Ansprüchen nicht genügte. Wie berichtet wird, hatte seine Umgebung oft unter einer geradezu «hemmungslosen Grobheit und Rücksichtslosigkeit» zu leiden.[46] Wer ihn nur als fürsorgenden Arbeitgeber und großzügigen Mäzen kannte, vermutete dies bei ihm nicht. Und so sah sich sein Umfeld durch sein Verhalten oft vor Rätsel gestellt. Theodor Bäuerle, der Bosch gut kannte, gewann den Eindruck, dass der so erfolgreiche und populäre Unternehmer «im tiefsten Grunde einsam und unglücklich war».[47] Enge Freunde hatte Bosch nur sehr wenige. Aus der frühen Zeit ist hier vor allem Eugen Kayser zu nennen, der dann der erste Leiter des von Bosch in Feuerbach errichteten Metallwerks wurde. Die längste Freundschaft war wohl die mit Paul Reusch, dem

Chef des Konzerns Gutehoffnungshütte. Ihn hatte Bosch um 1888/89 als Studenten kennengelernt, über den Akademischen Verein Hütte Stuttgart. Beide blieben bis zu Boschs Tod miteinander befreundet, obwohl der nationalkonservative Reusch in vielem anderer Ansicht war als Bosch. Eine weitere enge Freundschaft entstand in den 1920er Jahren mit Hermann Bücher, den Bosch über den Reichsverband der Deutschen Industrie kennenlernte, noch bevor er Vorstandsvorsitzender der AEG wurde. Bosch war von Natur aus misstrauisch und kein Freund von gesellschaftlichen Veranstaltungen, von Clubs und Prominententreffs. Lieber ging er mit seiner Familie in den Alpen wandern und auch dort zog es ihn nicht in die Fünf-Sterne-Hotels, in denen sich viele seiner Standesgenossen trafen.

Frühzeitig hat sich Bosch der Lebensreformbewegung angeschlossen. Bereits seine Eltern waren Anhänger der natürlichen Heilkunde gewesen. Geprägt wurde er auch durch Gustav Jäger, den er während seines kurzen Studiums als akademischen Lehrer kennengelernt hatte. Jäger trat dafür ein, nur Kleidung aus natürlichen Stoffen zu tragen. Bosch trug seitdem sogenannte Normalkleidung oder Jäger-Wäsche aus Wolle.[48] Um die Jahrhundertwende begann er, sich für die Homöopathie einzusetzen. Er trat dem Verein «Stuttgarter homöopathisches Krankenhaus» bei und spendete 1915 fast 3 Mio. Mark für den Bau eines homöopathischen Krankenhauses. Da dieses Projekt nicht verwirklicht werden konnte, unterstützte er später die Errichtung eines homöopathischen «Aushilfskrankenhauses».[49] Bosch finanzierte auch homöopathische Lehrkurse und gründete 1925 den Hippokrates-Verlag, der heute nach wie vor auf Literatur über natürliche Heilverfahren spezialisiert ist.[50]

Trotz seiner knapp bemessenen Freizeit war Bosch belesen. Er interessierte sich für naturwissenschaftliche Veröffentlichungen, aber auch für Geschichte. Keinen Sinn hatte er dagegen für Musik, und die bildende Kunst sah er mehr unter handwerklich-technischen Aspekten.[51] Im Unterschied zu vielen seiner Standesgenossen wäre es Bosch nicht in den Sinn gekommen, eine Kunstsammlung anzulegen. Eine tiefe Abneigung hatte er gegen alles Metaphysische und Transzendente. Er war eben Mechaniker und sah die Welt auch so, konnte nur mit Greifbarem etwas anfangen. Bäuerle schreibt in seinen Erinnerungen an Bosch: «Für theoretische Fragen hatte er kein Interesse; philosophische, weltanschauliche und religiöse Literatur las er nicht.»[52] Diese Haltung bestimmte auch Boschs Einstellung zur Kirche. Er konnte nicht an einen Gott glauben, der unsichtbar war. Öfter soll er gesagt haben: «Wenn es einen persönlichen Gott gibt, dann hätte er mich eben so schaffen müssen, dass ich auch an ihn glauben kann.»[53] Es war bei dieser Einstellung nur konsequent, dass er aus der Kirche austrat. Gegenüber Mitarbeitern, die überzeugte Christen waren, hatte der Unternehmer dennoch keine Vorbehalte, denn

Abb. 6: Robert Bosch mit Lehrling (1938)

Religion und Weltanschauung sah er als eine private Angelegenheit an, die andere nichts anging.

Ein wichtiges Anliegen war Bosch die Förderung der Erwachsenenbildung, wie sie die Reformpädagogik seiner Zeit vertrat. Er unterstützte den von Bäuerle gegründeten Verein zur Förderung der Volksbildung und setzte sich für Bildungsangebote an die Arbeiter seines Unternehmens ein, in Form von Vorträgen und einer Werksbücherei. Dagegen hatte er große Vorbehalte gegenüber Akademikern mit klassischer Bildung. Heuss berichtet, dass Bosch den «Bildungshochmut» gefürchtet und vor allem die humanistische Gymnasialbildung abgelehnt hätte.[54] Zu den Regeln, die er in seinem Unternehmen einführte, gehörte der Verzicht auf Titel. Er selbst hatte für die großzügige Spende an die Technische Hochschule Stuttgart im Jahr 1910 den Ehrendoktortitel erhalten, machte davon aber so gut wie nie Gebrauch und ließ sich mit «Herr Bosch» anreden.

Ein Faszinosum der Persönlichkeit Robert Boschs war und ist, dass er sich stets seinen eigenen Charakter und seinen eigenen Stil bewahrte. Obwohl er als Unternehmer einen geradezu kometenhaften Aufstieg erlebte, blieb er – wie es Hans Walz in einer Rede zum 80. Geburtstag des Firmengründers ausdrückte – «von unscheinbarer Schlichtheit».[55] Bosch wohnte zwar in einer repräsentativen Villa, besaß den Hof und die Jagden, aber schon rein äußerlich passte er sich nicht den Vorstellungen an, die man in seiner Zeit von einem reichen Großindustriellen hatte. Er behielt seinen Vollbart, blieb der Wollklei-dung treu und hielt sich lieber in den Bergen auf als an der Côte d'Azur. So blieb er authentisch und die Botschaft, die er dadurch vermittelte, wurde all-gemein verstanden: Ein Robert Bosch hat es nicht nötig, sich anzupassen. Bosch gelang es, Prinzipien, von denen er überzeugt war, so zu vermitteln, dass sie Teil der Kultur seines Unternehmens wurden, etwa die ungeschrie-bene Regel, dass Politik und Weltanschauung Privatsache seien und den Ar-beitgeber nichts angingen, oder auch, dass nicht die Anrede zählte, sondern die Leistung. Besonders aber prägten sich seine geschäftlichen Grundsätze, wie das Streben nach hoher Qualität, nach Verlässlichkeit und Kundennähe, im Unternehmen ein.[56] Sie waren so wirkungsvoll, weil es sich um Botschaften von zeitloser Aktualität handelte, aber auch, weil Bosch sich in Einheit mit seinem Unternehmen sah und nicht zwischen seiner persönlichen Hand-lungsethik und seinen geschäftlichen Prinzipien trennte. Nichts zeigt dies bes-ser als seine bekanntesten Sätze, die aus einem im September 1918 verfassten Beitrag für die Autografensammlung der Preußischen Staatsbibliothek in Ber-lin stammen und seit über 90 Jahren zur Corporate Identity des Unterneh-mens gehören: «Immer habe ich nach dem Grundsatz gehandelt: Lieber Geld verlieren als Vertrauen. Die Unantastbarkeit meiner Versprechungen, der Glaube an den Wert meiner Ware und de[r] an mein Wort standen mir stets höher als ein vorübergehender Gewinn.»[57] Mit solchen Sätzen konnte Bosch Mitarbeiter in den Bann ziehen, weil er ihnen Werte und Inspiration vermit-telte. Dass er sich wie viele Eigentümerunternehmer in einer Einheit mit seinem Unternehmen empfand, hatte allerdings auch eine Kehrseite. Er er-wartete, dass alle im Unternehmen so arbeiteten, wie es seinen Prinzipien ent-sprach, und konnte sich mit anderen Vorstellungen nicht abfinden. Bis zuletzt war Robert Bosch der Gedanke unerträglich, dass sich sein Lebenswerk an-ders entwickeln könnte als er es wollte. Seine testamentarischen Verfügungen sind ganz von dieser Sorge geprägt. Ergänzend zu ihnen hinterließ er ein um-fangreiches Regelwerk von Richtlinien, die sicherstellen sollten, dass das Un-ternehmen auch später nach seinen Vorstellungen geführt wurde. Sein Ziel war nicht, ein möglichst großes Vermögen weiterzugeben, sondern zu errei-chen, dass seine Vorstellungen im Unternehmen und darüber hinaus zum Vorbild genommen werden.

2. Die schwierigen Anfangsjahre des Unternehmens

«Ich begann mit einem Mechaniker und einem Laufburschen» – so beschrieb Robert Bosch in seinen Lebenserinnerungen die Anfänge des Unternehmens, das er am 15. November 1886 in Stuttgart als «Werkstätte für Feinmechanik und Elektrotechnik» gegründet hatte.[1] Die Firma Bosch fing in bescheidenen Verhältnissen an, im Hinterhaus des Gebäudes Rotebühlstraße 75B, gegenüber dem Feuersee im Westen der Stadt.[2] Dort hatte der Unternehmensgründer im Erdgeschoss eine Wohnung gemietet, die er als Werkstatt nutzte, nicht weit entfernt von dem möblierten Zimmer, in dem er wohnte. Nach einer späteren Darstellung Boschs hatte er damals eine Schreibstube, eine größere und eine kleinere Werkstatt sowie einen Raum ohne Licht, in dem eine Feldschmiede stand.[3] Am Vorderhaus brachte er eine elektrische Uhr als eine Art Firmenschild an. Außer Boschs Werkstatt hatten sich im Hinterhaus der Rotebühlstraße 75B noch eine Flaschenbierhandlung und eine Kutscherei niedergelassen. Im Vorderhaus befand sich die Zigarrenhandlung Otto und Max Rosenfeld.[4]

Der 25-jährige Firmengründer brachte ein ansehnliches Vermögen in Höhe von 10 000 Mark als Stammkapital in das Unternehmen ein, hatte aber kein festes Geschäftskonzept, sondern lediglich die «Absicht, Apparate, möglichst elektrotechnische, zu bauen».[5] Welcher Art die Aufträge waren, überließ er der Nachfrage. Es lag nahe, dass die Werkstatt zunächst vor allem Installations- und Reparaturaufträge erhielt. Bosch und sein Mechaniker verlegten Telefonleitungen, installierten Klingeln und reparierten Schreibmaschinen. Für die im Vorderhaus ansässige Zigarrenhandlung Rosenfeld stellte die Werkstatt Zigarrenspitzen her. Wie breit das Tätigkeitsfeld war, lässt sich einem Inserat der Firma entnehmen, das am 2. Februar 1887 in der Stuttgarter Tageszeitung *Der Beobachter* erschien: «Telephone, Haustelegraphen, Fachmännische Prüfung und Anlegung von Blitzableitern, Anlegung und Reparatur elektr. Apparate, sowie aller Arbeiten der Feinmechanik.»[6] Als «Haustelegraphen» bezeichnete man damals elektrische Klingelanlagen in Wohnungen, über die das Hauspersonal herbeigerufen werden konnte.[7] Der Markt dafür dürfte nicht allzu groß gewesen sein und Telefone galten damals noch «als Spielzeug für die Reichen». Sie wurden zu einem teuren Preis vermietet, vorwiegend an Firmen und an vermögende Haushalte.[8] Einen eigenen Telefonanschluss konnte sich auch Robert Bosch für seine

Abb. 7: Erste Werkstatt Boschs in der Rotebühlstraße (1886)

Werkstatt zunächst nicht leisten. Überhaupt hielt die Elektrizität nur langsam in Stuttgart Einzug, da in der Stadt noch kein Elektrizitätswerk bestand, sondern lediglich eine Blockstation.[9]

Aus dem von Bosch geführten Hauptbuch geht hervor, dass er am 4. Januar 1887 die erste Rechnung ausstellte, für die Einrichtung einer elektrischen Klingel, und im ersten Geschäftsjahr insgesamt 66 Kunden hatte. Den größten Auftrag erhielt er damals vom Süddeutschen Verlagsinstitut für die Einrichtung einer Telefonanlage. Die Einnahmen, die Bosch erzielte, waren offenbar nicht kostendeckend. Nach einer späteren Rekonstruktion machte die Werkstatt im ersten Geschäftsjahr bei einem Umsatz von rund 5000 Mark einen Verlust in Höhe von 1540 Mark. Allein der Jahreslohn des Mechanikers belief sich auf 1200 Mark (der durchschnittliche Jahreslohn eines Arbeiters im Maschinenbau lag damals bei 820 Mark). Hinzu kamen die persönlichen Ausgaben Boschs in Höhe von 1600 Mark. Da der Firmengründer auf eine solide Ausstattung großen Wert legte, investierte er im ersten Jahr rund 1100 Mark in die Anschaffung einer Drehbank, einer Werkbank und verschiedener Werkzeuge.[10] In seinen Lebenserinnerungen schrieb Bosch später, seine Einkünfte hätten es ihm ermöglicht, «daß ich mich etwa ein Jahr nach Eröffnung meines Geschäfts verheiratete».[11] Tatsächlich heiratete er im Oktober 1887 seine Verlobte Anna Kayser, obwohl die Firma noch keinen Gewinn abwarf. Die Firmengründung war offenbar auch innerhalb der Familien der Verlobten eng mit der Erwartung einer baldigen Heirat verbunden. Robert Bosch war damals das Stammkapital in Höhe von 10 000 Mark aus dem Erbe seines 1880 gestorbenen Vaters übereignet worden, weil seine Brüder jeweils einen Betrag in dieser Höhe zu ihrer Hochzeit erhalten hatten.[12]

Boschs Anfänge als Unternehmer lassen sich nicht allein an der bescheidenen Werkstatt festmachen. Er selbst hat dieser Verklärung in späteren Darstellungen Vorschub geleistet, doch in Wirklichkeit hatte er keineswegs nur mit einem Mechaniker und einem Laufburschen begonnen. Bosch war auch ausgesprochen gut informiert, verfügte über vielfältige Verbindungen und kam aus einer nicht unvermögenden Familie. Aufgrund seiner Kenntnisse konnte sich der Firmengründer sicher sein, dass der Elektrizität die Zukunft gehörte; immerhin hatte er schon bei Edison in New York gearbeitet, wo 1882 das erste Elektrizitätswerk der Welt in Betrieb gegangen war, und es war allgemein bekannt, dass Emil Rathenaus Deutsche Edison-Gesellschaft, die spätere AEG, in Berlin bereits ein öffentliches Kraftwerk errichtet hatte. Er konnte sich ausrechnen, dass in Stuttgart eine starke Nachfrage nach elektrotechnischen Apparaten einsetzen würde, sobald es auch hier ein Elektrizitätswerk gab.

Mehrere Firmen hatten bereits versucht, von der Stadt Stuttgart eine Konzession für den Bau eines Elektrizitätswerks zu bekommen. Die Elektrotechnische Fabrik Cannstatt hatte 1884 eine entsprechende Anfrage an den Gemeinderat gerichtet. Zwei Jahre später beantragte die Firma Wilhelm Reißer, der die Generalvertretung der Deutschen Edison-Gesellschaft für Württemberg übertragen worden war, eine Konzession. Aber die Stadt Stuttgart war nicht bereit, eine Genehmigung zu erteilen. Im Rathaus wollte man die Gasbeleuchtungsgesellschaft nicht verprellen, mit der die Stadt einen Vertrag über die Straßenbeleuchtung geschlossen hatte, und viele Schwaben hielten Strom damals noch für einen unnötigen Luxus.[13] Vielleicht war man aber auch nur vorsichtig, weil man von den finanziellen Schwierigkeiten der Berliner Elektrizitätswerke wusste, die Rathenaus Gesellschaft vorübergehend an den Rand des Konkurses brachten.[14]

Robert Bosch hatte wohl einkalkuliert, dass der Elektrifizierungsboom in Stuttgart nicht unmittelbar nach Eröffnung seiner Werkstatt beginnen würde und sich ein zusätzliches Standbein gesichert, den Vertrieb elektromedizinischer Apparate. In Arztpraxen und Kliniken war die Elektrifizierung weiter fortgeschritten als in den Privathaushalten. Für Kehlkopflampen, Induktionsapparate und Mikroskopierlampen gab es eine rege Nachfrage. Ein alter Freund Boschs, der Feinmechaniker Karl Friedrich Schall, hatte 1883 in Stuttgart eine Werkstatt für Stirn-, Mund- und Kehlkopflampen gegründet. Anfang 1886 schlossen sich Schall und sein Teilhaber Max Gebbert mit dem Mechaniker

Ernst Moritz Reiniger zusammen, der in Erlangen elektromedizinische Apparate herstellte. Die neue Firma Reiniger, Gebbert & Schall, ein Vorgängerunternehmen der Siemens-Reiniger AG, hatte ihren Sitz in Erlangen und gab den Betrieb in Stuttgart bald nach ihrer Gründung auf, wollte aber ihre Kundschaft dort nicht verlieren. Schall beauftragte deshalb Robert Bosch, auf Kommissionsbasis den Vertrieb für Reiniger, Gebbert & Schall in Stuttgart zu übernehmen.[15] Die Verbindung mit Schall sicherte Bosch ein gewisses Polster an Aufträgen. Unter den 66 Kunden, die seine Firma im ersten Geschäftsjahr belieferte, waren 21 Ärzte und medizinische Institute. Zwei von ihnen gehörten zu Boschs wichtigsten Kunden, darunter die Augenheilanstalt Dr. Königsdorfer.[16]

Die Kraftfahrzeugtechnik hatte Bosch nicht im Blick, als er sein Unternehmen gründete. Zu dieser Zeit war die Motorisierung des Straßenverkehrs noch eine recht exotische Vorstellung. Zwar kannte Bosch Gottlieb Daimler, der gemeinsam mit Wilhelm Maybach vor den Toren Stuttgarts, in Cannstatt, eine Versuchswerkstatt errichtet hatte. Als die Firma Robert Bosch entstand, war es Daimler und Maybach gerade gelungen, das erste vierrädrige Automobil der Welt, eine Motorkutsche, zu konstruieren, kurz nachdem Carl Benz in Mannheim seinen dreirädrigen Patent-Motorwagen hergestellt hatte. Es sollte noch geraume Zeit dauern, bis sich aus diesen Anfängen ein Markt entwickelte. Stationäre Motoren waren hingegen längst verbreitet, auch in der schwäbischen Provinz. Von der Maschinenfabrik Schmehl & Hespelt in Möckmühl erhielt Bosch im August 1887 den ersten Auftrag für den Bau eines Zündapparats. In seinen Erinnerungen schrieb er: «Im Sommer desselben Jahres war ein kleiner Maschinenbauer zu mir gekommen und hatte mich gefragt, ob ich ihm nicht einen Apparat bauen könne, wie ihn die Gasmotorenfabrik Deutz an ihren Benzinmotoren verwende. Ein solcher Apparat sei in Schorndorf zu sehen. Ich fuhr dorthin und fand daselbst den niedergespannten Magnetapparat mit Abreißvorrichtung.»[17] Bosch erkundigte sich zunächst bei der Gasmotorenfabrik Deutz, ob diese Zünderkonstruktion patentgeschützt war, und bekam keine Antwort, doch hatte er Glück. Für die von Nicolaus Otto, einem der Gründer der Gasmotorenfabrik Deutz, drei Jahre zuvor erfundene Niederspannungsmagnetzündung mit Abreißvorrichtung bestand kein Patent.[18] Bosch baute den Magnetzünder innerhalb von sechs Wochen nach, verbesserte die Apparatur dabei noch und verkaufte sie für 216,50 Mark an die Maschinenfabrik Schmehl & Hespelt, an deren Namen sich heute niemand erinnern würde, wenn sie damals nicht den ersten Bosch-Zünder erhalten hätte. Der Niederspannungsmagnetzünder war also keine Erfindung Boschs, doch schon der Nachbau und die Überarbeitung waren eine bemerkenswerte Leistung. Für den jungen Unternehmer dürfte der Auftrag auch deshalb eine Herausforderung gewesen sein, weil sich hier die Möglichkeit zu einer Fertigung bot. Er wollte schließlich in erster Linie Apparate bauen und nicht nur Installationen, Reparaturen oder Lieferungen auf Kommission durchführen.

Das Geschäft mit Magnetzündern für Verbrennungsmotoren war an Bosch durch den Auftrag von Schmehl & Hespelt herangetragen worden. Es entwickelte sich rasch zu einem weiteren geschäftlichen Standbein der Werkstatt. Als Bosch in einer Zeitungsanzeige las, dass die renommierte Maschinen- und spätere Automobilfabrik F. Martini & Co. in Frauenfeld im Schweizer Kanton Thurgau Magnetzünder suchte, lieferte er diesem Unternehmen einen Niederspannungsmagnetzünder nach dem Muster der Gasmotorenfabrik Deutz. Er fuhr auch nach Frauenfeld und konnte im Laufe des Jahres 1888 noch vier weitere Zünder dorthin verkaufen.[19] Dies waren die ersten Auslandsaufträge der Firma Bosch. In den folgenden Jahren nahmen die Aufträge für den Bau von Zündapparaten – und damit die Fertigung – stark zu. 1891 entfielen bereits 58 Prozent des Umsatzes auf Zündapparate. Bosch-Zünder wurden jetzt auch nach Dresden, Kiel und Wien, ja sogar an eine Firma in England geliefert.[20] Gleichwohl schrieb Bosch in seinen Lebenserinnerungen, dass der von ihm gebaute Zünder für stationäre Motoren damals «einen recht mäßigen Absatz fand».[21] Das ist insofern nicht falsch, als die Zahl der Kunden recht überschaubar war. 1891 hatte Bosch nur elf Kunden, die Zündapparate bei ihm bestellten, gegenüber 157 Kunden im Bereich Installation. Zu erklären ist dies wohl dadurch, dass nur solche Unternehmen Bosch-Zünder bestellten, die bereits mit den neuen Benzinmotoren ausgestattet waren. Diese Innovation setzte sich aber erst allmählich gegenüber den Gasmotoren durch, und selbst von den Firmen, die bereits einen Benzinmotor hatten, dürften die meisten mit Originalzündern der Gasmotorenfabrik Deutz gearbeitet haben. Während das Installationsgeschäft weitgehend lokal war, stellten die Zünder ein überregionales Geschäft dar und die wichtigsten Kunden in diesem Bereich orderten jeweils mehrere Apparate pro Jahr. So gingen von den 130 verkauften Zündern des Jahres 1891 allein 72 an die Gasmotorenfabrik Moritz Hille in Dresden und 25 an die Maschinenfabrik Martini & Co. in Frauenfeld.[22] Mit der bedeutenden Maschinenfabrik Esslingen, der Motorenfabrik Benz & Co. in Mannheim und der Daimler-Motoren-Gesellschaft im benachbarten Cannstatt kam Bosch damals nicht ins Geschäft.

Gewinne erwirtschaftete Bosch auch fünf Jahre nach Eröffnung seiner Werkstatt noch nicht. Durch die Verluste der Jahre 1887–1891 war das Stammkapital fast aufgebraucht. Dies belegt die Rekonstruktion der Bilanzen und Ertragsrechnungen des Unternehmens für die ersten Geschäftsjahre, die Otto Fischer 1942 aus den überlieferten Hauptbüchern erstellte. Fischer schrieb dazu: «Die Umsätze hatten sich im 1. Jahrfünft verfünffacht, das Zündungsgeschäft in 4 Jahren sogar beinahe verzehnfacht, aber das Ergebnis war deprimierend: Das Kapital war so gut wie verloren und die Firma lebte im Wesentlichen von Verwandtschafts- und Bankkrediten. Es stand schlecht um die Firma Robert Bosch!»[23] Die von Fischer rekonstruierten Daten lassen nicht erkennen, was die Ursache dieser Verluste war. An der Rentabilität kann es kaum gelegen haben, denn der Anteil des Gewinns am Umsatz nahm von 25,3 Prozent im Jahr 1888 auf 36,5 Prozent im Jahr 1892 zu.[24] Dennoch reichte der Bruttogewinn in keinem dieser Jahre aus, um die «Verwaltungsunkosten» zu decken. In diesem Posten war auch der Bedarf von Robert Bosch und seiner Familie enthalten, der – wie Fischer andeutet – durch die Heirat und die Geburt der Kinder deutlich zugenommen hatte. Nach der Geburt der Kinder Margarete, Paula und Robert zogen die Boschs in eine größere Wohnung im Haus Rotebühlstraße 145, was sich in den Ausgaben niedergeschlagen haben dürfte. Aber auch die Lohnkosten stiegen nach dieser Rekonstruktion zwischen 1886 und 1891 kräftig an, von 1440 Mark auf 9750 Mark, da in der Werkstatt längst nicht mehr nur ein Mechaniker und ein Laufbursche beschäftigt waren, sondern vermutlich zehn Mitarbeiter.[25] Zudem wuchs der Raumbedarf des Betriebs. Im Frühjahr 1890 zog die Werkstatt in die Gutenbergstraße 9 um und eineinhalb Jahr später in die Rotebühlstraße 109.[26]

Alles in allem spricht viel dafür, dass die Umsatzsteigerungen durch das Zündapparategeschäft einfach nicht ausreichten, um die wachsende Familie des Unternehmers zu ernähren und die größere Zahl von Beschäftigten zu entlohnen. Gottlob Honold, der 1891 als Lehrling bei Bosch begonnen hatte, erinnerte sich später, dass damals sechs Gehilfen, zwei Lehrlinge und zwei Hausknechte in der Werkstatt gearbeitet hatten.[27] Nach den Erinnerungen von Richard Schyle, einem der ersten Mitarbeiter Boschs, hatte die Werkstatt 1892 sogar 24 Beschäftigte, was wohl zu hoch gegriffen ist.[28] Doch könnte man aus Schyles Angabe schließen, dass Bosch dazu neigte, mehr Mitarbeiter einzustellen, als er aufgrund der geschäftlichen Entwicklung bezahlen konnte. Schyle erinnerte sich auch an eine schwere Krise im Jahr 1892, in der Robert Bosch die gesamte Belegschaft mit Ausnahme von zwei Mitarbeitern entlassen musste.[29] Diese erste Krise in der Geschichte der Firma Bosch könnte durch Zahlungsschwierigkeiten eines wichtigen Kunden, des Stuttgarter Fotografen Hackh, bedingt gewesen sein.[30] Lange kann sie allerdings nicht gedauert haben, da Fischer in den Büchern der Firma keine Hinweise auf einen derart drastischen Rückgang der Beschäftigtenzahl fand.[31] Die Lohnsumme sank zwar im Mai 1892 von 1509 Mark auf 774 Mark und lag im Oktober nur noch bei 439 Mark.[32] Doch konnte das Unternehmen 1892 auch erstmals einen beträchtlichen Gewinn erzielen, der die Verluste der letzten Jahre wettmachte.[33] Möglicherweise stand dieser Überschuss im Zusammenhang mit einer elektrotechnischen Ausstellung, die in Stuttgart im Februar 1892 stattfand und 20 000 Besucher anlockte.[34]

Bosch ging nun wieder verstärkt dazu über, Aufträge aller Art auszuführen. Er fertigte u. a. Füllfederhalter, Geschwindigkeitsmesser, Gasanzünder,

Kastrierzangen und Schreibmaschinen, darunter auch eine Blindenschreib-
maschine. Am erfolgreichsten war die Fertigung von elektrischen Wasser-
standsmeldern, die beim damaligen Ausbau der Wasserversorgung auf der
Schwäbischen Alb eingesetzt wurden.[35] Den Hauptgrund für dieses «böse
Gewürge», wie es Bosch später einmal nannte,[36] wird man in der Tatsache
sehen müssen, dass sich der Stuttgarter Gemeinderat immer noch nicht dazu
durchringen konnte, ein Elektrizitätswerk zu bauen. Bosch hatte wohl nicht
mit einer derart langen Durststrecke bis zum Beginn des Elektrifizierungs-
booms in Stuttgart gerechnet, und das Zündergeschäft bot zunächst keinen
gleichwertigen Ersatz, da Benzinmotoren noch nicht sehr verbreitet waren. So
gesehen resultierte die wirtschaftliche Misere der Firma im ersten Jahrzehnt
ihres Bestehens letztlich daraus, dass Bosch auf neue Technologien setzte, für
die noch kein größerer Markt bestand.

Die Firma blieb in der kritischen Phase zwischen Herbst 1891 und Frühjahr
1892 nur vor der Insolvenz bewahrt, weil Robert Bosch von seiner Verwandt-
schaft, vor allem seiner Mutter, mit Darlehen unterstützt wurde. Maria Margaretha Bosch gewährte ihrem Sohn einen Kredit, der sich zunächst auf 10 000 Mark
belief und bis Ende 1893 auf rund 14 000 Mark anstieg. Zudem bürgte sie für
einen Kredit der Stuttgarter Gewerbekasse, der Robert Bosch am 16. März 1891
eingeräumt wurde und den er im Mai 1893 bis zur Höhe von 10 000 Mark in Anspruch nehmen musste.[37] In Verbindung damit eröffnete Bosch im März 1891 bei
der Stuttgarter Gewerbekasse sein erstes Bankkonto. Mit weiteren Krediten von
rund 5100 Mark und rund 2500 Mark sprangen die Schwäger Carl Kayser und
August Grünzweig ein. Ende 1893 hatte Bosch Verwandtenkredite in Höhe von
insgesamt 21 641 Mark aufgenommen. Hinzu kamen der von seiner Mutter ver-
bürgte Kredit der Gewerbekasse, den er zu diesem Zeitpunkt in Höhe von
6211 Mark beanspruchte, und Außenstände von 2634 Mark.[38]

Doch nun zeichnete sich eine Wende zum Besseren ab. Im November 1893
beschloss der Stuttgarter Gemeinderat den Bau eines Kraftwerks, das dann von
einer Tochtergesellschaft der Elektrizitäts AG (vormals Schuckert) gebaut wurde.
Den Ausschlag gaben bei dieser Entscheidung die Interessen der Straßenbahn-
gesellschaft, die mit ihren Pferdewagen die zahlreichen Steigungen im Stadtge-
biet nicht befahren konnte und den elektrischen Antrieb bereits auf einer Ver-
suchsstrecke erfolgreich erprobt hatte.[39] Im September 1895 nahm das erste
Elektrizitätswerk Stuttgarts, ein Dampfkraftwerk in der Marienstraße, den Betrieb auf. Noch im gleichen Monat wurde zwischen dem Charlottenplatz und
Berg die erste elektrische Teilstrecke der Straßenbahn eröffnet.[40] Für die Firma
Bosch war die Inbetriebnahme des Elektrizitätswerks ein entscheidender Wendepunkt. Das Unternehmen erhielt nun große Installationsaufträge, durch die
seine Existenz gesichert war. Im Geschäftsjahr 1896 konnte ein Gewinn erzielt
werden, der höher lag als die gesamten Verluste seit der Gründung der Firma.[41]

In Boschs Werkstätte herrschte damals noch die Atmosphäre eines Handwerksbetriebs. Der Unternehmer lernte die Lehrlinge selbst an, und das mit großem Engagement, auch aufgrund der schlechten Erfahrungen während seiner eigenen Lehrzeit. Mehr als zwei Lehrlinge nahm er nicht an. Mit einigen der ersten Mitarbeiter erlebte er Enttäuschungen, so auch mit dem bei der Gründung der Firma eingestellten Laufburschen Michel Dentz.[42] Wer der erste Mechaniker bei Bosch war, lässt sich nicht mehr feststellen. Doch von seinen Nachfolgern blieben mehrere für lange Zeit im Unternehmen. Als ein Glücksgriff erwies sich die Anstellung des Mechanikers Arnold Zähringer, der 1889 zunächst vorübergehend zu Bosch kam, dann fortging, ein Jahr später zurückkehrte und dem schon bald die Leitung der Werkstatt übertragen wurde. Zähringer, ein gelernter Uhrmacher aus Furtwangen im Schwarzwald, brachte das feinmechanische Know-how seines Handwerks ein. Er begleitete den Wandel der Firma von der Werkstatt zum Großunternehmen, bis er Ende 1914 aus gesundheitlichen Gründen ausscheiden musste.[43] Aber auch der 1891 bei Bosch eingetretene Hilfsmechaniker Schyle war eine gute Wahl. Er wurde später der dienstälteste Arbeiter des Unternehmens und Mittelpunkt zahlreicher Anekdoten.[44] Bei der Auswahl der Lehrlinge wurde Bosch nach einigen schlechten Erfahrungen vorsichtiger, aber offenbar hatte er nun auch ein sichereres Gespür. Zwei Lehrlinge aus dieser Zeit, Gottlob Honold und Max Rall, stiegen später in den Vorstand bzw. in die Geschäftsführung des Unternehmens auf. Honold, der durch seinen Vater, einen ehemals mit Boschs Vater befreundeten Lehrer aus Langenau bei Ulm, vermittelt worden war und 1891 die Lehre begonnen hatte, erfand später den Hochspannungsmagnetzünder, der entscheidend zum Aufstieg der Firma Bosch beitrug, und wurde 1917 Vorstandsmitglied.[45] Der Kaufmannssohn Max Rall, der 1894 als Lehrling zu Bosch kam, baute später das Frankreichgeschäft auf, trat 1926 in den Vorstand ein und gehörte bis 1942 der Unternehmensleitung an.[46]

Honold wusste später zu berichten, dass bei der Arbeit in der Werkstatt manches Lied gemeinsam gesungen wurde. Schyle schilderte dies in seinen Erinnerungen recht ausführlich. Demnach soll Bosch die Sänger angehalten haben, leiser zu singen, um nicht den Eindruck zu erwecken, es handele sich um ein Konservatorium.[47] Trotz solcher Erinnerungsberichte war die Firma damals, wie Theodor Heuss zu Recht betont, keine «altfränkische Idylle».[48] Bosch wusste sich der Medien zu bedienen, warb mit Anzeigen und Prospekten. Um sich zu informieren, bezog er das *Centralblatt für Elektrotechnik*, was für eine Werkstatt dieser Größenordnung eher ungewöhnlich war. Seit 1889 verfügte Bosch über einen Telefonanschluss, für den die hohe Jahresgebühr von 150 Mark zu entrichten war, und 1890 kaufte er ein Fahrrad, um seine Mitarbeiter, die an verschiedenen Orten der Stadt Aufträge erledigten, besser kontrollieren zu können.[49] Da es in Stuttgart erst wenige Fahrräder gab – sie galten noch als ein ähnlicher Luxus wie Reitpferde –, erregte er mit seinem Niederrad neuester Bauart die Aufmerksamkeit vieler Passanten, was auch werbewirksam gewesen sein dürfte.[50]

Die Berichte aus der Anfangsphase der Firma zeigen, dass Robert Bosch sich schon damals durch wichtige Prinzipien seines unternehmerischen Handelns, den hohen Qualitätsanspruch und die soziale Aufgeschlossenheit, auszeichnete. In der Werkstatt wurde unter strenger Kontrolle des Firmengründers mit hoher Präzision gearbeitet. «Murkser und Pfuscher wurden in der Bosch-Werkstätte nicht geduldet», erinnerte sich später Adolf Krauß, der 1898 als Mechaniker eingestellt worden war.[51] Zugleich lag Bosch viel an einer guten Atmosphäre in der Werkstatt und am Einvernehmen mit den Arbeitern. Er zahlte damals schon hohe Löhne und er duldete, solange es der Arbeit nicht abträglich war, das Singen in der Werkstatt. Honold schrieb Jahrzehnte später über seine Lehrzeit: «Herr Bosch verstand es, sich den guten Willen seiner Angestellten durch gerechte Behandlung, gute Bezahlung und weitgehend erleichterte Arbeitsbedingungen zu verschaffen.»[52] Als 1894 vier Mitarbeiter an Bosch mit der Bitte herantraten, die Arbeitszeit von täglich zehn auf neun Stunden zu verkürzen, lehnte er nicht ab, obwohl die Firma noch Verluste machte. Er führte den Neunstundentag ein und stellte eine weitere Verkürzung auf acht Stunden in Aussicht, falls andere Firmen vom Zehnstundentag abgehen würden.[53]

3. Der steile Aufstieg

Der Siegeszug des Bosch-Magnetzünders

War die Existenz der Firma Bosch durch die Elektrifizierung Stuttgarts und die sich daraus ergebenden Installationsaufträge gesichert, so beruhte der steile Aufstieg des Unternehmens in den Jahren nach 1895 auf dem Geschäft mit Magnetzündern und somit auf einer eigenen Fertigung. Anders als bei der Elektrifizierung waren auf dem Gebiet der Kraftfahrzeugtechnik die Weichen noch nicht gestellt, als Bosch in dieses Geschäft einstieg. Die 1887 aufgenommene Zünderfertigung war für ihn zunächst nur ein Geschäftsfeld neben anderen, weil es erst wenige Benzinmotoren gab. Doch konnte die Firma von ihrer Expertise im Zünderbau profitieren, als sich der Benzinmotor durchsetzte, zunächst in den Fabriken und später auf den Straßen. Dass das Unternehmen innerhalb eines Jahrzehnts einen Weltruf auf diesem Gebiet erlangte, war freilich nur möglich, weil bei Bosch bahnbrechende Erfindungen gelangen, die auch zur Aufnahme eines rasch expandierenden Auslandsgeschäfts führten.

Die Niederspannungsmagnetzündung, wie sie Nicolaus Otto in der Gasmotorenfabrik Deutz entwickelt hatte, war in den 1880er Jahren ein enormer Fortschritt, weil erst dadurch die Einführung von Benzinmotoren anstelle der Gasmotoren möglich wurde. Bei diesen Zündern wurde der Strom durch Drehungen eines zwischen Magnetteilen gelagerten Ankers erzeugt und zu einer Apparatur aus einem feststehenden Zündstift und einem Zündhebel geleitet. Durch abruptes Öffnen des Zündhebels und die damit verbundene Unterbrechung des Stromkreises («Abreißen») entstand im Verbrennungsraum der Zündfunke, so dass eine Zündung durch die Bewegung des Motors, ohne externe Stromquelle, erfolgte. Otto hatte seine Magnetzündung freilich für stationäre Motoren konstruiert, Kraftfahrzeuge gab es zu diesem Zeitpunkt noch gar nicht. Die Autopioniere mussten dann feststellen, dass sich die Magnetzünder, wie sie die Gasmotorenfabrik Deutz baute, nicht für die schneller laufenden Motoren von Kraftfahrzeugen eigneten. Für Motoren mit höheren Drehzahlen waren ihre schweren Anker zu träge. Die meisten Automobile fuhren deshalb zunächst mit Batteriezündungen, die damals allerdings den Nachteil hatten, dass der Zündstrom während der Fahrt nicht ersetzt werden konnte. Die Fahrer mussten schon nach kurzen Strecken anhalten, um die

Batterien im Stand aufzuladen. Gottlieb Daimler wiederum stattete die von seiner Firma gebauten Benzinmotoren mit einer Glührohrzündung aus, was wegen der hohen Brandgefahr eine sehr gefährliche Konstruktion war. Als die Zahl an Kraftfahrzeugen zunahm, wurde daher eine neue Lösung für das Problem der Zündung immer dringlicher. Benz nannte es in seinen Erinnerungen das «Problem der Probleme».[1] Die ersten Automobilisten mussten bittere Erfahrungen damit machen, zumal es noch keine Werkstätten gab. Mitunter verbrachten die Kraftfahrer ganze Tage damit, an der Zündung zu arbeiten, sie zu kühlen, neu einzustellen und gebrochene Komponenten zu ersetzen.[2]

Es fehlte nicht an Anläufen, eine leistungsfähige Zündung für Fahrzeugmotoren zu finden. Bis zu einer gewissen Drehzahl scheinen sich die von Bosch gebauten Niederspannungsmagnetzünder noch vergleichsweise gut bewährt zu haben. Als erstes Unternehmen rüstete eine kleine Firma in Thüringen Kraftfahrzeuge mit diesen Zündern aus. Die beiden Magnetzünder, die Bosch 1894 an die Thüringischen Motorenwerke in Neustadt an der Orla verkaufte, waren nachweislich die ersten Bosch-Zünder, die in Kraftfahrzeugmotoren eingebaut wurden. Sie bewährten sich immerhin insoweit, dass dieser Kunde bei Bosch noch drei weitere Zünder bestellte. Wegen finanzieller Schwierigkeiten mussten die Thüringischen Motorenwerke aber schon 1895 den Betrieb einstellen.[3] Ein weiterer Bosch-Zünder konnte in diesem Jahr in einen Benz-Wagen eingebaut werden, der einen Motor mit niedriger Drehzahl besaß.[4] Hatte Bosch im Jahr 1895 noch 157 Magnetzünder hergestellt, so waren es ein Jahr später schon 528. Allerdings handelte es sich dabei fast ausschließlich um Zünder für stationäre Motoren. Der Anteil der Niederspannungsmagnetzünder für Fahrzeugmotoren an der gesamten Zünderproduktion der Firma Bosch lag 1896 bei weniger als 1 Prozent.[5] Der Bau des 1000. Magnetzünders wurde am 6. September 1896 mit einem Betriebsausflug nach Geradstetten im Remstal begangen, zu dem Robert Bosch seine Mitarbeiter einlud.[6] Auch die heranwachsende Firma sollte offenbar etwas von der einvernehmlichen Atmosphäre der früheren Werkstatt bewahren.

1896 trat der Augsburger Motorradhersteller Rüb & Wegelin an Bosch heran. Dort hatte man mit Batteriezündungen schlechte Erfahrungen gemacht und die Glührohrzündung Daimlers hielt der Konstrukteur Ludwig Rüb für zu gefährlich. Rüb benötigte eine Zündung für Drehzahlen von über 1000 Umdrehungen pro Minute, was mit den bisherigen Magnetzündern nicht zu leisten war.[7] Boschs Werkstattleiter Arnold Zähringer nahm sich der Herausforderung an. Durch Versuche fand er heraus, dass der zwischen den Magneten gelagerte Doppel-T-Anker des Zünders nicht unbedingt pendeln musste. Derselbe Effekt konnte mit ruhendem Anker erzielt werden, wenn eine Drehhülse um den Anker rotierte oder pendelte. Der Funke wurde nach wie vor durch

Abb. 8: Betriebsausflug (1896)

das Abreißen des Zündhebels ausgelöst. Da die Drehhülse weitaus leichter war als der Anker, konnten höhere Drehzahlen erreicht werden. Bosch erhielt für diese Abreißzündung im Juni 1897 ein Patent und nahm daraufhin die Fertigung auf. Zähringer wurde mit einer Beteiligung an zukünftigen Lizenzeinnahmen belohnt.[8] Mit seiner Erfindung war erstmals ein Zünder speziell für Fahrzeugmotoren konstruiert worden. Kraftfahrzeuge konnten nun auch längere Strecken störungsfreier zurücklegen, als es bisher möglich gewesen war. Von den Vorteilen der neuen Abreißzündung war der erste Abnehmer, die Firma Rüb & Wegelin, überzeugt.[9] Dort baute man die Zündung erfolgreich in Motorräder und später auch in Motor-Dreiräder ein.[10] Bei einem anderen Motorradhersteller, einer Firma bei Hamburg, führten die Versuche mit der Bosch-Zündung jedoch nicht zum Erfolg.[11]

Von der Erfindung Zähringers berichtete Bosch dem deutsch-britischen Unternehmer Frederick R. Simms, der damals auf der Suche nach leistungsfähigen Zündern für Fahrzeugmotoren war, da ihn die Batteriezündung nicht überzeugt hatte. In England hatte Simms kein Unternehmen gefunden, das einen derartigen Zünder bauen konnte. Daher suchte er in Deutschland weiter. Als führende Hersteller waren ihm die Gasmotorenfabrik Deutz und die

Firma Bosch genannt worden.[12] Simms, einer der Pioniere der europäischen Automobilindustrie, war eine ebenso einflussreiche wie eigensinnige Persönlichkeit. Er hatte die exklusiven Vertretungsrechte der Daimler-Motoren-Gesellschaft für Großbritannien und das Commonwealth erworben und mit der Gründung der Daimler Motor Company in Coventry im Jahr 1896 die Automobilindustrie nach Großbritannien gebracht.[13] Simms hatte schon mehrere Magnetzünder von Bosch gekauft. Als er von Zähringers Konstruktion erfuhr, erteilte er den Auftrag, sie in den Benzinmotor eines dreirädrigen Fahrzeugs einzubauen. Der Motor des Fahrzeugs, das Simms im November 1897 zur Elektrotechnischen Fabrik Bosch schickte, war ein britischer Lizenzbau des damals sehr beliebten, von der französischen Firma De Dion-Bouton gefertigten Dreirads. Die Testfahrten bei Bosch, die der Lehrling Max Rall durchführen durfte, ergaben, dass dieser Motor eine Umlaufzahl von mindestens 500–600 Umdrehungen pro Minute hatte. Nach einer späteren Angabe Robert Boschs sind es sogar 1800 gewesen.[14] Jedenfalls bewährte sich die neue Abreißzündung auch bei diesen Tests. Am 21. Dezember 1897 führte Bosch das Dreirad erfolgreich Daimler und Maybach vor. Anfang Januar 1898 – acht Wochen nach Erteilung des Auftrags – erhielt Simms das De Dion-Bouton-Dreirad zurück.[15] Dieses Fahrzeug war das erste Automobil mit der neuen, von Zähringer konstruierten Bosch-Zündung.

Bald darauf ging bei Bosch die erste Bestellung der Daimler-Motoren-Gesellschaft für den neuen Niederspannungsmagnetzünder ein. Simms hatte den Aufsichtsrat von den Vorteilen dieser Konstruktion überzeugt, nicht aber Gottlieb Daimler, der weiter an der Glührohrzündung festhalten wollte. Dabei dürften auch persönliche Animositäten eine Rolle gespielt haben, denn Bosch und Daimler mochten sich nicht.[16] Bosch schrieb rückblickend: «Daimler haßte mich und machte mir alle Schwierigkeiten, die er machen konnte.»[17] Daimler, der einer älteren Generation angehörte und schon im März 1900 starb, hielt Bosch wohl für einen jungen Besserwisser; und Bosch wiederum dürfte in Daimler einen unbelehrbaren Sturkopf gesehen haben. Auf Simms Drängen nahm der Aufsichtsrat der Daimler-Motoren-Gesellschaft mit Bosch Verhandlungen auf. Die Daimler-Direktoren Maybach und Vischer erwogen sogar, den Zünderhersteller zu übernehmen und richteten eine entsprechende Anfrage an Bosch. Da Bosch nicht bereit war, sein Unternehmen zu verkaufen, wollte sich die Daimler-Motoren-Gesellschaft ein Alleinverkaufsrecht für die Bosch-Zünder sichern. Bosch erwartete dafür die Zusage, dass Daimler ausschließlich Bosch-Zünder verwenden würde. Schließlich wurden die Verhandlungen abgebrochen, weil die Daimler-Motoren-Gesellschaft nur 100 Magnetzünder pro Jahr abnehmen wollte, was ungefähr der Zahl der von Bosch damals verkauften Magnetzünder für Fahrzeugmotoren entsprach. Einen weitaus größeren Umsatz machte Bosch nach wie vor mit Magnetzündern für stationäre Verbrennungsmotoren, von denen seine Firma bereits über 1000 Stück pro Jahr fertigte. Daher verlangte er eine jährliche Abnahmegarantie für 3000 Zünder und das für die Dauer von 14 Jahren. Zudem sollte Daimler auch den Vertrieb der Zünder für ortsfeste Motoren übernehmen, da die Kunden hier oft dieselben wären wie bei den «Fahrradzündungen».[18] Da man sich nicht einig wurde, kam Bosch damals nicht unter den Einfluss von Daimler. Das Unternehmen blieb ein unabhängiger Zulieferer.[19]

Die Daimler-Motoren-Gesellschaft kam gleichwohl nicht umhin, die neuen Abreißzünder der Firma Bosch zu kaufen. Dafür sorgte Emil Jellinek, eine der schillerndsten Gestalten unter den Autopionieren dieser Zeit. Jellinek, der aus einer Gelehrtenfamilie stammte, hatte es mit Tabakhandel, Versicherungs- und Börsengeschäften zu beträchtlichem Reichtum gebracht. Er war österreichisch-ungarischer Generalkonsul beim Fürstentum Monaco und residierte in einer repräsentativen Villa in Nizza, in der die dortige Hautevolee ein- und ausging. Der Geldadel in Frankreich begeisterte sich damals für die neuen Personenkraftwagen; sie galten als der letzte Schrei und auch unter den Reichen und Schönen an der Côte d'Azur grassierte eine Auto-Manie. Wegen ihres hohen Preises standen die Kraftfahrzeuge für Luxus und Exklusivität. Hinzu kam der besondere Reiz, der von den Autorennen ausging, die seit 1894 in Frankreich stattfanden. Sie waren gesellschaftliche Ereignisse, ähnlich den Pferderennen, und boten auch einen gewissen Nervenkitzel, da es häufig zu Unfällen kam.[20] Emil Jellinek hatte frühzeitig erfasst, welche geschäftlichen Möglichkeiten sich hier eröffneten und den Kontakt zu Daimler gesucht. Seit 1898 vertrieb er Daimler-Kraftfahrzeuge in Frankreich und meldete sie auch zu Autorennen an. Schon bald drängte er bei Daimler auf die Konstruktion eines neuen, leichteren Modells, das für Autorennen besser geeignet war als die bisherigen Motorkutschen und nicht mit einer Glührohrzündung, sondern mit einer Abreiß-Magnetzündung von Bosch ausgerüstet wurde. Da Jellinek einer ihrer wichtigsten Kunden war, willigte die Daimler-Motoren-Gesellschaft ein.[21]

Das neue Fahrzeug, eine viersitzige, von Wilhelm Maybach konstruierte Limousine mit einem Sechs-Liter-Motor, wurde Jellineks Ansprüchen voll und ganz gerecht. Es erhielt den Rufnamen der Tochter Jellineks: Mercedes. Die Präsentation des neuen Daimler-Wagens auf der Autowoche von Nizza Ende März 1901 wurde zu einem Triumph. Der Mercedes 35 PS siegte beim Rennen Nizza-Salon-Nizza mit großem Abstand und der Generalsekretär des französischen Automobilclubs sprach davon, man sei in die «Ära Mercedes» eingetreten. Jellineks Auftragsbücher waren nun so voll, dass er sich bei Daimler ein Vorkaufsrecht für die gesamte Fahrzeugproduktion der Jahre 1901 und 1902 sicherte.[22] Durch die Rennsiege stiegen mit dem Ansehen auch die Preise. Jellinek konnte zum Teil das Doppelte des Herstellerpreises verlangen. Zu seinen Kunden gehörten Kaiser Wilhelm II., der König von Württemberg und amerikanische Milliardäre.[23] Da der Mercedes mit einem Bosch-Zünder fuhr, fiel der Ruhm dieses Fahrzeugs auch auf die Elektrotechnische Fabrik Robert Bosch. Spätestens jetzt war Bosch in der gesamten, damals noch recht überschaubaren Autowelt ein Begriff.[24]

Ein anderer spektakulärer Erfolg gelang dem Unternehmen im Juli 1900, als das erste Luftschiff des Grafen Zeppelin (LZ 1) mit einem Abreiß-Magnetzünder von Bosch einen erfolgreichen Testflug absolvierte. Zeppelin hatte Daimler-Motoren einbauen lassen, aber aus naheliegenden Gründen verlangt, dass sie nicht mit einer Glührohr-, sondern mit einer Magnetzündung ausgerüstet wurden.[25] An ein Geschäft mit Flugmotorenzündungen war zu diesem Zeitpunkt freilich noch nicht zu denken. Zeppelin musste seine Testflüge bald aus Geldmangel einstellen und konnte erst 1904 sein nächstes Luftschiff bauen.

Bei den Verhandlungen mit der Daimler-Motoren-Gesellschaft im Frühjahr 1898 hatte Bosch beabsichtigt, dem Motoren- und Automobilhersteller den gesamten Vertrieb seiner Produkte zu übertragen. Dabei hatte er besonders das Auslandsgeschäft im Blick. Daimler war international bereits gut aufgestellt. Mit Simms und Jellinek verfügte das Unternehmen über einflussreiche Vertreter in Großbritannien und Frankreich. Bosch drängte es inzwischen auf die Märkte dieser Länder. Vor allem für Großbritannien suchte er einen Vertreter, weil es dort praktisch noch keinen Magnetzünderhersteller gab. Auf den ersten Blick mag es vielleicht überambitioniert erscheinen, dass ein Unternehmen dieser Größenordnung, welches zudem erst seit wenigen Jahren florierte, Vertretungen im Ausland errichten wollte. Tatsächlich musste Bosch diesen Schritt aber wagen, denn der Erfolg seines Zündergeschäfts hing entscheidend davon ab, dass es ihm gelingen würde, auch im Ausland Fuß zu fassen. In Frankreich und in Großbritannien waren Kraftfahrzeuge verbreiteter als in Deutschland. Wer in dieser Branche wachsen wollte, musste dort vertreten sein. Daimler und Benz lieferten inzwischen schon den größten Teil ihrer Produktion nach Frankreich.

Bosch hatte zunächst darauf gesetzt, durch einen Vertrag mit der Daimler-Motoren-Gesellschaft deren gute Vertriebskanäle im Ausland für seine Produkte nutzen zu können und dadurch den kostspieligen Aufbau eigener Auslandsvertretungen zu umgehen. Diese Strategie dürfte er auch noch verfolgt haben, als er im April 1898 Simms, dem Vertreter der Daimler-Motoren-Gesellschaft in London, die Alleinvertretung für Großbritannien übertrug.[26] Die Verhandlungen mit Daimler liefen zu diesem Zeitpunkt noch. Bosch erhielt Ende April von der Daimler-Motoren-Gesellschaft einen Vertragsentwurf. Erst in den darauffolgenden Wochen entschied er sich, dem Cannstatter Unternehmen den Verkauf der Bosch-Zünder doch nicht zu überlassen.[27] Zu diesem Zeitpunkt hatte Simms bereits den Vertrieb von Bosch-Zündern in

England aufgenommen. Er wollte sich dieses Geschäft, in das er große Erwartungen setzte, nicht entgehen lassen, auch nicht nach dem Scheitern der Verhandlungen zwischen Bosch und Daimler. So blieb Simms neben seiner Tätigkeit für die Daimler-Motoren-Gesellschaft weiterhin Bosch-Vertreter für England und schmiedete mit Bosch zusammen Pläne. Er hatte, noch auf Anraten der Daimler-Motoren-Gesellschaft, bereits in Russland, Italien und Belgien Patente angemeldet. Mit Simms war er sich schon im Juli 1898 einig, dass in Paris eine gemeinsame Gesellschaft errichtet werden sollte.[28] Für Bosch war die Strategie, über Simms ins Auslandsgeschäft zu kommen, in mancher Hinsicht vorteilhafter als es der Vertrag mit Daimler gewesen wäre. Er erhielt dadurch ohne großen Kostenaufwand Auslandsvertretungen und konnte sich ein höheres Maß an Selbstständigkeit bewahren. Simms hatte gute Verbindungen zur Londoner Finanzwelt. Er brachte in die Geschäftspartnerschaft das Geld ein, Bosch die Patente. Zugleich verfügte Simms über beste Kontakte innerhalb der Automobilbranche, 1897 hatte er einen der führenden britischen Automobilclubs gegründet. Zwei Jahre nach dem Vertretungsvertrag errichteten Simms und Bosch in London eine gemeinsame Gesellschaft. Die Magnetzünder von Simms-Bosch hatten in England nun schon einen hohen Marktanteil, ja eine geradezu dominante Marktposition.

Bereits am 27. Februar 1899 hatten Bosch und Simms in Paris eine gemeinsame Gesellschaft nach britischem Recht gegründet, die Automatic Magneto Electric Ignition Co., die sich später in Cie. des Magnétos Simms-Bosch umbenannte.[29] Beabsichtigt war auch, in Paris eine Zünderfertigung zu errichten. Als dort dann die erste, noch recht bescheidene Produktion von Bosch-Zündern im Ausland anlief, gab es jedoch technische Probleme. Robert Bosch sah sich gezwungen, einen versierten Mechaniker nach Paris zu schicken, und entschied sich für Max Rall, der wenige Jahre zuvor noch als Lehrling die Probefahrt mit Simms Tricycle unternommen hatte. Einen Mitarbeiter mit internationaler Erfahrung hatte die Firma Bosch zu Beginn ihres Auslandsgeschäfts noch nicht, so dass Bosch nur darauf vertrauen konnte, dass der junge Rall die Arbeit in Paris auch ohne Auslandserfahrung gut machen würde. Rall enttäuschte ihn nicht.

Innerhalb von nur fünf Jahren war der Firma Bosch ein geradezu sensationeller Aufstieg gelungen, von einer Werkstätte in Stuttgart, die keine Gewinne erzielte, zu einem international bekannten Hersteller mit Vertretungen in London und Paris. Ein derartiger Quantensprung wäre mit dem Elektroinstallationsgeschäft natürlich nicht möglich gewesen. Er gelang auch im Zündergeschäft nur, weil das Unternehmen eine technische Neuerung entwickelt hatte, mit der es zum richtigen Zeitpunkt auf den Markt gekommen war, und weil es auf diesem Gebiet wenig Konkurrenz gab. Die Automobilhersteller und Motorenbauer hatten nicht versucht, selbst in die Zünderfertigung einzusteigen, oder sich – wie Daimler mit seiner Glührohrzündung – auf Techniken versteift, die keine Perspektive hatten. Bosch schrieb im November 1898 an Simms: «Die deutschen Firmen sind entweder zu sehr beschäftigt oder haben mit anderen Problemen ihrer Motoren sich so viel abzugeben, dass sie sich nicht ernstlich mit der Zündung befassen.» In diesem Brief gab Bosch auch einen Einblick in seine Marktstrategie: «Ich bearbeite jetzt die großen Automobil-Hersteller, sie werden dann von den Motorenbauern meine Zündung verlangen. Benz wird der erste sein. C'est seulement le premier pas, que coûte.»[30] Dass ein Zulieferer Hersteller als Kunden gewinnt, indem er deren Kundschaft von seinen Produkten überzeugt, war nach den damaligen Vorstellungen ein durchaus modernes Konzept. Bosch mag dabei an Jellinek gedacht haben, der Daimler dazu verpflichtet hatte, in die Mercedes-Motoren keine Glührohr-, sondern Magnetzündungen einzubauen. Deutlich wird daran allerdings auch, dass es damals noch eine Trennlinie zwischen Motoren- und Kraftfahrzeugherstellern gab und dass Bosch den Motorenbauern gegenüber keinen leichten Stand hatte.

Das starke Wachstum des Zündergeschäfts führte dazu, dass die Firma schon 1897 in ein Haus in der Kanzleistraße 22 umzog, das größere Räume bot. Bald reichte auch dieses Gebäude nicht mehr aus. Vorübergehend mussten zusätzliche Räume in der Kasernenstraße angemietet werden. Um die Jahrhundertwende war Bosch so vermögend, dass er ein Werksgelände erwerben und bebauen konnte. Es dürfte damals nicht viele Firmen in Deutschland gegeben haben, die schon Auslandsvertretungen besaßen, bevor sie an ihrem Stammsitz über ein eigenes Werksgelände verfügten. Am 12. April 1900 kaufte Bosch ein Haus in der Militärstraße, der heutigen Breitscheidstraße, mit dem angrenzenden Grundstück Hoppenlaustraße 11, auf dem das erste eigene Büro- und Fabrikgebäude des Unternehmens errichtet wurde. Bosch hatte auch dabei genaue Vorstellungen. Das Gebäude wurde als erstes Haus in Stuttgart aus Eisenbeton errichtet, wirkte von außen aber eher wie ein großbürgerliches Wohnhaus, mit einer «Sandsteinfassade im Renaissancestil», da Bosch keinen «schmucklosen Kasten» wollte.[31] Das Unternehmen hieß nun nicht mehr «Werkstätte für Feinmechanik und Elektrotechnik», sondern «Elektrotechnische Fabrik Robert Bosch», und hatte beim Umzug in die Hoppenlaustraße rund 40 Beschäftigte. Das neue Werk war bereits für eine größere Dimension angelegt. Hier konnten bis zu 200 Arbeiter beschäftigt werden. Der Umsatz war zwischen 1898 und 1901 auf mehr als das Doppelte angestiegen, von 163 000 Mark auf 369 000 Mark, wovon bereits etwa 15 Prozent auf das Auslandsgeschäft entfielen.[32]

Durch den von Zähringer 1897 entwickelten Abreiß-Niederspannungsmagnetzünder hatte sich die Fertigung bei Bosch immer mehr auf das Zündergeschäft konzentriert. Gleichzeitig nahm die Herstellung von Zündern für

Abb. 9: Fabrikgebäude Hoppen-
laustr. 11 (1910)

Fahrzeugmotoren stärker zu als die von Zündern für ortsfeste Motoren. Ab
1901 lag der Schwerpunkt der Produktion dann eindeutig auf den Niederspannungsmagnetzündern für Kraftfahrzeuge und Motorräder.[33] Trotz des raschen
Wachstums in diesem Bereich hatte Robert Bosch allerdings Zweifel, ob die
Fertigung von Magnetzündern auf Dauer eine tragfähige Grundlage für sein
Unternehmen bilden würde. Er verfiel nun ebenso wenig in einen Erfolgs-
rausch, wie er sich im ersten Jahrzehnt nach der Unternehmensgründung von
den damaligen Problemen hatte beirren lassen, und war sich des Risikos einer
starken Abhängigkeit von einem einzigen Produkt bewusst. In seinen Lebenserinnerungen schrieb er rund 20 Jahre später: «Immer hielt ich mir die Möglichkeit vor Augen, es könne eines Tages die Eintagsfliege von Spezialität, die
Magnetzündapparate, überholt oder überhaupt unmöglich gemacht werden,
und ich sann ständig darauf, noch die Erzeugung anderer Dinge aufzunehmen.»[34]

　　Neben der Magnetzünderfertigung hielt Bosch auch weiterhin am Elektroinstallationsgeschäft fest. Für die elektrotechnischen Installationen gab es inzwischen eine eigene Abteilung, die von Heinrich Stütz geleitet wurde. Bosch

baute diese Sparte um die Jahrhundertwende sogar noch aus, indem er von Sigmund Bergmann, seinem früheren Arbeitgeber in New York, die Vertretung für Isolierrohre übernahm. Um 1900 entfielen immerhin noch 21 Prozent des Umsatzes der Firma auf elektrotechnische Installationen.[35] Zwischenzeitlich hatte Bosch zudem erwogen, die Herstellung von Schreibmaschinen in das Fertigungsprogramm aufzunehmen. Er war von dieser Überlegung aber wieder abgerückt, um nicht einem wichtigen Kunden Konkurrenz zu machen, der Frankfurter Firma Adlerwerke vorm. H. Kleyer AG, einem Fahrrad- und Automobilhersteller, der zu dieser Zeit mit der Fertigung von Schreibmaschinen begann.[36]

Bosch war auch nicht gewillt, sich auf den Erfolgen seines Zündergeschäfts auszuruhen, obwohl ihm hier auf absehbare Zeit hohe Gewinne sicher waren. Er suchte gemeinsam mit Zähringer nach einer noch besseren Konstruktion. Arnold Zähringers Abreiß-Niederspannungsmagnetzündung hatte den Nachteil, dass ihr sperriges Abreißgestänge anfällig war und noch höhere Drehzahlen verhinderte, während die Batteriezündung, die im Ausland sehr verbreitet war, aber auch von Carl Benz verwendet wurde, als zuverlässiger galt, weil sie mit einer Zündkerze auskam, zwischen deren Elektroden ein Lichtbogen erzeugt wurde. Dafür hatte die Batteriezündung den Nachteil, dass die Batterien schon nach kurzer Fahrt aus dem Stand aufgeladen werden mussten. Mit diesem Problem beschäftigte sich bei Bosch Gottlob Honold, der 1901 eingestellt worden war, weil das Unternehmen dringend einen Elektrotechniker benötigte. Die wachsenden Anforderungen auf diesem Gebiet konnten nicht mehr allein von Mechanikern bewältigt werden. Honold hatte sich nach seiner Lehre in Boschs Werkstatt bei der Firma Hartmann & Braun in Frankfurt mit elektrischen Messinstrumenten beschäftigt und an der Technischen Hochschule Stuttgart Elektrotechnik studiert. Ihm war eine Assistentenstelle an der Hochschule angeboten worden, doch hatte er es vorgezogen, bei Bosch Technischer Leiter zu werden.[37]

Nach monatelangen Versuchen fand Honold im Dezember 1901 eine geniale Lösung, die es ermöglichte, die Vorteile des Magnetzünders mit denen der Batteriezündung zu verbinden. Im Unterschied zu den bisherigen Niederspannungsmagnetzündern konstruierte er einen Magnetzünder, der durch zwei Wicklungen auf dem Anker eine Hochspannung erzeugte, die über ein Kabel an eine Zündkerze weitergeleitet wurde. Durch die Hochspannung entstand zwischen den feststehenden Elektroden der Zündkerze ein sogenannter «Lichtbogen» – der Zündfunke. Der reparaturanfällige Abreißmechanismus konnte also durch eine Zündkerze ersetzt werden, wobei der grundsätzliche Vorteil der Magnetzündung erhalten blieb: Auch die neue Konstruktion wurde durch die Motordrehung angetrieben und benötigte daher keine externe Stromquelle. Honold hatte mit dem Hochspannungsmagnetzünder, der damals auch Lichtbogenzünder genannt wurde, einen zuverlässigen und leistungsfähigen Zündmechanismus für schnelllaufende Verbrennungsmotoren gefunden. Als er Bosch die neue Konstruktion vorführte, soll dieser gesagt haben: «Damit haben Sie den Vogel abgeschossen».[38] Später gab der Unternehmensgründer freilich zu, dass er die ganze Bedeutung der Erfindung nicht sofort erkannt hatte, weil die bislang üblichen Zündkerzen für den Hochspannungsmagnetzünder nicht geeignet waren.[39] Rückblickend hat Bosch Honolds Leistung auch als den Erfolg einer Gemeinschaftsarbeit beschrieben.[40] Heuss stellt die Erfindung des Hochspannungsmagnetzünders dagegen mehr als einen Alleingang Honolds dar.[41] Sicher ist, dass Honold die entscheidende Idee hatte, aber auch, dass die Konstruktion des Hochspannungsmagnetzünders mit einem längeren Vorlauf und einer längeren Versuchsphase verbunden war.

Bis der Hochspannungsmagnetzünder in die Fertigung gehen konnte, sollte noch einige Zeit vergehen. Erst mussten neue Isolierstoffe gefunden und neue Zündkerzen entwickelt werden. Auch musste erst durch Probefahrten herausgefunden werden, ob sich die neue Konstruktion in Kraftfahrzeugen bewähren würde.[42] Als der Hochspannungsmagnetzünder im November 1902 im Pariser Automobilsalon erstmals der Öffentlichkeit vorgeführt wurde, gab es skeptische Blicke. Die meisten Rennfahrer verließen sich lieber noch auf Niederspannungsmagnetzünder, da sie es für zu riskant hielten, mit einem wenig erprobten Zünder zu fahren.[43] Der Durchbruch kam erst, als in Frankreich 1906 ein Wagen von Renault mit einem Hochspannungsmagnetzünder den Grand Prix gewann.[44] Nun sattelte die Autowelt auf die neue Technik von Bosch um. Das «Problem der Probleme» der damaligen Kraftfahrzeugtechnik war gelöst. 1909 waren bereits 92 Prozent aller gefertigten Zünder Hochspannungsmagnetzünder. Im darauffolgenden Jahr stellte Bosch erstmals über 200 000 Zünder her – nur 14 Jahre, nachdem die Belegschaft den Bau des tausendsten Zünders mit einem Betriebsausflug begangen hatte.[45]

Gottlob Honold meldete für den Hochspannungsmagnetzünder ein Patent an, das der Firma im Juni 1904 nach langwieriger Prüfung rückwirkend zum 7. Januar 1902 erteilt wurde.[46] Drei Jahre später drohte ein Konkurrent mit einer Nichtigkeitsklage, weil ein älteres Patent für eine ähnliche, von Paul Winand entwickelte Konstruktion entdeckt worden war, das die Gasmotorenfabrik Deutz nie genutzt hatte. Bosch ließ daraufhin das Patent für den Hochspannungsmagnetzünder erlöschen, indem er dafür keine Gebühren mehr zahlte. Offenbar war er sich sicher, dass er die Konkurrenz auch ohne Patentschutz nicht fürchten musste. So kam es denn auch. Zwar baute die Firma Underberg & Henle in Karlsruhe Boschs Hochspannungsmagnetzünder nach und auch das Stuttgarter Unternehmen Ernst Eisemann & Co., dessen Werk sich unmittelbar

Abb. 10: Gottlob Honold (1910)

neben dem Bosch-Areal befand, nahm die Fertigung von Hochspannungs-
magnetzündern auf. Doch der Hochspannungsmagnetzünder von Bosch war
technisch so ausgereift, dass er nicht gleichwertig nachgeahmt werden konnte.
Honold schrieb 1921 in der Werkszeitung, die nach dem Bosch-Zünder benannt
wurde: «Der Bosch-Zünder wird von allen nachgebaut, von keinem übertroffen.»[47]

Aus den Versandbüchern des Unternehmens geht hervor, dass Simms
seit 1899 bei den Fahrzeugmagnetzündern Boschs wichtigster Kunde war,
wobei es sich um die Lieferungen an die von Simms und Bosch gemeinsam
gegründeten Gesellschaften in London und Paris gehandelt haben dürfte.
Demnach gingen 1899 21 Prozent der Fahrzeugzünderfertigung von Bosch
nach Paris und London, ein Jahr später bereits 31 Prozent.[48] An zweiter Stelle
folgte die Daimler-Motoren-Gesellschaft mit einem Anteil von knapp 11 Prozent im Jahr 1900. Die Automobilhersteller Opel und Adler waren seit 1899
Kunden von Bosch. Ein Jahr später erfolgten erstmals Lieferungen an Fiat
und Peugeot.[49] Durch den Erfolg der Bosch-Zünder hatte das Unternehmen
nun eine recht starke Position gegenüber den Kunden, zumal es viele Automobilhersteller gab, aber keinen Magnetzünderhersteller, der mit Bosch
ernsthaft konkurrieren konnte. Robert Bosch verstand es aber auch, sich
seine Kunden durch Anreize zu verpflichten. Er räumte ihnen Vorzugspreise

ein, wenn sie sich dazu verpflichteten, ausschließlich Bosch-Zünder zu verwenden. Eine derartige Vereinbarung gab es auch mit der Daimler-Motoren-Gesellschaft.[50]

Simms und Jellinek haben jeweils auf ihre Weise zum raschen Aufstieg der Firma Bosch beigetragen. Sie brachten das mit, was Bosch damals noch nicht hatte: internationale Verbindungen und vielfältige Kontakte innerhalb der Automobilbranche. Jellinek brachte Daimler zur Zusammenarbeit mit Bosch und begründete damit die sehr erfolgreiche Geschäftsverbindung zwischen den beiden später größten Unternehmen Stuttgarts. Simms ermöglichte einen schnellen und kostengünstigen Einstieg ins Auslandsgeschäft. Bosch dürfte das Risiko größerer eigener Auslandsinvestitionen gescheut haben, solange er befürchtete, dass sich der Magnetzünder als «Eintagsfliege» erweisen könnte. Auch wollte er es vermeiden, Bankkredite aufzunehmen. Zu den Banken wahrte er stets eine gewisse Distanz. Es gehörte zu seinen Geschäftsprinzipien, so weit wie irgend möglich auf Eigenfinanzierung zu setzen, um die Unabhängigkeit seines Unternehmens zu wahren.[51] Durch die Erfolge des Bosch-Zünders hatte der Unternehmer inzwischen auch ein so großes Vermögen angehäuft, dass er sich diesen Standpunkt leisten konnte. Die Stuttgarter Auskunftei W. Schimmelpfennig berichtete im Februar 1908 über die Firma Bosch: «Die Rentabilität gilt als eine hohe und das Vermögen des Inhabers beziffert sich nach Angaben von eingeweihter Stelle heute auf 11 Millionen Mark.»[52] Dabei hatte Bosch nicht mit Investitionen gespart. Sein Unternehmen entwickelte sich so erfolgreich, dass der Ausbau in den Jahrzehnten vor dem Ersten Weltkrieg ausschließlich aus Gewinnen finanziert werden konnte.

Die ersten eigenen Auslandsgesellschaften und die Eroberung des US-Markts

Es ist schon viel darüber geschrieben worden, warum sich die Kraftfahrzeuge in Frankreich früher ausbreiteten als in Deutschland, wo das Auto von Carl Benz und Gottlieb Daimler erfunden worden war. Heute geht man davon aus, dass es mehrere Gründe dafür gab. In Frankreich waren die Straßen besser ausgebaut und die Automobilhersteller innovationsfreudiger, aber auch die Autorennen spielten dort eine größere Rolle, von denen eine kaum zu überschätzende Attraktion ausging.[53] Die deutsche Automobilindustrie zeichnete sich zwar durch hochwertige Fahrzeuge aus, aber auch durch einen Drang nach technischer Perfektion, die es kaum erlaubte, größere Stückzahlen zu produzieren. Zudem gab es in Deutschland zu viele Hersteller, von denen jeder mehrere Typen baute.[54] 1907 kam hier auf 6953 Einwohner ein Automobil, in Frankreich dagegen bereits auf 1255 Einwohner.[55]

Frankreich war zunächst die führende Automobilnation der Welt und lange Zeit der wichtigste Automobilmarkt Europas. Die Personenkraftwagen verloren dort auch früher als in Deutschland ihren exklusiven Nimbus. Sie waren immer weniger «pleasure cars» und dienten zunehmend der Berufsausübung von Ärzten, Ingenieuren und Handlungsreisenden.[56] Erst in den letzten Jahren vor dem Ersten Weltkrieg wurde der Rückstand Deutschlands geringer. Zu diesem Zeitpunkt lag Europa bereits insgesamt hinter den USA zurück. Dort wurden preisgünstigere Automobile in großen Stückzahlen hergestellt. Als Ford 1913 die erste Fließbandfertigung der Welt einführte, übertraf allein dieses Unternehmen die gesamte deutsche Automobilproduktion um ein Mehrfaches. 80 Prozent der gesamten Kraftwagenproduktion der Welt entfielen nun auf die USA (1903: 38,9 Prozent), 7,4 Prozent auf Frankreich (1903: 48,5 Prozent) und 3,4 Prozent auf Deutschland (1903: 5,0 Prozent).[57] In Europa war zwar Frankreich der größte Automobilmarkt, aber die begehrtesten Fahrzeugmotoren kamen aus Deutschland, von der Daimler-Motoren-Gesellschaft und der Firma Benz & Cie. Beide Unternehmen hatten nach Frankreich Lizenzen vergeben und setzten dort den größten Teil ihrer Fertigung ab.

Vor diesem Hintergrund wird deutlich, wie wichtig für Bosch die gemeinsam mit Simms gegründete Tochtergesellschaft in Paris war. Der deutsche Markt reichte damals nicht aus, um als Automobilzulieferer eine starke Marktposition zu erlangen und zu behaupten. Durch die Allianz mit Simms zog Bosch den Motoren- und Automobilherstellern Daimler und Benz hinterher. Doch Bosch wollte sich nicht damit begnügen und verfolgte auch das Ziel, mit den französischen Automobilherstellern direkt ins Geschäft zu kommen. Anders lagen die Verhältnisse in England, wo praktisch noch keine eigene Motoren- und Automobilindustrie bestand. Im Unterschied zu Frankreich hatte Simms-Bosch dort kaum Wettbewerber.

Die Verträge mit Simms bildeten aus Boschs Sicht zunächst ein Optimum. Nach und nach stellte sich jedoch heraus, dass Simms einen gelinde gesagt anderen Geschäftsstil pflegte als Bosch. Beide erhoben später schwere Vorwürfe gegeneinander, deren Berechtigung sich nicht mehr im Einzelnen nachprüfen lässt. Doch spricht viel dafür, dass Bosch für seinen Einstieg in das Auslandsgeschäft ein hohes Lehrgeld zahlen musste, weil er einem gerissenen Geschäftsmann zu sehr vertraut hatte. Nach dem Vertrag mit Bosch hatte Simms in England nur das Recht, die Produkte unter der Bezeichnung Simms-Bosch zu verkaufen, nicht aber, sie zu fertigen. Dafür hätte er gegen ein Entgelt von 120 000 Mark eine Lizenz erwerben müssen. Nach Boschs Darstellung hat sich Simms nicht an diese Regelung gehalten. Er hätte ohne Lizenz insgeheim Zündkerzen nach Bosch-Patenten hergestellt und Magnetzünder auch ausschließlich unter seinem Namen verkauft. Bei der Pariser Gesellschaft sicherte sich Simms eine Kapitalmehrheit von 51 Prozent, obwohl Bosch mit ihm Parität vereinbart hatte.[58] Simms wiederum behauptete später, Bosch hätte sich bei ihm Konstruktionsmuster abgeschaut. Auch wäre er durch die Verträge berechtigt gewesen, alle weiteren Erfindungen der Firma Bosch im Bereich der Zündertechnik, also auch den Hochspannungs-magnetzünder, herzustellen.[59]

Bosch fühlte sich von Simms betrogen und bereute es, die Federführung bei den Auslandsgesellschaften dem international erfahreneren Geschäfts-partner überlassen zu haben. Er bestand nun darauf, feste Lieferverträge abzu-schließen, wozu Simms nicht bereit war. Vielmehr wollte Simms an Boschs Firma beteiligt werden. 1905 bot er schließlich an, das Unternehmen für 5 Mio. Mark zu kaufen.[60] Bosch war nicht abgeneigt. Für ein Unternehmen, das einen Jahresumsatz von 1,7 Mio. Mark hatte und das er 19 Jahre zuvor mit einem Kapital von 10 000 Mark gegründet hatte, war ein Kaufpreis von 5 Mio. Mark kein schlechtes Angebot. Über die wichtigsten Personalfragen wurde man sich schnell einig. Bosch würde aus dem Unternehmen ausscheiden, Honold und Zähringer würden die Leitung übernehmen, gemeinsam mit einem Studien-freund Honolds, Gustav Klein. Doch es sollte anders kommen. Der Kaufver-trag platzte, weil Simms den Betrag von 5 Mio. Mark nicht in bar aufbringen konnte und Bosch stattdessen eine Beteiligung anbot, worauf sich dieser ver-ständlicherweise nicht einließ.[61]

Bosch war nun entschlossen, sich von Simms zu trennen, und ging seiner-seits in die Offensive. Er drohte Simms damit, die gemeinsame Auslandsgesell-schaft in Paris nicht mehr zu beliefern und Bosch-Zünder in Frankreich direkt zu vertreiben. Anschließend zog er Max Rall aus Paris ab und verzögerte Liefe-rungen dorthin bewusst, so dass Simms einen großen Auftrag von Renault nicht ausführen konnte. Simms blieb nun nichts anderes übrig, als zu verkaufen. Gegen eine großzügig bemessene Summe von 1,2 Mio. Francs (600 000 Mark) gab er 1906 seine Anteile an der Pariser Gesellschaft an Bosch ab. Ein halbes Jahr später musste Simms auch seine Beteiligung an der gemeinsamen Gesell-schaft in England verkaufen, nachdem Bosch damit gedroht hatte, die Lieferun-gen dorthin einzustellen und in London eine Niederlassung seiner Pariser Aus-landsgesellschaft zu eröffnen.[62] Der Konflikt zwischen Bosch und Simms ging dann noch vor britischen Gerichten weiter. Bosch konnte zwei Urteile gegen Simms erwirken.

Das Lehrgeld, das Bosch nach seinem Einstieg in das internationale Ge-schäft an Simms zahlen musste, wurde für ihn zu einer prägenden Erfahrung. Er hatte seitdem eine tiefe Abneigung gegen solche Unternehmer, denen win-dige Geschäfte nachgesagt wurden, auch wenn sie sich noch so weltmännisch gaben. Eine Lehre aus dieser Zeit war wohl auch das Prinzip, dass ein Zuliefe-rer niemals den eigenen Kunden Konkurrenz machen sollte, wie Simms es mit einer eigenen Motoren- und Automobilproduktion vergeblich versucht hat.

Überhaupt lesen sich die geschäftlichen Grundsätze Robert Boschs, zu denen er sich später immer wieder bekannte, wie ein Gegenentwurf zu den Praktiken von Frederick R. Simms. Diesen Schluss lassen auch Boschs 1921 verfasste Lebenserinnerungen zu. Darin schrieb er über den Konflikt mit Simms: «Wäre Simms ein anständig denkender Geschäftsmann gewesen, ich hätte mich wohl kaum einmal von ihm frei gemacht, und ich wäre nie in die Lage gekommen, mich so zu entwickeln, wie es nachher möglich war. Eine anständige Art der Geschäftsführung ist auf Dauer das Einträglichste, und die Geschäftswelt schätzt eine solche viel höher ein, als man glauben sollte.»[63]

Nach der Trennung von Simms führte Bosch die Gesellschaften in London und Paris in eigener Regie weiter. Die Firma in Paris, die nun Bosch Magneto Ltd. hieß und ein Unternehmen britischen Rechts blieb, hatte bereits 1905 die Fertigung aufgenommen. Sie war das erste Bosch-Werk im Ausland. Das von Max Rall geleitete Frankreichgeschäft nahm rasch zu und auch in England stiegen die Umsätze kräftig an. Inzwischen waren weitere Vertretungen in Wien, Budapest, Amsterdam, Mailand, Genf und Moskau entstanden. Mit Fritz Egnell, einem schwedischen Ingenieur, hatte Bosch 1904 auch einen Vertreter für Skandinavien gefunden. Über Simms hatte Bosch zwar sein Geschäft erfolgreich nach Großbritannien und Frankreich ausweiten können, nicht aber in die USA, die dabei waren, zur führenden Automobilnation der Welt aufzusteigen. Zwar hatten Bosch und Simms gemeinsam in den USA Patente beantragt, doch Simms wollte diese Rechte zu Boschs Verdruss nicht nutzen.[64] Da Bosch an der Motorisierung in den USA unbedingt teilhaben wollte, schickte er seinen Prokuristen Hugo Borst nach New York, um den amerikanischen Markt zu erkunden.[65] Borst knüpfte zahlreiche Kontakte und startete dann von Stuttgart aus eine professionelle Werbekampagne für den US-Markt. Er ließ in Fachzeitschriften wie *The Horseless Age* Anzeigen schalten, die wie eine Verheißung klangen: «At last you can get them – The long missed and long wanted Bosch-Magnetos».[66] Rund 100 amerikanische Interessenten erhielten Werbebriefe mit dem Angebot, Probeapparate zugeschickt zu bekommen.

Für den Aufbau des USA-Geschäfts hatte Robert Bosch inzwischen auch den geeigneten Mann gefunden: Gustav Klein, den Studienfreund Honolds, den dieser bei einem Verkauf des Unternehmens an Simms in die Geschäftsführung hatte holen wollen. Bosch hatte an Klein sofort Gefallen gefunden. Nachdem der Verkauf an Simms geplatzt war, stellte er ihn als Verkaufsleiter ein und vermutlich hatte er ihn dabei schon für eine Aufgabe in Übersee im Blick. Klein hatte für die Maschinenfabrik Esslingen drei Jahre in Argentinien gearbeitet und war eine faszinierende Persönlichkeit. Heuss sah in ihm eine «Eroberernatur» und einen «Menschenfänger», Lessing nennt ihn einen «Tausendsassa».[67] Bosch selbst schrieb über den weltläufigen Ingenieur, der

Abb. 11: Zeitungsanzeige (1906)

in Sulzbach an der Murr in bescheidenen Verhältnissen aufgewachsen war: «Klein scheute keine Arbeit. Er hatte alle möglichen Fähigkeiten und auch die größte Beweglichkeit. Er war überall immer tätig, im besten Sinne.»[68] Für den Aufbau eines Geschäfts im «Land der unbegrenzten Möglichkeiten» war dieser Mann ideal geeignet.

Im Juli 1906 fuhr Klein über den Atlantik, begleitet von seinem Freund Otto Heins. In den Werbebriefen, die Borst verschickt hatte, war sein Besuch schon angekündigt worden. Der Erfolg, den Klein in den USA hatte, übertraf alle Erwartungen. Innerhalb kurzer Zeit sammelte er Aufträge über mehr als 1 Mio. US-Dollar ein, das war mehr als der bisherige Jahresumsatz des Unternehmens.[69] In Amerika war die Autobegeisterung später ausgebrochen als in Frankreich, aber die Nachfrage stieg dann schneller an. Wegen der großen Entfernungen waren Kraftfahrzeuge hier von Anfang an weniger ein Statussymbol als ein Transportmittel.[70] Für Bosch war der US-Markt eine Herausforderung, weil es starke Konkurrenz gab. Die Batteriezündung herrschte dort vor und amerikanische Ingenieure arbeiteten bereits an einer neuen elektrischen Zündung. Doch entstand in Amerika zu dieser Zeit ein Fahrzeugmarkt von einer ganz anderen Dimension als in Frankreich oder gar in Deutschland, so dass Bosch dort hohe Umsätze erzielen konnte.

Vor der Errichtung einer Verkaufsgesellschaft in New York musste allerdings erst eine Hürde überwunden werden. Bosch beauftragte den Anwalt Carl Schurz, eine Klage gegen den hohen Importzoll von 45 Prozent einzureichen, und hatte damit Erfolg. Am 6. September 1906 konnte die Robert Bosch New York Inc. gegründet werden. Die Büro- und Verkaufsräume befanden sich zunächst in einem Gebäude an der Ecke Broadway/66th Street auf Manhattan. Weil die Zünder in den USA bald als «Bosch-Magnetos» bekannt waren, wurde die Gesellschaft 1908 in Bosch Magneto Company umbenannt. Leiter der Bosch Magneto Company war Kleins Freund Otto Heins. Er entschloss sich, auch eine Fertigung aufzunehmen. Die Bosch Magneto Company bezog dafür ein vierstöckiges Gebäude an der 46th Street, wo schon bald 350 Beschäftigte in Schichtarbeit Magnetzünder montierten. Die Gesellschaft eröffnete 1908 Verkaufsniederlassungen in Chicago und San Francisco. Zwei Jahre später kam in Detroit ein weiteres Verkaufshaus hinzu.[71]

Durch das dynamische Wachstum des amerikanischen Automobilmarkts erreichten die Umsätze der Bosch Magneto Company immer neue Rekordmarken. Entsprechend nahm der Bedarf an Arbeitskräften und Räumen zu. Heins sah sich daher nach einem neuen Standort um, wo ein großes Werksgebäude errichtet werden konnte. Er entschied sich für die Stadt Springfield im Bundesstaat Massachusetts, die optimale Voraussetzungen bot, weil sich hier genügend industriell geschulte Arbeitskräfte finden ließen und günstige Verkehrsanbindungen bestanden. Springfield war zu dieser Zeit, als sich die Entwicklung Detroits zur «Motor City» noch in den Anfängen befand, ein wichtiger Standort der amerikanischen Automobilindustrie. Die Brüder Charles und Frank Duryea hatten dort die erste Automobilfabrik der USA gegründet und das erste Auto Amerikas mit Benzinmotor konstruiert.[72] Auch hatte der Waffenhersteller Smith & Wesson dort schon seit langem seinen Sitz.

1910 wurde der Grundstein für ein vierstöckiges Fabrikgebäude der Bosch Magneto Company am Rand von Springfield gelegt. Das neue Werk konnte im Januar 1912 den Betrieb aufnehmen. Es galt als vorbildlich, wegen seiner Architektur, aber auch in Bezug auf die Fertigungstechnik und die Arbeitsorganisation. Technischer Leiter wurde Karl Martell Wild, ein späteres Vorstandsmitglied der Robert Bosch AG. Durch das neue Musterwerk konnte Bosch den US-Markt wesentlich besser beliefern. Es erwies sich allerdings als schwierig, Arbeiter zu finden, die in der Lage waren, nach den Qualitätsstandards von Bosch zu fertigen, und für viele Materialien konnten kaum geeignete Zulieferer gefunden werden. Auch reichten die Kapazitäten in Springfield nicht aus, um die Nachfrage nach Bosch-Zündern in den USA abzudecken. Ein Teil der Lieferungen an amerikanische Kunden musste nach wie vor aus Stuttgart eingeführt werden.[73] Bereits 1911 erwirtschaftete die Bosch Magneto Company einen Umsatz von umgerechnet 11 Mio. Mark, das war rund die Hälfte des

Abb. 12: Das Bosch-Werk in Springfield (1911)

Umsatzes der Firma Bosch. Drei Jahre später hatte sie sogar eine höhere Kapazität als die Muttergesellschaft.[74] 1913 wurden bei der Bosch Magneto Company 226 000 Magnetzünder hergestellt, darunter auch Zünder für Flugzeuge und Motorboote. Hinzu kamen nun Lichtmaschinen. Im Sommer 1914, unmittelbar vor Kriegsbeginn, erweiterte Bosch sein USA-Geschäft noch durch den Kauf der Rushmore Dynamo Works in Plainfield/New Jersey, die auf elektrische Anlasser spezialisiert waren.[75] Das Handelsgeschäft in den USA wurde nicht nur über die Verkaufshäuser, sondern auch per Franchising über freie Händler abgewickelt. Diese «Official Bosch Distributors» deckten jeweils ein bestimmtes Gebiet ab, oft in der Verbindung mit Werkstätten, die als «Official Bosch Supply Stations» Wartungen und Reparaturen durchführten. 1913 hatte Bosch in den USA bereits mehr als 700 000 Kunden.[76]

Nicht viele deutsche Unternehmen verfügten damals über ein eigenes Werk und ein derartiges Vertriebsnetz in den USA. Für Bosch lag dies aufgrund der Bedeutung des amerikanischen Automobilmarkts nahe. Man wusste, dass dort die Automobilindustrie der Zukunft entstehen würde. Doch hatte wohl selbst Robert Bosch nicht mit einem derartigen Erfolg in den USA gerechnet. Über die Amerikareise, die er im April 1911 mit seiner Frau und seinem Sohn unternommen hatte, um sich den Bau des neuen Werks in Springfield anzusehen, schrieb er später, dass sie einem «Triumphzug» geglichen hätte.[77] Mit dem erfolgreichen USA-Geschäft löste sich Bosch auch aus den Spuren der deutschen Motor- und Automobilindustrie. Die Daimler-Motoren-Gesellschaft hatte damals auf dem US-Markt keine großen Erfolge, weil ihre Kraftfahrzeuge erheblich teurer waren als die der amerikanischen Hersteller. Vor diesem Hintergrund war Boschs Entscheidung, auf den amerikanischen Markt zu gehen, durchaus mutig. Doch das Kalkül ging auf. Die Bosch-Magnetos etablierten sich in den USA lange bevor europäische Automarken dort nennenswerte Marktanteile erreichten. Bis zum Beginn des Ersten Weltkrieges erlebte die Firma Bosch nun einen Boom, der vom raschen Wachstum des Automobilmarkts in den Vereinigten Staaten getragen wurde.

1906 entfielen bei Bosch schon 79 Prozent des Umsatzes auf das Ausland. Ein Jahr später waren es bereits knapp 87 Prozent und mehr als jeder vierte Bosch-Zünder wurde damals in die USA geliefert.[78] Dass sich der Umsatz zwischen 1904 und 1908 mehr als verzehnfachte, war einseitig durch die Auslandsnachfrage bedingt. Auch innerhalb der stark wachsenden deutschen Exportindustrie dürfte es nur wenige Unternehmen gegeben haben, bei denen das Auslandsgeschäft eine ähnlich große Bedeutung hatte. Am ehesten galt dies noch für die Chemieunternehmen Bayer, BASF und Agfa, die 1913 knapp 82 Prozent ihres Umsatzes im Farbstoffgeschäft außerhalb Deutschlands erwirtschafteten. Bei Benz & Cie. und bei der Daimler-Motoren-Gesellschaft lag der Auslandsanteil am Umsatz vor dem Ersten Weltkrieg bei über 50 Prozent, bei Siemens & Halske betrug er 35 Prozent.[79] Hinzuzufügen ist allerdings, dass sich in der außerordentlich hohen Exportquote der Firma Bosch nicht nur deren internationale Wettbewerbsfähigkeit, sondern auch die Begrenztheit des deutschen Automobilmarkts widerspiegelte. Wären Kraftfahrzeuge in Deutschland damals ähnlich gefragt gewesen wie elektrotechnische Erzeugnisse oder stationäre Maschinen, hätte die Exportquote bei Bosch deutlich niedriger gelegen.

Der Übergang zum Großbetrieb und die Einführung des Achtstundentags

Eine schwere Bankenkrise in den USA hatte im Herbst 1907 auf beiden Seiten des Atlantiks einen Konjunktureinbruch zur Folge, der die junge Automobilindustrie empfindlich traf und auch bei der Firma Bosch vorübergehend zu einer Krise führte. «Die Katastrophe kam sozusagen aus heiterem Himmel», schrieb Robert Bosch dazu rückblickend.[80] Das Unternehmen hatte seinen Umsatz noch im Laufe des Jahres 1907 kräftig steigern können. Nach Ausbruch der Krise wurden dann mehrere Hundert Arbeiter entlassen und der Bau eines neuen Fabrikgebäudes musste eingestellt werden.[81] Da die USA und

Großbritannien von dieser Wirtschaftskrise stärker betroffen waren als Deutschland, bekam man bei Bosch nun die Kehrseite der starken Ausrichtung auf das Auslandsgeschäft zu spüren. Die Krise von 1907 ging freilich schon bald vorbei. Bereits im Februar 1908 konnte Robert Bosch seinem Schwager Eugen Kayser schreiben, er wäre «bis jetzt in Bezug auf Verluste recht gut weggekommen».[82] In den folgenden Monaten füllten sich die Auftragsbücher wieder, ein großer Teil der Entlassenen konnte wieder eingestellt werden und im Herbst 1908 waren die Kapazitäten bereits so stark ausgelastet, dass Bosch auf eine beschleunigte Ausführung der Arbeiten an dem neuen Fabrikgebäude in der Forststraße drängte.[83]

In den folgenden Jahren führte die starke Zunahme des Umsatzes zu einem weiteren raschen Anstieg der Beschäftigtenzahl. Allein im Jahr 1908 nahm die Zahl der Arbeiter und Angestellten um 91 Prozent zu. Das Unternehmen hatte nun mehr als 1000 Beschäftigte, zehn Jahre zuvor waren es erst neun Mitarbeiter gewesen.[84] Der Sprung von einer handwerksähnlichen Werkstatt zum industriellen Großbetrieb erforderte neue Fertigungsmethoden und war mit tiefgreifenden Veränderungen in der Zusammensetzung der Belegschaft, deren Stellung am Arbeitsplatz, aber auch in der Unternehmensorganisation und im Verhältnis zwischen der Unternehmensleitung und den Arbeitern verbunden. Kein anderes Stuttgarter Unternehmen wuchs in diesem Tempo. Die Daimler-Motoren-Gesellschaft hatte 1904 noch mehr als zehnmal so viele Beschäftigte wie Bosch, doch 1913 hatte Bosch schon mehr Beschäftigte als Daimler.[85] Bosch blieb aber nur kurz das größte Unternehmen der Stadt, weil die Daimler-Motoren-Gesellschaft dann während des Ersten Weltkrieges sehr viel schneller wuchs. In Stuttgart, wo sich die Industrie noch nicht so entwickelt hatte wie im Ruhrgebiet oder in Berlin, war man auf den raschen Aufstieg der Firma Bosch stolz. In der Presse wurde das Unternehmen gerne als «Musterbetrieb» bezeichnet, für die Tageszeitung *Der Beobachter* war es sogar «das mustergültigste des ganzen Landes».[86]

Trotz des starken Wachstums des Unternehmens hatte es Robert Bosch lange Zeit abgelehnt, neue Werksanlagen außerhalb Stuttgarts zu errichten. Er ging davon aus, dass er in Stuttgart leichter als anderswo gelernte Arbeiter einstellen konnte und dass die Fabrikräume im Stuttgarter Westen leicht vermietet werden konnten, falls die Nachfrage nach Magnetzündern einmal wegbrechen sollte.[87] Nachdem der Umsatz 1908 nochmals stark zugenommen hatte, kam der Unternehmer aber nicht mehr umhin, sich nach einem Standort umzusehen, der langfristig mehr Expansionsmöglichkeiten bot als das Werksgelände im Stuttgarter Westen. Er entschied sich, ein großes Areal in Feuerbach, vor den Toren Stuttgarts, zu kaufen und dort eine neue Fabrik zu bauen. In Feuerbach gab es genügend freie Flächen, die noch zu relativ niedrigen Preisen erworben werden konnten und eine günstige Verkehrsanbindung hatten, die Nordbahn von Stuttgart nach Bietigheim. Mit diesem Kauf im Jahr 1909 begann die Geschichte des größten Standorts der heutigen Robert Bosch GmbH.

Das neue Werk in Feuerbach erhielt die Bezeichnung Presswerk. Später wurde daraus das Metallwerk.[88] Zum Leiter des Werks in Feuerbach wurde Boschs Schwager und alter Freund Eugen Kayser ernannt. Bosch hatte zunächst die Sorge, ihm könne Vetternwirtschaft vorgeworfen werden, wenn er Kayser die Leitung des Presswerks übertrug. Auch äußerte Werkstattleiter Zähringer Vorbehalte gegen Kayser, weil er ihn für «verpreußt» hielt.[89] Da Kayser die Leitung des Presswerks nicht übernehmen wollte, solange es solche Zweifel gab, und Bosch an einem objektiven Urteil gelegen war, wurde Gustav Klein beauftragt, Kayser auf seine Eignung zu prüfen. Wie sich das abspielte, schilderte Bosch später in seinen Lebenserinnerungen: «Klein kam wieder und sagte wörtlich, ‹Kayser können wir brauchen, ich habe ihn probiert›. Das hieß, er hatte mit ihm eine Nacht durchgetrunken und gefunden, dass er echt sei.»[90]

Das Unternehmen wuchs in dieser Zeit so rasch, dass ein großer Teil der Belegschaft stets aus neu eingestellten Arbeitern bestand. 1911 waren von den Arbeitern und Angestellten höchstens 20 Prozent, wahrscheinlich sogar deutlich weniger, länger als fünf Jahre bei Bosch beschäftigt. Zwischen Anfang 1904 und Anfang 1911 stieg die Beschäftigtenzahl insgesamt auf das Zwölffache. Dabei gab es bis 1910 einen starken Zustrom von gelernten Arbeitern, wohl vor allem aus dem Handwerk und aus Kleinbetrieben im mittleren Neckarraum. Der Facharbeiteranteil lag Anfang April 1910 bei 40,8 Prozent, drei Jahre später dagegen nur noch bei 30,2 Prozent. Bei den nach 1910 eingestellten «Boschlern» handelte es sich also überwiegend um angelernte und ungelernte Arbeitskräfte.[91] Frauen waren unter den Beschäftigten kaum vertreten. Ihr Anteil an der Arbeiterschaft von Bosch lag Mitte 1912 erst bei 3,7 Prozent.[92] Lange Zeit war das technikorientierte Unternehmen ohnehin eine reine Männerdomäne gewesen. Als erste Mitarbeiterin wurde zum 1. März 1905, fast 19 Jahre nach Gründung der Firma, eine Sekretärin eingestellt. Da sie «Maschinenschreiberin» war, begann die Frauenarbeit bei Bosch offensichtlich mit dem Einzug der Schreibmaschine.[93] Erst später wurden dann auch Arbeiterinnen eingestellt.

Für Robert Bosch, der auf eine gute Atmosphäre in seiner Firma stets großen Wert gelegt hatte, bedeutete der sprunghafte Anstieg der Beschäftigtenzahlen, dass sich sein Verhältnis zur Belegschaft grundlegend veränderte. Seinen Prinzipien wollte der Unternehmer aber auch weiterhin treu bleiben. Dazu gehörte, dass er hohe Löhne zahlte. Die Löhne der Bosch-Arbeiter lagen in den Jahren 1910–1912 um 60–63 Prozent höher als die ihrer Kollegen in anderen Unternehmen der elektrotechnischen und feinmechanischen Industrie im Großraum Stuttgart.[94] Diese Art von Fürsorge war freilich nicht uneigennützig, und das galt jetzt noch mehr als in den ersten Jahren des Unternehmens. Die rasch wachsende Firma Bosch hatte einen schier unerschöpflich erscheinenden Bedarf an geeigneten Arbeitern, der nur abzudecken war, wenn sie höhere Löhne zahlte als die Konkurrenz auf dem Arbeitsmarkt. Im Raum Stuttgart war längst bekannt, dass die Arbeiter «beim Bosch» mehr verdienten als anderswo, und nicht wenige der neu eingestellten Arbeiter dürften damals wegen des höheren Lohnniveaus von anderen Firmen zu Bosch gewechselt haben. Robert Boschs bekannter Satz «Ich zahle nicht gute Löhne, weil ich viel Geld habe, sondern ich habe viel Geld, weil ich gute Löhne bezahle», hatte in dieser Zeit einen sehr realen Hintergrund.[95]

Der Übergang zu großbetrieblichen Strukturen erforderte aber auch organisatorische Veränderungen, mit denen man sich schwer tat. Die Firma Bosch war nach wie vor ein Personenunternehmen, das rechtlich nicht von der Person des Unternehmensgründers getrennt war. Der Aufbau eines Managements hielt mit dem raschen Wachstum der Firma nicht Schritt. Seit der Jahrhundertwende wurden zwar auch Kaufleute eingestellt, doch gewannen sie erst allmählich an Einfluss. In der Regel führten die Meister und Obermeister neben ihren technischen Aufgaben auch Verwaltungsarbeiten durch.[96] Als ersten Kaufmann nahm Robert Bosch 1900 Hugo Borst in das Unternehmen auf, einen Neffen seiner Frau, der gerade eine kaufmännische Lehre absolviert hatte.[97] Ein halbes Jahr später konnte ein erfahrener Kaufmann, der damals 28-jährige Ernst Ulmer, eingestellt werden. Ulmer übernahm die Buchhaltung, in der es zuvor Veruntreuungen gegeben hatte, und bekam dann auch die Zuständigkeit für den Einkauf und Arbeitnehmerfragen.[98] 1902 erhielten Honold und Ulmer Prokura. Damit hatte das Unternehmen nun faktisch eine technische und eine kaufmännische Leitung. Von der Errichtung einer eigenen Verkaufsorganisation war zunächst abgesehen worden. Bosch übertrug den Verkauf für Deutschland, die Schweiz und Russland 1904 einem Generalvertreter, dem Frankfurter Händler August Euler, einem früheren Radrennfahrer, der es später bis zum Staatssekretär im Reichsluftamt brachte. Schon nach wenigen Jahren gab es zwischen Bosch und Euler Konflikte, die zwar nicht so scharf waren wie die Streitigkeiten mit Simms, aber dennoch 1908 zur Trennung führten.[99] Bosch war nun von den Vorteilen einer eigenen Verkaufsorganisation überzeugt, wie sie in den folgenden Jahren von Hugo Borst aufgebaut wurde. In Paris (1909), Berlin (1909) und Genf (1910) entstanden Verkaufsbüros, die neben den Verkaufsräumen auch Einbauwerkstätten enthielten.[100]

1906 wurde Robert Bosch von Mitarbeitern an sein zwölf Jahre zuvor gegebenes Versprechen erinnert, den Achtstundentag einzuführen.[101] Die Bedingung, die der Unternehmer daran geknüpft hatte – dass nämlich andere Firmen vom Zehn- zum Neunstundentag übergehen würden –, war erfüllt.

Auch bei der Daimler-Motoren-Gesellschaft betrug die tägliche Arbeitszeit inzwischen neun Stunden.[102] Allerdings hatten sich die Verhältnisse grundlegend geändert. Den Achtstundentag in einem Unternehmen mit 600 Beschäftigten einzuführen war etwas anderes als in einer Werkstatt mit wenigen Mitarbeitern. Doch Bosch hielt sein Versprechen ein. Zum 1. August 1906, anlässlich der Fertigstellung des 100 000. Magnetzünders, trat eine neue Arbeitsordnung in Kraft, die eine tägliche Arbeitszeit von acht Stunden vorschrieb. Im Sommer wurde nun bei Bosch von 7.30 Uhr bis 17.30 Uhr gearbeitet, im Winter von 8.00 Uhr bis 18.00 Uhr, mit jeweils zwei Stunden Mittagspause.[103]

Die Einführung des Achtstundentags war eine Sensation. Der Name Bosch wurde dadurch weit über die – damals noch recht überschaubare – Automobilwelt hinaus in breiten Kreisen der deutschen Öffentlichkeit ein Begriff. Erst zwei größere Firmen, die Jalousienfabrik Heinz Freese in Berlin und das Stiftungsunternehmen Carl Zeiss in Jena, hatten sich in Deutschland bisher zu diesem Schritt entschlossen.[104] Die Arbeitszeitverkürzung war auch ein Politikum, da der Achtstundentag zu den zentralen Forderungen der damals stark anwachsenden Arbeiterbewegung gehörte und von den Unternehmerverbänden entschieden abgelehnt wurde. Über Boschs Entscheidung waren seine Standesgenossen nicht begeistert. Vielen von ihnen war er ohnehin suspekt, zumal er sich weigerte, dem Württembergischen Metallindustriellenverband beizutreten. In Stuttgarter Unternehmerkreisen war nun wieder vom «roten Bosch» die Rede. Dabei ging es Bosch bei der Einführung des Achtstundentags keineswegs nur um eine soziale Pioniertat und die Einlösung eines alten Versprechens. Er hielt es auch «für volkswirtschaftlich vorteilhafter, wenn in kürzerer Arbeitszeit eine Höchstleistung erzielt werden kann».[105] Das Unternehmen konnte nun die Arbeitsabläufe effizienter gestalten und den Zwei-Schicht-Betrieb einführen. Ebenso wie das hohe Lohnniveau war die kürzere Arbeitszeit zudem ein Anreiz, der viele Arbeiter bewogen haben dürfte, sich bei Bosch zu bewerben. Der Arbeitskräftebedarf des Unternehmens nahm durch das rasch expandierende Auslandsgeschäft immens zu. Allein im Jahr 1906 erhöhte sich die Beschäftigtenzahl um mehr als die Hälfte. In Anlehnung an Robert Bosch könnte man also sagen, der Achtstundentag wurde hier nicht so früh eingeführt, weil das Unternehmen so hohe Gewinne machte, sondern in der Erwartung, dass eine kürzere Arbeitszeit zu Produktivitätssteigerungen führen würde.

Für Boschs soziale Pionierleistungen waren derartige Überlegungen aber nicht das alleinige Motiv. Ihm war es auch ein persönliches Anliegen, für die Beschäftigten seiner Firma mehr zu leisten als andere Arbeitgeber. Schon 1910 führte er in seiner Firma den bezahlten Urlaub ein, und während Arbeiter anderer Unternehmen mit Entlassung rechnen mussten, wenn sie am 1. Mai nicht zur Arbeit erschienen, erhielten die «Boschler» am 1. Mai

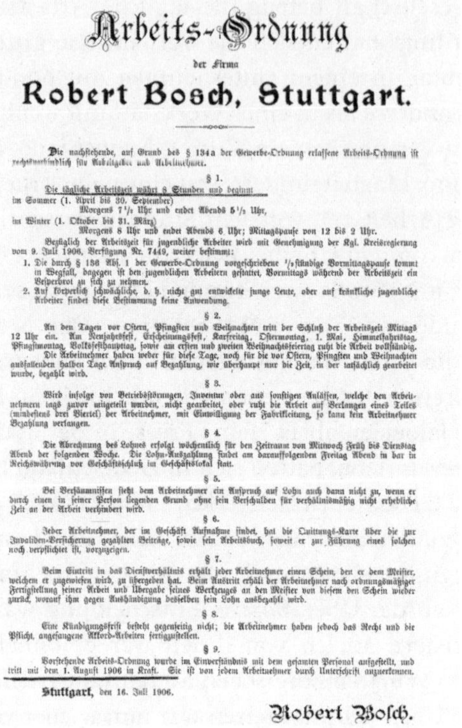

Arbeits-Ordnung

der Firma

Robert Bosch, Stuttgart.

Die nachstehende, auf Grund des § 134a der Gewerbe-Ordnung erlassene Arbeits-Ordnung ist rechtsverbindlich für Arbeitgeber und Arbeitnehmer.

§ 1.

Die tägliche Arbeitszeit währt 8 Stunden und beginnt
im Sommer (1. April bis 30. September)
Morgens 7½ Uhr und endet Abends 5½ Uhr,
im Winter (1. Oktober bis 31. März)
Morgens 8 Uhr und endet Abends 6 Uhr; Mittagspause von 12 bis 2 Uhr.

Bezüglich der Arbeitszeit für jugendliche Arbeiter wird mit Genehmigung der Kgl. Kreisregierung vom 9. Juli 1906, Verfügung Nr. 7449, weiter bestimmt:

1. Die durch § 136 Abs. 1 der Gewerbe-Ordnung vorgeschriebene ½stündige Vormittagspause kommt in Wegfall, dagegen ist den jugendlichen Arbeitern gestattet, Vormittags während der Arbeitszeit ein Vesperbrot zu sich zu nehmen.
2. Auf körperlich schwächliche, d. h. nicht gut entwickelte junge Leute, oder auf kränkliche jugendliche Arbeiter findet diese Bestimmung keine Anwendung.

§ 2.

An den Tagen vor Ostern, Pfingsten und Weihnachten tritt der Schluß der Arbeitszeit Mittags 12 Uhr ein. Am Neujahrsfest, Erscheinungsfest, Karfreitag, Ostermontag, 1. Mai, Himmelfahrtstag, Pfingstmontag, Volksfesthaupttag, sowie am ersten und zweiten Weihnachtsfeiertag ruht die Arbeit vollständig.

Die Arbeitnehmer haben weder für diese Tage, noch für die vor Ostern, Pfingsten und Weihnachten ausfallenden halben Tage Anspruch auf Bezahlung, wie überhaupt nur die Zeit, in der tatsächlich gearbeitet wurde, bezahlt wird.

§ 3.

Wird infolge von Betriebsstörungen, Inventur oder aus sonstigen Anlässen, welche den Arbeitnehmern tags zuvor mitgeteilt wurden, nicht gearbeitet, oder ruht die Arbeit auf Verlangen eines Teiles (mindestens drei Viertel) der Arbeitnehmer, mit Einwilligung der Fabrikleitung, so kann kein Arbeitnehmer Bezahlung verlangen.

§ 4.

Die Abrechnung des Lohnes erfolgt wöchentlich für den Zeitraum von Mittwoch Früh bis Dienstag Abend der folgenden Woche. Die Lohn-Auszahlung findet am darauffolgenden Freitag Abend in bar in Reichswährung vor Geschäftsschluß im Geschäftslokal statt.

§ 5.

Bei Versäumnissen steht dem Arbeitnehmer ein Anspruch auf Lohn auch dann nicht zu, wenn er durch einen in seiner Person liegenden Grund ohne sein Verschulden für verhältnismäßig nicht erhebliche Zeit an der Arbeit verhindert wird.

§ 6.

Jeder Arbeitnehmer, der im Geschäft Aufnahme findet, hat die Quittungs-Karte über die zur Invaliden-Versicherung gezahlten Beiträge, sowie sein Arbeitsbuch, soweit er zur Führung eines solchen noch verpflichtet ist, vorzuzeigen.

§ 7.

Beim Eintritt in das Dienstverhältnis erhält jeder Arbeitnehmer einen Schein, den er dem Meister, welchem er zugewiesen wird, zu übergeben hat. Beim Austritt erhält der Arbeitnehmer nach ordnungsmäßiger Fertigstellung seiner Arbeit und Übergabe seines Werkzeuges an den Meister von diesem den Schein wieder zurück, worauf ihm gegen Aushändigung desselben sein Lohn ausbezahlt wird.

§ 8.

Eine Kündigungsfrist besteht gegenseitig nicht; die Arbeitnehmer haben jedoch das Recht und die Pflicht, angefangene Akkord-Arbeiten fertigzustellen.

§ 9.

Vorstehende Arbeits-Ordnung wurde im Einverständnis mit dem gesamten Personal aufgestellt, und tritt mit dem 1. August 1906 in Kraft. Sie ist von jedem Arbeitnehmer durch Unterschrift anzuerkennen.

Stuttgart, den 16. Juli 1906.

Robert Bosch.

Abb. 13: Die Arbeitsordnung von 1906 mit Achtstundentag

Urlaub. Bosch zahlte für die Belegschaft auch freiwillig Beiträge zur Kranken- und Invalidenversicherung, zunächst direkt, ab Dezember 1913 dann über eine von ihm gegründete Unterstützungskasse. Mit diesen Leistungen war das Unternehmen der Zeit weit voraus. Der Achtstundentag wurde in Deutschland erst 1919 gesetzlich eingeführt, der 1. Mai wurde erst 1933 ein gesetzlicher Feiertag.

Boschs Bereitschaft zu sozialen Leistungen hatte freilich auch Grenzen. Dies wurde deutlich, als ein Jahr nach der Einführung des Achtstundentags eine Belegschaftsversammlung den Unternehmer aufforderte, den Samstagnachmittag für arbeitsfrei zu erklären.[106] Bosch lehnte ab. Mit der Einführung des Achtstundentags hatte er Hoffnungen auf weitere Arbeitszeitverkürzungen geweckt, von denen die Arbeiter nicht so schnell lassen wollten. Als im April 1909 erneut die Forderung nach einem arbeitsfreien Samstagnachmittag erhoben wurde, lehnte Bosch wieder ab und bestand darauf, dass «eben die kurze achtstündige Arbeitszeit so gelegt werden muss, dass in derselben eine Höchstleistung erzielt werden kann.»[107] Ein Jahr später wurde der freie Samstagnachmittag dann doch eingeführt.

Die «Höchstleistung» war für die Arbeiter die Kehrseite des Achtstundentags. Für Bosch dürfte von Anfang an festgestanden haben, dass die Arbeitszeitverkürzung mit der Einführung neuer Fertigungsmethoden einhergehen
musste. Die fast lawinenartige Zunahme der Aufträge war nicht mehr allein
durch Neueinstellungen zu bewältigen, erst recht nicht unter Wahrung der
Qualitätsstandards, auf denen der Ruf der Bosch-Zünder beruhte. Es bedurfte
dazu auch deutlicher Produktivitätssteigerungen. Bei Bosch kamen nun
modernste Werkzeugmaschinen aus den USA zum Einsatz und Konzepte zur
Rationalisierung der Arbeitsabläufe wurden entwickelt. Akkordlöhne wurden
eingeführt, Bearbeitungszeiten mit der Stoppuhr gemessen. Schon seit 1904
arbeitete man hier auch an Automaten. Die Firma Bosch gehörte in Deutschland zu den Pionieren der Rationalisierung, weil die Unternehmensleitung
darin ein Patentrezept sah, um die Produktion über die durch die Standort-
faktoren gesetzten Wachstumsgrenzen hinaus zu steigern. Auch waren die
Fertigungsabläufe bei Bosch dafür besonders geeignet, da das Unternehmen
auf die Herstellung von Magnetzündern spezialisiert war, die in großen Stückzahlen produziert wurden, und bei der Zünderfertigung wiederum mit kleinen
Teilen gearbeitet wurde, die keine langen Bearbeitungszeiten erforderten.[108]
Bald erkannte die Direktion, dass Bosch auch auf diesem Gebiet von den
USA lernen konnte. Dort hatte der Ingenieur Frederick Taylor eine Lehre
von der «wissenschaftlichen Betriebsführung» («scientific management»)
entwickelt, die sich damit beschäftigte, wie die Leistung von Arbeitern in
einer Fabrik durch die Optimierung von Arbeitsabläufen gesteigert werden
konnte.[109] Boschs Verkaufsleiter Hugo Borst besuchte im Frühjahr 1913 Taylor, war von ihm beeindruckt und berichtete in Stuttgart von den Erkenntnissen der «wissenschaftlichen Betriebsführung». Auch nach dem Ersten Weltkrieg hatte Taylors Lehre bei Bosch großen Einfluss. Sie schien für das
Unternehmen wie maßgeschneidert zu sein.[110] Die Arbeiter sprachen dagegen schon bald von «Arbeitshetze». Sie mussten nun schneller arbeiten
und ihre Arbeit war monotoner geworden. Der Unmut richtete sich vor allem
gegen die Praxis, die Akkordlöhne mittels Zeitstudien den immer kürzeren
Bearbeitungszeiten anzupassen. Diese auch von Taylor entwickelte Methode
führte dazu, dass die Arbeiter nicht für ein hohes Arbeitstempo belohnt
wurden, sondern ein hohes Arbeitstempo erbringen mussten, um nicht
weniger Lohn zu bekommen.[111] Durch die «Akkordschraube» veränderte
sich in den Werken die Rolle der Meister und Werkstattleiter. Die Arbeiter
nahmen ihre Vorgesetzten als Antreiber wahr, weil diese nun das Arbeitstempo zu messen hatten. Auch führte die Rationalisierung dazu, dass
bei Bosch ab 1910 der Anteil der angelernten und ungelernten Arbeiter zunahm.[112] Sie hatten die mechanisierten Arbeiten auszuführen und mussten
ihre ersten Erfahrungen mit einer austauschbaren Tätigkeit in einem Groß-

betrieb gleich unter «Boschtempo» machen, während bei den Facharbeitern das Gefühl aufkam, dass sie mit dem Rückgang ihres Anteils an den Beschäftigten innerhalb des Unternehmens an Bedeutung verloren.

Der Streik von 1913

Für einen Unternehmer seiner Zeit stand Robert Bosch der Arbeiterbewegung ungewöhnlich aufgeschlossen gegenüber. Als junger Mann hatte er während seiner Zeit in den USA selbst einer Arbeiterorganisation angehört und sich für den Sozialismus begeistert. So hatte Bosch nichts dagegen, als die Arbeiter seines Unternehmens damit begannen, sich in einer sozialistischen Richtungsgewerkschaft, dem Deutschen Metallarbeiter-Verband (DMV), zu organisieren. Das Unternehmen war schon früh eine Hochburg des DMV. 1912 gehörten 94 Prozent der Bosch-Arbeiter dieser Gewerkschaft an.[113]

Die Gewerkschaft musste sich hier die Anerkennung nicht erkämpfen. Bosch respektierte sie als Vertretung der Belegschaft, verhandelte mit den Gewerkschaftssekretären und schloss mit dem DMV Vereinbarungen über die Lohn- und Arbeitszeitregelungen im Unternehmen ab. Da es keine betriebliche Vertretung der Bosch-Arbeiter gab, kam dem DMV innerhalb der Firma praktisch die Rolle eines Betriebsrats zu. Wenn in einigen Fertigungsbereichen Kurzarbeit eingeführt werden musste oder wenn es zu Entlassungen kam, stimmte sich die Unternehmensleitung mit dem DMV ab. Bei den Rationalisierungsmaßnahmen legte sich die Gewerkschaft nicht quer. Sie setzte auch bei diesen Fragen auf den Verhandlungsweg und auf Vereinbarungen.[114] Robert Bosch wiederum zog es vor, mit dem DMV als Belegschaftsvertretung direkt zu verhandeln. Er gehörte nicht dem Verband Württembergischer Metallindustrieller an und wollte sich bei den Lohn- und Arbeitszeitregelungen nicht nach den Vorgaben eines Verbands richten müssen.

Anfang 1913 schlug diese Kooperation fast über Nacht in einen schweren Konflikt um. Nachdem die Auftragseingänge bereits zwei Monate lang nachgelassen hatten, wurde am 17. Januar acht Arbeitern des Werks Feuerbach gekündigt, darunter auch einem Vertrauensmann des DMV. Die Kollegen der Gekündigten stellten daraufhin in der gesamten Abteilung die Maschinen ab. Die Unternehmensleitung reagierte auf den wilden Streik, indem sie mit weiteren Entlassungen drohte. Nun kam es zur Eskalation. Der DMV rief eine «Betriebssperre» aus, zunächst für das Werk Feuerbach, dann auch für das Stuttgarter Hauptwerk. Kein Arbeiter sollte sich mehr bei Bosch einstellen lassen und keiner sollte dort Überstunden leisten. Robert Bosch kündigte im Gegenzug alle Vereinbarungen mit dem DMV, senkte die Löhne der Hilfsarbeiterinnen, stellte die Errichtung eines Arbeiterausschusses in Aussicht und erklärte, erst nach Aufhebung der «Betriebssperre» wieder mit der Gewerkschaft verhandeln zu wollen.[115] Nachdem sich Bosch mit dem DMV vor dem Gewerbegericht geeinigt hatte, wurde die «Betriebssperre» am 5. Februar 1913 aufgehoben. In der gerichtlichen Einigung hatte man u. a. die Wahl eines Arbeiterausschusses vereinbart.[116]

Die Auseinandersetzungen um die «Betriebssperre» waren jedoch nur das Vorspiel zu dem Konflikt, der wenige Monate später ausbrach. Anlässlich der Verhandlungen über die Satzung des neuen Arbeiterausschusses geriet Bosch mit dem DMV-Bezirksleiter Karl Vorhölzer aneinander.[117] Die Stimmung war schon angespannt, als im Mai 1913 mehrere Vertrauensleute des DMV entlassen wurden. Am 31. Mai erhielten zwei Werkzeugmacher die Kündigung. Der Vorsitzende des Arbeiterausschusses forderte ihre Wiedereinstellung, doch der Obermeister und die Betriebsleitung lehnten ab. Nun wurde in der Werkzeugmacherei, dann auch in der Schleiferei die Arbeit niedergelegt. Auch in diesem Fall handelte es sich um wilde Streiks. Eine Urabstimmung darüber hatte es ebenso wenig gegeben wie einen Streikaufruf der Gewerkschaft, die sich dann aber hinter die Streikenden stellte. Insgesamt beteiligten sich an dem Ausstand nicht mehr als 240 Arbeiter, das waren etwa 6 Prozent der Bosch-Arbeiterschaft.[118]

Am 2. Juni antwortete Robert Bosch mit einer Aussperrung und ließ die Werkshallen in Stuttgart und Feuerbach schließen. Im Unternehmen blieben jetzt nur noch die rund 560 Angestellten, die Lehrlinge und etwas mehr als 100 Arbeiter.[119] Bosch begründete die Maßnahme damit, dass die bestreikten Betriebsteile für die Fertigung unverzichtbar wären.[120] Vor allem ging es ihm wohl darum, sich das Heft des Handelns nicht aus der Hand nehmen zu lassen. Bosch wusste, dass das Unternehmen einen mehrwöchigen Arbeitskampf durchstehen konnte und wollte die Gewerkschaft in die Knie zwingen. Den wenigen nichtorganisierten Arbeitern zahlte er eine Unterstützung, wie sie die DMV-Mitglieder von der Gewerkschaft bekamen. Durch die großen Lagervorräte war die Belieferung der Kunden auch bei einem mehrwöchigen Produktionsausfall gesichert. Gustav Klein schrieb am 10. Juni 1913 an seinen Freund Otto Heins bei der Bosch Magneto Company in New York, wo man offenbar darüber besorgt war, dass die Lieferungen aus Stuttgart längere Zeit ausbleiben könnten: «Die Sache ist, so wie sie heute liegt, für das Werk sehr günstig. Durch die grossen Lagervorräte an allen Orten kann die Fabrik selbst zwei Monate lang stilliegen, ohne dass wir mit einem ernstlichen Schaden rechnen müssen.»[121]

In Stuttgart war der Arbeitskampf bei Bosch das beherrschende Thema. Oberbürgermeister Lautenschlager bot sich als Schlichter an, der Landtag debattierte über den Streik. In einem Artikel der liberalen Tageszeitung *Der Beobachter* vom 10. Juni 1913 hieß es: «Wo ich hinkomme: in den Restaurants, auf der Elektrischen, im Zigarrenladen – nichts als Bosch und wieder Bosch!»[122] In ganz Deutschland wurde in diesen Tagen über den «Bosch-Streik» berichtet. Politiker und Journalisten aller Richtungen beschäftigten sich mit der Frage, warum ausgerechnet in einem sozialen Musterbetrieb ein derart erbitterter Arbeitskampf geführt wurde, und machten ihre jeweiligen Gegner dafür verantwortlich. Robert Bosch hatte die Öffentlichkeit mehr auf seiner Seite, während die Gewerkschaft kaum vermitteln konnte, warum sie einen Streik gegen ein Unternehmen unterstützte, das seinen Arbeitern hohe Löhne zahlte und schon vor Jahren den Achtstundentag eingeführt hatte. Selbst unter den Arbeitern anderer Unternehmen stieß die Solidarität mit den Ausgesperrten an Grenzen.[123]

Am 16. Juli 1913, nach sechswöchiger Stilllegung, öffnete Bosch die Werkstore zu den alten Bedingungen. Engpässe bei der Belieferung der Kunden, vor allem in den USA, wollte das Unternehmen dann doch nicht in Kauf nehmen. Beim DMV wusste man inzwischen wohl, dass dieser Arbeitskampf nicht zu gewinnen war, aber die Gewerkschaft wollte nicht klein beigeben und rief dazu auf, den Streik fortzusetzen. Währenddessen füllten sich die Werkshallen mit Arbeitern, die nicht bereit waren, dem Aufruf der Gewerkschaft zu folgen. Zunächst waren es rund 750, sechs Tage später bereits rund 1600, nach anderen Angaben 1800.[124] Im Unternehmen waren vor der Aussperrung rund 3700 Arbeiter und Arbeiterinnen beschäftigt gewesen. Die Belegschaft war somit in zwei fast gleich große Lager gespalten.[125] Am 19. Juli gab Robert Bosch seinen Beitritt zum Verband der Württembergischen Metallindustriellen bekannt. Der DMV musste nun mit diesem Verband die Verhandlungen führen, nicht mit der Firma Bosch. Viel Verhandlungsspielraum gab es ohnehin nicht. Nachdem sich beide Seiten einig geworden waren, stimmte die Belegschaft am 26. Juli 1913 mit zwei Gegenstimmen für die Wiederaufnahme der Arbeit.[126]

Robert Bosch hatte sich durchgesetzt, allerdings zu einem hohen Preis. Ein Produktionsausfall von fast zwei Monaten war trotz der Lagervorräte schwer zu verkraften, und das Betriebsklima war vergiftet. Nach übereinstimmenden Schätzungen Boschs und der Gewerkschaft kostete der Streik die Firma rund 700 000 Mark.[127] Für den DMV war der Ausgang des Bosch-Streiks ein Desaster. Die Mitgliederzahl ging drastisch zurück, die Streikkasse war leer, ein greifbares Ergebnis hatte man nicht erzielt und in den Bosch-Werken hatte die Gewerkschaft nun nichts mehr zu melden. Der DMV musste sich jetzt mit dem Metallindustriellenverband auseinandersetzen; jede Betätigung im Unternehmen wurde ihm verboten. Bosch ließ die Arbeiter Erklärungen unterschreiben, in denen sie sich zum Austritt aus dem DMV verpflichteten. Als Interessenvertretung der Belegschaft ließ er 1914 einen «Spar- und Unterstützungsverein» gründen. Der DMV verlor bei Bosch rund

2700 Mitglieder, die entweder als Streikbrecher ausgeschlossen worden waren oder infolge des Streiks von sich aus die Gewerkschaft verließen.[128]

Über die Ursachen dieses wohl bekanntesten Arbeitskampfs in der Geschichte der Firma Bosch ist sich die historische Forschung nicht einig. Heidrun Homburg führt den Streik von 1913 auf das bei Bosch eingeführte Taylor-System zurück. Die Arbeiter hätten sich gegen ihre Entmündigung durch den Rationalisierungsdruck und das «Boschtempo» gewehrt.[129] Ähnlich argumentiert Uta Stolle: Bosch hätte einen Konjunkturrückgang zu Entlassungen und zu einer Steigerung des Rationalisierungstempos genutzt, um mit dem Arbeitskampf dann die Gewerkschaft auszuschalten und Lohnsenkungen durchzusetzen.[130] Marlis Prinzing kommt in der bislang ausführlichsten Untersuchung zum Bosch-Streik von 1913 zu einem anderen Befund. Der Protest der Arbeiter gegen den Rationalisierungsdruck war demnach nicht die Ursache des Streiks und Lohnsenkungen lassen sich als Folge des Streiks nicht feststellen. Vielmehr hätten der DMV und der linke SPD-Flügel den Konflikt aus politischem Kalkül geschürt.[131] Vieles spricht dafür, dass der Bosch-Streik von 1913 nicht nur eine Ursache hatte und dass es weitere Faktoren gab, die eine Rolle spielten. Da ist zunächst die sprunghafte Zunahme der Beschäftigtenzahl zu nennen, von der die Belegschaft nicht weniger geprägt war als von der Mechanisierung und Arbeitsteilung. Ein großer Teil der Arbeiter in diesem Unternehmen war stets neu. In einem Großbetrieb hatten die meisten von ihnen noch nie gearbeitet. Dass dies bei Bosch dann in Form von Akkordarbeit und Arbeitsteilung geschah, bedeutete für die Arbeiter einen enormen Anpassungsdruck. Anders als früher hatten die meisten Bosch-Arbeiter nun keine Betriebsbindung, weil sie noch nicht lange im Unternehmen waren. Aber auch die Unternehmensleitung war auf die veränderten Bedingungen in einem Großbetrieb nicht eingestellt. Robert Bosch glaubte, mit einer Gewerkschaft ein Einvernehmen pflegen zu können, wie er es mit seinen Mitarbeitern praktiziert hatte, als das Unternehmen noch eine Werkstatt gewesen war, und er rechnete nicht damit, dass unter den Arbeitern Unmut über das Arbeitstempo aufkommen würde, da sie ja hohe Löhne bei vergleichsweise kurzer Arbeitszeit bekamen.

Dieses Gemisch wäre für sich genommen schon brisant genug gewesen. Doch kamen noch politische Interessen hinzu. Der DMV gehörte zum linken Flügel der damaligen Sozialdemokratie und war in Stuttgart besonders präsent, weil sich hier seine Zentrale befand. Engste Verbindungen bestanden zum Stuttgarter SPD-Ortsverein, der innerhalb der Partei als besonders radikal galt, bedingt auch durch den Einfluss von Boschs früherem Nachbarn Karl Kautsky und der Marxistin Clara Zetkin, deren Mann nun mit einer Tochter Boschs verbandelt war. Bei den Bosch-Arbeitern hatten der DMV und die SPD eine feste Basis, nicht zuletzt durch die von der sozialistischen Arbeiterbewegung begründeten Arbeitervereine und Freizeitangebote wie das Waldheim in Sillenbuch, aber auch durch die sozialdemokratische Tageszeitung *Schwäbische Tagwacht* und eine Bildungsarbeit, von der sich vor allem die Facharbeiter angesprochen fühlten.[132] Der Vorsitzende des SPD-Ortvereins Friedrich Westmeyer schürte aus politischem Kalkül die Unzufriedenheit, die sich bei den Arbeitern aufgestaut hatte, und spannte den DMV dafür ein.[133] Er wurde zum Organisator des Bosch-Streiks; parteiinterne Gegner wie der gemäßigte Sozialdemokrat Wilhelm Keil schoben ihm später die alleinige Verantwortung für den gescheiterten Arbeitskampf zu.[134] Tatsächlich hätte aber auch der rhetorisch begabte Ortsvorsitzende nichts bewirken können, wenn die Bosch-Arbeiter mit ihrem Arbeitgeber zufrieden gewesen wären. Westmeyer war nur der Brandsatz, der das brisante Gemisch bei Bosch entzündete.

Als der DMV im Januar 1913 die «Betriebssperre» erklärte, suchte die Gewerkschaft den Konflikt. Die vorangegangenen Entlassungen waren dafür kein zwingender Grund, denn die hatte es auch früher schon gegeben. Die «Betriebssperre» hatte eine neue Qualität, weil sie in betriebliche Entscheidungen eingriff. Dadurch fühlte sich Robert Bosch herausgefordert. Er respektierte die Gewerkschaft zwar als Verhandlungspartner, aber in das Unternehmen wollte er sich von ihr nicht hineinreden lassen. So gesehen war die bisherige Kooperation keine «stabile Sozialpartnerschaft»[135], sondern eine von Bosch gewährte Zusammenarbeit in einem von ihm bestimmten Rahmen. Diesen Rahmen hatte der DMV im Januar gezielt verlassen und aus Boschs Sicht war es nur konsequent, dass er daraufhin alle Vereinbarungen mit der Gewerkschaft kündigte. Eine Vertretung der Belegschaft, die zu Kampfmitteln griff, wollte er nicht akzeptieren, wie sich auch nach dem Streik in der Gründung des wirtschaftsfriedlichen «Spar- und Unterstützungsvereins» zeigte. Dass er sich dabei harter Methoden bediente, die man dem «roten Bosch» weder im Gewerkschaftslager noch bei den Industriellenverbänden zugetraut hätte, hing wohl auch damit zusammen, dass er die Streikenden und die Gewerkschaft für «undankbar» hielt. Dass seine Töchter für Westmeyer Partei ergriffen und sich nun im Sillenbucher Waldheim wohler fühlten als in der elterlichen Villa, dürfte die Dinge für ihn nicht besser gemacht haben.[136]

Man kann den Arbeitskampf bei Bosch im Jahr 1913 auch als Lernerfahrung in der Entwicklung der Arbeitsbeziehungen sehen. Robert Bosch lernte, dass eine Gewerkschaft etwas anderes ist als ein Betriebsrat und dass es für einen Arbeitgeber vorteilhaft ist, in den Arbeitgeberverband einzutreten. Der DMV wiederum lernte, dass er nicht gut beraten ist, sich bei Arbeitskämpfen für politische Interessen einspannen zu lassen, und dass ein Streik nur mit breiter Zustimmung der Basis durchgeführt werden kann. Hinter diesen Erfahrungen zeichneten sich die Konturen tarifvertraglich geregelter Arbeitsbeziehungen ab, wie es sie 1913 auch bei Bosch noch nicht gab. Den Weg zu einer wirklichen Sozialpartnerschaft hat der Arbeitskampf jedoch nicht lange verbaut. Robert Bosch hielt trotz des Konflikts an seiner prinzipiellen Aufgeschlossenheit gegenüber der Arbeiterbewegung fest. Die Arbeiter nannten ihn auch später gerne «Vater Bosch», aber ihre Interessen wollten sie nicht von einem wirtschaftsfriedlichen Verband vertreten sehen, sondern von einer Gewerkschaft. Bei den Arbeiterausschuss-Wahlen von 1917 setzte sich der DMV gegen den «Spar- und Unterstützungsverein» durch.[137]

Das Unternehmen am Vorabend des Ersten Weltkriegs

1913 hatte die Elektrotechnische Fabrik Robert Bosch erstmals mehr als 5000 Beschäftigte. Damit war sie das größte Unternehmen Württembergs. 88,7 Prozent des Umsatzes entfielen auf das Ausland – ein später nie mehr erreichter Wert. Eine «monopolähnliche Weltstellung» hätte seine Firma damals gehabt, schrieb Robert Bosch rückblickend.[138] Bei Zündapparaten hatte Bosch in Großbritannien einen Marktanteil von 90 Prozent, in Frankreich und Italien von rund 85 Prozent. In den USA deckte das Unternehmen 65 Prozent des Marktes ab. Der Name der Firma war dort beinahe so bekannt wie in Deutschland, und auf dem Heimatmarkt gelang es ausländischen Firmen gar nicht erst, Bosch Konkurrenz zu machen.[139]

Durch die Werke der Bosch Magneto Ltd. in Paris und der Bosch Magneto Company in Springfield war Bosch zu einem multinationalen Unternehmen geworden. Nach dem Muster amerikanischer Multis hatte sich die Firma vom Heimatmarkt aus über Exporte und Handelsvertretungen eine internationale Präsenz aufgebaut und dann Fertigungen im Ausland aufgenommen.[141] Zugleich wurde das Netz der Handelsvertretungen immer weiter ausgebaut. Bosch hatte nun in 30 Ländern Handelsvertretungen, darunter auch in Australien, Russland, China, Brasilien und Südafrika. In Europa gab es nur noch wenige Länder ohne Bosch-Vertretung.

Die Vertretungen in Übersee nahmen häufig Handelsfirmen wahr, die auf das jeweilige Land spezialisiert waren und die dortigen Verhältnisse gut kannten. So wurde das Chinageschäft 1909 durch einen Vertretungsvertrag mit dem Bremer Handelshaus Walter Schärff & Co. aufgenommen, das eine Niederlassung in Shanghai hatte.[142] Zwei Jahre später erhielt die kanadische Firma Andrews George & Co. die Bosch-Vertretung für Japan.[143] In Argentinien war Bosch seit 1908 über die Firma Carlos A. Pugni vertreten, in Brasilien seit 1910 durch die in Rio de Janeiro ansässige Firma Schlosser & Co.[144] Wie der Handel mit den Überseevertretungen ablief, ist nicht mehr dokumentiert. Die Bestellungen werden wohl per Telegrafenkabel erfolgt sein, doch bis die Schiffe mit den Lieferungen eintrafen, vergingen dann mehrere Wochen. Das erforderte eine vorausschauende Disposition und eine eigene Lagerhaltung bei den Handelsvertretungen.

Tab. 1 Handelsvertretungen von Bosch im Ausland (1898–1914)[140]

Jahr der Gründung	Land	Sitz
1898	Großbritannien	London
1899	Frankreich	Paris
	Österreich*	Wien
	Ungarn*	Budapest
1903	Niederlande	Amsterdam
1904	Italien	Mailand
	Schweden, Dänemark, Finnland***, Norwegen	Stockholm
	Schweiz	Genf
	Russland	Moskau
1906	USA	New York
	Südafrika	Johannesburg
	Rumänien	Bukarest
1907	Australien	Melbourne
	Belgien	Brüssel
1908	Argentinien	Buenos Aires
	Spanien	Barcelona
	Irland**	Dublin
1909	China	Shanghai
1910	Brasilien	Rio de Janeiro
	Türkei****	Konstantinopel
1911	Kanada	Toronto
	Portugal	Porto
	Japan	Yokohama
	Finnland***	Helsinki
1913	Chile	Santiago
	Griechenland	Athen
	Ägypten	Kairo

* bis 1918 Österreich-Ungarn   ** bis 1921 Großbritannien   *** bis 1917 Russland
**** bis 1922 Osmanisches Reich

Zum weltweiten Markenzeichen von Bosch wurde in den Jahren vor 1914 eine Figur, die als «roter Teufel» oder «roter Mephisto» bezeichnet wurde. Mit dieser damals sehr modernen Werbung gelang es dem Unternehmen, die Popularität des Autorennsports für sein Image zu nutzen. Der «rote Mephisto» ähnelte angeblich dem belgischen Rennfahrer Camille Jenatzy, dem berühmtesten Motorsportler der Zeit vor dem Ersten Weltkrieg. Den Spitznamen «roter Teufel» hatte ihm nicht nur sein roter Bart eingetragen, sondern auch sein Fahrstil. Als erster Mensch erzielte er mit einem Straßenfahrzeug eine Geschwindigkeit von mehr als 100 km/h. 1903 gewann Jenatzy das Rennen um den renommierten Gordon-Bennett-Cup in einem Mercedes mit einem Bosch-Niederspannungsmagnetzünder.[145] Wie sich Hugo Borst, der damalige Verkaufsleiter von Bosch, später erinnerte, war ihm der erste Entwurf dieses Plakats von der Stuttgarter Werbeagentur Münch & Grieshaber angeboten worden.[146] Die Gestaltung wird mitunter dem bekannten Grafiker Julius Klinger zugeschrieben, aber Belege gibt es dafür nicht. Ab 1911 warb der «rote Mephisto» weltweit für Bosch-Magnetzünder. Besonders bekannt wurde er in den USA. Es war das erste Werbeplakat der Firma Bosch. Bis dahin hatte Robert Bosch auf das alte Ingenieursprinzip gesetzt, dass die Produkte die beste Werbung sind und gute Erzeugnisse keiner Werbemittel bedürfen. Hugo Borst hat dann die Plakatwerbung eingeführt, Agenturen beauftragt und mit namhaften Künstlern zusammengearbeitet.[147] Borst schrieb später an Theodor Heuss, dass er von dem «roten Mephisto» nie begeistert gewesen sei, und bestritt auch, dass Jenatzy das Modell dafür abgegeben hätte.[148] Ein anderes Motiv, der zerplatzende Funken einer Zündkerze, wurde damals von Lucian Bernhard entworfen, den Borst mit der Gestaltung von Werbeplakaten beauftragt hatte. Es warb zunächst auf den Zündkerzenverpackungen, wurde dann auch als Plakat gedruckt – etwa ab 1914 – und bildete lange Zeit das bekannteste Motiv der Bosch-Werbung.[149]

1913 brachte das Unternehmen neue Produkte auf den Markt: Lichtmaschinen und Scheinwerfer. Ein Jahr später folgten elektrische Anlasser. Durch die Lichtmaschine (Dynamo) konnte während der Fahrt Strom gewonnen werden. Diese Konstruktion war für die Entwicklung der Kraftfahrzeugausrüstungen von kaum zu überschätzender Bedeutung. Da Personenkraftwagen nun über eine eigene Stromquelle verfügten, konnte während der Fahrt erzeugter Strom in eine Batterie eingespeist und von dort jederzeit abgerufen werden. Durch diesen Stromkreislauf war es möglich, elektrische Scheinwerfer und elektrische Anlasser einzubauen. Unter der Bezeichnung «Bosch-Licht» konnte ein ganzes System angeboten werden.[150] Die elektrischen Scheinwerfer verbesserten sowohl die Verkehrssicherheit als auch die Nutzungsmöglichkeiten der Kraftfahrzeuge bei schlechtem Wetter oder bei Nacht. Sie waren erheblich leistungsfähiger und auch wartungsärmer als die bis dahin gebräuchlichen Karbidlampen. Bereits im Juni 1911 hatten bei Bosch die Arbeiten für die Entwicklung von Scheinwerfern begonnen. Dafür mussten zunächst spezielle Metallspiegel konstruiert werden und Glühlampenhersteller mussten eine besondere Metallfadenlampe entwickeln, die eine gleichmäßige Ausleuchtung der Fahrbahn ermöglichte.[151]

Abb. 14: Bosch-Werbung
(«Roter Mephisto», 1913)

Bosch war nicht das erste Unternehmen, das Lichtmaschinen und elektrische Scheinwerfer herstellen konnte. In den USA hatte General Motors schon 1912 den Cadillac Model 30 mit Scheinwerfern und elektrischen Startern von Delco (Dayton Engineering Laboratories Company) ausgerüstet. Elektrische Anlasser wurden bei Delco seit 1910 in Serie gefertigt. Bosch lag hier zurück und musste feststellen, dass die Anlasser der amerikanischen Hersteller durch einen ganzen Gürtel von Patenten geschützt waren. Als sich im Sommer 1914 die Chance bot, durch den Kauf der Rushmore Dynamo Works in Plainfield/New Jersey in den Besitz eines Anlasser-Patents zu gelangen, das neue Möglichkeiten eröffnete, zögerte Robert Bosch nicht, zuzugreifen: «Ein Amerikaner, Rushmore, hatte aber ein Patent, das besser schien, und wir kauften dieses mitsamt seiner Firma nach Verhandlungen von wenigen Tagen.»[152] Die neuen Produkte waren für das Unternehmen auch deshalb von so großer Bedeutung, weil Bosch zuletzt fast ausschließlich Magnetzünder gefertigt hatte und damit von der Nachfrage nach einem einzigen Erzeugnis abhängig geworden war. Die elektrotechnischen Installationen machten weniger als 3 Prozent des Umsatzes aus. Bosch wollte sie nach der Einführung der Licht-

Abb. 15: Bosch-Werbung von Lucian Bernhard (um 1914)

maschinen abgeben, behielt diese Abteilung dann aber noch wegen eines kurzfristigen Engagements bei den Oberschwäbischen Elektrizitätswerken und gliederte sie erst 1917 aus.[153] Mit den Magnetzündern war das Unternehmen sehr erfolgreich, aber die Zeiten konnten sich ändern, und darauf wollte man vorbereitet sein. Die Lichtmaschinen bildeten den Schlüssel zu einer neuen Kraftfahrzeugtechnik. Sie konnten nicht nur elektrische Anlasser mit Strom versorgen, sondern ermöglichten es auch, die bisherigen Nachteile der Batteriezündungen zu überwinden. Da die Kraftfahrzeuge nun über eine eigene Stromquelle verfügten, mussten Autofahrer die Batterien nicht mehr im Stand aufladen. Der verbrauchte Zündstrom konnte während der Fahrt ersetzt werden. Eine derart verbesserte Batteriezündung war in den USA von Charles Kettering entwickelt worden. General Motors stellte sie seit 1910 in Serienfertigung her. Zwar galt die Magnetzündung noch als zuverlässiger, aber die Batteriezündung war sehr viel preisgünstiger und bei Bosch ahnte man wohl, dass die neue Technik den Magnetzünder verdrängen würde, wenn sie noch weiter verbessert worden war. Auch deshalb war es für das Unternehmen so wichtig, auf diesem Gebiet über eine hohe Kompetenz zu verfügen.

Für die Fertigung von Lichtmaschinen und Scheinwerfern errichtete Bosch ein neues Werk, das Lichtwerk, in Feuerbach, wo bereits das 1910 gegründete Presswerk stand. Im Mai 1914 konnte der erste Abschnitt des Lichtwerks den Betrieb aufnehmen. Drei Monate später begann der Erste Weltkrieg. Bosch musste nun seinen vielversprechenden Einstieg in die automobile Lichttechnik unterbrechen. Durch den Krieg geriet das Unternehmen auf diesem Gebiet gegenüber den amerikanischen Herstellern weiter in Rückstand.

Insgesamt ging für Bosch mit dem Beginn des Ersten Weltkrieges ein goldenes Jahrzehnt zu Ende. Nie wieder würde das Unternehmen mit einem Produkt derart den Weltmarkt beherrschen, wie es mit dem Hochspannungsmagnetzünder damals der Fall gewesen war, und es sollte lange dauern, bis Bosch überhaupt wieder an seine früheren Erfolge anknüpfen konnte.

4. Der Erste Weltkrieg und die Kriegsfolgen

Der Erste Weltkrieg – ein Wendepunkt

Obwohl die internationalen Spannungen schon länger zugenommen hatten, hatte man bei Bosch nicht mit dem Ausbruch eines Krieges zwischen den europäischen Großmächten gerechnet. Das Unternehmen war darauf in keiner Weise eingestellt. Man hatte nicht versucht, Rüstungsgeschäfte anzubahnen und in den Auslandsniederlassungen keinerlei Vorkehrungen für den Kriegsfall getroffen. Robert Bosch konnte schon aus geschäftlichen Gründen nicht an einem Krieg gelegen sein, da fast 90 Prozent des Umsatzes seiner Firma auf das Ausland entfielen. Auch aufgrund seiner politischen Einstellung und seiner Abneigung gegen den preußischen Militarismus hatte er keine Sympathien für das Säbelrasseln und die Weltmachtgelüste der Kriegstreiber. Später berichtete Bosch, er hätte schon 1912, vor dem Hintergrund des damals beginnenden Balkankriegs, zu einem Jagdfreund gesagt: «Ich bezahle lieber 10 Millionen Mark, wenn ich dadurch einen Krieg vermeiden kann.»[1] Am 31. Juli 1914, einen Tag vor Kriegsbeginn, schrieb Bosch an seine Frau Anna: «Ich gebe an und für sich die Hoffnung noch nicht auf, dass es nicht zum Kriege kommt.»[2]

In Boschs Briefen nach Kriegsbeginn finden sich allerdings auch ganz andere Töne. In einem Schreiben an seinen Vertreter im neutralen Schweden, Fritz Egnell, vom 28. September 1914 heißt es: «Wenn ich Ihnen jetzt ausspreche, dass ich die Überzeugung habe, dass wir die Überzahl unserer Feinde niederzwingen werden, so spreche ich damit das aus, was die allgemeine Überzeugung ist. Wir werden England und die Engländer im eigenen Land angreifen.»[3] Aus diesen Worten spricht nicht gerade eine Bedrückung, wie sie Bosch später bei Beginn des Zweiten Weltkriegs empfand. Doch er ahnte, dass der Krieg viel Not bringen würde, und war entschlossen zu helfen. Schon unmittelbar nach Kriegsbeginn, am 4. August 1914, übergab er dem Stuttgarter Oberbürgermeister Karl Lautenschlager einen Betrag von 100 000 Mark für Unterstützungszwecke.[4] Eine noch größere Spende erhielt bald darauf die von ihm mitgegründete «Kriegshilfe für Handel und Industrie». Bosch unterstützte auch die rund 1200 Familien von einberufenen Mitarbeitern und im neuen, erst kurz vor dem Krieg eingeweihten Lichtwerk in Feuerbach wurde ein Lazarett mit 400 Betten eingerichtet.[5]

Der Beginn des Krieges traf die Elektrotechnische Fabrik Robert Bosch überaus hart. Von den Arbeitern wurden rund 52 Prozent zum Militär eingezogen, von der gesamten Belegschaft rund 45 Prozent.[6] Noch stärker als die Zahl der aktiv Beschäftigten ging der Umsatz zurück. Nach Angaben von Heuss entfielen damals rund 82 Prozent des Umsatzes, also fast das gesamte Auslandsgeschäft, auf Länder, mit denen sich Deutschland im Krieg befand, oder neutrale Länder, die nun ebenfalls nicht mehr von deutschen Firmen beliefert wurden bzw. beliefert werden durften, weil sich die Kriegsgegner dort eindecken konnten.[7] Die Auslandsgesellschaften von Bosch in Paris und in London, wo gerade ein neues Geschäftsgebäude in der Tottenham Court Road bezogen worden war, wurden als feindliches Vermögen beschlagnahmt. In den USA war das neue Werk in Springfield nun auf sich gestellt, weil es aus Stuttgart nicht mehr beliefert werden konnte. Hermann Waker, der dort während des Krieges gearbeitet hatte, berichtete später: «Der Ausbruch des Krieges in Europa in [sic] Spaetsommer 1914 traf uns wie ein Blitz aus heiterem Himmel. Stuttgart war ja noch die Hauptbezugsquelle fuer unseren Bedarf.»[8] Umgekehrt entstanden nun Engpässe bei den Motor- und Automobilherstellern in Frankreich und England, weil Bosch dort vor dem Krieg bei Magnetzündern einen Marktanteil von 85–90 Prozent hatte. Die beschlagnahmten Auslandsgesellschaften von Bosch konnten diese Lücke ebenso wenig abdecken wie die in diesen Ländern ansässigen Mitbewerber. Die deutschen Zünderhersteller bekamen schon bald mit, dass britische und russische Firmen große Anstrengungen unternahmen, um über neutrale Länder Zünder für Flugzeug- und Lkw-Motoren zu erhalten. Sie verpflichteten sich deshalb, Zündapparate weder direkt noch indirekt ins feindliche Ausland zu liefern.[9] Allerdings gab es in dieser Front eine Lücke, die von Deutschland aus nicht kontrolliert werden konnte: die Bosch Magneto Company in den USA.

Viele der noch in den Werken in Stuttgart und Feuerbach verbliebenen Beschäftigten erhielten im August 1914 Schreiben wie dieses, das an den Angestellten Gotthilf Wezel gerichtet war: «Durch den Krieg ist die Ausfuhr meiner Fabrikate vollständig unterbunden und ein Ende des Krieges ist noch nicht abzusehen. Da aber, wie Ihnen bekannt, nur der kleinste Teil meiner Fabrikation im Inland verbleibt, kann ich nicht sagen, wie lange es mir möglich ist, die Fabrik im Betriebe zu erhalten. Aus diesem Grunde sehe ich mich genötigt, das mit Ihnen eingegangene Angestelltenverhältnis auf 30. September 1914 zu kündigen, biete Ihnen aber gleichzeitig an, Sie unter den seitherigen Bedingungen jedoch mit nur monatlicher Kündigungsfrist weiter zu beschäftigen.»[10] Mit Aufträgen aus dem Inland und aus verbündeten Staaten ließ sich die Zünderfertigung bei Bosch nicht auslasten. Aus Treibstoffmangel wurden in Deutschland private Autofahrten für die Dauer des Krieges verboten, und der Bedarf des deutschen Heeres an Magnetzündern war wegen des geringen Motorisierungsgrads der damaligen Streitkräfte nicht allzu groß. Um die Fertigung nach dem Wegbrechen von mehr als vier Fünfteln des Absatzmarkts aufrecht-zuerhalten und das Unternehmen wieder auszulasten, gab es nur eine Mög-lichkeit: die Umstellung auf produktionsfremdes Kriegsmaterial. Bosch war fest entschlossen, über solche Rüstungsaufträge zu verhandeln, fuhr im September 1914 nach Berlin und kam recht optimistisch zurück. In dem bereits erwähnten Brief an Fritz Egnell schrieb er: «Ich glaube, dass wir den Stamm von Arbeitern, welchen wir noch haben, allmählich beschäftigen können und zwar mit der Anfertigung von Zündapparaten für Flugzeuge und Luftschiffe, von Zündapparaten für den Export in die neutralen Länder, sowie von Kriegs-material.»[11]

Tab. 2 Umsatz und Beschäftigte der Firma Bosch/Robert Bosch AG (1913–1918)[12]

Jahr	Umsatz in Mark	Anteil des Auslands in %	Anteil des Kriegs-materials in %	Beschäftigte
1913	26 861 569	88,7		5 100
1914	23 560 221	77,1	0,3*	4 080
1915	33 126 325	12,7	62,3	3 100
1916	47 512 944	9,8	69,5	4 330
1917	77 462 421	8,5	69,6	7 780
1918	73 462 273	8,5	37,0**	8 940

* zweites Halbjahr   ** erstes Halbjahr

Nun war die Zahl der Flugzeuge zu Kriegsbeginn noch recht gering und auch mit dem Export in neutrale Länder – der nur mit Ausnahmegenehmi-gungen möglich war – konnte selbst der geringe Beschäftigtenstand in den Werken Stuttgart und Feuerbach nicht gehalten werden, wohl aber mit der Fertigung von Kriegsmaterial. Innerhalb kurzer Zeit stieg die Firma Bosch von der Magnetzünderfertigung auf den Bau technisch einfacher Waffen um. Ein Kraftfahrzeugausrüster von Weltruf fertigte nun Abwurfbolzen, Wurf-minenzünder, Geschosszünder- und Gewehrteile. Schon 1915 bestritt das Un-ternehmen mehr als 60 Prozent des Umsatzes mit Kriegsmaterial.[13] Bosch mag dies zunächst als Überbrückungslösung angesehen haben und war noch Anfang 1915 überzeugt, dass der Krieg nicht lange dauern würde.[14] Doch die Herstellung von Kriegsmaterial war dann für insgesamt vier Jahre die wich-tigste Fertigung der Firma. Sie sicherte dem Unternehmen das Überleben.

1917 entfielen bei Bosch rund 70 Prozent des Umsatzes auf Kriegsmaterial, während die Exportquote auf einen absoluten Tiefststand von 8,5 Prozent sank. Den bei weitem größten Teil der Fertigung von Kriegsmaterial machte die Herstellung von sogenannten Wurfminenzündern aus; dabei handelte es sich um Minen, die von Flugzeugen abgeworfen wurden. Allein mit dieser Munition bestritt das Unternehmen 1916 rund 37 Prozent seines gesamten Umsatzes. Ein Jahr später lag dieser Anteil sogar fast bei der Hälfte.[15] Dagegen brach die Fertigung der Hochspannungsmagnetzünder nach Kriegsbeginn ein. 1916 stellte Bosch nur noch rund 59 000 dieser Zündapparate her, gegenüber rund 198 000 im Jahr 1913. In den beiden letzten Kriegsjahren stieg die Produktion wieder an, wahrscheinlich aufgrund der zunehmenden Ausstattung des Heeres mit Nutzfahrzeugen. Insgesamt war das Unternehmen durch den Krieg von einem exportstarken Kraftfahrzeugausrüster mit neuester Technik zu einem Hersteller von Massenware herabgesunken. Der Schwerpunkt der Produktion lag nicht mehr auf der Fertigung elektrotechnischer Zünder für Verbrennungsmotoren, sondern auf dem Bau pyrotechnischer Zünder für Minen, die in großen Stückzahlen gefertigt wurden.

Tab. 3 Zusammensetzung der Belegschaft bei Bosch (1914–1918)[16]

Datum	Arbeiter	Arbeiterinnen	Angestellte m/w	Lehrlinge	Beschäftigte insgesamt
1. 8. 1914	3 375	580	930	70	4 955
1. 9. 1914	1 598	541	555	79	2 773
1. 7. 1915	1 693	887	570	88	3 238
1. 7. 1916	2 160	3 255	519/213	102	6 249
2. 7. 1917	2 583	4 469	684/336	102	8 174
11. 3. 1918	2 669	4 977	789/425	90	8 950

Durch die Einberufungen und die Rüstungsfertigung kam es während des Ersten Weltkriegs zu tiefgreifenden Veränderungen in der Zusammensetzung der Belegschaft. Wie in fast allen damaligen Großbetrieben nahm die Frauenarbeit stark zu. Frauen waren praktisch die einzige Arbeitskraftreserve, auf die zurückgegriffen werden konnte, nachdem ein großer Teil der Stammarbeiter zum Militär einberufen worden war. Bereits im Oktober 1915 stieg die Zahl der Arbeiterinnen bei Bosch auf über 1000 an. Mitte 1916 waren bereits mehr Frauen als Männer beschäftigt – und das in einem Unternehmen, dass erst elf Jahre zuvor damit begonnen hatte, Frauen einzustellen. Nur bei den Angestellten blieben die Männer noch in der Überzahl, abgesehen von der Lehr-

Abb. 16: Frauen am Werkstor Stuttgart (1916)

lingsabteilung, die damals noch keine Mädchen ausbildete. Gegen Kriegsende lag die Zahl der Arbeiterinnen bei Bosch um rund 4300 höher als zu Kriegsbeginn. Wie viele der neu eingestellten Arbeiterinnen vorher schon in der Industrie tätig gewesen waren, wie viele aus der Landwirtschaft kamen und wie viele Berufsanfängerinnen waren, lässt sich den überlieferten Unterlagen nicht entnehmen.[17]

Mit einem sehr speziellen Rüstungsprojekt kam Robert Bosch durch seinen Verkaufsleiter Gustav Klein in Verbindung. Graf Zeppelin, dessen Luftschiffbau nach Kriegsbeginn einen kurzen Aufschwung erlebte, wollte damals ein Riesenflugzeug konstruieren, das besser als die schwerfälligen Luftschiffe in der Lage war, Städte und Häfen der Kriegsgegner zu bombardieren. Am 5. September 1914 versammelte er einige Experten im Grand Hotel in Metz. Unter ihnen befand sich Gustav Klein.[18] Hellmuth Hirth, der Sohn des Stuttgarter Industriellen Albert Hirth, hatte Klein für die Luftfahrt begeistert und ihm Flugunterricht erteilt. Gemeinsam mit Karl Maybach hatten sich Klein und Hirth vorgenommen, mit dem schon länger angedachten Riesenflugzeug 1915 zur Weltausstellung nach San Francisco zu fliegen.[19] Als sich nun das Militär für den Bau von Riesenflugzeugen interessierte und das Vorhaben konkret wurde, hielt es Klein nicht in Stuttgart. Bosch musste ihn zusammen mit einigen Mitarbeitern an das geheim gehaltene Projekt ausleihen. Die Arbeiten an der Konstruktion des Riesenflugzeugs – des ersten Großflugzeugs der Welt – begannen in einer Halle der Waggonfabrik Gotha und liefen zunächst unter der Bezeichnung Gothaer Versuchs-Abteilung.[20] Am 1. Oktober 1915 wurde eine eigene Gesellschaft für den Bau von Riesenflugzeugen gegründet, die Versuchsbau GmbH Gotha-Ost (VGO), mit Gustav Klein als Geschäftsführer.[21] Bosch war nicht Eigentümer der VGO, finanzierte aber diese Versuchsgesellschaft, was das Unternehmen nach dem Krieg, angeblich aus Rücksicht auf seine britischen Kunden, verschwieg.[22] Nach Abschluss der Versuchsphase wurden die Arbeiten an der Konstruktion des Riesenflugzeugs Anfang 1916 in die Luftschiffwerft Staaken bei Berlin verlegt. Dort sollte die Fertigung aufgenommen werden, in einer der Hallen, die Zeppelins Firma für den Bau von Luftschiffen errichten ließ. Aus der VGO wurde nun die Flugzeug-Werft GmbH. Mit rund 700 Beschäftigten begann die Gesellschaft Ende 1916 mit dem Bau von Riesenflugzeugen, von denen dann einige Dutzend als «Langstreckenbomber» eingesetzt wurden, die französische und britische Städte bombardierten, aber keine größere militärische Bedeutung erlangten.[23]

Am 10. März 1917 unternahm Gustav Klein mit dem Piloten Hans Robert Vollmoeller und drei Monteuren in Staaken wieder einmal einen Versuchsflug mit einem Riesenflugzeug. Bei der Rückkehr stieß das Flugzeug an die Halle und stürzte ab. Vollmoeller war sofort tot, Klein starb wenige Stunden später und auch die drei Monteure überlebten den Absturz nicht.[24] Die Nachricht vom Tod Kleins war für die Unternehmensleitung von Bosch ein Schock, am meisten aber für Robert Bosch. Klein hatte beim Aufbau des USA-Geschäfts seine Fähigkeiten als Geschäftsmann eindrucksvoll bewiesen und war schon lange Boschs persönlicher Favorit unter den Direktoren der Firma. Seit sich herausgestellt hatte, dass Robert Bosch jr. unheilbar krank war, hatte der Unternehmensgründer Klein als seinen Nachfolger im Blick. Innerhalb der Firma galt Klein allgemein als «Kronprinz». In seinen Lebenserinnerungen schrieb Bosch: «Mit Klein verlor ich einen Mann, den mir auch drei andere nicht ersetzen konnten.»[25]

Während des Ersten Weltkrieges wuchs Robert Bosch in eine öffentliche Rolle hinein. Er knüpfte Verbindungen zur Politik, nahm öffentlich Stellung und gehörte nun auch in Berlin zur Prominenz. Angebahnt wurde dies von Ernst Jäckh, dem ehemaligen Chefredakteur der Heilbronner *Neckar-Zeitung* und Schwager des Bosch-Direktors Hugo Borst. Er war 1912 als Geschäftsführer des Deutschen Werkbunds nach Berlin gegangen und hatte in kurzer Zeit vielfältige Kontakte geknüpft. Seit dem Frühjahr 1914 gab Jäckh gemeinsam mit Paul Rohrbach die Zeitschrift *Das größere Deutschland* heraus. Bosch unterstützte ihn dabei mit einem Betrag in Höhe von 100 000–150 000 Mark.[26] Über Jäckh wurde Bosch auch Mitbegründer und Mäzen der «Deutschen Gesellschaft 1914», einer Vereinigung von Persönlichkeiten des öffentlichen Lebens,

Abb. 17: Gustav Klein (1900)

die im November 1915 entstand, um das bei Kriegsbeginn beschworene Gefühl des Zusammenhalts der Nation, den «Geist von 1914», zu festigen. In der «Deutschen Gesellschaft 1914» traf sich die Elite des Reiches. Zu ihren Mitgliedern gehörten Großindustrielle wie Carl Duisberg, Gustav Krupp von Bohlen und Halbach, Walther Rathenau und August Thyssen, aber auch der Bankier Max Warburg, der Verleger Louis Ullstein, der Schriftsteller Gerhart Hauptmann und der Komponist Richard Strauss. Gründer und Vorsitzender war der frühere Staatssekretär Wilhelm Solf, doch waren Politik und Militär bei weitem nicht so stark vertreten wie die Wirtschaft. Jäckh war Geschäftsführer der Gesellschaft. Bosch gehörte dem Präsidium an und stellte dem Club gegen geringe Miete Räume in einem repräsentativen Gebäude zur Verfügung, das er erworben hatte: das Pringsheim'sche Palais in der Berliner Wilhelmstraße.[27]

Anfang 1916 trat Bosch einem «Arbeitsausschuß für Mitteleuropa» bei, den der liberale Politiker Friedrich Naumann gegründet hatte. Auch hier war Jäckh Geschäftsführer. Zu den Mitgliedern gehörten überwiegend liberal eingestellte Prominente aus Wirtschaft, Wissenschaft und Politik, die sich in diesem Ausschuss mit der zukünftigen Gestalt Mitteleuropas beschäftigten und auf die deutschen Kriegsziele Einfluss nehmen wollten.[28] Bosch war an derartigen Überlegungen schon einige Zeit beteiligt. Er hatte bereits die sogenannte Delbrück-Dernburg-Petition vom 9. Juli 1915 mit unterschrieben, in der sich mehrere Prominente aus dem Lager der gemäßigten Liberalen zu Gebietsannexionen bekannten, darunter auch Max Weber und Albert Einstein. Das Memorandum war zwar als Gegenentwurf zu den maßlosen Forderungen des nationalkonservativen Alldeutschen Verbands gedacht, ließ aber auch nicht gerade den Wunsch nach einem Verständigungsfrieden erkennen.[29] Wie sich schon zu Kriegsbeginn gezeigt hatte, stand Bosch den «Ideen von 1914» keineswegs ablehnend gegenüber. Ihn wird vor allem die Vorstellung von einer Überwindung der politischen und sozialen Gegensätze durch die sogenannte Kriegsgemeinschaft beeindruckt haben. Im Laufe des Jahres 1916 dürfte ihm allerdings klar geworden sein, dass er sich dabei in Gesellschaft von extremen Nationalisten und Befürwortern des Obrigkeitsstaats befand. Jedenfalls änderte die von Jäckh herausgegebene und von Bosch finanzierte Zeitschrift damals ihren Namen. Sie hieß nun nicht mehr *Das größere Deutschland*, sondern *Deutsche Politik*.[30]

Am Ende dieses Jahres entschloss sich Bosch zu einer großen Stiftung. In seinen Lebenserinnerungen heißt es dazu: «Ich faßte Ende 1916 den Entschluß, meinen Kriegsgewinn zu einer Stiftung für die Erbauung des Neckarkanals zu verwenden.»[31] Die Gewinne, die der Unternehmer bis dahin während des Krieges gemacht hatte, waren nicht gerade gering. Für die Neckarkanal-Stiftung spendete Bosch immerhin 13 Mio. Mark. Wenn man noch seine damalige Großspende an den Verein zur Förderung der Begabten und die – wahrscheinlich schon 1915 getätigte – Spende an den Verein Homöopathisches Krankenhaus hinzuzählt, ergibt sich ein Betrag von insgesamt 20 Mio. Mark.[32] Später teilte Bosch mit, es hätte sich um den gesamten Vermögenszuwachs seit dem 31. Dezember 1913 gehandelt.[33] Als Dank verlieh ihm die Stadt Stuttgart die Ehrenbürgerwürde. Ob sich in diesen Großspenden auch eine gewandelte Einstellung oder gar ein Protest gegen den Krieg ausdrückte, muss bezweifelt werden. Bosch hatte ja schon sofort nach Kriegsbeginn größere Spenden gemacht, aus dem Bedürfnis heraus, Not zu lindern. Die Spenden waren auch durchaus mit dem «Geist von 1914» vereinbar, und zudem gab es einen recht profanen Anlass: die Einführung einer Kriegsgewinnsteuer. Bis dahin waren Kriegsgewinne steuerfrei gewesen, was immer wieder zu heftigen Diskussionen geführt hatte, weil dies gar nicht zum «Geist von 1914» passte.[34] Mitte 1916 wurde denn eine Steuer auf den Vermögenszuwachs seit Kriegsbeginn eingeführt. Dass dies der Anstoß zu Boschs Spenden war, wird in einer Chronik der Verkaufsorganisation des Unternehmens geschildert: «Als Robert Bosch für die erste Vermögenszuwachssteuer der Steuerbehörde seinen bis dahin seit 1913 entstandenen Vermögenszuwachs anzugeben hatte, erklärte er, er wolle nicht nur diese Steuer zahlen, sondern verzichte auf den ganzen Vermögenszuwachs dieser Zeit. ‹Ich will durch diesen Krieg um keinen Pfennig reicher werden›.»[35]

Ein Wandel dürfte sich bei Bosch erst im Laufe des Jahres 1917 vollzogen haben, bedingt durch den Kriegsverlauf und den wachsenden politischen Einfluss des Militärs unter Hindenburg und Ludendorff, aber wohl auch durch seine damals sehr niedergeschlagene Stimmung und seinen schlechten Gesundheitszustand. Seine spätere Kriegsgegnerschaft dürfte in den Erfahrungen dieser Zeit begründet sein. Auch geschäftlich wurde der Krieg für Bosch nun zum Desaster. Nur wenige Wochen nachdem er durch den Tod Gustav Kleins einen Hoffnungsträger verloren hatte, erklärten die Vereinigten Staaten Deutschland den Krieg. Bosch wird geahnt haben, dass sein Unternehmen damit den wichtigsten Absatzmarkt auf unbestimmte Zeit verlor und die frühere Weltgeltung nicht mehr so rasch wiedererlangen würde. Mit dem Kreis um Friedrich Naumann, zu dem auch Theodor Heuss gehörte, trat er jetzt für einen Verständigungsfrieden ein. Auch der Arbeiterbewegung rückte er wieder näher. Gemeinsam mit den Gewerkschaftsvorsitzenden Carl Legien und Adam Stegerwald richteten Bosch, Naumann und der Nationalökonom Alfred Weber im Februar 1918 eine Denkschrift an die Oberste Heeresleitung, in der sie den Verzicht auf eine geplante Großoffensive forderten, eine Friedensinitiative anmahnten und eine Erklärung zur «Wiederherstellung der Souveränität und Integrität Belgiens» verlangten.[36] Ende Oktober 1918 schrieb Bosch an Naumann, der Reichstag solle «das grosse Friedenshindernis, den Kaiser», zum Rücktritt zwingen, doch konnte er sich zu diesem Zeitpunkt noch den Enkel Wilhelms II. als Nachfolger – und damit den Fortbestand der Monarchie – vorstellen.[37]

Die Auswirkungen und Folgen des Ersten Weltkriegs waren für die Firma Bosch bitter. 453 Mitarbeiter waren gefallen, andere kamen schwer versehrt zurück.[38] Das Unternehmen hatte vier Jahre lang hauptsächlich Güter produziert, die nicht zu seinem Produktionsprogramm gehörten, und darüber in seinen Stammfertigungen den Anschluss an die technische Entwicklung verloren. Das gesamte Auslandsvermögen war beschlagnahmt worden und die wichtigsten Auslandsmärkte waren verloren. In den USA hatte es die Bosch Magneto Company zwar geschafft, unabhängig von Lieferungen aus Deutschland zu fertigen, aber ihre frühere Marktposition büßte sie schon lange vor dem Kriegseintritt der Vereinigten Staaten ein. In Hermann Wakers Erinnerungsbericht wird dies anschaulich beschrieben: «Vor dem Weltkrieg war die Bosch-Kerze die unbestrittene Meisterin im Feld. Dann versiegte die Zufuhr wegen der alliierten Blockade. Die Kraftwagen-Fabriken mussten sich andere Bezugsquellen suchen. General Motors hatten ihre eigene Marke: A. C. Ford und die anderen wandten sich an Champion. Die Bosch-Kerze war vergessen.»[39]

Die Umwandlung in eine Aktiengesellschaft und die Gründung der VVB

Ursprünglich hatte Bosch in seinem 1891 geborenen Sohn Robert den Nachfolger und Erben gesehen. Nachdem sich herausgestellt hatte, dass dessen Krankheit nicht geheilt werden konnte, war Gustav Klein der «Kronprinz» geworden. Durch Kleins Tod im März 1917 wurde der damals 55-jährige Unternehmer gezwungen, nach einer anderen Lösung zu suchen. Bosch entschloss sich nun, das Unternehmen juristisch von seiner Person zu trennen und einen Teil seines Firmenbesitzes aufgrund von Vereinbarungen abzugeben, die auch Bestimmungen für die Zeit nach seinem Tod enthielten.

Früher hatte Bosch sich vorstellen können, sein Unternehmen zu verkaufen, wenn er genügend Geld dafür erhalten würde. 1905 war er auf das Kaufangebot von Simms eingegangen. Der Verkauf scheiterte nur, weil Simms nicht genügend Liquidität hatte, um bar zu zahlen. Zwei Jahre später dachte Bosch noch ähnlich. In einem Brief an Eugen Kayser schrieb er: «Eine A.G. gründen lediglich, um eine Familiensache zu haben, halte ich nicht für nötig zur Zeit, u. wenn ich das Risico verkaufen will, so muß ich es wirklich verkauft haben, d.h. einen anständigen Batzen Bargeld aus der Sache bringen.»[40] Als Kaufpreis stellte er sich jetzt einen Betrag von 15 Mio. Mark vor.[41] An Simms hätte er noch für 5 Mio. Mark verkauft.

Weitere fünf Jahre später hatte sich Boschs Einstellung deutlich verändert. Seinem Neffen Hermann Bosch teilte er am 27. Februar 1912 mit, «daß ich schließlich doch einmal selbst eine Aenderung in der Verfassung m. Geschäfts vornehmen muß, um seinen Bestand über m. Tod hinaus zu sichern. Ob dies nun eine Offene Handels- oder eine Aktien-Gesellschaft oder was sonst gibt, weiß ich nicht.»[42] Robert Bosch sah in dem Unternehmen jetzt sein Lebenswerk, das es zu sichern galt, und zu diesem Zeitpunkt wird er wohl auch gewusst haben, dass er die Firma später einmal nicht an seinen Sohn weitergeben konnte. Boschs juristischer Berater, Rechtsanwalt Paul Scheuing, der ihm seit den Rechtsstreitigkeiten mit Simms zur Seite stand, dürfte dringend empfohlen haben, das Unternehmen in eine Kapitalgesellschaft umzuwandeln.[43] Solange die Firma ein Personenunternehmen war, würde beim Tod Robert Boschs das ganze Unternehmen zum Erbfall, mit allen daraus entstehenden Verpflichtungen im In- und Ausland. Als Handels- oder Kapitalgesellschaft war das Unternehmen dagegen eine eigene Rechtspersönlichkeit. Beim Tod Boschs würden dann nur seine Anteile zum Erbfall.

Zur Änderung der Unternehmensverfassung kam es vor dem Ersten Weltkrieg nicht mehr. Nach Heuss waren die Arbeiten daran bereits 1913 weit gediehen.[44] In seinen Lebenserinnerungen schrieb Bosch, dass Gustav Klein von einer Umwandlung der Firma in eine Aktiengesellschaft abgeraten hätte.[45] Ob dem so war, lässt sich nicht mehr feststellen, doch gerieten die Dinge nach Kleins Tod in Bewegung und wenige Monate später wurde aus dem Personenunternehmen eine Aktiengesellschaft. Denkbar ist auch, dass es nur einen indirekten Zusammenhang gab, insofern als der Firmengründer nach dieser Erfahrung die Zukunft des Unternehmens nicht mehr in die Hände einer einzelnen Person legen wollte. Boschs Kerngedanke bei der Umwandlung der

Firma in eine Aktiengesellschaft war es, seine wichtigsten Mitarbeiter am Kapital zu beteiligen. Diese Mitarbeiter sollten als Teilhaber eingebunden werden, damit das Unternehmen nach dem Tod seines Gründers in bewährten und verlässlichen Händen blieb. Es war nicht vorgesehen, die Aktien zum Börsenhandel zuzulassen. Vielmehr sollte eine Art erweitertes Familienunternehmen gebildet werden. Dieses Ziel hätte aber auch mit der Gründung einer GmbH erreicht werden können. Offenbar war es damals Paul Scheuing, der Bosch zur Rechtsform einer Aktiengesellschaft riet. Später legte Scheuing jedenfalls dar, dass man sich 1917 für eine Aktiengesellschaft entschieden hatte, um leichter zusätzliches Kapital aufnehmen zu können, etwa in Form weiterer Beteiligungen, falls dies erforderlich werden sollte.[46] Diese Überlegung passt nicht unbedingt zu Boschs Vorstellungen und dürfte deshalb eher von Scheuing oder einem anderen Berater eingebracht worden sein. Bedenkt man, dass 1917 angesichts der sich abzeichnenden Niederlage Deutschlands im Ersten Weltkrieg damit gerechnet werden musste, dass die Firma Bosch ihre Auslandsbeteiligungen verlieren und der Wiederaufbau des Auslandsgeschäfts nach dem Krieg einen entsprechend hohen Kapitaleinsatz erfordern würde, war dies ein durchaus vernünftiger Rat.

Die vorgesehene Beteiligung von Mitarbeitern dürfte die Form erklären, in der die AG-Gründung vollzogen wurde. Die Direktoren sollten ihre Beteiligungen nicht von Robert Bosch kaufen, sondern gemeinsam mit ihm eine neue Gesellschaft gründen. So entstand am 6. Juli 1917 die Aktiengesellschaft für Kleinmaschinen- und Apparatebau mit einem Aktienkapital von 12 Mio. Mark. Etwa einen Monat später, am 9. August 1917, wurde diese Gesellschaft in Robert Bosch AG umbenannt.[47] Bosch erwarb Aktien der Aktiengesellschaft für Kleinmaschinen- und Apparatebau im Nennwert von 6,12 Mio. Mark, also 51 Prozent des gesamten Aktienkapitals. Die restlichen 49 Prozent des Aktienkapitals (nominell 5,88 Mio. Mark) wurden von sechs Direktoren gezeichnet: Gottlob Honold, Hugo Borst, Eugen Kayser, Heinrich Kempter, Ernst Ulmer und Max Rall. Verkaufen durfte dieser Kreis seine Aktienpakete nur mit Zustimmung einer Mehrheit. Auch Otto Heins sollte eine Beteiligung erhalten. Da er während des Krieges in den USA war, sollten die anderen Direktoren vorübergehend die ihm zugedachten Aktien übernehmen. Eugen Kayser übertrug sein Aktienpaket noch vor der Umbenennung in Robert Bosch AG auf die anderen Direktoren.

Am 16. Juli 1917 schloss Robert Bosch mit den anderen Aktionären einen Vertrag. Darin erhielten Honold, Borst, Kempter, Ulmer und Rall das Recht, beim Tod Boschs oder im Falle seiner Geschäftsunfähigkeit 240 Aktien im Nennwert von insgesamt 240 000 Mark aus seinem Besitz zu erwerben, wodurch sich ihre Beteiligung auf insgesamt 51 Prozent erhöhen würde. Diese 240 Aktien sollten bis dahin von einem Treuhänder verwaltet werden. Sie konnten mit Mehrheitsbeschluss später auch an einen neuen Angehörigen der Unternehmensleitung verkauft werden.[48] Bei der neu gebildeten Robert Bosch AG übernahm Robert Bosch den Vorsitz des Aufsichtsrats. Gottlob Honold und Hugo Borst wurden als ordentliche Mitglieder in den Vorstand berufen, Heinrich Kempter, Max Rall und Ernst Ulmer als stellvertretende Mitglieder. Bosch wollte bei der Gründung der Aktiengesellschaft einzelne Bereiche der Fertigung in eigene Gesellschaften überführen. Die Motive dafür sind unklar und die Aufteilung wurde auch elf Jahre später rückgängig gemacht. Das Presswerk in Feuerbach wurde nun zu einem eigenen Unternehmen mit dem Namen Robert Bosch Metallwerk AG und einem Aktienkapital von nominell 1,2 Mio. Mark, die Abteilung elektrische Installation wurde ebenfalls ausgegliedert und firmierte nun als Elektra-Installations GmbH mit einem Gesellschaftskapital von 300 000 Mark.[49]

Nach Gründung der Aktiengesellschaft drängte Scheuing auf eine Regelung für das jetzt vom Firmenvermögen getrennte Privatvermögen Boschs. Schon im September 1917 machte er dafür Vorschläge. Gemeinsam mit dem Privatsekretär des Unternehmers, Hans Walz, einem gelernten Bankkaufmann, arbeiteten Bosch und Scheuing einen Entwurf für eine gemeinnützige Treuhand-GmbH für Vermögensverwaltung aus. Darin war vorgesehen, dass Bosch seine Beteiligung an der Robert Bosch AG in diese Gesellschaft einbringen sollte, die als «Mittelpunkt für die vielfachen gemeinnützigen Bestrebungen» des Unternehmers gedacht war.[50] Aus diesen Überlegungen ging nach dem Krieg die Vermögensverwaltung Bosch GmbH (VVB) hervor, die am 9. März 1921 mit einem Stammkapital von 280 000 Mark gegründet wurde. Robert Bosch hielt davon 230 000 Mark (82,14 Prozent). Außer ihm waren noch Hugo Borst, Gottlob Honold, Arthur Leinss, Paul Scheuing und Richard Stribeck mit jeweils 10 000 Mark (3,57 Prozent) beteiligt.[51] Zwei Tage nach Gründung der VVB schloss Robert Bosch mit dieser Gesellschaft einen Vertrag über den Verkauf von 9500 Aktien der Robert Bosch AG zu einem Kaufpreis von 12,35 Mio. Mark.[52] Das war nicht weniger als seine gesamte Beteiligung an der Robert Bosch AG. Der Kaufvertrag wurde von der Gesellschafterversammlung der VVB nicht genehmigt und trat damit nicht in Kraft – ein eigentümlicher Vorgang, wenn man bedenkt, dass die Gesellschafter enge Mitarbeiter und Vertraute Boschs waren.[53]

Möglicherweise hat Bosch damals wegen der zunehmenden Inflation den Verkauf vertagt. Wahrscheinlicher ist, dass der Vertrag von Anfang an als eine Art Vorratsbeschluss gedacht war, ein dokumentiertes Verkaufsangebot, auf das man später zurückkommen konnte. Am 30. April 1924 unterbreitete Bosch der VVB ein weiteres Verkaufsangebot und auch in diesem Fall wurde das Angebot auf Vorrat gehalten.[54] Dass Robert Bosch seine Beteiligung an dem von ihm gegründeten Unternehmen damals an die VVB verkaufen wollte,

bestätigte Hans Walz später in einem Brief an Willy Schloßstein, seinen Nachfolger in der Leitung des Privatsekretariats: «Unter den früheren Verhältnissen,
d. h. um die Zeit nach dem ersten Weltkrieg, war vorgesehen, daß Herr Bosch
seine Anteile an der damaligen Robert Bosch AG nicht vererbt, sondern an die
Vermögensverwaltung Bosch GmbH (VVB) überträgt, wogegen diese ihm
bzw. seinen Erben den Kaufpreis in Raten zu bezahlen gehabt hätte. Weiter
war gedacht, daß die Übertragung zu Lebzeiten des Herrn Bosch erfolgt und
daß Herr Bosch als erster Geschäftsführer bestellt wird.»[55]

Es ist erklärungsbedürftig, warum ein Industrieller von der Statur Robert
Boschs plante, sich in dem von ihm gegründeten Unternehmen als Geschäftsführer anstellen zu lassen. Nach der Darstellung von Walz wollte Bosch schon
zu Lebzeiten «durch die Art, wie er die Geschäftsführung in der VVB zusammen mit den anderen Geschäftsführern zu betreiben gedachte, ein traditionell
verpflichtendes Beispiel errichten, wie in der Verwaltung der Robert Bosch
AG-Aktien nach seinem Tode in Anbetracht der ausgegebenen Richtlinien
sinngemäß fortzufahren sei».[56] Bosch wollte also nicht etwa abtreten oder sein
Unternehmen einfach verkaufen, sondern, wie sich schon bei der AG-Gründung von 1917 im Ansatz gezeigt hatte, seine Umgebung und seine Nachwelt
auf seine Vorstellungen verpflichten. Da er sich zu dieser Zeit damit abfinden
musste, keinen Sohn mehr zu haben, wollte er so sicherstellen, dass das Unternehmen in seinem Sinne weitergeführt würde.

Andere Zeiten: Die Robert Bosch AG und die Kriegsfolgen

Am 7. Dezember 1918 versteigerte in den USA ein Mitarbeiter des Office of
Alien Property Custodian, A. J. M. Palmer, die bei Kriegsende enteignete
Bosch Magneto Company. Zu einem Preis von 4,15 Mio. US-Dollar – weniger
als die Hälfte des tatsächlichen Werts – wurde das Unternehmen einschließlich aller Patentrechte einem Mann namens Martin E. Kern zugesprochen,
einem von zwei Bietern. Später stellte sich heraus, dass Kern gar nicht hätte
mitbieten dürfen, weil er damals die deutsche Staatsangehörigkeit hatte, dass
er nur als Strohmann einer Investorengruppe den Kauf getätigt hatte, dass der
Auktionator mit ihm schon lange befreundet gewesen war und dass beide
gemeinsame Sache gemacht hatten. Nicht nur Bosch verklagte daraufhin die
Käufer, sondern auch der amerikanische Staat.[57] Doch über die Lage, in der
sich das Unternehmen am Ende des Ersten Weltkriegs befand, sagt es viel aus,
wenn sein ehemals wertvollster Besitz zu einem Schleuderpreis feilgeboten
werden konnte. Bosch würde es schwer haben, wieder auf dem Weltmarkt Fuß
zu fassen. Ob die Rückkehr auf die wichtigsten Auslandsmärkte gelingen
würde und ob das Unternehmen dort an die früheren Erfolge würde anknüpfen

können, wurde zur Schlüsselfrage der Unternehmensentwicklung in den nächsten eineinhalb Jahrzehnten.

Die Voraussetzungen waren alles andere als günstig. Die liberale Weltwirtschaftsordnung der Vorkriegszeit und das internationale Währungssystem des Goldstandards waren zerbrochen, viele Länder hatten hohe Schutzzölle eingeführt und die Wirtschaft in Europa, besonders aber in Deutschland, litt unter den Kriegsfolgen. Als ein Unternehmen, das vor 1914 fast 90 Prozent seines Umsatzes mit Exporten und Fertigungen im Ausland erwirtschaftet hatte, war Bosch von dieser «Deglobalisierung»[58] besonders betroffen. Die Wettbewerbssituation hatte sich durch den Krieg vollständig verändert. In Großbritannien hatten während des Krieges viele Firmen die Herstellung von Magnetzündern aufgenommen, der französische Markt war durch einen hohen Schutzzoll abgeschottet und in den USA hatte man es nun mit dem Unternehmen zu tun, das die Auftraggeber von Martin E. Kern 1919 mit der Bezeichnung American Bosch Magneto Corporation (ABMC) gründeten. «Bosch I am an American!», hieß es jetzt hier – ein Werbespruch, der aus Stuttgarter Sicht ein Albtraum war.[59] Auch den «roten Mephisto», die bekannte Bosch-Figur, nutzte die ABMC für ihre Werbung, da die Robert Bosch AG in den USA alle Markenrechte verloren hatte. Für das Stuttgarter Unternehmen war der «rote Teufel» damit wertlos geworden.[60] Daher begann man, nach einem neuen, unverwechselbaren Emblem zu suchen, und entschied sich schließlich für einen Entwurf, der Gottlob Honold im November 1918 gelungen war und einen Magnetzünder symbolisierte: einen stilisierten Doppel-T-Anker in einem Kreis. Honolds Entwurf wurde zum Logo des Unternehmens und ist dies in leicht veränderter Form auch noch heute.

Die Bosch-Zentrale in der Stuttgarter Militärstraße konnte nach Kriegsende die Rückkehr auf die Auslandsmärkte erst einmal nicht angehen, weil es Probleme zu lösen galt, vor die man sich durch Versorgungsengpässe, revolutionäre Proteste und die Demobilisierung des Heeres gestellt sah. Am 12. November 1918 fand in Stuttgart eine Besprechung bei Oberbürgermeister Karl Lautenschlager statt, an der mehrere Vertreter der Wirtschaft teilnahmen. Ihr Sprecher war Robert Bosch. Er sagte zu, die aus dem Feld zurückkehrenden Arbeiter und Angestellten wieder einzustellen und keine Beschäftigten zu entlassen, ehe sie einen neuen Arbeitsplatz gefunden hätten.[61] Dabei hatte die Robert Bosch AG bereits einen hohen Personalüberhang. In den letzten beiden Kriegsjahren hatten die umfangreichen Aufträge für Kriegsmaterial dazu geführt, dass sich die Beschäftigtenzahl mehr als verdoppelte. Mit dem Ende des Krieges waren diese Aufträge schlagartig weggefallen.

Viele der im Krieg eingestellten Arbeiterinnen mussten nun ausscheiden, weil ihre Arbeitsverträge nur für die Dauer des Krieges gegolten hatten, aber die Zahl der Rückkehrer war mit fast 1500 weitaus größer.[62] In einem Aufruf

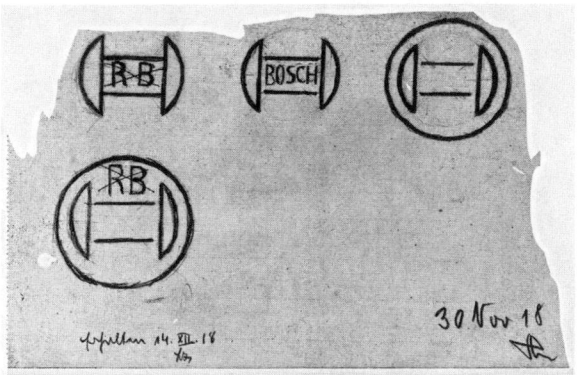

Abb. 18: Entwurfszeichnung von Gottlob Honold für die neue Bildmarke (1918)

an die Belegschaft vom 15. November 1918 bat die Unternehmensleitung alle Mitarbeiter, denen es möglich war, zu früheren Arbeitgebern zurückzukehren.[63] Die Neigung, diesem Appell zu folgen, war nicht groß, da die Löhne und Gehälter bei Bosch ja höher waren als in anderen Firmen. Von rund 1400 Angestellten kündigten nur 73.[64] In den folgenden Monaten kam es zu einem drastischen Rückgang der Beschäftigtenzahl, der nur durch Massenentlassungen zustande gekommen sein kann. Ende September 1918 hatten die Robert Bosch AG und die Robert Bosch Metallwerk AG insgesamt 9870 Beschäftigte. In dem bereits erwähnten Aufruf vom 15. November ist von 10 400 Beschäftigten die Rede.[65] Bis Ende Januar 1919 sank die Beschäftigtenzahl trotz 624 wieder eingestellter Rückkehrer vom Militärdienst und aus den enteigneten Auslandsgesellschaften auf 6788.[66] Das war selbst gegenüber dem Stand vom September 1918 ein Rückgang um mehr als 30 Prozent. Der größte Teil der Entlassenen waren Frauen. Die Zahl der bei Bosch beschäftigten Arbeiterinnen ging gegenüber Anfang 1918 um mindestens 2700 bzw. 60 Prozent zurück, lag aber weiterhin deutlich höher als vor dem Krieg.[67] Noch massiver als bei Bosch waren die Entlassungen bei der Daimler-Motoren-Gesellschaft. Der Beschäftigtenzahl nach war Bosch deshalb 1920 wieder das größte Unternehmen Stuttgarts und blieb dies bis zum Zusammenschluss zwischen Daimler und Benz im Jahr 1926.[68]

Im Januar 1919 führte der «Spartakusaufstand» auch in Stuttgart zu ge waltsamen Auseinandersetzungen. Die von Karl Liebknecht und Rosa Luxemburg kurz zuvor gegründete KPD rief damals einen bewaffneten Aufstand aus, um die Wahlen zur Nationalversammlung zu verhindern. In Stuttgart wurde der Aufstand von provisorisch aufgestellten Sicherheitstruppen unter dem Kommando von Paul Hahn, einem späteren Berater Robert Boschs, niedergeschlagen.[69] Anfang April 1919 kam es erneut zu Straßenkämpfen. Nachdem die Gewerkschaften einen Generalstreik ausgerufen hatten, ver-

Abb. 19: Zündkerzenfertigung im Werk Feuerbach (1920)

hängte die württembergische Regierung unter dem sozialdemokratischen Staatspräsidenten Wilhelm Blos über Stuttgart den Belagerungszustand. Einige hundert Spartakisten verschanzten sich und wurden schließlich vom Militär überwältigt. Bosch hatte keine Sympathien für eine Räterepublik, wie sie die Kommunisten anstrebten, lehnte aber ein brutales Vorgehen gegen die Aufständischen wie in Berlin, wo Liebknecht und Luxemburg ermordet worden waren, ab.[70] Der Unternehmensgründer gehörte nun einer württembergischen Kommission für die «Vorbereitung der Sozialisierung» an und bezeichnete sich damals einem Gewerkschaftler gegenüber als Sozialist, doch sprach er sich zugleich gegen die «Sozialisierungswut» und Eingriffe des Staates in betriebliche Belange aus.[71]

Nach dem Frühjahr 1919 stabilisierten sich die politischen Verhältnisse in der württembergischen Hauptstadt rasch. Doch kam es Ende August 1920 in einigen Stuttgarter Unternehmen zu heftigen Protesten, von denen auch die Bosch-Werke betroffen waren. Im Rahmen der Erzberger'schen Finanzreform wurde damals eine reichseinheitliche Lohnsteuer eingeführt. Bis dahin waren Steuern nur von den Ländern nach unterschiedlichen, insgesamt recht niedrigen Sätzen erhoben worden. Viele Arbeiter von Bosch und Daimler wollten den aus Berlin verordneten Lohnabzug nicht hinnehmen, linkssozialistische und kommunistische Betriebsräte riefen den «Steuerkampf» aus. In den Bosch-

Werken fanden Arbeitsniederlegungen und Hofbesetzungen statt. Als in Stuttgart das Gerücht aufkam, kommunistische Arbeiter würden Sabotageakte planen, ließen die Behörden die von den wilden Streiks betroffenen Werke schließen und von bewaffneten Polizeieinheiten abriegeln. Die Betriebsräte beschlossen daraufhin gegen den Willen der Gewerkschaftsführung den Generalstreik. Das Hauptwerk von Bosch glich zehn Tage lang einer Festung, dann musste der Streik ergebnislos abgebrochen werden.[72]

Auf die neue Arbeits- und Sozialordnung, eine der wichtigsten Errungenschaften der Revolution von 1918/19, konnte sich die Robert Bosch AG leicht einstellen. Zum Teil waren diese Regelungen hier schon lange eingeführt worden wie beispielsweise der Achtstundentag. Auch einen Arbeiterausschuss hatte es bei Bosch schon vor dem Krieg gegeben. Die Einführung von Betriebsräten, die 1920 gesetzlich vorgeschrieben wurde, hatte Robert Bosch ein Jahr zuvor in einem Schreiben an das Präsidium des Reichsverbands der Deutschen Industrie ausdrücklich befürwortet, weil sie dazu beitragen würde, die «grundsätzliche Kampfstellungnahme» zwischen Arbeitgebern und Arbeitnehmern zu überwinden. Bosch war bereit, den Betriebsräten ein Mitbestimmungsrecht über «innere Betriebsangelegenheiten» und in Personalfragen einzuräumen, nicht aber in kaufmännischen und technischen Fragen.[73] Bei den ersten Betriebsratswahlen zeigte sich, dass die radikale Linke nach wie vor großen Einfluss unter der Bosch-Arbeiterschaft besaß. Die Kommunisten stellten in den Betriebsräten der Robert Bosch AG und der Robert Bosch Metallwerk AG wie auch im Gesamtbetriebsrat für längere Zeit den Vorsitzenden.[74] Auffällig ist, dass sich die KPD hier auf die Facharbeiter stützen konnte, während ihre Anhängerschaft sonst eher aus geringer qualifizierten Arbeitern bestand.[75] Dies hing, stärker noch als beim Arbeitskampf von 1913, mit der politischen Richtung der Gewerkschaft zusammen. Die Facharbeiter waren in gewerkschaftlichen Organisationen stets stärker vertreten als ungelernte Arbeiter, und da der DMV zum linken Flügel der sozialistischen Richtungsgewerkschaften gehörte, unterstützten viele Facharbeiter von Bosch die KPD.

Die Geschäftsentwicklung wurde in diesen Jahren durch die zunehmende Inflation in Deutschland beeinflusst und lässt sich deshalb nicht aus den Umsatzzahlen erschließen. Geht man von den Beschäftigtenzahlen aus, dann zeigt sich ein anderes Bild als in der Vorkriegszeit. Das Unternehmen wuchs nicht mehr mit der früheren Dynamik. Die Zahl der Arbeiter und Angestellten lag Anfang 1922 kaum höher als Anfang 1919, stieg dann aber im Laufe eines Jahres um etwa die Hälfte an.[76] Dieser Zuwachs hängt auch mit der faktischen Wiedereingliederung des Feuerbacher Metallwerks zusammen, ist aber nicht allein dadurch zu erklären. Bosch konnte damals auf den Auslandsmärkten vom Verfall der deutschen Währung profitieren. Der Kursverfall der Mark ermöglichte es, in Deutschland hergestellte Produkte im Ausland zu immer günstigeren Preisen anzubieten. Zugleich waren die deutschen Unternehmen von der Konkurrenz des Weltmarkts praktisch abgeschirmt, denn amerikanische, französische oder auch Schweizer Produkte waren aufgrund des Wechselkurses für deutsche Käufer praktisch unerschwinglich. Dass die Exportquote von Bosch bereits 1920 wieder bei über 50 Prozent des Umsatzes lag, ist vor diesem Hintergrund zu sehen. Der Währungsverfall erleichterte dem Unternehmen die Rückkehr auf den Weltmarkt, doch handelte es sich um einen künstlichen Preisvorteil, mit dem sich nur für eine gewisse Zeit die Hindernisse überwinden ließen, vor die man sich auf den Auslandsmärkten gestellt sah. Der wichtige französische Markt war nun durch einen Schutzzoll in Höhe von 45 Prozent abgeschirmt und in Großbritannien hatten während des Krieges 14 Firmen die Herstellung von Zündern, zumeist als Nachahmung der Bosch-Zünder, aufgenommen.[77] Immerhin konnte 1920 durch die Firma J. A. Stevens Ltd. wieder eine Bosch-Vertretung in London eröffnet werden. In Paris wurde im gleichen Jahr der Ingenieur Ferdinand Péan Vertreter von Bosch. Nach und nach wurden fast alle der vor dem Ersten Weltkrieg gegründeten Auslandsvertretungen neu errichtet. Das Verkaufshaus in Genf war schon 1919 wieder eröffnet worden.[78]

Angesichts der Barrieren auf den großen europäischen Auslandsmärkten baute Bosch nun die Präsenz in Übersee aus, zumal die Motorisierung des Straßenverkehrs in Asien und Lateinamerika deutlich zunahm. Innerhalb weniger Jahre entstanden auf allen Kontinenten neue Auslandsvertretungen, in Neuseeland, Indien, Kenia und Mexiko ebenso wie in einigen der neuen europäischen Staaten. In Ostasien übernahm 1921 die Firma Jebsen & Co. mit ihrer Niederlassung in Shanghai die Vertretung für China. Im gleichen Jahr erhielt die Hamburger Handelsgesellschaft C. Illies & Co. die Bosch-Vertretung für Japan. Robert Bosch selbst fuhr 1921 nach Buenos Aires und Rio de Janeiro, um sich ein Bild von den geschäftlichen Möglichkeiten in Südamerika zu machen. Er war davon so angetan, dass drei Jahre später, am 14. April 1924, in Argentinien eine eigene Tochtergesellschaft gegründet wurde, die Robert Bosch S.A., Buenos Aires.[79] Bereits Mitte der 1920er Jahre hatte Bosch ein dichteres Netz von Auslandsvertretungen als vor dem Ersten Weltkrieg. Vor allem in Asien und Lateinamerika war das Unternehmen nun stärker vertreten. Aus dieser Perspektive kann von einer «Deglobalisierung» in diesen Jahren nicht die Rede sein. Vielmehr reagierte Bosch auf die Anteilsverluste in Europa mit einer Offensive auf den – insgesamt allerdings noch peripheren – Märkten in Lateinamerika und Asien. Das Unternehmen hatte zwar nicht mehr die frühere Bedeutung auf dem Weltmarkt, war nun aber globaler aufgestellt als vor dem Ersten Weltkrieg.

Der schwerste Rückschlag, den Bosch durch den Krieg erlitten hatte, war zweifellos die Verdrängung vom US-Markt, dem wichtigsten Automobilmarkt der Welt. Die rasante Entwicklung der amerikanischen Automobilindustrie während des Krieges war an Bosch vorbeigegangen, und der Name Bosch war in den USA nun von der ABMC besetzt, die aus der nach Kriegsende versteigerten Bosch Magneto Company hervorgegangen war und in dem modernen früheren Bosch-Werk in Springfield fertigte. Bosch hatte gegen die Enteignung geklagt und gehofft, die Bosch Magneto Company zurückzubekommen. Doch dadurch war weitere Zeit verloren gegangen. Erst als feststand, dass man sich mit dem Verlust der früheren US-Tochter abfinden musste, begann das Unternehmen mit dem Aufbau einer neuen Vertriebsorganisation in den USA. Otto Heins, der frühere Leiter der Bosch Magneto Company, ging 1921 wieder nach New York und gründete dort eine neue Gesellschaft für den US-Markt, die Robert Bosch Magneto Company (RBMC). Das Vertriebsnetz, das Heins und der kaufmännische Leiter Hermann Waker aufbauten, stützte sich stärker als in der Vorkriegszeit auf Großvertreter, die für den Kundendienst eingerichtet waren und über Werkstätten mit Einbauhallen verfügten. Schon vor dem Ersten Weltkrieg waren die «Official Bosch Distributors» neben den Verkaufshäusern eine wichtige Stütze des Handelsgeschäfts in den USA gewesen. Hinzu kam eine wachsende Zahl von Servicestationen («Official Bosch Supply Stations»). Dabei handelte es sich um freie Werkstätten, die für Bosch als Händler und als Kundendienst tätig waren. Innerhalb weniger Jahre stieg die Zahl der Bosch-Services nun auf 1500 an.[80]

Die amerikanischen Servicestationen dürften das Vorbild für die «Bosch-Dienste» gewesen sein, die während der 1920er Jahre in Deutschland entstanden.[81] Der erste Bosch-Dienst wurde 1921 in Hamburg von der Firma Max Eisenmann & Co. (heute: Kruse Car Service) eröffnet.[82] Erst einige Jahre später breiteten sich die Bosch-Dienste im ganzen Land aus. 1926 gab es 20 derartige Werkstätten, 1930 bereits 113.[83] Ebenso wie bei den amerikanischen Bosch-Services handelte es sich bei den Bosch-Diensten um freie Werkstätten, die als Franchisenehmer Erzeugnisse des Unternehmens verkauften und einbauten, aber auch Wartungen anboten und Reparaturen ausführten. In einer Zeit, in der es erst wenige Autohäuser und Tankstellen gab, schlossen die Bosch-Dienste eine Marktlücke. Für Bosch war das zukunftsweisende Servicekonzept natürlich auch eine gute Werbung und das bald weltweit. Bosch-Services und «Bosch-Departments» entstanden etwa auch in Ägypten und in Japan.[84]

In Deutschland wurden nun auch die Verkaufsbüros ausgebaut. Sie wurden zu Verkaufshäusern, auch wenn die offizielle Umbenennung erst 1937 erfolgte.[85] 1909 hatte das Unternehmen in Berlin sein erstes Verkaufsbüro in Deutschland eingerichtet, für das während des Ersten Weltkriegs ein fünfgeschossiges Geschäftshaus in Charlottenburg nach Entwürfen der bekannten Architekten Richard Bielenberg und Josef Moser gebaut wurde. Das Gebäude, in dem sich auch eine kleine Wohnung für Robert Bosch befand, konnte 1917

Abb. 20: Bosch-Service in Manila (1939)

bezogen werden. Im Februar 1919 hatte das Berliner Verkaufshaus 78 Beschäftigte, im Mai 1922 bereits 160.[86] Das Bosch-Haus in der Bismarckstraße 71 wurde zugleich als Sitz der Berliner Repräsentanz genutzt. Auch heute befindet sich dort die Hauptstadtrepräsentanz des Unternehmens. In Stuttgart bestand seit 1911 ein Verkaufsbüro, das zunächst auf dem Werksgelände untergebracht war und 1926 in die frühere Kuhn'sche Maschinenfabrik im Stadtteil Berg umzog. Ein weiteres Verkaufshaus wurde im April 1919 in Frankfurt am Main eröffnet. Im Herbst 1924 verfügte die Verkaufsorganisation bereits über 14 Verkaufshäuser mit sieben Filialen.[87]

Da Bosch mit dem Zündergeschäft unter den veränderten Bedingungen auf dem Weltmarkt nicht mehr seine frühere Bedeutung wiedererlangen konnte, erweiterte das Unternehmen nun verstärkt seine Erzeugnispalette. Mit den Ölern, einer Schmierpumpe, die auch bei stationären Motoren eingesetzt werden konnte, verfügte man schon länger über eine Fertigung, die nicht nur für Fahrzeughersteller interessant war. Auf die wachsende Nachfrage reagierte Bosch mit dem Bau eines eigenen Öler-Werks, das 1923 fertig wurde.[88] Vor allem aber stellte sich das Unternehmen nun in der Kraftfahrzeugtechnik breiter auf. Aus einem Zünderhersteller wurde ein Kfz-Ausrüster und Systemanbieter, was sich bereits vor 1914 abgezeichnet hatte. Die Scheinwerfer wurden jetzt in großen Serien hergestellt und mit einer neuen Abblendfunktion verbessert. 1922 stellte Bosch erstmals über 100 000 Scheinwerfer her. Entsprechend nahm die Fertigung der Lichtmaschinen zu.[89] Der gegenüber den USA bestehende Rückstand auf dem Gebiet der Kraftfahrzeugbeleuchtungen konnte nach und nach aufgeholt werden.

Die publikumswirksamste Neuerung dieser Zeit war das von Gottlob Honold konstruierte Bosch-Horn, eine elektrische Hupe, mit sonorem und gleichmäßigem Ton. Autofahrer mussten sich damals mit Radklingeln, Ballhupen, Sirenen und Trillerpfeifen gegenüber anderen Verkehrsteilnehmern bemerkbar machen. Das Bosch-Horn bedeutete hier eine wesentliche Verbesserung. Es ließ sich vom Lenkrad aus bedienen und hatte einen unverkennbaren Ton. Nebenbei erwies es sich als eine gute Werbung für den Hersteller. Auf der Automobilausstellung vom Oktober 1921 war das Bosch-Horn die Sensation. Es setzte sich bald im Straßenverkehr durch und soll auch bei Sitzungen der Frankfurter Stadtverordnetenversammlung Verwendung gefunden haben.[90] Nach zwei Jahren waren bereits 100 000 Bosch-Hörner verkauft worden – mehr als es in Deutschland Kraftfahrzeuge gab.[91] Auch im Ausland erfreute sich das Horn großer Beliebtheit. Aus Japan berichtete der Leiter des Tokyoer Bosch-Departments, Friedrich Reiser: «Das Boschhorn singt sein eigenes Loblied durch die Straßen von Kobe, Osaka und Tokyo und der übrigen Städte, und seine Verbreitung wird durch eifrige Reklame kräftig unterstützt.»[92]

Mit der Einführung des Scheibenwischers baute Bosch sein Angebot an elektrischen Kraftfahrzeugausrüstungen 1926 weiter aus. Auch diese Neuerung basierte darauf, dass die Kraftfahrzeuge nun durch die Lichtmaschinen eine eigene Stromversorgung hatten. Zwei Jahre später folgte der Bosch-Winker, der es erleichterte, das Abbiegen oder Wechseln der Fahrbahn anzuzeigen. Viele Neuerungen, die aus der Automobiltechnik seither nicht mehr wegzudenken sind, wurden damals in Deutschland von Bosch eingeführt. Mit der Zunahme der Motorisierung und den steigenden Anforderungen an Kraftfahrzeuge wurde das Unternehmen zu einer Marke, die auch in der breiteren Öffentlichkeit ein modernes Image hatte. Technisch gesehen waren Scheinwerfer, Hupen und Scheibenwischer allerdings nicht gerade zukunftsweisend. Durch den Krieg war eine technologische Lücke entstanden, die sich nun bemerkbar machte. Bei Bosch war man sich darüber im Klaren, dass das Unternehmen bald eine neue Basisinnovation benötigte, wenn es sich als einer der führenden Kfz-Ausrüster auf dem Weltmarkt behaupten wollte.[93]

Robert Bosch gehörte nicht zu den Unternehmern, die sich die Inflation zu Nutze machten, um mit billigem Geld Konkurrenten aufzukaufen oder gar ganze Konzerne zu errichten. Die Robert Bosch AG übernahm während der Inflation kein einziges Unternehmen. Tochtergesellschaften hatte sie in diesen Jahren auch nur im Ausland, wobei es sich durchweg um Vertriebsgesellschaften handelte. 1924 wurde dann ein Abkommen mit der Eisemann-Werke AG geschlossen, die man bei Bosch für den «bedeutendsten Wettbewerber in Deutschland» hielt.[94] Die von Ernst Eisemann in den 1890er Jahren gegründete Firma hatte nicht nur ein ähnliches Profil wie Bosch, sondern befand sich auch in unmittelbarer Nachbarschaft des größeren Konkurrenten, in der Stuttgarter Rosenbergstraße. Eisemann war vor dem Ersten Weltkrieg in den USA ebenfalls sehr erfolgreich gewesen und wurde wohl auch deshalb von Robert Bosch stets respektiert. Damit die Eisemann-Werke nicht von den Banken abhängig wurden, hatte Bosch sogar insgeheim eine Kapitalbeteiligung übernommen.[95] Wegen der veränderten Marktbedingungen begaben sich die Eisemann-Werke nun ganz unter das Dach des großen Nachbarn. Einkauf und Fertigung beider Unternehmen wurden bei Bosch zusammengelegt. 1926 folgte die Übernahme der Eisemann-Werke, die dann als erste Tochtergesellschaft der Robert Bosch AG in Deutschland weitergeführt wurden. Für Bosch hatte dies nicht nur den Vorteil, dass ein Konkurrent vom Markt verschwand. Das Unternehmen konnte auch von der gut aufgestellten Vertriebsorganisation der Eisemann-Werke profitieren, zu der mehrere Verkaufshäuser gehörten, und seine Werksanlagen in Stuttgart auf das angrenzende Areal des früheren Wettbewerbers ausweiten.[96]

Ganz anders waren die Beziehungen zu der in Feuerbach benachbarten Firma AEG-Mea. Die Geschichte dieses Unternehmens wird in den Akten von Bosch als «ein dauernder Leidensweg» beschrieben.[97] Die Mea Fabrik Magnetelektrischer Apparate ging aus einer Firma hervor, die der Stuttgarter Elektroinstallateur Max Wild unter dem Eindruck der Erfolge Boschs 1903 gegründet hatte. Wild spezialisierte sich auf Glockenmagnetzünder und fand erst in dem Tabakgroßhändler Max Rosenfeld – der einst Boschs Nachbar in der Rotebühlstraße 75B gewesen war – einen Finanzier, dann in dem Stuttgarter Kaufmann und Industriellen Eduard Scharrer, einem Schwiegersohn des US-Bierkönigs Busch. 1910 schlossen Wild und Scharrer ihre Firmen zur Unionwerk Mea GmbH mit Sitz in Feuerbach zusammen. Unangenehm wurde dieser Wettbewerber für Bosch erst, als die AEG 1922 die Union Mea übernahm. Der Elektrokonzern konkurrierte jetzt mit Bosch in Feuerbach um Facharbeiter und bot die Glockenmagnetzünder zu Kampfpreisen Automobilherstellern wie Opel und Adler an. Eine Lösung zeichnete sich ab, als Hermann Bücher in den Vorstand der AEG kam, den Bosch vom Reichsverband der Deutschen Industrie kannte und mit dem er später eng befreundet war. Bücher gab die defizitäre AEG-Mea 1928 auf. Die Grundstücke und die technischen Anlagen der Firma wurden von Bosch übernommen.[98]

Robert Bosch hatte sich persönlich schon länger mit Kapitalbeteiligungen und Übernahmen im Medienbereich engagiert. 1912 hatte er die volkstümliche Zeitung *Die Lese* erworben, die nach acht Jahren eingestellt werden musste. Während des Ersten Weltkrieges hatte er in Basel den Rhein-Verlag gegründet, der ebenfalls kein Erfolg wurde, und im Frühjahr 1917 war auch ein Versuch gescheitert, die renommierte *Vossische Zeitung* in Berlin zu übernehmen. Zwischen 1917 und 1920 stieg Bosch bei der Deutschen Verlags-Anstalt (DVA) in Stuttgart ein, wo er eine Beteiligung von 54,56 Prozent übernahm. Die DVA hielt wiederum 50 Prozent des Kapitals des Stuttgarter Zeitungsverlags, in dem die auflagenstärkste Zeitung der Landeshauptstadt, das traditionsreiche *Stuttgarter Neue Tagblatt*, und die *Württemberger Zeitung* erschienen.[99] Über das Motiv Boschs berichtet Heuss, dass er die DVA vor einem möglichen Zugriff des deutschnationalen Pressezars Alfred Hugenberg schützen wollte.[100] Diese Erklärung dürfte zutreffend sein, auch wenn sie sich nicht durch Archivdokumente belegen lässt. Dafür spricht, dass Robert Bosch nie eigene medienpolitische Ambitionen entwickelt hat, obwohl er als Besitzer des *Stuttgarter Neue Tagblatts* und der *Württemberger Zeitung* wahrscheinlich die mächtigste Kraft im württembergischen Pressewesen war. Anders als es sein Freund Paul Reusch bei dem ebenfalls in Stuttgart erscheinenden *Schwäbischen Merkur* gerne tat, hat Bosch auch nicht versucht, die Zeitungen seines Verlags als persönliches Forum zu nutzen oder Einfluss auf deren Berichterstattung auszuüben.[101]

Überschattet wurde die Entwicklung bei der Robert Bosch AG in diesen Jahren durch eine beklemmende Häufung von Todesfällen im engsten Kreis der Führungskräfte. Schon der Tod Gustav Kleins hatte eine große Lücke hinterlassen. Als mögliche Nachfolger des Unternehmensgründers wurden nun der «Cheferfinder» Gottlob Honold und der kaufmännische Leiter Hugo Borst gehandelt.[102] Im Dezember 1918 nahm sich Robert Boschs Schwager und alter Freund Eugen Kayser, der Leiter des Metallwerks, das Leben.[103] Zunächst übernahm Gottlob Honold die Leitung des Metallwerks, bis Karl Martell Wild aus der Internierung in den USA zurückkam und ihn ablösen konnte. Im Herbst 1919 starb das Vorstandsmitglied Heinrich Kempter im Alter von 48 Jahren an einer Lungenentzündung. Die Lücken, die durch den Tod von Kayser und Kempter in der Unternehmensleitung entstanden, waren schwer zu füllen. Robert Bosch holte dafür zwei Verwandte in das Unternehmen. Hermann Bosch, ein Sohn seines «Lieblingsbruders» Karl, wurde Wild in der Leitung des Metallwerks zur Seite gestellt. Hermann Borst, ein Bruder des kaufmännischen Leiters Hugo Borst und Neffe von Robert Boschs Gattin, sollte den stark geforderten Personalvorstand Ulmer unterstützen und in der Personalverwaltung eine Angestelltenabteilung aufbauen.[104] Nur wenige Jahre später starben zwei weitere Vorstandsmitglieder. Gottlob Honold, der Erfinder des Hochspannungsmagnetzünders, verschied 1923 im Alter von nur 46 Jahren an einer Blinddarmentzündung. 1925 starb Ernst Ulmer an Herzschlag. Auch er war mit 51 Jahren «im besten Alter». Von den sechs Mitgliedern des ersten Vorstands der 1917 gegründeten Robert Bosch AG waren jetzt nur noch zwei am Leben: Hugo Borst und Max Rall.

Der Ausbau des «Hauses Bosch»

Die Werkszeitung Bosch-Zünder   Ebenso wie auf technischem Gebiet mussten in der innerbetrieblichen Entwicklung manche Vorhaben aus der Zeit vor 1914 aufgrund des Ersten Weltkriegs verschoben werden. Der Streik von 1913 hatte gezeigt, dass die Unternehmensleitung auf die Konfliktlagen in einem Großbetrieb nicht eingestellt war und dass Robert Boschs unternehmerische Prinzipien bei der rasch angewachsenen Belegschaft nicht die Wirkung zeigten, die sie früher hatten. Wegen der hohen Fluktuation der Beschäftigten während des Krieges konnte die Unternehmensleitung erst nach dem Krieg auf diese Veränderungen reagieren. Bosch war entschlossen, seine Grundsätze auch unter den Bedingungen eines Großbetriebs in einem unruhigen politischen Umfeld im Unternehmen zu verankern und die Bindung der Belegschaft an das Unternehmen zu festigen.

Schon nach dem Streik von 1913 hatte es Überlegungen gegeben, eine Betriebszeitung zu gründen. Ein derartiges betriebliches Medium war damals noch eher selten, und sofern es überhaupt «Fabrikzeitungen» gab, sollten sie vor allem der Erbauung und Belehrung der Arbeiter dienen.[105] Robert Bosch stand dem Projekt offenbar skeptisch gegenüber und wollte sich erst dazu entschließen, wenn es gelungen war, einen geeigneten Redakteur zu finden. Damit tat man sich schwer, obwohl Hugo Borst und auch Bosch selbst beste Kontakte zu der in Heilbronn erscheinenden *Neckar-Zeitung* hatten, bei der Borsts Schwager Ernst Jäckh lange Zeit Chefredakteur gewesen war. Wie Heuss berichtet, fiel Borst nach Kriegsbeginn eher zufällig ein geeigneter Kandidat ins Auge, als er beim Militärdienst in einer Kaserne in Ulm Otto Debatin kennenlernte, der damals Redakteur des *Kosmos* war, einer populärwissenschaftlichen Zeitschrift der Gesellschaft der Naturfreunde. Nachdem Debatin 1916 verwundet nach Stuttgart zurückgekommen war, entwarf er auf Vorschlag Borsts ein Konzept für eine Werkszeitung, das Robert Bosch gut gefiel. Im April 1918 reichte Debatin noch ein Memorandum ein und wenige Wochen später wurde er eingestellt.[106] Die Robert Bosch AG war das zehnte Unternehmen in Deutschland, das eine Werkszeitung herausbrachte.[107]

Die erste Ausgabe des *Bosch-Zünders* erschien am 15. März 1919, als «Zeitschrift für alle Angehörigen der Robert Bosch A.-G. und der Bosch-Metallwerk A.-G. Stuttgart und Feuerbach». Das programmatische Geleitwort war ein Appell an das Zusammengehörigkeitsgefühl und den «Bosch-Geist» der Beschäftigten: «Uns alle, vom Leiter bis zum jüngsten Hilfsarbeiter, verbindet die Mitarbeit an dem großen Ganzen, die Mitarbeit an einem Werk, das stolz ist auf den Namen seines heute noch an der Spitze stehenden Gründers.» Debatin ließ keinen Zweifel daran, dass die Werkszeitung die Bindung der Belegschaft an das Unternehmen stärken und darüber hinaus den Beschäftigten eine gemeinsame Identität vermitteln sollte. Ausdrücklich nahm das Geleitwort auf die Arbeitsteilung im modernen Großbetrieb Bezug, durch die «der einzelne von den Vorgängen außerhalb seines engbegrenzten Arbeitsbereichs nur wenig hört und sieht». Der *Bosch-Zünder* sollte dagegen für das Gefühl stehen, «Glied des Ganzen» zu sein.[108] Auch auf das redaktionelle Konzept finden sich im Geleitwort einige Hinweise. Debatin kündigte an, der *Bosch-Zünder* werde über «Tatsachen berichten» – sich also nicht in Anekdoten ergehen –, neue Produkte des Unternehmens vorstellen und Mitteilungen der Geschäftsleitung ebenso enthalten wie Beiträge aus der Belegschaft.

Schon in seinen an Hugo Borst adressierten Vorschlägen vom April 1918 hatte Debatin betont, eine Betriebszeitung könnte «das Zusammengehörigkeitsgefühl» und den «Fabrikstolz» der Arbeiter fördern. Die Themenvorschläge, die er damals unterbreitete, reichten von «Die Entwicklung der Bosch-Werke» über «Was ist ein Patent?» bis zur «Bedeutung der Neckarkanalisation für das Wirtschaftsleben Württembergs». Auch ein eigenes Beiblatt «Haus und Garten» hätte sich Debatin vorstellen können. Ein besonderes Anliegen war es ihm, die Betriebszeitung mit Vorlese- und Unterhaltungsabenden im Unternehmen zu verbinden. Sein Konzept lässt hier Berührungspunkte mit der Reformpädagogik dieser Zeit erkennen, was Robert Bosch gefallen haben dürfte. Möglicherweise hat Debatin diesen Aspekt auch betont, weil er wusste, dass Bosch sich für die «praktische Volksbildung» einsetzte. Kurz darauf übernahm Bosch den Vorsitz in dem neu gegründeten Verein zur Förderung der Volksbildung.[109]

Für den Namen der Betriebszeitung hatte sich Debatin schon im April 1918 mehrere Vorschläge ausgedacht: «Der Boscharbeiter», «Unser Werk», «Der Zünder» oder «Der Magnet». Es sollte ein Name sein, der zum Unternehmen in Bezug stand.[110] Auch dies entsprach einer damals neuen Vorstellung von einer Betriebszeitung als einem «innerbetrieblichen Sprechsaal».[111] Dem Anspruch, die betriebliche Arbeitswelt zu behandeln, wurde der *Bosch-Zünder* dann auch gerecht, indem er der Beschreibung von Produkten, Fragen der Produktionstechnik, der Rationalisierung, der betrieblichen Organisation und der Ausbildung viel Raum widmete.[112] Im Unterschied zu anderen Werkszeitschriften sind hier keine sozialdisziplinierenden Artikel erschienen. Fragen der Politik und der Religion blieben außen vor. Sie galten bei Bosch als Privatsache und sollten aus dem Betrieb herausgehalten werden. Dies schloss freilich nicht aus, dass der *Bosch-Zünder* die Demokratie als politisches Leitbild vermittelte.[113]

Die 1919 gegründete Werkszeitschrift von Bosch, die dann monatlich mit einem Umfang von 16–20 Seiten erschien, war kein plumpes Sprachrohr der Unternehmensleitung oder gar eine «Waffe im Klassenkampf», wie man bei der KPD die Betriebszeitungen nannte.[114] Sie war grundsätzlich aufgeschlossen, auch für gewerkschaftliche Fragen, verband Technikorientierung mit Bildungszielen und verzichtete auf Indoktrination. Mit diesem Konzept hatte der *Bosch-Zünder* großen Erfolg. 1923 lag die Auflage bei 13 000, deutlich über der Beschäftigtenzahl von Bosch, die damals rund 10 000 betrug.[115] Im Unterschied zu manchen anderen damals gegründeten Werkszeitungen wurde der *Bosch-Zünder* auch keine «Eintagsfliege». Es gibt ihn heute nach wie vor, inzwischen in neun Sprachen.

Debatin dürfte gewusst haben, dass eine Werkszeitung das Zusammengehörigkeitsgefühl der Mitarbeiter nur dann stärken konnte, wenn sie erfolgreich war. Und dieses Ziel verfolgte der *Bosch-Zünder* auch dadurch, dass er den Prinzipien Robert Boschs entsprechend für hohen Qualitätsanspruch, soziale Aufgeschlossenheit und weltanschauliche Toleranz stand. Auch ein kommunistischer Betriebsrat konnte diese Werkszeitung in die Hand nehmen, ohne befürchten zu müssen, darin gehässige Artikel über seine Partei zu finden.

Dementsprechend stellte Debatin den *Bosch-Zünder* nicht einseitig in den Dienst des Vorstands, weil dies nicht zu den Grundsätzen des Unternehmens gepasst hätte. Doch war die Werkszeitung von Bosch auch kein neutrales, beliebig austauschbares Blatt. Sie sah sich dem Geist des Unternehmensgründers verpflichtet und hielt es für ihre Aufgabe, die Prinzipien Robert Boschs in der größer gewordenen Belegschaft zu verankern. Das wurde schon in der zweiten Ausgabe überaus deutlich, die unter außergewöhnlichen Umständen erschien. Die Auslieferung hatte sich durch den Generalstreik von Anfang April 1919 und den über Stuttgart verhängten Belagerungszustand verzögert.[116] Unter der Überschrift «Lieber Geld verlieren als Vertrauen» wurde auf der ersten Seite ein Dokument veröffentlicht, in dem Robert Bosch seine Geschäftsprinzipien sozusagen in Reinform beschrieb: sein Brief an die Autografensammlung der Preußischen Staatsbibliothek vom September 1918. Diese Sätze gehören heute nach wie vor zur Unternehmenskultur bei Bosch und dürften auch damals, unmittelbar nach dem Generalstreik, die Beschäftigten der Werke in Stuttgart und Feuerbach beeindruckt haben.[117]

Die Belegschaft der Robert Bosch AG konnte nicht nur jeden Monat den *Bosch-Zünder* lesen. Im Unternehmen gab es nun auch ein Bildungs- und Kulturangebot, das freilich nicht so umfangreich war, wie es Debatin in seinem Konzept von 1918 skizziert hatte. Immerhin bestand seit Kriegsende eine große Werksbücherei, auf die man so stolz war, dass die Bestandszahlen mitunter im Geschäftsbericht mitgeteilt wurden. Im Frühjahr 1922 umfasste die Werksbücherei bereits 4500 Bücher, 15 Jahre später waren es 8000.[118] Der Einstellung von Robert Bosch entsprechend wollte das Unternehmen auch in diesem Bereich die Arbeiter und Angestellten nicht bevormunden. So enthielt die Bücherei auch Werke von Marx, Bebel, Lenin und Trotzki.[119] Einen großen Teil der kulturellen Veranstaltungen im Unternehmen machten die Konzerte von Mitarbeiter-Ensembles aus. Bei der Robert Bosch AG gab es vor dem Zweiten Weltkrieg zwei Blasorchester, ein Streichorchester, einen Frauen- und einen Männerchor. Das Unternehmen hatte für diese Orchester und Chöre eigens einen Leiter des Musikwesens eingestellt.[120]

Die Bosch-Hilfe   Zu den unternehmerischen Prinzipien Robert Boschs hatte es stets gehört, für ein gutes Auskommen der Belegschaft zu sorgen. Dabei vertrat er den Standpunkt, dass die Fürsorge des Unternehmens nicht zu Bevormundung und Gängelei werden durfte. Den Bau von Werkssiedlungen lehnte er als einen Eingriff in die Freizügigkeit der Arbeiter grundsätzlich ab und aus demselben Verständnis heraus gab es bei der Robert Bosch AG auch noch Mitte der 1920er Jahre keine Betriebsrenten. Die Leistungen Boschs für die Beschäftigten seines Unternehmens erstreckten sich bis dahin ausschließlich auf das Arbeitsverhältnis und die Arbeitsbedingungen. Hier lag für Bosch die soziale Verpflichtung eines Unternehmers und hier hatte er auch die Pioniertaten erbracht, die seinen Ruf als sozial aufgeschlossener Industrieller begründeten. Statt Werkswohnungen zu bauen, zahlte er den Arbeitern lieber hohe Löhne, die sie zu guter Arbeit motivierten. Wofür die Arbeiter ihren Lohn dann ausgaben, ging aus seiner Sicht den Arbeitgeber nichts an. Darüber konnten die Arbeiter als mündige Bürger selbst entscheiden. Die beste Fürsorge eines Unternehmens für seine Arbeiter waren für Bosch gute Arbeitsbedingungen und nicht etwa Hilfsleistungen für alle Lebensbereiche. In diesem Sinn hatte er als einer der ersten Unternehmer den Achtstundentag eingeführt und auch bezahlten Urlaub erhielten die Arbeiter bei Bosch weit früher als in den meisten anderen Unternehmen.

Nach dem Ersten Weltkrieg sah sich Bosch gezwungen, seine Einstellung hinsichtlich der sozialen Fürsorge im Betrieb zu überdenken. Durch den Krieg waren Versorgungsfälle in bislang nicht gekanntem Umfang entstanden. Viele Beschäftigte des Unternehmens waren zu Invaliden geworden, die gefallenen Arbeiter und Angestellten hatten Witwen und Halbwaisen hinterlassen. Angesichts dieses Elends konnten sich die sozialen Leistungen der Robert Bosch AG

nicht länger auf den betrieblichen Bereich und die in den Werken tätige Belegschaft beschränken. Durch die rasch zunehmende Inflation zeichneten sich
weitere Härten ab. Die staatliche Rentenversicherung, die damals zu einem
großen Teil nach dem Kapitaldeckungsverfahren finanziert wurde, verlor
ihren Kapitalstock. Die Bosch-Arbeiter mussten nun mit Altersarmut rechnen, wenn sie keine Betriebsrente zu erwarten hatten. Die hohen Löhne nutzten den Beschäftigten jetzt wenig, weil sie wegen des rapiden Verfalls der
Währung schon nach kurzer Zeit wertlos waren und nicht angespart werden
konnten. Hinzu kam, dass die staatlichen Sozialleistungen in der Weimarer
Republik ausgebaut wurden und umfassender waren als im Kaiserreich. Ein
Unternehmer mit einem sozialen Anspruch wie Robert Bosch konnte und
wollte da nicht zurückstehen.

Über das gesetzlich vorgeschriebene Maß hinaus beschäftigte die Robert
Bosch AG nun Kriegsversehrte, darunter auch Blinde.[121] 1922 gründete das
Unternehmen die Robert-Hilfe, die nach dem verstorbenen Robert Bosch jr.
benannt wurde. Die Robert-Hilfe gewährte Kindern gefallener Mitarbeiter
Erziehungsbeihilfen. Zunächst wurden 302 Kinder unterstützt. Die Zahl
ging dann auf 222 im Jahr 1927 zurück, da viele dieser Kinder inzwischen
Erwachsene waren.[122] Bereits am 1. Oktober 1921 war bei Bosch die Angestellten-Hilfe entstanden. Dabei handelte es sich um eine Lebensversicherung,
auf die Angestellte nach zehn Bosch-Dienstjahren Anspruch hatten. Wie
Heuss schreibt, war die Angestellten-Hilfe vor allem als Inflationsausgleich
gedacht.[123] Ersparnisse verloren damals durch die Inflation dramatisch an
Wert, was die Angestellten besonders hart traf, weil sie mehr Ersparnisse
hatten als die Arbeiter und für ihre Altersvorsorge sparen konnten. Durch
die Hyperinflation von 1923 wurden dann auch die Guthaben der Bosch-
Hilfe völlig entwertet, aber das Unternehmen wertete sie später durch eine
Umstellung auf die neue Goldmark wieder auf. Ende 1927 hatte die Angestellten-Hilfe bereits 417 Mitglieder.[124]

Die Bosch-Arbeiter dürften über die Sonderleistung für die Angestellten
nicht besonders begeistert gewesen sein, zumal eine derartige Privilegierung
nicht den Gepflogenheiten ihres Unternehmens entsprach. Da aber auch die
finanziellen Rücklagen der Robert Bosch AG in der Inflation geschrumpft
waren, konnte die Personalleitung erst einige Zeit nach der Währungsstabilisierung daran gehen, die Einführung einer umfassenderen Fürsorge zu
planen. Dieses Vorhaben war 1926 schon weit gediehen, musste dann jedoch
wegen der schweren Krise des Unternehmens zurückgestellt werden.[125] Zu
Weihnachten 1927 konnte Otto Debatin, der inzwischen Personalleiter geworden war, den Bosch-Arbeitern ein besonderes Geschenk ihrer Firma
ankündigen: die Einführung einer Betriebsrente.[126] Die Alters- und Hinter-
bliebenenfürsorge, die auf einen Vorschlag Robert Boschs zurückging und

deshalb den Namen «Bosch-Hilfe» erhielt, wurde ausschließlich aus laufenden Erträgen des Unternehmens finanziert. Die Beschäftigten hatten also keine Beiträge zu zahlen, konnten allerdings auch keinen Rechtsanspruch geltend machen. Eine Anwartschaft bestand ab dem 40. Lebensjahr für Arbeiter und Angestellte, die mindestens zehn Jahre lang bei Bosch beschäftigt waren. Die Leistungen beliefen sich zunächst auf 20 Prozent des Lohns und stiegen mit den Bosch-Dienstjahren bis auf einen Satz von 45 Prozent bei 65 Lebens- und 35 Dienstjahren an. Damit verbunden waren Witwengelder und Erziehungsbeihilfen. Bei einem Wechsel in ein anderes Unternehmen blieben die Ansprüche erhalten, doch konnten die gebildeten Rücklagen nicht mitgenommen werden. Das Vermögen der Bosch-Hilfe wurde von einem Treuhänder getrennt vom Betriebsvermögen der Robert Bosch AG verwaltet. Bei einer Insolvenz des Unternehmens sollte das Vermögen an die Stadt Stuttgart übergehen.[127]

Die Einführung der Bosch-Hilfe war eine großzügige Tat, weil sie zulasten der Dividenden und damit auch der Einkünfte Robert Boschs ging. Obwohl die Bosch-Hilfe erst 1929 offiziell gegründet wurde, erhielt sie bereits aus den Gewinnen des Jahres 1927 1 Mio. RM. Ein Jahr später wurden ihr 2 Mio. RM überwiesen. Trotz der Auswirkungen der Weltwirtschaftskrise verfügte sie 1937 dann über ein Vermögen von rund 18 Mio. RM. Zwei Jahre später wurde sie in einen eingetragenen Verein umgewandelt.[128] Wie dem Geschäftsbericht für das Jahr 1928 zu entnehmen ist, sah die Unternehmensleitung in der Bosch-Hilfe «nicht einen Akt der Wohltätigkeit, sondern auch eine im Interesse der Firma liegende, auf Erhaltung und Steigerung des guten Willens unserer Belegschaft abzielende wirtschaftliche Maßnahme, in der gleichzeitig die Verbundenheit aller derer zum Ausdruck kommen soll, die im Hause Bosch tätig sind.»[129] Vom «Haus Bosch» war jetzt öfter die Rede. Diese Formulierung wurde auch in den 1930er Jahren noch gerne verwandt, konnte sich aber langfristig nicht durchsetzen.[130]

Die Bosch-Hilfe sollte nicht nur die Beschäftigten absichern und die Bindung an das Unternehmen stärken. Sie konnte auch Kredite an die Robert Bosch AG vergeben und war also keineswegs uneigennützig. Das Unternehmen wurde dadurch vom Kapitalmarkt noch unabhängiger, was auch eine Lehre aus der «Kapitalnot» der Inflationszeit sowie der Krise von 1926 gewesen sein dürfte und sich in der Weltwirtschaftskrise nach 1929 sehr bewährte. Heuss schrieb dazu: «In der Tat wurde die Bosch-Hilfe als eine Art Sparkasse für das Werk im Zur-Verfügung-Stellen von Betriebskapital ganz wichtig; damit war beiden Seiten gedient.»[131] Diese Logik war ein «typischer Bosch», war der Unternehmensgründer doch stets davon überzeugt, dass die Fürsorge für die Beschäftigten nicht zulasten des Geschäfts ging, sondern sich auch für das Unternehmen bezahlt machte.

Zum Bau größerer Werkssiedlungen konnte sich Robert Bosch auch in den 1920er Jahren nicht entschließen. Die 1923 gegründete Bosch-Haus-Gesellschaft mbH hatte hauptsächlich die Aufgabe, Wohnungen zu ersetzen, die für eine Erweiterung des Werksgeländes benötigt wurden.[132] Für die Beschäftigten der Robert Bosch AG gab es jedoch ab 1926 immerhin die Möglichkeit, von ihrem Unternehmen günstig verzinste Baudarlehen zu erhalten.[133] Es war die Zeit, in der sich in Deutschland der Bauspargedanke durchsetzte, nachdem die Inflation viel privates Kapital vernichtet hatte. In Wüstenrot bei Heilbronn wurde 1924 die erste Bausparkasse Deutschlands gegründet. Auch Wohnungsbaugenossenschaften boten nun Bausparmodelle an, die sich besonders unter den schwäbischen «Häuslebauern» großer Beliebtheit erfreuten.[134] Bosch wollte seinen Beschäftigten ein derartiges Angebot wohl nicht vorenthalten, da viele von ihnen das für einen Hausbau angesparte Geld durch die Inflation verloren hatten.

Grundsätze und Reform der Lehrlingsausbildung   Bereits 1913 war bei der Firma Bosch eine Lehrwerkstatt eingerichtet worden. Damit sollte die Ausbildung von Lehrlingen, der Robert Bosch stets große Bedeutung zumaß, systematisiert und den Verhältnissen eines Großbetriebs angepasst werden. Zugleich hatte damals das rasche Wachstum des Unternehmens auch zu einem steigenden Bedarf an Facharbeitern geführt, der nicht mehr durch den Arbeitsmarkt abgedeckt werden konnte. Die Lehrwerkstatt wurde bis 1922 von August Utzinger geleitet, einem außerordentlich gründlichen Schweizer, durch den die Lehrlingsausbildung bei Bosch ein besonderes Profil erhielt. Utzinger hatte zuvor bei den Siemens-Schuckert-Werken in einem Laboratorium für Beleuchtungstechnik gearbeitet. Robert Bosch war mit ihm seit seiner eigenen Zeit bei Schuckert befreundet und hatte volles Vertrauen in Utzingers Fähigkeiten als Ausbilder.[135] Neben Utzinger war Ernst Durst längere Zeit in der Lehrwerkstatt tätig. Er hatte während des Ersten Weltkriegs viele neu eingestellte Arbeiterinnen anzulernen und gab später ein Lehrbuch über die «Berufsausbildung des Mechanikers» heraus.[136]

Robert Bosch hatte bestimmte Vorstellungen von der Lehrlingsausbildung. Er legte Wert darauf, dass die Lehrlinge umfassend geschult und nicht nur für die speziellen Anforderungen in seinem Unternehmen ausgebildet wurden.[137] Die Lehrstellen bei Bosch waren auch deshalb sehr begehrt, aber diese Form der Ausbildung hatte zur Folge, dass die meisten Bosch-Lehrlinge später zu anderen Firmen gingen. Nur etwa ein Viertel von ihnen blieb im Unternehmen.[138] Bosch war sich darüber natürlich im Klaren und sah in der Lehrwerkstatt seines Unternehmens wohl auch einen Beitrag zur Förderung der technischen Ausbildung in Württemberg. August Utzinger hatte ebenfalls seine eigenen Vorstellungen. Er bestand darauf, dass die Lehrlinge ausschließlich in der Lehrwerkstatt und völlig getrennt vom Betrieb ausgebildet wurden, was nur in wenigen Unternehmen der Fall war.[139] Dieses Prinzip war nicht unumstritten, weil es sich mit dem Tempo und der zunehmenden Spezialisierung der Arbeitsabläufe in den Werken immer weniger vereinbaren ließ. Ebenso wie Robert Bosch lag Utzinger viel daran, dass sich die Lehrlingsausbildung nicht auf die Vermittlung technischer Fertigkeiten beschränkte. Die Lehrlinge sollten sich auch persönlich angesprochen fühlen und in der Entwicklung von Verantwortungsbewusstsein und sozialer Kompetenz gefördert werden. Die Vermittlung solcher «Soft Skills» war geradezu ein Markenzeichen der Lehre bei Bosch. Das galt später auch für die Bosch-Dienste, die in den 1920er Jahren aufkamen und eine eigene Lehrlingsausbildung aufnahmen. In den Richtlinien, die sie dafür erhielten, hieß es: «Die Ausbildung von Lehrlingen ist eine verantwortungsvolle Aufgabe, die an den Ausbilder große Anforderungen stellt. Sie erschöpft sich nicht allein in der Vermittlung fachlichen Könnens, sondern verlangt auch die Erziehung des Lehrlings zum selbständigen, charaktervollen Menschen. Der Ausbilder muß also auch erzieherische Fähigkeiten haben. Dem Lehrling muß er in beruflichem Können sowie in Haltung und Gesinnung ein Vorbild sein.»[140]

Unter Utzingers Nachfolgern Adolf Ottmann (1921–1927) und Wilhelm Bernhardt (1927–1944) wurden die Lehrlingsabteilung ausgebaut und die Ausbildungsabläufe verändert. Waren bei Bosch bis 1924 ausschließlich Mechaniker ausgebildet worden, so gab es nun ebenso eine Lehre für Werkzeugmacher und ab 1928 konnte im Unternehmen auch eine kaufmännische Lehre absolviert werden. An der strikten Trennung zwischen Lehrwerkstätte und Betrieb wurde nicht länger festgehalten. Die Lehrlinge verbrachten jetzt auch einen Teil ihrer Ausbildung im Betrieb. Zugleich wurde der theoretische Unterricht von der städtischen Gewerbeschule, wo es eigene Bosch-Klassen gegeben hatte, in die Lehrlingsabteilung verlegt.[141]

Die Robert Bosch AG nahm in der Zeit nach dem Ersten Weltkrieg jährlich 30–35 Lehrlinge an. Aus der Zahl der Bewerber, die sich stets auf ein Mehrfaches der Lehrstellen belief, wurde zunächst auf Grundlage der Schulnoten eine Vorauswahl getroffen. Anschließend folgte eine Aufnahmeprüfung, bei der die Bewerber ihre Kenntnisse in Mathematik, Physik und Deutsch unter Beweis stellen mussten.[142] Die Lehre dauerte dreieinhalb Jahre – vor der Jahrhundertwende waren es sogar vier Jahre gewesen – und begann mit einer dreimonatigen Probezeit, für die noch keine Vergütung gezahlt wurde. In den ersten beiden Lehrjahren fand die Ausbildung auch unter den Nachfolgern Utzingers ausschließlich in der Lehrlingsabteilung statt. Dort wurden die Lehrlinge von Ingenieuren des Unternehmens auch in betriebskundlichen Fächern unterrichtet. Dann wurden sie für ein Jahr einer Betriebsabteilung zugewiesen, um im letzten Halbjahr wieder in die Lehrwerkstatt zurückzukehren. Die Ge-

Abb. 21: Eignungsprüfung für die Lehre (1925)

sellenprüfung wurde zunächst bei der Handwerkskammer abgelegt, später bei der Industrie- und Handelskammer. Sie bestand aus einem theoretischen Teil und aus der Anfertigung einer Arbeitsprobe sowie eines Gesellenstücks.[143] Das Unternehmen hatte den Ehrgeiz, dass alle Bosch-Lehrlinge die Gesellenprüfung bestanden, und das war sogar fast immer mit guten Noten der Fall. In den Jahren 1927–1935 haben nur drei von 473 geprüften Bosch-Lehrlingen nicht die Note gut oder sehr gut erhalten.[144] Söhne von Mitarbeitern des Unternehmens wurden bei der Bewerbung um eine Lehrstelle bevorzugt. Voraussetzung dafür war der erfolgreiche Abschluss der achten Volksschulklasse. Anfang der 1920er Jahre hatten 50 Prozent der Lehrlinge einen Volksschulabschluss, 25 Prozent hatten die Realschule absolviert und 25 Prozent die Bürgerschule, eine Art Gymnasium ohne Oberstufe.[145] Nach Einführung der kaufmännischen Ausbildung gab es auch Lehrlinge mit Hochschulreife.[146]

Die Erweiterung der Werksanlagen   Die Werksanlagen von Bosch in Stuttgart und Feuerbach wurden während der 1920er Jahre stark ausgebaut. Das rasante Wachstum des Unternehmens vor dem Ersten Weltkrieg hatte in vielen Fertigungsbereichen zu beengten Verhältnissen geführt, weil der Ausbau trotz der Errichtung neuer Gebäude in Feuerbach nicht mit dem Anstieg der Beschäftigtenzahl Schritt halten konnte. Dies galt weniger für die Geschossfläche als für die

Abb. 22: Werk Feuerbach (1925)

bebaute Fläche. Durch den Ausbau entstanden also vor allem geräumigere und zweckmäßigere Fertigungsanlagen, nicht unbedingt größere Büroräume. 1931 war die bebaute Fläche an den Standorten Stuttgart und Feuerbach insgesamt mehr als viermal so groß wie 1914. Der Schwerpunkt des Ausbaus lag in Feuerbach, weil hier eine weitaus größere Grundstücksfläche zur Verfügung stand als im Stuttgarter Westen, wo sich das Hauptwerk befand. Doch wurde auch das Stuttgarter Werksgelände während der 1920er Jahre beträchtlich erweitert.

Tab. 4 Fläche und Beschäftigte der Bosch-Werke in Stuttgart und Feuerbach (1906–1931)[147]

Jahr	Grundstücksfläche in m²		Bebaute Fläche in m²		Stockwerksfläche in m²		Beschäftigte
	Stuttgart	Feuerbach	Stuttgart	Feuerbach	Stuttgart	Feuerbach	
1906	3 230		2 130		9 480		611
1914	12 500	71 300	8 250	11 600	45 100	19 300	3 611
1918	13 200	91 700	8 500	29 800	46 100	63 600	9 249
1931	35 200	206 000	20 000	63 800	63 500	114 100	8 658

Das Gelände des Hauptwerks in Stuttgart war historisch gewachsen und aufgrund seiner innerstädtischen Lage in seinen Erweiterungsmöglichkeiten eingeschränkt. Das älteste Fabrikgebäude an diesem Standort, das von Bosch 1901 errichtete Haus in der Hoppenlaustraße (später Bau 11), glich architektonisch noch einem repräsentativen Wohnhaus. Das Grundstück grenzte an das Verwaltungsgebäude Militärstraße 4 (heute: Breitscheidstraße 4), in dem sich

Abb. 23: Das Verwaltungsgebäude
in der Militärstraße 4 (um 1935).
Heute: Breitscheidstraße 4

die Zentrale des Unternehmens einschließlich des Büros von Robert Bosch befand. Innerhalb von zehn Jahren dehnte sich das Areal mit dem Zünderwerk und dem Zündkerzenwerk durch immer neue Erweiterungen fast auf das gesamte Areal zwischen Hoppenlau-, Militär-, Seiden- und Forststraße aus. Ab Mitte der 1920er Jahre kam zum Hauptwerk, das nun vor allem aus dem Zünderwerk bestand, noch das frühere Eisemann-Gelände zwischen Forst- und Rosenbergstraße hinzu, auf dem zwischen 1933 und 1935 ein Neubau für das Verkaufsbüro und Teile der Verwaltung errichtet wurde.[148]

Tab. 5 Bosch-Werke in Stuttgart und Feuerbach (Anfang 1930)[149]

Geschäftsteil/Werk	Standort	Beschäftigte
Verwaltung	Stuttgart	1370
Verwaltung	Feuerbach	813
Zünderwerk	Stuttgart	2893
Lichtwerk	Feuerbach	2651
Metallwerk	Feuerbach	725
Ölerwerk	Feuerbach	508
Isolitwerk	Feuerbach	614

In Feuerbach, das bis 1933 eine selbstständige Stadtgemeinde vor den Toren Stuttgarts war, konnte Bosch ein weitaus größeres Gelände erwerben und großflächigere Fertigungsgebäude aus eingeschossigen Hallenbauten mit Shed-oberlichtern errichten. Anders als in Stuttgart entstanden hier für einzelne Fertigungsbereiche jeweils eigene Werke. Das erste Werk in Feuerbach war das Presswerk, das später die Bezeichnung Metallwerk erhielt und Halbfabrikate für das Hauptwerk in Stuttgart herstellte. Dieses Werk wurde 1911, zwei Jahre nach der Grundsteinlegung, in Betrieb genommen. Von 1917 bis 1928 firmierte es als eigene Aktiengesellschaft unter dem Namen Robert Bosch Metallwerk AG. 1912 begann Bosch in Feuerbach mit dem Bau des Lichtwerks, dessen erster Bauteil im Mai 1914, wenige Monate vor Beginn des Ersten Weltkriegs, bezogen wurde. Das Lichtwerk brachte die damals neueste Technik des Unternehmens nach Feuerbach, die Fertigung von Lichtmaschinen und Scheinwerfern («Bosch-Licht»). Während des Ersten Weltkrieges zog das Zündkerzenwerk nach Feuerbach um und nach dem Krieg konnte dort der Bau einer weiteren Fabrik für das Ölerwerk und das 1918 gegründete Isolitwerk begonnen werden, die 1923 in Betrieb genommen wurden. Im Ölerwerk wurden die damals sehr gefragten Schmierpumpen (Öler), im Isolitwerk Zündkerzenisolatoren hergestellt. Im Stuttgarter Hauptwerk verblieb praktisch nur noch die Zünderfertigung.

5. Die Krise von 1926 und die Diversifizierung in der Weltwirtschaftskrise

Ursachen, Verlauf und Auswirkungen der großen Krise von 1926

Nachdem es im November 1923 gelungen war, die Hyperinflation zu überwinden und eine neue, stabile Währung einzuführen, konnten die Deutschen aufatmen. Es schien, als wäre das Land noch einmal davongekommen. In den Wochen und Monaten zuvor war ein geregeltes Dasein nicht mehr möglich gewesen, ein Straßenbahnfahrschein hatte bis zu 150 Mrd. Mark gekostet und Löhne waren schon bald nach ihrer Auszahlung wertlos gewesen. Auch hatte die Gefahr bestanden, dass der Staat auseinanderfiel. In Hamburg hatte die KPD den Aufstand geprobt, in München Hitler einen Putsch versucht. Vor diesem Hintergrund waren die Jahre nach der Währungsstabilisierung zwar eine Phase der politischen Stabilisierung. Doch die deutsche Wirtschaft war alles andere als gefestigt und zeigte auch schon vor Beginn der Weltwirtschaftskrise von 1929 Symptome einer schweren Krise. In besonderem Maß galt dies für die deutsche Automobilindustrie, die während der Inflationszeit im internationalen Vergleich weiter zurückgefallen war. Nach dem Krieg bestand in Deutschland zunächst nur eine geringe Nachfrage nach Personenkraftwagen. Die Inflation bescherte den deutschen Herstellern dann eine künstliche Konjunktur. Die deutsche Automobilindustrie gewann durch den Verfall der Mark einen so großen Preisvorteil im Ausland, dass sich dort Fahrzeuge absetzen ließen, die unter anderen Bedingungen nicht wettbewerbsfähig gewesen wären.[1] Bei der Kraftfahrzeugdichte lag Deutschland 1923 noch deutlich zurück. In den USA kam damals auf 8,3 Einwohner ein Personenkraftwagen, in Frankreich auf 136 Einwohner, in Deutschland dagegen nur auf 625 Einwohner, was ungefähr der Kraftfahrzeugdichte in den USA im Jahr 1907 entsprach.[2]

Nach der Währungsstabilisierung war es nicht mehr lange möglich, den deutschen Markt gegen Importe abzuschotten. Die deutschen Automobilhersteller wussten, was ihnen drohte, wenn sie mit Ford und General Motors konkurrieren mussten. Sie setzten deshalb bei der Reichsregierung durch, dass ausländische Kraftfahrzeuge mit hohen Einfuhrzöllen belegt wurden. Doch konnte auch dadurch nicht verhindert werden, dass die amerikanischen Hersteller in den folgenden Jahren den deutschen Markt eroberten. Ford und General Motors boten preisgünstige mittlere und kleinere Autos an, die in großen Serien am Band produziert wurden. Die deutschen Hersteller hatten in der Zeit, in der sie keiner ausländischen Konkurrenz ausgesetzt waren, den Trend zum Kleinwagen verschlafen, und die Fertigungsmethoden befanden sich bei den meisten Firmen noch auf dem Stand der Vorkriegszeit. Die Zahl der Hersteller hatte während der Inflationsjahre sogar noch zugenommen. Gemessen an der relativ bescheidenen Größe des deutschen Marktes gab es zu viele Automobilbauer, von denen die meisten wiederum zu viele Typen fertigten. Wegen der geringen Stückzahlen waren die deutschen Fabrikate erheblich teurer als die Importfahrzeuge aus den USA. Das galt besonders für die Modelle von Herstellern wie Daimler und Horch, für die Qualität und Ausstattung mehr zählten als der Preis. Auch auf dem deutschen Markt waren jetzt aber nicht mehr teure Wagen gefragt, die sich nur wenige leisten konnten, sondern Einstiegsmodelle wie Fords Model T («Tin Lizzy»), das damals weltweit meistverkaufte Automobil. Anders als in der Zeit, in der Personenkraftwagen noch Luxusartikel gewesen waren, entschied jetzt der Preis über den Erfolg am Markt. Die amerikanischen Hersteller hatten hier einen doppelten Vorteil. Sie konnten nicht nur preisgünstige Modelle anbieten, sondern auch Käufe gegen Ratenzahlungen, was man in Deutschland bisher nicht kannte. Für die amerikanische und die französische Automobilindustrie war der deutsche Markt wiederum besonders interessant, weil man hier wegen der geringen Kraftfahrzeugdichte mit hohen Zuwachsraten rechnete. Der Anteil der ausländischen Fabrikate an den Neuzulassungen in Deutschland lag 1923 noch bei rund 5 Prozent und stieg dann bis auf 38,5 Prozent im Jahr 1929 an.[3] Zu diesem Zeitpunkt war die amerikanische Automobilindustrie bereits mit acht Montagewerken in Deutschland vertreten, die französische mit drei Filialen.[4]

Die meisten deutschen Hersteller waren nicht in der Lage, den Rückstand bei den Fertigungsmethoden aufzuholen, weil sie durch die Inflation viel Kapital verloren hatten. So kam es in der Branche nun zu zahlreichen Insolvenzen und zu einem Konzentrationsprozess. Von den 65 Automobilherstellern, die es 1924 in Deutschland gab, überlebten bis 1929 nur 17. Unter den Firmen, die ihre Produktion einstellen mussten oder von Konkurrenten übernommen wurden, befanden sich nicht nur die sogenannten Inflationsblüten, die erst in den Jahren 1922/23 in den Markt eingestiegen waren, sondern auch bekannte Hersteller mit zum Teil klangvollen Namen. Die beiden ältesten deutschen Automobilunternehmen, die Daimler-Motoren-Gesellschaft und Benz & Cie., schlossen sich 1924 zu einer Interessengemeinschaft zusammen. Die Daimler-Motoren-Gesellschaft setzte bewusst auch weiterhin auf hochwertige, teure Modelle und geriet mit dieser Strategie an den Rand des Konkurses. Im Juni 1926 musste sie auf Drängen ihres größten Gläubigers, der Deutschen Bank, mit der ebenfalls stark angeschlagenen Firma Benz zur Daimler-Benz AG fusionieren.[5] Weitere Zusammenschlüsse, die damals ge-

plant wurden, etwa zwischen Opel und BMW, kamen nicht zustande.[6] Eine
rühmliche Ausnahme unter den deutschen Automobilherstellern bildete die
Firma Adam Opel. Sie ging schon 1924 zur Fließbandfertigung über und
brachte mit dem Opel 4 PS («Laubfrosch»), einem Nachbau des Citroën 5CV,
ein Modell auf den Markt, das im Trend lag. Durch den «Laubfrosch» stieg
Opel zum größten Automobilhersteller Deutschlands auf, mit einem Marktanteil von etwa 27 Prozent und einem Produktionsanteil von über 40 Prozent
(1928).[7] Im März 1929 verkauften die Eigentümer 80 Prozent ihrer Aktien an
General Motors und zwei Jahre später ging die Adam Opel AG vollständig in
den Besitz von GM über. Ford weitete seine Präsenz in Deutschland Anfang
der 1930er Jahre durch den Bau eines neuen Werks in Köln aus.

Auch Bosch hatte während der Inflation nicht unter Wettbewerbsdruck
gestanden. Das Unternehmen war auf dem Heimatmarkt gegenüber der ausländischen Konkurrenz abgeschirmt und konnte im Ausland seine Produkte
zu günstigen Preisen anbieten. Dieser Vorteil erleichterte die Rückkehr auf
den Weltmarkt. Ähnlich wie die deutsche Automobilindustrie musste Bosch
dabei keine neuen Konstruktionen bieten und auch einem Kostendruck war
man nicht ausgesetzt, da die Herstellung in Deutschland mit zunehmend
wertloserem Geld finanziert werden konnte und die ins Ausland verkauften
Magnetzünder wertbeständige Devisen einbrachten. Allerdings war man sich
auch darüber im Klaren, dass die durch den Währungsverfall bedingte Konjunktur nicht lange anhalten würde. Schon 1922 begannen die Vorbereitungen
für eine Innovation im Bereich der Dieseltechnik, die dem Unternehmen
langfristig neue Perspektiven eröffnen sollte.[8] Für den nach Überwindung der
Inflation zu erwartenden Kostendruck des Marktes wurde bereits 1921 ein
erster Typ einer neuen Baureihe von Magnetzündern («F-Reihe») konstruiert,
der Einzylinder-Magnetzünder FB 1. Mehrere Einzelteile waren hier zu einem
Aluminiumgehäuse zusammengefasst worden. Dadurch konnte die Konstruktion gegenüber den bisherigen Zündern vereinfacht und verbilligt werden.
1923 kam Bosch mit einer ganzen Serie von Magnetzündern der F-Reihe auf
den Markt, darunter auch dem Typ FF 4A für Vierzylindermotoren, der dann
im Opel-«Laubfrosch» eingebaut wurde.[9] Im selben Jahr wurde auch zum
ersten Mal in einer Abteilung eine Fließfertigung nach amerikanischem Vorbild erprobt. Die Herstellung von Bosch-Hörnern wurde von Gruppenarbeit
auf Fließfertigung umgestellt, wodurch sich die Umlaufzeit von 14–16 Tagen
auf vier Tage verkürzte.[10]

Nach der Währungsstabilisierung drängten auch bei den Kraftfahrzeugausrüstungen US-Firmen erfolgreich auf den deutschen Markt, mit preisgünstigen Produkten und neuen Techniken. Den «Triumphzug», den Bosch in den
USA vor dem Ersten Weltkrieg feiern konnte, erlebten nun in Deutschland die
amerikanischen Hersteller Bendix und Delco. Die elektrischen Anlasser von

Bendix setzten sich zu dieser Zeit in der ganzen Welt durch. Ford, General Motors und auch Citroën bauten sie in ihre Fahrzeuge ein. Die inzwischen zu General Motors gehörende Firma Delco war der führende Hersteller von Batteriezündungen. Die GM-Tochter hatte 1910 erstmals Zündungen mit leistungsfähigen Batterien konstruiert und diese Technik mit einem System verbunden, durch das über einen Generator während der Fahrt Strom erzeugt werden konnte.[11] Druck erhielt Bosch aber nicht nur von Seiten ausländischer Konkurrenten, sondern auch durch die deutschen Automobilhersteller. Diese versuchten den Kostendruck, dem sie durch den Wettbewerb mit Ford und General Motors ausgesetzt waren, auf die Zulieferer abzuwälzen, und verlangten von Bosch Preisnachlässe oder preisgünstigere Produkte. Robert Bosch beklagte sich bitter über das Verhalten seiner deutschen Großkunden. Im *Bosch-Zünder* rechnete er vor, dass Ford jährlich 1,5 Mio. Zündvorrichtungen bauen konnte, während in Deutschland nur 60 000 Zünder pro Jahr benötigt wurden, aber rund 50 Unternehmen Kraftfahrzeuge herstellten. «Die meisten dieser Firmen wollen Sonderausführungen an ihren Einrichtungen haben. Und nun kommt der deutsche Fabrikant und verlangt von mir, ich soll ihm so billig liefern wie der Amerikaner.»[12]

Das Jahr 1925 begann für die Robert Bosch AG vielversprechend. Trotz der schwierigen Marktlage waren die Auftragsbücher gut gefüllt. Die Nachfrage stieg so sehr an, dass die Beschäftigtenzahl einen Höchststand erreichte.[13] Im September 1925 ging der Auftragseingang allerdings deutlich zurück, und viele bereits erteilte Aufträge wurden storniert. Zwei Monate später wurde aus dem Auftragsrückgang eine handfeste Krise, die bislang schwerste in der Geschichte des Unternehmens. Bereits im Januar 1926 waren nur noch 10 986 Arbeiter und Angestellte beschäftigt. Robert Bosch erinnerte sich an die Krise von 1907 und schöpfte daraus die Hoffnung, dass die Aufträge wie damals bald wieder zunehmen würden.[14] Doch diese Krise verlief anders. Sie sollte fast ein Jahr andauern und überschattete auch noch das 40-jährige Unternehmensjubiläum im September 1926. Der Unternehmensgründer schrieb damals in der Werkszeitung: «Das Haus Bosch feiert sein vierzigstes Wiegenfest in den Zeiten einer Krisis, wie es eine solche noch nie durchzumachen hatte.»[15] Einen Monat nach dem Jubiläum erreichte die Beschäftigtenzahl den Tiefststand von 6149, das waren nur noch rund 56 Prozent des Standes am Jahresanfang.[16] Trotz Kurzarbeit waren über 40 Prozent der Stellen abgebaut worden, größtenteils wohl durch Entlassungen – eine soziale Katastrophe, die den Anspruch des Unternehmens und die Bekundungen vom Zusammengehörigkeitsgefühl im «Hause Bosch» zutiefst erschüttern musste. Die Entlassenen erhielten, sofern sie nicht in eine andere Firma wechseln konnten, nur die im Regelfall auf 28 Wochen begrenzte Erwerbslosenfürsorge. Erst zwei Jahre später wurde in Deutschland die Arbeitslosenversicherung eingeführt.[17]

Die schwere Krise von 1926 wurde in vielen Darstellungen zur Geschichte des Unternehmens übergangen. Erst in der zum 125-jährigen Jubiläum erschienenen Unternehmenschronik wird dieses Kapitel der Bosch-Geschichte nicht mehr verschwiegen.[18] Auslöser war ein Konjunktureinbruch, der in die Wirtschaftsgeschichte als die Zwischenkrise von 1925/26 eingegangen ist.[19] Die Krise blieb auf Deutschland beschränkt, wo die Zahl der Arbeitslosen nun erstmals auf über zwei Millionen anstieg. Sie ist in ihren Ursachen sowohl auf die Folgen des Krieges und der Inflation zurückzuführen als auch auf strukturelle Probleme der deutschen Wirtschaft. Die ohnehin angeschlagene Automobilindustrie wurde von der Zwischenkrise besonders hart getroffen. Die Produktion von Personenkraftwagen lag in Deutschland 1926 um etwa ein Viertel unter dem Vorjahresstand. Mehr als die Hälfte der 65 Pkw-Hersteller, die es 1924/25 gab, überlebte die Krise nicht.[20] Bei Bosch müssen die Aufträge damals um mehr als ein Viertel zurückgegangen sein, sonst hätte das Unternehmen nicht mehr als die Hälfte seiner Beschäftigten entlassen. Die Krise bei Bosch war also nicht nur durch den Rückgang der deutschen Automobilproduktion bedingt. Vielmehr wandten sich wohl viele Automobilfirmen auch deshalb von Bosch ab, weil ihnen die Produkte des Unternehmens nun zu teuer waren und sie durch die Umstellung auf preisgünstigere Zulieferer Kosten sparen konnten.

Die schon vor dem Krieg begonnene Ausweitung des Fertigungsprogramms auf Lichtmaschinen und Schweinwerfer, mit der die Abhängigkeit vom Zündergeschäft verringert werden sollte, nutzte Bosch jetzt wenig, denn diese Produkte konnte die Konkurrenz ebenfalls preisgünstiger anbieten. Man hatte zwar damit gerechnet, dass die Magnetzünder einmal nicht mehr das Geschäftsfundament sein würden, aber auf einen schlagartigen Einbruch des gesamten Automobilmarkts war das Unternehmen nicht eingestellt, obwohl man schon aus der Krise von 1907 entsprechende Lehren hätte ziehen können. Außerhalb der Kraftfahrzeugtechnik hatte Bosch nur Schmierpumpen für stationäre Motoren im Fertigungsprogramm. Durch die Krise war zudem das Profil als Qualitätsanbieter infrage gestellt, was an das Selbstverständnis des Unternehmens und seiner Arbeiter rührte. Es gehörte zu den Geschäftsgrundsätzen Robert Boschs, «vom Besten das Beste» herzustellen.[21] Seine Erfolge hatte das Unternehmen ganz entscheidend der hohen Qualität der Produkte zu verdanken, und Qualität hat eben ihren Preis. Durch den bereits eingeleiteten Übergang zur Fließfertigung und die neuen, vereinfachten Zünderkonstruktionen hatte man geglaubt, die Kosten so senken zu können, dass man auch mit qualitativ hochwertigen Erzeugnissen wettbewerbsfähig blieb.

Tab. 6 Beschäftigte der Robert Bosch AG (1926)[22]

Monat	Angestellte	Arbeiter und Arbeiterinnen	– davon Facharbeiter	– davon Arbeiterinnen	Beschäftigte insgesamt
Januar	2 295	8 691	2 366	3 315	10 986
März	2 010	6 600	1 948	2 385	8 610
Mai	1 876	6 034	1 793	2 163	7 910
Juli	1 739	4 903	1 398	1 696	6 642
September	1 595	4 596	1 415	1 569	6 191
Oktober	1 566	4 583	1 409	1 555	6 149
Dezember	1 493	4 902	1 419	1 789	6 395

Von dieser Vorstellung musste sich das Unternehmen jetzt verabschieden. Man sah sich vor die Alternative gestellt, vom bisherigen Qualitätsanspruch abzurücken oder vom Markt zu verschwinden. Obwohl es praktisch um die Existenz des Unternehmens ging, tat man sich mit der Entscheidung schwer. Viele «Boschler» konnten sich wohl nicht mit dem Gedanken anfreunden, die Gewinde nicht mehr zu perfektionieren und preisgünstige amerikanische Konstruktionen, auf die sie bisher eher herabgesehen hatten, in Lizenz nachzubauen. Nicht wenige mögen diese Aussicht auch als demütigend empfunden haben. Nur so ist das lange Zögern zu erklären, von dem in einem Artikel Robert Boschs zum 40-jährigen Unternehmensjubiläum im Herbst 1926 die Rede ist. Doch rang man sich dazu durch, billigere Konstruktionen anzubieten, die nicht mehr nach dem Grundsatz hergestellt wurden, «nur das Allerbeste in bezug auf Konstruktion und Ausführung auf den Markt zu bringen».[23]

Zugleich nahm Bosch nun die Fertigung von Batterien und Batteriezündungen für Personenkraftwagen auf, obwohl das Unternehmen damit seinem wichtigsten Produkt, dem Magnetzünder, gewissermaßen selbst Konkurrenz machte.[24] Doch die Krise ließ auch hier keine andere Wahl. Die Batteriezündung war eben preisgünstiger als die Magnetzündung. Das Know-how für diese neue Fertigung war bei Bosch längst vorhanden. Man war auch schon seit 1922 mit Batterien für Motorräder auf dem Markt.[25] Technisch waren die Batterien und Batteriezündungen von Bosch gut, sie wurden auch rasch ein Verkaufserfolg, nur waren sie eben keine eigene Erfindung, sondern eine, allerdings technisch verbesserte, Lizenzfertigung. Auch elektrische Anlasser wurden bei Bosch jetzt mit einer Lizenz der US-Firma Bendix hergestellt. In einem rückblickend verfassten Bericht von Friedrich Schildberger, dem ersten Leiter des Bosch-Archivs, heißt es dazu: «Auf dem Gebiet des Anlassers hat sich dagegen die Firma Bendix fast den gesamten Weltmarkt erobert und wir selbst waren unter dem Preisdruck genötigt, 1926 die Herstellung von Bendix-

Anlassern aufzunehmen, die aber seither von uns wesentlich vervollkommnet wurden.»[26] Im Sommer 1926 musste man damit rechnen, dass das Unternehmen Robert Boschs nur noch solche Lizenzfertigungen herstellen würde, wenn das Zeitalter des Magnetzünders demnächst zu Ende war. Die Bemühungen um eine neue Schlüsselinnovation im Bereich der Dieseltechnik, die schon seit Jahren liefen, hatten bislang wenig greifbare Ergebnisse erbracht.[27]

Die Robert Bosch AG war durch den Auftragseinbruch im Winter 1925/26 auch finanziell unter Druck geraten. Jahrzehnte später schrieb Hans Walz, das Unternehmen wäre damals «an den Rand des Ruins» und in eine «peinliche Liquiditäts- und Zahlungsklemme» geraten.[28] Bosch war offenbar von Illiquidität bedroht, weil der größte Teil des Vermögens, etwa die Grundstücke in Stuttgart und die Beteiligungen im Ausland, nicht aus kurzfristig verfügbaren Mitteln bestand, und das Unternehmen durch die Inflation viel Kapital verloren hatte. In dem erwähnten Rückblick lastete Walz die Liquiditätskrise allerdings dem Management an: «Die Regeln einer einheitlich auszurichtenden Geschäftsführung sowie einer angemessenen Finanzgebarung waren gröblich missachtet worden.»[29] Um Klarheit über den Finanzstatus des Unternehmens zu gewinnen, wurde die Berliner Niederlassung von Price, Waterhouse & Co. beauftragt, die Bilanzen zu prüfen.[30]

Die Finanznot zwang die Robert Bosch AG, auch auf diesem Gebiet von ihren bisherigen Grundsätzen abzuweichen und sich am Kapitalmarkt zu finanzieren. Das Unternehmen hatte von seinem Gründer bereits einen Kredit in Höhe von 10 Mio. RM erhalten, der notfalls in Aktien umgewandelt werden sollte.[31] Nun wurde zudem eine Anleihe aufgelegt. Robert Bosch fuhr Ende März 1926 nach Berlin und traf sich dort mit Jakob Goldschmidt, dem Leiter der Darmstädter- und Nationalbank (Danatbank), einer der damals größten Geschäftsbanken Deutschlands.[32] Goldschmidt war in diesen Jahren der Star des Berliner Bankenviertels und seine Bank war eine der ersten Adressen auf dem Gebiet der Industriefinanzierung. Am 2. April 1926 legte die Danatbank in den Niederlanden eine Anleihe der Robert Bosch AG in Höhe von 3 Mio. US-Dollar als Teilschuldverschreibung mit einem Zinssatz von 7 Prozent auf.[33] Als Sicherheit dienten Grundstücke in Stuttgart und Feuerbach. Bosch hatte zwar schon in der Inflationszeit Teilschuldverschreibungen ausgegeben, doch hatten diese Anleihen wegen des Währungsverfalls keine größere Bedeutung. Schon Heuss sah in der Anleihe von 1926 eine in der Geschichte der Firma Bosch neue Form der Finanzierung. Anders als er es darstellte, diente diese Anleihe aber nicht in erster Linie zur Finanzierung weiterer Rationalisierungsmaßnahmen und der Arbeiten an der Dieseleinspritzpumpe, sondern dem Erhalt der Zahlungsfähigkeit der Robert Bosch AG.[34]

Weil der Kapitalmarkt in Deutschland durch die Auswirkungen der Inflation und die restriktive Geldpolitik der Reichsbank, die eine erneute Geldentwertung unter allen Umständen verhindern wollte, ausgetrocknet war, liehen sich damals viele deutsche Unternehmen Geld im Ausland. Dort wurden ihnen bereitwillig Kredite gewährt, weil die Zinsen in Deutschland höher lagen als in den Gläubigerländern, so dass auch Kredite mit kurzen Laufzeiten noch ein einträgliches Geschäft versprachen. Die Bosch-Anleihe hatte eine Laufzeit von 20 Jahren und war so gesehen eine grundsolide Finanzierung, nur stand ihr eben kein entsprechend hohes Eigenkapital gegenüber. Eine Kapitalbeteiligung einer Bank, eines finanzstarken Industriekonzerns oder eines ausländischen Investors wollte Robert Bosch wohl unbedingt vermeiden. Dabei hatte die AEG, die durch der Übernahme der Mea bereits in Feuerbach vertreten war, schon einen Blick auf das Unternehmen geworfen, wie einer späteren Darstellung zu entnehmen ist: «Als Bosch selber 1925 eine recht illiquide Bilanz zeigte, entstand bei der AEG die Hoffnung, man könne vielleicht mit Bosch ein Geschäft auf großer Basis machen, d.h. Bosch fusionieren.»[35] Fusionspläne hatten in der Zwischenkrise von 1925/26 Hochkonjunktur, wie es damals auch zum Zusammenschluss von Daimler und Benz kam. Doch Robert Bosch wollte unabhängig bleiben. Seiner Tochter Margarete schrieb der Unternehmer ein Jahr später, er wolle mit seiner Firma «selbständig bleiben, bei guten Beziehungen zur A.E.G. u. S&H [Siemens & Halske]».[36]

Robert Bosch befand sich während der Krise von 1925/26 auch persönlich in einer schwierigen Situation. Seine Ehe war gescheitert, sein Sohn war wenige Jahre zuvor gestorben und nun drohte sein Lebenswerk zu zerrinnen. Da die Robert Bosch AG für das Geschäftsjahr 1925 keine Dividende auszahlen konnte und in den folgenden Jahren ebenfalls keine Gewinnausschüttungen an die Aktionäre erfolgten, schlug sich die Krise des Unternehmens auch in Boschs Einkünften nieder. In einer wenige Jahre später verfassten Fortsetzung seiner Lebenserinnerungen schrieb er: «Ich hatte dementsprechend kein Einkommen aus der Firma mehr, sondern musste von meinen Zinsen leben.»[37] Sicher konnte Bosch auch von den Zinsen gut leben, er war ein reicher Mann, aber er dürfte es als demütigend empfunden haben, aus der von ihm gegründeten Firma keine Einkünfte mehr zu erhalten.

Vor diesem Hintergrund nahm Robert Boschs Verhalten im Laufe des Jahres 1926 Züge an, wie sie seine Mitarbeiter noch nicht bei ihm erlebt hatten. Die Krise des Unternehmens zog nun auch auf der Leitungsebene persönliche Dramen nach sich. Bosch suchte nach Sündenböcken und warf den Vorstandsmitgliedern Hugo Borst, Hermann Bosch und Otto Heins vor, versagt zu haben. Alle drei wurden entlassen und schieden formal zum 25. Oktober 1926 aus dem Unternehmen aus. Die Anschuldigungen, die Robert Bosch gegen sie erhob, waren für andere nicht nachvollziehbar. Paul Scheuing, Boschs juristischer Berater, versuchte, mäßigend auf ihn einzuwirken, und legte ihm dar, dass er vor allem Hugo Borst, den kaufmännischen

Kopf der Firma, zu Unrecht beschuldigen würde. Doch alle derartigen Bemühungen waren vergeblich.[38]

Auch später äußerte sich Bosch erbittert und beleidigend über die entlassenen Vorstandsmitglieder. Hermann Bosch wäre «nicht fähig, ernsthaft zu arbeiten» und Otto Heins hätte beim Kauf des Acro-Motors «vollständig versagt». Nun war Hermann Bosch offenbar wirklich ein Problemfall, weil er nach 13-jähriger Tätigkeit in Japan aufgrund des Krieges unfreiwillig nach Deutschland zurückgekehrt war und dort nicht mehr richtig Fuß fassen konnte. Doch Otto Heins hatte als Leiter der Bosch Magneto Company zum Erfolg des Amerikageschäfts in der Zeit vor dem Ersten Weltkrieg beigetragen und das USA-Geschäft nach dem Krieg wieder aufgebaut. Beim Acro-Motor hatte sich nicht nur Heins geirrt, sondern mehr noch Robert Bosch selbst.[39] Über Hugo Borst entlud sich eine wahre Hasstirade Boschs. Ihn hielt der Unternehmer für den Hauptschuldigen, doch lassen sich dafür keine sachlichen Gründe finden. Bei den Verträgen zum Erwerb der Acro-Lizenzen hatte Borst offenbar Zugeständnisse gemacht, die Bosch zu weit gingen, aber Borst hatte seit 1900 die kaufmännische Organisation des Unternehmens aufgebaut und sie lange geleitet. Seit dem Tod Gustav Kleins hatte er sich in der Rolle des «Kronprinzen» gesehen. Nun war er in Ungnade gefallen. Bosch schrieb später, Borst wäre «ausgesprochen faul» und ein «unfruchtbarer Schwätzer» geworden.[40] Als Theodor Bäuerle seine Bosch-Biografie verfasste, teilte Bosch ihm mit, er wolle Borst darin nicht erwähnt sehen. Borst wäre ein «ungetreuer Verwaltungsbeamter» gewesen.[41] Nach Boschs Tod korrespondierte Theodor Heuss im Rahmen der Arbeiten an seiner Bosch-Biografie mit Hugo Borst. Dabei erfuhr er, dass dieser immer noch nach einer Erklärung für die Vorgänge von 1926 suchte. Borst hoffte, Heuss würde es gelingen, «das Rätsel zu lösen, das mich in 18 Jahren nicht zur Ruhe kommen ließ».[42] Eine plausible Erklärung fand auch Heuss nicht. Offenbar war ihm dieses Thema unangenehm, so dass er es in der Bosch-Biografie dann bei vagen Andeutungen beließ.[43]

Neben der schwierigen persönlichen Situation des Unternehmensgründers und der Krise des Unternehmens ist der Schlüssel zur Erklärung des gesamten Konflikts von 1926 sicherlich im Verhältnis zwischen Bosch und Borst zu sehen. Der Esslinger Kaufmannssohn Borst war im Alter von 19 Jahren in die Firma Boschs eingetreten, zu dem er «Onkel Robert» sagte, weil seine Mutter eine Schwester von Anna Bosch war. Zwischen beiden bestand in den ersten Jahrzehnten ein gutes, fast freundschaftliches Verhältnis. Bei der Umwandlung des Unternehmens in eine Aktiengesellschaft im Jahr 1917 wurde Borst von Bosch in den Vorstand berufen und am Kapital beteiligt. Die Zerrüttung der Ehe Robert Boschs ging an der Beziehung zu seinem Neffen sicher nicht spurlos vorbei. Doch dürfte dies nicht der entscheidende Grund für den Konflikt gewesen sein.

Abb. 24: Hugo Borst (1917)

Als die Dividende für das Geschäftsjahr 1925 wegen der kritischen Lage des Unternehmens ausfiel, hatte Bosch keine Einkünfte aus dem Unternehmen, Borst dagegen schon, weil er als Vorstandsmitglied ein festes Gehalt bezog. Dass die Direktoren mehr Einkünfte aus dem von ihm gegründeten Unternehmen erhielten als er selbst, war für Bosch eine unerträgliche Vorstellung, und schon allein dies dürfte ihn in Rage versetzt haben. Die Schuld dafür gab er Borst. In der 1930 begonnenen Fortsetzung seiner Lebenserinnerungen schrieb Bosch, Borst hätte «den Versuch gemacht, mich zu Gunsten der A.G. zu übervorteilen» und durchgesetzt, dass der Aufsichtsratsvorsitzende – also Bosch – keine festen Bezüge bekam.[44] Obwohl Paul Scheuing, der die Gründung der Aktiengesellschaft als juristischer Berater begleitet hatte, ihm darlegte, dass er sich irrte, ließ Bosch von dieser Vorstellung nicht ab.[45]

Im Unterschied zu anderen Vorstandsmitgliedern hat Borst auch seinen Wohlstand offen gezeigt und einen Lebensstil geführt, den Bosch wohl bei einem Eigentümer eines Unternehmens für angebracht hielt, nicht aber bei einem Angestellten. Borst legte eine bedeutende Kunstsammlung an und bezog Anfang der 1920er Jahre ein Wohnhaus in bester Lage, auf dem Gähkopf.[46] Bosch, der kein Freund der Musen war, dürfte wenig Verständnis dafür gehabt hatten, dass sein Verkaufsleiter viel Zeit mit Künstlern und der Kunstsammlung verbrachte. Die Anschuldigungen könnte man so deuten, doch gibt es keine Aussagen Dritter, die belegen würden, dass Borst seine Aufgaben im Unternehmen vernachlässigt hätte. So liegt die Vermutung nahe, dass es nicht die Kunstsammlung selbst war, die Bosch an Borst gestört hat, sondern die

Tatsache, dass dieser auch ein Leben außerhalb der Firma Bosch und ihres Einflussbereichs hatte und damit nicht schlecht fuhr. Kurzum: Borst hatte sich in den Jahren vor seiner Entlassung nicht so verhalten, wie Bosch es von einem leitenden Mitarbeiter erwartete. Borst verstand sich mehr als Manager und nicht als Gefolgsmann des Eigentümerunternehmers, obwohl er mit diesem verwandt war. Das könnte sich dann auch in geschäftlichen Fragen nieder-geschlagen haben. Angeblich war Borst der Meinung, dass die US-Rechte nicht bei Robert Bosch lagen, sondern beim Unternehmen. So gesehen geben Boschs Beschimpfungen, wonach Borst ein «ungetreuer Verwaltungsbeamter» gewesen sei, einen gewissen Sinn.[47]

Bosch hätte sich mit Borsts Stil vielleicht abfinden können, wenn dieser nicht ein enger Verwandter und ein Kandidat für die Unternehmensnachfolge gewesen wäre. Zudem war Borst ebenso wie Heins am Aktienkapital des Unternehmens beteiligt. Weitere Aktienpakete gehörten den Erben Eugen Kaysers, also der Familie, aus der Anna Bosch und Hugo Borsts Mutter Emilie Borst stammten. Diese Verknüpfungen könnten bei Robert Bosch zu der Befürchtung geführt haben, dass ihm sein Lebenswerk aus den Händen glitt. Berücksichtigt man dann noch, dass Bosch ohnehin cholerisch veranlagt war, dass er sich in einer persönlichen Krise befand und sein Unternehmen in der schwersten Krise seit der Gründung, dann dürfte dies die Lösung des Rätsels sein, das Hugo Borst so lange nicht zur Ruhe kommen ließ. Borst betätigte sich nach seiner Entlassung noch intensiver als Kunstsammler und baute auch eine viel beachtete Büchersammlung auf. Als er 1967 starb, hinterließ er die größte private Kunstsammlung Stuttgarts.[48]

Die Neugliederung von 1926/27 und die Überwindung der Krise

Die Entlassung von Hugo Borst, Otto Heins und Hermann Bosch ging mit-einer weitreichenden Umstrukturierung des Vorstands einher. Das Gre-mium wurde drastisch verkleinert, von elf auf sechs Mitglieder, und gewann zusätzlich noch durch die Bildung eines Vorstandsausschusses an Hand-lungsfähigkeit.[49] Die Zahl der ordentlichen Mitglieder reduzierte sich von sechs auf drei. Aus diesen drei ordentlichen Mitgliedern – Hans Walz, Karl Martell Wild und Hermann Fellmeth – bestand der Vorstandsausschuss, der nun das eigentliche Lenkungsgremium des Unternehmens war. Das Trio Walz-Wild-Fellmeth stand bis 1945 an der Spitze des Unternehmens, und bei den stellvertretenden Mitgliedern gab es in den nächsten 19 Jahren nur geringfügige Veränderungen.

Innerhalb des Vorstandsausschusses galt Hans Walz als «primus inter pares», auch wenn er formal nicht Vorstandsvorsitzender war. Der gelernte

Bankkaufmann hatte nach seinem Eintritt in das Unternehmen im Jahr 1912 die Leitung des Privatsekretariats von Robert Bosch übernommen und war 1919 in den Aufsichtsrat der Robert Bosch AG berufen worden. Fünf Jahre später wechselte er in den Vorstand. Wahrscheinlich hatte Bosch ihn schon zu diesem Zeitpunkt als Nachfolger im Blick. Durch das Vertrauen des Unternehmers und seine kaufmännischen Kenntnisse war Walz dafür besonders qualifiziert. Als er in den Vorstand eintrat, war abzusehen, dass sich Bosch über kurz oder lang aus dem laufenden Geschäft zurückziehen würde. Walz enttäuschte Boschs Erwartungen nicht. Obwohl er kein Techniker war, ein anderes Temperament hatte und sich ganz im Gegensatz zu Bosch kirchlich engagierte, bestand zwischen beiden stets ein enges Einvernehmen. Walz war ebenso wie Bosch ein überzeugter Demokrat und gehörte der von Friedrich Naumann gegründeten linksliberalen DDP an, mit der Bosch sympathisierte. Ebenso wie Bosch sah er sich in sozialer Verantwortung. Hinzu kam, dass er als langjähriger Leiter des Privatsekretariats mit allen Vorstellungen des Unternehmensgründers vertraut war.

Nur wenige Monate nach dem Umbau des Vorstands erfolgte eine organisatorische Neugliederung des Unternehmens. Bis dahin hatte es eine Hauptverwaltung mit dem Vorstand gegeben, die zwei Hauptgruppen umfasste: die Technische Oberleitung und die Kaufmännische Oberleitung. Zur Technischen Oberleitung (T.O.L.) gehörten die technikbezogenen Bereiche, die werksübergreifend angelegt waren, wie zum Beispiel die Konstruktionsleitung, die Laboratoriumsleitung und die Materialprüfungsleitung, aber auch die Lehrlingsabteilung. Die einzelnen Werke hatten jeweils einen eigenen Verwaltungsbereich mit Auftragsbüros, Buchhaltungen, Lohnbüros, Arbeiterbüros u. a.[50]

Im Januar 1927 wurde eine neue, an funktionalen Kriterien ausgerichtete Gliederung eingeführt. Unterhalb des Vorstands entstanden Hauptleitungen für Technik, Verkauf und Verwaltung, die für den jeweiligen Bereich im gesamten Unternehmen zuständig waren und von jeweils einem der drei ordentlichen Vorstandsmitglieder geleitet wurden. Die Fertigung unterstand nun ebenso wie die Entwicklungs-, Versuchs- und Prüfabteilungen einer Technischen Hauptleitung (TEH) unter Karl Martell Wild, der wiederum eine Kaufmännische und Technische Fabrikleitung (KFL/TFL) für die Werke nachgeordnet war. Der Verwaltungs-Hauptleitung (VWH) unter Hans Walz waren die Personalleitung und die Steuerabteilung zugeordnet, die Verkaufs-Hauptleitung (VKH) unter Hermann Fellmeth war u. a. für das Werbebüro und die Verkaufshäuser zuständig. Einen Sonderstatus hatte die Einkaufsleitung (EKL), die ebenfalls direkt dem Vorstand unterstellt war, aber nicht als Hauptleitung galt.[51] Mit der Umstrukturierung Anfang 1927 hielten auch die bei Bosch bis heute beliebten Kürzel für die Bezeichnung einzelner Abteilungen und Werke Einzug, was in der Werkszeitung mit der «Vereinfachung des mündlichen und schriftlichen Verkehrs» begründet wurde.[52] Die neue Gliederung bedeutete vor allem eine Zentralisierung der kaufmännischen und der Verwaltungsbereiche, die nun bei der Verwaltungs-Hauptleitung zusammengefasst wurden. Der kaufmännischen Leitung wurden damit auch Aufgaben übertragen, die bis dahin bei den einzelnen Werken gelegen hatten.

Dass innerhalb der Unternehmensleitung der kaufmännische Bereich gegenüber dem technischen an Gewicht gewann, war ein Kennzeichen der damaligen Reform und schlug sich auch in der Zusammensetzung des Vorstands nieder.[53] Zwar waren die Kaufleute schon im alten Vorstand zahlreicher vertreten gewesen als die Techniker. Doch nun stand mit Hans Walz ein Kaufmann an der Spitze des Unternehmens und auch auf anderen Ebenen gewannen die Kaufleute gegenüber den Technikern an Gewicht; auch wurde 1928 die kaufmännische Lehre eingeführt.[54] In der Unternehmensleitung war man überzeugt, dass die veränderten Rahmenbedingungen einen Ausbau der kaufmännischen Kompetenz erforderten. In einer Denkschrift, die im November 1929 verfasst wurde, hieß es: «Für den Erfolg im heutigen Kampf um den Weltmarkt ist nicht allein technisch hervorragende Leistung, sondern mindestens ebenso sehr kaufmännische und wirtschaftliche Ueberlegenheit entscheidend.»

Die stärker betriebswirtschaftliche Orientierung war eine Lehre, die man bei Bosch in der Krise von 1926 zog. Dem Unternehmen gelang es vor allem dadurch, diese Krise zu überwinden. Die Dieseleinspritzpumpe, mit der sich große Hoffnungen verbanden, konnte erst im Herbst 1927 in Fertigung gehen, als bereits ein kurzer, aber kräftiger Aufschwung eingesetzt hatte. Entscheidend für die Überwindung der Krise war, dass Bosch bei den Kosten den Hebel umlegte, und sich die neuen, unter dem Druck der Krise aufgenommenen Erzeugnisse gut verkauften. Wie die Fertigungsstatistik zeigt, nahmen die hergestellten Stückzahlen bei Batterien, Zündspulen und Zündverteilern in den Jahren 1926–1928 stark zu. Aber auch bei den Zündkerzen stieg die Stückzahl in diesen Jahren auf mehr als das Doppelte an.[55] Der Magnetzünder war nach wie vor stark gefragt und bildete weiterhin das geschäftliche Fundament des Unternehmens. Er war zu diesem Zeitpunkt noch keineswegs ein Auslaufmodell. Bosch hatte sein wichtigstes Produkt nur zu lange zu teuer hergestellt. Jetzt waren die Bosch-Zünder preisgünstiger, weil sie in einfacheren Modellen gefertigt wurden und die Produktionskosten durch Rationalisierung gesenkt werden konnten. Die Schärfe der Krise von 1926 und die damaligen Massenentlassungen waren eben nicht, wie es bei Stolle heißt, durch die Rationalisierung bedingt, sondern durch einen Rationalisierungsrückstand.[56]

Dabei war Bosch schon vor dem Ersten Weltkrieg einer der Pioniere der betrieblichen Rationalisierung in Deutschland gewesen, und auch Mitte der

Grafik 1 Gliederung der Robert Bosch AG (Januar 1927)[57]

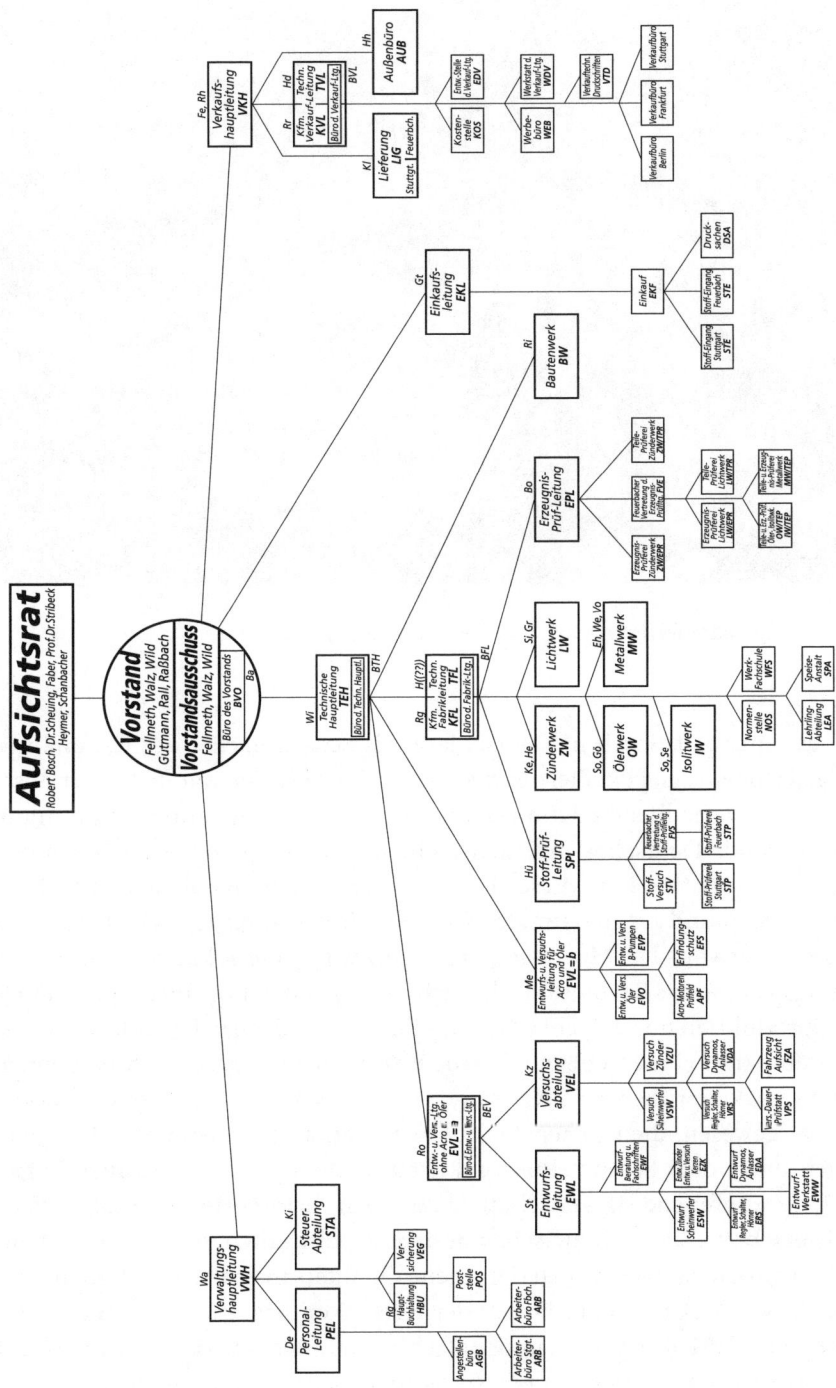

Abb. 25: Fließbandfertigung von Scheinwerfern (1926)

1920er Jahre galt Bosch in Deutschland als Schrittmacher der Rationalisierung, nachdem erste Fließfertigungen eingeführt worden waren. Robert Bosch und Ernst Durst hielten denn auch im Mai 1925 vor der Jahresversammlung des Verbands Deutscher Ingenieure einen Vortrag über Rationalisierung.[58] Durch die Inflation kam dieser Rationalisierungsschub aber auch bei Bosch erst verspätet und auf zu schmaler Kapitalbasis in Gang. Da das Unternehmen längere Zeit vom US-Markt abgeschnitten war, unterschätzte man die fertigungstechnische Revolution, die sich dort seit der Einführung der Fließbandproduktion durch Henry Ford im Jahr 1913 vollzogen hatte, wohl ebenso wie den damit einhergehenden Wandel von einem Verkäufer- hin zu einem Käufermarkt. Früher, so hieß es jetzt bei Bosch, wäre es «keine schwere Kunst» gewesen, die eigenen Produkte zu verkaufen, «denn das Beste vom Guten unter dem Schutz eines praktischen Monopols an eine allenthalben begierig zugreifende Kundschaft abzusetzen, erforderte wahrhaftig keine Meisterschaft».[59] Dass inzwischen andere Regeln galten, hatte man zu lange nicht wahrhaben wollen, weil der eigene Qualitätsanspruch durch sie infrage gestellt wurde. Unter dem Druck der Krise von 1926 änderte sich dies. Die Unternehmensleitung war nun entschlossen, sich an den neuen Marktmechanismen auszurichten: «Das amerikanische Geschäftsprinzip hat sich über die ganze Welt hin durchgesetzt. Der alte Qualitätsgrundsatz, dessen Herrschaft früher so erfolgreich war, weil er den Anforderungen der damaligen Zeiten entsprach, ist jetzt entthront worden durch die Gesetze, welche die heutige Wirtschaft regieren.»[60]

Bei Bosch zogen nun weitere Fließbänder in die Werkshallen ein. Schon im Frühjahr 1926 waren im Zünderwerk Fließfertigungen eingeführt worden, bald darauf auch im Lichtwerk. Koordiniert von einem Rationalisierungsstab unter der Leitung von Ernst Durst wurde die Zahl der gefertigten Typen reduziert und für immer mehr Einzelteile eine Normung eingeführt. Zusätzliche Kostensenkungen konnten durch die Verwendung billigerer Rohstoffe und Materialien erreicht werden.[61] Nach Berechnungen von Stolle lagen die innerhalb von zwei Jahren erzielten Lohneinsparungen bei den Zündapparaten zwischen 17 Prozent und 21 Prozent, bei Zündkerzen sogar bei bis zu 28 Prozent.[62] Fließbandstraßen wie in den USA gab es bei Bosch aber auch jetzt nicht. Dafür waren die gefertigten Stückzahlen nach wie vor zu gering.[63]

Tab. 7 Zusammensetzung der Arbeiterschaft bei Bosch in Prozent (1926–1929)[64]

	gelernte Arbeiter	angelernte Arbeiter	ungelernte Arbeiter	Arbeiterinnen
Juni 1926	28,3	18,5	17,1	36,1
Dezember 1926	28,9	20,1	14,5	36,5
Juni 1927	24,3	18,9	13,3	43,4
Dezember 1927	25,3	20,8	11,8	42,0
Juni 1929	24,5	19,9	10,3	45,3

Wie die monatliche Beschäftigtenstatistik der Fabrikleitung zeigt, waren mit der Ausbreitung der Fließbandarbeit erhebliche Veränderungen innerhalb der Belegschaft verbunden. Der Anteil der Facharbeiter blieb relativ konstant bei etwa 25 Prozent, nachdem er während der Krise von 1926 stark angestiegen war. Der Anteil der ungelernten Arbeiter ging dagegen in den Jahren 1926–1929 deutlich zurück, während der Anteil der Arbeiterinnen fast kontinuierlich zunahm und Mitte 1929 schließlich bei 45 Prozent lag. Offenbar fielen durch die Rationalisierung viele Tätigkeiten weg, die bisher von Hilfsarbeitern ausgeführt worden waren, während für die neuen Fließfertigungen vor allem Frauen eingestellt wurden. Der Anteil der Arbeiterinnen hatte bei Bosch zwar schon im Juli 1923 kurzfristig 43,7 Prozent erreicht, allerdings unter den extremen Bedingungen der damaligen Hyperinflation, so dass darin kaum ein Vergleichsmaßstab gesehen werden kann und von einem generellen Anstieg der Frauenarbeit als Folge der Rationalisierung auszugehen ist.[65]

Der mühsame Weg zur Dieseleinspritzpumpe

Trotz der Rationalisierungserfolge und der Hinwendung zu «amerikanischen» Geschäftsprinzipien stand für Bosch außer Zweifel, dass das Unternehmen allein dadurch nicht an seine früheren Erfolge auf dem Weltmarkt anknüpfen konnte. Man hatte erkannt, dass gute Technik auf dem Markt kein Selbstläufer mehr war, und sich mit Lizenzfertigungen abgefunden, war aber fest davon überzeugt, nur mit einer neuen Innovation vom Format des Hochspannungsmagnetzünders in Zukunft eine ähnlich unangreifbare Marktposition erlangen zu können wie dies bei den Magnetzündern der Fall war.

Bei der Suche nach einer aussichtsreichen Zukunftstechnik hatten sich die Entwickler schon 1922 auf Einspritzsysteme für Dieselmotoren konzentriert.[66] Man ging davon aus, dass Dieselmotoren zukünftig in der Kraftfahrzeugtechnik eine wichtige Rolle spielen würden, da sie weniger Kraftstoff verbrauchten als Benzinmotoren. Der Dieselmotor würde besonders für Lastkraftwagen vorteilhaft sein, wie sie damals in immer größerer Zahl gebaut wurden, nachdem die Lastwagenfertigung während des Ersten Weltkriegs stark zugenommen, ja geradezu einen Durchbruch erlebt hatte. Nun gab es zwar schon lange Dieselmotoren, aber es war noch nicht gelungen, einen Dieselmotor für Kraftfahrzeuge zu entwickeln. Dafür bedurfte es einer völlig neuen Konstruktion. Die Fahrzeugdieselmotoren mussten nicht nur schneller laufen, sondern auch wesentlich leichter und kompakter sein als die bisherigen Dieselmotoren, die so schwer und sperrig waren, dass sie nur stationär, zumeist in Fabriken, oder als Schiffsantrieb verwendet werden konnten. Daimler, Benz und MAN arbeiteten damals intensiv an der Entwicklung eines Fahrzeugdieselmotors.[67] Es war damit zu rechnen, dass die ersten Modelle in wenigen Jahren auf den Markt kommen würden. Wenn Bosch dann das erste technisch ausgereifte Einspritzsystem anbieten konnte, so kalkulierte man, würden die Kraftfahrzeughersteller ebenso geschlossen auf das Bosch-Produkt zurückgreifen, wie dies beim Magnetzünder der Fall gewesen war. Der Dieselmotor erforderte keinen Zünder. Der Kraftstoff wurde mit hohen Drücken eingespritzt und entzündete sich allein durch die sehr hohe Verdichtung im Brennraum und die dabei entstehenden Temperaturen. Für diese Technik konnte das im Unternehmen vorhandene Know-how aus der Fertigung von Hochdruck-Schmierpumpen genutzt werden.[68]

Im Unterschied zur Erfindung des Hochspannungsmagnetzünders ging Bosch jetzt planmäßig und mit wissenschaftlichem Vorlauf an die Innovation heran. Das Unternehmen hatte dafür nun auch ein physikalisches Labor, das die kniffelige Aufgabe erhielt, eine Empfehlung für das weitere Vorgehen auszuarbeiten. Anders als bei der Entwicklung der Bosch-Zünder gab es jetzt keinen

Motor, den man zu Versuchszwecken hätte heranziehen können. Das Labor beschäftigte sich deshalb zunächst mit der Frage, aus welchen Teilen ein Einspritzsystem für den Fahrzeugdieselmotor bestehen würde und auf welche Konstruktionen sich die Entwickler konzentrieren sollten. Es war entscheidend, hier die Weichen richtig zu stellen, und nicht ohne Risiko, denn über die Konstruktion eines Motors, den es erst in Zukunft geben würde, konnte es keine letzte Gewissheit geben. Die Arbeiten am Fahrzeugdieselmotor bei Daimler, Benz oder MAN konnten immer noch in eine Richtung gehen, die ein anders konstruiertes Einspritzsystem erforderte. Dann hätte Bosch auf das falsche Pferd gesetzt. Wenn das Unternehmen aber Technologieführer bei Dieseleinspritzanlagen werden wollte, musste man so früh wie möglich auf dem Markt sein und konnte nicht länger abwarten. Am 20. Februar 1923 empfahl das physikalische Laboratorium, eine «Einspritzanlage mit ventilloser, schiebergesteuerter Pumpe und flüssigkeitsgesteuerter, geschlossener Düse» zu entwickeln.[69]

Nun begann die Versuchsabteilung, Pumpen zu erproben. Verschiedenste Bauarten wurden getestet, aber auch dabei stellte sich das Problem, dass es noch keinen Fahrzeugdieselmotor gab. Man versuchte, Motoren auf Dieselantrieb umzurüsten und baute auch einen eigenen Versuchsmotor, kam aber nicht viel weiter.[70] Inzwischen war es zwar dem Chefkonstrukteur von Benz & Cie., Prosper L'Orange, gelungen, erstmals einen Fahrzeugdiesel zu bauen, und auch die Daimler-Motoren-Gesellschaft verfügte nun schon über einen derartigen Motor. Beide Unternehmen hatten die Motoren mit eigenen Einspritzsystemen ausgerüstet. Im Oktober 1923 präsentierten Benz und Daimler ihre neuen Diesellastkraftwagen auf der Automobilausstellung in Berlin.[71]

Bosch konnte erst im Frühherbst 1924 von Benz einen Lkw mit einem Vorkammer-Dieselmotor kaufen.[72] Und nun, da sich die Ingenieure und Mechaniker nicht mehr an einem Phantom abarbeiten mussten, sondern über einen Motor verfügten, mit dem Versuchsreihen durchgeführt werden konnten, kam die Entwicklung der Einspritzpumpe schnell voran. Bereits nach wenigen Monaten gelang es, eine Pumpe zu konstruieren, die den Anforderungen der ersten Fahrzeugdieselmotoren genügte. Darauf wurde später in der Festschrift zum 50-jährigen Unternehmensjubiläum von Bosch ausdrücklich hingewiesen: «So verfügten wir an der Jahreswende 1924/25 über eine Pumpenbauart, die in Bezug auf ihre Förderleistung, ihre Dauerhaftigkeit und ihren überraschend geringen Raumbedarf durchaus den Ansprüchen genügte, die die beiden auf der Berliner Automobilausstellung vom Dezember 1924 ausgestellten einzigen Lastwagen-Dieselmotoren jener Zeit, der Vorkammermotor der Benz-Werke, Gaggenau, und der Strahleinspritzmotor der Maschinenfabrik Augsburg-Nürnberg, Werk Nürnberg, stellten.»[73] Dieses Zitat wird hier in voller Länge abgedruckt, weil es einem Eingeständnis gleichkam, das erst mit gebührendem zeitlichen Abstand, anlässlich des Unternehmensjubiläums von 1936, in dieser Deutlichkeit gemacht wurde. Bosch hatte die Pumpe, über die man zur Jahreswende 1924/25 verfügte, nämlich nicht genutzt und war stattdessen einen kostspieligen Umweg gegangen.

Robert Bosch war im Laufe des Jahres 1924 unruhig geworden, weil das große Zukunftsprojekt seines Unternehmens, die Dieseleinspritzpumpe, noch zu keinen greifbaren Erfolgen geführt hatte. Er gewann den Eindruck, dass «die Bemühungen m. eigenen Leute zu keinem Ergebnis führten» und begann, die Dinge selbst in die Hand zu nehmen.[74] Bosch sprach mit mehreren Experten aus dem Motorenbau und erfuhr dabei, dass es dem Münchner Ingenieur Franz Lang gelungen war, einen Dieselmotor mit einer neuen Einspritztechnik, dem Luftspeicherverfahren, zu konstruieren.[75] Lang hatte in den Zylinderkopf des Dieselmotors einen Hohlraum eingebaut, in den über eine Düse feine Kraftstoffstrahlen («Rosshaarbrennstoffstrahlen») eingespritzt wurden. Der Kraftstoff entzündete sich in diesem Hohlraum von selbst und verbliebene Kraftstoffanteile verdampften.[76] Für diese Konstruktion hatte Lang eine Einspritzpumpe und eine Einspritzdüse entwickelt. Seine Rechte daran hatte er an die Süddeutsche Motorengesellschaft verkauft, bei der er dann angestellt worden war. Dieses Unternehmen gehörte drei Brüdern und hatte eine Tochtergesellschaft in den USA, die American Crude Oil Corporation (Acro). Langs Erfindung wurde daher allgemein als Acro-Motor bezeichnet.

Bosch wandte sich nun an den Leiter der Acro, den Deutschamerikaner Albert Wielich, der auch einer der Eigentümer der Süddeutschen Motorengesellschaft war. Wielich zeigte sich zunächst nicht besonders kooperationsbereit und wollte an Bosch nur Zulieferaufträge vergeben, lud ihn dann aber in die USA ein. Im August 1924 kam man sich bei einer gemeinsamen Bären- und Elchjagd in Kanada näher. Wielich bot an, Bosch an allen Acro-Patenten zu beteiligen.[77] Das war nicht gerade Boschs Ziel gewesen, weil sein Interesse ja ausschließlich der Einspritztechnik galt, nicht dem Motor, aber es war immerhin eine Möglichkeit, an Langs Patente zu gelangen, und für den Motor konnten dann schließlich Lizenzen vergeben werden. Bosch hielt Wielichs Angebot für eine große Chance, obwohl seine «leitenden Herren», besonders der erfahrene Techniker Karl Martell Wild, eindringlich abrieten. Immerhin konnte die Süddeutsche Motorengesellschaft positive Gutachten namhafter Experten vorlegen.[78] Bosch reiste nun noch einmal in die USA, um sich dort den einzigen Acro-Motor anzusehen, der bereits in Betrieb war. Wegen der großen Bedeutung der Angelegenheit nahm er mehrere Vorstandsmitglieder mit, Hugo Borst, Otto Heins und auch den Zweifler Karl Martell Wild. Gemeinsam ließen sie sich bei der Sterling Engine Corp. in Buffalo den Acro-Motor mehrfach vorführen. Lang hatte inzwischen seine Konstruktion verändert und einen Diffusor in den Kolben eingeführt. Die Versuche fielen durchweg «befriedigend» aus, wie Wild in einem vertraulichen Brief an Max Rall zugeben musste.[79] Nachdem Wild überzeugt worden war, überließ Bosch ihm und Hugo Borst die weiteren Verhandlungen. Beide wurden sich mit Wielich einig, allerdings zu einem hohen Preis. Wielich konnte durchsetzen, an den Gewinnen mit einer 15-prozentigen Provision beteiligt zu werden. Die Süddeutsche Motorengesellschaft ging nun an eine von Bosch und Wielich in der Schweiz gegründete Holding über, die Acro AG in Küssnacht, während der Erfinder Franz Lang mit mehreren Mitarbeitern zur Robert Bosch AG wechselte, um dort ein Prüffeld für den Acro-Motor zu leiten.[80]

Bei der Robert Bosch AG hatte es von Anfang an viel Skepsis gegenüber dem Acro-Motor gegeben und fast mehr noch gegenüber Wielich und Lang, die sich stets sehr geheimnisvoll gaben. Der Patentingenieur Alfred Meyer riet dringend davon ab, die Acro-Verträge zu unterschreiben. Die Erfindungen Langs seien nur einen Bruchteil des Preises wert.[81] Schon im Februar 1925 stand für die Fachleute bei Bosch fest, dass der Acro-Motor anders funktionierte als man geglaubt hatte. In einer Notiz vom 4. Februar heißt es: «Heute ist gar keine Rede mehr davon, daß das Geheimnis des Erfolgs der Acro-Motoren in der Pumpe und Düse liege, sondern das Mittel zum Erfolg ist eine besondere Ausgestaltung des Kolbens, also eines Fabrikationsgegenstands, der bisher nicht zu unserem Arbeitsgebiet gehört.»[82] Bosch hatte die Lizenzen für den Acro-Motor aber gerade wegen der Pumpe und der Düse erworben. Trotzdem gingen die Arbeiten unter der Leitung Langs weiter. Bei Bosch wollte man den hohen Preis für die Lizenzen nicht einfach abschreiben und war fest davon überzeugt, durch die Beschäftigung mit dieser Einspritztechnik das Know-how für den Bau einer technisch ausgereiften Dieseleinspritzpumpe zu gewinnen. Dass die eigenen Ingenieure inzwischen eine, freilich noch nicht sehr leistungsfähige, Pumpe entwickelt hatten, spielte anscheinend keine Rolle.

Im Herbst 1926 wurde bei Bosch mit dem Bau von Acro-Pumpen begonnen. Der Schwerpunkt verschob sich jetzt aber auf die Beschäftigung mit dem Acro-Motor selbst, weil dringend Muster dieses Motors benötigt wurden, um Lizenzen vergeben zu können und dadurch einen Teil des hohen Kaufpreises wieder hereinzubekommen. Zahlreiche Versuchsfahrten wurden mit Diesel-Lastkraftwagen unternommen, die auf das Acro-System umgerüstet worden waren. Auch in einen Pkw wurde ein Acro-Motor eingebaut, der über 36 000 km fuhr und sich bei Versuchsfahrten nach Berlin und Paris bewährte.[83] Franz Lang hatte sich inzwischen mit den Ingenieuren von Bosch überworfen und schied im Oktober 1926 aus dem Unternehmen aus. Wie der zehn Jahre später erschienenen Festschrift zu entnehmen ist, kamen die Bosch-Ingenieure ohne den Erfinder besser voran. Sie konzentrierten sich wieder auf die Pumpenentwicklung und so «entstand nun in verhältnismäßig kurzer Zeit die bekannte heutige Bosch-Einspritzpumpe».[84]

Welchen Beitrag die Acro-Patente zur Entwicklung dieser Dieseleinspritzpumpe geleistet haben, war damals unter Experten umstritten und wird sich wohl nicht mehr klären lassen. In der bereits mehrfach zitierten Festschrift heißt es, die intensive Beschäftigung mit dem Acro-Motor hätte Bosch «in die Lage versetzt, brauchbare Zubehörteile für den Dieselmotor zu liefern».[85] Der Patentingenieur Alfred Meyer schrieb später: «Es fragt sich nur, ob das, was wir vom Acro-Motor für die Entwicklung der Bosch-Einspritzausrüstungen profitiert haben, nicht auch wesentlich billiger zu erlangen gewesen wäre.»[86] Es gab auch noch ein juristisches Nachspiel. Bosch focht die Acro-Verträge an und erklärte, von Wielich betrogen worden zu sein. Bei der Vorführung in Buffalo wäre der Motor präpariert gewesen.[87] Durch eine Vereinbarung, den Lanova-Vertrag, kam die Robert Bosch AG schließlich 1931 aus den Acro-Verpflichtungen heraus. Bosch schob die Schuld für das Debakel den Vorstandsmitgliedern Borst und Heins zu, die im Oktober 1926 entlassen wurden.[88] Dabei hatte er selbst den Kauf der Acro-Patente gegen die Bedenken von Mitarbeitern durchgesetzt. Franz Langs Verfahren hat sich im Übrigen später bei einer neuen Entwicklung, dem Lanova-Motor, bewährt. Bei Henschel wurden ab 1932 mit dem von Lang konstruierten Henschel-Lanova-Motor schwere Nutzfahrzeuge und Diesellokomotiven ausgerüstet.[89]

Bereits im April 1927 wurde bei Bosch ein erstes Muster der Dieseleinspritzpumpe hergestellt und Ende November konnte die Serienfertigung aufgenommen werden. Fahrzeugdieselmotoren konnten durch diese Erfindung mit einem stetigen Kraftstoffzufluss im gesamten Drehzahlbereich laufen. Die Einspritzdüse, die Bosch nun ebenfalls fertigte, orientierte sich noch an der Konstruktion von Lang. Sie wurde als geschlossene Düse in den Motor eingeführt, mit einer Nadel, an der ein Zapfen befestigt war, der eine Reinigung des Düsenlochs ermöglichte. Außer Bosch konnte nur die Münchner Firma Deckel eine derartige Dieseleinspritztechnik anbieten. Die Lastwagenhersteller setzten nun auf diese neuen Erzeugnisse der Ausrüster und entschieden sich, keine eigenen Einspritzpumpen mehr zu fertigen.[90] Damit war auch der Weg für die spätere Entwicklung bei den Diesel-Personenkraftwagen vorgezeichnet. Hans Walz konnte dem Aufsichtsrat schon im September 1932 mitteilen, Bosch hätte bei den Dieseleinspritzpumpen nun «die gleiche Stellung wie vor dem Krieg auf dem Zündergebiet».[91] Robert Boschs älteste Tochter Margarete sagte zu ihm nach der Einführung der Dieseleinspritzpumpe: «Mit dieser Sache hast du deine Firma zum zweitenmal begründet.»[92] Wohl in Anlehnung daran wurden die Jahre 1924–1928 später auch als die «zweite schöpferische Periode» in der Geschichte des Unternehmens bezeichnet.[93] Auch wenn sich der Fahrzeugdiesel erst allmählich durchsetzte, war Bosch nun wieder Technologieführer auf einem Gebiet mit großer Perspektive. Anders als beim Magnetzünder musste man hier nicht damit rechnen, dass das

Fertigungsgebiet nach wenigen Jahrzehnten überholt war. Auch 85 Jahre nach Einführung der Dieseleinspritzpumpe ist Bosch bei der Diesel-Einspritztechnologie Weltmarktführer.

Der Ausbau der Auslandspräsenz und der Kampf um den US-Markt

Zehn Jahre nach Kriegsende war die Unternehmensleitung entschlossen, eine Offensive auf dem Weltmarkt zu beginnen und Kriegsfolgen wie die Versteigerung der amerikanischen Tochtergesellschaft zu revidieren. Nachdem die Krise von 1926 überwunden war und durch die Einführung der Dieseleinspritzpumpe auch die Zukunft des Unternehmens gesichert schien, hatte dieses Ziel nun Vorrang. Man wollte sich nicht länger von amerikanischen Konkurrenten in die Defensive drängen lassen und befürchtete, wie in einem Memorandum vom November 1929 dargelegt wurde, dass eine weitere Unterlegenheit gegenüber den US-Firmen leicht zum Verlust der Unabhängigkeit führen konnte.[94] Diese Überlegung ist nachvollziehbar, war doch erst wenige Monate zuvor der größte deutsche Automobilhersteller, die Adam Opel AG, an General Motors verkauft worden. Bei Bosch dürfte man über den Verkauf von Opel wenig begeistert gewesen sein. Mit dem Rüsselsheimer Unternehmen bestand ein Vertrag auf ausschließliche Belieferung.[95] Damit wird Opel damals wohl der größte Kunde von Bosch gewesen sein. Nun musste man befürchten, dass die von General Motors kontrollierte Firma Bendix bei Opel bevorzugt würde, nach deren Lizenzen auch bei Bosch Anlasser gebaut wurden. Bei der Unternehmensleitung in der Militärstraße wurden solche Verbindungen wie zwischen GM und Bendix oder Delco mit wachsender Sorge gesehen. Bosch legte großen Wert auf seine Unabhängigkeit und musste nun mit Konzernkonglomeraten aus Automobilherstellern und -zulieferern konkurrieren, die eine geradezu beängstigende Größenordnung und Finanzkraft hatten.

Um sich gegenüber solchen Wettbewerbern erfolgreich auf dem Weltmarkt durchsetzen zu können, musste man vor allem in viel größeren Stückzahlen fertigen als bisher. Nur auf diese Weise ließen sich ähnliche Preise erreichen, wie sie die US-Konkurrenz bieten konnte. Über den Absatz in Deutschland war dieses Ziel nicht zu erreichen, dazu war dieser Markt zu klein. Daher verfolgte Bosch die Strategie, durch eine Erhöhung der Marktanteile in Großbritannien und Frankreich die produzierten Serien in eine Größenordnung zu steigern, die es dann wiederum erlaubte, die US-Konzerne herauszufordern. «Unsere Aufgabe ist klar vorgezeichnet», heißt es in der bereits erwähnten Denkschrift vom 28. November 1929: «Wir müssen innerhalb möglichst kurzer Zeit unsere Preise derart senken, dass die Amerikaner in Europa nicht mehr billiger, sondern teurer sind als wir. Dies wird nur gelingen, wenn es uns gelingt, die Befriedigung des ausseramerikanischen, insbesondere des europäischen Bedarfs unserer Waren in der Hauptsache auf uns zu konzentrieren.»[96]

In den Märkten der kleineren europäischen Länder war Bosch inzwischen wieder recht gut aufgestellt. Hier gab es im Zündergeschäft kaum Konkurrenz. Auch in Spanien hatte das Unternehmen durch die 1926 gegründete Tochtergesellschaft Equipo Bosch S.A. einen hohen Marktanteil.[97] Anders lagen die Verhältnisse in Frankreich und vor allem in Großbritannien. Hier hatten während des Ersten Weltkriegs zahlreiche Firmen die Fertigung von Magnetzündern aufgenommen, weil der bisherige Marktführer Bosch nicht mehr dorthin liefern konnte. In England war mit der Joseph Lucas Ltd., Birmingham, ein Kraftfahrzeugausrüster entstanden, der inzwischen eine ähnliche Größe hatte wie Bosch. Dieses Unternehmen wurde in Stuttgart als «eine besonders gefährliche, technisch und finanziell sehr kräftige Konkurrenz» angesehen.[98] Sehr genau beobachtete man bei Bosch auch den Schweizer Konkurrenten Scintilla AG, der seit 1917 Magnetzünder herstellte. Die Scintilla war zwar nur ein kleines Unternehmen, konnte aber, wie in Stuttgart befürchtet wurde, leicht in amerikanische Hände geraten und von US-Konzernen als Sprungbrett auf den deutschen oder den französischen Markt genutzt werden.[99]

Der Vorstand von Bosch war sich natürlich darüber im Klaren, dass es nicht möglich sein würde, der Konkurrenz in kurzer Zeit wesentliche Marktanteile abzunehmen. Deshalb strebte man eine Art europäische Interessengemeinschaft an, die in der Lage sein sollte, den amerikanischen Konzernen Paroli zu bieten. Ein großes Stück vorangekommen war Bosch bereits in Frankreich, wo 1928 ein Joint Venture eingegangen werden konnte, das auch als Modell dienen sollte. Der französische Markt für Magnetzünder war nach dem Ersten Weltkrieg durch einen Schutzzoll in Höhe von 45 Prozent abgeschirmt, mit dem vor allem bezweckt wurde, den früheren Marktführer aus Stuttgart fernzuhalten. Obwohl Bosch seit 1920 wieder eine Vertretung in Frankreich hatte, erwies sich der Schutzzoll als ein kaum überwindbares Hindernis. Das Frankreich-Geschäft hatte auch unter den deutsch-französischen Konflikten um die Reparationszahlungen zu leiden, die weitere gegenseitige Handelsdiskriminierungen nach sich zogen.

1928 wandte sich ein prominenter französischer Industrieller, Henri Comte de la Valette, an Robert Bosch. Beide kannten sich schon lange, denn de la Valette war gleichsam der Begründer der französischen Magnetzünderindustrie. Er hatte früher mit einer Lizenz der Firma Eisemann gefertigt, die nun zu Bosch gehörte. De la Valette schlug Bosch vor, ein gemeinsames Werk zu errichten. Über dieses Angebot musste der Vorstand nicht lange beraten. Es kam wie gerufen, denn durch eine eigene Fertigung in Frankreich konnte der Schutzzoll umgangen werden. Inzwischen hatten sich auch die deutsch-französischen Beziehungen durch die Verständigungspolitik von Stresemann und Briand entspannt. Der Zeitpunkt war also denkbar günstig und de la Valette war ein prominenter Unternehmer mit vielen Verbindungen. Er hatte einst zusammen mit André Michelin, Jules Verne und anderen den renommierten Aéro-Club de France gegründet. Bosch wurde sich mit de la Valette rasch einig, übertrug ihm die Vertretung für Frankreich und übernahm eine 50-prozentige Beteiligung an dessen Unternehmen, der Société des Ateliers de Construction Lavalette. 1929 wurde mit dem Bau eines neuen Werks im Pariser Vorort St. Ouen begonnen, das dann unter dem Namen Lavalette-Bosch fertigte.[100] Auch wenn es sich hier um ein Gemeinschaftsunternehmen handelte, war Lavalette-Bosch doch die erste Auslandsfertigung von Bosch seit dem Krieg.

In Großbritannien war es für das Unternehmen schwieriger, Kooperationspartner zu finden. Bosch hatte dort 1928 nur einen Marktanteil von 4 Prozent gegenüber 90 Prozent im Jahr 1913.[101] Im Frühjahr 1929 wurde bereits mit drei möglichen Kooperationspartnern verhandelt, dem Marktführer Joseph Lucas Ltd., einer schottischen Finanzgruppe und einem Konsortium um den Bankier Myers. Lucas war bereit, eine 49-prozentige Beteiligung am Lkw-Geschäft abzugeben, die Schotten boten Parität an, Myers sogar eine 51-prozentige Beteiligung. Für Bosch hatte Lucas Priorität, aber mit einer Begrenzung auf das Lkw-Geschäft, das nur ein Fünftel des Kraftfahrzeugmarkts ausmachte, wollte man sich nicht abfinden. Die Verhandlungen zogen sich längere Zeit hin, obwohl der Vorstandsausschuss von Bosch noch im Juni 1929 auf eine rasche Entscheidung gedrängt hatte. Hier war man der Meinung, dass «das englische Problem sehr dringender Natur ist und so rasch als möglich gelöst werden muß».[102] Die Verhandlungen mit Lucas dürften sich vor allem durch den Beginn der Weltwirtschaftskrise hingezogen haben. Erst im Frühjahr 1931 wurden sich beide Seiten einig, nachdem Bosch damit begonnen hatte, den Bau eines eigenen Werkes in England vorzubereiten. Die Lucas-Tochter C.A.V. in Acton, einem westlichen Vorort Londons, wurde in ein gemeinsames Unternehmen mit dem Namen C.A.V.-Bosch umgewandelt. Lucas blieb an der C.A.V.-Bosch mit 51 Prozent des Kapitals beteiligt, Bosch übernahm 49 Prozent.[103]

Inzwischen zeichnete sich längst ab, dass das «Europa-Konzept» von Bosch nicht aufgegangen war. Trotz der Erfolge in Frankreich waren die Stückzahlen nach wie vor zu klein. Die Weltwirtschaftskrise hatte dem Unternehmen einen Strich durch die Rechnung gemacht. In der Aufsichtsratssitzung vom 6. Juni 1930 wies Karl Martell Wild darauf hin, «daß die Preise unserer Konkurrenzerzeugnisse immer noch so billig seien, daß wir noch mehrere Jahre lang uns intensiv mit der Rationalisierung beschäftigen müssen».[104]

Zu diesem Zeitpunkt hatte Bosch aber bereits in den USA einen Erfolg erzielt, den man sich noch 1928 nicht hätte vorstellen können. Seit Otto Heins

1921 in New York die Robert Bosch Magneto Company (RBMC) gegründet hatte, lieferte sich diese Gesellschaft einen harten Konkurrenzkampf mit der American Bosch Magneto Corporation (ABMC), die aus der nach Kriegsende enteigneten Bosch Magneto Company hervorgegangen war. Die RBMC warb für die Bosch-Zünder mit «Original Bosch», die ABMC hielt mit «Buy American» dagegen. Die amerikanische Kundschaft verfolgte den Wettbewerb Bosch versus Bosch mit einem gewissen sportlichen Interesse und profitierte davon durch günstige Preise. Die Bosch-Tochter RBMC konnte Produkte von wesentlich besserer Qualität bieten, war aber gegenüber der Konkurrentin in einer ungünstigen Ausgangssituation und hatte einen kleineren Marktanteil. Sie war zudem eine reine Vertriebsgesellschaft, ohne eigene Fertigung in den USA. Die ABMC besaß dagegen das große Werk in Springfield, erhielt Aufträge von Ford und versuchte, auch in Europa auf den Markt zu kommen. 1926 erwirtschaftete die ABMC einen Umsatz von 12,5 Mio. US-Dollar, die RBMC dagegen nur etwa 1,7 Mio. US-Dollar.[105] Die RBMC behauptete sich gegenüber der überlegenen Konkurrentin jedoch recht gut, bezog 1927 größere Räume am Queens Boulevard in Long Island City und konnte dann mit der Dieseleinspritzpumpe eine viel beachtete Innovation anbieten. 1929 erreichte die RBMC bereits einen Umsatz von 3,6 Mio. US-Dollar, während die ABMC bei 11,7 Mio. US-Dollar lag.[106]

Das amerikanische Publikum bekam Bosch versus Bosch auch vor Gericht geboten. Der überaus eifrige Anwalt der RBMC, Harvey T. Andrews, fand heraus, dass Martin E. Kern im Dezember 1918 durch Betrug und Unterschlagung in den Besitz der ABMC-Vorgängerin Bosch Magneto Company gelangt war. Andrews deckte den Skandal auf und zog vor Gericht. Kerns Kompagnon Palmer wurde von der US-Regierung in Massachusetts verklagt.[107] Bis vor den New York Supreme Court kam allerdings auch eine Klage der ABMC gegen die RBMC wegen Verletzung der Markenrechte. Der Auslandsgesellschaft der Robert Bosch AG sollte verboten werden, den Namen Robert Bosch oder die Bezeichnung Bosch zu verwenden. Boschs Anwälte in New York gewannen bald den Eindruck, dass sich die Gegenpartei damit in der Berufungsinstanz durchsetzen würde und rieten ihm dringend zu einer außergerichtlichen Einigung.[108] Im Juni 1929 gab der Oberste Richter New Yorks der ABMC Recht. Das Urteil war nicht nur für die RBMC vernichtend, sondern auch für die gesamte Bosch-Gruppe ein Desaster. Boschs Rechtsberater befürchteten, dass durch das angelsächsische «Case Law» nun auf die Robert Bosch AG im gesamten angloamerikanischen Raum langwierige Prozesse um die Verwendung ihres Namens zukommen könnten. Bosch war daher bereit, sich auf einen Vergleich mit der ABMC einzulassen. Die ABMC erklärte sich dazu gegen einen Zahlung von 400 000 US-Dollar bereit.[109] Auch sie stand unter Druck, weil der Fall Kern/Palmer in der amerikanischen Öffentlichkeit immer höhere Wellen schlug. Inzwischen waren weitere Betrugsfälle im «Office of Alien Property Custodian», der Behörde zur Verwaltung beschlagnahmten Auslandsvermögens, bekannt geworden und nun beschäftigte sich auch der Kongress in Washington mit diesen Vorgängen.[110]

Am 26. Oktober 1929 schloss die ABMC mit der Robert Bosch AG in Paris einen «Friedensvertrag», wie beide Seiten diesen Vergleich nannten. Die Robert Bosch AG zahlte 400 000 US-Dollar – das entsprach dem Gewinn der RMBC in den Jahren 1926–1929 – und hinterlegte weitere 200 000 US-Dollar. Dafür durften sie und ihre Auslandsgesellschaften, also auch die RBMC, weiterhin weltweit den Namen Bosch verwenden, nur nicht in Verbindung mit dem Wort American. Die ABMC wiederum durfte die Bezeichnung American Bosch weltweit verwenden, aber nicht in Verbindung mit dem Wort Robert. Die Robert Bosch AG gab zusätzlich noch ihre Rechte an der Werbefigur «roter Mephisto» auf, von der sie ohnehin keinen Gebrauch mehr machte.[111]

Zwei Tage vor dem Abschluss des «Friedensvertrags» zwischen Bosch und Bosch war es an der Wall Street zu einem Börsenkrach gekommen, der als «Schwarzer Freitag» in die Geschichte eingegangen ist. Innerhalb weniger Stunden wurden in Panik fast 13 Mio. Aktien abgestoßen. Die Kursverluste setzten sich in den folgenden Wochen fort. Der Dow-Jones-Index lag schließlich nur noch bei etwa der Hälfte des Niveaus von Anfang September.[112] Anders als die Robert Bosch AG war die ABMC eine börsennotierte Aktiengesellschaft. Auch der Kurs ihrer Aktien stürzte durch den Börsenkrach ab. Robert Bosch erkannte die Chance, die sich hier bot, und erteilte seiner New Yorker Bank Kuhn, Loeb & Co. Kauforder. Was die Anwälte vor Gericht nicht erreichten, konnten jetzt die Investmentbanker erledigen. Neben Kuhn, Loeb & Co. waren auch die Amsterdamer Filiale des Bankhauses Mendelssohn & Co. und die Danatbank Jakob Goldschmidts an den Käufen beteiligt, die im Laufe des Jahres 1930 weitergingen. In Stuttgart befürchtete man, dass sich die ABMC unter das Dach von General Motors flüchten würde, doch dafür war es wohl schon zu spät, weil Bosch rasch über eine Sperrminorität von 25 Prozent verfügte.[113] Kuhn, Loeb & Co. kaufte für 3,4 Mio. US-Dollar ABMC-Aktien auf, überwiegend mit Hilfe eines Kredits von 2,5 Mio. US-Dollar, den das Bankhaus gemeinsam mit der Danatbank Bosch gewährte. Weitere ABMC-Aktien sammelte das Bankhaus Mendelssohn Amsterdam für einen Betrag von insgesamt 1,28 Mio. US-Dollar ein. Hinzu kamen noch große Aktienpakete, die eine Schweizer Vermögensgesellschaft der Bosch-Gruppe, die Industria Kontor AG, von zwei Privatpersonen für rund 1,3 Mio. US-Dollar erwarb. Die Käufe wurden im Herbst 1930 gestoppt, da Bosch nun 77,2 Prozent des Aktienkapitals der ABMC besaß.[114]

Am 3. November 1930, etwa ein Jahr nach dem Börsencrash, wurden die beiden so lange verfeindeten Gesellschaften ABMC und RBMC vereint. In einem Reorganisation Agreement vereinbarten sie, dass die RBMC auf die ABMC fusioniert wurde. Das Unternehmen nannte sich nun United American Bosch Corporation (UABC) und wurde vom bisherigen Präsidenten der ABMC, A. T. Murray, geleitet.[115] 1938 benannte sich die UABC in American Bosch Corporation (ABC) um. Bosch gewann durch die Fusion wieder eine dominante Position am amerikanischen Markt für Magnetzünder und konnte im USA-Geschäft trotz der Rückschläge durch die Weltwirtschaftskrise Zuwächse erzielen. Mit der Vereinbarung über den Zusammenschluss waren nun, zwölf Jahre nach Kriegsende, die unmittelbaren Folgen des Krieges für das USA-Geschäft und auch das Trauma der Versteigerung vom 7. Dezember 1918 überwunden.

Zwischen Entlassungen und Kurzarbeit: Bosch in der Weltwirtschaftskrise

Auf den Börsencrash an der Wall Street folgte im Herbst 1929 eine beispiellose Weltwirtschaftskrise. Die deutsche Wirtschaft wurde von dieser Krise besonders hart getroffen. Neben den USA war Deutschland das Land mit dem stärksten Produktionsrückgang und der höchsten Arbeitslosenquote. Innerhalb der deutschen Industrie gehörte die Automobilindustrie erneut zu den Branchen, in denen die Fertigung überdurchschnittlich stark zurückging. 1930 lag die Pkw-Produktion nur noch bei 71 Prozent des Standes von 1928, zwei Jahre später, auf dem Höhepunkt der großen Weltwirtschaftskrise, sogar nur noch bei 40 Prozent. Allerdings wurden selbst im Krisenjahr 1932 in Deutschland immer noch mehr Personenkraftwagen hergestellt als zur Zeit der Zwischenkrise von 1926, da der Motorisierungsgrad inzwischen höher lag und mehr Hersteller dazu übergangen waren, ihre Fertigung zu rationalisieren, um preisgünstige Wagen anbieten zu können.[116]

Ab Mitte 1930 bekam Bosch die Weltwirtschaftskrise mit voller Wucht zu spüren. Der Inlandsumsatz ging nun um 25 Prozent zurück, der Auslandsumsatz um 15 Prozent.[117] Der Vorstand reagierte darauf mit einer anderen Strategie als in der Krise von 1926, und das Unternehmen war nun auch viel besser aufgestellt. Bosch versuchte jetzt, Massenentlassungen zu vermeiden, setzte auf Kurzarbeit und weitere Preissenkungen. Im Geschäftsbericht für das Jahr 1930 heißt es dazu: «An sich hätten im Verhältnis zum Geschäftsgang und zum Ausnützungsgrad unserer Fabrikationsanlagen noch mehr Leute entlassen werden müssen; wir haben dies aber trotz erheblicher Schwierigkeiten und Mehrkosten dadurch vermieden, daß wir, soweit möglich, die Arbeitszeit für Arbeiter und Angestellte herabsetzten.»[118]

Mit dieser Strategie stand Bosch damals wohl nicht allein. In einer Untersuchung des württembergischen Wirtschaftsministeriums aus dem Jahr 1927 wurde festgestellt, dass die Unternehmen des Landes in Wirtschaftskrisen stärker auf Kurzarbeit setzten und nicht so rasch die Produktion stilllegten wie in anderen Teilen des Reiches. Man führte dies darauf zurück, dass bei guter Konjunktur rasch ein Arbeitskräftemangel auftrat und die Unternehmen deshalb versuchten, «bei Konjunkturverschlechterungen ihre Arbeitskräfte möglichst lange zu halten, da mit deren Wiedergewinnung bei wieder eintretender Besserung der Wirtschaftslage nicht gerechnet werden kann.»[119] Dieses Kalkül trug neben anderen Faktoren, vor allem der spezifischen Branchenstruktur und der Verbreitung der Nebenerwerbswirtschaft in den ländlichen Regionen, dazu bei, dass Württemberg während der Weltwirtschaftskrise die mit Abstand niedrigste Arbeitslosenquote in Deutschland hatte.[120] «Württemberg ist noch besser dran», schrieb damals der *Bosch-Zünder*.[121]

Bei Bosch erhöhte sich der Anteil der Kurzarbeitsstunden im Juni 1930 auf 16,2 Prozent der Normalarbeitsstunden, gegenüber 7,2 Prozent im Vormonat. Im September wurde ein Höchststand von 31,2 Prozent erreicht. Dennoch nahm die Beschäftigtenzahl im Laufe des Jahres 1930 um etwa 15 Prozent ab, von rund 9500 auf rund 8100. Allein im Juni 1930 ging die Zahl der Arbeiter um ca. 9 Prozent zurück. Gleichzeitig nahm die Zahl der Krankmeldungen stark ab – ein klares Indiz für wachsende Angst um den Arbeitsplatz.[122] Doch ein Jahr später kam der Beschäftigtenabbau zum Stehen. Die Zahl der Arbeiter nahm bei Bosch ganz entgegen dem Trend wieder zu. Ab Juli 1931 – dem Monat der schweren Bankenkrise – lag sie über dem Vorjahresstand und Ende 1931 waren bei Bosch 389 Arbeiter mehr beschäftigt als Ende 1930, was einer Zunahme von etwa 6 Prozent entsprach.[123] Im gleichen Zeitraum nahm die Zahl der gemeldeten Arbeitslosen in Deutschland von rund 3,7 Millionen auf knapp 5,1 Millionen zu.[124] Das Beschäftigungsniveau bei Bosch blieb auch in den ersten Monaten des Jahres 1932 erstaunlich stabil. Ab Mai lag es dann allerdings wieder unter dem Vorjahresstand, was sich bis Ende 1932 nicht mehr änderte, obwohl die Zahl der Arbeiter ab Oktober gegen den saisonalen Trend zunahm.

Tab. 8 Zahl der Arbeiter/Arbeiterinnen und Anteil der Kurzarbeitsstunden bei der Robert Bosch AG (1931–1932)[125]

	Jan.	Febr.	März	April	Mai	Juni	Juli	Aug.	Sept.	Okt.	Nov.	Dez.
1931	6077	6195	6237	6225	6260	6425	6514	6501	6470	6450	6428	6404
	11,3 %	7,1 %	5,7 %	7,4 %	5,1 %	4,0 %	2,8 %	4,7 %	10,7 %	21,3 %	31,3 %	31,7 %
1932	6389	6366	6340	6348	6242	6208	6179	6159	6195	6254	6259	6372
	35,6 %	30,6 %	17,9 %	19,2 %	19,5 %	22,7 %	22,3 %	21,0 %	20,9 %	19,1 %	14,6 %	9,6 %

Der Beschäftigtenstatistik nach gab es bei Bosch also eine Art «Zwischen-hoch» in einer Phase, in der sich die Weltwirtschaftskrise in Deutschland weiter verschärfte, nämlich zwischen Sommer 1931 und Frühjahr 1932. Dass ein Unternehmen Ende 1931 mehr Beschäftigte hatte als Ende 1930 war selten und wurde im Geschäftsbericht von Bosch auch gebührend betont.[126] Ein anderes Bild zeigt das Geschäftsergebnis für das Jahr 1931. Der Umsatz ging damals um 16 Prozent gegenüber dem Vorjahr zurück und in der Bilanz musste ein Verlust von über 1,6 Mio. RM ausgewiesen werden.[127]

Im Laufe des Jahres 1932 wurde die Lage auch bei Bosch kritischer. Weitergehende Entlassungen konnten nun auch im Sommer nur mit einem hohen Anteil von Kurzarbeitsstunden vermieden werden. Wie viele deutsche Unternehmen setzte Bosch in dieser Zeit auf den Export. Der Anteil des Exports am Umsatz stieg erstmals seit den Inflationsjahren auf über 50 Prozent an, doch drückte sich darin eher aus, dass der Inlandsabsatz zurückging, während der Export stagnierte.[128] Von der Weltwirtschaftskrise wurde bei Bosch vor allem die Magnetzünderfertigung hart getroffen, die zwischen 1929 und 1931 um 37 Prozent zurückging. Dagegen nahmen die Stückzahlen bei den Produkten, die ab Mitte der 1920er Jahre eingeführt worden waren, zum Teil deutlich zu, bei Zündspulen etwa stiegen sie zwischen 1929 und 1931 um 33 Prozent an, bei den Einspritzpumpen sogar um mehr als 40 Prozent.[129]

Tab. 9 Beschäftigtenentwicklung bei Bosch, Daimler-Benz, BMW, MAN und Siemens (1928–1932)[130]

Jahr	Bosch (JD)*	%	Daimler-Benz (31.12.)	%	BMW (k.A.)	%	MAN (1.7.)	%	Siemens (JD)**	%
1928	10 925	*100,0*	16 733	*100,0*	4 676	*100,0*	15 300	*100,0*	88 327	*100,0*
1929	10 566	*96,7*	14 870	*88,9*	3 309	*70,8*	15 030	*98,2*	106 713	*120,8*
1930	8 635	*79,0*	10 142	*62,2*	3 150	*67,4*	14 050	*91,8*	86 135	*97,5*
1931	8 052	*73,7*	9 686	*57,9*	2 370	*50,7*	11 400	*74,5*	73 385	*83,1*
1932	7 961	*72,9*	9 148	*54,7*	3 148	*67,3*	7 400	*48,4*	57 529	*65,1*

JD Jahresdurchschnitt   k. A. keine Angabe zur Berechnung
* ohne Verkaufshäuser   ** Siemens & Halske, Siemens-Schuckert-Werke und Siemens-Reiniger

Ein Vergleich mit anderen Großunternehmen zeigt, wie untypisch die Beschäftigtenentwicklung bei Bosch in diesen Jahren war. Die Zahl der Arbeiter und Angestellten ging hier zwischen 1928 und 1932 um rund 27 Prozent zurück, bei Daimler-Benz dagegen um 45 Prozent, bei den Siemens-Stammfirmen um 35 Prozent, bei der MAN sogar um 52 Prozent.[131] Dass die Entlassungen in der Weltwirtschaftskrise bei Bosch zwar eine beträchtliche Dimension hatten, aber nicht den Umfang wie in anderen, vergleichbaren Großunternehmen, ist durch das Zusammenwirken von drei Faktoren zu erklären:

- Bei Bosch brach der Umsatz nicht im selben Maße ein, bedingt wohl auch durch die in den Jahren davor eingeführten neuen Produkte. Zwischen 1929 und 1932 ging der Umsatz bei Bosch um 42 Prozent zurück, bei Siemens um 56 Prozent, bei der MAN um fast 62 Prozent, bei Daimler-Benz um 50 Prozent, bei BMW um 49 Prozent.[132]
- Die Kurzarbeit stieg bei Bosch massiv an. Im Winter 1931/32 machten Kurzarbeitsstunden stets 30–35 Prozent aller Arbeitsstunden aus, aber auch im Sommer 1932 lag dieser Anteil über 20 Prozent. Im Durchschnitt waren die Bosch-Arbeiter im Jahr 1932 nur noch etwas mehr als 38 Stunden/Woche beschäftigt.[133] Damit lag die durchschnittliche Arbeitszeit niedriger als bei Daimler-Benz.[134]
- Bei Bosch war die Beschäftigtenzahl bereits 1926 besonders stark zurückgegangen und hatte in den folgenden Jahren aufgrund der Rationalisierung nicht mehr den Höchststand von 1925 erreicht. Anders gesagt: Das Ausgangsniveau vor der Weltwirtschaftskrise war bei Bosch niedriger, weil das Unternehmen erst drei Jahre zuvor eine schwere Krise durchgemacht hatte.

Dass der Vorstand von Bosch damals so stark auf die Ausweitung von Kurzarbeit setzte, um weitergehende Entlassungen zu vermeiden, dürfte wohl auch eine Lehre aus der Krise von 1926 gewesen sein. Das Unternehmen hatte durch die damaligen Massenentlassungen viele Stammarbeiter auf Dauer verloren, die ihm im anschließenden Aufschwung fehlten und nicht wieder eingestellt werden konnten, weil sie bei der Arbeitsmarktlage in Stuttgart bereits in anderen Firmen untergekommen waren, ähnlich wie es der oben zitierte Bericht des württembergischen Wirtschaftsministeriums aus dem Jahr 1927 beschrieb. Eine wichtige Rolle dürfte auch gespielt haben, dass Bosch im Herbst 1927 mit einer Innovation auf den Markt gekommen war, an die sich große Erwartungen knüpften. Die Unternehmensleitung war fest davon überzeugt, dass sich der Fahrzeugdiesel mit der Einspritzpumpe von Bosch rasch durchsetzen und die Grundlage des zukünftigen Geschäfts bilden würde. Es galt daher, möglichst viele Arbeiter zu halten, um nach der Krise die Produktion schnell hochfahren zu können und bei dem erwarteten Diesel-Boom nicht den Anschluss zu verpassen. Die Arbeiter, die in diesen Jahren der Massenarbeitslosigkeit und größter Not ihren Arbeitsplatz behielten, werden dem Unternehmen dankbar gewesen sein. Bosch konnte so auch den Ruf als fürsorglicher Arbeitgeber wiedererlangen, der in der Krise von 1926 arg gelitten hatte. Zwar waren die Tariflöhne mehrfach durch staatlichen Zwang in Form von Notverordnungen des Reichspräsidenten gesenkt worden, aber bei Bosch gingen zugleich auch die Direktorengehälter zwischen

1929 und 1931 um 40 Prozent zurück, weil sie an die Umsatzentwicklung gekoppelt waren.[135]

Von den Entlassungen während der Weltwirtschaftskrise am wenigsten betroffen waren bei Bosch die männlichen Angestellten und angelernten Arbeiter, am stärksten dagegen die Arbeiterinnen. Dass die Zahl der Arbeiterinnen überproportional stark zurückging, spiegelt nicht in erster Linie einen Prozess der Verdrängung gering qualifizierter Arbeitskräfte, denn die Zahl ungelernter Arbeiterinnen nahm, bei einer allerdings sehr niedrigen Ausgangsbasis, zu. Vor allem dürfte es sich um einen Abbau der Frauenarbeit gehandelt haben. Die Zahl der angelernten Arbeiterinnen nahm in diesem Zeitraum um 1574 ab, die Zahl der angelernten Arbeiter dagegen nur um 196.[136] Unter den Entlassenen befanden sich wohl besonders viele der Frauen, die erst mit der Rationalisierung in den Jahren 1927/28 eingestellt worden waren. Die Zahl der Lehrlinge stieg in der Weltwirtschaftskrise dagegen an. Bei dieser Investition in die Zukunft wollte Bosch nicht sparen.

Tab. 10 Beschäftigtenentwicklung bei Bosch nach Gehalts- und Lohngruppen sowie nach Geschlecht (1929–1932)[137]

Jahr	Angestellte		Arbeiter			Arbeiter-innen	Lehrlinge	Beschäftigte insgesamt
	Männer	Frauen	Gelernte	Ange-lernte	Unge-lernte	Angelernte		
1930	97,8	89,7	85,5	87,7	71,9	71,0	110,0	81,7
1931	90,5	81,6	80,3	87,2	54,1	63,2	116,7	76,2
1932	89,3	79,6	80,8	88,7	52,0	59,2	118,6	75,3

1929 = 100 (Jahresdurchschnitt)

Robert Bosch veröffentlichte 1932 eine eigene Schrift über die «Verhütung künftiger Krisen in der Weltwirtschaft», in der er aus seinen unternehmerischen Grundsätzen ein wirtschaftspolitisches Programm ableitete. Dass dies nicht seine stärkste Seite war, merkte Bosch wohl auch selbst, denn später kam er auf diese Veröffentlichung und die darin enthaltenen Vorschläge nicht mehr zurück. Gleichwohl sind seine Ausführungen als Zeitdokument erwähnenswert. Bosch sah in seiner Schrift kein Rezept zur Krisenüberwindung, sondern einen Plan, um zukünftige Krisen zu vermeiden. Massenarbeitslosigkeit war seiner Ansicht nach durch den technischen Fortschritt und das Festhalten an einer zu langen Arbeitszeit bedingt. Für alle Arbeitsfähigen sollte die Arbeitszeit deshalb von bisher etwa 2400 Stunden auf 1800 Stunden pro Jahr herabgesetzt werden, was praktisch die Einführung des Sechsstundentags bedeutete. Bosch räumte freilich ein, dass sich dies nicht finanzieren ließ. Als weitere Maßnahmen schlug er vor, die Kaufkraft durch Preissenkungen zu erhöhen und die Zollgrenzen aufzuheben. Neben heute nicht mehr nachvollziehbaren Gedankengängen finden sich in dieser Schrift, wie in so manchen Ausführungen Boschs, auch Aussagen von zeitloser Aktualität, etwa über die Werbung als «Irreführung des Verbrauchers» und über die Aufgabe der Weltwirtschaft: «Der Zweck der Weltwirtschaft ist: Den Erdbewohnern das größte Wohlergehen sicherzustellen.»[138]

Elektrowerkzeuge, Kühlschränke, Rundfunkgeräte und Gasbadeöfen: Die erste Diversifizierung und der Ausbau zum Konzern

Noch bevor die Krise von 1926 vollständig überwunden war, ging der Vorstand von Bosch eine Ausweitung des Fertigungsprogramms an, um die Abhängigkeit des Unternehmens vom Kraftfahrzeugmarkt zu verringern. Sicher spielte die Erfahrung der Krise dabei eine wichtige Rolle. Bosch wurde vom Absatzrückgang der deutschen Automobilindustrie hart getroffen und hatte zusätzlich noch darunter zu leiden, dass viele Automobilhersteller zu preisgünstigeren Ausrüstern gewechselt hatten. Daher lag es nahe, die Produktion zu diversifizieren und auch Erzeugnisse aus anderen Bereichen der Elektrotechnik herzustellen, um die Risiken breiter zu streuen. Für die erste Diversifizierung der Fertigung, die dann in den Jahren 1927/28 mit der Herstellung von Elektrowerkzeugen und Haarschneidemaschinen begann, war aber wohl ein anderes Motiv entscheidend. Die Unternehmensleitung beurteilte die Ertragschancen im Kraftfahrzeuggeschäft skeptisch und wollte deshalb das Produktionsprogramm um Fertigungen erweitern, die man für rentabler hielt. Dieses Kalkül lässt sich einem Brief Robert Boschs an Max Fischer, den langjährigen kaufmännischen Geschäftsleiter des Carl-Zeiss-Werks in Jena, vom 5. April 1928 entnehmen: «Wir selber suchen möglichst von den Automobilsachen wegzukommen oder, genauer ausgedrückt, noch andere Eisen in's Feuer zu kriegen. Wenn unsere deutsche Automobilindustrie nicht in der Lage ist, sich durchzusetzen, so ist das für eine Firma, wie die meinige, von einer ganz ausserordentlichen Bedeutung, da wir eben den Auslandsmarkt zwar noch zu einem gewissen Grade beschicken können, aber jedenfalls nicht mehr zu Preisen, die uns ein anständiges ruhiges Weiterarbeiten ermöglichen würden. Wir haben uns aus diesem Grunde der Erzeugung einer elektrischen Haarschneidemaschine und auch einer elektrisch geheizten Brennschere zugewandt.»[139]

Außerhalb der Kraftfahrzeugtechnik hatte Bosch bis dahin nur wenige Erzeugnisse und Dienstleistungen im Angebot: die Schmierpumpen (Öler), die auch für stationäre Motoren gefragt waren, das in die Elektra GmbH ausgegliederte Installationsgeschäft und einen Teil der im Metallwerk gefertigten Vorprodukte. Um in neue Fertigungsbereiche einzusteigen, bedurfte es somit eines längeren Vorlaufs oder aber der Übernahme von Firmen mit anderen Produktionsprogrammen. Bei Bosch entschied man sich zunächst dafür, die neuen Erzeugnisse selbst zu entwickeln und herzustellen, da Zukäufe wohl aufgrund der angespannten Finanzlage nicht in Betracht kamen. Die Übernahme der Firma Eisemann im Jahr 1926 und die zwei Jahre später erfolgte Wiedereingliederung des Metallwerks waren nicht mit hohen Kosten verbunden, führten aber auch nicht zu Veränderungen im Produktspektrum. In eine andere Branche einzusteigen, wurde damals nicht erwogen. Auch dafür hätte man ja Firmen zukaufen müssen. Bosch suchte nach neuen Produkten, die das Unternehmen mit eigenem Know-how entwickeln und rasch auf den Markt bringen konnte. Elektrotechnische Gebrauchs- und Konsumgüter boten sich dafür besonders an.

Wie ein Unternehmen bei der Entscheidung vorgeht, welche Fertigungen neu aufgenommen werden sollen, ist eine interessante Frage. Bei Bosch beschäftigte sich der Vorstandsausschuss am 12. Oktober 1926 mit mehreren Vorschlägen, bei denen es sich bereits um eine erste Auswahl gehandelt haben dürfte. Neben Feuerlöschern für Wagenbrände standen Staubsauger und Schreibmaschinenartikel als neue Erzeugnisse zur Diskussion. Wichtige Kriterien waren die Umsatzerwartung und die Marktdichte. Für «Type-Adder» – dabei handelte es sich um eine Additionsmaschine, die mit einer Schreibmaschine verbunden war – wollte man sich nicht entscheiden, weil der Umsatz für zu gering gehalten wurde. Gegen Staubsauger sprach, dass hier mit starker Konkurrenz zu rechnen war.[140] Schon zuvor hatte es Überlegungen gegeben, die Fertigung von Rundfunkgeräten aufzunehmen. Der Markt für Radios war in Deutschland damals aber noch sehr überschaubar – die erste Rundfunksendung war erst im Herbst 1923 ausgestrahlt worden – und für die Herstellung von Empfangsgeräten musste eine Baulizenz von Telefunken erworben werden, wo die AEG großen Einfluss hatte, mit der es zu diesem Zeitpunkt Spannungen gab.[141]

Bei Bosch entschied man sich dafür, zunächst die Fertigung von Haarschneidemaschinen und Elektrowerkzeugen aufzunehmen. Den Ausschlag dürfte gegeben haben, dass das Unternehmen bereits eine gewisse Kompetenz für Elektromotoren hatte, die genutzt werden konnte. Bosch begann 1928 mit der Herstellung von Elektrowerkzeugen und brachte im gleichen Jahr die Haarschneidemaschine Forfex auf den Markt.[142] Sie gab das Konstruktionsprinzip der Elektrowerkzeuge vor, einen «Elektromotor im Handgriff», wie Forfex von Technikern gerne genannt wurde. Der Vertrieb erfolgte über die von Bosch übernommenen Eisemann-Werke. Im ersten Jahr stellte Bosch 5711 Haarschneidemaschinen her, 1929 waren es schon 11 481, dann ging der Absatz

wegen der Weltwirtschaftskrise zurück.[143] Weniger erfolgreich als die Haarschneidemaschine waren die Teppich- und Tierscheren, mit denen Bosch
am Markt nachlegte. Als «Elektromotor im Handgriff» wurden dann auch
Schleifer, Schrauber, Polierer, Gewindeschneider und Bohrmaschinen hergestellt, die der Haarschneidemaschine bald den Rang abliefen. 1931 erwarb
Bosch ein schwedisches Patent für einen Elektrohammer mit Drallgetriebe.
Eine wichtige Erweiterung dieses Fertigungsbereichs gelang zudem durch die
teilweise Übernahme des Geschäfts der Berliner Firma Ernst Heubach & Co.[144]

1929 entschloss sich der Vorstand, die Herstellung von Kühlschränken
aufzunehmen. Das war der Einstieg des Unternehmens in die elektrische
Hausgeräteindustrie. In diesem Bereich gab es bereits mehrere Hersteller, die
aber in geringen Stückzahlen fertigten und entsprechend teure Modelle anboten. Bosch kamen hier die Erfahrungen aus dem Kraftfahrzeugmarkt zugute.
Man wollte einen preisgünstigen, in Serie gefertigten Kleinkühlschrank bauen
und war sich sicher, damit am Markt erfolgreich zu sein. Ein neues Kühl-
schrankmodell war allerdings nicht so einfach zu konstruieren wie eine Haarschneidemaschine. Dazu bedurfte es aufwendiger Versuche mit verschiedenen
Kühlmitteln, man musste sich zwischen dem Verdichtungs- und dem Absorp-
tionsverfahren entscheiden und es musste gewährleistet sein, dass auch dieses
Gerät die Qualität hatte, für die Bosch bekannt war. Es dauerte vier Jahre, bis
der Bosch-Kühlschrank auf den Markt kam, ein Kleinkühlschrank mit 60 Liter Fassungsvermögen und der Form einer Trommel.[145] Als der Kühlschrank
Anfang März 1933 auf der Leipziger Frühjahrsmesse erstmals präsentiert wurde,
fand er – wie bei der nächsten Aufsichtsratssitzung stolz berichtet wurde –
«fast uneingeschränkten Beifall». Allerdings wäre ebenfalls Kritik an der «bisher ungewohnten runden Form» laut geworden.[146] Die Trommelform hat sich
im Kühlschrankbau dann auch nicht durchgesetzt. Heute würde man das Gerät, das im März 1933 vorgestellt wurde, eher für eine Waschmaschine oder
einen Trockner halten. Bosch musste auch lernen, dass dieser Markt anderen
Regeln unterlag als das Kraftfahrzeuggeschäft. Bei Kühlschränken gab es
zudem für größere Modelle eine breite Nachfrage. Daher brachte das Unternehmen schon bald Modelle mit 90 Liter und 120 Liter Fassungsvermögen
heraus.[147] Mit Produkten wie Kühlschränken und Haarschneidemaschinen
fertigte Bosch für ein breiteres Publikum als es damals bei der Kraftfahrzeugtechnik der Fall war. Dafür galt es, ein eigenes Marketing zu entwickeln. Die
Qualitätsstandards durften aber keine anderen sein, auch wenn Bosch in der
Hausgerätefertigung noch wenig Erfahrung hatte. Wer würde sich schon in
einer Bosch-Werkstatt beraten lassen, wenn der Bosch-Kühlschrank zu Hause
ein tägliches Ärgernis darstellte?

Bis zum Beginn der Weltwirtschaftskrise war die Robert Bosch AG mit
der Diversifizierung noch nicht weit gekommen. Die Haarschneidemaschine

Abb. 26: Werbung für den ersten Bosch-Kühlschrank (1933)

und die Elektrowerkzeuge wurden zwar gut angenommen, änderten aber nichts an der Abhängigkeit des Unternehmens vom Kraftfahrzeugmarkt. Da die Nachfrage nach Zündern, Lichtmaschinen und elektrischen Anlassern in den Jahren 1927/28 wieder stark zunahm, betrachtete es Bosch wohl auch nicht mehr als vordringlich, neue Geschäftsbereiche zu erschließen. Dies änderte sich, als der Kraftfahrzeugmarkt in der Weltwirtschaftskrise einbrach. 1930 wurde mit dem Büro BTH3 (Büro der Technischen Hauptleitung) eine eigene, der Technischen Hauptleitung direkt unterstellte Abteilung geschaffen, die durch Voruntersuchungen klären sollte, welche neuen Fertigungen Bosch aufnehmen könnte. Da man sich unter dem Druck der Krise nicht mehr mit langen Entwicklungsarbeiten aufhalten wollte, sollte nun auch auf «Vorarbeiten Dritter» zurückgegriffen werden, womit der Weg zu Übernahmen vorgezeichnet war.[148]

Zehn Jahre nach Gründung des BTH3 legte die Abteilung einen Bericht vor, in dem aufgezählt wurde, welche Fertigungen geprüft, aber nicht in das Produktionsprogramm von Bosch aufgenommen worden waren. Büromaschinen, elektrische Uhren, Staubsauger, Waschmaschinen, Bügelmaschinen und Geschirrspülmaschinen gehörten ebenso dazu wie Auspufftöpfe, Kolbenringe, Dichtungen und Bremsbeläge. In das Fertigungsprogramm aufgenommen und später wieder daraus gestrichen hatte Bosch u. a. Vergaser, hydraulische Stoßdämpfer und Plattenspieler. Zum Teil wurden diese Fertigungen aufgrund von Vereinbarungen mit anderen Unternehmen aufgegeben. Die 1932 angelaufene Herstellung von Plattenspielern hatte sich wegen des harten Preiswettbewerbs auf diesem Markt als unrentabel erwiesen und die Fertigung von Tanksäulen hatte man eingestellt, weil der Ausbau des Tankstellennetzes gestoppt worden war. Insgesamt hatte BTH3 in den Jahren 1930–1940 über 10 000 Angebote und Vorschläge geprüft.[149]

Nachdem Robert Bosch im Herbst 1929 darangegangen war, in den USA die ABMC aufzukaufen, wurde in der Unternehmensleitung wieder darüber nachgedacht, eine Rundfunkgerätefertigung aufzunehmen. Die ABMC verfügte über ein große Radio-Sparte, die sie nach dem Zusammenschluss mit der RBMC in die neue Bosch-Tochter United American Bosch einbrachte. Von dort konnte nun Know-how transferiert werden und bald hatte Bosch auch einen Radiohersteller im Blick, der ein interessantes Übernahmeobjekt war: die in Berlin ansässige Ideal-Werke AG für drahtlose Telefonie. Vorstandsmitglied Fellmeth war durch einen Bekannten auf dieses Unternehmen hingewiesen worden. Die Ideal-Werke waren Ende 1923 gegründet worden und mehr Radiohändler als -hersteller. 65 Prozent ihres Umsatzes entfielen 1929 auf das Ausland. Zu den von den Ideal-Werken vertriebenen Detektorapparaten gehörten auch Kopfhörer, die bei besonders guter Qualität einen blauen Punkt als Prüfsiegel erhielten. Von vielen Kunden wurde das Unternehmen damals schon Blaupunkt genannt, eine Bezeichnung, die sich die Ideal-Werke als Markenname schützen ließen.[150]

Die Verhandlungen mit Alfred Daeschner, einem Mitinhaber und Geschäftsführer der Ideal-Werke, verliefen für Bosch vielversprechend. Daeschner war bereit, zu verkaufen, doch gab es ein Problem: die Telefunken-Baulizenz. Telefunken hatte seine Patente auf dem Gebiet der Rundfunk- und Röhrentechnik in einem Pool zusammengefasst und vergab nur Lizenzen an Firmen, die sich strikten Auflagen unterwarfen. Dazu gehörte auch, dass die Lizenznehmer nur mit Zustimmung von Telefunken an andere Eigentümer übergehen durften. Da Telefunken auch Verträge mit den großen amerikanischen und britischen Herstellern hatte, konnte keine Firma in Deutschland ohne eine Lizenz von Telefunken Rundfunkgeräte bauen. Es war damit zu rechnen, dass die Ideal-Werke bei einer Übernahme durch Bosch diese Lizenz verlieren würden, weil Bosch inzwischen an einem Konkurrenten von Telefunken auf dem Gebiet der Fernsehtechnik beteiligt war.[151] Deshalb einigte man sich mit Daeschner auf einen verdeckten Verkauf. Über eine neu gegründete Firma in Liechtenstein gaben Daeschner und sein Mitgesellschafter Heinrich Colden die ebenfalls in Liechtenstein ansässige Holding der Ideal-Werke an eine Schweizer Vermögensverwaltungsgesellschaft ab, von der nur wenige wussten, dass sie Bosch gehörte. Formal war dieses Geschäft kein Verstoß gegen den Telefunken-Vertrag, denn die Ideal-Werke hatten ja nicht den Eigentümer gewechselt, nur ihre Holdinggesellschaft war in andere Hände gekommen. Diese Transaktion erfolgte am 16. Oktober 1930.[152] Die Robert Bosch AG teilte dann in ihrem Geschäftsbericht für das Jahr 1930 mit, dass die Herstellung von Rundfunkteilen aufgenommen worden wäre, nicht aber wo und durch wen.[153] Offenbar war sich der Vorstand seiner Sache doch nicht so sicher. Telefunken dürfte bald herausgefunden haben, wie Bosch dazu gekommen war, Rundfunkteile zu fertigen, ohne eine Baulizenz beantragt zu haben. Doch erst im Geschäftsbericht für das Jahr 1933 bekannte sich Bosch öffentlich zu seiner Tochtergesellschaft in Berlin-Hohenschönhausen.[154]

Bereits ein Jahr vor der Übernahme der Ideal-Werke beteiligte sich Bosch in Berlin an der Gründung einer Gesellschaft für Fernsehtechnik, der Fernseh AG (FESE). Als die FESE am 3. Juli 1929 entstand, gab es Fernsehen nur mit mechanischen Verfahren. Ein Jahr später gelang dem Physiker Manfred von Ardenne in seinem Laboratorium in Berlin-Lichterfelde die erste vollelektronische Fernsehübertragung. Von Ardennes Förderer war der Unternehmer und Fernsehpionier Siegmund Loewe, der auch hinter der Gründung der FESE stand.[155] Neben der Radio AG D. S. Loewe waren an der FESE die britische Baird Television Ltd., die damals führende Fernsehentwicklungsgesellschaft in Europa, sowie Bosch und Zeiss-Ikon als finanzstarke Partner aus der Industrie beteiligt. Jeder der vier Gesellschafter besaß ein Viertel des Aktienkapitals.[156] Bosch war schon vor Gründung der FESE an die Baird Television Ltd. herangetreten, jedoch ohne Erfolg. Erst im Verbund mit Loewe gelang es, auf dem neuen Gebiet der Fernsehentwicklung Fuß zu fassen.[157] Mit der Beteiligung an der FESE und der Übernahme der Ideal-Werke hatte Bosch nun zwei Standbeine in der Nachrichten- und Kommunikationstechnik.

Im Herbst 1932 entschloss sich Robert Bosch, erstmals ein Unternehmen zu kaufen, das nicht zur elektrotechnischen Industrie gehörte: die Junkers & Co. GmbH in Dessau. Der Erfinderunternehmer Hugo Junkers, der aus dem Gasmotorenbau kam, hatte diese Firma 1895 gegründet, lange vor seinem berühmten Flugzeugwerk. Die Junkers & Co. GmbH, die fast überall mit dem Kürzel Ico oder Jco bezeichnet wurde, war Marktführer bei gasbeheizten Wassergeräten.[158] Zwischen Bosch und Junkers kam es Ende der 1920er Jahre zum Konflikt, nachdem Bosch ein Patent auf ein zündsicheres Gasventil angemeldet hatte. Der Nutzung dieser Erfindung stand ein Patent von Junkers im Wege, dem Bosch nun mit einer Nichtigkeitsklage drohte. Junkers sollte zudem eine Lizenz auf das Bosch-Patent nehmen, was für den renommierten Gasgerätekonstrukteur einer Demütigung gleichkam. Im Dezember 1931 ließ sich Junkers dennoch darauf ein, wohl um angesichts der kritischen finanziellen Lage seiner Unternehmensgruppe einen Prozess zu vermeiden. Bosch hatte inzwischen am Gasgerätegeschäft Gefallen gefunden, da sich das patentierte Ventil gut verkaufte, und erwog, Junkers & Co. zu übernehmen.[159] Die Weltwirtschaftskrise hatte die Junkers-Gruppe hart getroffen. Beim Motorenwerk und bei der Forschungsanstalt von Hugo Junkers häuften sich so hohe Verluste an, dass der Unternehmer im März 1932 Insolvenz anmelden musste. Davon war auch die finanziell gesunde Junkers & Co. GmbH betroffen, weil Junkers alleiniger Inhaber seiner Firmen war. Nun begann ein Wettlauf um die Konkursmasse. Da die Henschel-Gruppe versuchte, das Junkers-Flugzeugwerk zu übernehmen, entschloss sich Bosch, möglichst rasch den Thermotechnik-Bereich Junkers & Co. zu kaufen.[160] Am 4. November 1932 erwarb Bosch die Junkers & Co. GmbH für 2,6 Mio. RM.[161] Mit dem Erlös konnte Hugo Junkers das Flugzeugwerk und das Motorenwerk retten. Im Herbst 1933 wurde er dann von den nationalsozialistischen Machthabern dazu gezwungen, 51 Prozent des Aktienkapitals der Junkers-Werke abzugeben. Ein Jahr später wurden auch seine verbliebenen Anteile enteignet.[162]

Bei Bosch kamen während der Weltwirtschaftskrise noch weitere Übernahmen hinzu. 1932 wurde die Mehrheit der Eugen Bauer GmbH erworben, einem Filmprojektorenhersteller in Stuttgart-Untertürkheim, der auch damals schon allgemein unter dem Namen «Kino-Bauer» bekannt war. Den Kauf hatte der mit Robert Bosch befreundete Unternehmer Julius Faber eingefädelt. Er war an der Eugen Bauer GmbH beteiligt und gehörte zugleich dem Aufsichtsrat von Bosch an. Nach einer anderen Darstellung hatte Bosch der Eugen Bauer GmbH vor der Übernahme einen Kredit verweigert. Das von dem Mechaniker Eugen Bauer 1905 gegründete Unternehmen hatte damals eine Exportquote von 75–80 Prozent und benötigte zusätzliches Kapital. Ähnlich wie im Fall der Ideal-Werke wurde diese Übernahme erst 1934 bekannt gegeben.[163]

Mit dem Kauf der Junkers & Co. GmbH im November 1932 war diese Expansionsphase bei Bosch abgeschlossen. Bosch hatte seit 1928 hohe Beträge in Kapitalbeteiligungen und Übernahmen investiert, bei Lavalette in Paris und der C.A.V.-Bosch in London, bei der Ideal-Werke AG, bei «Kino-Bauer», der Junkers & Co. GmbH und besonders bei der ABMC in den USA. Das Kapital für die Übernahmen stammte überwiegend aus eigenen Mitteln. Bosch war also bereits wenige Jahre nach der Krise von 1926 wieder ausreichend liquide. Nur für den Kauf der ABMC musste auf Bankkredite zurückgegriffen werden. Von einer Kapitalerhöhung konnte man absehen. Das Aktienkapital belief sich seit 1924 auf 30 Mio. RM. Bosch war durch die Expansion der Jahre 1928–1932 zu einem Konzern geworden. Dabei war Robert Bosch kein Konzernarchitekt im Stil eines Friedrich Flick oder Günther Quandt. Er suchte nicht nach rentablen Investments und strebte weder einen horizontal gegliederten Trust noch einen vertikalen Konzern an. Allerdings übernahm Bosch mehrfach kleinere Wettbewerber, so beispielsweise die Noris Zünd-Licht AG in

Nürnberg, die Firma Unterberg & Helmle, die Westfälische Metall-Industrie AG und die Scintilla AG im Schweizer Solothurn.[164] Die Noris Zünd-Licht AG, die vor allem elektrische Ausrüstungen für den Motorradhersteller Zündapp herstellte, wurde 1930 von Bosch übernommen, doch sollte diese Beteiligung nicht bekannt werden. Bosch bediente sich für solche heiklen Fälle einer geheim gehaltenen Vermögensverwaltungsgesellschaft, der Südinteressen GmbH. Diese Gesellschaft hielt Ende 1932 89,66 Prozent des Aktienkapitals der Noris Zünd-Licht AG.[165] Auch die Übernahme der Eugen Bauer GmbH im Jahr 1932 erfolgte durch die Südinteressen GmbH.[166] Die Tochtergesellschaften behielten nach der Übernahme ihr spezifisches Profil und arbeiteten auf ihren jeweiligen Geschäftsfeldern recht selbstständig weiter. Die meisten der damals übernommenen Firmen gibt es heute nicht mehr, andere gingen in der Robert Bosch GmbH auf.[167]

II. Bosch im Dritten Reich (1933–1945)

1. Die Bosch-Gruppe im Wirtschaftsaufschwung der NS-Zeit (1933–1939)

Die Entwicklung der Robert Bosch AG/GmbH und ihrer Tochtergesellschaften

Anders als es die Nationalsozialisten später darstellten, wurde die Weltwirtschaftskrise in Deutschland nicht erst durch die Politik Hitlers überwunden.[1] Dies belegt auch der Geschäftsbericht der Robert Bosch AG für das Jahr 1932. Bereits im August kam demnach bei Bosch «die Abwärtsbewegung zum Stillstand» und ab November war «eine leichte Besserung zu verzeichnen».[2] Auf dem Arbeitsmarkt machte sich die konjunkturelle Wende jedoch erst im Laufe des Jahres 1933 deutlich bemerkbar. Hitler ließ sich vier Monate Zeit, bis das erste Gesetz zur Förderung direkter Arbeitsbeschaffungsmaßnahmen, das sogenannte Reinhardt-Programm von Anfang Juni 1933, in Kraft trat.[3] Höhere Priorität hatte für das neue Regime die Förderung der Automobilindustrie. Bereits am 10. April 1933 wurde ein Gesetz verkündet, das neu zugelassene Personenkraftwagen und Motorräder von der Kraftfahrzeugsteuer befreite.[4] Ebenso wie das wenig später angelaufene Autobahnprogramm sollte die Änderung der Kraftfahrzeugsteuer sowohl der Arbeitsbeschaffung als auch der Aufrüstung und der Propaganda dienen.[5]

Die deutsche Automobilproduktion hätte wahrscheinlich auch ohne diese Förderung nach 1933 kräftig zugenommen, aufgrund des Konjunkturaufschwungs und der während der Weltwirtschaftskrise aufgestauten Nachfrage. So kam es aber zu einem Boom, wie ihn die Branche noch nicht erlebt hatte.[6] Gab es Anfang 1933 in Deutschland rund 561 000 Personenkraftwagen, so stieg diese Zahl bis Anfang 1939 auf rund 1,305 Mio. Kaum geringer waren die Zuwachsraten bei Motorrädern und Kleinkrafträdern.[7]

Von der Sonderkonjunktur der Automobilindustrie nach 1933 profitierten natürlich auch die Zulieferer. Bosch erzielte bei der Kraftfahrzeugausrüstung hohe Umsatzsteigerungen, durch die sich die Folgen der Weltwirtschaftskrise rasch überwinden ließen. Das Unternehmen verdankte zwar nicht die Überwindung der Krise, wohl aber das anschließende hohe Wachstum der Politik des neuen Regimes. Dabei spielte die militärische Nachfrage zunächst noch keine große Rolle. Innerhalb des Kraftfahrzeugmarkts hatte sie bei Personenkraftwagen bis Kriegsbeginn nur eine geringe Bedeutung, anders dagegen bei Nutzfahrzeugen und Motorrädern.[8] In ihrem Geschäftsbericht für das Jahr

1933 konnte die Robert Bosch AG eindrucksvolle Zahlen präsentieren. Die Beschäftigtenzahl war von 8332 auf 11 235 angestiegen, der Umsatz lag um ein Viertel über dem Vorjahr, der Reingewinn sogar um mehr als die Hälfte.[9] Die Zustimmung zu Hitlers Motorisierungsprogramm war bei Bosch ebenso groß wie in der Automobilindustrie. Man musste bei weitem kein Nationalsozialist sein, um die hohe Besteuerung der Kraftfahrzeuge, wie sie in der Weimarer Republik bestanden hatte, für unsinnig zu halten. Auch Robert Bosch hatte dieses Hemmnis stets beklagt. Seine Argumente fasste er in einem Beitrag zusammen, der im Februar 1933 anlässlich der Automobilausstellung in Berlin unter dem Titel «Das Auto für das ganze Volk» erschien.[10]

In den folgenden Jahren setzte sich der Boom fort. Allein 1934 nahmen der Umsatz um fast 60 Prozent und die Beschäftigtenzahl um rund 30 Prozent zu, Anfang 1936 beschäftigte Bosch bereits doppelt so viele Arbeiter und Angestellte wie Anfang 1933, und vor Kriegsbeginn waren es dann fast dreimal so viele.[11] Den Geschäftsberichten lässt sich entnehmen, dass die Gewinne stark anstiegen, nach 1935 allerdings nicht mehr im selben Maße wie der Umsatz, wobei davon auszugehen ist, dass die tatsächlichen Gewinne ab Mitte der 1930er Jahre wegen der Bildung stiller Reserven deutlich höher lagen als die in den Geschäftsberichten ausgewiesenen Reingewinne.[12] Berichte der Deutschen Revisions- und Treuhand AG (DRT), die ab 1940 die Jahresabschlüsse der Robert Bosch GmbH prüfte, geben einen Eindruck davon.[13] Durch die hohen Gewinne kam das Unternehmen trotz des starken Wachstums ohne eine Kapitalerhöhung aus. Das Aktien- bzw. Stammkapital betrug bis 1941 30 Mio. RM – das entsprach dem Stand von 1924 – und wurde erst dann auf 48 Mio. RM erhöht.[14] Derart hohe Umsatzsteigerungen und Gewinne konnte Bosch erzielen, weil das Unternehmen in Deutschland über eine dominante Marktposition bei wichtigen Kraftfahrzeugkomponenten verfügte. Bosch brauchte die Konkurrenz nicht zu fürchten und konnte seine Preise am Markt durchsetzen. Das änderte sich auch später, unter den Bedingungen der Kriegswirtschaft, nicht. Die Deutsche Revisions- und Treuhandgesellschaft wies in ihrem Prüfungsbericht zum Jahresabschluss 1940 der Robert Bosch GmbH darauf hin, dass fast alle Fabrikate des Unternehmens preisgeschützte Markenartikel waren und stellte fest: «Die Firma Bosch schreibt also Katalogpreise für ihre Fabrikate vor, die durchweg bis zum letzten Abnehmer Geltung haben.»[15]

Erklärtes Ziel der Geschäftspolitik war es auch während des Dritten Reiches, «unsere teilweise monopolartige Stellung als Automobilzubehör-Firma in Deutschland weiter unter allen Umständen zu halten und zu verteidigen».[16] Dies ist Bosch zweifellos gelungen, wie eine Aufstellung der Marktanteile des Jahres 1938 zeigt. Bei Lichtmaschinen, Anlassern und Zündgeräten entfielen damals 75 Prozent des Absatzes in Deutschland auf Bosch,

Abb. 27: Schaufenster des Verkaufshauses Berlin (1934)

bei Zündkerzen und bei Magnetzündern für stationäre Maschinen 70 Prozent, bei Zündverteilern und -unterbrechern 65 Prozent, bei Kraftstoffeinspritzpumpen 60 Prozent.[17] Das starke Wachstum des Unternehmens in den Jahren 1933–1939 war recht einseitig vom Inlandsgeschäft bestimmt, mit dem das Auslandsgeschäft nicht Schritt halten konnte. Hatte Bosch 1932 noch mehr als die Hälfte seines Umsatzes mit Lieferungen ins Ausland bestritten, so lag dieser Anteil 1934 bei 22 Prozent und im letzten Vorkriegsjahr schließlich nur noch bei 11,6 Prozent.[18] Mit dieser Entwicklung konnte der Vorstand nicht zufrieden sein. Der Geschäftsbericht für das Jahr 1936 wies denn auch darauf hin, dass «bei dem heutigen Verhältnis von Binnen- und Außenumsatz eine stärkere Erhöhung der Ausfuhr nötig wäre».[19]

Zu den Stärken des Unternehmens während der NS-Zeit gehörte eine hohe personelle Kontinuität im Vorstand bzw. in der Geschäftsführung. Anders als in den 1920er Jahren gab es hier bis zum Tod Robert Boschs keine Brüche. Die nationalsozialistische Machtübernahme führte im Vorstand zu keinerlei Veränderungen. Die Geschäftspolitik des Unternehmens wurde weiterhin von den drei ordentlichen Vorstandsmitgliedern Hans Walz, Hermann Fellmeth und Karl Martell Wild sowie den stellvertretenden Vorstandsmitgliedern Guido Gutmann, Max Rall und Erich Carl Rassbach bestimmt, wobei Walz der eigentliche Leiter des Unternehmens war, da Robert Bosch sich inzwischen aus der laufenden Geschäftstätigkeit zurückgezogen hatte. Als das «Gesetz zur Ordnung der nationalen Arbeit» vom 20. Januar 1934 den Unternehmen vorschrieb, einen «Betriebsführer» zu ernennen, übernahm Walz diese Position. Faktisch änderte sich die Unternehmensführung dadurch nicht. Auch die 1937 vollzogene Umwandlung des Unternehmens von einer Aktiengesellschaft in eine GmbH war nicht mit einem Revirement verbunden.[20]

Abgesehen von Robert Bosch wurde das Unternehmen im Dritten Reich von insgesamt sieben Männern geleitet (Walz, Wild, Fellmeth, Rassbach, Gutmann, Rall und Durst). Mit Ausnahme von Ernst Durst hatten sie bereits in den 1920er Jahren oder sogar noch früher den Sprung in den Vorstand geschafft. Ernst Durst, der 1937 in die Geschäftsführung eintrat, war lange Zeit Betriebsleiter gewesen und arbeitete seit 1904 bei Bosch. Diese Männer waren durchweg erfahrene «Boschler». Sie kannten sich seit langem, waren mit dem Unternehmen bestens vertraut und ihre Loyalität gegenüber Robert Bosch stand außer Zweifel. Größere Konflikte gab es während des Dritten Reiches nicht. Man muss sich die Unternehmensführung in dieser Zeit mithin als einen sehr kohärenten, geradezu untereinander verschworenen Kreis vorstellen, für dessen Mitglieder es nur konsequent war, auch gegenüber dem politischen Umfeld eine gemeinsame Position zu vertreten.

Im Unterschied dazu musste sich die Belegschaft des Unternehmens – die jetzt auch bei Bosch in der Terminologie des «Gesetzes zur Ordnung der nationalen Arbeit» als «Gefolgschaft» bezeichnet wurde – erst zusammenfinden. Der Anteil der alten «Boschler» ging durch das starke Beschäftigtenwachstum in den Jahren nach 1933 laufend zurück. Die Belegschaft wurde nun jünger. Im September 1936 lag das Durchschnittsalter der Arbeiter bei 32 Jahren, das der Angestellten bei 36 Jahren. Die Arbeiter waren im Durchschnitt seit sechs Jahren bei Bosch beschäftigt, die Angestellten brachten es im Durchschnitt auf elf «Bosch-Dienstjahre».[21] Der Anteil der Frauen war rückläufig, obwohl es durch den Wirtschaftsaufschwung auf dem Arbeitsmarkt ab Mitte der 1930er Jahre zu Engpässen kam. Unter den weiblichen Beschäftigten fand zudem eine Dequalifizierung statt. Der Anteil der ungelernten Arbeiterinnen nahm zu, während der Anteil der angelernten Arbeiterinnen stark zurückging. Facharbeiterinnen gab es damals bei Bosch nicht.[22]

Tab. 11 Zusammensetzung der Arbeiterschaft bei Bosch in Prozent (1933–1938)[23]

Jahr (Jahresdurchschnitt)	Gelernte Arbeiter	Angelernte Arbeiter	Ungelernte Arbeiter	Angelernte Arbeiterinnen	Ungelernte Arbeiterinnen
1933	27,1	29,1	6,5	27,5	9,8
1936	25,0	36,2	7,3	17,0	14,5
1938	23,1	37,8	7,6	18,8	12,7

Trotz des großen Bedarfs an geeigneten Arbeitskräften errichtete Bosch nur zögerlich Werke an neuen Standorten. Abgesehen von zwei neuen Werken, die für den Bedarf der Wehrmacht entstanden und bei denen sich das Unternehmen an militärstrategische Standortvorgaben zu halten hatte, blieb die Fertigung bis Kriegsbeginn auf Stuttgart konzentriert. Dementsprechend rekrutierte Bosch die benötigten Fachkräfte in seiner Stammregion, dem mittleren Neckarraum. Anfang Juni 1936 wohnten rund 60 Prozent aller Bosch-Arbeiter in Stuttgart und weitere 25 Prozent hatten einen Wohnort, der nicht weiter als 15 km von Stuttgart entfernt lag.[24] Ab Mitte der 1930er Jahre wurde es immer schwieriger, in dieser Region noch Facharbeiter zu finden. Der Anteil der gelernten Arbeiter an der Belegschaft ging nun zurück, während der Anteil angelernter Arbeiter zunahm. Dass es dem Unternehmen gelang, trotz des angespannten Arbeitsmarkts ab Mitte der 1930er Jahre überhaupt noch in größerer Zahl gelernte Arbeiter einzustellen, dürfte zum einen durch die zunehmende Arbeitskräftelenkung zu erklären sein. Wegen seiner Bedeutung für die Fahrzeugindustrie und die Rüstungswirtschaft wird Bosch bevorzugt worden sein. Viele Facharbeiter dürften aber auch wegen des hohen Lohnniveaus zu Bosch gewechselt haben. Im Oktober 1937 lag der durchschnittliche Zeitlohn der Bosch-Arbeiter um 39 Prozent über dem Tariflohn, der durchschnittliche Stücklohn um 28 Prozent. Ein Facharbeiter bei Bosch verdiente im Zeitlohn 1,20 RM/Stunde und lag damit sogar um 62 Prozent über dem Tariflohn.[25]

Für die Unternehmensleitung war es keine leichte Aufgabe, die große Zahl neu eingestellter Arbeiter in die Kultur des Unternehmens zu integrieren. Da die «Neuen» keine ausgeprägte Betriebsbindung hatten, musste auch damit gerechnet werden, dass sie für die Parolen der Deutschen Arbeitsfront (DAF) und der NSDAP empfänglicher waren als die alten «Boschler». Die Unternehmensleitung war daher verstärkt bemüht, die «Bosch-Werte» zu betonen und sie den neuen Mitarbeitern als Identität zu vermitteln. Besonders deutlich zeigte sich dies beim 50-jährigen Firmenjubiläum, das im September 1936 begangen wurde. In der damals erschienenen Festschrift wurden nicht nur die technischen Pionierleistungen herausgestellt, sondern auch der «Bosch-Geist», die Persönlichkeit Robert Boschs und der schwäbische Charakter des Unternehmens.[26]

Ein derart rasches Wachstum, wie es Bosch durch die Sonderkonjunktur der deutschen Automobilindustrie nach 1933 erlebte, ist für ein technikorientiertes Unternehmen mit Gefahren verbunden, wie sie ein Bericht der für die Aufnahme neuer Erzeugnisse zuständigen Abteilung BTH3 beschrieb: «In Zeiten der Hochkonjunktur wird trotz besten Willens der technische Fortschritt etwas aufgehalten. Die Entwicklungsabteilungen werden von der Kundschaft und dem Verkauf gedrängt, die Lösung laufender Tagesfragen bevorzugt zu betreiben, während die Werke erst recht alles ablehnen müssen, was den laufenden Fertigungsfluß stört.»[27] Auf dem Gebiet der Kraftfahrzeugtechnik war Bosch damals vor allem bestrebt, seine wichtigste Innovation der 1920er Jahre, die Dieseleinspritzpumpe, für die Anwendung in Personenkraftwagen weiterzuentwickeln. 1936 brachten Daimler-Benz und Hanomag die ersten Modelle mit dieser Technik auf den Markt, doch konnte sich der Pkw mit Dieselmotor erst nach dem Zweiten Weltkrieg durchsetzen. Andere Neuerungen, wie etwa der Schwungradlichtmagnetzünder, ein Schnellgangwischer und ein «Weitstrahler» für Autobahnfahrten bei Nacht, hatten keine allzu große Erfindungshöhe.[28]

Am 8. Juni 1938 fand bei Bosch eine Geschäftsführungssitzung statt, bei der es um die zukünftige Strategie ging. Die Teilnehmer waren übereinstimmend der Auffassung, dass in den nächsten Jahren mit einem weiteren Boom der Automobilindustrie zu rechnen sei.[29] Elf Tage zuvor hatte Hitler in der niedersächsischen Heide bei Fallersleben den Grundstein für ein neues Automobilwerk gelegt. Hier sollte der von Ferdinand Porsche konstruierte «Volkswagen» als «KdF-Wagen» – benannt nach der NS-Organisation «Kraft durch Freude» – in Großserie hergestellt werden.[30] Bosch hatte die elektrische Ausrüstung des «KdF»-Wagens entwickelt.[31] Nun rechnete man damit, in großem Umfang Aufträge für Lichtmaschine, Anlasser und Zündung dieses Wagens zu erhalten. Dafür sollten bis Mitte 1940 750 zusätzliche Mitarbeiter eingestellt werden.[32] Doch gab es auch die Befürchtung, dass das erwartete Wachstum der Automobilindustrie das Unternehmen überfordern würde. Wenn Bosch weiterhin seine führende Marktposition als Kfz-Ausrüster behaupten wollte, waren hohe Investitionen erforderlich. Man war sich unsicher, ob genügend geeignete Arbeitskräfte gefunden werden könnten und ob sich bei einem derartigen Ausbau noch das Image des Unternehmens als Qualitätsanbieter aufrechterhalten ließ. Schließlich setzte sich der Standpunkt von Hans Walz durch, «dass wir unsere jetzige Stellung als Autozubehörfirma auf jeden Fall und unter allen Umständen halten müssen».[33] Vor diesem Hintergrund wurde erwogen, die Anfang der 1930er Jahre aufgenommene Fertigung von Elektrowerkzeugen, Hausgeräten, Radioapparaten und Kühlschränken aufzugeben, aber man wollte sich auch nicht erneut in eine völlige Abhängigkeit von der Automobilindustrie begeben.[34] Damit waren die Weichen für eine weitere Expansion gestellt. Walz ging davon aus, dass in den nächsten zehn Jahren Investitionen in Höhe von 3–5 Mio. RM pro Jahr getätigt werden mussten.[35] Ein derartiger Kapazitätsausbau war an den Standorten Stuttgart und Feuerbach nicht mehr möglich. Das Landesplanungsamt hatte der Unternehmensleitung schon zuvor mitgeteilt, dass eine Erweiterung des Werkes in Feuerbach nicht mehr genehmigt würde und dass «die in Stuttgart befindlichen Werkstätten im Lauf der nächsten 10–15 Jahre nach auswärts verlegt werden müssen».[36] Die Geschäftsführung genehmigte deshalb den Bau zweier neuer Werke mit jeweils etwa 1500 Beschäftigten in Renningen bei Leonberg und in Crailsheim.[37]

Die damaligen Erwartungen erfüllten sich nicht. Schon 1939 ging die Zahl der neu zugelassenen Personenkraftwagen in Deutschland zurück, bedingt durch den Mangel an Facharbeitern und Rohstoffen. Bei der Zuteilung von Rohstoffen und Materialien hatte nun die Produktion von Nutzfahrzeugen für die Wehrmacht höchste Priorität. Durch den Krieg bestand dann kaum noch ein Markt für Personenkraftwagen.[38] Man fragt sich, warum ein Mann wie Hans Walz noch im Juni 1938 von einem anhaltenden Wachstum der Automobilindustrie ausging, zu einem Zeitpunkt, da die Auslandsgesellschaften von Bosch bereits für den Kriegsfall getarnt worden waren.[39] Vielleicht haben Walz und seine Vorstandskollegen nicht erwartet, dass das Automobilwerk für den Bau des «KdF»-Wagens, das gerade mit hohem propagandistischem Aufwand gegründet worden war, im Kriegsfall ein Torso bleiben würde. Möglicherweise haben sie aber auch damit gerechnet, dass es doch nicht zu einem Krieg kommen würde.

Die Bosch-Gruppe, die durch die Übernahmen der Jahre 1930–1932 entstanden war, wurde bis Kriegsbeginn weiter ausgebaut. Die Zukäufe erreichten zwar nicht mehr die Dimension der Zeit der Weltwirtschaftskrise, doch blieb Bosch weiterhin auf Expansionskurs und auch jetzt wurden einige Beteiligungen getarnt erworben. 1934 übernahm das Unternehmen eine 18-prozentige Beteiligung an einem seiner wichtigsten Kunden, dem Frankfurter Automobilhersteller Adler Werke vorm. H. Kleyer AG. Die Adler-Werke schlossen im Gegenzug mit Bosch einen Vertrag über ausschließliche Belieferung. Die Beteiligung an diesem Unternehmen war ein heikler Vorgang, da andere Großkunden wie Opel und Daimler-Benz Wettbewerber der Adler-Werke waren, und erfolgte deshalb über die Südinteressen GmbH, die geheim gehaltene Vermögensverwaltungsgesellschaft von Bosch.[40] Ein Jahr später erwarb Bosch mit getarnten Aktienkäufen die Mehrheit der Schweizer Konkurrentin Scintilla AG, bei der damals nach hohen Kapitalverlusten eine Restrukturierung durchgeführt werden musste. Die verdeckte Übernahme erfolgte über das Züricher Bankhaus Guhl und wurde erst 1954 publik.[41] Im September 1937 übernahm Bosch die Metallerzbergbau Westmark GmbH, um sich im Rahmen des von Hitler verkündeten Vierjahresplans an der Erzförderung im Hunsrück zu beteiligen.[42] Die bisherigen Eigentümer mussten das Unternehmen verkaufen, weil sie wegen ihrer jüdischen Herkunft keine Zuschüsse des Reiches zur Erschließung weiterer Gruben erhielten.[43] Die Metallerzbergbau Westmark GmbH, die Ende 1938 lediglich 220 Beschäftigte hatte, spielte innerhalb des Bosch-Konzerns später keine nennenswerte Rolle. Für die Junkers & Co. GmbH wurde ebenfalls im Jahr 1937 deren wichtigster Konkurrent in der Gasgerätefertigung, die Askania-Werke, erworben.[44] Dass die Eisemann-Werke AG im selben Jahr auf die Robert Bosch GmbH verschmolzen wurde, war eher von formaler Bedeutung, zumal ein Teil dieses Unternehmens nun als Eisemann GmbH weiterarbeitete.[45]

Anders verhielt es sich mit der schrittweisen Übernahme der Fernseh AG (FESE). Bei dieser Gesellschaft, die zunächst ein reines Entwicklungsunternehmen war, erhöhte sich die Beteiligung Boschs 1935 von 25 Prozent auf 37,5 Prozent. Damals zog sich der britische Gesellschafter Baird Television Ltd. zurück, weil die Behörden nicht mehr bereit waren, größere Aufträge auf dem Gebiet der neuen Fernsehtechnik an ein Unternehmen mit ausländischer Beteiligung zu vergeben.[46] 1938 musste dann die Radio AG D. S. Loewe ihre 25-prozentige Beteiligung an die beiden anderen Großaktionäre, die Robert Bosch GmbH und die Zeiss Ikon AG, verkaufen, und ein Jahr später gab Zeiss Ikon seine Anteile an der stark verschuldeten FESE an Bosch ab. Bei der Verdrängung der Firma Loewe aus der FESE spielte Bosch eine fragwürdige Rolle, auf die an anderer Stelle noch näher eingegangen wird.[47] Durch die Übernahme der FESE gewann das Unternehmen auf dem neuen Gebiet der Fernsehtechnik eine starke Position, die nur noch von Telefunken übertroffen wurde. Die FESE, die bei Kriegsbeginn rund 400 Mitarbeiter hatte, baute den ersten Aufnahmewagen der Welt sowie die erste Ikonoskop-Kamera.[48] Auf der Berliner Funkausstellung präsentierte sie im August 1938 den Fernseh-Kleinempfänger DE 7 mit eingebautem Rundfunkgerät. Im gleichen Jahr begannen Blaupunkt und FESE mit der Fertigung des Einheits-Fernsehempfängers E 1 («Volksfernseher»), des ersten serienmäßig hergestellten Fernsehgeräts, das von fünf Firmen gemeinsam mit der Reichspost und der Reichsrundfunkgesellschaft entwickelt worden war.[49]

Die während der Weltwirtschaftskrise übernommenen Tochtergesellschaften von Bosch, die Junkers & Co. GmbH, die Eugen Bauer GmbH und die Ideal-Werke AG, konnten ihre Fertigung in den Jahren 1933–1938 beträchtlich steigern, freilich in unterschiedlicher Form. Bei Junkers & Co. wurde die Entwicklung der Gas- und Heizgeräteproduktion stark durch den Wohnungsbau beeinflusst, der mit der Beschleunigung der Aufrüstung ab 1936 zurückging. Das Unternehmen konnte dies durch einen wachsenden Auslandsabsatz aus-

gleichen und erreichte 1937 eine Exportquote von 44 Prozent.[50] Durch die
Übernahme der Askania-Werke im Oktober 1937 konnte Junkers & Co. sein
Produktsortiment um Herde und Öfen erweitern. Da das Inlandsgeschäft dadurch stark zunahm, reduzierte sich die Exportquote auf 27 Prozent im Jahr
1938.[51] Dagegen konnte die Eugen Bauer GmbH im gleichen Jahr etwa die
Hälfte ihrer Normaltonfilm-Projektoren im Ausland absetzen. Trotz der
Handelshindernisse brachte Kino-Bauer ansehnliche Devisenbeträge ein, nachdem das Unternehmen Mitte der 1930er Jahre wegen einer Umstellungskrise
zusätzliches Kapital in Höhe von 2 Mio. RM benötigt hatte.[52]

Tab. 12 Beschäftigte der Bosch-Gruppe im Inland (1936–1938)[53]

Jahr *	Robert Bosch AG/GmbH	Tochter-gesellschaften	Insgesamt	Anteil der Tochter-gesellschaften
1936	18 292	3 984	22 276	17,9 %
1937	19 772	4 543	24 315	18,7 %
1938	23 233	7 200	30 433	23,7 %

* Stand jeweils am 31. 12.

Die Ideal-Werke erlebten einen raschen Aufschwung, der sowohl durch
die Konjunktur als auch durch die Propaganda des Regimes bedingt war.
Um die Ausbreitung des Rundfunks zu fördern, ließ das Reichspropagandaministerium den «Volksempfänger» entwickeln, einen preisgünstigen
Radioapparat, den die deutschen Rundfunkgerätefirmen baugleich herzustellen hatten. Auch die Ideal-Werke bauten nun den «Volksempfänger»,
der rasch zu einem Verkaufsschlager wurde.[54] Die Ideal-Werke profilierten
sich aber ebenso als Premiummarke und waren im hochwertigen Segment,
etwa durch ihre «Raumtonmusiktruhen», stärker vertreten als die meisten
Wettbewerber. Schon bald reichten die Kapazitäten des Werkes in Berlin-
Hohenschönhausen nicht mehr aus. Das Unternehmen errichtete ein neues
Fabrikgebäude im Bezirk Wilmersdorf, das im September 1936 bezogen
wurde. Zwei Jahre später wurde in Berlin-Kreuzberg ein weiteres Werk in
Betrieb genommen. Der Geschäftsentwicklung entsprechend wurde das
Aktienkapital von 1,5 Mio. RM im Jahr 1933 auf 10 Mio. RM im Dezember
1938 erhöht. Am 16. Dezember 1938 änderte das Unternehmen seinen Namen
und seine Rechtsform. Aus der Ideal-Werke AG wurde die Blaupunkt
GmbH.[55] Am Inlandsabsatz der deutschen Rundfunkgeräteindustrie hatte
Ideal bzw. Blaupunkt im Jahr 1938 einen Anteil von rund 10 Prozent. Beim
Auslandsabsatz lag dieser Anteil sogar bei knapp 15 Prozent.[56]

Im Ausland ging Bosch in den Jahren 1933–1939 nur eine einzige neue Beteiligung ein. Dabei handelte es sich um die MABO S.A. in Mailand, die 1935 als gemeinsame Verkaufsgesellschaft der S.A. per il Commercio dei Materiali Bosch, Mailand, und der Firma Magneti Marelli, an deren Kapital FIAT mit 50 Prozent beteiligt war, gegründet wurde.[57] In Großbritannien und in Frankreich musste Bosch in dieser Zeit Rückschläge hinnehmen, die für die Entwicklung des gesamten Auslandsgeschäfts von erheblicher Bedeutung waren. Aus der britischen Gesellschaft C.A.V.-Bosch Ltd. zog sich die Bosch-Gruppe im Mai 1937 zurück. Die Beteiligung wurde an die in Birmingham ansässige Lucas-Gruppe verkauft, die das Unternehmen gemeinsam mit Bosch gegründet hatte und die Mehrheit des Aktienkapitals besaß.[58] Lucas gab später an, die 49-prozentige Bosch-Beteiligung an der C.A.V.-Bosch Ltd. wegen des zu erwartenden Krieges erworben zu haben.[59] Ebenso wie Bosch fertigte die C.A.V.-Bosch auch für den militärischen Bedarf, in diesem Fall vor allem für die Royal Air Force. Möglicherweise wurde Bosch deshalb von den deutschen Behörden gezwungen, seine Beteiligung an diesem Unternehmen abzugeben. Vielleicht geschah dies aber auch, weil die C.A.V.-Bosch damit rechnen musste, andernfalls keine Aufträge vom britischen Militär zu erhalten.[60]

In Frankreich musste die Tochtergesellschaft Lavalette-Bosch wegen der Weltwirtschaftskrise, die dieses Land erst 1932 erreichte, dann aber länger anhielt als in Deutschland, 100 ihrer insgesamt 720 Beschäftigten entlassen. Zwar konnten 1935 wieder 120 neue Mitarbeiter eingestellt werden, Lavalette-Bosch hatte nun aber unter den zunehmenden Spannungen zwischen Deutschland und Frankreich zu leiden. Die Zahl der deutschen Mitarbeiter bei Lavalette-Bosch musste reduziert werden. 1937/38 verließen die letzten deutschen Beschäftigten das Unternehmen. Nach Heuss geschah dies, «um die Firma in der jetzt auch für Frankreich wichtiger werdenden Rüstungskonjunktur nicht zu beeinträchtigen».[61] Das Unternehmen hieß nun nur noch Lavalette, doch blieben 60 Prozent des Aktienkapitals im Besitz einer Holding, die Bosch wegen der Kriegsgefahr für eine gewisse Zeit an einen niederländischen Geschäftspartner, das Bankhaus Mendelssohn in Amsterdam, abgegeben hatte.[62]

Die US-Tochter United American Bosch Corporation (UABC) konnte trotz der schwierigen Wirtschaftslage im Land beachtliche Umsatzsteigerungen erzielen.[63] Rund die Hälfte des Umsatzes wurde mit dem Verkauf von Rundfunkgeräten bestritten. Dieses Geschäft brachte Verluste ein, was vermutlich mit einem ruinösen Preiswettbewerb auf dem US-Radiomarkt zusammenhing, und wurde 1937 aufgegeben. Von den großen Automobilherstellern in Detroit wurde nur Ford durch die UABC beliefert. Eine stärkere Marktposition hatte das Unternehmen als Zulieferer für Landmaschinen. Hinzu kam ein bedeutendes Handelsgeschäft, das über die USA hinaus auch in die Länder des amerikanischen Kontinents reichte, die von Stuttgart aus nicht direkt beliefert werden konnten. Die UABC konnte zwar nach den hohen Verlusten in der Weltwirtschaftskrise wieder Gewinne erzielen, war aber auch weiterhin nicht in der Lage, Dividenden auszuschütten.[64]

Von den Annexionen der Jahre 1938/39 hat die Bosch-Gruppe nur in geringem Umfang profitiert. In Österreich wurden nach März 1938 keine Kapitalbeteiligungen übernommen und auch keine Betriebsstätten neu errichtet. Es wurde lediglich das bestehende Händlernetz mit dem Wiener Verkaufshaus ins Inlandsgeschäft integriert. Ähnlich verhielt es sich mit den Bosch-Händlern im sogenannten Sudetenland, das aufgrund des Münchner Abkommens vom September 1938 von der Tschechoslowakei abgetrennt und dem Deutschen Reich zugeschlagen wurde. In dem Teil der Tschechoslowakei, der nach deren Zerschlagung durch Hitler im März 1939 zum Reichsprotektorat Böhmen und Mähren wurde, war die Bosch-Gruppe schon länger durch zwei Tochtergesellschaften vertreten. Die Robert Bosch GmbH besaß eine bedeutende Verkaufsgesellschaft in Prag und die Ideal-Werke hatten Anfang 1933 die Ideal Radio AG, Prag gegründet. Die Ideal Radio AG durfte aufgrund der tschechoslowakischen Bestimmungen vor 1938 nicht als deutsches Unternehmen firmieren.[65] Sie wurde im Dezember 1938 in den direkten Besitz der Robert Bosch GmbH übernommen, die sie zwei Jahre später an ihre Tochtergesellschaft Blaupunkt abgab. Im Januar 1940 erwarb Bosch auch die Verkaufsgesellschaft Robert Bosch GmbH Prag.[66] Mit diesen Transaktionen war, wie es in einem Bericht des Justitiars Karl Thomä heißt, «der Konzernaufbau im großdeutschen Reich endgültig abgerundet und sachlich aufgegliedert».[67]

In den annektierten Nachbarländern nutzte Bosch die neuen Machtverhältnisse also nicht aus, um dort durch Übernahmen oder die Errichtung neuer Tochtergesellschaften Marktanteile zu gewinnen. Eine derartige Expansion hätte für das Unternehmen auch keinen Sinn gemacht. Bosch war in diesen Ländern schon längst Marktführer und hatte dort bei der Kraftfahrzeugausrüstung keine nennenswerte Konkurrenz durch einheimische Firmen. Anders verhielt es sich in Ostasien. Hier konnte Bosch nach der japanischen Invasion in China einige neue Stützpunkte errichten.[68]

Anders als 1914 geriet Bosch durch den Beginn des Zweiten Weltkriegs nicht in eine Krise. Entscheidend dafür war zum einen der geringe Anteil des Auslandsgeschäfts. Im Jahr 1938 entfielen nur 11,6 Prozent des Absatzes auf das Ausland, gegenüber 88,7 Prozent im Jahr 1913.[69] Doch war das Unternehmen in den Jahren vor 1939 auch in einem ganz anderen Umfang an der Aufrüstung beteiligt, als dies vor 1914 der Fall gewesen war, weil die Motorisierung in der Zwischenzeit zugenommen hatte. Bosch hatte jetzt ein viel breiteres Produktionsprogramm, darunter Zünder und Einspritzpumpen für Flugmotoren.[70] So ging bei Kriegsbeginn zwar die Beschäftigtenzahl durch die Einberufungen zurück. Der Umsatz stieg dagegen im ersten Kriegsjahr an,

allerdings nur unter Einschluss der für die Luftrüstung fertigenden Tochtergesellschaft Dreilinden Maschinenbau GmbH.[71] Der Ausfall der Lieferungen
nach Großbritannien und Übersee konnte durch Zuwächse im Süd- und Süd-
osteuropageschäft kompensiert werden und nach dem Waffenstillstand vom
Mai 1940 erzielte Bosch in den besetzten westeuropäischen Ländern mehr
Umsatz als in den Jahren vor Kriegsbeginn. Große Umstellungsprobleme
hatte innerhalb der Bosch-Gruppe lediglich die Blaupunkt GmbH, die ihre
Rundfunkgerätefertigung stark einschränken musste.[72]

Die Umwandlung der Robert Bosch AG in eine GmbH

Am 10. Dezember 1937 beschloss die Hauptversammlung der Robert Bosch AG,
das Unternehmen in eine GmbH umzuwandeln. Aus dem Aktienkapital von
30 Mio. RM wurde nun ein Stammkapital in gleicher Höhe, aus dem Vorstand
wurde eine Geschäftsführung und der Eigentümer Robert Bosch war nun
nicht mehr Aktionär, sondern Gesellschafter seines Unternehmens. Zugleich
wechselte Robert Bosch, der bisher Aufsichtsratsvorsitzender gewesen war, in
die Geschäftsführung, der er fortan als Vorsitzender und alleiniger zeichnungsberechtigter Gesellschafter angehörte. Auf den ersten Blick mag es erscheinen,
als ob diese Umwandlung der Rechtsform nur eine Formalität gewesen wäre.[73]
Tatsächlich stand sie jedoch in engem Zusammenhang mit den Bemühungen
Robert Boschs, sein Erbe zu regeln. Zugleich war sie eine Reaktion auf ein
neues Aktiengesetz.

Im Laufe der 1920er Jahre hatte Robert Bosch immer mehr bereut, bei der
Umwandlung seines Unternehmens in eine Aktiengesellschaft die damaligen
Vorstandsmitglieder großzügig beteiligt zu haben. Die Vorstandsmitglieder
konnten ihre Aktienpakete zwar nicht frei verkaufen, aber weil man den Erbfall nicht bedacht hatte, konnten auf diesem Weg Beteiligungen leicht in die
Hände von Personen gelangen, die keinerlei Verbindung zum Unternehmen
hatten. In den Jahren 1919 bis 1925 starben drei Vorstandsmitglieder, die Beteiligungen an der Robert Bosch AG hielten: Heinrich Kempter, Gottlob Honold
und Ernst Ulmer. Ein beträchtlicher Teil des Aktienkapitals ging dadurch in
das Eigentum firmenfremder Personen über.[74] Nach der Entlassung von Hugo
Borst im Jahr 1926 befand sich unter den Aktionären auch ein Mann, mit dem
sich Bosch völlig überworfen hatte.[75] Als Lehre aus dieser Entwicklung ging
der Unternehmensgründer dazu über, den Minderheitsaktionären ihre Beteiligungen abzukaufen. Wie viel Geld ihn dies gekostet hat, ist nicht bekannt,
aber der Kaufpreis dürfte sicher über dem Nominalwert der Aktienpakete in
Höhe von insgesamt 14,7 Mio. RM gelegen haben. Dadurch veränderte sich
wiederum Boschs Sicht auf die Gründung der Aktiengesellschaft. Er behaup-

tete nun, wie Heuss berichtet, dass die Umwandlung des Unternehmens in eine Aktiengesellschaft praktisch ohne seine Zustimmung erfolgt wäre, was schlichtweg nicht zutraf. Bosch soll auch gesagt haben: «Nur die Tatsache ist mir bekannt: die Stunde der Gründung war eine der schwersten meines Lebens.»[76]

Die Entscheidung von 1917 entsprach inzwischen auch nicht mehr der familiären Situation Boschs. Damals hatte der Unternehmensgründer nicht damit gerechnet, weitere Kinder zu bekommen. Diese Perspektive hatte sich durch die zweite Heirat verändert. Seit der Geburt seines Sohns Robert Bosch d. J. im Jahr 1928 war wieder ein männlicher Erbe vorhanden – seine Töchter kamen für Bosch nicht als Nachfolgerinnen im Unternehmen in Betracht – und drei Jahre später kam noch der Enkel Georg Zundel hinzu. Boschs oben zitierte Äußerungen aus dem Jahr 1930 lassen vermuten, dass er zu diesem Zeitpunkt bereits den Entschluss gefasst hatte, die Rechtsform des Unternehmens zu ändern. Dass die Umwandlung erst sieben Jahre später erfolgte, hatte mehrere Gründe. Zum einen wird es wahrscheinlich Aktionäre gegeben haben, die ihre Beteiligungen behalten und einer Umwandlung nicht zustimmen wollten. Bis 1934 war es nicht möglich, Minderheitsaktionäre in Form eines «Squeeze-out» gegen Zahlung einer Abfindung zwangsweise auszuschließen.[77] Zum anderen drängten die Auswirkungen der Weltwirtschaftskrise die Umwandlungspläne erst einmal in den Hintergrund und ab Herbst 1931 zeichnete sich ab, dass das deutsche Aktienrecht durch eine gesetzliche Regelung geändert würde, von der auch neue Bestimmungen über die Leitungsstruktur von Großunternehmen und die Umwandlung von Aktiengesellschaften zu erwarten waren.[78] Nach längeren Vorarbeiten wurde das neue Aktiengesetz schließlich am 30. Januar 1937 erlassen. Die darin enthaltenen Bestimmungen dürften ein weiteres Motiv für Robert Boschs Entschluss gewesen sein, nun die Umwandlung seines Unternehmens in eine GmbH anzugehen.

Das Aktiengesetz von 1937 war nicht von der NS-Ideologie geprägt. Es griff auf Entwürfe aus der Zeit der Weimarer Republik zurück und bestand in seinem materiellen Gehalt später nahezu unverändert in der Bundesrepublik fort.[79] Neben neuen Bestimmungen über Publizität, Bilanzierung und Prüfung schrieb das Gesetz auch vor, dass Aktiengesellschaften mit Zustimmung von 75 Prozent des bei der Beschlussfassung vertretenen Kapitals umgewandelt werden konnten.[80] Robert Bosch war nun in der Lage, eine Umwandlung auch gegen widerspenstige Minderheitsaktionäre durchzusetzen. Die Umwandlung der Robert Bosch AG in eine GmbH schien nun aber auch geboten, weil das neue Aktiengesetz Bestimmungen enthielt, die nicht zur bestehenden Leitungsstruktur des Unternehmens passten. Das Gesetz stärkte die Rechte des Vorstands, während der Aufsichtsrat nicht mehr die Geschäfte leiten konnte, sondern nur noch die Geschäftsführung zu überwachen hatte. Robert Bosch hatte als Aufsichtsratsvorsitzender die Geschäftspolitik bestimmt, wie dies in vielen Unternehmen damals der Fall war. Obwohl sich der Unternehmensgründer aus dem laufenden Geschäft zurückgezogen hatte, wollte er nicht auf die Möglichkeit verzichten, auf die Leitung der Geschäfte Einfluss zu nehmen. Nach den Bestimmungen des neuen Aktiengesetzes konnte Bosch aber, wie es sein juristischer Berater Paul Scheuing formulierte, «in seiner bisherigen Eigenschaft als Vorsitzender des Aufsichtsrats nicht diejenige geschäftsleitende Tätigkeit ausüben, die ihm seither oblag».[81] Nach der Umwandlung in eine GmbH übernahm Scheuing den Vorsitz im Aufsichtsrat der Robert Bosch GmbH, während Robert Bosch im Alter von 75 Jahren Vorsitzender der Geschäftsführung sowie allein zeichnungsberechtigter Geschäftsführer wurde und dies bis zu seinem Tod blieb.

Schon bald wurde kolportiert, Robert Bosch hätte sein Unternehmen mit der Umwandlung vor einem möglichen Zugriff des Regimes schützen wollen.[82] Diese Deutung geht an den wirklichen Motiven vorbei. Auch stand die Umwandlung durchaus im Einklang mit den Erwartungen der Behörden, obwohl sich Bosch gewiss nicht deshalb zu diesem Schritt entschlossen hatte. Die Nationalsozialisten drängten die Rechtsform der Aktiengesellschaft zurück, was sich aber gegen anonyme Kapitalgesellschaften, nicht gegen «Familien-AGs» richtete. Dass ein Unternehmen wie die Robert Bosch AG den Status einer Aktiengesellschaft aufgab, wurde in der gleichgeschalteten Presse wohlwollend kommentiert.[83] Tatsächlich wollte Robert Bosch mit der Umwandlung des Unternehmens in eine GmbH einer Zersplitterung der Anteile, wie dies bei der Robert Bosch AG der Fall gewesen war, vorbeugen. Paul Scheuing machte keinen Hehl daraus, dass es dabei auch um das Vermächtnis des Unternehmensgründers ging, indem er betonte, «dass in der Form der G.m.b.H. bessere Möglichkeit gegeben sein wird als bei der A.G., den Anteilsbesitz auch in Erbfällen so zu binden und zusammenzuhalten, dass der Bestand des Unternehmens und dessen Fortführung nach den Richtlinien des Herrn Bosch tunlichst gewährleistet bleibt.»[84]

2. «Boschgemeinschaft» und «Volksgemeinschaft»: Bosch, die NSDAP und der NS-Staat

Die Robert Bosch AG nach der nationalsozialistischen Machtübernahme

Für Robert Bosch verkörperte der Nationalsozialismus ziemlich genau das Gegenteil von allem, wofür er eintrat. Ähnlich verhielt es sich bei Hans Walz, dem wichtigsten Mann im Vorstand der Robert Bosch AG, und anderen engen Mitarbeitern des Firmengründers. Demokratie, Gerechtigkeit und Völkerverständigung waren für Bosch und sein Umfeld hohe Werte. Bosch und Walz gehörten dem Verein zur Abwehr des Antisemitismus an.[1] Unter den damals rund 8000 Beschäftigten des Unternehmens gab es natürlich auch Nationalsozialisten. Seit 1931 bestand bei Bosch eine nationalsozialistische Betriebszelle.[2] Besonders groß kann die Zahl ihrer Mitglieder aber nicht gewesen sein und in der Unternehmensleitung waren Nationalsozialisten nicht vertreten. Walz konnte nach Kriegsende darauf verweisen, dass von den «Hauptdirektoren» bei Bosch «kein einziger vor 1933 Mitglied der Partei gewesen war oder mit ihr sympathisierte.»[3] Dass Hitler am 30. Januar 1933 zum Reichskanzler ernannt wurde, stieß bei Robert Bosch und seinem Kreis nicht auf Zustimmung. Doch war man überzeugt, dass sich die neue Regierung nicht lange halten und die Entwicklung unaufhaltsam in Richtung einer europäischen Verständigung gehen würde.[4] An dieser Erwartung hielten Bosch und Walz nach 1933 zunächst fest. Erst in einem längeren Prozess der Desillusionierung wandelte sich ihre Abneigung gegenüber dem Nationalsozialismus in offenen Hass gegen Hitler und sein Regime. Dabei war es anfangs nicht etwa das Motorisierungsprogramm des NS-Regimes, das Robert Bosch veranlasste, auch gewisse Hoffnungen in die neue Regierung zu setzen. Vielmehr glaubte er, Hitler von der Notwendigkeit einer Verständigung mit Frankreich überzeugen zu können und ließ dessen Wirtschaftsberater Wilhelm Keppler im Februar 1933 wissen, er würde sich gerne «mit Herrn Hitler über unsere Außenpolitik unterhalten».[5]

Von der nationalsozialistischen Machtübernahme in Württemberg im März 1933 ging für Bosch dagegen eine unmittelbare Bedrohung aus. Auf Druck der NSDAP wählte der Landtag damals deren Gauleiter Wilhelm Murr zum Staatspräsidenten, der nach der Gleichschaltung Württembergs als Reichsstatthalter über das Land herrschte.[6] Innerhalb kurzer Zeit wurden mehrere tausend Kommunisten, Sozialdemokraten und andere Oppositionelle in «Schutzhaftlager» gebracht, wie die neu errichteten Konzentrationslager in der Sprache der Täter hießen.[7] Es war in Stuttgart kein Geheimnis, dass Murr Robert Bosch und dessen Firma im Visier hatte. Er wollte nicht länger hinnehmen, dass die Nationalsozialisten in einem der größten Unternehmen Württembergs ohne Einfluss waren und ließ Nachforschungen über Robert Bosch anstellen.[8] Angesichts der Verhaftungswellen begann der Vorstand um Hans Walz nun, um die Sicherheit Robert Boschs zu bangen. Nach Kriegsende schrieb Walz, damals wäre «von der Parteileitung erwogen worden, Herrn Bosch in Schutzhaft zu nehmen, wogegen ich in Berlin um Hilfe bat».[9] Robert Bosch zog sich in den folgenden Wochen auf seinen Hof Mooseurach zurück. Er hatte sich, wie er seinem Freund Escherich mitteilte, durch «die Aufregung und Sorgen über unsere politischen Verhältnisse wieder eine Herzerweiterung zugezogen».[10] Dem Generalsekretär des deutsch-französischen Studienkomitees, Frank Rümelin, schrieb Bosch am 12. April 1933 nach Paris, es sei «nicht unmöglich, daß es einem meiner Freunde gelingt, mich in ein Konzentrationslager zu bringen, wenn auch nur auf kurze Zeit.»[11] Mitte Mai 1933 erkannte man, dass Murr und seine Schergen nicht gegen Robert Bosch vorgehen würden.[12] Tatsächlich ist es sehr unwahrscheinlich, dass Murr überhaupt beabsichtigte, Bosch verhaften zu lassen. Seinem Ansehen selbst in der eigenen Partei wäre es nicht förderlich gewesen, den populärsten Unternehmer Württembergs in KZ-Haft zu halten, und er konnte sich wohl auch ausrechnen, dass Hitler nicht bereit war, die Beziehungen der neuen Reichsregierung zur Industrie wegen der Machtgelüste eines Gauleiters zu belasten. Doch die Unternehmensleitung sollte wohl eingeschüchtert werden und im Kreis um Robert Bosch wurde die Situation durchaus als bedrohlich empfunden. Auch als sich die ursprünglichen Befürchtungen nicht bewahrheiteten, blieb man argwöhnisch. Man hielt es nach wie vor für möglich, dass es notwendig werden könnte, Bosch in die Schweiz zu bringen, und traf heimlich Vorbereitungen. Willy Schloßstein und Paul Hahn richteten eine «Aufnahmemöglichkeit» am Schweizer Ufer des Bodensees ein, die bis August 1944 bestand.[13]

In Berlin bemühte sich Keppler darum, das von Bosch bereits im Februar 1933 gewünschte Gespräch mit Hitler zustande zu bringen. Es gelang ihm, eine etwa halbstündige Unterredung zu vermitteln, die am 22. September 1933 in der Reichskanzlei stattfand. Bosch hoffte nach wie vor, Hitler für eine Verständigung mit Frankreich gewinnen zu können, doch der Diktator ging bei dem Gespräch in keiner Weise auf den Unternehmer ein.[14] Bosch war enttäuscht, gab die Hoffnung aber noch nicht auf.[15] Wohl als Zeichen des guten Willens spendete er damals für ein Lieblingsprojekt Hitlers, den Bau des Hauses der Deutschen Kunst in München, 100 000 RM. Gemeinsam mit Industriellen wie Friedrich Flick, Gustav Krupp von Bohlen und Halbach, Wilhelm von Opel und

Abb. 28: Hans Walz (1933)

Carl Friedrich von Siemens gehörte er zu den «Grundsteinstiftern» des neuen Ausstellungsgebäudes.[16]

In Stuttgart sah sich der Vorstand des Unternehmens schon im Frühjahr 1933 weiteren Pressionen ausgesetzt. Wie Walz nach Kriegsende schrieb, wäre dem Vorstand «damals dringend angeraten worden, dass, um unmittelbar drohende Gefahren von der Firma abzuwenden, wenigstens ein Teil der leitenden Herren die formale Zugehörigkeit zur Partei erwerben sollte».[17] Walz und Wild, die beiden wichtigsten Vorstandsmitglieder, beantragten nun die Aufnahme in die NSDAP. Der Personalleiter Debatin schloss sich ihnen an und Boschs Privatsekretär Schloßstein stellte im Mai 1933 ebenfalls einen Antrag auf NSDAP-Mitgliedschaft. Walz und Wild wurden rückwirkend zum 1. Mai in die NSDAP aufgenommen. Auch Debatin und Schloßstein erhielten das Parteibuch.[18] Hermann Fellmeth, der neben Walz und Wild das dritte ordentliche Vorstandsmitglied war, beantragte nicht die Aufnahme in die NSDAP, was möglicherweise damit zusammenhing, dass er für das Auslandsgeschäft zuständig war.[19] Die drei stellvertretenden Vorstandsmitglieder, Guido Gutmann, Max Rall und Erich Carl Rassbach, traten ebenfalls nicht in die Partei ein.[20] Robert Bosch zum Parteieintritt zu bewegen, war so aussichtslos, dass dies nicht einmal die Gauleitung versuchte.[21]

Dass Vorstandsmitglieder eines Unternehmens, das für seine Distanz zur NSDAP bekannt war, wenige Monate nach Hitlers Machtübernahme die Mitgliedschaft in dieser Partei beantragten, ist erklärungsbedürftig. Besonders gilt dies für Walz, der ein Mann von festen, ethisch und religiös begründeten Prinzipien war. Walz und Wild hatten ihre Einstellung im Frühjahr 1933 nicht geändert. So gehörte Walz auch nach seinem Parteieintritt weiterhin dem Verein zur Abwehr des Antisemitismus an, bis zu dessen Auflösung im Herbst 1933. Sein Eintritt in die NSDAP ist wohl dadurch zu erklären, dass man der Gauleitung keinen Vorwand dafür liefern wollte, einen überzeugten Nationalsozialisten in den Vorstand einzusetzen. Man wusste, dass Murr nur auf eine Gelegenheit wartete, dem Parteiapparat bei der Robert Bosch AG mehr Einfluss zu verschaffen. Die Regierung in Berlin hätte ihn daran wahrscheinlich nicht gehindert, insofern war diese Gefahr realer als die Angst vor einer Verhaftung Robert Boschs. Für die Bosch-Führung war es nicht vorstellbar, einflussreiche Positionen innerhalb des Unternehmens einem Gefolgsmann der Gauleitung oder einem anderen überzeugten Nationalsozialisten zu überlassen. Auch gab es bei Bosch – anders als zum Beispiel bei Daimler-Benz – keine politisch motivierten Berufungen in den Vorstand und keinen Versuch, einen nationalsozialistischen Mitarbeiter als Verbindungsmann zum Regime zu nutzen.[22]

Die Erwartung, die Robert Bosch AG durch Parteieintritte mehrerer Mitglieder der Unternehmensleitung politisch abschirmen zu können, erwies sich jedoch schon bald als Trugschluss. Auch ließ sich die Bosch-Führung damit auf einen Mechanismus ein, mit dem sie sich in immer größere Widersprüche verstrickte. Wenige Jahre später trat Walz in die SS ein, weil er glaubte, dadurch mehr bewirken zu können als mit der bloßen Parteimitgliedschaft.[23] Nach seinen eigenen Angaben wurde er «ca. 1935» in die SS aufgenommen.[24] Walz war auch zu diesem Zeitpunkt noch davon überzeugt, dass er damit das Unternehmen vor politischen Eingriffen schützen konnte.[25]

Von den Bosch-Direktoren, die 1933 die NSDAP-Mitgliedschaft beantragten, dürfte zumindest einem, nämlich Otto Debatin, dieser Schritt nicht so schwergefallen sein wie Walz. Schon in einem Beitrag im *Bosch-Zünder* vom 25. April 1933 hatte er die «geschichtliche Mission der nationalsozialistischen Bewegung» gewürdigt und dieser bescheinigt, eine «wahre, klassenlose Volksgemeinschaft» anzustreben.[26] Anders als Walz war Debatin ein Opportunist. Auch als er 1918 ein Konzept für eine Werkszeitung von Bosch entwickelte, hatte er sehr genau gewusst, welche Formulierungen gut ankommen würden.[27] Im Unterschied zu Walz hatte er vor allem seine eigenen Interessen im Blick. Wenn Debatin seine Position als Personalchef behalten wollte, kam er über kurz oder lang ohnehin nicht um die NSDAP-Mitgliedschaft herum. Da dürfte es ihm vorteilhafter erschienen sein, frühzeitig in die Partei einzutreten.[28]

Debatin verhielt sich weiterhin gegenüber der Unternehmensleitung loyal und orientierte sich bei seiner Personalpolitik an die Prinzipien des Unternehmens, aber er hatte auch ein recht gutes Verhältnis zur nationalsozialistischen Betriebsvertretung.[29]

Für eine Karriere bei Bosch war die Parteimitgliedschaft gewiss nicht erforderlich, aber auch nicht hinderlich, wie das Beispiel von Ernst Durst zeigt, der 1937 stellvertretender Geschäftsführer wurde. Durst gehörte seit Mai 1933 der NSDAP an, war aber kein «aktives» Parteimitglied.[30] In einem vertraulichen Bericht, den Otto Henne, der Leiter des Angestelltenbüros, im April 1947 verfasste, werden die Namen von insgesamt 39 «ausgesprochen leitenden Persönlichkeiten» der Bosch-Gruppe genannt, die nach Einschätzung der Personalabteilung in den Jahren 1933–1945 als nationalsozialistisch infiziert galten.[31] Unter diesen nennt der Bericht an erster Stelle den Entwicklungsleiter Friedrich Menzel, der seit 1931 der NSDAP angehörte und als Murrs Gewährsmann bei Bosch galt.[32] Da er die Unterstützung Murrs hatte, konnte die Unternehmensleitung nicht gegen ihn vorgehen, bis er schließlich selbst einen hieb- und stichfesten Grund für seine Entlassung lieferte. Menzel wurde im Oktober 1941 festgenommen, als er in stark betrunkenem Zustand eine Probefahrt mit einem Firmenwagen unternahm.[33]

Wie hoch der Anteil der NSDAP-Mitglieder an der Bosch-Belegschaft war, lässt sich nur grob schätzen, da die Geschäftsführung und der Betriebsrat hierzu nach dem Krieg unterschiedliche Angaben veröffentlichten.[34] Wahrscheinlich wird man nicht falsch liegen, wenn man von einem Mittelwert zwischen den Angaben der Geschäftsführung und des Betriebsrats, der bei knapp 19 Prozent liegt, ausgeht. Für die Tochtergesellschaften sind mit Ausnahme der Trillke-Werke keine Angaben über den Anteil der NSDAP-Mitglieder an der Belegschaft überliefert.[35] Bei Blaupunkt war der technische Leiter Paul Goerz zwar nicht Mitglied der NSDAP, doch war er Reichskultursenator und hatte offenbar gute Verbindungen zu Goebbels.[36]

Die Personalpolitik bei Bosch war auch im Dritten Reich am traditionellen Grundsatz des Unternehmens ausgerichtet, die politische Einstellung als private Angelegenheit anzusehen und bei Personalentscheidungen nicht zu berücksichtigen. Aus eigenem Antrieb hat Bosch im Dritten Reich keine Kündigungen aus politischen Gründen ausgesprochen. Auch Entlassungen aus «rassischen» Gründen hat das Unternehmen nicht aus eigener Initiative vorgenommen, wie noch an anderer Stelle näher ausgeführt wird.[37] Als der Stuttgarter Gaubetriebszellenleiter der NSDAP und Gauobmann der neu geschaffenen Deutschen Arbeitsfront (DAF), Friedrich Schulz, ein ehemaliger Bosch-Mechaniker, im Frühjahr 1933 die Entlassung von 30 kommunistischen Arbeitern verlangte, lehnte die Personalleitung dies ab.[38] Offenbar wurden dann aber doch einige Entlassungen ausgesprochen.[39] In einer Reihe von Fällen stellte Bosch Regimegegner ein, die ihren Arbeitsplatz aus politischen Gründen verloren hatten oder in einem Konzentrationslager inhaftiert gewesen waren. Insgesamt handelte es sich dabei um rund 30 Personen.[40] Die «unpolitische» Haltung der Firma in Personalfragen konnte später der Betriebsratsvorsitzende Eugen Eberle aus eigener Erfahrung bestätigen. Als Zeuge ist er in diesem Zusammenhang besonders glaubwürdig, weil er nach dem Krieg heftige Auseinandersetzungen mit der Geschäftsführung hatte und stets ein überzeugter Marxist war. In seinen Erinnerungen schreibt er über diese Zeit: «Es war eine diffizile Arbeit, Meister und Vorarbeiter interessierten sich nur für gute Leistungen. Die politische Vergangenheit interessierte, wie es mir schien, niemanden.»[41]

Die finanziellen Zuwendungen an die NSDAP und ihre verschiedenen Unterorganisationen waren späteren Angaben zufolge nicht allzu üppig. Aus einer Liste, die von Debatin nach Kriegsende erstellt wurde, ergibt sich, dass das Unternehmen der Partei in den Jahren 1933–1945 einen Betrag von insgesamt 553 000 RM gespendet hat. Das war weniger als die «Spenden an Kirchen und Juden», die sich in diesem Zeitraum auf 600 000 RM beliefen, oder die «allgemeine[n] Spenden» in Höhe von insgesamt 900 000 RM. Allerdings weist Debatins Liste Lücken für einige Jahre auf.[42]

Bestimmte Anlässe wurden auch bei Bosch nach den vom NS-Regime erwarteten Ritualen begangen, so etwa die Eröffnung der «Arbeitsschlacht» am 21. März 1934.[43] In betrieblichen Fragen hielt man hingegen an der eigenen Tradition fest, wo immer es möglich war. Innerbetriebliche Regelungen wollte sich das Unternehmen von den NS-Organisationen nicht vorgeben lassen. In den Konflikten mit der DAF bediente sich Hans Walz des Arguments, «daß die Firma Bosch für sich in Anspruch nehmen könne, ein Vorläufer des Nationalsozialismus in sozialpolitischer Beziehung gewesen zu sein».[44] Doch die Parteifunktionäre wussten sehr wohl, was davon zu halten war, und erkannten in den sozialen Leistungen des Unternehmens den «Bosch-Geist», der sich nicht in die nationalsozialistische Volksgemeinschaft fügen wollte. «Man dürfe aber ‹Boschgemeinschaft› nicht mit ‹Volksgemeinschaft› vergleichen», belehrte ein Funktionär der NSBO-Reichsleitung Hans Walz im Dezember 1937.[45] Walz widersprach nicht. Unter umgekehrten Vorzeichen dürfte er dies ähnlich gesehen haben. Für die Unternehmensleitung ging es darum, die «Boschgemeinschaft» auch unter den Bedingungen der «Volksgemeinschaft» zu bewahren.

Konflikte und Arrangements mit der Partei

Im Sommer 1935 bahnte sich ein weiterer Konflikt zwischen Bosch und dem NSDAP-Apparat an. Dieses Mal ging es um die Deutsche Verlagsanstalt (DVA) und den Stuttgarter Zeitungsverlag. Robert Bosch besaß 63 Prozent des Aktienkapitals der DVA, zu der auch der Stuttgarter Zeitungsverlag und damit das *Stuttgarter Neue Tagblatt* sowie die *Württemberger Zeitung* gehörten.[46] Für die Gauleitung war Boschs Pressebesitz schon lange ein Ärgernis. Das *Stuttgarter Neue Tagblatt* galt ihr als «Scheißdemokratenblättle».[47] Nachdem der Präsident der Reichspressekammer, Max Amann, im April 1935 mehrere Anordnungen erlassen hatte, die es ermöglichten, missliebige Zeitungen jederzeit auszuschalten, mussten sich das *Stuttgarter Neue Tagblatt* und die *Württemberger Zeitung* den politischen Vorgaben beugen. Amann setzte Bosch über einen Mittelsmann unter Druck und verlangte, eine 50-prozentige Beteiligung am Stuttgarter Zeitungsverlag an eine NSDAP-eigene Gesellschaft abzugeben.[48] Da Bosch dazu nicht bereit war, bestellte ihn Göring Anfang 1936 zu sich, drohte mit entschädigungsloser Enteignung und angeblich auch mit «Schutzhaft». Daraufhin gab Bosch den Stuttgarter Zeitungsverlag ab.[49]

Bosch und Walz setzten damals große Erwartungen in Hjalmar Schacht, der Ende Juli 1934 zum Reichswirtschaftsminister ernannt wurde. Bosch kannte Schacht schon seit der Zeit des Ersten Weltkriegs und schätzte ihn, auch wenn er dessen politische Ansichten nicht teilte.[50] Schacht, der sich innerhalb der Regierung Hitler als Schirmherr der Privatwirtschaft und des Außenhandels verstand, war für die Bosch-Führung nun der wichtigste Ansprechpartner innerhalb des Regimes.[51] In der Militärstraße hoffte man, dass sich sein ökonomischer Sachverstand gegen die Machtansprüche des Parteiapparats durchsetzen würde.[52]

Die Spannungen zwischen der Robert Bosch AG und der Stuttgarter Gauleitung eskalierten anlässlich des 50-jährigen Unternehmensjubiläums, das am 23. September 1936, dem 75. Geburtstag Robert Boschs, begangen wurde. In der zu diesem Anlass erschienenen Festschrift fehlten die üblichen, von den Nationalsozialisten erwarteten Huldigungen an das Regime.[53] Die eingeladenen Vertreter der Partei sagten daraufhin ihre Teilnahme an der Jubiläumsfeier in der Stuttgarter Stadthalle ab, während Hjalmar Schacht davon unbeeindruckt die Festansprache hielt. Im Anschluss an Schacht sprach Walz zu den 8000 Gästen und Mitarbeitern. In seiner Rede fanden sich politische Verbeugungen ebenso wenig wie in der Festschrift.[54] Die Gauleitung leitete daraufhin gegen Walz und Debatin eine Untersuchung ein, die mit einer scharfen Verwarnung endete.[55]

Abb. 29: Festakt zum 50-jährigen Unternehmensjubiläum (1936)
(erste Reihe von links nach rechts: Familie Bosch, Hjalmar Schacht, Hans Walz)

Im Herbst 1937 kam es zu einem weiteren Eklat. In einem anonym veröffentlichten Artikel, der vom Gauamtsleiter für Technik, Rudolf Rohrbach,
stammte, wurde behauptet, die Robert Bosch AG hätte als Gegenleistung für
eine Spende an die Technische Hochschule Stuttgart für vier ihrer Direktoren
den Ehrendoktortitel gefordert. Der Vorstand des Unternehmens wies dies als
Verleumdung zurück und bestand auf einer Gegendarstellung. Die Affäre weitete sich aus, als Rohrbach auf Drängen von Walz seinen Informanten nennen
musste und es sich um keinen geringeren als den Rektor der TH Stuttgart, Wilhelm Stortz, handelte. Stortz musste dann zugeben, dass er einer falschen eides-
stattlichen Erklärung des Präsidenten der württembergischen Wirtschaftskam-
mer, Fritz Kiehn, aufgesessen war. Die «Bosch-Affäre» endete so mit einer
Blamage für die Gauleitung, und Kiehn, ein «alter Kämpfer» der NSDAP und
SS-Sturmbannführer, musste sich vor dem Gaugericht verantworten.[56]
     Hans Walz gehörte inzwischen einem Kreis an, der 1932 von Wilhelm
Keppler als «Studienkreis» für Wirtschaftsfragen gegründet worden war, um
Hitler in Wirtschaftsfragen zu beraten, und nun inoffiziell als «Freundes-
kreis Reichsführer SS» bezeichnet wurde.[57] Kepplers Neffe Fritz Kranefuß,
der diesen Kreis seit 1934 betreute, war Adjutant des SS-Chefs Heinrich
Himmler und hatte das Beratergremium in einen Spendenverein für Himm-

lers persönliche Vorlieben umgewandelt. Dem «Freundeskreises Reichsführer SS» gehörten namhafte Industrielle und Bankiers, aber auch hohe Beamte und SS-Offiziere an.[58] Von den Mitgliedern aus der Wirtschaft wurde erwartet, dass sie bzw. ihre Unternehmen großzügige Spenden auf ein Sonderkonto Himmlers überwiesen. Die meisten Industriellen und Bankiers, die dem «Freundeskreis Reichsführer SS» angehörten, sahen darin eine Art politische Landschaftspflege. Als Mitglied des «Freundeskreises» musste man nicht der SS angehören. Unternehmer aus diesem Kreis, die der SS beigetreten waren, wurden aber ehrenhalber mit SS-Offiziersrängen ausgezeichnet. Walz war zuletzt Hauptsturmführer (Hauptmann).[59] Am aktiven SS-Dienst haben Unternehmer mit derartigen Ehrenoffiziersrängen nicht teilgenommen. Die Spende an Himmler, die von Walz als Mitglied des «Freundeskreises» erwartet wurde, überwies die Robert Bosch GmbH. Das Unternehmen zahlte dafür jährlich 25 000 RM.[60]

Walz selbst stritt später ab, bereits dem Keppler-Kreis angehört zu haben. Alle Indizien sprechen auch dafür, dass er erst beitrat, als dieser Kreis schon unter der Schirmherrschaft Himmlers stand, und dass er aufgenommen wurde, weil er ein bekannter Industrieller war, der bereits der SS angehörte.[61] Ebenso wie seinen Eintritt in die SS dürfte Walz seine Mitgliedschaft im «Freundeskreis Reichsführer SS» als eine politische Rückversicherung angesehen haben. Er glaubte offenbar, eine Parteiorganisation gegen die andere ausspielen zu können, und betrieb dies im Konflikt um das 50-jährige Firmenjubiläum und die in diesem Zusammenhang erschienene Festschrift auch mit einem gewissen Erfolg.[62]

Nicht nur bei Bosch, sondern auch in anderen Unternehmen versuchten die Vorstände, sich die Rivalitäten, Feindschaften und Machtkämpfe innerhalb des NS-Regimes zu Nutze zu machen. Sie handelten damit entsprechend der Logik eines Herrschaftssystems, das durch konkurrierende Institutionen und ein hohes Maß an Patronage gekennzeichnet war. So erkannte man in der Unternehmensleitung von Bosch auch rasch, welche Möglichkeiten sich eröffneten, als Robert Bosch und sein Kreis in den Jahren 1936/37 mit dem SS-Offizier Gottlob Berger in nähere Verbindung kamen. Berger verehrte Robert Bosch. Sein Vater stammte wie Bosch aus Albeck. Beide hatten in Ulm zusammen Militärdienst geleistet. Robert Bosch wiederum sah in Berger nicht den SS-Offizier, sondern den Sohn eines früheren Kameraden. In Boschs Umgebung hielt man Berger für vertrauenswürdig, obwohl man wusste, dass dieser im Frühjahr 1933 als Sonderkommissar der Obersten SA-Führung in Stuttgart gewütet hatte und für die damaligen Massenverhaftungen mitverantwortlich war. Das Interesse an einer Verbindung mit Berger war offenbar größer als die Skrupel. Als es auf dem Boschhof im Juni 1937 Schwierigkeiten mit NSDAP-Dienststellen gab, bot Berger an, seinen Einfluss geltend zu machen und die

Angelegenheit zu bereinigen, was ihm auch gelang. Im Gegenzug erhielt er von Bosch fortan über ein Geheimkonto ein monatliches Honorar in Höhe von 700 RM.[63] Für den Kreis um Robert Bosch bot es sich nicht nur wegen Bergers Loyalität zu «Vater Bosch» an, ihn als politische Verbindung zu nutzen. Der SS-Offizier war auch ein Intimfeind des Gauleiters Murr, dem er die Schuld dafür gab, dass er 1933 aus der Obersten SA-Führung in Stuttgart gedrängt worden war.[64]

Noch im Sommer 1935 hoffte Bosch auf eine deutsch-französische Verständigung. Er wollte ein Zeichen setzen, indem er französische Veteranen aus der Zeit des Ersten Weltkriegs einlud und mit kriegsversehrten Mitarbeitern seines Unternehmens zusammenbrachte.[65] Im Laufe des Jahres 1936 zeichnete es sich für Robert Bosch und Hans Walz dann jedoch immer deutlicher ab, dass Hitler einen Angriffskrieg vorbereitete. Hitler ernannte im Oktober 1936 Hermann Göring zum Beauftragten für den Vierjahresplan und stattete ihn mit Generalvollmachten aus. Anders als Schacht, den er dann aus dem Amt des Reichswirtschaftsministers drängte, trieb Göring die Kriegsrüstung ohne Rücksicht auf die Kosten und die Stabilität der Währung voran.[66] Robert Bosch war über diese Entwicklung aufgebracht. Vergeblich versuchte er im September 1936, Kriegsminister Werner von Blomberg vor den Gefahren der Hochrüstung zu warnen. Das mag naiv erscheinen und von Blomberg erteilte ihm auch eine deutliche Abfuhr, aber Bosch wollte nicht tatenlos zusehen, wie ein Angriffskrieg vorbereitet wurde.[67]

Zugleich war die Unternehmensleitung nun um eine Art «Burgfrieden» mit der Gauleitung und der DAF bemüht. Aus dem Konflikt um das Jubiläum von 1936 hatte man die Lehre gezogen, dass die Scharmützel mit der Gauleitung den eigenen Interessen nicht zuträglich waren.[68] Die Robert Bosch GmbH meldete sich jetzt zum «Leistungskampf der deutschen Betriebe» an und im Frühjahr 1939 konnte die DAF erstmals einen Schulungskurs im Unternehmen durchführen.[69] Eine Folge der veränderten Konstellation war es wohl auch, dass die Geschäftsführung am 1. Juni 1938 mit Karl Hugo Bühler einen Mann als Abwehrbeauftragten einstellte, der zuvor in der berüchtigten Stuttgarter Gestapo-Zentrale, dem «Hotel Silber» in der Dorotheenstraße, gearbeitet hatte. Die Robert Bosch GmbH war keineswegs genötigt worden, Bühler einzustellen, sondern hatte ihn von sich aus für diese Position vorgeschlagen. Er war Walz von Albrecht Fischer und Paul Hahn, zwei Vertrauten Robert Boschs, empfohlen worden. Auch war Bühler kein «gelernter» Gestapo-Mann, sondern mit der Pressestelle des Innenministeriums zunächst ins Landespolizeiamt und mit diesem in die Gestapo übernommen worden.[70] Walz war sich sicher, dass Bühler der Geschäftsführung gegenüber loyal sein würde und seine guten Verbindungen zur Gestapo nützlich sein konnten. Andere hingegen misstrauten Bühler und hielten ihn für ein Risiko. Debatin schrieb nach dem Krieg:

«Ich habe mich ernstlich und hartnäckig dieser Einstellung eines früheren Gestapomannes widersetzt, bin aber bei Herrn Walz, der ihn haben wollte, nicht durchgedrungen.»[71]

Als in der «Sudetenkrise» vom September 1938 die Kriegsgefahr mit Händen zu greifen war, nahm Robert Boschs Verbitterung über Hitler nochmals zu.[72] Nach den Erinnerungen von Felix Olpp, eines Mitarbeiters des Privatsekretariats von Bosch, sagte der Unternehmer damals bei einer Besprechung im engsten Kreis: «Meine Herrâ, der Kerle isch a Verbrecher.»[73] Auf dem Höhepunkt der Sudetenkrise schickten 40 Mitarbeiter der Firma Joseph Lucas Ltd. in Birmingham, mit der Bosch noch bis 1937 eng zusammengearbeitet hatte, einen Brief «An alle unsere Freunde in der Bosch-Organisation».[74] 54 Mitarbeiter von Bosch antworteten mit einem Bekenntnis zur «Notwendigkeit aufrichtiger, freundschaftlicher Zusammenarbeit unserer Völker».[75] Während Walz und Schloßstein im Juli 1939 noch einmal eine Auslandsreise unternahmen, bei der sie ihrem Verbindungsmann in London, Reinhard Schairer, und dem Amsterdamer Bankier Fritz Mannheimer ihre Befürchtungen mitteilten, lief die Rüstungsproduktion auch bei der Bosch-Gruppe auf Hochtouren.[76] Robert Bosch zog sich im August mit seiner Familie in das Jagdhaus Wespental zurück, war aber bei Kriegsbeginn, am 1. September 1939, wieder in Stuttgart. Gemeinsam mit Walz, Schloßstein und Olpp hörte er Hitlers Rede im Rundfunk an. Als Hitler sich rühmte, 80 Mrd. RM für die Aufrüstung ausgegeben zu haben, soll Bosch gesagt haben: «So, nun wissen wir wenigstens, woran wir sind.»[77]

Zwischen «Musterbetrieb» und «Nebenregierung»: Bosch im Kriegstotalitarismus

In den ersten Kriegsjahren hielt der «Burgfrieden» zwischen der Gauleitung und der Geschäftsführung von Bosch an. Bei der Partei und auch bei der DAF war man um ein gutes Verhältnis zu dem für die Kriegsrüstung so wichtigen Unternehmen bemüht. Die Robert Bosch GmbH bewarb sich ihrerseits nun um die Auszeichnung «Nationalsozialistischer Musterbetrieb», was man bislang vermieden hatte. Zum 1. Mai 1942 wurde dem Unternehmen dieser Titel seitens der DAF verliehen, den vorher schon allein in Württemberg 20 Firmen erhalten hatten.[78] Die Bezeichnung «Kriegs-Musterbetrieb» wurde der Robert Bosch GmbH angeblich sogar verliehen, ohne dass das Unternehmen dies beantragt hatte.[79] Damit einher gingen Ehrungen, die Robert Bosch persönlich zuteil wurden. Er erhielt von Murr das Kriegsverdienstkreuz I. Klasse und wurde anlässlich seines 80. Geburtstags am 23. September 1941 von DAF-Chef Robert Ley als «Pionier der Arbeit» ausgezeichnet.[80]

Die Ehrungen der Nationalsozialisten für Robert Bosch, die in der schamlosen Inszenierung des Staatsaktes zu seinem Begräbnis gipfelten,[81] bewiesen immerhin, dass das Regime nicht beabsichtigte, den Status des Unternehmens nach dem Tod des Gründers zu verändern. Schon Mitte der 1930er Jahre wurde der Bosch-Führung kolportiert, dass Reichsstatthalter Murr plane, das Unternehmen nach dem Tod Robert Boschs unter die Kontrolle der NSDAP zu bringen und als «Parteibetrieb» weiterzuführen.[82] Ernst nehmen musste man dieses von Gottlob Berger gestreute Gerücht nicht.[83] Auch bei Bosch wird man genau gewusst haben, dass Hitler nicht gegen die Privatwirtschaft vorgehen und schon gar nicht einem Gauleiter die Verantwortung für ein Unternehmen übertragen würde, das für die Kriegsrüstung derart wichtig war. Doch im Kreis um Robert Bosch hielt sich dieses Gerücht hartnäckig und in den Spruchkammerverfahren nach dem Krieg wurde darauf häufig Bezug genommen.[84] Ähnliches gilt für Murrs großtuerische Phrasen. Wie Heuss berichtet, erklärte der Stuttgarter Gauleiter und Reichsstatthalter im Sommer 1942, «er werde die Nebenregierung Bosch nicht länger dulden».[85] Doch geschehen ist daraufhin nichts.

Hans Walz hatte sich inzwischen in eine fast schizophrene Situation manövriert. Er unterstützte die Widerstandspläne Carl Friedrich Goerdelers und finanzierte verfolgten Juden insgeheim ihre Ausreise, saß aber auch, ausgestattet mit einem SS-Offiziersrang, mit den Tätern zusammen. Wie er mit dieser Rolle im Alltag umging, schilderte Ulrich von Hassell in einem Bericht über ein Treffen mit Bosch und Walz im August 1939: «Walz wurde zu einer Besprechung mit SS-Leuten herausgerufen. Als er zurückkam, trug er das SS Zeichen im Knopfloch, das er rasch dafür angelegt hatte, um dann weiter mit voller Entschiedenheit über die unheilvolle Politik der Hitlerregierung zu sprechen.»[86] Walz stand nun vor dem Problem, dass ein Austritt aus der SS zu Nachteilen führen konnte, die größer waren, als wenn er gar nicht erst eingetreten wäre. Denn anders als bei seinem Eintritt im Jahr 1935 ging es jetzt auch um Camouflage, um eine Tarnung der konspirativen Kontakte, die Goerdeler geknüpft hatte. Im Juli 1942 sollte Walz zum Wehrwirtschaftsführer ernannt werden, eine eher belanglose Auszeichnung, die fast allen Leitern rüstungswichtiger Großunternehmen zuteil wurde. Bei Walz erhob der Chef der Sicherheitspolizei und des SD, Kaltenbrunner, Einspruch, nachdem er Erkundigungen eingezogen hatte. Ernst Kaltenbrunner leitete ein Disziplinarverfahren gegen Walz ein und teilte Himmler mit, Walz habe noch 1937 «regen privaten Schriftwechsel mit Juden geführt» und sei «auch in kirchlicher Hinsicht stark gebunden».[87] Doch Himmler wies die SS-Richter an, das Disziplinarverfahren bis Kriegsende zurückzustellen und befahl dann auch, die Bedenken gegen Walz' Ernennung zum Wehrwirtschaftsführer fallen zu lassen.[88] In beiden Fällen hatte wieder einmal Gottlob Berger interveniert, der inzwischen zum Chef des SS-

Hauptamts aufgestiegen war.[89] Walz seinerseits vermied es nach wie vor, aus der SS auszutreten, nahm aber an den Treffen des «Freundeskreises Reichsführer SS» immer seltener teil und wurde deshalb schließlich nicht mehr eingeladen.[90] Einen erkennbaren Nutzen haben Walz' Verbindungen zur SS nicht eingebracht. Anders verhielt es sich mit der Verbindung des Bosch-Kreises zu Gottlob Berger, doch die war nicht über die SS zustande gekommen.

Im Frühjahr 1943 stellte sich Walz ein weiteres Mal gegenüber der Gauleitung quer. Der Leiter der Parteikanzlei der NSDAP, Martin Bormann, hatte einen Bankenausschuss gebildet, dem mehrere Gauwirtschaftsberater angehörten. Der Ausschuss sollte den Gauleitungen stärkeren Einfluss auf das Kreditgewerbe sichern.[91] In Württemberg wollte Gauwirtschaftsberater Walther Reihle nun gemeinsam mit Staatssekretär Karl Wilhelm Waldmann die Handels- und Gewerbebank Heilbronn, eine traditionsreiche private Regionalbank, auf die staatliche Württembergische Bank fusionieren. Direktor der Handels- und Gewerbebank Heilbronn war Erwin Bohner, der Bosch nahestand. Walz versuchte, den Plan zu verhindern, doch wurden die Gauwirtschaftsberater schon bald von Reichswirtschaftsminister Walther Funk in die Schranken gewiesen. Wegen der zunehmenden Bombenschäden mussten alle Bestrebungen zur Neugliederung des Kreditgewerbes zurückgestellt werden.[92]

Am 17. Juli 1943 sprach Walz vor einem Kreis von Journalisten, den das Reichspropagandaministerium auf eine Rundreise durch mehrere Unternehmen geschickt hatte. In dieser «Feuerbacher Rede»[93] nahm er wieder einmal kein Blatt vor den Mund und rechnete mit dem Dirigismus der Kriegswirtschaft ab, den die Bosch-Führung als leistungshemmend, ja geradezu als eine Fessel des privaten Unternehmertums empfand. Walz' mutige Kritik an der Kriegswirtschaft gab die Entwicklung nicht nur bei Bosch recht zutreffend wieder:

«Auch der heutige Stand unseres Werks ist höchstens in Hinsicht auf die forcierte Fertigungskapazität als Folge der seit etwa 1935/36 ins Dasein gerufenen Staats- und Kriegskonjunktur zu werten, im übrigen aber hat diese Konjunktur mit ihren Folgeerscheinungen mehr negative als positive Wirkungen auf unsere Firma ausgeübt. Ohne Aufrüstung und Krieg hätten wir uns nach allem Ermessen bis jetzt zwar etwas weniger stürmisch, dagegen aber besser und gesünder entwickelt.»[94]

Gauwirtschaftsberater Reihle verließ während der Rede den Raum, nicht ohne Drohungen auszustoßen.[95] Wenige Monate später, nachdem der Stuttgarter Filialleiter der Deutschen Bank, Hermann Köhler, wegen regimekritischer Äußerungen hingerichtet worden war, kündigte er an, Walz werde als einer der nächsten «auf's Schafott» kommen.[96] Doch anders als nach dem Unternehmensjubiläum von 1936 wurde jetzt nicht einmal eine Untersuchung eingeleitet.

Der Terror des NS-Staates war auch bei Bosch gegenwärtig und führte in mehreren Fällen dazu, dass Arbeiter des Unternehmens hingerichtet wurden. Wenn Werksangehörige wegen «staatsfeindlicher» oder «defätistischer» Äußerungen bei der Gestapo angezeigt wurden, waren die Denunzierten ausgeliefert. Das galt besonders für die ausländischen Zwangsarbeiter, aber auch Arbeiter, die zur Stammbelegschaft gehörten, waren davon betroffen. Ein Kantinenmitarbeiter des Werkes Feuerbach, Christian Elsässer, wurde im Herbst 1943 von einem Kollegen angezeigt, weil er gesagt hatte, ihm seien «die kriegsgefangenen Italiener am Arsch lieber als ihr Nazis im Gesicht». Elsässer wurde wegen dieser Äußerung vor den Volksgerichtshof in Berlin gestellt, zum Tode verurteilt und am 20. Juli 1944 hingerichtet. Die Personalleitung von Bosch reagierte darauf, indem sie den Denunzianten zur Einberufung freigab.[97] Die Arbeiter Anton Hummler und Max Wagner wurden im September 1943 verhaftet, nachdem sie von einem Gestapo-Spitzel denunziert worden waren. Beide gehörten einer kommunistischen Widerstandsgruppe an, was ihnen aber nicht nachgewiesen werden konnte. Hummler hatte bei den Trillke-Werken in Hildesheim sowjetischen Zwangsarbeitern geholfen und ebenso wie Wagner in Stuttgart ausländische Rundfunksender gehört. Wegen Vorbereitung zum Hochverrat und Feindbegünstigung wurden Hummler und Wagner zum Tode verurteilt. Beide wurden am 25. September 1944 im Zuchthaus Brandenburg hingerichtet.[98] Bei der französischen Bosch-Tochter Lavalette sind in den Jahren 1943/44 rund ein Dutzend Mitarbeiter von der Gestapo verhaftet worden. Zeugenaussagen zufolge kam keiner von ihnen zurück.[99]

3. Bosch und die Juden

Juden und «Halbjuden» bei der Robert Bosch AG/GmbH

Robert Bosch und Hans Walz haben den Antisemitismus stets abgelehnt. Für Walz entsprach dies seinem Verständnis vom christlichen Glauben, für Bosch waren religiöse Gleichberechtigung und Toleranz eine Frage der Humanität. Beide sahen es auch als ein Gebot der Gerechtigkeit und der Rechtsstaatlichkeit an, Juden nicht zu diskriminieren. Bosch und Walz gehörten seit 1926 dem Verein zur Abwehr des Antisemitismus an.[1] Zu einem zentralen Thema wurde die «Judenfrage» für sie aber erst unter dem Eindruck der nationalsozialistischen Gewaltherrschaft. Walz protestierte schon im Mai 1933 bei Hitlers Wirtschaftsbeauftragtem Wilhelm Keppler gegen die Verfolgung der Juden.[2] Bosch wollte nicht von dem Unrecht profitieren, das den Juden angetan wurde, und wies auch seine Mitarbeiter an, die Notlage der Juden nicht auszunutzen.[3] Der Kreis um Robert Bosch hat sich damit nicht begnügt, sondern in zahlreichen Fällen verfolgten Juden Hilfe geleistet. Dazu gehörte nicht nur Mut, sondern auch eine Einstellung, die in der deutschen Wirtschaft nicht sehr verbreitet war. So gesehen ist das Verhalten des Bosch-Kreises ein Maßstab, an dem sich andere messen lassen müssen, ein Beispiel, das zeigt, was Unternehmer im Dritten Reich für Juden und «Halbjuden» erreichen konnten, wenn sie es wollten.

Wie sich die Belegschaft der Robert Bosch AG/GmbH gegenüber Juden verhielt, ist schwer zu beurteilen, da es im Unternehmen nur wenige Mitarbeiter jüdischer Herkunft gab. Wie ein Konflikt um einen jüdischen Mechaniker zeigt, bestanden in der Belegschaft durchaus unterschiedliche Einstellungen zur Ausgrenzung der Juden.[4] Dagegen war die Leitungsebene bei Bosch offenbar gegen die Rassenideologie des politischen Umfelds gefeit. Dies ist umso bemerkenswerter, als der Antisemitismus schon vor 1933 recht verbreitet gewesen war, auch im Wirtschaftsbürgertum. Nun war es gewiss nicht so, dass bei Bosch durchweg moralisch bessere Menschen in leitende Positionen gekommen wären als in anderen Firmen. Vielmehr zeigt sich daran, wie stark ein Unternehmen auch unter den Bedingungen des Dritten Reiches von einer eigenen Kultur und dominierenden Persönlichkeiten geprägt sein konnte. Da Robert Bosch und Hans Walz strikt gegen die Diskriminierung von Juden waren und nur Mitarbeiter in den Vorstand bzw. in die Geschäftsführung berufen wurden, denen sie uneingeschränkt vertrauten, gab es innerhalb der Unternehmensleitung einen klaren Konsens. Mit antisemitischer Hetze stellte man sich hier ins Abseits. Auf Wankelmütige und Karrieristen blieb die Haltung der Geschäftsführung nicht ohne Wirkung. Sie wussten, dass sie gut beraten waren, sich an den Komment zu halten. So ist es wohl zu erklären, dass sich ein Mann wie Otto Debatin, der sich gerne so verhielt, wie es für ihn am günstigsten war, schützend vor jüdische Mitarbeiter stellte.[5] Hugo Bühler, der 1938 Abwehrbeauftragter der Robert Bosch GmbH wurde, wird sich in seinen früheren Positionen bei der Landespolizei und der Gestapo nicht gerade für Juden eingesetzt haben. Doch bei Bosch beteiligte er sich an mehreren Hilfsaktionen.[6] Debatin und Bühler bekleideten Schlüsselpositionen im Personalbereich. Über das Schicksal verfolgter oder denunzierter Mitarbeiter wurde zumeist an solchen Schaltstellen entschieden, nicht in der Geschäftsführung. Daher war es von kaum zu überschätzender Bedeutung, dass Funktionsträger, die nicht wie Robert Bosch und Hans Walz ethischen Grundsätzen folgten, sich konform verhielten. Zu berücksichtigen ist freilich auch, dass es bei der Robert Bosch GmbH nur eine kleine Zahl jüdischer oder «halbjüdischer» Mitarbeiter gab und sich keiner von ihnen in einer leitenden Position befand. Da es sich fast durchweg um Einzelfälle handelte, konnte sich die Personalleitung gezielter einschalten, als dies in einem Großunternehmen mit vielen Beschäftigten jüdischer Herkunft möglich gewesen wäre.

Es lässt sich nicht feststellen, wie viele jüdische Arbeiter, Angestellte und Lehrlinge die Robert Bosch AG zu Beginn des Dritten Reiches hatte. Das Unternehmen führte über die Religionszugehörigkeit seiner Beschäftigten keine Statistik. In einer im September 1945 angefertigten «Aufstellung von Halbjuden und Juden, die in den letzten 12 Jahren in der Robert Bosch GmbH in Beschäftigung standen bezw. noch stehen» finden sich nur zwei «Volljuden», die in den Werksbereichen tätig waren, ein Mechaniker und ein Lehrling, sowie zwei technische Leiter von Verkaufshäusern mit wahrscheinlich jüdischer Herkunft und acht Juden, die in Bosch-Vertretungen gearbeitet hatten. Etwas größer war die Zahl der «Halbjuden».[7] Auf dieser Liste vom September 1945 wurden die Begriffe «Jude» und «Halbjude» nach den Definitionen der Nürnberger Rassengesetze verwendet, die von der Abstammung und nicht von der Religionszugehörigkeit ausgingen. Auch die folgende Darstellung kann nicht umhin, diese Begriffe nach den Kategorien der zeitgenössischen Quellen zu verwenden, da sich die Verfolgung gegen alle richtete, die nach den Rassegesetzen als Juden oder «Halbjuden» galten.

Im Juni 1933 gab es unter den 416 522 Einwohnern Stuttgarts 4876 Juden.[8] Die meisten von ihnen waren wohl im Dienstleistungssektor tätig, nur wenige dagegen in der elektrotechnischen Industrie.[9] Die wenigen Juden, die im Dritten Reich nachweislich bei Bosch beschäftigt waren, blieben bis 1938/39 im

Unternehmen. Zu ihnen gehörte Georg Einstein, der von 1935 bis 1938 eine Mechanikerlehre absolvierte. Danach soll er nach England ausgewandert sein.[10] Der jüdische Mechaniker Julius Landauer sah sich im Unternehmen Anfeindungen durch nationalsozialistische Kollegen ausgesetzt, blieb aber bis Februar 1939 bei Bosch, was nur mit Rückendeckung durch die Personalleitung möglich war, und schied dann auf Grundlage einer gegenseitigen Vereinbarung aus.[11] Anschließend versuchte Bosch, ihn bei der Vertretung in den Niederlanden unterzubringen, was daran scheiterte, dass die Grenze bereits für Juden gesperrt war. Nach dem Krieg kehrte Landauer wieder zu Bosch zurück.[12] Debatin soll 1935 gegenüber dem nationalsozialistischen Abteilungsleiter Menzel erklärt haben, «der Jude Landauer sei für die Firma unersetzlich und überhaupt kämpfe er nicht gegen die Juden».[13] In einer anderen Fassung dieses Berichts bezieht sich Debatins Äußerung allerdings auf den gleichnamigen Geschäftsführer der Tochtergesellschaft Eugen Bauer GmbH, Fritz Landauer, der emigrieren musste und später in den USA lebte.[14] Beide Landauers haben offenbar von der Personalleitung Rückendeckung erhalten.

Kündigungen aus «rassischen» Gründen gab es auch in den Verkaufshäusern von Bosch nicht. Aus diesem Bereich sind zwei sehr unterschiedliche Schicksale jüdischer Mitarbeiter dokumentiert. Der technische Leiter des Stuttgarter Verkaufshauses, Mosso Johanan, war ein Grieche, der keinen «Ariernachweis» vorlegen konnte. Debatin will ihm geraten haben, sich «in Griechenland auf irgend eine Weise eine Art arischen Nachweis zu beschaffen». Johanan kam dann mit einem Nachweis zurück, den die Gestapo zumindest nicht widerlegen konnte.[15] Der technische Leiter des Frankfurter Verkaufshauses, Hans Breitbart, war nach den Nürnberger Rassengesetzen «Volljude», stritt dies jedoch ab. Als er sich im August 1938 beim Wehrbezirkskommando melden sollte, bei dem die Abstammung nachgewiesen werden musste, nahm er sich das Leben.[16] Von den acht Juden, die nachweislich in den Vertretungen von Bosch gearbeitet hatten, wanderten zwei aus: Max Eisenmann und Willy Bendit. Ein jüdischer Vertreter in Sofia starb bereits 1933, ein weiterer in Warschau schied 1934 nach Angaben des Unternehmens «wegen ungenügender Leistung» aus. Walter Heusel, ein anderer Vertreter jüdischer Herkunft in Polen, arbeitete auch nach dem Krieg als Bosch-Vertreter, nun in Bayern. Für Bosch über den Krieg hinweg tätig waren auch Vertreter jüdischer Herkunft in Zagreb, Casablanca und Bombay.[17] Innerhalb der Bosch-Gruppe gab es allerdings andere Einstellungen gegenüber jüdischen Vertretern. Die Junkers & Co. GmbH in Dessau teilte einem Geschäftspartner im Februar 1938 mit, sie arbeite schon seit längerer Zeit an der «Frage der Überführung unserer Vertretungen in arische Hände» und habe die Bemühungen nun verstärkt.[18]

Von den 25 «Halbjuden», deren Namen sich auf der im September 1945 erstellten Liste finden, waren die meisten erst während des Krieges, überwiegend als Dienstverpflichtete, in das Unternehmen gekommen. Im Herbst 1944 arbeiteten etwa 15 «Halbjuden» bei Bosch.[19] Zu diesem Zeitpunkt ordnete Himmler an, «Halbjuden», «Mischlinge» und «jüdisch Versippte» aus der Rüstungsindustrie zu entfernen und zur Zwangsarbeit an die Organisation Todt zu überstellen.[20] Um die Mitarbeiter «halbjüdischer» Herkunft davor zu bewahren, wurde bei Bosch eine Lösung gefunden, die beispiellos gewesen sein dürfte. Für die «Halbjuden» und «jüdisch Versippten» wurde eine Werkstatt errichtet, die als selbstständiger Betrieb mit der Bezeichnung «Sicht- und Zerlegebetrieb für Autoersatzteile» firmierte. Der Sicht- und Zerlegebetrieb galt nicht als Rüstungsbetrieb, da er formal nicht zur Robert Bosch GmbH gehörte und auch räumlich abgetrennt war. Insgesamt arbeiteten hier etwa 30–40 Personen, nicht nur «Halbjuden» und «jüdisch Versippte», die vorher fast alle Bürotätigkeiten gehabt hatten, sondern auch Zwangsarbeiter aus mehreren Ländern. In einer geradezu gespenstischen Szenerie zerlegten und sortierten diese Menschen während der letzten Kriegsmonate in einem Raum des zerstörten Lichtwerks Ausrüstungen aus Wehrmachtsfahrzeugen und erbeuteten Fahrzeugen der alliierten Streitkräfte.[21]

Die Werkstatt blieb bis Kriegsende bestehen und bewahrte die dort beschäftigten «Halbjuden» vor einem schrecklichen Schicksal. Zu ihnen gehörten zwei Mitarbeiter des Unternehmens, die bereits als kaufmännische Lehrlinge zu Bosch gekommen waren, Kurt Löwenstein und Fritz Nast-Kolb, aber auch der Buchhändler Konrad Wittwer, der Anfang Februar 1945 vom Arbeitsamt zu Bosch verpflichtet wurde, die Ehefrau des 1939 ausgeschiedenen jüdischen Arbeiters Julius Landauer, der Theologe Hansrudolf Hauth[22] sowie der Industriellensohn Friedrich Haarburger.[23] Außer ihnen werden in einer Aufstellung aus der Nachkriegszeit noch zehn weitere «halbjüdische» und «jüdisch versippte» Bosch-Beschäftigte genannt, die vor der Überstellung in ein Zwangsarbeitslager bewahrt blieben.[24] Der Sicht- und Zerlegebetrieb war nicht konspirativ errichtet worden, sondern mit Genehmigung der Stuttgarter Gestapo und in Abstimmung mit der Organisation Todt. Der Prokurist und spätere Bosch-Geschäftsführer Ernst Rogowski hatte dies zusammen mit dem Abwehrbeauftragten Hugo Bühler in längeren Verhandlungen erreicht.[25] Dabei dürfte eine Rolle gespielt haben, dass der Sicht- und Zerlegebetrieb dringend benötigte Ersatzteile für Heeresfahrzeuge liefern konnte, und auch Bühlers gute Beziehungen zur Gestapo-Zentrale in der Dorotheenstraße haben mit Sicherheit dazu beigetragen, dass der Vorschlag dort genehmigt wurde.[26]

Jüdische Zwangsarbeiter waren bei der Robert Bosch GmbH nicht eingesetzt worden, obwohl die Behörden dies dem Unternehmen angeboten hatten.[27] Bei den Tochtergesellschaften Blaupunkt und Siling-Werke mussten dienstverpflichtete Juden und jüdische KZ-Häftlinge Zwangsarbeit leisten, worauf an anderer Stelle noch näher einzugehen sein wird.[28]

«Um der Gerechtigkeit und Menschlichkeit willen»: Die Hilfe des Bosch-Kreises für Juden

Walz intensivierte Mitte der 1930er Jahre seine Kontakte zu jüdischen Organisationen. Über Friedrich Jaffé, einen Journalisten des *Stuttgarter Neuen Tagblatts*, kam er mit dem Präsidenten der Reichsvertretung der Deutschen Juden, Leo Baeck, in Verbindung. Während des Konflikts um die Gleichschaltung des *Stuttgarter Neuen Tagblatts* wurden die Kontakte intensiver. Walz, Albrecht Fischer und Willy Schloßstein standen nun in enger Verbindung mit Leo Baeck, Otto Hirsch und Cora Berliner vom Reichsverband der Deutschen Juden.[29] Eine Schlüsselfigur bei der Hilfe des Bosch-Kreises für Juden wurde der Gründer und langjährige Leiter des Stuttgarter Neuen Konservatoriums für Musik, Karl Adler. Er war eine der herausragenden Persönlichkeiten der Stuttgarter Musikwelt und hatte eine ebenso erfolgreiche wie beliebte musikpädagogische Arbeit geleistet.[30] Schon vor der nationalsozialistischen Machtübernahme war Adler wegen seiner jüdischen Herkunft Hetztiraden ausgesetzt gewesen. Im März 1933 wurde er auf offener Straße zusammengeschlagen und wenige Monate später musste das Neue Konservatorium geschlossen werden. Adler arbeitete nun bei der jüdischen Gemeinde weiter. In der Pogromnacht vom 9. November 1938 wurde er verhaftet. Bei seiner Entlassung musste er versichern, sich nicht mehr kulturell zu betätigen und die Leitung der Jüdischen Mittelstelle zu übernehmen, einer Wohlfahrtseinrichtung, die unter Aufsicht der Gestapo und des SD für die Auswanderung der württembergischen Juden zuständig war.

Adlers neue Aufgabe war unvorstellbar schwer, zumal inzwischen die Bankkonten der Juden gesperrt waren und die meisten Länder nicht mehr bereit waren, weitere Juden aus Deutschland aufzunehmen.[31] Bereits während Adler im November 1938 in Haft saß, hatte Hans Walz dessen Gattin über einen Mittelsmann einen größeren Geldbetrag zukommen lassen. Später wurde Adlers Arbeit bei der Mittelstelle durch regelmäßige Zahlungen der Robert Bosch GmbH unterstützt, die unter strikter Geheimhaltung überbracht wurden. Die Gelder stammten aus einem sogenannten Wohlfahrtskonto II der Robert Bosch GmbH. Aus diesem Konto flossen auch Hilfszahlungen an den Kreis um Leo Baeck, den nun eine persönliche Freundschaft mit Robert Bosch verband. Weitere Gelder wurden auf ein Privatkonto Robert Boschs bei der Amsterdamer Tochtergesellschaft des Bankhauses Mendelssohn & Co. überwiesen. Der mit Bosch gut bekannte Leiter von Mendelssohn Amsterdam, Fritz Mannheimer, zahlte von diesem Konto regelmäßig größere Beträge an jüdische Hilfskomitees in den Niederlanden, die damit aus Deutschland ausgewanderte Juden unterstützten und vielen von ihnen wahrscheinlich auch die Emigration nach Übersee ermöglichten. Insgesamt wurde von diesem Konto ein Betrag von rund 300 000 Niederländischen Gulden abgehoben.[32]

In Stuttgart konnte die Jüdische Mittelstelle durch die Zuwendungen von Bosch Hilfsaktionen finanzieren, die sonst nicht möglich gewesen wären. Die Gelder wurden in einem geheimen Sonderfonds der Mittelstelle verwaltet, den Adler für Hilfen in besonders dringlichen Fällen nutzte.[33] Ende 1940 konnte dann Adler selbst in die USA ausreisen. Unter seinem Nachfolger Alfred Marx war es nicht mehr lange möglich, die Hilfsaktionen weiterzuführen. Im Oktober 1941 wurde die Auswanderung von Juden schließlich verboten und wenige Wochen später, am 1. Dezember, begannen in Stuttgart die Deportationen.[34] Insgesamt unterstützte Bosch die Auswanderung verfolgter und verhafteter Juden in den Jahren 1938–1940 mit einem Betrag von rund 1,2 Mio. RM.[35]

Zusammen mit etwa tausend anderen Juden aus Württemberg wurde Ende November 1941 der Stuttgarter Chemikerin Martha Haarburger mitgeteilt, dass sie sich in ein Sammellager auf dem Killesberg zu begeben habe, um von dort aus in das «Reichskommissariat Ostland», nach Riga, «evakuiert» zu werden.[36] Haarburger dürfte geahnt haben, welches Schicksal die «Evakuierten» erwartete. Tatsächlich haben nur wenige von ihnen überlebt. Die meisten wurden Opfer von Massenerschießungen.[37] In ihrer Not wandte sie sich an Hans Walz.[38] Walz ließ Haarburger zunächst in das neue Robert-Bosch-Krankenhaus bringen, wo sie untersucht und für transportunfähig erklärt wurde. Dann stellte er sie bei Bosch in der Versuchsabteilung ein. Auch in diesem Fall erwiesen sich die Verbindungen des Abwehrbeauftragten Bühler zur Gestapo als hilfreich.[39] Bis 1943 konnte die Chemikerin vor den Deportationen bewahrt werden. Dann beschäftigte sich das Reichssicherheitshauptamt mit dem Fall Haarburger. Walz und Bühler wurden nach Berlin zitiert. Sie versuchten SS-Obergruppenführer Gottlob Berger einzuschalten, der dem Bosch-Kreis immer wieder geholfen hatte, doch der Leiter des Judenreferats im Reichssicherheitshauptamt, Adolf Eichmann, ließ sich davon nicht beeindrucken. Er ordnete an, Haarburger mit dem nächsten Transport nach Auschwitz zu deportieren. Walz erreichte in letzter Minute, dass sie einem Transport zugeordnet wurde, der nach Theresienstadt ging. Martha Haarburger konnte dadurch vor der sicheren Vergasung gerettet werden, aber ihr Schicksal blieb ungewiss. Von den insgesamt rund 140 000 Häftlingen des Konzentrationslagers und Ghettos Theresienstadt haben nur rund 17 000 überlebt. Zu den Opfern dort gehörten auch Martha Haarburgers Mutter und die beliebte Stuttgarter Ärztin Marga Wolf, für die sich Walz vergeblich eingesetzt hatte. Wolf war deportiert worden, obwohl die Robert Bosch GmbH sie für die medizinische Betreuung von Zwangsarbeitern angefordert hatte. Martha Haarburger blieb am Leben. Nach dem Krieg wurde sie Leiterin des von Robert Bosch gegründeten Hippokrates-Verlags.[40]

Als Walz nach dem Krieg inhaftiert war, verwandte sich Karl Adler, der inzwischen eine Professur an der Yeshiva University in New York hatte, gemeinsam mit Leo Baeck für ihn. Später erreichte er, dass die Holocaust-Gedenkstätte Yad Vashem in Jerusalem Walz den Ehrentitel «Gerechter unter den Völkern» verlieh – die höchste Ehrung des israelischen Staates für Nichtjuden, die ausschließlich an Personen vergeben wird, die im Dritten Reich ihr Leben uneigennützig für die Rettung von Juden eingesetzt haben.[41] Walz hat das Motiv seiner Hilfe für die Juden nicht im Widerstand gegen Hitler gesehen. Er handelte, wie er später an Karl Adler schrieb, «um der Gerechtigkeit und Menschlichkeit willen».[42]

«Arisierungen»: Die Übernahme von Kapitalbeteiligungen und Immobilien aus jüdischem Eigentum

Robert Bosch und Hans Walz hatten eine klare Haltung gegenüber der «Arisierung» von Unternehmen und anderen Vermögenswerten aus jüdischem Besitz. Beide waren fest entschlossen, davon nicht zu profitieren. Wie Olpp berichtete, hatte Bosch erklärt, «er lehne es ab, sich an dem Unglück der Juden zu bereichern».[43] Eine andere Frage war, wie man sich verhielt, wenn Immobilien, Unternehmen oder Kapitalbeteiligungen von jüdischen Eigentümern angeboten wurden, die ihren Besitz verkaufen mussten und Mühe hatten, einen Käufer zu finden, der ihnen einen fairen Preis bezahlte. In mehreren derartigen Fällen übernahm Bosch Eigentum aus jüdischem Besitz. Diese Käufe unterlagen nach dem Krieg der Rückerstattung und sind dadurch recht gut dokumentiert.

Zu den aus jüdischem Besitz erworbenen Immobilien gehörten ein Wohnhaus mit Magazingebäude in der Affalterstraße 8 in Stuttgart-Feuerbach und ein Geschäftshaus in der Büchsenstraße 102a in Stuttgart, die offenbar in einvernehmlicher Form an das Unternehmen verkauft wurden.[44] In den Restitutionsakten finden sich auch die Namen von Max und Otto Rosenfeld, den Inhabern der Zigarrenhandlung in der Rotebühlstraße 75, wo sich die erste Werkstatt Robert Boschs befunden hatte.[45] Die Robert Bosch AG hatte im Juli 1937 das Wohnhaus Max Rosenfelds im Herdweg 63 erworben. Wie später auch die Jewish Restitution Successor Organization (JRSO) ermittelte, handelte es sich dabei nicht um eine Entziehung. Die Rosenfelds hatten 1926 Insolvenz anmelden müssen und ihre Immobilien dem Bankhaus Mendelssohn in Amsterdam und der Amsterdamschen Bank als Sicherheit für Kredite übereignet. Bosch hatte das Haus also in Wirklichkeit von Mendelssohn Amsterdam gekauft, dessen Leiter Fritz Mannheimer aus Stuttgart stammte, mit Bosch gut bekannt war und vermutlich auch mit den Rosenfelds.[46] In einem anderen Fall wurde Ilse Weinberg, geb. Rosenfeld, deren gesamte Familie in Konzentrationslagern ermordet worden war, eine Immobilie in der Breitscheidstraße (ehem. Militärstraße) 35 rückerstattet. Dieses Haus hatte die Robert Bosch GmbH im Januar 1943 vom Deutschen Reich gekauft. Es war den Eigentümern vom Fiskus geraubt worden.[47]

Im Juni 1939 veräußerte der jüdische Industrielle Richard Heilner seine Villa im Herdweg 94 für 385 000 RM an die Robert Bosch GmbH. Heilner war Generaldirektor der Deutschen Linoleumwerke gewesen und kannte Robert Bosch gut.[48] Das Geld aus dem Verkauf des Anwesens hat er nicht bekommen, weil es von den Behörden eingezogen wurde. 1942 wurde Heilner nach Theresienstadt deportiert. Er überlebte dort, kehrte nach Stuttgart zurück und stellte gegen die Robert Bosch GmbH einen Rückerstattungsantrag wegen schwerer Entziehung. Seine Anwälte machten geltend, dass der Kaufpreis gegen die guten Sitten verstoßen hätte. Tatsächlich lag der Kaufpreis unter dem Wert, den ein Gutachten vom Januar 1939 ergeben hatte.[49] Bei Bosch erinnerte sich jedoch Alfred Knoerzer, dass Heilner damals bei ihm angefragt und erklärt habe, es wäre «ihm lieber, wenn Bosch dieses Grundstück kaufe als ein anderer». Als Heilner von Knoerzer darauf angesprochen wurde, konnte er sich nicht mehr erinnern. Doch war er, anders als seine Anwälte, der Meinung, dass sich die Robert Bosch GmbH korrekt verhalten habe. Einen höheren Preis habe er damals nicht verlangt, weil er gefürchtet habe, dass die Behörden den Verkauf an Bosch dann nicht genehmigen würden.[50] So kam es auch in diesem Rückerstattungsfall zu einer einvernehmlichen Regelung in Form eines Vergleichs.[51] Bei anderen Immobilien, die Bosch während der NS-Zeit aus jüdischem Besitz erwarb, lässt sich nicht mehr feststellen, unter welchen Umständen die Käufe getätigt worden sind und ob der Kaufpreis angemessen war.[52] Keine genauen Angaben können auch zu den privaten Immobilienkäufen des Bosch-Geschäftsführers Hermann Fellmeth gemacht werden, der in Stuttgart zwei Häuser aus jüdischem Besitz erwarb.[53]

Bereits im Frühjahr 1934 verkauften die jüdischen Familien Gutenstein und Lerchenthal ihre Beteiligungen am Stuttgarter Zeitungsverlag an den Frankfurter Bankier Alwin Steffan. Robert Bosch machte vom Vorkaufsrecht, das ihm als Mehrheitseigentümer des Verlags zustand, nicht Gebrauch, erwarb aber bereits im November 1934 von Steffan die von den Familien Gutenstein und Lerchenthal an diesen verkauften Anteile. Aus welchen Gründen sich Steffan zurückzog und ob er die Beteiligung am Stuttgarter Zeitungsverlag überhaupt nur im Auftrag von Bosch übernommen hat, lässt sich nicht mehr feststellen.[54]

An zwei Firmen aus jüdischem Besitz gelangte Bosch über die Reichskreditgesellschaft, eine Berliner Großbank, die sich im Eigentum des Reiches befand. Ein Direktor dieser Bank, Herbert Goetz, bot dem Leiter des Privat-

sekretariats von Robert Bosch, Willy Schloßstein, im März 1937 die Berliner
Firma Feibisch & Co. AG (später Teppichwerke Berlin-Treptow) zum Kauf
an.[55] Nach späteren Angaben mussten die jüdischen Teilhaber der Firma damals emigrieren. Da Goetz selbst jüdischer Herkunft war und Deutschland
später verlassen musste, ist nicht anzunehmen, dass die Verkäufer übervorteilt
wurden. 1950 kam es mit den früheren Besitzern zu einem Vergleich.[56] Herbert
Goetz vermittelte auch noch eine weitere Firma an Bosch, deren Teilhaber
wegen ihrer jüdischen Herkunft emigrieren mussten: das Juweliergeschäft
Robert Koch in Frankfurt am Main. Nach dem Krieg verkaufte Bosch das Gebäude, um die früheren Besitzer zu entschädigen.[57]

    1938 übernahm die Vermögensverwaltung Bosch GmbH aus jüdischem
Eigentum größere Pakete von Aktien der Victoria zu Berlin Allgemeine Ver-
sicherungs AG und der Victoria Feuer-Versicherungs AG. Nach einer späteren
Darstellung Schloßsteins wurde die VVB durch einen jüdischen Händler oder
Bankier auf diese Aktien hingewiesen, deren Herkunft unzweifelhaft war, da es
sich um Namensaktien handelte.[58] Nach Angaben von Felix Olpp hätten die jüdischen Aktionäre dagegen den Victoria-Direktor Kurt Hamann als Treuhänder eingesetzt und beauftragt, einen Käufer zu suchen, der kein Nationalsozialist war. Hamann hätte die Pakete an Bosch unter der Bedingung verkauft, dass
die Aktien nicht ohne Not weiterverkauft oder gar an der Börse gehandelt würden.[59] Rund 90 Prozent der Victoria-Aktien, die zusammen einen Nominalwert
von rund 220 000 RM hatten, stammten aus dem Besitz der jüdischen Familie
Landau. Nach dem Krieg meldeten Angehörige dieser Familie Rückerstattungsansprüche an. In einem Vergleich wurden sie durch Zahlung eines vergleichsweise geringen Betrags von 10 000 DM abgefunden. Bei den anderen Victoria-
Aktien aus jüdischem Besitz verzichtete die Jewish Restitution Successor
Organization 1951 gegen eine Zahlung von 6000 DM auf Restitutionsansprüche.
Das Aktienpaket, dessen Wert später stark anstieg, blieb bei den Erben Boschs.[60]

    In zwei Fällen übernahm die Robert Bosch GmbH aus jüdischem Besitz
Kapitalbeteiligungen an Unternehmen, die fortan zur Bosch-Gruppe gehörten: bei der Metallerzbergbau Westmark GmbH (1937) und der FESE (1938).
Die Vorgänge um den Kauf der Metallerzbergwerke Westmark wurden bereits
erwähnt, soweit sie sich anhand der Akten rekonstruieren lassen. Nach dem
Krieg einigte sich Bosch mit den früheren Besitzern unter Zahlung von
50 000 DM auf einen Vergleich.[61] Das Aktienkapital der FESE befand sich seit
dem Ausscheiden des britischen Gesellschafters Baird Television Ltd. im Jahr
1935 zu 37,5 Prozent im Besitz der Robert Bosch AG. Weitere Großaktionäre
waren die Zeiss Ikon AG mit einer Beteiligung von ebenfalls 37,5 Prozent und
die Radio AG D. S. Loewe, deren Inhaber Siegmund Loewe nach den Nürnberger Rassengesetzen als «Mischling ersten Grades» galt, mit einer Beteiligung
von 25 Prozent.[62] Die Vertreter der Bosch-Gruppe bei der FESE, Erich Carl

Rassbach und Paul Goerz, waren darauf bedacht, Loewe aus dieser Fernsehentwicklungsgesellschaft zu drängen.[63] Ausschlaggebend war für sie dabei offenbar, dass Loewe sich seit 1932 dem Konkurrenten Telefunken annäherte.
Antisemitismus wird man Goerz und Rassbach schwerlich unterstellen können,
da Goerz mit einer «Nichtarierin» verheiratet war und Rassbach weiterhin an
seiner amerikanischen Staatsbürgerschaft festhielt. Doch soll Goerz wiederholt geäußert haben, dass er nicht mit einer jüdischen Firma zusammenarbeiten würde.[64] Unter Ausnutzung der politischen Verhältnisse trieb er Loewe in
die Enge. Im November 1937 erfuhr Loewe von Goerz, dass Bosch und Zeiss-
Ikon entschlossen waren, «das Ausscheiden unserer Firma aus der Fernseh
A.G. nunmehr zu erzwingen».[65] Die beiden Großaktionäre kündigten an, eine
Kapitalerhöhung um 50 Prozent auf 1,5 Mio. RM durchführen zu wollen. Falls
Loewe sich daran nicht beteiligen würde – was angesichts seiner Finanzlage zu
erwarten war – sollte die FESE in Liquidation gehen. Loewe protestierte, musste
sich aber dieser Erpressung beugen. Er verkaufte seine FESE-Beteiligung zu
jeweils 50 Prozent an Bosch und Zeiss-Ikon.[66] Bei dieser Transaktion richteten
die Vertreter der Bosch-Gruppe ihr Kalkül zweifellos auch am politischen
Umfeld aus. Es war zu erwarten, dass sich Loewe als «nichtarischer» Unternehmer nicht mehr lange halten konnte.[67] Goerz nutzte es aus, dass sich Loewe
aufgrund der nationalsozialistischen Rassengesetze nicht wehren konnte. Von
einer «einvernehmlichen ‹Arisierung›» kann daher nicht die Rede sein.

Das Rückerstattungsverfahren, das die Loewe Opta AG nach dem Krieg
gegen die Robert Bosch GmbH und die FESE einleitete, gestaltete sich denn
auch kontroverser und langwieriger als die anderen derartigen Verfahren gegen Bosch.[68] Bosch ließ sich in diesem Verfahren von Rechtsanwalt Reinhard
Freiherr von Godin vertreten, der hartnäckig die Zuständigkeit der Berliner
Wiedergutmachungsbehörde bestritt, wodurch sich die Auseinandersetzung
in die Länge zog. Auch als Siegmund Loewe 1962 starb, dauerte das Rückerstattungsverfahren noch an. Erst nachdem die Erben Loewes ihr Unternehmen an Philips verkauft hatten, zeichnete sich eine Lösung ab. Da Philips die
Rechtsstreitigkeiten beenden wollte, kam es am 14. Januar 1965 zu einem Vergleich, in dem sich Bosch verpflichtete, 1,5 Mio. DM an die Loewe Opta AG zu
zahlen.[69] Damit war auch der einzige dokumentierte «Arisierungs»-Fall abgeschlossen, bei dem die Robert Bosch GmbH gegen den Willen und die
Interessen des Verkäufers gehandelt hatte.

4. Die Beteiligung an der Aufrüstung und die Rüstungsproduktion im Zweiten Weltkrieg

Bosch und die Aufrüstung

Für die Rüstungsplaner im Heereswaffenamt und im Reichsluftfahrtministerium war Bosch ein Schlüsselbetrieb. Es gab keinen Zweifel, dass der Krieg, auf den sie hinarbeiteten, durch motorisierte Waffen entschieden würde. Statt eines Stellungskriegs wie im Ersten Weltkrieg wollte man nun in der Lage sein, mit Kampfflugzeugen, Panzern und motorisierten Infanterieverbänden in kurzer Zeit große Gebiete zu erobern. Für einen derartigen Bewegungskrieg bedurfte es leistungsfähiger Motoren mit zuverlässigen Zündanlagen.

Als Marktführer bei Kraftfahrzeugausrüstungen und als einer der wichtigsten Hersteller von Zündern für Flugmotoren wurde Bosch quasi automatisch mit Rüstungsaufträgen bedacht. Das Unternehmen musste sich darum nicht bewerben, konnte sich aber auch nicht entziehen, da die Wehrmacht eine solche Lücke in der Belieferung der Luftwaffe und des Heeres nicht hingenommen hätte. Eine Verweigerung hätte höchstwahrscheinlich zu einem zwangsweisen Eingriff des Staates geführt, ähnlich wie bei der Enteignung der Junkers-Flugzeugwerk AG.[1] In diesem Fall wäre es wohl auch zum Aufbau von Parallelproduktionen bei konkurrierenden Firmen mit Hilfe von Zwangslizenzen und staatlichen Krediten gekommen. Wie man bei Bosch feststellen musste, bestand bei den militärischen Behörden ohnehin «eine gewisse gefühlsmäßige Abneigung gegen die ‹Monopol-Firma Bosch›» und die Bereitschaft, «uns als Zweitfertigungsstelle irgendeinen uns vielleicht aus sachlichen Gründen recht unangenehmen Nachbaulizenznehmer aufzuzwingen».[2] Der Vorstand wollte die Unabhängigkeit des Unternehmens unter allen Umständen wahren und natürlich gab es auch ein großes Interesse, die Marktposition langfristig zu behaupten. Obwohl Robert Bosch gegen einen Krieg eingestellt war, hatte die Unternehmensleitung daher nicht vor, sich gegen eine Beteiligung an der Aufrüstung zu sperren, zumal man in den ersten Jahren der nationalsozialistischen Diktatur noch davon ausging, dass Hitlers Herrschaft nicht lange dauern würde.[3] Anders als es später mitunter dargestellt wurde, nahm die Beteiligung Boschs an der Aufrüstung bereits im Sommer 1934 konkrete Formen an, mit dem Vertrag über die Errichtung eines neuen Werkes für den Bedarf der Luftwaffe, des Dreilindenwerks.[4] Um die Verhandlungen mit den für die Rüstungsbeschaffung zuständigen Behörden zu führen, wurde bei der Berliner Repräsentanz ein früherer Abteilungschef des Heereswaffenamts, Generalmajor a. D. Walter Knoblauch, eingestellt.[5] Anders als im Ersten Weltkrieg lehnte es Bosch offenbar ab, «an der Entwicklung reiner waffentechnischer Teile, wie z. B. elektrische Zünder für Bomben und andere Explosionsmittel usw., teilzunehmen».[6] Für den Bau von Bombenzündern wurde Bosch aber auch nicht benötigt, denn dazu waren viele andere Firmen in der Lage.

Generell lässt sich bei Zulieferern kaum feststellen, welche ihrer Erzeugnisse in Rüstungsgüter eingehen und welche nicht. Ausschließlich um eine Rüstungsfertigung handelte es sich bei der Flugmotorenzünder-Produktion von Bosch, für die eine eigene Tochtergesellschaft errichtet wurde, die Dreilinden Maschinenbau GmbH in Kleinmachnow bei Berlin. Ähnlich verhielt es sich mit der einige Jahre später gegründeten Tochtergesellschaft Elektro- und Feinmechanische Industrie GmbH (später Trillke-Werke) in Hildesheim, die Lichtmaschinen, Anlasser und Zünder für Heeresfahrzeuge herstellte. Diese beiden Tochtergesellschaften bilden den Schwerpunkt der folgenden Darstellung, da sich hier das Verhalten der Bosch-Gruppe gegenüber militärischen Auftraggebern besonders gut erfassen lässt. Dabei sollte nicht übersehen werden, dass Bosch in seinen Stuttgarter Stammwerken in zunehmendem Umfang Wehrmachtsaufträge ausführte. Bis Kriegsbeginn wurde der größte Teil der Lieferungen für den militärischen Bedarf ohnehin in Stuttgart hergestellt, da sich die neuen Werke noch im Aufbau befanden.

Robert Bosch hätte die Errichtung neuer Werke für die Rüstungsfertigung gerne vermieden. Den Bau des Dreilindenwerks, der zunächst ohne staatliche Finanzierungshilfen erfolgte, empfand er als eine unnötige finanzielle Belastung. In einem Brief an den Boschhof-Verwalter Walther Mauk vom 22. Dezember 1933 beklagte er: «Auf Verlangen des Kriegsministeriums müssen wir in Berlin eine Ausweichfabrik errichten für den Fall, dass Stuttgart besetzt wird, dazu werden etwa 3 Millionen Mark notwendig sein.»[7] Die Errichtung des Werks in Hildesheim verstieß gegen seine Grundsätze, nur an solchen Standorten zu fertigen, an denen bereits eine feinmechanische Industrie vorhanden war. Doch wusste der Unternehmensgründer, dass er sich dem Aufbau neuer Rüstungsfabriken nicht entziehen konnte, wenn sein Lebenswerk Bestand haben sollte. In dem erwähnten Brief an Mauk heißt es deshalb auch: «Ich bin bereit allerhand zu opfern», und «In erster Linie frommt den Arbeitern, wenn das Werk weiter sein Bestehen haben wird.»[8] Während im Kreis um Robert Bosch die Einstellung gegenüber dem nationalsozialistischen Regime immer kritischer wurde, hatte die Beteiligung des Unternehmens an der Aufrüstung ihre eigene Dynamik. Mit der Steigerung der Kriegsrüstung wurde die Bosch-Gruppe kontinuierlich immer stärker in die Rüstungswirtschaft eingebunden. Nach Kriegsbeginn konnten die Werke der Robert Bosch GmbH nur noch mit

Wehrmachtsaufträgen ausgelastet werden. 1940 entfielen 67 Prozent des Umsatzes auf Aufträge des Heeres, der Luftwaffe und der Marine, 18,7 Prozent auf «kriegswichtige Zivillieferungen» und 14,3 Prozent auf den Export.[9] Bei den Wehrmachtsaufträgen handelte es sich überwiegend um Lieferungen an andere Unternehmen, wie beispielsweise Daimler-Benz, nicht um direkte Lieferungen an militärische Dienststellen und andere Behörden.[10]

Im Vorstand von Bosch war man sich der Nachteile bewusst, die mit dieser einseitigen Ausrichtung auf den Rüstungsbedarf verbunden waren. Man lehnte die zunehmende staatliche Reglementierung im Rahmen der Kriegswirtschaft ab und war davon überzeugt, dass sich das Unternehmen ohne Aufrüstung und Krieg «besser und gesünder» entwickelt hätte, wie es Walz in seiner Feuerbacher Rede vom Juli 1943 formulierte.[11] Doch diese Alternative war Bosch so nicht gegeben.

Entstehung und Anfänge der Dreilinden Maschinenbau GmbH

Schon im Ersten Weltkrieg hatte Bosch Zündapparate für mehrere Flugmotorenhersteller gebaut, darunter auch für BMW.[12] Als in den 1920er Jahren der zivile Luftverkehr in Deutschland aufkam, wurde diese Fertigung weiterentwickelt. Im Rahmen der geheimen Aufrüstung in der Weimarer Republik wurden auch für die Reichswehr Flugmotorenzünder hergestellt.[13] Nach der nationalsozialistischen Machtübernahme forderte das neu gegründete Reichsluftfahrtministerium Bosch auf, für die Fertigung von Flugmotorenzündern und elektrischen Flugzeugausrüstungen ein Ausweichwerk in der Nähe von Berlin zu errichten.[14] Stuttgart galt im Kriegsfall wegen der Nähe zu Frankreich als besonders gefährdet. Im Raum Berlin, wo sich bereits mehrere Flugmotorenwerke befanden, sollte dagegen ein Schwerpunkt der Luftrüstung entstehen.[15] Die im Frühjahr 1934 beginnenden Verhandlungen mit dem Reichsluftfahrtministerium wurden auf Seiten von Bosch vom stellvertretenden Vorstandsmitglied Rassbach und von Generalmajor a. D. Knoblauch geführt.[16]

Bereits am 16. August und am 3. September 1934 konnte der Vertrag zur Errichtung des Ausweichwerks unterschrieben werden. Bosch verpflichtete sich darin, innerhalb von sieben Monaten eine Fabrik zur Herstellung von Flugzeugmagnetzündern, Flugzeugmotorenanlassern, Flugzeuglichtmaschinen sowie anderen, bisher in Stuttgart gefertigten Flugzeugausrüstungen zu errichten. Das Unternehmen erklärte sich bereit, das Vorhaben aus eigenen Mitteln zu finanzieren und unter Bauaufsicht des Reichsluftfahrtministeriums auszuführen.[17] Als Standort hatte man sich für ein etwa zehn Hektar großes Waldgrundstück in Kleinmachnow entschieden, das direkt hinter der Berliner Stadtgrenze lag. Da das Gelände zum Forstbezirk Dreilinden gehörte, erhielt das Ausweichwerk die Bezeichnung Dreilindenwerk.[18] Bei Bosch war man über die Errichtung des Ausweichwerks nicht gerade begeistert. Doch gibt es keinen Hinweis darauf, dass sich das Unternehmen gegen dieses Projekt oder überhaupt gegen eine Ausweitung seiner Fertigung für die Luftrüstung gesperrt hätte. Bei solchen Investitionen nahm damals der Staat in der Regel den Unternehmen das finanzielle Risiko ab und auch Bosch wollte auf eine derartige Absicherung nicht verzichten, da das neue Werk vollständig von der Rüstungskonjunktur abhängen würde. Das Reichsluftfahrtministerium erklärte sich bereit, einen «billigen Ausgleich» herbeizuführen, falls es nicht gelingen würde, die Kapazitäten auszulasten.[19]

Die Bosch-Führung hatte es bis dahin vermieden, Werke außerhalb Stuttgarts zu errichten, zumal es nicht viele andere Standorte gab, an denen ein ähnlich großes Potenzial an geeigneten Arbeitern vorhanden war. In Berlin war dies aber zweifellos der Fall und daher dürfte es dem Unternehmen nicht schwergefallen sein, sich auf diesen Standort einzulassen. Berlin war damals das unbestrittene Zentrum der deutschen Elektroindustrie.[20] Hinzu kam, dass Bosch durch die Übernahme der Ideal-Werke (später Blaupunkt) bereits über eine Tochtergesellschaft in Berlin verfügte, die das neue Werk in Dreilinden beliefern und von dieser Verbindung profitieren konnte. Bei einer anhaltenden Rüstungskonjunktur musste sich der Standort allerdings als problematisch erweisen, weil der Arbeitsmarkt dann wegen der starken Konzentration der Elektroindustrie in Berlin ausgeschöpft sein würde.

Am 8. Oktober 1934 fand im Reichsluftfahrtministerium eine Besprechung statt, bei der die Bauplanung für das Dreilindenwerk umrissen wurde. Das Ministerium präsentierte ein Konzept, das ganz auf den Schutz vor möglichen Luftangriffen ausgerichtet war. Das neue Werk sollte – wie viele der im Dritten Reich errichteten Rüstungsfabriken – im Wald liegen und aus einer Anzahl kleinerer Gebäude bestehen, so dass es «von oben eher den Eindruck einer Wohnsiedlung» bot.[21] Bosch wollte die baulichen Vorgaben des Reichsluftfahrtministeriums nicht akzeptieren. Hier hielt man die Errichtung mehrerer, im Wald verstreuter «Zwergfertigungen» für «absolut unwirtschaftlich».[22] Den Beauftragten des Unternehmens gelang es, den Bau einiger größerer Fertigungshallen durchzusetzen, doch hielt das Reichsluftfahrtministerium grundsätzlich an seinem Konzept fest. Harmonisch verlief dieses Bauvorhaben sicherlich nicht, aber hinter den Konflikten stand keine Verzögerungsstrategie von Bosch.[23] Das Dreilindenwerk konnte im August 1935 in Betrieb genommen werden.[24] Als Leiter wurden der bisherige kaufmännische Leiter des Feuerbacher Metallwerks, Paul Vogelgsang, und der Ingenieur Heinrich Walchenbach eingesetzt.[25] Mit ihnen kam ein Stamm von Arbeitern aus Stuttgart nach Kleinmachnow. Im Dezember 1936 konnte die Aufbauphase mit der Ausgründung des Werks zu einer GmbH abgeschlossen werden. Vogelgsang

Abb. 30: Dreilinden Maschinenbau GmbH, Kleinmachnow bei Berlin

und Walchenbach wurden Geschäftsführer der neuen Dreilinden Maschinenbau GmbH (DLMG). Im Gesellschaftsvertrag vom 8. Dezember 1936 über-
eignete Bosch der neuen Tochtergesellschaft ein Stammkapital in Höhe von
5 Mio. RM und das Werksgelände in Kleinmachnow.

Während der Aufbauphase in Dreilinden hatte die Luftrüstung des
Dritten Reiches eine völlig neue Dimension angenommen. Die zunächst geheim ausgebaute Luftwaffe hatte sich 1935 enttarnt. Durch ein ambitioniertes
Programm, das die Bezeichnung IRG 38 erhielt, sollte sie nun innerhalb
weniger Jahre bis zur «Kriegsbereitschaft» ausgebaut werden. Allein für den
Flugmotorenbau waren 60 000 Beschäftigte eingeplant.[26] Im Februar 1937,
nur drei Monate nach Gründung der DLMG, nahm ein neues Flugmotoren-
werk von Daimler-Benz in Genshagen die Fertigung auf. Dieses Werk lag
nur etwa 15 km von Kleinmachnow entfernt. Stark ausgebaut wurde außerdem die Flugmotorenproduktion der Brandenburgischen Motorenwerke in
Berlin-Spandau, rund 30 km von Kleinmachnow entfernt, die das Reich von
Siemens übernommen hatte und 1939 an BMW verkaufte. Neben diesen
Flugmotorenwerken bestanden in der Region Berlin noch weitere. Der
rasante Kapazitätszuwachs der Flugmotorenindustrie, nicht nur im Raum
Berlin, erforderte von den Zulieferern entsprechend große Produktions-
steigerungen.

Für Bosch galt dies besonders, weil das Unternehmen 1937 eine wichtige technische Neuerung bieten konnte. In etwa siebenjährigen Arbeiten war es gelungen, eine Benzineinspritzung für Flugmotoren zur Serienreife zu entwickeln. Flugmotoren mit dieser Direkteinspritzung wurden in Deutschland nun rasch zur vorherrschenden Technik, weil sie leistungsfähiger und sicherer waren als die bislang üblichen Vergasermotoren. Bosch hatte die Benzindirekteinspritzung in Zusammenarbeit mit der Daimler-Benz AG entwickelt, die ab November 1937 in Genshagen und Berlin-Marienfelde den ersten Flugmotor mit Benzineinspritzung, den DB 601, in Serienproduktion herstellte.[27] Da die Bosch-Tochtergesellschaft in Kleinmachnow die Einspritzpumpen und Einspritzleitungen für die Flugmotoren der 600er-Serie von Daimler-Benz fertigte, hatte sie nun für das Reichsluftfahrtministerium noch größere Bedeutung.[28]

Tab. 13 Umsatz der DLMG (1937–1941)[29]

Jahr	1937	1938	1939	1940	1941
Mio. RM	13,5	15,4	27,1	44,0	66,6

Schon bald erhielt die DLMG neue Vorgaben, die im Rahmen der bisherigen Ausstattung nicht zu erfüllen waren.[30] Das Unternehmen benötigte nun weitere Gebäude, neue Werkzeugmaschinen und musste die Beschäftigtenzahl drastisch erhöhen, obwohl auf dem Berliner Arbeitsmarkt inzwischen kaum noch geeignete Arbeiter zu finden waren. Dabei hing die Fertigung nach wie vor von Lieferungen aus Stuttgart ab.[31] Da die DLMG auch bei Kriegsbeginn noch nicht in der Lage war, die Lieferwünsche des Reichsluftfahrtministeriums zu erfüllen, kam es zu einem Eklat. Erich Carl Rassbach und Hermann Bauer wurden in das Ministerium zitiert, wo ihnen Wolfram Eisenlohr, der Leiter des Luftwaffenerprobungszentrums, unverhohlen drohte. Nach Bauers Angaben soll Eisenlohr gesagt haben: «Das grenzt ja geradezu an Sabotage. Wenn das Werk in einem halben Jahr nicht flott liefert, dann geschieht etwas.»[32] Bauer verwahrte sich dagegen, dass der Firma Bosch «böser Wille» unterstellt wurde und erklärte sich bereit, umgehend einen Stoßtrupp aus Ingenieuren und Mechanikern sowie 100 Arbeiter aus Stuttgart nach Kleinmachnow zu schicken.[33] Bosch legte nun ein großzügiges Ausbauprogramm für Dreilinden auf, das überwiegend durch Kredite des Reiches finanziert wurde.[34] Insgesamt stieg die Zahl der gefertigten Flugzeugmagnetzünder und Sondermagnetzünder bei der Bosch-Gruppe zwischen 1933 und 1940 auf mehr als das Zehnfache an, von 4335 auf 48 230.[35] Bei den Benzin-Direkteinspritzpumpen für Flugmotoren hatte die Bosch-Gruppe einen Marktanteil von etwa 35 Prozent. Insgesamt stellten Bosch und die DLMG von 1937 bis 1945 rund 148 000 dieser Direkteinspritzpumpen her. Neben den 12-Zylinder-V-Motoren der 600er Serie von Daimler-Benz wurden auch BMW-Flugmotoren mit der Einspritztechnik von Bosch ausgerüstet. Ab 1941 baute BMW dann Einspritzpumpen der Firma Deckel in seine Flugmotoren ein. Junkers stattete seine Flugmotoren mit einer eigenen Einspritztechnik aus.[36]

Mit der Errichtung des Dreilindenwerks war auch die Bosch-Tochter Ideal-Werke (später Blaupunkt) in den Blick des Reichsluftfahrtministeriums geraten. Bereits im Sommer 1935 hatten Verhandlungen über ein «zweites innerdeutsches Werk der Firma Bosch» begonnen, die mit einem eindeutigen Bezug zu Dreilinden geführt wurden. Dieses weitere Werk sollte in der Nähe des neuen Standorts der Ideal-Werke in Berlin-Wilmersdorf errichtet werden.[37] Ähnlich wie in Dreilinden wurde man sich über das bauliche Konzept nicht einig. Die Vertreter der Bosch-Gruppe, Goerz und Knoblauch, verständigten sich mit dem Reichsluftfahrtministerium darauf, abzuwarten, «bis die Kapazitätsfrage Dreilinden geklärt ist».[38] Offensichtlich ging es darum, in Verbindung mit dem Dreilindenwerk Flugzeugelektrik für den Bedarf der Luftwaffe zu liefern, etwa auf dem Gebiet der Funktechnik. Nach Verkündung des Vierjahresplans ließ die beschleunigte Aufrüstung ein weiteres Abwarten nicht mehr zu. Die Ideal-Werke bauten nun ein zusätzliches Werk in Berlin-Kreuzberg, das 1938 die Fertigung aufnahm.[39] Die Verbindung mit Dreilinden wurde für Blaupunkt zentral, als der Rundfunkgerätemarkt bei Kriegsbeginn zusammenbrach. Das Unternehmen profitierte von dieser Ausrichtung aber auch langfristig, denn die Flugzeugelektrik bedeutete für den Rundfunkgerätehersteller den Einstieg in die Fertigung von Hochfrequenzapparaten und damit in ein Gebiet, auf dem es während des Krieges zu wichtigen technologischen Entwicklungen kam.[40]

Die Elektro- und Feinmechanische Industrie GmbH/Trillke-Werke GmbH

Mit der Beschleunigung der Aufrüstung während des Vierjahresplans nahm auch beim Heer der Bedarf an Bosch-Erzeugnissen zu. Im Frühjahr 1937 drängte das Heereswaffenamt auf die Errichtung eines weiteren Ausweichwerks (AW II), das die Versorgung des Heeres mit elektrotechnischen Komponenten für Kraftwagen, Zugmaschinen und Panzer sicherstellen sollte.[41] Diese Fertigungen von Bosch sollten wegen der Gefahr von Luftangriffen nicht länger in Stuttgart konzentriert bleiben. Auch war in den Stammwerken des Unternehmens wegen des Arbeitskräfte- und Raummangels kein weiterer Kapazitätsausbau möglich. Das Heereswaffenamt ging jedoch seit Juni 1937 von einer Verdreifachung des bisher eingeplanten Bedarfs an Lichtmaschinen,

Zündern und anderen elektrotechnischen Kraftfahrzeugausrüstungen aus.[42] Hinsichtlich des Standorts hatte Bosch von den Rüstungsplanern lediglich die Vorgabe erhalten, das neue Werk östlich der Weser und nördlich der Linie Kassel-Leipzig zu errichten.[43] Anders als die DLMG entstand dieses Werk nicht als Teil eines regionalen Netzes von Abnehmern und Zulieferern. So begann im Frühjahr 1937 eine langwierige Suche nach einem geeigneten Standort, die Manfred Overesch ausführlich beschreibt. Insgesamt wurden fast 20 Standorte in Norddeutschland in Betracht gezogen. Am 17. Oktober 1937 fiel bei einer Besprechung in Stuttgart schließlich die Entscheidung für Hildesheim.[44] Die Unternehmensleitung von Bosch war von dem Projekt wenig angetan. Nach dem Krieg schrieb Debatin, Bosch hätte die Errichtung dieses Werks «in der bestimmtesten Weise» abgelehnt.[45] Dafür finden sich in den überlieferten Besprechungsprotokollen aus den Jahren 1937/38 zwar keine Belege.[46] Allerdings bestanden in Stuttgart Vorbehalte gegenüber dem Standort Hildesheim, weil es dort keine feinmechanische oder elektrotechnische Industrie gab. Angeblich war man in Stuttgart der Meinung, dort würden «nur Grobschmiede» wohnen.[47] Der Aufbau des neuen Werkes erfolgte nach einem anderen Finanzierungsmodell als im Falle der DLMG, dem sogenannten Montan-Schema. Es sah vor, dass das Heer ein privatwirtschaftliches Unternehmen in einem Mantelvertrag beauftragte, eine Rüstungsfabrik auf Kosten des Reiches zu errichten. Dieses Werk befand sich dann im Eigentum einer heereseigenen Kapitalgesellschaft, der Verwertungsgesellschaft für Montaninteressen GmbH (im Folgenden: Montan GmbH). In einem weiteren Vertrag wurde das Werk von der Montan GmbH an das beauftragte Privatunternehmen oder eine von diesem gegründete Vertriebsgesellschaft verpachtet. Der Pächter verpflichtete sich, die Werkseinrichtungen mit dem erforderlichen Know-how aufzubauen und zu betreiben. Bei dem Montan-Schema nahm das Reich den Unternehmen das wirtschaftliche Risiko ab und konnte sie so dazu bewegen, Fertigungen zu errichten, die für die Kriegsrüstung benötigt wurden, aber unter anderen Bedingungen entbehrlich oder unrentabel waren.[48]

Das neue Werk in Hildesheim sollte von Anfang an als heereseigener Betrieb nach dem Montan-Modell errichtet werden.[49] Der Mantelvertrag mit dem Oberkommando des Heeres (OKH) wurde allerdings erst am 2. November/20. Dezember 1938 geschlossen.[50] Bereits ein Jahr zuvor, am 18. Dezember 1937, hatte Bosch eine Tochtergesellschaft für den Betrieb des Werks gegründet, die Elektro- und Feinmechanische Industrie GmbH (ELFI) mit Sitz in Hildesheim und einem Grundkapital von 50 000 RM, die dann im November 1938 das Werksgelände und die Werksanlagen von der heereseigenen Montan GmbH pachtete.[51] Zu Geschäftsführern der ELFI wurden zwei Abteilungsleiter des Stuttgarter Stammwerks bestellt, Max Clostermeyer und Hermann Bauer. Nach kurzer Zeit wurde Bauer von Carl Martin Dolezalek abgelöst, der nun technischer Leiter des Werkes wurde, während Closter-meyer kaufmännischer Leiter blieb.[52] Wie das Dreilindenwerk wurde auch das neue Werk in Hildesheim aus Luftschutzgründen im Wald errichtet. Die Montan GmbH konnte dafür von der Stadt Hildesheim ein etwa 42 Hektar großes Grundstück auf einem bewaldeten Höhenzug, etwa 7,5 km vom Stadt-zentrum entfernt, erwerben. Bei der Bauplanung konnte Bosch seine Vorstel-lungen weitgehend verwirklichen. Die Werksanlagen wurden nach Plänen des Stuttgarter Bautenwerks von Bosch errichtet, den fertigungstechnischen Erfordernissen gemäß, aber auch in ansprechender Architektur. Bis 1942 ent-standen ein Verwaltungs- und Gemeinschaftsbau sowie fünf große Hallen mit einer bebauten Fläche von insgesamt rund 28 000 m².[53] Die Werksleitung war mit dem Ergebnis mehr als zufrieden. Dolezalek glaubte gar, dass die roten Backsteinbauten im Hildesheimer Wald «eine der schönsten Werks-anlagen sind, die je gebaut wurden».[54] Ein zentrales Problem blieb die Arbeitskräftefrage. Mit Mechanikern aus Hildesheimer Handwerksbetrie-ben konnte der Bedarf des neuen Werkes nicht gedeckt werden. Deshalb wurden eine Lehrwerkstätte und eine Umschulabteilung in der Hildes-heimer Innenstadt eingerichtet.[55] Im November 1938 hatte ELFI erst 68 Be-schäftigte, darunter zwölf Lehrlinge. Bis Ende 1939 stieg die Zahl auf 534 Be-schäftigte, darunter 35 Lehrlinge.[56] Die neu eingestellten Arbeiter wurden überwiegend vom Arbeitsamt zugewiesen und aus nicht rüstungswichtigen Betrieben umgesetzt.[57] Der Anteil der NSDAP-Mitglieder lag bei den männ-lichen Beschäftigten höher, insgesamt aber niedriger als bei der Mutter-firma.[58]

Bei Kriegsbeginn lieferte ELFI noch ausschließlich an die Bosch-Werke in Stuttgart und Feuerbach, wo die Geräte dann zusammengebaut wurden. Erst im Herbst 1942, vier Jahre nach der Grundsteinlegung, war der Aufbau des Hildesheimer Werkes endgültig abgeschlossen.[59] Inzwischen war das ursprüng-lich vereinbarte Fertigungsprogramm überholt. Schon am 31. Januar 1940 hatte Clostermeyer in Stuttgart um neue, an die Erfordernisse des Krieges angepasste Vorgaben gebeten. Bei Bosch – und nicht im Heereswaffenamt – wurde nun geplant, ELFI solle sich «auf die für Sonderfahrzeuge des Heeres (Panzerwagen-, Zugmaschinen-, Funkwagen-Aggregate und dergleichen) be-nötigten Ausrüstungsteile beschränken».[60] Wenige Monate später drängte das Heereswaffenamt auf eine beschleunigte Fertigung für die «schnellen Trup-pen».[61] In einer weiteren Baustufe wurde das Hildesheimer Werk auf die Her-stellung von Lichtmaschinen, elektrischen Anlassern, Schwungkraftanlassern und Magnetzündern für Panzer, Zugkraftwagen und schwere Lkws spezia-lisiert. Die Aufträge für diese Erzeugnisse nahmen nach dem Angriff auf die Sowjetunion erheblich zu.[62] Am 23. Dezember 1942 wurde ELFI umbenannt, weil es Verwechslungen mit ähnlich klingenden Firmen- und Markennamen gegeben hatte.[63] Das Unternehmen hieß fortan Trillke-Werke GmbH, nach dem in der Nähe fließenden Trillkebach.[64]

Durch das Adolf-Hitler-Panzerprogramm von 1943 stieg die Produktion der Trillke-Werke nochmals deutlich an. Die neuen Kampfpanzer «Panther» und «Tiger» waren durchweg mit Zündanlagen, elektrischen Anlassern, Lichtmaschinen und Scheinwerfern von Bosch ausgerüstet. Zugleich fertigte Bosch weiterhin die Lichtmaschinen und Anlasser für den Panzer IV. Das Hildesheimer Werk gewann nun auch eine zusätzliche strategische Bedeutung. Um hohe Stückzahlen zu erreichen, wurde die Fertigung der Elektroaggregate für die Panzer an einem Standort konzentriert. Stuttgart kam dafür wegen der Gefahr von Luftangriffen nicht in Betracht. Daher wurde im September 1943 ein großer Teil der Maschinen des Feuerbacher Lichtwerks nach Hildesheim verlagert. Darunter befanden sich auch die Spezialmaschinen, mit denen im Lichtwerk elektrotechnische Ausrüstungen für die Panzerstreitkräfte hergestellt wurden. Die Trillke-Werke waren jetzt alleiniger Hersteller von Elektroaggregaten für die Panzer der Wehrmacht.[65] Anders als die Werke in Stuttgart-Feuerbach blieben die im Hildesheimer Wald gelegenen Trillke-Werke bis Kriegsende unbeschädigt.

Die Tarnung der Auslandsgesellschaften

Nach den Erfahrungen des Ersten Weltkriegs schien es Robert Bosch ratsam, die Auslandsbeteiligungen seines Unternehmens auf ausländische Gesellschaften zu übertragen, damit sie im Kriegsfall nicht als deutsches Vermögen konfisziert werden konnten. Die übernehmenden Gesellschaften waren zunächst Unternehmen in der Schweiz und in den Niederlanden, die zur Bosch-Gruppe gehörten, ohne dass dies nach außen hin ersichtlich war. Später wurden die Auslandsbeteiligungen an Banken in den Niederlanden und in Schweden verkauft. Dabei handelte es sich um getarnte Verkäufe, da der Robert Bosch GmbH insgeheim ein Rückkaufsrecht eingeräumt wurde. Für das Verständnis dieser recht komplexen Transaktionen, die hier nur verkürzt nachgezeichnet werden können, ist es erforderlich, zunächst einen Blick auf die Verteilung des Auslandsvermögens von Bosch vor 1936 zu werfen.

Die Beteiligungen an den Auslandsgesellschaften, die nach dem Ersten Weltkrieg in Skandinavien, Belgien, Spanien und Argentinien entstanden waren, übertrug Bosch 1930 auf eine neu gegründete Schweizer Holding, die Industria Kontor AG.[66] Ein Jahr später entstand eine weitere Holding der Bosch-Gruppe in der Schweiz, die Robertina AG. Sie übernahm einen Teil der Aktien der Robert Bosch AG und fungierte als eine Art Devisenkasse für die Auslandsgesellschaften.[67] Bei diesen Gesellschaften wurde auch ein Aktienpaket aus der rund 82-prozentigen Beteiligung von Bosch an der United Bosch American Corporation (UABC), der späteren American Bosch Corporation (ABC), untergebracht. Die anderen UABC-Aktien von Bosch befanden sich im Besitz der N. V. Administratiekontoor voor Internationale Belegging (Nakib), einer Holdinggesellschaft in Amsterdam, die Bosch nach dem Zusammenbruch der Danatbank im Jahr 1931 übernommen hatte, wie auch der Amsterdamer Tochtergesellschaft des Bankhauses Mendelssohn und der Firma Eisemann.[68]

Als sich die Gefahr eines neuen Krieges abzeichnete, entschlossen sich Walz und Bosch, die europäischen Auslandsbeteiligungen ebenfalls an Mendelssohn Amsterdam abzugeben. Aus einer späteren Aufzeichnung von Boschs Privatsekretär Schloßstein geht hervor, dass diese Entscheidung im Oktober 1936 fiel, nachdem Walz an einer Besprechung in Berlin teilgenommen hatte, bei der führende Repräsentanten der deutschen Wirtschaft von Göring aufgefordert worden waren, das Auslandsvermögen ihrer Unternehmen zu beleihen und diese Devisen dem Reich zur Verfügung zu stellen.[69] Der Vorstand der Robert Bosch AG verständigte sich darauf, die Auslandsgesellschaften nun «durch einen echten Verkauf unter Ablieferung der eingehenden Devisen an die Reichsbank kapitalmässig und politisch vom Inland völlig unabhängig zu machen». Käme es zum Krieg, dann sei die Gefahr einer Beschlagnahmung geringer und «wenn die Kriegsgefahr einmal vorbei sei, so müsse man nach geeigneten Wegen suchen, um an die Beteiligungen wieder heranzukommen».[70]

Fritz Mannheimer, der Leiter der Amsterdamer Mendelssohn-Tochter, erklärte sich bereit, Bosch in einer geheimen Zusatzklausel ein Rückkaufsrecht auf die erworbenen Aktienpakete einzuräumen. Am 6./7. April 1937 kam der Vertrag zwischen Bosch und Mendelssohn Amsterdam zustande. Die Bank zahlte Bosch für die Auslandsgesellschaften einen Kaufpreis von 3,88 Mio. Niederländischen Gulden (5,29 Mio. RM) und übernahm die Nakib als Holding für diese Gesellschaften. Vom Kaufpreis gingen rund 2,7 Mio. Niederländische Gulden als Devisen an die Reichsbank, die sich dafür mit einer Prämie von 500 000 RM erkenntlich zeigte. Mannheimer erhielt von Bosch eine Provision in Höhe von 100 000 US-Dollar.[71] Mit Mendelssohn & Co. in Berlin, der damals größten Privatbank Deutschlands, und deren Amsterdamer Tochtergesellschaft hatte die Robert Bosch AG gute Geschäftsbeziehungen.[72] Zwischen Robert Bosch und dem Leiter von Mendelssohn Amsterdam, Fritz Mannheimer, bestand zudem eine persönliche Verbindung. Der Bankier war in Stuttgart in der Nähe des Bosch-Geländes aufgewachsen. Während der 1920er Jahre war es Mannheimer durch riskante Spekulationsgeschäfte gelungen, ein immenses Vermögen anzuhäufen.[73] Obwohl man bei Bosch einen ganz anderen Geschäftsstil pflegte, genoss Mannheimer das Vertrauen von Robert Bosch und Hans Walz, zumal er Bosch wiederholt gute Dienste geleistet hatte, besonders beim Kauf des UABC-Vorgängerunternehmens ABMC.[74]

Am 9. August 1939 kam Fritz Mannheimer in seiner Villa bei Paris unter bis heute nicht geklärten Umständen ums Leben. Er hatte hohe Schulden aufgehäuft und seinen aufwendigen Lebensstil offenbar auch aus dem Kapital der Bank finanziert. Nachdem es ihm nicht mehr gelungen war, zwei französische Staatsanleihen zu platzieren, war das Bankhaus Mendelssohn Amsterdam zahlungsunfähig. Einen Tag nach dem Tod Mannheimers meldete die Bank Insolvenz an.[75] Bei Bosch schlugen die Hiobsbotschaften aus Amsterdam nach einem Bericht des Justitiars Thomä wie «ein Blitz aus heiterem Himmel» ein,[76] beruhte doch die Tarnung fast sämtlicher Auslandsgesellschaften der Bosch-Gruppe auf Verträgen mit Mannheimer bzw. Mendelssohn Amsterdam. Nach Kriegsbeginn erwies sich der Zusammenbruch der Bank für Bosch jedoch zumindest in einer Hinsicht als vorteilhaft. Die niederländische Justiz, die nun die Bücher von Mendelssohn Amsterdam durchleuchtete, konnte bestätigen, dass Bosch seine Auslandsbeteiligungen verkauft hatte. Die Auslandsgesellschaften wurden daraufhin von der Schwarzen Liste der Alliierten gestrichen.[77] Möglich war dies freilich nur, weil die geheime Rückkaufsklausel nicht entdeckt wurde.

Bei Bosch begann nun eine hektische Suche nach einem Käufer für die bislang in Amsterdam untergebrachten Auslandsgesellschaften. Durch die Vermittlung von Waldemar von Oppenheim gelang es, die bedeutendste Bank Skandinaviens, die Stockholms Enskilda Bank (SEB), für die Transaktion zu interessieren. Als nützlich erwies sich dabei, dass Carl Goerdeler zu den Eigentümern dieser Bank, der Familie Wallenberg, gute Verbindungen hatte. Ihm gelang es auch, die Zustimmung von Reichswirtschaftsminister Funk zu der geplanten Transaktion einzuholen.[78] Bereits am 5. Dezember einigten sich Bosch und die SEB auf die Übernahme von acht Auslandsgesellschaften. Wenige Tage später erwarb eine von der SEB gegründete Holding, die A. B. Planeten, diese Auslandsgesellschaften für umgerechnet rund 2,3 Mio. RM aus der Insolvenzmasse der Amsterdamer Mendelssohn-Bank. Später kamen noch die Industria AG, die Robertina AG und zwei weitere Holdinggesellschaften hinzu. In einer geheimen Zusatzvereinbarung zum Kaufvertrag erhielt Bosch die Zusage, die von der SEB bzw. der A. B. Planeten übernommenen Beteiligungen zurückkaufen zu können.[79] Im Gegenzug ermöglichte es Bosch der SEB, deutsche Wertpapiere mit einem Nominalwert von umgerechnet 1,3 Mio. US-Dollar an die Deutsche Golddiskontbank ohne Verluste abzugeben, indem das Unternehmen dem schwedischen Geschäftspartner die Preisdifferenz zahlte.[80] Nach längeren Verhandlungen erwarb die SEB-Gruppe im Juli 1940 für rund 2,94 Mio. US-Dollar (7,35 Mio. RM) auch die bis dahin in Amster-

dam von der Nakib gehaltenen Aktien der amerikanischen Bosch-Gesellschaft, die inzwischen unter dem Namen American Bosch Corporation (ABC)
firmierte. Dabei handelte es sich um 77,2 Prozent des Aktienkapitals der
ABC. Wie schon bei den europäischen Auslandsgesellschaften räumte die SEB
auch bei dieser Beteiligung der Robert Bosch GmbH ein Rückkaufsrecht ein.
Im Gegenzug nahm Bosch der SEB mit einer erneuten Zuzahlung deutsche
Wertpapiere im Nominalwert von umgerechnet 3,6 Mio. US-Dollar ab.[81] Nicht
alle Auslandsbeteiligungen, die bei der Nakib in Amsterdam untergebracht
worden waren, wurden von der SEB-Gruppe erworben. Die Beteiligung an
Lavalette wurde von Bosch zurückgekauft, da Paris jetzt unter deutscher
Besatzung stand, ebenso die beiden Prager Bosch-Gesellschaften und die
Beteiligung an der MABO in Mailand.[82] Insgesamt gingen 13 Auslandsgesell-
schaften von Bosch in den Besitz der SEB-Gruppe über.[83] Dass Bosch diese
Gesellschaften in schwedischer Hand beließ, obwohl Hitler nun den größten
Teil Europas beherrschte, sagt viel über die damaligen Erwartungen der Un-
ternehmensleitung aus. Offenbar rechnete man hier nicht mit einem baldigen
Kriegsende und auch nicht mit einem sicheren Sieg der Achsenmächte.

Nach dem Kriegseintritt der Vereinigten Staaten am 8. Dezember 1941
geriet die SEB wegen des Erwerbs der ABC-Aktien unter Druck. Die amerikanischen Behörden gingen davon aus, dass die Kaufverträge nur Tarnung
waren und die ABC in Wirklichkeit weiterhin von Bosch kontrolliert wurde.
Als sie von der schwedischen Riksbank und der SEB nähere Auskünfte über
die ABC-Transaktion einholen wollten, stritten die Wallenbergs die Existenz
einer Rückkaufsoption ab.[84] Doch die bisherige Konstruktion war ihnen nun
zu heikel. Die SEB drängte in Stuttgart auf eine Aufhebung der geheimen Zusatzvereinbarung. Bis April 1942 wurden daraufhin die Abmachungen so geändert, dass Bosch keine Option mehr auf einen Rückkauf der Kapitalmehrheit bei der ABC hatte.[85] Inzwischen hatten die amerikanischen Behörden
weitere Nachforschungen angestellt. Der Fall ABC hatte hier eine hohe Priorität, weil auch militärische Interessen im Spiel waren. Als schwedisches Unternehmen konnte die ABC nicht für die Ausrüstung der US-Armee genutzt
werden, als beschlagnahmtes Feindvermögen dagegen sehr wohl. Dem amerikanischen Justizministerium lagen bald eindeutige Beweise für die enge Verbindung zwischen Bosch und der ABC vor.[86] Gegenüber der SEB saßen die
amerikanischen Behörden eindeutig am längeren Hebel. Sie konnten sich
nicht nur an die ABC-Zentrale in New York und das Werk in Springfield
halten, sondern auch an die Bank, bei der die ABC-Aktien hinterlegt waren,
die New York Trust Co.[87] Trotz aller Beteuerungen der SEB und der schwedischen Regierung wurde die ABC am 18. Mai 1942 von der US-Regierung als
feindliches Vermögen beschlagnahmt und der Verwaltung durch das Office of
Alien Property Custodian unterstellt.[88]

Die SEB war nun entschlossen, sich von den Bosch-Auslandsgesellschaften zu trennen.[89] Diese Transaktionen wurden allerdings erst im August 1943 abgeschlossen. Bosch kaufte die Auslandsbeteiligungen über eine Gesellschaft zurück, die sich im Besitz zweier Direktoren der schwedischen Bosch-Tochter Robo befand.[90] Da die SEB aus den USA massiv bedrängt wurde, die ABC-Aktien an einen amerikanischen Käufer abzugeben, wollte Bosch auch diese Anteilscheine zurückkaufen, obwohl es dafür keine Rückkaufsoption mehr gab. Am 19. Mai 1943 teilte Carl Goerdeler Jacob Wallenberg mit, dass Bosch den Betrag für den Rückkauf der ABC bei einer Schweizer Bank, der Basler Handelsbank, bereitgestellt habe, in Devisen und etwa 5,7 Mio. Schweizer Franken in Gold. Goerdeler, Knoerzer und Thomä hatten in Verhandlungen mit der Reichsbank erreicht, dass Bosch dieses Gold erwerben konnte. Es sollte als Sicherheit für einen Kredit der Schweizer Bank an die SEB hinterlegt werden.[91] Nun verfügte die Reichsbank zu diesem Zeitpunkt aber kaum noch über Goldbestände aus der Zeit vor 1938. Das in ihren Tresoren vorhandene Gold stammte zum allergrößten Teil aus Notenbanken besetzter Länder, die völkerrechtswidrig geplündert worden waren, oder aus der Konfiskation privater Vermögen und anderen Zwangsmaßnahmen des NS-Regimes. Ab Juli 1943 kam noch Gold hinzu, das die SS ihren Opfern in den Konzentrationslagern geraubt hatte und das bei der Degussa umgeschmolzen worden war.[92] Welche Herkunft das Gold hatte, das Bosch im März 1943 bei der Reichsbank erwarb, lässt sich nicht mehr feststellen, doch wird es sich höchstwahrscheinlich nicht um rechtmäßig erworbenes Gold der Reichsbank gehandelt haben. Es ist möglich, aber nicht sicher, dass man bei Bosch wusste, woher die Reichsbank ihr Gold bezog. Zumindest Goerdeler dürfte aufgrund seiner internationalen Kontakte Informationen darüber gehabt haben.[93] Wallenberg befürchtete denn auch bald, dass es sich um suspektes Gold handelte. Im Dezember 1943 erkundigte er sich nach der Herkunft des Goldes und empfahl, die Barren zu verkaufen und stattdessen Anleihen zu erwerben.[94] Ein halbes Jahr später verkaufte die Basler Handelsbank das «Bosch-Gold» an die Schweizerische Nationalbank. Mit dem Erlös erwarb Bosch solide Schweizer Bundesanleihen und Eidgenössische Kassenscheine.[95]

Angesichts des Kriegsverlaufs konnte es bei dem geplanten Rückkauf der ABC-Aktien ohnehin nur noch darum gehen, den Schaden für die SEB zu verringern. Die ABC war seit der Beschlagnahmung ein amerikanisches Unternehmen und es konnte kein Zweifel daran bestehen, dass sie das auch bleiben würde. Die frühere Bosch-Tochter spielte eine wichtige Rolle in der amerikanischen Rüstungsproduktion. In den Jahren 1943, 1944 und 1945 wurde die ABC jeweils mit Excellence-Awards des Heeres und der Marine ausgezeichnet.[96] Für die SEB war die Bilanz ihrer Transaktionen mit Bosch bitter. Die Bank musste die erworbenen ABC-Aktien abschreiben. Die ABC

blieb in den USA als feindliches Vermögen beschlagnahmt. Sie wurde enteignet und 1948 an die Investmentfirma Arma verkauft. Die Konten der SEB
wurden von den amerikanischen Behörden blockiert, Jacob und Marcus Wallenberg wegen Kollaboration angeklagt.[97] Bosch war mit der Tarnung der Auslandsbeteiligungen gescheitert. Die Vorstellung, die Auslandsgesellschaften
vor der Beschlagnahmung bewahren zu können, indem man sie in neutrale
Länder mit einer Rückkaufsklausel verkaufte, erwies sich als Trugschluss. Die
ABC hatte man praktisch schon 1942 verloren, die in Schweden bei der Robo
untergebrachten Auslandsgesellschaften wurden später konfisziert, ebenso die
Beteiligung an den Ateliers Lavalette. Das in der Schweiz vorhandene Vermögen wurde gesperrt. Zum zweiten Mal innerhalb von drei Jahrzehnten
verlor Bosch seinen gesamten Auslandsbesitz.

Die Einbindung in die Kriegswirtschaft

Nach Kriegsbeginn nahm bei Bosch der Druck zu, für die immer größeren
Aufträge des Militärs geeignete Arbeitskräfte und Standorte zu finden. Dies
galt besonders für die Fertigung der Flugmotoren- und Flugzeugkomponen-
ten, die in der DLMG in Kleinmachnow nicht so rasch ausgebaut werden
konnte, wie es die neuen Vorgaben des Reichsluftfahrtministeriums vorsahen.
Neben Blaupunkt fertigte daher nun auch die Bosch-Tochter Junkers & Co.
GmbH in Dessau für die DLMG.[98] Darüber hinaus wurden zwei neue Werke,
die in den Jahren 1939/40 entstanden, in den Dienst der Luftrüstung gestellt.

Bereits im letzten Vorkriegsjahr hatte die Geschäftsführung die Errichtung zweier neuer Werke in Crailsheim und in der Nähe von Leonberg beschlossen, die noch für die Belieferung des zivilen Fahrzeugmarkts vorgesehen waren.[99] In Crailsheim hatte Bosch im Frühjahr 1939 mit dem Bau des
Werkes begonnen und eine Lehr- und Umschulungswerkstätte eröffnet.[100]
Doch die Hoffnungen, die man damit in Crailsheim verband, erhielten schon
bald einen schweren Dämpfer. Das geplante Großprojekt wurde wegen des zu
erwartenden Kriegsbeginns gestoppt und auf die Nachkriegszeit verschoben.[101]
Der Bau eines neuen Werkes für den zivilen Fahrzeugmarkt machte nun keinen
Sinn mehr. Außer der Lehr- und Umschulungswerkstätte entstand in Crails-
heim lediglich ein Betriebsteil der Stuttgarter Bosch-Werke, der dann für den
Bedarf der Wehrmacht arbeitete.[102]

Stattdessen suchte Bosch etwa ab Mitte 1939 einen Standort, an dem rasch
zusätzliche Kapazitäten für die Aufträge des Reichsluftfahrtministeriums errichtet werden konnten. In Bamberg wurde man fündig. Dort konnte Bosch
am 29. September 1939 die Werkshallen und das Gelände der stillgelegten
Metallwarenfabrik Stadler übernehmen. Im Februar 1941 nahm das neue

Abb. 31: Reichsberufswettbewerb bei Bosch (1940)

«Außenwerk 1» die Fertigung von Kerzen für Flugmotoren auf.[103] Obwohl auf dem früheren Stadler-Gelände ein Neubau errichtet wurde, stieß die Produktion hier bald an Kapazitätsgrenzen. Teile der Fertigung mussten nach Zeil und Forchheim in stillgelegte Webereien ausgelagert werden. Die Beschäftigtenzahl des Werkes Bamberg stieg zwischen Dezember 1940 und Dezember 1944 von 580 auf 3116 an.[104] Aus Tarnungsgründen erhielt das Werk zum 1. Mai 1944 den Namen Opus GmbH.[105]

Ein weiteres «Außenwerk» errichtete Bosch im Herbst 1940 im Elsass. Das Elsass war nach der Kapitulation Frankreichs einer deutschen Zivilverwaltung unterstellt und faktisch annektiert worden. Völkerrechtlich gehörte es weiterhin zu Frankreich, da die Gebietsabtretung nicht durch einen Friedensvertrag geregelt war. Dennoch wurden elsässische Unternehmen, deren Eigentümer in anderen Teilen Frankreichs wohnten oder dorthin geflüchtet waren, von den deutschen Behörden beschlagnahmt. Eines dieser Unternehmen war die Manurhin (Manufacture de Machines du Haut-Rhin) in Bourtzwiller, das nun Burzweiler hieß, einem Vorort von Mulhouse, das in Mülhausen umbenannt worden war.[106] Bosch meldete schon im Sommer 1940 sein Interesse an diesem Werk an und konnte im September bei der Manurhin einziehen.[107] Die Sundgau Maschinenbau GmbH, eine am 7. Oktober 1940 gegründete Tochtergesellschaft der Robert Bosch GmbH, mietete das Werk der Manurhin. Ein

Kauf war zu diesem Zeitpunkt nicht möglich, da Eigentumsübertragungen erst nach einem Friedensvertrag mit Frankreich erfolgen sollten. Der Sundgau Maschinenbau GmbH wurde jedoch ein Vorkaufsrecht eingeräumt.[108]

Bosch war bei weitem nicht das einzige deutsche Unternehmen, das damals ins Elsass expandierte. Ein Zweigwerk der Manurhin wurde beispielsweise von der Deutschen Waffen- und Munitionsfabriken AG übernommen, die zum Quandt-Konzern gehörte.[109] Hier ließen sich geeignete Arbeitskräfte noch eher finden als im «Altreich» und die meisten Elsässer waren deutschsprachig. Allerdings waren Investitionen im Elsass nur sinnvoll, wenn man davon ausging, dass das Dritte Reich den Krieg gewinnen würde, denn nur dann würde dieses Gebiet künftig zu Deutschland gehören. So stand die Gründung des neuen Werks im besetzten Elsass in krassem Gegensatz zu Robert Boschs Engagement für die deutsch-französische Verständigung. Das Unternehmen ordnete in diesem Fall seine eigenen Prinzipien den Prioritäten der Kriegswirtschaft unter. Bosch baute bei der Sundgau Maschinenbau GmbH eine Spezialfertigung für Benzineinspritzpumpen auf, die dazu beitragen sollte, die DLMG zu entlasten. Wegen des Mangels an Baustoffen konnte der Ausbau des Werks allerdings erst 1943 abgeschlossen werden.[110] Anders als an allen anderen Standorten der Bosch-Gruppe konnte hier bis zum Herbst 1943 mit der Stammbelegschaft gearbeitet werden, weil Elsässer bis dahin nicht zur Wehrmacht eingezogen wurden.[111]

Nach der Besetzung Frankreichs wurde Bosch auch Mehrheitseigentümer der Ateliers de Construction Lavalette in St. Ouen bei Paris. Das Unternehmen hatte seine seit 1928 bestehende Beteiligung bei Lavalette nie völlig aus der Hand gegeben, sondern mit einer geheimen Rückkaufsoption auf die Nakib in Amsterdam übertragen.[112] Nun kaufte Bosch nicht nur seine frühere Beteiligung an Lavalette zurück, sondern übernahm dort die Majorität und setzte Friedrich Gönnenwein wieder als Leiter ein. Die Fertigung des Unternehmens änderte sich nicht wesentlich. Lavalette hatte vor der Besetzung für Aufträge der französischen Armee gearbeitet und erfüllte nun Aufträge der Wehrmacht.[113]

Außer der Fertigung der Manurhin in Mülhausen-Burzweiler übernahm Bosch keine neuen Werke in den von Deutschland besetzten Gebieten. Nach dem Krieg behauptete Walz mit Bezug darauf, dass man die Besetzung nicht habe ausnutzen wollen.[114] Doch konnte Bosch an einer weitergehenden Expansion auch gar kein Interesse haben, weil das bereits vorhandene Netz seiner Auslandsgesellschaften den neuen «Großraum» des Dritten Reiches völlig abdeckte. In Frankreich hätte man mit Übernahmen nur der eigenen Tochtergesellschaft Lavalette Konkurrenz gemacht und auch in Belgien, in den Niederlanden und in Dänemark gab es schon lange Auslandsgesellschaften von Bosch. Dass Bosch kein neues Werk in den besetzten osteuropäischen Gebieten errichtete, hing wohl mit den spezifischen Standortanforderungen des Unternehmens zusammen. Bosch hatte aber auch bereits viel in den Aufbau der neuen Werke in Kleinmachnow, Hildesheim, Bamberg und Mülhausen investiert und musste den geplanten Rückkauf der getarnten Auslandsgesellschaften, vor allem der US-Tochter ABC, finanziell absichern. Hier und nicht im Osten ging es um vitale Interessen des Unternehmens. Durch die Bosch-Dienste war Bosch gleichwohl auch im Osten präsent. Es gab sie im besetzten Polen wie im Reichsprotektorat Böhmen und Mähren. Im Baltikum und in den besetzten Gebieten der Sowjetunion wurden neue Bosch-Dienste für die Instandsetzung von Wehrmachtsfahrzeugen errichtet, die sogenannten Bosch-Dienst K-Werke (BDK-Werke), wie sie zum Beispiel in Riga, Tallinn, Vilnius und Minsk bestanden.[115] Bosch-Mitarbeiter, die in den BDK-Werken arbeiteten oder zur Inspektion dorthin reisten, erfuhren mit Sicherheit von den Verbrechen der SS und der Wehrmacht in diesen Gebieten. Ob sie derartige Informationen nach Stuttgart weitergaben, lässt sich freilich nicht belegen, da dies allenfalls hinter vorgehaltener Hand geschehen konnte.

Mit dem Anstieg der Rüstungsaufträge nahm der Umsatz der Robert Bosch GmbH während des Krieges um rund 70 Prozent zu. Die Beschäftigtenzahl des Unternehmens (ohne Tochtergesellschaften) erhöhte sich dagegen zwischen 1939 und 1943 nur um 6 Prozent.[116] Dass sie durch die Einberufung von insgesamt etwa 6100 Arbeitern und Angestellten zur Wehrmacht nicht völlig einbrach, war ausschließlich durch den Einsatz ausländischer Zwangsarbeiter und von Leiharbeitskräften an Verlagerungsstandorten bedingt.[117] Die Beschäftigtenzahl des Konzerns stieg durch die zunehmende Zahl von Tochterunternehmen und deren rasch wachsende Rüstungsproduktion zwischen 1940 und 1943 um etwa 36 Prozent.[118] Der Anteil des Auslandsgeschäfts am Umsatz der Robert Bosch GmbH sank, wie schon im Ersten Weltkrieg, auf einen Tiefststand und lag in den Jahren 1939 und 1941 sogar unter 10 Prozent.[119]

Tab. 14 Beschäftigte der Bosch-Gruppe (1940–1944)[120]

Jahr	1940	1941	1943	Ende 1944
Beschäftigte	33 700	39 600	46 000	39 963

Bei der Tochtergesellschaft Blaupunkt entfielen 1941 bereits 84 Prozent des Umsatzes auf Rüstungsaufträge.[121] Blaupunkt spielte nun beim Ausbau der Hochfrequenzforschung eine wichtige Rolle, entwickelte für die Wehrmacht Apparate wie das Funkmessgerät «Korfu» und gehörte der «Arbeitsgemeinschaft Rotterdam» an, die sich mit der Entwicklung von Radargeräten beschäftigte.[122] Nachdem das Blaupunkt-Werk in Berlin-Wilmersdorf Anfang März 1943 bei einem Luftangriff getroffen worden war, wurden Teile der Fertigung und der Entwicklungsabteilung nach Reichenberg im «Sudetengau» verlegt. Weitere Verlagerungen erfolgten nach München und Wien. Danach stieg die Beschäftigtenzahl von 1426 im Juni 1943 auf rund 3800 im April 1945 an. Der Umsatz nahm im Geschäftsjahr 1944 um 55 Prozent zu.[123]

Fast noch stärker als Blaupunkt war die Schwesterfirma FESE an der Entwicklung neuer Techniken und Geräte für die Wehrmacht beteiligt. Dazu gehörten beispielsweise hochauflösende Fernsehbilder für die Luftaufklärung.[124] Im Auftrag der Reichspost arbeitete die FESE an der Entwicklung einer «sehenden Bombe» mit, einer elektronischen Waffe, die es den Bombergeschwadern der Luftwaffe ermöglichen sollte, über eine Fernsteuerung mittels eines Fernsehbildes auf große Distanz zu treffen.[125] Durch die Rüstungsaufträge der Reichspost konnte die FESE in der Fernsehtechnik mit Telefunken gleichziehen.[126] Anders als in der Kraftfahrzeugtechnik war die Bosch-Gruppe auf diesem Gebiet nicht Marktführer und so verbesserte sich nun ihre Wettbewerbsposition gegenüber Konkurrenten wie Telefunken. Aus Luftschutzgründen wurde die FESE 1943 nach Tannwald (Tanvald) in Nordböhmen und später nach Taufkirchen in Bayern verlegt, während die Luftwaffe in Peenemünde Versuche mit der «sehenden Bombe» durchführte, bei denen sich herausstellte, dass diese Technik nicht einsatzfähig war. Die FESE profitierte dennoch von dem Projekt. Sie konnte ab 1943 zwei Geräte in Serie fertigen, die für die Gleitbombe entwickelt worden waren: die Fernsehkamera «Tonne» und den Universalempfänger «Seedorf».[127] Die Erfolge der FESE brachten für Bosch allerdings auch Probleme mit sich. Das Reichsluftfahrtministerium wollte an der FESE beteiligt werden. Als Bosch ablehnte, kam es zu einem heftigen Konflikt. Letztlich musste das Reichsluftfahrtministerium seine Ambitionen auf die FESE aufgeben, weil Bosch nicht nur von Reichspostminister Wilhelm Ohnesorge Rückendeckung erhielt, sondern auch von Albert Speer, dem Reichsminister für Rüstung und Kriegsproduktion.[128]

In den von Speer für alle Fertigungsbereiche der Kriegswirtschaft errichteten Rüstungsausschüssen und Rüstungsringen war auch Bosch vertreten.[129] Gleichwohl wurde das Unternehmen Anfang März 1943 von Speer massiv unter Druck gesetzt. Der Minister war der Ansicht, dass Boschs Kapazitäten nicht ausreichen würden und richtete an die Geschäftsführung eine Forderung, die einem Befehl gleichkam: «Die Firma Robert Bosch nimmt sofort unter Einsatz aller zur Verfügung stehenden Kapazitäten und Mittel eine umfassende Ausweitung ihrer Kapazitäten vor, wobei ein wesentlicher Teil der neuen Kapazität im Osten des Reiches aufzubauen ist». Falls das Unternehmen dazu nicht in der Lage wäre, drohte Speer, andere Firmen unter Nutzung der Patente von Bosch einzuschalten.[130] Bosch begann daraufhin, nach einem Standort für ein neues Werk «im Osten» zu suchen, in dem Parallelfertigungen für Magnetzünder, Lichtmaschinen, Anlasser und andere rüstungswichtige Erzeugnisse aufgenommen werden sollten. Schließlich entschied man sich für die Stadt Langenbielau in Niederschlesien, das heutige Bielawa, wo die Christian Dierig AG – das damals größte deutsche Textilunternehmen – und die Suckert AG ihre Werke für Bosch räumen mussten.[131] Angeblich setzte der mit Speer befreundete Gauleiter von Niederschlesien, Klaus Hanke, diese Entscheidung gegen den Einspruch von Bosch durch.[132] Doch errichteten damals auch andere Firmen Ausweichwerke und neue Fertigungen in Niederschlesien, weil diese Region als so luftkriegssicher galt, dass sie auch als «Reichsluftschutzkeller» bezeichnet wurde.[133] Bei Bosch war man von der angeordneten Errichtung eines neuen Werks im Osten des Reiches nicht gerade angetan, doch unter dem Druck der Drohung Speers wurde der Aufbau zügig vorangetrieben. Am 29. Mai 1943 gründete das Unternehmen dafür eine eigene Tochtergesellschaft, die Siling-Werke GmbH.[134] Geschäftsführer wurde Theodor Baumann, Werksleiter Alfred Brack.[135]

Ausschließlich mit den Textilarbeitern der Dierig-Werke und anderer, benachbarter Firmen ließ sich keine Bosch-Produktion aufbauen. Daher musste eine große Zahl von Beschäftigten aus den Stuttgarter Stammwerken nach Langenbielau umgesetzt werden. Im April 1944 arbeiteten dort fast 800 ehemalige Bosch-Mitarbeiter sowie 590 ausländische Zivilarbeiter, von denen die meisten wohl vorher bei Bosch in Stuttgart eingesetzt worden waren.[136] Mit über 400 Eisenbahnwaggons wurden bis zum Frühjahr 1944 Maschinen und Werkzeuge aus Stuttgart zu den Siling-Werken transportiert.[137] Schon bald zeigte sich, dass Speers Weisung nicht im erwarteten Tempo umsetzbar war.[138] Werksleiter Baumann hoffte, von der Gauleitung in Breslau Unterstützung zu bekommen. Neben ausländischen Zwangsarbeitern wurden bei den Siling-Werken nun auch KZ-Häftlinge eingesetzt.[139] Aber dadurch ließen sich die Probleme nicht lösen. Im Herbst 1943 wurde ein Teil der Fertigung des Feuerbacher Lichtwerks, der ursprünglich nach Langenbielau verlagert werden sollte, stattdessen zu den Trillke-Werken in Hildesheim gebracht.[140] Bei einer Besprechung, die im Oktober 1943 unter dem Vorsitz von Speer stattfand, musste Bosch-Direktor Hermann Bauer mitteilen, dass die Umbauten in Langenbielau nicht vorankamen, weil Bosch dort nur die niedrigere Priorität Baustufe 2 erhalten hatte.[141] Nachdem Bauer noch von Problemen bei anderen Verlagerungen berichtet hatte, kam es zu einem Wutausbruch des Generalluftzeugmeisters Erhard Milch. Mit drohend erhobener Hand soll er gesagt haben: «Wenn Sie durch Ihren Eigensinn die Luftrüstung gefährden, so kommen Sie nicht mit M. 20 000.– Strafe weg, das kostet Ihren Kopf.»[142] Bei dieser Besprechung zeigte sich gewissermaßen das wahre Gesicht des Speer'schen «Rüstungswunders». Aus Luftschutzgründen war Bosch ein Standort aufgezwungen worden, an dem die benötigten Arbeitskräfte und Baustoffe fehlten. Als Lösung wurden Zwangsarbeiter zugeteilt und wenn es dann immer noch nicht voranging, wurde mit der Todesstrafe gedroht.

Das letzte Kriegsjahr

Die Bosch-Werke in Feuerbach wurden am 21. Februar 1944 durch einen Luftangriff schwer getroffen. Weitere, erhebliche Luftkriegsschäden entstanden am Stuttgarter Hauptwerk und an den Feuerbacher Werken durch die Angriffe vom 26./29. Juli 1944, 10./12. September 1944, 20. Oktober 1944 und 28. Januar 1945.[143] Schon seit Herbst 1943 wurden wegen der Luftangriffe immer mehr Fertigungen aus Stuttgart und Feuerbach verlagert. Anfang 1944 wurde Bosch angewiesen, Teile der Produktion unter die Erde zu verlegen, in einen der Reichsbahn gehörenden Tunnel bei Bruttig an der Mosel. Dort sollte im Mai 1944 ein unterirdisches Bosch-Werk den Betrieb aufnehmen. Doch selbst zwei Monate später konnte lediglich eine kleine Fertigung dorthin verlegt werden.[144] Nachdem der Tunnel von Häftlingen des KZ Natzweiler unter Aufsicht der SS ausgebaut worden war, wurden rund 150 Arbeiter aus Feuerbach und Bamberg nach Bruttig umgesetzt.[145] Für diesen unterirdischen Betrieb gründete Bosch eine weitere Tochtergesellschaft, die WIDU GmbH mit Sitz in Cochem.[146] Als Firmennamen hatte man aus Tarnungsgründen eine Kombination aus den Nachnamen der Geschäftsführer Wild und Durst gewählt. Wegen der Luftangriffe sollte auch bei der DLMG ein Teil der Fertigung unter die Erde verlagert werden, in einen Bergwerksstollen im besetzten Lothringen. Für dieses Vorhaben gründete Bosch ebenfalls eine eigene Gesellschaft, die ROWA – abgeleitet von den Namen Rogowski und Walz. Der Jägerstab des Rüstungsministeriums wies der DLMG bzw. der ROWA die Grube «Rothe Erde» in Deutsch-Oth (Audun-le-Tiche) zu. Das Projekt musste dann im August 1944 wegen des Kriegsverlaufs abgebrochen werden.[147] Die DLMG hatte bereits im Sommer 1943 einen Teil der Einspritzpumpenfertigung zu den Flugmotorenwerken Ostmark nach Brünn (Brno) ausgelagert. Im Juli 1944 wurden weitere Fertigungen in eine Textilfabrik im nordböhmischen Politz an der Elbe (Boletice nad Labem) verlagert.[148]

In Berlin lagerte Blaupunkt nach einem Luftangriff auf das Werk in Wilmersdorf eine Fertigung mit 150 Arbeitern, von denen die meisten Zwangsarbeiter gewesen sein dürften, in die zu Bunkern ausgebauten Katakomben unter dem Olympiastadion aus (Verlagerungsbetrieb «Alma 1»).[149] Junkers & Co. verlagerte einen Teil seiner Fertigung aus Dessau nach Asch und Roßbach im «Sudetengau».[150] In Bamberg lagerte das Bosch-Außenwerk 1 einen Teil seiner Fertigung in die Felsenkeller der dortigen Brauereien aus.[151] Auch in Stuttgart wurde mit Verlagerungen unter Tage begonnen. Fertigungen von Bosch

Abb. 32: Zündkerzeninstandsetzung in einer Spinnerei in Brühl bei Esslingen (1942)

wurden u. a. in den Pioniertunnel in Mühlhausen und in den Stollen Unterer Grund in Feuerbach verlegt.[152] In den Salzbergwerken Heilbronn und Kochendorf lagerte die Robert Bosch GmbH 1944 mehrere tausend Akten ein, aber auch eine große Zahl von Gemälden aus dem Besitz der Familie Bosch und verschiedene Gegenstände, die leitenden Mitarbeitern des Unternehmens oder ihnen nahestehenden Personen gehörten.[153]

Über Tage wichen die Werke der Robert Bosch GmbH an insgesamt 74 Verlagerungsstandorte aus.[154] Als Aufnahmefirmen boten sich die zahlreichen Textilunternehmen Württembergs an. Bereits im Juni 1941 hatte Bosch eine Fertigung nach Reutlingen ausgelagert, in die Textilfirma Ulrich Gminder GmbH.[155] In den letzten Kriegsjahren kamen mehr als hundert weitere Aufnahmefirmen hinzu. Allein in Tailfingen auf der Schwäbischen Alb wurden jetzt 18 Firmen von Bosch genutzt, u. a. für den Werkzeugbau und die Fertigung von Automatenteilen oder auch nur als Stofflager. Verlagerungen erfolgten auch in einzelne Gasthöfe, Schulen und Darlehenskassen, in Strafanstalten und in die Universität Tübingen.[156] Nur an wenigen Verlagerungsstandorten wie Giengen und Reutlingen hielt Bosch nach dem Krieg fest.[157]

Durch die Verlagerungen kam es zu weiteren Veränderungen in der Zusammensetzung der Beschäftigten. In immer stärkerem Maße war Bosch gezwungen, neue Beschäftigte anzulernen und ungelernte Arbeitskräfte einzustellen. Die Qualifikation der Belegschaft ging dementsprechend zurück. Während der Anteil der Facharbeiter an den Arbeitern des Unternehmens 1938 noch bei 23,1 Prozent gelegen hatte, betrug er 1943 nur noch 19,4 Prozent Anders als im Ersten Weltkrieg erhöhte sich der Anteil der Frauen an der Bosch-Arbeiterschaft zwischen 1939 und 1944 insgesamt nur geringfügig.[158] Doch gab es in den letzten Kriegsjahren durch die Verlagerungen eine neue Beschäftigtengruppe, die in der Personalstatistik von Bosch als «Fremde Arbeitskräfte» bezeichnet wurde.[159] Gemeint waren «Leih-Arbeitskräfte» aus den Aufnahmefirmen, die an Verlagerungsstandorten für Bosch arbeiteten. Die Robert Bosch GmbH kam durch die zahlreichen Fertigungsverlagerungen in württembergische Textilunternehmen Ende 1944 auf 5861 «Fremde Arbeitskräfte». Bei der gesamten Bosch-Gruppe waren zu diesem Zeitpunkt 7616 Arbeiter und Angestellte von Auffangfirmen beschäftigt.[160] Neben den ausländischen Zwangsarbeitern waren die «Fremden Arbeitskräfte» die einzige Arbeitsreserve, auf die Bosch im Krieg zugreifen konnte. Die Umsetzung von Frauen in die Rüstungsindustrie konnte nicht mehr im selben Umfang wie im Ersten Weltkrieg erfolgen, weil in der Großindustrie, auch bei Bosch, bereits sehr viel mehr Frauen arbeiteten als damals.[161]

Das Anlernen neuer oder betriebsfremder Arbeitskräfte erfolgte zunächst in Anlernwerkstätten, die Bosch an allen größeren neuen Standorten als Erstes errichtete. Hinweise darauf, wie das Anlernen erfolgte, lassen sich dem 1941 veröffentlichten Bericht «Unsere Betriebsgemeinschaft» entnehmen. Die einzelnen Lehrgänge wurden demnach von zwei bis drei Ausbildern für jeweils 15–30 Personen durchgeführt. Die Ausbildung erfolgte nach einem festen Lehrplan. Zunächst fand ein dreiwöchiger Grundlehrgang statt, mit Übungen an Maschinen und Schraubstöcken, aber auch einer «Mikrometermesslehre». Darauf folgte eine sechs bis zwölf Wochen dauernde Werksschule mit Unterrichtung im Zeichnungslesen, Arbeits-, Stoff- und Maschinenkunde. Schließlich machten sich die angelernten Arbeiterinnen und Arbeiter in einer vierwöchigen Übergangszeit mit der Tätigkeit an ihrem jeweiligen Arbeitsplatz vertraut. In dieser Phase, die auch als «Krisenzeit» bezeichnet wurde, erhielten sie Unterstützung von Meistern, Einstellern und Kalkulatoren.[162] Bosch lernte nach diesem Muster dienstverpflichtete Frauen ebenso an wie ausländische Zwangsarbeiter und Leiharbeitskräfte an Verlagerungsstandorten.

Schon bald nach der Landung der Alliierten in der Normandie musste Bosch mit Rückverlagerungen beginnen. Im Juni 1944, unmittelbar vor der Befreiung von Paris, zog sich das Unternehmen aus der dortigen Tochtergesellschaft Lavalette zurück. Anfang September 1944 musste das Werk der Sundgau Maschinenbau GmbH bei Mülhausen geräumt werden.[163] Soweit Mitarbeiter und Ausrüstungen von dort über den Rhein kamen, wurden sie in der Maschinenfabrik Giengen/Brenz aufgenommen.[164] Die Siling-Werke in

Langenbielau mussten im Januar 1945 aufgegeben werden.[165] Nachdem am 7. April Hildesheim von amerikanischen Truppen besetzt worden war, blieben als letzte große Standorte der Bosch-Gruppe noch die Räume Berlin und Stuttgart übrig.[166] Das Werk der DLMG in Kleinmachnow wurde am 24. April von sowjetischen Truppen besetzt und wenig später demontiert, ebenso wie dann die Berliner Werke von Blaupunkt. Die FESE blieb von Demontagen zunächst verschont, weil sich das sowjetische Militär für ihre Rüstungstechnologie interessierte.[167] Ein hartes Schicksal erlitten die Leiter der DLMG, Vogelgsang und Walchenbach. Beide kamen in Lager und wurden zu langjährigen Haftstrafen verurteilt. Vogelgsang kam nach fünf Jahren frei, Walchenbach starb 1947 im NKWD-Lager Buchenwald.[168]

In Stuttgart erklärte Reichsstatthalter Murr die Stadt zur Festung, als französische und amerikanische Truppen sich von zwei Seiten näherten. Hitlers «Nero-Befehl» entsprechend war er entschlossen, Stuttgart nur völlig zerstört dem Feind in die Hände fallen zu lassen. Mehrere Stuttgarter Unternehmer sahen sich in der Pflicht, ihre Stadt vor den Untergangsszenarien Hitlers und Murrs zu retten. Alfred Knoerzer, Wilhelm Haspel, der Vorstandsvorsitzende der Daimler-Benz AG, und Otto Fahr von Werner & Pfleiderer konnten Oberbürgermeister Karl Strölin von der Notwendigkeit einer Kapitulation überzeugen. Strölin brachte Murr dazu, die Versorgungsnetze nicht zu sprengen, sondern nur stillzulegen. Insgeheim nahm der Oberbürgermeister am 10. April Kontakt zur französischen Armee auf und ließ ausrichten, dass er die Stadt kampflos übergeben werde. Am 21. April konnten französische Truppen Stuttgart ohne nennenswerten Widerstand einnehmen. Murr war schon einige Tage vorher geflohen und versteckte sich unter falschem Namen auf einer Almhütte in Vorarlberg. Nachdem er dort festgenommen worden war, nahm er sich das Leben.[169]

Die Bilanz, die Bosch nach Kriegsende ziehen musste, war schrecklich. Von den 6143 einberufenen Arbeitern und Angestellten des Unternehmens waren bei Kriegsende 1365 als gefallen gemeldet. Die tatsächliche Zahl der Gefallenen dürfte deutlich höher liegen.[170] Die Werke in Mülhausen und Langenbielau mussten abgeschrieben werden, ebenso die DLMG und ein großer Teil der Ausrüstungen der Blaupunkt GmbH und der FESE. Das Werk der Junkers & Co. in Dessau war in Teilen zerstört und lag in der sowjetischen Besatzungszone. Unbeschädigt geblieben waren nur die Trillke-Werke in Hildesheim, die nun einen Teil der Blaupunkt-Fertigung aus Berlin übernahmen.[171] Die Bosch-Werke in Stuttgart und Feuerbach hatten durch die Luftangriffe große Schäden erlitten. Etwa ein Drittel der Gebäude und Anlagen war zerstört, ein weiteres Drittel war schwer beschädigt, und rund 4000 Werkzeugmaschinen waren verloren gegangen. Das Unternehmen gab seine Kriegsschäden (ohne Kapitalverluste und Tochtergesellschaften)

Abb. 33: Zerstörtes Lichtwerk in Feuerbach (1944)

mit rund 97 Mio. RM an, wovon 42 Mio. RM auf Bombenschäden und 15 Mio. RM auf Verlagerungskosten entfielen.[172] Das war ein hoher, aber keineswegs unüberwindbarer Verlust. Die Kriegsschäden entsprachen etwa der Höhe des Umsatzes im Jahr 1935 oder der stillen Rücklagen von 1940.[173] Den Stammwerken in Stuttgart und Feuerbach waren, auch durch die Verlagerungen, die weitaus meisten Maschinen erhalten geblieben, und auch das Know-how war weiterhin vorhanden. Schwerer als die Schäden in den Werken wog, dass das gesamte Auslandsvermögen verloren war und die Auslandsmärkte dem Unternehmen auf absehbare Zeit verschlossen blieben.

5. Außerhalb der «Boschgemeinschaft»: Die Zwangsarbeiter

Die Kriegswirtschaft des Dritten Reiches stützte sich auf den Einsatz von insgesamt 13,5 Millionen ausländischen Zivilarbeitern, Kriegsgefangenen und KZ-Häftlingen. Rund 90 Prozent von ihnen müssen als Zwangsarbeiter angesehen werden, da sie das Arbeitsverhältnis nicht auflösen und ihren Arbeitseinsatz nicht beeinflussen konnten.[1] Gab es zunächst noch frei angeworbene ausländische Arbeiter, vor allem aus verbündeten Staaten, so waren spätestens ab 1942 alle «Fremdarbeiter» gegen ihren Willen eingesetzt. In der Rüstungsindustrie begann die Zwangsarbeit mit der Zuweisung von Kriegsgefangenen. Im weiteren Verlauf des Krieges kam eine rasch wachsende Zahl ziviler Arbeiterinnen und Arbeiter aus besetzten Ländern hinzu, die dann über 60 Prozent aller Zwangsarbeiter ausmachten. KZ-Häftlinge wurden ab Herbst 1942 auf Weisung Hitlers in Rüstungsbetrieben eingesetzt.[2] Die Zwangsarbeit war ein klarer Verstoß gegen das Völkerrecht. Nach der Haager Landkriegsordnung von 1907 durften Zivilpersonen nicht zu Arbeiten in anderen Ländern verpflichtet werden und Kriegsgefangene durften nicht zu Arbeiten herangezogen werden, die in «Beziehung zu den Kriegsunternehmungen» standen.[3]

Die Behandlung der Zwangsarbeiter erfolgte nach den Vorgaben der nationalsozialistischen Rassenideologie. Französische Kriegsgefangene und Zivilarbeiter aus Westeuropa («Westarbeiter») waren einem geringeren Ausmaß an Zwang unterworfen und wurden besser verpflegt als die polnischen Zwangsarbeiter und diese wiederum besser als die «Ostarbeiter» aus der Sowjetunion, die mit dem Zeichen «OST» auf der Kleidung gekennzeichnet wurden. «Ostarbeiter» und sowjetische Kriegsgefangene standen neben den KZ-Häftlingen am unteren Ende der Hierarchie. Während Kriegsgefangene in Stammlagern (Stalag) unter Aufsicht der Wehrmacht untergebracht waren, wohnten die ausländischen Zivilarbeiter in Lagern, für die jeweils die Einsatzträger zuständig waren. Ein Teil der Westarbeiter konnte auch bei privaten Vermietern Quartier nehmen. KZ-Häftlinge blieben in eigens errichteten Außenlagern in der Nähe der jeweiligen Betriebe inhaftiert und waren so auch bei ihrem Einsatz in der Industrie der SS ausgeliefert. Nach den Vorgaben der Behörden erhielten Zivilarbeiter aus Frankreich oder den Niederlanden in der Regel ähnliche Bruttolöhne wie deutsche Arbeiter, doch wurden ihnen feste Sätze für Unterkunft und Verpflegung abgezogen.[4] «Ostarbeiter» bekamen hingegen nur ein Entgelt, von dem nach allen Abzügen einschließlich einer eigenen

«Ostarbeiterabgabe» nicht mehr als etwa 30 Pfg./Tag blieben.[5] Bei den Kriegsgefangenen wurde der größte Teil der Vergütung an die Stalag-Verwaltung ab-
geführt. Auch hier gab es beträchtliche Unterschiede. KZ-Häftlinge erhielten
überhaupt keinen Lohn.[6]

Die deutschen Unternehmen hatten ein existentielles Interesse am Einsatz
der Zwangsarbeiter, weil im Laufe des Krieges ein immer größerer Teil ihrer
Stammbelegschaft zur Wehrmacht eingezogen wurde. Kein Industrieunternehmen wäre in der Lage gewesen, sein Produktionsniveau ohne Zwangsarbeiter aufrechtzuerhalten, geschweige denn zu steigern.[7] In welchem Umfang die Unternehmen vom niedrigeren Lohnniveau der Zwangsarbeiter
betriebswirtschaftlich profitiert haben, ist in der historischen Forschung umstritten, da auch die Leistungsfähigkeit dieser Arbeiterinnen und Arbeiter
aufgrund der schlechteren Bedingungen unter dem Niveau der Stammbelegschaft lag.[8] Der entscheidende Vorteil war aus der Sicht der Unternehmen auch
ein ganz anderer, nämlich dass Zwangsarbeiter die einzige in dieser Dimension verfügbare Personalressource bildeten.

All dies gilt auch für die Robert Bosch GmbH, bei der während des Krieges etwa ein Viertel der Stammbelegschaft zur Wehrmacht einberufen wurde.
Das Unternehmen hätte die rapide zunehmenden Rüstungsaufträge nicht mit
einer derart verringerten Beschäftigtenzahl ausführen können. Zweifellos
hätte die Geschäftsführung lieber die gesamte Stammbelegschaft behalten, als
Zwangsarbeiter einzustellen, doch hatte sie diese Alternative nicht. Während
Unternehmen in der Regel von den Arbeitsämtern Zwangsarbeiter zugeteilt
bekamen bzw. sie dort anforderten, war dies bei Bosch als besonders wichti-
gem Rüstungsbetrieb anders. Ab Mitte 1940 verlangte hier das zuständige
Rüstungskommando eine monatliche Bedarfsanforderung, die gegenüber
dem Rüstungskommando und dem Arbeitsamt vertreten werden musste.[9]
Innerhalb des Unternehmens gab es für alle Fragen des Zwangsarbeiterein-
satzes eine eigene Instanz, den Beauftragten für den Ausländereinsatz. Diese
Aufgabe wurde dem stellvertretenden Abwehrbeauftragten Heinrich Luckau
übertragen.

Wie die Geschäftsführung den Einsatz von Zwangsarbeitern sah, lässt sich
den überlieferten Dokumenten aus der Kriegszeit nicht entnehmen. Ähnliches
gilt auch für andere Unternehmen. Nur in seltenen Fällen finden sich zeitge-
nössische Äußerungen von Vorständen zu dieser Frage. Die Erklärungen, die
nach dem Krieg im Rahmen der Spruchkammerverfahren abgegeben wurden,
sind keine zuverlässige Quelle, weil es sich dabei durchweg um Rechtferti-
gungsversuche und Entlastungszeugnisse handelt. Walz gab nach dem Krieg
an, die Geschäftsführung von Bosch hätte gegen den Zwangsarbeitereinsatz
protestiert, da «die meist ungelernten ausländischen Arbeiter kein vollgülti-
gen Ersatz für die zur Wehrmacht eingezogenen deutschen fachmännischen

oder eingelernten Kräfte» darstellten, doch hätte «die Beschäftigung ausländischer Arbeitskräfte auf die Dauer nicht verhindert werden» können.[10] Der Einsatz von Kriegsgefangenen und ausländischen Zivilisten hätte sich für die Unternehmensleitung demnach vor allem als eine Frage des Qualifikationsniveaus dargestellt, nicht aber als Verstoß gegen geltendes Recht und gegen die Menschlichkeit. Walz war sich dessen nach dem Krieg wohl bewusst. Nur so ist die eigentümliche Rechtfertigung zu erklären, die er in einer Stellungnahme vom Juli 1947 abgab: «Der Firma wurde mitgeteilt, dass es sich um freiwillige Arbeitskräfte handle. Für uns waren also alle ausländischen Arbeitskräfte (mit Ausnahme der Kriegsgefangenen) freiwillig.»[11] Diese Begründung ist so unglaubwürdig, dass man den Eindruck hat, Walz hätte sie sich für sein eigenes Gewissen zurechtgelegt. Natürlich wird er gewusst haben, dass junge Polinnen und Ukrainerinnen sich nicht zu hunderttausenden freiwillig in Güterwaggons zum Arbeitseinsatz nach Deutschland begeben hatten. Überboten wurde Walz' Darstellung noch von Debatin, der nach dem Krieg behauptete, bei Bosch hätten während des Krieges «Arbeitslose aus Paris» freiwillig gearbeitet.[12]

In seinen Erklärungen nach dem Krieg gab Walz auch an, dass die Geschäftsführung den Anspruch hatte, den Zwangsarbeitern eine dem «Bosch-Geist» entsprechende Behandlung und Fürsorge zuteil werden zu lassen: «Ich gab die Weisung aus, dass bei der Betreuung der Arbeiter im Rahmen des Möglichen, besonders auch in der Zuteilung von Nahrungsmitteln, eher zu viel als zu wenig Fürsorge getrieben wurde. Die ausländischen Arbeiter seien ebenso gut zu behandeln wie die deutschen, aus allgemein menschlichen Gründen, wie auch im geschäftlichen Interesse, denn nur von gut behandelten, ordentlich verpflegten und zufriedenen Arbeitskräften könnten gute Leistungen erwartet werden.»[13] Diese Argumentation entspricht so sehr den Geschäftsprinzipien Robert Boschs, dass man in ihr nicht nur eine nachträgliche Rechtfertigung sehen kann. Walz wird diesen Vorsatz wohl gehabt haben. Eine andere Frage ist, ob er auch umgesetzt wurde. Auf den Umgang mit den Kriegsgefangenen und ausländischen Zivilarbeitern hatte die Geschäftsführung ohnehin nur einen begrenzten Einfluss. Entscheidender war das Verhalten der Personalleitung, der Werksleiter, ja selbst der jeweils zuständigen Meister. Schlüsselfiguren waren hier Heinrich Luckau als Beauftragter für den Arbeitseinsatz, der Personalleiter Debatin und der Abwehrbeauftragte Bühler. Auch sie hatten aber keinen Einfluss auf die generellen Bestimmungen, denen die Zwangsarbeiter unterlagen. Die rassenideologisch begründete Hierarchie, unter der besonders die «Ostarbeiter» und die sowjetischen Kriegsgefangenen, am meisten aber jüdische KZ-Häftlinge zu leiden hatten, war eine feste Vorgabe des NS-Staates, über die sich kein Unternehmen hinwegsetzen konnte. Gleichwohl gab es Spielräume. Misshandlungen von Zwangsarbeitern konnten innerhalb eines Unternehmens geduldet oder geahndet werden, die Verpflegung konnte menschenwürdig sein oder menschenunwürdig, Zuwiderhandlungen konnten der Gestapo gemeldet werden oder auch nicht. In diesem Rahmen stellt sich die Frage, inwieweit Bosch beim Zwangsarbeitereinsatz die eigenen Prinzipien einhielt oder gegen sie verstieß.

Über Entwicklung und Umfang der Zwangsarbeit bei Bosch lassen sich nur ungefähre Angaben machen, da für das Stuttgarter Hauptwerk und einen Teil der Tochterunternehmen keine Daten überliefert sind. Auch hat Bosch die ausländischen Zivilarbeiter in seiner Personalstatistik nicht getrennt ausgewiesen. Listen mit den Namen der Zwangsarbeiter sind lediglich für die Feuerbacher Werke, die Trillke-Werke, die Siling-Werke und Junkers & Co. überliefert.[14] Auch bei Bosch begann der Zwangsarbeitereinsatz mit Kriegsgefangenen, die in Stuttgart ab Anfang November 1939 in Sammeltransporten eintrafen.[15] In größerem Umfang wurden Kriegsgefangene nach dem Waffenstillstand im Westen eingesetzt, wobei sich die Unterbringung wegen der Raumnot in Stuttgart als schwierig erwies.[16] Ab März 1941 wurden Bosch auch ausländische Zivilarbeiter zugewiesen.[17] Wie aus einem im Juni 1941 verfassten Bericht Otto Debatins «betreffend unsere Bemühungen, ausländische Arbeiter zu bekommen», hervorgeht, drängte die Personalleitung damals besonders auf die Zuweisung italienischer Arbeiter, die als Angehörige eines verbündeten Staates noch eine gewisse Sonderstellung hatten.[18] Im Herbst 1941 begann der Einsatz von Zivilarbeitern aus den besetzten Gebieten der Sowjetunion. Ein Jahr später, im November 1942, waren nach Angaben Debatins bereits 3200 ausländische Arbeitskräfte bei Bosch beschäftigt, darunter 1400 «Ostarbeiterinnen» und «Ostarbeiter», wobei unklar ist, ob sich diese Angaben auf das gesamte Unternehmen oder nur auf die Werke in Stuttgart und Feuerbach beziehen.[19] Die Zahl der Kriegsgefangenen lag nach der Personalstatistik der Robert Bosch GmbH Ende 1942 bei 715.[20] Bei einer Besprechung in der Bank der deutschen Luftfahrt am 19. November 1942 meldete Prokurist Alfred Knoerzer für die Robert Bosch GmbH einen Investitionsbedarf in Höhe von 6 Mio. RM für die Aufstellung von Baracken für 7000 Kriegsgefangene und Zivilarbeiter an.[21]

Die Gesamtzahl der Zwangsarbeiter bei Bosch ist auch deshalb so schwer zu erfassen, weil ab 1943 ein zunehmender Anteil von ihnen aufgrund der Fertigungsverlagerungen nicht mehr in die Beschäftigtenmeldungen der Werke Feuerbach und Stuttgart einging. Die von Knoerzer im November 1942 genannte Zahl wurde hier nie erreicht. Nach einer Beschäftigtenmeldung von Ende November 1944 waren in den Bosch-Werken in Stuttgart und Feuerbach 2885 Zwangsarbeiter eingesetzt. Dabei handelte es sich um 470 Kriegsgefangene, 639 «Ostarbeiter» und 1776 andere ausländische Zivilarbeiter.[22] Eine realistische Vorstellung vom Umfang der Zwangsarbeit an diesen Standorten ergibt sich erst durch eine Auswertung der überlieferten Namenslisten von Beschäftigten der Feuerbacher Werke. Nach dieser Quelle waren allein in Feuerbach 6451 Kriegsgefangene und ausländische Zivilarbeiter eingesetzt, von denen 261 in den Jahren 1943/44 zu den Siling-Werken in Langenbielau umgesetzt wurden.[23] Zu den Zwangsarbeitern gehörten damals auch die Strafgefangenen, die für Bosch arbeiten mussten.[24] Schon ab dem Frühjahr 1939 arbeiteten Insassen des Zuchthauses Ludwigsburg für das Unternehmen. Während des Krieges ließen Tochterunternehmen von Bosch in den Zuchthäusern Celle (ELFI/Trillke-Werke), Brandenburg/Havel (DLMG) und Jauer (Siling-Werke) Häftlinge für ihre Fertigung arbeiten. Die Zahl der Strafgefangenen, die während des Krieges für die Bosch-Gruppe arbeiteten, dürfte insgesamt nicht unter 1000 gelegen haben.[25]

Es gibt keinen Hinweis darauf, dass in den Bosch-Werken in Stuttgart und Feuerbach KZ-Häftlinge eingesetzt worden sind. Walz erklärte nach dem Krieg, er hätte die «Zwangseinstellung von internierten Juden und von KZ-Häftlingen entschieden abgelehnt».[26] Heinrich Luckau schrieb 1947 an Karl Martell Wild: «Einigemale [sic] wurden uns jüdische Frauen angeboten», doch hätte man die Durchführung der damit verbundenen Bestimmungen abgelehnt und «auf Jüdinnen verzichtet». Vorgeschrieben waren für die Beschäftigung von Juden u. a. eine getrennte Unterbringung, separate Arbeitsräume und besondere Verpflegungseinrichtungen. Luckau ließ offen, ob der Einsatz jüdischer Zwangsarbeiterinnen nicht zustande kam, weil die Personalleitung eine derartige Ausgrenzung ablehnte oder weil man die Kosten für getrennte Unterkünfte und Arbeitsräume scheute. Seine Formulierungen lassen beide Deutungen zu.[27]

Bei den Tochtergesellschaften in Kleinmachnow und Hildesheim war der Arbeitskräftemangel nach Kriegsbeginn noch größer als bei der Robert Bosch GmbH, weil sie erst wenige Jahre zuvor gegründet worden waren und keine Stammbelegschaft hatten. Bei ELFI waren Ende 1940 bereits 59 französische Kriegsgefangene eingesetzt. Bis März 1945 stieg die Zahl der Zwangsarbeiter hier auf 1871 an. Das entsprach einem Anteil von 46 Prozent an der Belegschaft. Nach einer überlieferten Namensliste lag die Gesamtzahl der Zwangsarbeiter bei ELFI bzw. den Trillke-Werken während des Krieges bei rund 3100. Darunter befanden sich 991 «Ostarbeiter», 440 Franzosen, 406 Polen und auch 31 Inder. Insgesamt waren dort ausländische Arbeiter und Arbeiterinnen aus 21 Staaten beschäftigt.[28] Auch bei der DLMG kam es im Laufe des Jahres 1942 zu einer massiven Ausweitung der Zwangsarbeit. Im Mai 1943 waren dort insgesamt 1668 Zwangsarbeiter aus der Sowjetunion, Frankreich, den Niederlanden, Belgien, Kroatien, Ungarn und Italien eingesetzt.[29] Im September 1944 wurden der DLMG etwa 800 Polinnen aus dem Konzentrationslager Ravensbrück zugewiesen. Die meisten von ihnen waren nach Beginn des Warschauer Aufstands deportiert worden. Es war nicht der erste Häftlingseinsatz bei einem Unternehmen der Bosch-Gruppe, aber der bei weitem größte. Für die polnischen Arbeiterinnen wurde in Kleinmachnow ein KZ-Außenlager errichtet, das unter Aufsicht der SS stand.[30] Wie sich aus einer Versicherungsmeldung vom März 1945 ergibt, hatte die DLMG zu diesem Zeitpunkt 2591 ausländische Zwangsarbeiter. Darunter befanden sich Angehörige von 15 Nationen, u. a. rund 1100 Frauen und Männer aus Polen (einschließlich der Frauen aus dem KZ Ravensbrück), 467 zivile Arbeiterinnen und Arbeiter aus der Sowjetunion sowie 335 belgische, 190 französische und 112 niederländische Staatsangehörige.[31] Zwangsarbeiter wurden auch bei Blaupunkt, bei Junkers & Co., in den Siling-Werken und in der Sundgau Maschinenbau GmbH in großer Zahl eingesetzt. Für Blaupunkt sind keine Daten überliefert, für Junkers & Co. ergibt die Auswertung einer nach Kriegsende für das Werk Dessau erstellten Liste eine Gesamtzahl von 909.[32]

Eine Gesamtzahl kann für die Bosch-Gruppe wegen der großen Lücken in der Datenüberlieferung nur geschätzt werden. Doch gibt es immerhin sichere Anhaltspunkte, nämlich die einzige aus dieser Zeit erhaltene Beschäftigtenmeldung für den gesamten Konzern, die sich auf den Stand von Ende 1944 bezieht, sowie die überlieferten Daten für einzelne Unternehmen bzw. Werke aus der Zeit zwischen September 1944 und April 1945.[33] Für die Werke Stuttgart und Feuerbach sowie die Tochtergesellschaften DLMG, Trillke-Werke, Siling-Werke und Sundgau Maschinenbau GmbH sind sowohl die Beschäftigtenzahl als auch Daten zur Zahl der Zwangsarbeiter im oben genannten Zeitraum überliefert. Als Summe ergeben sich für diese Unternehmen bzw. Werke 8860 Zwangsarbeiter bei einer Gesamtzahl von insgesamt 27 119 Beschäftigten. Für die genannten Werke und Unternehmen lassen sich zwar auch untypische Merkmale konstatieren, doch gleichen sich diese in gewisser Weise aus, da der Anteil der Zwangsarbeiter in Stuttgart und Feuerbach Ende 1944 wegen der Verlagerungen unter 20 Prozent lag, während er in den neuen Rüstungsbetrieben DLMG und Trillke-Werke über 50 Prozent betrug. Im Durchschnitt ergibt sich ein Zwangsarbeiteranteil von 32,7 Prozent. Auf die Gesamtbeschäftigtenzahl der Bosch-Gruppe von Ende 1944 umgerechnet, ergibt dies rund 13 000 Zwangsarbeiter. Für die ganze Kriegszeit muss die Zahl natürlich sehr viel höher angesetzt werden. Rechnet man noch die Zuchthaushäftlinge hinzu, dann ergibt sich als fundierte Schätzung, dass bei der Bosch-Gruppe während des gesamten Krieges mindestens 20 000 Zwangsarbeiter eingesetzt waren.

Tab. 15 Zwangsarbeit in den Unternehmen der Bosch-Gruppe*

Unternehmen, Standort	Beschäftigte 12/1944[34]	Zwangsarbeiter 1944/45 (Zeitpunkt)	Anteil der Zwangsarbeiter 1944/45	Zwangsarbeiter 1939–1945 insgesamt
Robert Bosch GmbH	20 282			
– Werke Stuttgart und Feuerbach	15 658	2 885[35] (11/1944)	18,4 %	
– nur Werke Feuerbach	9 232			6 190[36]
Dreilinden Maschinenbau GmbH, Kleinmachnow (DLMG)	4 303	2 591[37] (3/1945)	60,2 %	
ELFI/Trillke-Werke GmbH, Hildesheim	3 874	2 019[38] (9/1944)	52,1 %	3 122[39]
Siling-Werke GmbH, Langenbielau	2 450	885[40] (4/1944)	36,1 %	1 292[41]
Sundgau Maschinenbau GmbH, Giengen	834	480[42]	57,6 %	
Junkers & Co. GmbH, Dessau	3 315			909[43]
Blaupunkt-Werke GmbH, Berlin	3 802			
Blaupunkt, Kommando Groß-Rosen		200[44] (12/1944)		
WIDU GmbH		50[45]		
Übrige Unternehmen der Bosch-Gruppe	1 103			
Bosch-Gruppe insgesamt	39 963			

* soweit durch Quellen belegt, ohne Zuchthaushäftlinge

Diese Zahl liegt deutlich höher als frühere Angaben und ist bei genauerer Betrachtung doch nicht so weit von ihnen entfernt, weil sie sich nicht nur auf die Robert Bosch GmbH oder die Standorte Stuttgart und Feuerbach bezieht, sondern auf die gesamte Bosch-Gruppe. Walz schätzte die Zahl der Zwangsarbeiter bei Bosch nach dem Krieg auf rund 5000.[46] Damit lag er als Momentaufnahme für die Robert Bosch GmbH gar nicht so falsch, wenn man berücksichtigt, dass zu dieser neben den Werken in Stuttgart und Feuerbach mit den im November 1944 statistisch erfassten rund 2900 Zwangsarbeitern auch noch der Betriebsteil in Crailsheim gehörte, wo ungefähr ein Drittel der etwa 1000 Beschäftigten aus Kriegsgefangenen und ausländischen Zivilarbeitern bestand, und das Werk in Bamberg, wo 1944 weitere 600 Zwangsarbeiter eingesetzt waren.[47] Scholtyseck beziffert die Zahl der Zwangsarbeiter bei Bosch im November 1944 mit 3553 und stützt sich dabei auf die Beschäftigtenmeldung für die Werke Stuttgart und Feuerbach.[48] Doch muss man daneben auch berücksichtigen, dass die Zahlen für Stuttgart und Feuerbach für 1944 wegen der errichteten Ausweichwerke und der luftkriegsbedingten Verlagerungen nicht den Stand der gesamten Robert Bosch GmbH wiedergeben und dass der Zwangsarbeitereinsatz in den Rüstungsfabriken der neu entstandenen Tochtergesellschaften massiver war als in den Stammwerken. Die Dimension der Zwangsarbeit bei Bosch ist denn auch erst durch die Veröffentlichungen von Angela Martin über den Häftlingseinsatz bei der DLMG sowie die Untersuchungen von Manfred Overesch und Stefan A. Oyen über die Trillke-Werke bekannt geworden.[49]

Während bei der Bosch-Gruppe der Anteil der Zwangsarbeiter an der Beschäftigtenzahl Ende 1944 bei rund 33 Prozent lag und in der gesamten deutschen Industrie im August 1944 bei 25 Prozent,[50] waren bei der DLMG und bei den Trillke-Werken zu diesem Zeitpunkt mehr als die Hälfte der Beschäftigten Zwangsarbeiter. Bei den 1943 errichteten Siling-Werken lag dieser Anteil nicht ganz so hoch, weil Bosch unter dem Druck Speers eine große Zahl von Stammarbeitern aus Stuttgart nach Langenbielau umgesetzt hatte und viele Arbeiter aus der örtlichen Textilindustrie zugewiesen erhielt. Bei der Sundgau Maschinenbau GmbH in Burzweiler bei Mülhausen erreichte der Zwangsarbeitereinsatz erst ab Herbst 1943 eine größere Dimension, weil die elsässische Stammbelegschaft zunächst vor Einberufungen zur Wehrmacht geschützt war. Im August 1944 wichen dann die deutschen Beschäftigten und die ausländischen Zwangsarbeiter vor der heranrückenden Front über den Rhein aus, nach Giengen, während die elsässische Stammbelegschaft zurückblieb. Dadurch lag der Anteil der Zwangsarbeiter hier Ende 1944 relativ hoch.

KZ-Häftlinge wurden bei insgesamt drei Unternehmen der Bosch-Gruppe eingesetzt, der Blaupunkt GmbH, den Siling-Werken und der DLMG. Ihre Zahl dürfte bei insgesamt rund 1200 gelegen haben. Die Ausbeutung dieser Opfer des NS-Regimes stand in besonders krassem Gegensatz zu den Prinzipien der Bosch-Führung und des «Bosch-Kreises». Nachweislich waren bei der DLMG rund 800 Polinnen aus dem KZ Ravensbrück eingesetzt, bei Blaupunkt 200 Häftlinge des KZ Groß-Rosen. Hinzu kamen noch die KZ-Häftlinge bei den Siling-Werken in Langenbielau. Wie viele KZ-Häftlinge bei den Siling-Werken insgesamt eingesetzt waren, lässt sich den überlieferten Unterlagen nicht entnehmen. Im April 1944 waren es 74, doch wird die Zahl mit dem Ausbau des Werkes in Langenbielau bis Ende 1944 noch deutlich zugenommen haben.[51] Bei Blaupunkt hatten bereits in den Jahren 1941–1943 dienstverpflichtete Jüdinnen gearbeitet, von denen die meisten anschließend deportiert wurden.[52] 1943 errichtete das Unternehmen einen Zweigbetrieb im

KZ Groß-Rosen in Niederschlesien. In Groß-Rosen mussten rund 200 Häftlinge des «Kommandos Blaupunkt» in einer vom SS-Betrieb Deutsche Erd- und Steinwerke GmbH gemieteten Baracke Kondensatoren herstellen.[53] War über das «Kommando Blaupunkt» möglicherweise in Stuttgart nichts bekannt, so galt dies mit Sicherheit nicht für die Häftlingseinsätze in Langenbielau und Kleinmachnow. Den von Bosch-Mitarbeitern aus Stuttgart aufgebauten Siling-Werken wurden Häftlinge aus dem KZ-Außenlager Langenbielau zugeteilt, das eigens für die dorthin verlagerten Betriebe errichtet worden war.[54] Auch der bereits erwähnte Einsatz von rund 800 Polinnen aus dem KZ Ravensbrück bei der DLMG war mit Sicherheit in Stuttgart bekannt. Für die DLMG bedeutete die große Zahl zusätzlicher Arbeitskräfte eine personelle Verstärkung, wie sie sonst nicht verfügbar gewesen wäre. Bereits im Juni 1944 wurde geplant, einen Teil der DLMG-Fertigung in einen Bergwerksstollen bei Deutsch-Oth (Audun-le-Tiche) im besetzten Lothringen zu verlegen. Dort sollten rund 800 bis 1000 Häftlinge aus dem KZ Natzweiler eingesetzt werden. Mehrmals fuhren Bosch-Mitarbeiter zu Besichtigungen dorthin, wobei auch über die Unterbringung und Verpflegung der Häftlinge gesprochen wurde.[55] Wegen des raschen Vormarschs der Alliierten in Frankreich kam die Verlagerung nach Deutsch-Oth dann nicht mehr zustande.[56] Dass dieses Vorhaben unter dem Tarnnamen ROWA GmbH betrieben wurde, macht deutlich, wie groß damals die Widersprüche bei Bosch sein konnten. Das Kürzel ROWA stand für die Namen von Ernst Rogowski und Hans Walz. Während sich Rogowski und Walz in Stuttgart für den Schutz «halbjüdischer» Mitarbeiter einsetzten, wurden im Rahmen eines Projekts, das ihre Namenskürzel trug, in Deutsch-Oth Einrichtungen für KZ-Häftlinge geplant. Bei einem anderen Verlagerungsprojekt, der WIDU GmbH, war ebenfalls ein Häftlingseinsatz vorgesehen. Planungen vom April 1944 sahen hier eine 2000-köpfige Belegschaft vor, darunter 1000 «Ausländer, KG [Kriegsgefangene] u. Häftlinge».[57] Auch in diesem Fall kam der Einsatz von KZ-Häftlingen wegen des Kriegsverlaufs nicht zustande.[58]

Über die Behandlung der Zwangsarbeiter bei der Bosch-Gruppe liegen hauptsächlich Berichte aus der Nachkriegszeit vor, die kein objektives Bild vermitteln, da sie zumeist von Mitgliedern der Unternehmensleitung, früheren Werkdirektoren oder auch einzelnen Lagerleitern verfasst wurden und der Entlastung in den Spruchkammerverfahren dienen sollten. So erklärte Walz nach dem Krieg, er hätte sich laufend «über den befriedigenden Zustand der Lager u. die Zufriedenheit der Lagerinsassen» berichten lassen. Besonders von französischen Kriegsgefangenen sei «wiederholt Zufriedenheit und Anerkennung spontan ausgesprochen» worden.[59] Mehrfach wurde in den Spruchkammerverfahren darauf hingewiesen, dass «nach dem Zusammenbruch keinerlei Klagen von irgendeiner Seite laut geworden sind».[60] Ein

Abb. 34: Französische Kriegsgefangene bei Bosch (1942)

anderes Bild ergibt sich aus einem Stimmungsbericht der Auslandsbriefprüfstelle Wien vom September 1942, der sich auf abgefangene Briefe ausländischer Zwangsarbeiter stützt. Demnach wurden die Verhältnisse bei Bosch in Stuttgart als «besonders schlecht» bezeichnet.[61] Nach dem Krieg hatten die ehemaligen Zwangsarbeiterinnen und Zwangsarbeiter, die sich zumeist wieder in ihrer Heimat befanden, kaum Gelegenheit, in Deutschland über ihren Arbeitseinsatz zu berichten. So blieb es in der Regel den Betriebsräten überlassen, in den Spruchkammerverfahren belastende Vorwürfe zu äußern. Im Verfahren gegen Walz erklärte der Betriebsratsvorsitzende Eugen Eberle, «dass Leute der Gestapo gemeldet wurden und ins Kz. kamen».[62] Auch wurde darauf hingewiesen, dass die Zwangsarbeiter bei Luftangriffen keine Bunker aufsuchen durften.[63] Doch ist andererseits belegt, dass der Luftschutzstollen von Bosch am Siegelberg einen eigenen Eingang für «Ostarbeiter» und Kriegsgefangene hatte.[64]

Die nach dem Krieg verfassten Aussagen sind zum Teil widersprüchlich und können nur aus dem Kontext heraus eingeordnet werden. Ein vom Betriebsrat aufgebotener Zeuge brachte beispielsweise vor, dass die sowjetischen Kriegsgefangenen im Betriebsteil Mühlhausen Kartoffelschalen statt Kartoffeln zu essen bekommen hätten.[65] Nach einer anderen Aussage soll gerade die

Abb. 35: Sogenanntes Russenlager (1944)

Werksküche in Mühlhausen die sowjetischen Kriegsgefangenen über die Ver-
pflegungssätze hinaus versorgt haben.[66] Dies kann ebenso zugetroffen haben
wie die Vorwürfe gegenüber der Werksküche. Eine Russin, die Aufseherin in
einem «Ostarbeiterinnen»-Lager in Weilimdorf gewesen war, hob nach dem
Krieg lobend hervor, dass es dort für 1000 Insassinnen vier Waschräume gegeben habe.[67] Derartige Verhältnisse wird man nicht gerade als mustergültige
Ausstattung bezeichnen können. In einer anderen, nach dem Krieg verfassten
Erklärung wurde betont, die Leitung des Feuerbacher Lichtwerks sei bestrebt
gewesen «den Ausländer als gleichwertige Arbeitskraft» aufzunehmen. Dabei
wurde u. a. auf die Teilnahme der «Westarbeiter» an der Werksverpflegung
und die Ausstattung mit Arbeitskleidung verwiesen, was aber nicht mehr war
als der übliche Standard.[68] Ähnliches gilt für die Altkleidersammlung, zu der
die Personalleitung von Bosch im November 1942 zugunsten der «abgeris-
senen, großenteils völlig mangelhaft ausgestatteten Ostarbeiter und Ostarbeiterinnen» aufrief.[69] Zuvor hatte schon selbst das Reichswirtschaftsministerium eine derartige Sammlung durchgeführt.[70]

 Die Berichte der Tochtergesellschaften von Bosch zeigen durchweg, wie
sehr das Zwangsarbeiterregime von der nationalsozialistischen Rassenideo-

Abb. 36: Zwangsarbeiterinnen in der Küche des «Russenlagers» in Weilimdorf-Schützenhaus

logie geprägt war. Die «Westarbeiter» verdienten nicht nur ungleich mehr als die «Ostarbeiter». Sie durften sich im Unterschied zu diesen auch außerhalb der Lager frei bewegen und wohnten zum Teil in Privatunterkünften. Die Unternehmen hatten sich dieses menschenverachtende System nicht ausgedacht, sondern es wurde ihnen von den Behörden verordnet. Doch blieben die Verantwortlichen in den Betrieben davon nicht unbeeinflusst, so auch bei Bosch. Anschauliche Schilderungen von den Eindrücken eines «Westarbeiters» finden sich in den Briefen, die ein niederländischer Zwangsarbeiter der DLMG, Henk de Koning, an seine Familie schrieb. Dabei ist natürlich zu berücksichtigen, dass diese Briefe der Zensur unterlagen, aber sie zeigen doch, dass der Verfasser nicht schlecht verpflegt wurde und mit Kollegen in Berlin ausgehen konnte.[71] Auch die niederländischen, belgischen und französischen Zivilarbeiter arbeiteten nicht freiwillig in deutschen Rüstungsfabriken. Aber unterernährt wie die sowjetischen Kriegsgefangenen waren sie nicht. Ein anderes Bild zeigen die Zeitzeugininterviews, die Angela Martin und Ewa Czerwiakowski mit polnischen Frauen durchgeführt haben, die im September 1944 aus dem KZ Ravensbrück nach Kleinmachnow gebracht worden waren. Gegenüber der

Hölle des Konzentrationslagers empfanden die Frauen die Zwangsarbeit bei der DLMG als Verbesserung, ja oft als Rettung, doch das Essen sei «sehr schlecht» gewesen («Zu Mittag gab es Suppe aus zerkochten Blättern, manchmal drei ungeschälte Kartoffeln.»).[72] Die zumeist sehr jungen Polinnen mussten zwölf Stunden am Tag arbeiten. Am Wochenende gab es als Ausgang nur einen Appell mit Übungen im Wald, wobei jeder Fehler von den SS-Aufseherinnen mit Peitschenhieben bestraft wurde.[73] Mit den Meistern und Einrichtern im Werk machten diese Zwangsarbeiterinnen unterschiedliche Erfahrungen. Alfreda Gorączko, die damals 17 Jahre alt war, urteilt rückblickend: «Das hängt allein vom Charakter der Menschen ab, glaube ich, mit der Parteizugehörigkeit hat das nichts zu tun.»[74]

Erhebliche Unterschiede gab es auch zwischen den Verhältnissen in den verschiedenen Tochtergesellschaften von Bosch. Bei den Trillke-Werken in Hildesheim scheinen systematische Übergriffe auf Zwangsarbeiter nicht vorgekommen zu sein, ihre Unterbringung wurde später als mustergültig bezeichnet. Overesch bescheinigt Bosch, das Unternehmen «habe hier die soziale Tradition seines Hauses aktivieren können».[75] Es gibt freilich auch Aussagen, nach denen sich die Verhältnisse anders darstellten.[76] So ist eher davon auszugehen, wie Oyen und Overesch in einer Veröffentlichung zur Zwangsarbeit bei den Trillke-Werken schreiben, dass der «Bosch-Geist» nur auf die deutsche Belegschaft Anwendung fand und die Ausstattung der Unterkünfte lediglich dem Mindeststandard entsprach.[77] Für die Betroffenen war der Zwangsarbeitereinsatz bei den Trillke-Werken sicher nicht die «relative Erfolgsgeschichte», die Overesch darin sieht, wohl aber für das Unternehmen.[78] Werksleiter Max Clostermeyer konnte am 6. November 1942 gegenüber dem Aufsichtsrat berichten: «Die Leistung der Ausländer ist im allgemeinen befriedigend. Die Männer kommen etwa auf 80–85 Prozent der deutschen Leistung, während die Frauen die deutsche Leistung erreichen.»[79] Karl Josef Fricke, der damals bei den Trillke-Werken Zwangsarbeiter einlernte, kann dies speziell für die «Ostarbeiterinnen» bestätigen. Die Arbeiterinnen aus der Ukraine hätten «hervorragende Arbeit abgeliefert».[80] Das relativ hohe Leistungsniveau in Hildesheim dürfte auch dadurch zu erklären sein, dass die Fertigung hier nicht so anspruchsvoll war wie etwa bei der DLMG und es sich um ein Werk handelte, das wenige Jahre zuvor nach dem neuesten Stand der Fertigungstechnik errichtet worden war.

Ein Schreckensregiment herrschte dagegen bei den Siling-Werken im niederschlesischen Langenbielau, wo im Herbst 1943 unter schwierigen Bedingungen auf Anordnung Speers ein neuer Großbetrieb aufgebaut werden musste. Dort kam es zu schweren Misshandlungen von KZ-Häftlingen und ausländischen Zivilarbeitern. In einem nach dem Krieg gegen die ehemalige Werksleitung und sechs weitere Beschäftigte der Siling-Werke eingeleiteten Verfahren wurde diesen bescheinigt, dass sie sich «über die elementarsten Forderungen

Abb. 37: Feier in den Siling-Werken, Langenbielau

hinsichtlich der Menschenbehandlung hinwegsetzten».[81] Die schlimmsten
Schläger waren nach den späteren Ermittlungen der Betriebszellenobmann
Gotthilf Hundt, der Betriebsobmann Richard Nitsche und der Meister Wilhelm
Herzlieb. Werksleiter Baumann, der sich mit der Gauleitung in Breslau gut
stellte, um von dort Unterstützung beim schwierigen Aufbau des neuen Werkes
zu bekommen, wusste von den Gewalttaten und duldete sie. Bezeichnend für
die Zustände bei den Siling-Werken ist das Schicksal des jüdischen KZ-Häft-
lings Albert Adler, das aus den Akten des Spruchkammerverfahrens Langenbielau hervorgeht. Adler hatte eine Arbeiterin gebeten, mit seiner Schwieger-
mutter in Berlin Kontakt aufzunehmen und sie zu bitten, ihm Lebensmittel zu
bringen. Nachdem er auf diesem Weg ein Lebensmittelpaket und Geld erhalten hatte, wurde er damit von Hundt gefasst, der ihn gemeinsam mit einem
Kollegen in einen Kompressorraum abführte und dort so zusammenschlug,
dass Adler nicht mehr laufen konnte. Zeugenaussagen lassen darauf schließen,
dass er am nächsten Tag starb.[82] Hundt wurde im Herbst 1947 zu sieben Jahren
Arbeitslager verurteilt, Nitsche zu dreieinhalb Jahren.[83]

Wie viel in Stuttgart von den Zuständen in Langenbielau bekannt war, ist
nicht leicht zu beurteilen. Walz und Debatin erklärten später, sie hätten davon
erst nach Kriegsende erfahren.[84] Der Betriebsratsvorsitzende Eberle gab dagegen an, schon bald nach Eröffnung des Werkes in Langenbielau gehört zu
haben, «dass die dort beschäftigten Juden sich nach jedem Apfelbutzen bück-
ten, weil sie so schlecht behandelt wurden».[85] Da die Siling-Werke mit über

1000 Arbeitern aus Stuttgart aufgebaut wurden, ist in der Tat anzunehmen, dass sich die Langenbielauer Verhältnisse unter der Belegschaft in Stuttgart herumgesprochen haben. Dass die Unternehmensleitung keine Kenntnis davon hatte, erscheint unwahrscheinlich, aber vielleicht wollte man es auch gar nicht so genau wissen. Nach dem Krieg wurden Hundt, Nitsche und ihre Mittäter entlassen. Debatin hielt es «für ratsam, daß die Firma auch Baumann kündigte; man könnte ihr sonst vorwerfen, sie nehme die körperliche Mißhandlung halbverhungerter jüdischer KZ-Häftlinge offenbar nicht tragisch».[86] Zu diesem Zeitpunkt arbeitete Baumann bereits nicht mehr bei Bosch bzw. den Siling-Werken. Im Oktober 1947 verurteilte ihn die Spruchkammer Stuttgart im Langenbielau-Verfahren zu vier Jahren Arbeitslager, doch wurde dieser Schuldspruch nach zwei Jahren durch ministerielle Anordnung aufgehoben, und in einem neuen Verfahren vor der Stuttgarter Zentral-Spruchkammer wurde Baumann entlastet. Zum 1. Juli 1951 wurde er bei Bosch wieder eingestellt, als technischer Leiter des Werkes Hildesheim.[87]

Im Verfahren Langenbielau war die Spruchkammer Stuttgart-Feuerbach bemüht, die ermittelten Verbrechen als Sonderfälle darzustellen.[88] Doch so einfach lagen die Dinge nicht. Im Zwangsarbeitsregime der NS-Zeit waren rechtsfreie Räume angelegt, die sich aus der rassenideologischen Fundierung des Systems ergaben. Hundt, Nitsche und Herzlieb waren Situationstäter. In Stuttgart waren sie nicht auffällig geworden, aber in Langenbielau hatten sie nicht mit einer Bestrafung zu rechnen und nutzten ihre Machtposition auf sadistische Weise aus. Wieviel vom Verhalten Einzelner abhing, erfuhr auch der polnische Häftling Jan Pankiewicz, der für Blaupunkt im KZ Groß-Rosen Zwangsarbeit leistete. Der Einsatz im Arbeitskommando Blaupunkt, das auch als Kommando Schyndler oder Schindler bezeichnet wurde, war bei den Häftlingen angesichts der mörderischen Verhältnisse im KZ Groß-Rosen begehrt, weil hier trotz der zwölfstündigen Arbeitszeit «die Bedingungen noch relativ ertragbar waren», wie Pankiewicz später schrieb. Für die Häftlinge war das Verhalten ihrer Kapos entscheidend. Von einem erhielten sie Prügel, von einem anderen nicht. Blaupunkt war hier durch zwei Meister vertreten, die außerhalb des Konzentrationslagers wohnten. Auch diese Meister verhielten sich unterschiedlich, wie sich Pankiewicz erinnert: «Der eine Meister war unmenschlich, der andere dagegen hatte eine herzliche Einstellung den Häftlingen gegenüber.»[89]

In allen Unternehmen der Bosch-Gruppe ließen es die Vorgaben des NS-Staates für den Zwangsarbeitereinsatz nicht zu, die ausländischen Beschäftigten grundsätzlich so zu behandeln, wie es dem «Bosch-Geist» entsprochen hätte. Bosch hatte auf diese Vorgaben keinen Einfluss. Doch waren Schlüsselfiguren für den «Ausländereinsatz» wie Heinrich Luckau, Otto Debatin und Hugo Bühler von einem Denken in diesen Kategorien keineswegs frei. Während es im Umgang mit «Westarbeitern» Standards gab, an die man sich gebunden fühlte, ging man gegen «Ostarbeiter» auch dann vor, wenn es durchaus möglich gewesen wäre, anders zu handeln. Sie konnten weniger mit Nachsicht oder Unterstützung rechnen, und offenbar gab es auch keine Hemmungen, sie zu denunzieren. Debatin ließ am Schwarzen Brett des Werkes Feuerbach am 11. August 1942 einen Aushang anbringen, in dem er Klagen von «Ostarbeiterinnen» als unbegründet bezeichnete. Seine Formulierungen lassen keinen Zweifel daran, dass für ihn diese Arbeiterinnen nicht Teil der «Boschgemeinschaft» waren, weil sie nicht der «Volksgemeinschaft» angehörten: «Ob es deutsche Frauen und Mädchen im politischen Russland wohl ebenso gut hätten? Und wie in Russland unsere deutschen Kriegsgefangenen behandelt werden, weiss niemand. Wir appellieren an die Denkenden unserer Gefolgschaft und bitten sie, auch ihrerseits dafür zu sorgen, dass deutsche Gutmütigkeit nicht in Würdelosigkeit ausartet.»[90] Nach einer Aussage von Otto Fischer im Spruchkammerverfahren Debatins soll der Personalleiter mit dieser Einstellung nicht allein gestanden haben. In der Stammbelegschaft hätte es einigen Unmut über die «zu gute» Behandlung der «Fremdarbeiter» gegeben.[91] Auch hier wurden die ausländischen Zwangsarbeiter offenbar als Fremdkörper in der «Boschgemeinschaft» angesehen.

Der Abwehrbeauftragte Hugo Bühler, der seine guten Kontakte zur Gestapo in zahlreichen Fällen nutzte, um Juden und «Halbjuden» vor der Deportation zu retten, zeigte gegenüber den «Ostarbeitern» nicht so viel Menschlichkeit. Für zehn «Ostarbeiterinnen», die wegen «Arbeitssabotage» von der Gestapo verhaftet und in ein Arbeitslager eingeliefert wurden, haben sich weder Bühler noch Debatin eingesetzt.[92] Von einem schrecklichen Verbrechen wusste Debatin nach dem Krieg in einem Brief an Karl Martell Wild zu berichten: «Nur die 4 gehängten Russen dürfen nicht aus dem Grabe auferstehen. Für diesen Fall wäre freilich einzig und allein Dr. Bühler zuständig; er ist im Krieg von der Gestapo zum politischen Beauftragten für den Betrieb Bosch bestellt worden. Er hat auch die Anzeige gegen die Russen erstattet; ich selber konnte damals gerade noch verhüten, daß wie angekündigt die Hinrichtung in unserem Lager Pfostenwäldle vor den versammelten Kameraden stattfand.»[93] Debatin und Bühler hatten aufgrund ihrer Stellung im Unternehmen viele Schicksale in der Hand. Beide hielten sich gegenüber «Ostarbeitern» nicht an die Standards, die gegenüber «Westarbeitern» gewahrt wurden, und schon gar nicht an die Prinzipien, die bei Bosch gegenüber deutschen Beschäftigten – auch solchen jüdischer Herkunft – galten.

In einer Statistik über den Leistungsgrad der Zwangsarbeiter in den Stuttgarter Bosch-Werken, die Mitte 1943 erstellt wurde, spiegelt sich die rassenideologisch begründete Hierarchie wider. Italienische und ungarische Arbeiter kamen fast an das Niveau der Stammbelegschaft heran. Niederländische, französische und auch polnische Zivilarbeiter erreichten einen Stand von rund 80 Prozent, russische Zivilarbeiter dagegen nur von 73 Prozent und russische Kriegsgefangene lagen mit 53 Prozent der deutschen Norm weit zurück.[94] Die Werte lagen – mit Ausnahme der italienischen und ungarischen Arbeiter – deutlich unter dem Stand, den die «Fremdarbeiter» der Trillke-Werke bereits im November 1942 erreicht hatten, entsprachen aber in etwa dem Niveau, das andere Untersuchungen aus dieser Zeit zeigen, vor allem für die rheinisch-westfälische Schwerindustrie.[95] Geht man von dem bei Bosch vertretenen Prinzip aus, dass gut verpflegte und zufriedene Arbeitskräfte auch gute Leistungen erbringen, dann legen diese Daten die Schlussfolgerung nahe, dass es den Zwangsarbeitern hier nicht besser ergangen ist als in den meisten anderen Großunternehmen. Besonders gilt dies für die russischen Kriegsgefangenen. Bei vielen «Westarbeitern» waren wohl außer dem unfreien Arbeitsverhältnis kaum Unterschiede zur Stammbelegschaft auszumachen. Sie wurden zwar nicht als gleichrangig, aber auch nicht als «minderwertig» behandelt. Bei den «Ostarbeitern» reichte die Spanne vom Einhalten eines Mindeststandards bis zu Willkürakten und Denunziationen, bei KZ-Häftlingen waren der Barbarei keine Grenzen gesetzt. Der soziale Anspruch, der zu den besonderen Merkmalen der «Boschgemeinschaft» gehörte, galt für die ausländischen Zwangsarbeiter nicht. Bei den «Westarbeitern» haben das Unternehmen und seine Tochtergesellschaften den eigenen Prinzipien zumindest nicht zuwidergehandelt, wohl aber bei KZ-Häftlingen, «Ostarbeitern» und russischen Kriegsgefangenen.

Bosch leistete bis zum Jahr 2000 keine Zahlungen an ehemalige Zwangsarbeiter.[96] Das Unternehmen stritt jede Mitverantwortung ab und stellte sich auf den Standpunkt, die Zwangsarbeit im Dritten Reich wäre hoheitlich angeordnet gewesen und könne deshalb keine privatrechtlichen Ansprüche begründen.[97] Als 1998/99 eine breite öffentliche Diskussion um das Verhalten der Unternehmen im Dritten Reich aufkam und in den USA Sammelklagen gegen deutsche Unternehmen eingereicht wurden, beteiligte sich Bosch jedoch frühzeitig an den Bemühungen, einen Entschädigungsfonds der deutschen Industrie zu errichten. Auch aus dem Kreis der Familie Bosch wurden die Leitungsgremien dazu aufgefordert, sich mit der NS-Vergangenheit kritisch auseinanderzusetzen. Ise Bosch, eine Enkelin des Firmengründers, verlangte im Dezember 1998 in einem Brief an den Aufsichtsratsvorsitzenden Bierich, die Rolle des Unternehmens im Dritten Reich aufzuklären und bekannte, dass sie sich mitschuldig fühlte.[98] Gemeinsam mit Manfred Gentz (Daimler-Benz AG) und Michael Jansen (Degussa AG) gehörte Bosch-Geschäftsführer Tilman Todenhöfer zu den Initiatoren der Gespräche, die zur Errichtung der Stiftungsinitiative der deutschen Wirtschaft führten.[99] Für die Verhandlungen im Bundeskanzleramt schlug Hans L. Merkle, der einflussreiche Ehrenvorsitzende der Robert Bosch GmbH, die Formel vor, «in der Beschäftigung von Zwangsarbeitern keine moralische Schuld, wenn auch eine materielle Verpflichtung der deutschen Wirtschaft» zu sehen.[100] Im Regierungsabkommen zwischen der Bundesrepublik und den USA über die Stiftung «Erinnerung, Verantwortung und Zukunft» hieß es dann, dass sich aus dem Zwangsarbeitereinsatz eine «moralische Verantwortung der deutschen Wirtschaft» ergeben würde.[101] Nach Konstituierung dieser Stiftung zahlte Bosch einen anteiligen Betrag in den Entschädigungsfonds der Stiftungsinitiative ein.

6. Der Bosch-Kreis und der Widerstand gegen Hitler

Robert Bosch stellte in den Jahren 1934–1936 drei angesehene Stuttgarter Bürger als Berater ein, die jeweils ihre frühere berufliche Stellung verloren hatten: Albrecht Fischer, Paul Hahn und Theodor Bäuerle. Diese drei Berater hatten auf Bosch in seinen letzten Lebensjahren erheblichen Einfluss. Zusammen mit Hans Walz und Willy Schloßstein, dem Leiter des Privatsekretariats von Bosch, bildeten sie schließlich eine verschworene Gruppe, die später als Bosch-Kreis bezeichnet wurde. Eine besonders wichtige Rolle kam dabei Baurat Albrecht Fischer zu, der 1934 als wirtschaftspolitischer Berater unter Vertrag genommen wurde. Fischer war ein erfahrener Verbandsfunktionär, ein Mann mit vielen Kontakten, der früher der rechtsliberalen DVP angehört hatte. In der Weimarer Republik hatte er sich als Geschäftsführer des württembergischen Metallindustriellenverbands und als Geschäftsführer der Vereinigung württembergischer Arbeitgeberverbände einen Namen gemacht.[1] Auf Empfehlung Fischers wurde 1935 der Polizeidirektor a. D. Paul Hahn als Berater bei Bosch eingestellt, der eine schillernde Biografie aufzuweisen hatte. Hahn war zunächst Lehrer, Grafiker und Kunstmaler gewesen. Anfang 1919 war er als Chef der damals neu aufgestellten Sicherheitstruppen maßgeblich an der Niederschlagung des Stuttgarter Spartakistenaufstands beteiligt. Hahn wurde daraufhin zum Oberpolizeidirektor ernannt, musste aber schon wenige Jahre später nach einem Zerwürfnis mit dem württembergischen Innenminister den Dienst quittieren. Er kam bei einer Stuttgarter Firma unter, wo er Stahlmöbel konstruierte. Vor seiner Beschäftigung bei Bosch war er arbeitslos.[2] Hahn verfügte nach wie vor über gute Verbindungen zur Polizei. Als er eingestellt wurde, hatte Robert Bosch dabei aber wohl vor allem im Blick, dass Hahn aufgrund seiner organisatorischen Fähigkeiten gut geeignet war, den Bau des homöopathischen Krankenhauses zu leiten, das der Unternehmer anlässlich des 50-jährigen Firmenjubiläums 1936 stiftete.[3]

Ein Jahr nach Hahn kam der Pädagoge Theodor Bäuerle als Berater zu Bosch. Bäuerle war zunächst Volksschullehrer in Stuttgart, beschäftigte sich intensiv mit reformpädagogischen Konzepten und gründete 1918 den Stuttgarter Verein zur Förderung der Volksbildung, den er bis zu dessen Auflösung als Geschäftsführer leitete. Robert Bosch finanzierte den Volksbildungsverein und war sein erster Vorsitzender. Als der Gauschulungsleiter der NSDAP Bäuerle im Frühjahr 1936 aus der Leitung des Volksbildungsvereins drängen wollte, stellte Bosch seine finanzielle Unterstützung ein und schlug die Selbst-auflösung des Vereins vor, die daraufhin erfolgte. Anschließend wurde Bäuerle von Bosch als Berater für arbeitspädagogische Fragen eingestellt.[4] Womit sich Bäuerle und Fischer als Berater bei Bosch konkret beschäftigten, ist reichlich unklar. Bäuerle hatte nicht einmal ein Büro in der Zentrale der Robert Bosch GmbH. Zum 80. Geburtstag des Unternehmensgründers legte er eine Bosch-Biografie vor, die von Robert Bosch als «Lobhudelei» abgetan wurde.[5]

Neue Konturen gewann der Bosch-Kreis, als Anfang 1937 Carl Goerdeler hinzukam. Goerdeler, der von Bosch ebenfalls als Berater eingestellt wurde, war von anderem Kaliber und auch ein anderer Typ als Fischer, Hahn oder Bäuerle. Er war Oberbürgermeister von Leipzig gewesen und mehrere Jahre lang auch Reichskommissar für Preisüberwachung. Seine Mentalität und seine politische Einstellung passten eigentlich nicht zum Kreis um Robert Bosch. Goerdeler war ein nationalkonservativer Beamter preußischer Prägung, der das parlamentarische System der Weimarer Republik abgelehnt hatte, Deutschland wieder als Großmacht sehen wollte und in seiner Ende 1941 verfassten Denkschrift «Das Ziel» die Ausbürgerung der Juden empfahl.[6] Im Unterschied zu Bosch hatte Goerdeler die Machtübernahme Hitlers befürwortet. Erst spätere Erfahrungen ließen ihn gegenüber den Nationalsozialisten auf Distanz gehen. Als Leipziger Oberbürgermeister trat er zurück, weil der Stadtrat in seiner Abwesenheit das Mendelssohn-Denkmal hatte abreißen lassen. Zu diesem Zeitpunkt stand Goerdeler bereits mit der Fried. Krupp AG in Kontakt, wo ihm ein Vorstandsposten angeboten wurde. Krupp wollte Goerdeler aber nicht ohne Zustimmung Hitlers in das Direktorium aufnehmen. Da Hitler ablehnte, zog Krupp das Angebot im März 1937 zurück.[7]

Im Sommer 1936 nahm Goerdeler Kontakt zu Bosch auf. Hans Walz fuhr daraufhin nach Leipzig und unterhielt sich dort lange mit ihm. Dass schon bei diesem ersten Treffen Überlegungen zur Beseitigung der nationalsozialistischen Herrschaft angestellt worden sind, wie Walz nach dem Krieg schrieb, muss bezweifelt werden.[8] Aber in der Ablehnung Hitlers wird man sich einig gewesen sein. In einer Denkschrift, die Goerdeler Ende 1937 verfasste und bei einem Freund ihn New York verwahren ließ, verurteilte er die Hitler-Diktatur als ein System der Gesetzlosigkeit, Rechtlosigkeit und moralischen Zersetzung.[9] Nach seinem Rücktritt als Oberbürgermeister im April 1937 erhielt Goerdeler von der Robert Bosch GmbH einen Beratervertrag. Häufig ist zu lesen, dass er bei Bosch als Finanzberater eingestellt worden sei, was nicht stimmt und auch gar keinen Sinn ergeben hätte. Laut Vertrag sollte Goerdeler Behörden- und Geschäftsverbindungen im In- und Ausland pflegen.[10] Tatsächlich hat er seine Kontakte in Berlin auch für geschäftliche Anliegen von Bosch genutzt. Nur in einem Fall war er aber an operativen Geschäften beteiligt, nämlich beim Verkauf der Auslandsgesellschaften an die SEB-Gruppe.[11] Goerdeler hatte kein Büro in Stuttgart, sondern reiste in gewissen Abständen, angeblich ein- bis zweimal im Monat, dorthin, um Bericht zu erstatten und sich mit Bosch, Walz, Fischer, Bäuerle und anderen zu besprechen.[12]

Goerdeler war zunächst vor allem als eine Art Sonderbotschafter bei Bosch tätig. Zwischen Juni 1937 und August 1939 unternahm er zwölf Auslandsreisen, vor allem nach England, aber auch nach Frankreich und Italien, in die Schweiz, in die Vereinigten Staaten und in den Nahen Osten.[13] Wie spätere Aussagen übereinstimmend belegen, unternahm Goerdeler diese Reisen nicht aus geschäftlichen Gründen, sondern um in diesen Ländern vor Hitlers Absichten zu warnen. Erfolgreich war Goerdelers Mission jedoch nicht. Er konnte mit vielen einflussreichen Persönlichkeiten vertrauliche Gespräche führen, doch dabei blieb es auch. Seine Warnungen lösten im Ausland eher Irritationen aus. Was sollte man von einem preußischen Konservativen halten, der sich derart gegen die Regierung seines Landes engagierte? Er würde Landesverrat betreiben, wurde ihm von einem Vertreter der britischen Regierung vorgehalten.[14] Auch Goerdelers Ansichten über die Rolle Deutschlands in Europa waren seinem Vorhaben nicht gerade förderlich, und die Annahme, dass er über seine Verbindungen die Regierungen in London und Paris beeinflussen konnte, war reichlich realitätsfremd. Erstaunlicherweise schöpften die deutschen Behörden keinen Verdacht. Dort glaubte man bis zuletzt, dass Goerdeler für Bosch in Zürich, Amsterdam oder Stockholm geschäftlich tätig war. Jede seiner Auslandsreisen wurde problemlos genehmigt. Goerdeler wiederum verfasste Berichte über seine Reisen, die er auch an den Chef des Wehrwirtschaftsamtes, an Hjalmar Schacht und selbst an Hermann Göring schickte.[15]

Unter dem Deckmantel seines Auftrags, die Kontakte zu den Behörden des Reiches zu pflegen, führte Goerdeler bei seinen Besuchen in Berlin vertrauliche Gespräche mit Gegnern des Hitler-Regimes, darunter auch mit dem Generalstabschef des Heeres, Generaloberst Ludwig Beck, und anderen Mitgliedern der illustren Berliner Mittwochsgesellschaft. Beck lehnte Hitlers Kriegsplanungen ab. Um ihn hatte sich in der Heeresführung eine Gruppe von Offizieren gebildet, die entschlossen war, Hitler an einem Krieg zu hindern. In Abstimmung mit Beck erweiterte Goerdeler diesen Kreis um einen zivilen Flügel, dem sich mehrere Mitglieder der Mittwochsgesellschaft anschlossen. Im August 1938 musste Beck wegen seiner kritischen Einstellung gegenüber den Kriegsvorbereitungen zurücktreten. Als einen Monat später während der Sudetenkrise mit dem Kriegsausbruch gerechnet werden musste, waren Beck und seine Mitverschwörer entschlossen, Hitler festzunehmen. Das Einknicken der Westmächte und der triumphale Erfolg Hitlers im Münchner Abkommen machten den Plan zunichte.[16]

Goerdeler dürfte Walz, Fischer und Bäuerle schon bald von seiner Wider-

Abb. 38: Carl Friedrich
Goerdeler (1943)

standstätigkeit in der Gruppe um Beck berichtet haben. Er war nicht gerade
ein Meister der Diskretion und konnte seine Pläne auch kaum ohne Mitwisser
bei Bosch vorantreiben. Wer bei Bosch in Goerdelers Pläne eingeweiht war, ist
schwer zu beurteilen. Nach dem Krieg haben sich viele zu Wort gemeldet, die
dies von sich behaupteten, doch werden die Mitwisser im eigenen Interesse
darauf geachtet haben, dass der Kreis nicht allzu groß wurde. Mit Sicherheit
waren die Mitglieder des Bosch-Kreises eingeweiht, Albrecht Fischer, Paul
Hahn, Theodor Bäuerle und Willy Schloßstein. Im Unternehmen dürfte dies
neben Hans Walz noch für Alfred Knoerzer gegolten haben, der für die Zahlungen an Goerdeler zuständig war, kaum aber für Hermann Fellmeth, Karl
Thomä und Otto Debatin. Wie Schloßstein nach dem Krieg schrieb, berichtete
er Robert Bosch im Oktober 1939 über die Verbindung zum militärischen
Widerstand.[17] Schloßsteins Schilderungen sind keine besonders zuverlässige
Quelle, aber insgesamt ist davon auszugehen, dass Bosch eingeweiht war, wenn
auch nicht in Details. Offenbar hoffte er nun mit zunehmender Ungeduld, dass
der Diktator beseitigt würde. Eva Madelung, Boschs jüngste Tochter, erinnert
sich, wie ihr Vater im privaten Kreis sagte: «Ja, warum bringt denn den Kerle
niemand um?»[18] Bemerkenswert ist nicht nur, dass die Männer des Bosch-
Kreises den geplanten Staatsstreich vorbehaltlos billigten, sondern auch, mit

welcher konspirativen Energie sie Goerdelers Aktivitäten abschirmten. Keiner wäre auf die Idee gekommen, von dieser riskanten Verbindung Abstand zu nehmen oder ein doppeltes Spiel zu treiben.

Die raschen militärischen Erfolge zu Beginn des Krieges bedeuteten für die Widerstandsgruppe um Beck und Goerdeler einen Rückschlag. Hitler stand nun im Zenit seiner Macht und Popularität, während die Generäle, die ihn vor einem Krieg gewarnt hatten, seinen Spott ertragen mussten. Nach dem Waffenstillstand im Westen nutzte Goerdeler seine Verbindungen ins Ausland zu neuen Friedensbemühungen. Im Frühjahr 1941 stellte er gemeinsam mit dem Theologen Friedrich Wilhelm Siegmund-Schultze, der Kontakte zur englischen Kirche hatte, einen Friedensplan auf. Unter anderem war darin ein deutscher Staat in den Grenzen von 1914 zuzüglich der 1938 annektierten Gebiete vorgesehen.[19] Der Plan gelangte immerhin ins Londoner Foreign Office. Dort erklärte ihn Außenminister Anthony Eden für «quite inacceptable».[20]

Für den Widerstand des Bosch-Kreises blieb Goerdeler auch in den folgenden Jahren der Dreh- und Angelpunkt. Weder Walz noch Fischer hatten eigene Kontakte innerhalb des Widerstands. Der Beitrag dieser Männer zum aktiven Widerstand gegen Hitler bestand darin, Goerdeler zu unterstützen. Dies geschah nicht nur durch die Zahlungen, die Goerdelers Aktivitäten erst ermöglichten und sich auf insgesamt rund 540 000 RM beliefen, oder durch organisatorische Dienste.[21] Bei den konspirativen Gesprächen, die Goerdeler in der Bosch-Zentrale führte, ging es auch um die Einschätzung des militärischen Widerstands, die Haltung des Auslands und um die ethische Rechtfertigung eines Tyrannenmords.[22] Dass Goerdeler sich mit hohen Offizieren verschworen hatte, dürfte viel zur Entschlossenheit seiner Mitwisser in Stuttgart beigetragen haben, denn auch im Bosch-Kreis war man sich darüber im Klaren, dass ein Staatsstreich nur vom Militär durchgeführt werden konnte. Doch anders als Goerdeler hatten Walz und andere Mitglieder des Bosch-Kreises massive Vorbehalte gegen die Generalität und den «Geist von Potsdam». Walz legte Goerdeler nahe, in eine zukünftige Regierung keine Offiziere aufzunehmen.[23] Als sich zeigte, dass die Widerstandsgruppe um Beck und Goerdeler mit zunehmender Kriegsdauer ihrem Ziel nicht näher kam, wurden die Mitwisser bei Bosch ungeduldig. Die Schuld gab man den Militärs, denen man ja nie richtig vertraut hatte.[24]

Am 8. Juni 1942 wurde Bäuerle verhaftet, nachdem ein Theologe der bekennenden Kirche, der von Bosch ein Stipendium erhalten hatte, dessen Namen bei einer Vernehmung genannt hatte. Walz, Schloßstein und Bäuerles Sekretärin Marianne Weber, die auch für Goerdeler Schreibarbeiten erledigte, beseitigten daraufhin die Akten Bäuerles. Um Bäuerle frei zu bekommen, schaltete Walz einmal mehr Gottlob Berger ein, der inzwischen Chef des SS-Hauptamts geworden war und sich nach wie vor in der Rolle eines

Beschützers der Firma Bosch sah. Berger erreichte, dass Bäuerle nach elf Tagen aus der Haft entlassen wurde.[25]

Walz entwickelte im Herbst 1942 auch eine eigene Initiative, um das Ausland von den Aktivitäten und Zielen des deutschen Widerstands in Kenntnis zu setzen. Bei einer Reise in die Schweiz sprach er mit dem Fabrikanten Conrad Bareiss ausführlich über Pläne für die Zeit nach Hitler. Bareiss berichtete davon dem amerikanischen Konsul in Bern, Maurice Altaffer, der sich dann im Dezember 1942 mit Walz traf.[26] Walz ging damit ein hohes Risiko ein, weil alle deutschen Sicherheits- und Geheimdienste in der Schweiz Spitzel hatten.[27] Besonders vorsichtig war Walz auch nicht, als er in seiner Feuerbacher Rede vom Juli 1943 das System der NS-Kriegswirtschaft angriff. Bei einer Untersuchung gegen ihn hätten die Behörden leicht auf Goerdelers konspirative Aktivitäten stoßen können.[28] Goerdeler, der immer wieder Kabinettslisten für eine zukünftige, von ihm geführte Regierung zusammenstellte, hatte Walz als Reichswirtschaftsminister vorgesehen, ohne diesen zunächst darüber zu informieren. Nachdem Walz davon erfahren hatte, ließ er sich von der Liste streichen – was ihm später das Leben gerettet haben dürfte. Scholtyseck vermutet, dass Walz inzwischen auch an der Zweckmäßigkeit eines Staatsstreichs zu zweifeln begann und es für sinnvoller hielt, sich auf einen Sieg der Alliierten einzustellen, als vorher noch unkalkulierbare Risiken einzugehen.[29]

Als Goerdeler im Mai 1943 wegen der Verhandlungen über den Rückkauf der amerikanischen Bosch-Gesellschaft ABC in Stockholm war, nutzte er die Gelegenheit, um über die dortigen Geschäftspartner von Bosch, die Bankiers Jacob und Marcus Wallenberg von der SEB, die er gut kannte, der britischen Regierung eine Botschaft zukommen zu lassen. Er verfasste ein 26 Punkte umfassendes Memorandum, das u. a. eine Aussetzung der Luftangriffe während des geplanten Staatsstreichs und den Verzicht auf eine bedingungslose Kapitulation Deutschlands vorsah. Marcus Wallenberg kannte Churchills Privatsekretär Desmond Morton und berichtete ihm von Goerdelers Vorschlägen. Mortons Antwort war eindeutig. Wie schon 1941 hielt man Goerdelers Vorstellungen in London für inakzeptabel.[30] Die Alliierten waren längst entschlossen, den Krieg bis zur bedingungslosen Kapitulation Deutschlands zu Ende zu führen. Über die Wallenbergs ließ Goerdeler der britischen Regierung wiederholt die Bitte ausrichten, Berlin, Leipzig und Stuttgart als Zentren des deutschen Widerstands von Luftangriffen zu verschonen.[31] Auch das spricht nicht gerade dafür, dass er seine Einflussmöglichkeiten realistisch einschätzte. Doch hielt sich später hartnäckig die Legende, Stuttgart wäre bis zum 20. Juli 1944 wegen der Widerstandstätigkeit geschont worden. Gerne verwies man darauf, dass die schwersten Luftangriffe am 25./26. Juli und am 12. September 1944 stattgefunden hatten.[32] In Wirklichkeit hatten die alliierten Bomberkommandos gewiss nicht im Sinn, auf den deutschen Widerstand

Rücksicht zu nehmen. Auch war Stuttgart vor dem 20. Juli schon fast 20-mal bombardiert worden, und die Bosch-Werke in Feuerbach hatten durch einen Angriff vom 21. Februar 1944 schwere Schäden erlitten.[33]

In den Tagen und Wochen vor dem 20. Juli 1944 herrschte im Bosch-Kreis Nervosität. Mitte Juni war Goerdeler ein letztes Mal in Stuttgart. Paul Hahn erfuhr von ihm damals, dass «die Aktion gegen Hitler unmittelbar bevorstehe».[34] Bäuerle wurde offenbar auch eingeweiht, ebenso die in Stuttgart wohnenden früheren Zentrumspolitiker Eugen Bolz und Joseph Ersing sowie der Theologe Helmut Thielicke – Walz und Fischer dagegen nicht.[35] Knoerzer traf Goerdeler noch am 12. Juli in Berlin. Fünf Tage später wurde Goerdeler bereits mit einem Haftbefehl gesucht. Der Bosch-Kreis hatte für diesen Fall einen Fluchtweg in die Schweiz vorbereitet. Paul Hahn wartete mehrere Tage lang am Bodensee auf Goerdeler, der sich aber entschieden hatte, über seine westpreußische Heimat nach Schweden zu fliehen.[36] Als die Nachricht vom gescheiterten Attentat des 20. Juli in Stuttgart eintraf, wussten die Mitglieder des Bosch-Kreises, dass sie in Lebensgefahr waren. Albrecht Fischer wurde noch in der Nacht vom 20./21. Juli verhaftet. Ihn hatte Goerdeler als Politischen Beauftragten der Verschwörer für den Wehrkreis V (Stuttgart) benannt. Schloßstein vernichtete – offenbar unter Mithilfe des Abwehrbeauftragten Bühler – die Dokumente, die Goerdeler in der Militärstraße hinterlegt hatte.[37] Die Gestapo durchkämmte nun auf der Suche nach Goerdeler die Jagdhütte Wespental. Bäuerle, Fellmeth, Knoerzer und Olpp wurden verhört. Am 4. August wurde Paul Hahn verhaftet. Hans Walz hingegen blieb unbehelligt, wohl weniger «aus göttlicher Fügung», wie er selbst später meinte, sondern eher, weil er nicht auf einer der zahlreichen Kabinettslisten Goerdelers stand. Möglicherweise schützte ihn auch sein SS-Offiziersrang.[38]

Am 12. August wurde Goerdeler in Westpreußen verhaftet. Nun konnten sich Fischer, Hahn und auch die anderen Helfer Goerdelers ausrechnen, dass ihr Leben davon abhing, was er bei den Verhören aussagen würde. Fischer und Hahn wurden durch Goerdeler belastet.[39] Aufgrund von Aufzeichnungen Goerdelers wurde Schloßstein verhaftet – ihn hatte Goerdeler als württembergischen Wirtschaftsminister vorgesehen – und ebenso wie Fischer und Hahn nach Berlin ins Reichssicherheitshauptamt gebracht. Walz wandte sich daraufhin an SS-Obergruppenführer Gottlob Berger, der erreichen konnte, dass Schloßstein wieder frei kam. Albrecht Fischer wurde vor dem Volksgerichtshof der Prozess gemacht. Die Verhandlung gegen ihn fand am 12. Januar 1945 unter dem Vorsitz des «Blutrichters» Roland Freisler statt, der schon mehrere tausend Todesurteile verhängt hatte. Freisler sprach Fischer frei und verurteilte den Mitangeklagten Reinhold Frank zum Tode, obwohl beide ähnlich belastet waren.[40] Es kann kein Zweifel daran bestehen, dass Fischer den Freispruch und damit sein Leben einer Intervention Gottlob Bergers verdankte, den Walz eingeschaltet hatte. Berger prahlte nach dem Krieg damit, er hätte bei Hitler persönlich um Gnade für Fischer, Hahn, Schloßstein sowie den ebenfalls aus Württemberg stammenden Eugen Gerstenmaier gebeten.[41] Dabei dürfte es sich um eine der vielen Phantasiegeschichten Bergers gehandelt haben, mit denen er sich immer wieder zum Helden stilisierte, denn auf Hitler hatte er bestimmt keinen Einfluss, aber mit Scholtyseck ist davon auszugehen, dass Berger über Himmler oder auch direkt bei Freisler interveniert hat.[42] Freisler hat den Wink aus der SS-Zentrale jedenfalls verstanden. Dies hätte sich dann auch im Prozess gegen Paul Hahn zeigen müssen, doch dazu erhielt Freisler keine Gelegenheit mehr. Wenige Stunden vor Beginn der Verhandlung am 3. Februar 1945 kam er bei einem Luftangriff ums Leben. Als Vorsitzender sprang ein Volksgerichtsrat aus Reutlingen ein, der die Verhandlung vertagte. Hahn wurde später zu drei Jahren Zuchthaus verurteilt.[43]

Carl Goerdeler wurde am 2. Februar 1945 in Berlin-Plötzensee hingerichtet. Seine Helfer aus dem Bosch-Kreis haben alle überlebt.[44] Schloßstein war fest davon überzeugt, dass ohne Bergers Hilfe die gesamte Geschäftsleitung von Bosch hingerichtet worden wäre.[45] Das ist wohl übertrieben, aber für Fischer, Hahn und Schloßstein trifft dies zu, und möglicherweise hat Berger auch erreicht, dass nicht noch weitere Ermittlungen, etwa gegen Walz, angestellt wurden. Die Männer des Bosch-Kreises standen bei einem Kriegsverbrecher in der Schuld, der 1949 vom Internationalen Gerichtshof in Nürnberg zu 25 Jahren Haft verurteilt wurde. Die Robert Bosch GmbH hat sich bei Berger nach dem Krieg bedankt und ihn bis zu seinem Tod im Jahr 1975 auf vielfältige Weise unterstützt.[46]

Der Bosch-Kreis gehört zu den wenigen Fällen, in denen Unternehmer am Widerstand gegen Hitler beteiligt waren. Auch wenn außer Goerdeler niemand in Stuttgart an der Planung des 20. Juli beteiligt war, handelte es sich bei der Konspiration, wie sie hier praktiziert wurde, eindeutig um politischen Widerstand und nicht um Resistenz oder Protest.[47] Freilich war nur eine kleine Gruppe involviert, nicht das Unternehmen als Ganzes, und als Unternehmer kann innerhalb dieses Kreises eigentlich nur Walz bezeichnet werden.

Dass sich dieser Widerstand formierte, hing eng mit der Person Goerdelers zusammen, ist aber nicht allein dadurch zu erklären. Die spezifische Situation bei Bosch, die scharfen Konflikte mit Repräsentanten des Regimes, die es schon vor Goerdelers Eintritt gegeben hatte, die Ablehnung des Angriffskriegs und der couragierte Eigensinn, den Robert Bosch seinem Umfeld vorlebte, dürften dies begünstigt haben. Scholtyseck deutet den Bosch-Kreis als «liberalen Widerstand», da die meisten Mitglieder liberalen Vorstellungen nahestanden und früher liberalen Parteien angehört hatten.[48] Doch hat sich der Kreis nicht etwa über liberale Zirkel formiert, sondern durch die Tätigkeit bei Bosch. Auch war Goerdeler ein nationalkonservativer Anhänger des preußisch-deutschen

Abb. 39: Albrecht Fischer vor dem Volksgerichtshof (Januar 1945)

Obrigkeitsstaats mit allenfalls wirtschaftsliberalen Neigungen. Unter anderen
Bedingungen wäre man ihm bei Bosch wohl mit großem Misstrauen begegnet.
Einig war man sich im Widerstand gegen Hitler, der über die politischen und
weltanschaulichen Trennlinien hinweg verband. Im Fall des Bosch-Kreises ging
von der Zugehörigkeit zu dieser Gruppe eine eigene Dynamik aus, ohne die sich
das Verhalten der Mitwisser kaum erklären lässt. Männer wie Theodor Bäuerle
und Willy Schloßstein waren keine geborenen Verschwörer. Sie hätten sich
allein wohl kaum dem Widerstand angeschlossen. Die Zugehörigkeit zum
Bosch-Kreis und die Nähe zu Goerdeler ließen sie ungeachtet aller Risiken zu
Mitverschworenen werden. Sich dieser Dynamik zu entziehen, hätte Verrat an
den anderen bedeutet.

7. Tod und Vermächtnis Robert Boschs

Robert Bosch beging seinen 75. Geburtstag am 23. September 1936 im Rahmen des 50-jährigen Firmenjubiläums, das zu seinen Ehren auf diesen Tag vorverlegt wurde. Aus diesem Anlass erfüllte er sich selbst einen langgehegten Wunsch, indem er die Stiftung Homöopathisches Krankenhaus Stuttgart ins Leben rief.[1] Bosch ließ für sie durch das Unternehmen 3,25 Mio. RM spenden und beauftragte seinen Berater Paul Hahn mit der Leitung des Bauprojekts. Am 28. April 1940 konnte in der Hahnemannstraße am Pragsattel das damals größte und modernste homöopathische Krankenhaus Deutschlands eingeweiht werden. In seiner Ansprache zur Eröffnung gab Bosch den Mitarbeitern der Klinik Grundsätze mit auf den Weg, die seinen Geschäftsprinzipien als Unternehmer entsprachen: «Jede Arbeit ist wichtig, auch die kleinste.», «Immer soll nach Verbesserung des bestehenden Zustands gestrebt werden.», «Jeder soll

Abb. 40: Eröffnung des Robert-Bosch-Krankenhauses (1940)

Abb. 41: Werkstor Feuerbach am 80. Geburtstag Robert Boschs (1941)

mitwirken zum Wohle des Ganzen, keinem zu lieb und keinem zu leid.», «Deshalb setzen Sie alles daran, um das Vertrauen weiter Kreise zu erringen.»[2]

Der 80. Geburtstag des Unternehmensgründers am 23. September 1941 stand dann unter ganz anderen Vorzeichen als das Jubiläum von 1936. Bosch wurde vom NS-Regime geradezu hofiert. Ihm wurde das Ehrenzeichen «Pionier der Arbeit» verliehen, das Hitler ein Jahr zuvor als höchste Auszeichnung für einen Unternehmer eingeführt hatte und das bisher erst viermal verliehen worden war.[3] Um den Jubilar zu schonen, war die Geburtstagsfeier nach Baden-Baden verlegt worden, während dieser Tag in Stuttgart mit einem Werkskonzert des Unternehmens in der Liederhalle begangen wurde, bei dem Oberbürgermeister Strölin eine Ansprache hielt.[4] Robert Ley, der Chef der Deutschen Arbeitsfront, fuhr zusammen mit Gauleiter Murr nach Baden-Baden, um Bosch dort, in Brenner's Parkhotel, als «Pionier der Arbeit» auszuzeichnen. Zu den Geburtstagsgästen gehörten u. a. Carl Goerdeler, Hjalmar Schacht und Paul Reusch.[5] Wenige Wochen nach dem 80. Geburtstag bedankte sich Bosch bei der Belegschaft des Unternehmens in einer bewegenden Ansprache für die Glückwünsche.[6] Es sollte sein letzter großer Auftritt sein.

Am 4. März 1942 beauftragte Bosch Theodor Heuss, eine Biografie über ihn zu verfassen. Er schrieb damals an Heuss: «Für die Zusendung Ihrer Bio-

Abb. 42: Staatsakt für Robert Bosch (18. März 1942)

graphie von Justus von Liebig danke ich Ihnen herzlich. Ich finde dieselbe ausgezeichnet und möchte hiermit an Sie die Frage richten, ob Sie geneigt wären,
sich auch mit einer Biographie von mir zu beschäftigen.»[7] Heuss antwortete
zwei Tage später: «Ich sage, ohne große Umschreibung, im Grundsätzlichen
zunächst einfach: ja.»[8] Heuss hatte bereits 1931, anlässlich des 70. Geburtstags
des Unternehmers, einen Band über Robert Bosch herausgegeben.[9] Beide
hatten sich 1917 über Ernst Jäckh und Friedrich Naumann kennengelernt.[10]
Bosch hatte dann die Deutsche Hochschule für Politik, an der Heuss lehrte,
unterstützt. 1933 hatte Heuss seine Dozentur und sein Reichstagsmandat verloren. Während des Dritten Reiches verfasste er hauptsächlich Biografien und
biografische Artikel, doch konnte er schließlich nur noch unter einem Pseu-
donym veröffentlichen.[11]

Bosch litt inzwischen unter einer Ohrenentzündung, die er nicht aus-
kurierte. Wenige Tage nach dem Brief an Heuss brach die Ohrenentzündung
durch. Noch am 9. März ging Bosch in sein Büro. Er klagte über Gleich-
gewichtsstörungen und Schmerzen, ließ sich aber von Schloßstein über den
letzten Stand der Überlegungen zu einigen Formulierungen im Testament
berichten. Am frühen Morgen des 12. März 1942 starb Robert Bosch im Marien-
hospital.[12]

Die Angehörigen und die Unternehmensleitung mussten hinnehmen, dass die nationalsozialistischen Machthaber die Trauer um Bosch für ihre Zwecke instrumentalisierten. Hitler ordnete ein Staatsbegräbnis an. Am Abend vor dem Staatsakt, der auf den 18. März angesetzt wurde, fand im Unternehmen eine Trauerfeier statt. Acht Obermeister trugen den Sarg durch das Werksgelände in die Halle des Verkaufshauses. Hans Walz, der Aufsichtsratsvorsitzende Paul Scheuing und der Hauptbetriebsobmann Alfred Weißenborn hielten Ansprachen.[13] Am nächsten Tag fand in der König-Karl-Halle des Landesgewerbemuseums, dem heutigen Haus der Wirtschaft Baden-Württembergs, der Staatsakt für Robert Bosch statt. Die Reichsregierung war durch Reichswirtschaftsminister Walther Funk vertreten, der in seiner Rede Robert Bosch als Nationalhelden würdigte und vor den laufenden Kameras des Propagandamediums *Deutsche Wochenschau* mit Hitlergruß einen Kranz des Diktators am Sarg niederlegte.[14] Nach dem Staatsakt wurde der Sarg zur Einäscherung in das Krematorium auf dem Pragfriedhof überführt, wo bereits eine große Menschenmenge wartete. In der Halle des Krematoriums hielten Hans Walz und Hermann Bücher kurze Ansprachen. Am 28. März wurde die Urne Robert Boschs dann in einem Ehrengrab auf dem Stuttgarter Waldfriedhof beigesetzt.[15]

Die Angehörigen empfanden die Inszenierung des Staatsakts als Demütigung.[16] Margarete Bosch verließ in der folgenden Zeit mit ihren Kindern Stuttgart. Sie wohnte zunächst gemeinsam mit ihrem Sohn in Pfronten. Dort absolvierte Robert Bosch d. J. eine Lehre, um nicht zu einer Flak-Einheit eingezogen zu werden, während seine Schwester Eva vom Boschhof aus nach Icking zur Schule ging. Das letzte Kriegsjahr verbrachten dann beide Kinder mit ihrer Mutter auf dem Boschhof.[17] Inzwischen hatte Theodor Heuss mit der Arbeit an der Robert-Bosch-Biografie begonnen, unterstützt von Friedrich Schildberger, aber auch von Otto Debatin, Otto Fischer und Hugo Borst. Heuss schrieb die nach dem Krieg veröffentlichte Biografie während der letzten Kriegsjahre in Heidelberg, wo er mit seiner Frau vorübergehend wohnte, zum Teil aber auch auf dem Boschhof, wo seine Frau einige Wochen lang Eva Bosch und andere Kinder unterrichtete.[18] Die Robert Bosch GmbH konnte erreichen, dass der spätere Bundespräsident für die «Durchführung wissenschaftlicher Aufgaben» vom zuständigen Wehrbezirkskommando unabkömmlich gestellt wurde.[19]

Das Vermächtnis: Ein Familienunternehmen unter Vorbehalt

Robert Bosch hatte sich in den Jahren 1935–1938 intensiv damit beschäftigt, sein Erbe zu regeln. Er hatte nacheinander sechs Verfügungen von Todes wegen aufgesetzt – die letzte am 31. Mai 1938. Hinzu kamen drei Richtlinien an die Testamentsvollstrecker, zwei Richtlinien an die Vermögensverwaltung Bosch und eine Richtlinie für die Robert Bosch GmbH. Die einzelnen Fassungen unterscheiden sich nicht sehr voneinander. Die Kernbestandteile sind in zum Teil übereinstimmenden Formulierungen sowohl in das Testament als auch in die Richtlinien eingegangen.

Boschs zentrales Anliegen war es, zu sichern, dass das Unternehmen nach seinem Tod in seinem Geist weitergeführt wird. Schon Anfang der 1920er Jahre hatte er deshalb die Vermögensverwaltung Bosch GmbH (VVB) gegründet, der er mehrfach seine Anteile am Unternehmen zum Kauf anbot, wobei es sich wohl mehr um Absichtsbekundungen handelte.[20] Die Konflikte um die Kapitalbeteiligungen an der Aktiengesellschaft, die sich im Besitz ausgeschiedener Vorstandsmitglieder oder von Erben verstorbener Vorstandsmitglieder befanden, bestärkten Bosch in der Absicht, sein Lebenswerk nicht dem Risiko auszusetzen, dass sich seine Erben zerstritten oder nicht fähig waren, das Unternehmen zu führen. Er setzte auf die «VVB-Lösung», und nach dem Tod des ersten Sohnes gab es ja auch keinen männlichen Erben, dem er den Firmenbesitz hätte übertragen können.[21] Schon bald nachdem er seine zweite Ehefrau kennengelernt hatte, ging Bosch daran, die Nachfolgeregelung zu ändern. Im August 1927, fünf Monate vor der Geburt des zweiten Sohnes, Robert Bosch d. J., schrieb er einen vertraulichen Nachtrag zu den VVB-Richtlinien, der eine stärkere Beteiligung der Erben vorsah. Die Erben sollten an der VVB mit 40 Prozent des Gesellschaftskapitals beteiligt sein. Falls sich unter ihnen ein für die Leitung des Unternehmens besonders befähigter Mann befände, sollten ihm die angestellten VVB-Gesellschafter nach einer Bewährungsphase 18–31 Prozent der Anteile abtreten, so dass dieser als «Familiendirektor» über die Majorität verfügte.[22]

Im Testament vom 31. Mai 1938 setzte Bosch seine nächsten Angehörigen in gesetzlicher Erbfolge als Erben ein. Zugleich ordnete er Testamentsvollstreckung an und benannte als Testamentsvollstrecker die sieben anderen Gesellschafter der VVB: Erwin Bohner, Hermann Fellmeth, Arthur Leinss, Paul Scheuing, Richard Stribeck, Hans Walz und Karl Martell Wild. Fellmeth, Walz und Wild gehörten dem Testamentsvollstreckergremium als Vertreter des Unternehmens an, Leinss als Vertreter der Familie – seine Adoptivmutter Helene Leinss, geb. Kayser, war eine Schwester von Boschs erster Frau Anna.[23] Die Testamentsvollstrecker, die stets auch Gesellschafter der VVB sein sollten, hatten «darüber zu wachen, daß die Unternehmungen der Robert Bosch GmbH in meinem Sinn (dh meinem Geist und Willen) weitergeführt werden», und erhielten den Auftrag, dem Unternehmen eine «kraftvolle und reiche Entwicklung zu sichern».[24] Zu einem späteren Zeitpunkt hatten die Testamentsvollstrecker mit Dreiviertelmehrheit zu entscheiden, ob die Geschäftsanteile an der Robert Bosch GmbH auf die VVB übertragen werden sollten, gemäß dem letzten Verkaufsangebot Boschs vom 13. Juli 1935. Falls sich die Testamentsvollstrecker nicht für den «VVB-Weg» entscheiden wollten, ließ das Testament die Möglichkeit zu, dass die Geschäftsanteile nach dem Auslaufen des Mandats an die Erben übergingen («TV-Weg»).

Neben den Testamentsvollstreckern war dem bereits erwähnten «Familiendirektor» eine Schlüsselrolle zugedacht. Bosch war sehr daran gelegen, dass ein männlicher Nachfahre später einmal eine – wie er es formulierte – «Führerstellung» in der Robert Bosch GmbH einnehmen konnte, sofern sich der Betreffende dafür als geeignet erwies.[25] Ob er geeignet war, hatten die Gesellschafter der VVB nach einer von Bosch in den Richtlinien für die VVB näher beschriebenen Bewährungsphase des Kandidaten zu entscheiden.[26] Ein Brief, den Bosch an seinen Sohn Robert im Januar 1939 schrieb, lässt darauf schließen, dass er in ihm einen zukünftigen Familiendirektor sah.[27]

Nach den geltenden Regelungen konnten die Kinder Boschs während der Dauer der Testamentsvollstreckung nicht frei über ihr Erbe verfügen. Sie waren nur Vermächtnisnehmer. Die Testamentsvollstrecker hatten in einem Zeitraum von 30 Jahren nach Boschs Tod zu entscheiden, ob die von ihm hinterlassenen Anteile an der Robert Bosch GmbH von der VVB erworben wurden («VVB-Weg») oder von ihnen bis zum Auslaufen des Mandats verwaltet wurden und dann an die Erben übergingen («TV-Weg»). Die Testamentsvollstrecker hatten also nicht nur die Verfügungsrechte eines Eigentümers der Robert Bosch GmbH auszuüben, sondern auch allein darüber zu entscheiden, wer in Zukunft Eigentümer sein würde, die Nachfahren des Unternehmensgründers oder die VVB. Da die Testamentsvollstrecker auch Gesellschafter der VVB waren, kam dies einer Entscheidung in eigener Sache gleich. Zudem hatten sie in ihrer Funktion als Gesellschafter der VVB die Aufgabe, über die Befähigung des Sohns, eines Enkels oder eines Schwiegersohns zum Familiendirektor zu befinden, die ihn berechtigen würde, die Mehrheit an der VVB zu erhalten, die im Falle des «VVB-Wegs» wiederum bei der Robert Bosch GmbH die Kapitalmehrheit haben würde.

Nach dem Tod Robert Boschs befanden sich freilich über 70 Prozent der Stammeinlagen der VVB im Besitz der Erbengemeinschaft, die aus seinen vier Kindern bestand.[28] Aufgrund dieser Majorität konnten die Kinder die VVB auflösen, sofern die anderen Gesellschafter, also die sieben Testamentsvollstrecker, zustimmten. Einen derartigen Plan gab es schon bald nach dem Tod Robert Boschs, weil das von ihm gestiftete Krankenhaus weitere Gelder benötigte. Die Kinder Boschs waren nun entschlossen, die VVB aufzulösen, deren Anteile an der Robert Bosch GmbH zu übernehmen und einen Teil dieses Vermögens auf die Stiftung Homöopathisches Krankenhaus zu übertragen. Von den Testamentsvollstreckern wurden sie unterstützt. Walz und Schloßstein stellten am 30. Juli 1943 beim Reichsfinanzministerium einen Antrag auf

Befreiung von den Steuern, die bei dieser Transaktion anfallen würden und sich nach Berechnungen des zuständigen Finanzamts auf rund 9,8 Mio. RM beliefen.[29] In ihrem Antrag führten sie aus, Robert Bosch hätte nach der Geburt des zweiten Sohns und des Enkels «den Plan, seine Geschäftsanteile im ganzen der VVB zu überlassen, aufgegeben» und «die Geschäftsanteile seinen 4 Kindern vermacht, wobei er freilich für die Übergangszeit bis zur vollwertigen Ausbildung der vermutlichen Nachfolger besondere Vorsorge treffen musste. Dies ist durch Anordnung einer mit Verwaltung der Anteile auf die Dauer von höchstens 30 Jahren beauftragten Testamentsvollstreckung geschehen.»[30] Da das Stuttgarter Finanzamt für Körperschaften eine Steuerbefreiung im beantragten Umfang ablehnte, kam es zu längeren Verhandlungen. Nachdem Carl Goerdeler im Juni 1944 in dieser Angelegenheit im Reichsfinanzministerium vorstellig geworden war, setzte das Ministerium den Steuerbetrag auf eine Pauschale von 1,5 Mio. RM herab.[31] Die VVB erklärte sich im Oktober 1944 zur Zahlung dieses Betrags bereit, doch kam die Auflösung der Gesellschaft dann in den Wirren der letzten Kriegsmonate nicht mehr zustande.[32]

III. Anpassungs- und Transformationsprozesse zwischen Wirtschaftsboom und Wirtschaftskrisen (1945–1983)

Die Zeit von den unmittelbaren Nachkriegsjahren bis zu Beginn der 1980er Jahre markiert zentrale Umbruchjahre und eine Scharnierphase von entscheidender Bedeutung in der Bosch-Geschichte. Die Prägung und das Vermächtnis des Unternehmensgründers waren trotz seines Todes allenthalben noch unmittelbar spürbar, während die «Handschrift» der nachfolgenden familienfremden Manager und Führungspersönlichkeiten sich erst langsam abzuzeichnen begann, aber dann rasch eigene Prägekraft entfaltete. Die Jahre zwischen 1950 und 1982, dem Beginn der «Wirtschaftswunderjahre» und dem Ende der zweiten Ölpreiskrise, sind als Scharnierphase der Bosch-Geschichte nicht zuletzt auch deshalb bedeutsam, da es jene Zeit war, in der viele der heutigen Bosch-Führungskräfte als damals noch junge Ingenieure und Führungskräfte in der zweiten und dritten Reihe ihre berufliche Prägung und unternehmerische Sozialisation erfuhren. Das Unternehmen stand gewaltigen Herausforderungen gegenüber: gesellschaftsrechtlich mit dem Wandel der familialen Anteilseignerstrukturen und der Schaffung einer neuen Unternehmensverfassung, technologisch mit dem Aufkommen und der raschen Durchsetzung der Elektronik im Automobilbau und dem gleichzeitigen grundlegenden Wandel der Fertigungsverfahren und der Fertigungsorganisation und schließlich konjunkturell mit dem Ende der «Wirtschaftswunderjahre» und dem Beginn der «langen 1970er Jahre» mit Ölpreiskrise, Stagflation und umweltpolitischer Wende. Dazu kamen der Zwang zur Internationalisierung und die Rückkehr auf die Märkte nach Kriegsende, und zuvor musste man noch die alliierte Entflechtungspolitik überstehen. Jede dieser Entwicklungen barg schon für sich genommen erhebliche Risiken und konnte im Falle des Scheiterns gravierende Folgen für die finanzielle Substanz, die Unabhängigkeit oder die Wettbewerbsfähigkeit des Unternehmens bedeuten. Alles zusammen bedeutete jedoch eine Kumulation von Risiken, die die Existenz von Bosch gefährden oder das Unternehmen zumindest langfristig in eine prekäre Lage bringen konnte. Wie Bosch diese Herausforderungen überhaupt wahrnahm und sie in einem komplexen Anpassungs- und Transformationsprozess bewältigte, wird im Folgenden näher untersucht.

1. Wiederaufbau im Schatten von alliierter Entflechtungspolitik und innerbetrieblichen Auseinandersetzungen

Die Lage des Unternehmens war bei Kriegsende und in den ersten Nachkriegsjahren weit prekärer als vielfach angenommen. Der Wiederaufbau der zerstörten Werke und die Ingangsetzung von Produktion und Vertrieb waren nicht nur überschattet von den Unsicherheiten der wirtschaftlichen und monetären Verfassung Deutschlands, von zurückgestauter Inflation, Schwarzmarkt und Ernährungskrise, sondern auch von zusätzlichen externen und internen Konfliktkonstellationen. In der Unternehmensführung, in der Geschäftsführung, im Aufsichtsrat und auch im Testamentsvollstrecker-Gremium, kam es altersbedingt sowie infolge von Entnazifizierung und politischen Belastungen zu erheblichen Fluktuationen; nicht weniger Turbulenzen gab es auf Seiten der Arbeitnehmervertreter bei der Neukonstituierung von Betriebsrat und gewerkschaftlichen Vertrauensleuten, und infolgedessen entstanden erhebliche Konflikte in den innerbetrieblichen Beziehungen. In der, wie Walz es einmal ausgedrückt hatte, «kaiserlosen schrecklichen Zeit» der Überbrückung nach dem Tod des Gründers bis zur möglichen Geschäftsübernahme durch einen seiner Abkömmlinge herrschten bei Bosch allenthalben unsichere und ungeklärte Corporate-Governance-Strukturen. Zu alldem kamen noch die von den französischen, amerikanischen und britischen Besatzungsmächten betriebenen Entflechtungs- und Entkartellierungsmaßnahmen, die jahrelang für Unsicherheit darüber sorgten, mit welchem ökonomischen und technischen Potenzial Bosch wieder in den nationalen wie internationalen Wettbewerb der Nachkriegsjahre würde eingreifen können. Erst ab 1952 erfolgte eine Reihe von Weichenstellungen, durch die sich stabilere Führungsstrukturen und ein Ende der innerbetrieblichen Konflikte abzeichneten.

Kontinuitäten und Brüche: Das Ringen um innerbetriebliche Machtpositionen

Anfang September 1945 wurde bei Bosch vorsorglich eine neue Geschäftsführung bestellt, mit Alfred Knoerzer als Finanz- und Personalhauptleiter, Max Dipper für die technische Hauptleitung und Ernst Rogowski als Verkaufshauptleiter, ergänzt durch Walter Lippart als technischem Verkaufshauptleiter, Otto Fischer als kaufmännischem und Hermann Bauer als tech-

Abb. 43–45: Die Bosch-Geschäftsführung
1948/49 (von links nach rechts): Alfred
Knoerzer, Otto Fischer, Walter Lippart

nischem Fabrikleiter, alle drei in der Funktion von außerordentlichen bzw.
stellvertretenden Geschäftsführern.[1] Die amtierenden Geschäftsführer Karl
Martell Wild, Hans Walz, Erich Rassbach und Hermann Fellmeth hatten
durch Unterschrift ihr Einverständnis signalisiert, aber trotz des auf den ersten Blick scheinbar großen Umbruchs konnte von tatsächlichen personellen
Änderungen keine Rede sein. Jeder der neuen Geschäftsführer war schon jahrzehntelang bei Bosch in leitender Funktion tätig gewesen. Im Spätherbst
überschlugen sich jedoch die Ereignisse, als die Militärregierung Anfang
Oktober Fellmeth und Walz aufgrund ihrer NS-Belastung ihrer Ämter ent-
hob und Walz verhaftet und interniert wurde. Bis Anfang Juli 1948, nach
Abschluss seines Spruchkammerverfahrens, sollte damit die seit dem Tod
von Robert Bosch wichtigste Führungsfigur als Entscheidungsträger ausfallen. Wild und Rassbach legten freiwillig ihre Ämter in der Geschäftsführung nieder, und zu allem Unglück wurden 65 weitere Bosch-Führungskräfte
auf Geheiß der Militärregierung entlassen, darunter auch Knoerzer.[2] Neuer
Aufsichtsratsvorsitzender wurde nun Baurat Albrecht Fischer, daneben installierten die Amerikaner eine kommissarische Geschäftsführung unter Leitung von Martin Steins als «General Manager» sowie Otto Fischer, Walter
Lippart und Ernst Rogowski. Unter den neuen Geschäftsführern brach
jedoch bald ein heftiger Machtkampf aus, mit Intrigen, Anschwärzungen bei
der Militärregierung wegen Fragebogenfälschung und anderen Zwistig-
keiten. Erst im März 1947, nach fast eineinhalb Jahren, gelang es dem Auf-

sichtsrat mit der Entlassung von Steins und Rogowski einen Schlussstrich zu ziehen. Mit Otto Fischer (Personal), Walter Lippart (Technik), Fritz Honold (Verkauf) und Alfred Knoerzer (Finanzen), der seit April 1946 politisch voll rehabilitiert war und (trotz der offensichtlichen Animositäten zwischen ihm und Fischer) schon im Mai 1946 berufen worden war, wurde eine neue Geschäftsführung eingesetzt, die sich nun endlich ganz auf die drängenden Aufgaben des operativen Geschäfts konzentrierte.[3]

Das eigentliche Machtzentrum von Bosch war aber zu diesem Zeitpunkt nach wie vor das siebenköpfige Gremium der Testamentsvollstrecker (TV), in dem neben Walz, Fellmeth und Wild als weitere Persönlichkeiten Arthur Leinss, Willy Schloßstein, Erwin Bohner und Richard Stribeck saßen, wobei die beiden letzteren zugleich auch Mitglieder des Aufsichtsrats waren. Als diese am 30. Oktober 1945 erstmals nach Kriegsende zusammenkamen, fehlten bereits Stribeck und Walz, dafür waren als Gäste Margarete Bosch und ihr damals 17-jähriger Sohn Robert Bosch anwesend.[4] Es ging dabei um die Weiterführung der seit dem Tod des Firmengründers in Gang gebrachten, reichlich komplizierten Erb- und Nachlass-Angelegenheiten.[5] Das Hauptproblem, mit dem die Testamentsvollstrecker Ende 1945/Anfang 1946 zu kämpfen hatten, war zunächst, dass das Finanzamt unter Zugrundelegung eines Kurses von 300 Prozent für die Robert-Bosch-GmbH-Anteile (der wenig später sogar auf 450 Prozent erhöht wurde) erhebliche Erbschafts- bzw. Vermögenssteuerzahlungen verlangte, die die Familienerben finanziell überforderten.[6] Ende 1946 wurde von den Testamentsvollsteckern daher sogar eine Auflösung der VVB erwogen, und nur die Tatsache, dass die Militärregierung alle Steuerakten der Robert Bosch GmbH beschlagnahmt hatte und auch sonst ein geregeltes Amtieren der Testamentsvollstrecker nicht möglich war, verhinderte diesen weitreichenden Schritt.[7] Im Mai/Juni 1948 veranlassten die Testamentsvollstrecker zwar noch eine Abgabe der in der VVB liegenden Anteile der Robert Bosch GmbH über 2,72 Mio. RM, d. h. 5,66 Prozent, an die Erben und verfolgten damit weiter den bereits eingeschlagenen TV-Weg, von einer völligen Auflösung der VVB nahm man jedoch Abstand. Daneben rückte allerdings rasch das künftige Verhältnis zwischen Geschäftsführung und Testamentsvollstrecker-Gremium in den Mittelpunkt der Diskussionen. Ursprünglich war dies angesichts der Personalunion zwischen beiden Gremien durch Walz, Fellmeth und Wild kein Thema, aber durch Fellmeths und Wilds Rücktritt sowie Walz' Verhaftung hatte sich eine völlig neue Lage ergeben. Um ihrer Verantwortung gegenüber Robert Bosch und seinen Erben gerecht zu werden, so argumentierten jetzt die Testamentsvollstrecker, müssten sie sich nun «mehr um die Dinge kümmern».[8] «Was Herr Bosch auf Grund seines Anteilsbesitzes allein war, nämlich Herr und Prinzipal des Unternehmens, sollte nach seinem Ableben die TV sein. Die Rolle des Geschäftsherrn und Firmeninhabers, die Herr Bosch vorher innehatte, sollte nach seinem Ableben die TV innehaben mit dem Ziel, aus den Nachkommen des Herrn Bosch geeignete Nachfolger gemäß den Richtlinien heranzuziehen. Insolange, als dieses Ziel nicht erreicht ist, sollte das TV-Kollegium, allenfalls im Benehmen mit den Erben, aber ausdrücklich ohne deren Mitwirkung oder gar Mitbestimmung, die maßgebende letztlich allein bestimmende Instanz in allen grundlegenden Firmenangelegenheiten sein.»[9] Es war kein Wunder, dass diese Deutung in der neuen Geschäftsführung auf Widerspruch stieß.[10] Zum Konflikt sollte es im November 1948 kommen, als Walz wieder in die Geschicke des Unternehmens eingriff.

Walz hatte nach seiner Verhaftung im Oktober 1945 sofort alle Hebel in Bewegung gesetzt, um wieder freizukommen. Vom Gefängnis aus organisierte er zahllose, allerdings vergebliche Interventionsversuche durch verschiedene Persönlichkeiten bei den amerikanischen Stellen.[11] Walz selbst hielt seine Inhaftierung, bei der zunächst seine Rolle im Aufsichtsrat der Dresdner Bank, bald dann aber auch seine Mitgliedschaft in der SS bzw. im «Freundeskreis Reichsführer SS» sowie seine 1944 erfolgte Ernennung zum Wehrwirtschaftsführer eine Rolle spielte, für schreiendes Unrecht, zumal er als Einziger der ehemaligen Bosch-Führungsriege zur politischen Verantwortung gezogen wurde.[12] In seiner Haftzeit schrieb Walz neben dutzenden von zunehmend verzweifelten Entlassungsgesuchen auch eine Reihe von Denkschriften über «12 Jahre der Unterdrückung der Firma Bosch» sowie «Meine Mitarbeit bei der Aktion Goerdeler»,

in denen er sich nachgerade zum eigentlichen Kern des damaligen Widerstands-
kampfes stilisierte.[13] Auch sonst entsprachen Walz' politische Entlastungsver-
suche den gängigen Argumentationsmustern, die auch bei anderen deutschen
Unternehmern während ihrer Inhaftierungs- und Entnazifizierungszeit vor-
herrschten. Die gezahlten, durchaus namhaften Geldspenden an Parteistellen
hätten nur dem Zweck gedient, die Firma vor Angriffen anderer Parteistellen
und vor der drohenden Übertragung an einen Staatskommissar zu schützen; als
Aufsichtsratsmitglied bei der Dresdner Bank habe er von den Geschäftshand-
lungen des Vorstands im Einzelnen keine Kenntnis gehabt; und nicht zuletzt
habe sich Bosch auch gegen die Zuweisung von ausländischen Arbeitskräften
gewehrt, weil sie in die feinmechanischen Arbeiten der Firma nur schwer einge-
lernt werden konnten, und überhaupt «waren alle ausländischen Arbeitskräfte
freiwillig».[14]

Erst im September 1947 kam Walz aus der Internierungshaft frei. Die
Odyssee durch verschiedene Gefängnisse und Lager sowie die zahlreichen
Verhöre und letztlich die vergeblichen Beschwörungen seiner Unschuld hatten
den inzwischen 64-jährigen Bosch-Manager gesundheitlich wie psychisch
schwer mitgenommen. Es mag sein, dass sich erst jetzt der seelische Druck der
NS-Zeit entlud, und hinzu kam noch, dass im Frühjahr 1948 das Spruchkammerverfahren und der offizielle Entnazifizierungsprozess anstanden, in
dem Walz als Hautschuldiger (Gruppe I) angeklagt war. Zu seiner Entlastung
bot Walz mit Hilfe von Bosch ein ganzes Heer von Zeugen auf – von einer von
538 Mitarbeitern unterschriebenen Sammelerklärung bis zu 100 Einzel-
erklärungen verschiedener Persönlichkeiten des kirchlichen und politischen
Lebens. Damit gelang es ihm denn auch, die Spruchkammerrichter von der
Haltlosigkeit der vor allem vom damaligen Bosch-Gesamtbetriebsrat Eberle
vorgetragenen Vorwürfe bezüglich seiner Verantwortung für die Missstände
in den Siling-Werken in Langenbielau zu überzeugen.[15] Im Juni 1948 wurde
Walz als Entlasteter freigesprochen und war damit offiziell politisch rehabilitiert. Der einst wichtigste und engste Mitarbeiter von Robert Bosch aber hatte
sich charakterlich verändert, er war herrschsüchtiger und selbstherrlicher geworden, zugleich fehlte er infolge häufiger gesundheitlicher Probleme immer
öfter im Unternehmen.

Nur wenige Wochen nach Abschluss seines Entnazifizierungsverfahrens
berief Walz eine Testamentsvollstrecker-Sitzung ein. Auf der Tagesordnung
stand die «Regelung der Rechtsstellung der Herren Fellmeth, Walz und Wild
innerhalb des Aufsichtsrats der Robert Bosch GmbH».[16] Robert Bosch habe,
so Walz, «den Wunsch und Plan» geäußert, «dass diejenigen Direktoren, die
zum Aufbau der Firma schöpferisch am meisten beigetragen haben und sich
zu Trägern und Hütern der Bosch-Tradition eignen, nach dem Ausscheiden
aus der Geschäftsführung […] in den Aufsichtsrat übertreten sollten, damit

eine enge Verbindung mit der Geschäftsführung zustande komme, wobei die jüngeren Leute die Geschäfte in Eigenverantwortlichkeit, aber unter Anleitung der alten Geschäftsführer führen sollten.»[17] Als Träger der Bosch-Tradition sah Walz sich selbst, daneben aber auch Fellmeth und Wild, und diese drei sollten, so forderte Walz nun, unter sich eine organisatorische Verbindung in Form eines Arbeitsausschusses bilden. «Nachdem die drei Herren politisch wieder hergestellt sind, obliegt es uns, den Willen des Herrn Bosch zu erfüllen.»[18] Unter dem Strich bedeutete das nichts anderes als eine auf diese Personen zugeschnittene Machtkonzentration innerhalb des Testamentsvollstrecker-Gremiums. Baurat Albrecht Fischer, der bisherige Aufsichtsratsvorsitzende, musste den Vorsitz an Walz abtreten, vor allem aber mussten auch die amtierenden Geschäftsführer erhebliche Einschränkungen ihrer Befugnisse hinnehmen. Wild und später auch Walz wurde eine Sonderstellung eingeräumt, insofern, «als er sich nach eigenem Ermessen in die laufende Geschäftsführung der RB GmbH, d. h. in die Behandlung aller Geschäftsvorfälle und Fragen einschalten kann, um sich berichten zu lassen, Anordnungen zu treffen, einzelne Erledigungen oder Entscheidungen von seiner vorausgehenden Zustimmung abhängig zu machen oder seine nachträgliche Genehmigung vorzubehalten usw». Gemäß dem Motto von Robert Bosch, «das Auge des Herrn ruht nicht, sondern wacht kritisch über der Firma», so Walz, schwebe auch ihnen etwas Derartiges vor.[19]

Arthur Leinss war der Einzige, der gegenüber Walz' Plänen Bedenken äußerte. Es liege, so erwiderte Walz darauf jedoch apodiktisch, «im ausdrücklichen Willen des Herrn Bosch, dass die Dinge so gehandhabt würden, wie sie von ihm, Walz, vorgeschlagen wurden». Überhaupt, so fuhr er fort, wäre das alles schon längst so geregelt worden, wenn nicht die unrechtmäßigen Absetzungen der Amerikaner dazwischengekommen wären, und eigentlich wäre es nach seiner Ansicht richtig gewesen, wenn die Geschäftsführer nach der Entlastung von Fellmeth, Walz und Wild von sich aus «sich diesen Herren zur Verfügung gestellt hätten. Aber Frl. Bosch z. B. meinte, es sei nicht tragbar, wenn z. B. Herr Walz wieder auftrete.»[20] Was die Familie Bosch gesagt habe, sei jedoch «vorläufig nebensächlich. Für uns ist der Wille des Herrn Bosch maßgebend, dass wir unsere Tätigkeit entsprechend seinem Geist und Willen ausüben müssen.»[21] Damit war die Diskussion beendet und die Sache wurde wie von Walz vorgeschlagen beschlossen.

Diese Debatte war exemplarisch für das Auftreten und den Duktus von Walz und sollte sich bis zu dessen Rücktritt von allen Ämtern bei Bosch Ende März 1963 wie ein roter Faden durch die weitere Entwicklung der Führungs- und Entscheidungsgremien ziehen. Nicht nur, dass Walz innerhalb des Testamentsvollstrecker-Gremiums die alleinige Deutungshoheit über die Auslegung und Umsetzung des Willens von Robert Bosch beanspruchte. Es war zudem auch bezeichnend, dass er sich zu diesem Zeitpunkt bereits mit Gedankenspielen über eine institutionelle Kontinuität dieses Kontroll-, Überwachungs- und Entscheidungsgremiums befasste. Es dauerte bis Oktober 1952, bis die Frage der Kontroll- und Entscheidungskompetenzen und damit das komplexe Verhältnis von Testamentsvollstrecker-Gremium, Aufsichtsrat und Geschäftsführung bei Bosch wieder auf der Tagesordnung stand. Den Anlass bot das neue Betriebsverfassungsgesetz, das im November in Kraft trat. Angesichts der Tatsache, dass der bestehende Aufsichtsrat der Robert Bosch GmbH nach dem Gesellschaftsvertrag erheblich mehr Befugnisse hatte, als es das Gesetz vorsah, bestand für Walz infolge der künftigen Zuwahl von Arbeitnehmervertretern Handlungsbedarf. Der Aufsichtsrat der Robert Bosch GmbH konnte mithin in seiner jetzigen Form, insbesondere aufgrund der rechtlich in Zukunft unzulässigen Sonderstellung von Walz und Wild, nicht mehr weiterbestehen.[22] Der neue Aufsichtsrat besaß nur noch Überwachungs- und Kontrollrechte und durfte sich nicht mehr direkt in die Angelegenheiten der Geschäftsführung einmischen. Um ihre besondere Stellung zu erhalten, blieb daher aus Sicht von Walz nichts anderes übrig, als dass er und Wild aus dem Aufsichtsrat zurücktraten und, weiterhin mit allen von Robert Boschs Vermächtnis abgeleiteten Sonderrechten und Sonderaufgaben ausgestattet, (wieder) in die Geschäftsführung überwechselten.[23] Mit Wirkung vom 5. November 1952 traten der inzwischen 70-jährige Wild und der nur ein Jahr jüngere Walz daher tatsächlich in die Geschäftsführung ein, und nachdem nur wenige Tage später, am 20. November, Wild starb, übernahm Walz den alleinigen Vorsitz. Anfang Dezember 1952, unmittelbar nach Wilds Tod, ließ Walz auf einer Sitzung der Testamentsvollstrecker auch formell alle Sonderrechte auf sich allein übertragen, und zwar dahingehend, dass «die oberste Leitung der Robert Bosch GmbH auszuüben und die Stellung zu bekleiden, die Robert Bosch seinerzeit in der Firma innehatte, von nun allein von Herrn Walz zu erfüllen ist, der die Verantwortung für sämtliche Geschäftsgebiete, auch für das ganze technische Gebiet übernimmt».[24] Auch für diesen Akt führte Walz aus seinem großen Fundus an von Robert Bosch stammenden Willenserklärungen, Entschlüssen, Absichten und Gedanken eine Begründung an: Herr Bosch habe selbst noch die Absicht gehabt und geäußert, ihn, Walz, zum Generaldirektor zu machen.[25]

Allein dass die Geschäftsführer dabei vor vollendete Tatsachen gestellt worden waren, führte schon zu Spannungen in der Unternehmensführung. Der eigentliche Konflikt entzündete sich aber dann an der Frage, wer für Wild als Nachfolger in das Testamentsvollstrecker-Gremium aufgenommen werden sollte. Aus den Reihen seiner Mitglieder waren Otto Fischer und Alfred Knoerzer vorgeschlagen worden, aber Walz lehnte diese vehement ab, bei Fischer mit dem Hinweis auf dessen Familienzugehörigkeit durch seine Heirat mit Margarete Bosch am 13. September 1952, bei Knoerzer mit der Begründung, dass dieser noch Mitglied der Geschäftsführung sei und daher nicht zugleich als Testamentsvollstrecker fungieren könne, wodurch er sozusagen sein eigener Vorgesetzter würde. Nur in seinem eigenen Fall sah Walz die Ausnahmeregelung hinreichend begründet. Als Baurat Albrecht Fischer und Leinss dennoch auf eine Berufung von Knoerzer beharrten, kündigte Walz an, er werde sich einer Nominierung Knoerzers «auf das heftigste widersetzen». Dieser habe in der Zeit, als die drei alten Herren draußen waren, gegen deren Wiederkehr und ihren Einfluss in der Firma gearbeitet und damit dem Willen des Herrn Bosch «gröblich zuwidergehandelt» sowie noch im Frühjahr bei dem «Versuch einer Palastrevolution» mitgemacht. Es sei ihm bekannt, dass Frau Dr. Fischer-Bosch durch Vorsprache bei einzelnen Herren die Wahl Knoerzers aufs Eifrigste betrieben habe. Diese besitze jedoch keinerlei Recht, «sich in Dinge der Firma oder der TV einzumischen, sie kann und darf keinerlei Erklärungen in Fragen der Nachfolgeschaft der TV abgeben. Gerade das wollte Herr Bosch mit seinen letztwilligen Verfügungen ausdrücklich bezwecken, dass die Erben 1. Ehe keinen Einfluss auf die Firma oder die TV erhalten.»[26] Dann fügte Walz noch hinzu: «Herr Robert Bosch sprach mit mir über die intimsten Dinge. Ich lege jede falsche Bescheidenheit ab und erkläre, ich bin der wichtigste Mann in diesem Kollegium, als solcher muss ich einen mir willkommenen Mitarbeiter haben und nicht einen unwillkommenen. […] Gegenüber dem letzten Willen des Herrn Bosch verstehe ich keinen Spaß. Ich fühle mich Herrn Bosch gegenüber verantwortlich und will, wenn ich ihm in einer anderen Welt dereinst begegne, berichten können, dass ich seinen mir erteilten Auftrag richtig erfüllt habe.»[27]

Konfliktkonstellationen mit dem Betriebsrat

Wie in anderen Unternehmen auch, so konstituierte sich der Betriebsrat bei Bosch nach Kriegsende aus ehemaligen, bis zur NS-Machtergreifung aktiven sozialdemokratischen und kommunistischen Betriebsräten. Während in der Stuttgarter Hauptverwaltung sozialdemokratisch orientierte Betriebsräte unter dem Vorsitz von Willy Boetzer dominierten, war der Feuerbacher Betriebsrat unter Führung von Eugen Eberle fest in der Hand kommunistischer Betriebsräte, und beide Gruppierungen standen sich spinnefeind gegenüber.[28] Betriebsratsarbeit ging damals noch kaum von den Gewerkschaften aus, sondern war stark parteipolitisch geprägt, und Eberle hatte bald einen gut funktionierenden Vertrauensleutekader in Feuerbach eingerichtet, der ihm nicht nur im Feuerbacher Betriebsrat, sondern werksübergreifend bei Bosch eine Vormachtposition sicherte. Die für Betriebsräte wie Geschäftsführung drän-

gendste Aufgabe, die es zu bewältigen gab, war im Zeichen von Währungsverfall, Schwarzmarktzeit und Ernährungskrise eine ausreichende Versorgung
der rasch anwachsenden Belegschaft mit Lebensmitteln. Drei Jahre, von 1945
bis 1948, dauerte diese Krisenphase, in der es in weiten Teilen der Nachkriegsgesellschaft immer wieder zu «wilden» Hungerstreiks und Hungerdemonstra-
tionen gegen die Ernährungspolitik der Militärregierung sowie der deutschen
Behörden kam, bei Bosch etwa am 5. September 1947.[29] Zudem hatte sich inzwischen eine heterogene Belegschaftsstruktur entwickelt, aus altgedienten
Bosch-Mitarbeitern, Kriegsheimkehrern und vor allem hunderten von Flücht-
lingen (Ende 1946 waren es bei Bosch insgesamt etwa 1150 Heimatvertriebene),
die nun zu einer neuen Bosch-Belegschaft integriert und zusammengeschweißt
werden mussten. Das alles dominierende Hauptproblem bildete bei Bosch aber
die Entnazifizierung, die zwischen Geschäftsführung und Belegschaftsvertre-
tern tiefe Gräben aufriss und bis in die 1950er Jahre hinein die Konfliktlinien
prägte.[30]

Im Herbst/Frühjahr 1950/51 rückten dann zunehmend Lohnkonflikte in
den Mittelpunkt, allerdings hatten sich inzwischen die Konstellationen auf
Arbeitnehmerseite stark zugunsten der Gewerkschaften und werks- bzw. be-
triebsübergreifender Verhandlungen verschoben.[31] Im April 1951 fanden daher
in der ganzen württembergischen Metallindustrie Urabstimmungen über ein
neues Lohnabkommen statt, bei denen auch die Stuttgarter und Feuerbacher
Bosch-Belegschaft mit 75 bzw. 87 Prozent ihre Streikbereitschaft signalisierten. Erst in letzter Minute war es zwischen IG Metall und dem Arbeitgeberverband doch noch zu einer Einigung gekommen, dennoch hatte es Otto
Fischer als zuständiger Geschäftsführer «schmerzlich empfunden», dass so
viele Bosch-Arbeiter bereit waren, «gegen ihren Betrieb» in den Streik zu treten, und damit dem allenthalben beschworenen «Bosch-Geist» gegenseitiger
Verständigung und Zusammenarbeit zum Wohle aller «nicht entsprochen»
hatten.[32] «Zusammenarbeit oder Klassenkampf», so lautete für Fischer die
schicksalhafte Frage zum künftigen Verhältnis von Belegschaft und Geschäftsführung bei Bosch, und die gleichzeitig einsetzende intensive Debatte um die
betriebliche Mitbestimmung und das Betriebsverfassungsgesetz ließ die Wo-
gen noch einmal hochschlagen. In der Folgezeit entspannten sich bei Bosch
dann aber die innerbetrieblichen Verhältnisse wie die Beziehungen zwischen
Betriebsrat und Geschäftsführung. Im Juni 1952 wurde eine neue Arbeitsordnung unterzeichnet, und nach den Betriebsratswahlen vom Mai 1953 konstatierte man in der Geschäftsführung erleichtert, dass in Stuttgart keine
KPD-Kandidaten aufgestellt worden waren, während in Feuerbach von den
25 Betriebsräten nur noch etwa sechs der KPD zuzurechnen waren und damit
«nun auch in Feuerbach keine kommunistische Mehrheit im Betriebsrat mehr
besteht».[33]

Abb. 46: Unterzeichnung der neuen Arbeitsordnung mit (von links nach rechts) den Bosch-Geschäftsführern Bauer und Fischer, den Betriebsratsvorsitzenden Boetzer (Stuttgart) und Frank (Feuerbach) und den Betriebsräten Müller und Grieshaber (19. Juni 1952)

In den Zwängen alliierter Kartellgesetzgebung: Das Bosch-Entflechtungsverfahren 1947 bis 1952

Währenddessen wurde ein ganz anderes Problem, mit dem Bosch konfrontiert war, immer dringlicher. Am 12. Februar 1947 erließ die amerikanische Militärregierung das Gesetz Nr. 56, welches ein «Verbot der übermäßigen Konzentration deutscher Wirtschaftskraft» beinhaltete, flankiert durch ein unter der Nr. 78 erlassenes, gleichlautendes Gesetz der britischen Besatzungsmacht.[34] Zu diesem Zeitpunkt befand sich eine erste Phase der von den britischen, amerikanischen und französischen Militärregierungen in ihren jeweiligen Besatzungszonen unmittelbar nach Kriegsende in Angriff genommenen Demontage-, Entflechtungs- und Dekartellierungspolitik auf ihrem Höhepunkt. Diese hatte sich vor allem auf die großen schwerindustriellen Eisen- und Stahlkonzerne, die Chemieindustrie in Gestalt der IG Farben sowie auf die Banken konzentriert. Aber auch Bosch war davon betroffen gewesen. Wie in allen anderen deutschen Industrieunternehmen, so gingen seit der Kapitulation auch in der Stuttgarter Firmenzentrale sowie in den einzelnen Werken zahllose «Intelligence-Teams», wie etwa die amerikanische Field Investigation Agency, Technical (FIAT), mit technischen Experten ein und aus, beschlagnahmten Akten

Abb. 47: Betriebsversammlung (1961)

und Patentunterlagen, führten Befragungen durch und besichtigten die Be-
triebsanlagen, um sich ein genaues Bild von den technischen Details des Pro-
dukt- und Fertigungs-Know-hows von Bosch zu machen.[35] Diese «geistigen
Reparationen» waren allerdings für die Konkurrenten in England und den
USA nur von geringem Wert, denn sie erfassten nur das auf dem Papier stehende Wissen, ohne jedoch das für die Umsetzung entscheidende Wissen in
den Köpfen der Ingenieure und Techniker mit einzubeziehen.[36] Für Bosch
schmerzlicher war da schon die von der französischen Militärregierung im
November 1946 befohlene Verlagerung von Werkzeugmaschinen, Einrichtungen, Rohstoffen sowie Halb- und Fertigerzeugnissen aus Reutlingen in der
französischen Zone Süd-Württembergs nach Homburg (Saar). Trotz des Ein-
spruchs der Geschäftsführung wurde noch Anfang Dezember mit dem Ab-
transport begonnen. Lange Zeit war die Geschäftsführung im Glauben gehalten worden, dass sie weiterhin Mitbesitzer der Werksanlagen war, nicht zuletzt,
um technische Hilfe beim Wiederaufbau im Saargebiet zu geben. Dann aber,
ein Jahr danach, begründeten die Franzosen die ganze Aktion nachträglich mit

einem entsprechenden Entflechtungsgesetz.[37] Immerhin erhielt Bosch dafür später eine Vermögensentschädigung, und mittelfristig wurde über die an der Saar bald unter dem Namen «Feintechnik AG» firmierende Betriebsstätte der Kontakt zum langjährigen Partnerunternehmen Lavalette wieder in Gang gesetzt.[38]

Als nun im März 1947 die Gesetze Nr. 56/78 in Kraft traten, machte man sich bei Bosch zwar darauf gefasst, eingehend überprüft zu werden.[39] An eine große Gefahr für das Unternehmen durch die Entkartellierungsbestimmungen glaubte man jedoch nicht; das Gesetz wolle, wie es Baurat Fischer auf der Sitzung am 17. März 1947 formulierte, «eben eine Zusammenballung von Wirtschaftsunternehmen für Rüstungszwecke ausschließen».[40] Bald zeigte sich allerdings, dass die amerikanischen Antikartellfachleute in der Militärregierung eine ganz andere Sicht auf Bosch hatten. In einem Bericht der Decartellization Branch wurde Bosch in einem Atemzug mit IG Farben, Flick und Siemens als Monopolist genannt und gegen Ende des Jahres 1947 verdichteten sich die Anzeichen, dass bei den zuständigen Stellen der Militärregierung bereits geprüft wurde, ob und inwieweit die Werke in Stuttgart und Feuerbach auseinandergerissen werden könnten.[41] Die Sorge über eine gewaltsame Zerschlagung oder unorganische Aufspaltung von Bosch war plötzlich groß. Am wichtigsten sei es, so hieß es in einer internen Notiz vom August 1947, die Stellung des Stammhauses zu verteidigen und dieses möglichst ohne Verlust irgendeines Erzeugnisses durch die Entkartellierung zu bringen.[42] Die übrigen Tochtergesellschaften seien so weit von der Fertigung des Stammhauses entfernt, «dass es vom reinen Fertigungsstandpunkt aus gleichgültig wäre, welche bei einer evtl. Amputation zuerst geopfert wird».[43]

Nach intensiven Besprechungen mit Militärregierungsstellen wie mit dem württemberg-badischen Wirtschaftsministerium und nachdem die Amerikaner signalisiert hatten, dass ihnen von Bosch selbst vorgeschlagene Entflechtungsmaßnahmen am liebsten wären und sie die Anwendung des Gesetzes möglichst durch «consent decree» statt über eine Entscheidung «von hoher Hand» verwirklicht sehen würden, erklärte sich die Geschäftsführung tatsächlich zu einer Reihe von Zugeständnissen bereit, um das ganze Verfahren durch einen Vergleich zu beenden. Man schlug u. a. vor, die Noris Zünd-Licht AG in Nürnberg zu verkaufen, ebenso die Beteiligung an der Adlerwerke AG, Frankfurt. Die Eisemann AG sollte liquidiert, ein Teil davon allerdings als Kerngeschäftsfeld von Bosch übernommen werden, und schließlich sollten die Trillke-Werke in Hildesheim ebenso wie die Sundgau Maschinenbau GmbH in Giengen als juristisch selbstständige Firmen aufgelöst und als Bosch-Werke weitergeführt werden, was beide de facto bereits waren.[44] Vorsorglich sicherte man sich aber auch die Hilfe von Dr. Rudolf Mueller, eines ausgewiesenen und mit amerikanischem Anti-Trust-Recht vertrauten Rechtsanwalts. Aus diesem einzelnen Rechtsbeistand sollte bald eine ganze Heerschar von – auch amerikanischen, britischen und französischen – Juristen werden, die sich in den folgenden Wochen und Monaten mit den Feinheiten der amerikanischen wie deutschen Wettbewerbs- und Kartellgesetzgebung befassten. Wie sehr das notwendig war, zeigte sich schon Anfang 1948, als die Ausführungsverordnungen zu den Gesetzen Nr. 56/78 erlassen wurden, welche künftig zwei verschiedene Verfahren – Entkartellierung und Entflechtung – einführten. Die klare begriffliche Unterscheidung war wichtig, denn bei der Entflechtung ging es (nur) um die Auflösung von Konzernen in wirtschaftlich voneinander unabhängige Einheiten im Sinne einer Dezentralisierung, während das Ziel der Entkartellierung die Zerschlagung von wettbewerbsbeschränkenden Monopolen und Kartellen war. Das Verfahren gegen Bosch war daher primär ein Entflechtungs- und kein Entkartellierungsverfahren.

Am 25. März 1948 lag schließlich der Beschluss der Entflechtungskommission in Sachen Bosch vor und wurde Baurat Fischer als Aufsichtsratsvorsitzendem sowie Arthur Leinss als Vertreter der Testamentsvollstrecker feierlich in Form einer «Vorläufigen Entscheidung und Anordnung» im Gebäude der Militärregierung überreicht. Er bedeutete einen Schock für die Bosch-Manager und übertraf selbst die schlimmsten Erwartungen. Bosch wurde vorgeworfen, u. a. durch Bestimmungen in Verträgen mit anderen Firmen Handel und Wirtschaft durch Preisfestsetzungen, territoriale Marktaufteilung, Produktionsquotenzuteilung, Unterdrückung von Technologien und restriktive Patent- und Lizenzpraxis beschränkt und behindert zu haben; das Unternehmen stelle daher eine übermäßige Konzentration von Wirtschaftskraft im Sinne des Gesetzes dar.[45] Die Militärregierung ordnete infolgedessen eine ganze Reihe von Entflechtungs- und Dekonzentrationsmaßnahmen an, darunter die Abtrennung der Bosch-Werke in Mühlhausen und Bamberg, der Tochtergesellschaften u. a. in Hildesheim (Trillke bzw. Blaupunkt), Taufkirchen (Fernseh GmbH), Stuttgart-Untertürkheim (Eugen Bauer GmbH) sowie der Beteiligungen in Nürnberg (Noris) und Frankfurt (Adler). Dazu kamen weitreichende Auflagen für den Gebrauch bzw. die Lizenzerteilung von Schutzrechten und Patenten. Innerhalb von 90 Tagen, so wurde Bosch aufgefordert, müsse man einen Plan zur Ausführung dieser Maßnahmen vorlegen. Vor allem die Abtrennung des Bamberger Zündkerzenwerks und der Hildesheimer Trillke-Werke hätten aus Sicht der Geschäftsführung eine massive Schwächung des Kerngeschäftsfelds von Bosch bedeutet,[46] daher legte man umgehend Widerspruch ein und beantragte zugleich eine mündliche Verhandlung. In der über 100 Seiten langen und mit umfangreichen Anlagen und Zeugenbeweisen versehenen Einwandserklärung stellte Bosch grundsätzlich die völker- und staatsrechtliche Gültigkeit der beiden Gesetze Nr. 56/78 infrage und widmete sich detailliert der Entkräftung der einzelnen kartellrechtlichen Vorwürfe.[47] Unterstützt von reihenweise formulierten Protesterklärungen seitens der Betriebsräte und Belegschaften der betroffenen Werke, von Interventionen des Gesamtbetriebsrats sowie der örtlichen Gewerkschaftsvertreter bei der Decartelization Branch der US-Militärregierung und weiteren Rechtsgutachten, in denen Bosch anhand konkreter Beispiele darlegte, dass zahlreiche Bestimmungen des alliierten Gesetzes der Praxis des amerikanischen Anti-Trust-Rechts widersprachen,[48] kam es schließlich im Februar 1949 zur mündlichen Anhörung.[49] Von Anfang an war klar, dass Bosch mit dem Einspruch und der Anhörung eine Verzögerungstaktik einschlug und auf Zeitgewinn setzte, in der Hoffnung, dass sich im Zeichen von Marshallplan-Hilfen, Wiederaufbaupolitik und Westintegration prinzipielle Veränderungen in der alliierten Wirtschaftspolitik ergeben würden.[50]

Am 17. Juni 1949 erhielt Bosch schließlich die «Endgültige Entscheidung und Anordnung», und mit Bestürzung musste die Geschäftsführung feststellen, dass sich an den harten Bedingungen der «Vorläufigen Anordnung» kaum etwas geändert hatte.[51] Gegen den Bescheid der Militärregierung legte Bosch daher umgehend Berufung ein, wobei der ursprüngliche alliierte Berufungsausschuss wenig später in ein Berufungsgericht umgewandelt wurde, was die Sache für Bosch verkomplizierte, da die Dinge nun nach amerikanischem bzw. angelsächsischem Recht verhandelt wurden. Am 5. Januar 1951, fast vier Jahre waren seit Inkrafttreten des Entflechtungsgesetzes vergangen, reichte Bosch diese Berufungsschrift, ein gedrucktes Buch von 134 Seiten mit zahlreichen statistischen und zeichnerischen Anhängen, ein.[52] Darin wurde unter anderem moniert, dass sich die Entflechtungskommission bei der Bewertung der Marktstellung von Bosch auf veraltete Marktanteile aus dem Jahre 1938 stütze.[53] Bosch sei inzwischen aber nur noch halb so groß wie etwa der britische Konkurrent Lucas, und überhaupt, so die Argumentation, «hätte Bosch seine Stellung in der deutschen Wirtschaft und im Ausland nie halten können und könnte sie erst recht heute nicht halten, wenn Bosch sich gegenüber seinen Abnehmern so benehmen würde, als wenn überhaupt keine Konkurrenz zu befürchten wäre».[54]

Inzwischen hatte sich, nicht zuletzt auf Drängen von Bosch, auch die Bundesregierung in den Fall eingeschaltet. Gegenüber der Montanentflechtung und der schwerindustriellen Dekonzentrationspolitik der Alliierten Hochkommissare, die seit Herbst 1950 die Verhandlungen zwischen Bundesregierung und Besatzungsmacht dominierten, war der Fall Bosch eher marginal. Dennoch gelang es durch beharrliche Interventionen der Geschäftsführung, beim Bonner Wirtschaftsministerium Hilfe zu mobilisieren. Außer Bosch waren zu diesem Zeitpunkt noch einige andere deutsche Unternehmen in ähnlicher Lage und von amerikanischen Entflechtungsmaßnahmen bedroht, wie etwa die Maschinenfabrik Augsburg-Nürnberg (MAN), Siemens & Halske, Degussa und die Vereinigten Glanzstoffwerke. Dennoch war bereits abzusehen, dass die anderen Verfahren nicht mehr eingeleitet werden würden und insofern Bosch als einziges Unternehmen übrig blieb, dem nach dem Militärregierungs-Gesetz Nr. 56 weiterhin eine zwangsweise Entflechtung drohte. Nach einem – von Bosch vorformulierten – Schreiben des Bundeswirtschaftsministers Ludwig Erhard an Konrad Adenauer übergab die Bundesregierung am 28. Dezember 1950 den Wirtschaftsberatern der Alliierten Hohen Kommission ein Memorandum, in dem sie von der Einleitung der beabsichtigten Entflechtungsmaßnahmen abzusehen bzw. diese bis zum Erlass der in Vorbereitung befindlichen deutschen Anti-Kartell- und Wettbewerbsgesetze auszusetzen bat.[55] Der Fall Bosch sollte dann nach deutschem Entkartellierungsrecht behandelt werden.[56] «Aber die Amerikaner», so klagte Knoerzer Mitte Juni auf der Aufsichtsratssitzung, «halten stur an ihrem Plan fest, RB zu zerschlagen. Die Bearbeitung dieses Problems kostet nicht nur sehr viel Zeit, sondern auch erhebliche Geldmittel. Bis jetzt wurden 450 000 DM dafür aufgewandt.»[57] Man war sich aber einig, dass keine Einigung auf dem gegenwärtigen Stand der Dinge gesucht werden sollte, sondern, trotz des damit verbundenen Risikos, «der Kampf weitergeführt werden müsse».[58] Ende Dezember 1951 sandte daher die Bundesregierung ein zweites Memorandum an die Alliierte Hohe Kommission.[59]

Die Geschäftsführung versuchte gleichzeitig über direkte Interventionen und Gespräche mit der Alliierten Hohen Kommission, einen Ausweg aus der inzwischen verfahrenen Situation zu finden. Eindringlich bat Knoerzer John J. McCloy, den amerikanischen Hohen Kommissar, den inzwischen auf den 14. Januar 1952 angesetzten Verhandlungstermin vor dem Berufungsgericht so lange zu verschieben, bis ein neues deutsches Gesetz gegen Wettbewerbsbeschränkung in Kraft trete. Obwohl McCloy keine Zusicherungen gab und Bosch erhebliche Mitschuld in die Schuhe zu schieben suchte («der einzige Grund dafür, dass der Fall noch nicht aus der Welt geschaffen ist, ist der von Bosch erhobene Einspruch mit den sich daraus ergebenden Rechtsfragen»)[60], so war man sich auf amerikanischer Seite inzwischen offenbar bewusst, dass sich die Entflechtungskommission mit dem als einzigem Verfahren übrig gebliebenen Bosch-Entflechtungsfall verrannt hatte und das Verfahren selbst, geschweige denn die angedrohten Maßnahmen, nicht mehr in die politische Landschaft passten. So ging es denn bald primär darum, eine vernünftige Beendigung des Verfahrens zu finden, bei dem die alliierten Stellen nach außen ihr Gesicht wahren konnten. Im Januar 1952 kam es daher auf dem Petersberg zu intensiven Vergleichsverhandlungen, die am 5. Februar 1952 schließlich zu einer neuen «Final Determination and Order» führten.[61] Darin stand nach wie vor, dass Bosch ein marktbeherrschender, monopolistischer Konzern sei, aber die nun angeordneten bzw. als Ergebnis des Vergleichs von Bosch freiwillig ergriffenen Maßnahmen waren deutlich zurückgenommen worden. Bosch löste sich von der Noris Zünd-Licht AG, den Adlerwerken sowie der (ohnehin verlorenen) Dreilinden Maschinenbau GmbH und den Berliner Ideal Werken. Damit wurden praktisch genau jene Maßnahmen umgesetzt, die Bosch bereits im ersten Vergleich vom August 1947 angeboten hatte, im Grunde sogar noch weniger, denn weder von der Herauslösung des Bamberger Werkes und der Hildesheimer Fertigungsanlagen noch von der Eisemann AG war nunmehr die Rede, einzig einige Bestimmungen zur Lizenzvergabe waren geblieben.

Letztlich kam Bosch damit trotz der langen Unsicherheit bei der Entkartellierung gut weg. Ob dies auch der Standfestigkeit von Knoerzer – im Gegensatz zu der später von einigen Beteiligten behaupteten Nachgiebigkeit von Otto Fischer – zu verdanken war, lässt sich jedoch nur schwer beurteilen.[62] Auf jeden Fall wäre es für Bosch nicht vorteilhafter gewesen, wenn das Verfahren tatsächlich bis zum Erlass eines deutschen Gesetzes gegen Wettbewerbsbeschränkungen ausgesetzt worden wäre, denn die Beratungen darüber zogen sich, nicht zuletzt aufgrund des Widerstands der deutschen Industrie, in die Länge. Erst am 1. Januar 1958 trat das entsprechende Gesetz in Kraft.[63] Auch die Befürchtungen wegen der Patentbestimmungen erwiesen sich als unbegründet. Dennoch saß zumindest Ende 1952 bei den direkt beteiligten Bosch-Managern der Stachel des ganzen Verfahrens noch tief. «Wir sind», so schrieb Knoerzer in seiner rückblickenden Darstellung im *Bosch-Zünder*, «mit dem Ergebnis nicht zufrieden, weil wir nach wie vor der Auffassung sind, das Opfer eines veralteten Gesetzes und von Wirtschaftsgrundsätzen geworden zu sein, die in Amerika ihre Berechtigung haben mögen, in Deutschland aber in dieser Form nur Schaden stiften können».[64] Fünf Jahre lang hatten Fischer und Knoerzer als Bosch-Geschäftsführer fast nichts anderes getan, als sich mit den Auflagen und Schriftsätzen des Entflechtungsverfahrens herumzuschlagen. Mit Abschluss des Verfahrens konnte die Geschäftsführung endlich daran gehen, die Unternehmensorganisation auszubauen, ohne an eine drohende Abspaltung von Betrieben und Tochtergesellschaften denken zu müssen.[65] Das Bosch-Verfahren hatte jedoch weniger eine ökonomische als eine besondere politische Dimension, denn es fiel mitten in die prekäre Phase des Übergangs der Wettbewerbskontrolle von der Militärregierung auf die Bundesregierung, und alle damit zusammenhängenden Probleme waren gleichsam am Fall Bosch aufgehängt worden.

Am Rande einer Wachstumskrise: Umsatzentwicklung und Unternehmensfinanzierung im Zeichen stürmischer Expansion

Trotz aller Widrigkeiten hatte sich das operative Geschäft seit Kriegsende gut entwickelt. Nach der Genehmigung zur Wiederaufnahme der Fertigung durch die Militärregierung galt die vordringlichste Sorge der Rückverlagerung der zahlreichen ausgelagerten Betriebsteile, und die Trennung der Bosch-Werke durch die verschiedenen Besatzungszonen verursachte dabei zusätzliche Schwierigkeiten.[66] Die direkten und indirekten Kriegsschäden durch Bombenangriffe, Enteignungen – insbesondere der fünf in der sowjetischen Besatzungszone liegenden Fabriken – sowie durch weitere Demontagen und Requisitionen summierten sich auf über 100 Mio. RM. Wie bei anderen deutschen Großunternehmen gelang aber auch bei Bosch eine rasche Wiederaufnahme der bei Kriegsende kurzzeitig unterbrochenen Produktion. In Feuerbach lief die erste Fertigung noch gegen Jahresende 1945 wieder an, und seit Januar 1946 wurden dort monatlich 1000 Lichtmaschinen produziert, wenig später folgte auch die Herstellung von Magnetzündern, Zündspulen, Zündkerzen und Scheinwerfern. Im September 1946 wurde der erste Exportauftrag mit der Tschechoslowakei abgeschlossen, kurz danach folgten weitere Aufträge aus Belgien, den Niederlanden, Österreich und vor allem aus der Schweiz, von wo aus mehrere europäische Länder mit Bosch-Erzeugnissen versorgt wurden. Probleme bei der Rohstoffversorgung, umständliche Exportverfahren und Devisenknappheit machten diese Geschäfte allerdings mühsam. Hinzu kamen infolge der großen Maschinenverluste (ca. 6000) sowie drohender Restitutionsforderungen anhaltende Kapazitätsprobleme. Bis neue Maschinen aus den USA oder von der heimischen Maschinenbauindustrie herangeschafft werden konnten, musste häufig improvisiert werden.[67]

Das Schaubild auf der folgenden Seite zeigt die organisatorische Struktur der Unternehmensleitung am 1. Januar 1950, eine klassische funktionale Unternehmensgliederung. Trotz des geschickten Finanzmanagements von Knoerzer war die finanzielle Lage von Bosch angespannt. Ende März 1951 sah man sich einer kurzfristigen Finanzierungslücke von 25,7 Mio. DM gegenüber, die auch durch ein 2-Mio.-DM-Darlehen der Kreditanstalt für Wiederaufbau nicht geschlossen werden konnte. Im November 1952 reiste daher Knoerzer fast einen Monat lang in die USA, um mit amerikanischen Banken und Finanzsachverständigen Gespräche über Darlehensmöglichkeiten zu führen. Die Ergebnisse waren jedoch enttäuschend. Deutschland könne von den USA noch auf viele Jahre hinaus keine privaten Kredite erwarten, so wurde dem Bosch-Finanzgeschäftsführer bedeutet.[68] Es gäbe in den USA kei-

Grafik 2 Die Hauptgliederung der Robert Bosch GmbH (1950)

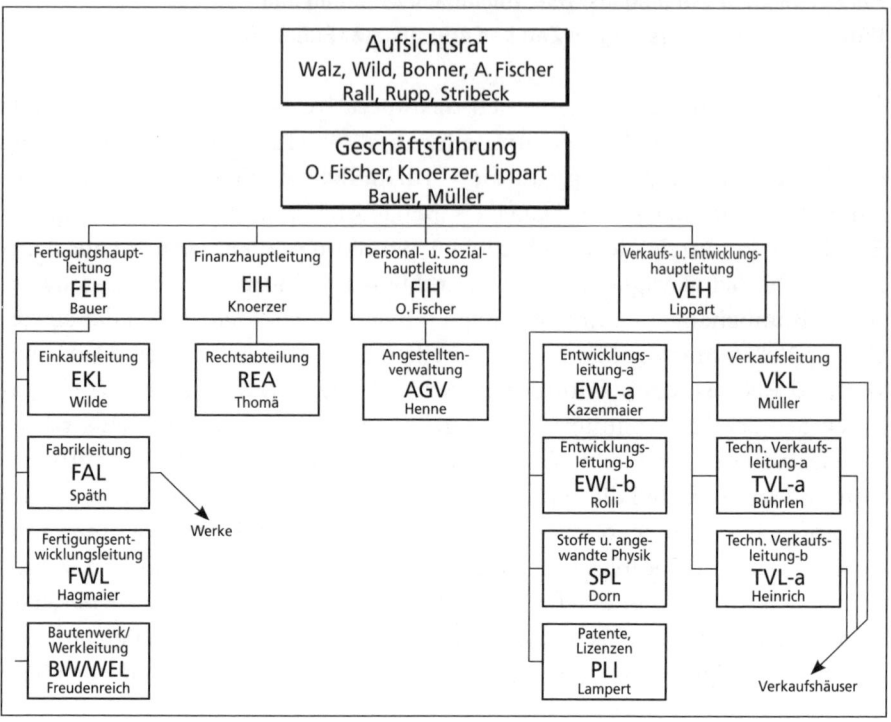

Quelle: *Bosch-Zünder* 1950/1, S. 6.

nen Kapitalmarkt für ausländische Anleihen. Auch bei der Weltbank klopfte Knoerzer an und fragte nach einem 10-Mio.-Dollar-Kredit, um aber gleichfalls abgewiesen zu werden. «Die Aufnahme von Krediten durch Bosch in den USA ist gegenwärtig und in absehbarer Zeit unmöglich», lautete seine ernüchternde Erkenntnis.[69] Aber die Reise sollte dennoch ihr Gutes haben, denn in New York traf Knoerzer bei einem Empfang den Generaldirektor der Allianz und daraus ergab sich die Aussicht, von dem deutschen Versicherungskonzern «einige Millionen langfristig zu erhalten».[70] Hinter all diesen Bemühungen steckte letztlich die prinzipielle und in der Geschäftsführung offenbar kontrovers diskutierte Frage, «ob wir das Tempo des immer dringender werdenden Wiederaufbaus der Firma und der Rationalisierung nach den verfügbaren Geldmitteln richten oder uns zusätzliche Gelder beschaffen sollen, um rascher voranzukommen», wie Walz in einer Notiz im Mai 1953 schrieb.[71] Der inzwischen amtierende Vorsitzende der Geschäftsführung gehörte dabei zweifellos zu den Bremsern und fühlte sich dem traditionellen

Bosch-Geschäftsprinzip verpflichtet, wie er bereits 1936 anlässlich des 50-jährigen Firmenjubiläums formuliert hatte. «Wir sind», so hatte Walz damals betont, «keine Sammler von Aktienpaketen, wir haben kein Talent zum Kapitalisten, wir sind Unternehmer und Fabrikanten und das wollen wir bleiben. Wir wollen den Umfang unserer Unternehmung, das Maß unseres Wachstums nur Schritt für Schritt im Verhältnis zu unserer eigenen finanziellen und führerischen Tätigkeit verwirklichen und lieber das Tempo der Ausdehnung verlangsamen, ja lieber auf Ausdehnung oder zusätzliche Geschäfte verzichten, solange die Gefahr besteht, dass wir, indem wir mit unseren Kräften hinter der gestellten Aufgabe zurückbleiben, uns von unserem Ziel entfernen oder gar unter die Botmäßigkeit fremden Kapitals geraten.»[72]

Im Frühsommer 1953 jedoch erfolgte mit der Ausgabe der ersten Bosch-Anleihe nach Kriegsende in Höhe von 20 Mio. DM ein erster Befreiungsschlag aus den klammen finanziellen Verhältnissen. Die Anleihe, zu einem Ausgabekurs von 98 Prozent und mit einem Zinssatz von 8 Prozent ausgestattet, lief zwischen fünf und 15 Jahren und richtete sich in einer Stückelung von 5000, 1000 und 500 DM von Anfang an auch an die privaten Kleinanleger. Sie fand, mehrfach überzeichnet, reißenden Absatz. Damit konnten endlich die dringenden Modernisierungs- und Erweiterungsinvestitionen in den Werken, allen voran im Werk Feuerbach, getätigt werden.[73] Der rasche Anstieg der Nachfrage überstieg jedoch einen entsprechenden Ausbau der Fertigungskapazitäten deutlich, und Bosch kaufte daher zunächst vor allem bestehende Werksanlagen anderer Unternehmen und rüstete diese entsprechend um. Neben den bereits bestehenden Außenwerken in Giengen, Bamberg, Hildesheim und Berlin, kamen so Werksanlagen in Leinfelden, Waiblingen, Rutesheim und in Nürnberg hinzu, später sollten weitere Zweigwerke in Bühlertal, Blaichach und Homburg folgen; erst Ende der 1950er Jahre wurde mit dem Neubau von Werken in Göttingen und Dillingen begonnen. Dies und auch der Arbeitskräftemangel hatten dazu geführt, dass es zu einer räumlichen Dezentralisierung der Betriebsstätten kam. Während im Jahr 1954 noch rund 72 Prozent der Bosch-Beschäftigten in den Stuttgarter und Feuerbacher Werken beschäftigt waren, betrug dieser Anteil sieben Jahre später nur noch 39 Prozent.[74]

Der anhaltende Investitionsbedarf machte schon im Sommer 1955 die nächste Obligationsanleihe, diesmal in Höhe von 30 Mio. DM notwendig, aber deren Ausgabe scheiterte an der fehlenden Genehmigung des Bundeswirtschaftsministeriums. Im Frühjahr 1956 unternahm Bosch einen zweiten Anlauf, aber zunächst verhinderte die zweimalige Erhöhung des Diskontsatzes die Ausgabe der neuen Bosch-Anleihe, die dann erst im November erfolgreich platziert werden konnte, diesmal mit einem Volumen von 40 Mio. DM und einem Zinssatz von 8 Prozent.[75] Der auch für die kommenden Jahre abzu-

Abb. 48: Die millionste
Bosch-Dieseleinspritzpumpe (1950)

sehende erhebliche Kapitalbedarf führte zwischen Testamentsvollstrecker-
Gremium und Geschäftsführung zu einer erneuten Debatte über die Grundsätze der Finanzpolitik der Robert Bosch GmbH.[76] Bis zu welchem Verhältnis
zum Gesamtvermögen durfte sich Bosch lang- oder kurzfristig verschulden,
so stellte sich die Frage, ohne dass die Schuldenlast die Firma zu erdrücken
und in ihrer Eigenständigkeit einzuschränken drohte? Es wurde schließlich
beschlossen, dass die Verschuldung höchstens 45 Prozent des im Betrieb arbei-
tenden Vermögens betragen durfte, unter besonderen Umständen vorübergehend auch bis zu 50 Prozent. «Wenn jedoch die oben genannte Grenze erreicht
werden sollte, ist eine freiwillige Beschränkung in der Geschäftsausweitung
erforderlich, um die Firma als selbständige Familiengesellschaft zu erhalten,
wie es den im Testament, den Richtlinien für die Testamentsvollstreckung
und dem Gesellschaftsvertrag niedergelegten Absichten des Herrn Robert
Bosch entspricht. Hierbei ist zu beachten, dass das Kerngebiet der Firma, das
Automobilzubehör, in erster Linie zu fördern ist, so dass etwaige Einschränkungen auf anderen Gebieten, seien es im Stammhaus oder bei den Tochtergesellschaften, vorzunehmen sind.»[77]

Wie stürmisch die Entwicklung tatsächlich war, die Bosch an den Rand
einer Wachstumskrise brachte, lässt sich allein schon an den Umsätzen ab-
lesen. Zwischen 1949 und 1955 betrugen die durchschnittlichen jährlichen

Zuwächse 27,6 Prozent und kletterten von 188 Mio. DM auf 757 Mio. DM. Im Dezember 1950 meldete das Pumpenwerk die Fertigstellung der millionsten Einspritzpumpe, und schon nach weiteren fünf Jahren, im September 1955, war die 2-Mio.-Marke erreicht. Im Jahr 1958 wurde mit 1,153 Mrd. DM erstmals die Umsatz-Milliarde übersprungen.

Bei Lichtmaschinen, Einspritzpumpen, Zündspulen und Anlassern besaßen die Stuttgarter im deutschen Erstausrüstergeschäft 1952 bereits wieder Marktanteile von über 90 Prozent, bei Zündkerzen waren es über 70 Prozent. Insofern lagen die alliierten Entflechtungsbeamten mit ihrer Einschätzung der Marktposition von Bosch gar nicht so weit daneben.[78] Das Kfz-Ausrüstungsgeschäft machte 1956 über 70 Prozent des Gesamtumsatzes aus, daneben hatte aber vor allem auch das «Kältegeschäft» rasant zugelegt; Bosch-Kühlschränke fanden im In- und Ausland reißenden Absatz und machten bald ca. 20 Prozent des Gesamtumsatzes aus. Deutschland stand nicht nur vor einer Motorisierungswelle, sondern auch inmitten einer Welle der Elektrifizierung und einer Modernisierung der Haushalte. Zweifellos war Bosch auf dem Weg zurück zu alter Marktmacht.

2. Vom Familien- zum Stiftungsunternehmen: Der lange Weg zur neuen «Verfassung des Hauses Bosch»

Die Entwicklung der gesellschaftsrechtlichen Struktur von Bosch, des Unternehmenscharakters und der Corporate-Governance-Verfassung erfuhr in den 1960er Jahren eine tiefe Zäsur. Es handelt sich dabei um eine Geschichte mit einer hochkomplizierten erb- und gesellschaftsrechtlichen Materie, die einige Besonderheiten aufweist – und sie ist in der Öffentlichkeit noch nie erzählt worden. Erstens wird deutlich, dass es sich dabei keineswegs von Anfang an um einen durch das Testament von Robert Bosch d. Ä. vorgezeichneten, geradlinigen Weg handelte. Vielmehr zeigt sich ein permanentes Ringen um die Deutung des Firmengründerwillens, zugleich aber auch um die Anpassung und Ergänzung der «Verfassungsgrundlagen» an veränderte Verhältnisse und möglichst alle Eventualitäten dieser Zeit. Zweitens wandelt sich Bosch nicht einfach vom Familien- zum Stiftungsunternehmen, sondern behält beide Elemente, allerdings in veränderter Gewichtung, bei, und wird zu einem stiftungsähnlichen Unternehmen, in dem aber auch die Familie als Anteilseigner, Kontrolleur und aktives Mitglied der Unternehmensführung eine, wenn auch untergeordnete, Rolle spielt. Drittens zieht sich dieser Umbruch der Corporate Governance bei Bosch weit länger hin, als es auf den ersten Blick sichtbar ist. Schon in den 1950er Jahren kam das Thema mit der Frage der Nachfolgeregelung und dem Eintritt von Robert Bosch d. J. in die Geschäftsführung auf die Tagesordnung, spitzte sich zwischen 1962 und 1964 zu und mündete in die «große Einigung»; es blieb dann jedoch, wie gezeigt wird, auch in den 1970er Jahren noch akut und tauchte selbst noch Anfang der 1980er Jahre auf. Genau genommen handelt es sich um einen bis in die Gegenwart reichenden Prozess, in dem die Beziehungskonstellation zwischen Unternehmen und Familie immer wieder neu bestimmt wurde. Dieser Prozess und die Schaffung der neuen Verfassung des Hauses Bosch wurden, viertens, nach außen hin harmonisch abgewickelt; sie waren für das operative Geschäft ohne Bedeutung, d. h. die Belegschaft und selbst das obere Management bekamen davon so gut wie nichts mit, obwohl maßgebliche Teile der Geschäftsführung durchaus direkt involviert waren. Aber tatsächlich vollzog sich dieser Aushandlungsprozess doch in einer Art und Weise, die bei den damaligen Mitgliedern der beiden Familienstämme und vor allem bei Robert Bosch d. J. Verletzungen und Narben hinterließ. Und schließlich gilt es, fünftens, an dieser Stelle schon vorab mit einem Mythos aufzuräumen: Immer wieder findet sich

der Hinweis, dass der große Architekt der neuen Bosch-Verfassung Hans
L. Merkle gewesen wäre und ihm daher der Verdienst dieser grundlegenden
Neuerung zukäme. Merkle war zwar mit beteiligt, aber der starke Mann und
Initiator war tatsächlich der zwischenzeitlich anstelle von Walz als Vorsitzender
des Testamentsvollstrecker-Gremiums amtierende Alfred Knoerzer.

**Vermächtnis und Deutungshoheit: Testamentsvollstreckung und der Eintritt von
Robert Bosch d. J. in die Unternehmensführung (1953–1964)**

Trotz seiner de jure bestehenden Machtfülle mischte sich Walz in das operative Geschäft und in die strategischen Maßnahmen des Unternehmens kaum
ein. De facto führte Knoerzer als Finanzgeschäftsführer die Geschäfte. Möglicherweise war Walz auch infolge seiner zunehmend angeschlagenen Gesundheit mit den komplexen Details der täglichen Unternehmensführung überfordert. Letztlich sah er aber seine eigentliche Aufgabe in der Fortschreibung
der «Verfassungsgrundlagen der Robert Bosch GmbH» und der Sicherung der
Nachfolgeregelung durch einen der Familiennachkommen. Im Testament
hatte Robert Bosch festgelegt, dass die Unternehmensleitung bei entsprechender Eignung an einen der männlichen Nachkommen als Familiendirektor
übergehen konnte. Mit dem 1928 geborenen Robert Bosch d. J. als Sohn aus der
zweiten Ehe und dem 1931 geborenen Georg Zundel, Sohn der aus erster Ehe
stammenden Paula Bosch und ihres 1948 verstorbenen Mannes Georg Friedrich Zundel, standen nun zwei Kandidaten zur Verfügung, wobei für Robert
Bosch d. J. infolge der direkten Abstammungslinie eine Priorität bestand. Die
entscheidende Frage für Walz und die Testamentsvollstrecker zum Jahresende
1952 war daher, wann Robert Bosch d. J. in die Geschäftsführung eintreten
würde. Dieser hatte noch im Krieg eine dreijährige feinmechanische Lehrzeit
bei der Firma Wetzer in Pfronten absolviert, dann nach Kriegsende an der
Technischen Hochschule Stuttgart Elektrotechnik studiert, wo er im Frühjahr
1953 sein Examen machte. Mit dem jungen, 25-jährigen Bosch verband Walz,
obwohl er sich selbst gegenüber dem von ihm oft so genannten «Vater Bosch»
durchaus auch als «Sohn» gefühlt haben mochte, die Hoffnung, die nun zehnjährige Interimsphase in der Unternehmensführung zu beenden. Er machte
sich daher mit zunehmendem Alter von Robert Bosch d. J. ernsthafte Sorgen
um dessen Gesundheit. «Autofahrten und Afrikareise von Herrn Robert
Bosch d. J.» stand etwa im Januar 1952 auf der Tagesordnung des Testamentsvollstrecker-Gremiums. Dem Nachfahren des Firmengründers wurde «als allgemeine Richtlinie zur Kenntnis gebracht», dass er besondere Risiken und
unnötige Gefahren zu vermeiden habe, da er sich ansonsten in Widerspruch
zum Willen seines Vaters setze.[1] Ein ähnlich lautender Appell ging auch an

Paula Zundel, nachdem Walz erfahren hatte, dass der junge Zundel eine Motorradreise über Jugoslawien nach Griechenland plante.[2] Robert Bosch d. J. hatte signalisiert, dass er bereit war, das Vermächtnis seines Vaters auf sich zu nehmen und in dessen Fußstapfen zu treten. Vermächtnis, Auftrag und Legitimation zugleich war dabei für ihn ein bewegender Brief, den Robert Bosch im Januar 1939 an ihn als damals elfjährigen Sohn geschrieben hatte.

«Mein lieber Bub», so schrieb Bosch, «ich stehe in einem Alter, das mir nicht in Aussicht stellt, zu erleben, daß Du noch zu meinen Lebzeiten in das Werk eintrittst, das ich im Laufe der Jahrzehnte aufzubauen vermochte [...] Ich will [...] nur sagen, daß es mir ein großes Anliegen ist, daß Du mein Werk einmal übernehmen und fortführen würdest und daß Du seinerzeit einmal gut vorgebildet seiest für diese Aufgabe. Es ist dies keine leichte Aufgabe, aber das Beste, was ich Dir hinterlassen kann, ist eine solche Aufgabe, ist ein solch großes Ziel [...] Ich glaube annehmen zu dürfen, daß Du bei Deiner Art von Veranlagung und der Erziehung, die Dir zunächst Deine gute und kluge Mutter angedeihen läßt, einmal in meine Fußstapfen treten bzw. mein Werk weiterführen wirst [...] Du hast die Gaben, die dazu nötig sind und Du hast auch Charakter und zwar den, der zu dieser Aufgabe gehört [...] Nimm Dich in erster Linie vor den Leuten in acht, die Dir sagen wollen, Du sollst Dir doch nicht von den alten Herren um Dich herum viel sagen lassen, sondern halte Dich an die alten Herren, denen sicher das Wohlergehen der Firma am Herzen liegt und die Dich am besten beraten werden. [...] Die Aufgabe, das Werk fortzuführen, die Du übernehmen solltest, ist sehr schwer [...] Die Fähigkeit dazu traue ich Dir [aber] zu.»[3]

Man muss diesen Brief und die damit zweifelsfrei zum Ausdruck kommende Priorität des TV-Weges kennen, um die weitere Entwicklung und das Agieren von Robert Bosch d. J. in den folgenden Jahren zu verstehen. Denn Bosch äußerte Ende 1952 ganz im Sinne seines Vaters den Wunsch, nach Abschluss des Studiums bei der Firma mehrere Abteilungen zu durchlaufen und sich auch kaufmännisch umzusehen. Und er vertraute, zumindest anfangs, zutiefst den «alten Herren», die ihn tatsächlich nun allenthalben umgaben.[4] Walz entwarf denn auch zusammen mit Knoerzer, Lippart und Fischer einen Ausbildungsplan für Bosch d. J. mit detaillierten Stationen in einzelnen Werken und Abteilungen und auch einem längeren Auslandsaufenthalt in den USA.[5] Er, Walz, «fühle sich verpflichtet, dafür zu sorgen, dass Herr Bosch d. J. noch unter seiner Führung in seine Aufgabe als Nachfolger seines Vaters hineinwachsen könne».[6] Mehr denn je verstand sich Walz als «eigentlicher Träger der Tradition des Hauses Bosch»; er war derjenige, der «am tiefsten in die Seele von Robert Bosch hineingeblickt hatte», wie es in der Würdigung anlässlich seines 70. Geburtstags im März 1953 hieß.[7] Walz' geradezu religiös anmutendes Verständnis von seinem Auftrag, dem Vermächtnis von Robert

Bosch und dessen nun in Aussicht stehende Erfüllung zeigte sich besonders deutlich in seiner Rede auf dem traditionellen «Herrenabend» der Bosch-Führungskräfte am 21. Dezember 1953. «Ich bin», so Walz, «einer der ganz wenigen noch Überlebenden, denen der Vater Bosch wiederholt in feierlicher Weise die Verpflichtung auf die Seele gebunden hat, beim Vorhandensein der unabdingbaren Voraussetzungen seinem Sohn die Bahn zu bereiten. Deshalb erfüllt es mich angesichts der in letzter Zeit bei Männern höheren Alters besonders augenscheinlich gewordenen Hinfälligkeit menschlichen Daseins das beinahe ungeduldige Streben, nun, nachdem hinsichtlich des Sohnes Bosch die vom Vater geltend gemachten Bedingungen glücklich erfüllt sind, den für den Sohn beabsichtigten Zustand ohne vermeidbaren Zeitverlust zu verwirklichen.»[8] Walz drängte daher trotz einiger von den anderen Testamentsvollstreckern vorgebrachter Bedenken darauf, dass Bosch d. J. so schnell wie möglich in die Geschäftsführung eintreten sollte. Bereits am 1. Oktober 1953 wurde Bosch daher offiziell als Nachwuchsingenieur bei der Robert Bosch GmbH angestellt und nach einer Einarbeitungszeit bis Ende 1954 war seine Berufung in die Geschäftsführung und zugleich, anstelle des altersbedingt ausscheidenden Arthur Leinss, in die «TV» vorgesehen.[9] Die Testamentsvollstrecker erklärten sich bereit, Bosch zuvor bereits gastweise (allerdings nicht regelmäßig) an den Sitzungen des Gremiums teilnehmen zu lassen, damit er mit seinen künftigen Aufgaben bekannt gemacht würde.[10] Damit war eine weitere Vorentscheidung der Testamentsvollstrecker in Richtung TV-Weg gefallen.

Ende November 1954 schlug Walz auf der Sitzung der Testamentsvollstrecker vor, Robert Bosch d. J. mit Wirkung zum 21. Dezember zum ordentlichen Geschäftsführer der Robert Bosch GmbH zu bestellen, zunächst noch ohne bestimmten Geschäftsbereich. Durch seine bisherige Tätigkeit in der Firma habe er «den Beweis der Eignung zum Familiendirektor» erbracht. Aufgefallen sei sein kritisches Urteil und seine schnelle Auffassungsgabe. Er schlage in dieser Hinsicht ganz nach seinem Vater.[11] Diesen Eindruck hätten auch andere leitende Herren gehabt. Seine Befähigung, einmal das Erbe seines Vaters antreten zu können, wurde nirgends bezweifelt, insbesondere wurden immer wieder seine hervorragende Intelligenz, seine schnelle Auffassungs- und Kombinationsgabe, seine Fähigkeit zum scharfen logischen Denken und sein kritisches Urteil hervorgehoben. Und auch die Stimmungsbilder aus den verschiedenen Werksabteilungen, in denen Bosch bisher gearbeitet hatte und die Walz ausführlich zitierte, ließen nur Gutes erwarten. Die offizielle Bestellung erfolgte schließlich auf der Sitzung der Testamentsvollstrecker am 15. Dezember 1954.

Feierlich verkündete Walz Bosch den entsprechenden Beschluss. «Es ist ein großer Tag für uns, Ihnen heute gleichsam den Ritterschlag erteilen zu können – ein großer Tag, weil damit auch unsere Testamentsvollstreckertätigkeit einen ihrer Gipfelpunkte erreicht.»[12] «Bald wird», so hatte Walz schon am

Abb. 49: Umgeben von alten Herren: Sitzung des Testamentsvollstrecker-Kollegiums.
Von links nach rechts: Ernst Rupp, Albrecht Fischer, Arthur Leinss, Robert Bosch d. J.,
Hans Walz, Max Dehn, Erwin Bohner, Alfred Knoerzer, Karl Schreiber (15. 12. 1954)

Vorabend der Sitzung auf dem Bosch-Herrenabend den oberen Führungskräften die «Weihnachtsbotschaft aus dem Bereich unserer Firma» verkündet,
dass nämlich «in und über der Firma wieder das Auge eines Herren und Meisters aus dem Stamme Bosch walten» werde. Er empfinde «beglückende Genugtuung», weil durch diese Entscheidung «eine leidenschaftlich gepflegte Hoffnung des Vaters Bosch der endgültigen Erfüllung näher gebracht» werde.[13]
Das alles zeigt, von welch großen Hoffnungen und Erwartungen bei allen Beteiligten der Eintritt von Bosch in die Unternehmensführung begleitet war.
Dieser machte allerdings sofort klar, dass er auch eigene Akzente setzen wollte.
«Es sei», so antwortete er auf der Sitzung gegenüber den Testamentsvollstreckern, «nicht damit getan, dass er einen ihm vorbestimmten Platz einnehme, sondern er werde versuchen, zu allen Problemen sich selbständige
Urteile zu bilden. Das Vertrauen und die Hilfe der TV und Geschäftsführer
werde ihm dabei sicher eine wertvolle Hilfe sein.»[14]

   Zunächst war allerdings eine weitere Einarbeitungszeit in der Firma bis
zum Frühjahr 1955 vorgesehen, und dann sollte Bosch für etwa ein Jahr in die
USA reisen, um weitere Erfahrungen zu sammeln. Tatsächlich besuchte Bosch
zwischen März und Juni dutzende von Firmen, darunter IBM, American
Bosch, die Hartford Machine Co. und General Motors. Vorzeitig von Walz aus

Abb. 50: Hans Walz im Gespräch mit Robert Bosch d. J. (4. 1. 1954)

Amerika zurückgerufen, und inzwischen auch ordentliches Mitglied des Testamentsvollstrecker-Kollegiums, übernahm er schließlich zum 1. Januar 1956
die Entwicklungshauptleitung und wurde damit zum obersten Entwicklungs-
manager von Bosch. Mit eigenen Meinungsäußerungen hielt er sich dabei
auch weiterhin nicht zurück. Im November 1956 etwa sprach er sich deutlich
dafür aus, «dass sich die Firma bei den kommenden Rüstungsaufträgen soweit
als möglich zurückhalten sollte».[15] Auch in der Entwicklung setzte er inzwischen eigene Akzente, etwa mit der organisatorischen Aufspaltung in die
Entwicklung von elektrischem Motorzubehör und elektrischem Karosseriezubehör, personellen Umbesetzungen in der Entwicklungsleitung für Haushaltsgeräte und der Intensivierung der Zusammenarbeit zwischen Entwicklung
und Verkauf bzw. Entwicklung und Fertigung.[16] Um weitere Erfahrungen in
der Unternehmensführung zu gewinnen, war allerdings schon Anfang 1959
beschlossen worden, dass Bosch sich erst noch eine Zeit lang der Fertigung
widmen und dann die technische Geschäftsführung der Eugen Bauer GmbH
(«Kino-Bauer») übernehmen sollte.[17]

Was Walz zu diesem Zeitpunkt allerdings umtrieb, war die schon 1952 erstmals aufgekommene Frage der Nachfolgeregelung für die Testamentsvollstrecker, insbesondere «ob es als richtig oder auch nur sachdienlich angesehen werden kann, beim Freiwerden eines Postens im TV-Kollegium mehr oder weniger automatisch Männer aus der aktiven Geschäftsführung der Robert Bosch GmbH zu berufen.»[18] In einer 15-seitigen, historisch weit ausholenden Denkschrift kam er zu dem Schluss, dass zu keiner Zeit ein Automatismus bei der Kooptation beabsichtigt war und dass es nur, wie Walz schon 1952 argumentiert hatte, für das Triumvirat Fellmeth, Walz und Wild eine Ausnahmeregelung gegeben habe. Inzwischen gab es mit Walz, Knoerzer und Robert Bosch d. J. wiederum drei aktive Geschäftsführer, die in Personalunion zugleich Testamentsvollstrecker waren. Das akute Problem bestand nun darin, dass alters- und gesundheitsbedingt Baurat Fischer sowie Max Dehn aus dem Gremium ausschieden und im Falle einer weiteren Zuwahl von aktiven Geschäftsführern diese nun plötzlich zu fünft wären und damit in der Gesellschafterversammlung eine Mehrheit hätten.[19] Das Gremium sei seiner ganzen Anlage und Natur nach aber eine der Geschäftsführung der GmbH wie auch deren Aufsichtsrat übergeordnete Stelle, so Walz, «die höchste Instanz der Firma, solange sie allein oder in Gemeinschaft mit dem Familiendirektor Robert Bosch d. J. Gesellschafterfunktionen vertritt und ausübt».[20] Sie diene zudem auch «als Rekursstelle für alle Meinungsverschiedenheiten, die innerhalb der Geschäftsführung auftreten können». Eine übergeordnete Berufungsinstanz dürfe aber nicht mit Organen der unteren Zuständigkeitsstufe durchsetzt sein, da sich sonst sachliche und persönliche Kollisionen verschiedener Art ereignen könnten. Auch im Aktiengesetz wie im GmbH-Gesetz sei es ausdrücklich verboten, dass Direktoren oder Geschäftsführer gleichzeitig in Aufsichtsräten tätig sind. Eine saubere Trennung der Kompetenzlinien sei unverzichtbar, «und daher ist die angeschnittene Frage eindeutig zu verneinen». Zudem gebe es auch beim Vorhandensein mehrerer Familiendirektoren die Gefahr der Gruppenbildung. Kurzum: «Die Mitgliedschaft von noch nicht abgängigen Geschäftsführern in der TV könnte deren Wesen und Charakter verzerren, ja geradezu sprengen [...] Die Zuwahl regelrecht aktiver Geschäftsführer in die RBTV vereinbart sich nicht mit dem Gesamtinteresse der Robert Bosch GmbH.»[21] Im Januar 1957 notierte Walz noch einen Nachtrag zu der Nachfolge-Denkschrift. Darin unterschied er einen «Familiendirektor im eigentlichen Sinne», d. h. einen Berechtigten, dem gemäß dem letzten Willen von Robert Bosch die Rechte zur selbstständigen Vertretung der RB-GmbH-Anteile übertragen worden sind, und «einen noch nicht bewährten Familiendirektor», der sich noch im Zustand der Entwicklung und Erprobung befinde. Dies war offensichtlich auf Robert Bosch d. J. gemünzt. Dass das Thema der Nachfolgeregelung im Testamentsvollstrecker-Gremium so akut war, lag nicht zuletzt auch daran, dass das altersbedingte Ausscheiden einer Reihe von Mitgliedern anstand. Ohne Robert Bosch d. J. betrug das Durchschnittsalter des Gremiums knapp über 72 Jahre. So oder so tat daher eine Verjüngung durch Zuwahl von Nachfolgern not.[22]

Zudem machte sich Walz an eine Neufassung des Gesellschaftsvertrags der Robert Bosch GmbH, die sich über zwei Jahre hinzog und erst am 12. März 1958 in einer feierlichen Zeremonie unter Anwesenheit der Familiengesellschafter, der Testamentsvollstrecker, der Aufsichtsratsmitglieder und der Geschäftsführer zum Abschluss kam. Ausführlich erläuterte dabei Walz zunächst Sinn, Zweck und Motive der Änderungen und Ergänzungen.[23] Das «Grundgesetz» von Bosch, so rief er allen Anwesenden in Erinnerung, machten die drei Dokumente Testament, Richtlinien und Gesellschaftsvertrag aus, die damals von Bosch sorgfältig aufeinander abgestimmt worden waren, um die Gewähr dafür zu bieten, dass nach seinem Tode erstens dessen wirtschaftliche, soziale und kulturelle Ziele weiter in seinem Geiste und nach seinem Willen verfolgt werden; dass zweitens die Robert Bosch GmbH für eine möglichst lange Reihe von Geschlechtern in ihrem Bestand gesichert bleibt, und zwar möglichst als Familiengesellschaft; dass drittens männliche Abkömmlinge oder Ehegatten von weiblichen Abkömmlingen bei entsprechender Qualifikation Familiendirektoren werden konnten; und dass viertens ein Familiendirektor unter gegebenen Umständen, d. h. bei voller Eignung (worüber allein die TV zu entscheiden hatten), zum alleinigen Nachfolger von Robert Bosch d. Ä. bestellt und mit 51 Prozent der Geschäftsanteile ausgestattet und damit zum Hauptanteilseigner und Eigentümer anstelle der TV werden konnte. Die Voraussetzungen, unter denen die drei Dokumente konzipiert wurden, hatten sich allerdings nach Überzeugung von Walz durch Krieg und Kriegsfolgen so grundlegend geändert, «dass Testament und Gesellschaftsvertrag an entscheidenden Stellen weit auseinanderklaffen und die Sicherung wesentlicher Ziele des Testaments, vor allem der Bestand der RB GmbH als Familiengesellschaft und die evtl. Bestellung eines Familiendirektors zum alleinigen Nachfolger fraglich oder gar unmöglich geworden war».[24] Es gelte daher, den Buchstaben der Verfassung bzw. des Grundgesetzes der Firma in Form des Gesellschaftsvertrages so weit zu ändern, dass er wieder in Einklang mit dem Sinn und dem Geist der von Bosch geäußerten Ziele stünde.[25]

Es ist nicht klar, ob Robert Bosch d. J. wusste, was auf ihn zukommen würde, als die TV Anfang 1959 entschieden, dass er im Zuge seiner Einarbeitungszeit die Geschäftsführung bei Kino-Bauer übernehmen sollte, und vor allem auch nicht, ob die TV den jungen Geschäftsführer gezielt in diesen Aufgabenbereich schickten; denn das Tochterunternehmen war, das zeichnete sich rasch ab, eigentlich ein Sanierungsfall mit massiven Problemen. Auf jeden Fall war unübersehbar, dass die Begeisterung von Walz und auch die der an-

deren Testamentsvollstrecker über Bosch d. J. inzwischen merklich nachgelassen hatte. Irgendwann im Frühjahr 1959 vollzog sich innerhalb der TV
und vor allem bei Walz selbst eine Wende hinsichtlich des weiter einzuschla-
genden Weges bei der Übertragung der Anteilsmehrheit an der Robert Bosch
GmbH. Es kam zu einer deutlichen Abkehr vom TV- und zu einer Rückkehr
zum VVB-Weg. Doch diese Wende war angesichts der schon zurückgelegten
Etappen auf dem TV-Weg kompliziert und beinhaltete insbesondere im
Verhältnis zu den Familienanteilseignern erhebliche Spannungen und Konflikte, zumal es prinzipiell sogar drei Wege gab, die Robert Bosch d. Ä. in
seinem Testament vorgesehen hatte, bzw. die sich daraus ableiten ließen: erstens den Weg der stufenweisen Entwicklung eines fähigen Abkömmlings
zum Familiendirektor, abgeschlossen durch die Zuteilung von 51 Prozent des
Stammkapitals durch die TV als bis dahin bestehende faktische Haupteigen-
tümer des Unternehmens (der sog. TV-Weg); zweitens den Verzicht auf die
besondere Zuteilung durch die TV, was bedeutete, dass die normale Erbfol-
geregelung auch in Bezug auf die GmbH-Anteile griff, wobei als letztes
Auffangbecken die VVB eingesetzt war. Und drittens die bewusste Stärkung
der VVB durch Übertragung sämtlicher RB-GmbH-Anteile, ausgenommen
die Vorzugsgeschäftsanteile, womit die VVB dann 86,3 Prozent halten würde
(der sog. VVB-Weg).[26]

Das Recht und die Machtbefugnisse für diesen Wegwechsel besaßen die
TV zweifellos. Ein ausführliches Gutachten über die Zweckbestimmung der
VVB und der RBTV vom März 1959 bestätigte ausdrücklich, dass Robert
Bosch in seinen Richtlinien zum Ausdruck gebracht hatte, «daß seine Idee
kein starres Gefüge sein soll, an das man sich krampfhaft klammern müsse.
Im Gegenteil, seine TV hat er angewiesen, bei der Bearbeitung von Fragen und
Aufgaben jeweils diejenige Lösung zu suchen und zu treffen, von der nach ge-
wissenhaftem Ermessen angenommen werden kann, daß er sie nach Kenntnis
der Sachlage und bei Würdigung aller in Betracht kommenden Umständen
gutheissen würde.»[27] So mussten die TV also entscheiden, ob Robert Bosch d. Ä.
sich unter den gegebenen Umständen für den VVB-Weg entschieden hätte
oder ob er den TV-Weg weitergegangen wäre. Beide Wege waren darauf ausgerichtet, fähigen Abkömmlingen den Weg zur Führung des Unternehmens frei
zu machen. Der Unterschied bestand nur darin, dass beim TV-Weg die Erben
direkt Eigentum an der Robert Bosch GmbH erwerben würden, beim VVB-
Weg hingegen indirekt über eine direkte Beteiligung an der VVB. Und der
weitere entscheidende Unterschied war, dass der TV-Weg implizierte, dass von
1972 an eine Einflussnahme von Testamentsvollstreckern, Beratern oder Treu-
händern auf die künftige Unternehmensentwicklung nicht mehr möglich war,
während diese Einflussmöglichkeiten beim VVB-Weg zeitlich unbegrenzt bestehen blieben. Am 7. April 1959 jedenfalls notierte Walz in einer anhängenden

Abb. 51: Hans L. Merkle (1958)

Anmerkung zu dem Gutachten: «Soviel freilich kann ich heute im Rückblick auf die mir bekannte Gesinnung des Herrn Bosch erklären, dass, wenn er heute leben würde, er die VVB-Konstruktion oder eine ihr entsprechende, den heutigen Verhältnissen angepasste Konstruktion im Interesse seiner Firma in den Vordergrund gehoben hätte.»[28] Damit war aber auch das Urteil über die künftige Eignung von Robert Bosch d.J. als Familiendirektor und potenzieller Unternehmensleiter gefällt.

Es gab in der Folgezeit viele kleinere Zeichen, die signalisierten, dass Bosch d.J. von den TV und den Geschäftsführern doch eher als Fremdkörper, auf jeden Fall nicht als Ersatz für seinen Vater angesehen wurde.[29] Schon im Januar 1959 hatte Walz ein graphologisches Gutachten über ihn erstellen lassen, durch das er sich in seiner wachsenden Skepsis bestätigt fühlte. Als in dem Gutachten davon die Rede war, dass Bosch d.J. «sich der Grenzen seines Könnens bewusst» sei und einen «sehr guten Sinn für organisatorische Zusammenhänge» besäße, da notierte Walz dick «nein» an den Rand.[30] Dagegen unterstrich er jene Passage des Gutachtens, in der über das «Sich-voll-in-eine-Aufgabe-Hineinwerfen» und das «Sich-zu-sehr-Verbeißen in eine Kleinigkeit»

Abb. 52: Das Doppeljubiläum: 75-jährige Firmengründung und 100. Geburtstag von Robert Bosch am 23. 9. 1961. Von links nach rechts: Georg Zundel, Hellmut Bredereck, Robert Bosch d. J., Eva Bosch, Margarete Bosch, Theodor Heuss, Hildegard Walz, Hans Walz, Kurt Georg Kiesinger, Margarete Fischer-Bosch, Ludwig Erhard, Alfred Knoerzer, Paula Zundel, Ernst Rupp, Heinz Küppenbender, Hugo Rupf

die Rede war und ergänzend bemerkt wurde, «bei einer solchen Gelegenheit fehlt ihm ein ihn klug behandelnder junger Hans Walz, der in solchen Fällen Vater Bosch überlegen zu beraten verstand.»[31] Die Position von Robert Bosch d. J. in der Unternehmensführung war nicht zuletzt auch deshalb schwierig geworden, da es sowohl im TV-Gremium als auch in der Geschäftsführung einige personelle Änderungen gegeben hatte. In beiden Gremien stand nach wie vor Walz an der Spitze, aber seit Oktober 1954 war nun doch auch Knoerzer ins TV-Gremium eingerückt und er sollte bald zum eigentlichen starken Mann bei Bosch aufsteigen. Knoerzer war es auch gewesen, der im Oktober 1958 Hans L. Merkle als seinen Nachfolger in der Finanzhauptleitung zu Bosch holte, dafür dann in den Aufsichtsrat überwechselte und dessen Vorsitz übernahm.

Neben Merkle, Robert Bosch d. J. und dem ebenfalls schon 1954 neu hinzugekommenen Max Frei saß mit Eugen Hagmaier ein weiteres neues Geschäftsführungsmitglied im Leitungsgremium, nachdem Hermann Bauer im Juni 1957 und Otto Fischer im Juni 1960 altersbedingt ausgeschieden waren.[32] Insbesondere von Merkle war Walz in kurzer Zeit regelrecht begeis-

Abb. 53: Hans Walz bei der Festrede am
23. 9. 1961

tert. «Man könne ihn», so äußerte er auf der Sitzung der TV Ende März 1960, «heute schon seiner ganzen Art nach als einen ‹Bosch-Mann› bezeichnen.» Deshalb und wegen seiner ausgeprägten kaufmännischen und unternehmerischen Fähigkeiten benenne er Merkle als seinen Nachfolger im TV-Gremium.[33] In der Tat hätten die Unterschiede zwischen Robert Bosch d. J. und Hans Merkle als Managertypen und auch in der ganzen Persönlichkeit kaum größer sein können.

Ungeachtet dieser Entwicklung blieben aber auch die Spannungen innerhalb des TV-Gremiums weiter bestehen und traten im November 1960 offen zutage. Anlass waren Konflikte von Walz mit Otto Fischer, der Walz zunehmende «Geheimdiplomatie» ohne Information der Geschäftsführer vorwarf. Fischer hatte mit Niederlegung seines Geschäftsführeramtes und seinem Übertritt in den Aufsichtsrat zum 1. Juli 1960 eine Denkschrift über «Probleme der künftigen Geschäftspolitik der Robert Bosch GmbH» verfasst und darin schwere Vorwürfe gegen Walz erhoben. Dieser hatte daraufhin seinerseits einen harschen Brief an Fischer geschrieben. Zum eigentlichen Eklat kam es aber erst, als drei der Testamentsvollstrecker, Knoerzer, Baurat Fischer und Ernst Rupp, in einem Brief an Walz dessen Verhalten gleichsam offiziell rügten und Walz aufforderten, «diesen Zwist in versöhnlichem Geist beizulegen. Wir wären Ihnen dankbar, wenn Sie uns bald über Ihre erfolgreichen Bemühungen berichten könnten.»[34] Damit flammte auch der alte Konflikt zwischen Walz und Knoerzer wieder auf, obwohl Walz noch zwei Jahre zuvor diesen selbst im Falle seines Ausscheidens als Nachfolger im Vorsitz des TV-Kollegiums vorgeschlagen hatte.[35] Walz warf Knoerzer vor, der Initiator des Briefes zu sein, und bezichtigte die Mitautoren der Illoyalität. Dem hielt Knoerzer in einer erregten Unterredung entgegen, dass auch Walz als Vorsitzender der Geschäftsführung den Testamentsvollstreckern gegenüber verantwortlich sei, «denn wenn das nicht so wäre und Sie auch in der TV allein zu entscheiden hätten, wären die anderen Mitglieder nur Berater und die TV wäre eine Farce.»[36] Die wachsenden Spannungen und Probleme innerhalb und zwischen den Führungsgremien bei Bosch wurden zunächst jedoch durch die Feier des großen Doppeljubiläums im September 1961 in den Hintergrund gedrängt.

In seiner Festrede vor hunderten von Gästen aus Politik und Wirtschaft beschwor Walz Gesinnung und Werte von Robert Bosch sowie den «Geist einmütigen, unbeirrbaren Zusammenwirkens, der die Geschäftsführung unter sich, wie auch die Führung mit den Betriebsangehörigen und diese wiederum untereinander durchweg zu einer einzigen Gemeinschaft einhelligen Leistungswillens verbindet», und er betonte die Allgegenwärtigkeit des Firmengründers. «Für uns ist Robert Bosch kein Toter, vielmehr ein ungemein Lebendiger […] Heute noch, 19 Jahre nach seinem Tod, beseelt die Tradition seines Geistes, wesensbestimmend und richtungsgebend, das vielfältige Getriebe des ganzen Unternehmens.»[37]

Im Dezember 1961 gewann die Frage der weiteren Rolle und des künftigen Schicksals der GmbH-Anteile jedoch plötzlich eminent an Bedeutung. Anlass war die Absicht von Margarete Fischer-Bosch, ihre in der Erbengemeinschaft liegenden Kapitalanteile von 14,083 Prozent an die VVB zu übertragen, allerdings unter der Bedingung, dass diese in eine gemeinnützige GmbH umgewandelt würde und dass sie dort gewisse Mitspracherechte bekäme. Mit dem Gedanken einer Neuorientierung der VVB als einer reinen Holding für gemeinnützige Zwecke und den verschiedenen Wegen der Besitzverhältnisse der Robert Bosch GmbH hatte sich ein Arbeitsausschuss der TV, bestehend aus Walz, Knoerzer und Rupp, schon ab Anfang 1959 auseinandergesetzt. Der Grund damals war offensichtlich der, «nach rechtlichen Wegen und Möglichkeiten zu suchen, durch die der TV die entscheidende Einflussnahme auf die Geschicke des Robert Bosch Krankenhauses gesichert wird».[38] Das implizierte aber auch ein weiteres Präjudiz für den VVB-Weg, der für die TV die Perspektive eröffnete, «durch allein von ihnen zu treffende Entscheidung entweder alle oder einen Teil der 86,3 Prozent GmbH-Anteile in die VVB einzubringen, von welcher aus die TV in ihrer Eigenschaft als Gesellschafter der

VVB auf zunächst noch unabsehbare Zeit die Geschicke der Robert Bosch GmbH weiterlenken könnten».[39] Es war allerdings klar, dass aus steuerlichen Gründen die buchstabengetreue Durchführung des VVB-Weges sehr bzw. zu teuer werden würde. Daher musste nach geeigneten Anpassungslösungen gesucht werden. Eine davon war, so die Überlegungen, das TV-Gremium nach 1972 in Form eines «Verwaltungsrats» zur Wahrung der Gesellschafterrechte an der Robert Bosch GmbH weiter bestehen zu lassen. Eine solche Organisation musste allerdings so bald wie möglich und am besten noch unter Mitwirkung der älteren Gesellschafter-Generation (Margarete Fischer-Bosch und Paula Zundel) bei vollem Einverständnis aller Gesellschafter geschaffen werden.[40] Eine andere Anpassungslösung, die diskutiert wurde, bestand darin, die Robert-Bosch-GmbH-Anteile für etwa 30 Jahre treuhänderisch auf die VVB zu übertragen. Diese Lösung erschien in den Augen der TV vor allem auch dann von Vorteil, wenn ein Szenario eintrat, «das in Zukunft den TV ihre Arbeit erschweren könnte: In den letzten Jahren haben die Bosch-Familienangehörigen die Maßnahmen der TV gebilligt, zumindest mehr oder weniger widerspruchslos hingenommen.»[41] Je näher jedoch das Jahr 1972 rücke, umso eher bestünde die Gefahr, «dass die Familienangehörigen sich zu einer Eigentümersolidarität zusammenfinden mit dem Ziel, sich opponierend vollends über die Amtsdauer der RBTV hinüberzuretten und sich so viel wie möglich eigene Rechte zur eigenen freien Wahrnehmung zu sichern». Aus diesem Grund sollte, so der Vorschlag aus der TV-Runde, der im Testament diktierte buchstabengetreue VVB-Weg einmal theoretisch bis ins Detail durchgerechnet werden, «so dass für den Fall der Opposition der Eigentümer gegen vernünftige Anpassungsvorschläge der TV immerhin mit der Durchführung des mit erheblichen Kosten verbundenen ursprünglichen VVB-Weges gedroht werden könnte. Sicher werden in einem solchen Fall die Eigentümer, wenn ihnen der Werte verzehrende VVB-Weg vor Augen geführt würde, leichter dazu bewogen werden können, einen vernünftigen und Kosten sparenden Anpassungsweg zusammen mit den TV zu gehen.»[42] Man war sich dabei einig, dass Robert Bosch d. J. zu einer Regelung im Sinne der besprochenen Anpassungsüberlegungen zu bewegen wäre, wie aber die anderen Familienmitglieder, insbesondere Georg Zundel, regieren würden, war völlig unklar.

Tatsächlich spielten dann auch im Falle von Margarete Fischer-Bosch bereits steuerliche Gründe die zentrale Rolle. Die Übertragung der RB-GmbH-Anteile auf die VVB GmbH würde so hohe Steuern zur Folge haben, wie man Fischer-Bosch vorrechnete, dass dieser Weg ausscheide. Bei Belassung der Anteile bei den gegenwärtigen Anteilseignern jedoch seien bei jedem Erbfall hohe Erbschaftsteuern zu bezahlen, die für Fischer-Bosch allein 11,5 Mio. DM ausmachten, für alle Familienanteilseigner zusammen sogar 94,1 Mio. DM und damit weit mehr, als diese an eigenen Vermögenswerten besaßen. Infolge-

dessen müsste die Firma mit eigenen Mitteln oder hohen Dividendenaus-
schüttungen einspringen, beides würde aber der Robert Bosch GmbH in nicht
tragbarem Maße Mittel entziehen und könnte für das Unternehmen vernichtende Folgen haben.[43] Alle Beteiligten waren sich dabei bewusst, dass die Zeit
drängte, eine wie immer geartete Lösung zu finden, denn Fischer-Bosch war
mit inzwischen 73 Jahren die älteste Tochter und hatte auch keine Abkömmlinge. Um ihren Vorschlag zu realisieren, mussten mithin erst drei Voraussetzungen erfüllt werden: die gleichmäßige und ausschließliche Beteiligung
der TV an der VVB GmbH, die Neugestaltung des Gesellschaftsvertrags der
VVB in Richtung der Gemeinnützigkeit und nicht zuletzt Verhandlungen mit
den Finanzbehörden mit dem Ziel, die Anerkennung der Gemeinnützigkeit
der VVB zu erreichen. Und schließlich mussten auch erhebliche Finanzmittel
bereitgestellt werden, denn Fischer-Bosch stand als Gegenleistung für die
Anteile der Durchschnittsschemenkurs der drei letzten Geschäftsjahre zu, der
in 30 gleichen Jahresbeträgen mit 3 Prozent Verzinsung an sie und ihre Erben
bis zur endgültigen Tilgung zu bezahlen war. Vor allem aber Fischer-Boschs
Anspruch auf Mitbestimmungsrechte in der VVB bereitete den TV und allen
voran Walz erhebliches Kopfzerbrechen.[44] In einem eigenen Gutachten hatte
er sich intensiv mit dem Problem auseinandergesetzt und in ziemlich rüdem
Ton auf den Willen von Robert Bosch d. Ä., dass weibliche Nachkommen
keine Führungspositionen innehaben dürften, verwiesen. «An den Grundsatz», so Walz im Juni 1962 auf der TV-Sitzung, «dass von außerhalb der
RB GmbH stehenden Familienmitgliedern nicht in die Firma hineinregiert
werden darf, lasse er nicht rütteln. Ein Nachgeben in diesem Punkt könnte
vernichtende Folgen für die Firma haben.»[45] Man gab schließlich Fischer-
Bosch einige mündliche Zusicherungen, ohne aber formal oder inhaltlich etwas
an der Position der TV zu ändern. Es sollte daher bis November 1962 dauern,
bis Fischer-Bosch tatsächlich ihren Vermächtnisanspruch gegenüber der Erbengemeinschaft auf Übertragung von Geschäftsanteilen der Robert Bosch GmbH
an die inzwischen als gemeinnützige Gesellschaft anerkannte Vermögensverwaltung Bosch GmbH abtrat.

Das andere Problem, mit dem sich die TV in Bezug auf die Familiengesellschafter zu diesem Zeitpunkt konfrontiert sahen, war der Wunsch von Georg
Zundel, als freier Entwicklungsberater der Robert Bosch GmbH in einer
Familiendirektor-ähnlichen Position oder, wie es im Protokoll der TV am
28. Juni 1962 hieß, als «Familiendirektor eigener Art» tätig zu sein. Zundel
hatte auf der Versammlung der Familienmitglieder geäußert, dass er sich als
Wissenschaftler verstehe und als solcher nicht daran interessiert sei, aktiv in
der Geschäftsführung von Bosch tätig zu werden, dennoch aber im Bereich
Forschung und Entwicklung seine Kompetenzen beratend einbringen wolle.
Er wäre bereit, so zumindest stand es im Protokoll der Familienversammlung,

seine GmbH-Anteile wie Fischer-Bosch auf die V V B zu übertragen, wenn ihm von den TV zugesichert werde, dass er nach einer gewissen Erprobungszeit als Familiendirektor dieser besonderen Art berufen würde.[46] Was Zundel damals tatsächlich sagte, ist allerdings nicht klar, denn später beklagte er sich gegenüber Margarete Fischer-Bosch vehement über die von Rupp, der das Protokoll geschrieben hatte, notierten «tollsten Verdrehungen».[47] Er habe nie gewünscht, «Familiendirektor besonderer Art» zu werden, schon allein deshalb, da er Robert Bosch d. J. nicht im Wege sein wolle.[48] Als sich jedenfalls die TV Ende Juni 1962 mit der Causa Zundel befassten, machte Walz von vornherein klar, dass dessen Wunsch aufgrund der im Testament stehenden Vorschriften und Regelungen keinesfalls erfüllt werden könne und er allenfalls unter ganz bestimmten Voraussetzungen «für den Familiendirektor kandidieren kann».[49]

Die TV hatten inzwischen die Möglichkeiten der Umsetzung des V V B-Weges und die rechtlichen Klärungen von Detailfragen weiter vorangetrieben und vom Kölner Anwaltsbüro Ellscheid, Nussbaum, Hirtz ein umfangreiches, 66-seitiges Gutachten eingeholt, das Ende Februar 1963 vorlag. Ellscheid war Professor für Gesellschaftsrecht und vor allem als Vermögensverwalter von Amélie Thyssen sowie Kuratoriumsmitglied der Fritz Thyssen Stiftung einschlägig ausgewiesen.[50] In dem Gutachten wurde die Position und Sichtweise der TV und deren favorisierter Weg einer Übertragung der Geschäftsanteile auf eine gemeinnützige V V B uneingeschränkt bestätigt. Die Variante des TV-Weges, d. h. die Berufung eines Familiendirektors und dessen Ausstattung mit der Kapitalmehrheit, scheide aus steuerlichen Gründen aus. Dagegen sei der mit der Überlassung von Anteilen durch Fischer-Bosch eingeschlagene Weg in jeder Hinsicht gangbar, zumal die von ihr übernommenen Geschäftsanteile «im Ergebnis zu einem erheblich geringeren als dem vom Erblasser vorgesehenen Entgelt erworben worden sind».[51] Ellscheid bestätigte den TV auch, «den vorgezeichneten abgewandelten V V B-Weg teils aus eigenem Recht, teils als Bevollmächtigte der Erben-Gesellschafter gehen zu können, ohne die Erben ausdrücklich um ihre Zustimmung zu bitten»; gleichwohl sei es verfehlt, so weitgehende Maßnahmen ohne deren Zustimmung zu treffen.[52] Eine entscheidende Frage allerdings war, ob die V V B ihre künftige Aufgabe als «tatsächliche Geschäftsführung» erfüllen konnte, ohne die Gemeinnützigkeit zu gefährden. Daher brachte Ellscheid die Idee einer «V V B Nr. 2» als Trägerin der Leitungsfunktion neben der «V V B Nr. 1» als Trägerin der sozialen Funktion ins Spiel, d. h. der finanzielle Nutzen aus dem Eigentum und die Ausübung der aus dem Eigentum fließenden unternehmerischen Leitungsmacht wurden getrennt. Von einer Aufteilung der Eigentumsfunktion, d. h. von Gemeinnützigkeit und Lenkungsmacht, war bis zu diesem Zeitpunkt keine Rede gewesen. Erst jetzt kam diese Idee auf. Im April 1963 konstituierte sich daraufhin innerhalb der TV eine vierköpfige Kommission, die beauftragt wurde, das

Gutachten und die darin ausgesprochenen Empfehlungen mit den Erben durchzusprechen und die Ansichten der Familiengesellschafter darüber einzuholen.[53] In Einzelgesprächen machten sich die TV in der Folgezeit daran, die Familienmitglieder vom Nutzen und Sinn der künftigen Regelung der Gesellschaftsanteile zu überzeugen. Beide Seiten waren sich dabei bewusst, dass von der Familie Bosch durch die Übertragung auf die VVB sehr große finanzielle Opfer verlangt wurden, gleichwohl wurde von den TV zweifellos das Problem der drohenden Vermögens- und Erbschaftsteuer im Falle einer Ablehnung als gewisses Druckmittel benutzt.[54]

Als sich die Testamentsvollstrecker Ende Mai trafen und die Ergebnisse ihrer Gespräche austauschten, zeigte sich, dass auf Seiten der Familie keineswegs einhellige Zustimmung bestand. Fischer-Bosch, so berichtete Knoerzer über seine Gespräche, habe die von der Steuerseite her drohende Gefahr erkannt und sei mit der VVB-Lösung einverstanden. Von Paula Zundel wisse man, dass sie sich noch keine abgewogene eigene Meinung gebildet habe, sich aber wegen der ihr nach Vollzug der Übertragung verbleibenden stark reduzierten finanziellen Mittel große Sorgen mache. Und Georg Zundel halte die Übertragung auf die VVB zwar für notwendig, mache seine Zustimmung aber davon abhängig, dass ihm die TV vom Jahr 1972 ab Einfluss in der zu gründenden «VVB 2» gewähren, was er auch schriftlich zugesichert bekommen wollte.[55] Mit Robert Bosch d. J. schließlich entwickelte sich während der Sitzung eine eingehende Diskussion. Er habe sich, so Bosch, noch keine ins Einzelne gehenden Gedanken gemacht, glaube aber, dass der VVB-Weg dann der richtige wäre, wenn er eine lebendige Verbindung zwischen der Familie und der VVB gewährleisten könne. Er verkenne aber auch nicht die Möglichkeiten der Familie vom Jahr 1972 an, wenn die Anteile frei würden. Entscheidend aber sei «eine Gewährleistung der einheitlichen Führung der RB GmbH auf lange Sicht. Zwischen den Familienmitgliedern der heutigen jungen Generation besteht eine gute Harmonie, deshalb sehe ich auch keine Gefahr für eine einheitliche Führung der Firma durch die junge Generation.»[56]

Das war nicht das, was die Testamentsvollstrecker hören wollten und Knoerzer wies denn auch umgehend darauf hin, dass beim gegenwärtigen Stand der Steuergesetzgebung eine freie Überlassung der GmbH-Anteile an die einzelnen Familienmitglieder ausgeschlossen sei und gegen die Grundsätze des Testaments von Robert Bosch wirke. Bosch wurde aufgefordert, mit den anderen Familienmitgliedern zu sprechen «und diese davon zu überzeugen, dass es aus Gründen der Steuer gar keine andere Alternative gibt als die VVB-Lösung».[57] Die von Bosch d. J. daraufhin aufgeworfene zentrale Frage war die nach dem Gewicht der Familienmitglieder als Gesellschafter in der «VVB 2», d. h. dem künftigen eigentlichen Macht- und Entscheidungszentrum von Bosch, denn mit Georg Zundel und seinem Schwager Gero Madelung gab es zwei weitere Familienangehörige, die dort Mitglied werden konnten. «Der Einfluss der Familie sollte so groß wie möglich gehalten werden, ohne dass dieser jedoch die grundsätzliche einheitliche Führung der RB GmbH über die VVB 2 gefährden dürfte», argumentierte er.[58] Eine Entscheidung darüber wurde jedoch von den übrigen Testamentsvollstreckern mit dem Hinweis auf die Bestimmungen von Robert Bosch hinsichtlich der Qualität und Fähigkeiten der Familiendirektoren abgeblockt. Es wurde offensichtlich versucht, die für die Testamentsvollstreckung geltenden strikten Regeln Robert Boschs d. Ä. auch auf die «VVB 2» zu übertragen, und genau das stellte Bosch d. J. nicht zu Unrecht in Frage. Die Diskussion endete ohne Beschlussfassung. Mitte Oktober erfolgte dann aber ein weiterer Schritt in Richtung einer Anteile-Übertragung. Paula Zundel war nun wie Margarete Fischer-Bosch bereit, ihre Geschäftsanteile von knapp 7 Prozent des Stammkapitals an die VVB zu übertragen und damit aus der Erbengemeinschaft auszuscheiden.[59] Die VVB besaß damit nun bereits 21,125 Prozent der Geschäftsanteile der Robert Bosch GmbH.

Mitten in diese Entwicklung fiel der Rücktritt von Hans Walz, sowohl als Vorsitzender der Geschäftsführung als auch des TV-Gremiums. Kurz vor seinem 80. Geburtstag kündigte Walz auf der Sitzung der TV sein altersbedingtes Ausscheiden aus allen Ämtern zum 31. März 1963 an.[60] In Würdigung seiner Verdienste um das Unternehmen überreichten die TV Walz einen von allen unterzeichneten Brief,[61] in dem er zum Ehrenvorsitzenden des Hauses Bosch auf Lebenszeit ernannt wurde. Den Vorsitz im TV-Gremium übernahm anstelle von Walz nun Knoerzer, der damit zum starken Mann bei Bosch aufstieg. Allerdings machte er von Anfang an klar, dass er nur für zwei Jahre das Amt ausüben und dann den TV–Vorsitz an Merkle übergeben wolle, der seinerseits von Walz das Amt des Vorsitzenden der Geschäftsführung übernahm und damit ab 1965 die entscheidende und mit aller Machtfülle ausgestattete Führungsperson bei Bosch werden sollte. Knoerzer jedenfalls sprach auf einer der ersten von ihm geleiteten Sitzungen der TV in der Sache der «Großen VVB-Lösung» Klartext: Im Jahr 1972, so führte er im November 1963 aus, «erlischt das Testament mit der Wirkung, dass die Gesellschafter völlig freie Hand bekommen. Wenn bis dahin keine Regelung gefunden wird, ist die Existenz der Firma schwer gefährdet, weil bis jetzt kein Abkömmling die Eignung zum Familiendirektor im Sinne des Testaments des Herrn Bosch bewiesen hat. Bei Robert Bosch ist nicht damit zu rechnen, dass er die Eignung noch erwerben wird. Georg Zundel scheidet aus, weil er sich der Bewährungsprobe nicht stellt, und bei Gero Madelung, der einen sehr guten Eindruck macht, ist die Frage völlig offen; er will sich erst 1966 entscheiden, ob er sich als Familiendirektor-Anwärter bewirbt. Diese Tatsache zwingt die TV ebenso wie steuerliche Gründe, den VVB-Weg zu begehen. Die Testamentsvollstre-cker würden dem eindeutigen Willen von Robert Bosch d. Ä. zuwiderhandeln, wenn sie das Testament auslaufen ließen und nicht alle Möglichkeiten aus-schöpfen würden, die Zustimmung der Familienmitglieder zur Übertragung der Geschäftsanteile auf die VVB zu erreichen. Es ist also notwendig, sich auf Kompromisse einzulassen, die jedoch die Leitgedanken von RBÄ berücksich-tigen müssen und unter keinen Umständen die Geschicke der Firma in die Hände ungeeigneter Personen legen dürfen.»[62]

Robert Bosch d. J. war bei dieser Sitzung nicht anwesend. So war es denn Karl Eychmüller, Aufsichtsratsvorsitzender der Ulmer Wieland-Werke AG und eben erst zum neuen Familienvertreter innerhalb der Testamentsvoll-strecker gewählt, der dessen Position und die der Familie vertrat. Eychmüller plädierte vehement dafür, nur im Einvernehmen mit der Familie zu handeln, denn die große Unsicherheit für die TV wäre, wie man sich verhalten sollte, wenn die Familienmitglieder tatsächlich dem «gespaltenen» Weg der VVB ihre Zustimmung versagten und eventuell sogar einen Prozess anstrengten, um die ganze Frage gerichtlich klären zu lassen. Eychmüller berichtete von einem Gespräch mit Robert Bosch, Georg Zundel und Gero Madelung. Alle Familienmitglieder hätten die Notwendigkeit und Zweckmäßigkeit des VVB-Weges anerkannt, sie stellten aber Bedingungen; zum einen hinsichtlich der weiteren Beteiligung, zum anderen in Bezug auf das Entgelt für die abzuge-benden Anteile. Zudem aber habe Bosch ihm vermittelt, «dass er mit seinem Herzblut den innigen Wunsch hat, in der Firma tätig zu sein, und dass er beweisen möchte, dass er doch der Sohn seines Vaters ist».[63] Es hatte offenbar schon seit Anfang des Jahres mehrere Besprechungen mit ihm und den TV gegeben, dennoch bestand Bosch auf einem Verbleib in der Geschäftsführung und er weigerte sich, in den Aufsichtsrat abgeschoben zu werden; auch ein Randgebiet bei Bosch außerhalb der Geschäftsführung zu übernehmen «ge-nüge ihm nicht». Man suchte daher aus Sicht der TV nach einem Kompro-miss, und Knoerzers Vorschlag ging dahin, Bosch mit einem Teilgebiet der Entwicklungshauptleitung als eigenem Ressort in der Geschäftsführung zu behalten, jedoch unter der Bedingung, dass er sofort abberufen werden konnte, wenn er sich nicht bewährte. Außerdem sollte er in die Beratergruppe der VVB als Gesellschafter übernommen werden.[64] Die Tatsache, dass Bosch d. J. dann, obwohl nicht bestätigter Familiendirektor, einen Geschäftsfüh-rungsbereich erhielt, widersprach eigentlich den dafür geltenden strengen Regeln, aber man war sich bewusst, dass man ihm als Träger des Namens Bosch und angesichts seiner nun schon neunjährigen Tätigkeit in der Firma eine Sonderstellung zubilligen musste. Auch die übrigen TV stimmten dieser Regelung zu, und von Merkle kam der Vorschlag, Robert Bosch d. J. die Güte-sicherung anzuvertrauen und dafür quasi ein Verlegenheitsressort zu schaf-

Abb. 54: Hans L. Merkle im Gespräch mit Robert Bosch d. J. bei einem Herrenabend (Dezember 1963)

fen. «Auf diesem Posten könnte er den Schwung des Unternehmens nicht aufhalten, worauf wir besonders achten müssen. Bedingung: Er müsste ausscheiden, wenn er sich nicht einfügen und bewähren sollte.»[65] Am besten wäre nach Meinung der TV allerdings eine Stellung im Aufsichtsrat gewesen. Dem würde Bosch jedoch, da war sich Knoerzer sicher, niemals zustimmen. Wenn er das von ihm verlangen müsse, könne er ihn nicht mehr ansprechen, «und dann bekommen wir auch nicht die Geschäftsanteile von ihm und seiner Schwester».[66] Es war ein regelrechtes Scherbengericht, das die TV, allen voran Knoerzer und Walz, im November über Bosch abhielten. Wenige Tage später wurde ihm dann der Beschluss der TV hinsichtlich seiner zukünftigen Verwendung im Unternehmen mitgeteilt.

Auf der Basis dieses Kompromisses signalisierte Bosch d. J. schließlich zusammen mit seiner Schwester Eva die Zustimmung des einen Teils der Familie und Ende Januar 1963 machte er mit einem Brief an Knoerzer, in dem er seinen Verzicht auf das Amt des Familiendirektors erklärte, endgültig den Weg für die Umsetzung der «großen VVB-Lösung» frei, d. h. für den gespaltenen Weg mit der VVB als Stiftungsgesellschaft und der «VVB 2», der späteren Robert Bosch Industriebeteiligung GmbH (RBIG) als Lenkungsgesellschaft. Allerdings ging er gleichzeitig davon aus, dass er dennoch als vollwertiger Geschäftsführer mit eigenem Geschäftsbereich und als vollberechtigtes Mitglied des Gesellschafterkreises der künftigen RBIG auch weiterhin im Unternehmen aktiv sein würde.

Als sich die TV am 23. März 1964 zu ihrer nächsten Sitzung trafen, war die künftige Verfassung und gesellschaftsrechtliche Konstruktion der Robert Bosch GmbH dennoch ungewiss.[67] Seit Monaten hatte eine ganze Heerschar von Juristen und Steuerfachleuten an den Details gesessen und nach einer unanfechtbaren juristischen und steuerlichen Lösung gesucht. Nun standen die wichtigsten Regelungen fest. Das zentrale Problem dabei war aber nach wie vor die freiwillige Mitwirkung aller Mitglieder der Familie Bosch. Und hier kam ungeachtet des Verzichtsbriefs und der Zustimmung von Robert Bosch d. J. und seiner Schwester von Seiten des anderen Familienstamms weiterhin Widerstand. Sowohl Margarete Fischer-Bosch wie auch Georg Zundel erhoben massive Bedenken, und vor allem Zundel erklärte wiederholt, dass er seine Zustimmung zur Anteilsübertragung nur gebe, wenn er einen Einfluss auf die Robert Bosch GmbH bekomme und in den Gesellschafterkreis als neues Lenkungsgremium berufen werde. «Andernfalls gebe er auf keinen Fall seine Anteile freiwillig ab und werde auch den notwendigen Notariatsakt nicht mitunterschreiben», wie er Eychmüller in einem Gespräch Ende März 1964 noch einmal mitteilte.[68] Das lehnten die TV jedoch strikt ab. Erst nach langen Verhandlungen fanden beide Seiten einen Kompromiss. Knoerzer sagte Zundel eine spätere Berufung in den Aufsichtsrat zu, wohlweislich, dass dieser bei Bosch keine entscheidende Kontrollbefugnis hatte. Und man vermerkte in dem Besprechungsprotokoll auf ausdrücklichen Wunsch von Zundel dessen feste Überzeugung, «wonach er in die Beratergruppe berufen worden wäre, wenn sein Großvater noch leben würde».[69] Endlich wurde damit auch seitens des zweiten Familienstamms der Weg für die Übertragung der Nachvermächtnisanteile der Robert Bosch GmbH auf die VVB frei. Am 23. April erfolgte der formelle Beschluss der TV, die VVB aufzufordern und zu ermächtigen, von ihrem testamentarisch eingeräumten Recht auf Erwerb der noch im Nachlass liegenden Geschäftsanteile der Robert Bosch GmbH Gebrauch zu machen und dieses auszuüben.

Als sich am 2. Juni 1964 die TV mit den Mitgliedern der Familie Bosch zu einer abschließenden Besprechung des Vertragswerks zur VVB und RBIG trafen, wurde aber schnell deutlich, dass keineswegs alle Bedenken seitens der Familienmitglieder ausgeräumt waren und es nach wie vor erhebliche Differenzen gab. Am Prinzip der Anteilsübertragung und der Trennung von Besitz und Macht wurde zwar nicht gerüttelt, aber an der vor allem von Margarete Fischer-Bosch kritisierten geringen Beteiligung der Familie, sowohl in der VVB als auch in der RBIG. Warum, so fragte Fischer-Bosch, könne etwa nicht das RBIG-Gremium von sieben auf neun Mitglieder vergrößert werden, damit alle Angehörigen der jungen Generation mitwirken könnten.[70] Das käme, so die Antwort Knoerzers, nach Auffassung der TV (allerdings ohne Robert Bosch d. J.) einem eklatanten Verstoß gegen das Testament und die Richtlinien gleich. Die TV würden sich mit einer solchen Regelung selbst aus der RBIG ausschließen. Auf Seiten der Familie war man jedoch davon überzeugt, dass «Robert Bosch d. Ä. heute unter den gegebenen Verhältnissen anders denken und anders handeln würde.»[71] Der Vorstoß der Familie wurde jedoch rasch abgeblockt; «im vorliegenden Fall sei kein Raum für eine Auslegung des Testaments und auch keine Notwendigkeit gegeben, in irgendeiner Form von der durch den Testator gegebenen Weisung abzuweichen».[72] Bis am 26. Juni 1964 das Abkommen zwischen der nun als Robert Bosch Industriebeteiligung GmbH firmierenden «VVB 2» und den Mitgliedern der Familie Bosch sowie das dazugehörige umfangreiche Vertragswerk, welches die Übertragung und gesellschaftsrechtlichen Details regelte, unterzeichnet werden konnte, vergingen mithin noch einmal dramatische Wochen. Noch in letzter Minute, eine Dreiviertelstunde vor dem Notariatstermin, gab es ein Veto von Margarete Fischer-Bosch, Paula Zundel und Georg Zundel gegenüber einem Paragraphen, der die Entlastung der Testamentsvollstrecker durch die Familie von jeglicher Verantwortung über ihre bisherige Tätigkeit vorsah – eine Regelung, die von Seiten der Familie als Zumutung empfunden wurde.[73] Da sich die TV einem Kompromiss hinsichtlich der Bestellung der Familienmitglieder in die Beratergruppe verweigerten, könne man den Testamentsvollstreckern die geforderte Globalentlastung nicht erteilen, denn «innerlich einverstanden sind wir mit der jetzt getroffenen Lösung alle nicht».[74]

Letztendlich kam es dann aber doch wie geplant zur Übertragung der Familien-Geschäftsanteile auf die VVB, die damit nun rund 155 Mio. DM oder 86 Prozent des Stammkapitals der Robert Bosch GmbH hielt. Um die Gemeinnützigkeit zu wahren, verzichtete aber die VVB gleichzeitig auf die Ausübung der Stimmrechte aus diesen Geschäftsanteilen.[75] Die TV gründeten dafür die Robert Bosch Industriebeteiligung GmbH (RBIG), die von der VVB insgesamt 20 Geschäftsanteile erwarb. Diese wurden mit den maßgebenden Stimmrechten ausgestattet. Bosch selbst hatte schließlich immer von einer Beratergruppe der VVB gesprochen. Da diese aber nun keine Lenkungsfunktion mehr besaß, gründeten die TV für sich aus eigenem Recht heraus eine neue Lenkungsgesellschaft, die RBIG. Sie legten fest, dass die unternehmerische Gesellschafterfunktion und damit die Lenkungsmacht fortan dort lag und schufen sich als Rechtsgrundlage einen eigenen Gesellschaftsvertrag, ergänzt durch «Anweisungen der Gesellschafter an die Geschäftsführer».[76] Damit war die Trennung der beiden Eigentumsfunktionen vollzogen und die aus dem Eigentum fließende unternehmerische Lenkungsmacht auf eine Gruppe von Unternehmerpersönlichkeiten übergegangen, die unabhängig und gleichberechtigt waren. Diese «Lenkungsgesellschaft» übernahm dann für sich alle Rechten und Pflichten der «TV–Verfassung», d. h. als Kollektiv zu entscheiden und unternehmerisch zu handeln, aus gleichberechtigten, in ihrer Stellung als Treuhänder des Eigentums unangreifbaren Mitgliedern bestehend und sich durch Kooptation perpetuierend.[77] Die beiden zentralen Gestaltungsprinzipien der neuen RBIG-Verfassung waren kollektive Entscheidung der Gesellschafter und gleiche Rechte und Pflichten in Beratung und Abstimmung. Diese Rechtsstellung bedeutete auch, dass die Gesellschafter ohne Furcht vor Sanktionen frei miteinander umgehen konnten und gleichzeitig für einen langen Zeitraum untrennbar miteinander verbunden waren. Die RBIG-Gesellschafter verstanden sich daher als Eigentümer-Unternehmer in direkter Nachfolge von Robert Bosch; sie übten diskret und nach außen nicht sichtbar die im Eigentum liegende Lenkungsmacht und die unternehmerische Gesellschafterfunktion aus. Doch die spätere Namenswahl der neuen Lenkungsgesellschaft als «Industrietreuhand» signalisierte gleichzeitig, dass sich die Gesellschafter auch als Treuhänder des Willens von Robert Bosch und seiner ursprünglich an die TV übertragenen Rechte und Pflichten verstanden. Trotz der starken Stellung der RBIG war die Geschäftsführung in ihrer unternehmerischen Dynamik nicht eingeengt und in der Entfaltung der geschäftlichen Aktivitäten frei. Die RBIG durfte sich nicht in das operative Tagesgeschäft einmischen. Die strategische Ausrichtung von Bosch musste aber vorab abgestimmt werden, Planungen und die Durchführung von größeren Projekten zur Prüfung und Genehmigung vorgelegt werden. Die wichtigen unternehmerischen Entscheidungen wurden nach der neuen Bosch-Verfassung damit in unterschiedlicher und sich ergänzender Weise sowohl durch die RBIG als auch durch den Aufsichtsrat kontrolliert. Aber von Anfang an war klar, dass die RBIG die eigentliche Lenkungs- und Kontrollinstanz bei Bosch sein würde.

Die Testamentsvollstrecker hatten damit ihre Aufgabe erfüllt, ihr Amt war erloschen, dafür wechselten sie aber unmittelbar als Gesellschafter in die RBIG über. Damit war die Kontinuität der letztendlichen Entscheidungs- und Machtkompetenz gewahrt. Die ursprünglich der Vermögensverwaltung zugedachte Doppelfunktion war wie geplant einerseits in eine gemeinnützige Funktion und eine Lenkungsfunktion aufgespalten worden. Die restlichen Geschäftsanteile von insgesamt nominal etwa 25 Mio. DM (d. h. knapp 14 Prozent) verblieben bei den Familienmitgliedern. Gleichzeitig wurde auch der Gesellschaftsvertrag der Robert Bosch GmbH geändert und die Stimmrechte neu festgelegt: die VVB war stimmrechtslos, die RBIG besaß 60 Stimmen und die Familie zusammen 10 Stimmen. Ende 1964, nachdem inzwischen durch zwei Kapitalerhöhungen 1960 und 1961 aus Gesellschaftsmitteln das Grundkapital auf 180 Mio. DM erhöht worden war, stellte sich mithin die Verteilung der Geschäftsanteile an der Robert Bosch GmbH wie folgt dar: 281 Geschäftsanteile im Wert von nominell 155,4 Mio. DM bzw. 86,32 Prozent hielt nun die VVB, im Familienbesitz waren nur noch die insgesamt 38 Vorzugsgeschäftsanteile. Auf Drängen von Robert Bosch d. J. war daneben aber auch die Einrichtung eines Familienrats in die Vertragsbestimmungen aufgenommen worden. Er sollte es «der Familie ermöglichen, am Werden der Firma auch weiterhin Anteil zu nehmen, mit zu leben, mit zu denken und mit zu raten. Er soll auch eine Brücke zwischen Firma und Familie hinsichtlich der Ausbildung von Familienangehörigen für eine verantwortungsvolle Stellung in der Robert Bosch GmbH bilden.» Der Familienrat hatte mithin nur beratende Funktion und diente, in der Regel zweimal im Jahr zusammentretend, der Unterrichtung der Familie und der Aussprache über den Geschäftsgang sowie über wichtige Vorgänge und Pläne der Robert Bosch GmbH sowie letztlich «einem besseren Kennenlernen und einem Wachsen des Vertrauens» zwischen den Familienmitgliedern, den Gesellschaftern der RBIG und der Geschäftsführung.[78] Ein entscheidendes Dokument war schließlich eine ebenfalls am 26. Juni 1964 unterzeichnete «Vereinbarung» der Testamentsvollstrecker in ihrer Eigenschaft als Gesellschafter der RBIG. Darin wurden gleichsam als Rechenschaftsablegung noch einmal die Überlegungen dargestellt, die zur Entscheidung für den geteilten VVB-Weg geführt hatten; zugleich verpflichtete sich das inzwischen aus Alfred Knoerzer, Hans L. Merkle, Robert Bosch d. J., Heinz Küppenbender, Hugo Rupf, Carl Wurster und Ernst Rupp bestehende Kollegium gegenseitig, die von Robert Bosch d. Ä. in seinem Testament und in seinen Richtlinien niedergelegten Bestimmungen in Bezug auf die Führung der Robert Bosch GmbH weiterhin im Sinne des Erblassers zu befolgen. Auch die Kooptation von Nachfolgern nach altersbedingtem Ausscheiden wurde hier festgelegt.[79]

Unter der Überschrift «Bosch-Gewinn dient künftig überwiegend der Allgemeinheit» wurde daraufhin im Juni 1964 durch Sonderanschlag in allen Werken und Niederlassungen von Bosch die Belegschaft über die Änderungen informiert. Aus dem Familienunternehmen Bosch war nun ein Stiftungsunternehmen geworden, obwohl die Vermögensverwaltung trotz der gemeinnützigen Ziele im rechtlichen Sinn keine Stiftung, sondern eine stiftungsähnliche Konstruktion war. Und auch den Familiencharakter hatte Bosch durch die nach wie vor bestehende Minderheitsbeteiligung nicht ganz verloren. Weder diese vollständige Trennung der beiden Seiten des Eigentums noch die Konzeption der ersten Funktion als gemeinnützige Stiftung und die der zweiten Funktion als Gremium familienfremder Unternehmerpersönlichkeiten waren von Robert Bosch so von Anfang an vorgesehen, geplant oder beabsichtigt. Aber im Testament und in den Richtlinien ließen sich genügend Ansatzpunkte dafür finden, dass diese so gedeutet werden konnten, um den vereinbarten Weg dann einzuschlagen. Zwingend war er nicht. Noch im Dezember 1966 sollte Walz die

«Natur der RB GmbH als Familiengesellschaft» betonen und er begründete in einer eigenen Denkschrift, dass Robert Bosch «für seine Firma auf unabsehbare Zeit den Charakter einer unabhängigen und selbständigen Familiengesellschaft gewahrt wissen wollte».[80] «Den Status einer Familiengesellschaft, die finanzielle Unabhängigkeit, die Selbständigkeit und Aktionsfähigkeit mit allen Kräften zu sichern, das ist vom Standpunkt Robert Boschs eine Vorschrift von konstitutiver Bedeutung, ein Postulat, dem als beherrschendem Prinzip sich die gesamte Geschäftspolitik der Firma […] unterzuordnen hat.»[81] Dies zeigt nicht zuletzt, dass und inwieweit das historische Verständnis von Art und Charakter des Unternehmens in der Bosch-Führung auch Änderungen unterlag. Denn Walz betonte noch den Familiencharakter des Unternehmens als Vorteil und mit positiven Werten besetzt; dann jedoch gewann im Laufe der 1960er Jahre und unter Merkle das neue Modell des Stiftungsunternehmens an Attraktivität, während Familienunternehmen zunehmend als unmodern, ineffizient und für moderne Großunternehmen mit Konzernstrukturen als nachteilig angesehen wurden. In den späten 1980er und 1990er Jahren sollten dann in der Öffentlichkeit wieder ein Umschwung und eine Wiederentdeckung des Familienunternehmens erfolgen.

Letztendlich war die neue Verfassung der Bosch-Gruppe nicht nur nach intensiven Beratungen und Verhandlungen zwischen TV und Familie zustande gekommen, sondern ihr ging auch eine sorgfältige Abstimmung mit dem Bundesfinanzministerium und der Oberfinanzdirektion Stuttgart voraus. Die zentrale Voraussetzung war die Erlangung der Steuerbefreiung nach der Gemeinnützigkeitsverordnung, und das von den Testamentsvollstreckern für Rechnung der Erben und mit deren Zustimmung vollzogene Rechtsgeschäft war denn auch eine sogenannte gemischte Schenkung, für die ein Entgelt vereinbart wurde. Es betrug allerdings nur den nominellen Wert der Geschäftsanteile und lag damit um ein Vielfaches unter ihrem tatsächlichen Wert. Unter diesem Blickwinkel handelte es sich seitens der Familie dann – nicht juristisch, aber wirtschaftlich – doch um eine Stiftung. Die Neuordnung bedeutete für die Familie mithin nicht nur den endgültigen Verzicht auf die Unternehmensleitung und -kontrolle, sondern verlangte ihr zudem erhebliche finanzielle Opfer ab.[82] Dass sie und insbesondere Robert Bosch d. J. unter den damaligen Umständen dennoch bereit waren, den Kompromiss zu unterschreiben, nötigte den TV schon damals Respekt ab, auch wenn es in ihren Augen dabei letztlich nur um die Erfüllung des Willens und der Absichten des Gründers Robert Bosch ging. Die große Leistung des Vertrags vom Juni 1964 bestand darin, dass ein schier unmöglicher Kompromiss zwischen den divergierenden Anforderungen, Interessen und Zwängen gefunden wurde.[83] Es ging darum, eine funktionsfähige Lösung zu entwickeln, die es sowohl erlaubte, dem Testament Genüge zu tun, als auch dem Wunsch der Familie und der Erben, aktiv Verantwortung zu übernehmen und nicht den einfachen Weg der finanziellen Abfindung zu gehen; es galt die Notwendigkeit des Unternehmens nach einer effizienten und kompetenten Führungsstruktur zu berücksichtigen und gleichzeitig auch den zweifellos vorhandenen Gemeinnützigkeitswillen des Gründers zu verwirklichen. Die neue Bosch-Verfassung entsprach mithin keineswegs eins zu eins dem Testament; das konnte sie auch gar nicht, denn es gab etwa keinerlei Gedanken im Testament, eine Minderheitsbeteiligung der Familie zu schaffen. Trotzdem wurde eine Lösung gefunden, die dem diente, was das Testament eigentlich wollte: nämlich das Unternehmen zu stärken, ihm viel Zukunftsoffenheit zu ermöglichen und gleichzeitig der Familie ein aktives Mitwirken unter den Grundsätzen des Unternehmensgründers zu garantieren.[84]

Die Bekanntgabe der neuen Gesellschaftsverfassung fand schließlich auch in der Öffentlichkeit «einen außerordentlich starken Widerhall», wie die Gesellschafter der VVB auf ihrer Sitzung Ende September 1964 konstatierten.[85] In der in- und ausländischen Presse gab es durchweg anerkennende Kommentare, auch in einer Reihe direkt an die VVB gerichteten Schreiben. Die Bosch-Lösung traf damals zweifellos einen Nerv in der Sorge vieler Familienunternehmen um die Erhaltung der Firma im Falle eines Generationenwechsels, und vielen galten die bei Bosch vorgenommenen Transaktionen als Patentlösung für die dabei auftretenden zahllosen rechtlichen und steuerlichen Probleme. Mit Mühe versuchte man bei Bosch demgegenüber jedoch diese Erwartungen zu zerstreuen. Denn so günstig sich diese Regelung für Bosch auch in den folgenden Jahren auswirken sollte, so war doch auch schon damals klar, dass die Bosch-Lösung bestenfalls für einen kleinen Teil der Familienunternehmen als Vorbild dienen konnte. Die spezifischen Verhältnisse, die bei Bosch vorlagen, waren kaum die Regel und infolgedessen konnte diese Lösung auch nicht schematisch auf andere Unternehmen übertragen werden. Die komplizierte Geschichte der gesellschaftsrechtlichen Neuordnung von Bosch war allerdings auch nach der großen Zäsur von 1964 noch nicht zu Ende.

Robert Bosch Industrietreuhand KG und Gesellschafterstruktur: Zur weiteren Entwicklung der Corporate Governance bei Bosch

Zum 1. Januar 1965 erfolgten die verabredeten personellen Änderungen in der Geschäftsführung. Robert Bosch d. J. übernahm die neu geschaffene Hauptleitung für Gütesicherung, Klaus Alberts und Kurt Losten führten die Hauptleitung für technischen und kaufmännischen Verkauf und Wilhelm Hofmann und Hans Bacher standen der nun in zwei Teilbereiche getrennten Fertigungshauptleitung vor.[86] Die alte Garde der Geschäftsführung war nun endgültig durch junge Nachfolger ersetzt worden. Im Juni 1967 nahm Knoerzer, wie angekündigt, seinen Abschied als RBIG-Gesellschafter und Vorsitzender des Aufsichtsrats von Bosch. Im April war noch mit großem Aufwand sein 75. Geburtstag gefeiert worden, zuvor hatte er aber in einem ausführlichen Memorandum über «Geschäftspolitik auf weite Sicht» seinen RBIG-Kollegen mahnende Worte mit auf den Weg gegeben.[87] «Seit längerem», so schrieb Knoerzer, «mache ich mir Sorgen darüber, ob wir bei dem Aufbautempo der letzten Jahre den Charakter einer Familiengesellschaft auf die Dauer behalten können oder ob wir nicht einmal gezwungen sind, fremdes Kapital aufzunehmen. Ich bin der Auffassung, dass wir verpflichtet sind, dem Willen des Herrn Bosch entsprechend die jetzige Struktur zu erhalten.»[88] Knoerzer plädierte daher für eine deutliche Zurückhaltung bei künftigen Investitionen und den Einbau einer Sicherung in Form einer starken Majorität bei entsprechenden Entscheidungen in der RBIG. Im Prinzip konnte das als eine Warnung gegenüber der inzwischen von Merkle eingeschlagenen Modernisierungs-, Expansions- und Diversifikationspolitik verstanden werden. «Das Ziel, unseren Marktanteil am Nicht-Autozubehör allmählich auf die Höhe der Fertigung des Automobil-Zubehörs zu bringen [...] halte ich nicht für erreichbar, weil der Kapitalbedarf dafür in einem solch großen Umfang aus eigenen Mitteln und aus vertretbaren Krediten nicht gedeckt werden kann.»[89] Als Grundprinzip habe der von Bosch geforderte Auf- und Ausbau der Firma entsprechend den aus eigener Kraft zu verwirklichenden finanziellen Möglichkeiten zu gelten. Die gesellschaftsrechtlichen Änderungen von 1964 hätten zwar die Umwandlung von Bosch in eine Aktiengesellschaft erschwert, aber nicht gänzlich unmöglich gemacht. Dem galt es daher in den Augen von Knoerzer eine weitere hohe Hürde vorzubauen, was dann durch Änderungen in den Richtlinien der RBIG tatsächlich auch geschah.

Im Frühjahr 1970 setzte Robert Bosch d. J. die RBIG-Gesellschafter davon in Kenntnis, dass er zusammen mit Eva Madelung aus den diversen Erlösen eine eigene gemeinnützige Stiftung gründen wollte. An der Verantwortung als Bosch-Geschäftsführer sollte sich zunächst nichts ändern, aber im November 1970 entschloss sich Bosch dann doch, aus der Geschäftsführung ganz auszuscheiden und in den Aufsichtsrat überzutreten.[90] Das Problem dabei war weniger, dass Bosch für seine Stiftungspläne die Zustimmung der RBIG-Gesellschafter brauchte und die Frage der geplanten Einbringung von Gesellschafteranteilen in die neue Stiftung rechtlich geklärt werden musste, sondern vielmehr überhaupt die weitere Zugehörigkeit von Bosch d. J. als Gesellschafter der RBIG und damit als Mitglied des mächtigen Kontroll- und Entscheidungsgremiums. Schon im Juni 1965 hatten sich die Gesellschafter der RBIG rigide Richtlinien gegeben, die weitgehend den entsprechenden Bestimmungen des TV-Gremiums entsprachen. Darin war das auch weiterhin geltende Koop-

Abb. 55: Alfred Knoerzers 75. Geburtstag. Von links nach rechts: Alfred Knoerzer, Robert Bosch d. J., Hans L. Merkle (April 1967)

tationsverfahren und die Kriterien für die dafür «geeigneten Personen» genau geregelt.[91] Die Gesellschafter setzten sich demnach aus einer sechsköpfigen Beratergruppe zusammen, darunter maximal zwei etwaige Familiendirektoren und Gesellschafter-Geschäftsführer sowie ein Familienvertreter, der aber kein Familienmitglied war und nur beratende Funktion hatte. Der Begriff «Beratergruppe» war eigentlich längst hinfällig und irreführend, denn tatsächlich fungierte das Gremium nicht nur beratend, sondern übte als Gesellschafterin umfassende Rechte aus. Dennoch wurde er von den damaligen Beteiligten weiterhin verwendet und taucht daher auch so in den Quellen auf. Trotz aller Bekenntnisse über den zu erhaltenden Charakter von Bosch als Familienunternehmen war der Familie mithin von Anfang an nur eine schwache

Position eingeräumt worden. «Ein Gesellschafter der Beratergruppe darf nicht der Familie Bosch angehören, eine Ausnahme bilden Familiendirektoren», hieß es in den Bestimmungen. Zur Wahrung der Unparteilichkeit durften Gesellschafter nicht miteinander verwandt sein, und Frauen waren als Gesellschafter der RBIG prinzipiell ausgeschlossen. Hatte die Vermögensverwaltung zudem der Familie Bosch gegenüber sämtliche Verbindlichkeiten aus den Geschäftsanteile-Verträgen von 1964 erfüllt, so erlosch das Recht der Familie, einen Vertreter in die Gesellschafterversammlung der RBIG zu entsenden. Die Gesellschafter konnten jedoch je nach Bedarf weiterhin Familienvertreter hinzuziehen, allerdings nur mit beratender Stimme.

Entscheidend waren aber vor allem die näheren Bestimmungen über die Wahl, Kompetenzen und Position des Familiendirektors in der RBIG. Eine entsprechende Bestellung oblag wie schon bei den TV allein der Beratergruppe, in deren Ermessen es auch gestellt wurde, «wie weit sie einem Familiendirektor das Stimmrecht aus den der RBIG gehörigen RB GmbH-Geschäftsanteilen überlassen will».[92] Im März 1971 erörterten die RBIG-Gesellschafter daher – in Abwesenheit von Bosch d. J. – die Konsequenzen aus dessen Rückzug aus der Geschäftsführung und kamen einstimmig zu dem Schluss, dass er nicht mehr der Beratergruppe angehören könne und unter Berufung auf die vielstrapazierten Grundsätze von Robert Bosch d. Ä. auch keine Ausnahmeregelung bzw. Änderung der bestehenden Regelung möglich sei.[93] Bosch, so wurde weiterhin beschlossen, könne aber anstelle des im August 1972 ausscheidenden Eychmüller als Familienvertreter Mitglied der Beratergruppe werden, aber auch das nur unter der Bedingung, dass er seine RB-GmbH-Anteile behalte und nicht in seine neue Stiftung einbringe.[94] Was niemand explizit aussprach, war, dass Bosch d. J. damit gleichsam zum RBIG-Gesellschafter zweiter Klasse mit eingeschränkten Rechten degradiert wurde. Er konnte nur noch beratend mitwirken und damit war der Familie die mitbeschließende Kompetenz genommen. Dass Bosch d. J. sich mit seinem Wunsch nach Verbleib in der Beratergruppe der RBIG gleichfalls auf Äußerungen im Testament seines Vaters stützte, blieb ohne Wirkung und wurde mit Verweis auf die zwingende Wirkung anderer Passagen des Testaments verworfen.[95]

Am 19. Januar 1972 starb Margarete Fischer-Bosch, die Tochter des Firmengründers, und dem Testament entsprechend gingen die ihr noch verbliebenen Geschäftsanteile auf die Robert Bosch Stiftung über. Diese war bereits am 3. Juni 1969 infolge von Umbenennung aus der Vermögensverwaltung Bosch GmbH hervorgegangen, nicht zuletzt, um der eigentlichen Aufgabe der Gesellschaft auch im Namen Ausdruck zu geben. Gleichzeitig war Georg Zundel als Nachfolger von Fischer-Bosch ins Stiftungskuratorium gewählt worden. Zwei Jahre später, am 22. August 1974, starb auch Paula Zundel, die zweite Tochter von Robert Bosch, und zusammen mit dem nun auch von ihr übertragenen Anteil verfügte die Stiftung über etwa 90 Prozent (genau genommen 89,115 Prozent) der (stimmlosen) Geschäftsanteile der Robert Bosch GmbH. Die Familie hielt noch 10,875 Prozent der Anteile bzw. sechs Stimmen, die restlichen 0,01 Prozent (dafür mit 60 Stimmen ausgestattet) die RBIG. Bereits vier Monate zuvor, am 23. April 1974, war, inzwischen 91-jährig, Hans Walz gestorben, der sich wie kein anderer dazu berufen gefühlt hatte, das Werk und den Geist des Gründers weiterleben zu lassen.[96]

Es gab aber noch zwei weitere Ereignisse, die in der zweiten Hälfte der 1970er Jahre die Entwicklung der Corporate-Governance-Verfassung und die Beziehung zwischen Familie und Unternehmen berührten. Das eine war das Inkrafttreten der erweiterten Mitbestimmung im Sommer 1976. Von ihr war nicht nur die Robert Bosch GmbH durch die Parität von Unternehmenseignern und Arbeitnehmervertretern im Aufsichtsrat betroffen, sondern auch die RBIG als eigentliches Macht- und Entscheidungszentrum des Bosch-Konzerns. Die Bestimmungen des Mitbestimmungsgesetzes enthielten, darauf hatte man in der Rechtsabteilung von Bosch schon im Februar 1974 warnend hingewiesen, «schwerwiegende Änderungen des geltenden Rechts und setzen wesentliche RB-Verfassungsnormen außer Kraft».[97] Hinzu kam das Problem, dass altersbedingt eine Reihe von RBIG-Gesellschaftern, die noch aus der Zeit der Testamentsvollstrecker stammten, nun ausschieden oder kurz vor der Altersgrenze von 70 Jahren standen. Ende 1974 waren daher Karl Klasen, der ehemalige Bundesbankpräsident, und Robert Holzach, Vorstandsmitglied der Schweizerischen Bankgesellschaft, in die RBIG-Gesellschaftergruppe gewählt worden. Daneben saßen, abgesehen von Merkle und als zweitem Geschäftsführungsmitglied dessen rechte Hand Paul A. Stein, Hugo Rupf, Mitglied der Geschäftsführung der J. M. Voith GmbH, Angelo Hammelbacher, Geschäftsführer der Salamander AG, und Heinz Küppenbender, Vorsitzender der Geschäftsführung von Carl Zeiss, in dem Gremium. Für Hammelbacher folgte im Juni 1976 Peter Adolff, damals Geschäftsführer der Wacker Chemie und ab Oktober 1976 Mitglied des Vorstands der Allianz AG. Um von außen erzwungenen Änderungen in den Aufgaben und Funktionen der RBIG als maßgebende Gesellschafterin der Robert Bosch GmbH zu entgehen, wurde im März 1976 eilig eine gesellschaftsrechtliche Umwandlung in eine Kommanditgesellschaft vorgenommen. Vom 23. Juni 1976 an firmierte die Gesellschaftergruppe daher unter dem Namen Robert Bosch Industrietreuhand KG, kurz RBIK.[98] Die Statuten und Richtlinien der RBIG wurden dabei im Wesentlichen übernommen und die Gelegenheit auch gleich dazu genutzt, die noch aus dem Jahr 1959 stammenden «Anweisungen an die Geschäftsführer der RB GmbH» zu erneuern, in denen sowohl die Verpflichtung zur Beachtung und Verwirklichung der (nun von der RBIK) aufgestellten Grundsätze und Leitlinien der

Unternehmenspolitik festgelegt wurden als auch die Genehmigungspflicht bei Geschäften.

Das andere Ereignis bestand in anstehenden Kapitalerhöhungen, mit denen, sofern sie nicht aus Gesellschaftsmitteln erfolgten, die Frage der Beteiligung der Familienanteilseigner und ihre künftige Dividendenberechtigung aufgeworfen wurde. Im Juli 1968 war bereits (aus Gesellschaftsmitteln) das Grundkapital von 180 Mio. DM auf 300 Mio. DM erhöht worden und es wurde im Juli 1973 erneut um 120 Mio. DM auf insgesamt 420 Mio. DM aufgestockt. Im Mai 1977 stand dann bereits die nächste Kapitalerhöhung auf insgesamt 680 Mio. DM an, diesmal aus Gesellschaftsmitteln und Bareinzahlung. Seit Jahren wurde die Geschäftsführung von Mitarbeitern wie Kunden gefragt, wie sie die Weiterentwicklung des Unternehmens finanzieren wollte. Die Befürchtung war, dass die Kapitaldecke einmal zu gering werden könnte, da anders als bei Aktiengesellschaften kein neues Kapital durch externe Mittel beschafft werden konnte. Bislang war es jedoch immer gelungen, den Kapitalbedarf aus einbehaltenen Gewinnen bereitzustellen, nun aber stieß Bosch damit an seine Grenzen. Die gemischte Kapitalerhöhung für 1977 war auch deshalb gewählt worden, «um der Öffentlichkeit und den Mitarbeitern zu beweisen, dass es auch uns möglich ist, die Kapitalgrundlage durch Schaffung zusätzlichen Eigenkapitals zu verbessern», wie Merkle auf der Sitzung der RBIK im März 1977 erläuterte.[99] Die offene Frage war jedoch, ob und inwieweit sich auch die Familiengesellschafter durch Einzahlung beteiligen würden und dafür neue Anteile erhielten.[100] Kompliziert wurde das Ganze noch dadurch, dass es mit Januar 1977 zu einer Körperschaftsteuerreform gekommen war, die durch den Wegfall der Doppelbesteuerung bei Kapitalgesellschaften prinzipiell positive Effekte hatte, für einige wenige Gruppen jedoch, darunter die gemeinnützigen Anteilseigner an Kapitalgesellschaften, deutliche Nachteile mit sich brachte.[101] Wesentlich aus Sicht der Familienanteilseigner war bei alldem zudem die weitere Sicherung der Dividendeneinnahmen, die vorrangig zur Deckung der Steuerverpflichtungen verwendet wurden. Nach dem Willen von Robert Bosch bestand seitens des Unternehmens gegenüber den Familiengesellschaftern die Verpflichtung, zumindest so viel Gewinn auszuschütten, dass diesen ein angemessener Lebensstandard möglich war. Robert Bosch d. J. und seine Schwester signalisierten nun im Juni 1977 ihre Bereitschaft zur Zeichnung, während von Georg Zundel Bedingungen gestellt wurden. Er wolle «von seinem Recht auf Übernahme eines seiner Beteiligung entsprechenden Anteils nur zur Hälfte Gebrauch machen und die andere Hälfte für eine Beteiligung der Belegschaft an der Finanzierung und am Ertrag des Unternehmens verwenden».[102] Die Forderung nach Einführung von Mitarbeiteranteilen von immerhin 2,5 Mio. DM, die Zundels Wunsch bedeutete, sorgte unter den

RBIK-Gesellschaftern für einige Aufregung und beim Betriebsrat, der von Merkle über den Bosch-Gesamtbetriebsratsvorsitzenden Richard Rau vertraulich davon Kenntnis erhalten hatte, für wenig Begeisterung. Dort favorisierte man die Einführung einer neuen Lohnstruktur, und überhaupt sei der Betrag für ein umfassendes Konzept der Vermögensbildung in Mitarbeiterhand viel zu klein. Dennoch sahen sich die RBIK-Gesellschafter dazu genötigt, Zundel in einem nicht-notariellen Zusatz die Prüfung eines Plans für die Belegschaftsbeteiligung zuzusichern.[103]

Die drei Familiengesellschafter beteiligten sich schließlich an der Kapitalerhöhung. Den noch ausstehenden Gesellschaftsanteil von Zundel übernahmen, nachdem die Zuteilung von Belegschaftsanteilen aus steuerlichen und rechtlichen Gründen nicht durchführbar war, im Juli 1980 zu gleichen Teilen Robert Bosch d. J. und Eva Madelung und sicherten somit diesen Geschäftsanteil der Familie.[104] Am eingeschränkten Stimmrecht für Robert Bosch d. J. in der RBIK änderte sich dadurch aber nichts.[105] Im Juni 1978 hatte Merkle zudem noch angeregt, den Kreis der Gesellschafter der RBIK zu erweitern, denn ohne Bosch besaßen nur die übrigen sechs Mitglieder volles Stimmrecht, was im Zweifelsfall zu einem Abstimmungspatt führen konnte. Diese Zuwahl sollte auf jeden Fall ebenfalls aus dem Kreis der familienfremden Persönlichkeiten erfolgen. Im April 1979 erfolgte die Wahl von Marcus Bierich, damals Finanzvorstand bei der Allianz AG. Gleichzeitig wurde auf der RBIK-Sitzung festgestellt, dass «das Recht der Familie Bosch auf Entsendung eines Vertreters in die RBIK erloschen [ist]».[106] Denn tatsächlich hatte das Unternehmen am 28. Dezember 1978 die letzte Tilgungsleistung vorgenommen und damit die Verbindlichkeiten aus der Restkaufsumme der Geschäftsanteileübertragung des Jahres 1964, bzw. genau genommen der Jahre 1962 bis 1964, vorzeitig abgeschlossen, 16 Jahre vor Ablauf der eigentlich vertraglich festgelegten Tilgungslaufzeit im Jahre 1993/94. Viel früher und auch viel günstiger als noch von Knoerzer prognostiziert hatte das Unternehmen damit die Familiengesellschafter herausgekauft.[107] Mitte 1982 verkaufte Georg Zundel seinen gesamten verbliebenen Anteil an Vorzugsgeschäftsanteilen an die RB Industrieanlagen GmbH. Der Familienstamm, der auf Paula Zundel, geb. Bosch, zurückging, zog sich damit ganz aus dem Unternehmen und aus dem Kreis der Familiengesellschafter zurück. Vorgabe war es, dass die RB Industrieanlagen GmbH die Anteile innerhalb von fünf Jahren an Robert Bosch d. J., Eva Madelung oder die Bosch-Stiftung weiterverkaufte.[108] Im Juli 1983 schließlich gründeten Bosch d. J. und seine Schwester die Robert Bosch Familiengesellschaft, in die sie ihrerseits die ihnen verbliebenen Vorzugsgeschäftsanteile einbrachten. Beide hielten zusammen noch knapp 8 Prozent der Unternehmensanteile.[109] Eine schwierige Übergangsphase, die von der Familie und insbesondere Robert Bosch d. J. wohl zum Teil auch als demütigend empfunden wurde, kam

damit zu einem vorläufigen Abschluss.[110] Dennoch entstanden dadurch am
Ende stabile Corporate-Governance-Strukturen bei Bosch, die sich in den folgenden Jahren bewähren sollten. Mit ihnen blieben dem Unternehmen «alle
Vorteile erhalten, die die Führung durch einen engagierten, verantwortungs-
bewussten Eigentümer-Unternehmer mit sich bringt: große innere und äußere
Unabhängigkeit, kurze Entscheidungswege, schnelle und klare Entscheidungen, präzise definierte Verantwortlichkeiten, kein außerhalb des Unternehmens liegendes Eigeninteresse bei den Entscheidungsträgern, keine Furcht
vor Positionsverlust bei unpopulären Maßnahmen, eine an langfristigen Zielen orientierte Geschäftspolitik, Diskretion, einheitliches Auftreten nach außen,
straffe Organisation, persönliche Verlässlichkeit und Beachtung menschlicher
Werte».[111]

Nur ein Konfliktfeld blieb, das die Robert Bosch Stiftung wie die Familie
gleichermaßen betraf: die jährlichen Gewinnausschüttungen und damit die
Dividendenpolitik des Unternehmens.[112] Tatsächlich war es eine der Eigen-
arten der «Bosch-Verfassung», dass die Stiftung gleichsam «nur» Dividenden
erhielt, ansonsten aber die unternehmerische Lenkungsmacht von der RBIK
ausging, die dann von der Geschäftsführung und ihrem Vorsitzenden in die
Tat umgesetzt wurde. Gleichzeitig existierte jedoch durchaus ein faktischer
Rückkopplungseffekt dergestalt, dass die Gedanken und Pläne der RBIK stark
von der Exekutive, der Geschäftsführung und auch den Vorständen der einzelnen Unternehmensbereiche erarbeitet und mitgeprägt wurden.[113] Unter
Walz und Knoerzer hatte dabei noch eine starke Hierarchisierung vorge-
herrscht, erst unter Merkle als Vorsitzendem der Robert Bosch Industriebeteiligung gelang es, ein feinsinnig gesponnenes Geflecht der Beziehungen
unter den Mitgliedern über intensive persönliche Gespräche aufzubauen, das
vielfach auch von Freundschaftlichkeit, Vertrauen und vor allem von Loyalität
geprägt war. Unbedingte Loyalität zum Unternehmen hatte vor allem auch
Robert Bosch d. J. geprägt; er wurde dadurch aber vom Kronprinzen mit
bedingtem, testamentarisch begründetem Anspruch auf die alleinige Eigen-
tümerschaft zum Sprecher der Gründerfamilie in einem Stiftungsunternehmen ohne volles Stimmrecht.[114] Robert Bosch war auch nach seinem Aus-
schluss aus dem Gesellschaftergremium bei jeder Sitzung der RBIG bzw. RBIK
dabei, richtig zugehört hat er dieser Gruppe von unabhängigen, erfahrenen
Unternehmern auch seinem Wesen nach jedoch nie. Die Ermöglichung der
neuen Unternehmensverfassung von Bosch und die Zurücknahme des Eigen-
tumsanspruchs waren daher für ihn wohl die größte Enttäuschung in seinem
Leben, zugleich aber auch die größte Leistung.[115] Das zentrale Problem, mit
dem Bosch d. J. und die Familienmitglieder ebenso konfrontiert waren wie die
Testamentsvollstrecker und späteren RBIK-Gesellschafter, war der inhärente
Widerspruch, der im Testament und in den Richtlinien durch den Firmen-

gründer angelegt war: Einerseits hatte Robert Bosch das Dogma des Erhalts als Familienunternehmen aufgestellt, andererseits aber zugleich alles nur Erdenkliche getan, um das Unternehmen vor der Familie zu schützen, sei es vor unfähigen Nachkommen in der Unternehmensleitung, vor lähmenden Streitigkeiten zwischen oder innerhalb der Familienstämme oder vor Konflikten um den Anteilsbesitz und der drohenden Zersplitterung der Geschäftsanteile. Damit stellte sich die Frage nach der Deutungshoheit über die Auslegung von Testament und Richtlinien und des daraus abgeleiteten Gesellschaftsvertrags, wobei es jedoch nicht allein um die Auslegung, sondern gleichzeitig auch um den Vollzug des Willens von Robert Bosch ging.[116] Der Architekt der neuen Bosch-Verfassung war aber nicht Merkle, wie später immer wieder irrtümlicherweise behauptet,[117] sondern waren Knoerzer und Walz, auch wenn Merkle in der Phase nach 1965 bei der Umsetzung und Ausübung der neuen Regelungen und Strukturen eine wachsende Rolle spielte. Zudem gibt es prinzipiell immer auch eine gewisse Kluft zwischen Verfassungsrecht und Verfassungswirklichkeit, zwischen Rechtsetzung und Rechtspraxis, wodurch ein permanenter Prozess gegenseitigen Austarierens und gelegentlich auch einer Modernisierung der Rechtsgrundsätze erforderlich wird. Dieser Prozess wurde bei Bosch durch Walz in den Nachkriegsjahren ganz massiv betrieben und fand auch unter Knoerzer und Merkle seine Fortsetzung, wobei allerdings zwangsläufig die direkte Verbindung zu den «Verfassungsgrundlagen der RB GmbH» immer lockerer wurde. Immer weniger Maßnahmen und Entscheidungen ließen sich direkt aus dem Text des Testaments herleiten und begründen; sie waren daher oft auch nachträglich hergestellte Legitimationszusammenhänge anstelle einer bestimmten Maßnahmen vorausgehenden Auslegung des Testaments und der Richtlinien und daraus abgeleiteter Handlungsanweisungen. Das galt etwa für die Präferenz für die VVB-Lösung als eine Art permanenter Testamentsvollstrecker-Konstruktion gegenüber der Weiterführung als Familienunternehmen, aber auch für die Stiftungskonstruktion selbst oder die Stellung und Stimmrechtsausstattung von Familiendirektor und Familienvertreter. Anstelle wortwörtlicher Auslegung des Vermächtnisses rückte die pragmatische Nutzung der Handlungs- und Gestaltungsspielräume, die Testament wie Richtlinien zuließen, in den Vordergrund. Die Sitzungen des Testamentsvollstrecker-Kollegiums sowie die späteren Versammlungen der RBIK-Gesellschafter stellten dabei auf jeden Fall eine Art «ständige Rechtsprechung» zu den grundgesetzlichen Dokumenten des Unternehmens Bosch dar. Dieser permanente Deutungs-, Anpassungs- und Anwendungsprozess hält bis in die Gegenwart an und ist genuiner Bestandteil des «Phänomens Bosch». Über allen interpretatorischen Details der Verfassungsgrundlagen und des Vermächtnisses von Robert Bosch aber schwebten gleichsam die unumstößlichen Prinzipien und Werte der Bosch-

Unternehmensführung, die sich eigentlich erst in diesen Umbruchjahren zwischen den 1950er und 1970er Jahren herauskristallisierten: Die finanzielle Unabhängigkeit von Banken und Börsen infolge der permanenten Reinvestition der Gewinne bei gleichzeitiger Gemeinwohlverpflichtung, die Orientierung an einer Politik des langen Atems und nicht zuletzt die Aufgabe, ein vorbildliches Unternehmen zu sein, das seine nicht allein am Ertrag, sondern auch an Kultur, Gemeinwohl und Moral orientierten Verpflichtungen gegenüber den Kunden, den Mitarbeitern, der Gesellschaft und der Umwelt ernst nimmt.[118]

3. Unternehmensorganisation und Unternehmensstrategie zwischen «Wirtschaftswunder» und Ölpreiskrisen

Hans L. Merkle prägte zweifellos die Unternehmenspolitik von Bosch in den 1960er, 1970er und 1980er Jahren. Schon kurz nach seiner Bestellung zum Geschäftsführer der Finanzhauptleitung im Jahr 1958 nahm er die Modernisierung der Unternehmensfinanzierung in Angriff, dann folgte die (allerdings schon vor seiner Zeit in Gang gekommene) Neuorganisation der Unternehmensstruktur. In den Folgejahren wurden von ihm Expansion, Diversifikation und Internationalisierung vorangetrieben. Damit lagen Merkle und Bosch freilich im damaligen Trend aller deutschen Großunternehmen. Diese machten ähnliche Transformationsphasen durch, wenn auch meist etwas später. Und hier wie dort waren die Unternehmensführungen vor allem mit der Bewältigung der Konjunktur- und Strukturkrisen der «langen 1970er Jahre» konfrontiert. Nach Jahren des ungebrochenen Wirtschaftswachstums stellte sich für die deutschen Industriemanager die Herausforderung, Unternehmenspolitik im Zeichen rascher Konjunkturwechsel und heftig schwankender Wirtschaftszyklen zu praktizieren. Nahezu im Drei-Jahres-Rhythmus wechselten Aufschwung und Nachfrageeinbruch einander ab. Das war für viele der in den «Wirtschaftswunderjahren» ertragsverwöhnten Unternehmer eine ganz neue Erfahrung. Was Bosch dabei von anderen Unternehmen unterschied, war zum einem der (weitgehend erfolgreiche) Versuch, den krisenbedingten Zwangslagen und verengten Handlungsspielräumen durch Antizipation zu entgehen. Zum anderen besaß Bosch mit Merkle einen Manager, der sich über die eigentliche Unternehmenspolitik hinaus als «politischer Unternehmer» verstand und als industrie- und wirtschaftspolitischer Stichwortgeber sowie Kommentator fungierte. Der Vorsitzende der Geschäftsführung war der zentrale Knotenpunkt im Netzwerk der von persönlichen Freundschaften und Mandatsverflechtungen der führenden Bank- und Industrievorständen geprägten «Deutschland AG». Noch zu dessen Lebzeiten wurde daraus ein regelrechter Mythos um Macht und Einfluss Merkles, der sich auch aus seinem innerhalb von Bosch gepflegten spezifischen Führungsstil, einer Politik der harten Hand bzw. «des letzten Wortes», speiste, sowie aus seiner seit 1965 bestehenden, nahezu uneingeschränkten Machtposition in der Personalunion als Vorsitzender der Geschäftsführung und der RBIG-Gesellschafter. Der nähere Blick auf das tatsächliche unternehmenspolitische Agieren von Merkle zeigt aber ein vielfach anderes, differenzierteres Bild. Vor allem jedoch darf nicht vergessen werden, dass die erweiterte Geschäftsleitung am Ende der 1970er Jahre ein bis zu 13-köpfiges Gremium bildete, ergänzt durch die Gruppe der etwa 150 Geschäftsbereichs-, Abteilungs-, Werks- und Verkaufsdirektoren, kurzum der Manager der zweiten Führungsebene. Sie und Personen wie Hans Bacher, Konrad Eckert, Paul Stein oder Kurt Schips prägten in ihren Geschäfts- und Verantwortungsbereichen die unternehmensinterne Entwicklung von Bosch weit mehr, als es die auf die bloße Person Merkles fixierte Außenwahrnehmung des Unternehmens erkennen ließ.

Divisionalisierung, Krisenstrategien und Unternehmensführung in der Ära Merkle

Zum Jahresbeginn 1963 nahm Bosch Abschied von seiner bisherigen funktionalen und horizontalen Unternehmensorganisation und begann mit dem Aufbau von dezentralen Gruppen, die auf einzelne Erzeugnisklassen ausgerichtet waren. Es handelte sich um einen langen Umbauprozess, denn die Diskussionen um eine Modernisierung der Bosch-Organisation gingen bis ins Jahr 1953 zurück und sollten nach einer Reihe weiterer organisatorischer Umbaumaßnahmen erst im Herbst 1968 mit der Bildung von divisionalen Produktgruppen zu einem vorläufigen Abschluss kommen. Die Bosch-Organisation, so hieß es kritisch in einem Schreiben der Zentralabteilung Betriebswirtschaft vom März 1953, «stammt in ihren Grundlagen im Wesentlichen aus den 20er Jahren. Inzwischen haben wir aber eine Größe erreicht, bei der wir uns die Frage vorlegen müssen, ob unsere bisherige Organisationsform noch die geeignete ist. Manchmal haben wir die Empfindung, dass unsere horizontale Gliederung zu einer gewissen Schwerfälligkeit, zu einer Bürokratisierung der Arbeit und zu einer Verringerung des Verantwortungsbewusstseins geführt hat.»[1] Über erste Ansätze einer Dezentralisierung und Divisionalisierung kam Bosch aber zunächst nicht hinaus, erst im Laufe des Jahres 1960 unternahm man auf Initiative von Walz einen neuen Anlauf. «Unsere Organisation muss beweglicher, schneller, schlagkräftiger und auch billiger werden», mahnte er auf der Sitzung der Testamentsvollstrecker im Mai 1960, «außerdem gilt es, die Geschäftsführer von Routinearbeit zu entlasten, damit sie die nötige Zeit für ihre eigentlichen Führungsaufgaben und für die rechtzeitige Planung der Zukunft haben.»[2] Um Risiken und Chancen der Umorganisation genauer zu untersuchen, wurde im Januar 1961 eine eigene «Arbeitsgruppe Dezentralisierung» eingerichtet, in der auch ein Berater der bei Bosch zu dieser Zeit bereits öfter eingesetzten Consultingfirma Bruce Payne. saß. Ein Jahr später, Mitte März 1962, legte die Arbeitsgruppe nach 18 Sitzungen ihre Ergebnisse vor.[3] Vorgeschlagen wurde die Bildung von sechs intern selbstständigen Erzeugnisgruppen, die nach innerer Struktur und Umfang allerdings große Unterschiede aufwiesen: Die Gruppe A, in der das Kerngeschäft der elektrischen Kfz-Zubehörerzeugnisse (unterteilt wiederum in Motor- und Karosseriezubehör) in 13 Werken und 25 Fertigungsstätten gebündelt war, wies mit damals ca. 600 Mio. DM Jahresumsatz den weitaus größten Umfang auf, gefolgt von den mit etwa je 300 Mio. DM Umsatz nahezu gleich großen Gruppen B (Einspritzausrüstung, Dieselpumpen und Hydraulik) mit acht Werken und elf Fertigungsstätten und H (Haushaltsgeräte), wobei letztere jedoch kurz darauf als selbstständige Tochtergesellschaft ausgegliedert wurde. Die Gruppen E (Elektrowerkzeuge), M (Halbzeuge), N (Neue Erzeugnisse für industriellen Bedarf, später Industrieausrüstung) und die Gruppe K (Kondensatoren) wiesen jeweils nur zwischen 20 und 50 Mio. DM Umsatz in zwei bis vier Werken und Fertigungsstätten auf und waren damit deutlich kleiner. In den einzelnen Sitzungen der Arbeitsgruppe war dabei zum Teil heftig debattiert worden, insbesondere was die vielen Maßnahmen betraf, um die bloßen Organisationsstrukturen möglichst rasch im gewünschten Sinne mit Leben zu füllen.[4]

Grafik 3 Die Bosch-Unternehmensorganisation (Stand 1966)

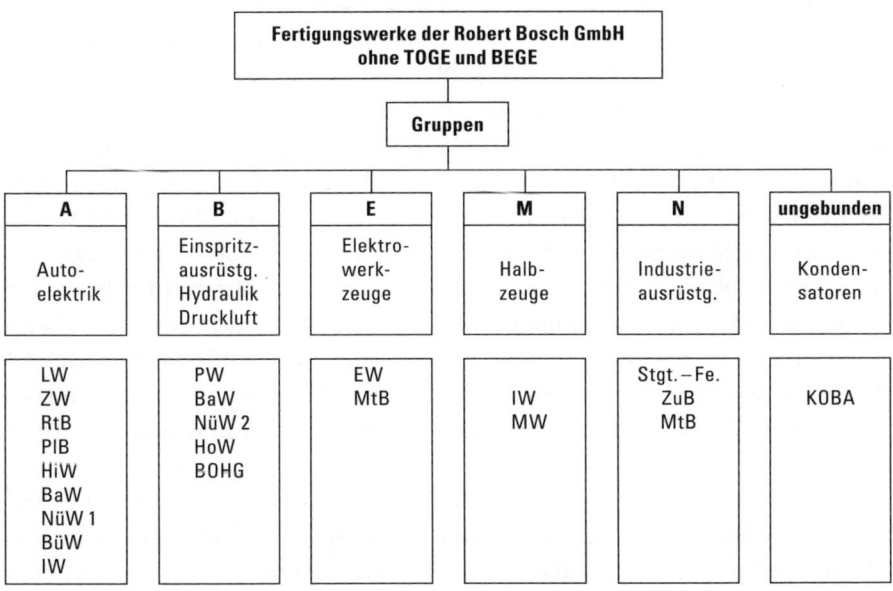

In der Folgezeit baute Merkle systematisch eine ebenso komplexe wie zugleich klare Unternehmensführungsorganisation auf – komplex, weil sie neben dem engeren Kreis der Geschäftsführung eine Reihe weiterer bzw. erweiterter Führungskreise und Ausschüsse aufwies, und klar, weil sie auf sein Verständnis von Unternehmensführung und seinen spezifischen Führungsstil zugeschnitten war. Den Beginn machte die Einrichtung von Führungsbereichen im November 1965, die nun an die Stelle der alten Hauptleitungen traten.[5] Merkle, als Vorsitzender und für Finanzen zuständig, firmierte von nun an unter dem Kurzzeichen F1, Robert Bosch d. J. (Gütesicherung) als F2, Karl Schreiber (Personal- und Sozialwesen) war F3, Klaus Alberts und Hans Bacher waren als F4 für das Kerngeschäftsfeld der Kraftfahrzeugerstausrüstung zuständig, F5 war Kurt Losten (Absatzwirtschaft und Verkauf), F6 Gustav Wagner als zentraler Forschungs- und Entwicklungs (FuE)-Leiter sowie schließlich Willi Hofmann als F7 für Technik, Einkauf und Fertigung, ergänzt zur damaligen Zeit noch durch Helmut Ohr, der als F8 kurzzeitig verantwortlich war für die Tochtergesellschaften.[6] Wenig später, im Februar 1967, gab sich die Unternehmensleitung erstmals auch «Geschäftsgrundsätze der Robert Bosch GmbH» – lange bevor es üblich wurde, Wertedebatten, Visionen und unternehmenskulturelle Leitbilder zu entwerfen: Leistung (worunter auch leistungsgerechte Entlohnung und zeitgemäße Sozialpolitik verstanden wurde), Sachlichkeit («Führung kraft sachlicher Überzeugung, nur in Ausnahmefällen mittels Anweisung») und Vertrauen («Lieber Geld verlieren als Vertrauen») lauteten die drei Hauptgrundsätze.[7] Im September 1971 vollzog Merkle dann eine Erweiterung des engeren Führungskreises von Bosch, d. h. neben den acht Geschäftsführern wurden drei stellvertretende Geschäftsführer und zwei weitere Manager als «Mitglieder der Geschäftsleitung» hinzuberufen, so dass die Bosch-Führung nun aus 13 Mitgliedern bestand.[8] Gleichsam als Querschnittsgremien plante Merkle zudem die Bildung von Führungsgruppen (für Finanzen und Verträge, für Kraftfahrzeug-Ausrüstung und für Personal), die allerdings nicht zustande kamen. Gleichzeitig sollte zum 1. Januar 1972 ein «Geschäftspolitischer Ausschuss» eingerichtet werden, dessen Aufgabe es sein sollte, Geschäftsführerbeschlüsse vorzubereiten.[9] Bis Mitte 1974 trat dieser Ausschuss allerdings, aus welchen Gründen auch immer, nie zusammen; erst im Juni 1974 gab es Überlegungen, diesen Ausschuss «zu aktivieren». Später kamen dann auch noch sogenannte Führungsinformationssitzungen (FIS) dazu.

Merkle besaß ein eigenes Verständnis von Unternehmensführung und auch ein spezifisches Selbstverständnis als Unternehmer. Das zeigte sich schon daran, dass Anglizismen und der Slang amerikanischer Management-Lehren nie über seine Lippen kamen. Bei Bosch sprach man nicht von Marketing oder Management, sondern von Verkauf und Geschäftsführung. Und nach dem Motto «Dienen und Führen» sah Merkle die Unternehmer immer mit mehr Pflichten als Rechten versehen und vor die Aufgabe gestellt, auch «die geistigen Fragestellungen des letzten Viertels dieses Jahrhunderts zu bewältigen».[10]

Merkle führte Bosch dezentral, wobei er säuberlich zwischen der politischen, der strategischen, der operativen und der taktischen Führung zu unterscheiden suchte. Und er differenzierte genau zwischen den einzelnen Schritten und Phasen von Führungsentscheidungen, von der Problemwahrnehmung bis zur Durchsetzung und zur Kontrollphase.[11] Aber Führen war für Merkle immer auch eine moralische Kategorie. Vor allem war sein Führungsstil auf Diskretion angelegt. Ein regelrechtes Arkanum umgab die Schillerhöhe. Über Marktanteile sprach man nicht öffentlich, auch nicht über Strategie und schon gar nicht über Gewinn und Rendite. Nichts an kontroversen Diskussionen oder Konflikten drang nach außen. Dass im März 1979 diese Regel durchbrochen wurde und sich in einem Wirtschaftsmagazin gleich drei Artikel mit internen Vorgängen bei Bosch befassten, sorgte denn auch für erheblichen Wirbel.[12] Merkles größter Rückschlag aber war wohl der plötzliche Tod von Hans Bacher, dem verantwortlichen Geschäftsführer für die Kraftfahrzeugstausrüstung, am 30. Oktober 1982. Bacher war ein leuchtendes Vorbild für die Ingenieure und Techniker bei Bosch; ihm verdankte das Unternehmen wesentlich die Expansion des Kerngeschäfts. Lange Zeit ahnte niemand, dass Merkle Bacher zu seinem Nachfolger als Vorsitzender der Geschäftsführung auserkoren hatte. Ende September 1982 erst war im Personalausschuss der RBIK ein formeller Beschluss gefasst worden, dass Bacher mit Wirkung zum Juni 1984 zum neuen Bosch-Chef bestellt werden sollte.[13]

So geräuschlos Merkle nach innen wirkte, umso mehr trat er anderweitig außerhalb von Bosch auf, sei es als Vorzeige-Unternehmer auf den Titelblättern der Wirtschaftspresse (obwohl er nie zum Manager des Jahres gekürt wurde),[14] als Berater der Bundesregierung oder als Mitglied in zahlreichen Verbänden, Organisationen und vor allem Aufsichtsräten anderer Unternehmen. Merkle saß nicht nur im Aufsichtsrat der Deutschen Bank, bei der Allianz AG, bei BASF, Royal Dutch Shell, AKZO, Otto Wolff, Volkswagen, RWE, Continental und KHD, sondern auch in Kontrollgremien von Reemtsma, Bahlsen, Henkel, Wayss & Freytag und Voith. Hinzu kamen weitere Sitze im Beraterkreis von Warburg International sowie im International Advisory Board der Chase Manhattan Bank.[15] Rechnet man dazu noch die ebenfalls zahlreichen Aufsichtsratsmandate und Gremienposten der Bosch-externen Aufsichtsratsmitglieder, der RBIK-Gesellschafter sowie des im November 1981 errichteten Internationalen Beirats von Bosch, in dem weitere fünf Führungsmanager internationaler Großkonzerne wie Dunlop, Dow Chemical und des schwedischen Wallenberg-Konzerns saßen, dann wird das dichte und einflussreiche Netzwerk zumindest ansatzweise sichtbar, das Merkle zugunsten von Bosch gesponnen hatte.[16]

Bei alldem fällt auch auf, dass Merkle, ganz anders als noch Walz und Knoerzer, kaum mehr auf Robert Bosch d. Ä. Bezug nahm. Merkle beteiligte

sich nicht mehr an der Exegese von Testament und Richtlinien des Firmengründers und beschwor auch nur noch selten dessen Vermächtnis.[17] Als Legi-
timationsgrundlage für das aktuelle operative Geschäft war die Herleitung aus
den Schriften von Robert Bosch nicht mehr notwendig. Der Gründer war damit im Unternehmen weit weniger präsent, als noch in den Jahren zuvor. Es
war demgegenüber aber kein Widerspruch, dass sich Merkle dennoch in der
Kontinuität zu Robert Bosch und in tiefer Verpflichtung zur Wahrung dessen
Erbes sah, insbesondere was die Fähigkeit zur Antizipation anging, «das Sen-
sorium für das Kommende», wie er es einmal nannte.[18] Nur drückte er nun
eben selbst auf seine Weise dem Unternehmen seinen Stempel auf. Das zeigte
sich unter anderem auch an einer weiteren Entwicklung, die im Hinblick auf
die Unternehmensführungsorganisation bei Bosch einschneidend war: dem
Umzug der Hauptverwaltung von Stuttgart nach Gerlingen auf die Schillerhöhe im April 1970.[19] Schon die nun deutliche räumliche Distanz zu den Fertigungsbereichen schuf eine Hierarchie von oben und unten, zumal wenn Führungskräfte aus den Werken oder der Betriebsrat zur Geschäftsführung
einbestellt wurden und auf die Schillerhöhe fahren mussten. Externe oder
Neuankömmlinge hatten nicht nur alle Mühe, «den Bosch» zu verstehen, sondern vor allem auch Probleme zu begreifen, «wie die Schillerhöhe tickte» und
wie man dort agierte und reagierte. Während Bosch d. J., Bacher oder Schreiber schon aufgrund ihrer Verantwortungsbereiche immer wieder vor Ort in
den Werken anwesend waren, bekamen die Bosch-Mitarbeiter die Unternehmensleitung in der Person Merkles nicht mehr zu Gesicht. Er war dafür umso
häufiger mit diversen Vorträgen, Redetexten und Zeitungsartikeln präsent,
die auch regelmäßig im *Bosch-Zünder* erschienen. Ob die Arbeiter und Angestellten in Feuerbach, Giengen oder Hildesheim diese Beiträge allerdings auch
verstanden haben, mag bezweifelt werden. Es waren meist abstrakte Abhand-
lungen und Gedankengebäude über «Die Kunst der Prognose», die «Dämonie
der Macht» oder «Bruchzonen der Gegenwart», geschrieben in einem für
Merkle spezifischen Duktus, der aus einer Gemengelage aus finanztheore-
tischen Reflexionen, gesellschaftspolitischer Analyse sowie wirtschaftlichen
Sachverhalten und Prognosen resultierte, vermischt mit philosophischen Gedanken und Bonmots,[20] deren damalige Bedeutung, Rezeption und Aufmerksamkeit in einer breiten Öffentlichkeit sich dem heutigen Leser nur mehr
schwer erschließen.[21] Sie sind Zeugnisse einer anderen Denkwelt der 1960er
und 1970er Jahre.

Mit Merkle rückte auch insgesamt die Frage nach der Unternehmensfinanzierung und der Ertragsentwicklung in den Mittelpunkt. Als er im April 1965
das Finanzprogramm von Bosch für das kommende Geschäftsjahr vorlegte,
stand dieses noch ganz im Zeichen des Wachstums: Es sah Rekordinvestitionen
von 310 Mio. DM und einen prognostizierten Jahresgewinn von 94 Mio. DM

Abb. 56: Hans L. Merkle (1988)

vor.[22] Doch dann verdüsterte sich im Herbst 1965 schlagartig die Geschäftslage: Die Erfolgsrechnung nach Erzeugnisgebieten wies für das erste Halbjahr
bei einer ganzen Reihe von wichtigen Bosch-Produkten wie Einspritzpumpen
und Haushaltsgeräten rote Zahlen auf. Vor allem, dass man erstmals einen
spürbaren Rückschlag im Kraftfahrzeugausrüstungs-Geschäft erlitt, beun-
ruhigte Merkle. Die Gesamtbestände wuchsen doppelt so stark wie geplant,
die Umsätze brachen im September ein, die Ertragslage verschlechterte sich.
Merkle vollzog daraufhin einen radikalen Wechsel der Geschäftspolitik, der
bald unternehmensintern ironisch als «Oktober-Revolution» bezeichnet wurde.[23]
Eine Reihe von Investitionsvorhaben vor allem im Baubereich wurden umgehend gestoppt, das Investitionsvolumen insgesamt drastisch gekürzt bzw.
gestreckt; alle bei den Personalabteilungen auflaufenden Anforderungen für
Arbeiter und Angestellte wurden annulliert und Maßnahmen zur umgehenden Senkung der Gemeinkosten eingeleitet.[24] Auch die «Überzeitarbeit»
wurde untersagt, die Einkommen der höheren Kategorien umsatzbeteiligter
Angestellter wurden um 10 Prozent gekürzt und bereits im Voraus den nächsten Lohnforderungen der Gewerkschaften der Kampf angesagt; größere Entlassungen sollten jedoch explizit vermieden werden. Im November 1965 legte
Merkle den RBIG-Gesellschaftern schließlich einen ganzen «Maßnahmeplan

zur Straffung der Führung, zur Produktionsanpassung und zur Kostensenkung» vor.[25]

Merkles «Krisenpolitik» sorgte nicht nur unternehmensintern, sondern auch in der Öffentlichkeit für Aufsehen. Nicht nur, dass sich erstmals ein deutsches Großunternehmen mitten in den offenbar noch ungetrübten «Wirtschaftswunderjahren» auf einen Abschwung der Konjunkturlage einstellte,[26] sondern vor allem zeigte Bosch scheinbar nach außen hin Schwäche. «Weltfirma Bosch in einer Klemme», titelte Ende Oktober eine Zeitung, woraufhin sich die Unternehmensleitung umgehend zu einer Pressekonferenz gezwungen sah, auf der betont wurde, dass von einer «Finanzklemme» keine Rede sein könne, sondern es sich vielmehr um Anpassungsmaßnahmen handle.[27] Boschs schwäbische Solidität kam auch durch zusätzliche Gerüchte im Zusammenhang mit dem kriselnden Hausgeräte-Geschäft und Kooperationsgesprächen mit Siemens ins Gerede, aber spätestens mit der Vorlage der Bilanz im Juli 1966, deren Zahlen «so nobel wie eh und je» ausfielen, strafte man alle Mutmaßungen Lügen.[28] Knapp 3 Mrd. DM Umsatz, ein Gewinn von 90 Mio. DM (25 Prozent mehr als im Vorjahr) und eine Eigenkapitalquote von 30 Prozent ließen das Unternehmen im Vergleich zu anderen deutschen Großfirmen überdurchschnittlich gut dastehen. Merkle aber trieb innerhalb von Bosch den «Kampf gegen die Kosteninflation» weiter voran. Die Geschäftsbereiche wurden stärker an die Kandare genommen, indem nun überall Controller eingesetzt wurden, das Planungsrechnungswesen wurde nach amerikanischem Standard modernisiert und die damit verbundene Erfolgsorientierung verpflichtend gemacht.[29] Bereits bestehende Rationalisierungsmaßnahmen im Fertigungsbereich wurden zudem intensiviert und Anfang 1967 auch auf die Verwaltung ausgeweitet. Die «Durchleuchtung des ganzen Unternehmens», so kündigte Merkle auf der Sitzung der RBIG im März 1967 an, «wird voraussichtlich fünf Jahre in Anspruch nehmen».[30] Als 1966/67 dann der erwartete Konjunktureinbruch tatsächlich eintraf, der, obwohl es kein negatives Wachstum gab, von der deutschen Wirtschaft dennoch als Zäsur und Ende der Nachkriegsboom-Jahre erfahren wurde, stand Bosch mit seiner rechtzeitigen Stärkung der Fertigungseffizienz, dem radikalen Abbau der Vorräte und der erhöhten preislichen Wettbewerbsfähigkeit umso besser da und begann, früher als die anderen Unternehmen, wieder seine Investitionen zu erhöhen. «Gäbe es einen ‹Oscar› für das klügste Verhalten im Wendejahr 1966, müsste ihn die Robert Bosch GmbH, Stuttgart erhalten», schrieb eine Zeitung dazu rückblickend im Juli 1967 anlässlich der Vorlage der Bosch-Bilanz für 1966.[31]

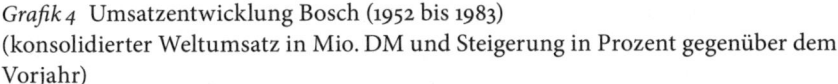

Grafik 4 Umsatzentwicklung Bosch (1952 bis 1983)
(konsolidierter Weltumsatz in Mio. DM und Steigerung in Prozent gegenüber dem
Vorjahr)

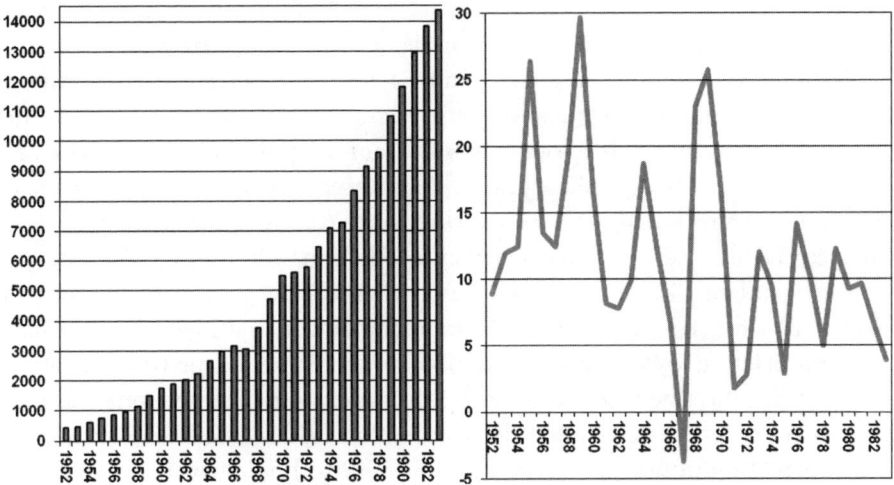

Quelle: Zusammengestellt und berechnet nach den Unterlagen zur RBIK am 27. 6. 1984, in:
RB 1 001 401

Die in den nun folgenden «langen 1970er Jahren» häufig und heftig
schwankenden Konjunkturzyklen stellten die Antizipationsfähigkeit der
Bosch-Führung gleichsam auf eine Dauerprobe. Blickt man bei der Umsatzentwicklung des Unternehmens nicht auf die absoluten Zahlen – sie stiegen
allein für das Stammhaus, die Robert Bosch GmbH, nach dem Überschreiten
der ersten Milliardengrenze im Jahr 1959 (1,13 Mrd. DM) auf über 9 Mrd. DM
(1983) –, sondern auf die jährlichen Steigerungsraten in Prozent gegenüber
dem Vorjahr, so zeigt sich gleichsam eine Fieberkurve der Geschäftsentwicklung von Bosch, mit der die Geschäftsführung zu kämpfen hatte.

Im Februar 1971 hielt Merkle vor den leitenden Mitarbeitern auf der Schillerhöhe einen kurz darauf auch im *Bosch-Zünder* abgedruckten Vortrag über
die «Geschäftspolitik der Bosch-Gruppe», in der er Führungsriege wie Belegschaft des Unternehmens auf die nächste Krise einzuschwören suchte.[32] Merkle
holte dabei in der für ihn typischen Art weit aus und stellte seinen Gedankengängen theoretisch-philosophische und allgemeingesellschaftliche Bemerkungen voran, die von Karl Marx über Konjunktur- und Finanztheorie bis
zur Organisationssoziologie reichten. Die Unternehmensstrategie von Bosch
(die zumindest zu diesem Zeitpunkt als solche mit diesem Begriff nie explizit
benannt wurde) ließ sich demnach auf fünf Hauptstränge festlegen: erstens

die «aktive Bewältigung der konjunkturellen Schwankungen». Bosch habe schon einmal erfolgreich eine Rezession antizipiert, so Merkle, und auch diesmal «befinden wir uns wieder in einer Phase härteren wirtschaftlichen Wetters». Die Umsatzzuwächse fielen seit 1968 immer niedriger aus (von 26 Prozent sanken sie auf 1,8 Prozent in der Bosch-Gruppe bzw. auf sogar auf -1,5 Prozent in der Robert Bosch GmbH) und der betriebswirtschaftliche Ertrag sinke deutlich. Als Konsequenz rückte Merkle daher, zweitens, die Diversifikationspolitik bzw. «die bewusst auf Wagnisstreuung abzielende» Geschäftspolitik in den Mittelpunkt. Das Kerngebiet der Kraftfahrzeugzu-lieferung verspreche zwar auch weiterhin, trotz stagnierender oder zeitweilig zurückgehender Zahlen, reale Wachstumschancen, «da unser Lieferanteil je Fahrzeugeinheit wächst», dennoch werde man in Kontinuität zur Politik von Robert Bosch d. Ä. und in klarer Abgrenzung zu der in dieser Zeit allenthal-ben praktizierten Politik der amerikanischen Konglomerate die Diversifikation verstärkt vorantreiben. Drittens werde Bosch auch seine Internationalisierung als einen genuinen Bestandteil der Geschäftspolitik verstärken. Der Markt, günstigere Produktionsfaktoren, die weltweite technologische Entwicklung und geographische Risikostreuung würden mithin eine weitere Erhöhung der Auslandsinvestitionen von Bosch bedingen. Viertens gab Merkle noch ein explizites Bekenntnis zur divisionalen Unternehmensorganisation ab, zur Dezentralisierung als Mittel zur Gewährung von Entscheidungsfreiheit und zur Stärkung des Verantwortungsbewusstseins im Unternehmen. Und schließ-lich galt das Prinzip einer soliden, nicht auf Verschuldung, sondern auf den Erhalt der Unabhängigkeit abzielenden Finanzpolitik. «Erfolgreiche Geschäfts-politik ist einem laufenden Erneuerungsprozess unterworfen», so Merkle, aber die beiden geschäftspolitischen Zielsetzungen, die Bosch-spezifisch waren, gälten auch weiterhin: höchste Wirtschaftlichkeit bei gleichzeitig gemein-nütziger Verwendung der freien Erträge.

Die nächsten Konjunkturkrisen, geprägt von Inflation und Ölembargo und der damit verbundenen Explosion der Energiepreise, ließen nicht lange auf sich warten und hinterließen auch in den Erträgen der einzelnen Ge-schäftsbereiche und Produktgruppen ihre Spuren. In der Folgezeit wurde daher eine Reihe von Krisenanpassungsmaßnahmen «zur Erhaltung und Stärkung der Wettbewerbsfähigkeit der Bosch-Gruppe» eingeleitet. Im Feb-ruar 1974 wurde eine achtköpfige Kommission eingesetzt, die Vorschläge zur Strukturvereinfachung und für Kostensenkungen erarbeiten sollte. Sie durch-leuchtete akribisch jeden Unternehmensbereich und legte dann Mitte Juni 1974 ihren umfangreichen Bericht vor. Seit Anfang dieses Jahres firmierten die vormaligen Produktgruppen explizit als Unternehmensbereiche, deren Zahl und Benennung sich jedoch verändert hatte. Größter Bereich war mehr denn je die Kraftfahrzeugausrüstung (K), unterteilt in acht Unterbereiche, zu denen inzwischen auch die einst als selbstständige Gruppe organisierten Bereiche Hydraulik/Pneumatik (K 6) bzw. Diesel-Einspritzausrüstung (K 5) gehörten. Daneben gab es die allgemein als NK-Bereich bezeichneten weiteren Geschäftsfelder: Hausgeräte, Grundstoffe (Kondensatoren und Kunststofferzeugnisse), Produktionsgüter (Elektronik, Verpackungsmaschinen und Industrieausrüstung) sowie Technische Gebrauchsgüter (Elektrowerkzeuge und Photokino-Erzeugnisse).[33] Kernpunkt der Vorschläge war die Entlassung von ca. 600 Mitarbeitern vor allem im Verwaltungsbereich.[34] Aber bald zeigte sich, dass das allein zur Wiederherstellung der Rentabilität sowie zum Erhalt der finanziellen Bewegungsfreiheit nicht ausreichte. Ende Juli 1974 berief Merkle daher die Geschäftsführung zu einer Sondersitzung ein, «weil Zahlen vorliegen, die zur Sorge Anlass geben».[35] Die Kennzahlen zeigten für das abgelaufene Halbjahr bei Umsatz wie Ertrag einen massiven Einbruch zwischen 20 bis über 40 Prozent. Bei einer Reihe von Erzeugnissen waren inzwischen Umsatzverluste in zweistelliger Millionenhöhe aufgelaufen, bei Schwarz-Weiß-Fernsehern etwa 25,3 Mio. DM, bei dem mechanischen Einspritzsystem K-Jetronic 15,9 Mio. DM, bei Metallerzeugnissen 52 Mio. DM und bei Verteilerpumpen sogar 150 Mio. DM.[36] Dies erforderte radikale Restrukturierungsmaßnahmen, allen voran die Entlassung von rund 6000 Mitarbeitern der Bosch-Gruppe weltweit sowie die Einstellung der Fertigung «chronischer» Verlust-Erzeugnisse, notfalls unter Inkaufnahme der Auflösung ganzer Betriebsabteilungen oder eines Standortes. Bosch, so Merkle, brauche den Mut zur Desinvestition in unrentablen Bereichen. «Richtige Vorbereitung auf die nächste Krise erfordert den Verzicht auf das volle Ausschöpfen des vorhergehenden Booms.»[37] Dass nun Entlassungen und Desinvestitionen im großen Stil in den Mittelpunkt der Geschäftspolitik rückten, markierte zweifellos einen gewissen Bruch mit der Tradition. Die Ölkrise von 1973 fungierte gleichsam als Katalysator dafür, dass nun ein raueres Klima in der Unternehmenskultur von Bosch Einzug hielt. Und dennoch konnte das Unternehmen im Frühjahr/Sommer 1976 nach außen hin eine hervorragende Bilanz präsentieren, mit neuen Umsatz- wie Ertragssteigerungen, obwohl, wie Merkle auf der Pressekonferenz konstatierte, noch kein großer Aufschwung in Sicht sei. Das galt aber nicht für Bosch, der «auf einer Woge der Automobil-Nachfrage» schwamm.[38] Im Jahr 1975 stieg der Umsatz auf eine neue Rekordmarke von 4,57 Mrd. DM, der konsolidierte Weltumsatz der Bosch-Gruppe erreichte sogar 7,28 Mrd. DM, und 1976 kletterte der Umsatz mit zweistelligen Zuwachsraten weiter auf 5,37 bzw. 8,32 Mrd. DM. Entsprechend wurden die Ertrags- und Investitionsplanungen im Finanzprogramm für 1977 nach oben korrigiert. Die Entwicklung der Auftragseingänge zwischen 1975 und 1976 unterstrich, dass es Bosch gelungen war, sich von der allgemeinen wirtschaftlichen Lage der verarbeitenden Industrie in der Bundesrepublik abzukoppeln, und auch 1977 zeigte sich eine auffallende Schere zugunsten von Bosch.[39]

Die nächste Krise, die ab der zweiten Jahreshälfte 1978 einsetzte und schließlich im Zusammenhang mit der zweiten Ölpreiswelle in die große Rezession von 1980 bis 1982 mündete, traf Bosch diesmal dennoch früher und härter, als von der Geschäftsführung erwartet. Im Januar 1979 wandte sich Merkle daher mit einem ungewöhnlichen Schreiben an alle Bosch-Führungskräfte. Der Senkung der Kosten, so hieß es dazu in einer Vorbemerkung, komme im Jahr 1979 besondere Bedeutung zu. Auf praktisch allen Arbeitsgebieten habe man es inzwischen mit einem weltweiten Käufermarkt zu tun, «der uns nicht gestattet, unsere Verkaufspreise auf der Kostenrechnung aufzubauen. Die Preise werden vielmehr vom Markt diktiert, und unsere Kosten müssen sich darauf einspielen.»[40] Beigefügt war eine «Gedankenskizze zu Kosten und Ertrag», deren genaues Studium empfohlen wurde, da es «nicht zuletzt der Auflockerung überlieferter Gewohnheiten, Denkweisen und Handlungsvorschriften dient». Auf sieben Seiten wurden die Bosch-Manager aufgerufen, Strukturen und Verhaltensweisen in Bezug auf eine Reihe von Problemfeldern kritisch zu prüfen, von der Organisation über die Standorte, das Berichtswesen, Telefongespräche und Reisetätigkeit bis zu Erzeugnisgebieten, Märkten und Kunden sowie Investitionen/Desinvestitionen. Das Papier schloss mit der Aufforderung, zu prüfen, «ob Sie in Ihrem persönlichen Arbeitsplan genügend Zeit vorgesehen haben, um in Ruhe über die Ihnen gestellten Aufgaben und ihre Lösung nachzudenken, und nehmen Sie sich für 1979 vor, noch mehr nachzudenken als bisher. Die Zukunft der Bosch-Gruppe hängt vom richtigen, systematischen und rechtzeitigen Handeln ab, dessen Voraussetzung ist, dass man nachdenkt.»[41]

Im Sommer 1980 kam die Geschäftsführung zu einer neuen Krisensitzung zusammen.[42] Das dabei beschlossene Kriseninstrumentarium wich von den erprobten Maßnahmen in früheren Konjunkturzyklen nicht ab. Die Feinsteuerung und Lenkung der Geschäftsbereiche erfolgte bei Merkle vor allem über Ertrag, Personalzahlen und Vorräte, und dementsprechend wurden alle Führungskräfte im Konzern zu unverzüglichen Maßnahmen aufgefordert. Im April 1981 zeigten die neuen Erzeugnisklassen-Erfolgsrechnungen jedoch, dass sich die Lage nicht verbesserte, sondern eher noch zuspitzte. Mehr als ein Drittel der Erzeugnis-Klassen schrieb rote Zahlen, und vor allem neue Erzeugnisse, auf denen die Hoffnungen als zukünftigen Umsatz- und Ertragsträgern lagen, wiesen negative Ergebnisse auf. Beim ABS waren rund 120 Mio. DM an Verlusten aufgelaufen, auch die Halbleiter-Zündanlagen erwirtschafteten hohe Verluste, daneben fielen noch die Glühkerzen mit einem starken Ergebnisrückgang auf.[43] Die bisherige Anpassungsgeschwindigkeit, so konstatierte die Bosch-Führung im Mai 1981, reiche noch nicht aus. «Die Zukunft von RB hängt von unserer Kostenpolitik ab. Wir müssen mit Kosten arbeiten, die unsere Wettbewerbsfähigkeit gegenüber der japanischen Konkurrenz wieder herstellen.»[44] Der Konjunkturrückgang hielt aber auch 1982 unvermindert an. Die Umsatzzuwächse schrumpften von 9,7 Prozent (1981) auf 6,6 Prozent; im Jahr 1983 erreichten sie nur noch 3,9 Prozent, wobei vor allem das Auslandsgeschäft unter der weltweiten Rezession litt. Es war unübersehbar, dass nicht nur konjunkturelle, sondern auch strukturelle Änderungen in den Zulieferbeziehungen die Entwicklung prägten.

Angebotsmonopol versus Nachfragemacht: Bosch und die Zulieferbeziehungen

Die Automobilkonjunktur und ihre zunehmend heftigen Schwankungszyklen bestimmten das Gesamtgeschäft und die Entwicklung von Bosch. Die Kfz-Industrie war von den 1960er bis 1980er Jahren wie kaum sonst Leitbranche der Wirtschaft, die damit die gesamtwirtschaftliche Lage in Deutschland wie Europa prägte. Die «langen 1970er Jahre» markieren auch hier eine Scharnier- und Umbruchphase, in die nicht nur zwei Ölpreiskrisen fielen, sondern in der sich vor allem der Niedergang der jahrzehntelang dominierenden amerikanischen Automobilindustrie bei gleichzeitigem Aufstieg der japanischen Konkurrenten wie Toyota, Nissan und Honda vollzog. Für die deutsche Automobilindustrie und ihre Zulieferer galt es in dieser Phase, zwischen diesen großen Gegenpolen nicht zerrieben zu werden, sondern sich auf den neuen, triadisch strukturierten Märkten in Europa, USA und Japan zu behaupten. Der weltweite Automarkt bestand zu dieser Zeit vor allem aus den traditionellen Industrieländern, in denen er zunehmend an seine Sättigungsgrenzen stieß. Die Krise fungierte gleichzeitig aber auch als Katalysator für einen grundlegenden Wandel der Zuliefer- und Erstausrüstungsbeziehungen – vom jahrzehntelangen Angebotsmonopol über das Aufkommen der «Zwei-Lieferer-These» und der wachsenden Tendenz der Kraftfahrzeughersteller zur Eigenfertigung bis hin zur Entdeckung der Nachfragemacht und des neuen Selbstbewusstseins der Automobilkonzerne mit Preis- und Kostenvorgaben gegenüber den Zulieferfirmen.[45] Bosch reagierte auf diese Herausforderungen in dreifacher Weise: durch produkt- und produktionstechnische Innovationen, durch die globale Ausweitung seiner Unternehmensaktivitäten und durch ein zumindest ansatzweise radikales Umdenken bei der Suche nach neuen Geschäftsmöglichkeiten im Zusammenhang mit der Energiekrise und den dadurch langfristig veränderten Rahmenbedingungen für Wachstum und Umwelt.

Technische Neuerungen entstanden bei Bosch aus der Kernkompetenz von Elektronik und Präzisionsmechanik, und in den 1960er und 1970er Jahren wurden dort in bemerkenswert dichter Folge technologische Meilensteine entwickelt und zur Serienreife gebracht. Was Bosch dabei auszeichnete, war die

Fähigkeit, nicht nur Innovationen hervorzubringen, sondern auch über längere Durststrecken durchzuhalten, wenngleich kein sofortiger und durchschlagender Erfolg beschieden war. Dazu kam die Fähigkeit, aus teuren Innovationen mit hohen Anfangsherstellungskosten über aufwendige und intensive Weiterentwicklungen letztlich qualitativ hochwertige, aber auch kostengünstige Massenprodukte zu schaffen. «Wenn der Bosch was kann, dann ist es mit Akribie Kostensenkung in der Fabrik zu betreiben [...] Wir sind in der Entwicklung gar nicht so herausragend, aber wir haben eine Nase dafür, welche Entwicklungen wir machen müssen und wo wir was holen müssen.»[46] Die Verteilerpumpe, 1963 als Patentlizenz aus den USA vom damaligen Forschungsleiter Wagner mitgebracht und lange Jahre ein Verlustträger, dann aber mit dem Durchbruch des Dieselmotors und der elektronischen Aufschaltung einer der Ertragsstützen von Bosch, war ein markantes Beispiel dafür. Wie sonst in kaum einer Phase veränderte sich das Automobil als technisches System grundlegend, es wurde wartungsärmer, langlebiger, komfortabler und durch den rasant wachsenden Anteil der Elektronik auch zunehmend ein Produkt mit hochtechnologischem Innenleben. Im Vordergrund stand dabei zunächst die Antriebstechnologie, dann rückten die Motor- und Getriebesteuerung, die Abgas-Reinigung – bzw. «Abgas-Entgiftung», wie der gängige Begriff damals noch lautete – durch Sensoren und Katalysatoren sowie schließlich auch die elektronische Bremsregelung in den Vordergrund.[47]

Um das deutlicher zu machen, soll noch einmal ein Blick zurückgeworfen werden. Im Laufe der 1950er Jahre gelang es Bosch im Sog der nachholenden Automobilisierung in Deutschland, schneller als erwartet wieder eine marktbeherrschende Position einzunehmen. Hauptabnehmer der Bosch-Zubehörprodukte war im Jahr 1955 Daimler-Benz mit 35,9 Mio. DM und damit ca. 16 Prozent des gesamten Bosch-Erstausrüstungsumsatzes im Inland von 224,12 Mio. DM; es folgten Volkswagen mit 31,7 Mio. DM (14,1 Prozent) und Opel (12,4 Prozent). Im Erstausrüstungs-Auslandsgeschäft, in dem Bosch zu diesem Zeitpunkt erst 34 Mio. DM bzw. gerade einmal 13 Prozent seines gesamten Kfz-Ausrüstungsumsatzes erwirtschaftete, stand interessanterweise Holden, d. h. GM/Australien mit 9 Mio. DM (oder 26,5 Prozent) an erster Stelle, gefolgt von Volvo (7,5 Mio. DM) und Fiat (4,5 Mio. DM).[48] Als zwischen 1962 und 1963 aufgrund des zuvor erlassenen Gesetzes über die Untersuchung der Konzentration in der Wirtschaft bei Bosch eine entsprechende Konzernuntersuchung stattfand, deren Ergebnisse im Juli 1963 als umfangreicher, vierteiliger Bericht vorgelegt wurden, zeigte sich, dass die Zulieferposition von Bosch noch stärker geworden war.[49] Knapp zehn Jahre nach Beendigung des alliierten Kartell- und Entflechtungsverfahrens gegen Bosch wies das Unternehmen in einer ganzen Reihe von Erzeugnisgebieten der Fahrzeugelektrik hohe Marktanteile zwischen 20 und 97 Prozent auf. Vor allem mit Innovationen wie Drehstromlichtmaschinen mit elektronischen Reglern und den seit 1951 serienmäßig produzierten Benzineinspritzpumpen sowie Diesel-Direkteinspritzpumpen beherrschte Bosch nahezu alleine den deutschen Markt. Aber auch bei Anlassern, Zündeinrichtungen und Zünd- wie Glühkerzen erreichte Bosch Marktanteile von 70 Prozent und mehr im Inlandsmarkt, zwischen 20 und 40 Prozent auf dem damaligen EWG-Markt und sogar beachtliche 15 bis 20 Prozent auf dem Weltmarkt.[50] Dennoch konzedierte die Konzentrationsstudie Bosch keine übermäßige Marktmacht. Die Untersuchung sah Bosch vielmehr im internationalen Wettbewerb mit der hohen Kapitalkraft der Automobilkonzerne und, wie bei Ford und GM, aber auch bereits bei Fiat und Toyota, konfrontiert mit zusätzlicher Konkurrenz durch eigene Zubehörfertigung. «Ein Hersteller von elektrischer Kfz-Ausrüstung und Diesel-Ausrüstung kann seine Selbstständigkeit gegenüber den großen Unternehmen der Kraftfahrzeugindustrie nur dann bewahren», so hieß es abschließend, «wenn er so leistungsfähig ist, dass er Qualität und Preis den jeweiligen Ansprüchen des Weltmarktes anzupassen vermag.»[51]

Zu diesem Zeitpunkt stand der Erstausrüstungsmarkt allerdings noch ganz im Zeichen von Kapazitätsengpässen. Bosch teilte seine Produkte an die Automobilunternehmen mehr zu, als dass er sie verkaufte, und das zu Preisen, die man in Stuttgart jährlich zwischen 8 und 10 Prozent erhöhte. Spätestens in er Mitte der 1960er Jahre war aber unübersehbar, dass die Risiken und auch die Wettbewerbsintensität mehr und mehr zunahmen. Dazu kamen die Zusammenbrüche und Insolvenzen der zahlreichen kleinen Automobilhersteller, die in den 1950er Jahren neben den Großen wie Volkswagen und Daimler-Benz entstanden waren. Mit Firmen wie Borgward, Hanomag, Lloyd und Goliath machte Bosch im Jahr 1960 noch ca. 22 Mio. DM Umsatz, d. h. etwa 10 Prozent des gesamten Erstausrüstungs-Geschäfts, und kurz vor dem Zusammenbruch der Borgward-Gruppe im Jahr 1961 hatte Bosch dort noch unbezahlte Außenstände von 4 Mio. DM. Die rasche Konzentration in der deutschen Automobilindustrie blieb auch für Bosch nicht ohne Rückwirkungen; 1963 betrug der Anteil der Kfz-Erstausrüstung am ganzen Kfz-Geschäft 63 Prozent. Dieser Umsatz wurde zwar mit ca. 100 Firmen gemacht, aber faktisch entfielen auf die zehn wichtigsten Erstausrüstungskunden wie Daimler-Benz, VW, Opel, Ford und KHD allein 90 Prozent, davon 80 Prozent auf die fünf genannten Firmen.[52] Wenn nur einer dieser Automobilhersteller ausfiele, würde das Bosch schwer treffen. Unter allen Umständen, so war man sich in der Geschäftsführung einig, musste daher die Marktstellung im Kraftfahrzeuggebiet verteidigt werden. Im Herbst 1969 verschlechterte die Aufwertung der Deutschen Mark die Lage, von den dadurch eintretenden Preiserhöhungen in Höhe von 9 Prozent gelang es Bosch nur noch einen Bruchteil auf die Kunden abzuwälzen. Und dann brach zudem die Automobilkonjunktur ein, die

Wachstumsraten wurden immer geringer, die Schwankungszyklen der wirtschaftlichen Wechsellagen aber immer kürzer und heftiger.

Grafik 5   Die Automobilkonjunktur in Deutschland
Jährliche Veränderung der Automobilproduktion* in Prozent zwischen 1950 und 1982

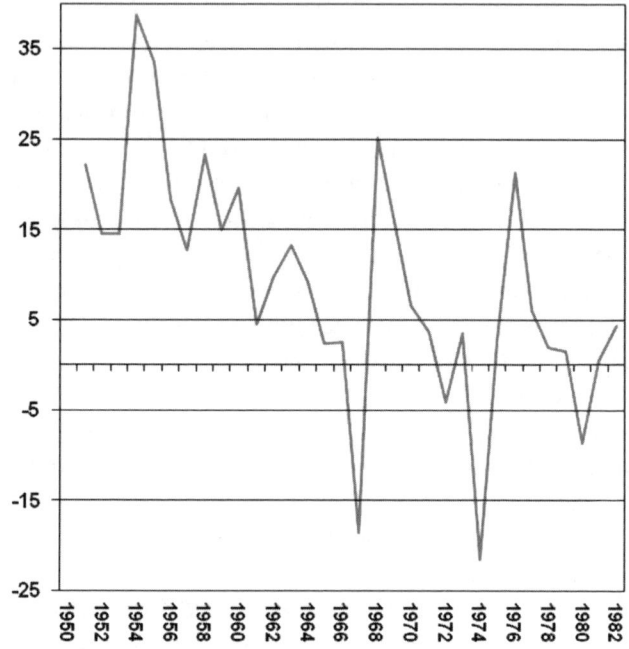

* (Pkw, Lkw und Busse). Quelle: http://de.wikipedia.org/wiki/Wirtschaftszahlen_zum_Automobil#cite_note-OICA-1 sowie die VDA Jahresberichte 1961 ff., in: http://www.vda.de/de/publikationen/jahresberichte/index.html

Die absolute Zahl der in Deutschland produzierten Automobile verdoppelte sich zwar von 1960 (2,05 Mio.) bis 1982 (4,06 Mio.), aber relativ gesehen schwächte sich das Wachstum mehr und mehr ab; vor allem wurde sichtbar, wie stark sich die konjunkturelle Lage im Kfz-Ausrüstungsgeschäft von Bosch widerspiegelte. Die Zyklen der jährlichen Umsätze im K-Bereich bewegten sich parallel zu den Zahlen der Automobilproduktion, allerdings mit einem bedeutenden Unterschied: Seit Anfang der 1970er Jahre bedeuteten Umsatzeinbrüche der Automobilfirmen keineswegs ebenso starke negative Umsatzentwicklungen im Zuliefergeschäft von Bosch.[53] Für 1977 etwa rechnete die Automobilindustrie allenfalls mit unbedeutenden Produktionserhöhungen, während für Bosch dennoch Aussichten auf kräftige Umsatzsteigerungen im K-Gebiet bestanden, unter anderem wegen des Booms bei Diesel- und Benzineinspritzausrüstungen. Und Bosch profitierte von seiner internen Diversifikation, d. h. der großen Produkt- und Erzeugnispalette innerhalb des Zuliefergeschäfts. Im März 1974 etwa waren bei Zündverteilern sowie Scheinwerfern und Leuchten Auftragseinbrüche zu verzeichnen, während es jedoch im Geschäft mit Fahrzeugheizgeräten und vor allem Diesel-Einspritzpumpen eine unverändert lebhafte Nachfrage gab. Das Kfz-Ausrüstungsgeschäft selbst, das sich von 1960 mit 860 Mio. DM Umsatz bis 1982 mit 8,6 Mrd. DM verzehnfachte, erbrachte auch noch in Konjunkturtälern nennenswerte Erträge. Während die Automobilkonzerne rote Zahlen schrieben, verzeichnete Bosch nach wie vor beträchtliche Gewinne. Preiserhöhungen waren dadurch allerdings in Zukunft weniger leicht durchsetzbar und das ließ Bosch denn auch eine vorsichtigere Preispolitik betreiben.[54]

Spätestens Mitte der 1970er Jahre sah sich die Bosch-Führung im Erstausrüstungs-Geschäft in der Offensive. Mit dazu bei trug nach Jahren mit zum Teil hohen Anlaufverlusten vor allem der nun rasch boomende Jetronic-Absatz. Von ca. 100 000 Stück Ende der 1960er Jahre kletterte die Zahl der jährlich gefertigten Einspritzsysteme bis Anfang der 1980er Jahre auf fast eine Million. Dieselerzeugnisse, insbesondere Verteilerpumpen, und Benzineinspritzung waren die beiden großen Wachstumsträger und -treiber. Innerhalb der sieben Jahre zwischen 1975 und 1981 verdoppelte bzw. verdreifachte sich deren Umsatz von 1,127 Mrd. DM auf 2,18 Mrd. DM bei Dieselerzeugnissen und von 211 Mio. DM auf 595 Mio. DM bei Benzineinspritzung.[55] Dazu sollte ab 1978 die Serienfertigung des Antiblockiersystems kommen. Zwischen Oktober 1978 und Juni 1983 lieferte Bosch rund 250 000 ABS-Systeme der ersten und zweiten Generation an Daimler-Benz, BMW und Audi. Kaum hatten sich die Automobilhersteller aus der Abhängigkeit von einzelnen Komponenten befreit, so könnte man aus der Zulieferperspektive von Bosch formulieren, waren sie in eine neue Systemabhängigkeit geraten. Tatsächlich ging es in der zweiten Hälfte der 1970er Jahre bei den Beziehungen von Bosch zu den wichtigsten Erstausrüstungskunden «um einen Wettlauf, der sich zwischen uns und einigen großen Kraftfahrzeugherstellern abspielt und bei dem es sich darum handelt, wer der Systemführer bei fortschreitender Einführung der Elektronik in das Kraftfahrzeug sein wird», wie Merkle den Gesellschaftern der RBIK im März 1979 erläuterte. «Es versteht sich, dass wir alles daransetzen, auch in Zukunft nicht etwa nur Bausteine für die elektrische oder elektronische Ausrüstung der Verbrennungsmotoren und der damit ausgestatteten Fahrzeuge zu liefern, sondern vollständige Systeme. Die Politik der Entwicklungsabteilungen einiger bedeutender Motoren- und Fahrzeughersteller läuft dem entgegen; ihr Ziel ist, von Einzelfällen abgesehen, nicht unbedingt die Ausschaltung von Bosch als Lieferer, aber immerhin die Unabhängigkeit von Bosch in der Weiterentwicklung.»[56]

Während Großkunden wie Daimler-Benz selbst Anfang der 1980er Jahre noch stark mechanisch ausgerichtet waren, hatte Bosch bereits Anfang der 1960er Jahre mit dem Einbau leistungsfähiger Halbleiter in die elektronischen Regler bei Lichtmaschinen sowie mit der elektronischen Zündung den Einsatz von Elektronik im Fahrzeug in Angriff genommen. Und im Jahr 1970 wurde mit der Einweihung des Technischen Zentrums Autoelektrik in Schwieberdingen nicht nur eine zentrale FuE-Institution geschaffen, sondern gleichzeitig auch das Systemdenken zur Leitlinie der weiteren Entwicklungsarbeiten gemacht. Bosch verfügte mithin zu einem erheblich früheren Zeitpunkt über bedeutendes Systemwissen und Systemerfahrung als die meisten seiner Großkunden.[57] Die Wettbewerbsverhältnisse hatten sich inzwischen aber insgesamt weiter verschärft, so dass sich die Angriffe auf die Lieferanteile von Bosch in der K-Erstausrüstung mehrten. Die in der zweiten Hälfte der 1970er Jahre verstärkt in Gang gekommene Konzentrationsbewegung in der weltweiten Automobilindustrie schürte «die Gefahr weiterer Emanzipation der Hersteller gegenüber Zulieferern», wie Merkle in einer Geschäftsführersitzung betonte.[58] Nicht viel geändert hatte sich auch an der gefährlichen Abhängigkeit von einigen wenigen Großkunden. Daimler-Benz, Volkswagen, Opel, Ford und KHD waren 1972 nach wie vor die Big Five der Erstausrüster-Kunden, mit denen Bosch einen Umsatz von 1,12 Mrd. DM machte; das waren fast 80 Prozent des gesamten Kfz-Ausrüstungsgeschäfts, und 792 Mio. DM, mehr als die Hälfte, entfielen allein auf Daimler-Benz und VW.[59] Erst zehn Jahre später zeigte sich ein anderes Bild: Der Anteil der zehn Hauptkunden im K-Geschäft hatte sich auf 43 Prozent mehr als halbiert, und Daimler-Benz sowie VW, mit zusammen 2,3 Mrd. DM Geschäftsumsatz nach wie vor die wichtigsten Erstausrüstungs-Kunden von Bosch, machten nur noch 26,7 Prozent des gesamten K-Umsatzes aus. Die Abhängigkeit von einigen wenigen Großkunden hatte sich damit zu einem Zeitpunkt deutlich verringert, als diese gerade dabei waren, ihre Nachfragemacht zu entdecken und auszuüben, und neben Ford und Opel waren nun neue Großkunden wie BMW, Renault, Fiat, Volvo und Peugeot/Citroen/Talbot in die Liste der Big Ten aufgerückt. Der Anteil des K-Geschäfts am Gesamtumsatz der Bosch-Gruppe betrug dennoch Ende 1981 wie Ende 1971 immer noch zwischen 50 und 60 Prozent, und das Erstausrüstungsgeschäft war weiterhin wesentliche «Grundlast» der Bosch-Fabriken und wesentlicher Ergebnisträger.

Mitte der 1970er Jahre rückte in den Zuliefer-Beziehungen jedoch ein einzelner Großkunde, Daimler-Benz, in den Mittelpunkt und konfrontierte Bosch mit einem Erstausrüster-Problem ganz anderer Art. Hintergrund waren die im Laufe des Jahres 1974 erfolgten Offerten arabischer Ölförderländer für Beteiligungen an deutschen Großunternehmen. Man schätzte das Kapital aus den Gewinnen der Ölverkäufe auf 300 bis 600 Mrd. DM, welches die OPEC-

Länder weltweit anzulegen suchten. Allein in den Monaten Januar bis Oktober 1974 betrugen die Geldanlagen aus dem Nahen Osten ca. 45 Mrd. DM, mehr als der damalige Kurswert aller an der Börse gehandelten deutschen Aktiengesellschaften. Neben Krupp und der Gutehoffnungshütte war auch Daimler-Benz ins Visier der arabischen Investoren geraten, und im Bundeswirtschaftsministerium wurde seit Januar 1975 intensiv und hektisch erörtert, wie dieser «Überfremdungsgefahr» der deutschen Wirtschaft Einhalt geboten werden konnte, etwa durch eine Verordnung über die Erfassung ausländischer Beteiligungen.[60] Merkle war neben den Vertretern des BDI und der Banken von Anfang an bei diesen Beratungen beteiligt. Nachdem die Quandt-Gruppe ihren 14-prozentigen Anteilsbesitz bei Daimler-Benz an das Scheichtum Kuwait verkauft hatte und wenig später auch Flick den Großteil seines Aktienpakets an Daimler-Benz (über 39 Prozent) auf den Markt zu werfen gedachte, war die Deutsche Bank als Käufer eingesprungen, um den Absichten des Schahs von Persien zuvorzukommen und so einen Übergang des größten deutschen Automobilherstellers in arabische Hände sowie einen damit befürchteten Verlust des technologischen Know-hows zu verhindern. Einen Teil der nun mehrheitlich in ihrem Besitz befindlichen Daimler-Benz-Aktien wollte die Deutsche Bank jedoch wieder abgeben und sprach daraufhin im April 1975 eine Reihe befreundeter Unternehmen an, darunter auch Bosch. Und Merkle war bereit, sich aus übergeordneten wirtschaftspolitischen, aber auch aus engeren geschäftspolitischen Gründen an dem Automobilkonzern zu beteiligen, «da es Anhaltspunkte dafür gab, dass im Falle eines persischen Einbruchs bei DB Technologie- und Kapazitätsverlagerungen zu befürchten gewesen wären».[61] Vorgesehen waren 75 Mio. DM, d. h. etwa 1 Prozent des Nominalkapitals von Daimler-Benz, gleichzeitig hatte die Deutsche Bank Merkle aber auch einen Aufsichtsratsposten bei Daimler angeboten, was dieser wegen seines bereits bestehenden Mandats bei VW ablehnte, dafür aber Hans Bacher als Bosch-Vertreter vorschlug.[62]

Als echte Beteiligung von Bosch wollte Merkle das Daimler-Benz-Engagement aber nicht verstanden wissen, allein schon mit Rücksicht auf die anderen Erstausrüster-Kunden, bei denen, allen voran bei BMW und Volvo, bereits erhebliche Unruhe über eine eventuelle künftige Bevorzugung von Daimler-Benz bei Zulieferungen herrschte. Der tatsächliche Aktienkauf durch Bosch erfolgte allerdings erst im Dezember 1975. Auf Seiten der Deutschen Bank war langwierig an einer komplizierten, mehrstufigen Schachtelbeteiligung (Mercedes Automobil Holding AG) mit diversen Unterbeteiligungen («Stern» und «Stella») gebastelt worden, an deren Ende sich Merkle plötzlich mit einer Bosch-Beteiligung von 115 Mio. DM konfrontiert sah.[63] Bis 1981 erhöhte sich dann infolge von Kapitalerhöhungen der Bosch-Anteil bei Daimler-Benz auf 1,58 Prozent. Angesichts der guten Ertragslage des Automobilkonzerns mit einem etwa dreimal so hohen Umsatz wie Bosch und einer doppelt so hohen Umsatzrendite war das kein schlechtes Finanzinvestment, ganz abgesehen von der wohl einmaligen Konstellation, dass der Zulieferer bei seinen beiden wichtigsten Großkunden als Kontrolleur im Aufsichtsrat saß.

Zur Erhöhung der Schlagkraft und zur Koordination der Kerngeschäftsfeldaktivitäten war inzwischen eine vierköpfige Gruppe von Bosch-Managern, bestehend aus Hans Bacher als Gesamtverantwortlichem für den K-Bereich, Konrad Eckert und Hermann Scholl als linienverantwortlichen Managern für die sechs Geschäftsbereiche der Kraftfahrzeugtechnik[64] sowie Peter Rose, der für die Kundenbeziehungen zu den Erstausrüstern zuständig war, gebildet worden. Eine zentrale Rolle bei der Pflege der Geschäftsbeziehungen mit den Automobilfirmen spielte aber nicht zuletzt Merkle. Er traf sich regelmäßig mit seinen Führungskollegen bei Daimler-Benz, VW, Opel und Ford, aber auch von Renault und Peugeot; mit dem Vorstandsvorsitzenden von Volvo, Pehr Gyllenhammar, war Merkle befreundet und per du und der 1970 als neuer Vorstandsvorsitzender von BMW gewählte Eberhard von Kuenheim hatte einige Jahre bei Bosch gelernt. Auf der Schillerhöhe gaben sich mithin alle großen Automobilchefs von Agnelli bis Henry Ford II. die Klinke in die Hand. Fast noch wichtiger aber waren die regelmäßigen Einladungen auf die Bosch-Jagd nach Pfronten im Allgäu, wo Merkle mit ihnen auf langen Spaziergängen über Erstausrüster-Preise und neue Bosch-Produkte und -Technologien sprach. Aber Merkle reiste auch immer wieder selbst nach Detroit und Tokio. Von erheblichem Gewicht war seine Position als Vorstandsmitglied im Verband der deutschen Automobilindustrie (VDA) und als Vorsitzender der «Herstellergruppe Teile und Zubehör», die mit 224 Mitgliedsfirmen die Interessen der deutschen Automobilzulieferindustrie gegenüber Politik wie Erstausrüstern vertrat. In regelmäßigen Situationsanalysen, engem Informationsaustausch zu den neuesten Entwicklungen in Technik und Forschung und Beurteilungen der wirtschaftspolitischen Großwetterlage versuchte Merkle maßgeblich die Spielregeln sowohl der Zubehörindustrie untereinander («wir befinden uns in einem Vernichtungswettbewerb») als auch zwischen Lieferant und Endfertiger auf eine für alle Seiten vorteilhafte Art und Weise mitzugestalten.[65] Ob im Konflikt um die Abschaffung der Marken-Preisbindung oder im berühmt-berüchtigten Ersatzteilstreit, einem Konflikt um die Bezeichnung von Original-Ersatzteilen zwischen Automobilherstellern, Automobilzulieferern und Teilehändlern,[66] Merkle versuchte zu vermitteln und auszugleichen. Das galt vor allem für die Sorge, dass die deutsche Automobil- ebenso wie ihre Zulieferindustrie zwischen den allenthalben in Bewegung geratenen Branchenstrukturen in den USA und in Japan in eine doppelte Frontstellung geraten und zerrieben werden könnte. «Längerfristig ist nicht auszuschließen», so warnte Merkle etwa auf der Herstellergruppenversammlung im November

1977, «dass der Wettbewerb mit der japanischen und amerikanischen Automobilindustrie, der auf Drittmärkten schon immer besteht, auch den deutschen Inlandsmarkt erfassen wird.»[67]

Bei Bosch selbst trat nun, allerdings überwiegend unter anderem Vorzeichen, vor allem das alte Problem der Materialdisposition und der Synchronisierung der Kunden- mit der eigenen Fertigung verstärkt in den Mittelpunkt der Zulieferbeziehungen. Es zieht sich wie ein roter Faden durch die Geschichte des Erstausrüstergeschäfts von Bosch. Immer öfter brachten die Automobilfirmen nun mit plötzlichen Änderungen ihrer Abrufe und Planzahlen die Fertigungsingenieure und Werksleiter bei Bosch an die Grenzen ihrer Anpassungsfähigkeit. Im November 1973, auf dem Höhepunkt der ersten Ölkrise, war die Lage besonders unübersichtlich. Im Inland kam es längst zu deutlichen Rückgängen der Verkaufsziffern, während die Auslandsnachfrage noch anstieg. Von ursprünglich 1,01 Mio. geplanten Fahrzeugen strich Opel unvermittelt 170 000 – das waren immerhin 17 Prozent –, mit weitreichenden Folgen für die Zulieferfertigung und einer Erhöhung des Dispositionsrisikos bei Bosch. Merkle konnte deshalb sogar erstmals in der Firmengeschichte kein vorläufiges Finanzprogramm aufstellen, «weil unsere wichtigste Abnehmergruppe, die Kraftfahrzeugindustrie, mit ihrer Produktionsplanung in Unsicherheit geraten ist».[68] Selbst für das erste Quartal 1974 gaben die Automobilhersteller aber noch viel zu optimistische Produktionsplan-Ziffern an ihre Zulieferer, nur um sie dann im Laufe des Jahres umso radikaler und unvermittelter zu kürzen. Gegen Jahresende 1977 sah sich Bosch dagegen plötzlich stark erhöhten K- und L-Jetronic-Abrufen für das kommende Jahr gegenüber, die anstelle der ursprünglich geplanten 700 000 Stück nun die Herstellung von fast 850 000 Stück erforderten. Eine schnelle Erweiterung der Fertigungskapazitäten mit entsprechenden Zusatzinvestitionen in Millionenhöhe war daher erforderlich.[69] «Die Kraftfahrzeughersteller haben ihre Lieferer, was deren rasche Anpassung der Lieferungen nach oben und unten angeht, erfolgreich erzogen», so musste die Bosch-Führung im Mai 1976 eingestehen. «Grund genug für uns, in dieser Richtung mehr zu erreichen als bisher.»[70]

Vor allem die zweite Ölkrise 1979/80 fungierte als Katalysator beim Umbruch der Zulieferstrukturen und Erstausrüsterbeziehungen. Im März 1977 noch hatten die Bosch-Manager bei VW ausgehandelt, dass man bei Dieselausrüstung weltweit alleiniger Lieferant sein würde, mit 800 000 Stück. Im Juli jedoch schon erfuhr Bosch, dass sein Anteil zugunsten des britischen Konkurrenten CAV auf 80 Prozent gekürzt worden war, der Dieselpumpen um 10 Prozent billiger anbot. Was Bosch dabei vor allem ärgerte, war, dass ie später auftretenden Lieferschwierigkeiten von CAV und die daraus resultierenden Verzögerungen beim Verkauf des neuen Golf-Diesel in der Öffentlichkeit Bosch angehängt wurden. Kritisch beobachtete man in Stuttgart auch, dass es im Frühjahr 1978 zwischen VW und Siemens in Sachen Motronic zu engen Kontakten und einer Entwicklungszusammenarbeit kam. Zudem war nun in der Presse zu lesen, dass VW gemeinsam mit dem US-Unternehmen Fairchild an einem Projekt zur Entwicklung einer kontaktlosen, elektronischen Transistor-Zündung arbeitete, «das die marktbeherrschende Position des größten deutschen Auto-Elektrik-Herstellers unterhöhlen soll».[71] Im Frühjahr 1979 kam es zu einer ersten Zäsur: VW kündigte die Entwicklung und Produktion einer eigenen Jetronic an, als «Tendenz zur Unabhängigkeit von Bosch», wie der damalige VW-Vorstandsvorsitzende Schmücker in einem Brief an Merkle erläuterte. In intensiven Gesprächen mit dem VW-Vorstand versuchte Merkle daraufhin, die Wolfsburger von diesen Absichten wieder abzubringen, und äußerte unverhohlen, dass er «als Aufsichtsratsmitglied als auch als Lieferant von VW die Aufnahme der Eigenfertigung für einen Fehler halte».[72] Tatsächlich gab es wenig später Entwarnung. Von den einst von Bosch durchgesetzten acht- bis zehnprozentigen Preiserhöhungen waren inzwischen allerdings nur noch 2 bis 2,5 Prozent übrig geblieben, und das oft auch erst nach mühevollen Verhandlungen. «VW droht nach wie vor mit dem Einkauf von Kraftfahrzeugausrüstung in Japan, wenn wir nicht zu denselben Bedingungen hinsichtlich Preis, Qualität und Liefersicherheit anbieten», berichtete Merkle auf der Sitzung der RBIK Ende November 1980.[73] Und im Dezember 1980 gab es dann eine zweite Zäsur: VW-Chef Schmücker forderte Bosch erstmals auf, seine Preise bei einzelnen Zulieferteilen um bis zu 20 Prozent zu senken. Mit dem rasch wachsenden Importanteil japanischer Automobile nach Europa und in den USA und den zurückgehenden Produktionsziffern von Boschs wichtigsten Großkunden bei einem reduzierten Lieferanteil der Stuttgarter, wurden die Karten im Zuliefergeschäft neu gemischt. Die Antwort von Bosch demgegenüber lautete: «mehr Bosch je Fahrzeug», und vor allem: weitere Innovationen durch verstärkte internationale Verknüpfung des Bosch-Know-hows.[74]

Die schwierige Rückkehr auf den amerikanischen Markt: Etappen und Probleme der zweiten Internationalisierungsphase

Die Rückkehr von Bosch auf die Automobilzuliefermärkte außerhalb der deutschen Heimat verlief keineswegs geradlinig. Nach Kriegsende sah sich Bosch aus den Märkten der klassischen Industrieländer weithin verdrängt. Die ehemaligen Verkaufsbüros und Fertigungsstätten für Kfz-Zubehörartikel in den USA und in Europa waren zerstört, enteignet oder aus anderen Gründen verloren. Dazu kam, dass auch der Export aus Deutschland in diese Länder für Bosch in der unmittelbaren Nachkriegszeit sehr viel schwieriger war

Abb. 57: Fertigung von Zündkerzen, Einspritzdüsen und Einspritzpumpen bei der
MICO (1961)

als in früheren Jahrzehnten. Allein in der Schweiz gelang es Bosch, seine
Mehrheitsbeteiligung an der Scintilla AG in Solothurn zurück zu erwerben
und dort wieder mit der Eigenfertigung von Zündkerzen, Lichtmaschinen
und anderen Bosch-Erzeugnissen zu beginnen. Um diese Verluste wenigstens
teilweise auszugleichen, fiel schon sehr früh die Entscheidung, zunächst die
Märkte an der Peripherie der Weltwirtschaft zu erschließen. Den Anfang
machte 1951 ein Lizenzabkommen mit der im selben Jahr im indischen Bangalore gegründeten Motor Industries Co. (MICO). An ihr beteiligte sich Bosch
1953/54 direkt mit 49 Prozent, nachdem sich abzeichnete, dass mit Hilfe von
Daimler-Benz in Kürze eine eigene Kfz-Industrie in Indien aufgebaut werden
würde. Bis 1961 wurde die Beteiligung stufenweise auf 57,5 Prozent ausgebaut.[75]
Im Februar 1954 kam es dann zur Gründung der Robert Bosch Pty. Ltd. in
Australien, auch hier zunächst als Lizenz- und Gemeinschaftsunternehmen

mit einem regionalen Unternehmen. 1956 übernahm Bosch aber die Mehrheit und die Kontrolle über die Firma.

Im November 1954 erfolgte der Aufbau der von Anfang an als eigenes Tochterunternehmen firmierenden Robert Bosch do Brasil, die sich rasch zur zunächst wichtigsten und auch schnellstwachsenden Auslandsgesellschaft entwickelte.[76] In Brasilien setzte erst in dieser Zeit eine Industrialisierung ein, und da dort seit 1953 der Verkauf ausländischer Kraftfahrzeuge gesetzlich verboten war, rechnete die Geschäftsführung mit einer starken Aufwärtsentwicklung der brasilianischen Automobilindustrie, für die Bosch als vor Ort produzierender Zulieferer bereitstand. Dazu kam, dass kurz darauf auch VW und Daimler-Benz eigene Fertigungsstätten in Brasilien aufzubauen begannen.[77] Bis Ende der 1970er Jahre sollte Bosch in Brasilien tatsächlich eine dominierende Marktposition einnehmen: Im Dieselgeschäft war man praktisch der einzige Anbieter, in der Autoelektrik hatte man einen Marktanteil von 40 Prozent und zumindest bis zu dieser Zeit konnte man ein Eindringen des seit jeher größten Bosch-Konkurrenten, der britischen Lucas Ltd., verhindern.[78] Zu dem Engagement in Brasilien kam die Erneuerung bzw. der Neuabschluss der beiden Lizenzabkommen für Dieseleinspritzsysteme mit der japanischen Nippondenso Company, einem Tochterunternehmen von Toyota, sowie der Diesel Kiki Gesellschaft, die mehrheitlich der Isuzu Motors Company gehörte. Da die Lizenzgebühren nicht ins Ausland transferiert werden konnten, wandelte Bosch sie in Aktienanteile um und hielt so bald jeweils Minderheitsbeteiligungen von knapp 10 Prozent.

In den folgenden Jahren nahmen die Auslandsinvestitionen von Bosch rasch zu, wobei der Schwerpunkt zunächst auf der Wiederbegründung von ausländischen Vertriebsgesellschaften lag, verbunden mit dem Aufbau einer schlagkräftigen Kundendienst-Organisation. Im Jahr 1960 besaß Bosch bereits elf eigene Verkaufshäuser und Vertriebsgesellschaften bzw. Beteiligungen an solchen, unter anderem in Italien, Frankreich, England, Portugal, Dänemark und Schweden sowie in Argentinien, Kanada und auch in den USA.[79] Bis zum Jahr 1967 hatte Bosch seit der Währungsreform insgesamt etwas über 400 Mio. DM an Auslandsinvestitionen getätigt, der Großteil davon (230 Mio. DM) entfiel auf den EWG- bzw. EFTA-Raum, während 83 Mio. nach Nord- und Lateinamerika flossen sowie 52,7 Mio. DM nach Asien und Ozeanien.[80] Innerhalb weniger Jahre war Bosch damit wieder auf den wichtigsten Märkten international präsent, zumal auch durch das weltweite Auftreten auf den großen Industrieausstellungen.

Schon im Frühjahr 1969 leitete Merkle eine neue Welle an Auslandsinvestitionen von Bosch ein. 60 Mio. DM flossen allein im darauffolgenden Jahr in neue Fertigungsstandorte in Argentinien, Brasilien, Mexiko und Indien.[81] Das Ziel war der Ausbau der guten Marktposition von Bosch in Lateinamerika, während man sich mit eigenen Produktionswerken im europäischen Ausland

Abb. 58: Schah Reza Pahlavi und Ludwig Erhard bei der Eröffnung der Deutschen Industrie-Ausstellung in Teheran am 4. 10. 1960 vor dem Bosch-Stand

nach wie vor zurückhielt. Zur Koordination und vor allem zur Unterstützung der Bosch-Auslandsgesellschaften bei der Finanzierung durch die Erschließung ausländischer und internationaler Finanzquellen hatte Bosch bereits 1966 die Robert Bosch Internationale Beteiligung AG mit Sitz in Zürich gegründet.[82] Sie wurde im Zuge einer Neuordnung des ausländischen Beteiligungsportfolios Anfang 1971 unter Berücksichtigung geschäftspolitischer, vor allem aber steuerlicher Gesichtspunkte reorganisiert und zu einem echten «Ort der Leitung» bzw. einer geschäftsleitenden Holding umgebaut, mit einem eigenen Beratungsstab und Management.[83] Tatsächlich erzielte Bosch inzwischen 2,17 Mrd. DM seines Umsatzes in den Auslandsgesellschaften, das waren 42,2 Prozent des Gesamtumsatzes; knapp 25 000 Beschäftigte arbeiteten für Bosch weltweit, und die Beteiligungen waren bis auf wenige Ausnahmen auch profitabel. Sie lieferten 1973 insgesamt 44,3 Mio. DM an Erträgen, d. h. etwa 15 Prozent der Gesamterträge. Das mit Abstand meiste Geld wurde dabei in Brasilien erwirtschaftet, gefolgt von der Schweizer Bosch-Gesellschaft Scintilla.[84]

So erfolgreich Bosch beim Aufbau seines Auslandsgeschäfts mit Vertriebs- und Fertigungsstätten in Lateinamerika, Indien und auch Australien war, so schwer tat man sich bei der Neupositionierung auf den verschiedenen europäischen Märkten, und erst recht bei der Rückeroberung einer starken Position auf dem amerikanischen Automobil-Zuliefermarkt. England spielte bei Bosch dabei, trotz der damals noch starken britischen Automobilindustrie, aufgrund der starken Position von Lucas traditionell keine große Rolle.[85] In Frankreich dagegen verlief die Marktdurchdringung für Bosch schwieriger. 1950 war das Unternehmen dort zunächst mit zwei Vertriebsvertretungen aktiv, 1958 erwarb man dann eine Minderheitsbeteiligung an Lavalette – ein Unternehmen, mit dem man schon in den 1930er Jahren kooperiert hatte.[86] 1961 übernahm Bosch die Mehrheit an der SAVEM, die dann ein Jahr später als Robert Bosch (France) S.A. firmierte, denn gleichzeitig konnte Bosch nun auch wieder uneingeschränkt über seine Namensrechte in Frankreich verfügen. 1962 baute man unter anfänglicher Mitbeteiligung der französischen Automobilzulieferfirma Labinal S.A. ein eigenes Bosch-Werk mit Produktionsstandorten in Saint-Ouen und ab 1966 auch in Rodez auf. Im Jahr 1970 kam es zu neuen strategischen Überlegungen hinsichtlich der Positionierung auf dem französischen Markt. Hintergrund war, dass die französische Zulieferindustrie durch Konzentrations- und Übernahme-Pläne allenthalben in Bewegung geriet. Zum Kauf stand der Kfz-Zulieferer SEV Marchal, und Bosch hatte sein Interesse an einer Beteiligung angemeldet. Als Prinzip galt allerdings, dass man kein Vorgehen wollte, das Bosch in Konflikt mit den französischen Behörden, den mächtigen Erstausrüstern wie Peugeot oder Renault oder den eigenen Lizenznehmern bringen würde.[87] Mitte Juni 1970 reiste Merkle daher zum damaligen französischen Wirtschafts- und Finanzminister Giscard d'Estaing und stellte dort (ungeachtet der historisch vorbelasteten Semantik) den «Bosch-Generalplan Frankreich» vor, der unter anderem eine 30-prozentige Beteiligung von Bosch an SEV Marchal vorsah.[88] Ab Sommer 1976 verstärkte Bosch dann seine Bemühungen, in Frankreich bei Kfz-Elektrik und -Elektronik nennenswerte Marktanteile in der Erstausrüstung zu gewinnen. Die Chancen standen dabei gut, denn die französische Automobilindustrie wies beim Einsatz von Elektronik gegenüber Deutschland und England einen Rückstand auf. Neben den eigenen Werken rückte nun eine Kooperation mit der Société Financière d'Equipement Automobile (FEA) in den Mittelpunkt, die kein Kfz-Zulieferer im engeren Sinn war, sondern eine Holding mit diversen Zulieferbeteiligungen. Um das Eindringen anderer Gruppierungen und Konkurrenten, allen voran Lucas/Thomson, Delco und Motorola, zu verhindern, erwarb Bosch 35 Prozent und hielt zusammen mit Ferodo, die später in Valeo umbenannt wurde und 65 Prozent der Anteile besaß, die industrielle Führung.[89] Die Aktivitäten der Bosch-Gruppe waren inzwischen auf sieben Standorte mit 4700 Mitarbeitern verstreut und erwirtschafteten immerhin einen Umsatz von 1,3 Mrd. Francs (ca. 770 Mio. DM) bei deutlich positiven Erträgen.[90]

Als Merkle seit Mitte der 1960er Jahre die Auslandsexpansion von Bosch vorantrieb, war auch der Aufbau von Werken in Spanien geplant. Die Gründe, nach Spanien zu gehen, lagen auf der Hand: Dort waren noch in größerem Umfang als in Deutschland Arbeitskräfte bei niedrigem Lohnniveau verfügbar, so dass es sinnvoller erschien, die Fertigungsstätten zu den Arbeitskräften zu bringen, als für neue Kapazitäten weitere Gastarbeiter nach Deutschland zu holen. Vor allem aber plante, wie Merkle nach einem Gespräch mit dem damaligen VW-Vorstandsvorsitzenden Heinrich Nordhoff erfahren hatte, der Wolfsburger Automobilkonzern seinerseits die Aufnahme der Produktion in Spanien. Der spanische Automobil- und Kfz-Zuliefermarkt wies einen eminenten Nachholbedarf und damit entsprechende Wachstumschancen auf. Im Juli 1967 begann Bosch mit der Fertigung von Autoelektrik; man hatte dazu eine 50-prozentige Beteiligung an der Constructora Electrica Española S.A. in Madrid erworben und diese dann in Robert Bosch Española (RBES) umbenannt. Nach der Schweiz, Frankreich, Schweden, Australien, Brasilien, Indien und Mexiko besaß Bosch damit seinen neunten Produktionsstandort außerhalb Deutschlands. Die großen Umsatz- und Ertragserwartungen erfüllten sich allerdings nicht. 1973 etwa erwirtschaftete die RBES als einzige der europäischen Bosch-Gesellschaften einen Verlust von 1,23 Mio. DM. Dann ergab sich im Frühjahr 1977 plötzlich die Möglichkeit, bei der Fábrica Española Magneto S.A. (FEMSA), dem Hauptkonkurrenten in Spanien, direkt einzusteigen. RBES erwirtschaftete mit ca. 1100 Beschäftigten einen Umsatz von knapp 100 Mio. DM, FEMSA dagegen mit 8400 Mitarbeitern fast viermal soviel, 390 Mio. DM. Der Konkurrent war allerdings in eine Liquiditäts- und Finanzkrise geraten. Allein die bereits sichtbaren Risiken waren mithin erheblich: Beide Gesellschaften, RBES und FEMSA, arbeiteten ohne Ertrag, bei Bosch-Spanien war allein für 1977 bereits ein Verlust von 2–3 Mio. DM zu erwarten, so dass frühestens ab 1980 mit positiven Erträgen zu rechnen war, ganz abgesehen von zwischenzeitlich aufzuwendenden Sanierungskosten. FEMSA war, so Merkle, nachdem er sich im Februar 1978 vor Ort selbst ein Bild gemacht hatte, «overmanned», «overtooled» und «overstocked».[91] Dazu kam ein Weiteres: Wie schon in Frankreich, so war auch in Spanien die Industriepolitik, zumal in einer damals als strategisch angesehenen Branche wie der Automobilindustrie, eine wichtige staatspolitische Angelegenheit. Und in diesem Interessengeflecht aus spanischen Familiengesellschaftern, der Madrider Regierung und, nicht zuletzt, der selbstbewussten Belegschaft sowie streikfreudigen sozialistischen Gewerkschaften in Spanien sollte sich Bosch in der Folgezeit rettungslos verstricken und die FEMSA für die Stuttgarter zu einem Millionengrab werden. Die verworrene Geschichte der FEMSA-Beteiligung und des Spanien-Geschäfts von Bosch, die die Unternehmensführung bis weit in die 1980er Jahre hinein fast wöchentlich beschäftigte, kann hier nicht im Detail nachgezeichnet werden.[92] Nach zahllosen Verhandlungen, Entlassungen, Streiks und Unruhen in den Werken sowie zwei gescheiterten Sanierungsplänen stand Ende 1983 schließlich ein «kassenwirksamer Aufwand Robert Bosch für die FEMSA 1978 bis 1983 von rund 500 Mio. DM» in den Büchern.[93]

Seit Anfang der 1970er Jahre lenkte die Bosch-Führung bei ihren Auslandsaktivitäten den Blick verstärkt auch nach Südostasien[94] sowie vor allem auf die USA. Dort wartete die eigentliche und größte Herausforderung. Nach der Enteignung der amerikanischen Bosch-Gesellschaft und dem Verlust der Marken- und Namensrechte im Zweiten Weltkrieg stand Bosch bei Kriegsende zunächst mit leeren Händen da. 1952 wurde ein «Name Agreement» zwischen Bosch und der American Bosch zur Regelung der jeweiligen Markennamennutzung getroffen und ein Jahr später die Robert Bosch Corporation in New York als Vertriebsgesellschaft gegründet, von der ausgehend im Laufe der Jahre ein Netz von Verkaufsbüros aufgebaut wurde. Bosch durfte demnach in den USA nur noch als «Robert Bosch» oder «Bosch in Germany» auftreten. Mit American Bosch (AMBAC) pflegte man von Stuttgart aus aber auch weiterhin enge Beziehungen. Im April 1966 etwa sollte bei einem Besuch vor Ort geprüft werden, «welche legalen und wirtschaftlichen Annäherungsmöglichkeiten zwischen uns und American Bosch im Hinblick auf unsere langfristigen Interessen in den USA bestehen».[95] Die Chancen, bei den großen US-Automobilkonzernen überhaupt einen Fuß ins Erstausrüstungsgeschäft zu bekommen, waren angesichts von deren Eigenfertigungen und Zuliefer-Tochterkonzernen wie Delco-Remy praktisch nicht vorhanden. Aber VW und Daimler-Benz hatten schon früh erfolgreiche Exportanstrengungen in die USA unternommen, wodurch sich für Bosch die Möglichkeit ergab, vor Ort Serviceleistungen zu erbringen. Vor allem aber boten der Übergang von der Vergaser- zur Einspritztechnik und der wachsende US-Dieselmarkt mit der Nachfrage nach entsprechender Einspritzausrüstung ein Einfallstor, das Bosch seit der zweiten Hälfte der 1960er Jahre entschlossen nutzte.[96] Anfang der 1970er Jahre forcierte Bosch sein inzwischen entwickeltes «USA-Konzept», dem in den Auslandsaktivitäten inzwischen oberste Priorität eingeräumt wurde und für dessen Realisierung, darüber war man sich in der Geschäftsführung bewusst, bis zu 100 Mio. DM Mittelbindung notwendig sein würde.[97] Ein erster Schritt bestand 1973/74 im Bau einer Fabrik zur Herstellung von Einspritzausrüstung für Dieselmotoren in Charleston/South Carolina. Das amerikanische Tochterunternehmen RBUS erwirtschaftete zu diesem Zeitpunkt bei einem Umsatz von umgerechnet 206,5 Mio. DM bereits einen Ertrag von 3,38 Mio. DM. Ein weiterer Schritt erfolgte im Sommer 1975. Am 11. Juni erreichte ein Brief des Borg-Warner-Managements Merkles Schreibtisch mit dem Angebot, die fünf Jahre zuvor ergebnislos verlaufenden Kooperationsgespräche wieder aufzunehmen.[98] Es folgten intensive Gespräche, die im Fe-

bruar 1976 schließlich zur Idee einer engen Zusammenarbeit beider Zulieferunternehmen in ausgewählten Teilbereichen sowie einer von den Amerikanern
vorgeschlagenen zehnprozentigen Beteiligung von Bosch an Borg-Warner
führten. Das Unternehmen erwirtschaftete einen Umsatz von umgerechnet
4,45 Mrd. DM und verfügte über ein hochdiversifiziertes Produktportfolio,
das in insgesamt 75 Divisions organisiert war. Nur etwa 38 Prozent davon
gingen in die Kraftfahrzeugausrüstung, und hierbei konzentrierten sich die
Amerikaner vornehmlich auf den nicht-elektronischen Bereich, d. h. auf
Erzeugnisse der Kraftübertragung wie Kupplungen und Getriebe. 23 Prozent
des Umsatzes wurde im Bereich Industrieausrüstung, 20 Prozent mit Klimati-
sierung und 17 Prozent mit chemischen Erzeugnissen erwirtschaftet. Mit
Bosch ergaben sich dadurch Möglichkeiten zur Kooperation und zum Erfahrungsaustausch im Bereich der K6-Erzeugnisse, d. h. bei Hydraulik und Pneu-
matik. Vor allem aber bot sich über den zu erwartenden Beteiligungsaufwand
von ca. 100 Mio. DM die Chance zur stärkeren Präsenz auf dem US-Markt.[99]

In technischer Hinsicht war Borg-Warner kein idealer Partner, denn die auf
dem amerikanischen Erstausrüstungsmarkt in Bewegung geratenen Strukturen
verliefen auf anderen Bereichen und Gebieten, insbesondere im Bereich Benzin-
und Dieselmotoreneinspritzung. Über ein bloßes Finanzinvestment sollte die
Kooperation daher nie hinauskommen. Bendix wäre dagegen ein weit interes-
santerer Kooperationspartner gewesen, aber trotz der seit Jahren immer wieder
geführten Gespräche zeichnete sich kein konkretes Ergebnis ab.[100] Man war sich
daher in der Geschäftsführung darin einig, dass Bosch in den USA eine offen-
sivere und aggressivere Strategie einschlagen und das operative wie finanzielle
Engagement durch den Ausbau des Erstausrüstungsgeschäfts, die Verbreiterung
der Vertriebsbasis und den Einstieg in neue Erzeugnisgebiete jenseits der Kraftfahrzeugtechnik verstärken musste.[101] Das schien – zumindest in der Kürze der
dafür veranschlagten Zeit – allerdings nicht durch eigenes Wachstum möglich,
sondern nur durch weitere Akquisitionen und Beteiligungen. Eine im November 1979 erstellte Liste über den «Stand der Akquisitionsüberlegungen USA»
führte in den verschiedenen Bereichen 21 ernsthaft geprüfte und zum Teil auch
bereits laufende Projekte und Unternehmen auf.[102] Und die Bosch-Führung sah
sich dabei tatsächlich unter erheblichem Zeitdruck. «Die Verteilung der Märkte
in USA», so verkündete Merkle im November 1980 auf der Geschäftsführungssitzung, «ist bis Mitte der 80er Jahre abgeschlossen. In diesen Jahren wird entschieden, welches Gewicht Robert Bosch auf dem amerikanischen Markt haben
wird.»[103]

Vor allem ein Problem galt es endlich und möglichst rasch zu lösen: den
Rückerwerb der Markenrechte. Nach wie vor besaß die American Bosch Corp.
die Namens- und Markenrechte, auch wenn man inzwischen einige Erleichte-
rungen gegenüber dem «Name Agreement» von 1952 erreicht hatte: Seit 1960

bzw. 1964 durfte Bosch für Elektrowerkzeuge und Haushaltsgeräte das Wort BOSCH auch in den USA ohne Zusatz benutzen.[104] Ende November 1972 aber lief das Abkommen mit AMBAC aus; es verlängerte sich jeweils um fünf weitere Jahre, wenn es nicht ein Jahr vor Ablauf gekündigt wurde. Bosch musste sich daher bis spätestens Herbst 1971 entscheiden, «ob wir uns auch für die Zeit danach mit dem jetzigen Zustand abfinden wollen, oder ob wir kündigen und einen vertragslosen Zustand entstehen lassen, oder ob wir versuchen wollen, auf dem Verhandlungsweg eine neue Vereinbarung zu erreichen.»[105] Bosch schlug den Verhandlungsweg ein, der sich dann aber über zehn Jahre hinziehen sollte. Die AMBAC war zwischenzeitlich vom amerikanischen Mischkonzern United Technologies übernommen worden, der nun zum Adressaten der Gespräche über den Rückkauf der Marke BOSCH wurde. Ende 1981 scheiterten jedoch die Verhandlungen an zu hohen Preisforderungen von UTC – insgesamt 55 Mio. Dollar –, woraufhin Bosch das Abkommen fristgerecht kündigte, nicht zuletzt auch, um eine Verbesserung der eigenen Position gegen zunehmende Aktivitäten von UTC/AMBAC auf Märkten außerhalb der USA zu erreichen. Die Amerikaner antworteten daraufhin mit einer Klageerhebung vor einem US-Gericht, im Herbst 1982 lief der Prozess an. Wenig später jedoch ließ United Technologies neue Verhandlungsbereitschaft erkennen, und im Februar 1983 kam es dann zu einer außergerichtlichen Einigung: UTC verzichtete sofort auf die weltweite Nutzung des Warenzeichens «American Bosch» und bis spätestens 1988 auch auf die von ihr erworbenen BOSCH-Warenzeichen, die Bosch im Gegenzug gegen Lizenzgebühren nun uneingeschränkt nutzen durfte.[106] Bosch war damit in den Vereinigten Staaten wieder Bosch. Nach 40-jähriger Unterbrechung konnte das Unternehmen auf dem größten Automobilmarkt der Welt wieder den Namen und die Marke BOSCH ohne Einschränkungen nutzen und seine Aktivitäten, die inzwischen einen Umsatz von umgerechnet 800 Mio. DM mit 2300 Mitarbeitern umfassten, weiter verstärken. Der Rückkauf der Markenrechte war mit 24,85 Mio. Dollar, umgerechnet 70 Mio. DM, allerdings teuer. Aber dafür war die Nachkriegsära für Bosch nun endgültig beendet. Dem von Merkle Mitte der 1970er Jahre formulierten Ziel, dass Bosch in den 1980ern in den USA eine Stellung wiedererreichen sollte, wie sie die Firma zu Beginn des Jahrhunderts innehatte, war man ein gutes Stück näher gekommen.

Alles in allem war die Internationalisierung von Bosch in den 1960er und 1970er Jahren erheblich vorangekommen. Die Bedeutung des Auslandsgeschäfts nahm innerhalb der Bosch-Gruppe mehr und mehr zu. 1971 noch bei 42,2 Prozent liegend erreichte es Ende 1982 mit ca. 3,4 Mrd. DM bereits knapp 55 Prozent des Gesamtumsatzes. Sichtbares Zeichen dafür war auch, dass für das Geschäftsjahr 1972 erstmals ein Jahresabschluss der «Bosch-Gruppe Welt» aufgestellt wurde. Die größten Anteile im Auslandsgeschäft wiesen dabei Frankreich, Italien, Schweden und – bereits an vierter Stelle – die USA auf. Mit seinen zahlreichen Fertigungsstätten im Ausland war Bosch zudem streng genommen schon seit Mitte der 1960er Jahre zu einem multinationalen Unternehmen geworden – ein Begriff, den Merkle regelrecht verabscheute. Tatsächlich gab es seit den späten 1960er Jahren, ausgehend von den vielfältigen und in der Öffentlichkeit zunehmend kritisch gesehenen Aktivitäten amerikanischer multinationaler Konzerne, auch in Deutschland eine politisch aufgeladene Debatte darüber. Um zu vermeiden, dass auch Bosch dort mit hineingezogen wurde und ein negatives «Multi-Image» bekam, erließ die Geschäftsführung im November 1981 eine Anweisung mit Leitlinien zur Personal- und Sozialpolitik der Regionalgesellschaften. «Als weltweit tätiges Unternehmen», so hieß es dort, «rufen wir die besondere Aufmerksamkeit öffentlicher Stellen, politischer Organisationen, kirchlicher und gewerkschaftlicher Gliederungen und nicht zuletzt der Medien hervor.»[107] Deshalb bekräftige man die bestehenden Leitlinien, d. h., dass sich die Personal- und Sozialpolitik der Auslandsgesellschaften an den Grundsätzen des Stammhauses orientieren und dass die Beschäftigungsbedingungen den Landesgesetzen und den Tarifverträgen folgen müssen. «Falls es im Interesse der Gesellschaft und ihrer Mitarbeiter liegt, scheuen wir auch gesellschafts- und sozialpolitisches Neuland nicht.»[108] Ein wesentlicher Grundsatz der Personal- und Sozialpolitik sei zudem die Gleichbehandlung. Strikte Legalität gelte für alle Handlungen und Maßnahmen. Lange bevor es den entsprechenden Begriff gab, verpflichtete sich Bosch mithin zur Compliance und zu einem Corporate-Governance-Kodex. Dass dies so explizit erfolgte, hatte allerdings auch damit zu tun, dass es kurz zuvor Tarifauseinandersetzungen und Arbeitskonflikte bei MICO in Indien gegeben hatte und man im Juni 1981 selbstkritisch feststellen musste, «dass die weltweite Verwirklichung der Grundsätze der Bosch-Personal- und Sozialpolitik u. a. bei MICO noch nicht hinreichend [erfolgt sei]».[109]

Der Kampf um das «noch umweltfreundlichere Kraftfahrzeug»: Aspekte einer Umweltgeschichte von Bosch

Umweltschutz tauchte als eigenes Thema erstmals 1970 im Geschäftsbericht von Bosch auf. Eine ganze Reihe unterschiedlicher Maßnahmen umweltrelevanter Aktivitäten wurde dabei aufgezählt, von Lärmminderung in den Werken bis zu verstärkter Werkstoff-Forschung.[110] Beschleunigt durch die Energie- und Ölpreiskrisen sollte das Thema bei Bosch rasch ins Zentrum der Unternehmenspolitik rücken. Anzeichen einer wachsenden Bedeutung von Umweltschutzmaßnahmen, vor allem im gesetzlichen Bereich, hatte es schon seit den 1960er Jahren gegeben. In den USA etwa war 1965 der Motor Vehicle Air Pollution Control Act erlassen worden, dem im Dezember 1970 der Clean Air Act und die Gründung der US Environmental Protection Agency (EPA) folgten. 1971 wurde im kanadischen Vancouver die internationale Anti-Atom-, Friedens- und Umweltschutzorganisation Greenpeace gegründet, und 1972 fand in Stockholm die erste UNO-Weltkonferenz zum Thema Umwelt statt; sie gilt als der eigentliche Beginn der internationalen Umweltpolitik.[111] Im selben Jahr bewegte schließlich die Veröffentlichung des Club-of-Rome-Reports über die «Grenzen des Wachstums» die Öffentlichkeit. Die Studie sorgte mit ihrer Prognose, wonach sich bei unverändertem Lebensstil und gleichbleibender Ressourcennutzung die Verhältnisse der Menschheit in 50 bis 100 Jahren dramatisch verschlechtern würden, für weltweites Aufsehen. Sie markierte den Beginn der wissenschaftlichen Auseinandersetzung mit dem Thema «nachhaltige Entwicklung». In Deutschland reagierte als erste Branche die Chemieindustrie auf diese Entwicklungen, aber daneben gerieten rasch die Automobilindustrie und damit auch ihre Zulieferer als potenzielle Umweltverschmutzer in die Kritik. Das Kraftfahrzeug mutierte gleichsam von «des Deutschen liebstem Kind» zum Energieverbraucher und Umweltverschmutzer. Wie reagierte Bosch? Inwieweit entwickelte das Unternehmen nicht nur ein Umweltproblem- und Umweltkrisenbewusstsein, sondern begann auch mit der Generierung von spezifischem Umwelt-Wissen? Eine bruchlose Kontinuitätslinie zur heutigen «green strategy» des Unternehmens, soviel sei vorausgeschickt, gab es dabei nicht, und Merkles Wahrnehmung und Perzeption der Energie- und Umweltproblematik war durchaus typisch für Reaktionen auch in den Vorstandsetagen der anderen deutschen Groß-unternehmen.

Versteckt in einem Vortrag über den «Regelkreis unternehmerischer Planung», den Merkle Ende Oktober 1972 auf der Jahresversammlung des Gesamtverbands des Deutschen Steinkohlebergbaus gehalten hatte, findet sich zumindest ansatzweise eine Auseinandersetzung mit Meadows' Buch über die Grenzen des Wachstums.[112] Das Urteil fiel dabei ambivalent aus, denn einerseits kritisierte Merkle die kategorischen, undifferenzierten Aussagen des Buches, es «könnte das heilige Buch der Wachstumsgegner werden». Andererseits lobte er aber an anderer Stelle die Studie, weil «sie uns zum Nachdenken zwingt». In der Minimierung bzw. Optimierung des Rohstoff- und Energieeinsatzes unter dem Gesichtspunkt der Knappheit liege ein weites Feld für unternehmerische Entscheidungen, «die gerade dann von Weitsicht zeugen, wenn sie scheinbar in der kurzfristigen Betrachtung für das Unternehmen nicht förderlich oder gar schädlich wären».[113] So fortschrittlich diese Bemerkungen klingen mögen, so hatte Merkle jedoch in der Frage der betriebswirtschaftlichen Kosten eine klare Meinung: Das Verursacherprinzip, das man neuerdings propagiere, sei nur eine Scheinlösung. «Nicht der Produzent, der eine Umweltbelastung hervorruft, kann die Kosten für die Behebung tragen», sondern diese müssten im Preis des Produkts zum Ausdruck kommen, was nichts anderes bedeutete als eine Externalisierung auf volkswirtschaftliche Ebene und damit die Abwälzung auf die Verbraucher. Dazu kam, dass Merkle allenthalben die «vermehrten Angriffe in Presse und Öffentlichkeit auf den Verbrennungsmotor» und das Automobil kritisierte. «Das erwachte Energiebewusstsein», so äußerte er im November 1973 auf der Geschäftsführungssitzung, «gibt der bisherigen Propaganda gegen das Kraftfahrzeug neuen Auftrieb».[114] Einige Teile der Wirtschaftswissenschaften waren in Sachen Umweltproblematik schon weiter als Merkle, auch wenn sie von den Denkmodellen des Materialflusses, der Ressourcenschonung und des industriellen Metabolismus, wie sie dann in den 1990er Jahren mit der «Industrial Ecology» aufkamen, noch weit entfernt waren.[115]

Wie alle anderen Unternehmen bemühte sich Bosch seit Anfang der 1970er Jahre aber gegenüber der Öffentlichkeit um eine eingehende Darlegung der finanziellen Aufwendungen für Umweltschutzmaßnahmen. Seit 1964, so hieß es dazu in einer Zusammenstellung, habe die Bosch-Gruppe mehr als 100 Mio. DM für entsprechende Maßnahmen ausgegeben. Gemessen an den Gesamtinvestitionen lagen die Umweltschutz-Investitionen bei 3 Prozent. Den Löwenanteil der Ausgaben machten allerdings nicht Investitionen, sondern Umweltschutzbetriebskosten aus, d. h. Aufwendungen für meist gesetzlich vorgeschriebene Maßnahmen zur Abfallbeseitigung, Luftreinhaltung und zum Lärmschutz in den Fertigungsstätten.[116] Die akribisch zusammengetragenen Zahlen gelangten allerdings nie an die Öffentlichkeit. «Der Versuch, in diesem Jahr im Geschäftsbericht einen Abschnitt unterzubringen, der sich mit den Leistungen RB auf dem Gebiet des Umweltschutzes befasst, ist misslungen», hieß es in einer Notiz vom 6. Juli 1973.[117] «Eine Umfrage bei den Geschäftsbereichen und Zentralabteilungen ergab so dürftiges Zahlen- und Tatsachenmaterial, dass sich eine Veröffentlichung nicht gelohnt hätte.» Immerhin erschien dafür im *Bosch-Zünder* inzwischen eine Artikel-Serie über «Beiträge zum Umweltschutz» bei Bosch, die zeigten, dass Umweltschutz zunächst über innerbetriebliche Maßnahmen praktiziert wurde.[118] Eine regelrechte Welle von umweltschonenden und zugleich auch die Arbeitsbedingungen verbessernden Verfahren veränderte die Bosch-Fertigung nachhaltig. In der deutschen Wirtschaft verbreitete sich die Erkenntnis, dass Umweltschutz eine Management-Aufgabe war. Bei Bosch lässt sich der Beginn dieses Prozesses sogar auf ein genaues Datum festlegen, denn am 6. Juli 1972 hielt ein Bosch-Ingenieur auf einem Treffen der Führungskräfte ein ausführliches Referat über die «Entwicklungstendenzen auf dem Gebiet des Umweltschutzes».[119] Nach einer ausführlichen Situationsbeschreibung und einer Prognose der künftigen Entwicklungen konstatierte er deutlichen Nachholbedarf bei Bosch, insbesondere hinsichtlich der Entwicklung umweltfreundlicher Technologien.

Der Appell an das Umwelt-Problembewusstsein im Unternehmen blieb nicht ohne Wirkung. Am 15. Januar 1973 erließ die Geschäftsführung eine eigene Umweltschutz-Richtline.[120] Darin wurde die strikte Beachtung aller gesetzlichen Vorschriften angemahnt, ein eigener Umweltschutzbeauftragter an jedem Fertigungsstandort eingestellt, auf innerbetriebliche Begünstigung von Umweltschutzinvestitionen als Anreiz hingewiesen, und es wurden auch erste Maßnahmen zur Erhebung der (Abfall-) Stoffbilanzen angeordnet. Es war deutlich, dass Umweltschutz damit vor allem als Arbeitsschutz- sowie als Umweltverschmutzungsproblem am Ende des Produktionsprozesses und der Wertschöpfungskette begriffen wurde, noch nicht allerdings als prozess- und produktintegrierter Umweltschutz, wie er sich in der deutschen Industrie im Laufe der 1980er Jahre langsam durchsetzen sollte. Entsprechend wurden in den Folgejahren die Anstrengungen zur umweltschutzbezogenen Modernisierung der Arbeits- und Produktionsprozesse massiv vorangetrieben. In den Fabriken wurden regelmäßig audiometrische Messungen zur Lärmüberwachung durchgeführt und Verfahren entwickelt, um cyanhaltige Kupferbäder bei gleichzeitiger Rückgewinnung von Kupfer zu entsorgen und Blei aus dem Bleischlamm der Batteriefertigung zurückzugewinnen. In den Härtereien kamen Verfahren zum salzfreien Nitrieren von Stahlteilen zum Einsatz, man erfand ein umweltfreundliches Lackierverfahren und nahm umfangreiche Ersatz- und Sanierungsmaßnahmen bei den Lüftungsanlagen in den Fabrikhallen, bei gleichzeitigem Einsatz von Wärmerückgewinnungsanlagen, in Angriff.[121] Umweltschutz war nun auch regelmäßig Gegenstand der jährlichen großen Rationalisierungstagungen der Bosch-Gruppe, wie etwa im Juni 1975, als es um Lärmminderung am Arbeitsplatz ging.[122]

Inwieweit zwischenzeitlich ein Umdenkprozess bei Bosch eingesetzt hatte und ein viel offensiveres und aktiveres Umgehen mit der Umwelt- und Energieproblematik erfolgte, zeigte sich in der Sitzung der Geschäftsführung Mitte November 1979. Dort wurden die Ideen und Vorschläge über neue Geschäftsmöglichkeiten, «Business Opportunities», diskutiert, die jeder der inländischen Geschäftsbereiche nach entsprechender Aufforderung eingereicht hatte.[123] Es ging um die potenziellen Chancen für neue Erzeugnisse, Geschäftsmodelle und Verfahren, die sich aus der veränderten gesamtwirtschaftlichen und gesamtgesellschaftlichen Lage im Gefolge von Energiekrise und Ölembargo ergaben. Heraus kam eine heterogene, aber nichtsdestoweniger hochinteressante Sammlung. Die Vorschläge reichten von der verstärkten Anwendung von gewicht- und damit energiesparenden Kunststoffen und anderen polymeren Hochleistungswerkstoffen, über FuE-Projekte zur besseren Energieausnutzung der Motoren bis zur Senkung des Kraftstoffverbrauchs durch digitale Zündsysteme und neue Einspritztechniken oder auch zur Entwicklung von Sensoren und speichernden Komponenten als «das Fahrverhalten normierende Systeme». Energiesituation und Abgasvorschriften, so hieß es etwa aus dem Diesel-Geschäftsbereich (K 5), «geben unserem Geschäft generell Impulse». Dazu gehöre etwa die Dieselabgasnachbehandlung zur Beseitigung der Feststoffe, der Einsatz alternativer Kraftstoffe für Otto- und Dieselmotoren, für die Sondergeräte unterschiedlichster Art notwendig würden, oder auch Gemischbildner für gasbetriebene Kraftfahrzeuge. Zur selben Zeit machte man sich auch in der Zentralabteilung Technik intensiv Gedanken über energiesparende Hausgeräte. Kochen und Kühlen verursachten den größten Energieverbrauch im Haushalt und hier gab es mit Hilfe neuer Isolationsmaterialien aus PU-Schaum erhebliche Einsparmöglichkeiten. Das größte Energiesparpotenzial allerdings boten Fernsehgeräte, die mit der alten Bildröhrentechnik noch eine Leistung von 380 Watt aufwiesen. Durch den Einsatz von integrierten Schaltkreisen und neuen Bildröhrentechnologien ließ sich der Stromverbrauch inzwischen auf nur noch 75–90 Watt reduzieren, und Blaupunkt sah man in diesem Innovationsprozess damals als führend.[124]

Tatsächlich befassten sich die Forschungsabteilungen bei Bosch schon seit Ende der 1950er Jahre mit alternativen Formen der Stromerzeugung, insbesondere auf elektrochemischem Weg.[125] Die Vision von Kraftfahrzeugen ohne Gangschaltung und Auspuff, als Elektroautos angetrieben durch Brennstoffzellen, war schon alt, aber sie hatte im Laufe der 1960er Jahre durch intensive Forschungs- und Entwicklungsbemühungen in den USA neuen Auftrieb bekommen.[126] Praktisch alle großen Industriekonzerne, von Union Carbide über General Electric und Esso bis hin zu den Automobilkonzernen, allen voran GM, arbeiteten an Brennstoffzellen, wie ein Bosch-Ingenieur im Oktober 1961 nach einer vierwöchigen Besuchsreise nach Stuttgart berichtete.[127] Im Frühjahr 1967 verstärkten die Bosch-Ingenieure ihre Arbeiten zur Entwicklung eines elektromobilen Versuchsfahrzeugs; aus einem serienmäßigen kleinen Benzinauto wurde der Motor samt Getriebe ausgebaut und durch ein elektrisches Bosch-Antriebsaggregat ersetzt. Man beschäftigte sich mit der stufenlosen und verlustarmen elektronischen Steuerung des Fahrmotorenstroms vom «Strompedal» aus, es wurde die Rücklieferung von Bremsenergie an die Batterie untersucht und entwickelt, und man arbeitete an der Ersetzung der normalen Bleibatterien durch vielversprechende neue Zink-Luft-Batterien. In Zusammenarbeit mit Daimler-Benz, der Ingenieurfirma Bölkow, mit dem Batteriekonzern Varta, mit Bayer, MAN, VW, BMW und KHD (auch der Elektrizitätskonzern RWE hatte großes Interesse an einer Mitarbeit signalisiert) hatte sich zu diesem Zeitpunkt ein regelrechtes, allerdings eher lose verbundenes Entwicklungskonsortium unter Federführung von Bosch gebildet.[128]

Gleichzeitig startete Bosch auch ein Entwicklungsprojekt für einen Elektrobus mit Hybridantrieb. Aus den USA schwappte eine regelrechte Elektro-Auto-Euphorie nach Europa. «Ford baut ein Elektro-Auto», «Industry sees big future for little electric cars», «Fährt das Auto der Zukunft elektrisch?», unter solchen und ähnlichen Titeln erschienen in den Fachzeitschriften wie in der Tagespresse laufend neue Artikel zu einer offenbar unmittelbar bevorstehenden Revolution der Kraftfahrzeug-Antriebstechnik, und vor allem wurde immer lauter die Frage gestellt, ob die deutsche Automobil- und Zulieferindustrie diesem Trend nicht mit weitem technologischen Rückstand hinterherlief.[129]

Doch bald brachten die Bosch-Ingenieure von ihren Besuchsreisen aus den USA auch zwiespältige Stimmungsberichte und Informationen mit, und im Mai 1968 sorgte dann die Meldung für Aufregung, dass die Elektroauto-Entwicklung in den USA vorerst auf Eis gelegt werde, da die bisherigen Batterien sich als nicht tauglich erwiesen hatten.[130] Bei Bosch hielt man dennoch nach möglichen Kooperationspartnern in den USA bei Brennstoffzellen wie Hybridantriebstechnik Ausschau. Und im Inland sah man sich allein schon durch die Gefahr einer künftigen Zusammenarbeit von Daimler-Benz mit Konkurrenten wie Siemens oder AEG dazu gezwungen, den Elektroantrieb weiterzuverfolgen und die dort eingesetzten Kräfte sogar noch zu verstärken.[131] Man hatte inzwischen erhebliches Know-how gesammelt und eine funktionierende elektronische Impulssteuerung entwickelt, die eine verlustarme Umsetzung sowie eine stufenlose Geschwindigkeitsregelung erlaubte. Diese wurde 1974 unter anderem in zwei Elektrolinienbussen in Mönchengladbach eingesetzt. Dennoch zeichneten sich unüberwindbare technische Schwierigkeiten und technologische Sackgassen ab. Die Batterien waren zu schwer und besaßen eine viel zu geringe Reichweite, erst recht gab es noch keine ausreichende Leistungsfähigkeit der Brennstoffzellen.[132] Der Traum der abgasfreien oder zumindest abgasarmen Antriebsquelle blieb unerfüllt. Zwischen 1968 und 1973 hatte Bosch allerdings auch nur etwa 9 Mio. DM in die Brennstoffzellen- und Elektroantriebs-Forschung gesteckt. Mitte der 1970er Jahre hatte sich eine nüchterne Haltung gegenüber den alternativen Energieformen breitgemacht.

Das Automobil und damit das Kerngeschäftsfeld von Bosch blieb gleichwohl im Mittelpunkt des eigentlichen Kampfes um die Entwicklung und Einführung umweltfreundlicher Technologien. Auslöser wie Antreiber war über die Jahrzehnte hinweg die Umweltgesetzgebung. Von Amerika in den späten 1960er Jahren ausgehend erfasste sie mit einiger Zeitverzögerung auch Europa und die Bundesrepublik Deutschland. Im Kern ging es dabei zum einen um immer niedriger angesetzte Abgasgrenzwerte, zum anderen um eine stufenweise Absenkung des Bleianteils im Kraftstoff sowie um Veränderungen des Verbrennungsvorgangs bei gleichzeitig verringertem Kraftstoffverbrauch.

Bosch hatte für das Problem der Abgasentgiftung von Otto-Motoren schon seit 1967 eine Lösung parat: die unter dem Namen (D-)Jetronic auf den Markt gebrachte elektronisch gesteuerte Benzineinspritzung. Als Kalifornien im selben Jahr erstmals verbindliche Abgasgrenzwerte vorschrieb, konnte der Volkswagen-Konzern seine damals beträchtliche Zahl in die USA exportierter Pkws rasch mit der neuen Steuerungstechnologie ausstatten und damit wettbewerbsfähig bleiben. Kraftfahrzeug-Elektronik wurde zum Schlüssel für die Automobilunternehmen zur Erfüllung der vom Gesetzgeber geforderten Reduzierung von Verbrauch und Emissionen. Bosch war aufgrund seiner umfangreichen Erfahrungen und seines Know-hows geradezu prädestiniert, an führender Position als Zulieferer von Komponenten wie Sensoren und Ventilen, aber vor allem auch von komplexen elektronischen Mess- und Steuerungssystemen für Kraftstoffeinspritzung und Zündung aufzutreten. Mit den neuen Jetronic-Anlagen von Bosch war es ohne Schwierigkeiten möglich, die von 1970 an in den gesamten USA geltenden verschärften Abgasvorschriften einzuhalten.[133] Auch wenn die Erstausrüster zunehmend eigene Elektronik-Kompetenz aufbauten, so besaß Bosch in diesem Punkt doch einen jahrelangen und letztlich uneinholbaren Vorsprung. Unter dem Eindruck der amerikanischen «Fuel-Economy-Gesetzgebung» kam im Motorbau ein Umdenken in Gang, das auf künftig kleinere Motoren, verstärkten Einsatz von Diesel- und Benzineinspritzung sowie Elektronik ausgerichtet war. 1964 bereits hatte Bosch zudem intensive Forschungen zu Zündsystemen mit elektronischer Steuerung des Zündzeitpunkts betrieben und eine kontaktlos gesteuerte Transistor-Zündung entwickelt, die in den Folgejahren immer weiter verbessert wurde. Durch sie konnte der Zündzeitpunkt für jeden Motor optimiert und über die Lebensdauer genau eingehalten werden, was ebenfalls entscheidend zur Abgasreduzierung beitrug. Seit 1969 arbeitete Bosch zudem an einer Lambda-Regelung auf Basis der katalytischen Abgasreinigung. Herzstück war die Lambda-Sonde, mit der der Gehalt an freiem Sauerstoff im Abgas bestimmt werden konnte. Nach entsprechender Rückmeldung an die Einspritzelektronik konnte das Kraftstoff-Luft-Gemisch stöchiometrisch eingeregelt werden, um für eine optimale Abgasentgiftung im Katalysator zu sorgen. Dadurch verringerten sich die Abgasschadstoffe insgesamt signifikant.[134]

Obwohl erst im Laufe des Jahres 1976 serienmäßig auf den Markt gebracht, war das Interesse an dem neuen Bosch-Abgasreinigungssystem schon lange vorher groß. Im Herbst 1972 etwa hielten Bosch-Ingenieure auf Einladung einen entsprechenden Vortrag vor der US Academy of Science und wenig später meldeten die beiden großen US-Automobilkonzerne GM und Ford ihr «mittel- und langfristiges Interesse an der Bosch-Einspritzung auf der Grundlage der Bosch-Konstruktionen und -Erfahrungen, um die US-Abgasbestimmungen erfüllen zu können und den Benzin-Verbrauch zu verringern», wie in der Geschäftsführungssitzung Ende November 1973 zufrieden konstatiert wurde.[135] «Entwicklungsziel Umweltschutz» lautete denn auch die Überschrift über einem Interview, das der damalige FuE-Leiter des Bosch-Unternehmensbereichs Kraftfahrzeug-Ausrüstung, Richard Zechnall, im Herbst 1971 der *Wirtschaftswoche* gab.[136] Ende 1973 fasste die Geschäftsführung die vielen unterschiedlichen FuE-Aktivitäten im kraftfahrzeugbezogenen Umweltschutz unter einem einprägsamen Slogan zusammen. Die bereits erwähnte Sitzung der Geschäftsführer am 19. November 1973 wurde die Geburtsstunde des später vielzitierten «3-S-Programms», und nicht etwa Merkle, sondern der für das K-Geschäft zuständige Geschäftsführer Hans Bacher hatte den Begriff erfunden. Die Schwerpunkte unserer künftigen Arbeit, so hieß es dort, seien erstens «die Entwicklung eines sicheren, sauberen und sparsamen Individualverkehrs, zweitens die Entwicklung des E-Mobils und drittens die Untersuchung der Möglichkeiten zur Verringerung des Energiebedarfs in der Haustechnik einschließlich der Heizung».[137] Das «3-S-Programm» war kein systematisch ausgearbeitetes Strategiekonzept oder – in Anlehnung an umfassende unternehmenspolitische Maßnahmen in anderen Bereichen – ein «Generalplan Umwelt», sondern ein als Klammerbegriff und zunächst auch nur innerbetrieblich verwendeter Slogan für die Fülle unterschiedlichster Aktivitäten bei Forschung, Entwicklung und Fertigung in den verschiedenen K-Bereichen. Tatsächlich verstand sich Bosch inzwischen als Spezialist für Kraftstoffeinsparung und Sicherheit, als Experte für Gemischbildungs- und Zündungsgenauigkeit unter Einschluss der Abgassauberkeit, und als man das Programm erstmals kurz im Geschäftsbericht 1973 und dann auch im November 1974 ausführlicher der Öffentlichkeit präsentierte, konnte man auf insgesamt 31 unterschiedliche Projekte zur Sparsamkeit und Sauberkeit, vor allem aber zur aktiven und passiven Sicherheit im Kraftverkehr verweisen.[138]

Zu einer werbewirksamen Verwendung und Propagierung des Slogans «3-S-Programm» als übergeordnetes Entwicklungsziel, an dem sich nicht nur ein Teilbereich der Geschäftsaktivitäten, sondern nun auch die gesamte Unternehmenspolitik von Bosch ausrichtete, rang man sich, auch mit Rücksicht auf die Erstausrüster-Kunden, allerdings erst im Laufe des Jahres 1975 durch. Die Tätigkeit aller Geschäftsbereiche der Bosch-Gruppe, so hieß es in einer Pressemitteilung, «zielt auf marktkonforme, umweltfreundliche Produkte und Systeme mit hoher Zuverlässigkeit und hohem Gebrauchswert».[139] Bosch-Ingenieure traten im Übrigen nun auch bei den Hearings der EPA als gefragte Experten auf, wie etwa im Januar 1975, als in den USA über den von der amerikanischen Automobilindustrie geforderten Aufschub der für 1977 vorgesehenen Abgasgrenzwerte und ein vollständiges Moratorium für 1978 verhandelt wurde und sie über die Jetronic-Anlage sowie Leistung, Kosten und Einführungstermine des «RB-Abgaskonzepts» Bericht erstatteten.[140] Die Umweltschutz-Gesetzgebung im Kraftfahrzeugbereich gab Bosch einen massiven Entwicklungsschub, das Unternehmen profitierte erheblich von den gesetzlichen Auflagen zur Senkung von Abgaswerten und Kraftstoffverbrauch. «Our basic development strategy», so warb Hans Bacher Anfang Januar 1981 bei einer Präsentation vor dem Chrysler-Vorstand in Detroit, «was already drawn up in the early seventies under the headings ‹clean, safe, economical›. Today there is no question that fuel economy is predominant.»[141] Aber es gab auch Rückwirkungen, die neue Herausforderungen schufen, insbesondere die komplexen Vorschriften der EPA, etwa zur freiwilligen Selbsteinordnung eines abgasbeeinflussenden Ersatzteils als gleichwertig mit Original-Ersatzteilen, die deshalb nach dem Clean Air Act einer Garantie des Kraftfahrzeugzubehör-Herstellers von fünf Jahren unterlagen.[142] Und schließlich sahen sich die Bosch-Ingenieure auf ein wachsendes technisches Dilemma zusteuern. «Eine Absenkung des Kraftstoffverbrauchs bei gleichzeitiger Verminderung der Abgasemission ist nicht miteinander vereinbar», erläuterte Bacher auf einer Rede im Herbst 1981 im Feuerbacher Werk. «Die Physik lehrt uns, dass die Absenkung der Emissionen bei Unterschreitung von bestimmten Grenzwerten eine Erhöhung des Kraftstoffverbrauchs nach sich zieht.»[143]

Anfang der 1980er Jahre konnte Bosch mithin bereits auf erhebliche technische Leistungen beim «Kampf um umweltfreundliche Kraftfahrzeuge» zurückblicken.[144] Man hatte in den Entwicklungs- und Fertigungsabteilungen innerhalb nur weniger Jahre eine erhebliche Basis von differenziertem «Umwelt-Wissen» aufgebaut. Das Engagement von Bosch in diesem Bereich hatte aber wenig mit ideellen Motiven zu tun, sondern weit mehr mit der Frage nach den zwingenden technischen Entwicklungslinien und wie sich Bosch in diesen potenziellen Zukunftsfeldern aufstellen musste. Die verschiedenen umweltrelevanten Geschäftsaktivitäten wurden nüchtern durchgerechnet, und wenn sich zeigte, dass eine technologische oder ökonomische Sackgasse drohte, dann wurden die entsprechenden Projekte auch schnell wieder eingestellt. Viel von diesem Know-how und diesen Wissensbeständen über den komplexen Zusammenhang von Energie, Umwelt, Gesellschaft und Technik ging denn auch in den folgenden Jahren im Zeichen von sinkenden Ölpreisen und eines neuen Absatzbooms der Automobilindustrie wieder verloren oder wurde verschüttet. Aber es war doch zu einem erheblichen Teil das Unternehmen Bosch, das schnell nach technischen Antworten auf die Umweltgesetzgebung in den USA und Deutschland suchte und als Zulieferer mit seinen Innovationen in den 1960er und 1970er Jahren gleichsam die «Umwelt-Wende in der Kraftfahrzeugtechnologie» vorangetrieben, nicht erst auf entsprechende Nachfragen und Anforderungen der Erstausrüster-Kunden gewartet und reagiert hatte. «Auf der Welt sind derzeit 370 Mio. Kraftfahrzeuge in Betrieb», so verkündete Bacher in seiner Feuerbacher Rede im Oktober 1981. «17 Prozent davon sind mit Bosch-Produkten ausgerüstet. Fürwahr eine glänzende Ausgangsposition! Mit unseren Erzeugnissen, die wir in den letzten 15 Jahren – und zwar rechtzeitig! – entwickelten, genießen wir weltweit Ansehen [...] Für mich liegt das größte Risiko darin, dass wir den Umbruch, der sich in der Erzeugnisentwicklung der Kraftfahrzeugausrüstung seit einigen Jahren vollzieht, und in der Fertigung eben erst beginnt, nicht genügend rasch oder unzulänglich anpassen.»[145] Auch im Umweltschutzbereich stand man vor neuen Herausforderungen. «Unsere K-Bereiche bereiten sich auf die verschärften Abgasbestimmungen in Europa und die Einführung des bleifreien Benzins zum 1. Januar 1986 vor und intensivieren Forschung und Entwicklung», hieß es dazu Ende November 1983 in einem Bericht zur Geschäftslage. «Die Konsequenzen der bevorstehenden Gesetzgebung für unseren Kapazitätsaufbau lassen sich allerdings noch nicht annähernd übersehen. Die Automobilfirmen haben noch kein tragfähiges Konzept.»[146] Die durch Missverständnisse und Schuldzuweisungen zwischen der Bundesregierung und der deutschen Automobilwirtschaft zunehmend politisch aufgeheizte «Abgas-Diskussion» sollte in den folgenden Jahren erst noch ihren Höhepunkt erreichen.

4. Zwischen Amerikanisierung und Japanisierung: Fertigungsorganisation und Arbeitswelt

Fertigungsorganisation im Zeichen von Wiederaufbau, Kapazitätsengpässen und Arbeitskräfteknappheit

Das große Vorbild war zunächst Amerika. Dorthin pilgerten die deutschen Unternehmer nach der Währungsreform in Scharen, um sich nach den langen Jahren der Abgeschnittenheit auf ausführlichen Besichtigungstouren mit dem neuesten Stand der Produktionstechnik vertraut zu machen und um den deutlichen technischen Rückstand wieder aufzuholen.[1] Bosch schickte im Frühjahr 1949 unter anderem seinen Oberingenieur Albert Kilgus in die USA, der, ausgestattet mit einer langen Liste von technischen Detailfragen («Gibt es Haushaltsmaschinen mit Ultraschall?»), zwischen April und Juni eine ganze Reihe von großen Unternehmen wie General Motors, Philco, Auto Lite, Bendix, General Electric, Westinghouse und McDougal besuchte. Die Berichte, die er in der Folgezeit nach Stuttgart an den damaligen Produktionsverantwortlichen Hermann Bauer schickte, behandelten dabei zunächst Fragen der Kühlschrankfertigung und Kältetechnik, dann aber auch Informationen zu Lichtmaschinen- und Anlasser-Fertigung. Nicht zuletzt waren die Bosch-Ingenieure auch an Einzelheiten zum Stand der Entwicklung der amerikanischen Werkzeugmaschinentechnologie interessiert.[2] Im Frühjahr/Sommer 1951 folgten die nächsten großen Amerika-Reisen von Bosch-Ingenieuren, und ihr Fazit nach Auswertung des Gesehenen war klar: «Wenn wir den technischen Rückstand gegenüber den Amerikanern einigermaßen aufholen wollen, so müssen wir folgende Maßnahmen treffen: Weitgehende Vereinheitlichung unserer Konstruktionen, Anpassung unserer Konstruktionen an eine rationelle Fertigung, Aufbau der Fertigung in besonderen Fertigungsstraßen und deren Ausstattung mit modernsten Spezialmaschinen, Abbau des Umlaufs und der Lagerbestände.»[3] All das waren Themen, die die Rationalisierungsprozesse bei Bosch in den folgenden Jahren prägen sollten.

Die zahlreichen, auch in den Folgejahren anhaltenden USA-Reisen von Bosch-Technikern zeigen, mit wie viel Aufwand und Mühe die Beschaffung von Know-how damals verbunden war, und dann folgte noch die Umsetzung bzw. Implementierung und Adaption in eigenen Fertigungsstrukturen. Der Lernprozess durch die USA-Reisen betraf aber nicht nur die fertigungstechnische und -organisatorische Seite im engeren Sinn, sondern auch darüber hinausgehende Themen. Im Dezember 1955 etwa kamen Bosch-Führungskräfte von einer Amerika-Studienreise mit den neuesten Erkenntnissen über die dort boomende Ablauf- und Planungsforschung, besser bekannt unter dem Begriff «Operations Research», zurück.[4] Bei der Chesapeake and Ohio Railroad Company sah man sich die dortigen Prozesse der Kostenerfassung und -abrechnung an, bei IBM und Remington Rand studierte man erstmals den Einsatz elektronischer Rechenautomaten. Erst 1960 kamen die von der «technologischen Lücke» und dem «nachholenden Know-how-Zufluss» motivierten fertigungstechnischen Studienreisen in die USA durch Bosch-Ingenieure weitgehend zu einem Ende. An ihre Stelle traten nun intensive eigene Weiterentwicklungen der Fertigungsorganisation und Rationalisierung, konzentriert auf die Entwicklung eines «Bosch-eigenen Weges» der Fertigungsorganisation.

Rationalisierungsbedarf und Mängel bei der Fertigungsorganisation gab es in den Bosch-Werken noch allenthalben. Seit 1952 trafen sich die Werksleiter und technischen Leiter der Fertigungsvorbereitung aus dem Bosch-Firmenverband regelmäßig zum Erfahrungsaustausch auf dem Fertigungsgebiet, seit April 1956 wurden daraus die halbjährlichen großen Bosch-internen Rationalisierungstagungen.[5] Zu diesem Zeitpunkt litt Bosch generell darunter, dass das Fertigungsprogramm extrem zersplittert war, und das mit weiter zunehmender Tendenz. Die massiv gestiegenen Auftragseingänge im Gefolge der Automobilkonjunktur der «Wirtschaftswunderjahre», etwa bei Lichtmaschinen und Anlassern, betrafen Werke, die «bisher schon randvoll belegt sind».[6] Jährlich unternahm die Zentralabteilung Betriebswirtschaft (WOL) nun eingehende Betriebsanalysen und erstellte ausführliche «Wirtschaftlichkeits-Messzahlen».[7] Ende der 1950er Jahre wurde sichtbar, dass sich das System der technischen Planzahlen bzw. Erzeugnispläne, das seit 1945 eingeführt worden war, bewährt hatte, und vor allem zeigte der Vergleich der Zahlen von 1950 und 1958/59 den beeindruckenden Aufschwung, den Bosch inzwischen genommen hatte: Die Lieferzahlen hatten sich von 35,7 Mio. auf 78,1 Mio. Stück mehr als verdoppelt, der Nettoproduktionswert von 138 Mio. DM auf 535 Mio. DM fast vervierfacht und die Arbeitsproduktivität (gemessen als Nettoproduktionswert je Arbeitsstunde) war von 5,48 DM (1950) auf 9,25 DM (1959) um 169 Prozent gestiegen; das hieß mit anderen Worten, dass sich die Produktivität nahezu verdoppelt hatte: wofür man im Jahr 1950 noch 100 Stunden brauchte, das schaffte ein Bosch-Arbeiter nun, neun Jahre später, in 56 Stunden. Der Lohnanteil an den Gesamtkosten bei allen Bosch-Produkten zusammengenommen betrug 18,8 Prozent und die Umsätze waren von 215 Mio. DM auf 933 Mio. DM geradezu explodiert, was bedeutete, dass 1950 noch 13 957 DM je Beschäftigter erwirtschaftet worden waren, 1958 jedoch bereits 36 198 DM.[8] Im Jahr 1960 schrieben die Bosch-Fertigungsexperten daher in einem Bericht: «In der Fertigungstechnik wird der vor 10 Jahren vorhandene große Vorsprung der Amerikaner kleiner und kleiner. Bedeutende Firmen wie Ford haben wir hierin nicht nur erreicht, sondern teilweise überflügelt. Delco-Remy ist uns in der Fertigungstechnik insgesamt noch überlegen, jedoch heute nicht mehr so sehr in den Ideen als im Einsatz der Mittel […] Das Arbeitstempo lag bei allen besichtigten Firmen nicht höher, sondern eher niedriger als bei uns. Und auch die Arbeitsplatzgestaltung war, von einzelnen Fällen abgesehen, nicht besser als bei Bosch. Durch folgerichtige Arbeit auf diesem Gebiet haben wir die Möglichkeit, innerhalb von 2 bis 3 Jahren einen Vorsprung gegenüber den Amerikanern herauszuarbeiten. Unsere amerikanischen Konkurrenten haben uns gegenüber nur noch den Vorteil, dass sie in großem Umfang spezialisierte Firmen für die Lösung von Sonderaufgaben heranziehen können. Auch wir sollten versuchen, solche Möglichkeiten noch mehr zu nützen, damit uns für den Bosch-eigenen Weg – wirtschaftlichste Kombination von Arbeitsplatzgestaltung und Mechanisierung – unsere Fachkräfte zur Verfügung stehen.»[9]

Im Zusammenhang mit der Rekrutierung von qualifizierten Arbeitskräften ging es zunächst vor allem darum, die betriebliche Sozialpolitik neu zu überdenken. Während Bosch in früheren Zeiten durch hohe Löhne und Gehälter, durch günstige Arbeitsbedingungen, den Achtstundentag, den freien Samstag-Nachmittag und «durch Gewährung sonstiger bahnbrechender Sozialleistungen gute Leute aus ganz Deutschland vorzugsweise an sich ziehen konnte», wie Walz im Juli 1958 äußerte, war dieser Vorteil inzwischen weitgehend verloren gegangen.[10] Was in den Augen der Geschäftsführung «zur Ausübung von Anziehungskraft» blieb, war einzig eine «von Jahr zu Jahr langsam voranzutreibende Erhöhung unserer Erfolgsprämie», die, so die Planungen, künftig halbjährlich ausgeschüttet werden sollte, um die hohe Fluktuationsrate bei der Belegschaft (allein etwa 21 Prozent bei den Arbeitern) einzudämmen. Im März 1959 legte daher der damals für Personalangelegenheiten zuständige Geschäftsführer Fischer eine umfangreiche, über 30 Seiten starke Denkschrift mit «Vorschlägen zur Sicherung einer tüchtigen Mitarbeiterschaft» vor, die in die gleiche Kerbe schlug.[11] Bosch sollte zudem, so schlug Fischer vor, durch neue freiwillige Sozialleistungen, von der Krankenbeihilfe bis zu Wohnungsbaudarlehen, für Arbeitnehmer wieder attraktiver werden.[12] Fischers Vorschläge wurden dann auch tatsächlich umgesetzt. Von einst 4,1 Mio. DM (1955) stieg die Erfolgsprämiensumme bis 1960 auf 21,1 Mio. DM an, das waren im Durchschnitt 434 DM je Mitarbeiter und markierte die bewusste Verlagerung innerhalb der freiwilligen Sozialleistungen von Bosch.

Der zweite wesentliche Teil des Bosch-spezifischen «Produktionsmodells» bestand neben der Modernisierung des Bosch-Sozialprogramms in einer grundlegenden Veränderung der Arbeitsplatzgestaltung und der Fertigungs-

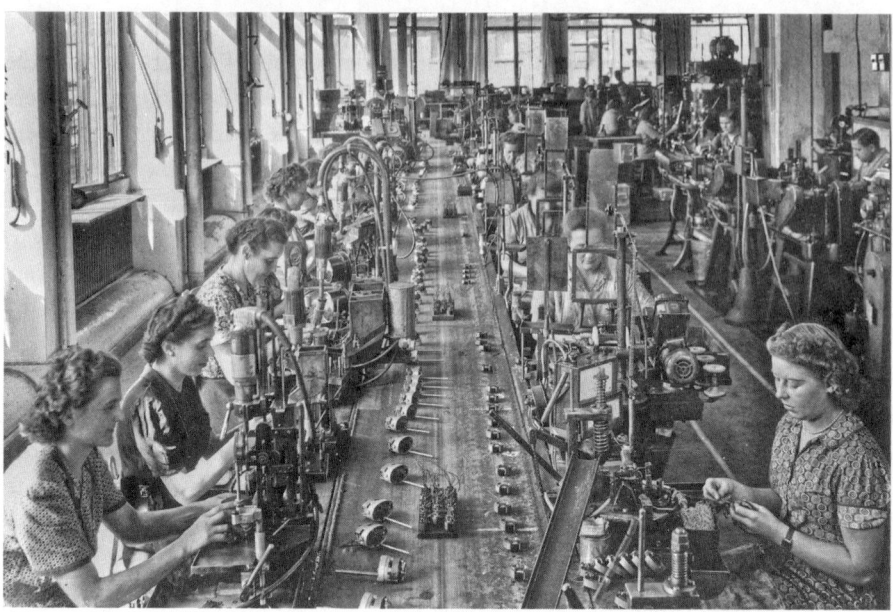

Abb. 59: Fließbandarbeit: Wischerfertigung (1951)

abläufe. Seit 1956 experimentierte man in den Bosch-Werken mit dem sogenannten Work Factor System, einer Rationalisierungsmethode, bei der Bewe-
gungsstudien und Arbeitsbestgestaltung mit einfachen Mitteln im Mittelpunkt
standen. Die einzelnen Schritte der Arbeitsverrichtung wurden sorgfältig
analysiert, um «unnütze Bewegungen auszumerzen».[13] All das stand in der
Tradition der früheren Rationalisierungsprozesse bei Bosch. Ende der 1950er
Jahre setzte mit der Beauftragung der externen amerikanischen Unternehmensberatung Bruce Payne und der Implementierung des amerikanischen
Methods-Time Measurement-Verfahrens (MTM) jedoch eine ganz neue Entwicklung der Fertigungsorganisation und des Industrial Engineering bei
Bosch ein, die auch über die folgenden Jahrzehnte hinweg Bestand haben
sollte.[14] Kernpunkt des Verfahrens war die Ermittlung eines Standarddaten-
systems, mit dem jede Handarbeit in Arbeitsstufen und Grundbewegungen
zerlegt wurde, die zu ihrer Ausführung erforderlich waren. Jeder dieser
Arbeitsstufen wurde dann ein vorbestimmter Normalzeitwert zugewiesen.[15]
Der Vorteil gegenüber klassischen Zeitstudien war, dass man die Arbeit analy-
sieren konnte, bevor sie tatsächlich in der Werkstatt ausgeführt wurde. Mit
MTM als Zeitmanagement- und Arbeitsgestaltungssystem ließen sich Fertigungsabläufe mithin erheblich rationalisieren. «Arbeitszeiten, die mit MTM
aufgestellt werden», so versprachen es die Beratungsingenieure, «sind durch-

aus fair für den Arbeiter und für die Firma. Dem Arbeiter wird eine Zeit zugemutet, die er mit Normalleistung tagaus, tagein vollbringen kann. Die Firma erfreut sich der Gewissheit, dass der gesetzte Lohn auch die erforderliche Stückzahl erbringt, d. h. dass die Arbeitskosten richtig anfallen.»[16] Allerdings wies das Verfahren auch Grenzen auf. Prozessabhängige Maschinenzeiten bzw. langzyklische Arbeiten konnten nicht per MTM erfasst werden.

In Deutschland war Bosch neben Vorwerk & Co. das erste Unternehmen, das MTM erfolgreich umsetzte und fungierte damit als Vorreiter.[17] Drei Jahre bevor im Oktober 1962 die deutsche MTM-Vereinigung gegründet wurde, beauftragte die Geschäftsführung die amerikanische Beratungsfirma Bruce Payne, deren Leiter den Bosch-Ingenieuren schon im Frühjahr 1957 mit einem Aufsatz über «Steps in Long-Range Planning» in der *Harvard Business Review* aufgefallen war, mit einer entsprechenden Untersuchung ihrer Fertigungsorganisation. Die dabei angestrebten Ziele, die man den Amerikanern in den Untersuchungsauftrag diktierte, waren ziemlich ehrgeizig: «How can Bosch assure itself of being the most effective manufacturer in its line of products in the Common Market?», hieß es dort etwa. Und: «How can Bosch double its production in the next 5 years without more operators?»[18] Eine erste Bestandsaufnahme der insgesamt vier nach Stuttgart gereisten Consulting-Ingenieure ergab, dass Bosch ein modernes «Industrial Engineering» (IE) fehlte.[19] Anfang März 1960 nahmen die amerikanischen Berater dann offiziell ihre Tätigkeit bei Bosch auf. Schon Ende Juni konnten sicht- und messbare Zwischenerfolge gemeldet werden, sowohl bei der Einsparung von Werksselbstkosten als auch bei Arbeitskräften, der Schwachstellenverfolgung und den produktiven Erzeugnisfertigungslöhnen.[20] Noch immer machten die produktiven Zeiten an Arbeitsplätzen mit Handarbeit bei Bosch rund 30 Prozent der Fertigungszeiten insgesamt aus, in einigen Erzeugnisbereichen lagen sie sogar bei 90 Prozent. Das Rationalisierungspotenzial mit Hilfe von MTM war daher gewaltig und das ehrgeizige Ziel einer Verdoppelung der Produktivität innerhalb von fünf Jahren erwies sich als durchaus realistisch. Bis Ende 1962, so hoffte man in der Geschäftsführung, würden MTM und die Grundlagen des Industrial Engineering in allen Werken und Tochtergesellschaften von Bosch eingeführt sein.

Die Ingenieure von Bruce Payne nahmen aber nicht nur die Arbeitsplatzgestaltung, sondern auch das gesamte Rechnungswesen von Bosch, von der Kostenkontrolle bis zum Kalkulationssystem, unter die Lupe.[21] Geradezu vehement bedrängte Payne die Geschäftsführung im Juli 1961, eine dringend erforderliche «Modernisierung unserer Kosten- und Investitionsrechnung» vorzunehmen, in der die Begriffe «direct costing», «marginal income», «cash flow» und «return on investment» eine zentrale Rolle spielten – Begriffe, die man zu diesem Zeitpunkt bei Bosch zwar durchaus kannte. Aber man war

Abb. 60:   Nach den MTM-Methoden umgestellte Arbeitsplatzgestaltung (1964)

weit davon entfernt, sie praktisch einzusetzen und anzuwenden.[22] Bei der Belegschaft wurden die Einführung des MTM und der damit verbundenen Neuerungen in der Fertigungsplanung und -organisation allerdings zunächst eher mit gemischten Gefühlen aufgenommen. MTM heiße richtig übersetzt «mehr tun müssen», so lautete das damals verbreitete geflügelte Wort. Die anfängliche Skepsis wich aber schnell einer unvoreingenommeneren Bewertung. Im April 1961 konnte die Fertigungsoberleitung feststellen, dass im Lichtwerk die Ausbildung des technischen Personals in der Anwendung des MTM-Verfahrens nahezu abgeschlossen war. Auch die Betriebsteilführer des Werkes sowie die Meister machten diverse Einführungskurse und Lehrgänge mit. Danach wurden die Einsteller in einem Werksunterweisungsvortrag über Sinn und Zweck des MTM-Verfahrens orientiert. Damit konnte das Lichtwerk als erstes Bosch-Werk die MTM-Ausbildung und -Umstellung im Wesentlichen abschließen. «Der Gedanke des MTM», hieß es dazu in einem Bericht, «hat in der Fertigungsvorbereitungsabteilung bereits gründlich Wurzeln geschlagen.»[23] Es werde kein größeres Projekt mehr zur Ausführung freigegeben, das nicht zuvor mit MTM-Analysen auf seine optimale Gestaltung und seine Wirtschaftlichkeit durchleuchtet wurde.

Als die Geschäftsführung Ende Juni 1962 eine vorläufige Bilanz der Einführung des MTM-Verfahrens zog, zeigte sich, dass die Erwartungen zum Teil weit übertroffen worden waren. Bis Ende des Jahres war mit Einsparungen von 21,6 Mio. DM zu rechnen, ein Teil davon speiste sich aus der Entlassung von etwa 700 Arbeitskräften, die im Zuge der Umstellungen abgebaut worden waren. Dem standen allerdings Einführungskosten von 4 Mio. DM und weitere Aufwendungen von 11,6 Mio. DM gegenüber. Dennoch blieb unter dem Strich noch eine erhebliche Nettoersparnis. Der entscheidende Effekt der MTM-Einführung bestand aber nicht in kurzfristigen Kostensenkungen, sondern im nachhaltigen Innovationsschub, den das Industrial Engineering und die Rationalisierungsbemühungen bei Bosch dadurch erhalten hatten. MTM fungierte nicht als kurzfristiger Kostensparfaktor, sondern blieb ein permanenter Prozess der Fertigungsreorganisation, dessen Erfolge umso weniger messbar wurden, je mehr neue Arbeitsplätze gleich nach MTM ausgelegt wurden.[24] Seit März 1962 liefen Verhandlungen zwischen Geschäftsführung und Gesamtbetriebsrat über die Einführung des MTM-Verfahrens, die kurz darauf zum Abschluss einer Betriebsvereinbarung führten. Dabei ging es um Einsicht in die MTM-Analysen, nicht zuletzt aber um die Auswirkungen auf das Entlohnungssystem, unter anderem durch Änderungen in den Eingruppierungen. Im Februar 1964 sollte eine zweite, ergänzende MTM-Betriebsvereinbarung folgen, in der unter anderem die Zuteilung eines sogenannten MTM-Bonus von 1,5 Prozent des Lohns als Beteiligung an den erzielten Produktivitätsgewinnen des Unternehmens vereinbart wurde. Es ging letztlich darum, die Ermittlung der Zeitakkorde für Betriebsrat und Mitarbeiter transparenter zu machen und den Übergang vom alten Refa-System auf das rigidere MTM-Verfahren abzufedern.[25]

Die Bemühungen der Ingenieure um eine Weiterentwicklung des Bosch-spezifischen Produktionssystems gingen auch in den Folgejahren unvermindert weiter, nicht zuletzt, da sich an der kritischen Arbeitskräfteversorgung kaum etwas änderte. Gleichzeitig wurde die Belegschaft immer heterogener. 1959 kamen die ersten Gastarbeiter aus Italien zu Bosch – 102 Arbeiter, die überwiegend aus Sizilien stammten.[26] Als die Bundesregierung im Dezember 1955 ein erstes Anwerbeabkommen mit Italien geschlossen hatte, sollten dadurch vor allem italienische Saisonarbeiter für die Landwirtschaft gewonnen werden. Doch nachdem 1959 die Zahl der offenen Stellen in der Bundesrepublik erstmals höher lag als die Zahl der Arbeitslosen, ging die Industrie dazu über, eine wachsende Zahl von Arbeitern aus Italien einzustellen.[27] Weitere Anwerbeabkommen wurden 1960 mit Spanien und Griechenland, 1961 mit der Türkei und in den folgenden Jahren auch mit Marokko, Portugal, Tunesien und Jugoslawien geschlossen. Auf Drängen der Arbeitgeber wurden die zunächst auf ein Jahr befristeten Arbeitsverträge der ausländischen Arbeiter und Arbeiterinnen, die deshalb allgemein als «Gastarbeiter» bezeichnet wurden, erst verlängert und dann entfristet. Zunehmend zogen nun auch Familienangehörige nach. Die Zahl der Arbeitsmigranten stieg bis 1973 auf rund 2,6 Millionen an. Dann verhängte die Bundesregierung als Reaktion auf die erste Ölpreiskrise und die anschließende Rezession einen Anwerbestopp. Insgesamt kamen bis 1973 ca. 14 Mio. ausländische Arbeiter und Arbeiterinnen in die

Abb. 61: Die Unterzeichnung der Betriebsvereinbarung über MTM.
Von links nach rechts: Die Geschäftsführer Eugen Hagmaier und Karl Schreiber mit
den Gesamtbetriebsräten Friedrich Frank und Hans Moestel (5. 2. 1964)

Bundesrepublik, von denen etwa 3 Mio. auf Dauer blieben.[28] Ende 1960 waren
bei Bosch bereits 2462 Arbeiter aus den Anwerbeländern am Mittelmeer beschäftigt, zehn Jahre später knapp 19 000, was einem Anteil von 26 Prozent
aller Arbeiter und rund 17 Prozent aller Beschäftigten entsprach.[29] Einen ersten Höhepunkt erreichte die Zahl ausländischer Arbeiter bei Bosch Anfang
Mai 1970 mit 20 536. In den beiden folgenden Jahren lag sie deutlich niedriger
und stieg dann im Laufe des Jahres 1973 wieder auf über 20 000 an. Der absolute Höchststand war Anfang Dezember 1973 mit 21 301 ausländischen Arbeitern erreicht, was einem Anteil von 35 Prozent an allen Bosch-Arbeitern im
Inland entsprach. Dann machte sich der von der Bundesregierung verfügte
Anwerbestopp bemerkbar. Innerhalb von zwei Jahren ging die Zahl der «Gastarbeiter» bei Bosch auf 14 428 Anfang Dezember 1975 zurück, der Anteil an
allen Bosch-Arbeitern lag jetzt aber immer noch höher als 1970.[30]

Das Unternehmen sah sich durch die Arbeitsmigranten zunächst vor
Anforderungen gestellt, auf die man nicht vorbereitet war. So hatte man sich
beispielsweise nicht klar gemacht, dass die angeworbenen italienischen Arbeiter über keine Deutschkenntnisse verfügten. Nicht einmal die Arbeitsordnung
war übersetzt worden. Hinsichtlich der Unterbringung hatten die italienischen
Arbeiter andere Vorstellungen als ihr Arbeitgeber. Bosch wollte sie in Privatunterkünften unterbringen, die ersten «Gastarbeiter» zogen aber Gemeinschafts-
unterkünfte vor, wo sie gemeinsam mit ihren Landsleuten wohnen konnten.[31]

In einer zweiten Welle kamen Anfang der 1960er Jahre vor allem Griechen
zu Bosch. Die Zahl der italienischen Arbeiter war dagegen bald rückläufig,

Abb. 62: Die griechische Arbeiterin Konstantina Margaritou an einer Wickelmaschine im Werk Feuerbach (1972)

Abb. 63: Italienisch-Dolmetscherin (1961)

weil sich die Arbeitsmarktlage in ihrem Heimatland verbesserte. Die Griechen stellten 1967 mit einem Anteil von rund 50 Prozent das mit Abstand größte Kontingent ausländischer Bosch-Arbeiter und dabei blieb es, freilich bei rückläufigem Anteil, für die nächsten zehn Jahre.[32] Die griechische Arbeitsmigration hatte eine ganz andere Struktur als die erste Welle von «Gastarbeitern», die überwiegend aus italienischen Arbeitern bestanden hatte, die alleine nach Stuttgart gekommen waren. Aus Griechenland zogen nun Familien, ja ganze Teile von Dorfgemeinschaften in Gestalt einer «Kettenwanderung» in die Bundesrepublik. Der Anteil von Frauen lag deutlich höher als bei Arbeitsmigranten aus anderen Ländern. Unter ihnen befanden sich auch viele unverheiratete Frauen, die in ihrem Heimatland keine Lohnarbeit fanden, weil sie dort in der Regel als unbezahlte Arbeitskräfte in landwirtschaftlichen Familienbetrieben beschäftigt wurden.[33] Bei Bosch stieg der Anteil der Frauen unter den ausländischen Beschäftigten nun insgesamt an, auf etwa 53 Prozent im Jahr 1970.[34] In den 1970er Jahren nahm dann die Zahl der griechischen, italienischen und spanischen Arbeiter ab, während die der türkischen Arbeiter und in geringerem Maße auch die der jugoslawischen Arbeiter weiter anstieg. Anfang der 1970er Jahre hatten etwa 12 Prozent der «Gastarbeiter» fünf und mehr Bosch-Dienstjahre aufzuweisen, was nach Ansicht der Personalleitung darauf hindeutete, «dass sich trotz der hohen Fluktuationsziffer gerade der ausländischen Arbeiter ein ‹Stamm› in Höhe von ca. 12 Prozent der ausländischen Belegschaft bildet.»[35] Innerhalb der Unternehmensgruppe hatten das Werk Feuerbach der Robert Bosch GmbH und die Werke von Blaupunkt die höchsten Anteile ausländischer Beschäftigter. In Feuerbach stammten im Herbst 1974 rund 46 Prozent der Arbeiter aus den Anwerbeländern, in den Fertigungsbereichen sogar bis zu 80 Prozent. Besonders hoch lag der Anteil hier im Lichtwerk einschließlich des Zweigwerks Rutesheim. Schon 1970 waren dort mehr als die Hälfte aller Arbeiter «Gastarbeiter».[36] Zu erklären ist dies wohl dadurch, dass im Lichtwerk mehr als in anderen Werken auch relativ einfache Tätigkeiten ausgeübt wurden, etwa bei der Blechbearbeitung in der Stanzerei.[37] In Rutesheim wurden Regler in großen Serien gefertigt.

Tab. 16 Ausländische Beschäftigte in deutschen Werken der Bosch-Gruppe (1960–1976)[38]

Datum	Italiener	Griechen	Spanier	Jugo-slawen	Türken	Andere	Insge-samt	in Prozent aller Arbeiter
31. 12. 1960							2 462	5
1. 8. 1967	1 541	3 949	755	221	889	513	7 868	16
1. 8. 1970	3 495	8 338	1 108	1 629	3 615	920	19 105	26
1. 1. 1976	1 807	5 239	578	1 762	4 443	746	14 575	30

Nach dem Eindruck des langjährigen Betriebsratsvorsitzenden Gerhard Sautter wurde die Beschäftigung ausländischer Arbeiter bei Bosch zu einer Erfolgsgeschichte, obwohl das Unternehmen wenig dafür tat. Man wäre zunächst der Meinung gewesen, es würde reichen, den «Gastarbeitern» und «Gastarbeiterinnen» Arbeit und Unterkunft zu geben. Gleichwohl sei es erstaunlich gewesen, «wie schnell sich die Leute eingelebt haben und auch ihre Arbeit gemacht haben».[39] Später wurden dann Sprachkurse eingerichtet, auch für deutsche Beschäftigte. Sautter, in dessen Abteilung damals viele Griechinnen arbeiteten, besuchte einen Griechisch-Kurs.[40] Bosch gab auch Informationsblätter in den Sprachen der Anwerbeländer heraus und dem Betriebsrat gehörten ausländische Arbeiter an. Die hohen Löhne und die sozialen Leistungen des Unternehmens dürften den Arbeitsmigranten die Anpassung erleichtert haben, für die nicht nur die Sprache neu war. Sie mussten sich auch mit technischen Standards vertraut machen, die sie nicht kannten, und mit der Erfahrung von Arbeit in einem industriellen Großbetrieb, insofern die meisten von ihnen zuvor in der Landwirtschaft gearbeitet hatten. Inwieweit sich die ausländischen Arbeiterinnen und Arbeiter auch als «Boschler» fühlten und mit der Kultur des Unternehmens identifizierten, dürfte nicht pauschal zu beantworten sein. Bei den meisten wird die Betriebsbindung nicht sehr ausgeprägt gewesen sein, da die Fluktuationsrate höher lag als bei den deutschen Arbeitern. Der oben erwähnte «Stamm» von ausländischen Arbeitern mit fünf und mehr Bosch-Dienstjahren wird sich hingegen stärker mit dem Unternehmen identifiziert haben. Kulturelle Gegensätze zeigten sich nur insofern, als es Bosch ablehnte, Gebetsräume für türkische Mitarbeiter einzurichten, weil es diese für andere Beschäftigte auch nicht gab und die Religion nach den Prinzipien des Unternehmens im Betrieb keine Rolle spielen sollte.[41]

Von den früheren Formen der Ausländerarbeit bei Bosch wie in der gesamten deutschen Wirtschaft, vor allem dem Zwangsarbeiterregime während des Zweiten Weltkriegs, unterschied sich die Beschäftigung der «Gastarbeiter» grundlegend, da die Arbeitsmigranten in der Bundesrepublik vollberechtigte Arbeitnehmer waren, für die der Grundsatz «gleicher Lohn für gleiche Arbeit» galt, und die von ihren Arbeitgebern nicht diskriminiert wurden. «Nicht als ausgebeutete Menschen zweiter Klasse kommen die Fremden, sondern als gutbezahlte, umworbene Helfer», schrieb das Nachrichtenmagazin *Der Spiegel* im Oktober 1964.[42] Die «Helfer» fanden freilich kein Idyll vor. Sie hatten in der Regel Arbeitsplätze mit geringen Qualifikationsanforderungen, erhielten entsprechend geringe Löhne und mussten viele Arbeiten ausführen, für die keine deutschen Arbeiterinnen und Arbeiter mehr gefunden werden konnten. Zu dieser «ethnischen Unterschichtung» kam hinzu, dass die meisten sich an die Anforderungen des Arbeitsplatzes und des Umfelds zwar angepasst hatten, aber nicht integriert waren. Sie lebten in Wohnheimen unter Bedingungen, die nicht den deutschen Standards entsprachen, und blieben unter sich. So gab es auch bei Bosch zwar «ein gutes Miteinander» zwischen deutschen und ausländischen Arbeitern, doch Freundschaften zwischen ihnen waren selten.[43] Die Arbeitskräfte aus den unterschiedlichen Ländern zusammen mit ihren deutschen Kollegen zu einer stabilen Stammbelegschaft und zu «Boschlern» zu formen, stellte für Geschäftsführung und Betriebsrat gleichermaßen eine eminente Herausforderung dar. In den Anfangsjahren gab es dabei viele Hürden zu überwinden. Als etwa die Werksleiter auf ihrer Tagung im Mai 1960 nach den Erfahrungen mit der Beschäftigung italienischer Arbeitskräfte gefragt wurden, zeigte sich ein gemischtes Bild: «Die Italiener sprengen die Akkorde, was wir begrüßen», hieß es da etwa. «Ihre Qualität ist nicht schlechter als die unserer einheimischen Arbeitskräfte, d. h. 50 Prozent gut, 25 Prozent Durchschnitt und 25 Prozent unterdurchschnittlich.»[44] Mitunter war es auch um das Klima zwischen beiden Gruppen keineswegs gut bestellt. So kam es zum Beispiel im Werk Göttingen 1971 zu Feindseligkeiten zwischen deutschen und türkischen Arbeitern, die bis zu Handgreiflichkeiten reichten. Ein türkischer Arbeiter warf den Meistern dort vor, sich wie «Sklavenaufpasser im Mittelalter» zu verhalten, aber er wandte sich damit nicht nur an die Gewerkschaft, sondern auch an den Obermeister, offenbar davon ausgehend, dass die Leitung derartige Zustände nicht billigen würde.[45] Die Geschäftsführung von Bosch stellte sich wiederum in der Öffentlichkeit hinter die ausländischen

Arbeiter. Als die *Bild-Zeitung* am 11. März 1965 mit der Balkenüberschrift «Unternehmer mit vielen Gastarbeitern unzufrieden: ‹Wir wollen keine Italiener mehr!›» erschien, schrieb Geschäftsführer Karl Schreiber noch am gleichen Tag einen geharnischten Beschwerdebrief an den Verleger Axel Springer.[46] Einen Tag später gab Bosch eine Pressemitteilung heraus, in der sich das Unternehmen gegen alle Veröffentlichungen wandte, «die mit Pauschalurteilen auch unsere ausländischen Mitarbeiter verunglimpfen».[47] Als die Zahl der ausländischen Arbeiter bei Bosch 1973 auf über 20 000 anstieg, äußerte Hans L. Merkle dann allerdings ernsthafte Bedenken. In der Geschäftsführungssitzung vom 24. September 1973 bezeichnete er die Zunahme der «Gastarbeiter» als «Ausfluß der auf vielen Gebieten eingetretenen Überforderung unserer Ressourcen», und sah dahinter die «Gefahr zunehmender politischer Instabilität unseres Landes».[48]

Für Bosch waren die «Gastarbeiter» ein wichtiger Faktor, gerade auch die Arbeiterinnen aus Griechenland, Jugoslawien und der Türkei. Sie arbeiteten, wie es in einer Analyse der Personalabteilung aus dem Jahr 1970 heißt, an «Arbeitsplätzen mit niedrigen Arbeitswertgruppen». Für diese Arbeitsplätze, die als Frauenarbeit galten, bot «der deutsche Arbeitsmarkt fast ausschließlich nur ausländische Arbeiterinnen».[49] Vor diesem Hintergrund wird deutlich, warum Bosch besonders viele griechische Arbeitsmigranten einstellte. Durch den hohen Anteil von Frauen unter ihnen konnten Stellen im Niedriglohnbereich abgedeckt werden, für die sich keine deutschen Frauen gefunden hätten und die andernfalls mit männlichen Arbeitskräften hätten besetzt werden müssen, deren Lohn auch bei den «Gastarbeitern» um etwa 30 Prozent höher lag.[50] Der Frauenanteil unter den bei Bosch beschäftigten Griechen belief sich 1970 auf 55 Prozent. Noch höher lag dieser Anteil bei Jugoslawen (71 Prozent) und Türken (59 Prozent), doch war deren Zahl insgesamt nicht so hoch wie die der Griechen.[51] Die Lohnkostenvorteile, die Bosch durch die Beschäftigung der überwiegend jungen Frauen aus den Anwerbeländern hatte, ließen das Unternehmen auch die «Unruhe» in Kauf nehmen, zu der die «hohe Fruchtbarkeitsquote» bei diesen Mitarbeiterinnen nach Ansicht der Personalabteilung führte.[52] Ein weiterer Vorteil ergab sich daraus, dass Bosch ähnlich wie die gesamte deutsche Wirtschaft die Beschäftigung ausländischer Arbeiter als «Konjunkturpuffer» nutzen konnte. In Hochkonjunkturphasen konnte sie aufgestockt werden und bei Konjunktureinbrüchen, wie 1967 und 1973/74, ging sie zurück. Besonders profitierten von den Arbeitsemigranten die Standorte, an denen überdurchschnittlich viele «Gastarbeiter» beschäftigt waren. Die Fertigung dort hätte ohne diese Arbeitskräfte nicht im gleichen Umfang erfolgen können und wäre zu einem erheblichen Teil an andere Standorte verlagert worden. Bei Bosch gilt dies besonders für Feuerbach. Nach Sautters Einschätzung hätte das Werk Feuerbach ohne die ausländischen Arbeiter «diese Entwicklung nicht machen können».[53]

Abb. 64: Der Bosch-Gesamtbetriebsrat im Jubiläumsjahr 1961. Stehend (von links nach rechts): Friedrich Schweikhardt, Otto Harrer, Wilhelm Frey, Willy Boetzer, Franz Ehrlich, Hans Moestel, Fritz Grieshaber, Friedrich-Karl Ehlers, Albert Riehle, Oswald Todtenberg, Ernst Bode, Richard Rau.
Sitzend (von links nach rechts): Eugen Blankenhorn, Christian Stauch, Karl Woerner, Friedrich Frank, Hans Vetter, Peter Leikauf, Hugo Stadelmann.

Mit Dauer der «Wirtschaftswunderjahre» nahmen die Verteilungskon-flikte zwischen Arbeitgebern und Arbeitnehmern zu. Erste Streiks begannen Anfang der 1960er Jahre in den deutschen Industrieunternehmen, der größte von ihnen war der Tarifkonflikt in Baden-Württemberg im Frühjahr 1963. An ihm waren insgesamt 350 000 Metallarbeiter beteiligt, er dauerte zwei Wochen und endete schließlich, nach Vermittlung durch Bundeswirtschaftsminister Erhard, mit Lohnerhöhungen von insgesamt 5 Prozent. Der Arbeitskampf war deshalb von Bedeutung, weil er die bislang schärfste Auseinandersetzung zwischen den Tarifpartnern war, denn auf die Arbeitsniederlegungen reagierten die Arbeitgeber erstmals seit der Weimarer Republik mit einer totalen Aussperrung. Auch die Bosch-Werke standen mitten in diesem Arbeitskampf. 85 Prozent der gewerkschaftlich organisierten Feuerbacher Arbeiter hatten am 18. April 1963 nach dem Scheitern der Tarifverhandlungen in der Urabstim-mung für einen Streik votiert und das Feuerbacher Werk war zudem eines der Zentren der von der IG Metall organisierten Schwerpunktstreiks. Ungeachtet der Aussperrung, die über die 14 000 Feuerbacher Beschäftigten hinaus weitere 8000 Bosch-Beschäftigte in den Arbeitskampf hineinzog, blieben die Auseinandersetzungen jedoch ruhig und geordnet. «Nennenswerte kommunistische Aktivität wurde nicht festgestellt», wie es in einem Bericht des eigens gebildeten «Arbeitskampfausschusses» der Zentralen Personal- und Sozialhauptleitung (PSH) hieß.[54] Und nach Beendigung des Arbeitskampfes gewährte Bosch als Ausgleich für den Lohnverlust durch die Aussperrung gleichermaßen den sogenannten Werksangestellten wie den Arbeitern, egal ob gewerkschaftlich organisiert oder nicht, eine einmalige Sondervergütung bzw. auf Antrag einen Vorschuss auf den Lohn als Überbrückungshilfe.

So unspektakulär der Arbeitskampf bei Bosch ausgegangen war, so war doch nicht zu übersehen, dass in der zweiten Hälfte der 1960er Jahre das Ende der «Wirtschaftswunderjahre» seine Schatten vorauszuwerfen begann, was seinerseits für eine zunehmend angespannte Lage in den innerbetrieblichen Beziehungen bei Bosch sorgte. Im Februar 1966 etwa waren die Tarifverhandlungen der Metallindustrie nach Lohnforderungen der Gewerkschaften um 9 Prozent, während das Angebot der Arbeitgeber auf 5,5 Prozent lautete, gescheitert. Es kam zur Urabstimmung, die Bosch-Personalleitung rechnete mit Demonstrationen und bildete vorsorglich einen Arbeitskampfausschuss. Man entschied sich zudem zu einer ungewöhnlichen Maßnahme – dem Versand eines Mitarbeiterbriefs durch die Werks- und Abteilungsleitungen an die Privatadressen der Bosch-Lohnempfänger.[55] In letzter Minute und nur mit knapper Not konnte der Streik jedoch durch eine Einigung der Tarifpartner abgewendet werden. Die Löhne wurden für 1966 um 6 Prozent, für 1967 um weitere 5 Prozent angehoben, dafür akzeptierte die Gewerkschaft eine Verschiebung der letzten Stufe der Arbeitszeitverkürzung. Unter dem Strich blieben aus Sicht der Geschäftsführung aber erheblich gestiegene Lohnkosten, die weit über die Rationalisierungseinsparungen hinaus gingen, wie man den Mitarbeitern vorrechnete, womit die Wettbewerbsfähigkeit zunehmend in Gefahr geriet. Nachdem schon 1957 und 1962 vorübergehend eine Reduzierung der Belegschaft vorgenommen worden war, setzten bei Bosch daher 1966 und 1967 Entlassungen und Arbeitskräfteabbau in größerem Stil ein, die dann auch in der Krisendekade der 1970er Jahre prägend sein sollten.

In der zweiten Hälfte der 1960er Jahre wurde unter dem Schlagwort «Wertgestaltung» eine neue Phase der Rationalisierung bei Bosch eingeläutet. In einer ganzheitlichen Betrachtungsweise wurden neben der Fertigung auch die Entwicklung und der Verkauf mit einbezogen. Alle Rationalisierungsgedanken wurden bei dieser Methode systematisch und konsequent bereits in der ersten Entwicklungsphase eines neuen Erzeugnisses, also schon vor dem ersten Konstruktionsentwurf, berücksichtigt.[56] Auch die Idee der Wertgestaltung und Wertanalyse hatten die Bosch-Ingenieure von USA-Besuchen im Herbst 1963 mitgebracht, als man nicht mehr nach neuen Fertigungstechnologien, sondern nach den aktuellsten Entwicklungen des Fertigungs-Managements Ausschau

Grafik 6 Entwicklung der Belegschaft bei Bosch (1950–1983)

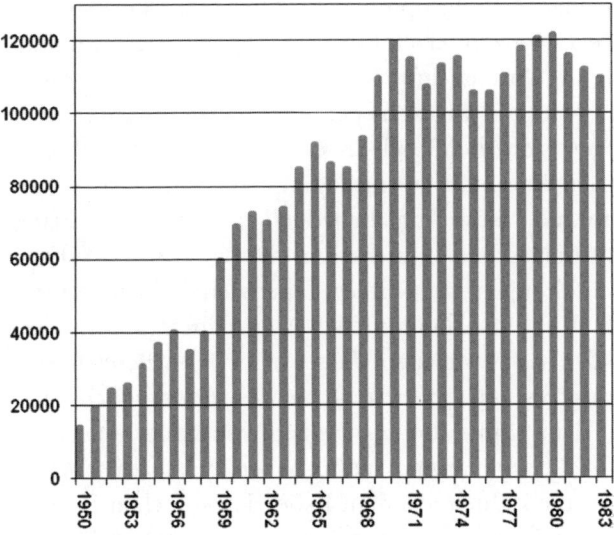

hielt.[57] Die Methode war 1947 bei General Electric mit dem Ziel der Kostenredu-
zierung im Einkauf entwickelt worden und hatte sich dann unter dem Label
«Value Engineering» in der gesamten amerikanischen Industrie schnell verbreitet. «Nicht die Kosten des eingekauften Materials sind das Problem, sondern das
Erreichen der niedrigsten Kosten für die vom Kunden gewünschten Funktionen in einem Produkt», so lautete einer der Kernsätze der neuen Rationalisie-
rungsphilosophie.[58] Die Kostensenkungen bisheriger Art waren Teile-orientiert,
man suchte nach billigeren Rohstoffkosten und nach günstigen Herstellungs-
verfahren. Die Wertanalyse dagegen war eine funktionsorientierte Methode,
bei der die Kosten auf die Funktion des jeweiligen Erzeugnisses bezogen wurden. Sie verlangte ein Umdenken vom Preis- auf das Funktions- und Kosten-
denken, und das machte für die Implementierung in das Produktionssystem
von Bosch gleichermaßen die großen Chancen, aber auch die dabei auftretenden Probleme deutlich. In einem bis dahin beispiellosen Kraftakt wurde die
neue Methode bei Bosch in den folgenden Jahren eingeführt.

**Anpassungsmaßnahmen, Rationalisierungsstrategien und Arbeitskonflikte in den
1970er Jahren**

Verringerung der Fertigungstiefe und Bereinigung der Erzeugnisprogramme
durch Typenreduzierung hießen die neuen Schlagworte einer sich nun auch
als solche verstehenden und explizit formulierten Rationalisierungsstrategie.

Und beides erforderte abermals ein Umdenken von den Mitarbeitern. «Die alte und bequeme Philosophie des ‹Alles-selbst-am-besten-können› muss durch das neue Konzept ersetzt werden», appellierte Bacher auf der Rationalisierungstagung Anfang Juni 1970 an seine Fertigungs- und Entwicklungsingenieure.[59] Mit dem Problem der Rationalisierung durch Typenbeschränkung schlugen sich die Bosch-Ingenieure eigentlich schon seit der ersten Bosch-internen Rationalisierungstagung im April 1956 herum.[60] Richtig in Angriff nahm man diese Aufgabe jedoch erst 1973, als Bacher und Eckert auf der Geschäftspolitischen Informationstagung (GPI) ausführlich die entsprechenden Bemühungen vorstellten. Typenvielfalt band erhebliches Personal und Kapital. «Wer einmal mit offenen Augen durch unsere Werkshallen geht», so Bacher, «der wird feststellen, dass wir in vielen Bereichen etwa 30 Prozent unseres Umsatzes auf 70 Prozent der Fertigungsfläche herstellen. Diese 70 Prozent Fläche sind mit einer Vielzahl von schlecht ausgenutzten Maschinen belegt für die sogenannten ‹gestorbenen Typen›, die doch nie sterben können.»[61] Allein die Zahlen aus dem K-Bereich sprachen für sich: Bosch besaß ein über 150 000 Positionen umfassendes Sortiment an Einzelteilen, bot etwa 650 freigegebene Startertypen an und fertigte allein für Daimler-Benz 133 Kombinationen von Einspritzpumpen und Reglern.[62] Die Wirklichkeit in den Entwicklungsabteilungen des Kraftfahrzeugzubehör-Bereichs sah so aus, dass pro Jahr 1200 Kundenanforderungen allein auf dem Reihenpumpengebiet für Dieselmotoren eintrafen, d. h. es waren ungefähr fünf Anfragen pro Tag zu bearbeiten und bei jeder Anfrage ging es um die Modifikation einer bestehenden Reihenpumpe. Zustande kam diese Typenvielfalt letztlich durch Forderungen des Marktes, der Produktdifferenzierung schuf, die auch auf den Zulieferer durchschlug. Hinzu kam der technische Fortschritt, der die Veränderungsgeschwindigkeit der Erzeugnisse steigerte, mit dem Ergebnis, dass es immer mehr Überlappungsphasen alter und neuer Erzeugnisse gab und in der Folge auch eine wachsende Typenvielfalt. Und schließlich erhöhte auch das Rationalisieren in kleinen Schritten die Typenvielfalt.[63] Bosch brauche daher, so Bacher, Rationalisierung in großen Schritten und eine Reduzierung der Typenvielfalt «nicht erst unter dem Zwang des Marktes». Die Lösungen dazu hießen Selektion (u. a. auch durch Konzentration eines Erzeugnisses im Ausland), Baukastensystem und Fremdbezug. All das wurde bei Bosch in den folgenden Jahren systematisch in Angriff genommen. «Im Anfang war und ist der Markt. Der Markt bestimmt unser Handeln», so resümierte Bacher auf der 24. Rationalisierungstagung Ende Oktober 1976. «Die Treffsicherheit unserer Aktionen muss größer werden. Wir haben keine Zeit, und wir haben auch kein Geld, oft daneben zu schießen.»[64]

Wesentliche Rationalisierungseffekte ergaben sich aber zunehmend auch aus dem verstärkten Einsatz von elektronischer Datenverarbeitung und Computern. Schon Anfang der 1960er Jahre beobachteten die Bosch-Ingenieure auf ihren USA-Reisen die EDV-Anwendung auf fertigungstechnischem Gebiet sowie den Einsatz von numerisch gesteuerten Werkzeugmaschinen, so dass «für amerikanische Firmen ein weites Feld der Rationalisierung offen steht».[65] Seit Mitte der 1970er Jahre kamen nun auch für die europäische Industrie NC- und CNC-gesteuerte Werkzeugmaschinen in großem Maßstab zum Einsatz.[66] Bei Bosch wurden bald auch Pilotprojekte zur rechnerunterstützten Arbeits- vorbereitung im Werkzeugbau sowie zur rechnerunterstützten Erstellung der sogenannten Durchlaufpläne, des Teile-Managements und zur Optimierung der Disposition und des Materialflusses gestartet. Auftrags- und Lieferplanung wurden DV-gestützt organisiert und allenthalben hielt die «Prozessrechne- rei» der allgemeinen Verfahrenstechnik bei Bosch Einzug. Zwischen 1971 und 1981 kletterten die jährlichen DV-Kosten von knapp 50 Mio. DM auf 140 Mio. DM. Bosch wandelte sich dadurch zu einem nicht nur «knowledge- based» Unternehmen, sondern zudem zu einer «IT-based industry» mit weit- reichenden Folgen für die Organisationsstrukturen und die innerbetrieblichen Abläufe verwaltungs- wie fertigungstechnischer Art – und oft auch gegen an- fänglich erhebliche Widerstände der Meister, die das klassische Rückgrat der Fertigung ausmachten.[67] Es war unübersehbar, dass Fertigungsorganisation und Produktionssystem vor einem erneuten Umbruch von großer Tragweite standen. Der Trend ging zu erhöhter Fertigungsflexibilität, unbemannter Fertigung und neuen Werkstattstrukturen.[68]

Inzwischen war die tarifpolitische Situation zunehmend spannungs- und konfliktreich geworden. Schon im Herbst 1970 war es im Vorfeld der tarif- politischen Verhandlungen zu wilden Warnstreiks in der Metallindustrie gekommen, die Ende September auch bei Bosch ausbrachen und dort in den Folgemonaten immer wieder aufflackerten.[69] Im Herbst 1971 schaukelten sich die Auseinandersetzungen schließlich zu einer offiziellen Streikbewegung mit abermals von Arbeitgeberseite ausgerufener Aussperrung auf.[70] Und zwei Jahre später setzte in der nordrhein-westfälischen Metallindustrie eine neue Welle wilder Streiks ein, die den Forderungen von Gewerkschaft wie Betriebsräten nach höheren Löhnen, aber zugleich auch nach einer menschengerechteren Gestaltung des Arbeitsalltags Nachdruck verleihen sollten. Im Herbst wurde schließlich auch Bosch von dem Arbeitskampf erfasst. Fast zwei Wochen lang, vom 16. Oktober bis 24. Oktober 1973, traten die Beschäftigten im Feuerbacher Werk in den Ausstand, und auch hier ging es nur vordergründig um höhere Löhne, sondern – so sahen es zumindest die Betriebsräte und Gewerkschaf- ter – vielmehr um den Kampf gegen fortschreitende Arbeitsteilung, Leistungs- hetze, Lärm und Hitze bei gleichzeitig ständig verkürzter Vorgabe- und Takt- zeiten mit der Folge «unerträglicher Zustände im Akkordlohnbereich».[71] Es war, so erinnerten sich später Beteiligte, «eine Revolte gegen das Fließband, eine Forderung nach menschlicher Arbeit, nach weniger Angst und Abhängigkeit».[72] Für Merkle stand demgegenüber die Sorge um die Kundenbeziehungen und die Liefersicherheit im Vordergrund. «Bosch allein darf nicht Ursache eines Stillstandes in der Automobilindustrie sein», warnte er bei der Erörterung des Tarifkonflikts in der Geschäftsführungssitzung.[73] So kam es denn relativ schnell zu einer gütlichen Einigung mit den Betriebsräten. Der Tarifvertrag («Lohnrahmen II») sah unter anderem vor, dass Arbeitsaufgaben vielfältiger und damit auch Höhergruppierungen in der Fertigung möglich wurden. Zudem wurden Mindestzeiten für Erhol- und Bedürfniszeit im Akkord und bei Fließband- und Taktarbeit vereinbart.

Erstmals wurden 1973 nun aber auch intensive Überlegungen über zusätzliche Produktionskapazitäten und Fertigungsstandorte im Ausland angestellt. Vor allem Portugal und Spanien erschienen damals als vielversprechende Niedriglohnländer. Als Grundsatz der Standortstrategie galt jedoch, dass keine Verlagerung bestehender Kapazitäten und Fertigungslinien ins Ausland erfolgen würde.[74] Tatsächlich konzentrierte sich Bosch stattdessen zunächst noch darauf, die bestehenden Werke und Fertigungsstandorte zu modernisieren.[75] Gleichzeitig sanken aber die Belegschaftszahlen, allein zwischen 1974 und 1975 von 115 171 auf 105 553, d. h. um 8,3 Prozent. Wie drastisch die Einschnitte waren, zeigte sich auch daran, dass sich zwischen 1973 und 1976 die Überstundenquote halbierte und gleichzeitig die Kurzarbeit für etwa 20 000 betroffene Bosch-Arbeiter von 4575 auf 265 550 Manntage hochschnellte.[76] So geräuschlos sich der Belegschaftsabbau bei Bosch nach außen hin auch vollzog, so gewannen doch die innerbetrieblichen Konfliktlinien zwischen Betriebsrat und Geschäftsführung deutlich an Konturen. Vor allem im September 1977 hatte es im Vorfeld der jährlichen Tarifrunde Gespräche zwischen Merkle und dem Bosch-Gesamtbetriebsrats-Vorsitzenden Richard Rau gegeben, insbesondere zur Frage der Erhöhung des MTM-Bonus sowie zur Neuordnung der Entlohnungsgrundsätze («Bosch-Lohn»).[77] Merkle gelang es, den Betriebsrat von der Einführung eines Haustarifs abzubringen, aber dennoch verschärften sich schon im Frühjahr 1978 die Konflikte. Die Gespräche der Tarifpartner wurden abgebrochen und drei Wochen lang, vom 15. März bis 5. April, streikte auch die Bosch-Belegschaft mit anderen Metallbetrieben für verbesserte Tarifverträge. Der Arbeitskampf führte erstmals auch zu einer erheblichen Polarisierung innerhalb der Bosch-Belegschaft, insbesondere zwischen Arbeitern und Angestellten, die sich nur zu knapp einem Drittel dem Streik anschlossen und als Streikbrecher geradezu einen Spießrutenlauf auf sich nehmen mussten, um während des Ausstands ins Werk zu gelangen.[78] Erneut hatte der Arbeitgeberverband mit einer «Abwehraussperrung» reagiert und damit den Konflikt weiter angeheizt.[79] Betroffen waren bei Bosch somit insgesamt etwa 13 600 Mitarbeiter, davon 9600 als Streikende und ca. 4000 als Ausgesperrte.

Ab dem Frühjahr 1981 brachen bei Bosch wieder neue Konfliktlinien zwischen Betriebsrat und Geschäftsleitung auf. Es ging seitens der Belegschaftsvertreter einmal um die Verknüpfung von betrieblichen Zulagen und Tariferhöhungen, während von der Unternehmensleitung die Entwicklung eines «neuen RB-Lohnsystems» überhaupt mit dem Schwerpunkt einer Flexibilisierung der Entlohnung zur Sprache gebracht wurde. Dazu kamen Ende 1981 und Mitte 1982 vor dem Hintergrund neuer konjunktureller Einbrüche und der sich abzeichnenden zweiten Ölpreiskrise weitere Maßnahmen zur Personalanpassung – und dabei wurde auch an direkte Entlassungen im größeren Stil gedacht.[80] Und noch etwas geschah: Im Juni 1983 kündigte die Geschäftsführung erstmals den Abbau der freiwilligen betrieblichen Sozialleistungen an.[81] Das war ein weithin wahrgenommenes «Signal von Bosch», wie das *Handelsblatt* einen entsprechenden Bericht überschrieb, «und dies von der Geschäftsführung eines Unternehmens, das eine große soziale Tradition hat und der man gewiss nicht nachsagen kann, sie sei darauf aus, Sozialabbau zu betreiben».[82]

Die angespannte Atmosphäre wurde noch durch Merkles Haltung in der Frage der erweiterten Mitbestimmung und des neuen Betriebsverfassungsgesetzes aufgeheizt. Kein anderes Thema bewegte seit Anfang der 1970er Jahre mehr die Gemüter auf beiden Seiten der Tarifparteien.[83] Schon vor Inkrafttreten des neuen Betriebsverfassungsgesetzes im Januar 1972 äußerte die Geschäftsführung ernste Zweifel an der Verfassungsmäßigkeit einiger Bestimmungen; sie sah einer innerbetrieblichen Politisierung künftig Tür und Tor geöffnet.[84] Noch mehr Sorgen bereitete den Managern jedoch das am 4. Mai 1976 vom Bundestag beschlossene und Anfang Juli in Kraft tretende erweiterte Mitbestimmungsgesetz für alle deutschen Kapitalgesellschaften mit mehr als 2000 Beschäftigten, welches den Gewerkschafts- bzw. Arbeitnehmervertretern nun (fast) paritätisch Sitze und Stimmen in den Aufsichtsräten einräumte. Um dem zu entgehen, wurde denn auch sofort über Änderungen in der Rechts- und Gesellschaftsform der Robert Bosch GmbH, etwa durch Umwandlung in eine Kommanditgesellschaft auf Aktien, nachgedacht. Kopfzerbrechen bereitete vor allem die neue Position des Arbeitsdirektors in der Geschäftsführung.[85] Im Mai 1977 schließlich tauchte im Geschäftsführungsgremium die Idee auf, ob Bosch gemeinsam mit anderen Unternehmen, die einen repräsentativen Querschnitt der deutschen Industrie darstellten, eine Verfassungsbeschwerde gegen das Mitbestimmungsgesetz anstrengen und sich damit an einer von den Arbeitgeberverbänden initiierten Aktion beteiligen sollte.[86] Schon kurz darauf hatte man tatsächlich eine Reihe von Mitstreitern gefunden (Bayer, Braun, Daimler-Benz, Linde, Hoechst, Röhm, Varta und Roederstein) und am 29. Juni 1977, einen Tag vor Ablauf der Einspruchsfrist, reichten insgesamt neun Unternehmen zusammen mit 29 Arbeitgeberverbänden ihre Verfassungsbeschwerde ein. Dass sich auch Bosch an der Klage beteiligte «und damit den weltweit geachteten Namen Bosch für eine Sache in die Waagschale geworfen hat, die wir als gewählte Arbeitnehmervertreter dieser Firma ablehnen müssen», wurde beim Betriebsrat mit Entrüstung und «besonderer Enttäuschung» aufgenommen.[87] Die Geschäftsführung sah sich daher zu einer umgehenden Stellungnahme veranlasst, in der die Position der Firmenleitung eingehend erläutert wurde. Der Bosch-Führung gehe es nicht darum, so hieß es in dem Schreiben an den Betriebsrat, «das Gesetz zu Fall zu bringen, sondern vielmehr die Voraussetzungen dafür zu schaffen, dass das Gesetz unternehmensgerecht angewandt werden kann» und Spannungen und Reibungen bei der Umsetzung in die Praxis von vornherein vermieden würden.[88]

In der Bosch-Führung sah man die Mitbestimmungsfrage tatsächlich weit weniger ideologisch als etwa der BDA und sein Präsident Otto Esser, der die paritätische Mitbestimmung kategorisch als unvereinbar mit der Tarifautonomie ansah.[89] Und man wehrte sich auch gegen die Kampfbegriffe auf gewerkschaftlicher Seite, wie etwa die scheinbar gutachterlich untermauerte These, die Tarifautonomie sei ein Konfrontationsmodell, die Mitbestimmung dagegen ein Kooperationsmodell.[90] Dennoch stand auch für die Bosch-Spitze dahinter eine Verteidigung der Interessen als Arbeitgeber und die Machtfrage in den «Industrial Relations» der bundesdeutschen Unternehmen. Erst im März 1979 sollte das langwierige Tauziehen um die Arbeitnehmermitbestimmung beendet werden. Insgesamt dauerten die Auseinandersetzungen darüber fast zwei Jahrzehnte – beginnend 1962, als der Deutsche Gewerkschaftsbund einen ersten Gesetzentwurf vorlegte. Drei Jahre nach der Verabschiedung stellte das Bundesverfassungsgericht im März 1979 die Verfassungsmäßigkeit des Mitbestimmungsgesetzes fest, das zu einem der großen gesellschaftspolitischen Projekte der Bundesrepublik und zu einem tragenden Pfeiler der Wirtschafts- und Sozialordnung Deutschlands werden sollte.

Die Praxis des Mitbestimmungsgesetzes sah anfangs jedoch in vielen Unternehmen aus Sicht der Arbeitnehmer und Gewerkschaften alles andere als ermutigend aus. Allenthalben musste man in Unternehmen eine offensichtliche Entmachtung des Aufsichtsrats mit Hilfe von Satzungsänderungen und Veränderungen der Geschäftsordnung feststellen. Oft wurde auch die Tätigkeit der Aufsichtsräte «unter den großen Deckmantel einer übersteigerten Verschwiegenheitspflicht gezogen».[91] Und auch Merkle praktizierte sein ganz eigenes Modell betrieblicher Mitbestimmung. Zwischen ihm und dem Bosch-Gesamtbetriebsratsvorsitzenden Richard Rau bestand von Anfang an ein besonderes Vertrauensverhältnis. Rau, der schon im Krieg als Mechanikerlehrling bei Bosch angefangen hatte, war 1953 in den Betriebsrat gewählt worden, seit 1962 Betriebsratsvorsitzender im Werk Feuerbach, ab 1967 auch Gesamtbetriebsratsvorsitzender und zudem als langjähriges Mitglied im Stuttgarter Stadtrat sowie im Vorstand der IG Metall politisch wie gewerkschaftlich gut vernetzt. Rau nutzte seine Drähte zur Gewerkschaft, Merkle seine Kontakte zu den Arbeitgeberverbänden, und beiden ging es letztlich zuallererst um die Interessen von Bosch.[92] «König Richard», wie Rau bald genannt wurde, war schon vor Einführung der erweiterten Mitbestimmung im «kleinen» Aufsichtsrat von Bosch stellvertretender Vorsitzender, und seither gab es engen und regelmäßigen Kontakt zwischen ihm und Merkle, der, so empfand es zumindest Rau im Rückblick, schließlich in ein freundschaftliches Verhältnis mündete. «Aus dem heraus habe ich natürlich auch sehr viel von ihm bekommen. Wenn ich irgendwo etwas (bei den offiziellen Gesprächen mit der Geschäftsführungsseite) nicht erreicht hatte, das war mein Druckmittel, und ich habe viel von ihm bekommen.»[93] Wenn Rau und Merkle sich auf der Schillerhöhe trafen, dann dauerten die Gespräche oft zwei bis drei Stunden, und dabei ging es auch um ganz Privates, nicht zuletzt aber um Stimmungsberichte aus dem Werksalltag: «Da war er immer sehr wissbegierig. Seine Frage war immer: Wie sieht es da unten aus?»[94]

Die engen Beziehungen zwischen Rau und Merkle waren auch Anfang der 1980er Jahre von erheblichem Wert für Bosch, als die Fertigungsabläufe erneut einem tiefgreifenden Umbruch unterzogen wurden und sich damit auch ein neues Produktionsmodell bei Bosch durchzusetzen begann. Vorbild war diesmal nicht mehr die USA, sondern Japan, seine mit rasantem Tempo aufstrebende Elektro- und Automobilindustrie und dessen Erfolgsgeheimnis: das «toyotistische» Produktionsmodell der flexiblen Fertigung. Bosch hatte schon seit Anfang der 1950er Jahre durch Lizenzvereinbarungen mit Nippondenso und Diesel Kiki enge Beziehungen zur japanischen Automobilzulieferindustrie. Seit der zweiten Hälfte der 1960er Jahre fanden regelmäßig Reisen von Bosch-Ingenieuren nach Japan statt, und liest man sich die dabei entstandenen Besuchsberichte durch, so wird wie in einem Zeitraffer das rasante Entwicklungstempo der japanischen Automobil- und -zulieferindustrie sowie die sich rasch wandelnde Japan-Wahrnehmung im Bosch-Management nachvollziehbar. Nach einer Japan-Studienreise im Frühjahr 1964 etwa notierten die Bosch-Ingenieure als Fazit, dass trotz der führenden Stellung in Ostasien «noch kein Grund zur Annahme [besteht], dass unser allgemeiner Markt dadurch ernsthaft gefährdet werden könnte».[95] Der allgemeine technische Stand der Fertigung, so konstatierte man auch nach weiteren Besuchen 1968 und 1969, «ist wesentlich niedriger als bei uns. Geringer Mechanisierungsgrad mit viel Handarbeit, durchweg nur Zeitlohn [...] Die Erzeugnisreife der japanischen Automobil- und Ausrüstungs-Firmen liegt ca. 2 Jahre hinter den USA und Deutschland zurück, auf dem Gebiet der Fertigungsverfahren ca. 3 Jahre.»[96] Tatsächlich zeigte damals schon der Blick auf die Zahl der produzierten und exporteren Kraftfahrzeuge der japanischen Industrie, die sich allein zwischen 1966 und 1968 mehr als verdoppelte, dass hier ein ernsthafter

Konkurrent heranwuchs. Anfang 1970 hatte denn auch der schwedische Journalist Håkan Hedberg mit seiner Reportage über «Die japanische Herausforderung» für Aufsehen gesorgt, einem Buch, das bei Bosch aufmerksam ge-
lesen wurde und in seiner Warnung vor der neuen Wirtschaftsmacht Japan die
eigenen Eindrücke der Bosch-Ingenieure bei ihren Besuchsreisen von Anfang
der 1970er Jahre bestätigte.[97] Bacher zeigte sich etwa tief beeindruckt von den
massiven Rationalisierungsinvestitionen, dem hohen Arbeitstempo und dem
generellen Fleiß, der Loyalität und dem Ehrgeiz der Japaner. 1974 und vor
allem 1976 besuchten die Bosch-Ingenieure schließlich ihren Lizenznehmer
Nippondenso, um dort eingehende Untersuchungen über den «Vergleich der
Fertigungsverfahren unter besonderer Berücksichtigung von Mechanisierung
und Automatisierung» zu erstellen. Wochenlang studierte man die dortigen
Fertigungsabläufe und die Arbeitsplatzgestaltung. Auffällig waren etwa die
sichtbaren «linienautomatisierten» Straßen für Produkte mit großen Stückzahlen.[98]

Im Dezember 1979 reiste anlässlich des kurz zuvor gefeierten 25-jährigen
Jubiläums der geschäftlichen Verbindung sowie des 30-jährigen Firmenge-
burtstags von Nippondenso Merkle selbst nach Japan und machte sich ein Bild
von den dortigen Entwicklungen. Er kam wie zuvor auch seine Techniker mit
dem Eindruck zurück, dass die Voraussetzungen für den geplanten Angriff
auf den europäischen Werkzeugmaschinen- wie auf den Kraftfahrzeugmarkt
«optimal» seien.[99] Nur wenig später erfasste denn auch der große «Japan-
schock» die deutsche Automobilindustrie, als man bei VW, Daimler-Benz
und den anderen großen Pkw-Herstellern mit einer massiven Export-Offen-
sive der Japaner konfrontiert wurde, die gegen Jahresende 1980 den Markt-
teil japanischer Autos in Deutschland auf 13 Prozent katapultierte.[100] Allenthalben wurden nun japanische Management- und Produktionsmethoden
studiert und in die eigenen Fertigungskonzepte zu integrieren versucht.

Anfang Dezember 1980 reiste erneut eine Gruppe von Bosch-Managern zu
Nippondenso, um diesmal das Toyota/Kanban-System «in seinem Zusammenwirken von Fertigungstechnik, -planung und -steuerung, Materialpla-
nung und Disposition sowie Organisation/EDV-Einsatz im Hinblick auf seine
Anwendbarkeit bei Bosch» zu studieren.[101] Seit 1971, als man bei Nippondenso
mit der Einführung des Kanban-Systems begonnen hatte, waren dort die
Gesamtvorräte von 77 auf 25 Prozent, gemessen an den Herstellkosten einer
Monatsproduktion, gesenkt worden, das bedeutete auch einen Produktivitäts-
zuwachs von 12–13 Prozent jährlich.[102] Kanban war ein materialflussorientier-
tes Informations-, Produktions- und Steuerungs-System (von den Bosch-Ingenieuren salopp als MIPS abgekürzt), das darauf abzielte, alle Erzeugnisse in
allen Fertigungsstufen synchron zum Verkauf zu fertigen und dabei die Bestände zwischen den Fertigungsstufen zu minimieren. Der Materialfluss und

Abb. 65: Neue vollauto-
matische Montageanlage für
Gebläsemotoren zur
Klimaregelung im
Bosch-Werk Bühl (1985)

damit die Bestände waren integraler Bestandteil der Fertigungsvorbereitung, und die Bestände besaßen daher auch absoluten Vorrang als Messgröße für den Rationalisierungsfortschritt. Alles sprach dafür, dieses Produktionskonzept – auf die spezifischen Verhältnisse in den deutschen Werken adaptiert – so schnell wie möglich auch bei Bosch einzuführen.[103] Kanban, so die Erwartung, war die Antwort auf die sichtbaren Umbrüche im Marktumfeld: Die Innovationszeiten neuer Produkte wurden kürzer, wodurch immer weniger Zeit blieb, technischen Vorsprung zu nutzen. Der Käufermarkt stellte kurzfristig seine Forderungen und nützte das weltweite Wettbewerbsangebot unter wachsendem Druck auf die Preise; und die Verbraucher wurden immer qualitätsbewusster. Kanban erlaubte angesichts dessen aus fertigungstechnischer Sicht gleichsam die Quadratur des Kreises: hohe Flexibilität, geringe Vorräte, hohe Qualität, Termintreue und niedrige Kosten. Als Pilotwerke, in denen zuerst das neue Produktionssystem entwickelt und erprobt werden sollte, wurden das Werk Bühl/Bühlertal (BüW) für Mengenfertigung (Gebläsemotoren) und das Werk Homburg 2 (HoW2) für Einzelfertigung (Hydraulik) ausgewählt und dabei zu den Dispositions- und Abruffragen von Anfang an auch Daimler-Benz mit einbezogen. Am 10. April 1981 tagte dann erstmals der neu eingerichtete Arbeitskreis «Flexible Fertigung/Kanban».[104]

Die Implementierung der japanischen Produktionsphilosophie bedeutete einen Bruch mit der bislang vorherrschenden Fertigungsdenkweise und Produktionspraxis bei Bosch, insbesondere durch kurze Umrüstzeiten und die Abkehr von der Losgrößenproduktion, also gleichsam einer Umkehrung des

Produktionsprozesses. Auch das bisher bei Bosch praktizierte Qualitätssystem musste, unter enger Einbeziehung der Zulieferer, grundlegend überdacht werden, denn Kanban funktionierte nur, wenn eine störungs- bzw. fehlerfreie Fertigung gewährleistet war. Die «Konzipierung einer neuen Werksorganisation bedeutet einen tiefgreifenden Einschnitt bisheriger Strukturen», hieß es dazu auch in einer internen Notiz.[105] «Die Fertigungstechnik steht inmitten einer Revolution», wie Hans Bacher denn auch im Oktober 1982 die Führungskräfte zu Beginn der 26. Rationalisierungstagung auf die bevorstehenden Umbrüche einschwor. «Die Technik in unseren Fabriken wird sich von Grund auf ändern. Diese Veränderung wird sich nicht nur auf eine ‹revolution on the factory floor› beschränken, sondern sie wird auch vor der gesamten Fertigungsorganisation nicht halt machen. Letztendlich betrifft sie jeden Mitarbeiter im Betrieb, sein Anforderungsprofil, seine Anpassungsfähigkeit und seine Lernbereitschaft.»[106] Die radikale Flexibilisierung der Fertigung und die Umsetzung des Prinzips «Nur der Markt bestimmt Umfang und Zeitpunkt der Lieferung» stießen allerdings rasch an gesetzliche und tarifliche Grenzen und kollidierten zum Teil mit dem bestehenden Bosch-Entlohnungssystem.[107] Das neue Fertigungskonzept erforderte höhere Qualifikationen, d. h. eine zunehmende Zahl von Arbeitsplätzen für qualifizierte Facharbeiter zulasten un- und angelernter Arbeitskräfte, überhaupt zeichnete sich der Bedarf einer stärker interdisziplinär ausgerichteten Ausbildung des Fertigungspersonals ab; die kaufmännischen und technischen Bereiche in den Werken begannen sich zunehmend zu überlappen. Es war daher klar, dass alle Planungen und Gesamtkonzeptionen zur Umgestaltung der «Fertigung als integrales System» nur unter frühzeitiger Einschaltung des Betriebsrats erfolgen konnten. Sozialpolitische Aspekte, das unterschied die Umsetzung des Kanban-Systems in Deutschland von jener in Japan, hatten wesentliche Auswirkungen auf die realisierbare Technik und auf die tatsächliche Wirtschaftlichkeit. Dennoch kristallisierte sich schnell ein neues, zukunftsweisendes «Fertigungskonzept der 80er Jahre» bei Bosch heraus. Bereits die Fertigungstagung im Herbst 1983 stand unter dem Motto «Beherrschte flexible Fertigung».[108] Eine neue Phase in der Geschichte des Bosch-spezifischen Produktionssystems begann, in der man vor einer progressiven Evolution der Produktionstechnik stand, «wie sie in den letzten 30 Jahren nicht aufgetreten ist».[109]

5. Die Phase der «wilden Diversifikation»: Beteiligungsstrategie und Einstieg in neue Geschäftsfelder

Die Ende der 1950er Jahre wieder aufgenommene Beteiligungs- und Diversifikationspolitik von Bosch stand in Kontinuität zu den bereits in den 1920er Jahren begonnenen Bemühungen, die starke Abhängigkeit vom Automobilzuliefergeschäft und von den damit verbundenen Konjunkturzyklen zu verringern. Fast 80 Prozent des Gesamtumsatzes entfielen Anfang der 1950er Jahre wie erwähnt auf den Kfz-Zulieferbereich, nur etwa 20 Prozent kamen aus anderen Geschäftsbereichen. Als Erstes wurde angesichts des großen Nachholbedarfs der deutschen Haushalte bei der Ausstattung mit Kühlschränken, Waschmaschinen und auch Gas-Wasserheizgeräten die Stärkung des Haushaltsgeräte-Geschäfts in Angriff genommen. Dazu kam die Wiederbelebung des klassischen Elektrowerkzeug-Bereichs, der im Zeichen der bundesdeutschen Wiederaufbau- und Konsumgesellschaft bald boomte. Daneben wurde als zweites Standbein das zur damaligen Zeit aus Schmalfilm-Kameras, Autoradios, Fernsehgeräten und Tonmöbeln bestehende Konsumelektronik-Geschäft ausgebaut, in dem man mit einer ganzen Reihe von Tochtergesellschaften und unterschiedlichen Marken, von Kino-Bauer bis Blaupunkt, vertreten war. Nach einem kurzen Höhepunkt in den 1960er Jahren geriet die gesamte Branche jedoch in die Krise und es begann in den 1970er Jahren ein intensives Streben nach deutschen und europäischen Allianzen. Als Drittes begann jedoch auch die Suche nach neuen zukunftsträchtigen Geschäftsfeldern wie Verpackungsmaschinen, Hydraulik-Geräten und Industrieausrüstungen.[1] Und viertens mischte Bosch bei den großen Struktur- und industriepolitischen Neuordnungsbemühungen mit, die von der Bundesregierung, den Großbanken und der Wirtschaft selbst in der Krisendekade der «langen 1970er Jahre» zunehmend in den Mittelpunkt gerückt wurden. Eine ganze Reihe von Branchen formierte sich in dieser Zeit in der Bundesrepublik im Gefolge eines tiefgreifenden Umbruchs der industriewirtschaftlichen Landschaft neu, von der Textilindustrie über die Automobilbranche bis zur bereits erwähnten Konsumelektronik-Industrie sowie der Rüstungs- und Flugzeugindustrie.[2] Die Robert Bosch GmbH und Merkle, der sich gerade auch in dieser Hinsicht als politischer Unternehmer verstand, befanden sich als Akteure mitten in diesen Entwicklungen. An Daimler-Benz, am Gerling-Versicherungskonzern und an der Allianz AG hielt Bosch Kapitalbeteiligungen, wenn auch nur mit einem geringfügigen Volumen von jeweils unter 5 Prozent.[3] Vor allem aber war Bosch in die mühsamen und langwierigen politischen Neuordnungsversuche von Messerschmitt-Bölkow-Blohm (MBB) involviert und nicht zuletzt in die AEG-Krise. Sie war gleichzeitig mit dem Einstieg in die damals vielversprechende und zukunftsträchtige Nachrichten- und Kommunikationstechnik verbunden, dem großen Coup von Merkles Diversifikationsstrategie. Die Herausforderung bestand allerdings zum einen darin, diese vielfältigen und oftmals gleichzeitig und hektisch ablaufenden Aktivitäten zu managen und in die Unternehmenspolitik insgesamt zu integrieren. Zum anderen musste man vor allem lernen, sich in den unterschiedlichen Geschäftsfeldern auf jeweils völlig unterschiedlichen Märkten mit ihren spezifischen Wettbewerbskonstellationen zu bewegen. Bosch stieß in dieser Phase zweifellos an die Grenzen seiner finanziellen wie vor allem seiner managerialen Kapazitäten.

Die Bosch-Siemens-Kooperation im Haushaltsgeräte-Geschäft

Einer der ersten Fertigungsbereiche, die Bosch unmittelbar nach Kriegsende wieder aufnahm, war das Hausgeräte-Geschäft. 1952 hatte man eine Küchenmaschine auf den Markt gebracht, 1956 folgte die Bosch-Gefriertruhe und 1958 die erste Bosch-Waschmaschine. Das Geschäft florierte im Zeichen des großen Nachholbedarfs, die Umsätze schnellten zwischen 1950 und 1964 von 20 Mio. DM auf über 350 Mio. DM, gleichzeitig kletterte damit auch der Anteil des Hausgeräte-Geschäfts am Gesamtumsatz von Bosch von knapp 10 Prozent auf 21 Prozent. Bereits 1960/61 jedoch, obschon noch mitten in den «Wirtschaftswunderjahren», verdüsterten sich die Prognosen. Innerhalb von zehn Jahren, so hieß es in einer vertraulichen Notiz der Verkaufsleitung, sei mit einer Marktsättigung etwa bei Kühlschränken zu rechnen und damit drohe ein Absatzeinbruch von derzeit 800 000 auf rund 400 000 Kühlschränke pro Jahr.[4] Im November 1963 wurden daher mit Siemens Verhandlungen über einen «Poolvertrag für Haushaltsgeräte» aufgenommen. Zwischen beiden Häusern bestanden seit Jahrzehnten freundschaftliche Beziehungen und das Haushaltsgeräte-Geschäft bot Gelegenheit, den alten Freundschaftsvertrag mit Siemens wieder aufleben zu lassen.[5] Beide Unternehmen erwirtschafteten auf dem Gebiet der elektrischen Haushaltsgeräte (einschließlich Rundfunk und Fernsehen) zusammen rund 1,2 Mrd. DM, Bosch war dabei stärker auf dem Kältegebiet, Siemens dagegen stärker bei den Waschmaschinen. Ziel war es, beiderseits optimale Fertigungsmengen zu erreichen und auch die Verkaufsorganisation besser auszunutzen. Die geplante Zusammenarbeit bezog sich damit auf Entwicklung wie Fertigung, unter anderem auch mit gemeinsamer Investitionsplanung; dagegen sollte jeder auf der Verkaufsseite völlig frei bleiben und vor allem die Selbstständigkeit der Marken nicht angetastet werden.[6] Im Frühjahr 1964 konkretisierten sich die Verhandlungen. Die Zeit drängte, denn zum einen ließen trotz der hohen Umsatzzuwächse die Erträge im Hausgeräte-Geschäft zu wünschen übrig. Dazu kam zum anderen, dass die großen amerikanischen Konsumgüterhersteller zwar bislang auf den europäischen Märkten noch kaum in Erscheinung getreten waren, man in den kommenden Jahren aber mit tiefgreifenden Änderungen rechnen musste.[7]

Der eigentliche Knackpunkt der Zusammenarbeit mit Siemens bestand aber darin, «eine im Hinblick auf das Gesetz gegen Wettbewerbsbeschränkungen vertretbare Form der Zusammenarbeit» zu finden, ohne dass dabei der zwar rechtlich unangreifbare, aber von beiden Seiten nicht als wünschenswert angesehene Weg der Fusion im Hausgeräte-Bereich beschritten werden musste. Ende Mai 1965 wurde ein erster Vorvertrag zwischen Siemens und Bosch abgeschlossen, in dem die wesentlichen Grundzüge der neuen Verbundgesellschaft mit zwei von jeder Seite benannten Geschäftsführern und einem paritätisch besetzten Gesellschafterausschuss festgelegt wurden.[8] Noch im Dezember machte jedoch das Bundeskartellamt gegen die vorgelegten Vertragsentwürfe Einwendungen geltend, insbesondere gegen das von Bosch und Siemens beantragte Spezialisierungskartell und den Gewinnpool. In einem langen Brief versuchte Mitte Januar 1966 die Bosch-Führung das Bundeskartellamt umzustimmen. Ziel der beantragten Interessengemeinschaft von Bosch und Siemens sei gerade eine Stärkung der Wettbewerbsfähigkeit des elektrischen Konsumgütergeschäfts gegenüber dem allenthalben zu beobachtenden Konzentrationsprozess auf deutscher wie europäischer Ebene.[9] Im März 1966 traten beide Unternehmen schließlich vor die Presse und gaben ihre Interessengemeinschaft für Haus- sowie für Rundfunk- und Fernsehgeräte bekannt. Die I. G. Bosch-Siemens fand wie kaum sonst etwas damals Aufmerksamkeit in der Wirtschaftspresse, nicht nur wegen der Aufsehen erregenden spezifischen Konstruktion von Kooperation bei zugleich fortgesetzter Konkurrenz der zwei großen Elektrokonzerne. «Dieser Vorgang», so kommentierte die *Süddeutsche Zeitung*, «ist allein wegen ihres einst von den Firmengründern geprägten individualistischen Gesichts für deutsche Verhältnisse fast revolutionär».[10] Nur wenige Tage später, und damit weit schneller als von der Geschäftsführung erwartet, teilte jedoch das Bundeskartellamt den beiden Firmen mit, dass der geplante IG-Vertrag nicht einen (weder melde- noch genehmigungsbedürftiger) Zusammenschluss, sondern ein (unzulässiges) Kartell darstelle und daher von der Behörde erwartet werde, dass der Vertrag weder abgeschlossen noch gehandhabt würde.[11] Tatsächlich hatten Bosch und Siemens den Vertrag aber schon unterschrieben, signalisierten jedoch dem Bundeskartellamt, diesen bis zur weiteren Klärung «nicht GWB-schädlich» zu handhaben. «Kartellverfahren gegen Bosch-Siemens» meldete daraufhin Mitte April 1966 die *Frankfurter Allgemeine Zeitung*, und tatsächlich hatte das Bundeskartellamt gegen die beiden Unternehmen ein entsprechendes Ordnungswidrigkeitsverfahren angestrengt, auch wenn sich die genaue rechtliche Klärung der ganzen Angelegenheit zwischen den Unternehmen und der Kartellbehörde noch in der Schwebe befand.[12]

Dass der Fall so hohe Wellen in der Öffentlichkeit schlug, hatte nicht zuletzt damit zu tun, dass zum Januar 1965 eine erstmalige Novellierung des Wettbewerbsgesetzes erfolgt war, in der die ursprünglich enge Definition des Marktmissbrauchstatbestands zugunsten einer Generalklausel aufgegeben wurde und eine politische Debatte über Fragen wie «Ist unser Wettbewerbsrecht den künftigen Aufgaben gewachsen?» geführt wurde.[13] Letztlich ließen es Bosch und Siemens aber auf einen offenen Konflikt mit dem Kartellamt nicht ankommen. Nach dem Grundsatz «Gesellschaftsrecht bricht Kartellrecht» wurde nun anstelle der IG entweder eine gegenseitige, 50-prozentige Beteiligung von Bosch an der Siemens Elektrogeräte GmbH sowie von Siemens an der Bosch Hausgeräte GmbH ins Auge gefasst oder die Gründung einer Holdinggesellschaft mit je 50-prozentiger Beteiligung, die ihrerseits dann die beiden Hausgeräte-Gesellschaften erwerben sollte.[14] Nach intensiven Verhandlungen, die inzwischen teilweise auch in Brüssel vor den europäischen Kartellbehörden geführt wurden, kam es im Dezember 1966 schließlich zwischen dem Bundeskartellamt und den beiden Unternehmen zu einer Einigung.[15] Die Behörde stimmte den wirtschaftlichen Zielsetzungen des Vertrages zu, machte es aber zur Auflage, dass die Bezeichnung «Interessengemeinschaft» nicht mehr verwendet wurde, damit «aus dem Bosch-Siemens-Vertrag nicht ein Modell der IG als Deckadresse für unzulässige Kartelle entwickelt wird».[16] Die neue Bezeichnung lautete daher «Bosch-Siemens Hausgerätegemeinschaft» (BSHG), die als Führungsgesellschaft mit einheitlicher Leitung fungierte und, so eine weitere Bedingung des Bundeskartellamts, eine langfristige Bindung auf 30 Jahre vorsah. Rein rechtlich lag damit nun weder ein Kartell noch eine bloße Interessengemeinschaft vor, sondern ein «Vertragskonzern». Am 9. Februar 1967 wurden die entsprechenden Verträge endgültig unterzeichnet und rückwirkend zum 1. Januar die BSHG mit einem Stammkapital von 1 Mio. DM gegründet.

In der Zwischenzeit hatten sich die Konstellationen nicht nur auf dem Hausgerätemarkt, sondern auch in anderen Bereichen der Geschäftsaktivitäten von Bosch und Siemens vielfach verändert. Erhöhter Preisdruck vor allem durch «italienische Schleuderpreise» und in Teilbereichen infolge der Überkapazitäten ein regelrechter Preisverfall (1957 kostete ein Bosch-Kühlschrank noch 514 DM, 1967 dagegen nur noch 258 DM), wachsender Wettbewerb und auch technische Veränderungen sowie die befürchteten Marktsättigungserscheinungen mit schrumpfenden Absatzzahlen prägten das Bild.[17] Ungeachtet aller Probleme entwickelte sich das gemeinsame Hausgeräte-Geschäft von Bosch und Siemens in den Folgejahren dennoch durchaus erfolgreich. 1968 trotz deutlicher Umsatzsteigerung auf 423,1 Mio. DM noch mit Verlust arbeitend, wuchs das Geschäft bis Anfang der 1980er Jahre rasant auf knapp 3 Mrd. DM bei gleichzeitig steigenden Gewinnen.[18] Nur zwischen 1974 und 1975 hatte es einen kurzzeitigen Einbruch gegeben, der jedoch in den Folgejahren, unter anderem durch verstärkten Export, der etwa 30 Prozent des Gesamtumsatzes ausmachte, rasch wieder ausgeglichen wurde. Und trotz anfänglicher Reibereien bei der gemeinsamen Führung der Gesellschaft mit insgesamt 12 800 Beschäftigten an den vier Fertigungsstandorten Berlin, Dillingen, Giengen und Traunreut entwickelte sich die BSHG auch sonst für beide Seiten als «gute Lösung für die notwendige Bildung größerer Einheiten auf dem Hausgeräte-Gebiet».[19]

Blaupunkt-Krise und Neuordnungsversuche in der deutschen Unterhaltungselektronik-Branche

Das vor allem in der Fernseh GmbH (FESE) und den Blaupunkt-Werken (BPWG) am Standort Berlin gebündelte Geschäft mit Unterhaltungselektronik war nach Kriegsende verlagert und neu aufgebaut worden. 1949 hatte Bosch im neuen Blaupunkt-Werk in Hildesheim wieder mit der Fertigung von Autoradios begonnen, 1951 startete am Standort Darmstadt die Produktion von Fernsehempfängern, die später dann zu Blaupunkt nach Hildesheim verlegt wurde. Der kriegsbedingt erhebliche Rückstand in der Rundfunk- und Fernsehtechnik war schnell aufgeholt worden, so dass man 1954, als in der Bundesrepublik Deutschland und in einer Reihe anderer europäischer Länder das Fernsehen eingeführt und gleichzeitig in den FuE-Abteilungen bereits an der Entwicklung des Farbfernsehgeräts gearbeitet wurde, zu den führenden Anbietern auf dem boomenden Markt der Unterhaltungselektronik gehörte.[20] Die Umsätze bei Blaupunkt und FESE schnellten denn auch rasch in die Höhe, von 31 Mio. DM (Blaupunkt) bzw. 2,2 Mio. DM (FESE) im Jahr 1952 auf 320 Mio. DM bzw. 33 Mio. DM im Jahr 1965.[21]

Zuvor jedoch hatte Bosch noch eine Altlast aus der NS-Zeit zu bewältigen. Es ging um die Restitution der 1938 von Loewe erworbenen FESE-Anteile, wobei der Ausgangspunkt der ganzen, erst Anfang der 1960er Jahre wieder aufgerollten Angelegenheit offenbar nicht Rückerstattungsansprüche von Loewe waren, sondern die 1959 erhobene Patentverletzungsklage von Bosch/FESE gegen Loewe. Das inzwischen im bayerischen Kronach angesiedelte Unterhaltungselektronikunternehmen benützte seit 1953 beim Bau und Vertrieb von Fernseh-Heimempfängern Schutzrechte der FESE, und da ein entsprechender, an Loewe übersandter Lizenzvertrag nicht unterzeichnet wurde, erhob Bosch beim Landgericht Düsseldorf Klage, die allerdings ausgesetzt wurde, als Loewe geltend machte, dass sie als frühere Mutterfirma der FESE das Recht zur freien Benutzung der Patente besäße.[22] Von Bosch wurde das allerdings vehement bestritten. Der Verkauf der FESE-Aktien von Loewe an Bosch und Zeiss-Ikon sei für Loewe damals kein Vermögensverlust gewesen, sondern habe lediglich eine Vermögensumschichtung bedeutet, so argumentierte man. Auch den Gesellschaftern der Firma Loewe sei dadurch kein Vermögensverlust entstanden, da ihnen die Aktien ihrer Gesellschaft nach dem Krieg wieder zurückgegeben worden seien.[23] Es dauerte bis November 1964, als vor dem Landgericht Berlin das Rückerstattungsverfahren Loewe Opta AG gegen Robert Bosch GmbH und Fernseh GmbH eröffnet wurde. Es endete schließlich im Januar 1965 mit einem Vergleich: Bosch zahlte an Loewe als Ausgleichszahlung für Rückerstattungsansprüche 1,5 Mio. DM, gleichzeitig zahlte Loewe als Lizenzzahlung 375 000 DM an Bosch, so dass unter dem Strich 1,125 Mio. DM von Stuttgart nach Berlin bzw. Kronach flossen und beide Unternehmen einvernehmlich die seit Jahren schwebenden Streitigkeiten beendeten. Erst jetzt konnte Bosch in operativer Hinsicht einen Schlussstrich unter die NS-Zeit ziehen.

Inzwischen war der gesamte Konsumelektronik-Markt in der Bundesrepublik in Bewegung geraten. Angesichts eines sich abzeichnenden Endes des Booms und vor allem nachdem Grundig, der damals größte deutsche Konsumelektronik-Konzern Fusions- bzw. Verkaufsabsichten signalisierte, rückten Überlegungen zur Neuordnung und -strukturierung der gesamten Konsumelektronik-Branche ins Blickfeld der Bosch-Führung. Im Juni 1967 waren im Zusammenhang mit den Kooperationsgesprächen mit Siemens auf dem Gebiet der «Weißen Ware», d. h. bei Haushaltsgeräten wie Waschmaschinen und Kühlschränken, auch «Gedankenskizzen» über eine Zusammenarbeit von Bosch und Siemens unter Einschluss von Grundig und dessen Radio-, Tonband- und Fernsehgeschäft in einer «Braunen Union» entworfen worden. Die Initiative dazu ging von Siemens aus, für die der Großkunde Grundig bei den Bauelementen von «entscheidender Bedeutung» war und die eine Annäherung von Grundig an Philips oder einen der zu dieser Zeit noch mächtigen amerikanischen Unterhaltungselektronik-Konzerne wie RCA mit allen Mitteln verhindern wollte.[24] Auch für Bosch bot eine solche Allianz bei der «Braunen Ware» direkte wie indirekte strategische Vorteile, nicht zuletzt dadurch, dass Siemens auf die Mithilfe von Bosch angewiesen war, für die Stuttgarter aber bei allen Kooperationen die Conditio sine qua non galt, dass Siemens seine Pläne, in das Automobilzubehörgeschäft einzusteigen, aufgab.[25] Die Verhandlungen zogen sich allerdings hin und blieben ohne greifbare Ergebnisse.

Seit Jahresbeginn 1970 verdüsterten sich die Geschäftsaussichten für Blaupunkt. Bei Farbfernsehgeräten musste man infolge von Überschätzung der Nachfrage einen erheblichen Rückschlag verbuchen, und im Autoradiogeschäft waren zunehmende Aktivitäten ausländischer, insbesondere auch japanischer Konkurrenten mit vergleichbarer Produktqualität zu verzeichnen. In der ersten Hälfte der 1970er Jahre schrieb man daher rote Zahlen und konnte in den Folgejahren nur mit Mühe wieder die Gewinnzone erreichen. Noch stieg bis 1977 der Blaupunkt-Umsatz kontinuierlich auf 1,15 Mrd. DM.[26] Im Herbst 1978 allerdings, nachdem sich auch im Bereich des Photokino-Geschäfts Verluste und ein Sanierungsbedarf abzeichneten, schlitterte Blaupunkt und damit der gesamte «Braune-Ware»-Bereich von Bosch in eine tiefe Krise. Die Gründe dafür waren vielfältig. Im Farbfernsehgeschäft war Blaupunkt trotz technischer Kompetenz allein zu klein, um wettbewerbsfähig zu sein. Um wirklich Marktanteile hinzuzugewinnen, hätten von Seiten der Bosch-Führung massive Investitionen getätigt werden müssen. Andernfalls blieb eigentlich nur der Ausstieg aus diesem Geschäftsfeld, aber «ein spektakulärer Rückzug paßte damals», so erinnerte sich später einer der beteiligten Manager, «noch nicht in die Vorstellungswelt der Geschäftsführung. Man war noch in der Phase, in der man solche Dinge bei Bosch nicht tat.»[27] Das Geld wurde bei Blaupunkt nach wie vor mit Autoradios verdient, aber auch hier gab es massive Probleme mit wachsenden Konkurrenten und Erlöseinbrüchen, allerdings auch mit Qualitätsmängeln bei den elektronischen Bauteilen und überhaupt einer «verspäteten Nutzbarmachung der Elektronik» bei Autoradios.[28] Erst von 1981 an, so zeigte sich, würde das Autoradioprogramm voraussichtlich gegenüber Philips und Grundig wettbewerbsfähig sein. Auch in den HiFi-Bereich war Blaupunkt viel zu spät eingestiegen. Schon im März 1978 versuchte die Geschäftsführung abzuwägen, ob Blaupunkt angesichts des sichtbaren Fortschritts anderer Hersteller, insbesondere der Japaner, im Videorekorder-Geschäft überhaupt noch ausreichende Marktchancen besaß.[29] Dazu kamen unternehmenskulturelle Spannungen («Blaupunkt und die Branche blieb damals vielen Boschlern fremd»)[30] und nicht zuletzt auch Schwierigkeiten in der Managementführung, die im Frühjahr 1979 im Ausscheiden des zuständigen Geschäftsführers Scharpff kulminieren sollten.

Merkle scheute sich jedoch im Frühjahr 1978, eine schnelle Entscheidung über die künftige Ausrichtung und Schwerpunktsetzung des Produktportfolios und die Marktpositionierung von Blaupunkt zu fällen, und so wies die Tochtergesellschaft zum Jahresende einen Verlust von 50 Mio. DM auf. Es folgten hektische Sanierungspläne und Verhandlungen, u. a. mit AEG-Telefunken, zu einer Kooperation bzw. – gleichsam als Flucht nach vorn – auch zur Übernahme von Telefunken als Unterhaltungselektronik-Teil des AEG-Konzerns durch Bosch bzw. Blaupunkt.[31] Außer Grundig und der Deutschen

Philips GmbH schrieben inzwischen alle deutschen Konsumelektronik-Hersteller rote Zahlen, und jeder sprach mit jedem auf der Suche nach einer Besserung der eigenen Lage. Bosch bzw. Blaupunkt stand auch hier mit im Zentrum der Restrukturierungsbemühungen einer ganzen Branche, obgleich zunächst als Prinzip galt, «in erster Linie unser eigenes Haus in Ordnung zu bringen».[32] Man nahm daher auch die Beratungsdienste des Consulting-Unternehmens McKinsey in Anspruch, das für Blaupunkt bei Erzeugnisstrategie, Ablauforganisation und Strukturvereinfachung Lösungen erarbeiten sollte.[33] Ende 1979 standen jedoch erneut 50 Mio. DM Verlust in der Blaupunkt-Bilanz.[34] Nur ein radikaler Personalabbau von 2000 der insgesamt 13 000 Beschäftigten würde, so die Hoffnungen, eine Wende bringen. «Mit einer Beseitigung der Verlustlage bei Blaupunkt rechnen wir nicht vor 1981/82», erläuterte Merkle gegenüber den Gesellschaftern der RBIK Ende Juni 1979 die Situation.[35] Tatsächlich sollten die Personalanpassungsmaßnahmen dann jedoch weit rigider ausfallen und mit 4000 Arbeitern und Angestellten doppelt so viele Beschäftigte treffen. Auch 1980 und 1981 wurden wieder große Verluste eingefahren, deren Höhe sich jedoch langsam reduzierte. Dennoch war inzwischen, wie sich bald zeigen sollte, eine Reihe weiterer Fehlentscheidungen getroffen worden. Obgleich in der Bildaufzeichnungstechnologie das japanische VHS-System einen zeitlichen Vorsprung hatte, hatten sich die Blaupunkt-Manager im Januar 1978 für das Philips-Video 2000-System entschieden und damit für ein europäisches System gegen die Bemühungen der Japaner. Gleichzeitig hatte man sich in einen vermeidbaren Lizenzstreit über Aufzeichnungsverfahren mit der BASF begeben und unter großem Entwicklungsaufwand den Bau einer eigenen Amateurvideokamera im Photokino-Geschäftsbereich in Angriff genommen. Erst in gleichsam letzter Minute war es gelungen, das Steuer herumzureißen und im Juli 1981 mit dem japanischen Elektronikkonzern Matsushita ein Joint Venture zur Fertigung von Video-Recordern nach dem VHS-System abzuschließen, dem vorrausichtlich am schnellsten wachsenden Marktsegment des Konsumelektronik-Geschäfts.[36]

Gleichzeitig versuchte die Bosch-Führung, durch zahllose neue Kooperationsgespräche Blaupunkt vor einer zunehmenden Isolierung innerhalb der sich durch Neugruppierungen ergebenden Konzentrations- und Kooperationstendenzen der deutschen wie europäischen Konsumelektronikbranche – allen voran durch die inzwischen erfolgte Kooperation von Grundig und Philips – zu bewahren. Im Herbst 1978 wurde mit AEG/Telefunken über eine Zusammenarbeit bzw. Fusion verhandelt, aber schon Mitte Oktober 1978, nach einer strategischen Wende des AEG-Managements, zerschlug sich diese Option. «Wenn auch dadurch die Chance, durch Zusammenfassung von Blaupunkt und Telefunken die meines Erachtens im internationalen Wettbewerb notwendige Größenordnung zu erreichen, entfallen ist», so schrieb Merkle daraufhin an Siemens-Chef Bernhard Plettner, «fühle ich mich doch erleichtert bei dem Gedanken, dass uns eine Führungsaufgabe von außerordentlichem Gewicht erspart bleibt (vom finanziellen Einsatz ganz abgesehen).»[37] Als dann 1983 die eher abenteuerlichen Pläne von Max Grundig hin zu einem europäischen Unterhaltungselektronik-Konzern durch das Bundeskartellamt gestoppt wurden, woraufhin die AEG Telefunken umgehend an den französischen Thomson-Brandt-Konzern verkaufte, und im Gegenzug dann Philips seine bestehende Beteiligung an Grundig aufstockte, waren die Würfel in der deutschen Unterhaltungselektronik-Branche gefallen. Bosch und Blaupunkt standen erst einmal mit leeren Händen da.[38]

Strategische Beteiligung und große Politik: Bosch, MBB und die Neustrukturierung der Rüstungs- und Luftfahrtindustrie

Im April 1975 erhielt Bosch ein Angebot zur Beteiligung an dem Rüstungs- und Luftfahrtkonzern Messerschmitt-Bölkow-Blohm (MBB). Die Familie Blohm wollte ihren Anteil von 25 Prozent verkaufen und neben dem bereits beteiligten Freistaat Bayern und Siemens wollte man auch Bosch gewinnen.[39] Es ging dabei um etwa 10 Prozent im Wert von 25 Mio. DM. Auf der Schillerhöhe war man nicht abgeneigt; Bosch, so war man dort der Meinung, könne daraus technischen und technologischen Nutzen ziehen. Bedingung aber war, dass die anderen Partner «in Freundschaft zustimmen. Gespräch mit Siemens erforderlich.»[40] Inzwischen waren aber auch weitere Interessenten aufgetaucht, die bei der Neuordnung der Gesellschafterstruktur von MBB mitzumischen suchten, und Bosch wurde nun in diese mehr und mehr von politischen Akteuren dominierten Verhandlungen mit hineingezogen. Die Hansestadt Hamburg, die Ende 1976 den Blohm-Anteil übernahm, bot nun ihrerseits Bosch einen Teil der MBB-Anteile an; daneben spielten aber auch Siemens und Thyssen eine Rolle, die gemeinsam mit der ebenfalls beteiligten SNIAS (Aérospatiale) ihre Anteile von insgesamt 25,6 Prozent in einer steuerlichen Schachtelgesellschaft, der Fides GmbH, gebündelt hatten, und bereit waren, Bosch mit ihrem Anteil dort ebenfalls aufzunehmen. Und Bosch war seinerseits daran «interessiert, den Einfluss der industriellen Partner bei MBB [gegenüber dem vor allem durch Bayern ausgeübten staatlichen Einfluss] zu stärken».[41] Tatsächlich hatte sich MBB inzwischen zum führenden deutschen Luft- und Raumfahrtkonzern entwickelt, der einen Umsatz von 1,5 Mrd. DM erwirtschaftete, wovon 65 Prozent aus dem Flugzeugbau kamen, 20,5 Prozent aber auf die Wehrtechnik entfielen und nur knapp 10 Prozent über Raumfahrt und Verkehrstechnik erwirtschaftet wurden. Und die Beteiligungsverhältnisse waren reichlich kompliziert: 25,6 Prozent hielt die Industrie über die erwähnte

Fides GmbH, 20,25 Prozent die Hansestadt Hamburg, 1,8 Prozent noch die Familie Blohm, 16,3 Prozent Prof. Messerschmitt und 13,42 Prozent der Mitbegründer Dr. Bölkow; daneben aber besaß der Freistaat Bayern direkt bzw. indirekt über die Bayerische Landesanstalt für Aufbaufinanzierung 13,73 Prozent, und der amerikanische Boeing-Konzern und absehbare Konkurrent zum Airbus-Projekt hielt Ende 1976 noch weitere 8,9 Prozent.[42] Im Dezember 1976 beantragte Merkle daher in der Geschäftsführungssitzung den Verzicht auf eine MBB-Beteiligung. Bosch solle sich lieber auf die gleichzeitig laufenden Beteiligungsgespräche mit dem amerikanischen Borg-Warner-Konzern konzentrieren. Zudem hätten die bisherigen Verhandlungen zu der Erkenntnis geführt, «dass ein unmittelbarer und stetiger Zugang zu den von MBB erarbeiteten Technologien nicht verbürgt und die Zusammenarbeit mit den anderen industriellen Partnern, insbesondere Siemens und Thyssen, nicht in der erwarteten Weise möglich ist.»[43]

Schon im März 1977 wurden die Verhandlungen jedoch wieder aufgenommen, nachdem die Hansestadt Hamburg nun bereit war, etwa die Hälfte der von der Familie Blohm erworbenen Anteile ohne Bedingungen an die Industrie abzugeben und sich die Möglichkeit abzeichnete, eine Zwischenholding (Fides II) zu bilden, an der sich nun die Allianz, Bosch und ein weiterer Partner mit je einem Drittel beteiligen könnten. Bei entsprechender Koordination der in den beiden Beteiligungsgesellschaften jeweils zusammengeschlossenen Unternehmen schien damit nun die auch von Merkle nicht zuletzt aus ordnungspolitischen Gründen angestrebte Führung von MBB durch Industrieunternehmen in erreichbarer Nähe. Aus Bayern und Hamburg und auch von Seiten der Bundesregierung wurde zudem offenbar signalisiert, dass man einer industriellen Lösung zustimmen würde. Die daraufhin von Industrieseite von Siemens und der Allianz als Verhandlungsführern aufgenommenen Gespräche zur Umsetzung des neuen Gesellschafterkonzeptes für MBB gestalteten sich jedoch reichlich kompliziert und vor allem mit immer wieder überraschenden Wendungen. Von Seiten Boschs hielt man sich dabei deutlich zurück und überließ die Initiative anderen. «Wir führen die Verhandlungen mit Gelassenheit», notierte Paul Stein Ende Juli 1977 dazu. «Kommt eine Einigung zu angemessenen Bedingungen zustande, so würden wir dies begrüßen. Sollte andererseits eine Einigung auf vernünftiger Basis nicht zu erzielen sein, so würden wir dies gelassen hinnehmen.»[44] Das Problem war, dass sich auch die involvierten Unternehmen keineswegs einig waren. Nur Bosch und die Allianz zogen an einem Strang, Merkle und Allianz-Vorstand Klaus Götte stimmten sich in zahllosen Briefen und Telefongesprächen laufend miteinander ab. Siemens dagegen verfolgte eigene Interessen und lehnte etwa die MTU, die als dritter Partner neben Bosch und der Allianz in der Fides II ins Boot geholt werden sollte, strikt ab.

Nach endlosen und immer wieder stockenden Verhandlungen kam im Juni 1978 Bewegung in die Angelegenheit. Die Allianz gründete die ABM Beteiligungs GmbH, um die MBB-Geschäftsanteile aufzunehmen, die die Allianz, Bosch und MTU erwerben wollten. Die andere Beteiligungsgesellschaft Fides I und Siemens übernahmen den Boeing-Anteil von 8,9 Prozent mit der Maßgabe, diese später dann auf die ABM zu übertragen. Dazu kamen nun aber auch noch die 16,3 Prozent Anteile von Willy Messerschmitt, der wenig später, im September 1978, starb. Um sie entbrannte sofort erneutes Gerangel zwischen Bayern und den Industriepartnern. «Im Klammergriff des Staates. Finanz- und Management-Pokerspiele um den MBB-Konzern», betitelte denn auch die Wirtschaftspresse einen Bericht über das industriepolitische Drama der Neuordnung der deutschen Luft- und Raumfahrtbranche.[45] Der bayerische Ministerpräsident «wehrt sich gegen eine Erweiterung des Einflusses der Industrie und kämpft um Verstärkung des Staatsanteils», berichtete Paul Stein Mitte Oktober 1978 in der Geschäftsführersitzung.[46] Und Franz Josef Strauß setzte sich durch: Am 20. Dezember erhielt Merkle einen Anruf aus München, in dem ihm mitgeteilt wurde, dass die für Bosch reservierten MBB-Anteile an den Nürnberger Rüstungskonzern Diehl gehen würden. Damit war das Stuttgarter Unternehmen als Akteur ausgeschieden. «Die lange Geschichte der Nicht-Beteiligung von Bosch an MBB aufzurollen, würde mehr Zeit kosten als die Sache wert ist», schrieb Merkle daraufhin an Plettner.[47] Immer wieder sei man an Bosch herangetreten, zuletzt die Bundesregierung, die den Gedanken einer industriellen Mehrheit vertreten hätte. «Unsere Antwort blieb von Anfang an die gleiche: Wir waren im Prinzip bereit, uns zu beteiligen, jedoch nur, falls unser Eintritt in den Gesellschafterkreis sämtlichen bisherigen Gesellschaftern willkommen sein würde, ferner wenn unser Anteil nicht größer sein würde als derjenige Ihres Hauses und von Thyssen, schließlich wenn steuerliche Voraussetzungen erfüllt werden würden. Nachdem die beiden Länder auf den Plan getreten waren, kam die Ablehnung einer Stimmrechtsbindung hinzu, sofern durch diese vitale Unternehmensentscheidungen infrage gestellt werden könnten. Mit dieser unserer Haltung war von vornherein zum Ausdruck gebracht, dass wir uns nicht aufdrängen wollten, wohl aber, wenn allerseits für nützlich gehalten, zur Verfügung stehen würden.»[48]

Die Bosch-lose Phase der MBB-Geschichte war allerdings nicht von langer Dauer. Im Sommer 1979 zeichnete sich ab, dass die von Strauß gewünschte Beteiligungskonstellation mit Diehl, Flick und auch Krupp nicht zustande kommen würde, und damit kam, unter anderem auch auf Initiative von Thyssen, wieder das alte Dreier-Modell einer Beteiligung von Allianz, Bosch und MTU ins Gespräch. Am 29. November 1979 übernahm daher Bosch eine 50-prozentige Beteiligung an der ABM, die dann die durch Darlehen der

Allianz und Bosch bereits vorfinanzierten und von der Fides I vorübergehend
gehaltenen MBB-Anteile von 12,15 Prozent übernahm. Damit war nun auch
Bosch mittelbar an MBB beteiligt. Die Stuttgarter hatte das Engagement für
die 7,5 Prozent Anteile bis dahin insgesamt knapp 38 Mio. DM gekostet. Richtig glücklich war man über die Beteiligung allerdings nicht. Bosch war mit der
MBB-Beteiligung, ohne es anfangs zu ahnen, in den Strudel der «großen Politik» struktur- und wirtschaftspolitischer Maßnahmen geraten. Bald ging es
nicht mehr um bloße technische oder unternehmensstrategische Interessen,
sondern um industriepolitische Verantwortung, wie Merkle sie als politischer Unternehmer verstand. Das war für ihn letztlich das ausschlaggebende
Motiv.

Einstieg in Nachrichtentechnik und Telekommunikation: Bosch und die AEG-Krise

Im Februar 1979 präsentierte Bacher seinen Geschäftsführer-Kollegen eine
Studie über «Nachrichtentechnische Produkte – Möglichkeiten für Bosch».[49]
Darin wurde eine Reihe von Trends und Entwicklungen aufgeführt, die für
Bosch zunehmend an Bedeutung gewinnen würden: Die Zunahme des Infor-
mationsvolumens, die Beschleunigung des Tempos der technischen Entwick-
lung in der Elektronik und ihren Anwendungsbereichen, das Zusammen-
wachsen bzw. die Überschneidung der Märkte für Informationstechnologie
(Nachrichten-, Büro-, Datenverarbeitungs- sowie Mess- und Regeltechnik),
und gleichzeitig die Teilung des Marktes für Nachrichten- und Bürotechnik in
einen Markt für Massenprodukte und einen für anwendungsspezifische
Systeme und Problemlösungen sowie die damit an Bedeutung verlierende
Arbeitsteilung zwischen Bauelemente- und Geräteherstellern. In Deutschland
teilten sich vier große Firmen diesen rasch wachsenden NT-Markt und domi-
nierten auch die nachrichtentechnischen Entwicklungen: Siemens, Standard
Elektrik Lorenz (SEL), AEG-Telefunken mit seinem Tochterunternehmen
Telefonbau und Normalzeit Lehner & Co. (T&N) sowie der niederländische
Elektronik-Konzern Philips mit seiner deutschen Tochtergesellschaft Tekade.
Dem Einstieg von Bosch in diesen Markt mit Telefonnetzen, Netzen für Fern-
schreib- und Datenverkehr sowie Fernsprechtechnik aus eigener Kraft wurden
wenig Chancen eingeräumt. Ein Eindringen könne nur über eine Akquisition
erfolgen, trotz der bereits bestehenden Ansätze etwa bei Funkgeräten, Kabel-
fernsehanlagen, Datensichtgeräten und Bildschirm-Textgeräten sowie bei nachrichtentechnischen Diensten für den Autofahrer.

Technisch wie strukturell befand sich der Bereich der Nachrichtentechnik
jedoch mitten in einem Umbruch. Kaum war der Übergang von elektromecha-

nischen zu elektronischen Fernmeldesystemen erfolgt, leitete die rasante Entwicklung der Mikroelektronik in einem weiteren Innovationsschub den Übergang von analogen zu digitalen Fernmeldetechniken und den Weg zur Integration der verschiedenen kommunikationstechnischen Dienste ein.[50] Vor allem aber befand sich einer der großen Akteure im nachrichten- und elektrotechnischen Markt, der AEG-Telefunken-Konzern, seit Mitte der 1970er Jahre in einer tiefen Krise. Nach fehlgeschlagenen Expansionen in die Konsumgüterfertigung, einem Fiasko in der Kernenergietechnik und hohen Verlusten im Bereich Computertechnik sah sich das Traditionsunternehmen einem Schuldenberg von 4 Mrd. DM gegenüber.[51] 1976 war mit Walter Cipa ein neuer Vorstandsvorsitzender berufen worden, dessen Sanierungsbemühungen jedoch 1979 gescheitert waren. Die involvierten Banken, allen voran die Dresdner Bank, riefen daraufhin, so berichtete Merkle Ende November 1979 auf der Geschäftsführer-Sitzung, die deutsche Industrie dazu auf, aus politischen und gesamtwirtschaftlichen Gründen und mit dem Ziel einer privatwirtschaftlichen Lösung an einer Solidaritätsaktion zur Stützung der AEG teilzunehmen.[52] Nach einem Kapitalschnitt und einer anschließenden Kapitalerhöhung sollten von Seiten der Banken und der Versicherungen 1,8 Mrd. DM, von der Industrie Schuldscheindarlehen in Höhe von bis zu 400 Mio. DM treten. Aus ordnungspolitischen Erwägungen beteiligte sich auch Bosch mit 17,5 Mio. DM daran.[53] Merkle war es auch, der im Februar 1980 Heinz Dürr als neuen Vorstandsvorsitzenden der AEG installierte.

Bald zeichnete sich jedoch ab, dass die AEG in der bestehenden Struktur nicht überlebensfähig war, und im März 1981 unterbreitete Dürr daher Bosch das Angebot, Telefonbau und Normalzeit (T&N) in eine neu zu gründende Gesellschaft einzubringen, an der sich auch Bosch mit 50 Prozent beteiligen sollte.[54] Verbunden mit dem Einstieg von Bosch bei T&N war die Entwicklung eines unternehmerischen Konzepts zur Kommunikationstechnik, in das die AEG auch ihren Geschäftsbereich K 1 (Weitverkehr und Kabeltechnik) mit einbeziehen sollte. Die Frage der industriellen Führung allerdings blieb offen. Für Bosch bedeutete das ein Finanzierungsvolumen von etwa 470 Mio. DM, aber die Beteiligung und Aussicht auf eine langfristige Übernahme der T&N war aus Sicht der Unternehmensleitung äußerst attraktiv. Mit rund 19 000 Mitarbeitern und einem Umsatz von rund 1,4 Mrd. DM, dabei über alle Jahre hinweg profitabel, stellte das Unternehmen auch die technische Perle des AEG-Konzerns dar. Damit würde nun der Aufbau eines neuen Erzeugnisgebiets für Bosch möglich, während auf dem K-Gebiet mit Stagnation und Schrumpfung zu rechnen sei, wie Merkle im März 1981 den RBIK-Gesellschaftern gegenüber erläuterte. Es bot sich die «seltene Chance zur Errichtung eines neuen, zukunftsträchtigen Arbeitsgebietes, die Sicherung von Arbeitsplätzen unter Ausschaltung unerwünschter Mitinteressenten im In- und Ausland sowie die Stärkung der RB-Ertragskraft.» Das Ganze sei zukunftsorientiert und ein großer Schritt nach vorne, zumal auch Siemens positiv eingestellt sei, wie es dazu im Protokoll der RBIK-Sitzung hieß.[55]

Anfang August waren die Verhandlungen schließlich so weit gediehen, dass die *Stuttgarter Zeitung* bereits über die anstehende «Verlobung zweier Elektroriesen» berichtete, die auch das Placet des Kartellamts habe.[56] Tatsächlich gab es noch keine unterschriftsreifen Verträge, aber Bosch hatte inzwischen erreicht, dass AEG nicht nur die klare Führung von Bosch in der über eine Holding gesteuerten TN-Beteiligung akzeptierte, sondern diesen auch noch über eine Ausgründung zusätzlich eine Minoritätsbeteiligung an dem AEG-Geschäftsbereich K1 einräumte.[57] Gemeinsame Zielsetzung von AEG und Robert Bosch sei es, so versicherte Merkle den RBIK-Gesellschaftern, «nicht nur der Eintritt von RB an Stelle von AEG, sondern die Absicherung der nachhaltigen Zusammenarbeit zwischen AEG, RB und T&N durch eine gesellschaftsrechtliche Verbindung, die evtl. auch Nukleus für einen größeren Verbund sein könnte, der sich mit Telekommunikation im weitesten Sinne befasst».[58] Tatsächlich ging es bei dem ganzen Deal auch immer um das weitere Schicksal der AEG insgesamt, und bald tauchten daher Spekulationen über einen weitergehenden Einstieg von Bosch auf, zumal nun der amerikanische ITT-Konzern über seine deutsche Tochterfirma SEL als Übernahmeinteressent und Mitspieler im «AEG-Poker» auftauchte. «Die Frage ist nur», so spekulierten im Sommer 1981 die *Stuttgarter Nachrichten*, «wie weit kann Merkle gehen, um seine Firmengruppe nicht so eng mit AEG zu verflechten, dass Bosch nicht auch noch in den Sog gerät?»[59] Tatsächlich wurde aber im September 1981 über ein «Bosch-Modell» verhandelt, das klar machte, dass es Merkle nur um das Filetstück «Kommunikationstechnik» der AEG ging: Demnach übertrug die AEG ihre rund 40 Prozent der T&N-Anteile an eine Zwischenholding, an der sich Bosch mit rund 76 Prozent beteiligte. Durch Übernahme weiterer Anteile würde dann die Majorität an T&N erreicht. AEG gründete ihren Geschäftsbereich K 1 aus, der künftig als AEG-Telefunken Nachrichtentechnik GmbH (ATN) firmierte, und beteiligte Bosch daran mit bis zu 20 Prozent. Bosch erwarb zudem eine Minderheitsbeteiligung an der Olympia Werke AG und betrieb zusammen mit der AEG unter Einschluss von Mannesmann die gemeinsame Gründung einer Telematik Systemplanungs GmbH, die am Markt als Verkäufer von Systemangeboten auftrat. Für Bosch erschien diese vor allem als ein Mittel zur Absicherung der Zusammenarbeit mit der AEG gegen Überfremdung durch Dritte essentiell, die gleichsam von oben her als neuer Großaktionär bei der AEG auftreten könnten.[60] Der Kapitaleinsatz von Bosch erhöhte sich dadurch auf ca. 495 Mio. DM, wobei aber Merkle klarstellte, dass «unser

Mitteleinsatz ausschließlich auf eigener unternehmenspolitischer Zielsetzung beruht und nicht etwa einen ‹Sanierungsbeitrag› zugunsten AEG darstellt».[61]

Ende September legte Merkle den ganzen Komplex der RBIK zur endgültigen Beschlussfassung vor. Die Lage der AEG hatte sich inzwischen weiter verschlechtert und auf der Suche nach Überlebenschancen spielte der erfolgreiche und baldige Abschluss der Verhandlungen mit Bosch eine zentrale Rolle.[62] Für Bosch gab es dabei große Chancen, aber auch Risiken. Mit dem Telekommunikations-Projekt, so hieß es in einem eigens zusammengestellten Dossier noch einmal explizit, «kommt RB dem Ziel näher, von dem voraussichtlich nicht mehr wesentlich wachsenden Gebiet der Kfz-Ausrüstung weniger abhängig zu werden».[63] Über Beteiligung, Kooperationsvertrag und Telematik-Gesellschaft entstand ein eng verwobener Verbund von Robert Bosch, AEG, T&N sowie Mannesmann, wobei letzteres Unternehmen aus Sicht von Merkle vor allem durch seine Erfahrungen im Anlagenbau und in der Datenverarbeitung über die Tochterfirma Kienzle Apparate GmbH ein erwünschter Partner war, die zusammen über ein erhebliches Know-how in den Bereichen Nachrichtentechnik, Datenverarbeitung und Computertechnik sowie Bürotechnik verfügten.[64]

Grafik 7 Die Beteiligungsstrukturen im Telematik-Verbund (Stand Ende 1981)

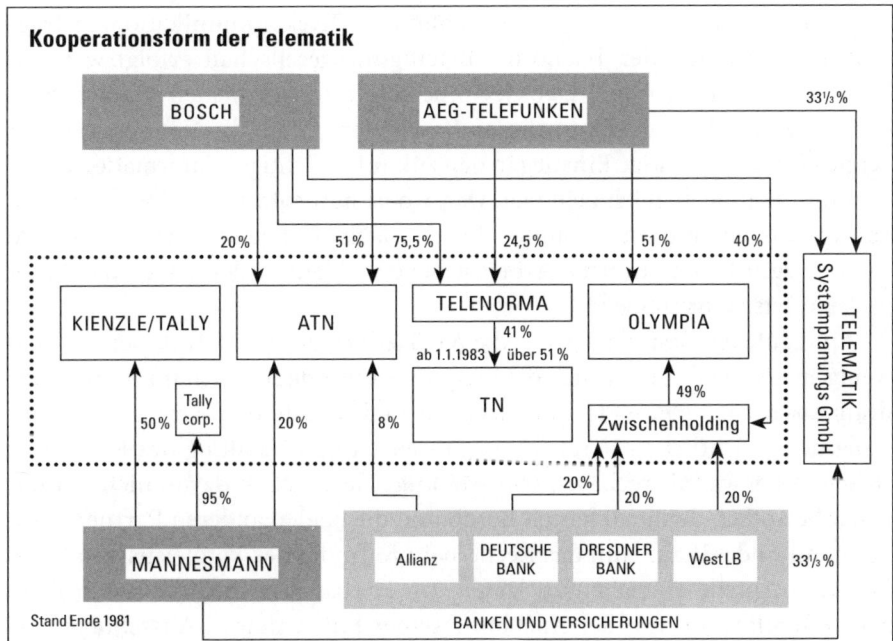

Dem Verbund wurde mit einem prognostizierten Umsatzvolumen von knapp 4,3 Mrd. DM von der Geschäftsführung eine zentrale Position auf dem künftigen, überproportional wachsenden Markt der Informations- und Kommunikationstechnik prognostiziert, obgleich mit der Philips Kommunikations Industrie AG, in der der niederländische Elektrokonzern seinerseits zum Januar 1982 seine diversen nachrichtentechnischen Aktivitäten bündelte, sowie mit dem Siemens-Unternehmensbereich «Kommunikationstechnik» sich auch große Konkurrenten neu positionierten und in Stellung brachten. Dazu kamen erwartete Synergieeffekte aus den bereits bestehenden Aktivitäten von Bosch im Telekommunikationsbereich. Allerdings gab es auch unübersehbare Risiken durch den verstärkten Konkurrenzkampf und der Gefahr eines Markteintritts durch einen starken internationalen Wettbewerber. Auch gab es AEG-spezifische Risiken. Die Hauptfrage, die die RBIK-Gesellschafter umtrieb, war denn auch: «Wie geht es dann weiter, wenn es der AEG weiterhin schlecht und schlechter geht?»[65] Der Frage hatte Merkle allerdings dadurch vorgebaut, dass er ausreichende Erklärungen der Konsortialbanken über die Fortsetzung der AEG-Stützung auch im Folgejahr zur Bedingung für den von ihm selbst apostrophierten «Bosch-Deal» machte.[66] Dazu waren im Überfremdungsfall oder auch im Fall der Eröffnung eines Vergleichs- und Konkursverfahrens bei AEG vertraglich umfangreiche Kaufoptionen für Bosch über die verbliebenen Anteile bei ATN und T&N vorgesehen.[67] «Statt Elefantenehe zu dritt eine ausgeklügelte Kooperation», titelte das *Handelsblatt* am 4. Dezember 1981, als endlich der Abschluss der Telekommunikationsverträge und die Gründung der Telenorma Beteiligungsgesellschaft erfolgt war und bekannt gemacht wurde.[68] Der Gewinner der nun getroffenen Vereinbarungen war zweifellos das Unternehmen Bosch, dem durch die Not der AEG der vergleichsweise günstige Einstieg in den zukunftsträchtigen Informations- und Kommunikationsbereich gelungen war, wo es nun sofort als schwergewichtiger Konkurrent auftreten konnte. «Bosch wächst in neue Dimensionen» und stößt «wagnisbereit» in neue Arbeitsgebiete vor, lautete denn auch der Tenor in der Wirtschaftspresse.[69]

Im Laufe des Sommers geriet die AEG jedoch erneut in Turbulenzen, und wenig später überstürzten sich die Ereignisse und spitzten sich im August 1982 dramatisch zu.[70] Die AEG war insolvent und musste den Antrag auf Eröffnung des gerichtlichen Vergleichsverfahrens zur Abwendung des Konkurses stellen. ATN war als rechtlich selbstständige Gesellschaft davon nicht unmittelbar betroffen, dennoch hatten Bosch und die beiden anderen Partner Mannesmann und Allianz nun das Recht, bei Eröffnung des Vergleichsverfahrens die AEG-Anteile einziehen zu lassen. Im Herbst 1982 meldete Bosch denn auch öffentlich an, von der Ausübung seiner Einziehungs-, Ausschließungs- und Übernahmerechte Gebrauch zu machen, wogegen sich die AEG jedoch wehrte und offenließ, «ob sie daran positiv mitwirke oder dies nur gegen ihren Willen zu dulden habe».[71] Zum 1. Januar 1983 wurde die in den Konsortialverträgen festgelegte Einziehung der AEG-Anteile schließlich wirksam und Bosch forderte den AEG-Vorstand umgehend auf, in Verhandlungen über die sich daraus ergebenden Detailfragen zu treten. Die AEG-Manager versuchten jedoch weiter auf Zeit zu spielen, so dass Stein im Namen der Bosch-Führung offen damit drohte, «die im Interesse von ATN liegenden grundsätzlichen Fragen anderweitig zu regeln».[72] Dass Dürr dann auch noch auf der AEG-Hauptversammlung öffentlich die Einziehung der Geschäftsanteile nachträglich kritisierte und von einem rigiden Vorgang gegen den Willen der AEG sprach, sorgte für zusätzlichen Zündstoff.[73] Letztlich gelang es Dürr dann tatsächlich, aus der Anteilsübernahmeregelung doch noch Kapital zu schlagen und Bosch, Mannesmann und Allianz in Verhandlungen über eine «Entschädigung» (AEG) bzw. «Vergütung» (Bosch) zu zwingen. Der Streit um die entsprechende Bewertung der AEG-Anteile – mit gutachterlichen Stellungnahmen, die sich je nach Auftraggeberseite auf zwischen 247 Mio. DM und 1,2 Mrd. DM beliefen – zog sich über eineinhalb Jahre hin und endete schließlich im Herbst 1984 damit, dass «die drei Partner dem hinausgekelten Mehrheitsgesellschafter» nochmals 650 Mio. DM zahlen mussten, wovon der Löwenanteil auf Bosch entfiel.[74] Unter dem Strich war der Einstieg in das neue Geschäftsfeld Kommunikations- und Nachrichtentechnik damit mit etwa 1 Mrd. DM doch erheblich teurer geworden als ursprünglich geplant. Und vor allem musste das neue Geschäftsfeld Telekommunikation erst noch beweisen, dass es tatsächlich die erwarteten Gewinne für Bosch liefern würde.

Im Rückblick lässt sich eine ambivalente Bilanz der Diversifikationsbemühungen von Bosch ziehen; sie banden erhebliche Geld- und Management-Kapazitäten und erwiesen sich letztlich nur als bescheidene Gewinnbringer. Und vor allem: Das Rad, das Merkle drehte, wurde immer größer. Noch während der große AEG-NT-Coup lief, ergab sich im Dezember 1982 die Möglichkeit, vom amerikanischen Konzern Sperry Vickers dessen Hydraulik-Division mit weltweit 19 Fertigungsstätten zu kaufen. Die große Chance, die Merkle dabei sah, war, in einem Zug eine weltweit führende Position auf dem Hydraulik-Markt zu erlangen und zudem in den amerikanischen Flugzeughydraulik-Markt einzudringen.[75] Doch der veranschlagte Kaufpreis bzw. die mittelfristige Mittelbindung betrug etwa 1 Mrd. DM, und außerdem gab es, wie Merkle bei ersten Sondierungsgesprächen in New York erfuhr, erhebliche Risiken: In Europa schrieb Vickers hohe Verluste und dort bestand erheblicher Sanierungsbedarf, das USA-Geschäft war allerdings profitabel. In der Geschäftsführung gab es denn auch keine einhellige Meinung zu dem bald unter dem Codewort «V» laufenden Projekt. Es bestand deutliche Skepsis, ob das Bosch-Führungspersonal für den notwendigen Umbau und die Weiterentwicklung des Vickers-Geschäfts ausreichte, und auch hinsichtlich der finanziellen Belastung, ganz abgesehen von kartellrechtlichen Problemen.[76] Der Erwerb würde nicht nur den Ertrag der Bosch-Gruppe auf lange Sicht spürbar verringern, sondern auch etwaige größere Investitions- und Beteiligungsvorhaben in den nächsten Jahren blockieren. Merkle jedoch sah darin «die letzte Möglichkeit für uns, weltweit ein bedeutender Hydraulik-Hersteller zu werden» und trieb die Verhandlungen weiter voran. Innerhalb von drei bis fünf Jahren, so die Erwartungen, würde das Vickers-Geschäft auch in Europa wieder so weit in Ordnung gebracht sein, dass mit guten Wachstums- und Ertragsaussichten zu rechnen wäre. Anfang Februar 1982 wurde eine Sonder-Geschäftsführersitzung einberufen, auf der noch einmal alle Chancen und Risiken der Akquisition abgewogen wurden. Die Entscheidung fiel zugunsten der Aufnahme von Kaufverhandlungen.[77] Im Juli 1982 scheiterten diese dann aber – zum Glück für Bosch. Der Kauf hätte das Unternehmen wohl finanziell wie personell überfordert.

Zwischenbilanz

Blickt man noch einmal zurück auf die gesamte Scharnierperiode der Bosch-Geschichte, so zeigt sich, dass Bosch im Vergleich zu anderen Unternehmen, insbesondere zu den Automobilkonzernen und anderen Zulieferunternehmen, relativ gut durch die Krisendekade der langen 1970er Jahre mit Ölpreisexplosion, Konjunktureinbrüchen und Stagflation kam. Die neue Bosch-Verfassung und die dezentralisierte Unternehmensorganisation hatten sich bewährt und sich zu einer starken, selbstbewussten Unternehmenskultur verbunden, die Führungsmethoden und das Finanzwesen waren mit Ausbau von Planung und Berichtswesen, Bosch-Anleihen und regelmäßigen Bilanzpressekonferenzen modernisiert worden. Aus dem Umbruch der Zulieferbeziehungen in der Automobilindustrie ging Bosch gestärkt hervor, und von der elektronischen und «umweltpolitischen Wende» im Fahrzeugbau hatten die Stuttgarter nicht nur profitiert, sondern diese auch durch eigene Technik und System-Know-how mit vorangetrieben. Nicht zuletzt hatte Bosch die tiefgreifenden Veränderungen in der Fertigungsorganisation und -technik, mit Automatisierung und Flexibilisierung, ohne große belegschaftspolitische Reibungen und Konflikte bewältigt. Aus dem Umsatz von 1,7 Mrd. DM im Jahr 1960 waren inzwischen 14,3 Mrd. DM (1983) geworden, aus 71 000 Mitarbeitern 110 000. Auch das permanente Ringen um die Antizipation der konjunkturellen Entwicklung, welches Merkle seit 1965 betrieb, war nicht ohne Erfolg geblieben, aber auch Bosch musste feststellen, dass dies mal besser, mal schlechter gelang und letztlich auch auf der Schillerhöhe niemand die wirtschaftlichen Wechsellagen exakt voraussehen konnte.

Gegen Ende der Amtszeit von Merkle als Vorsitzender der Geschäftsführung existierte zudem eine ganze Reihe von Baustellen und ungelöster Probleme. Bei Blaupunkt und Photokino, d. h. im Konsumelektronik-Geschäft, aber auch beim spanischen Tochterunternehmen FEMSA und einzelnen Erzeugnisgebieten des K-Bereichs hatte Bosch Verlustquellen, für deren Beseitigung man dreistellige Millionenbeträge aufbringen musste. Die Internationalisierung des Unternehmens war erheblich vorangetrieben worden und vor allem auch die Rückkehr auf den amerikanischen Markt geglückt, doch die Expansion des Erstausrüstungsgeschäfts gerade in den USA barg erhebliche Risiken. Massiven Umbrüchen und dynamischen Veränderungen standen allerdings auch Kontinuitäten und Beharrungskräfte gegenüber. Die Entwicklung der Verteilung des Umsatzes auf die einzelnen Unternehmensbereiche zeigt, dass sich die Verschiebungen zwischen Ende der 1950er und Anfang der 1980er Jahre in engen Grenzen hielten. 1958 machte der K-Bereich ca. 70 Prozent aus, 1975 waren es immer noch knapp 60 Prozent, und dieser Anteil blieb auch in den Folgejahren bestehen. Der Anteil des Hausgeräte-Geschäfts blieb mit ca. 22 Prozent in etwa konstant. Von einer verringerten Abhängigkeit vom Kfz-Zuliefergeschäft konnte also kaum die Rede sein, erst recht, wenn man einen genauen Blick auf die Ertragslage der einzelnen Erzeugnisklassen wirft. Die Erfolgsrechnung für das Jahr 1963 zeigte, dass 90 Prozent des Gesamtgewinns von Bosch durch die damalige Gruppe A (Autoelektrik ohne Einspritzausrüstung) erbracht wurde.[1] Knapp 20 Jahre später hatte sich daran nichts geändert. Merkles Strategie, Bosch aus der «riskanten Monokultur des Kfz-Zulieferers» zu befreien, war vorläufig gescheitert und sie war im Unternehmen auch nie richtig angekommen. Denn solange bei Bosch für alle Produkte und Geschäftsfelder außerhalb des klassischen Kerngeschäfts immer vom «NK-Bereich», d. h. «Nicht-Kfz-Zuliefererzeugnissen», die Rede war und die von den betroffenen Managern schon damals als abwertend empfundene Konnotation und Klassifizierung nicht abgeschafft wurde, konnte sich auch schwerlich etwas an diesem unternehmenskulturell verankerten Signal, dass Bosch eben im Grunde ein Kfz-Zulieferer mit angeschlossenen Randbereichen war, ändern. Bosch war 1981, 15 Jahre nachdem Merkle das Prinzip der «Wagnisstreuung» ausgegeben und die Diversifikation zu einer der Säulen der Geschäftspolitik erhoben hatte, im Grunde genommen ein «Diesel-Pumpen-, Düsen-, K-Jetronic- und Starter-Unternehmen». Allein diese vier Produkte aus den beiden Bereichen Dieseleinspritzsysteme sowie Starter und Generatoren erwirtschafteten 495,4 Mio. DM bzw. 74 Prozent des Gesamtertrags von Bosch. Während der Bereich Kraftfahrzeugtechnik mit seinen 47 Erzeugnisklassen insgesamt 678,5 Mio. DM an Erträgen (vor Steuern) erzielte und damit im Grunde genommen alleiniger Ertragsbringer war, erbrachte der «NK-Bereich» mit seinen 59 Erzeugnisklassen insgesamt einen Verlust von 9,2 Mio. DM. An diesem Bild ändert sich auch nichts, wenn man das in der BSHG organisierte Haushaltsgeräte-Geschäft anteilig hinzurechnet.[2] Vermutlich war das auch der Grund dafür, warum Merkle 1981/82 so vehement den Einstieg in das Telekommunikations- und Nachrichtengeschäft forcierte. Entgegen aller Beteuerungen erscheint der Einstieg in das neue Geschäftsfeld daher doch weit mehr als eine «Flucht nach vorne» denn als gezielte Vorwärtsstrategie. Alle Diversifikationsbemühungen änderten nichts daran, dass sich Bosch unaufhaltsam auf dem Weg zum weltweit größten und führenden Automobilzuliefer-Konzern befand und seine Existenz von der Innovationsfähigkeit in diesem Geschäftsfeld abhing. Doch, wie man sofort einschränkend hinzufügen muss, so wichtig technische Errungenschaften und Innovationen bei Bosch waren und sind, so ist es doch die «kulturelle» Seite, die dem Unternehmen im globalen Wettbewerb eine herausragende Position verschaffte. Nur weil es diese spezifische Qualität der Unternehmenskultur gab und gibt und sie gleichsam immer wieder neu erfunden und gelebt wird, sind auch stets neue technische Höchstleistungen möglich gewesen.[3] Eine spezifische Mischung aus Transformation und Kontinuität war daher prägend für den Charakter der Unternehmenskultur von Bosch. Anfang der 1980er Jahre war Bosch weder ein Stiftungsunternehmen noch eine traditionsverhaftete Quasi-Familienfirma und ebenso wenig ein multinationaler Konzern. «Wir sind», so formulierte es der damalige Personalchef Ulrich Mertz, «ein moderner Großkonzern mit alten mittelständischen Strukturen. Man kann darüber lächeln, aber das ist die Realität.»[4]

IV. Bosch und die Herausforderungen der Globalisierung (1984–2012)

Nach der Dekade der beiden Ölpreiskrisen sorgten zunächst mehrere Jahre weltwirtschaftlicher Konjunkturbelebung, begleitet und befördert von einem Absatzboom in der Automobilindustrie, für eine neue Wachstumsphase bei Bosch. Doch dann folgte eine Periode konjunktureller und struktureller Krisen, mit den beiden markanten Rezessionsjahren 1993 und 2001, in denen die deutsche Industrie insgesamt mit nachlassender Wettbewerbsfähigkeit und zum Teil massiven Ertragseinbrüchen zu kämpfen hatte. Auch Bosch verlor in dieser Zeit viel von seiner Sonderstellung und wurde mehr und mehr in den Strudel der allgemeinen strukturellen und konjunkturellen Probleme gezogen. Rezession und Restrukturierung, Ertragsschwächen, Debatten um den Industriestandort Deutschland, verstärkte Verlagerungen von Fertigungsbetrieben und die Suche nach neuen Wachstumspfaden sowie der unaufhörliche Kampf gegen Verlust-Erzeugnisklassen prägten nun das tägliche operative Geschäft bei Bosch. Neu war in dieser Phase auch, dass nicht mehr nur in den «Nichtkraftfahrzeugtechnik»-Bereichen Wachstums- und Ertragsschwächen auftraten, sondern das Kerngeschäft von Bosch, die Kraftfahrzeug-Zulieferung, infolge der Globalisierung mit erheblichen Problemen zu kämpfen hatte.

Drei Unternehmer-Persönlichkeiten prägten in diesen schwierigen Jahren der Anpassung und Erneuerung das Bild bei Bosch: Marcus Bierich, Hermann Scholl und Franz Fehrenbach – mit je unterschiedlichen Führungsstilen und doch zugleich in vieler Hinsicht in der Kontinuität der Unternehmenspolitik und Unternehmenskultur von Bosch stehend. Jeder von ihnen hatte mit einer besonders tiefen, wenn auch unterschiedlich ausgedehnten Rezessionsphase zu kämpfen – Bierich mit der von heftigen Konflikten mit Betriebsräten und Belegschaft begleiteten Rezession von 1993, die von beiden Seiten vielfach als traumatisch erfahren wurde; Scholl mit dem rapiden Einbruch der Weltwirtschaft in den Jahren 2000/01 im Gefolge von Börsenkrach und Terroranschlägen, und schließlich Fehrenbach mit der Finanz- und Wirtschaftskrise der Jahre 2008 und 2009. Der Kampf mit diesen Herausforderungen und den damit einhergehenden Veränderungen der Wettbewerbsbedingungen stand bei allen drei im Zentrum ihrer unternehmenspolitischen Aktivitäten. Aber vor allem Bierich und Scholl sahen sich dabei in einer «Nach-Merkle-Phase», die vom langen Schatten des bis weit in die 1990er Jahre hinein im Hintergrund agierenden ehemaligen Geschäftsführungsvorsitzenden geprägt war. Die Amtsperioden beider wurden von der mühevollen und undankbaren Aufgabe geprägt, immer wieder von Umsatzeinbußen, Stellenkürzungen, Sozialabbau und hinter den Erwartungen wie Plänen zurückgebliebenen Erträgen zu be-

richten und dabei die Unternehmensgruppe Bosch im Kern möglichst un-
beschadet durch die Turbulenzen von Konjunktur- und Strukturwandel zu
steuern. Die Fortführung der großen strategischen Linien, Internationalisierung und Globalisierung, verstärktes externes Wachstum und Diversifikation
durch Akquisitionen, blieb dabei als Aufgabe erhalten, aber ihre Umsetzung
wurde ungleich schwieriger, als sie es in den 1970er und 1980er Jahren gewesen
war. Bosch unterzog sich dabei einer vielfachen Erneuerung – mit neuen Füh-
rungs- und Management-Methoden, einem unternehmensorganisatorischen
Umbau, veränderten Fertigungskonzepten und nicht zuletzt auch einer unternehmenskulturellen Debatte. Vieles, was Bierich und Scholl in dieser Zeit
säten, konnten sie nicht mehr ernten. Dabei, und in der Rückbesinnung auf
die Bosch-eigene Unternehmenskultur bei gleichzeitigem Vorantreiben eines
Kulturwandels als Modernisierungsimpuls, zeigte sich dann doch wieder eine
Bosch-spezifische Reaktion auf neue Herausforderungen. Bosch gewann am
Ende dieser Umbruchjahre letztendlich wieder viel von seiner in mehrfacher
Hinsicht zu konstatierenden Sonderstellung zurück.

1. Umbruch und Kontinuität im Schatten konjunktureller Wechsellagen (1984–1993)

«Bosch ist nicht zu bremsen»: Wachstumsdynamik und neue Führungskultur

Als Marcus Bierich im Juli 1984 sein Amt als neuer Vorsitzender der Bosch-Geschäftsführung antrat, hatte nach dem Ende der zweiten Ölpreiskrise bereits ein neuer Konjunkturaufschwung die Weltwirtschaft erfasst. Die Automobilindustrie verzeichnete neue Absatzrekorde und entsprechend stieg auch der Umsatz von Bosch deutlich an: von 16 Mrd. DM (1983) auf 31,8 Mrd. DM (1990), d. h. eine Verdoppelung innerhalb von nur sieben Jahren. Mit der Ernennung des damals bereits 58-Jährigen erfolgte kein wirklicher Generationswechsel in der Bosch-Führung, aber dafür brachte Bierich, der Mathematik und Philosophie studiert hatte, langjährige Management-Erfahrung als Finanzvorstand bei Mannesmann und bei der Allianz in München mit. Vor allem aber kannte Bierich das Unternehmen Bosch, denn seit 1978 war er Mitglied im Gesellschafterkreis der RBIK, dem innersten Macht- und Entscheidungsgremium des Unternehmens. Der neue Vorsitzende der Geschäftsführung, der intern nun wie sein Vorgänger mit dem Kürzel F1 (Führungskreis 1) bezeichnet wurde, änderte daher nichts an der Kompetenzverteilung der zwölfköpfigen Bosch-Geschäftsleitung (sieben Geschäftsführer und fünf Direktoren mit Generalvollmacht bzw. stellvertretende Geschäftsführer). Neben altgedienten Managern des Unternehmens wie Paul Stein, der als F2 für Recht und Steuern zuständig war (und 1987 von Karl Gutbrod abgelöst wurde), Peter Rose, der als F3 das Personal- und Sozialwesen verantwortete, und Kurt Schips (F6), dem Koordinator für den Geschäftsbereich Kommunikationstechnik, wusste Bierich vor allem das Kerngeschäftsfeld Automobiltechnik und Kfz-Zuliefergeschäft mit seinen zehn Einzelgeschäftsbereichen bei den erfahrenen Geschäftsführern Konrad Eckert und Hermann Scholl in besten Händen. Auch an der inzwischen komplexen Unternehmensorganisation änderte Bierich zunächst nichts. Anders als bei den meisten deutschen Großkonzernen existierte bei Bosch keine Unternehmensbereichsebene, sondern eine Gemengelage aus 24 inländischen Geschäftsbereichen und 44 ausländischen Regionalgesellschaften, die dezentral geführt, durch ein verwirrendes Geflecht von Beziehungen und Kompetenzen innerhalb der Geschäftsleitung zusammengehalten und

Abb. 66: Marcus Bierich (1984)

in monatlichen Führungsinformationssitzungen (FIS) kontrolliert und gesteuert wurden.

Mit Bierich hielt aber eine neue Kultur bei Bosch Einzug. Während man
Merkle auch als Mitarbeiter der Zentrale so gut wie nie zu Gesicht bekommen
hatte, zeigte Bierich sichtbare Präsenz und pflegte den persönlichen Kontakt
zu den Mitarbeitern auf der Schillerhöhe.[1] Bierich war ein Manager zum
Anfassen und «ein einziger Motivationsschub», wie es manche Mitarbeiter in
seiner Umgebung bald formulierten.[2] An seinen lockeren Umgangston mussten sich die in der autoritären Merkle-Zeit vielfach verunsicherten Bosch-
Mitarbeiter erst gewöhnen. Anders als Merkle setzte Bierich nicht auf das
Schreiben von Memos und Weisungen nach unten, sondern auf Dialog. Für
die Geschäftsführungskollegen und die Manager aus dem Bosch-Führungs-
kreis war es denn auch höchst ungewöhnlich, als sie im Herbst 1984 vor dem
halbjährlichen GPI-Treffen von Bierich in Vorbereitung seiner Rede über die
geschäftspolitischen Ziele für Bosch um Themenvorschläge und Stichwort-
Beiträge gebeten wurden. Seinen Geschäftsführungskollegen gegenüber fühlte
sich der neue F1 nicht als Vorsitzender, sondern eher als Moderator. Dass sich
eine völlig neue Art der internen Kommunikation – gleichsam vom Patriarchen
zum Mannschaftsspieler – nicht nur innerhalb der Geschäftsführung, sondern
auch zwischen der Geschäftsführung und den oberen Führungskräften durchsetzte, zeigte sich spätestens im Herbst 1985, als erstmals ein Seminar für
«Leitungen und Direktoren» (LD-Seminar) eingeführt wurde. Zwar gab es mit
den erwähnten Führungsinformationssitzungen (FIS), den Geschäftspolitischen Informationen (GPI) sowie dem Jahresschlusstreffen bereits eine Reihe

von gemeinsamen Veranstaltungen des oberen Führungskreises von Bosch, aber, so erläuterte Bierich in seiner Eröffnungsrede am 6. September 1985, «wir haben keine Plattform, auf der wir losgelöst vom Tagesgeschehen zusammentreffen und Zeit für persönliche Aussprache sowie die Diskussion der übergeordneten Fragen hätten».[3] Nach seinen grundsätzlichen Ausführungen zur künftigen Unternehmenspolitik im Hause Bosch stellte sich Bierich daher der Debatte, ein in Zeiten Merkles undenkbarer Vorgang.

Schon die Art und Weise der Definition von Unternehmenspolitik («Wer formuliert sie und wer kontrolliert sie? Mit wem wird sie diskutiert?») und die Formulierung des Unternehmensziels («Verpflichtung gegenüber den Kunden, aber auch gegenüber den Mitarbeitern sowie gegenüber dem Gemeinwesen einschließlich unserer Verpflichtung zum Schutz der Umwelt») unterschied sich deutlich von dem, was die Bosch-Führungskräfte bisher von Seiten der Geschäftsführung zu hören bekommen hatten. Und Bierich kündigte auch eine Änderung der Unternehmensplanung an. Bei Bosch kannte man bis dahin einen Planungsprozess über ein Jahr und zwei Vorschaujahre, der aus dezentralen Wirtschaftsplänen gewonnen wurde, deren Ergebnis jedoch nicht im Wege eines Feedbacks an die Geschäftsbereiche zurückgegeben wurde; «damit fehlt die Grundlage für eine gemeinsame Diskussion der Unternehmensziele und der Einordnung des eigenen Bereichs und seiner Zielvorgaben in die der Gruppe».[4] Das sollte sich von nun an zugunsten eines längerfristigen Planungshorizonts ändern. Zunächst präsentierte Bierich einen detaillierten Rückblick auf die Jahre 1972 bis 1985, verbunden mit einer Bestandsaufnahme und einem Ausblick auf das kommende Geschäftsjahr 1986. Die Umsatz- und Ergebnisentwicklung nach Regionen und Arbeitsgebieten sowie Erzeugnisklassen und deren jeweilige Wachstums- und Renditekriterien wiesen dabei allenthalben gute Zahlen auf, wenn auch mit Schwankungen, etwa bei der Umsatzrentabilität zwischen 5 und 11 Prozent je nach Produktgruppe. «Die positive Entwicklung der Vergangenheit», so das Resümee Bierichs, «muss auch Zielsetzung für die Zukunft sein. Wir wollen ein Wachstumsunternehmen bleiben. Im Einklang mit der langjährigen Geschäftspolitik ist jedoch nicht Größe an sich unser Ziel, sondern Leistungs- und Wettbewerbsfähigkeit.»[5]

In der grundsätzlichen Ausrichtung der geschäftspolitischen Ziele – Ausbau des Auslandsgeschäfts und Herstellung eines weltweiten Fertigungsverbunds, Aufbau neuer Produktgebiete, insbesondere Ausbau der Arbeitsgebiete Produktionsgüter und Kommunikationstechnik, Senkung der Kosten und Verbesserung der Qualität – änderte sich mithin unter Bierich nichts, sondern der neue F1 setzte auf Kontinuität. Konkret auf die Geschäftsfelder bezogen bedeutete das auch die Fortsetzung der von Merkle eingeschlagenen bzw. beabsichtigten Umgewichtung innerhalb der Kernunternehmensaktivitäten.

«Unsere Position als führender Erstausrüster im Kraftfahrzeuggeschäft», so Bierich auf dem LD-Forum, «dürfte in Zukunft noch stärker gefährdet sein als in der Vergangenheit. Dies aus drei Gründen: Unser größter Konkurrent ND [Nippondenso] wächst deutlich schneller als wir. Nach allen Beobachtungen müssen wir uns auf eine Phase wachsender Aggressivität auf unseren Hauptmärkten in USA und Europa einstellen. Die Stärke von ND beruht auf Kosten- und Qualitätsvorsprüngen. Dann rechnen wir mit dem Auftreten neuer Konkurrenten aus der Elektronikindustrie. Diese Wettbewerber verfügen über eine eigene Technologie auf dem Elektroniksektor, und unsere Kunden aus der Automobilindustrie unterstützen diese Entwicklung, u. a. aus grundsätzlichen Einkaufsüberlegungen. Schließlich gehen wir davon aus, dass sich die Tendenz der Automobilindustrie zur Rückwärtsintegration noch verstärken wird. Dies gilt in Deutschland insbesondere für Daimler-Benz und VW mit ihren neuerworbenen Tochtergesellschaften, es gilt aber auch für GM und Ford, die traditionelle Selbstversorger sind.»[6] Das große unternehmenspolitische Ziel war es daher, das Produktportfolio risikopolitisch angemessen auszutarieren, d. h. einen der Kraftfahrzeugtechnik (K-Bereich) an Marktattraktivität, Wettbewerbsposition und Umsatzgröße ähnlichen weiteren Bereich auszubilden. «Es kommt also darauf an, die Gebiete Kommunikationstechnik und auch Produktionstechnik so auszubauen und zu stärken, dass sie zusammen in Gewicht und Positionierung K vergleichbar werden.»[7] Oberster Grundsatz der Unternehmens- und Finanzpolitik von Bosch war auch für Bierich dabei die Erhaltung der Unabhängigkeit, d. h. «unseren gesamten Kapitalbedarf durch Innenfinanzierung [zu] decken.»[8] Es zeichnete sich mithin ab, dass nun bei Bosch weniger Investitionen in den K-Bereich fließen würden, dafür aber – unter Wahrung der traditionell strikten Finanzpolitik – stärker die Umstrukturierung der diversen Arbeitsgebiete und ein effizientes Portfolio-Management gefragt waren, wo Bierich wertvolle Erfahrungen aus seiner Tätigkeit bei Mannesmann einbringen konnte.

Als Bierich Mitte Oktober 1985 dem *Industriemagazin* sein erstes Interview als neuer Chef von Bosch gab, wurde die neue Kultur der Offenheit und Kommunikation des Stuttgarter Unternehmens auch nach außen hin sichtbar. «Bosch ist nicht zu bremsen», titelte die Zeitschrift, womit nicht nur das Wachstum des Geschäfts, sondern auch die neue Dynamik innerhalb des Unternehmens gemeint war.[9] Der Boom erleichterte zweifellos die ersten Jahre Bierichs als F1 von Bosch. Als er 1985 die Ergebnisse des ersten von ihm zu verantwortenden Geschäftsjahres vorlegte, konnte er von überdurchschnittlichen Wachstumsraten in allen Geschäftsfeldern, allen voran aber im Bereich Kraftfahrzeugausrüstung, berichten. Dort wurden auch in den Folgejahren zum Teil zweistellige Wachstumsraten verbucht, getragen von einem Rekordabsatz bei ABS sowie Diesel- und Benzineinspritzsystemen. Stürmi-

Abb. 67: Marcus Bierich und Hans L. Merkle (1986)

sches Wachstum und eine regelrechte Gewinnexplosion in den Jahren 1984 (mit einem ausgewiesenen Jahresüberschuss von 446 Mio. DM gegenüber 242 Mio. DM im Vorjahr) und 1987 (825 Mio. DM Jahresüberschuss) kennzeichneten das Bild.[10] Bosch war erfolgreich wie nie zuvor. «Marcus Bierich macht bei Bosch mobil», titelte *Die Welt* Anfang Juli 1988 anlässlich der jährlichen Bilanzpressekonferenz mit Verweis auf das beschleunigte Investitionstempo.[11] Und der Bosch-Chef nutzte die Gelegenheit, um sich in die politische Debatte um die Wettbewerbsfähigkeit des Fertigungsstandorts Deutschland einzuschalten. Mit Arbeitskosten von 32,67 DM je Stunde, so rechnete Bierich der Öffentlichkeit vor, sei die Bundesrepublik gegenüber entsprechenden Kosten von beispielsweise 5,32 DM in Portugal auch bei Großserienfertigung und scharfen Rationalisierungsmaßnahmen nicht mehr konkurrenzfähig. Bosch werde daher einfache Erzeugnisse verstärkt im Ausland produzieren lassen und einzelne Produktionslinien in ausländische Fabriken verlagern.[12] Bosch forcierte die Internationalisierung seines Produktionsverbunds. Mit zu dieser neuen Strategie beigetragen hatte auch die Erfahrung des Arbeitskampfs vom Mai und Juni 1984 an den Stuttgarter Fertigungsstandorten, der gegenüber einigen großen Erstausrüstungs-Kunden Lieferschwierigkeiten und -unterbrechungen mit sich gebracht hatte. «Zur Stärkung der Liefersicherheit», so beschloss die Geschäftsführung daher noch in der zweiten Jahreshälfte 1984, beabsichtige Bosch den Aufbau von bis zu 4500 Arbeitsplätzen im Ausland.[13]

Im Laufe des Jahres 1987 nahm Bierich eine Neugliederung der mehr als 20 Jahre lang weitgehend unverändert gebliebenen Organisationsstruktur der Bosch-Gruppe in Angriff. Über den Arbeitsgebieten und Geschäftsbereichen wurden vier neue Unternehmensbereiche geschaffen: Kraftfahrzeugausrüstung (mit den Geschäftsbereichen ABS/Bremsen/Anzeigegeräte, Leuchten, Benzin-Einspritzung/Zündung, Wischer/Motoren, Diesel-Einspritzung, Halbleiter/elektrische Steuergeräte, Starter/Generatoren und Kfz-Ausrüstungs-Handel), Kommunikationstechnik (mit den Bereichen bzw. Tochterfirmen Blaupunkt, Elektronik, Telenorma, ANT Nachrichtentechnik GmbH, Teldix und BTS), Gebrauchsgüter (mit den Geschäftsbereichen Bosch Siemens Hausgeräte BSHG, Elektrowerkzeuge, Junkers und Feierabend GmbH) sowie Produktionsgüter (mit den Geschäftsbereichen Industrieausrüstung, Verpackungsmaschinen, Kunststoff- und Metallerzeugnisse und Hydraulik/Pneumatik). Bierich trieb auch die erforderliche Verjüngung der Geschäftsleitung voran: Zum 1. Juli 1990 berief er unter anderem den damals 41-jährigen Clemens Börsig, Leiter der Zentralabteilung Betriebswirtschaft, in die Geschäftsleitung. Und es kamen nun auch wieder verstärkt Unternehmensberatungsgesellschaften wie McKinsey zur Unterstützung bei operativen wie strategischen Maßnahmen zum Einsatz.

Obwohl Bosch auch 1988, 1989 und – befeuert durch die Sonderkonjunktur im Gefolge der deutschen Wiedervereinigung – 1990 überdurchschnittliche Umsätze und Ergebnisse erwirtschaftete, zeichneten sich zunehmend dunkle Wolken am Konjunkturhimmel ab. Die ständige Aufwertung der Deutschen Mark gegenüber dem US-Dollar etwa machte Probleme. Und auf dem bislang von Bosch souverän beherrschten Markt für Autoelektrik blies der Konkurrent Siemens in der zweiten Hälfte der 1980er Jahre zum Generalangriff und ging gegenüber den Stuttgartern auf Konfrontationskurs. Mit Mühe hatte Bierich etwa die Übernahme des zweitgrößten deutschen Vergaserherstellers Pierburg durch die Münchner verhindern können, im Frühjahr 1988 aber erwarb Siemens die Mehrheit des amerikanischen Autoelektronikherstellers Bendix-Electronic und wurde damit unvermittelt nach Bosch und Nippondenso zur Nummer drei auf dem Weltmarkt für Kfz-Elektronik.[14] Bereits auf der GPI-Versammlung im Dezember 1987 warnte Bierich in seinem geschäftspolitischen Ausblick zudem nicht nur vor den wachsenden Unsicherheiten der künftigen weltwirtschaftlichen Entwicklung, für die der Börsencrash im Herbst dieses Jahres als deutliches Vorzeichen erschien, sondern auch vor «gravierenden Strukturverschiebungen in der Weltautomobilindustrie», welche die Ertragslage der Bosch-Erstausrüstungskunden und damit auch die eigenen Ertragschancen bedrohten.[15] Das aggressive Vordringen der japanischen und koreanischen Automobilhersteller auf dem Weltmarkt fiel mit dem Überschreiten des Höhepunktes der inzwischen fünfjährigen Automobilkonjunktur zusammen. Die Bosch-Geschäftsführung sah sich dadurch künftig einer Kumulation von konjunkturellen und strukturellen Problemen gegenüber, die eine Überarbeitung der bisherigen Wirtschaftsplanungen und langfristige Anpassungsmaßnahmen erforderte; das zeigte nicht zuletzt der Blick auf die unübersehbare Abschwächung der Wachstumsdynamik, die mit Schwankungen von Jahr zu Jahr zurückging und gegenüber einst 15 Prozent Umsatzzuwachs zum Vorjahr schließlich mit -5,3 Prozent, dem ersten Umsatzrückgang seit 1967, ihren Tiefpunkt im Jahr 1993 erreichen sollte.

Es war besonders der Bereich Kraftfahrzeugtechnik, und damit das Kerngeschäftsfeld von Bosch, der unter den Wachstumsschwächen litt und zwischen 1989 und 1993 eine fünf Jahre andauernde Stagnationsphase mit jährlichen Umsätzen von durchschnittlich 15,5 Mrd. DM durchlief. Die leitenden Bosch-Manager aus dem K-Bereich selbst gaben sich allerdings dessen ungeachtet selbstbewusst. Als der Geschäftsführer Hansjörg Manger etwa im April 1987 vor dem Bosch-Aufsichtsrat über die «weltweiten Entwicklungen in der Kfz-Industrie und deren Auswirkungen auf RB» referierte, verwies er auf den unabhängig von der Zahl der produzierten Kraftwagen wachsenden Trend zu immer höheren Ausrüstungsgraden mit komplexen Systemen zum Zwecke einer Verbesserung von Sicherheit, Sauberkeit und Sparsamkeit, d. h. «in den letzten Jahren ist unser Anteil bei den Fahrzeugherstellern sehr stark angestiegen».[16]

Nach wie vor war Bosch der Konkurrenz deutlich voraus und verstand es dabei immer wieder, komplexe Problemlösungen in besonders sensiblen Bereichen der Automobiltechnik anzubieten. Exzeptionelle Verfahrenstechnik, ein breites technologisches Know-how sowie eine enge Kooperation mit den Automobilunternehmen – Bosch-Geschäftsführer saßen traditionell in den Aufsichtsräten von Daimler-Benz (Bierich), VW (Merkle) und Porsche (Eckert) – sicherten Bosch einen deutlichen Vorsprung. Hier sah man zunächst keine Änderungen, zumal man mit mobiler Kommunikation, elektronischer Fahrwerksregelung und elektrischer Servolenkung vielversprechende neue Erzeugnisse und technische Konzepte in der Entwicklungspipeline hatte. Ende Juni 1989 berichtete dann Eckert vor dem Aufsichtsrat über «Rückblick und Zukunftsaufgaben für RB im Unternehmensbereich K» und schlug in dieselbe Kerbe: Bosch sei besonders erfahren in der Kombination von elektrischer, elektronischer, feinmechanischer, hydraulischer und pneumatischer Technologie, das sei ein Vorteil im Wettbewerb, auch wenn das Gewicht der elektronischen Komponente weiter wachse.[17] Auch das Systemangebot, das Bosch besser als die Konkurrenten beherrschte, gewann weiter an Bedeutung. Von der technischen Seite her erwartete man daher keine Bedrohung, sondern im Gegenteil weiter glänzende Wachstumsaussichten.

Grafik 8 Umsatz und Umsatzentwicklung der Bosch-Gruppe (1983 bis 1993)
(in Mio. DM bzw. Veränderung zum Vorjahr in Prozent)

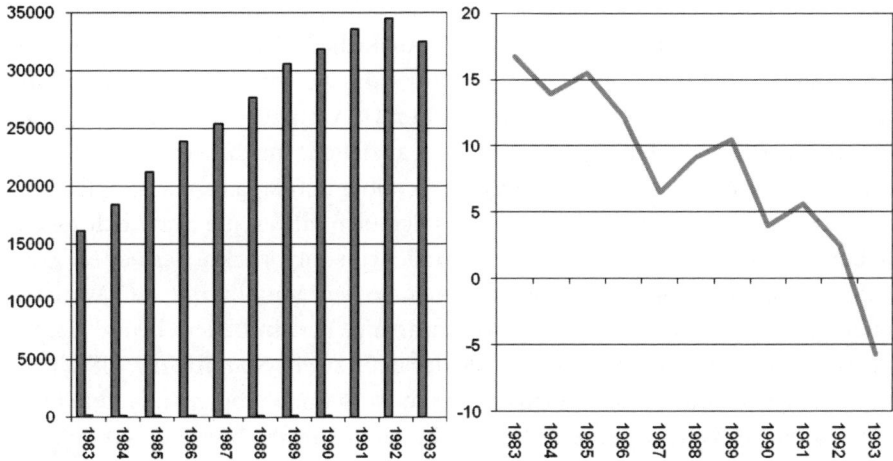

Quelle: Zusammengestellt und berechnet nach den Angaben in den Geschäftsberichten

Auch im Sommer 1990 erschienen den Bosch-Managern des K-Geschäfts-
bereichs die Aussichten noch rosig. Wie in den vorausgegangenen 20 Jahren
sah man in marktgerechten Produktplanungen, die zum Teil dem Markt vor-
auseilend durch Bosch initiiert worden waren, zum Teil aber auch durch externe
Entwicklungen wie Abgasgesetzgebung und Sicherheitsbewusstsein einen
zusätzlichen Schub erhalten hatten, den Schlüssel zum Erfolg.[18] Die Ausrüstung für umweltfreundliche Fahrzeugantriebe war nach wie vor ein Gebiet
starken Wachstums und die Sicherheitstechnik mit Systemen wie ABS/ASR,
Fahrwerksregelung, Vierradlenkung und automatischer Stabilisierung des Fahrzeugs war bei weitem noch nicht ausgeschöpft. Aber weniger Technik, sondern
weit mehr Qualität, Preis und Kundenverhalten bestimmten die folgenden
Jahre. Was die K-Manager mithin erst nach und nach erkannten, waren die
radikalen Veränderungen auf den Märkten und bei den Kundenerwartungen.
«In früheren Jahren», so Eckert, «waren die K-Kunden vornehmlich deutsche
Firmen, die oft beneidenswert unkompliziert mit Bosch zusammenarbeiten.
Wichtige Kunden investierten weltweit und Bosch folgte weltweit.»[19] Die
ersten größeren (europäischen) Herausforderungen stellten sich dann für die
K-Manager mit den französischen, schwedischen und italienischen Erstausrüstungs-Kunden, später kamen auch die US-Automobilkonzerne hinzu. Nun
stand man vor dem Problem der aggressiven weltweiten Investitionen der
japanischen und koreanischen Automobilhersteller, mit denen es galt, künftig
ins Geschäft zu kommen, und gleichzeitig war man mit den weltweiten Ein-

kaufsbemühungen der deutschen und europäischen Großkunden konfrontiert, die auf diese Weise ihre Kosten zu senken suchten. Dazu kam eine Tendenz zur Liberalisierung von Kfz-Zuliefer-Märkten, die bisher ganz oder teilweise geschlossen waren, wie im Falle Australiens, Brasiliens und Mexikos. Schließlich kam als vierter großer Strukturwandel die verstärkte Hinwendung zur Eigenfertigung bei GM und Ford in den USA hinzu, die dadurch auf eine bessere Auslastung der eigenen Fabriken abzielten, um Marktanteilsverluste und den rückläufigen Fahrzeugabsatz gegenüber den Japanern auszugleichen. All diese Entwicklungen sollten in den folgenden Jahren die Entwicklung des K-Bereichs bei Bosch massiv prägen. Zunächst jedoch rückte der neue Unternehmensbereich Kommunikationstechnik in den Mittelpunkt der Management-Aktivitäten der Bosch-Geschäftsführung. Erst mit Bierich und dessen organisatorischen Maßnahmen wurde das neue zweite Standbein wirklich aus der Taufe gehoben. «Bosch macht sich vom Auto unabhängiger», lautete (wieder einmal) die strategische Botschaft aus dem Unternehmen gegenüber der Öffentlichkeit.

Als am 9. November 1989 die Berliner Mauer fiel, sah man darin bei Bosch nicht unbedingt ein Ereignis, das neue geschäftliche Chancen eröffnete. Der *Bosch-Zünder* machte bezeichnenderweise seine nächste Ausgabe mit einem Artikel über das Engagement des Unternehmens in Frankreich auf. Erst auf Seite 4 erschien ein Beitrag von Adolf Ahnefeld über die Wachstumschancen der Wirtschaft in der DDR und anderen RGW-Staaten.[20] Um die in der DDR bestehende Nachfrage zu bedienen, wurden in den folgenden Monaten Verträge mit dortigen Firmen abgeschlossen und Lizenzen vergeben. Mit einer Wiedervereinigung Deutschlands rechnete die Geschäftsführung nicht. Vielmehr ging man davon aus, dass es weiterhin eine Zollgrenze zwischen den beiden deutschen Staaten geben würde und Bosch deshalb sein gesamtes Produktionsprogramm auch in der DDR herstellen musste, um auf diesem Markt präsent zu sein.[21] Das war nicht gerade eine lukrative Perspektive. Nach der ersten freien Wahl zur Volkskammer am 18. März 1990 musste Bosch sein DDR-Konzept überdenken, denn nun wurde das Unternehmen von mehreren Großkunden, darunter VW und Daimler-Benz, bedrängt, ihnen rasch mit einem Joint Venture in die DDR zu folgen.[22] Schon einen Tag nach der Volkskammerwahl fand bei Bosch eine Geschäftsführersitzung zum Thema «DDR: Standort für K-Fertigung» statt. Eine Präsenz in der DDR hielt man nun aus «marktstrategischen Gründen» für erforderlich.[23] Gemeinsam mit einem DDR-Partner sollte eine neue Fertigung für Scheinwerfer, Wischer und Anlasser im Raum Eisenach errichtet werden.[24] Dabei hatte Bosch den VEB Kombinat Fahrzeugelektrik Ruhla im Blick, der bereits großes Interesse an einer Zusammenarbeit signalisiert hatte, auf die Fertigung von Scheinwerfern spezialisiert war und schon vor dem Mauerfall einen Liefervertrag mit VW abgeschlossen hatte. Schon bald konnte mit der Fahrzeugelektrik Ruhla die Gründung eines Gemeinschaftsunternehmens vereinbart werden. Durch die Wiedervereinigung verloren die Gemeinschaftsunternehmen in der früheren DDR allerdings ihre marktstrategische Bedeutung. Bosch konnte nun alle Produkte von seinen Werken im Westen aus direkt in die neuen Bundesländer liefern. Dennoch errichtete das Unternehmen ein neues Werk in Eisenach und die Tochtergesellschaft ANT erwarb die Richtfunkproduktion der Robotron Telekom GmbH, Radeberg. Das Werk in Eisenach entstand, wie sich Hermann Scholl erinnert, «mehr aus patriotischem Gefühl heraus als aus einer wirtschaftlichen Notwendigkeit».[25] Und doch wurde daraus eine Erfolgsgeschichte. Heute ist die Bosch Fahrzeugelektrik GmbH Eisenach innerhalb des Konzerns das Leitwerk u. a. für Niederdrucksensoren.

**Vom Hoffnungsträger zum Problemfall:
Die Entwicklung der Kommunikationstechnik**

Ab Bierichs Amtsantritt kennzeichneten ein massiver Ausbau mit Hilfe erheblicher Investitionsmittel und laufende Umorganisationen den Geschäftsbereich Kommunikationstechnik bei Bosch. Man war auf der beständigen Suche nach strategischen Kooperationen und passenden Verbundpartnern. Anfangs setzte die Geschäftsführung dabei noch auf die enge strategische Partnerschaft mit Mannesmann. Beide Unternehmen zusammen verfügten im Bereich der Informations- und Kommunikationstechnik Ende 1984 über ein Konglomerat aus sieben Gesellschaften und Geschäftsbereichen mit einem Gesamtumsatz von 4,7 Mrd. DM und fast 37 000 Mitarbeitern: von der Telefonbau & Normalzeit (TN), der Kienzle Apparate GmbH und der ANT Nachrichtentechnik GmbH über die beiden Bosch-Geschäftsbereiche Elektronik und Fernsehanlagen bis hin zu Blaupunkt und der Teldix GmbH. Aber nicht nur die Geschäftsaktivitäten waren ziemlich zersplittert, sondern auch die Besitzverhältnisse: Bei TN kontrollierte Bosch mit ca. 30 Prozent Besitzanteil 51 Prozent der Stimmrechte, an der ANT hielten Bosch und Mannesmann je 41 Prozent des Stammkapitals, die verbleibenden 18 Prozent lagen bei der Allianz. Und an Blaupunkt war Siemens über den 25-prozentigen Anteil der BSHG an diesem Unternehmen indirekt beteiligt. Die übrigen Gesellschaften und Geschäftsbereiche gehörten Mannesmann bzw. Bosch zu jeweils 100 Prozent. Als im Dezember 1984 nach vielen Sitzungen die gemeinsame Bosch-Mannesmann-Strategiekommission «Telekommunikationsverbund» ihr gemeinsames Abschlussprotokoll erstellte, wurde deutlich, dass man sich über die wesentlichen Stränge der künftigen Entwicklungen einig war: die rasche Entstehung eines Weltmarkts für integrierte Informations- und Telekommunikationstechnik im Gefolge der Digitalisierung der Übertragungs- und Vermittlungstechnik, der einerseits überdurchschnittliche Wachstumschancen bot, andererseits aber auch einen harten internationalen Wettbewerb aufwies.[26] Über die Art und Weise der Bündelung und der organisatorischen Form der diversen Aktivitäten bestand jedoch erheblicher Dissens. Der Vorschlag von Bosch lief darauf hinaus, die besonders eng benachbarten Bereiche TN und Kienzle einerseits sowie ANT, Bosch Elektronik und Teldix andererseits in zwei Gesellschaften unter der Klammer einer gemeinsamen Vertriebs- und Lenkungsgesellschaft nach und nach in drei zeitlichen Stufen zusammenzuführen, während das Konzept von Mannesmann die Gründung einer Einheitsgesellschaft mit drei Unternehmensbereichen in einem Schritt vorsah.

Gleichzeitig loteten beide Unternehmen für sich weitere strategische Partnerschaften aus. Im Januar 1985 etwa beauftragte Bierich die Unternehmensberatungsgesellschaft McKinsey mit einer umfassenden Untersuchung des Arbeitsgebiets Telekommunikation bei Bosch, sowohl hinsichtlich einer Erweiterung etwa um Erzeugnisse der Büroautomation bzw. Bürokommunikation als auch in Bezug auf weitere strategische Partner oder auch Akquisitionen – gemeinsam mit der Allianz-Gruppe.[27] Robert Bosch, so hieß es in dem Auftrag an die Berater, «will mittel-/langfristig neben dem Kfz-Ausrüstungsgeschäft auch das Geschäft in der Kommunikationstechnik international ausbauen und dies durch den Einstieg in die Büroautomation nachhaltig absichern […] RB geht dabei von einem hohen Anspruchsniveau aus: Zweite Kraft nach Siemens im Telecom-Geschäft Inland und starke internationale Präsenz in Telecom und Büroautomation.»[28] Als Beteiligungsmöglichkeiten und potenzielle Partner hatte man dabei schon eine ganze Reihe von Unternehmen ins Auge gefasst: Kienzle und Nixdorf, Philips, ITT/SEL, AT&T, DEC, Wang und weitere US-amerikanische Firmen. Insbesondere das «Modell RB/Nixdorf» sollte geprüft werden und tatsächlich kam es in den folgenden Wochen und Monaten zu intensiven direkten Gesprächen und Verhandlungen mit Heinz Nixdorf, der auch seinerseits aufgeschlossen war.[29] Bereits im Mai 1985 zerschlugen sich jedoch diese Pläne und zum 1. Oktober 1990 sollte schließlich Siemens die Mehrheit der Nixdorf-Stammaktien übernehmen. Bis dahin drehte sich das Karussell aus strategischen Partnerschaften und kommunikationstechnischen Verbünden munter weiter. Mehr und mehr Akteure mischten nun mit: neben Bosch und Philips auch Siemens, IBM, ITT, Ericsson und Olivetti. Und bei Bosch dachte man gleichzeitig über eine Übernahme von Kienzle und/oder Triumph-Adler nach.[30] Im Herbst 1986 sorgte schließlich die Entstehung des neuen europäischen Kommunikations-Riesen Eurotel aus der Fusion der Standard Electric Lorenz (SEL) mit Sitz in Stuttgart, die der kriselnde ITT-Konzern verkauft hatte, und der französischen CGE für Aufregung. Ein regelrechtes Buhlen um eine zusätzliche Beteiligung in der Größenordnung von ca. 25 Prozent setzte zwischen Siemens, Daimler, Mannesmann und Bosch ein. Vor allem Siemens und Bosch hatten für sich immer wieder versucht, die SEL aus dem ITT-Verbund herauszubrechen, waren damit aber gescheitert. Letztlich ergaben sich auch aus diesen Optionen jedoch keine greifbaren Ergebnisse für Bosch. Und die Zeit drängte nun zunehmend angesichts der sich inzwischen formierenden neuen Wettbewerbskonstellationen großer «Player» im aussichtsreichen Wachstumsmarkt Kommunikationstechnik. In Stuttgart war man sich schon im Mai 1985 darüber im Klaren, dass «das TC-Geschäft von Bosch in der heutigen Größe zu klein [ist], um neben den großen integrierten Unternehmen und den sich bildenden Gruppierungen langfristig überleben zu können».[31]

Ungeachtet dessen machte sich die Bosch-Geschäftsführung jedoch an den weiteren inneren Ausbau und die technisch-organisatorische Stärkung ihrer bestehenden Teilbereiche des Geschäftsfelds Kommunikation. Bei Blaupunkt etwa wurde Anfang der 1980er Jahre intensiv an Prototypen zur Fahrzeugnavigation (die Markteinführung des «TravelPilot» war für Ende 1988 geplant), an der Integration von Compact Discs in die Autoradios sowie am Diebstahlschutz durch Key-Codes gearbeitet. Ende 1985 ging man zudem – in Gestalt eines offiziell beim Bundeskartellamt beantragten Spezialisierungskartells – eine Kooperation mit Grundig bei der Fertigung von Farbfernsehgeräten und Autoradios ein und nahm eine umfassende Neuordnung der Fertigungsstrukturen in Angriff: Die Farbfernsehgeräteproduktion wurde stufenweise eingestellt und dafür die Autoradioherstellung im Werk Hildesheim konzentriert. Gleichzeitig expandierte der neue BP-Bereich für «Telekommunikationserzeugnisse», d. h. Monitore, Displays, Satellitenempfangskonverter, Pay-TV, BTX-Systeme und weitere Informations- und Video-Systeme. Trotz dieser Umstrukturierungen und eines Abbaus der Belegschaft schrieb Blaupunkt inzwischen wieder tiefrote Zahlen. Im Herbst 1987 beendeten Bosch und Mannesmann schließlich einvernehmlich ihre Kooperation, und die Stuttgarter übernahmen für einen «hohen Kaufpreis» die restlichen 40,8 Prozent der Anteile an der ANT Nachrichtentechnik GmbH. Damit gewann man, so erläuterte Bierich auf der RBIK-Sitzung im November, die volle Handlungsfreiheit zur Neuordnung der «TC-Interessen» sowie die alleinige industrielle Führung und erreichte zudem mit nun etwa 6 Mrd. DM Umsatz eine Größenordnung in dem gesamten Arbeitsgebiet, die für internationale Kooperationen interessant sei.[32]

Auch bei TN war Bosch inzwischen alleiniger Gesellschafter, so dass nun endlich auch eine sinnvolle Zuordnung von Arbeitsgebieten zu den einzelnen Bereichen (u. a. wurde Teldix bei TN angegliedert), aber auch für Vertrieb und FuE möglich wurde. Die Mobile Kommunikation – bei Bosch schon länger die Bezeichnung für alles, was mit Nachrichtentechnik im und um das Auto herum zu tun hatte, d. h. Autoradios, Ortungs-, Navigations- und Fahrerinformationssysteme, Taxi-Funkgeräte und Autotelefone, wurde zum 1. Januar 1988 als eigener neuer Geschäftsbereich (MC) gegründet. Diesem Bereich, der im Wesentlichen Blaupunkt und den bisherigen Geschäftsbereich Elektronik zusammenfasste, wurde aufgrund der Schnittstellenfunktion zwischen Kraftfahrzeugausrüstung und Kommunikationstechnik besondere Bedeutung beigemessen,[33] allerdings war es bei genauerem Hinsehen vielfach nur eine Bündelung bereits vorhandener Aktivitäten im Sinne einer «neuen Dynamik auf altem Fundament».[34] Der Auf- und Ausbau des Geschäftsfelds Mobile Kommunikation, so bekannte Bierich offen auf der GPI-Versammlung Ende Dezember 1987 gegenüber den Bosch-Führungskräften, «stellt große Anforderungen an unsere Innovations- und Investitionskraft. Wir müssen große Vorbereitungen in Technologien, Produkte und Märkte treffen und eine lange Durststrecke überwinden, bevor hier ein ertragreiches Geschäft entstehen wird. Dabei müssen wir uns der vorhandenen Risiken bewusst sein und auch auf Rückschläge gefasst sein.»[35]

Nach weiteren Umorganisationen in den nach wie vor ziemlich heterogenen und unüberschaubaren Produkt- und Geschäftsbereichen gründete Bierich zum 1. Juli 1989 schließlich den Unternehmensbereich C (Kommunikationstechnik) bzw. Bosch Telecom, in dem die Bosch-Gruppe ihre vielfältigen Aktivitäten im Bereich der Kommunikationstechnik bündelte, darunter inzwischen auch eine 80-prozentige Beteiligung an dem führenden französischen Hersteller privater Kommunikationssysteme, Jeumont Schneider Telecom SA. Drei Kernarbeitsgebiete, die nun auch als eigene Geschäftsbereiche aufgestellt waren, kennzeichneten dabei den Unternehmensbereich: der Geschäftsbereich Mobile Kommunikationstechnik (MC) mit den bereits erwähnten Produktbereichen Mobilfunk, Breitbandkommunikation, Medizintechnik, Fahrzeugantennen sowie Verkehrsleit- und -informationssysteme, Autoradio und Unterhaltungselektronik (der Geschäftsbereich trug mit ca. 42 Prozent den Löwenanteil des C-Gesamtumsatzes), daneben der neue Geschäftsbereich Private Kommunikationstechnik (TN) mit der Telenorma als Herzstück und deren Geschäftsfeldern Private Kommunikationssysteme, Informationssysteme und Sicherheitssysteme (sie erwirtschafteten ca. 34 Prozent des Umsatzes) und schließlich der Geschäftsbereich Öffentliche Kommunikationstechnik (AN), in dem die Aktivitäten der ANT, d. h. Multiplextechnik, Richtfunk, Fernmeldekabel, Raumfahrt und Satellitentechnik, öffentliche Vermittlungstechnik sowie Navigationsgeräte für Land-, Luft- und Seefahrzeuge (also die Rüstungsgeschäfte der früheren Teldix) konzentriert waren (hier wurden 24 Prozent des C-Umsatzes gemacht).[36]

Damit wurde endlich eine Straffung der Strukturen in dem Sammelsurium vielfältiger kommunikationstechnischer Aktivitäten erreicht. Die einzelnen Produktbereiche konnten nun besser zugeordnet werden, und unter längerfristigen Gesichtspunkten zielte die Maßnahme auf die stärkere Zusammenführung traditionell eigenständiger Gesellschaften unter einheitlicher Führung und Bezeichnung innerhalb der Bosch-Gruppe ab. Zudem erreichte man eine «Abstützung der Mehrmarkenpolitik durch Verbindung mit Bosch Telecom» und die «Förderung der Querdurchlässigkeit zwischen allen Arbeitsgebieten bei Bosch».[37] Vor einer Verselbstständigung des C-Geschäfts mit oder ohne Partner, wie es etwa mit der BSHG erfolgreich praktiziert worden war, schreckte man auf der Schillerhöhe jedoch zurück. Und die Koordination aller drei Geschäftsbereiche, zumal im engen Umfeld des dominierenden K-Geschäfts, war eine wahre Herkulesaufgabe. Nach wie vor gehörte die Kommunikationstechnik in die «NK-Welt» der Bosch-Gruppe und ihr verantwortlicher Manager saß, wie schon die Blaupunkt-Direktoren in den 1970er Jahren, im zwölfköpfigen Geschäftsführungsgremium praktisch alleine den fünf Managern aus dem K-Unternehmensbereich gegenüber. Auf der Schillerhöhe «regierte» der K-Bereich. Mit dem 61-jährigen Kurt Schips, der seit Januar 1972 Mitglied der erweiterten Bosch-Geschäftsführung war, stand zwar ein Bosch-Urgestein an der Spitze des neuen Unternehmensbereichs. Er hatte 1952 als Ingenieur in der Bosch-Patentabteilung begonnen, war dann in den 1960er Jahren technischer Geschäftsführer der damaligen Bosch Elektronik und Photokino GmbH geworden, ehe er das gesamte Patent- und Lizenzwesen von Bosch leitete. Für die Führung eines so heterogenen und gleichzeitig hochpolitischen, dann aber auch von rasanten technologischen Umbrüchen gekennzeichneten Unternehmensbereichs wie der Kommunikationstechnik war Schips allerdings der falsche Mann. Während auf den sich formierenden deutschen, europäischen und internationalen Kommunikations-Märkten die Positionierungskämpfe tobten, staatliche Deregulierungsmaßnahmen im Mobilfunkbereich stufenweise umgesetzt wurden, Glasfaser- und ISDN-Technik die Datenübertragung revolutionierten und integrierte PC-basierte Arbeitsplatz- und Bürokommunikationssysteme entstanden, wurden die Zuhörer auf den Geschäftspolitischen Tagungen oder den Aufsichtsratssitzungen mit allgemeinen Beschreibungen der diversen, fast zwei Dutzend Tätigkeitsgebiete bedacht und bekamen dazu obendrein noch allenthalben optimistische Einschätzungen.[38] Bosch habe, so Schips, auf vielen Teilgebieten der Kommunikations- und Informationstechnik bereits eine Größe erreicht, die im zunehmenden weltweiten Wettbewerb ein Überleben ermögliche. Kein anderer Bereich würde zudem solches Wachstumspotenzial in der Zukunft aufweisen und in Deutschland habe Bosch (hinter Siemens) bereits eine führende Marktstellung. Konzentration auf den Ausbau des Geschäfts in Europa, Erschließung weiterer, neuer Geschäftsfelder und gezielter Ausbau der Dienstleistungskomponente, so lautete Schips' strategisches Konzept – von einer tiefgehenden

Analyse der Wettbewerbsstrukturen, der unterschiedlichen spezifischen Innovationsgeschwindigkeiten und Innovationsschübe und einer detaillierten Einschätzung der Renditepotenziale und Marktchancen konnte keine Rede sein.

Die organisatorische, finanzielle und personelle Struktur des neuen und als zweites Bosch-Standbein vielgepriesenen Unternehmensbereichs C wies keineswegs in die Richtung einer Erfolgsgeschichte. Die Bosch-Geschäftsführung zögerte viel zu lange mit einer Strukturbereinigung und massiven Investitionen; die von Mannesmann oder auch Nixdorf vorgeschlagene Lösung eines eigenständig agierenden und gemeinsam geführten Tochterunternehmens wäre zweifellos erfolgversprechender gewesen, und für die Führung des operativen und strategischen Geschäfts hätte man den Mut aufbringen müssen, von außen einen namhaften Manager der internationalen Kommunikationsindustrie zu holen.[39] Es war bezeichnend, dass Ende Juni 1989, als Schips altersbedingt aus der Geschäftsführung ausschied, mit Herbert Weber wieder ein Ingenieur aus dem Unternehmen (er war 1984 von ANT/AEG zu Bosch gekommen) als Verantwortlicher für den Kommunikationsbereich bestellt wurde. Mit seinen 55 Jahren war der neue Geschäftsführer von Anfang an nur als Interims-Manager bis Juni 1994 vorgesehen. Nachdem auf dem Gebiet der Telekommunikation, so die vielsagende Begründung, eine Neuordnung vorbereitet werde, «schrumpft dieses Gebiet auch im Hinblick auf seinen Führungsbedarf».[40] Und später sollte das lange Festhalten an einzelnen attraktiven Technologien und technischen Produkten wie den zellularen Mobiltelefonen den schnellen Ausstieg und das rasche Desinvestment aus der Kommunikationstechnik noch verzögern. Als einer der zentralen Mitspieler auf dem neuen Geschäftsfeld Information und Kommunikation hatte sich Bosch im Sommer 1988 gemeinsam mit Philips erfolgreich als Konsortium um eine D-Netz-Mobilfunk-Lizenz beworben, und im Januar 1989 plante das Unternehmen dann mit der Allianz als Partner die Gründung einer D2-Netz-Betreibergesellschaft, nicht zuletzt um die erforderlichen Investitionskosten von geschätzten 2,8 Mrd. DM stemmen zu können.[41]

Nach außen hin schien sich mithin alles erfolgreich zu entwickeln. Im März 1991 etwa berichtete der neue F6 Herbert Weber in einem Pressegespräch auf der CeBIT in Hannover von gestiegenen Umsätzen (7,3 Mrd. DM), wachsenden Mitarbeiterzahlen (40 700) und vor allem kräftig ausgeweiteten Investitionen über insgesamt fast 1 Mrd. DM im Jahr 1990, davon allein 625 Mio. DM für FuE bei Bosch Telecom.[42] Nicht nur das Inlandsgeschäft boomte mit dem Aufbau der Kommunikationsinfrastrukturen in den neuen Bundesländern oder mit Kartentelefonen für die Bundespost und die neuen Intercity-Express-Züge, sondern auch das Auslandsgeschäft entwickelte sich vielversprechend: In Thailand baute Bosch ein neues Fernmeldenetz auf, die ägyptische Eisenbahn erhielt von ANT ein modernes Betriebsfernmeldesystem, das mit Sonnenenergie gespeist wurde, und der Schweizer Post lieferte Bosch digitale Leitungsdoppler zur Bewältigung der gestiegenen Zahl an Teilnehmeranschlüssen. Bosch Telecom, so das Fazit, werde seine Marktposition weiter kräftig ausbauen. Dazu sollten auch neue strategische Überlegungen zu internationalen Kooperationen oder Akquisitionen beitragen. Im Juni 1991 etwa hatte die Investmentbank Morgan Stanley auf der Schillerhöhe Gedankenspiele über eine Partnerschaft von Bosch mit dem kanadischen Telekom-Konzern Northern Telecom (NT) bzw. dem schwedischen Unternehmen Ericsson präsentiert. «Aufgrund der technischen Kompetenz», so hieß es dazu in einem Vermerk, «wird NT eindeutig der Vorzug gegeben. Bei Ericsson ist fraglich, ob sie sich langfristig in der Spitzengruppe der Telekommunikationsanbieter halten können»[43] – ein Vermerk, der in vieler Hinsicht Bände über die damalige Fremd- und auch Selbsteinschätzung von Bosch spricht. Gleichzeitig dachte man aber auch mit Philips über ein Gemeinschaftsunternehmen in der Kommunikationstechnik nach, mit General Electric wurden Gespräche über eine Zusammenarbeit auf dem Gebiet Mobiltelefone aufgenommen und hinsichtlich eines weiteren kanadischen Unternehmens, der Novatel Communications Ltd., waren im März 1990 die Verhandlungen über einen 50-prozentigen Anteilserwerb für umgerechnet immerhin fast 150 Mio. DM schon so gut wie abgeschlossen.[44] Die Beteiligung kam dann aber doch nicht zustande.

Unter dem Strich verdichtete sich also das Bild, dass trotz der vielen Aktivitäten im kommunikationstechnischen Bereich, die nun schon über zehn Jahre andauerten und gegenüber den nachrichtentechnischen und unterhaltungselektronischen Anfängen vielfach ihr Gesicht gewandelt hatten, der gesamte Unternehmensbereich nach wie vor in den Kinderschuhen steckte und nicht nur in der Öffentlichkeit, sondern auch gegenüber den eigenen Mitarbeitern kein klares Konzept für den C-Bereich erkennbar war. Die einzelnen Bereiche agierten weitgehend unverbunden nebeneinander, die ständigen Restrukturierungen bei zunehmend komplexer werdenden Marktumfeldern bargen wachsende Risiken und die weiterhin heterogene Produktstruktur führte zu zersplitterten, zugleich aber rasant steigenden FuE-Aufwendungen. Die Schlüsselfrage, um welche Kerntechnologie herum sich die Zukunft des Kommunikationsbereichs entwickeln sollte, blieb unbeantwortet.

Die weitere Geschichte des Unternehmensbereichs Kommunikationstechnik bei Bosch sei hier vorausgreifend bis zu ihrem Ende erzählt, auch wenn der lange Abschied bis über das Jahr 2000 hinaus und damit bereits weit in die Amtszeit von Hermann Scholl, Bierichs Nachfolger als Vorsitzender der Bosch-Geschäftsführung, reicht. Bis 1992 hatte man ein kontinuierliches und, wenn auch von einem niedrigen Niveau ausgehend, eher schwaches Wachstum zu verbuchen; zwischen 1983 und 1992 verdoppelte sich der Gesamtum-

Grafik 9 Umsatz und Umsatzentwicklung des Unternehmensbereichs
Kommunikationstechnik 1983–1999 (in Mrd. DM bzw. Wachstum in Prozent)

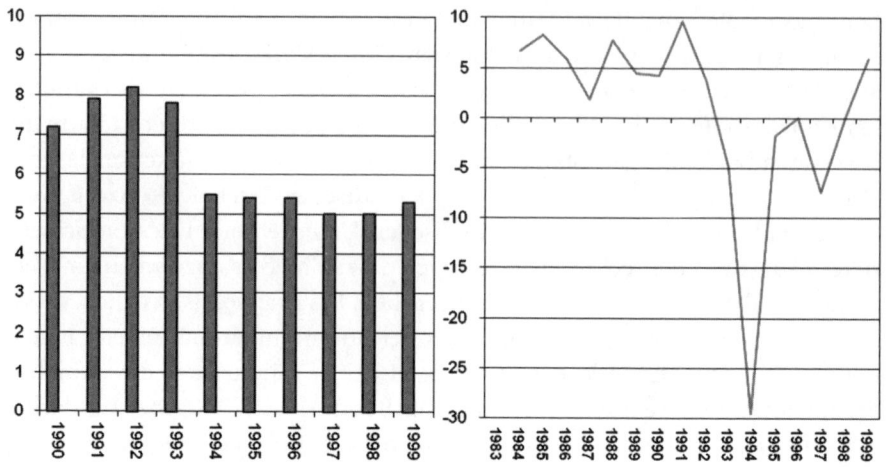

Quelle: Zusammengestellt und berechnet nach den Angaben in den Geschäftsberichten

satz des Unternehmensbereichs C fast von 4,5 Mrd. DM auf etwas mehr als
8 Mrd. DM. Dann aber erfolgte Mitte der 1990er Jahre der Einbruch. Mit
einem Verlust von 286 Mio. DM im Jahr 1995 wurde der C-Bereich zum Haupt-
verlustträger der Bosch-Gruppe.

Bereits im Juli 1993 hatte das verantwortliche Management erneut gewechselt. Für Herbert Weber kam Friedrich Schiefer, der auch zum neuen
stellvertretenden Vorsitzenden der Bosch-Geschäftsführung ernannt wurde.
Schiefer kam ursprünglich von McKinsey und war dann als Quereinsteiger
bei der Münchner Allianz schnell zum Finanzvorstand und zur rechten
Hand des damaligen Allianz-Chefs Wolfgang Schieren aufgestiegen. Dann
wechselte er zu Bosch, wo er im Januar 1992 auch in die Geschäftsführung
berufen wurde und zunächst für das Nordamerika-Geschäft zuständig war.
Mit Schiefer übernahm einer der damals fähigsten deutschen Manager das
schwierige kommunikationstechnische Geschäft von Bosch, aber auch er
war vor allem Finanzexperte und ihm fehlten daher sowohl die nötigen
Marktkenntnisse als auch die Technikerfahrung. Energisch, mit hohem
Tempo und einer von McKinsey geprägten Restrukturierungspolitik machte
sich Schiefer sofort daran, die Kommunikationstechnik bei Bosch umzu-
krempeln. Ziel der Maßnahmen, so berichtete er etwa im November 1994 auf
der RBIK-Sitzung, sei eine «grundlegende Neuausrichtung», unter anderem
durch die Wiedererlangung der Ertragskraft. «Es gilt, technische Stärken zu
erhalten, in ausbaufähigen Produktsegmenten den Umsatz zu steigern, Pro-
duktschwächen in einzelnen Segmenten zu beseitigen und das Auslands-

Abb. 68: (von links nach rechts): Friedrich Schiefer, Marcus Bierich, Hermann Scholl (1993)

geschäft zu intensivieren. Gleichzeitig sind die Kosten nachhaltig zu senken […] Um den Unternehmensbereich C auf eine solide Basis zu stellen, muss der Umsatz bis zum Jahr 2000 auf 10 Mrd. DM verdoppelt werden.»[45] «Wir müssen größer werden, UC [Unternehmensbereich Kommunikationstechnik] muss sich vom nationalen Systemanbieter zum globalen Produkt- und Teilsystemanbieter entwickeln […], d. h. wir müssen bei den Kerngebieten eine Position vergleichbar zu Ericsson anstreben.»[46] Ziel sei es auch, «unter den mittleren Anbietern eine führende Position» einzunehmen. Zugleich müsse aber geprüft werden, welche Gebiete nicht mehr zu Bosch passen, so lautete seine Restrukturierungstrategie.[47] «Wir haben eine zu breite Palette und müssen uns konzentrieren», was unter dem Strich die Entlassung von 2000 Mitarbeitern bedeutete. Gleichzeitig trat Schiefer vehement allen aufkommenden Gerüchten entgegen, dass sich Bosch langfristig aus der Kommunikationstechnik zurückziehen werde. Endlich bekamen Aufsichtsrat und RBIK bei Bosch eine detaillierte und schonungslose Analyse des kommunikationstechnischen Geschäfts, und allenthalben herrschte die Meinung vor, dass die Restrukturierung und Neuordnung zwar spät, aber nicht zu spät erfolge. Die Situation sei vergleichbar mit den früheren Jahren in der optischen Industrie oder der Unterhaltungselektronikindustrie, dennoch sehe man weiter «gute Chancen» für den Unternehmensbereich C.[48]

Neben der Konzentration der Fertigung bei ANT, die unter anderem auch die Schließung des Werkes in Schwäbisch Hall vorsah, wurde ein Teil der Aktivitäten des Bereichs Mobile Kommunikation als neuer Geschäftsbereich K 7 mit den Arbeitsgebieten Autoradiogeräte, Anzeigesysteme, Navigation und Fahrerinformationssysteme wieder in den Unternehmensbereich Kraftfahrzeugausrüstung zurückverlagert. Der frühere Bosch-Geschäftsbereich Funktechnik mit den Standorten Berlin und Wolfenbüttel wurde aus der Robert Bosch GmbH ausgegliedert und auf die Telenorma GmbH übertragen; dazu kamen auch die ANT Nachrichtentechnik GmbH, Backnang, und die Bosch Telecom Öffentliche Vermittlungstechnik GmbH, Eschborn, die ebenfalls auf die Telenorma GmbH verschmolzen wurden, die gleichzeitig in «Bosch Telecom GmbH» umbenannt wurde. Mehr als Einsparungen bei den administrativen Kosten (von jährlich 4 Mio. DM) bedeuteten diese Maßnahmen allerdings nicht. Am breiten Produktprogramm und den unterschiedlichen Märkten und Technologien, mit denen man im Unternehmensbereich C zu kämpfen hatte, änderte sich weiterhin nichts. Eine der zentralen Baustellen und Verlustbringer war immer noch Blaupunkt. Die Tochtergesellschaft verbuchte 1992 mit 79 Mio. DM den höchsten Verlust in ihrer Geschichte, und schon zwischen 1985 und 1991 hatten sich die Blaupunkt-Verluste, die Bosch übernehmen musste, auf einen dreistelligen Millionenbetrag summiert. Ungeachtet dessen investierte der Mutterkonzern weiter in Blaupunkt, sowohl bei Zukunftstechniken als auch beim Aufbau von Auslandsstandorten und Entwicklungskapazitäten. Dennoch blieb das klassische Autoradio-Geschäft das Kerngebiet von Blaupunkt, und hier stagnierte der Markt bei gleichzeitig hohen FuE-Erfordernissen und ausländischer Billigkonkurrenz. Die Standortschließung in Herne, wo Autolautsprecher gefertigt wurden, und immer neue Sanierungspläne und langfristige Konzepte zur Stärkung der Wettbewerbsfähigkeit hatten nichts daran geändert, dass die Kernfrage «steht RB weiterhin zu BP?» Mitte der 1990er Jahre unbeantwortet im Raum stand.[49]

In dieser Situation war es von besonderer Tragik, dass Schiefer am 31. Mai 1996, nur drei Jahre nachdem er die Leitung des Unternehmensbereichs C übernommen hatte, völlig unerwartet starb. Dabei zeigten die betriebswirtschaftlichen Zahlen für 1996 und 1997 erste Anzeichen einer Erholung und – wenn auch kleine – Früchte der eingeleiteten Restrukturierungsmaßnahmen. Im Bereich Private Kommunikationssysteme, mit rund 1,1 Mrd. DM der gewichtigste Produktbereich, erwartete man ein ausgeglichenes Ergebnis, bei Breitbandkommunikation wurde sogar eine spürbare Ergebnisverbesserung durch Einführung neuer Techniken prognostiziert, einzelne Bereiche wie öffentliche Vermittlungstechnik und Verkehrsleittechnik waren ebenfalls positiv.[50] Aber die beiden großen Bereiche Betriebsfunk und Endgeräte erzielten weiterhin deutliche Verluste. Umsatz und Marktanteil waren außerdem rückläufig, bedingt durch ein lückenhaftes Produktprogramm, aggressiven Wettbewerb und fehlende Digitaltechnik. Das Mobilfunkgeschäft war wegen der geringen Eigenfertigung in hohem Maße von Dritten abhängig, so dass Schnurlostelefone nun selbst gefertigt wurden und eine Eigenfertigung von Mobiltelefonen nach GSM-Standard geprüft wurde; hierzu wären jedoch erhebliche Vorleistungen erforderlich gewesen, die die Kommunikationstechnik-Manager bei Bosch scheuten.

Der Geschäftsbereich Öffentliche und Private Kommunikationsnetze machte inzwischen mit 66 Prozent des Gesamtumsatzes des Unternehmensbereichs C den Löwenanteil des Geschäfts aus, und vor allem das Geschäft mit privaten Netzen unterschied sich aufgrund des hohen Dienstleistungsanteils für Montage und Wartung sowie durch das Mietgeschäft grundlegend von den anderen Geschäftsbereichen bei Bosch.[51] «Die künftige Entwicklung des Unternehmensbereichs Kommunikationstechnik muss kritisch verfolgt werden. Dabei sind Möglichkeiten der Zusammenarbeit mit Dritten auf Teilgebieten ebenso zu prüfen wie die Aufgabe einzelner Bereiche», so lautete das Fazit der Diskussion über den Problembereich in der RBIK-Sitzung.[52] Noch im Laufe des Jahres 1996 begann die Bosch-Geschäftsführung dann tatsächlich mit der stufenweisen Desinvestition und der Einstellung oder dem Verkauf von einzelnen kommunikationstechnischen Erzeugnisgebieten und Produktabteilungen. Dass allein für dieses Jahr erneut ein Betriebsverlust von 200–250 Mio. DM entstand und im Jahr 1998 der Unternehmensbereich für die Geschäftsführung unerwartet wiederum einen hohen Verlust ankündigte, wodurch ein neuer Rekordverlust in dreistelliger Millionenhöhe anfiel, sorgte nur noch für eine Beschleunigung des langen Ausstiegs aus dem einst als Hoffnungsträger aufgebauten Geschäftsfeld. Zuerst wurde das Erzeugnisgebiet Unterhaltungselektronik (Farbfernsehgeräte, Videorekorder, Camcorder) im Geschäftsbereich K 7 eingestellt, gleichzeitig erfolgte der Verkauf der Produktabteilung Satellitennetze an General Electric. Bereits Mitte 1995 hatte man zudem nach mehreren gescheiterten Sanierungsversuchen die Teldix GmbH, sprich: das Rüstungs- und Raumfahrtgeschäft, mit knapp 100 Mio. DM Umsatz seit jeher ein Randgeschäftsfeld, an einen amerikanischen Wehrtechnikkonzern verkauft. Im Frühjahr 1997 folgte die Veräußerung des hochdefizitären Produktbereichs Betriebsfunk bzw. nichtöffentliche Funknetze, der immerhin zwischen 350 und 400 Mio. DM Umsatz mit zeitweise bis zu 2000 Beschäftigten aufwies, an Motorola.[53] Im November 1998 verkaufte Bosch dann auch seine erst 1992 für ca. 100 Mio. DM erworbene Beteiligung an der Signalbau Huber AG, die ursprünglich zum Ausbau des Arbeitsgebiets Telematik gekauft worden war. Als Verkaufspreis erzielte man nun nur noch 16 Mio. DM. Im Herbst 1998 verschlechterte sich schließlich auch im Produktbereich Öffentliche Netze (UC-ON) die Lage geradezu dramatisch. Längst hatte man damit begonnen, sich aufgrund der hohen Vertriebsvorleistungen aus einer Reihe von Regionen zurückzuziehen. Nun aber zeichnete sich ab, dass «eine Sanierung von UC-ON aus eigener Kraft zumindest über einen überschaubaren Zeitraum nicht gelingen wird», wie die Geschäftsführung den Gesellschaftern der RBIK gegenüber eingestehen musste.[54] Auch der Bereich Private Netze (PN) geriet mehr und mehr in eine kritische Lage. In beiden Geschäftsfeldern war die erforderliche Anpassung an die zunehmende Internationalisierung des Geschäfts, den starken Preiswettbewerb und eine schnelle Reaktion auf Marktveränderungen nicht erreicht worden. Die Position in den europäischen Märkten war schwach, die Marktpräsenz außerhalb Europas unbedeutend. Somit war auch das Kerngeschäft des Unternehmensbereichs Kommunikationstechnik mit 3,3 Mrd. DM Umsatz und rund 11 500 Mitarbeitern in eine Schieflage geraten. Im Frühjahr 1999 wurde eine amerikanische Investmentbank mit der Suche nach Käufern beauftragt.[55]

Das Interesse der Konkurrenten war allerdings gering. Allein die britische GEC bzw. Marconi plc. meldete ihre Kaufbereitschaft für den Bereich UC-ON an, für den Bereich PN meldete sich überhaupt kein industrieller Investor, nur die amerikanische Venture Capital Firma KKR legte ein Angebot vor. Mit Mühe konnten beide Bereiche im November 1999 schließlich doch noch verkauft werden. Im diesem Monat stand schließlich auch der mit einem Umsatz von knapp 1 Mrd. DM und 1700 Mitarbeitern letzte verbliebene größere Bereich, das Geschäftsfeld Endgeräte, auf der Verkaufsliste von Bosch. Mit der Verfügbarkeit hochintegrierter Halbleiter war der Markt für Automobiltelefone seit Mitte der 1980er Jahre und der für Mobiltelefone ab Anfang der 1990er Jahre sehr rasch gewachsen. Bosch war es zu diesen Zeitpunkten aber jeweils nicht gelungen, durch die Entwicklung und Fertigung eigener Geräte auf diesen Märkten Fuß zu fassen. Inzwischen wurde der Markt von Nokia mit 35 Mio. verkauften Geräten dominiert, während Bosch mit 3,2 Mio. Geräten und einem Marktanteil von 2,5 Prozent auf verlorenem Posten stand. Erst kurz zuvor hatte man noch mit erheblichem Investitionsaufwand ein neues Werk in Dänemark errichtet. Der Abschied von den Mobiltelefonen als revolutionärer kommunikationstechnischer Innovation fiel der Geschäftsführung offenbar besonders schwer. Als Käufer fand man hier schließlich im Frühjahr 2000 Siemens.[56]

Als die Geschäftsführung Ende November 2000 in der RBIK-Sitzung einen Statusbericht zur Bereinigung und Neuausrichtung des Bereichs Kommunikationstechnik gab, waren von dem einst hinter dem K-Geschäft zweitgrößten Unternehmensbereich nur noch rudimentäre Teilbereiche wie Raumfahrttechnik, Breitbandnetze und Sicherheitstechnik übrig. Über 20 Jahre lang hatte Boschs letztlich misslungener Ausflug in die Kommunikationstechnik und damit der Traum vom einem zweiten, dem K-Bereich irgendwann einmal ebenbürtigen Standbein gedauert. Die Erinnerung an diese Entwicklung mag aus heutiger Sicht schmerzlich erscheinen und eine rückblickende historische Analyse als überflüssig. Aber der Misserfolg barg auch Erfahrungen und Lernprozesse, die für die Bewältigung der gegenwärtigen zweiten oder dritten Revolution in der Kommunikations- und Informationstechnik hilfreich waren und sind. Diese wurden allerdings teuer erkauft.

Bosch in der Triade der 1980er Jahre: Europa – USA – Japan

Bosch hatte sein Auslandsgeschäft in den 1970er Jahren stark ausgeweitet und auch die Direktinvestitionen im Ausland hatten deutlich zugenommen. Mit 48 Auslandsgesellschaften, bei denen das Unternehmen direkt oder indirekt über die Robert Bosch Internationale Beteiligungen AG in Zürich die Mehrheit hielt, war man auf allen fünf Kontinenten vertreten. Auf die Auslandsgesellschaften, die nun als Regionalgesellschaften bezeichnet und intern meist mit einer Verbindung aus dem Firmen- und einem Länderkürzel gekennzeichnet wurden, entfielen 1980 etwa 37 Prozent aller Beschäftigten der Bosch-Gruppe. Zehn Jahre zuvor waren es erst ca. 18 Prozent gewesen.[57] Neue Fabriken waren u. a. in Bursa/Türkei (1973), in Charleston/USA (1973), in Penang/Malaysia (1973), in Tienen/Belgien (1974) und in Brits/Südafrika (1976) errichtet worden. Die Bosch-Gruppe fertigte auch in Frankreich, Österreich (Friedmann & Maier AG), Schweden, der Schweiz (Scintilla AG) und Spanien (Femsa), sowie in Argentinien, Brasilien, Mexiko, Australien und Indien (Mico).[58] Trotz der globalen Präsenz entfiel der weitaus größte Teil des Auslandsgeschäfts auf Westeuropa. Die Regionalgesellschaften in Amerika, Asien, Australien und Afrika bestritten Anfang der 1980er Jahre insgesamt nur etwa 18 Prozent des Weltumsatzes der Bosch-Gruppe. Wichtigster Auslandsmarkt war Frankreich, wo die Robert Bosch (France) S.A. 1983 zum größten deutschen Arbeitgeber wurde.[59]

Auf dem wichtigsten Automobilmarkt der Welt, den USA, war Bosch nur vergleichsweise schwach vertreten. Man konnte dort nicht mehr annähernd an die Rolle anknüpfen, die das Unternehmen vor dem Zweiten Weltkrieg und mehr noch vor dem Ersten Weltkrieg gespielt hatte. Mit den marktbeherrschenden amerikanischen Automobilkonzernen General Motors, Ford und Chrysler war Bosch bislang nicht wieder ins Geschäft gekommen. Die «Big Three» ließen ihre Fahrzeuge von US-Firmen ausrüsten, denen sie aufgrund ihrer Marktmacht die Konditionen fast beliebig diktieren konnten. Einige der größten Zulieferer gehörten den Automobilkonzernen oder waren aus ihnen hervorgegangen.

Die Unternehmensleitung von Bosch hatte sich schon in den 1970er Jahren nicht mehr mit der schwachen Präsenz auf dem US-Markt – auf den damals nur etwa 3 Prozent des weltweiten Umsatzes entfielen – abfinden wollen. Hans

L. Merkle hatte 1977 den Ausbau des US-Geschäfts zu einem Hauptziel erklärt.[60] Auf der Schillerhöhe war man sich darüber im Klaren, dass die starke
Präsenz in Westeuropa nicht genügte, um zu den «Global Playern» der Branche zu gehören. Dies wusste man auch aus der eigenen Geschichte. Der große
Erfolg des US-Geschäfts vor dem Ersten Weltkrieg war nicht nur in bester Erinnerung, sondern er galt, ähnlich wie schon in den 1920er Jahren, als Maßstab für die angestrebte Position auf dem Weltmarkt. Auch Merkle gab als Ziel
vor, in den USA wieder den Ruf zu erlangen, den Bosch dort zu Beginn des
Jahrhunderts gehabt hatte.[61]

Wie damals zog Bosch nicht etwa seinen deutschen Großkunden in die
USA hinterher. Das Unternehmen hatte dort in erster Linie die amerikanischen
Automobilkonzerne im Blick und nahm denn auch früher als Volkswagen und
Daimler-Benz eine Fertigung in den USA auf. Bereits 1973 wurde der Grundstein für ein Werk in Charleston/South Carolina gelegt, das Dieseleinspritz-
ausrüstungen herstellte. Vier Jahre später hatte dieses Werk schon mehr als
800 Beschäftigte. Durch den Kauf der Lehr Instrument Corp. sowie Kapitalbeteiligungen bei der Borg-Warner Corp. und bei American Microsystems Inc.
wurde die US-Präsenz weiter ausgebaut.[62] 1983 konnte Bosch die Namens- und
Markenrechte für die USA zurückkaufen, die nach dem Zweiten Weltkrieg bei
American Bosch (AMBAC) gelegen hatten und mit diesem Unternehmen an
United Technologies übergegangen waren. An seinem früheren Werk in Springfield hatte Bosch dagegen kein Interesse. Es wurde 1986 von United Technologies geschlossen.[63] Im gleichen Jahr errichtete Bosch in Farmington Hills bei
Detroit ein Forschungs- und Entwicklungszentrum – das erste derartige Zentrum der Unternehmensgruppe außerhalb Deutschlands. Für die Fertigung entstand in Anderson/South Carolina ein weiteres Werk. Nach diesem Ausbau
wurden die US-Aktivitäten der Bosch-Gruppe neu organisiert und in der Robert
Bosch Corp. zusammengefasst.

Bosch rechnete sich im USA-Geschäft gute Chancen aus, weil nun in vielen Bundesstaaten Emissionsvorschriften bestanden, die von den Automobilherstellern nur durch den Einbau abgasreduzierender Einspritzsysteme erfüllt
werden konnte, bei denen das Unternehmen Technologieführer war. Mit der
Lieferung von Lambda-Sonden für Modelle von Ford und Chrysler war es 1977
gelungen, sich erstmals seit dem Krieg wieder an der Erstausrüstung der «Big
Three» zu beteiligen.[64] Fünf Jahre später konnte mit General Motors ein Vertrag über die Alleinbelieferung mit Benzineinspritzsystemen für mehrere
Modelle geschlossen werden. Gleichzeitig rüstete Bosch die US-Versionen von
Modellen deutscher Hersteller aus, besonders den Rabbit, die amerikanische
Variante des neuen VW-Modells Golf. Tatsächlich konnte das Unternehmen
dadurch vom Aufschwung des amerikanischen Automobilmarkts nach der
Ölpreiskrise von 1979/80 profitieren. 1984 wurden die USA zum wichtigsten

Abb. 69: Fertigung im Werk Charleston (1983)

Auslandsmarkt für Bosch-Produkte, vor Frankreich, Italien und Brasilien. Rund 10 Prozent des weltweiten Umsatzes der Bosch-Gruppe entfielen nun auf das Nordamerikageschäft.[65]

Doch schon in der zweiten Hälfte der 1980er Jahre stieß der Ausbau des US-Geschäfts von Bosch an Grenzen, und veränderte Rahmenbedingungen führten nun auch zu Rückschlägen. Auf dem amerikanischen Markt drangen japanische Automobilhersteller scheinbar unaufhaltsam vor, indem sie den «Big Three» in einem bis dahin beispiellosen Preiswettbewerb und mehr noch durch technische Innovationen und Qualität immer mehr Anteile abnahmen. Mit den Werken der japanischen Automobilindustrie in den USA konnte Bosch nicht ins Geschäft kommen, weil sie ausschließlich mit japanischen Zulieferern arbeiteten, die Toyota, Honda und anderen Herstellern in großer Zahl hinterhergezogen waren. Vor allem hatte Bosch aber darunter zu leiden, dass die großen US-Konzerne General Motors, Ford und Chrysler den Preisdruck, unter dem sie durch die japanische Konkurrenz standen, an die Zulieferer weitergaben. Als Hersteller von technisch wie preislich hochwertigen Erzeugnissen hatte Bosch einen schweren Stand.

In Stuttgart musste man feststellen, dass einige innovative Spitzenprodukte von Bosch, die in Deutschland sehr gefragt waren, sich in den USA nicht so gut verkauften. Das galt besonders für das ABS, das für amerikanische Fahrer wegen der bestehenden Tempolimits nicht sehr attraktiv war. Erst ab 1988 – zehn Jahre nach der Markteinführung in Deutschland – wurde dieses System auch in Fahrzeugen von General Motors eingebaut. 1990 lag der Anteil der mit ABS ausgerüsteten Fahrzeuge an der Pkw-Produktion in den USA mit 15 Prozent ähnlich hoch wie in Westeuropa (16 Prozent), aber immer noch deutlich niedriger als in der Bundesrepublik (34 Prozent). Mit Benzineinspritzsystemen waren dagegen in den USA im gleichen Jahr bereits 70 Prozent aller Neuwagen ausgerüstet, während dieser Anteil in der Bundesrepublik nur bei 57 Prozent lag.[66] Besonders bekam Bosch zu spüren, dass es in den USA massive Vorbehalte gegenüber dem Dieselmotor gab. Im Werk Charleston wurden ausschließlich Reihenpumpen für schwere Nutzfahrzeuge gefertigt, weil amerikanische Hersteller kaum in diese Technik investierten. Dass ein Diesel-Pkw weniger Kraftstoff verbrauchte als ein «Benziner», spielte in den USA wegen der niedrigen Benzinpreise praktisch keine Rolle. Dies änderte sich auch nicht durch die Ölpreiskrisen von 1973/74 und 1979/80. Der Dieselmotor behielt hier ein schlechtes Image, er wurde mit stinkenden, schwerfälligen Trucks gleichgesetzt.

Zudem ging in den USA die Nachfrage nach den verbrauchssenkenden Einspritzsystemen von Bosch zurück, nachdem der Ölpreis 1986 stark gesunken war. «Spritfresser» mit preisgünstiger Ausstattung hatten jetzt wieder Konjunktur. Ein Jahr später brach der Dollarkurs ein, der Kurs der amerikanischen Währung fiel unter 2 DM. Für amerikanische Kunden waren deutsche Produkte nun teurer und auch Bosch konnte sich den Folgen des niedrigen Dollarkurses nicht entziehen, obwohl das Unternehmen in den USA fertigte, denn die Werke in Charleston und Anderson waren auf Lieferungen aus Europa angewiesen. Noch härter traf es das US-Geschäft der deutschen Automobilindustrie. VW stellte seine Fertigung in den Vereinigten Staaten 1988 ganz ein. Der amerikanische Markt entwickelte sich auch aus der Sicht von Bosch nun zum «Schlachtfeld» (M. Bierich).[67]

Tab. 17 Umsatzstruktur der Bosch-Gruppe nach Erdteilen in Prozent (1980–1995)[68]

	1980	1985	1990	1995
Europa	81,6	76,2	83,3	80,0
Nord-, Mittel- und Südamerika	11,2	16,7	10,6	13,5
Asien, Afrika, Australien	7,2	7,1	6,1	6,5

Da das Unternehmen zugleich in Deutschland und ganz Westeuropa hohe Umsatzsteigerungen erzielte, ging der Anteil Amerikas am Umsatz der Bosch-Gruppe in der zweiten Hälfte der 1980er Jahre deutlich zurück. 1990 lag er niedriger als zehn Jahre zuvor, stieg dann allerdings wieder an. Selbst dem absoluten Umfang nach war das Amerika-Geschäft zwischen 1985 und 1990 geschrumpft.[69] Anstelle der USA wurde nun wieder Frankreich zum wichtigsten Auslandsmarkt.[70] Da auch der Umsatzanteil Asiens, Afrikas und Australiens in den 1980er Jahren insgesamt abgenommen hatte, war das Auslandsgeschäft von Bosch am Ende dieser Dekade noch europalastiger als zuvor. Zudem lag der Anteil der Beschäftigten in den Auslandsgesellschaften gemessen an der Beschäftigtenzahl der Bosch-Gruppe insgesamt nun niedriger als 1980.[71] «In puncto Globalität ist noch viel zu tun», stellte der Wirtschaftsjournalist Hans Konradin Herdt nach der Bilanzpressekonferenz der Robert Bosch GmbH im Juli 1993 in der *Börsen-Zeitung* fest.[72] Bei den Beschäftigtenzahlen war Bosch nun zwar globaler aufgestellt, was aber nur dadurch bedingt war, dass in einigen Schwellenländern arbeitsintensive Fertigungen stark ausgebaut worden waren. So wies Brasilien die höchste Zahl von Bosch-Mitarbeitern außerhalb Deutschlands auf. An zweiter Stelle folgte Indien, wo die Tochtergesellschaft Motor Industries Co. Ltd. (Mico) in Bangalore u. a. Zündkerzen und Dieseleinspritzpumpen für den lokalen Markt herstellte.[73]

Die Umsatzzahlen lassen auch nicht erkennen, dass Bosch in Japan, dessen Firmen seit 1980 mehr Autos herstellten als die jedes anderen Landes, beachtliche Erfolge verbuchen konnte. Da die japanische Automobilindustrie dem Keiretsu-Prinzip entsprechend fast ausschließlich mit inländischen Ausrüstern zusammenarbeitete, hatten die europäische und die amerikanische Zulieferindustrie praktisch keine Chance, dort am Erstausrüstungsgeschäft beteiligt zu werden. Das Direktgeschäft der Bosch-Gruppe in Japan hatte auf dem Gebiet der Kraftfahrzeugtechnik auch 1992 noch einen Umfang von nur 30 Mio. DM.[74] Die japanischen Kfz-Ausrüster arbeiteten aber schon lange mit Lizenzen von Bosch. Seit der Eröffnung seiner ersten Vertretung in Japan im Jahr 1911 war Bosch dort ein Begriff. Wichtige Lizenznehmer waren, wie erwähnt, besonders Nippondenso (später Denso), der größte japanische Zulieferer, und die von den Firmen Tokyo Jidosha Kogyo (heute Isuzu Motors Ltd.) und Mitsubishi Heavy Industries gegründete Diesel Kiki Co. Ltd., die schon seit 1939 die japanische Automobilindustrie mit Dieselausrüstungen von Bosch belieferte. Bei Nippondenso wie bei Diesel Kiki übernahm Bosch auch eine Kapitalbeteiligung. Durch den steilen Aufstieg der großen japanischen Automobilhersteller in den 1960er und 1970er Jahren verlor die Lizenzstrategie jedoch an Bedeutung. Je stärker Firmen wie Toyota, Honda und Nissan wurden, umso entwicklungsstärker wurden auch deren Zulieferer und umso weniger waren sie auf Lizenzen von Zulieferern aus dem Ausland angewiesen. Bosch schlug deshalb eine neue Strategie ein, die darauf abzielte, über Joint Ventures auf dem japanischen Markt präsent zu sein. Solche gemeinsam mit japanischen Partnern gegründete Unternehmen konnten die japanische Auto-

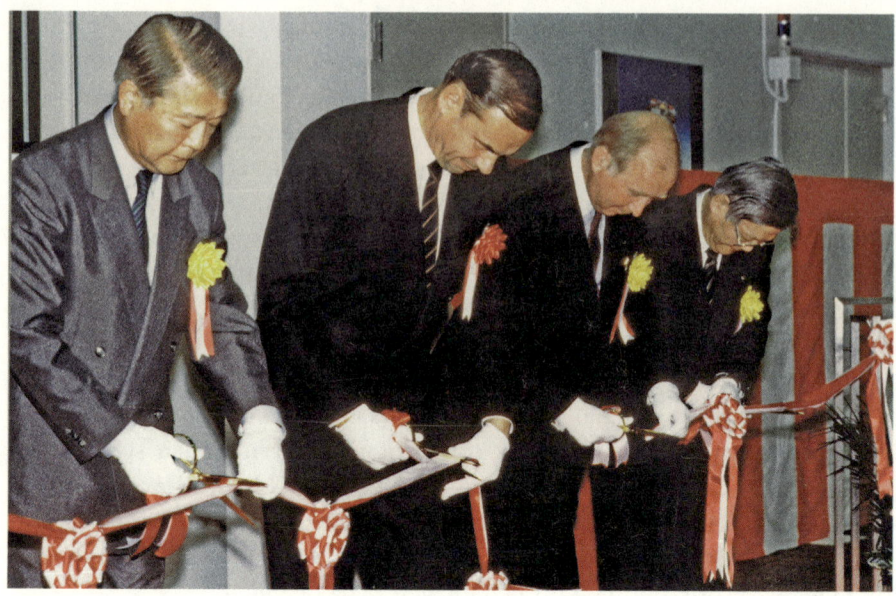

Abb. 70: Eröffnung des Technischen Zentrums Yokohama (1992)

mobilindustrie direkt beliefern, was ausländischen Ausrüstern verwehrt blieb, und sie konnten zugleich Bosch einen Zugang zu den Innovationen und Fertigungstechniken der japanischen Konzerne bieten. Das Motto dieses Japan-Konzepts brachte Geschäftsführer Friedrich Scholl später auf die bekannte Formel: «If you can't beat them join them.»[75]

Wichtige Schritte auf diesem Weg waren die «Technical Liaison Committee Meetings», zu denen sich seit 1971 jedes Jahr Manager von Bosch und Nippondenso (später Denso) trafen, und die 1972 erfolgte Gründung einer Tochtergesellschaft in Tokio, der Robert Bosch (Japan) Ltd. Die japanische Bosch-Gesellschaft vertrieb Elektrowerkzeuge, Autoradios von Blaupunkt, Gasheizungen von Junkers und andere Erzeugnisse der «Nicht-Kraftfahrzeugtechnik»-Bereiche, diente aber vor allem auch als Plattform, um über engere Kontakte zu japanischen Automobilkonzernen Joint Ventures im Bereich der Kraftfahrzeugtechnik anzubahnen. Schon ein Jahr später konnte Bosch den Abschluss eines ersten Joint Ventures in Japan mitteilen. Gemeinsam mit der Nissan Diesel Motor Co. und der Diesel Kiki Co. wurde die Japan Electronic Control Systems Co., Ltd. gegründet. Dieses Unternehmen, an dem Bosch mit einem Drittel des Kapitals beteiligt war, sollte elektronisch gesteuerte Benzineinspritzanlagen herstellen und vertreiben.[76] Da sich die japanische Automobilindustrie früher als die großen US-Konzerne für das ABS interessierte, beteiligte sich Bosch 1984 in einem Joint Venture mit der Nippon Air Brake Co. Ltd. (NABCO) an der Gründung der Nippon ABS Ltd. Sechs Jahre später konnte die inzwischen bei Diesel Kiki bestehende Kapitalbeteiligung aufgestockt werden. Diesel Kiki wurde nun in Zexel Corp. umbenannt. Mit der Errichtung eines Technischen Zentrums für Entwicklung und Applikation in Yokohama rückte Bosch 1992 auch in diesem Bereich noch näher an die japanische Automobilindustrie heran. Neue Entwicklungen und Produkte sollten nun gleich im Land gezeigt bzw. vorgeführt werden können. Als vorläufige Krönung seines Japan-Engagements konnte Bosch dann im April 1999 die Mehrheit bei der Zexel Corp. übernehmen.[77]

Ebenso wie die Adaption japanischer Modelle in der Fertigungstechnik war die Kooperationsstrategie Boschs in Japan die adäquate Antwort auf eine Herausforderung, die in westlichen Industrieländern während der 1980er Jahre geradezu hysterische Reaktionen auslöste. «Japan-Autos – Europa kommt unter die Räder», titelte damals ein deutsches Nachrichtenmagazin und Auguren sagten voraus, die Zukunft der Automobilindustrie werde «japanisch-amerikanisch» sein.[78] Tatsächlich hatten die amerikanische und die japanische Automobilindustrie damals auf anderen Märkten beachtliche Anteile, während ihre europäische Konkurrenz weder in den USA noch in Japan über 5 Prozent kam.[79] Bei den Zulieferern bot sich freilich ein anderes Bild. Hier gelang es weder amerikanischen noch japanischen Unternehmen, die Dominanz von Bosch in Europa zu erschüttern. Allerdings hatte der internationale Wettbewerb auch in der Zulieferbranche an Schärfe gewonnen, was Bosch nach 1990 mit voller Wucht zu spüren bekam.

Kaizen auf Schwäbisch: CIP und Lean Production in der Bosch-Fertigung

Nach der Einführung von Kanban Anfang der 1980er Jahre in die Produktionsorganisation bei Bosch und auch bei anderen deutschen Unternehmen setzte sich die Japanisierung der Fertigungsabläufe in den 1990er Jahren verstärkt fort. Die europäischen und amerikanischen Automobilhersteller leiteten zur Verbesserung ihrer Wettbewerbsposition gegenüber den japanischen Konkurrenten eine neue Ära der Produktivitätsverbesserungen mit Kosten- und Preissenkungen ein. Die Folge waren massive Umbrüche im Zuliefersystem. Die daraus resultierenden Ertragsprobleme im Unternehmensbereich K erzwangen bei Bosch weitreichende Reorganisations- und Umstrukturierungsprozesse, zum einen extern bei den Fertigungstandorten und Standortstrukturen, zum anderen intern bei den Fertigungsprozessen. Jahrelang lag das Erfolgsgeheimnis von Bosch in seinem hochentwickelten Know-how in der Präzisionsfertigung. Genauigkeiten im Bereich von tausendstel Millimetern waren für Bosch ganz normale und in Großserie beherrschte Dimensionen. Und jedes Mal, wenn Bosch seine Produktion von Einspritzsystemen verdoppelte, reduzierten sich die Herstellungsstückkosten um 20 Prozent. «Aggressive Preisattacken der Konkurrenten konnte die Stuttgarter daher leicht abwehren, ohne die Gewinnmarge zu gefährden.»[80] Das war die Situation in den 1980er Jahren. Inzwischen jedoch hatten sich die Zeiten geändert: Verringerung der Fertigungstiefe (Outsourcing), weltweite Beschaffung (Global Sourcing), Just-in-time-Konzepte, d. h. die produktionssynchrone Anlieferung von Zulieferteilen, Beschaffung von nur noch einem Lieferanten (Single Sourcing) und Beschaffung von Systemteilen (Modular Sourcing) – all das waren von außen kommende Entwicklungen, die das bestehende Bosch-Produktionssystem radikal veränderten. Mit dem bewährten und klassischen Instrumentarium zur Überwindung von Rezessionsphasen allein waren die neuen Herausforderungen nicht zu bewältigen. Die Unternehmen benötigten einen völlig neuen Ansatz. Im Mittelpunkt dieser Erneuerung standen dabei die Konzepte der ständigen Prozessoptimierung bzw. des ständigen Verbesserungsprozesses (Kaizen) und der «schlanken Produktion», wie sie spätestens seit dem Bestseller «The Machine that Changed the World» (1990) der MIT-Wissenschaftler James P. Womack, Daniel T. Jones und Daniel Roos über das japanische Produktionssystem als Vorbild für europäische und amerikanische Industrieunternehmen propagiert wurden.

Was früher eine der großen Stärken von Bosch gewesen war – eine stark an den individuellen technischen Bedürfnissen der Kunden ausgerichtete Fertigungsphilosophie –, erwies sich nun zunehmend als (Kosten-)Nachteil. Zudem ergab sich durch die rein interne Ausbildung der Fertigungsfachleute und die faktische Abschottung gegen Quereinsteiger aus der eigenen Entwicklung sowie von außen eine gewisse Isolation, wodurch neue Trends erst spät erkannt wurden. Vor allem bei Neuanläufen von Erzeugnissen hatte man unübersehbare Qualitätsprobleme.[81] «Zurückführung der inzwischen extrem arbeitsteiligen Arbeitsweise im indirekten Bereich durch einen im Arbeitsumfang breiteren Einsatz der einzelnen Mitarbeiter. Damit Verringerung der Anzahl der Schnittstellen und der Verzögerungen durch Warteschlangen bei der Erledigung in vielen einzelnen hintereinandergeschalteten Arbeitsgängen», so lautete eine der selbstkritischen Erkenntnisse der Produktionsfachleute bei Bosch Anfang der 1990er Jahre.[82] Die Fertigungen bei Bosch, das zeigten die internen Analysen, arbeiteten mit wenigen Ausnahmen rationell und kostengünstig. Schwächen erkannte man jedoch vor allem im zeitlichen Ablauf von Entwicklungsprojekten. «Bei Kundenprojekten können häufig die zugesagten Termine nicht eingehalten werden. Um die Kunden trotzdem einigermaßen zufriedenzustellen, werden kostspielige Sondermaßnahmen in Kauf genommen. Und bei der Einführung neuer kostengünstigerer Erzeugnisse zur Ablösung vorhandener Ausführungen führen zeitliche Verzögerungen zu entgangenen Rationalisierungsgewinnen», hieß es dazu in einer internen Aktennotiz.[83] Eine längerfristig orientierte, strategische Produktplanung existierte zu dieser Zeit bei Bosch noch nicht. Erzeugnisse des Unternehmensbereichs Kraftfahrzeugtechnik (UBK) wurden nicht geplant, sondern sie «entstanden» in der traditionell engen Zusammenarbeit mit den einzelnen Großkunden. Die unzureichende Effizienz lag vor allem an Problemen bei den Schnittstellen zwischen den Bereichen, d. h. in der Arbeitsmethodik begründet, was angesichts der rasanten Zunahme der einzelnen Geschäftsvorgänge infolge der Erzeugnis- und Kundenvielfalt kein Wunder war. Es gab mithin bei Bosch zahlreiche Ansatzpunkte für die vielen Verbesserungsmaßnahmen, die hinter japanischen Produktionskonzepten standen.

Ein zentraler Faktor, die Bedeutung der Qualität und des daraus abgeleiteten Total Quality Managements (TQM), waren schon in den 1980er Jahren verstärkt in den Vordergrund der Produktionsphilosophien gerückt, und für die Bosch-Geschäftsführung war es bei der Propagierung eines neuen Qualitätsbewusstseins hilfreich, dass man dabei auf den Firmengründer zurückverweisen konnte. «Das Beste, was sich bei gutem Willen, nach reiflicher Überlegung und eingehenden Versuchen mit den vollkommensten Hilfsmitteln der Technik aus den besten Rohstoffen herstellen lässt», so wurde Robert Bosch d. Ä. zu Beginn der 1989 entwickelten «12 Leitsätze zur Qualität» zitiert, «ist gerade gut genug, den Namen ‹Bosch› zu tragen.»[84] «Bosch-Arbeit» war Qualitätsarbeit, so lautete verkürzt die Devise, die auch Geschäftsführer Hansjörg Manger im Dezember 1989 in einem ausführlichen Referat über die «Bedeutung der Qualität» auf der jährlichen GPI-Tagung seinen Kollegen nahezubringen suchte.[85] Schon seit 1982 gebe es, so erinnerte der Bosch-Manager, in der Fertigung eine neue Struktur der Qualitätssicherung, später ergänzt durch die Einführung der sogenannten Statistischen Prozessregelung (SPC), wodurch die Grundlage zu einer konsequenten Umsetzung des Gedankens, dass Qualität nicht erprüft werden darf, sondern gefertigt werden muss, gelegt wurde. Im Frühjahr 1991 setzte die Einführung von Kaizen unter dem Namen «Continuous Improvement Process» (CIP) einen neuen starken Impuls zur Veränderung der Produktionsprozesse bei Bosch. Im Gegensatz zu der stark innovationsorientierten Vorgehensweise in den westlichen Industrieländern basierte Kaizen/CIP auf Verbesserungen in kleinen Schritten, möglichst sofort mit vorhandenen Mitteln, ohne oder mit geringen Investitionen. Es ging um die Nutzung von vorhandenem und bewährtem Know-how; Aktivitäten fanden dort statt, wo die Arbeit durchgeführt wurde oder wo die Wertschöpfung entstand, unter Einbeziehung der betroffenen Mitarbeiter.[86] Ziel war es, einen Umdenkprozess bei den Mitarbeitern vor Ort zu erreichen, eine stärkere Identifikation, erhöhtes Engagement, Akzeptanz zusätzlicher Verantwortung bei gleichzeitig verbesserter Zusammenarbeit mit anderen («Gruppenarbeit»), d. h. unter dem Strich vor allem «die Bereitschaft, Leistungsreserven zu mobilisieren».[87] Aus der Kombination von Innovation und kontinuierlicher Verbesserung, so die Erwartung, werde sich ein zusätzlicher Ergebnisbeitrag ergeben, der nicht nur quantitativer, sondern auch qualitativer Art sein würde. CIP sollte helfen, Potenziale zu erkennen, nicht wertschöpfende Tätigkeiten und Verschwendung (u. a. «unnötige Mitarbeiter-Bewegungen») jeglicher Art zu reduzieren, kurzum: Effizienzverbesserung und Kostensenkung durch ständige Prozessverbesserungen. Das waren, wie auch die Produktionsfachleute zugaben, für Bosch keine grundsätzlich neuen Elemente oder Instrumente. Neu war aber «die gemeinsame [sic!] strategische Zielrichtung ähnlicher, seit Jahren bekannter Programme japanischer Firmen, insbesondere zur Qualitäts- und Produktivitätsverbesserung».[88]

Die Implementierung von CIP bei Bosch erfolgte stufenweise, beginnend mit Vorträgen einer der Autoren der MIT-Studie sowie des Leiters des Kaizen-Instituts in Brüssel und vor allem mit Informations- und Schulungsveranstaltungen. Eigene CIP-Arbeitsgruppen führten bis November 1991 in sämtlichen inländischen Werken des Unternehmensbereichs K jeweils zwei bis vier, in der Summe 41 Pilotseminare mit insgesamt 95 Pilotprojekten durch. Danach wurden in einer zweiten Phase entsprechende Pilotworkshops in den Betriebsstätten des Unternehmensbereichs Kommunikationstechnik begonnen, und in der dritten Stufe war die Übertragung der CIP-Maßnahmen auf die übrigen Fertigungsstandorte geplant. Eine erste Auswertung der Pilotprojekte ergab deutliche Ergebnisse: Personaleinsparungskosten in Millionenhöhe wurden durch fast ebenso hohe Abbaupotenziale auf der Bestandsseite ergänzt, dazu kamen nicht allein zusätzliche Leistungspotenziale, sondern auch Maßnahmen zur Arbeitserleichterung, was die Akzeptanz von CIP unter den Mitarbeitern zumindest theoretisch verbesserte – sei es bei der Verbesserung des Materialflusses in der P-Pumpengehäusefertigung im Werk Homburg (mit reduzierten Durchlaufzeiten bzw. des Fertigungsumlaufs um 45 Prozent), der Umgestaltung der Wischergestänge-Montage im Werk Eisenach (mit einer Reduzierung des Flächenbedarfs um 40 Prozent) oder der Neugestaltung der Montage des ASR-Steuergeräts im Zweigbetrieb Ansbach, wo der Teileumlauf um 80 Prozent und die Vorgabezeiten um 15 Prozent reduziert werden konnten.[89] Die konsequente Umsetzung der CIP-Idee hatte weitreichende Folgen. Sie erforderte nicht nur eine Änderung der Arbeitsorganisation, sondern auch eine Umstellung des damaligen Leistungslohns in einen Zeit- und Prämienlohn. Die aus der Sicht der Geschäftsleitung komplizierten und starren Arbeits- und Lohnstrukturen wurden damit aufgebrochen, und gleich drei eigene Arbeitsgruppen befassten sich denn auch ausschließlich damit, CIP-gerechte Arbeits- und Entlohnungssysteme zu entwickeln. Das Ergebnis war das

Bosch-eigene Konzept der «teamorientierten Produktion» in Verbindung mit einem Teamlohn auf Prämienbasis. Ende 1991 stand man mit der versuchsweisen Einführung und Erprobung dieses Konzepts allerdings erst am Anfang.

Als die Geschäftsführung fünf Jahre später, im Juni 1996, eine Zwischenbilanz des neuen Fertigungskonzepts zog, konnte man weitere Fortschritte konstatieren.[90] Der CIP-Prozess war inzwischen bei Bosch weltweit etabliert, CIP-Koordinatoren und CIP-Promotoren als Prozessbegleiter vor Ort sorgten dafür, dass die entsprechenden Aktivitäten nicht einschliefen; die Geschäftsbereiche und Regionalgesellschaften führten ihre Verbesserungsprojekte weitgehend in eigener Regie durch und die behandelten Themen richteten sich überwiegend nach bereichs- und standortspezifischen Schwerpunkten. Für die Verbesserung ganzer Fertigungsabläufe, vom Rohstoff- oder Teilelager bis zur Verpackung oder zum Versand des fertigen Produkts, aber auch zur Ablaufverbesserung in Teilbereichen, wurde inzwischen die Methode der Fertigungsanalyse entwickelt und in vielen Werken im In- und Ausland mit großem Erfolg eingesetzt. Die Fertigungsanalyse ermöglichte auch die kostengünstige Auslegung neuer Fertigungslinien. Bei Montagelinien ließen sich dadurch nach ersten Untersuchungen Investitionen in Höhe von 10 bis 20 Prozent einsparen.[91] Nicht zuletzt hatte man begonnen, den CIP-Prozess neben dem direkten Fertigungsbereich auch im indirekten Verwaltungsbereich einzuführen. Ein zentrales Element dabei war u. a. die «Zielentfaltung» bzw. «Policy Deployment». Dabei wurden die strategischen und operativen Ziele eines Geschäftsbereichs oder Werkes auf die verschiedenen Ebenen und Funktionen heruntergebrochen und dabei gleichzeitig die zur Zielsetzung erforderlichen Maßnahmen unter Mitwirkung der Betroffenen abgeleitet und aufeinander abgestimmt. Die Ziele wurden dann zusammen mit dem Stand der Aufgaben-Erledigung und dem aktuellen Ziel-Erfüllungsgrad in den einzelnen Abteilungen visualisiert. Mit Hilfe der Zielentfaltung und der Visualisierung konnte ein Geschäftsbereich seine Ressourcen auf die Erreichung seiner übergeordneten Zielsetzungen ausrichten, und gleichzeitig wurde die Eigenverantwortung der Mitarbeiter wesentlich gestärkt.[92] «Vor mehr als fünf Jahren», so zog ein Bosch-Manager sein Fazit, «haben wir uns mit unserem CIP-Prozess auf eine Reise begeben, die eigentlich kein Ende hat. CIP ist als ein offener Prozess angelegt, der generell weiterentwickelt und um jeweils aktuelle Schwerpunkte ergänzt wird. Wir sind zwar bis heute gut vorangekommen, aber es gibt an vielen Stellen noch Nachholbedarf und hier und da Ermüdungserscheinungen [...] Entscheidend für die Zukunft ist, dass der durch CIP in Gang gebrachte Veränderungsprozess weiterentwickelt wird und nicht an Kraft verliert.»[93]

Dass dies offensichtlich gelang, zeigte der Bericht von Hermann Scholl auf der GPI im Dezember 1997, in dem er eine Reihe weiterer Erfolge im Prozess der kontinuierlichen Verbesserung vermelden konnte: Die Produktivitätsoffensive bei Zündkerzen im Werk Bamberg, wo infolge erheblicher Verbesserungen im Fertigungsablauf arbeitstäglich 1,1 Mio. Stück nur noch auf 17 statt auf 20 Linien gefertigt wurden und die Durchlaufzeiten für die Großserienfertigung des Sensorelements der neuen planaren Lambda-Sonde von 22 auf 16 Arbeitstage gesenkt werden konnte, und auch das neue CIP-Vorhaben der Komplexitätsreduzierung hatte in den Augen der Geschäftsführung überzeugende Potenziale offengelegt.[94] Für die Mitarbeiter hatten sich zum Teil deutliche Anreicherungen ihrer Arbeitsinhalte ergeben, die interdisziplinäre bzw. bereichsübergreifende Zusammenarbeit war verbessert worden. Entscheidend aber war, dass möglichst keiner der durch die CIP-Aktivitäten freigesetzten Mitarbeiter entlassen wurde, sondern allen eine angemessene neue Aufgabe angeboten wurde. Ohne eine derartige Perspektive, so war sich die Geschäftsführung im Klaren, wären die Mitarbeiter nicht bereit, ausreichend engagiert an CIP-Projekten mitzuwirken oder sogar Initiativen zu ergreifen, die ihren eigenen Arbeitsplatz gefährdeten oder eliminierten. Dem langfristigen Ziel, durch CIP eine neue Unternehmenskultur zu schaffen, in der jeder Mitarbeiter laufend aktiv an der Erarbeitung und Durchführung von Verbesserungsmaßnahmen in seinem Arbeitsbereich mitwirkte, wodurch vorhandene Systeme, Prozesse und Verhaltensweisen in allen Bereichen und auf allen Ebenen permanent infrage gestellt wurden, war Bosch in den Augen der Geschäftsführung mithin schon einen erheblichen Schritt näher gekommen.

In den Folgejahren kamen neue Maßnahmen zur Reorganisation und Weiterentwicklung des Produktionssystems bei Bosch hinzu. Schwachstellen in den Fertigungsprozessen gab es nach wie vor genügend. Ein erheblicher Teil der Ressourcen – materieller wie personeller Art – war im sogenannten Fire Fighting gebunden, insbesondere bei der Lösung technischer Probleme in Projekten, die bereits in die Produktion gegangen waren, um Kundentermine einzuhalten. Viele ausgezeichnete Bosch-Ingenieure waren mit solchen Arbeiten beschäftigt, statt ihre Zeit und Fähigkeiten auf Neuheiten zu verwenden.[95] «Design to Cost», «Design to Manufacturability» und «Standardisation», so lauteten die neuen Produktionsphilosophien und Schlagworte Ende der 1990er Jahre, und all diesen Konzepten «muss bei Bosch weitaus größerer Vorrang gegeben werden».[96] Die kundenspezifische Produktentwicklung und die daraus resultierenden Auftragsabwicklungsprozesse waren vielfach zu langwierig, zu bürokratisch und von einem Verfehlen von Qualitätszielen begleitet. Dem jeweiligen Ressource Steering Committee, das die erforderlichen Mittel plante und verteilte, müssten, so das Ergebnis der Berater, erheblich mehr Zuständigkeiten eingeräumt werden, wenn «Simultaneous Engineering» bei Bosch funktionieren sollte. In der Folge wurden daher Produkt-Teams mit Kundenausrichtung (PTO) mit dem Ziel eingeführt, eine Übereinstimmung über die Fachabteilungen hinweg zu erzielen. «Das ist nicht ‹Bosch-Standard›» oder «das entspricht nicht den Anweisungen und Normen der Bosch Politik» und «das wird nicht klappen, denn ‹it will never be accepted by the K-division›» – so und ähnlich lauteten die oft gebrauchten Formulierungen auf Geschäftsbereichsebene gegenüber neuen Ideen und Prozessverbesserungsmaßnahmen.[97]

Es war die Zeit, als auch in anderen deutschen Industrieunternehmen «Change Management» das große Schlagwort der Management-Methoden war. Kurz nach der Jahrtausendwende kristallisierte sich schließlich eine neue Fertigungsorganisation bei Bosch heraus, das «Bosch Production System» (BPS). Auch diesmal wurden bekannte Prinzipien wie Just-in-time, Fließprinzip, Flexibilität, Liefertreue oder Standardisierung neu und umfassend miteinander verknüpft, um die «Grundlage für die weltweite, konsequente Umsetzung standardisierter Prinzipien mit dem Ziel einer kostengünstigen Null-Fehler-Produktion bei 100-prozentiger Liefererfüllung» zu legen.[98] Das Bosch Production System war vor allem die Antwort auf abermals verändertes Kundenverhalten und Wettbewerbsumfeld sowie auf neue Produktionssysteme bei den Automobilherstellern. Weltweite Überkapazitäten und verschärfter Konkurrenzkampf zwangen zur Differenzierung und damit zu steigender Variantenvielfalt, verbunden mit einem sehr kurzfristigen und vor allem extrem schwankenden Abruf- und Planungsverhalten der Erstausrüstungskunden. Weniger Großserien- und Massenproduktion, sondern mehr die Herstellung kleiner Losgrößen bei gleichzeitig raschen Durchlaufzeiten waren gefragt, was zum einen stabile und transparente Prozesse weltweit, zum anderen eine stärkere Verzahnung von Produktentstehung und Produktions-Systemplanung erforderte. Jedes Werk hatte demgegenüber im Laufe der Zeit eigene Produktionsprinzipien, Vorgehensweisen und Methoden erarbeitet und entwickelt. Das war gleichsam eine inhärente Eigendynamik der Fertigungsstandorte, der aber in der holistischen Sicht des gesamten Produktionssystems im Unternehmensverbund immer wieder entgegengesteuert werden musste. Mit standardisierten Audit-Katalogen wurden daher die Werke verglichen und es wurde versucht, Prozesse wieder stärker zu standardisieren und zu verbessern. Das richtige Teil in der richtigen Menge im richtigen Moment einplanen, fertigen, montieren und transportieren – so lautete kurz auf den Nenner gebracht der Ansatz des Bosch Production Systems.

Sogenannte Time-to-Market-Programme (TTM) wurden zur Verbesserung der Produktentstehungsprozesse und zur sicheren Beherrschung von Neuanläufen sowie zur Vermeidung ständigen Nachbesserns bei Bosch entworfen und implementiert bzw. in ihrer «Internalisierung» vorangetrieben. «Die Einführung des BPS ist ein mehrjähriger Veränderungsprozess, der weitgehend aus eigener Kraft vollzogen werden muss», so lautete die Schlussfolgerung eines Bosch-Managers bei seiner Präsentation auf der Klausurtagung der

Führungskräfte im Mai 2001.[99] Es gab Bewertungskonzepte für «TTM-Reifegrade» in den einzelnen Werken und Geschäftsbereichen, One-Piece-Flow-Organisation und Neubewertungen des «Wertstroms», ein «Wertstrom-Design» sowie eine Reihe von neu entwickelten «BPS-Prinzipien» – die Reihe neuer Schlagworte und Begriffe war schier endlos.[100] Der Begriff ‹Bosch Production System› weckte auf den ersten Blick den Eindruck eines ganz eigenen, geschlossenen Konzepts mit durchdachten Wegen und Instrumenten zur Herstellung hochwertiger Produkte, wie sie Bosch im Laufe der 1960er Jahre entwickelt hatte. Tatsächlich jedoch lehnte man sich diesmal nicht nur begrifflich an die bereits eingeführten neuen Produktionssysteme bei den Automobilkonzernen an. Und für die Beschäftigten bedeuteten die neuen Produktionsmethoden letztendlich oft mehr Stress und erhöhte Arbeitsbelastung. Eines der neuen Fertigungs- bzw. Montagekonzepte innerhalb des BPS hieß etwa Chaku-Chaku,[101] eine Bezeichnung für eine Variante einer Fließ- oder Reihenproduktion – und der damit verbundenen Arbeit –, bei der alle an der Produktion eines Erzeugnisses beteiligten Arbeitsplätze dem Objektprinzip folgend so nebeneinander angeordnet werden, dass möglichst kurze Wege zwischen ihnen möglich sind. Grundlage ist im Weiteren eine Mehrmaschinenarbeit: Ein Beschäftigter arbeitet an mehreren Anlagen, in der Regel, indem er sie mit Material beschickt und Fertiges entnimmt. Die Stationen arbeiten im Übrigen selbstständig, ohne Zutun der Beschäftigten. Konkret bedeutete das etwa den Einsatz von fünf Beschäftigten an zehn Maschinen in drei ineinandergreifenden Ablaufzirkeln, oder, aus der Perspektive eines einzelnen Mitarbeiters, die Aufgabe, drei Maschinen in 40 Sekunden zu bedienen und sich dabei ständig im Kreis zu bewegen. Es gab nur noch Steh- und Geh-Arbeitsplätze, Puffer waren in diesem Konzept verpönt, Werkstücke werden von Hand zu Hand weitergegeben.[102] Nebentätigkeiten wie Material zu holen oder Montagebehälter aufzufüllen waren nicht mehr «wertschöpfend» und wurden deshalb an sogenannte Milk-Runner (Zubringer) delegiert.

Der große Konflikt von 1993

In den USA kamen die lange Zeit recht festgefügten Strukturen zwischen den Automobilherstellern und ihren Zulieferern schon während der 1980er Jahre durch den harten Preiswettbewerb in Bewegung. In Europa hatten die Ausrüster dagegen Kostensteigerungen immer noch durch Preiserhöhungen auffangen können. Zudem war die deutsche Wirtschaft nach der Wiedervereinigung und im Zuge des bevorstehenden europäischen Binnenmarkts von einer euphorischen Aufbruchstimmung erfasst worden. Auch Bosch profitierte von der Sonderkonjunktur der Nach-Wende-Zeit und versprach sich als ausgesprochen europäisches Unternehmen – über 80 Prozent des Gesamtumsatzes entfielen ja auf Westeuropa – von den EG-weiten Deregulierungen eine erhebliche Zunahme der Chancen und Dynamiken des eigenen Geschäfts. Im Laufe des Jahres 1990 jedoch wurde unübersehbar, dass sich das Wachstum der Unternehmensgruppe deutlich abschwächte. Die Automobilindustrie betrieb nun, so sah es die Bosch-Geschäftsführung, in Sorge um ihre eigenen Erträge und zu ihrer eigenen Zukunftssicherung eine überaus harte Preispolitik zulasten ihrer Zulieferer. Die großen Hersteller versuchten mit zum Teil drakonischen Mitteln, ihre Kosten zu verringern, indem sie Arbeitsplätze abbauten, Fertigungen in Niedriglohnländer verlagerten und mit ihrer Marktmacht die Zulieferer unter Druck setzten. Da bei der Automobilproduktion damals bereits rund 65 Prozent der Wertschöpfung auf die Zulieferer entfielen, lag in diesem Bereich das größte Einsparpotenzial. Für die Ausrüster wurde nun der Preis ihrer Erzeugnisse zum entscheidenden Wettbewerbsfaktor. Es genügte nicht mehr, dass sie die neueste Technik anbieten konnten. Sie mussten auch Preisabschläge gewähren. Innerhalb der Zulieferindustrie begann ein Konzentrationsprozess, da viele Hersteller, vor allem mittelständische Firmen, bei einem derartigen Rückgang ihrer Margen nicht lange überleben konnten.[103]

Dieser Wandel wird rückblickend häufig mit dem López-Effekt gleichgesetzt, einer Kostensenkung durch Prozessverbesserungen, wie sie José Ignacio López als Chefeinkäufer von General Motors Europe und ab 1993 als Einkaufschef von VW mit hemdsärmeligen Methoden betrieb. Doch war López nur die Gallionsfigur eines Wandels, der sich auf breiter Front vollzog. Der damalige Verfall der Margen bei der Kfz-Zulieferindustrie war letztlich eine Folge des verschärften internationalen Wettbewerbs, dessen Druck sich durch die Rezession von 1992/93 noch verstärkte. Dabei befand sich Bosch in einer vergleichsweise günstigen Position, weil das Unternehmen als einer der weltweit größten Automobilzulieferer über eine erhebliche Verhandlungsmacht verfügte und als Systemanbieter nicht so leicht aus den Listen der Automobilkonzerne gestrichen werden konnte wie kleinere Wettbewerber. Aber man stand auch gleich von mehreren Seiten unter Druck. Bosch war für qualitativ besonders hochwertige Produkte bekannt, die in der Regel einen entsprechend hohen Preis hatten. Während des Booms der vorangegangenen Jahre hatte man wenig unternommen, um die Kosten zu senken, da sich am Markt Preiserhöhungen durchsetzen ließen. Als nun ein harter Preiswettbewerb einsetzte, hatte Bosch gegenüber vielen Konkurrenten einen Nachteil. Auf Preissenkungen, wie sie die Automobilhersteller jetzt verlangten, war man nicht eingestellt. Zugleich nahm auch unter den Zulieferern der internationale Wettbewerb zu. Für Bosch wurden nun die hohen Lohnkosten der deutschen Werke zu einem wichtigen Faktor.

Aber auch im Inland war Bosch ein gefährlicher neuer Konkurrent herangewachsen. Siemens hatte 1988 von AlliedSignal die Mehrheit an Bendix Electronics erworben und schickte sich an, auf dem Gebiet der Automobiltechnik zu expandieren. In der Autoelektronik galt Siemens seither als drittgrößter Hersteller nach Bosch und Denso.[104] Bei Bosch nahm man den neuen Wettbewerber sehr ernst, denn Siemens verfügte nicht nur über eine imposante Finanzkraft, sondern auch über beste Verbindungen zu BMW und Daimler-Benz. An seinem Ziel ließ der Herausforderer keinen Zweifel. «Die Branche will einen zweiten Bosch», hieß es aus München.[105] Bei Bosch gewann man den Eindruck, dass das verstärkte Engagement von Siemens in der Automobiltechnik den großen Automobilherstellern in der Tat nicht unwillkommen war. Bei BMW konnte sich Bosch Anfang 1991 mit einem nach eigener Einschätzung «hochattraktiven» Angebot für Motorsteuerungssysteme nicht gegen Siemens durchsetzen.[106] Nach bewährter Methode schlug die technische Verkaufsleitung von Bosch damals vor, ein Gespräch zwischen Bosch-Geschäftsführern und BMW-Vorständen zu vereinbaren.[107] Doch ließ sich BMW dadurch nicht beeinflussen.

Bei den Sitzungen der RBIK-Gesellschafter verbreitete Merkle schon seit November 1990 tiefschwarze Prognosen, während Bierich noch von eher gedämpften Zukunftsaussichten ausging. Umsatzsteigerungen und Erträge wie in den vergangenen Jahren konnte man nach Merkles Einschätzung der Lage auf absehbare Zeit nicht mehr erwarten, Bosch müsse sich den neuen Entwicklungen «mit allen Mitteln» anpassen.[108] Die Finanzplanung und die Investitionsetats wurden daraufhin deutlich heruntergefahren und es wurde ein umfangreiches Kostensenkungsprogramm im Volumen von 1 Mrd. DM beschlossen.[109] Besonderes Augenmerk wurde dabei auf den Strukturkostenblock des Personalaufwands für indirekte Mitarbeiter, Abschreibungen und sonstigen Betriebsaufwand, zusammen etwa 36 Prozent der Gesamtleistung, gelegt. «Es ist nicht ausgeschlossen», so hieß es dazu im Protokoll der RBIK-Sitzung vom 9. April 1991, «dass im Interesse der nachhaltigen Sicherung des Unternehmens noch einschneidender in die Kostenblöcke eingegriffen werden muss, wobei neben Pauschallösungen, die der raschen Erzielung von Ergebnissen dienen, gezielte und flexibel gesteuerte bereichsspezifische Entscheidungen getroffen und durchgesetzt werden müssen. Dabei darf nicht von bislang bei RB unpopulären Maßnahmen zurückgeschreckt werden. Dies ist, wie die Gesellschafter bekunden, ihre nachdrückliche Meinung.»[110]

«Bosch bereitet sich auf wachstumsschwache Jahre vor», betitelte die *Börsen-Zeitung* ihren Bericht von der Bilanzpressekonferenz, die Bierich Anfang Juli 1991 gab.[111] Mit dem Hinweis auf das hohe deutsche Kostenniveau und die Lohnsteigerungen kündigte der Bosch-Chef dabei eine Verstärkung der Auslandsfertigung von Bosch an, womit er eine neue Standortdebatte lostrat.

Bierich hatte am Beispiel der Bosch-Tochter Blaupunkt öffentlich die seiner Meinung nach augenscheinliche Fragwürdigkeit der jüngsten Tarifabschlüsse aufgezeigt, die nach dem Willen der IG Metall eine soziale Komponente gerade für die unteren Einkommensgruppen enthielten. Dort kletterten die Löhne somit um bis zu 12 Prozent, was, so Bierich, die logische Konsequenz habe, dass Produkte verstärkt auswanderten und damit Arbeitsplätze im Inland verloren gingen. «Die Tarifpolitik der Gewerkschaft vernichtet Arbeitsplätze in Deutschland», so wurde der Bosch-Chef zitiert.[112] Das waren kämpferische Töne, die man so bisher noch nicht von der Schillerhöhe gehört hatte. Vor allem aber verschleierte Bierich nicht den dramatischen Ertragseinbruch und die wachsenden Probleme, was die Presse auf ihre Weise ausschlachtete. «Fin de siècle. Die heile Bosch-Welt gerät aus den Fugen», überschrieb nur wenig später das *Manager Magazin* reißerisch einen Artikel, in dem schonungslos die Krise in den beiden Kerngeschäftsfeldern Automobilzulieferung und Kommunikationstechnik beschrieben wurde.[113] «Neue Wettbewerber machen den früheren Monopolisten verwundbar [...] Sogar die feine schwäbische Weltfirma mit dem stolzen Image des unentbehrlichen Lieferanten von Qualitätsprodukten für die Automobilindustrie muss sich inzwischen nach dem Geld ihrer Kunden bücken.»[114] Bei Bosch, so mutmaßte nicht nur das Wirtschaftsmagazin, müsste sich mehr ändern als nur die Zahlen. Und tatsächlich dachte Bierich auch über die ganze Organisationsstruktur und die Rekrutierung von geeignetem Führungskräftenachwuchs nach, das heißt: mehr Mut zum Risiko, größere unternehmerische Freiräume und eine Änderung der «vermeintlich sehr dezentralen Organisationsstruktur, die in der Praxis jedoch durch ein engmaschiges, Bürokratie und Rückversicherung förderndes Berichtswesen und Controlling konterkariert wird».[115] «Was kann vom alten Bosch-Geist noch überleben?»,[116] so lautete die provozierende Frage der Journalisten, und es gab wohl nicht wenige, die sich auch innerhalb des Unternehmens diese Frage stellten.

In der Tat hatten sich vor allem im Unternehmensbereich Kraftfahrzeugausrüstung die Aussichten erheblich verschlechtert. Für die Ertragsprobleme gab es, wie Hermann Scholl im Juni 1991 auf der GPI-Tagung erläuterte, sowohl externe wie auch interne Gründe, vom schwachen Dollar bis zu den nicht ausgeschöpften Rationalisierungsmöglichkeiten.[117] «Wir sind derzeit im Unternehmensbereich K in einer kritischen Lage», so Scholl, «weil der Wind uns ins Gesicht bläst und weil wir uns nicht rechtzeitig etwas wärmer angezogen haben. Es gibt genügend Ideen, was jetzt zu tun ist; aber das reicht nicht aus; wir müssen uns bewegen und die Ideen umsetzen; und das sehr schnell, das ist der schwierigste Teil, der noch vor uns liegt.»[118]

Viel zu lange hatten sich die K-Manager an ihre technischen Erfolge der Vergangenheit geklammert, von den neuen wegweisenden Systemen der Benzineinspritzung, die Lambda-Sonde, ABS, ASR und die elektronische Airbag-Auslösung, «alles Erzeugnisse, die wir weltweit als erste in Serie hergestellt haben», und an die Tatsache, dass «unsere deutschen Kunden in der Vergangenheit bereit waren, für unsere neuen Erzeugnisse [...] relativ hohe Preise zu zahlen».[119] Erst nach und nach realisierte man die tiefgreifenden Veränderungen im System der Automobilzulieferer und reagierte darauf, wie etwa auf die Verringerung der Fertigungstiefe bei den Automobilherstellern mit der Folge, dass viele Lieferanten zu Zulieferern der zweiten Ebene wurden, während Bosch als System- und Modullieferant in die Rolle eines Generalunternehmers gedrängt wurde, mit weitreichenden und zu diesem Zeitpunkt völlig ungeklärten Folgen für Entwicklungs-, Einkaufs- und Qualitätsverantwortung. Gleichzeitig aber versuchten die Erstausrüstungskunden, die komplexen Systeme wie Benzineinspritzung gleichsam aufzubrechen und die einzelnen Komponenten weltweit anzufragen und dem kostengünstigsten Anbieter dann den Auftrag zu erteilen.[120]

Im November 1992 berichtete Merkle in der RBIK-Sitzung von seinen Gesprächen mit den Vorstandsmitgliedern der deutschen Automobilindustrie und zeichnete ein geradezu dramatisches Bild der Geschäftslage bei den Großkunden.[121] Bosch hatte schon im laufenden Geschäftsjahr bei den Verhandlungen mit den Erstausrüstungskunden über 2 Prozent an Preissenkungen zugestehen müssen, nun konfrontierten die Hersteller ihre Zulieferanten auch für das kommenden Jahr mit Preiszugeständnissen von 5 Prozent bzw. mit je 5 Prozent in den nächsten 5 Jahren. Als Manger, der für den Vertrieb Erstausrüstung zuständige Geschäftsführer (F4B), im Juni 1993 vor dem Bosch-Aufsichtsrat über das «veränderte Einkaufsverhalten unserer Kunden» berichtete, hatte sich die Lage weiter «dramatisch verschlechtert».[122] Die einfache Formel der Erstausrüster, mit der Bosch konfrontiert wurde, lautete nun: «Die deutschen Zulieferer müssen Preise der Ausländer bieten.» Am meisten diskutiert wurde dabei das Einkaufsverhalten von VW, das infolge des Wechsels des GM-Einkaufschefs José Ignacio López nach Wolfsburg dem von Opel bekannten Verfahren ähnelte. In wöchentlichen, jeweils Freitag stattfindenden Corporate-Sourcing-Committee-Sitzungen unter Leitung des Einkaufsvorstands wurden sämtliche Einkaufsentscheidungen anhand der auf einer «bidder list» zusammengestellten Angebote getroffen. «Die verbleibenden Anbieter werden dann mit wiederholt gesenkten Zielpreisen und verschiedenen Lieferanteilen in den Tagen vor der entscheidenden Freitagssitzung laufend konfrontiert und mit extrem kurzen Antwortzeiten von oft nur einer Stunde zu weiteren Zugeständnissen aufgefordert. Zu dem Verfahren gehören auch gezielte Indiskretionen über günstigere Angebote der Wettbewerber, so dass im wechselseitigen Spiel die Preise laufend gesenkt und auch die übrigen Konditionen zugunsten VW verbessert werden.»[123] «Wir gehen», so fasste Manger seinen Bericht zusammen, «zur Zeit durch eine sehr harte Schule – aber wir lernen auch sehr viel dabei. Der Ausleseprozess in der Zulieferindustrie ist in vollem Gange.»[124]

Im zweiten Halbjahr 1992 brach die Automobilkonjunktur in Europa massiv ein. Bosch erlitt in diesen sechs Monaten einen Verlust in Höhe von 190,7 Mio. DM, wodurch das Betriebsergebnis für 1992 auf 218,2 Mio. DM zurückging.[125] Damit lag das Betriebsergebnis nur noch bei 29 Prozent des Standes von 1990.[126] Für 1993 rechnete der VDA mit einer zweistelligen Minusrate bei den Neuzulassungen und mit Preisrückgängen bei den Gebrauchtwagen. Die pessimistischsten Prognosen wurden bald übertroffen, als die Bundesregierung noch eine Erhöhung der Mineralölsteuer ankündigte.[127] Im Januar 1993 informierte die Bosch-Geschäftsführung daher den Betriebsrat über neue Sparmaßnahmen und weitere Einschnitte bei Arbeitsentgelten, Personalkosten und betrieblichen Sozialleistungen. Das Unternehmen werde, so versuchte man den Arbeitnehmervertretern in einer Sondersitzung des Wirtschaftsausschusses klar zu machen, einen längeren Anpassungsprozess durchlaufen, an dessen Ende eine Reduzierung der Kosten um 25 Prozent stehen müsse.[128] Im Verlauf des Monats März zeichnete es sich jedoch ab, dass die Versuche, mit dem Betriebsrat über die vorgesehenen Maßnahmen Einvernehmen zu erzielen, scheiterten. Am 25. März präsentierte daraufhin die Bosch-Geschäftsführung auf der Sitzung der RBIK ein umfangreiches Maßnahmenpaket, das aus der Perspektive des Betriebsrates und der Beschäftigten ein regelrechtes Paket des Grauens war: volle Verrechnung der Tariferhöhung von 3 Prozent mit den übertariflichen Zulagen, Aufforderung an die außertariflichen Mitarbeiter zum freiwilligen Einkommensverzicht in Höhe von 3 Prozent, Kündigung der Betriebsvereinbarung über betriebliche Zuschläge im Zwei- und Drei-Schichtbetrieb, Kündigung der Betriebsvereinbarung über Essenspreise und Kündigung der Betriebsvereinbarung über Jubiläumsurlaub.[129] Alles in allem wurden damit kurzfristige Einsparungen von 120 Mio. DM erreicht, allerdings war das nur ein Bruchteil der gesamten Restrukturierungsmaßnahmen, mit denen innerhalb von zwei Jahren Kostensenkungen im Unternehmensbereich K von rund 2 Mrd. DM jährlich erreicht werden sollten, unter anderem durch einschneidende Strukturveränderungen am Traditionsstandort Feuerbach. Aus Sicht der Bosch-Betriebsräte wurde damit das Fass zum Überlaufen gebracht. In einer geharnischten Erklärung des Konzernbetriebsrats wurden die von der Geschäftsführung «einseitig beschlossenen Streichungen und Kürzungen der Personal- und Sozialleistungen sowie die Kündigungen der Betriebsvereinbarungen» scharf verurteilt.[130] «Dieses Vorgehen», so hieß es, «stellt einen Bruch mit der historisch gewachsenen sozialen Tradition des Hauses Bosch dar und verlässt die Linie der bisher praktizierten Kooperation mit den betrieblichen Interessenvertretungen.»[131] Anfang April kam es zu einer denkwürdigen Demonstration von rund 11 000 Bosch-Mitarbeitern in

Abb. 71: Protestkundgebung auf der Schillerhöhe (April 1993)

Form eines Sternmarschs auf die Schillerhöhe. Die dortige Kundgebung bildete den Höhepunkt einer Protestwelle gegen die groß angelegte Sparaktion, deren vollständige Rücknahme der Gesamtbetriebsratsvorsitzende Ludwig Vogt forderte.[132]

Es war nicht zu übersehen, dass das wechselseitige Vertrauensverhältnis zwischen Gesamtbetriebsrat und Geschäftsführung grundlegend erschüttert und auf einem Tiefpunkt angelangt war. Man muss vermutlich bis in das Jahr 1920 zurückgehen, um in der Geschichte von Bosch eine ähnliche, für beide Seiten nachgerade traumatisch wirkende Konfrontation zu finden. Der Konflikt vom Frühjahr 1993 wurde aber auch zu einem Wendepunkt, denn bei künftigen Krisen sollte die Geschäftsführung weit früher die Belegschaftsvertreter informieren und einbeziehen, und man rechnete auch vorher genauer durch, welche Konsequenzen Sparmaßnahmen tatsächlich für den Einzelnen haben würden, und verzichtete darauf, einen ähnlich rigiden Stellenabbau vorzunehmen. Denn es war eine der Lehren aus der Rezession, dass durch solches Handeln dem Unternehmen viel Wissen verloren ging, das ihm im anschließenden Aufschwung fehlte.[133] «Da sind die Letzten noch mit hohen Abfindungen gegangen, da hat man die Ersten schon wieder einstellen müssen, weil es hinten und vorne gefehlt hat», erinnert sich der spätere Gesamtbetriebsratsvorsitzende Alfred Löckle.[134] Nicht zuletzt bemerkte man auch bald, dass die Anpassungsmaßnahmen hohe Summen in dreistelliger Millionenhöhe für Sozialpläne, Abfindungen und Vorruhestandsregelungen gekostet hatten. Der Konflikt markiert aber auch insofern eine Zäsur, als er gleichsam der «letzte Akt der Merkleschen Politik» der harten Hand mit radikalen Kürzungsmaßnahmen war.[135] Der Ehrenvorsitzende der Geschäftsführung hatte zweifellos im Hintergrund über die RBIK dahin gewirkt, dass es zur Konfrontation kam, und dabei musste auch die Geschäftsführung Federn lassen.[136]

Ende Mai 1993 informierte Bierich auf dem GPI-Treffen die Bosch-Führungskräfte über die gegenwärtige Geschäftslage. Zu diesem Zeitpunkt hatten schon ca. 12 000 Beschäftigte das Unternehmen mit Abfindungen und Vorruhestandsregelungen verlassen, die nicht selten durch Kündigungsdrohungen erreicht worden waren, und 23 000 Mitarbeiter mussten kurzarbeiten. Da, wie Bierich verkündete, «das Ende der wirtschaftlichen Talfahrt, die wir erleben, zur Zeit nicht absehbar ist», wurde nun ein weiterer Abbau von knapp 20 000 Beschäftigten geplant. In den Augen der Bosch-Geschäftsführung war diese Rezession nur bedingt mit den Konjunkturkrisen Mitte der 1970er und Anfang der 1980er Jahre vergleichbar, denn diesmal «haben wir es mit einem tiefgreifenden strukturellen Anpassungsprozess an veränderte Rahmenbedingungen zu tun. Ziel der Anpassung ist es, unsere – zur Zeit verlorene – internationale Wettbewerbsfähigkeit wieder herzustellen.»[137] Erstmals in seiner Nachkriegsgeschichte, so zeichnete es sich bereits ab, würde Bosch einen Betriebsverlust und zudem den größten Umsatzeinbruch seit 1968 hinnehmen müssen. Bosch hatte sich zwar in seiner Tradition mit einem feinen Gespür für die kommenden konjunkturellen Entwicklungen früher als die meisten anderen Unternehmen mit Kostensenkungsmaßnahmen, Rationalisierungen und Personalabbau auf die Abwärtsbewegung eingestellt, aber in der Produktion war man von den Abrufen der Kunden abhängig und daher nicht in der Lage, die eigene Fertigung schneller zurückzufahren als diese. Die harten Kostensenkungsmaßnahmen, insbesondere der Personalabbau an traditionsreichen Standorten und die Verringerung freiwilliger sozialer Leistungen, die so massiv für Konflikt gesorgt hatten, verteidigte Bierich dabei explizit. Diese Maßnahmen seien notwendig und «es wäre falsch gewesen, dem Konflikt auszuweichen. Nur durch unsere Maßnahmen haben wir das Umdenken erreicht, das wir für die Neuregelung der freiwilligen übertariflichen Leistungen brauchen.»[138] Nach seiner festen Überzeugung werde es Bosch gelingen, aus der gegenwärtigen Krise gestärkt hervorzugehen.

Abb. 72: Von links nach rechts: Tilman Todenhöfer, Günter Bensinger und Marcus Bierich bei einer Betriebsräteversammlung (1993)

Bierichs Bericht hatte nicht nur den Ton einer Abschiedsrede, es war auch tatsächlich das letzte Mal, dass er als Vorsitzender der Bosch-Geschäftsführung vor dem Führungskreis sprach. Ende März 1993 informierte Merkle die Anwesenden auf einer entscheidenden Gesellschafterversammlung der RBIK darüber, dass zum einen er selbst zum 17. Juni – nach der Vollendung seines 80. Lebensjahres am 1. Januar – aus der RBIK ausscheide, zum anderen aber auch Bierich – ein Jahr vor Ablauf seiner Bestellung und seines Vertrags – zum 30. Juni von seinem Amt als Vorsitzender der Geschäftsführung zurücktrete, in den Vorsitz des Aufsichtsrats wechsle und auch den Vorsitz in der RBIK übernehme.[139] An Bierichs Stelle rückte Hermann Scholl, dem Friedrich Schiefer als stellvertretender Vorsitzender der Geschäftsführung zur Seite gestellt wurde – eine Position, die es bei Bosch vorher noch nicht gegeben hatte. Zugleich wurde die Zahl der Geschäftsführungsmitglieder und Direktoren mit Generalvollmacht von 14 auf zehn gesenkt. Aber nicht nur Bierich trat zurück, sondern auch der Arbeitsdirektor in der Geschäftsführung wurde ausgewechselt. Im Januar 1988 war der langjährige für Personalangelegenheiten zuständige Geschäftsführer Peter Rose altersbedingt ausgeschieden und hatte Günter Bensinger Platz gemacht, der nun zum Sündenbock für die Eskalation des Konflikts gemacht wurde und zum 1. August 1993 Tilman Todenhöfer weichen musste.

Die Bosch-Arbeiter und Angestellten könnten nur schwer von der Notwendigkeit der Einschnitte überzeugt werden, «wenn nicht auch die Leitenden Angestellten und die Geschäftsleitung in die Maßnahmen einbezogen würden», so Merkle. «Es muss folglich auch die Geschäftsleitung gestrafft und verjüngt werden.»[140] Über die genauen Umstände und Hintergründe von Bierichs Rücktritt kann man nur spekulieren. Sicher ist, dass viele Faktoren zusammenkamen: Einmal das in den Augen von Merkle als zu schwach erachtete und bis dahin gescheiterte Krisenmanagement der Bosch-Geschäftsführung, dann aber auch das zunehmende und zumindest für den engeren Führungskreis unübersehbare persönliche Zerwürfnis zwischen Bierich und Merkle. Die inneren Reibungen waren auf Dauer zu groß geworden und Bierichs unternehmensinterne Position schwächer, was öfter zu schwierigen Entscheidungsprozessen geführt hatte.[141] Die Rezession und die damit einhergehenden Einsparungen und Konflikte hatten Bierich auch persönlich mehr zugesetzt, als nach außen sichtbar war. Immer weniger sah man bei Bosch darüber hinweg, dass Bierich als von außen kommender Finanzfachmann vom Automobilgeschäft und damit vom Kerngeschäftsfeld wenig verstand und zudem im kommunikationstechnischen Bereich nicht reüssierte. Und schließlich mag für Bierich selbst eine Rolle gespielt haben, dass er zu diesem Zeitpunkt offenbar schon wusste, dass er unheilbar erkrankt war.[142] Am 24. Juni 1993 trat Bierich zum letzten Mal als Bosch-Chef vor die Presse, um die Bilanz des abgelaufenen Geschäftsjahres 1992 und den Ausblick auf die kommenden Monate zu erläutern. Noch konnte ein geringer Umsatzzuwachs um 2,5 Prozent verkündet werden und ein, wenn auch sinkender, positiver Ertrag. Aber zugleich gab Bierich einen düsteren Ausblick auf das laufende Jahr, mit Investitionskürzungen, Umsatzeinbruch, Kostenkrise, Personalabbau und weiteren Rezessionsfolgen, mit denen Bosch zu kämpfen haben würde. Tatsächlich musste das Unternehmen im Geschäftsjahr 1993 dann erstmals seit langer Zeit einen Umsatzrückgang hinnehmen – im Inland in Höhe von etwa 8 Prozent und bei der Bosch-Gruppe Welt in Höhe von rund 6 Prozent, wobei der Rückgang in der Kraftfahrzeugtechnik stärker war als in der Kommunikationstechnik.[143] Beim Betriebsergebnis machte Bosch einen Verlust von ca. 650 Mio. DM.[144] Darin enthalten waren die Kosten für das, was man als «Personalanpassung» bezeichnete. Ohne diesen Posten dürfte das Betriebsergebnis nicht negativ gewesen sein.[145] Die veröffentlichte Gewinn- und Verlustrechnung der Robert Bosch GmbH für das Jahr 1993 wies ein «Ergebnis der gewöhnlichen Geschäftstätigkeit» in Höhe von 716 Mio. DM aus und einen Bilanzgewinn von 60 Mio. DM. Zum Betriebsergebnis hieß es im Geschäftsbericht lakonisch: «Der Druck auf unsere Erträge hielt an. Das Betriebsergebnis ging weiter zurück und war negativ.»[146]

Die Ära Bierich bei Bosch, die ja nicht mit dem Ausscheiden aus der Geschäftsführung im Juni 1993 endete, sondern mit seiner Übernahme des Auf-

sichtsratsvorsitzes und des Vorsitzes im Gesellschafterkreis der RBIK in eine
bis zum Jahresanfang 2000 dauernde zweite Phase mündete, stand für Offenheit, kollektive Führung, innere Erneuerung und Strukturwandel. Bierichs
Wirken hinterließ bei Bosch viele Spuren, die allerdings «nicht mehr immer
direkt mit seiner Person in Verbindung gebracht werden».[147] Es war geradezu
tragisch, dass sein Wirken zum einen mit dem misslungenen Engagement im
Bereich der Kommunikationstechnik, zum anderen aber eng mit dem Konflikt
und der Krise von 1993 verbunden wurde.

Umbruch der Traditionsstandorte: Arbeitsbeziehungen und Arbeitskonflikte

Für die Beschäftigten bedeuteten die permanenten Restrukturierungsmaßnahmen der 1990er Jahre mit immer neuen Einsparungswellen sowie der
Neuordnung der Fertigungsstandorte, der Verlagerung oder gar Aufgabe von
Fertigungslinien und der Implementierung komplexer Produktionskonzepte
eine Phase ständiger Unruhe und Zumutungen, die die Tradition der weitgehend einvernehmlichen Industrial Relations bei Bosch einer wachsenden
Belastungsprobe aussetzte. Schon der Blick auf die Entwicklung der Mitarbeiterzahlen zwischen 1983 und 2001 gibt einen ersten Eindruck der tiefgreifenden Umwälzungen im Umfang und in der Struktur der Belegschaft.

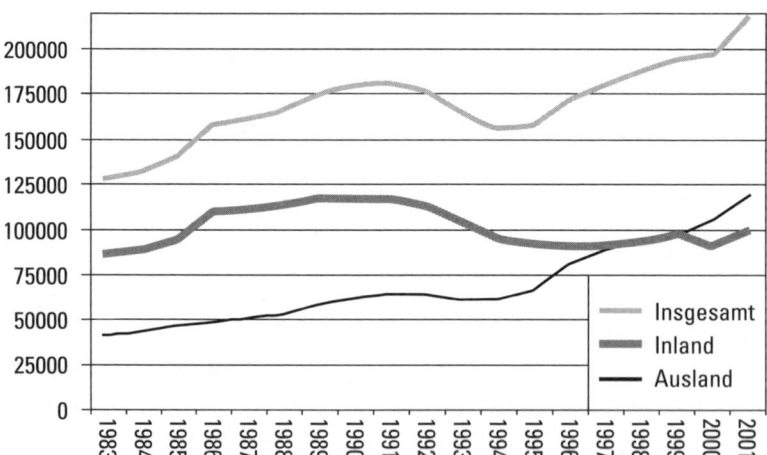

Grafik 10 Beschäftigte der Bosch-Gruppe im In- und Ausland (1983–2001)[148]

Insgesamt wuchs die Belegschaft innerhalb der Bosch-Gruppe in diesem
Zeitraum zwar von knapp 130 000 (1983) auf 218 000 (2001), d. h. um 70 Pro-

zent, aber die deutlichen Schwankungen und der zum Teil massive Belegschaftsabbau in den Krisenphasen (zwischen 1991 und 1994 um 23 000 Beschäftigte oder 12,7 Prozent) sind nicht zu übersehen. Die Maßnahmen zur Reduzierung des Personals setzten dabei im Inland schon früher ein, um 1990/91, und sie dauerten auch länger, bis 1996, bei insgesamt schärferen Einschnitten. Das Belegschaftswachstum ging mithin zulasten der im Inland Beschäftigten: 1983 waren noch doppelt so viele Bosch-Mitarbeiter in deutschen Werken wie in Auslandsfabriken tätig, 1998 gab es dann mit je 94 000 Beschäftigten bereits gleich viele In- und Auslandsbeschäftigte, und seitdem waren im Gefolge der Globalisierung mehr Auslandsmitarbeiter bei Bosch weltweit beschäftigt – ein Trend, der bei allen deutschen Großunternehmen zu beobachten war. Besonders betroffen waren von den Restrukturierungen in den 1990er Jahren die Frauen unter den Inlandsbeschäftigten. Der Frauenanteil lag bei Bosch im Inland (ohne Tochtergesellschaften) im Jahr 1980 bei 36 Prozent und ging bereits bis 1990 auf 29 Prozent zurück (mit Tochtergesellschaften 30 Prozent). Im Jahr 2000 waren dann nur noch 23 Prozent der Beschäftigten Frauen (mit Tochtergesellschaften), also 9 Prozent weniger als Mitte der 1950er Jahre.[149]

Gegenüber den Beschäftigten in der Automobilindustrie standen die Bosch-Mitarbeiter dennoch vergleichsweise gut da. Lange bevor in Feuerbach, Bamberg oder Nürnberg der Abbau von Stellen einsetzte, waren bei GM, Ford und Chrysler, dann auch bei Fiat, Peugeot und schließlich VW, BMW und Daimler-Benz Entlassungen und Kurzarbeit an der Tagesordnung. Selbst die japanischen Automobilhersteller strichen Stellen und legten einige ihrer Auslandswerke vorübergehend still.

Die letzten heftigeren Auseinandersetzungen zwischen Betriebsrat und Geschäftsleitung bei Bosch lagen schon Jahre zurück. 1984 hatte der bundesweite Arbeitskampf der IG Metall für die 35-Stunden-Woche auch in Feuerbach und an anderen Bosch-Standorten zu Arbeitsniederlegungen und Protestkundgebungen geführt – begleitet von gleichzeitig heftig tobenden Grabenkämpfen innerhalb der Bosch-Belegschaftsvertreter. Der Arbeitskampf war damals von beiden Seiten mit großer Härte geführt worden – bei Bosch in Reutlingen wurde gestreikt, bei Bosch in Feuerbach wurden die Arbeiter daraufhin von der Firmenleitung ausgesperrt. Als es zu Lieferproblemen kam, wurden Angestellte an die Montagebänder beordert, was die Spannungen innerhalb der Belegschaft erhöhte.[150] Nach sieben Wochen wurde der Konflikt erst im Juli 1984 mit dem sogenannten Leber-Kompromiss beendet. Danach folgten vergleichsweise ruhige Jahre. 1988 trat Richard Rau sein Amt als Bosch-Gesamtbetriebsratsvorsitzender an Ludwig Vogt ab, der lange Jahre Betriebsrat im Bosch-Werk Bamberg gewesen war, dem damals zweitgrößten Fertigungsstandort in Deutschland nach Feuerbach.

Abb. 73: Betriebsversammlung mit dem Gesamtbetriebsratsvorsitzenden Richard Rau
(1985)

Seit 1990 begannen die Zeiten für die Bosch-Betriebsräte merklich schwieriger zu werden. Einstellungsstopps und verstärkte innerbetriebliche Umsetzungen in einer Reihe von Werken nahmen zu, und auch die Arbeitsmarktpolitik und die Sozialgesetzgebung der Bundesregierung verhießen unter anderem durch eine Änderung des § 116 des Arbeitsförderungsgesetzes, die aus Sicht der Gewerkschaften die Voraussetzungen für einen Arbeitskampf erheblich erschwerten, nichts Gutes, da bei Streikauswirkungen in nicht bestreikten Betrieben künftig kein Kurzarbeitergeld mehr bezahlt wurde. Die Bosch-Geschäftsführung hatte es inzwischen auf Gewerkschaftsseite mit Walter Riester zu tun, dem Bezirksleiter der IG Metall in Stuttgart, der im Frühjahr 1992 eine Erhöhung der Tariflöhne und -gehälter um 5,4 Prozent ab April 1992 sowie um weitere 3 Prozent ab April 1993 zuzüglich einer Erhöhung der tariflichen Sonderzahlungen ausgehandelt hatte.[151] Ein günstigerer Tarifabschluss, so das Urteil der Bosch-Geschäftsführung, wäre unter den gegebenen Umständen nicht erreichbar gewesen. Ein Streik hätte das Unternehmen wie 1984 in große Lieferschwierigkeiten gebracht. Die verlängerte Laufzeit «entspannt immerhin den Verteilungskampf und führt zu einer sicheren Kalkulationsbasis».[152] Zur gleichen Zeit konzentrierte sich das Engagement der Bosch-Betriebsräte jedoch vor allem auf interne Betriebsvereinbarungen, insbesondere hinsichtlich der erwarteten bzw. befürchteten Auswirkungen von

CIP, dem Continuous Improvement Process. Der Gesamtbetriebsrat forderte eine Vereinbarung darüber, dass «aufgrund der Einführung und Anwendung von CIP keine Entlassungen vorgenommen werden und den Mitarbeitern keine finanziellen Nachteile entstehen».[153] Nicht nur wegen der schwierigen Abgrenzbarkeit von anderen Maßnahmen, sondern vor allem aufgrund der im Falle von Zugeständnissen damit verbundenen starken Einschränkung der unternehmerischen Handlungsspielräume lehnte die Geschäftsführung diese Forderungen zunächst ab, wohlwissend, dass ein offener Widerstand des Gesamtbetriebsrats und der örtlichen Betriebsräte die Einführung von CIP erheblich erschweren würde. Noch während darüber verhandelt wurde, sorgte im Herbst 1992 der Beschluss der Geschäftsführung, den für 1992 tariflich vereinbarten Teil des 13. Monatsgehalts durch Verrechnung mit der außertariflichen Arbeits- und Erfolgsprämie zu kürzen, für massive Unruhe und Empörung in weiten Teilen der Belegschaft. «Die Belegschaft», so hieß es etwa in einem Schreiben eines Betriebsrats an Bierich, «hat erst vom schwarzen Brett erfahren, dass ihr ein Teil des hart erarbeiteten 13. Monatsgehalts vorenthalten wird. Durch diese formaljuristisch zwar richtige, moralisch aber fragwürdige Vorgehensweise stellt sich die Frage, inwieweit für die Geschäftsleitung Kaizen – CIP – Lernstatt, um nur einige Schlagworte zu nennen, nur dann gilt, wenn es um einen Vorteil für die Geschäftsleitung geht. Wir meinen, wer es mit dem neuen Unternehmerstil ernst meint, kann sich beim 13. Monatseinkommen nicht so verhalten! Oder glaubt die Geschäftsleitung, dass ein solcher Coup die Belegschaft zu mehr als zu Dienst nach Vorschrift motiviert? Wir meinen nein. Wer Kaizen will, muss sich auch an moralische Spielregeln halten. Dies hat auch der Firmengründer für wichtig erachtet. Sein Motto ‹Lieber Geld verlieren als den guten Ruf› zeigt dies deutlich auf …»[154]

Nachdem das Verhältnis zwischen Betriebsrat und Geschäftsführung durch den Konflikt vom Frühjahr 1993 schwer beschädigt worden war, kam schon wenige Monate später weiterer Zündstoff auf. Im Oktober 1993 teilte die Geschäftsführung mit, dass das Lichtwerk in Feuerbach zum 1. April 1994 geschlossen würde. Bereits seit 1988 hatte es in der Geschäftsführung Pläne zur Restrukturierung dieses Werkes zur Weiterentwicklung des Standortkonzepts der Bosch-Gruppe gegeben. Seit langem bereits machte die Ertragssituation der im Lichtwerk gefertigten Generatoren Sorgen und daher plante man, die Generatorfertigung an einen billigeren Auslandsstandort zu verlagern. Zugleich sollte die Leichtmetallgussfertigung in Feuerbach aufgegeben werden. Dazu kam die beabsichtigte Verlegung von Vertrieb, Entwicklung und Verwaltung des Geschäftsbereichs K2 (Lichttechnik) von Feuerbach nach Reutlingen. Dafür sollte, zur Entlastung des Entwicklungszentrums Schwieberdingen, die Geschäftsbereichsleitung K9 (Starter) mit den dazugehörigen

Abteilungen nach Feuerbach umziehen und das Stammwerk als K-Entwicklungsstandort ausgebaut werden.[155]

Insgesamt ergab sich dadurch eine Aufwertung des Traditionsstandorts, bei allerdings gleichzeitig deutlicher Reduzierung der Beschäftigtenzahl und einer Verschiebung im Verhältnis Angestellte/Lohnempfänger von 1:3 zu 1:1,8. Im Frühjahr 1993 wurde dieses Maßnahmenbündel wieder verstärkt aufgegriffen und die Neuordnung des Feuerbacher Werkes vorangetrieben. Pumpenwerk und Lichtwerk wurden zu einer Einheit zusammengefasst und eine einheitliche Werksleitung mit den Arbeitsgebieten Dieseleinspritzpumpen, Generatoren und ABS gebildet. Die Fertigung von Kompakt-Generatoren in Feuerbach wurde aufgegeben und auf die beiden ausländischen Produktionsstandorte, das 1991 eröffnete Werk in Cardiff/Wales und das Werk im spanischen Treto, konzentriert.[156] Dass Bosch gerade in England ein neues Werk gebaut hatte, war nicht zuletzt auch auf die fehlenden britischen Vorschriften über die Errichtung von Arbeitnehmervertretungen zurückzuführen. Als die Geschäftsführung die Fabrik in Cardiff aufbaute, konnte man daher eine Art Auswahlwettbewerb unter den vier infrage kommenden Gewerkschaften vornehmen. Den Zuschlag für das sogenannte single-union agreement erhielt die EETPU (Electrical, Electronic, Telecommunication and Plumbing Union), die dafür in ein «no-strike agreement» einwilligte.[157] Für die Großserienfertigung von Dieseleinspritzpumpen errichtete Bosch wenig später zudem ein Werk in Tschechien mit langfristig über 5000 Beschäftigten. Die Schließung des Lichtwerks war für die Beschäftigten ein regelrechter Schock. Die Unsicherheit war groß, da man nicht wusste, was als Nächstes kommen und wo der eigene Arbeitsplatz künftig sein würde. Manche «Boschler» entschieden sich für die angebotene Abfindung, viele ausländische Mitarbeiter kehrten in ihre Heimat zurück. Die, die blieben, kamen ins Pumpenwerk, wo zum Glück der Diesel-Boom für einen Aufschwung und Produktionsausweitungen bei der Fertigung von VE-Pumpen sorgte. «Die Arbeitsatmosphäre war im Pumpenwerk [allerdings] ganz anderes als im Lichtwerk», so erinnerte sich später eine der betroffenen Mitarbeiterinnen. «Viele haben sich mit der Eingliederung schwer getan. Im Pumpenwerk hat man uns angeschaut, als ob wir schuld wären an der Verlagerung des Lichtwerks und jetzt zu ihnen kommen, um ihnen die Arbeit wegzunehmen. Da gab es schon viele Konflikte.»[158]

Aber es traf auch weitere Bosch-Standorte. Das Unternehmen produzierte Anfang der 1990er Jahre an 17 Standorten im Inland und 15 Auslandsstandorten, wobei die deutschen Werke im Durchschnitt (noch) wesentlich größer waren als die Produktionsstätten im Ausland. Auf einer internen Klausur im März 1993 wurden daher weitreichende Maßnahmen erörtert, von der langfristig geplanten Aufgabe des alten Blaichacher Standorts und des Standorts Bühlertal über die Schließung des Standorts Göttingen bis hin zu weiteren

Verlagerungen und Konzentrationen diverser Fertigungslinien in und zwischen den Ansbacher bzw. Nürnberger Werken. Im Oktober 1993 wurde die Schließung des Werkes Schwäbisch Hall mit 400 Beschäftigten angekündigt.[159] «Zur Anpassung an den strukturellen Beschäftigungsrückgang wird auch 1994 der Stellenabbau und die Reduzierung der Mitarbeiteranzahl kontinuierlich fortgesetzt», hieß es dann auf der Klausurtagung der Geschäftsführung im Dezember 1993.[160] Zu diesem Zeitpunkt liefen an neun Bosch-Standorten Sozialplanverhandlungen. Und es wurde bereits ein ganzes Bündel weiterer Maßnahmen der Standort- und Beschäftigungspolitik in Angriff genommen: beschäftigungsorientierte Arbeitsplatzregelungen, Reduzierung der tariflichen Erholungszeiten («Steinkühler-Pause»), betriebliche Weiterbildungsmaßnahmen während Kurzarbeit und die Bildung von sogenannten Kernstandorten. «Die derzeit diskutierten Beschäftigungsmodelle (Teilzeitregelungen, Jahresarbeitszeit etc.) sind auf ihre Tauglichkeit für RB zu prüfen. Hierbei wird weiterhin eine Standort-individuelle Vereinbarung mit dem jeweiligen Betriebsrat angestrebt.»[161]

Erst nach und nach gestaltete sich das Verhältnis zwischen Geschäftsführung und Betriebsrat wieder vertrauensvoll. Kleinere Warnstreiks und Demonstrationen gab es zwar immer wieder, etwa im Februar 1995 gegen die Ausweitung von Samstags- und Sonntagsarbeit. Aber spätestens mit der Debatte um das «Bündnis für Arbeit» vom Frühjahr 1996 versuchten beide Seiten wieder, nachdem der Personalabbau zum Stillstand gekommen war, für den Erhalt der Wettbewerbsfähigkeit von Bosch zusammen an einem Strang zu ziehen. Mitte April 1996 präsentierte Todenhöfer auf der Aufsichtsratssitzung unter dem Titel «Bündnis für Arbeit – Standortbestimmung Bosch» einen Katalog von Maßnahmen, den Geschäftsführung und Gesamtbetriebsrat bereits in einer gemeinsamen Sondersitzung Ende März «als wichtiges Zeichen des Willens, die Probleme gemeinsam zu lösen», besprochen hatten.[162] Die derzeitigen allgemeinen Bündnis-für-Arbeit-Aktionen, so Todenhöfer, erschienen aus Bosch-Sicht weder vom Zeitpunkt ihres Wirksamwerdens noch inhaltlich den tatsächlichen Bedürfnissen des Unternehmens in ausreichendem Maße gerecht zu werden. Es bedürfe der «Bereitschaft aller, das bisherige System insgesamt auf den Prüfstand zu stellen». Argumente wie «geht vom Betriebsablauf her nicht» oder «hierfür haben wir früher gestreikt und diese Leistung unter Verzicht auf Lohnerhöhungen erkämpft» seien in dieser Form nicht mehr zulässig.[163] Mehr und schnellen Erfolg verspreche man sich von «RB-bezogenen Aktionen und Maßnahmen», allen voran der Reduzierung von Überzeiten. Dazu kam die «behutsame» weitere Einführung des Samstags als Regelarbeitszeit. «Ein zusätzliches Beschäftigungspotenzial durch Abbau von Überzeiten», so Todenhöfer, «ist nur bei flexibler Einbeziehung des zuschlagfreien Samstags in Schichtmodelle zu erschließen.» Ein dritter Punkt waren flexible Arbeitszeiten, ferner die Propagierung von Altersteilzeit und nicht zuletzt die Verringerung des «bei weitem zu hohen» Krankenstands bei Bosch. «Das Robert Bosch-Bündnis für Arbeit wird nur dann Erfolg haben», so die Schlussfolgerung, «wenn wir den Standorten mit ihren unterschiedlichen Bedürfnissen den ausreichenden Handlungsspielraum belassen. Die Standorte müssen weiter Kosten einsparen und wissen am besten, wo Arbeitszeitmodelle für sie sinnvoll einsetzbar sind.»[164]

Als Startsignal für die Bosch-spezifische Umsetzung eines «Bündnisses für Arbeit», so der Vorschlag der Geschäftsführung, sollte mit dem Gesamtbetriebsrat ein gemeinsamer Aufruf erfolgen, wozu es dann auch tatsächlich kam. Bis zum Sommer 1996 waren mit den Betriebsräten an zahlreichen Standorten über 100 Arbeitszeitmodelle vereinbart worden, mit deren Hilfe die Arbeitszeiten vor Ort flexibilisiert und dementsprechend die Maschinenlaufzeiten verlängert werden konnten.[165] Die Bandbreite reichte dabei vom Einsatz von Teilzeitarbeitskräften im Werk Bühl über Arbeitszeitkonten bis hin zu fehlzeitabhängigen Arbeits- und Erfolgsprämien. So erfolgreich man damit Bosch-intern Probleme der Beschäftigungsentwicklung, konjunktureller Schwankungen und struktureller Anpassungszwänge in den Griff bekam, so lähmend und als Rückschlag bei diesen Bemühungen empfand die Geschäftsleitung die Entwicklungen auf der arbeits- und sozialpolitischen Ebene, wie etwa durch die Novellierung des Betriebsverfassungsgesetzes im Sommer 2001.[166]

Die sich noch im Laufe des Jahres 1999 ankündigende zweite große Rezessionsphase sollte die Bewährungsprobe für den inzwischen wieder erreichten Macht- und Interessenausgleich in den Industrial Relations bei Bosch werden. Tatsächlich zeigte sich von Anfang an das explizite Bemühen der Geschäftsführung, die Fehler von 1993 nicht zu wiederholen. Frühzeitig nahm man Gespräche mit dem Gesamtbetriebsrat über eine Betriebsvereinbarung zur Beschäftigungssicherung bei konjunkturellen Schwankungen und zu einem Fünf-Punkte-Programm zur Arbeitszeitflexibilisierung auf.[167] Man werde, so versicherte denn auch die Geschäftsführung in einer Aufsichtsratssitzung Ende November 2001, auf dem Höhepunkt der Krise, anders als bei der Rezession von 1993 zunächst alle tarifvertraglichen Möglichkeiten zum Gegensteuern nutzen und die Arbeitsplätze so lange wie möglich erhalten.[168] Den Fehler, Stellen unter hohen Kosten abzubauen und beim nachfolgenden Aufschwung nicht mehr genügend qualifizierte Mitarbeiter zur Verfügung zu haben, werde man nicht wiederholen. Der wenig später sehr kontrovers geführten Debatte über Arbeitszeitverlängerung ohne Lohnausgleich zur Verbesserung der Wettbewerbssituation des Standorts Deutschland konnten sich jedoch auch die Sozialpartner bei Bosch nicht entziehen, zumal sie von Franz Fehrenbach, dem ab Juli 2003 amtierenden Vorsitzenden der Geschäftsführung, selbst mit angestoßen worden war.[169] In der Folgezeit wurde eine Reihe weiterer Betriebsvereinbarungen geschlossen: beispielsweise 2002 über die Einführung eines Zeitkontos zur Beschäftigungssicherung und 2007 ein Zukunftsprogramm zum Aufbau neuer Fertigungslinien der Dieseleinspritztechnik am Standort Feuerbach.[170]

2. Der Übergang ins digitale Zeitalter

Die technische Stärke: Forschung, Entwicklung und Innovationsverhalten

Trotz der breiten Erzeugnispalette wurde die Entwicklung der Bosch-Gruppe auch in den 1970er und 1980er Jahren entscheidend von Neuerungen in der Kraftfahrzeugtechnik bestimmt. Wie schon in der Zeit Robert Boschs hing die Zukunft des Unternehmens davon ab, dass es gelang, sich mit Innovationen auf diesem Gebiet als Technologieführer zu behaupten. Die Anforderungen dafür hatten sich freilich durch den Übergang zur Elektronik und zur Mikroelektronik grundlegend verändert. Das Unternehmen konnte seine Marktposition im K-Bereich nicht mehr mit der Herstellung einzelner Komponenten behaupten und wandelte sich mehr und mehr zu einem Systemanbieter. Die erste Generation der elektronischen Benzineinspritzung, die 1967 in Serienfertigung gegangene D-Jetronic, bestand noch aus Einzelbauelementen, doch schon für die zweite Generation, die L-Jetronic, wurden integrierte Schaltkreise entwickelt, und für das 1978 eingeführte Antiblockiersystem dann erstmals auch Digitaltechnik.[1] Dieser Technologiesprung erforderte hohe Aufwendungen für Forschung und Entwicklung sowie ein großes Know-how in der Halbleitertechnik, in der Steuer- und Regelungstechnik und auf dem Gebiet der Materialforschung.

Für Forschung und Entwicklung (FuE) bestand bei Bosch traditionell eine dreistufige Gliederung aus Forschung, Vorentwicklung und Produktentwicklung. Auch nach der Errichtung einer eigenen Entwicklungs-Hauptleitung Ende der 1950er Jahre blieb dieses Muster bestehen. Mit der Neugliederung des Unternehmens in Geschäftsbereiche entstand 1965 ein eigener Zentralbereich Forschung, Stoffe und Verfahren (FSV), der für übergreifende Projekte, etwa aus der Halbleitertechnik oder der Materialforschung, zuständig war und damit auch über eine gewisse Eigenständigkeit gegenüber der Produktentwicklung verfügte. In diese Richtung zielte auch die ebenfalls 1965 erfolgte Gründung eines eigenen Forschungsinstituts in Berlin.

Mit der Errichtung von Technischen Zentren baute Bosch gegen Ende der 1960er Jahre seine Forschungs- und Entwicklungskapazitäten massiv aus. 1968 entstanden das Technische Zentrum Forschung – das dann mit der Hauptverwaltung auf die Schillerhöhe verlegt wurde – und das Technische Zentrum Autoelektrik in Schwieberdingen bei Ludwigsburg. Damit lag das Unternehmen im Trend der Zeit. Die deutsche Industrie hatte ihre FuE-Ausgaben bereits zwischen 1961 und 1965 mehr als verdoppelt.[2] Das Technische Zentrum Autoelektrik in Schwieberdingen sollte nun «so etwas wie die Systemfähigkeit des Unternehmens in der Kraftfahrzeugtechnik» demonstrieren.[3] Bis heute ist Schwieberdingen der größte Entwicklungsstandort der Bosch-Gruppe.

Der organisatorische Aufbau von FuE wurde in den folgenden Jahrzehnten mehrfach verändert. 1972 wurde der Zentralbereich FSV in Forschung und Verfahrenstechnik aufgeteilt, doch schon wenige Jahre später kam es wieder zu einer Zentralisierung. Forschung, Verfahrenstechnik, Vorausentwicklung und Produktentwicklung wurden nun im Zentralbereich Technik zusammengefasst, der 1983 einer dezentraleren Struktur weichen musste, da sich die Umstellung auf die Mikroelektronik in den Geschäftsbereichen rascher vollzog als auf der zentralen Ebene. Mit diesem technologischen Wandel ging in den Jahren 1985 bis 1990 ein weiterer Schub bei den FuE-Aufwendungen einher. Der Anteil dieser Ausgaben am Umsatz des Unternehmens stieg nun erstmals auf über 6 Prozent. Unter den Unternehmensbereichen lag dabei die Kraftfahrzeugtechnik, wie nicht anders zu erwarten, an erster Stelle. Ihr Anteil an den FuE-Ausgaben belief sich 1989 auf 52 Prozent, was in etwa dem Umsatzanteil des Unternehmensbereichs entsprach. Der Anteil der Kommunikationstechnik lag hingegen mit 35 Prozent deutlich höher als beim Umsatz. Auf die Unternehmensbereiche Gebrauchsgüter und Produktionsgüter entfielen lediglich 4 bzw. 9 Prozent der FuE-Aufwendungen.[4]

Seit 1994 sind Forschung und Vorausentwicklung wieder in einem eigenen Zentralbereich miteinander verbunden. Trotz dieser wiederholten Veränderungen gab es in der Ausrichtung von FuE bei Bosch stets eine bemerkenswerte Kontinuität, auf die bereits Walter Kaiser hingewiesen hat: «Bosch änderte zwar immer wieder die organisatorische Struktur seiner Forschung, erlebte aber weder die forschungspolitischen Höhenflüge, noch die Kulturrevolutionen, welche die Forschung in manchen anderen Unternehmen über sich ergehen lassen musste. Neues Wissen bedeutete bei Bosch immer Wissen, das nahe an der Anwendung ist.»[5] Ein Kennzeichen der FuE bei Bosch war und ist im Übrigen auch der geringe Anteil staatlicher Fördermittel. Die hohen Ausgaben für diesen Bereich waren stets weitgehend selbstfinanziert.

Durch die ausgeprägte Technikorientierung des Unternehmens kamen Innovationen bei Bosch zumeist technikgetrieben zustande und zeichneten sich durch ein entsprechend hohes technisches Niveau aus, was seinen Preis hatte – auch dafür war Bosch bekannt. Nicht selten waren neue Systeme so teuer, dass sie zunächst nur in relativ geringen Stückzahlen abgesetzt werden konnten und sich erst nach mehreren Jahren und deutlichen Preissenkungen am Markt durchsetzten. Nachfrageorientierung war nicht die Stärke von Bosch. Das wusste man auch in der Geschäftsführung, die immer wieder feststellen musste, dass das Unternehmen nicht rechtzeitig in neuen Techniken vertreten war, die der Markt verlangte.[6] Dies galt besonders für den in den 1980er Jahren ausgebauten Bereich Kommunikationstechnik, in dem die Nachfrage zumindest in einigen Bereichen direkt vom Endabnehmer ausging und in kurzfristigeren Zyklen verlief als in der Kraftfahrzeugtechnik.

Bosch stand auch im Ruf, lange Entwicklungszeiten zu benötigen und technische Neuerungen nicht eben schnell in die Serienfertigung zu überführen. Der hohe Anspruch an die eigenen Erzeugnisse führte leicht dazu, dass sich Vor- und Produktentwicklung lange hinzogen, wie die Unternehmensberatung McKinsey Bosch 1988 bescheinigte. Dem McKinsey-Gutachten lässt sich auch entnehmen, dass die ausgeprägte Anwendungsnähe der FuE nicht unproblematisch war, insofern sie mit Defiziten in der wissenschaftlich-technologischen Ausrichtung und in der Vernetzung mit der Forschung an den Universitäten einherging.[7] Auch blieben die FuE-Abteilungen bei Bosch lange Zeit auf Deutschland konzentriert. Noch 1988 arbeiteten nur 8 Prozent der FuE-Beschäftigten im Ausland.[8] Erst in den 1990er Jahren erkannte Bosch, dass sich durch eine Internationalisierung dieses Bereichs zusätzliche Wachstumschancen eröffneten. Nun entstanden neue Technische Zentren in Farmington Hills bei Detroit, in Yokohama, Palo Alto und Pittsburgh.

Als Stärke des Unternehmens erwies es sich bei den Innovationen der letzten Jahrzehnte, dass Bosch in der Lage war, strategisch wichtige Entwicklungen mit einer großen Zahl hochqualifizierter Experten voranzutreiben, nach der Markteinführung neuer Erzeugnisse auch lange, verlustreiche Durststrecken durchzustehen und laufend an Verbesserungen zu arbeiten. Hier zeigten sich die Vorteile der anwendungsnahen Ausrichtung sowie die Möglichkeiten, die Bosch als nicht börsennotiertes Unternehmen hatte. Die Geschäftsführung konnte Zukunftsprojekte mit hohen Beträgen subventionieren, ohne dafür vom Kapitalmarkt abgestraft zu werden. Einige der erfolgreichsten Innovationen von Bosch beruhten auf der Weiterentwicklung von Systemen, die in anderen Unternehmen erfunden worden waren. Für das Antiblockiersystem (ABS) gilt dies ebenso wie für das Dieseleinspritzsystem Common Rail. In beiden Fällen waren es zwar andere Unternehmen, die mit der Entwicklung begonnen hatten, doch erst Bosch war es gelungen, die Systeme zur Marktreife weiterzuentwickeln.[9] Das Unternehmen scheute dabei keine Kosten und ging auch hohe Risiken ein, weil sich die Marktposition als führender Kraftfahrzeugausrüster nur mit immer neuen Innovationen behaupten ließ. Bosch war als Zulieferer noch mehr als andere Unternehmen ständig zu Neuerungen gezwungen. Die Innovationskraft machte wiederum einen wichtigen Vorteil gegenüber kleineren Wettbewerbern auf diesem Gebiet aus, die sich kaum eigene Forschungs- und Entwicklungsabteilungen leisteten. Immer wieder suchte man bei Bosch auch deshalb nach Modellen, die es ermöglichten, zukünftige Trends rechtzeitig zu erkennen und neue Technologiepfade frühzeitig zu besetzen. 1979 wurde beispielsweise ein Forschungsbeirat aus drei Wissenschaftlern gebildet, der das Unternehmen bei langfristigen FuE-Projekten beraten sollte.[10] Seit 1993 wurden Schwerpunkte mit separatem Budget gebildet, sogenannte TOP-Projekte, um neue Produkt- und Geschäftsfelder zu erschließen.[11]

Am deutlichsten spiegelt sich die Innovationsorientierung in der Höhe der FuE-Ausgaben, die seit den 1980er Jahren stärker anstiegen als der Umsatz. Bosch hielt in den 1990er Jahren trotz geringerer Margen am hohen Niveau dieser Ausgaben fest. Die Unternehmensleitung drängte nun sogar darauf, noch mehr selbst entwickelte Produkte auf den Markt zu bringen und baute dafür die Kapazitäten weiter aus.[12] Ende der 1990er Jahre arbeiteten bei Bosch weltweit 16 300 Wissenschaftler, Ingenieure und Techniker an FuE-Projekten. Zehn Jahre zuvor waren es noch rund 12 600 gewesen.[13] In Abstatt bei Heilbronn entstand ein neues, großzügig dimensioniertes Entwicklungszentrum, das 2004 die Arbeit aufnehmen konnte. 2010 beschäftigte Bosch bereits 34 000 Mitarbeiter im Bereich FuE, und auf FuE-Aufwendungen entfielen nun mehr als 8 Prozent des Umsatzes.[14] Diese Entwicklung hängt auch damit zusammen, dass in der Autobranche ein immer höherer Anteil der FuE-Leistungen auf die Zulieferer entfällt, weil die technische Entwicklung inzwischen zu einem großen Teil bei den Ausrüstungen stattfindet, besonders durch die elektronisch gesteuerten Systeme. Mit anderen Worten: die Zulieferer tätigen Investitionen für die Entwicklung von Produkten, von denen dann auch die Automobilhersteller in hohem Maße profitieren. Für Bosch gilt das in besonderem Maße. Die FuE-Quote der Unternehmensgruppe liegt weit über dem Durchschnitt der deutschen Automobilzulieferindustrie, aber selbst höher als bei anderen forschungsintensiven Großunternehmen wie Siemens und BMW.[15] Im Jahr 2011 war Bosch denn auch das Unternehmen mit den meisten Patentanmeldungen in Deutschland.

Grafik 11 Anteil der FuE-Ausgaben am Umsatz der Bosch-Gruppe in Prozent (1985–2010)

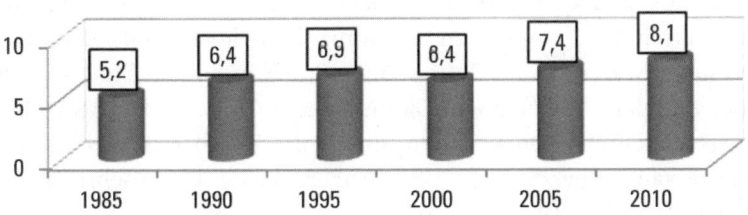

Quelle: Robert Bosch GmbH, Geschäftsberichte

Entwicklung und Durchsetzung der elektronischen Benzineinspritzung

Die Etablierung der Kraftfahrzeugelektronik begann bei Bosch in den 1960er Jahren und wurde in den 1970er Jahren entscheidend weiterentwickelt. Sie wurde für lange Zeit zum technologischen Leitthema des Unternehmens. Vor allem elektronisch gesteuerte Motor- und Fahrdynamiksysteme bildeten die Basis für das hohe Wachstum, das Bosch dann in den 1980er Jahren erreichte.

Die ersten Entwicklungen auf dem Gebiet der Kraftfahrzeugelektronik erfolgten in den USA, wo der Transistoreffekt entdeckt worden war. Die Bendix Corp. meldete 1957 für die erste elektronische Benzineinspritzung ein Patent an.[16] Zwei Jahre später begann die Vorentwicklung von Bosch, sich mit dieser Technik zu beschäftigen; doch erst 1967 konnte das Unternehmen dann ein elektronisches Benzineinspritzsystem, die D-Jetronic, auf der Automobilausstellung präsentieren. D-Jetronic – die Bezeichnung bezog sich auf die druckgesteuerte Einspritzung – basierte auf Transistoren, wie sie Bosch damals noch nicht selbst herstellte. Die Steuergeräte waren von Bosch entwickelt worden und wurden zunächst bei Blaupunkt hergestellt. Gegenüber der Vergasertechnik hatte D-Jetronic den Vorteil, dass sich die Zusammensetzung des Kraftstoff-Luft-Gemischs des Motors durch die elektronische Steuerung der Einspritzventile präzise regeln ließ, wodurch die Abgasemissionen gesenkt werden konnten. Allerdings waren die Systeme der ersten Generation noch recht störanfällig. Die meisten Automobilhersteller wollten nicht das Risiko eingehen, sie serienmäßig einzubauen, und solange die Fertigung nicht in großen Stückzahlen erfolgen konnte, blieb das elektronische Benzineinspritzsystem auch ein recht teures Produkt.[17]

Als erster Hersteller rüstete VW ab Sommer 1967 ein Modell – den VW 1600 TL/TLE – in der US-Version serienmäßig mit der D-Jetronic aus, wobei der Anstoß dazu aus den USA kam: In Kalifornien waren für Neuwagen ab dem Modelljahr 1968 strengere Abgasgrenzwerte für Pkws vorgeschrieben worden und es war damit zu rechnen, dass andere Bundesstaaten folgen würden. Ohne die D-Jetronic hätte der VW 1 600 die neuen Abgasvorschriften nicht einhalten können und somit keine Verkaufserlaubnis für Kalifornien erhalten.[18] Erstmals zeigte sich dabei, welche Möglichkeiten sich für die Kfz-Ausrüster durch den beginnenden Immissionsschutz eröffneten. Die Automobilhersteller waren bei der Emissionssenkung in hohem Maß auf das Know-how der Zulieferer angewiesen. Da die Bendix Corp. in den USA über eine sehr starke Patentposition verfügte, durch die Bosch sich aus diesem Markt geradezu «ausgesperrt» sah, vereinbarten beide Unternehmen ein Cross-Licence-Abkommen für elektronische Benzineinspritzungen. Bendix belieferte den amerikanischen Markt, Bosch den europäischen Markt. In

Europa gingen vor allem Hersteller höherwertiger Kraftfahrzeuge wie Volvo, Saab, Citroën und Daimler-Benz dazu über, einzelne Modelle mit D-Jetronic auszurüsten, da sich herumsprach, dass die elektronische Einspritztechnik die Leistungsfähigkeit der Motoren erhöhte.[19] Bei Bosch entschloss man sich nun, weiter in die Elektronik zu investieren und in Reutlingen ein eigenes Halbleiterwerk zu errichten, in dem dann 1970 die Fertigung anlief.

Die D-Jetronic blieb freilich so anfällig, dass es immer wieder zu Rückschlägen kam. Bei Bosch wurde inzwischen ein verbessertes elektronisches Benzineinspritzsystem, die L-Jetronic, entwickelt, die auf der neuen, leistungsfähigeren Bauelementegeneration der Integrierten Schaltkreise beruhte. Parallel dazu erfolgte die Entwicklung des mechanischen Einspritzsystems K-Jetronic. Beide Systeme kamen 1973 auf den Markt. Derartige Parallelentwicklungen waren nicht unüblich, weil auf diese Weise eine gewisse Risikodiversifizierung erreicht werden konnte. Doch nur selten gab es in der Geschichte des Unternehmens einen so hartnäckig ausgetragenen Wettlauf zwischen zwei konkurrierenden Systemen wie zwischen der L-Jetronic und der K-Jetronic. Es kam zu einem «jahrelangen Kopf-an-Kopf-Rennen»,[20] das die Experten von Bosch praktisch in zwei Lager spaltete. Die Elektronik-Fachleute um Hermann Scholl, der die Entwicklung der D-Jetronic geleitet hatte, standen den Anhängern der mechanischen Einspritztechnik um Konrad Eckert gegenüber, der innerhalb der Geschäftsführung für die Diesel- und Benzineinspritzung verantwortlich war. Es war auch ein Gegensatz zwischen unterschiedlichen Ausrichtungen innerhalb des Unternehmens. Der studierte Maschinenbauer Eckert stand für die Präzisionsmechanik, für ihn hatte eine fehlerfreie Technik oberste Priorität. Scholl kam aus der Elektrotechnik und war sich sicher, dass der Elektronik die Zukunft gehören würde. Für ihn war entscheidend, dass Bosch diesen Technologiesprung nicht verpasste.

Zunächst blieb die L-Jetronic im Wettbewerb mit der K-Jetronic zurück. Die mechanische Benzineinspritzung arbeitete zuverlässiger, was man besonders bei Daimler-Benz zu schätzen wusste, nachdem es immer wieder zu Ausfällen der D-Jetronic an damit ausgerüsteten Mercedes-Modellen gekommen war.[21] Vorübergehend schien es sogar, als würde die elektronische Benzineinspritzung vom Markt verdrängt werden, doch gelang es dann, die Kosten und damit die Preise bei diesen Systemen zu senken, während die K-Jetronic teurer wurde, weil sie wegen der steigenden Anforderungen an die Abgasendreinigung elektronisch aufgerüstet werden musste.[22] Bosch entwickelte mit der Lambda-Sonde eine wichtige Innovation auf dem Gebiet der Abgasreinigung, die ab 1976 von Volvo in Modelle für den US-Markt eingebaut wurde. Ein Jahr später folgte ein Großauftrag von Ford und schließlich setzten fast alle auf dem US-Markt vertretenen Automobil-

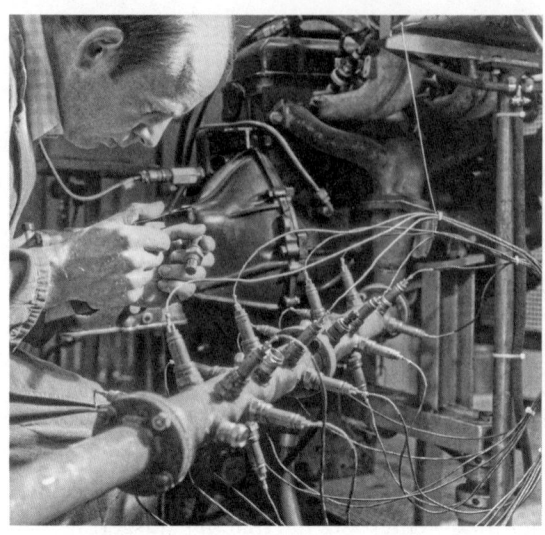

Abb. 74: Erprobung einer Lambda-Sonde (1975)

hersteller Lambda-Sonden von Bosch oder anderen Ausrüstern, die diesen Sensor rasch nachbauen konnten, ein. Die Lambda-Sonde war in der Lage, den Sauerstoffgehalt im Abgas zu messen und die Einspritzmenge in Benzinmotoren darauf abzustimmen. Mit ihr konnte bei Fahrzeugen mit Benzineinspritzmotoren die damals fortschrittlichste Abgasreinigungstechnik, der Drei-Wege-Katalysator, verwendet werden.[23]

Die Gewichte verschoben sich zugunsten der elektronischen Benzineinspritzung, nachdem es bei Bosch 1979 gelungen war, ein neues System mit der Bezeichnung Motronic auf den Markt zu bringen, welches die elektronische Benzineinspritzung mit der digitalen Zündung verband. Die Motronic war im Geschäftsbereich Elektrik (K1) entwickelt worden, der für die Zündung zuständig war. Innerhalb der Geschäftsführung gehörte dieses Gebiet zum Ressort von Hermann Scholl. Bei den Zündungen setzte sich damals die neue Digitaltechnik durch, weil sie günstigere Abgaswerte ermöglichte. Die digitale Zündung ließ sich mit der elektronischen Benzineinspritzung kombinieren, nicht aber mit einer mechanischen. Scholl sah darin die Chance, der elektronischen Benzineinspritzung quasi auf einem Umweg zu dem Durchbruch zu verhelfen, der auf direktem Weg nicht erzielt werden konnte, und ließ in seinem Bereich ein kombiniertes System aus Benzineinspritzung-Zündung mit digitaler Steuerung entwickeln. Rückblickend erinnert er sich, damit «eine zweite Front» aufgemacht zu haben, weil er nicht mit ansehen konnte, «dass wir da die Chance auslassen, in der Elektronik weiterzumachen».[24]

Die Motronic, die 1979 in die Fertigung ging, enthielt eine einheitliche, auf Mikroprozessoren beruhende elektronische Steuerung für die Zündung und für die Einspritzung. Durch dieses System konnten zugleich Emission, Verbrauch und Leistung des Motors gesteuert werden.[25] Scholls Entwickler hatten bei dieser Innovation eng mit BMW zusammengearbeitet, da Daimler-Benz, der bei anderen Projekten bevorzugte Partner von Bosch, nicht von der K-Jetronic und deren Weiterentwicklung KE-Jetronic abrücken wollte. BMW rüstete 1979 sein neues Modell 732i mit Motronic aus. Der Wettbewerb zwischen den beiden Benzineinspritzsystemen war damit aber noch nicht beendet. Scholl schilderte dies später in einem Vortrag zum 40-jährigen Jubiläum der elektronischen Benzineinspritzung: «Die interne Auseinandersetzung bei Bosch zwischen KE-Jetronic und Motronic setzte sich noch einige Jahre erbittert fort. Zwischen den Geschäftsbereichen Elektrik (K1) und Diesel und Benzin (K5) wurde um jedes Kundenprojekt gekämpft, teilweise mit Kampfpreisen, die durch die Kostenrechnung nicht gedeckt waren.»[26] Doch schließlich setzte sich die Motronic als das technisch überlegene System durch und der Konflikt zwischen den beiden Lagern im K-Bereich von Bosch konnte durch eine Reorganisation entschärft werden, bei der die Arbeitsbereiche KE-Jetronic, L-Jetronic, Motronic und Zündung in einem neuen Geschäftsbereich zusammengeschlossen wurden.

Die Motronic wurde für Bosch auf lange Zeit zu einem wichtigen Ertragsbringer. Das Prinzip dieses Systems, Zündung und Einspritzung mit einem zentralen Mikroprozessor digital zu steuern, setzte sich in der Kraftfahrzeugtechnik allgemein durch. Die Entwickler der Motronic hatten einen derartigen Erfolg freilich weder geplant noch voraussehen können. Ihnen war es nicht darum gegangen, einen Weltstandard vorzugeben, und sie hatten an diesem System auch nicht gearbeitet, weil der Markt es verlangte. Sie wollten eine Chance nutzen, um eine Technologie, an deren Zukunft sie fest glaubten, in ihrem Unternehmen durchzusetzen. Die Motronic war für sie zunächst ein Umweg, über den dieses Ziel erreicht werden konnte. Hätte sich die elektronische Benzineinspritzung bei Bosch schon früher gegen die mechanische klar durchgesetzt, dann wäre ein System wie die Motronic erst später und möglicherweise zu spät entwickelt worden. So gelangte man, wie häufig in der Technikgeschichte, gerade durch einen Umweg zu einem noch größeren Erfolg.

Fahrdynamiksysteme und Navigationsgeräte

Neben der Motronic leistete Bosch auch mit Innovationen im Bereich der Bremsregelsysteme einen wichtigen Beitrag zur Etablierung der Kraftfahrzeugelektronik: dem Anti-Blockier-System (ABS) und dem Elektronischen Stabilitätsprogramm (ESP). Auch hier ging der Entwicklung eine lange Vorgeschichte voraus, und auch auf diesem Gebiet lag die Technologieführerschaft zunächst bei anderen Unternehmen. Mit dem Grundprinzip des ABS, ein Blockieren der Räder beim Bremsvorgang zu verhindern, hatten sich Ingenieure schon in den 1920er Jahren beschäftigt. Der Berliner Ingenieur Karl Wessel erhielt 1928 ein Patent auf einen mechanischen Bremskraftregler für Kraftfahrzeuge, das er Bosch anbot. Das Unternehmen zog aber eine eigene Entwicklung vor und erhielt acht Jahre später ein Patent auf einen «Festbremsverhinderer», der wegen des Krieges nicht mehr in die Fertigung gelangte.[27] Die Entwicklung von Fahrdynamiksystemen wurde damals vom Flugzeugbau bestimmt. Amerikanischen und britischen Firmen gelangen auf diesem Gebiet wichtige Erfindungen, die sich aber wegen der begrenzten Möglichkeiten der damaligen Elektrik nicht auf Kraftfahrzeuge übertragen ließen.[28] Zudem zeigten die Automobilhersteller wenig Interesse an Bremskraftreglern, da sich ihre Erzeugnisse in der Nachkriegszeit auch ohne ein derartiges System glänzend verkauften. Nachdem sich die Halbleitertechnik durchgesetzt hatte, wurden in den 1960er Jahren auf der Basis dieser Technik leistungsfähigere, elektronisch gesteuerte Bremssysteme entwickelt. Eine Pionierrolle nahm dabei die Heidelberger Firma Teldix (heute: Rockwell Collins Deutschland) ein, eine gemeinsame Tochtergesellschaft von Telefunken und der Bendix Corp., die u. a. elektronische Ausrüstungen für Militärflugzeuge herstellte.[29] Zur Entwicklung eines elektronischen Bremssystems für Personenkraftwagen ging Teldix 1964 eine Kooperation mit Daimler-Benz ein. Ein Jahr später begann man auch bei Bosch mit einem derartigen Projekt. Für das Unternehmen war das Gebiet der Bremsentechnik damals völlig neu, man verfügte dort über kein Know-how. Dass Bosch dennoch die Entwicklung eines Blockierverhinderers aufnahm, ging vermutlich auf einen Hinweis von Daimler-Benz zurück, wo man sich nicht sicher gewesen sein soll, ob Teldix später einmal in der Lage sein würde, das ABS in großen Serien zu fertigen.[30] So handelte es sich auch in diesem Fall zwar eindeutig um eine technisch motivierte Entwicklung, nicht um eine nachfrageinduzierte,[31] doch dürfte Bosch dabei von Anfang an seinen Großkunden im Blick gehabt haben.

Als erstes Unternehmen erprobte Teldix 1970 in Zusammenarbeit mit Daimler-Benz Prototypen eines elektronischen Bremskraftreglers mit voneinander unabhängiger Regelung der einzelnen Räder.[32] Da Teldix damals Bosch voraus war – hier hatte man das ABS erst 1969 in die Vorentwicklung übernommen – setzte Daimler-Benz nun auf das Teldix-ABS und wollte dieses System in die Serienfertigung überführen. Die Vorbereitungen dazu mussten jedoch abgebrochen werden, weil sich zeigte, dass dieses erste ABS den Sicherheitsanforderungen nicht genügte. Bei den Beteiligten wuchsen Zweifel, ob auf der Basis der verfügbaren Technik und der damals noch analogen Elektronik, überhaupt ein sicheres System gebaut werden konnte. Als es bei Tests zu weiteren Ausfällen kam und das ABS in Verruf zu geraten

Abb. 75: ABS-Vergleichstest bei Daimler-Benz (1978)

drohte, weil andere Hersteller technisch unausgereifte Systeme für schwere Nutzfahrzeuge auf den Markt gebracht hatten, wurden die Arbeiten an der ersten ABS-Generation, dem Teldix-ABS, im Dezember 1974 eingestellt. Diese Entscheidung ging wohl von Daimler-Benz aus, auch wenn sie von allen vier beteiligten Unternehmen (Bosch, Daimler-Benz, AEG, Teldix) gemeinsam getroffen wurde.[33]

Bosch unternahm daraufhin einen neuen Anlauf. Man war an einer Weiterführung der ABS-Entwicklung auch deshalb besonders interessiert, weil man 1973 auf Vermittlung von Daimler-Benz die 50-prozentige Bendix-Beteiligung an Teldix übernommen hatte, wobei die ABS-Entwickler von Teldix für Bosch den eigentlichen Wert dieser Beteiligung ausmachten. Auch passte das ABS geradezu perfekt in das bei Bosch im November 1973 verkündete 3-S Programm. Gemeinsam mit Daimler-Benz wollte man nun in einem Kraftakt auf der Grundlage der neuen Digitaltechnik unter Einsatz von 50–70 Mitarbeitern innerhalb weniger Jahre ein serienreifes ABS entwickeln. Angestoßen wurde dieses ambitionierte Projekt von Hans Bacher, dem Leiter des K-Bereichs, verantwortlicher Geschäftsführer war Hermann Scholl. Während Bosch im Technischen Zentrum Schwieberdingen die Bauelemente entwickelte und das ABS konstruierte, lagen die Fahrzeug-Integration und die Erprobung des Gesamtsystems bei Daimler-Benz. Um die ABS-Expertise zu bündeln, wurde der Kraftfahrzeugbereich von Teldix 1975 in die Robert Bosch GmbH übernommen, die für die Entwicklung des «ABS 2» zudem Mitarbeiter aus anderen Geschäftsbereichen abstellte. Neue elektrische und hydraulische Komponenten und ein digitales Steuergerät mussten entwickelt werden, wobei Bosch Synergieeffekte aus der Entwicklung des elektronischen Einspritzsystems nutzen konnte. Das Unternehmen scheute für diesen Kraftakt keine Kosten. Insgesamt lagen die Aufwendungen für die Entwicklung des ABS in DM gerechnet «im dreistelligen Millionenbereich».[34]

Im Oktober 1978 konnte dann ein serienreifes ABS präsentiert werden. Als entscheidend hatte sich letztlich erwiesen, dass ein derartiges System nur auf der Grundlage digitaler Elektronik fehlerfrei funktionierte. Daimler-Benz konnte das ABS nun als Sonderausstattung für die Mercedes S-Klasse anbieten. Diesen Erfolg überschattete allerdings eine Nachricht, die man in Untertürkheim später als «ABS-Trauma» bezeichnete. Die *Süddeutsche Zeitung* berichtete noch vor der Pressevorstellung in Stuttgart, dass BMW für die Modelle seiner 7er-Serie ebenfalls das von Bosch entwickelte ABS anbieten würde. Daimler-Benz sah sich getäuscht, weil Bosch dem Entwicklungspartner einen exklusiven Vorlauf von einem Jahr zugesichert hatte. Bosch machte dagegen geltend, dass der Serienanlauf bei Daimler-Benz ursprünglich im Frühjahr 1978 erfolgen sollte und die eingetretene Verzögerung keine Handhabe bot, die noch aufgrund von Vereinbarungen der Teldix GmbH gegenüber BMW und Porsche bestehenden Zusagen zu brechen, nach denen die Serienfertigung ein Jahr später, also im Frühjahr 1979, anlaufen sollte.[35] Nachdem es bei Daimler-Benz schon wegen der Ausfälle von D-Jetronic-Systemen an Mercedes-Modellen einige Verstimmung über den «Hoflieferanten» Bosch gegeben hatte, trübte nun das «ABS-Trauma» erneut das Verhältnis zwischen beiden Unternehmen, die sich dadurch aber nicht davon abhalten ließen, gemeinsam an weiteren Entwicklungen im Bereich der Fahrdynamiksysteme zu arbeiten.

Das ABS war das erste elektronische Bremsregelsystem. Es ermöglichte eine deutliche Verbesserung der Fahrsicherheit, indem es das gefürchtete Blockieren der Räder beim Bremsvorgang verhinderte. In den Medien wurde dieser Fortschritt auch gebührend herausgestellt, So erhielten Bosch, Daimler-Benz und Teldix u. a. den großen Preis der *Bild-Zeitung* für Ausrüstungen verliehen.[36] Doch im Absatz spiegelte sich dieser Ruhm nicht wider, da das ABS wegen der hohen Entwicklungskosten zum stolzen Preis von 2500 DM angeboten wurde. Die verkauften Stückzahlen blieben zunächst weit hinter den Erwartungen zurück. Bei Daimler-Benz wurden 1979 insgesamt nur 5000 ABS eingebaut.[37] Zwar wurde das ABS ohnehin nur als Sonderausstattung im Premiumsegment angeboten, für die S-Klasse von Mercedes-Benz und später für die 7er-Serie von BMW, doch selbst unter den gut betuchten Käufern dieser Modelle waren nicht viele dazu bereit, für ein noch wenig bekanntes Blockierschutzsystem einen derart hohen Preis zu zahlen. Dabei war der Verkaufspreis für die Hersteller Bosch und Daimler-Benz nicht einmal kostendeckend. So häuften sich nach den hohen Entwicklungskosten für das ABS jetzt auch noch Verluste an, die bis zu 30 Mio. DM im Jahr ausmachten.[38] Bosch konnte dies durch die Gewinne bei der Motronic kompensieren, doch war es angesichts des Kapitaleinsatzes keineswegs sicher, dass das ABS langfristig auch ein wirtschaftlicher Erfolg würde.

Nach und nach stiegen allerdings die abgerufenen Stückzahlen deutlich an. Das ABS bewährte sich auf den Straßen, wurde von Jahr zu Jahr bekannter, und nun waren auch immer mehr Autofahrer bereit, dafür einen stattlichen Preis zu zahlen. Mit der Zunahme der verkauften Stückzahlen verringerten sich wiederum die Herstellungskosten für das einzelne System und Bosch arbeitete gleichzeitig daran, die Fertigungskosten durch technische Veränderungen zu senken. Ab 1983 verkaufte sich das ABS mit Gewinn. Zwei Jahre später waren die Vorleistungen hereingeholt und das ABS wurde nun für längere Zeit zu einem der wichtigsten Gewinnbringer im Bosch-Sortiment. Produktion und Verkauf erreichten immer neue Rekordzahlen, 1986 wurde bei Bosch bereits das millionste ABS hergestellt. 1988 wurde der Preis für das elektronische Bremsregelsystem auf 1400 DM gesenkt, was einen weiteren Boom zur Folge hatte, da ABS nun auch für Mittelklassewagen serienmäßig angeboten werden konnte. 1990 war bereits ein Viertel aller in der Bundesrepublik hergestellten Personenkraftwagen mit ABS ausgerüstet. Parallel dazu mussten die Fertigungskapazitäten ausgeweitet werden. In Immenstadt und Ansbach errichtete Bosch neue Werke für die Fertigung von ABS-Komponenten, im Werk Reutlingen wurde die Fertigung Integrierter Schaltkreise ausgebaut, die Teldix GmbH war bereits 1981 vollständig übernommen worden. Insgesamt investierte Bosch in den Jahren 1983 bis 1988 etwa 850 Mio. DM in Sachanlagen für die ABS-Herstellung. Diese Kosten amortisierten sich rasch. Bis 1995 stieg die Zahl der im Unternehmen hergestellten Antiblockiersysteme für Personenwagen auf insgesamt 20 Millionen an.[39] Wirtschaftlich wurde das ABS für Bosch auch deshalb ein so großer Erfolg, weil der technische Vorsprung, der mit den hohen Entwicklungskosten erkauft worden war, von Wettbewerbern praktisch nicht eingeholt werden konnte. Zunächst gab es sechs Jahre lang überhaupt keine Konkurrenz. Erst dann brachte Teves ein elektronisches Antiblockiersystem auf den Markt. Lucas Girling, Honda und andere Hersteller folgten, doch Bosch blieb unbestrittener Weltmarktführer mit einem geschätzten Anteil von 60–80 Prozent; auch nach der Jahrtausendwende lag dieser Anteil noch bei 35 Prozent.[40]

Noch bevor sich der wirtschaftliche Erfolg des ABS einstellte, begann man bei Bosch damit, weitere Neuerungen im Bereich der Fahrdynamiksysteme zu entwickeln. Gemeinsam mit Daimler-Benz arbeitete man an einer Antriebsschlupfregelung (ASR), die das Durchdrehen der Antriebsräder beim Anfahren und Beschleunigen durch elektronisch gesteuertes Abbremsen verhinderte. Das Projekt konnte auf Vorarbeiten von Daimler-Benz und auf die bei der Entwicklung des ABS gesammelten Erfahrungen zurückgreifen, doch konnte erst 1986 eine serienreife ASR präsentiert werden, die nun als Ergänzung zum ABS angeboten wurde (ABS/ASR-System).[41]

Seit Anfang der 1980er Jahre beschäftigte man sich bei Bosch auch mit einem Fahrdynamiksystem, das nicht «längsdynamisch» wie das ABS, sondern «querdynamisch» angelegt war, und verhinderte, dass ein Fahrzeug durch von den Seiten einwirkende Kräfte ins Schleudern geriet. Das Projekt wurde mit einem Team von rund 50 Mitarbeitern angegangen, die zunächst eine Hinterachslenkung entwickelten, sich dann aber auf einen neuen, vom zuständigen Geschäftsführer Konrad Eckert 1983 vorgeschlagenen Ansatz konzentrierten, wonach es auf der Basis von ABS/ASR-Sensoren möglich war, das Fahrzeug durch das Abbremsen einzelner Räder auch seitlich zu stabilisieren.[42] Wie schon beim ABS und bei der ASR arbeitete Bosch auch diesmal eng mit Daimler-Benz zusammen. Gemeinsam vereinbarte man, das neue System bis Mitte 1995 zur Serienreife zu bringen. Um die Abstimmung zwischen den beteiligten Mitarbeitern beider Unternehmen zu optimieren, wurde 1992 ein gemeinsames Projekthaus in Schwieberdingen eröffnet. Bei der Erprobung wurden auch längere Tests im schwedischen Testzentrum Arjeplog durchgeführt, das dafür aufgrund der extremen Temperaturen im Winter und der Abgeschiedenheit des Geländes ideale Voraussetzungen bot. Dort konnte im März 1994 das neue, auf der ABS/ASR-Technik basierende System «Fahrdynamikregelung» (FDR) vorgestellt werden, welches drei Jahre später die Bezeichnung Electronic Stability Program (ESP) erhielt. Als die FDR im Sommer 1995 für die Mercedes S-Klasse in Serienfertigung ging, hatten die Entwickler von Bosch und Daimler-Benz ihr ehrgeiziges Ziel erreicht. Beide Unternehmen bauten nun das weltweit erste System dieser Art.

Ähnlich wie das ABS war auch das ESP zunächst kein wirtschaftlicher Erfolg. Daimler-Benz konnte die Innovation eineinhalb Jahre lang exklusiv anbieten, dann folgten BMW und VW/Audi. Ende 1997 waren bei Bosch aber immer noch weniger als 90 000 ESP hergestellt worden.[43] Auch die Kunden der Oberklassen von Daimler-Benz und BMW mussten erst von den Vorteilen des neuen Systems überzeugt werden, ehe sie sich zum Kauf entschlossen, und das war in diesem Fall schwieriger als beim ABS, da der Effekt, vor dem das ESP schützen sollte, nicht so bekannt war wie das Blockieren der Räder beim Bremsvorgang. Schlagartig bekannt wurde das ESP durch ein gänzlich unerwartetes, ja ausgesprochen unerwünschtes Ereignis, das als spektakuläres Lehrstück Automobil-Geschichte machte. Daimler-Benz hatte damals einen neuen Fahrzeugtyp auf den Markt gebracht, die A-Klasse, mit dem das Unternehmen auch bei Kompaktwagen vertreten sein wollte. Dieses Ziel war schlagartig infrage gestellt, nachdem ein Fahrzeug der A-Klasse bei einer von dem Motorjournalisten Robert Collin am 21. Oktober 1997 in Schweden durchgeführten Probefahrt den sogenannten Elchtest nicht bestand. Der Wagen war bei diesem Test – einem doppelten Spurwechsel, der das Ausweichen vor einem Elch simuliert – umgekippt. Nachdem Collin darüber in der Fachzeitschrift *Teknikens Värld* berichtet hatte, wurde der Vorgang für Daimler-Benz zu einem «Image-GAU». Als «Vältklasse» (Umkippklasse) wurde die A-Klasse nun verspottet, *Auto Bild* zeigte einen schleudernden Wagen der A-Klasse im freien Flug. Über Nacht wurde der Elchtest zu einem geflügelten Wort.[44]

Daimler-Benz musste den Verkauf der A-Klasse vorübergehend einstellen und kündigte an, alle Fahrzeuge dieses Typs mit ESP auszurüsten. Es gehörte zur Ironie dieser Geschichte, dass gerade Daimler-Benz zwei Jahre zuvor als erster Automobilhersteller ein System auf den Markt gebracht hatte, das auch bei Fahrmanövern wie dem Elchtest ein Schleudern und Umkippen verhinderte. Nur war das ESP wegen seines Preises von über 1700 DM bislang der Oberklasse vorbehalten. Um die A-Klasse zu retten, ließen Konzernchef Jürgen Schrempp und Pkw-Vorstand Jürgen Hubbert den Kleinwagen ohne Aufpreis mit ESP nachrüsten, was Daimler-Benz Schätzungen zufolge etwa 100 Mio. DM pro Jahr kostete. In der Presse wurde auch diese Entscheidung zunächst mit Kritik bedacht. *Der Spiegel* sah darin eine «elektronische Krücke» und ein «logistisches Himmelfahrtskommando», mit dem sich Daimler-Benz um die Entscheidung drücken wolle, die Fertigung der A-Klasse ganz einzustellen.[45] Vor allem aber kam damit auf Bosch eine Art «Himmelfahrtskommando» zu. Daimler-Benz drängte darauf, statt der bisher für das Jahr 1998 bestellten 60 000 ESP nun 250 000 ESP geliefert zu bekommen, um die A-Klasse mit diesem System ausrüsten zu können, möglichst noch im ersten Quartal. Bosch wäre zu einer derartigen Produktionssteigerung eigentlich erst ab August 1998 in der Lage gewesen, doch auf der Schillerhöhe wusste man natürlich, unter welchem Druck der benachbarte Großkunde stand, und man wird hier auch die Chance erkannt haben, die das Elchtest-Desaster für die Durchsetzung des ESP bot. Wenn es gelang, die A-Klasse durch den Einbau des ESP zu retten, würden über kurz oder lang auch andere Hersteller nicht umhin können, Klein- und Mittelwagenmodelle serienmäßig mit ESP auszurüsten. Das ESP würde zum Standard werden, weil die Kunden es verlangten.

Bosch legte ein Crash-Programm auf, um die ESP-Fertigung in kurzer Zeit maximal zu steigern. Die Leitung übernahm Hermann Scholl, der inzwischen Vorsitzender der Geschäftsführung war. Unter Hintanstellung anderer

Vorhaben und durch Verkürzung der Freigabefristen gelang es, die Liefermengen so zu erhöhen, wie es Daimler-Benz verlangte, aber wohl selbst nicht erwartet hatte.[46] Die A-Klasse von Mercedes-Benz bestand nach dem Einbau des ESP jeden Elchtest, und Daimler-Benz rüstete innerhalb von zwei Jahren sämtliche Baureihen serienmäßig mit diesem System aus. Im Herbst 1999 hatte Bosch bereits 1 Mio. ESP hergestellt – beim ABS war diese Marke erst nach zehn Jahren erreicht worden. Doch zu einem Selbstläufer war das ESP auch jetzt noch nicht geworden. Wie der *Bosch-Zünder* berichtete, hatte sich durch die Debatte um den Elchtest das Image des ESP verengt, «als verhindere ESP nur das Umkippen beim Elchtest und nicht weit mehr».[47] Die Vorzüge des ESP waren nach wie vor nicht leicht zu vermitteln, so dass viele Autofahrer als Sonderausstattung eher eine Klimaanlage bestellten als eine Fahrdynamikregelung. Als Vorteil für den Verkauf erwies sich nun die neue, 1998 eröffnete Teststrecke bei Boxberg, die Bosch besonders zur Erprobung von Fahrdynamiksystemen gebaut hatte.[48] Hier konnten viele Kunden von den Vorteilen des ESP überzeugt werden. Obwohl Wettbewerber wie Teves (ITT Automotive Europe) und Kelsey-Hayes mit ähnlichen Systemen auf den Markt kamen, stieg der ESP-Absatz bei Bosch in den folgenden Jahren rasch an, was auch damit zusammenhing, dass sich die Fahrdynamikregelung in Europa, dem Heimatmarkt des Unternehmens, rascher durchsetzte als in den USA und in Japan.[49] Im Frühjahr 2001 hatte Bosch bereits 3 Mio. ESP hergestellt, 2005 waren dann 72 Prozent der in Deutschland und 44 Prozent der in Westeuropa hergestellten Pkws mit ESP ausgerüstet, während dieser Anteil in Nordamerika erst bei 21 Prozent und in Japan bei 15 Prozent lag.[50]

Das ESP hätte sich auch ohne den Aufsehen erregenden Elchtest vom Oktober 1997 am Markt durchgesetzt, weil es die Fahrsicherheit verbessert und Leben retten kann. Doch dauerte es selbst mit der großen Publicity etwa zehn Jahre, bis das ESP in Europa zum Standard wurde, was verdeutlicht, dass sich solche Systeme erst am Markt durchsetzen, nachdem sie sich längere Zeit bewährt haben, anders als dies etwa bei Konsumgütern der Fall ist, und die Hersteller deshalb einen langen Atem brauchen. Heute ist es in der Europäischen Union, in den USA und in Japan gesetzlich vorgeschrieben, Neuwagen mit einer elektronischen Fahrdynamikregelung auszurüsten.

Die Erfolge auf dem Gebiet der Kraftfahrzeugelektronik sollten allerdings nicht übersehen lassen, dass es auch bei Bosch gescheiterte Innovationen gab und Neuerungen, die sich nicht durchsetzten. In einem Rückblick auf die Jahre 1973–2003 stellte Scholl sogar fest, «das Resultat der langjährigen Innovationsoffensive» sei «einigermaßen ernüchternd».[51] Scholl zählte nicht weniger als 16 Erzeugnisgebiete auf, in denen die Fertigung eingestellt worden war. Darunter befanden sich nur drei Gebiete aus dem K-Bereich (Magnetzünder für Zweitaktmotoren, Druckluftbremsen für schwere Nutzfahrzeuge,

Scheinwerfer). Bei allen anderen handelte es sich um Fertigungen aus der «Nicht-Kraftfahrzeugtechnik» und dabei insbesondere aus der Kommunikationstechnik. Auch daran zeigte sich, dass die technische Stärke von Bosch recht einseitig in der Kraftfahrzeugtechnik lag. Für die Innovationskraft des Unternehmens hatte dieser Bereich eine Bedeutung, die noch größer war als ihr Anteil am Umsatz.

In anderen Bereichen kam es dagegen vor, dass die Bosch-Gruppe Trends nicht rechtzeitig erkannte, so etwa bei Videorekordern, Videokameras und Mobiltelefonen.[52] In der Kommunikationstechnik fehlte offenbar auch das Gespür, zukünftige Kerntechnologien auszumachen, durch das sich Bosch in der Kraftfahrzeugtechnik auszeichnete.[53] Häufig wurden Fertigungen freilich nicht eingestellt, weil Bosch technisch zurücklag oder auf die falsche Technik gesetzt hatte, sondern weil die Kosten zu hoch waren und das Unternehmen im Preiswettbewerb nicht mithalten konnte oder weil es für zu aufwendig gehalten wurde, sich in dem betreffenden Markt zu behaupten. Bosch war dann am erfolgreichsten, wenn es gelang, sich durch hohe Entwicklungsaufwendungen einen Vorsprung zu sichern, den die Wettbewerber nicht so schnell einholen konnten. Bei elektronischen Motorsteuerungen, die auf mehreren hundert Bauteilen und speziell gefertigten Werkstoffen beruhen, ließ sich dies erreichen, nicht dagegen im Bereich der Kommunikationstechnik und bei Verbrauchsgütern, wo die Konkurrenz in der Regel rasch aufschließen konnte. Ein anschauliches Beispiel dafür ist die Entwicklung von Navigationsgeräten für Kraftfahrzeuge durch die Bosch-Tochter Blaupunkt.

Bereits in den 1970er Jahren hatte Blaupunkt gemeinsam mit einem Institut der RWTH Aachen das Autofahrer-Leit- und Informationssystem (ALI) entwickelt. Über Induktionsschleifen in der Fahrbahn sollten die Fahrer Informationen über die Fahrtroute zu ihrem Zielort erhalten. Dabei hatte man übersehen, dass die Verlegung von Induktionsschleifen auf allen größeren Straßen des Landes gar nicht durchführbar war, weil sie von den öffentlichen Straßenbauträgern horrende Investitionen erfordert hätte. Weil die öffentlichen Investitionen ausblieben, musste das Projekt ALI abgebrochen werden.[54] Als Lehre daraus begann man mit der Entwicklung eines autarken Navigationssystems, das die Fahrtrichtung mit Sensoren messen und mit digitalen Straßenkarten abgleichen konnte. Blaupunkt konnte 1983 ein derartiges System mit der Bezeichnung Elektronischer Verkehrslotse für Autofahrer (EVA) vorstellen. EVA kam allerdings nicht auf den Markt, weil es als zu aufwendig galt, Straßenkarten für das gesamte Gebiet der Bundesrepublik zu digitalisieren.[55] Man kann auch hier von einer technikgetriebenen Erfindung sprechen.

Mit dem 1989 eingeführten TravelPilot IDS lag Blaupunkt auch bei der dritten Generation von Navigationsgeräten technisch vorn. Ähnlich wie EVA berechnete der sehr viel kompaktere TravelPilot IDS die Position des Fahrzeugs mit Hilfe von Sensoren und glich sie mit digitalisierten Karten ab. Dadurch konnte zwar die Distanz zum Zielort, aber noch keine Route angezeigt werden. Der TravelPilot IDS wurde für den stolzen Preis von umgerechnet 4500 Euro angeboten. Obwohl es sich um das damals leistungsfähigste Navigationsgerät handelte, wurden nicht mehr als 10 000 Stück verkauft.[56] In den 1990er Jahren veränderte sich der Markt durch die zivile Nutzung der GPS-Technik. Satellitengesteuerte Navigationsgeräte setzten sich durch, die Kosten sanken und dementsprechend auch die Preise. Blaupunkt fiel dann noch durch den Ausstieg aus einem Projekt mit Daimler-Benz zurück und musste sich schließlich mit einem bescheidenen Marktanteil begnügen.

3. Von der Restrukturierung zum Wandel: Der Erneuerungsprozess in den 1990er Jahren (1993–2003)

Unternehmensführung und Unternehmensorganisation

Der Zeitpunkt des Antritts von Hermann Scholl als neuer Vorsitzender der Bosch-Geschäftsführung zum 1. Juli 1993 hätte nicht ungünstiger sein können. Eine seiner ersten Amtshandlungen war die Präsentation des Geschäftsberichts für das «Katastrophenjahr 1993», verbunden mit der Ankündigung weiterer Sparmaßnahmen. «Schock bei Bosch: 800 Mio. weniger, 6000 Jobs weg», titelte daraufhin die *Bild-Zeitung*. Dass Scholl und nicht Schiefer, wie es der Wunsch des scheidenden Bierich gewesen wäre, zum neuen Bosch-Chef gekürt worden war, hatte mehrere Gründe. Der wichtigste war wohl, dass Scholl ein «Eigengewächs» aus dem Hause Bosch war (eigentlich das erste seit Hans Walz). Seit 1962 im Unternehmen tätig und seit 1975 Mitglied der Geschäftsführung als leitender Manager im Unternehmensbereich Kraftfahrzeugausrüstung kannte Scholl das Unternehmen und seine Fertigungsstätten, die Produkte und Kunden von innen, und vor allem kannten die Bosch-Mitarbeiter ihn. Auch war Scholl stark von Merkle und dessen Art der Unternehmensführung und Unternehmenspolitik geprägt, d. h. unter seiner Leitung wurden die Zügel im Hause Bosch wieder stärker angezogen, und von der Schillerhöhe aus wurde wieder mehr mit zentralen Weisungen regiert. Das waren in der schwierigen Restrukturierungsphase, in der sich Bosch befand, aus Sicht des mit Hans Merkle, Peter Adolff und Robert Holzach besetzten Personalausschusses der RBIK, der bei der Auswahl des Nachfolgers von Bierich das letzte Wort hatte, die erforderlichen Eigenschaften und Charaktermerkmale, um das Unternehmen aus der Krise zu führen. Ein «radikaler Generationssprung», wie es etwa die *Börsen-Zeitung* sah und auch Bierich äußerte, war der Übergang von dem 67-jährigen Bierich zu dem 58-jährigen Scholl nicht, und Scholl selbst sah sich denn auch keineswegs als Vertreter einer neuen Generation, sondern vielmehr ganz in der Tradition seiner Vorgänger.[1] Auch Schiefer, der nun stellvertretender Vorsitzender der Geschäftsführung wurde, war mit 54 Jahren nur wenig jünger. Wenn man sich die nunmehr aus zehn statt bisher 14 Mitgliedern bestehende Bosch-Geschäftsführung in ihrer Zusammensetzung ansah, konnte man kaum von einer nennenswerten Verjüngung sprechen: Neben Scholl, der gleichzeitig für die Koordination des

Unternehmensbereichs Kraftfahrzeugausrüstung verantwortlich war, und Schiefer (Koordination des Unternehmensbereichs Kommunikationstechnik), fungierten Tilman Todenhöfer (Personal- und Sozialwesen, Recht, Steuern, Revision und Öffentlichkeitsarbeit) und Clemens Börsig (Betriebswirtschaft und Koordination einiger industrie- und gebrauchstechnischer Geschäftsbereiche) jeweils als enge Berater der beiden Vorsitzenden. Das Leitungsgremium wurde ergänzt durch die vier altgedienten K-Geschäftsführer Hansjörg Manger, Hermann Eisele, Heiner Gutberlet und Hubert Zimmerer (F4B bis F4D) sowie Wolfgang Hugo als F5 für Verkaufsorganisation und Handelsgeschäfte bzw. Rainer Hahn (F6), dem neu ernannten Verantwortlichen für Industrieausrüstung und Elektrowerkzeuge. Scholl setzte mithin zunächst auf personelle Kontinuität, und auch bei der äußeren wie inneren Organisationsstruktur der Bosch-Gruppe mit ihren vier Unternehmensbereichen und den darunterliegenden zahlreichen Geschäftsbereichen, Regional- und Tochtergesellschaften blieb vorerst alles beim Alten. Scholl, Schiefer, Todenhöfer und Börsig bildeten in dieser Anfangszeit eine Art engeres Führungsquartett, ergänzt von Bierich, der als Vorsitzender der RBIK dem eigentlichen Bosch-Machtzentrum vorstand.

Drei Jahre später, im Verlauf des Jahres 1996, setzte jedoch ein bemerkenswerter Wandel in der Organisation der Unternehmensführung ein. Hatte es 1993 noch den Anschein gehabt, dass Scholl vielfach nur eine Fortsetzung bzw. Wiederbelebung der Merkleschen Politik und Führung mit anderen Mitteln repräsentierte, so zeichnete sich nun ein neuer, eigener Führungsstil ab. Den Anfang machte die Einführung eines sogenannten LD-Forums, das einmal im Jahr und mehrtägig, ergänzend zu den halbjährlichen GPI-Versammlungen stattfand. In der «Geschäftspolitischen Information» war, so begründete Scholl die neue Veranstaltung, kein bzw. kaum echter Dialog zwischen dem Führungskreis und der Geschäftsführung möglich, schon allein aufgrund der Struktur des Programms, das in erster Linie auf Information ausgerichtet war. Über das LD-Forum, so die Hoffnung, würde das leitende Management besser miteinander ins Gespräch kommen und die Gelegenheit haben, eigene Ideen und Erfahrungen zur Weiterentwicklung der Bosch-Gruppe einzubringen. Daher wurden nicht nur der obere Führungskreis der inländischen Geschäftsbereiche und Tochtergesellschaften, sondern auch alle Angehörigen dieses Kreises weltweit eingeladen.[2] Wenig später baute Scholl, nicht zuletzt bedingt durch den Tod Schiefers und das Ausscheiden Börsigs im März 1997, die Geschäftsführung um. Das inzwischen eingespielte Führungsduo Scholl-Todenhöfer holte eine Reihe neuer und nun auch jüngerer Manager in die Geschäftsführung, so dass von der Führungsmannschaft des Jahres 1993 Ende 1997 nur noch Gutberlet und Hahn übrig geblieben waren. Gleichzeitig machte sich Scholl an einen Umbau der inneren Unternehmensorganisation. Die geltende

Abb. 76: Hermann Scholl (2011)

Hauptgliederung von Bosch mit Geschäftsbereichen und Regionalgesellschaften, die jeweils einem Führungsbereich zugeordnet waren, bestand seit rund
30 Jahren. Diese Spartenorganisation hatte sich bewährt, sie war sozusagen
vom Markt abgeleitet und fokussierte die jeweils großen Wettbewerber auf
den einzelnen Gebieten. Allerdings hatte sich der Geschäftsumfang inzwischen mehr als verzehnfacht und auch die Zahl der einzelnen Geschäftseinheiten war stark angewachsen. Es zeigte sich, dass die Geschäftsleitungen der
Geschäftsbereiche und der Regionalgesellschaften jeweils sehr stark auf den
für sie zuständigen Führungsbereich hin orientiert waren. Die Vorbereitung
wichtiger Entscheidungen erfolgte in erster Linie bilateral, d. h. zwischen der
Geschäftseinheit und ihrem zuständigen Geschäftsführungsmitglied. Es
waren jedoch gleichzeitig vielfältige Abstimmungen mit anderen zentral zuständigen Führungsbereichen erforderlich.[3] Handelte es sich um Entscheidungen auf der obersten Ebene der Geschäftsführungssitzungen, so wurden diese
zur Umsetzung wiederum an die Leitungen der einzelnen Geschäftseinheiten
delegiert – kurzum, es war ein höchst bürokratischer und unflexibler Prozess,
der sehr aufwendige Informationsflüsse erforderte, die auch noch zahlreiche
Schnittstellenhürden überwinden mussten.

Das änderte sich nun, indem fortan die Geschäftsleitungen der Geschäftsbereiche bzw. der Regionalgesellschaften unmittelbar an den Entscheidungen
der Geschäftsführung beteiligt wurden und fallweise an den entscheidenden
Geschäftsführungssitzungen teilnahmen. «Die Neuregelung wird zu einer
wesentlichen zeitlichen Entlastung der Geschäftsführung führen und ihr
mehr Zeit geben, sich mit Fragen grundsätzlicher Art auch in engeren zeit-

lichen Abständen auseinanderzusetzen», so die Erwartungen.[4] Bisher war dies
im Wesentlichen den sogenannten F-Klausuren vorbehalten, die in der Regel
jedoch nur zweimal jährlich stattfanden.[5] Folge dieser Umorganisation war,
dass nun junge Führungskräfte zunehmend Gewicht im Kreis der erweiterten
Geschäftsführung bekamen und ihnen ab Juli 1999 mit Franz Fehrenbach,
Wolfgang Chur, Siegfried Dais und Bernd Bohr, den «vier jungen Wilden», als
stellvertretenden Geschäftsführern auch Sitz und Stimme eingeräumt wurden.
«Uns war allen klar», so erinnerte sich Fehrenbach später, «dass wir die starke
Technikorientierung ausgleichen und unsere Kultur weiterentwickeln mussten, damit das Unternehmen auch zukünftig Chancen haben würde, gute,
junge Leute anzuziehen.»[6] Erst mit dieser von Scholl bewusst im Hinblick auf
seine Nachfolge vorgenommenen Öffnung vollzog sich tatsächlich ein radikaler Generationswechsel in der Bosch-Führung. Schließlich baute Scholl im
Laufe des Jahres 2001 auch die äußere Organisationsstruktur der Bosch-Gruppe
um. Nach dem weitgehenden Verkauf der kommunikationstechnischen Geschäftsbereiche wurde der entsprechende Unternehmensbereich aufgelöst, so
dass nun nur noch drei Hauptbereiche verblieben: der Unternehmensbereich
Kraftfahrzeugtechnik, wie er nun hieß, mit den vielfach neu- bzw. umgrup-
pierten acht Geschäftsfeldern Benzinsysteme, Dieselsysteme, Chassissysteme
(d. h. u. a. Bremsen), Energiesysteme, Karosserieelektronik, Car Multimedia
(wozu nun die Blaupunkt GmbH gehörte) sowie Automobilelektronik und
Automobiltechnik Handel, daneben der Unternehmensbereich Industrietechnik (Verpackungstechnik, Hydraulik etc.) und schließlich der neu formierte
Unternehmensbereich Gebrauchsgüter und Gebäudetechnik mit den Geschäftsbereichen Elektrowerkzeuge, Thermotechnik, Hausgeräte (BSHG), Sicherheitstechnik und Breitbandkommunikation (d. h. das, was noch unter dem Dach
der Bosch Telecom GmbH übrig geblieben war).

Wirft man, ehe die Unternehmenspolitik der Scholl-Todenhöfer-Jahre
noch etwas genauer betrachtet wird, schon vorab einen Blick auf die Umsatz-
und Wachstumsentwicklung dieser Zeit, dann fällt ins Auge, wie schnell
sich Bosch nach der Krise von 1993 erholte. Der Umsatz kletterte zwischen
1993 und 2003 von umgerechnet 16,6 Mrd. Euro auf 36,4 Mrd. Euro und auch
die ausgewiesenen Erträge konnten kontinuierlich von 218 Mio. Euro bis auf
über 1 Mrd. Euro im Jahr 2003 gesteigert werden.[7] Allerdings zeigt sich ebenso,
dass das Wachstum erheblichen Schwankungen unterworfen war, mit starken Einbrüchen 1999 und vor allem, als eine Folge der ersten großen Rezession nach der Jahrtausendwende, in den Jahren 2001 und 2002. Insbesondere
wird deutlich, dass sich die zum Teil erheblichen Wachstumsraten kaum
noch aus internem, unternehmenseigenem Wachstum speisten, sondern vor
allem in externem Wachstum durch große Zukäufe und Akquisitionen begründet lagen.

Grafik 12 Umsatz der Bosch-Gruppe
in Mio. Euro bzw. Zunahme in Prozent zum Vorjahr (1993–2003)

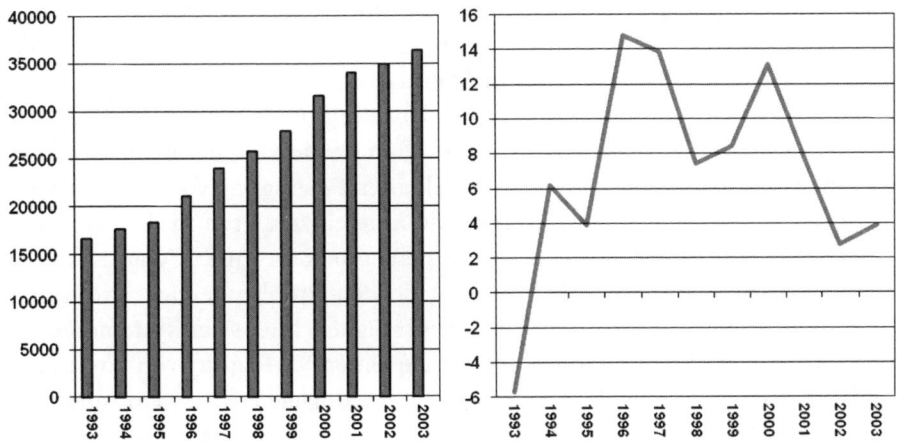

Quelle: Zusammengestellt und berechnet nach den Angaben in den Geschäftsberichten

Der neue Bosch-Chef hatte sich nach seinem Amtsantritt mit großer Dynamik zunächst an die akuten Restrukturierungsaufgaben gemacht und den eingeschlagenen Sparkurs eisern weiterverfolgt. Ende September 1993 nahm Scholl auf einer gemeinsamen Besprechung von Geschäftsführung und LD-Kreis eine schonungslose Analyse der gegenwärtigen Lage des Unternehmens vor und schwor die Führungskräfte auf weitere harte Jahre bei gleichzeitig hohem Sanierungstempo ein.[8] «Wir tendieren im Hause dazu», so Scholl, «die Ursache für den hohen Ergebnis-Verlust vor allem in dem konjunkturell bedingten Marktrückgang zu suchen. Dabei übersehen wir aber, dass wir schon seit einigen Jahren strukturelle Probleme haben, die zunächst durch die günstige Geschäftslage Ende der 80er Jahre und durch die Sonderkonjunktur in Deutschland überdeckt wurden. Diese Probleme treten in der jetzigen Rezession umso schärfer zu Tage.»[9] Und Scholl nannte dazu drei zentrale Problembereiche: Erstens zeige das Benchmarking, dass die Kosten von Bosch im Vergleich zu den Wettbewerbern im Mittel um 30 Prozent zu hoch seien, zweitens verzeichne man bei zu vielen Erzeugnissen hohe Verluste auch in normaler Konjunkturlage und drittens habe man die Auswirkungen des internationalen Preiswettbewerbs unterschätzt. «Die Probleme waren uns zwar bekannt, ihre Lösung haben wir jedoch nicht genügend konsequent in Angriff genommen.»[10] Und schließlich konfrontierte Scholl seine Führungskräfte mit einigen grundsätzlichen Bemerkungen und Stichworten, die deutlich machten, wo und wie der neue Bosch-Chef künftig die Akzente setzen wollte. Ein erster Punkt war das Problem der Überinvestition bei Methoden und Hilfsmitteln, d. h. eine Entbürokratisierung der Planungsvorgänge. So ausdifferenziert die Planungsprozesse bei Bosch seien, so illusorisch seien oft deren Prämissen und «manchmal habe ich den Eindruck, dass wir Pläne, die wir mühsam erstellt und in Gang gesetzt haben, schlicht verdrängen oder einfach vergessen. Anders lassen sich viele Vorgänge hier im Hause gar nicht erklären.»[11]

Ein weiteres Stichwort war das Problem der Mitarbeiterentwicklung, der oft viel zu späten Suche nach Führungskräften mit hoher Qualifikation und in diesem Zusammenhang auch der mangelhaften Beteiligung von Frauen in der Führung des Unternehmens. «Dass nicht eine einzige Frau in den drei hier vertretenen Führungsebenen tätig ist, stellt uns kein gutes Zeugnis aus.»[12] Schließlich thematisierte Scholl auch noch den Problembereich Kreativität und Innovationsfähigkeit und die Notwendigkeit intensiver systematischer und langfristiger Planung sowie der konsequenten Verfolgung von Forschung und Vorausentwicklung.[13] Im Oktober 1993 antwortete er in einem Interview mit der *Stuttgarter Zeitung* auf die Anspielung von Journalisten, dass die US-Automobilindustrie zehn Jahre gebraucht habe, um wieder auf die Füße zu kommen, und auf die Frage, wie weit er denn bei Bosch mit seinem Erneuerungsprozess sei, dass es «bei uns schneller gehen [muss]».[14] Man sei dabei, sich von unrentablen Randgebieten zu trennen, die Neuordnung in den einzelnen Geschäftsbereichen und eine beträchtliche Straffung der Organisationsstruktur werde bis Ende des folgenden Jahres abgeschlossen und außerdem arbeite das Unternehmen intensiv daran, neue Produkte zu deutlich geringeren Kosten herzustellen.[15]

Die Zahlen, die Scholl auf der Bilanzpressekonferenz im Juni 1994 für das Geschäftsjahr 1993 vorlegte, waren erwartungsgemäß sehr schlecht, doch konnte er auch über erste Zahlen zum laufenden Geschäftsjahr 1994 berichten, die besser waren. Dies ließ allerdings keinen Rückschluss auf die eingeleiteten Strukturmaßnahmen und eine nachhaltige Wende bei Umsatz wie Kosten zu, sondern lag vor allem in der rascher als erwartet eingetretenen Konjunkturerholung begründet.[16] Die Talfahrt der Erträge war zwar gestoppt und mit der Fahrdynamikregelung verfügte man über ein neues, innovatives Produkt in der Entwicklungspipeline, mit dem in absehbarer Zeit eine Marktdurchdringung wie beim ABS zu erwarten war und das somit als massiver Umsatz- und Gewinntreiber fungieren konnte. Aber schon 1995 und dann erneut 1996 musste man Rückschläge hinnehmen und die ehrgeizigen Umsatz- und Ertragsziele wieder deutlich zurücknehmen.[17] Als Gründe dafür nannte Scholl zum einen die ungünstige DM-Parität zum Dollar und damit ungeplante Veränderungen der Wechselkurse, daneben aber vor allem auch die Notwendigkeit, Rückstellungen für Verluste aus Lieferverpflichtungen in dreistelliger Millionenhöhe zu bilden, «die von Jahr zu Jahr zunehmen, da die Erstausrüstungskunden im K-Bereich bei längerfristigen Verträgen jährliche Preissenkungen zur Vorausset-

Abb. 77: Bilanzpressekonferenz (1994)

zung machen».[18] Schließlich schlug auch der Tarifabschluss mit nicht geplanten zusätzlichen Personalkosten von rund 100 Mio. DM durch. Auf den angestammten Märkten und in Produktionsregionen wie Westeuropa, Nordamerika und Japan sah die Bosch-Geschäftsführung kaum noch Wachstumschancen und setzte daher verstärkt auf Expansion in den Entwicklungs- und Schwellenländern. Verstärkte Internationalisierung und Globalisierung sowie eine massive Verstärkung der Präsenz in Südostasien, China, Indien, Südamerika und auch in Osteuropa, das wurde nun zu einem Kernelement in Scholls Unternehmensstrategie.[19] Voraussetzung dafür war jedoch die erfolgreiche Restrukturierung im Kerngeschäftsfeld von Bosch.

Krise und Sanierung: Der Unternehmensbereich Kraftfahrzeugtechnik und der unaufhörliche Kampf gegen Verlust-Erzeugnisklassen

Eine genaue Analyse der Ertragsentwicklung zeigte Ende 1996, dass und wie stark sich die Ertragsstruktur, d. h. die Herkunft des Betriebsergebnisses, verändert hatte. Ende 1987 zeigte die Erzeugnisklassen-Erfolgsrechnung noch das eher gewohnte Bild: Mit knapp 1 Mrd. DM lieferte der Unternehmensbereich Kraftfahrzeugausrüstung fast 100 Prozent des positiven Betriebsergebnisses, mit ABS und L- bzw. K-Jetronic, Startern und Dieselverteilerpumpen als größten Umsatztreibern bzw. Gewinnbringern.[20] Dagegen fielen die gerade einmal 52 Mio. DM, die der Unternehmensbereich Kommunikationstechnik erwirtschaftete, kaum ins Gewicht, während die Bereiche Produktionsgüter (−49 Mio. DM) und Gebrauchsgüter (−38 Mio. DM) rote Zahlen schrieben. In der Ertragsstärke, d. h. dem jeweiligen Betriebsergebnis in Prozent des Umsatzes, lagen Kraftfahrzeugausrüstung und Kommunikationstechnik dabei ungefähr auf gleicher Ebene. Die Verluste der Erzeugnisklassen mit negativem Betriebsergebnis betrugen ca. 600 Mio. DM, die aber durch die Erträge aus dem K-Geschäft weit mehr als ausgeglichen wurden. Acht Jahre später, 1995, hatte sich das Bild geradezu dramatisch verändert. Das negative Ergebnis der Verlusterzeuger hatte sich auf 1,3 Mrd. DM verdoppelt, während das positive Betriebsergebnis des Unternehmensbereichs Kraftfahrzeugausrüstung absolut nur noch 380 Mio. DM betrug und damit auf ein Drittel des früheren Wertes geschrumpft war.[21] Der Unternehmensbereich Kommunikationstechnik erwirtschaftete inzwischen mit -286 Mio. DM massive Verluste, während der Bereich Gebrauchsgüter bei verdoppeltem Umsatz mit 304 Mio. DM, davon allein 140 Mio. DM aus dem Geschäftsbereich Elektrowerkzeuge, 87 Mio. DM aus dem Bereich Thermotechnik und 77 Mio. DM von der BSHG, absolut beinahe ebenso hohe Gewinne erwirtschaftete wie der K-Bereich. Und auch der Unternehmensbereich Produktionsgüter war mit 7 Mio. DM Betriebsergebnis in den schwarzen Zahlen.

Den größten Ertrag erwirtschaftete Bosch nach wie vor mit ABS (K1) sowie sogenannten kantengesteuerten Verteilerpumpensystemen und Diesel-Reihenpumpen (K5), während zeitgesteuerte Verteilerpumpensysteme (K5), neue Erzeugnisse aus dem Bereich K7 (darunter etwa Navigationssysteme) sowie Common Rail (ebenfalls K5) vor allem aufgrund erheblich längerer und weit über den prognostizierten Zahlen liegender Entwicklungs- und Vorlaufkosten die größten Verlustbringer darstellten. Eine Analyse der Herkunft des Betriebsergebnisses nach Inland und Ausland führt noch näher an das eigentliche Problem heran. Vergleicht man das Betriebsergebnis der inländischen Anteile der Unternehmensbereiche mit dem Ergebnis aller Regionalgesellschaften, so kamen im Zeitraum 1988–1990 etwa 80 Prozent des Betriebsergebnisses aus dem Inland, aus Lieferungen an Kunden im In- und Ausland, aber eben aus Umsätzen, die überwiegend aus deutschen Werken stammten. 1995 hatte sich dieses Verhältnis vollständig verändert. Der Ertrag der Regionalgesellschaften verdoppelte sich in seiner absoluten Höhe und lag nun höher als das Ergebnis der inländischen Geschäftsbereiche.[22]

Die Bereinigung von Verlusterzeugnisgebieten sowie die verstärkte Förderung von Erzeugnisklassen mit Wachstums- und Ertragspotenzial war daher einer der Schwerpunkte der Unternehmenspolitik Scholls. In einem Unternehmen wie Bosch mit seiner großen Vielfalt an Erzeugnissen und Regionen würde es zwar sicherlich nie einen Idealzustand ohne Verlustgebiete geben, aber «in der Bosch-Gruppe liegen Anzahl und Umfang der Verlustgebiete eindeutig zu hoch», wie Scholl auf der GPI-Versammlung im Dezember 1997 beklagte. «Die große Gefahr bei einer derartigen Schieflage ist, dass ein zusätzlicher Druck auch bei den ertragsreichen Gebieten entsteht, noch mehr Ertrag zu erwirtschaften. Hierdurch wird aber die langfristige Wettbewerbsfähigkeit dieser Gebiete gefährdet. Unser Ziel muss sein, in unserem Unternehmen soweit zu kommen, dass wir selbst bestimmen, wo wir gezielt temporär Verluste in Kauf nehmen, um längerfristig daraus Nutzen zu ziehen. Und wir müssen alles daran setzen zu vermeiden, dass uns Verluste durch externe Entwicklungen aufgezwungen werden, sei es durch Wettbewerber oder durch veränderte wirtschaftliche Bedingungen.»[23] Tatsächlich gab es zahlreiche Beispiele, bei denen die Geschäftsführung hohe und über viele Jahre andauernde Anlaufverluste in Kauf genommen hatte, um für neue Erzeugnisse oder ganz neue Arbeitsgebiete eine feste und zukunftssichere Position im Markt zu schaffen. Die Diesel-Verteilerpumpe gehörte hierzu, die Benzineinspritzung, das Antiblockiersystem und die Fahrdynamikregelung. Auch die neuen Hochdruck-Dieseleinspritzsysteme Unit Injector und Common Rail erwirtschafteten zu diesem Zeitpunkt, in der zweiten Hälfte der 1990er Jahre, hohe Verluste, «werden aber», so die Überzeugung des Bosch-Chefs, «in wenigen Jahren den Kern des künftigen Dieselgeschäftes bilden.»[24]

Die Zielrichtung der Produktentwicklung im K-Bereich war daher von Anfang an weitgehend vorgegeben: Im Zentrum standen die beiden Geschäftsbereiche K1 mit ABS und Fahrwerk- sowie Sicherheitssystemen und K5 (Einspritzsysteme für Dieselmotoren). Zur Sicherung der Wettbewerbsfähigkeit werde sich Bosch, so Scholl schon im Juni 1994 gegenüber den RBIK-Gesellschaftern, zum Systemanbieter (Bremse und ABS) entwickeln müssen, und hierzu sei eine Zusammenarbeit mit einem Bremsenhersteller, gegebenenfalls auch eine Akquisition erforderlich.[25] Der Hauptkonkurrent ITT Automotive/Teves verfügte bereits über ein solches System-Angebot und so lag es nahe, mit der britischen Lucas Industries als kompetentem Anbieter von Bremssystemen mit starker Marktstellung in Europa Gespräche aufzunehmen. Der Vorschlag war die Gründung eines auf Europa und die USA begrenzten Gemeinschaftsunternehmens unter Führung von Bosch, in das Lucas seine Brems- und die Stuttgarter ihre ABS-Aktivitäten einbrachten.[26] In Bezug auf das andere Geschäftsfeld setzte man bei Bosch auf die weitere Durchsetzung der Dieselkraftfahrzeuge und damit die Expansion elektronischer Dieseleinspritzsysteme wie Common Rail. Der Bereich K5 (Dieselsysteme) habe weiterhin gute Marktchancen, so die Einschätzung, allerdings galt es ähnliche Konstellationen und Entwicklungen wie im Markt für Benzineinspritzung zu verhindern, wo die Erstausrüster den Eintritt von Siemens als direktem Konkurrenten von Bosch massiv unterstützt hatten, um der Dominanz des Marktführers zu begegnen.[27] Zudem galt es eine Herausforderung im fertigungstechnischen Bereich zu bewältigen, mit der Bosch zunehmend konfrontiert wurde: Der Nachfrage nach Modulen, d. h. physischen Baueinheiten von gegebenenfalls funktional unabhängigen Komponenten, die mehr und mehr neben Systeme als funktionale Einheit unterschiedlicher Komponenten traten.[28] Ein internes Problem für Bosch war dabei die traditionelle Produktabgrenzung der Geschäftsbereiche, an deren Stelle verstärkt übergreifende Arbeitsformen mit gemeinsamer Programm- und Prioritätenabstimmung treten mussten. Mit der Tendenz zu Modulen erfolgten auch immer mehr Ausschreibungen von sogenannten Konzeptwettbewerben, d. h. alle Beteiligten an einer Baueinheit oder einer Funktion wurden seitens der Automobilhersteller aufgefordert, ihre Ideen für deren künftige Gestaltung vorzutragen. Die Folge war ein erheblicher Mehraufwand in der Entwicklung, weil u. a. verschiedene Varianten der Funktionsdarstellung mit anderen Modulteilnehmern durchgeplant werden mussten, vor allem aber stellte sich die kritische Frage nach der Absicherung des eigenen Know-hows, das über die eingebrachten Konzeptideen an Konkurrenten abfließen konnte.

Im April 1996 setzte Scholl in dieser Richtung denn auch ein klares Signal: Bosch übernahm, nachdem die Gespräche mit Lucas ergebnislos geblieben waren, das komplette hydraulische Bremsengeschäft des amerikanischen Konzerns AlliedSignal. Das übernommene Produktprogramm umfasste alle wesentlichen Komponenten einer herkömmlichen Bremsanlage, also Scheiben- und Trommelbremsen, Bremskraftverstärker und Hauptbremszylinder, die in insgesamt 24 Werken in den USA und Europa von rund 11 000 Beschäftigten gefertigt wurden. Die Akquisition ermöglichte es Bosch, seinen Kunden in der Automobilindustrie von der Bremsbetätigung über das ABS bis hin zur Radbremse komplette Bremssysteme für alle Fahrzeugklassen anzubieten. Mit der Übernahme ergänzte Bosch seine Kompetenz auf dem Gebiet der elektronischen Bremsregelung, d. h. ABS, Antriebsschlupfregelung und ESP, durch das Know-how bei konventionellen Bremssystemen.[29] Die Kontakte mit AlliedSignal gingen bis in die Mitte der 1980er Jahre zurück, als diese den in die Krise geratenen Bosch-Konkurrenten Bendix übernommen hatten und ihrerseits mit Vorschlägen zur Kooperation an Bosch herangetreten waren.[30] Die Gespräche zogen sich hin und wurden immer wieder unterbrochen, aber spätestens als das *Manager Magazin* im Februar 1988 meldete, dass Siemens und AlliedSignal die Gründung eines Joint Ventures für elektronische Systeme in der Automobilindustrie planten, bekam das Thema wieder Priorität für die Unternehmensstrategie von Bosch.[31] Nachdem in einer internen Studie die Vor- und Nachteile einer

Kooperation mit AlliedSignal abgewogen worden waren, nahm man die Gespräche Anfang 1990 wieder auf. Es sollte jedoch noch weitere sechs Jahre dauern, bis die Verhandlungen zum Erfolg führten.[32] Mit 1,5 Mrd. Dollar, umgerechnet damals 2,2 Mrd. DM, war der Kaufpreis, der zudem auch noch vorzeitig an die Öffentlichkeit durchgesickert war, gewaltig. Er bedeutete die bis dahin größte Akquisition der Bosch-Unternehmensgeschichte.[33] Die Aussicht, weltweit in eine führende Position als Bremsenhersteller zu gelangen, vor allem auch bei Ford und Chrysler als Systemlieferant gute Chancen zu haben und einen Gegenpol zu Teves zu bilden, schob jedoch alle Bedenken beiseite, zumal man zuvor bereits eine Zusammenarbeit in einem Gemeinschaftsunternehmen ausgeschlossen hatte («aufgrund seines kurzfristigen Ergebnisdenkens und seiner daraus resultierenden Inkonsistenz in der Produktstrategie dürfte AlliedSignal ein schwieriger und schwer zu kalkulierender Geschäftspartner sein»). Auch finanziell war der Deal (zwei Drittel aus Eigenmitteln, ein Drittel durch US-Dollarkredite) zu stemmen und nicht zuletzt hatten die Kartellbehörden zugestimmt.[34]

Die hohen Erwartungen an den Erwerb des schon zum Zeitpunkt des Kaufes hochdefizitären AlliedSignal-Bremsengeschäfts sollten allerdings bald einer nüchternen Betrachtung weichen und sich letztlich nicht erfüllen. Trotz aller industrieller Logik, die die Akquisition als strategisch sinnvoll erscheinen ließ,[35] entwickelte sich das Bremsengeschäft für Bosch zu einem Sorgenkind. Obwohl unter Einschaltung von Unternehmensberatern der Consultingfirma Arthur Andersen eine Bosch-Projektgruppe das Bremsengeschäft und die diversen Fertigungsstätten von AlliedSignal in Augenschein genommen hatte, stiegen die Restrukturierungskosten mit Werksschließungen aufgrund von Überkapazitäten, die massiven FuE-Aufwendungen und der weitere, erhebliche Investitionsbedarf bald weit über das ursprünglich angenommene Ausmaß.[36] Das Bremsengeschäft von Bosch wurde vor allem im hinzugekauften konventionellen Bereich zunehmend defizitär und musste schließlich, nach zahlreichen Umstrukturierungs- und Sanierungsversuchen, zwischen 2009 und 2012 sukzessive veräußert werden.

Zunächst jedoch konnte Scholl in den Jahren nach dem AlliedSignal-Deal deutlich verbesserte Zahlen für den K-Bereich vorlegen. 1997 realisierte der Unternehmensbereich erstmals seit langem wieder kräftige Umsatzsteigerungen im zweistelligen Prozentbereich, die, wenn auch unter großen Schwankungen, bis zum Jahr 2000 anhielten. Von umgerechnet einst 10 Mrd. Euro (1994) wuchs der Umsatz bis zur Jahrtausendwende auf über 20 Mrd. Euro, mehr als das Doppelte, und bis auf wenige Ausnahmen konnte Bosch seine Marktanteile zumindest halten oder sogar weiter ausbauen. Vor allem bei japanischen und koreanischen Kunden war es gelungen, die eigene Position zu stärken; das teilweise Aufbrechen der traditionellen Keiretsu-Zulieferverhältnisse in Japan und der Chaebols in Korea eröffnete für ausländische Unternehmen neue Chancen. Der Unternehmensbereich K, so verkündete Scholl auf dem LD-Forum im Juni 1998, «ist stärker gewachsen als die Zulieferbranche insgesamt und hat somit seine Position im Wettbewerb beträchtlich verbessert».[37] Dennoch zeigte sich bei genauerem Hinsehen, dass die Ergebnisentwicklung des K-Bereichs dem Umsatzwachstum und der Marktposition «nicht angemessen» waren, wie Scholl auf der RBIK-Sitzung im November 1998 eingestand.[38] Zwar machte man mit der Sanierung defizitärer Arbeitsgebiete Fortschritte, aber Neuentwicklungen in vielen Geschäftsfeldern wie bei Benzin- und Dieseldirekteinspritzung sowie Navigationssystemen belasteten das Gesamtergebnis – zusätzlich zu den massiven Verlusten im Bremsengeschäft – erheblich. Der Anteil des K-Geschäfts am Umsatz der Bosch-Gruppe war von einst 55 Prozent inzwischen wieder auf durchschnittlich 65 Prozent, zeitweise sogar auf über 70 Prozent, angestiegen. Die Abhängigkeit von der Automobilindustrie war bei Bosch mithin wieder größer denn je – und das in einer Phase, als sich unter anderem durch den beschleunigten Konzentrationsprozess in der Automobilindustrie, allen voran durch die Megafusion von Daimler und Chrysler, das Marktumfeld dramatisch veränderte. Gegenüber 1980 hatte sich bis zum Jahr 1999 die Zahl der großen Fahrzeughersteller auf 16 halbiert.[39]

Auch auf der Seite der Konkurrenten veränderte sich das Umfeld, indem sich neue Wettbewerber wie die großen Erstausrüstungszulieferer Delphi und Visteon formierten, die aus der GM- bzw. Ford-Konzernbindung entlassen wurden und nun selbst auf dem freien Markt bestehen mussten. Sie drängten auch verstärkt nach Europa, wo sich neben Bosch aber bereits potente Zulieferer wie Siemens, Lucas, Valeo oder Magna tummelten. Immerhin war es Bosch gelungen, seine Abhängigkeit von einigen wenigen Großkunden weiter zu verringern. Machten die zehn größten Erstausrüstungskunden Anfang der 1980er Jahre noch 43 Prozent des Gesamtumsatzes im K-Geschäft aus, so sank dieser Anteil bis 1994 auf 36,6 Prozent. Daimler und VW, traditionell die beiden größten Bosch-Kunden, mit denen man 1981 noch 26,7 Prozent des Umsatzes erwirtschaftet hatte, machten nun nur noch 14 Prozent aus.[40] Umgekehrt hieß das allerdings auch, dass sich die Bosch-Kunden «nicht mehr als Gefangene Ihrer Technologie sehen und nicht mehr bereit sind, Arroganz aus technischer Überlegenheit hinzunehmen», wie es im September 1999 ein externer Consultant auf dem LD-Forum gegenüber den Bosch-Managern in drastischen Worten formulierte.[41] Dass viele Großkunden inzwischen offensichtlich «systematisch an der Reduzierung unserer meist großen Marktanteile arbeiten», wie man in der Geschäftsführung besorgt registrierte, war ein neues Phänomen, das es in den 1970er und 1980er Jahren so nicht gegeben hatte.[42]

Grafik 13 Umsatz des Bereichs Kraftfahrzeugausrüstung der Bosch-Gruppe
in Mrd. Euro bzw. Wachstum in Prozent zum Vorjahr (1990–2003)

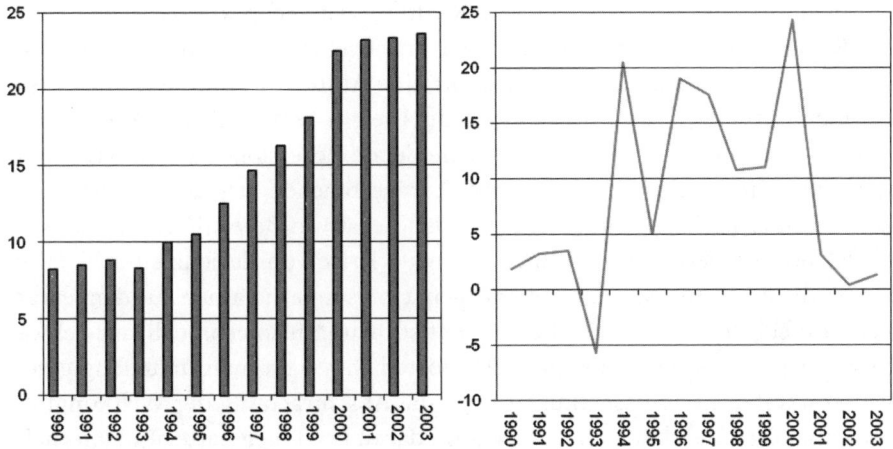

Quelle: Zusammengestellt und berechnet nach den Angaben in den Geschäftsberichten

Verbunden mit der anhaltend unbefriedigenden Ertragssituation, die durch den positiven Umsatzverlauf verdeckt wurde, ergab sich mithin eine eher ungünstige Ausgangslage für die kommenden Jahre.[43] Und der Blick auf die Erzeugnisklassen-Erfolgsrechnung für das Jahr 2000 zeigte, dass trotz zahlreicher Verbesserungen und Erfolge bei der Reduzierung der Verlustträger sich das Bild unter dem Strich gegenüber 1995 nur wenig verändert hatte und Bosch beim (aus der Perspektive der Geschäftsführung unbefriedigenden) Ergebnis-Management eine «erstaunliche Stabilität» aufwies.[44] Die Verluste der Erzeugnisklassen mit negativem Betriebsergebnis lagen nach wie vor bei rund 700 Mio. Euro, allerdings hatte der K-Bereich sein positives Ergebnis wieder auf 398 Mio. Euro verdoppelt, der Unternehmensbereich Gebrauchsgüter und Gebäudetechnik seinen absoluten wie relativen Anteil mit 332 Mio. Euro ebenfalls weiter stark gesteigert und zwischenzeitlich trug auch der Unternehmensbereich Industrietechnik mit knapp 50 Mio. Euro zur verbesserten Ertragsstruktur von Bosch bei. Einerseits waren somit die Ergebnisse bei bislang verlustreichen Erzeugnisklassen deutlich verbessert worden – die Zahl der Verlustgebiete selbst konnte halbiert werden –, andererseits aber wurden rendite- und umsatzstarke Erzeugnisse schwächer – eine Folge nicht zuletzt des Technologiewechsels bei der Dieseldirekteinspritzung und der Maßnahmen zur Ergebnisverbesserung bei Bremsen. Die Hauptsorgenkinder waren weiterhin Common Rail, Benzindirekteinspritzung, das Bremsengebiet und Navigationssysteme, die zusammen für fast 70 Prozent der Gesamtverluste verantwortlich waren, während die größten Erträge mit Diesel-Einspritzpumpen erwirtschaftet wurden.[45] Doch so viele Restrukturierungsmaßnahmen im Kerngeschäftsfeld der Kraftfahrzeugtechnik inzwischen auch erfolgreich in Angriff genommen oder durchgeführt worden waren und so stark die Geschäftsführung Impulse für eine Aufbruchsstimmung im Unternehmen initiierte,[46] so massiv sorgten die Ereignisse nach den Terroranschlägen im September 2001 und die anschließende Rezession der Weltwirtschaft für einen Rückschlag. Umsätze und Erträge brachen erneut ein, allerdings konnte anders als 1993 ein Absturz in den negativen Bereich vermieden werden. Und noch etwas unterschied die neue Krise von derjenigen acht Jahre zuvor: die Probleme waren nicht hausgemacht, sondern kamen aus dem externen Umfeld und waren für die Geschäftsführung insofern auch nur schwer bzw. gar nicht zu beeinflussen.[47] Ein Vorteil war, dass man unabhängig von den konkreten Ereignissen kurzfristig eine Abschwächung der Weltkonjunktur antizipiert und daher ab Herbst 2000 damit begonnen hatte, im Unternehmen den weiteren Anstieg der Strukturkosten zu bremsen. Und anders als 1993 verzichtete die Geschäftsführung, wie schon erwähnt, ebenfalls darauf, in dieser Rezessionsphase einen generellen Personalabbau im Unternehmen einzuleiten. Was schließlich die finanzielle Lage und Liquiditätsausstattung von Bosch anbetraf, so konnte man, vor allem im Vergleich mit den Aktiengesellschaften, einen vorübergehenden Rückgang des Jahresüberschusses gelassen hinnehmen, da aufgrund der spezifischen gesellschaftsrechtlichen Konstruktion keine hohen Dividenden ausgeschüttet werden mussten und deshalb auch kein Griff in die Rücklagen erforderlich war. Zwar nahm in der Krise auch bei Bosch der Spielraum für Wachstumsfinanzierung und Akquisitionen spürbar ab, doch fielen gerade in diese Phase zwei weitere große Unternehmenszukäufe, die die Abhängigkeit der Bosch-Gruppe vom Automobilzuliefergeschäft wieder verringern sollten.[48]

Dieseleinspritzsysteme und Diesel-Boom

Dass Bosch um die Jahrtausendwende herum wieder hohe Umsatzsteigerungen und Gewinne erzielte, war wesentlich durch die Entwicklung im Geschäftsbereich K5 (Dieselsysteme) bedingt. Die Dieseltechnik galt seit langem als eine Stärke des Unternehmens wie auch der deutschen Automobilindustrie, die bei Dieselfahrzeugen fast die Hälfte des Weltmarkts abdeckte. Bosch profitierte davon, dass der Anteil der Neuwagen mit einem Dieselmotor ab Mitte der 1990er Jahre rapide zunahm und sich innerhalb von zehn Jahren verdoppelte. Waren 1994 erst 24 Prozent der europäischen Pkw-Produktion mit einem Dieselmotor ausgerüstet gewesen, so lag dieser Anteil 2004 bei 48 Prozent.[49] Zu diesem Boom hatte Bosch selbst entscheidend beigetragen. Die neuen Hochdruck-Dieseleinspritzsysteme Common Rail und Pumpe Düse (Unit Injector), die das Unternehmen in den Jahren 1997 und 1998 auf den Markt gebracht hatte, verbesserten bei Dieselfahrzeugen Drehmoment und Leistung des Motors, ermöglichten einen kultivierteren Motorlauf und senkten zugleich den Verbrauch und die Emissionen. Dadurch kam es zu einem Imagewandel des Dieselmotors, der sich wiederum in einem steilen Anstieg der Verkaufszahlen niederschlug.

Auch die Entwicklung der Hochdruck-Dieseleinspritzsysteme hatte einen längeren und keineswegs geradlinigen Vorlauf. Als sich durch das Vordringen der Elektronik abzeichnete, dass die Diesel-Verteilerpumpen in absehbarer Zeit durch eine neue, leistungsfähigere Technik abgelöst würden, begann man bei Bosch Mitte der 1970er Jahre, sich mit einem Speichereinspritzsystem (Common Rail) für Pkws zu beschäftigen. Eine Direkteinspritzung gab es bis dahin nur für Diesel-Nutzfahrzeuge, nicht aber für schnelllaufende Pkw-Motoren. Common Rail beruhte auf einem völlig neuen Prinzip, indem es die Druckerzeugung von der Einspritzung trennte. Dadurch konnte der Einspritzzeitpunkt flexibel gewählt werden, und es wurden hohe Einspritzdrücke erzeugt, mit denen sich die Emissionen verringern ließen. Auch wenn das Prinzip bekannt war, schien dieses Hochdrucksystem zu hohe Anforderungen zu stellen, um es bis zur Serienreife entwickeln zu können. Bosch stellte daher die Arbeiten auf diesem Gebiet 1978 ein. Die Vorentwicklung setzte nun auf eine andere Hochdruck-Dieseleinspritztechnik, das Pumpe-Düse-System (Unit Injector). Anders als Common Rail arbeitete das Pumpe-Düse-System mit separaten Einspritzpumpen für jeden Zylinder. Der Einspritzvorgang wird über Magnetventile elektronisch gesteuert und kann damit gleichmäßiger gestaltet werden. Mit diesem System konnten noch erheblich höhere Drücke erzielt werden als mit Common Rail, bis zu 2050 bar, so dass auch die Emissionswerte für die Pumpe-Düse-Technik sprachen. Im *Bosch-Zünder* bescheinigte Max Straubel 1987 dem Common Rail «gravierende Nachteile» und «große technische Probleme». Die direkt angesteuerte Pumpe Düse nannte er hingegen «eine Technik, mit der es sich zu beschäftigen lohnt».[50] Nachdem Bosch mit einer 49-prozentigen Beteiligung an der US-Firma Diesel Technology Company noch Know-how hinzugekauft hatte, gelang es 1994 erstmals, das Hochdrucksystem Pumpe Düse in die Serienfertigung zu überführen.[51] Bosch bot diese Innovation als weltweit erster Ausrüster an und war damit Technologieführer, doch konnte der Unit Injector nicht in Pkws, sondern ausschließlich in Nutzfahrzeuge eingebaut werden. Als erster Lkw-Hersteller rüstete Volvo eine Baureihe serienmäßig mit dem Pumpe-Düse-System aus.

Inzwischen hatte es aber auch bei Common Rail große Fortschritte gegeben, allerdings nicht bei Bosch. Während man hier auf das Pumpe-Düse-System gesetzt hatte, war es bei Elasis, einer Entwicklungsgesellschaft der Fiat-Gruppe, 1993 gelungen, ein Common-Rail-System zu entwickeln und patentieren zu lassen. Überhaupt lag Common-Rail, wie Hermann Scholl später betonte, «schon seit längerer Zeit in der Luft».[52] Bosch hatte das Glück, dass Elasis bzw. Fiat Common Rail nicht selbst fertigen wollte und sich an Bosch wandte. Offenbar traute man es sich bei Fiat nicht zu, dieses extrem anspruchsvolle System in Serienfertigung herzustellen, nachdem bei Probeläufen immer wieder Probleme aufgetreten waren. Auch die Bosch-Ingenieure waren zunächst skeptisch, ob es überhaupt möglich war, Common Rail mit den Qualitätsanforderungen ihres Unternehmens in Serie zu fertigen. Erst als neben Fiat auch Daimler-Benz Interesse an dieser Technik zeigte, entschied sich Bosch 1994, die Patente zu kaufen. Common Rail wurde dann bei Bosch in Zusammenarbeit mit Daimler-Benz weiterentwickelt, was sich als eine Herausforderung erwies, mit der man in dieser Dimension wohl nicht gerechnet hatte, da das System bei weitem nicht ausgereift war. Die Arbeiten fanden bei der eigens dafür gegründeten Tecnologie Diesel Italia in Bari statt, da die Fiat-Gruppe Zuschüsse des italienischen Staates unter der Auflage erhalten hatte, das Projekt im strukturschwachen Mezzogiorno durchzuführen. Bosch übernahm das gesamte Common-Rail-Team von Elasis um Mario Ricco. Mit diesen Entwicklern wurde nun unter der Verantwortung von Geschäftsführer Hermann Eisele daran gearbeitet, ein Common-Rail-System von extrem hoher Präzision herzustellen. Drei Jahre lang mussten die beteiligten Ingenieure und Techniker immer neue Schwierigkeiten überwinden, doch 1997 konnte dann im Werk Bamberg die Serienfertigung von Common Rail anlaufen.[53]

Parallel zu den Arbeiten an Common Rail wurde bei Bosch das Pumpe-Düse-System weiterentwickelt. Von der ursprünglichen Absicht, den Unit Injector nur für Nutzfahrzeuge anzubieten, war man schnell abgerückt, nachdem VW sich entschieden hatte, mit dem britischen Bosch-Konkurrenten Lucas eine Pumpe-Düse-Einheit für Personenkraftwagen zu entwickeln. Ein Abwandern von VW zu Lucas wollte Bosch unbedingt verhindern. Mit einem Kraftakt und Investitionen in Höhe von insgesamt 160 Mio. DM gelang es, den Unit Injector so weiterzuentwickeln, dass Mitte 1998 in den Werken Rommelsbach und Rodez die Serienfertigung von Pumpe-Düse-Systemen für den VW Passat TDI anlaufen konnte. VW rüstete bald weitere Modelle mit dieser Hochdruck-Dieseleinspritztechnik aus und Lucas war aus dem Rennen.[54]

Da Common Rail bereits ein Jahr zuvor in die Fertigung gegangen war, konnten die Automobilhersteller wählen, mit welchem Dieseleinspritzsystem von Bosch sie ihre Fahrzeuge ausrüsten wollten, ähnlich wie es in den 1970er Jahren bei den Benzineinspritzsystemen der Fall gewesen war. Als erste Modelle wurden, wie mit Fiat und Daimler-Benz vereinbart, ab Oktober 1997 der Alfa Romeo 156 und der Mercedes C 220 CDI mit Common Rail ausgerüstet.[55] Während Pumpe-Düse-Einheiten ausschließlich an den VW-Konzern geliefert wurden, setzten bald weitere Automobilhersteller auf Common Rail, darunter BMW, Audi und Peugeot. Doch wiederholten sich nun in anderer Form Probleme, wie sie schon bei den elektronischen Benzineinspritzsystemen in den ersten Jahren aufgetreten waren. Bei den neuen Hochdruck-Dieselsystemen gab es, wie Scholl auch bei der GPI vom Dezember 1998 einräumen musste, «große technische Schwierigkeiten», die dazu führten, dass wichtige Kunden über Bosch verärgert waren und das Unternehmen die Produktion vorübergehend einschränken musste.[56]

Doch die Autokäufer waren von den neuen Hochdruck-Dieseleinspritzsystemen beeindruckt. Schon 1998 stieg der Anteil der Dieselfahrzeuge an den Neuzulassungen in Deutschland von 14,8 Prozent auf 17,6 Prozent an.[57] Da der Dieselanteil an den Pkw-Neuzulassungen in ganz Westeuropa stark zunahm, waren bei Bosch die Auftragsbücher des Geschäftsbereichs Einspritztechnik Diesel (K5) voll. Während andere K-Bereiche stagnierten oder gar schrumpften, stellte K5 allein im Jahr 1998 4000 neue Mitarbeiter ein, bei einer Umsatzsteigerung von 17 Prozent.[58] Bosch wurde nun auf diesem Gebiet geradezu vom eigenen Erfolg überrollt. Die Nachfrage nach Hochdruck-Dieseleinspritzsystemen ging weit über alle internen Planungen hinaus.[59] Die Folge waren weitere Qualitätsprobleme und weiterer Unmut bei wichtigen Kunden. Beispielsweise konnten an VW nicht genügend Unit-Injector-Systeme geliefert werden, was das Verhältnis zwischen beiden Unternehmen vorübergehend trübte.[60] Bei Bosch führte die Situation außerdem zu hohen Zusatzkosten, die die zu erwartenden Deckungsbeiträge zum Teil wieder aufzehrten.[61]

Common Rail wurde inzwischen auch in den Werken Bursa/Türkei und Charleston/USA gefertigt. Schon 1999 hatte Bosch 1 Mio. Common-Rail-Systeme hergestellt, 2002 waren es bereits 10 Mio. Systeme, obwohl inzwischen starke Konkurrenten wie Delphi, Denso und Siemens-Automotive dabei waren, Bosch beim Common Rail Marktanteile abzunehmen. Siemens und Peugeot gewannen mit den parallel zu Bosch entwickelten Piezo-Einspritzdüsen, die eine noch genauere Dosierung ermöglichten, vorübergehend sogar einen technischen Vorsprung. «Quasi-Monopolist Bosch kommt beim Diesel unter Druck», titelte im August 2000 die *Financial Times Deutschland* und zitierte dabei einen VW-Spitzenmanager, der den Angriff der Bosch-Konkurrenten auf das Common-Rail-Geschäft des Marktführers ausdrücklich begrüßte und «hinter vorgehaltener Hand» erklärt habe, dass das «Bosch-Monopol beim Diesel eigentlich ein Fall für die EU-Kommission» sei.[62]

Die dritte Common-Rail-Generation, die 2003 vorgestellt wurde, brachte auch Bosch mit Piezo-Inline-Injektoren heraus. In den folgenden Jahren wurde der Einspritzdruck beim Common Rail weiter erhöht. Lag er in der ersten Generation noch bei rund 1300 bar, so wurden jetzt Drücke bis zu 2000 bar und mehr möglich. Dadurch verlor aber das von Bosch ebenfalls gefertigte Pumpe-Düse-System seinen entscheidenden Vorteil gegenüber Common Rail. VW sah sich dadurch veranlasst, ab 2005 vom Pumpe-Düse-System auf Common Rail zu wechseln. Da VW der einzige Abnehmer des Unit Injectors war, musste Bosch diese einträgliche Fertigung auslaufen lassen und vier Werke umstrukturieren, wovon mehrere tausend Mitarbeiter betroffen waren.[63] Mehr noch als dies beim ABS oder beim ESP der Fall gewesen war, wurde Bosch bei der Entwicklung der Hochdruck-Dieseleinspritzsysteme von Entscheidungen anderer Unternehmen beeinflusst. Wenn Fiat den Stuttgartern nicht seine Common-Rail-Patente angeboten und Daimler-Benz am Common Rail kein Interesse gezeigt hätte, wäre Bosch auf diesem Gebiet wohl nie Technologieführer geworden. Und ohne den Druck von VW hätte das Unternehmen wohl kaum einen Unit Injector für Personenkraftwagen entwickelt. Angesichts der außerordentlich hohen Investitionen, die mit der Einführung derart anspruchsvoller Einspritzsysteme verbunden sind, war es wohl unvermeidlich, dass sich Bosch dazu erst entschließen konnte, als auch mit einem Absatz in großen Serien kalkuliert werden konnte. Doch dadurch erhöhte sich auch die Abhängigkeit von Entscheidungen einzelner Großkunden, was in einem Extremfall wie dem Wechsel von VW vom Pumpe-Düse- zum Common-Rail-System zu hohen Kosten und Folgelasten führen konnte.

Tab. 18 Anteil von Dieselfahrzeugen an den Pkw-Neuzulassungen in Deutschland, Frankreich und Europa in Prozent (1995–2010)[64]

	1995	2000	2005	2010
Deutschland	15	33	43	42
Frankreich	46	52	69	70
Europa (vor 2005 Westeuropa)	22	33	50	51

   Der Diesel-Boom ist nach wie vor ungebrochen. Diesel Systems ist bis heute mit über 50 000 Beschäftigten der größte Geschäftsbereich von Bosch. In Deutschland ist derzeit fast jeder zweite Neuwagen ein Dieselfahrzeug, während es 1997 nur jeder sechste war. Diese Entwicklung wäre ohne die Hochdruck-Einspritzsysteme Common Rail und Unit Injector nicht möglich gewesen. Sie führten zu einem Imagewandel des Dieselmotors «vom Stinker zum Hightech-Motor» (*Auto Bild*).[65] Der Diesel wurde nun nicht mehr mit Rußschwaden und starken mechanischen Geräuschen in Verbindung gebracht, sondern stand für dynamisches Fahrgefühl und geringe Emissionswerte. Auch die Debatte um gesundheitsschädliche Rußpartikel in den Dieselabgasen tat dem Diesel-Boom keinen Abbruch. Neben der technischen

Entwicklung wurde die Diesel-Nachfrage freilich auch von einer tiefgreifenden Veränderung des Neuwagenmarkts getrieben. Nur noch rund 40 Prozent aller Neuwagen werden heute von Privatkunden gekauft, 60 Prozent dagegen von Firmen, vor allem von Leasinggesellschaften. Dem Leasingnehmer kommt es aber auf die Kosten des Verbrauchs an, die beim Diesel niedriger sind. Die höheren Anschaffungskosten der Dieselfahrzeuge brauchen ihn nicht zu interessieren. Zu diesem Diesel-Boom kam es freilich nicht weltweit, selbst innerhalb Europas gibt es große Unterschiede hinsichtlich der Verbreitung des Dieselmotors, was mit der Besteuerung, aber wohl auch mit Fahrgewohnheiten und kulturellen Faktoren zusammenhängt. Österreich, Belgien und Frankreich verfügen schon lange über die höchsten Anteile an Dieselfahrzeugen in Europa, Irland, Schweden, Dänemark und die Schweiz über die niedrigsten.[66] In den USA liegt der Anteil der Dieselfahrzeuge an den Pkw-Neuzulassungen nach wie vor nur bei 2 Prozent.[67] Bedingt durch die immer noch recht niedrigen Benzinpreise finden sich dort kaum Tankstellen, die Diesel anbieten. Aber auch das Image des Dieselmotors hat sich dort noch nicht grundlegend gewandelt.

Eine neue Phase der Diversifikationsbemühungen: Die Übernahme von Rexroth und Buderus

Der Unternehmensbereich Produktionsgüter mit den vier Hauptgeschäftsbereichen Hydraulik/Pneumatik, Industrieausrüstung, Kunststoff- und Metallerzeugnisse sowie Verpackungsmaschinen, in dem Ende 1990 ca. 12 500 Beschäftigte arbeiteten, war seit den 1980er Jahren langsam, aber kontinuierlich gewachsen, unter anderem durch kleinere Akquisitionen in Frankreich und den USA. Ab 1990 jedoch setzte eine langjährige Stagnationsphase ein. Es war ein höchst heterogenes Geschäftsfeld mit zahlreichen unterschiedlichen Produkten, Märkten und Wettbewerbsverhältnissen. In der Fahrzeughydraulik dominierten die Automobilhersteller als Abnehmer, mit denen gemeinsam Systemlösungen für komplexe Hydraulik-Aufgaben entwickelt wurden.[68] Die Fahrzeughydraulik war ein Mengengeschäft, in dem Volumenanbieter wie der deutsche und zugleich auch europäische Marktführer Mannesmann-Rexroth den Ton angaben. Bosch war hier immerhin die Nummer zwei. Im Geschäftsfeld Industriehydraulik dagegen bestand durch die Nachfrage des breit gefächerten Abnehmerkreises eine hohe Produktvielfalt.

Das Geschäftsfeld Industrieausrüstung wiederum war auf höchst unterschiedliche Marktsegmente der Fertigungsautomation ausgerichtet, im Bereich der Steuerungselektronik etwa war der Werkzeugmaschinenbau mit einem Umsatzanteil von 80 Prozent der wichtigste Kunde. Dieser Bosch-Geschäftsbereich lieferte komplette Montageanlagen und Sondermaschinen nach kunden-spezifischen Aufgabenstellungen. Auch hier war Bosch unter den Marktführern, allerdings konkurrierte man mit einer Vielzahl mittelständischer und häufig hochspezialisierter Anbieter mit zum Teil günstigerer Kostenstruktur. Dasselbe galt für den Bereich Kunststoff- und Metallerzeugnisse, die vor allem im Automobilbau Verwendung fanden. Die Wettbewerbssituation in Deutschland war durch über 1000 kleine und mittelständische Kunststoffverarbeiter geprägt, und auch die Marktposition von Bosch war noch weitgehend auf den deutschen Markt, mit vereinzelten Standorten in Westeuropa, ausgerichtet. Anders sah die Situation für den Geschäftsbereich Verpackungsmaschinen aus, der Maschinen zum Abfüllen und Verpacken von Nahrungsmitteln und Getränken sowie pharmazeutischen und chemisch-technischen Produkten herstellte. Hier betrug der Auslandsanteil des Geschäftsvolumens 80 Prozent, mit Regionalgesellschaften und Joint Ventures unter anderem in Japan, Brasilien, Indien und den USA.

Grafik 14 Umsatz im Unternehmensbereich Produktionsgüter/Industrietechnik der Bosch-Gruppe in Mrd. Euro bzw. Wachstum in Prozent (1983–2003)

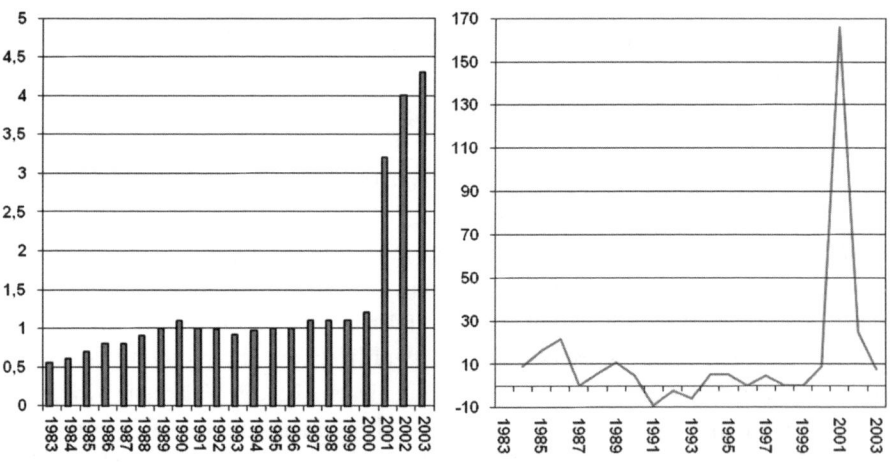

Quelle: Zusammengestellt und berechnet nach den Angaben in den Geschäftsberichten

Alle diese Geschäftsfelder des Unternehmensbereichs Produktionsgüter galten als aussichtsreiche Wachstumsfelder, aber bis auf wenige Ausnahmen musste die Geschäftsführung eine zunehmend schlechte und zum Teil auch negative Ertragslage konstatieren. Mit umfangreichen Sanierungs- und Restrukturierungsmaßnahmen versuchte man daher, diese traditionell zu

Bosch gehörenden Geschäftsfelder und Arbeitsgebiete wieder zu früherer Stärke zurückzuführen. Zum 1. April 1996 wurden – rund 25 Jahre nach ihrer organisatorischen Trennung – die beiden Geschäftsbereiche Industrieausrüstung und Hydraulik/Pneumatik zu einem einzigen Geschäftsbereich Automationstechnik zusammengefasst, in dem inzwischen nur noch 4600 Beschäftigte tätig waren.[69] Im Juli 1997 gab es denn auch ernsthafte Überlegungen, aufgrund der großen Ertragsschwierigkeiten den Geschäftsbereich Verpackungsmaschinen auszugliedern bzw. zu verkaufen oder in ein Gemeinschaftsunternehmen einzubringen.[70] Als Gründe spielten sowohl technische wie auch marktstrategische Faktoren eine Rolle: die zunehmende Integration der elektronischen Steuerungstechnik in Komponenten der fluidischen Antriebs- und Ventiltechnik, die Überschneidung der Kunden und Länderbranchen sowie schließlich die Forderung der Abnehmer nach Systemkompetenz. Nach wie vor konzentrierte sich aber die Marktpositionierung in Deutschland und Westeuropa, so dass ein Ausbau des Auslandsgeschäfts vor allem in Südamerika und Asien bei gleichzeitiger Bereinigung des Produktportfolios notwendig erschien.

Als der Mannesmann-Konzern im Frühjahr 2000 nach der Übernahme und Zerschlagung durch Vodafone seine Tochtergesellschaft Atecs, in der mit VDO, Rexroth und Demag-Krauss-Maffei unter anderem die industriellen Aktivitäten zusammengefasst waren, zum Verkauf stellte, ergab sich für Bosch plötzlich die Chance, mit einem Coup den einstigen Hauptrivalen zu übernehmen und im Bereich der Produktionsgüter bzw. Industrietechnik zu einem globalen Mitspieler unter den großen Anbietern zu werden. Und nebenbei würde durch diesen neuen Diversifikationsschub die große Abhängigkeit vom Automobilzuliefergeschäft verringert. In einem Bieterkonsortium zusammen mit der Siemens AG, die vor allem am Erwerb von VDO interessiert war, beteiligte sich Bosch daher mit einem Kaufangebot von zusammen 9,6 Mrd. Euro an den Verkaufsverhandlungen gegen Konkurrenten wie ThyssenKrupp.[71] In kartellrechtlicher Hinsicht glaubte man, etwaige Bedenken ausräumen zu können. Nach komplizierten und mehrmals geänderten Finanzierungskonzepten übernahm Bosch schließlich für 2,7 Mrd. Euro aus der Atecs die Rexroth AG, in die dann der Geschäftsbereich Automationstechnik eingebracht wurde. Unter dem Namen Bosch Rexroth AG wurde diese Verbindung als Tochtergesellschaft bzw. Teilkonzern mit nun 22 000 Mitarbeitern und einem eigenen, funktional gegliederten Vorstand aus drei ehemaligen Rexroth- und zwei Bosch-Managern weitergeführt.[72] Die Folge war ein rasanter Umsatzsprung von 1,2 auf 4,2 Mrd. Euro, eine führende Position in wichtigen Marktsegmenten, die technische Innovationsführerschaft sowie eine steigende Profitabilität. Damit hatte der Unternehmensbereich Industrietechnik innerhalb der Bosch-Gruppe deutlich an Gewicht gewonnen und seinen Um-

Abb. 78: Montage von Windkraftgetrieben bei der Bosch Rexroth AG (2001)

satz von 4 auf 12 Prozent des Gesamtumsatzes gesteigert. So schnell und erfolgreich die operative Integration allerdings noch im Verlauf des Jahres 2001 erfolgte, so schwierig und langwierig vollzog sich, nicht zuletzt auch aufgrund der unterschiedlichen Unternehmenskulturen, der eigentliche Verschmelzungsprozess.[73]

Der zweite große Coup bei den Diversifikations- und Akquisitionsaktivitäten von Scholl bestand fast zur gleichen Zeit in der Entscheidung zum Kauf der Buderus AG im Unternehmensbereich Gebrauchsgüter und damit dem Ausbau des Geschäftsfelds Thermotechnik im Mai 2001; dieser Prozess wurde dann allerdings erst im Laufe des Jahres 2003 abgeschlossen. Der Geschäftsbereich insgesamt entwickelte sich seit jeher erfolgreich und glänzte vor allem seit Mitte der 1980er Jahre mit kräftigen Wachstumsraten, die zeitweise diejenigen des K-Bereichs prozentual übertrafen. In den 20 Jahren zwischen 1983 und 2003 nahm der Umsatz von umgerechnet knapp 1 Mrd. Euro auf über 8 Mrd. Euro rasant zu.

Traditionell machte das Gebrauchsgüter-Geschäft mit seinen Teilbereichen Thermotechnik (Junkers), Hausgeräte (BSHG) und Elektrowerkzeuge im Durchschnitt etwas mehr als 20 Prozent des Umsatzes der Bosch-Gruppe und damit einen gewichtigen Anteil aus. Vor allem die mit Siemens nach wie vor gemeinsam betriebene BSHG erwies sich dabei weiterhin als Erfolgsmodell. Mit jährlichen Umsatzzuwächsen zwischen 8 und 11 Prozent sowie einer

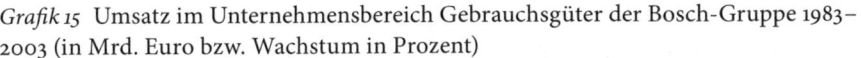

Grafik 15 Umsatz im Unternehmensbereich Gebrauchsgüter der Bosch-Gruppe 1983–2003 (in Mrd. Euro bzw. Wachstum in Prozent)

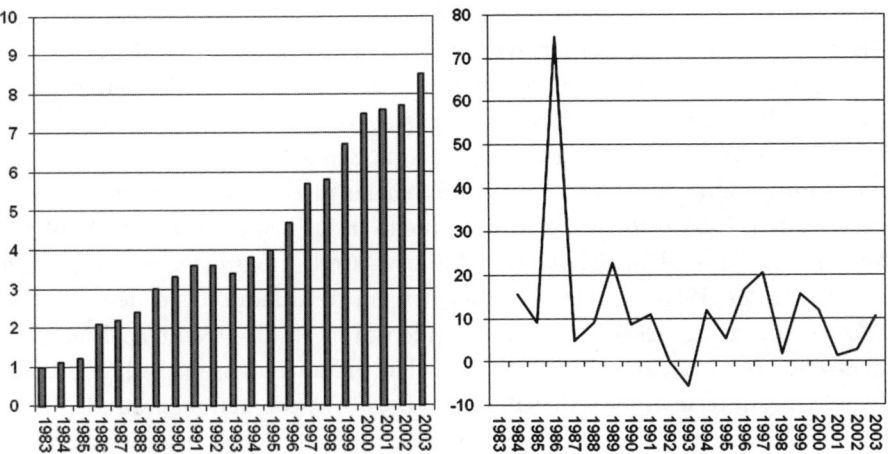

Quelle: Zusammengestellt und berechnet nach den Angaben in den Geschäftsberichten

zwischen 1986 und 1991 nahezu verdoppelten Gewinnabführungssumme präsentierte sich die Tochtergesellschaft mit ihren insgesamt 24 000 Mitarbeitern Anfang der 1990er Jahre in starker Verfassung.

Trotz Konzentration, Globalisierung und strategischen Allianzen im schärfer werdenden Wettbewerbsumfeld war BSHG in Deutschland unangefochtener Marktführer, in Westeuropa hinter der schwedischen Electrolux-Gruppe und noch vor Philips/Bauknecht die Nummer zwei und belegte auf dem oligopolistisch geprägten Weltmarkt für «Weiße Ware» hinter den Amerikanern (Whirlpool, GE/Hotpoint) und Japanern (Matsushita) schließlich einen in den eigenen Augen hervorragenden fünften Platz.[74] Bereits Mitte der 1980er Jahre hatte die BSHG eine unternehmensstrategisch neue Phase der Internationalisierung eingeleitet. Systematische Weiterentwicklung vom deutschen Exporteur zum europäischen Hausgeräteunternehmen mit internationalem Technik-, Marketing- und Vertriebsverbund, so lautete das Motto. Ein wichtiger Baustein war dabei die Übernahme zweier spanischer Unternehmen im Jahr 1989. Danach lenkte man den Blick verstärkt nach Südosteuropa, wo man mit türkischen Herstellern über Lizenzverträge kooperierte; auch mit Matsushita in Japan, GE/Hotpoint in den USA sowie weiteren Partnern in Indien und Ägypten schloss BSHG strategische Allianzen.

Der BSHG-Führung war es dabei gelungen, auch weiterhin die gesellschaftsrechtliche und unternehmenspolitische Mittelstelle zwischen den beiden Stammhäusern Siemens und Bosch, die sich außerhalb des Interessenbereichs Hausgeräte in vielen anderen Geschäftszweigen als harte Konkurrenten begegneten, erfolgreich in einen strategischen Vorteil umzumünzen, der vor allem in erheblichem unternehmerischen Freiraum bestand. Für die BSHG stellte sich als Gemeinschaftsunternehmen mit traditionsreichen Weltmarken die permanente Herausforderung, einerseits nach innen die Integration der unterschiedlichen Unternehmenskulturen zu einer eigenen Corporate Identity zu vollziehen, andererseits die jeweils spezifischen Markenidentitäten zu pflegen und diese auch glaubwürdig nach außen zu vermitteln.[75] In der Entwicklungsgeschichte und im unternehmenskulturellen Vergleich von Bosch und Siemens gab es trotz vieler Unterschiede einige bemerkenswerte Ähnlichkeiten und Parallelen, die die konstruktive und erfolgreiche Partnerschaft innerhalb der BSHG wesentlich erleichterten und dadurch zu den Erfolgsfaktoren des Unternehmens zählten: Beide waren Traditionsunternehmen der deutschen Industrie mit dem Stammgeschäft in der Elektrotechnik und Elektronik, das unternehmerische Selbstverständnis wurde in hohem Maße durch die Maximen der Gründerpersönlichkeiten Robert Bosch bzw. Werner von Siemens geprägt, beiden Unternehmen gemeinsam war das permanente Streben nach Innovation und Technologieführerschaft und schließlich pflegten beide Häuser im Umgang mit Marktpartnern und der Öffentlichkeit einen eher zurückhaltenden, diskreten Auftritt. Mit anderen Worten: Das Verhältnis zwischen Markenimages und Innovationsanspruch stand bei BSHG im Einklang mit den Identitäten der Stammhäuser und erfüllte die großen Erwartungen der Kunden. Die hohe Wertigkeit der Marken Bosch und Siemens begründete einen originären Wettbewerbsvorteil nicht nur im nationalen, sondern auch im globalen Hausgerätemarkt.[76]

Dieser war, wie auch die anderen Märkte, auf denen Bosch aktiv war, seit Beginn der 1990er Jahre von tiefgreifenden Veränderungen der Wettbewerbslandschaft geprägt, mit zahlreichen Fusionen, Übernahmen und strategischen Allianzen und vor allem einem aggressiven Vordringen japanischer und koreanischer Hausgeräte-Hersteller. Zum Teil früher als die beiden Stammhäuser selbst hatte sich BSHG auf diese Veränderungen aktiv eingestellt und inzwischen eine Größenordnung, Marktstellung und internationale Ausrichtung erreicht, mit der man bei weiter verschärften Konzentrationsbewegungen und Wettbewerbsbedingungen nicht nur überleben, sondern auch weiter wachsen und Marktanteile hinzugewinnen konnte. Tatsächlich sollten zunächst die ganzen 1990er Jahre hindurch magere Jahre folgen, mit Mengenrückgang und Preisverfall, die aber die großen Konkurrenten wie Elektrolux zum Teil weit härter trafen. In dieser Zeit trieb das Unternehmen, das sich inzwischen in «BSH Bosch und Siemens Hausgeräte GmbH» umbenannt hatte, jedoch bereits erfolgreich die weitere Positionierung auf dem amerikanischen Markt und vor allem die Marktposition in China mit eigenen Fertigungs-Tochtergesellschaften vor Ort voran. Nach wie vor war BSHG das einzige große Hausgeräte-Unternehmen mit zwei international eingeführten Marken, die zugleich qualitativ hochwertig und innovativ waren. Im Jahr 2003 sollte das Unternehmen daher in seiner globalen Marktposition nach Whirlpool und Elektrolux auf den dritten Rang vorrücken. Europäischer Marktführer mit Globalisierung im Premiumsegment lautete das Strategiemuster, und die seit dem Jahr 2000 wieder deutlich ansteigenden Umsatz- und Renditezahlen zeigten, dass das der richtige Weg war.[77]

Der Geschäftsbereich Thermotechnik mit Junkers als wichtigster Marke und Tochtergesellschaft war demgegenüber deutlich nationaler ausgerichtet, auch wenn dort seit Ende der 1980er Jahre mit Hilfe einer Reihe von kleineren Unternehmenszukäufen in Portugal, Großbritannien und Frankreich ebenfalls eine Internationalisierung eingeleitet worden war. Nach harten Restrukturierungsmaßnahmen in den Jahren 1999 und 2000 mit einem Belegschaftsabbau stiegen Umsätze und Betriebsergebnis wieder an und erreichten knapp 900 Mio. Euro, die von 5200 Mitarbeitern erwirtschaftet wurden.[78] Der Markt für Warmwasserbereitung, Heizung und Lüftung wurde seinerseits von einer Reihe spezifischer Entwicklungen geprägt – neben der wachsenden Bedeutung des Einsatzes erneuerbarer Energien vor allem durch den hohen Anteil des Ersatz- und Modernisierungsgeschäfts und einen fortschreitenden Konzentrationsprozess. Bosch Thermotechnik (TT) besaß aber mit Vaillant und Viessmann starke und gleichfalls international ausgerichtete Konkurrenten im deutschen Heimatmarkt, und vor allem kam auch der europäische Marktführer, die Buderus AG, aus Deutschland. Bosch war in den 1990er Jahren auf Rang 5 der europäischen Heiztechnikhersteller zurückgefallen. Mit einem Umsatz von ca. 1,8 Mrd. Euro (wovon 1,2 Mrd. Euro auf das Thermo-Geschäft entfielen) und 9600 Mitarbeitern war Buderus erheblich größer als Bosch TT. Als sich im Frühjahr 2001 abzeichnete, dass die Buderus-Großaktionäre zu einem Verkauf bereit waren, eröffnete sich für Bosch die große Chance, mit einem Schlag die führende Marktposition in Europa zu erlangen, allerdings mit weiterhin starker Orientierung auf den deutschen Heimatmarkt, wo mit Hilfe von Buderus der direkte Zugang zu Heizungsbauern und Installateuren und damit zu bislang für Bosch eher verschlossenen Vertriebskanälen lockte.[79]

Die prinzipielle Entscheidung für den Erwerb von Buderus war mithin schnell gefällt, der Transaktionsprozess und der in mehreren Schritten erfolgende Kauf der Buderus-Anteile sollte sich jedoch als kompliziert und auch langwierig herausstellen. Nach und nach wurde bis Ende 2003 über Anteilskäufe an der Börse und den Erwerb von Aktienpaketen der heterogenen Großanteilseigner von Buderus – Bilfinger & Berger, Commerzbank, Deutsche Bank und Arnhold & Bleichroeder Fonds – für insgesamt etwa 1 Mrd. Euro die Mehrheit der Buderus-Beteiligung erworben, wobei man hoffte, durch diverse weitere Transaktionen den langfristigen Finanzmittelbedarf für Bosch auf rund 400 Mio. Euro drücken zu können.[80] Schon zu diesem Zeitpunkt zeichnete sich zudem ab, dass man von Seiten des Buderus-Vorstands Widerstände bei der Neuausrichtung des industriellen Konzepts zu erwarten hatte und es aufgrund der unterschiedlichen Unternehmenskulturen und der bloßen Tatsache, dass die viel kleinere Bosch TT den großen Konkurrenten schluckte, ein ausgeprägtes Abwehrverhalten im Buderus-Management gab.[81] «Ist das nicht alles sehr mit Unsicherheiten belastet?», notierte daraufhin einer der RBIK-Gesellschafter an den Rand der entsprechenden Unterlage. «Dass der Vorstand von Buderus nicht mitzieht, ist schon schlecht!»[82]

Die Thermotechnik-Manager von Bosch mussten sich daher eine Reihe kritischer Fragen zum Akquisitions- und Integrationsprozess und auch zu dem in ersten Eckpunkten vorliegenden industriellen Konzept anhören: «Neben Erzielung von Umsatzsynergien aufgrund von Programmergänzungen und verstärkter Internationalisierung insbesondere Realisierung von Kostensynergien bei Einkauf, Fertigung, Entwicklung und Kundendienst», war dort etwa zu lesen.[83] Zusammen mit dem Rexroth-Erwerb war diese Akquisition zweifellos ein regelrechter, nicht nur finanzieller, Kraftakt für Bosch. Als die Thermotechnik-Manager im Dezember 2003 erneut über den Stand der Integration von Buderus berichteten, war der formale Erwerbsprozess zwar abgeschlossen, die rechtliche Zusammenführung von Bosch TT und Buderus Heiztechnik jedoch noch im Werden. Sie sollte erst im Laufe des Jahres 2004 abgeschlossen sein. Und die Marktaussichten insgesamt waren inzwischen nicht gerade rosig: Für die kommenden zehn Jahre rechnete man, zumindest auf dem wichtigen deutschen Markt, nur mit einem verhaltenen Wachstum des Heizungs- und Warmwassermarkts von gerade einmal 1,5 Prozent im Jahr, und das bei anhaltendem Konzentrationsprozess.[84] Der Buderus-Erwerb half daher vor allem dabei, im oligopolistischen Verdrängungswettbewerb überleben zu können, und nicht zuletzt trug er dazu bei, «das Konzernportfolio der Bosch-Gruppe besser auszubalancieren».[85] Tatsächlich hatte Scholl schon vorher als zentrale Botschaft ausgegeben, «dass wir im Gesamtinteresse der Bosch-Gruppe die Abhängigkeit vom K-Gebiet verringern werden»,[86] und so sank denn auch der Anteil des Unternehmensbereichs Kraftfahrzeugtechnik 2002/2003 wieder auf knapp über 60 Prozent, der Anteil des Unternehmensbereichs Gebrauchsgüter dagegen stieg auf 24 Prozent. Die Diversifikationspolitik von Bosch war damit unter Scholl nachhaltiger und insgesamt auch erfolgreicher als unter Merkle.

Die Wiederentdeckung der Werte:
Zwischen wert- und werteorientierter Unternehmenssteuerung

In der Geschäftsführung von Bosch kam es zum 1. Juli 1999 zu einer deutlichen Verjüngung. Neu berufen wurden Bernd Bohr (geb. 1956), Wolfgang Chur (geb. 1947) und Franz Fehrenbach (geb. 1949) als stellvertretende Geschäftsführer; die bisherigen stellvertretenden Geschäftsführer, Stephan Rojahn und Gotthard Romberg, stiegen zu ordentlichen Geschäftsführern auf und mit Tilman Todenhöfer erhielt die Geschäftsführung wieder einen stellvertretenden Vorsitzenden.[87] Die drei neuen Geschäftsführer hatten, wie die meisten ihrer Kollegen, eine Hauskarriere gemacht und waren seit dem Beginn ihrer Berufstätigkeit bei Bosch. Doch wurden sie nun gerne als die «jungen Wilden» bezeichnet, zu denen man auch Siegfried Dais (geb. 1948) zählte, der ein Jahr zuvor in die Geschäftsführung berufen worden war.[88] Dass Männern dieses Alters, die jeweils schon zwei Jahrzehnte oder mehr im Unternehmen gearbeitet hatten, mit solch einer Bezeichnung, wenn auch nur ironisch, bedacht wurden, sagt viel über die damalige Stimmungslage bei Bosch aus.

Die neuen Geschäftsführer brachten zwar nicht frischen Wind von außen mit, wie ihn viele Beobachter schon lange für notwendig hielten, doch waren sie fest entschlossen, auf einen Wandel hinzuarbeiten. Wolfgang Chur schlug schon im Juni 1999, anlässlich einer Ausbildungsleitertagung in Bad Salzdetfurth, neue Töne an: «Wir brauchen mehr Kundenorientierung und das ist mehr als ein Schlagwort», denn «Bosch gelte vielerorts als zu langsam, zu stur, zu bürokratisch».[89] Man wäre bisher zu sehr auf die Technik fixiert gewesen, räumte Chur ein, der als Verkaufsleiter des Geschäftsbereichs Mobile Kommunikation (K7) und zuvor des Geschäftsbereichs Elektrowerkzeuge wohl genügend einschlägige Erfahrungen gemacht hatte. Chur wies auch darauf hin, dass er auf einen Wandel drängte, weil der Markt es verlangte. Die Verschärfung des Wettbewerbs und der «López-Effekt» ließen Bosch kaum eine andere Wahl. So sah es auch Hermann Scholl, der die Geschäftspolitik der letzten sechs Jahre zu verantworten hatte. Vieles von dem, was die «jungen Wilden» offen und selbstkritisch zur Sprache brachten, wurde Bosch in den Medien schon lange vorgehalten. Scholl hätte darin einen Angriff auf seine Autorität sehen können. In der Presse war ihm immer wieder vorgeworfen worden, zu sehr im «System Merkle» verhaftet geblieben zu sein und sich daraus nicht lösen zu können. Doch Scholl hatte sehr genau registriert, dass Ansehen und «Standing» von Bosch bei vielen Kunden in den vergangenen Jahren schlechter geworden waren. Er hatte sich den Ärger wichtiger Großkunden über die Qualitätsprobleme beim Hochdruck-Dieselsystem Common Rail, aber auch auf den Gebieten Benzineinspritzung und Bremsen anhören müssen und wusste, dass

Bosch sich solche Imageschäden unter den veränderten Wettbewerbsbedingungen nicht leisten konnte.[90] Dass es allerdings auch positive Gegenbeispiele in den Kundenbeziehungen gab, zeigte etwa die Fertigung und Lieferung des ESP für die A-Klasse von Daimler-Benz im Frühjahr 1998.[91]

Vor diesem Hintergrund wurde das Führungskräfte-Forum der Bosch-Gruppe am 9./10. September 1999, das bezeichnenderweise unter dem Motto «Fokus Kunde» stand, zu einer denkwürdigen Veranstaltung. Zwei Tage lang berichteten Mitglieder der Geschäftsführung und andere leitende Mitarbeiter von der Unzufriedenheit unter den Kunden. Scholl fasste dann die wichtigsten Erkenntnisse zusammen und sprach schonungslos Schwachstellen an: «Wir liefern oft nicht termingetreu, wir liefern nicht in der erforderlichen Qualität. Wir reagieren auf berechtigte Forderungen bürokratisch, besserwisserisch, abweisend. Natürlich gilt dies nicht für jeden unserer Bereiche, nicht für jeden Mitarbeiter, der mit Kunden Kontakt hat; aber für zu viele von uns.»[92] Scholl nannte dann fünf «unverrückbare Ziele», mit denen er das Unternehmen in einen Veränderungsprozess führen wollte: «1. Wir wollen unsere gute technische Wettbewerbsposition behaupten und weiter ausbauen. 2. Die Marke Bosch muss wieder überall zum Synonym für Qualität und Zuverlässigkeit werden. 3. Wir wollen mit allen Kunden partnerschaftlich umgehen, im fairen Gleichgewicht der Interessen. 4. Wir wollen die uns verfügbaren Ressourcen mit höchster Effizienz nutzen. 5. Wir wollen ein angemessenes Ergebnis erzielen, das uns erlaubt, dem Vermächtnis unseres Firmengründers zu folgen, nämlich die Firma in finanzieller Unabhängigkeit kraftvoll weiterzuentwickeln und der Bosch-Stiftung die Mittel für ihre Arbeit zur Verfügung zu stellen.»[93] Es war bezeichnend und auffallend, dass nach langer Zeit wieder ein Vorsitzender der Geschäftsführung explizit auf Robert Bosch Bezug nahm. Scholl schloss denn auch seine Rede auf dem LD-Forum mit zwei Zitaten des Firmengründers: «Man soll ohne zwingenden Grund keine Aufträge annehmen, bei denen man von vornherein sieht, daß sie keinen Nutzen lassen.» Und: «Einen Vertrag abschließen ohne Hintergedanken, ihn aufs Pünktlichste erfüllen, ist eine Tat von höchster geschäftlicher Klugheit.»[94]

Wie man später auch im *Bosch-Zünder* lesen konnte, herrschte bei den mehr als 200 Teilnehmern des LD-Forums «große Betroffenheit».[95] Dass die Geschäftsführung einen «spürbaren Kulturwandel auf allen Ebenen und in allen Bereichen» forderte und als Ziel eine «Dienstleistungskultur bei Bosch» anstrebte, dürfte viele Führungskräfte irritiert, ja verstört haben.[96] Kundenorientierung und Kulturwandel waren nun die Parole der Stunde. Im *Bosch-Zünder* schilderten Mitarbeiter, was sie für ihre Kunden taten, und über den Auftritt des Unternehmens auf der Hausmesse von BMW schrieb die Mitarbeiterzeitung: «Schon die Produktschau signalisierte einen gelösten, ja erfrischenden Bosch. Keine staubtrockenen Erläuterungen über K1, K3 oder

K9.»[97] Auch auf der Schillerhöhe wusste man natürlich, dass sich ein Kultur-wandel im Unternehmen nicht in kurzer Zeit und per Aufforderung von oben durchsetzen ließ. Deshalb wurde fast parallel zum LD-Forum im September 1999 mit der Ausarbeitung eines Leitbilds begonnen, das die Mitarbeiter mit einer eingängigen Formel erreichen sollte. Bosch ließ sich dabei von Boston Consulting, Plaut Consulting und der Thomas Group beraten.[98] Der Slogan, für den man sich entschied, hieß «BeQIK», wobei die Assoziation mit «quick» natürlich kein Zufall war. Wofür QIK stand, ging aus der grafischen Ge-staltung des Mottos hervor: Qualität, Innovation, Kundenorientierung. «Be» stand für Betriebsergebnis und wurde deshalb auch im Unterschied zu QIK in schwarzen Buchstaben gesetzt.[99] Etwas länger dauerte es, einen Untertitel zu finden. Mehrere Vorschläge wurden 60 Führungskräften zur Auswahl gestellt. Die Rückmeldungen ergaben mit großem Abstand ein Votum für den Vor-schlag «Be Better. Be Bosch!», der zudem in Verbindung mit BeQIK eine Al-literation ergab. In der Geschäftsführersitzung vom 4. Oktober 1999 wurde dann der Slogan mit Untertitel beschlossen: «BeQIK – Be Better – Be Bosch».[100]

BeQIK wurde mit zwei Initiativen unterlegt. Durch eine von Bernd Bohr koordinierte Initiative «Time to Market» sollten Produktionsabläufe verbes-sert und beschleunigt sowie Entwicklungszeiten verkürzt werden, die Initia-tive «Fokus Kunde» sollte die Kundenzufriedenheit erhöhen, u. a. durch engere Kontakte und höhere Zuverlässigkeit.[101] In einem nächsten Schritt wurden die Mitarbeiter in zahlreichen Seminaren mit dem neuen Leitbild vertraut gemacht. Bohr sah sich nach einem Jahr geradezu als «Handelsreisender in Sachen BeQIK».[102] Zwischen Februar und Juli 2000 fanden allein für die Führungs-kräfte (LD) sechs Seminare zum Thema «BeQIK: Mut zur Veränderung» statt. Die von den Teilnehmern verfassten Rückmeldungen enthielten Verbesserungs-vorschläge, die auf weitere Defizite hinwiesen. Eine offene Kommunikations-kultur wurde angemahnt und die Ergänzung um den Begriff Mitarbeiter-orientierung empfohlen. Auch gab es den Eindruck, dass zu wenig kommuniziert wurde, wie die Ziele erreicht werden sollten.[103] Nach Ansicht des *Manager Magazins* standen viele Bosch-Mitarbeiter den Initiativen eher gleichgültig gegenüber und waren der Ansicht, dass ««die da oben› mal wieder was Neues ausprobieren».[104]

Dabei waren die meisten Inhalte von BeQIK keineswegs neu. Innovations-orientiert war Bosch immer schon gewesen, das Unternehmen hatte dies vor allem in der Kraftfahrzeugtechnik auch in den vorangegangenen Jahrzehnten eindrucksvoll bewiesen. Für die Qualitätssicherung hatte man erst eine Dekade zuvor zwölf Leitsätze verkündet und auch das CIP-Programm von 1991 war mit diesem Ziel verknüpft worden. Viele Mitarbeiter hatten sich seitdem im CIP-Prozess um kleinere und größere Verbesserungen bemüht. Die Geschäfts-führung legte denn auch großen Wert auf die Feststellung, dass CIP nicht durch BeQIK ersetzt würde, und betonte, CIP sei «die Grundlage der Initiativen, die BeQIK zum Ziel haben».[105] Auch grafisch wurde CIP in die BeQIK-Präsentation eingebunden, mit dem Motto «CIP führt Stufe um Stufe zu BeQIK». Neu war so gesehen nur das K in BeQIK, das für Kundenorientierung stand. Früher war man bei Bosch eher der Ansicht gewesen, die Kunden sollten ruhig warten, bis das Unternehmen mit seinen Entwicklungen fertig sei, dann würden sie schon beliefert.[106] Doch inzwischen hatten sich eben auch die Erwartungen der Kunden verändert, bei Firmenkunden nicht weniger als bei Privatpersonen. Von einem Verkäufer wurde Beratung erwartet und dass er nicht nur Produktmerkmale aufzählte, sondern Problemlösungen anbot.

Mit BeQIK schloss Bosch aber auch noch zu einem anderen Trend auf. Der deutschen Wirtschaft wurde in dieser Zeit immer bewusster, dass sie sich in einer Kommunikations- und Massenkonsumgesellschaft befand. Einprägsame Formeln hatten hier eine eigene Wirkung. So unterschied sich BeQIK in seinen Aussagen nicht allzu sehr von den Leitbildern, die damals in vergleichbaren Unternehmen eingeführt wurden, etwa dem Siemens Management System («Innovation», «Kundenfokus», «Globale Wettbewerbsfähigkeit»). Die Wirkung beruhte auf der Wahrnehmung. Indem der Slogan nun als Logo überall bei Bosch präsent war, in den Werken, bei Veranstaltungen und als Anstecknadel an den Revers leitender Mitarbeiter, stärkte er die Corporate Identity. Zugleich vermittelte er ein «zeitgemäßes» Image, was inzwischen einen hohen Stellenwert hatte, gerade für ein Unternehmen mit dem in der Öffentlichkeit eher als spröde geltenden Ruf einer Ingenieursschmiede. Die jüngeren Bosch-Geschäftsführer waren sich der Gesetze einer Kommunikationsgesellschaft bewusst, wonach Erfolg auch davon abhängt, Aufmerksamkeit zu gewinnen, weil sich mit Aufmerksamkeit Wirkung erzielen lässt. Wolfgang Chur brachte es in einem Bericht an den Aufsichtsrat zum Thema Kundenorientierung im November 1999 auf den Punkt: «What gets attention, gets done.»[107] Wenn Hermann Scholl bei der Bilanzpressekonferenz 2001 erklärte «Wir unternehmen den Wandel», dann war damit mehr gemeint als die damalige Neugliederung der Unternehmensbereiche oder die Übernahme von Rexroth, und die Botschaft wurde auch so verstanden.[108] Als «Kulturrevolution auf schwäbische Art» würdigte *DIE ZEIT* die Initiativen der Bosch-Führung. Allerdings gab es auch weiterhin Artikel, die einen «Reformstau» beklagten.[109] Scholl selbst musste im *Bosch-Zünder* zugeben, dass der Wandel bislang an den ausgeprägten Hierarchien, einem der zentralen Probleme des Unternehmens, nichts geändert hatte: «Durch BeQIK sollen Entscheidungen auf der niedrigst möglichen Ebene getroffen werden, was heute nicht der Fall ist.»[110]

Nach Einführung des Leitbilds BeQIK begann die Geschäftsführung, sich mit dem Thema «Werte» zu beschäftigen. Es stellte sich die Frage, was eigentlich mit «Be Bosch» gemeint ist. Auch damit lag man im Trend der Zeit. Angesichts der allgemein nachlassenden Identifikation von Mitarbeitern mit ihren Unternehmen sahen Wissenschaftler und Beratungsgesellschaften in einer positiv wahrgenommenen, «wertschöpfenden» und sinngebenden Unternehmenskultur ein wichtiges Erfolgsrezept, gerade auch im globalen Wettbewerb um hochqualifizierte Fachkräfte. Eine 2008 veröffentlichte Studie des Bundesarbeitsministeriums konnte den Zusammenhang zwischen Unternehmenskultur und Unternehmenserfolg erstmals auch empirisch belegen.[111] Kennzeichnend für Bosch waren indes die Gründlichkeit, mit der man sich in das Thema Werte vertiefte, und der Bezug zur Geschichte des Unternehmens, der sich dabei ganz zwangsläufig ergab. Die Geschäftsführung ließ sich nicht etwa von einer Kommunikationsagentur oder einer Unternehmensberatung einen Wertekatalog erstellen, sondern zog sich in Klausur zurück, in ein Haus in Bad Teinach, in dem Theodor Heuss einst an seiner Robert-Bosch-Biografie geschrieben hatte.[112] Dort brauchte man wohl nicht lange nach Werten zu suchen. Sie ließen sich in der Geschichte des Unternehmens finden, in den Leitsätzen von Robert Bosch, auf die auch Heuss Bezug genommen hatte und die seither nicht an Aktualität verloren hatten, wie es Scholl auf dem LD-Forum vom September 1999 bereits angedeutet hatte. In dem nunmehr erstellten Katalog von Basiswerten standen Vertrauen, Offenheit, Fairness und unternehmerisches Denken an oberster Stelle.[113] Dies deckte sich, mit Ausnahme der Offenheit, vollständig mit den Prinzipien Robert Boschs. Als Scholl im Dezember 2001 auf dem LD-Forum über «Be Bosch – Unsere Werte» referierte, betonte er, das Unternehmen verfüge «an sich über starke Werte, über Werte, die auch in hohem Maße vom Firmengründer Robert Bosch geprägt sind». Nicht die Werte müssten verändert werden, so Scholl, sondern der Umgang mit ihnen: «Wir müssen uns wieder verstärkt auf sie besinnen.»[114]

Die Geschäftsführung hatte inzwischen freilich auch feststellen müssen, dass sie beim Thema Werte nicht so sattelfest war wie der Unternehmensgründer.[115] Man ließ sich daher von einem Ethik-Experten beraten, dem Prämonstratenser-Chorherrn und Unternehmensberater Pater Augustinus, mit bürgerlichem Namen Augustinus Heinrich Graf Henckel von Donnersmarck. Er ging mit seiner Beratungsgesellschaft Unicorn damals in vielen Führungsetagen der deutschen Wirtschaft, u. a. auch bei BMW, ein und aus. Schon auf der GPI vom Juni 1994 hatte Pater Augustinus die Bosch-Manager mit einem Vortrag beeindruckt. Nun empfahl er der Geschäftsführung, die «Bosch-Werte» nicht allein von oben zu verkünden, sondern auch herauszufinden, wie die Mitarbeiter die Werte sahen und wie sich deren Wahrnehmung des Unternehmens zu den Werten verhielt. Unicorn wurde daraufhin im September 2001 beauftragt, 126 Bosch-Mitarbeiter, darunter 46 Manager aus der obersten Führungsebene, aber auch Betriebsräte, zum Thema «Wertorientierung und Kulturwandel» zu befragen.[116] Der Abschlussbericht von Unicorn ist ein bemerkenswertes

Dokument, weil er im Unterschied zu veröffentlichten Statements die Wahrnehmungen der Mitarbeiter ungeschminkt wiedergibt.

Wie Unicorn feststellen konnte, gab es bei Bosch eine «positive Grundstimmung», BeQIK und die «Bosch-Werte» fanden in der Belegschaft hohe Akzeptanz und die befragten Mitarbeiter waren auch überzeugt, dass die Geschäftsführung den von ihr verkündeten Wandel wollte. Doch wurde bei den Interviews auch deutlich, dass die Werte und das ambitionierte Leitbild nicht der Realität am Arbeitsplatz entsprachen. Die befragten Mitarbeiter hatten von einem «Hang zu Detailfragen» berichtet und einer Neigung, persönliche Fehlerverantwortlichkeit über sachliche Fehleranalysen zu stellen. Durchweg bestand der Eindruck, dass Bosch über «hervorragende Sachkompetenz» verfüge, aber zu sehr im eigenen Saft schmore. «Die Führungsfunktionen von Bosch sind überwiegend deutsch besetzt und lassen wenig Internationalität erkennen», hieß es im Abschlussbericht von Unicorn. Auch hätte die Initiative zur Neubegründung von Bosch-Werten, «bei den Mitarbeitern Erwartungen geweckt, die nicht auf Änderungen im System, sondern auf Änderungen des Systems hinauslaufen». Als Ergebnis der Studie stellte Unicorn fest: «Bislang aber erleben die Mitarbeiter eine gravierende Diskrepanz zwischen den Änderungspostulaten einerseits und der gelebten Wirklichkeit andererseits.» Unicorn empfahl, die Wertediskussion zu beenden und den Wertekatalog mit einer Führungsphilosophie in der Praxis zu unterfüttern.[117]

Veränderungen im Kräfteparallelogramm der Corporate Governance

Seitdem die Robert Bosch Industrietreuhand 1964 gegründet und 1976 umbenannt worden war und von dort aus im Zeichen des Vermächtnisses von Robert Bosch d. Ä. die eigentliche unternehmerische Eigentümerstellung ausgeübt wurde, hatte sich an dem Verhältnis von Macht, Leitung und Kontrolle zwischen Geschäftsführung, Aufsichtsrat und RBIK rein formell nichts geändert. Auch nach seinem Abgang als Bosch-Chef hielt Merkle in seiner Funktion als Vorsitzender der RBIK-Gesellschafter die Fäden in der Hand. Eigentlich hätte er im Sommer 1988, mit Erreichen der im Gesellschaftsvertrag der RBIK festgeschriebenen Altersgrenze von 75 Jahren, sein Amt aufgeben müssen, aber der Gesellschafterkreis stimmte für eine Sonderregelung und bat Merkle um eine Verlängerung seiner Funktion bis zur Vollendung seines 80. Lebensjahres im Juni 1993.[118] Merkle akzeptierte das Angebot, kündigte jedoch an, seinen Sitz im Aufsichtsrat turnusgemäß im Juni 1988 aufzugeben. In der RBIK, so seine Begründung, sei seine Aufgabe mehr auf die Bosch-Gruppe nach innen gerichtet, während dem Aufsichtsratsvorsitzenden ein öffentliches Interesse gelte.[119] Diese Position übernahm nun bis zum großen Revirement von 1993 Wolfgang Eychmüller, Vorstandsvorsitzender der Ulmer Wieland-Werke und seit 1984 Mitgesellschafter in der RBIK. Was die RBIK anging, so schlug Merkle zudem eine weitere Änderung vor: die Erweiterung des Gesellschafterkreises von acht auf neun Mitglieder. Nach der Verfassung des Hauses Bosch, so Merkle, könnten der Beratergruppe sieben oder acht Mitglieder angehören, der RBIK zusammen mit Robert Bosch d. J. also neun Gesellschafter.[120] So kam es, dass ohne das übliche Abwarten einer Vakanz noch im Juni 1988 neben den bereits amtierenden RBIK-Mitgliedern Merkle, Adolff, Bierich, Bosch, Eychmüller, Guth (der damalige Aufsichtsratsvorsitzende der Deutschen Bank war als «jüngster» Gesellschafter erst Mitte 1986 hinzugewählt worden), Holzach und Stein nun Johan M. Goudswaard, Vizepräsident des Verwaltungsrats beim Unilever-Konzern und bereits Mitglied im Bosch-Aufsichtsrat, kooptiert wurde.

Mit dem großen Revirement im Juni 1993, mit dem Merkle endgültig abtrat und an seiner Stelle Bierich den Vorsitz in der RBIK und im Aufsichtsrat übernahm, kam es jedoch zu Veränderungen in der Kräftekonstellation und der inneren Verfassung der Corporate Governance bei Bosch. Anders als Merkle verkörperte Bierich in vielem die Prinzipien des Firmengründers Robert Bosch, ohne diesen ständig zu zitieren. «Er aktualisierte sie, indem er den Akzent auf Offenheit, Fairness, Zukunftsorientierung und Kommunikation legte. Das waren Vorstellungen, an die nun wieder verstärkt angeknüpft wurde.»[121] Und nicht zuletzt fand Bierich von Anfang an auch einen Draht zu Robert Bosch d. J., der nach wie vor als Vertreter der Familie regelmäßig an den RBIK-Sitzungen teilnahm, von Merkle aber so gut wie gar nicht mehr wahrgenommen worden war. Regelmäßig stand in expliziter Betonung seines stimmrechtslosen Sonderstatus am Ende jedes RBIK-Protokolls der Hinweis, dass Bosch aufgrund von § 5 Absatz 2 der RBIK-Richtlinien nur im beratenden Sinne mitgewirkt habe. Immerhin war aber im April 1987 eine Neufassung des Abkommens zwischen der RBIK und den Mitgliedern der Familie Bosch über die Errichtung und Funktion des Familienrats erfolgt und tatsächlich hielt ein Teil der Geschäftsführung regelmäßig Vorträge vor Mitgliedern der Familie Bosch über alle relevanten unternehmenspolitischen Themenfelder.[122] Bierich und Bosch verstanden und vertrauten sich auf Anhieb und dabei verband sie nicht nur die Liebe zu philosophischen Themen.[123]

Auch unter Bierich änderte sich nichts an der akribischen Vorbereitung der Entscheidungsprozesse in den RBIK-Sitzungen. Aber als die Gesellschafter am 23. Juni 1994 30 Jahre nach der Gründung zu ihrer 100. Sitzung zusammenkamen, saß inzwischen mit Scholl ein starker Vorsitzender der Geschäftsführung mit am Tisch. Für Guth rückte wenig später Hans Peter Stihl, selbst Unternehmer und zugleich Präsident des Deutschen Industrie- und Handelstages (DIHT), in den Kreis der Gesellschafter, und anstelle von Stein war

Friedrich Schiefer, der stellvertretende Vorsitzende der Geschäftsführung, aufgenommen worden. Es war nach wie vor «eine der feinsten Positionen, die die Wirtschaft in Baden-Württemberg zu vergeben hat», wie die *Stuttgarter Zeitung* anlässlich der Berufung Stihls schrieb. «Und es wird nicht nur als Aufgabe, sondern geradezu als Auszeichnung begriffen, zum Kreis der Gesellschafter der Robert Bosch Industrietreuhand KG zu zählen.»[124] Nach wie vor galt das Prinzip, dass hier in Personalunion sichergestellt wurde, welchen strategischen Kurs der Bosch-Konzern steuerte, und dass nicht nur die Kontrolle über das Unternehmen nach den Maßstäben von Bosch vollzogen, sondern auch die Leitlinien der Unternehmensführung gemeinsam umgesetzt wurden. Aber im Sommer 1996 – nachdem kurz zuvor Tilman Todenhöfer aufgrund des Todes von Schiefer in einer vorgezogenen Berufung in den Kreis der RBIK-Gesellschafter aufgenommen worden war – gab es intensive Diskussionen um eine Änderung des Gesellschaftsvertrags der RBIK hinsichtlich des Kooptationsverfahrens und des Verhältnisses von Kontinuität und Flexibilität des Gesellschafterkreises in Anpassung an entsprechende Entwicklungen in den Kontrollgremien der Industriewirtschaft insgesamt. Zum einen wurde die Altersgrenze für RBIK-Gesellschafter auf 72 Jahre herabgesetzt (wobei allerdings in begründeten Ausnahmefällen eine flexible Handhabung möglich war), in Annäherung an die allgemeinen Regelungen für Vorstände, Geschäftsführer und Aufsichtsratsmitglieder.[125] Zum anderen wurden befristete Mitgliedschaften eingeführt, d. h. generell galt für künftige Gesellschafter eine zehnjährige Befristung, allerdings mit mehrfachen Verlängerungsmöglichkeiten von jeweils fünf Jahren. Zudem galt, dass ein Gesellschafter, der nach mehr als zehnjähriger Zugehörigkeit zur RBIK nach Vollendung seines 65. Lebensjahres ausschied, erklären konnte, dass er seine Erfahrungen weiterhin zur Verfügung stellen und, soweit es ihm möglich war, an den Sitzungen ohne Stimmrecht beratend teilnehmen werde. Er erhielt in diesem Fall weiterhin sämtliche Unterlagen und Protokolle.[126]

Im November 1999 kam es schließlich zu einem weiteren Wechsel im Gesellschafterkreis der RBIK, der eine gewisse Zäsur und zugleich doch Kontinuität markierte: Robert Bosch d. J. kündigte nach über 30-jähriger Mitgliedschaft und, obwohl ohne volles Stimmrecht, als am längsten amtierender RBIK-Gesellschafter sein Ausscheiden an. Obwohl das Recht der Familie zur Entsendung eines Vertreters in die Gesellschafterversammlung der RBIK längst erloschen war, entschied das Gremium, weiterhin ein Mitglied der Familie Bosch im Gesellschafterkreis zu haben und beschloss daher, mit Wirkung zum 26. November 1999 Christof Bosch, einen Sohn Robert Boschs d. J., aufzunehmen. Auch für diesen galt explizit ein beschränktes Stimmrecht und seine Berufung erfolgte ad personam, so dass daraus kein Rechtsanspruch der Familie Bosch auf Entsendung eines Vertreters in die RBIK abgeleitet werden

Abb. 79: Familie Bosch bei einer Besichtigung des Versuchszentrums Abstatt (2008)

konnte.[127] Die Familienmitglieder hatten schon einige Jahre zuvor ihre verbliebenen jeweiligen Geschäftsanteile an der Robert Bosch GmbH in eine eigens
gegründete Familiengesellschaft eingebracht, an der künftig auch die dritte
Generation beteiligt wurde, so dass die Familie gegenüber dem Unternehmen
nur noch mit einer Stimme bzw. Gesellschaft vertreten war. Im März 2002
rangen sich die RBIK-Gesellschafter dann schließlich dazu durch, die Stimm-
rechteinschränkungen für Christof Bosch aufzuheben und ihm von nun an
das volle Stimmrecht als RBIK-Gesellschafter zu gewähren.[128] Damit bekam
die Familie wieder mehr Gewicht innerhalb der RBIK.[129]

Nach außen waren all diese Veränderungen nicht sichtbar und auch für
den internen Kreis der Mitglieder in den Bosch-Lenkungs- und Kontrollgremien außerhalb der RBIK waren sie zunächst kaum spürbar. Seitdem Scholl
im Frühjahr 2000 als Nachfolger von Bierich neben dem Geschäftsführungs-
vorsitz auch die Leitung in der RBIK übernommen hatte, ergab sich unter den
Gesellschaftern ein wachsender Diskussionsbedarf über die eigene Rolle und
das Selbstverständnis sowie – vermutlich auch mit angestoßen durch die damals in weiten Teilen der deutschen Wirtschaft wie Öffentlichkeit herrschende
Diskussion über Prinzipien und Strukturen «guter Unternehmensführung» –
über die Corporate-Governance-Verfassung bei Bosch insgesamt. Nach den

langen Jahren unter der dominierenden Leitung Merkles nahmen die Diskussionsprozesse innerhalb der RBIK deutlich zu, und das Gremium begann sich zu einem eigenständig agierenden Lenkungsgremium zu entwickeln. Und obwohl Scholl nun, wie Merkle, den gleichzeitigen Vorsitz in der Geschäftsführung und der RBIK innehatte, gab es Stimmen, die von einem «Machtvakuum auf der Schillerhöhe» sprachen.[130] Was auch immer daran zutreffend oder unzutreffend war, so stand doch jedenfalls das Verhältnis zwischen den RBIK-Gesellschaften und ihren Vorsitzenden auf der Agenda. Und wie auch immer die jeweiligen und auch unterschiedlichen Motive bei Scholl und den einzelnen RBIK-Gesellschaftern aussahen, so entstand doch das Bedürfnis, endlich einmal genau zu wissen, welche Verantwortung die RBIK-Gesellschafter denn eigentlich hatten und wie dieses Verhältnis faktisch und formal geregelt war. Formaljuristisch waren alle gleichberechtigte Eigentümer, aber die tatsächliche Ausübung dieser Rechte in der Führung des Hauses Bosch war offenbar in den vergangen Jahren auf Seiten der Gesellschafter nicht mehr so recht praktiziert worden. Vor allem fühlten sich viele der externen RBIK-Gesellschafter nicht hinreichend informiert und mahnten auch ein größeres Mitspracherecht bei operativen Vorgängen an. In diesem Zusammenhang machte sich Ende 2000 Peter Adolff, der inzwischen dienstälteste RBIK-Gesellschafter,[131] an eine eingehende Untersuchung über die Rolle der RBIK in der Bosch-Unternehmensverfassung. Ergänzend dazu entstand eine Ausarbeitung der Bosch-Rechtsabteilung,[132] die eine komprimierte Darstellung der für die tägliche Praxis wichtigen, rechtlichen Bestimmungen beinhalten sollte. Als Adolff seine Studie eineinhalb Jahre später, Ende Mai 2002, Scholl und den anderen Gesellschaftern übergab, lag erstmals seit Jahrzehnten wieder eine detaillierte Darstellung über das «Bosch-Grundgesetz» vor, die auch Ausdruck dafür war, dass die in der Zwischenzeit immer weiter verblassten Grundprinzipien des Firmengründers im Laufe der 1990er Jahre intern wieder stärker ins Bewusstsein rückten.[133] Tatsächlich waren die expliziten Bezugnahmen auf Robert Bosch d. Ä. in den Merkle-Jahren immer seltener geworden und hatten bald ganz aufgehört. Seit Walz hatte sich niemand mehr bei Bosch um Ausdeutung und Anpassung der Bosch-Verfassung an die veränderten Verhältnisse Gedanken gemacht, und so erschien eine Rückbesinnung und Renaissance nicht nur vor dem Hintergrund der konkreten Verschiebungen im Kräfteparallelogramm der Corporate Governance bei Bosch überfällig. Das Adolff-Papier leitete detailliert Rechte wie Pflichten der RBIK-Gesellschafter in ihrer Eigentümerfunktion aus dem Testament des Firmengründers ab und hob neben dem Ziel, der Gesellschaft ihre völlige Unabhängigkeit durch Erhalt des gesamten, stimmberechtigten Eigenkapitals in den Händen der RBIK zu sichern, insbesondere das Prinzip der absoluten Gleichberechtigung aller Gesellschafter hervor.[134]

Die vor diesem Hintergrund am 26. Juni 2002 einberufene Sitzung der RBIK war ein historisches Ereignis in der Bosch-Geschichte. Erstmals diskutierten die Gesellschafter über Grundsatzfragen der RBIK, d. h. über das eigene Selbstverständnis, ihre Aufgaben und Pflichten, die Zusammensetzung, innere Ordnung und Arbeitsweise der RBIK sowie über das Verhältnis zu Geschäftsführung, Aufsichtsrat, Stiftung und Familie Bosch. Über die prinzipiellen rechtlichen Grundlagen gab es dabei grundsätzliches Einvernehmen, über die konkrete Arbeitsweise der RBIK jedoch kam es – wohl zum ersten Mal in der RBIK-Geschichte – zu einer kontroversen Debatte.[135] Schließlich einigte man sich darauf, die Zahl der seitens der Geschäftsführung vorgelegten Einzelentscheidungen zu verringern und dafür die RBIK-Arbeit hinsichtlich der strategischen Ausrichtung der Bosch-Gruppe zu intensivieren. Einmal im Jahr kam nun die RBIK zu einer eigenen Strategie-Sitzung zusammen. Was das inzwischen in der Öffentlichkeit vieldiskutierte Thema Corporate Governance anging, gab es bei Bosch, so war die einhellige Meinung, keinen akuten Handlungsbedarf, da alle auch in den Empfehlungen der Regierungskommission für gute Unternehmensführung (Cromme-Kommission) genannten Instrumente zur Verfügung standen und eingesetzt wurden. «Hinsichtlich der personellen Konstellation für die drei Positionen Geschäftsführungs-Vorsitz, Vorsitzender der Gesellschafterversammlung der RBIK sowie Vorsitzender des Aufsichtsrats wurde festgestellt, dass keine grundsätzlichen und insbesondere keine einseitigen Festlegungen getroffen werden sollten. Vielmehr sollte die RBIK, die letztlich hierfür direkte oder indirekte Entscheidungen trifft, ihre volle Flexibilität behalten und je nach Lage des Unternehmens und personeller Konstellationen jeweils neu entscheiden.»[136] Die mit Scholl angebrochene neue Diskussionskultur in der RBIK und der auch gegenüber dem Gremienvorsitzenden verstärkt vertretene Informations- und Mitentscheidungsanspruch in operativen Belangen sorgte nicht zuletzt für ein neues und vielleicht auch rechtzeitiges Austarieren der Corporate-Governance-Strukturen entlang von Inhalt und Geist des «Bosch-Grundgesetzes».

Die Art und Weise der Unternehmenssteuerung, die (Wachstums-)Strategie und die unternehmenskulturelle Entwicklung insgesamt waren bei Bosch um die Jahrtausendwende mithin zentrale Themen geworden. Ende November 2000 etwa hatte die RBIK Scholl ermächtigt, eine Kapitalerhöhung um 547 Mio. DM vorzunehmen und gleichzeitig das Stammkapital auf 1,2 Mrd. Euro umzustellen.[137] Eigenkapitalbasis und Liquidität des Unternehmens wurden damit gestärkt. Das Besondere dabei war das sogenannte «Schütt-aus-Hol-zurück»-Verfahren, das schon im November 1992 angewendet worden war. Damals war zum ersten Mal seit 1985 eine Kapitalerhöhung vorgenommen und das Stammkapital in zwei Schritten auf 1,2 Mrd. DM erhöht worden. Zunächst schüttete die Robert Bosch GmbH aus Rücklagen und einer Minderung der Körperschaftsteuer eine Vorabdividende von 1,5 Mrd. DM an die Gesellschafter aus, die dann den Nettoerlös der Ausschüttung wieder bei der GmbH einbrachten; diese erhöhte in zwei Schritten im Dezember 1992 und Juni 1993 ihr Kapital aus Gesellschaftsmitteln von nominal 800 Mio. DM auf 1,2 Mrd. DM.[138] Außerdem wurde der bisher von der Robert Bosch Industrieanlagen GmbH gehaltene Geschäftsanteil von 2,9 Prozent des Stammkapitals auf die Robert Bosch Stiftung übertragen, deren Anteil am Unternehmen dadurch von rund 89 Prozent auf 92 Prozent stieg. Das «Schütt-aus-Hol-zurück»-Verfahren war – in enger Abstimmung mit den Finanzbehörden – der steuergünstigste Weg zur dringend notwendig gewordenen Anpassung des Stammkapitals an die Bilanzsumme und den Umsatz, indem es die bisherige prohibitive Belastung von Rücklagen mit Körperschaftsteuern vermied. Auch im Oktober 1993 und noch einmal 1998 wurde dieses spezifische Verfahren der Kapitalerhöhung bei Bosch praktiziert und das Stammkapital dadurch sukzessive auf 1,8 Mrd. DM angehoben.[139] An den Kapitalmaßnahmen hatte sich jeweils auch die Familie entsprechend ihrem verbliebenen Anteil von 8 Prozent beteiligt. Allerdings war sie im Zusammenhang mit dem rasanten Wertzuwachs der Bosch-Anteile schon seit längerem mit dem Problem wachsender steuerlicher Belastungen, vor allem in vermögens- und erbschaftsteuerlicher Hinsicht, konfrontiert, die aus den Dividendeausschüttungen des Unternehmens nicht mehr gedeckt werden konnten. Schon Mitte der 1980er Jahre hatte es daher Überlegungen gegeben, diese für alle Seiten unbefriedigende Situation zu ändern und eine Neuregelung zu finden.[140] Zwischen Merkle und Robert Bosch d. J. hatte es dazu lange Briefwechsel gegeben, wobei klar war, dass «die RB GmbH eine über das Rechtliche hinausgehende moralische Verpflichtung gegenüber der Familie hatte, was die Steuerlast aus den Geschäftsanteilen betrifft».[141] Gleichzeitig aber empfahl Merkle im März 1988 den Familiengesellschaftern gegenüber nachdrücklich, im Laufe der nächsten fünf Jahre «sorgfältig über eine Umstrukturierung bzw. Wandlung ihrer Beteiligung nachzudenken mit dem Ziel einer dauerhaften Minderung ihrer Vermögenssteuerlast oder jedenfalls einer Begrenzung des laufenden Anstiegs dieser Belastung» – zum Beispiel in Form von Genussscheinen.[142] Auf Seiten der Familie hatte man jedoch am direkten Anteilsbesitz festgehalten.

Neben der Bosch-spezifischen Form der Kapitalbeschaffung aus eigener Kraft und eigenen Mitteln schlug Scholl im Frühjahr 2001 auch wieder verstärkt den Weg externer Wachstumsfinanzierung ein. Erstmals seit 17 Jahren erhöhte die Geschäftsführung – unter Einschaltung von Rating-Agenturen und Investmentbanken – das bestehende Commercial-Paper-Programm der Robert Bosch Finance Corporation von 0,3 auf 2 Mrd. US-Dollar zur kurzfristigen Fremdfinanzierung und zur Begebung von Anleihen mit bis zu zehnjähriger Laufzeit in Höhe von bis zu 4 Mrd. DM zur längerfristigen Fremdfinanzierung.[143] «Bosch

Abb. 80: Die Geschäftsführung der Robert Bosch GmbH.
Hintere Reihe:
Peter Marks, Gerhard Kümmel, Wolfgang Drees, Tilman Todenhöfer, Kurt Liedtke
Mittlere Reihe:
Hermann Scholl, Wolfgang Chur, Bernd Bohr.
Vordere Reihe:
Franz Fehrenbach, Siegfried Dais, Gotthard Romberg (2003)

sucht frisches Kapital für Firmenkäufe», titelte dazu im Juni 2001 die *Financial Times Deutschland*.[144] Alle diese Maßnahmen waren Teil einer «wertorientierten Unternehmenssteuerung», wie sie inzwischen bei Bosch eingeführt worden war. Es war die Zeit, als in den börsennotierten Industrieunternehmen allenthalben die Shareholder-Value-Politik ihre Blüte erlebte, und obwohl Bosch nicht kapitalmarktgetrieben war, sah man in der Geschäftsführung die Notwendigkeit, «sich auf das veränderte Umfeld-Verhalten einzustellen».[145] Nachdem Kunden wie Wettbewerber zunehmend wertorientiert steuerten, galt es auch bei Bosch seit Mitte 1999, entsprechende Mechanismen und Instrumente zur Effizienz des Mitteleinsatzes einzuführen und auszubauen. Begriffe und Konzepte wie Wertbeitrag, Kapitalrendite (CFRoI) und Mindestrendite (KKS), nachhaltiger Cash Flow (NCF) und Kapitalumschlag wurden nun in das unternehmensinterne Rechnungswesen implementiert, man beschäftigte sich mit «Werttreibern» auf allen Geschäfts-, Produktbereichs-, Werks- und Abteilungsebenen. Der Wertbeitrag gab an, um wie viel das Ergebnis die Soll-Verzinsung des Kapitaleinsatzes über- oder unterschritt. Damit, so die Erwartung, würde eine gegenüber der bisherigen Betriebsergebnisermittlung differenziertere Wertbeitragsermittlung möglich und eine neue, effizientere Steuerungsgröße zur Anwendung kommen. Gleich in mehrfacher Hinsicht erfolgte bei Bosch eine Veränderung und Neuausrichtung der finanziellen und betriebswirtschaftlichen Bezugsgrößen. Einer komplexeren Handhabung von Restrukturierungen standen nachhaltige Anreize im Hinblick auf eine dauerhafte und langfristige Wertsteigerung des Unternehmens und seiner Teilbereiche gegenüber.[146] Das Beispiel der wertorientierten Unternehmenssteuerung zeigt, wie auch die Umstände der Implementierung des Bosch Production Systems, wie wenig sich das Unternehmen inzwischen den immer neuen Trends der Management-Theorien und Unternehmensführungskonzepte, die von den großen Consulting-Konzernen entweder erfunden oder befeuert wurden, entziehen konnte. Das galt nicht zuletzt auch für das Ende der 1990er Jahre gleichfalls allenthalben propagierte «Change Management» und die Debatte um die Wiederentdeckung der Unternehmenskultur und die Bedeutung firmeninterner Werte und Normen.

Ehe Scholl im Juni 2003 auf der GPI–Versammlung seine letzte Ansprache vor den Führungskräften des Unternehmens hielt, führte er noch zwei wesentliche Änderungen ein. Zum einen die Ausweitung des Planungshorizonts bei Bosch. Ergänzend zur bisher üblichen Drei-Jahres-Wirtschaftsplanung trat künftig eine auf jeweils zehn Jahre ausgelegte Langfristplanung. Das bedeutete implizit auch einen Appell und eine Aufforderung zu höherer Risikobereitschaft anstelle bürokratischen Sicherheitsdenkens. Zum anderen erfolgte die Vorgabe neuer, ehrgeiziger und vor allem, nach der langen, durch die beiden großen Rezessionen erzwungenen, defensiven Ausrichtung, nun offensiv angelegter Rendite- und Wachstumsziele für das Unternehmen. Unter dem Kürzel «RB Plus 10» und «Ergebnis 05» wurde als Wachstumsziel – mit genauer Definition einzelner quantitativer, qualitativer, regionaler bzw. struktureller Wachstumsziele – bis zum Jahr 2010 eine Verdoppelung des Gesamtumsatzes auf 75 Mrd. Euro und der Rendite auf 5 Prozent und mehr vorgegeben.[147] Dieses ehrgeizige Ziel, das im Durchschnitt ein Wachstum von 9 Prozent pro Jahr bedeutete, war, darüber war sich die Bosch-Geschäftsführung im Klaren, nur durch ein im Vergleich zur Vergangenheit erheblich stärkeres externes Wachstum zu erreichen, d. h. mehr als die Hälfte dieses Umsatzzuwachses würde aus Akquisitionen stammen müssen. Fokussierte Wachstumsplanung in großen Schritten statt inkrementelles Wachstum in vielen kleinen Etappen, so lautete auf einen Nenner gebracht die neue Strategie.[148] Und damit waren auch erhebliche Herausforderungen für die Wachstumsfinanzierung verbunden; das dicke Liquiditätspolster würde, so die Berechnungen, erheblich dünner und hinzu kam die Bereitschaft, auch eine deutlich höhere Verschuldung in Kauf zu nehmen.[149] Trotz dieses klaren Favorisierens des externen Wachstumspfades, so hieß es dazu in einem internen Papier im Oktober 2002, gelte es aber auch, «ein anspruchsvolles internes Wachstum» nicht aus den Augen zu verlieren und durch eine projektspezifische und konsequente Steuerung verstärkt abzusichern, zumal dieser Wachstumspfad offensichtlich risikoärmer wäre.[150] Das zeigte der Blick zurück auf zwei zentrale Beispiele der Bosch-Geschichte: Zum einen die ABS-Entwicklung, die 1969 begonnen hatte, jedoch erst 1985 die Gewinnschwelle erreichte, bei kumulierten Vorleistungen von bis dahin umgerechnet 112 Mio. Euro. Schon damals hätte der fiktive Kaufpreis jedoch 460 Mio. Euro, d. h. das Dreifache der Vorleistungen betragen. Aus der Sicht des Jahres 2001 ergab sich schließlich ein Unternehmenswert von 1,4 Mrd. Euro. Das andere Erfolgsbeispiel war die Lambda-Sonde. Ihre Entwicklung begann 1970, der Break-even war 1981 bei kumulierten Vorleistungen von 9 Mio. Euro erreicht. Der damalige fiktive Kaufpreis hätte 134 Mio. Euro betragen, und für 2001 ergab sich ein Wert von 226 Mio. Euro, ergänzt durch kumulierte aufgezinste Cashflows von 434 Mio. Euro.[151] Das Fazit war deutlich: Die Entwicklung von Geschäftsgebieten aus eigener Kraft und damit internes Wachstum war – bei richtiger Projektauswahl – langfristig günstiger als der externe Erwerb. Wie auch immer, das ehrgeizige neue Wachstumsziel für die Bosch-Gruppe implizierte als Voraussetzung, dass *beide* Wachstumspfade eine hohe «Erfolgsquote» aufwiesen.

In seiner Rede vor der Führungskräfteversammlung vom Juni 2003 zog Scholl eine erste selbstkritische Bilanz seiner Jahre als Vorsitzender der Bosch-Geschäftsführung. Er hatte Bosch in einer Phase geleitet, die für das Unternehmen zu den schwierigeren Zeiten seiner Geschichte gehörte. Immer wieder hatte die Geschäftsführung Anläufe zu einer strukturellen Verbesserung der Ertragskraft unternommen, die allerdings häufig durch externe wie interne Entwicklungen an ihre Grenzen stießen und von schweren Ertragseinbrüchen und immer neuen Großbaustellen – ob Blaupunkt, Bremse oder Benzindirekteinspritzung – in den Hintergrund gedrängt wurden. Der intensiven Arbeit an den Verlustgebieten standen immerhin auch einige Meilensteine bei der Neuausrichtung und im Erneuerungsprozess von Bosch gegenüber: die Qualitätsoffensive, die Verbesserung des Projektmanagements, die Implementierung des eigenen Produktionssystems, die vorangetriebene Globalisierung und der Auf- und Ausbau einer starken Marktposition in China und Korea, die Desinvestition und Strukturbereinigung des defizitären Unternehmensbereichs Kommunikationstechnik, neue Diversifikationsbemühungen und nicht zuletzt der eingeleitete Generationswechsel auf der Führungsebene. Die Struktur der Bosch-Gruppe hatte sich in den vergangenen zehn Jahren nachhaltig verbessert und weiterentwickelt. Aber Rezessionen und der ebenso radikale wie rasche Strukturwandel der Märkte und der Wettbewerbsbedingungen erforderten große Anstrengungen, den Veränderungen zu folgen. Die Navigationstechnologie war Bosch über den Kopf gewachsen und der Diesel-Boom hatte das Unternehmen vor sich hergetrieben, «wir sind nur noch gerannt, ohne Rücksicht auf Kosten».[152] Es sei ihm nicht vergönnt gewesen, in der Zeit seines

Vorsitzes gemeinsam mit den Kollegen ein gutes Ergebnis zu erzielen, so Scholl rückblickend. Vieles sei aber gesät worden und damit die Chancen und Voraussetzungen dafür geschaffen, in wenigen Jahren die Früchte zu ernten, so dass Bosch nicht nur ein gutes, sondern ein sehr gutes Ergebnisniveau erreichen werde.[153] Schließlich gab Scholl den leitenden Bosch-Managern noch elf Thesen und Leitsätze mit auf den Weg, die vor allem auf ein rasches Eingreifen und Handeln abzielten, sei es bei ersten Anzeichen nachlassender Ertragskraft, bei Arbeitsgebieten mit unsicheren Erfolgsaussichten oder auch bei offensichtlichen Führungsschwächen in leitenden Positionen. Bosch sei zudem in den vergangenen Jahrzehnten in besonderem Maße durch Innovationen gewachsen, die im eigenen Haus entstanden waren. Dies zu ermöglichen und das erforderliche Durchhaltevermögen zu bewahren, verbunden mit einer langfristig angelegten Produktplanung, sei auch in Zukunft unabdingbar. Bei Akquisitionen müsse darauf geachtet werden, dass im Haus vorhandene Erfahrungen stärker eingesetzt würden, und bei Integrationsproblemen konsequent und frühzeitig mit eigenen Mitarbeitern direkt eingegriffen werden. Auch die internationale Erfahrung müsse weiter ausgebaut, der kritische Engpass bei der Verfügbarkeit von kompetenten regionalen Führungskräften beseitigt werden und schließlich sei die weitere regionale Expansion nur noch mit Unternehmen in alleinigem Besitz oder mit eindeutiger industrieller Führung durch Bosch anzustreben. «Unter längerfristigen Aspekten sind eindeutige Führungsstrukturen wichtiger als kurzfristige Markterfolge.»[154]

4. Globalisierung, Diversifikation und Werteorientierung (2003–2012)

«Den Wandel vorantreiben»: Neue Strategien und neue Trends

Im Herbst 2002 zeichnete sich bei Bosch der nächste Führungswechsel ab. Schon länger stand fest, dass Hermann Scholl mit dann 68 Jahren seinen im Sommer 2003 auslaufenden Vertrag nicht mehr verlängern würde. Es stand außer Zweifel, dass sein Nachfolger aus dem Unternehmen kommen würde. Als Kandidaten wurden in den Medien abwechselnd die Geschäftsführer Bernd Bohr, Siegfried Dais, Franz Fehrenbach und Tilman Todenhöfer gehandelt.[1] Im Dezember stieg dann weißer Rauch über der Schillerhöhe auf. Bosch teilte mit, dass Franz Fehrenbach zum 1. Juli 2003 den Vorsitz der Geschäftsführung übernehmen und Hermann Scholl in den Vorsitz des Aufsichtsrats wechseln werde.[2] Es wurde ein Wechsel, den man als «typisch Bosch» bezeichnen kann, insofern er ganz dem Stil der Leitungsorgane und des Gesellschafterkreises entsprach: eine geräuschlose Stabübergabe an einen Nachfolger, der von der RBIK bestimmt wurde, aus dem Unternehmen stammte und schon länger mit dem Vorgänger zusammengearbeitet hatte, welcher wiederum in den Vorsitz des Aufsichtsrats wechselte und von dort aus seinen früheren Mitgeschäftsführer kontrollierte.

Mit Fehrenbach kam nun einer der «jungen Wilden», die in den Jahren 1998/99 zu Geschäftsführern bestellt worden waren, an die Spitze des Unternehmens. In der Öffentlichkeit wurde seine Berufung auf den Chefsessel nicht nur als der fällige Generationenwechsel wahrgenommen – Fehrenbach war 14 Jahre jünger als Scholl –, sondern auch als endgültige Abkehr vom Führungsstil des drei Jahre zuvor verstorbenen Merkle. So stellte die *Süddeutsche Zeitung* den neuen Bosch-Chef ihren Lesern als «bodenständig, aufrichtig und allürenfrei» vor, ein «moderner, umgänglicher Manager also, hinausgewachsen aus der Generation des legendären ‹Gottvaters›».[3] Tatsächlich zeichnete sich der Übergang von Scholl zu Fehrenbach aber auch durch ein hohes Maß an Kontinuität aus. Fehrenbach hatte den unter Scholl im Herbst 1999 eingeleiteten «Kulturwandel» bei Bosch mit angestoßen und seine Berufung zum Vorsitzenden der Geschäftsführung bildete geradezu eine Garantie dafür, dass dieser Wandel weiterhin mit viel Elan vorangetrieben wurde.

Der neue F1 war bis dahin außerhalb der Branche kaum bekannt. Fehrenbach war als 26-jähriger Trainee zu Bosch gekommen und hatte dann eine zielstrebige, aber eher unauffällige Hauskarriere gemacht. Doch war er aus mehreren Gründen für die Chefposition besonders qualifiziert. Als studierter Wirtschaftsingenieur verfügte er sowohl über technische als auch über betriebswirtschaftliche Kompetenz, durch eine mehrjährige leitende Tätigkeit in der amerikanischen Regionalgesellschaft brachte er Auslandserfahrung mit und war mit dem für Bosch so schwierigen US-Markt vertraut. Vor seiner Berufung in die Geschäftsführung hatte er den Geschäftsbereich Dieseleinspritzsysteme (K5) geleitet, die erfolgreichste und umsatzstärkste Sparte der Kraftfahrzeugtechnik von Bosch. Was Fehrenbach von anderen, ebenfalls bestens qualifizierten «jungen Wilden» unterschied, war wohl vor allem, dass er für offene Kommunikation und einen kooperativen Führungsstil stand. Mit der Entscheidung für ihn hatten die Gesellschafter der RBIK auch für einen Imagewandel votiert.

Zu Fehrenbachs ersten Handlungen als Vorsitzender der Geschäftsführung gehörte es, sich mit einer E-Mail an alle Mitarbeiter zu wenden, allein das war schon eine kleine Revolution. Die E-Mail begann mit der Frage: «Was ist das Beste an Bosch?» und schloss mit der Antwort: «Es sind die Boschler.» Dazwischen deutete Fehrenbach an, welche Akzente er setzen wollte. Er bekannte sich zum Leitbild BeQIK, den Bosch-Werten und dem in Gang gesetzten Kulturwandel, kündigte ein stärkeres Engagement im Bereich der «Nicht-Kraftfahrzeugtechnik» an und eine Verschiebung der regionalen Anteile zugunsten Amerikas und Asiens. All dies hätte sein Vorgänger auch unterschrieben, doch richtete sich Fehrenbach damit eben unmittelbar an alle Mitarbeiter und forderte sie auf, eigenverantwortlich gegen die Verkrustungen im Unternehmen anzugehen.[4] Welche Erwartungen sich mit seiner Berufung im Unternehmen verbanden, lässt sich daran erkennen, wie die Mitarbeiterzeitung das erste Interview mit dem neuen F1 präsentierte. Unter dem Titel «Wichtig: den Wandel vorantreiben» wurde Fehrenbach im Jeanshemd bei der Gartenarbeit gezeigt, ein kooperativer Führungsstil wurde ihm bescheinigt und dass es ihm wichtig sei, zuzuhören und Anregungen aufzunehmen.[5]

Fehrenbach enttäuschte diese Erwartungen nicht und überraschte zugleich manche, die den unverkrampften Winzersohn unterschätzt hatten.[6] Mehr als seine Vorgänger war er sich der Bedeutung der Kommunikation bewusst, intern wie extern, weil sie für ihn zu der Offenheit gehörte, der er sich verpflichtet sah. Dabei ging es weniger um die Intensität als um den Gehalt. Schon auf dem LD-Forum 2003 forderte Fehrenbach dazu auf, die Unternehmenspolitik deutlich darzustellen, von der Begründung bis zur Durchführung.[7] Zwei Jahre später ging er an gleicher Stelle einen Schritt weiter, indem er erklärte, «unsere neue Unternehmenskultur heißt Offenheit und Transparenz».[8] Dass der *Bosch-Zünder* ab 2005 in neun Sprachen erschien, trug nicht allein der zunehmenden Globalisierung des Unternehmens Rechnung, denn

Abb. 81: Franz Fehrenbach (2009)

auch zuvor waren schon mehr als die Hälfte der Mitarbeiter außerhalb Deutschlands beschäftigt. Es sollten dadurch auch Kommunikationsbarrieren innerhalb des Konzerns abgebaut werden. Die «Boschler» in Indien sollten nicht schlechter über ihre Unternehmensgruppe informiert sein als die in Deutschland. Und natürlich wurde auch das Internet ein immer wichtigeres Medium. Seit Einführung des Bosch GlobalNet im Jahr 2009 besteht für die Mitarbeiter mit Computerarbeitsplätzen eine weltweite Kommunikationsplattform.[9]

Ein Signal war es auch, dass die Bezeichnungen der Geschäftsbereiche und die Kurzzeichen für die Geschäftsführer nun auf Englisch umgestellt wurden. Bereits 2001 waren die bei Bosch so verbreiteten Kurzzeichen für die Geschäftsbereiche, die Außenstehende nur schwer entschlüsseln konnten, auch intern aufgelöst worden. So hieß etwa der Geschäftsbereich K3 seitdem Benzinsysteme. Nun wurde daraus Gasoline Systems und der Vorsitzende der Geschäftsführung war nicht mehr F1 (Führungsbereich 1), sondern G1 (Group Executive Sector 1). Grundsätzlich hielt aber auch Fehrenbach damit an den Kurzzeichen für die Geschäftsführer fest, die in der Ära Merkle eingeführt worden waren.

Um den Kulturwandel bei Bosch voranzutreiben, hatte Fehrenbach schon im Juni 2002 bei der GPI die endgültige Fassung des Wertekatalogs vorgestellt. Er umfasste sieben Grundwerte: Zukunfts- und Ertragsorientierung –

Abb. 82: Mitarbeiter-Workshop «House of Orientation» (2005)

Verantwortlichkeit – Initiative und Konsequenz – Offenheit und Vertrauen – Fairness – Zuverlässigkeit, Glaubwürdigkeit und Legalität – Kulturelle Vielfalt.[10] In einem nächsten Schritt beschäftigte sich die Geschäftsführung mit Fragen einer werteorientierten Steuerung.[11] Fehrenbach war überzeugt, dass sich ein so komplexes Unternehmen wie Bosch nur mit einem auf Prinzipien gegründeten Orientierungsrahmen steuern ließ. Das Leitbild BeQIK und die Bosch-Werte sollten in einen solchen Rahmen eingebettet werden, der als Handlungsanleitung für die Geschäftsführer und die Mitarbeiter dienen konnte. Begleitend dazu wurden weltweit Werteseminare durchgeführt. Das Ergebnis konnte 2005 unter dem Label «House of Orientation» präsentiert werden. Es verband in einer dreistufigen Pyramide Bosch-Werte und Kernkompetenzen mit dem übergelagerten Leitbild BeQIK und einer diesem wiederum übergeordneten Vision, in der man ein «gemeinsames Zukunftsbild» sah, das dazu beitragen sollte, in einer immer globaleren Welt erfolgreich zusammenzuarbeiten.[12] Begleitend dazu führte Bosch 2005 das einprägsame Motto «Technik fürs Leben» («Invented for Life») ein, das als Unternehmensleitsatz diente und Teil der Corporate Identity werden sollte, was auch in seiner grafischen Verwendung als eine Art Untertitel zum Firmennamen zum Ausdruck kommt. Wie schon BeQIK wurde auch das House of Orientation innerhalb der Unternehmensgruppe von oben nach unten vermittelt, zunächst durch Seminare von Führungskräften, dann aber auch durch eine in 13 Sprachen publizierte Broschüre mit dem Titel «Was uns antreibt, was uns verbindet, wofür wir stehen». Dieses Motto zeigte anschaulich, was das House of Orientation leisten sollte. Es sollte gewissermaßen eine Brücke bilden, über die das Leitbild und die Werte in praktisches Handeln eingingen. Die Broschüre erwies sich dafür als das beste Medium. Sie konnte jedem Mitarbeiter in die Hand gedrückt werden und niemand musste sich mehr eigens zu einem Seminar anmelden, um sich mit den Grundsätzen des Unternehmens vertraut zu machen. Auf diese Weise fand das House of Orientation gerade bei der stark ansteigenden Zahl von Mitarbeitern in Asien großen Anklang.

Auch eine derartige Steuerung stieß allerdings an Grenzen. Schließlich konnte und sollte kein Mitarbeiter gezwungen werden, nach den Werten des House of Orientation zu handeln, zumal diese auf Eigenständigkeit ausgerichtet waren. Praktisch wirksam wurde der Orientierungsrahmen wohl vor allem, indem er Verstöße gegen die Werte erschwerte. Da bei Bosch die Identifikation der Mitarbeiter mit dem Unternehmen sehr ausgeprägt war, dürfte es auch ein entsprechend großes Interesse gegeben haben, im Einklang mit diesen Werten zu arbeiten und Verstöße zu vermeiden. Zuwiderhandlungen hatten zwar keine arbeitsrechtlichen Folgen, konnten aber leicht zu einer gewissen Ausgrenzung führen und Beförderungen verbauen. Trainees hatten zu erklären, ob sie hinter den Inhalten des House of Orientation standen. Sie erhielten dabei auch gleich die Empfehlung, das Unternehmen besser wieder zu verlassen, falls sie sich mit dem Leitbild und den Werten nicht identifizieren konnten.[13] Wie weit auf diese Weise Überzeugungsarbeit geleistet werden konnte, lässt sich freilich nicht feststellen. Dem House of Orientation werden viele auch nur zugestimmt haben, weil die Unternehmensleitung es von ihnen erwartete und sie nicht auffallen wollten. Doch musste nun auch die Geschäftsführung den von ihr aufgestellten Maßstäben gerecht werden und erkennen, dass dies nicht immer einfach war.

Die Beschäftigung mit den «Bosch-Werten» und die Arbeit am House of Orientation dürften dazu beigetragen haben, dass Fehrenbach sich stärker als seine Vorgänger auf den Unternehmensgründer und dessen Prinzipien berief. Schon seine Rede auf dem Führungskräfteforum vom Dezember 2003 stand unter dem Motto «Bosch kraftvoll weiterentwickeln» und nahm damit unmittelbar Bezug auf das Testament Robert Boschs, das den Auftrag enthielt, dem Unternehmen eine «kraftvolle und reiche Entwicklung zu sichern».[14] Robert Bosch war im Zuge des im Herbst 1999 eingeleiteten Kulturwandels wiederentdeckt worden. Fehrenbach nahm noch häufiger und unmittelbarer als Scholl auf ihn Bezug. Gerne zitierte er auch das geflügelte Wort des Philosophen Odo Marquard «Zukunft braucht Herkunft».[15] Zugleich veränderte sich bei Bosch der Umgang mit der Geschichte des Unternehmens, der bisher eher selbstgenügsam gewesen war und auch nicht in einem Zusammenhang mit der Kommunikation gestanden hatte. Für Fehrenbach war die Bosch-Tradition «eine einzigartige Chance», die nicht nur die Corporate Identity stärken, sondern auch «ein großer Wettbewerbsvorteil» sein konnte.[16] Aus dem Bosch-Archiv wurde die Abteilung Historische Kommunikation, die die Geschichte des Unternehmens nun offensiv und auch offener kommunizierte.

Im operativen Geschäft wurde Fehrenbach schon bald mit Vorgängen konfrontiert, die nicht zum ambitionierten Leitbild des Unternehmens passten. Ein regelrechtes Desaster bahnte sich für Bosch ab Herbst 2003 bei der gemeinsam mit DaimlerChrysler entwickelten und zwei Jahre zuvor eingeführten Elektrohydraulischen Bremse SBC (Sensoric Brake Control) an, nachdem man sich bereits 2001 bei einem Großauftrag von DaimlerChrysler blamiert hatte, weil Blaupunkt nicht in der Lage gewesen war, die Navigationssysteme für die Mercedes E- und S-Klasse termingemäß zu liefern.[17] SBC verkürzte den Bremsweg durch eine elektronische Regelung des Hydraulikdrucks an den Radbremsen. Sie galt als eine Pionierleistung, für die Ingenieure beider Unternehmen ausgezeichnet wurden. Nachdem DaimlerChrysler damit begonnen hatte, SBC bei der Mercedes E- und SL-Klasse in Serie einzubauen, zeigte sich, dass das System sehr anfällig war und bei hoher Laufleistung leicht ausfallen konnte. Im Mai 2004 sah sich Mercedes-Benz deshalb gezwungen, 680 000 Fahrzeuge zurückzurufen. Ein Jahr später folgte eine noch größere Rückrufaktion, von der nicht weniger als 1,3 Millionen Fahrzeuge betroffen waren.[18] DaimlerChrysler baute daraufhin SBC nicht mehr ein und erteilte dem Bosch-Konkurrenten Teves/Continental den Auftrag, eine konventionelle hydraulische Bremse zu entwickeln. Nach außen hin reagierte man bei Bosch darauf gelassen, aber intern galt das Debakel als eine Schmach, unter der man auch deshalb besonders litt, weil sie mit der im Leitbild enthaltenen Qualitätsverpflichtung nicht vereinbar war, dem Q des BeQIK. Fehrenbach sah sich veranlasst, ernste Mahnungen an die Führungskräfte zu richten. Vor der GPI sagte er im Juni 2004: «Diese Qualitätslage passt nicht zur Marke Bosch, passt nicht zu unserem Selbstverständnis, das wir in unserem Leitbild BeQIK ausdrücken.»[19] Qualitätsprobleme hatte es auch schon bei Common Rail und anderen elektronisch gesteuerten Systemen gegeben. Doch Bosch wollte sich damit nicht abfinden und konnte sich unzufriedene Großkunden auch nicht leisten. Die intensiven Bemühungen zur Qualitätsverbesserung zeigten denn auch Wirkung. Im Unternehmensbereich Kraftfahrzeugtechnik ging der Anteil der gemeldeten fehlerhaften Teile insgesamt deutlich zurück. Bei den Null-Kilometer-Beanstandungen war dies ab 2002 der Fall, bei Teilen in bereits ausgelieferten Fahrzeugen ab 2004.[20]

Beim Umsatz konnte Bosch 2004 eine höhere Steigerung erzielen als in den vorangegangenen Jahren. Die höchsten Zuwächse hatten die Unternehmensbereiche Industrietechnik und Gebrauchsgüter/Gebäudetechnik zu verzeichnen, was zu einem großen Teil durch Akquisitionen bedingt war, weil sich die Übernahme von Buderus und Rexroth nun erstmals in den Umsatzzahlen der Bosch-Gruppe niederschlug. Aber auch der Unternehmensbereich Kraftfahrzeugtechnik konnte seinen Umsatz um rund 7 Prozent steigern, gegenüber einem bescheidenen Plus von nur 1 Prozent im Vorjahr. Es schien, als würde man hier wieder an den Dieselboom der Jahre vor 2001 anknüpfen können.[21] Die Zielgröße der mittelfristigen Planung war ein Umsatzwachstum von 8 Prozent, was einem langfristigen Erfahrungswert entsprach. Dabei wurde zwischen einem internen Wachstum von 5 und einer durch Akquisitionen zu erreichenden Umsatzsteigerung von 3 Prozent differenziert.[22] Und daraus leitete sich wiederum das Renditeziel ab, welches 2005 durch das Projekt PP05 vorgegeben wurde. Demnach bedurfte es eines Betriebsergebnisses vor Steuern von 7 bis 8 Prozent, um das geplante Wachstum aus eigener Kraft – darauf legte man bei Bosch nach wie vor größten Wert – finanzieren zu können.[23]

2005 erreichte das Wachstum in allen Unternehmensbereichen nicht mehr so hohe Zuwächse wie im Vorjahr. Zwar lag es bei der Kraftfahrzeugtechnik wie im Konzern insgesamt bei über 5 Prozent, aber von der Zielgröße war man weit entfernt. Auf dem LD-Forum, das immer auch eine Art Jahresschlussbilanz der Geschäftsführung war, bekräftigte Fehrenbach im Dezember gleichwohl das Ziel eines jährlichen Wachstums von 8 Prozent für den Planungszeitraum bis 2008.[24] Hoffnung machte neben dem Aufwärtstrend im K-Bereich die gelungene Post-Merger-Integration der übernommenen Firmen Rexroth und Buderus. Besonders die Bosch Rexroth AG entwickelte sich besser als es wohl selbst Optimisten erwartet hatten. Der Weltmarktführer in mobiler und industrieller Hydraulik, der u. a. Getriebe für Windkraftanlagen, elektronische Schiffssteuerungen, Pumpen und Ventile herstellte, steigerte seinen Umsatz in den Jahren 2003–2008 um über 60 Prozent, von rund 3,7 Mrd. Euro auf etwa 5,9 Mrd. Euro.[25] Diese Erfolge waren aus der Sicht der Bosch-Geschäftsführung auch deshalb so wichtig, weil es zu den erklärten Zielen Fehrenbachs gehörte, die «Nicht-Kraftfahrzeugtechnik»-Bereiche auszubauen, um die Abhängigkeit der Unternehmensgruppe von der Kraftfahrzeugtechnik, die auch 2004 noch über 60 Prozent des Umsatzes bestritt, zu verringern. Der Unternehmensbereich Industrietechnik hatte durch Bosch Rexroth deutlich an Gewicht gewonnen und war zu einer dritten Säule neben der Kraftfahrzeugtechnik und dem Bereich Gebrauchsgüter/Gebäudetechnik herangewachsen. Doch bildete er mit einem Umsatzanteil von 13 Prozent kein wirkliches Gegengewicht zur Kraftfahrzeugtechnik. Es war kein Geheimnis, dass die Schillerhöhe nach der Übernahme von Buderus und Rexroth weitere Investments außerhalb der Kraftfahrzeugtechnik plante, um die Bosch-Gruppe nach dem Wegfall der Kommunikationstechnik wieder stärker zu diversifizieren. Auf dem LD-Forum 2005 ließ Fehrenbach durchblicken, dass auf «Nicht-K-Bereiche» schon in zehn Jahren ein Umsatzanteil von über 50 Prozent entfallen könnte.[26] Für einen zukünftigen neuen Unternehmensbereich plante die Geschäftsführung schon einmal einen Umsatz von 5 Mrd. Euro ein.[27] Natürlich gab es für dieses Projekt auch ein Kurzzeichen: UBX (Unternehmensbereich X).

Tab. 19 Anteile der Unternehmensbereiche am Umsatz der Bosch-Gruppe in Prozent (2000–2010)[28]

Unternehmensbereich	2000	2002	2004	2006	2008	2010
Kraftfahrzeugtechnik	71	67	63	62	59	59
Gebrauchsgüter und Gebäudetechnik	24	22	24	25	26	27
Industrietechnik	4	11	13	13	15	14
Kommunikationstechnik*	1					

* Reste

Das Bekenntnis zur konglomeraten, risikostreuenden Diversifizierung gehörte offenbar zu den festen Prinzipien der Bosch-Führung. Wie schon Merkle, Bierich und Scholl sah auch Fehrenbach in einer zu starken Abhängigkeit von der Kraftfahrzeugtechnik ein zu hohes Risiko. Dass bei Bosch immer neue Anläufe unternommen wurden, weitere Geschäftsfelder außerhalb der Kraftfahrzeugtechnik zu erschließen, hing wohl auch mit dem rechtlichen Status und der finanziellen Unabhängigkeit des Unternehmens zusammen. Wäre Bosch eine börsennotierte Aktiengesellschaft gewesen, hätte der Kapitalmarkt eine stärkere Konzentration auf das Kerngeschäft verlangt. Analysten gehen in der Regel davon aus, dass Anleger ein möglichst klares Unternehmensprofil honorieren und durch Diversifizierung eher abgeschreckt werden. Als sich 2006 die Krise der amerikanischen Automobilindustrie verschärfte, besonders bei der Chrysler Group, deren hohe Verluste zu einem massiven Stellenabbau bei DaimlerChrysler führten und schließlich auch zur Auflösung der 1998 eingegangenen Verbindung zwischen Daimler und Chrysler, bekam Bosch wieder einmal die Nachteile seiner starken Autolastigkeit zu spüren.[29] Der Unternehmensbereich Kraftfahrzeugtechnik (UBK) erreichte 2006 nur eine Umsatzsteigerung von 3,5 Prozent, während die Unternehmensbereiche Industrietechnik (UBI) und Gebrauchsgüter/Gebäudetechnik (UBG) ein internes Wachstum von 7 bzw. 6 Prozent erwirtschafteten. Während Gebrauchsgüter-Geschäftsbereiche wie Elektrowerkzeuge und BSHG stark im Aufwind waren, konnte die Bosch-Gruppe insgesamt aufgrund der Rückschläge in der Kraftfahrzeugtechnik nur eine Umsatzsteigerung von 5,4 Prozent statt der geplanten 8 Prozent erzielen.[30]

Grafik 16 Umsatzentwicklung der Bosch-Gruppe und ihrer Unternehmensbereiche in Prozent gegenüber dem Vorjahr, einschl. Akquisitionen (2003–2008)

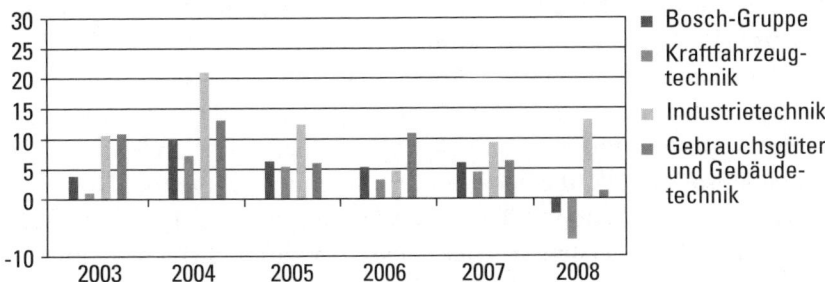

Quelle: Robert Bosch GmbH, Geschäftsberichte 2003–2008

Vor diesem Hintergrund war die Stimmung auf dem LD-Forum vom Dezember 2006 «gedrückt und mit vielen Selbstzweifeln beladen, vor allem in der Kraftfahrzeugtechnik».[31] Die Führungskräfte bekamen eine Brandrede des G1 zu hören, der das Zurückbleiben hinter den Zielen auch darauf zurückzuführte, dass man sich zu wenig bemüht habe. Fehrenbachs Vortrag ließ allerdings auch eine gewisse Ratlosigkeit darüber erkennen, dass die Geschäftsentwicklung nie mit den Zielvorgaben Schritt hielt: «Folglich wiederholt sich jedes Jahr, dass wir weit hinter diesen Planungen zurück bleiben und die Besserung von neuem auf die Zukunft vertagen.»[32] Der Grund dafür ist wohl auch darin zu sehen, dass man bei Bosch zu optimistisch geplant hatte. Ein durchschnittliches Umsatzwachstum von 8 Prozent hatte man in den Jahren 1994–2003 erzielt, doch profitierte das Unternehmen damals durch den Diesel-Boom von einer Art Sonderkonjunktur, die sich nun nicht wiederholen ließ.[33]

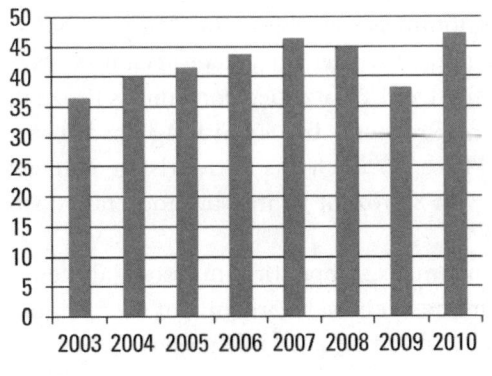

Grafik 17 Umsatz der Bosch-Gruppe in Mrd. Euro (2003–2010)

Quelle: Robert Bosch GmbH, Geschäftsberichte 2003–2010

Neben den Rückschlägen im USA-Geschäft musste Bosch im Jahr 2006 bei der Kraftfahrzeugtechnik noch eine weitere bittere Pille schlucken. Da VW sich entschieden hatte, das von Bosch hergestellte Dieseleinspritzsystem Pumpe Düse (Unit Injector) durch Common Rail zu ersetzen und der VW-Konzern der einzige Abnehmer des Pumpe-Düse-Systems war, musste Bosch diese Fertigung zurückfahren und Ende 2009 ganz auslaufen lassen, was mit Marktanteilsverlusten und einem Rückgang der Marge verbunden war.[34] In der Pumpe-Düse-Technik, die speziell für VW entwickelt worden war, verfügte Bosch über ein Monopol. Bei Common Rail konnte sich VW dagegen zwischen zahlreichen Herstellern entscheiden. So wurde Siemens dann von VW beauftragt, ein Common-Rail-Werk in den neuen Bundesländern zu errichten. Von der Einstellung der Pumpe-Düse-Fertigung waren bei Bosch etwa 4000 Mitarbeiter in den Werken Feuerbach, Rommelsbach, Rodez (Frankreich) und Bursa (Türkei), betroffen. Ängste kamen besonders in Feuerbach auf, wo nach Angaben des Betriebsratsvorsitzenden Werner Neuffer 2670 Arbeitsplätze bedroht waren, da hier 2009 auch die Fertigung von Verteilerpumpen auslaufen sollte. Der Betriebsrat forderte von der Standortleitung, im Rahmen eines «Zukunftskonzepts Feuerbach» auf betriebsbedingte Kündigungen zu verzichten, Auszubildende weiter zu übernehmen und Ersatz für die auslaufenden Fertigungen zu schaffen.[35] Tatsächlich gelang es dann, eine Lösung zu finden, die den Beschäftigtenabbau in Feuerbach begrenzte und dem Standort eine neue Perspektive eröffnete. Bosch sagte in einer Vereinbarung mit dem Betriebsrat zu, fünf Fertigungslinien für die neue Diesel-Hochdruckpumpe CP4 in Feuerbach aufzubauen. Auch sollte das Werk Feuerbach 2009 zum Leitwerk für alle Common-Rail-Pumpen werden.[36] Das Werk Rommelsbach wurde im August 2009 geschlossen, doch kam es zu keinen Entlassungen, da Bosch für die Reutlinger Werke eine Beschäftigungsgarantie ausgesprochen hatte. Der Standort Reutlingen konnte die Schließung dieses Werkes verkraften, weil Bosch dort gleichzeitig 600 Mio. Euro in die Errichtung eines neuen Halbleiterwerks für die Fertigung von 200-Millimeter-Wafern investierte, das im März 2010 eröffnet werden konnte und viele der 620 Mitarbeiter des früheren Werkes Rommelsbach übernahm.[37] Im Geschäftsjahr 2007 hellte sich die Stimmung bei Bosch wieder auf, gerade auch im Unternehmensbereich Kraftfahrzeugtechnik. Der Umsatz stieg dort um 4,5 Prozent, in der gesamten Bosch-Gruppe um 6 Prozent.[38] Im Schnitt lag das interne Wachstum über der Vorgabe von 5 Prozent,[39] doch das mittelfristige Planziel eines jährlichen Gesamtwachstums von 8 Prozent konnte bis 2008 nur noch durch Übernahmen erreicht werden.[40]

Die Beschäftigtenzahl der Unternehmensgruppe stieg im ersten Jahrzehnt nach der Jahrtausendwende insgesamt noch einmal stark an, um etwa 87 000, und näherte sich erstmals der Grenze von 300 000, nachdem sie im Jahr 2000

noch bei knapp 200 000 gelegen hatte. Allein in Deutschland stieg die Zahl
der Beschäftigten der Bosch-Gruppe zwischen 2000 und 2010 um über
22 000 an – bedingt freilich auch durch die Übernahmen von Buderus und
Rexroth –, in anderen europäischen Ländern um insgesamt etwa 26 000. Doch
das stärkste Beschäftigtenwachstum entfiel auf Asien, vor allem auf China. In
Asien, Australien und Afrika stieg die Zahl der Mitarbeiter innerhalb eines
Jahrzehnts um fast 150 Prozent. Dadurch sank der Anteil der in Deutschland
beschäftigten Bosch-Mitarbeiter, der schon um die Jahrtausendwende weniger
als die Hälfte betrug, bis 2010 auf 40 Prozent. Der Anteil Amerikas ging im
gleichen Zeitraum ebenfalls zurück, obwohl Bosch hier nach der Jahrtausendwende kräftig expandieren wollte und Amerika ursprünglich ebenso wie Asien
zu den Schwerpunkten in Fehrenbachs Strategie regionaler Diversifizierung
gehörte. Durch den Niedergang der US-Automobilindustrie musste diese Expansion nach 2005 abgebrochen werden.

Tab. 20 Regionale Beschäftigtenstruktur der Bosch-Gruppe nach Kontinenten
(2000–2010)[41]

	Deutsch-land	in Prozent	Andere euro-päische Länder	in Prozent	Ame-rika	in Prozent	Asien, Austra-lien, Afrika	in Prozent	Insge-samt
2000	91 000	46,2	47 068	23,9	33 118	16,8	25 694	13,1	196 880
2005	109 600	43,7	67 384	26,9	37 086	14,8	36 792	14,6	250 862
2010	113 557	40,0	73 045	25,8	33 689	11,9	63 216	22,3	283 507

Zwar blieb Bosch weiterhin stark europalastig – 2010 arbeiteten immer
noch zwei Drittel aller Beschäftigten auf dem Heimatkontinent des Unternehmens –, doch war die Globalisierung durch den starken Zuwachs in Asien
fraglos ein Kennzeichen der Unternehmensentwicklung in diesen Jahren. Sie
beschleunigte sich nun bei Bosch wie bei den meisten europäischen Großunternehmen gegenüber den 1990er Jahren noch einmal. Auf der Schillerhöhe
sah und sieht man darin auch eine Form der Diversifizierung, da sich die
Wirtschaft auf den einzelnen Kontinenten inzwischen so unterschiedlich entwickelte, dass sich durch eine starke Präsenz auf allen Erdteilen die Risiken
ähnlich verteilen lassen wie durch einen Branchenmix. Für Fehrenbach gehörte
es zur Unternehmensstrategie, die regionale Diversifizierung ebenso gezielt
auszubauen wie die branchenspezifische Diversifizierung.

Dass die Globalisierung im letzten Jahrzehnt eine neue Qualität gewann,
zeigt auch die regionale Verteilung des Umsatzes. Hier veränderte sich die
Struktur bis 2005 nur geringfügig, doch dann nahmen die Anteile Europas

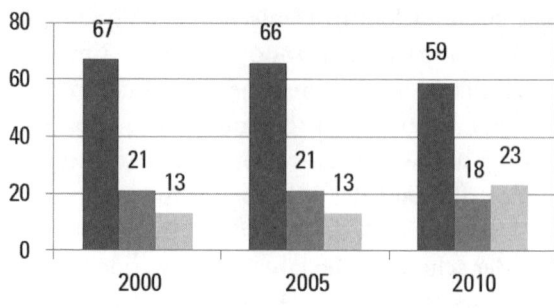

Grafik 18 Umsatz der Bosch-Gruppe nach Kontinenten in Prozent (2000–2010)

Quelle: Robert Bosch GmbH, Geschäftsberichte 2000–2010.

und Amerikas deutlich ab, während der Anteil Asiens, Australiens und Afrikas von 13 Prozent auf 23 Prozent anstieg. Beim Umsatz lag der Anteil Europas 2010 niedriger als bei den Beschäftigten, weil sich hier die meisten Werke der Bosch-Gruppe befanden. In Amerika war es umgekehrt und Asien (einschließlich Australien und Afrika) wies bei Umsatz wie Beschäftigtenzahl einen in etwa gleich hohen Anteil von 22 bzw. 23 Prozent auf.

Stärker als früher versuchte die Bosch-Geschäftsführung unter Fehrenbach, sich abzeichnende Trends zu erkennen und zu deuten, um daraus zukünftige Aufgabenfelder abzuleiten und sich frühzeitig auf Veränderungen des Marktes einstellen zu können. Dabei bemühte man sich zunächst, die großen, langfristigen Veränderungsprozesse auszumachen. Ausgehend von diesen Megatrends folgte ein Strategieprozess, mit dem sich Geschäftsführung und Strategieabteilung mehrmals im Jahr beschäftigten. Als einen Megatrend sahen die Geschäftsführer an, dass sich der Schwerpunkt des weltwirtschaftlichen Wachstums in die Region Asien-Pazifik verschob. Angesichts des rasanten Aufstiegs Chinas, dessen Wirtschaft seit den 1990er Jahren kontinuierlich um 7 bis 10 Prozent pro Jahr wuchs, wurde diese Einschätzung allgemein geteilt. Um den Megatrend Asien-Pazifik zu nutzen, startete die Geschäftsführung 2005 ein Programm AP 25, das darauf abzielte, innerhalb von zehn Jahren den Anteil Asiens am Umsatz der Bosch-Gruppe auf ein Viertel zu erhöhen.[42] Tatsächlich lag dieser Anteil dann bereits 2010 bei 23 Prozent (einschließlich Australiens und Afrikas).

Als weitere Megatrends machten die Geschäftsführung und die Strategieabteilung die Themenbereiche Umwelt und Energie aus. Man war überzeugt, dass diese Themen in Zukunft einen höheren Stellenwert haben würden als bisher.[43] Umweltschutz und Ressourcenschonung waren bei Bosch unter Fehrenbach wichtige Bestandteile der strategischen Ausrichtung. Weltweit gab es in den Werken dazu anspruchsvolle Vorgaben, die so mustergültig waren, dass Fehrenbach 2006 als «Ökomanager des Jahres» ausgezeichnet wurde.

Vier Jahre zuvor hatte bereits BSHG-Geschäftsführer Robert Kugler diesen Titel erhalten. Besonderes Gewicht hatte für Fehrenbach das Thema regenerative Energien, was ihm in der Presse auch den Spitznamen «Grüner Franz» eintrug.[44] Durch die Windkraftgroßgetriebe-Fertigung von Bosch Rexroth war die Unternehmensgruppe in diesem Bereich bereits vertreten. Mit dem Einstieg in die Solarenergie wurde das Engagement ab 2008 weiter ausgebaut.[45] Rund 45 Prozent aller Forschungs- und Entwicklungsaufwendungen entfallen inzwischen auf nachhaltige und ressourcenschonende Technologien.

Ein neues Themenfeld mit hohem Potenzial sah man auch in der Elektromobilität. Schon 1967 waren Prototypen von Fahrzeugen mit einem Elektromotor von Bosch ausgerüstet worden, und sechs Jahre später hatte das Unternehmen ein Forschungsfahrzeug mit Hybridantrieb vorgestellt. Diese Entwicklungen waren wegen der geringen Leistungsfähigkeit der Batterien und der exorbitanten Höhe des kalkulierten Preises nicht weiterverfolgt worden.[46] Nun war man überzeugt, dass die Lithium-Ionen-Technik große Chancen bot und zur Schlüsseltechnologie für Elektroautos werden könne. Auf diesem Gebiet hatte das Unternehmen durch die Entwicklung von Batterien für Elektrowerkzeuge bereits ein gewisses Know-how.[47] 2008 gründete Bosch mit der Samsung-Gruppe in Korea ein Gemeinschaftsunternehmen zur Entwicklung und Fertigung von Lithium-Ionen-Batteriesystemen, die SB LiMotive. Beide Gesellschafter erklärten, etwa 500 Mio. US-Dollar in das Joint Venture investieren zu wollen.[48] Vier Jahre später entschloss Bosch sich dann allerdings, die Zusammenarbeit mit Samsung SDI zu beenden und die Entwicklung auf diesem Gebiet zunächst alleine weiterzuführen.[49]

Als Megatrend hatte man schließlich auch den langfristigen Wandel von der Industrie- zur Dienstleistungsgesellschaft im Blick. Daraus wurde gefolgert, dass Bosch nicht bei seinem traditionellen Selbstverständnis als Industrieunternehmen stehen bleiben könne, sondern sich stärker auf Dienstleistungen verlagern müsse. Bosch definierte sich nun als «führendes Technologie- und Dienstleistungsunternehmen».[50] Damit waren nicht nur Dienstleistungen im industriellen Bereich gemeint, die heute überall einen großen Teil der Industrieleistungen ausmachen. Zur Bosch-Gruppe gehörten nun auch reine Dienstleistungsfirmen, etwa in den Bereichen Kommunikation und Logistik.[51]

Sehr erfolgreich war Bosch in den letzten Jahren auf einigen Gebieten, in denen das Unternehmen schon lange vertreten ist. Der Geschäftsbereich Power Tools (Elektrowerkzeuge) erwies sich einmal mehr als sicherer Ertragsbringer. Eine äußerst erfolgreiche Innovation gelang hier mit dem im Herbst 2003 eingeführten Akkuschrauber IXO, dem ersten Akkuschrauber mit Lithium-Ionen-Technologie. IXO ist inzwischen das meistverkaufte Elektrowerkzeug der Welt und trug wesentlich dazu bei, dass der Umsatz des Geschäftsbereichs Power Tools zwischen 2003 und 2011 um fast 60 Prozent anstieg, von 2,4 Mrd. Euro auf 3,8 Mrd. Euro.[52] Erfolgreich expandierte Bosch in den letzten Jahren auf einem Gebiet, das kurioserweise das letzte Überbleibsel des nach hohen Verlusten aufgegebenen Unternehmensbereichs Kommunikationstechnik darstellt: der Sicherheitstechnik. Der 2002 errichtete Geschäftsbereich Bosch Security Systems profitiert davon, dass die Anforderungen an Überwachungs- und Personenkontrollsysteme weltweit zunehmen. Videosysteme zur Gebäudeüberwachung und Zutrittskontrollsysteme gehören ebenso zum Angebot von Bosch Security Systems wie Brandmelder, Einbruchmelder und Evakuierungssysteme.[53] In der Wirtschaftspresse gilt Bosch inzwischen als der «neue Star der Sicherheitsbranche».[54] Das hochentwickelte Notfallmeldesystem e-call von Bosch verbindet Sicherheitstechnik mit Kraftfahrzeugelektronik. Erkennt das System durch Sensordaten einen Unfall, wird automatisch ein Notruf an eine Bosch-Leitstelle abgesandt, mit exakten Koordinaten für die Alarmierung des nächstgelegenen Rettungsdienstes. Ein anderes Gebiet des Geschäftsbereichs Sicherheitstechnik ist die Schalltechnik, mit der Bosch Flughäfen, Sportarenen und Fußballstadien in der ganzen Welt ausrüstet, oft in Verbindung mit Evakuierungssystemen, wie etwa im Falle des Changi Airport in Singapur.[55] Schließlich gehört zu diesem Geschäftsbereich auch das Bosch Communication Center, das als Leitstellenorganisation die Überwachungs- und Notrufmeldesysteme steuert und inzwischen auf drei Erdteilen mit Communication Centers vertreten ist.[56]

«Mit allen durch die Krise»: Bosch in der Finanz- und Wirtschaftskrise von 2008/09

Durch die im Sommer 2007 einsetzende Krise auf dem amerikanischen Immobilienmarkt gerieten schon bald immer mehr Banken in den USA und in Europa unter Druck, weil sie mit Hypothekenkrediten von geringer Bonität (subprime) spekuliert hatten. Im ersten Halbjahr 2008 brach auch der Automobilmarkt in den USA ein. Nachdem die New Yorker Investmentbank Lehman Brothers am 15. September 2008 Insolvenz angemeldet hatte, weitete sich die Subprime-Krise zur größten Finanzkrise seit den 1930er Jahren aus. Der globale Finanzkreislauf drohte zum Erliegen zu kommen, weil sich die Banken untereinander kein Geld mehr liehen.[57] Obwohl die Regierungen in den USA und in Europa den Banken mit Rettungsprogrammen in einer bislang nicht gekannten Größenordnung unter die Arme griffen, erreichte die Krise schon bald die «Realwirtschaft». Die Automobilbranche erlebte auch in Deutschland einen Absturz, der beispiellos war. «Alle Bänder stehen still», schrieb die *Süddeutsche Zeitung* am 28. Oktober 2008, «Bei Mercedes in Sindelfingen. Bei BMW in Leipzig. Bei Opel in Bochum. Weil die Kunden keine Autos mehr kaufen wollen. Nicht jetzt. Nicht inmitten einer Krise, deren Folgen viele Menschen erahnen.» Der Verfasser erstellte eine düstere Prognose, die damals viele teilten: die deutsche Automobilindustrie werde «eine Zeit des Niedergangs erleben, ebenso wie die Wirtschaft insgesamt».[58]

Auch bei Bosch konnte man damals leere Werkshallen sehen. Nachdem der Umsatz des Unternehmensbereichs Kraftfahrzeugtechnik im Oktober 2008 um 17 Prozent gegenüber dem Vorjahr zurückgegangen war, mussten die Mitarbeiter des Werkes Rommelsbach – das im folgenden Jahr geschlossen werden sollte – eine Woche zu Hause bleiben.[59] Als eines der ersten deutschen Großunternehmen nach Opel, Ford und ThyssenKrupp gab Bosch die Einführung von Kurzarbeit bekannt. Anfang November wurden zunächst 3500 Beschäftigte des Werkes Bamberg sechs Monate lang auf Kurzarbeit gesetzt.[60] Die Umsatzprognose für 2008 hatte Bosch bereits im September zurücknehmen müssen. Nun rechnete man mit einem Einbruch des Betriebsergebnisses und dem ersten Umsatzrückgang seit 15 Jahren. Alle Zielgrößen für das mittelfristige Wachstum waren Makulatur geworden. Die Geschäftsführung reagierte darauf Anfang Dezember mit weiteren Sparmaßnahmen. Dazu gehörte, dass die Mitarbeiter mehrerer Werke, darunter auch die 6500 Beschäftigten des Werkes Feuerbach, vom 22. Dezember bis 7. Januar in Urlaub geschickt wurden.[61] Im Januar wurde für vier Werke (Bamberg, Eisenach, Reutlingen, Salzgitter) Kurzarbeit beantragt. Die Zahl der von Kurzarbeit betroffenen Mitarbeiter stieg auf 9000.[62]

Was in der Presse als «neue Hiobsbotschaft» verkündet wurde, war Teil einer wohlüberlegten Krisenstrategie.[63] Fehrenbach war nicht der Ansicht, dass der Wirtschaft in Deutschland und ganz Europa eine lange Depression bevorstand. Er ging davon aus, dass die Krise, die so abrupt begonnen hatte, nicht lange dauern würde, und rechnete mit einer Stabilisierung gegen Ende 2009, was im Kreis der RBIK-Gesellschafter nicht unumstritten war.[64] Dementsprechend galt es, ein Jahr durchzuhalten. Fehrenbach hatte dabei auch die Lehren aus der Krise von 1993 im Blick. Damals hatte die Unternehmenskultur durch ein konfrontatives Krisenmanagement schweren Schaden genommen und der Abbau der Belegschaft hatte sich als Fehler erwiesen, weil dadurch viel Knowhow verloren gegangen war und es dem Unternehmen im anschließenden Aufschwung an erfahrenen Fachkräften gemangelt hatte.[65] Über die Rolle, die diese Erfahrung für das Management in der Krise von 2008/09 spielte, sagte Fehrenbach rückblickend: «Das war für mich eine große Lehre, die [Erfahrung von 1993] war für mich auch Leitlinie für die letzte Krise, dass ich gesagt habe, wir müssen immer so vorgehen, dass wir die Mitarbeiter mitnehmen und dass die Mitarbeiter unsere Schritte mittragen. Ohne das geht es nicht bei uns.»[66]

Die Strategie, mit der Fehrenbach auf den dramatischen Einbruch vom Herbst 2008 reagierte, stand im Dezember fest. Der Gesellschafterkreis der RBIK stimmte am 11. Dezember zu.[67] Fehrenbachs Konzept sah massive Kosteneinsparungen vor, doch sollten Zukunftsprojekte davon ausgenommen bleiben. Letzteres galt vor allem für den Bereich Forschung und Entwicklung, aber beispielsweise auch für die Entwicklung von Batterien für Elektrofahrzeuge, die Übernahme des Solarenergieunternehmens Ersol und den Bau des neuen Halbleiterwerks in Reutlingen. Tatsächlich lagen die Aufwendungen für Forschung und Entwicklung dann im Jahr 2009 mit 3603 Mio. Euro um etwa 7 Prozent unter dem hohen Stand von 2008 (3889 Mio. Euro), aber immer noch über dem Niveau von 2007 (3583 Mio. Euro). Die Investitionen wurden dagegen drastisch gekürzt (2008: 3276 Mio. Euro; 2009: 1892 Mio. Euro).[68] Bei den Einsparungen im Personalbereich stimmte sich die Geschäftsführung eng mit dem Betriebsrat ab. Nach Darstellung des Gesamtbetriebsratsvorsitzenden Alfred Löckle hat man sich «erstmal nur darauf verständigt, zu einem ganz frühen Zeitpunkt schon, dass wir durch diese Krise durchkommen und die Stammbelegschaft halten».[69] «Mit allen durch die Krise», war die Parole.[70] Um die Belegschaft halten zu können, vereinbarte die Geschäftsführung mit dem Betriebsrat für die Beschäftigten in Deutschland ein Bündel von Maßnahmen. Zunächst wurden die Zeitkonten abgesenkt, dann erfolgte eine Absenkung der wöchentlichen Arbeitszeit von 35 Stunden auf 31,5 Stunden. Als die Krise die schlimmsten Erwartungen übertraf, ging man zu tariflicher und zu gesetzlicher Kurzarbeit über. Ein Teil der Kosten, die dem Unternehmen durch die gesetzliche Kurzarbeit entstanden, wurde auf die gesamte Belegschaft in Form eines Einkommensverlusts von 1–1,5 Prozent verteilt. Löckle zufolge war diese Strategie sowohl in der Unternehmensleitung als auch auf Arbeitnehmerseite nicht unumstritten.[71] Doch setzten sich Fehrenbach und Löckle durch. Nach dem Tarifvertrag Beschäftigungssicherung hätte die wöchentliche Arbeitszeit bei Auftragsmangel ohne Lohnausgleich auf 30 Stunden verkürzt werden können. Doch hätten die betroffenen Mitarbeiter dann größere Einkommensverluste gehabt als bei der Kurzarbeit, für die von der Bundesagentur für Arbeit Kurzarbeitergeld gewährt wurde.

Im Verlauf der Krise verzichteten die Bosch-Mitarbeiter zeitweise auf einen erheblichen Teil ihres Einkommens. So bedeutete allein die generelle Absenkung einen rund 10-prozentigen Einkommensverlust. Die Unternehmensleitung sagte dafür zu, dass keine Kündigungen ausgesprochen würden. Der Betriebsrat hatte durchgesetzt, dass die Lasten proportional zu den Einkommen verteilt wurden, «die Starken mehr, die Schwachen weniger». Dieses Prinzip galt dann «von der untersten Entgeltgruppe bis zum Herrn Fehrenbach selber».[72] Die Führungskräfte einschließlich der Geschäftsführer erhielten insgesamt über zwei Jahre lang keine Gehaltserhöhungen, was die Glaubwürdigkeit der Sparmaßnahmen erhöhte, und die erfolgsabhängigen Vergütungen gingen dem Betriebsergebnis entsprechend zurück. Mit der Strategie, die Belegschaften mit verschiedenen Maßnahmen, darunter auch Kurzarbeit, zu

halten, stand Bosch in dieser Krise nicht allein. Die meisten deutschen Großunternehmen verfuhren so, weil sie gelernt hatten, dass es teurer kommen
würde, Fachkräfte zu verlieren.[73] Besonders war eher die Art, wie Fehrenbach
das Krisenmanagement betrieb. Es bewährte sich nun, dass an der Spitze des
Unternehmens ein Mann stand, für den offene Kommunikation einen hohen
Stellenwert hatte. Fehrenbach informierte die Führungskräfte in weltweiten
Telefonkonferenzen, die Belegschaften in Mitarbeiterbriefen. Rückblickend
war er der Ansicht, man habe damals «den Wert der Kommunikation erstmal
richtig erkannt».[74]

Einen chronischen Verlustbringer, das Geschäft der zum Sanierungsfall
gewordenen Blaupunkt GmbH, gab Bosch Ende 2008 zu Teilen an den Finanzinvestor Aurelius ab. Betroffen davon waren die Marke Blaupunkt sowie das
Handelsgeschäft mit Autoradios und Navigationssystemen, während das Erstausrüstungsgeschäft bei Bosch verblieb. Blaupunkt soll zuletzt Verluste von
20–30 Mio. Euro eingebracht haben und war nun in der Finanz- und Wirtschaftskrise vollends zu einer schweren Belastung geworden. Obwohl der
Name zu den Traditionsmarken von Bosch gehörte, zog Fehrenbach einen
Schlussstrich. Über den Kaufpreis wurde Stillschweigen vereinbart. Angeblich
soll Bosch für die Übernahme noch einen Betrag an Aurelius gezahlt haben.[75]

Im ersten Quartal 2009 wurde Bosch mit voller Wucht von der Krise getroffen. Lag der Umsatzrückgang gegenüber dem Vorjahr im letzten Quartal 2008
noch bei 14,5 Prozent, so waren es jetzt 27 Prozent.[76] Einen derartigen Einbruch
hatte es seit dem Zweiten Weltkrieg nicht gegeben. Ab Februar griffen freilich
verschiedene Maßnahmen der Bundesregierung. Mit dem vom Bundestag ver-
abschiedeten Konjunkturpaket II traten neue Kurzarbeitsregelungen in Kraft.
Die Bezugsdauer von Kurzarbeitergeld wurde von sechs auf 18 Monate verlängert, später sogar auf 24 Monate, und anders als zuvor mussten dafür nicht erst
bei einem Drittel der Beschäftigten die Einkünfte um mehr als 10 Prozent
sinken. Die deutsche Wirtschaft machte davon regen Gebrauch. Schätzungen
zufolge sind während der Krise von 2008/09 in Deutschland rund 300 000 Arbeitsplätze durch Kurzarbeit gerettet worden.[77] Mit dem Konjunkturpaket II
wurde auch die vom Verband der Automobilindustrie bereits im Oktober 2008
vorgeschlagene «Umweltprämie» eingeführt, die unter der Bezeichnung
«Abwrackprämie» bekannt wurde. Autobesitzer, die ihr altes Kraftfahrzeug
verschrotten ließen und einen Neuwagen erwarben, erhielten vom Staat eine
Prämie von 2500 Euro. Die Umweltprämie erwies sich schon bald als ein wirk-
sames Sonderförderungsprogramm für die Automobilindustrie, deren Zulieferer und den Kfz-Handel. Bei Bosch ging deshalb der Umsatz im Inland nicht
mehr so stark zurück wie im Ausland. Allerdings wurde die Umweltprämie vor
allem für den Kauf von Kleinwagen genutzt und in diesem Segment war Bosch
mit seinen Einspritz- und Fahrdynamiksystemen nicht so stark vertreten.[78]

Mitte 2009 konnte die Bosch-Geschäftsführung noch immer keine Wende zum Besseren feststellen. Man musste erkennen, dass man die Krise unterschätzt hatte, und wurde unruhig. Im Mai lag der Umsatz des Unternehmensbereichs Kraftfahrzeugtechnik um 36 Prozent unter dem Vorjahresmonat, im Unternehmensbereich Industrietechnik waren es 27 Prozent.[79] War man für das Jahr 2009 zunächst von einem 15-prozentigen Umsatzrückgang ausgegangen, so rechnete Bernd Bohr, der Chef des Unternehmensbereichs Kraftfahrzeugtechnik, jetzt mit 15–20 Prozent.[80] Ende April waren insgesamt 93 000 Mitarbeiter in Kurzarbeit, davon 58 000 in Deutschland. In Ländern, in denen keine derart flexiblen Arbeitsmarktinstrumente existierten, wurden auch bei Bosch Mitarbeiter entlassen. Bis Ende April waren bei den Auslandsgesellschaften bereits 3000 Kündigungen erfolgt, wie der für das Personalwesen verantwortliche Geschäftsführer Wolfgang Malchow vor der Betriebsräteversammlung in Bad Kissingen berichtete.[81] Im weiteren Verlauf der Krise stieg diese Zahl noch deutlich an.

Auch Fehrenbach rechnete inzwischen mit einer «längeren schwierigen Wegstrecke».[82] Die Geschäftsführung entschloss sich daher, als Vorsichtsmaßnahme zur Sicherung der Liquidität an den Kapitalmarkt zu gehen. Am 3. Juni 2009 wurde eine Anleihe in Höhe von 1,1 Mrd. Euro begeben, die in Tranchen zu vier und acht Jahren aufgeteilt war, mit einem Zinssatz von 3,75 Prozent bzw. 5,125 Prozent.[83] Die Anleihe richtete sich an institutionelle Investoren und wurde gut aufgenommen, signalisierte aber auch, dass man sich bei Bosch nicht sicher war, wie tief es noch in den Abgrund gehen konnte, und dass für die Geschäftsführung im Zweifelsfall das Überleben des Unternehmens höchste Priorität hatte, auch gegenüber der Beschäftigungssicherung. Schon im Frühjahr 2009 hatte Fehrenbach dazu auf einer Betriebsversammlung in Feuerbach erklärt: «Wir wollen an diesem Kurs weiter festhalten, solange es irgendwie nur geht.»[84] Daraus konnte man entnehmen, dass die Kooperation zwischen der Geschäftsführung und dem Betriebsrat unter Vorbehalt stand und eine längere Dauer der Krise nicht überstehen würde, denn der Betriebsrat ließ keinen Zweifel daran, dass es mit ihm kein Abrücken vom bisherigen Kurs geben würde.[85] «Wir wollen mit allen durch die Krise, egal wie lange sie dauert», hieß es hier.[86]

Die Wende kam spät, aber sie kam. Am 15. September 2009 konnte Fehrenbach am Rand der Internationalen Automobilausstellung in Frankfurt mitteilen, «erste Zeichen für eine Erholung wären in Sicht».[87] Der Umsatz der Bosch-Gruppe lag im vierten Quartal 2009 erstmals wieder über dem – freilich schon krisenbedingt niedrigen – Vorjahresstand. Die Talfahrt war gestoppt. Fehrenbach konnte sich in seiner ursprünglichen Erwartung bestätigt sehen, dass die Krise in Form einer V-Kurve verlaufen und auf den steilen Abschwung ein nicht weniger steiler Aufschwung folgen würde. Ende 2009 waren aber immer noch 28 500 Mitarbeiter in Kurzarbeit, 27 000 weitere hat-

ten verkürzte Arbeitszeiten ohne Lohnausgleich und im Ausland waren etwa
10 000 Arbeitsplätze abgebaut worden.[88] Als Bilanz dieses schlechtesten Jahres
in der Nachkriegsgeschichte von Bosch wies der Geschäftsbericht 2009 einen
Umsatzrückgang von 15 Prozent aus und als Ergebnis nach Steuern einen Verlust von 1,2 Mrd. Euro, was etwa 3 Prozent des Umsatzes entsprach. Zeitweise
waren fast 112 000 Mitarbeiter von Arbeitszeitverkürzungen betroffen, davon
rund 65 000 in Deutschland. Die Beschäftigtenzahl der Bosch-Gruppe ging
weltweit um rund 3 Prozent zurück, von 282 758 (Jahresdurchschnitt 2008) auf
274 530 (Jahresdurchschnitt 2009), lag damit aber immer noch deutlich über
dem Stand von 2007.[89]

Gemessen am Umsatzrückgang der deutschen Automobilindustrie (–20 Prozent) und der gesamten deutschen Automobilzulieferer (–25 Prozent) kam
Bosch 2009 mit einem Minus von 15 Prozent vergleichsweise glimpflich davon.[90]
Das Unternehmen bekam in dieser Krise die Nachteile seiner starken Abhängigkeit vom Automarkt einmal mehr zu spüren, doch zeigte sich auch, dass die
relativ stark ausgebaute Industrietechnik keinen Ausgleich für den Einbruch
bei der Kraftfahrzeugtechnik bieten konnte. Der Umsatzrückgang gegenüber
dem Vorjahr war hier mit 24 Prozent sogar noch größer als bei der Kraftfahrzeugtechnik (–18 Prozent). Auch der höchste Verlust beim operativen Ergebnis
fiel nicht bei der Kraftfahrzeugtechnik, sondern bei der Industrietechnik an,
mit rund 1,1 Mrd. Euro. Dort kam die Krise später an und der Tiefpunkt
wurde erst im Herbst 2009 erreicht. Besonders betroffen war die Bosch Rexroth AG, die in den vorangegangenen Jahren zu den Vorzeigeunternehmen
des Konzerns gehört hatte. Im Oktober 2009 kündigte die Unternehmensleitung an, in den Werken Schweinfurt und Volkach 550 Arbeitsplätze – das war
etwa ein Viertel aller Stellen – durch Abfindungen, Altersteilzeit- und Vorruhestandsregelungen abzubauen.[91] Da Bosch Rexroth im Juni 2010 immer
noch an diesem Abbau festhielt, obwohl sich die Auftragsbücher inzwischen
wieder füllten, gab es Proteste. Als das Geschäftsjahr 2010 mit einem Umsatz-
plus von 22 Prozent abgeschlossen werden konnte, war von dem Stellenabbau
allerdings nicht mehr die Rede, doch blieb der Umsatz auch 2010 noch unter
dem Stand von 2008.[92] Innerhalb der Bosch-Gruppe erwies sich lediglich der
Unternehmensbereich Gebrauchsgüter und Gebäudetechnik mit einem Umsatzrückgang von 4,8 Prozent im Jahr 2009 als vergleichsweise stabil, besonders bei der Thermotechnik und der BSHG. Heizungsanlagen und Waschmaschinen wurden auch in der Krise gekauft. Im Geschäftsbereich Power
Tools (Elektrowerkzeuge) litt der Umsatz unter der Immobilienkrise in den
USA, doch lag der Rückgang auch hier nur bei rund 5 Prozent.[93]

Bei der regionalen «Diversifizierung» erwies sich das Asiengeschäft während der Krise als Lichtblick. «Asiengeschäft sorgt für Stabilisierung», hieß es
denn auch im Bosch-Geschäftsbericht für das Jahr 2009.[94] Genau genommen

galt dies hauptsächlich für das China-Geschäft, dessen Umsatz 2009 in lokaler Währung um 21 Prozent und in Euro sogar um 26 Prozent über dem Vorjahresstand lag. Mit der Ausweitung seines Engagements in China hatte Bosch also in den Jahren vor der Krise die Weichen richtig gestellt. Durch das starke Wachstum in China und ein stabiles Geschäft in Indien entfielen 2009 erstmals 20 Prozent des Umsatzes der Bosch-Gruppe auf den Raum Asien-Pazifik. Absolut gesehen ging der Umsatz dort dennoch zurück, weil das Japan-Geschäft während der globalen Finanz- und Wirtschaftskrise abnahm. Insgesamt lag dieser Rückgang freilich nur bei 2 Prozent, in Europa dagegen bei 20 Prozent, in Nordamerika, wo es schon 2008 wegen der Subprime-Krise einen Einbruch gegeben hatte, bei 11 Prozent und in Südamerika bei 16 Prozent.[95]

Bosch konnte den Rückschlag von 2009 schneller überwinden, als es von den allermeisten im Unternehmen für möglich gehalten worden war. 2010 stieg der Umsatz der Unternehmensgruppe um nicht weniger als 24 Prozent auf 47,3 Mrd. Euro und lag damit um rund 1 Mrd. Euro über dem bisherigen Höchststand von 2007.[96] Bosch hat die Krise aber nicht nur, wie die gesamte deutsche Industrie, wirtschaftlich gut bewältigt. Auch die «Bosch-Kultur» bewährte sich in dieser Belastungsprobe und trug dazu bei, dass die Krise ohne weitergehende soziale Verwerfungen bewältigt werden konnte. Dies gilt auch für das «deutsche Modell» insgesamt, das angesichts der beschleunigten Globalisierung schon manchen Abgesang zu hören bekommen hatte und sich nun im Härtetest der Krise von 2008/09 glänzend bewährte. Unternehmensleitungen, Betriebsräte und Gewerkschaften fanden in der Krise konstruktive, gegenseitig abgestimmte Lösungen und wurden dabei von der Bundesregierung durch geeignete Maßnahmen wie die Verlängerung des Kurzarbeitergelds unterstützt. Ob dieses Modell bei einer längeren Fortdauer der Krise tragfähig geblieben wäre, muss allerdings bezweifelt werden.

Bei Bosch konnte man sich auch durch die Ursachen der Krise von 2008/09 in den eigenen Prinzipien bestätigt sehen. «Wir verzichten bewusst auf eine kurzfristige und kurzsichtige Gewinnoptimierung», erklärte Fehrenbach vor dem LD-Forum im Dezember 2010, «stehen aber zu einer nachhaltigen Ergebnisorientierung und zu unseren definierten Ergebniszielen».[97] Wiederholt äußerte der Bosch-Chef öffentlich scharfe Kritik an den Praktiken der Investmentbanken und kündigte Goldman Sachs wegen überhöhter Bonus-Zahlungen die Geschäftsbeziehungen auf.[98] Für die Medien war Fehrenbach nun so etwas wie die moralische Instanz der deutschen Wirtschaft. Durch seine konservative Finanzpolitik, die es dem Unternehmen ermöglichte, auch in der Krise über eine Eigenkapitalquote von knapp 50 Prozent zu verfügen, war Bosch tatsächlich ein realwirtschaftliches Gegenmodell zur Spekulation an den Finanzmärkten. Das fand nicht nur in der Öffentlichkeit und bei den Gewerkschaften Anerkennung, sondern auch bei den Ratingagenturen. Von

Standard & Poor's erhielt Bosch im Juni 2009 das beste Rating aller deutschen Industriekonzerne, ein AA- mit negativem Ausblick.[99] Ein Jahr später wurde der Ausblick auf «stabil» hochgestuft.

«Green Bosch»: Der Ausbau im Bereich erneuerbare Energien und das verlustreiche Solargeschäft

Da die Bosch-Führung seit langem das Ziel verfolgte, die Abhängigkeit des Unternehmens von der Kraftfahrzeugtechnik zu verringern, wurden immer wieder neue Vorgehensweisen bei der Auswahl neuer Geschäftsfelder angewandt. Unter Fehrenbach wurde das Verfahren systematisiert. Zunächst wertete die Strategieabteilung Studien über Trends aus, um daraus Vorschläge zu destillieren, aus denen dann in einer Klausur mit der Geschäftsführung eine engere Auswahl getroffen wurde. Kam ein Vorschlag durch das Auswahlverfahren, wurde in einem Antrag an die RBIK-Gesellschafter empfohlen, die Fertigung auf dem betreffenden Gebiet aufzunehmen. So war es auch, als Bosch im Sommer 2008 bei dem Erfurter Fotovoltaik-Hersteller Ersol Solar Energy AG, einem Unternehmen mit rund 1000 Beschäftigten, die Kapitalmehrheit erwarb und einen Geschäftsbereich Solar Energy errichtete. Nach allen Kriterien, die man anlegte, passte die Solarenergie optimal zur strategischen Ausrichtung und zum Selbstverständnis des Unternehmens.

Aufgrund ihres Potenzials galt die Solarenergie schon lange als Energie der Zukunft. In Deutschland war sie durch das Erneuerbare-Energien-Gesetz (EEG) von 2000 und die EEG-Novelle von 2004 auch zu einem lukrativen Geschäft geworden. Durch massive Subventionen bestanden für Solarstrom nun so hohe Vergütungssätze, dass die Nachfrage rasch zunahm. Deutschland wurde zum weltweit wichtigsten Markt für Fotovoltaik, zahlreiche neue Solarfirmen wurden gegründet, vor allem in Thüringen, Sachsen-Anhalt und Sachsen, wo reichlich Fördergelder in den Aufbau dieser Fertigungen flossen und günstigere Abschreibungsmöglichkeiten gegeben waren. Der Zubau an Fotovoltaikanlagen stieg bis zum Ende des Jahrzehnts geradezu sprunghaft an, von 900 MW im Jahr 2006 auf 7400 MW im Jahr 2010.[100]

Bosch entschloss sich nicht wegen der hohen Vergütungssätze – die 2008 bereits infrage standen – zum Kauf der Ersol Solar Energy AG, sondern weil die dort hergestellten Solarzellen, Solarmodule und Wafer die Produktpalette der Unternehmensgruppe gut ergänzten und sich als weiteres Standbein im Bereich der «Nicht-Kraftfahrzeugtechnik» anboten. Die Bosch-Tochter BBT Thermotechnik GmbH hatte 1997 den Solaranlagenhersteller Solar Diamant übernommen, der nun unter dem Namen Bosch Solarthermie GmbH firmierte.[101] 2007 stieg auch Junkers in die Fertigung von Solarkollektoren ein und im gleichen Jahr vereinbarte Bosch mit der BASF eine Kooperation, um Solarzellen aus Kunststoff zur Serienreife zu entwickeln.[102] Die Fotovoltaik rundete darüber hinaus das Fertigungsspektrum der Bosch-Gruppe im Bereich erneuerbare Energien ab. Dazu gehörten die Windkraft- und Meeresenergieanlagen von Bosch Rexroth, aber auch die Erdwärmepumpen der BBT Thermotechnik. Es war kein Geheimnis, dass der «Ökomanager» Fehrenbach große Erwartungen in «Green Bosch» setzte.

50,45 Prozent des Grundkapitals der Ersol Solar Energy AG befanden sich im Besitz der amerikanischen Private-Equity-Gesellschaft Ventizz Capital. Für Bosch war das eine Chance. Man hatte es mit einem Finanzinvestor zu tun, für den der Verkauf lediglich eine Frage des Preises war. Ventizz Capital verkaufte seine Beteiligung denn auch zu einem Kurs, der mehr als 60 Prozent über dem Börsenwert lag. Bosch zahlte für das Aktienpaket 546 Mio. Euro und machte daraufhin den Minderheitsaktionären von Ersol ein Übernahmeangebot zum gleichen Kurs. An der Börse hielt man den Kaufpreis für völlig überhöht und nicht wenige dürften sich gewundert haben, warum sich ein für seine konservative Finanzpolitik bekannter Konzern auf ein derartiges Geschäft einließ.[103] Doch Fehrenbach war fest entschlossen, den Umsatz auf dem Gebiet regenerative Energien, der 2008 bei 750 Mio. Euro lag, bis 2010 auf 1,2 Mrd. Euro zu erhöhen.[104] Im Verhältnis zum gesamten Umsatz der Bosch-Gruppe war dies freilich nicht mehr als 3 Prozent – zu wenig für einen eigenen Unternehmensbereich.

2009 wurde die Ersol Solar Energy AG in Bosch Solar Energy AG umbenannt. Bosch war nun mit über 90 Prozent des Kapitals beteiligt und entschloss sich, 530 Mio. Euro in den Bau eines neuen Werkes und einer neuen Firmenzentrale des Solarunternehmens in Arnstadt zu investieren, wohin später der Sitz der Tochtergesellschaft verlegt wurde.[105] Die Grundsteinlegung für das neue Werk, mit dem 1100 neue Arbeitsplätze entstehen sollten, erfolgte im März 2009 in Anwesenheit von Bundeskanzlerin Angela Merkel, die das Projekt als «eine wirkliche Zukunftsinvestition» würdigte.[106] Die Bosch Solar Energy AG expandierte dann auch über Deutschland hinaus und kündigte die Errichtung von Zweigwerken in Vénissieux/Frankreich und Batu Kawan/Malaysia an. Im Jahr 2009 übernahm Bosch zwei weitere Solarunternehmen, die Aleo Solar AG und die Johanna Solar Technology GmbH. Die Aleo Solar brachte neben ihrem Stammwerk im brandenburgischen Prenzlau auch Solarfabriken in Spanien und China mit ein, was sie für Bosch besonders interessant gemacht haben dürfte. Der Geschäftsbereich Solar Energy, für den innerhalb der Geschäftsführung Siegfried Dais zuständig war, hatte 2011 schließlich rund 3500 Mitarbeiter, das war gemessen an der Beschäftigtenzahl der Bosch-Gruppe nicht viel, wohl aber im Vergleich mit anderen Unternehmen der Solarbranche, die zumindest in Europa stark von mittelständischen Firmen geprägt war.[107]

Die Übernahme der Aleo Solar AG, die im Oktober 2009 erfolgte, deutete darauf hin, dass sich Bosch durch die vorangegangene Finanz- und Wirtschaftskrise in seiner Solar-Strategie noch bestärkt sah, obwohl dieser Geschäftsbereich ebenso wie das Windenergiegeschäft stark unter der Krise zu leiden hatte.[108] Im Dezember 2009 konnte ein Vorzeigeprojekt der Bosch Solar Energy in Betrieb genommen werden, eine 955-kWp-Fotovoltaik-Anlage auf dem Dach des Bosch-Parkhauses am Stuttgarter Flughafen. Für die Bosch Solar Energy AG war dieses Kraftwerk vor allem als Referenz wichtig, weil sie hier erstmals Generalunternehmer für ein Großprojekt war. Für die Bosch-Gruppe insgesamt stellte die Anlage aber auch ein demonstratives Bekenntnis zur Solarenergie dar, werden damit doch die Bosch-Schriftzüge an den Seiten des Parkhauses beleuchtet, die mit acht Metern Höhe die größten Europas sind und von jedem in Stuttgart landenden Mitarbeiter und Geschäftspartner wahrgenommen werden.[109]

Im Laufe des Jahres 2011 jedoch verdüsterten sich die Aussichten für die deutsche Fotovoltaikindustrie, die nun ein wahres Desaster erlebte, weil chinesische Firmen mit Billigangeboten den Markt aufrollten. Trotz der hohen Subventionen über die Vergütungssätze hatten die deutschen Hersteller in diesem Wettbewerb keine Chance. Die Preise fielen innerhalb eines Jahres um nicht weniger als 40 Prozent. Da die meisten Unternehmen kein großes Finanzpolster hatten, gingen in der deutschen Solarbranche nach und nach die Lichter aus. Namhafte Firmen wie Solon und Solar Millenium mussten Insolvenz anmelden, im Frühjahr 2012 dann auch Q-Cells, der größte deutsche Solarkonzern. «Zukunftstechnik wird zur Pleitebranche», titelte die *Wirtschafts-Woche* im Oktober 2012.[110] Bosch Solar Energy reagierte auf den Preisverfall mit der Ankündigung, für mehr als 500 Mio. Euro ein Werk in Malaysia zu bauen, und konnte die Krise der Branche für eine Übernahme nutzen, den 2011/12 erfolgten Kauf der Voltwerk Electronics GmbH in Hamburg, einer Tochtergesellschaft des angeschlagenen Fotovoltaikherstellers Conergy.[111] Als sich aber abzeichnete, dass die Verluste des Geschäftsbereichs Solar Energy im Jahr 2011 rund eine halbe Mrd. Euro betrugen und der Umsatz um etwa 9 Prozent zurückgegangen war, dürfte dies in der Unternehmensleitung einen gewissen Schock ausgelöst haben.[112] Wirtschaftlich war Bosch Solar Energy auch in den ersten Jahren kein Erfolg gewesen. Bosch musste für hohe Verluste der Solarsparte aufkommen – allein im Jahr 2009 in Höhe von mehr als 400 Mio. Euro –, doch konnte man auf der Schillerhöhe darin immerhin noch die Subventionierung eines Zukunftsgeschäfts sehen.[113] Nach dem katastrophalen Ergebnis von 2011 änderte sich dies. Der geplante Bau des Werkes in Malaysia wurde im Februar 2012 auf Eis gelegt, im Juni teilte Aleo Solar die Schließung seines Werks in Spanien mit und zwei Monate später musste Bosch Solar Energy das Werk in Erfurt mit rund 100 Beschäftigten schließen.[114] Für die

Solarbranche gab es immer weniger Hoffnung, denn inzwischen machten auch die chinesischen Hersteller Verluste, weil weltweit Überkapazitäten aufgebaut worden waren, für die kein Bedarf bestand. Die Mitarbeiter von Aleo Solar und Bosch Solar Energy wurden nun auf Kurzarbeit gesetzt. Im Herbst 2012 kündigte Bosch an, die gesamte Solarsparte auf den Prüfstand zu stellen. Zuvor hatte Siemens beschlossen, sein Solargeschäft zu beenden.[115]

Der Bosch-Führung fiel es nicht leicht, eine Entscheidung zu treffen. Gerne hätte man wohl an der Solartechnik festgehalten, zumal die Investitionen auf diesem Gebiet inzwischen bei rund 1,5 Mrd. Euro lagen. Doch alle Bemühungen, den Preisverfall zu kompensieren, erwiesen sich als vergeblich. Im Januar 2013 musste das Unternehmen mitteilen, dass der Geschäftsbereich Solar Energy im Jahr 2012 einen Rekordverlust von rund 1 Mrd. Euro gemacht hatte. Wenige Wochen später, am 22. März 2013, gab Bosch seinen Ausstieg aus der Solartechnik bekannt. Die Fertigung von Ingots, Wafern, Zellen und Modulen soll nun Anfang 2014 eingestellt werden. Volkmar Denner, der acht Monate zuvor die Nachfolge Franz Fehrenbachs im Vorsitz der Geschäftsführung angetreten hatte, begründete die Entscheidung damit, dass es nicht gelungen sei, eine «wirtschaftlich und langfristig tragfähige Lösung» für dieses Geschäftsfeld zu finden.[116] Die Gesellschafter der Robert Bosch GmbH fassten diesen Beschluss – wie bei einer Entscheidung von dieser Bedeutung nicht anders zu erwarten – einstimmig. Dass sich die Familie Bosch damit nicht leicht tat, blieb kein Geheimnis.[117] Besonders bitter war dieser Schritt für Franz Fehrenbach, der nun als Aufsichtsratsvorsitzender der Robert Bosch GmbH und geschäftsführender Gesellschafter der RBIK den Ausstieg aus einem Geschäftsfeld mittragen musste, das unter seiner Regie mit so großen Erwartungen aufgebaut worden war. Der Mitarbeiterzeitung *Bosch-Zünder* sagte Fehrenbach in einem gemeinsam mit Denner geführten Interview, dies sei «vielleicht die schmerzhafteste Erfahrung, die ich in meinem Berufsleben erleben muss».[118] Vom Ausstieg der Bosch-Gruppe aus der Fotovoltaik unmittelbar betroffen sind insgesamt 3000 Mitarbeiter der Bosch Solar Energy und der Aleo Solar AG. Die weitaus meisten von ihnen leben in Thüringen und Brandenburg, also in Bundesländern mit einer überdurchschnittlich hohen Arbeitslosenquote. Bosch will den Mitarbeitern der Solarsparte vakante Stellen im Konzern anbieten und hofft, für alle Aktivitäten in diesem Bereich Käufer zu finden. Doch möchte der Vorsitzende der Geschäftsführung «bewusst keine großen Hoffnungen machen».[119] Das Engagement in der Solartechnik hat Bosch bis zum Ausstiegsbeschluss insgesamt rund 2,4 Mrd. Euro gekostet. Davon entfielen 750 Mio. Euro auf operative Verluste. Die Investitionen in Höhe von 1,56 Mrd. Euro mussten vollständig abgeschrieben werden. Hinzu kommen noch Verluste aus dem ersten Quartal 2013.[120]

Wie kam es zu diesem Debakel? Bosch hat die Entwicklung des Solargeschäfts wohl vor allem deshalb falsch eingeschätzt, weil man glaubte, mit technischem Know-how auf einem Markt Anteile gewinnen zu können, auf dem dann das preisgünstige Mengengeschäft zählte. Doch viele andere Unternehmen, nicht zuletzt Siemens, verkalkulierten sich hier gleichfalls, was dafür spricht, dass von der Kombination aus hohen Subventionen und einem Megatrend auch eine große Attraktion ausging. Keiner wollte auf diesem, sich rasch entwickelnden Markt einer Zukunftstechnologie zu spät kommen. Darüber wurde übersehen, dass Bosch in der Solartechnik nicht seine spezifischen Stärken zur Geltung bringen konnte, weil man hier mit vergleichsweise kleinen Unternehmen in einen völlig neuen Markt einsteigen musste. Bei der Diversifizierung war Bosch unter anderem immer dann erfolgreich, wenn es gelang, einen erfahrenen Markt- und Technologieführer mit hohem Knowhow zu übernehmen, wie etwa Junkers (1932) oder Rexroth (2001). Die Bosch Solar Energy und Aleo Solar konnten dagegen keinen technischen Vorsprung beim Wirkungsgrad erreichen. Und auch bei der Kommunikationstechnik konnten die Bosch-Kompetenzen nicht richtig zur Wirkung gebracht werden. So hat sich in der Geschichte von Bosch eine weitere kostspielige Diversifizierung als Sackgasse erwiesen. Auf erneuerbare Energien wird das Unternehmen aber wohl auch weiterhin setzen.

Der China-Boom und die Wachstumsmärkte in den anderen BRIC-Staaten

Das China-Geschäft wurde bei Bosch in den letzten Jahrzehnten zu einer Erfolgsgeschichte, wie man sie in dieser Dimension nicht vorhersehen konnte. Das anhaltend hohe Wirtschaftswachstum des Landes, das inzwischen Japan als zweitgrößte Volkswirtschaft der Welt abgelöst hat, erwies sich für Bosch wie für viele andere deutsche Unternehmen in der Krise von 2008/09 als verlässliche Stütze und verhalf der deutschen Industrie in den darauffolgenden Jahren zu einer Sonderkonjunktur. Besonders gilt dies für die Automobilindustrie, den wichtigsten deutschen Investor in China, die mittlerweile rund ein Fünftel ihrer Produktion dort absetzt. Für Bosch ist China heute der drittwichtigste Markt hinter Deutschland und Nordamerika.[121]

Das Unternehmen ist in China auch deshalb so erfolgreich, weil sein Name dort schon lange ein Begriff ist. Die erste Bosch-Vertretung in China wurde bereits 1909 von der Handelsgesellschaft Schärff und Co. eröffnet. Wegen des geringen Motorisierungsgrads hatte der chinesische Markt für Bosch lange Zeit keine nennenswerte Bedeutung, doch da ein großer Teil der Fahrzeuge dort schwere Nutzfahrzeuge waren, für die sich Dieselmotoren besonders eigneten, war die Dieseltechnik von Bosch sehr gefragt. Noch zu Zeiten Mao

Zedongs zeigte sich dies bei der ersten deutschen Industrieausstellung, der Technogerma, die 1975 in Peking stattfand.[122] Nach Beginn der Reform- und Öffnungspolitik unter Deng Xiaoping schloss Bosch 1984 Lizenzabkommen mit zwei chinesischen Firmen über die Fertigung von Dieseleinspritzpumpen, durch die das Unternehmen in China erstmals seit dem Krieg wieder über das Handelsgeschäft hinaus ins Erstausrüstungsgeschäft kam. Zwei Jahre später entstand die Robert Bosch Hongkong Co., Ltd., 1988 wurde in Peking der erste Bosch-Service in der Volksrepublik China eröffnet und 1989 dann auch eine Repräsentanz.[123] Bosch hatte zunächst das spezielle Problem, dass sich der Firmennamen schwer ins Chinesische (Mandarin) übersetzen ließ. Man behalf sich mit unterschiedlichen Übersetzungen, die auf die jeweilige Produktsparte abgestimmt waren. Im Bereich Kraftfahrzeugtechnik hieß das Unternehmen poshu (besondere Welle), bei Kühlschränken baixue (weißer Schnee). Nach der Eröffnung der Repräsentanz in Peking wurde ein neuer, einheitlicher Firmenname gesucht. Die Geschäftsführung folgte der Empfehlung eines Linguisten der Universität Peking und entschied sich für boshi, eine Verbindung aus bo (weit, vielfältig) und shi (Welt, Lebenszeit).[124]

Nach Eröffnung der Repräsentanz sollte es noch einige Jahre dauern, bis sich Bosch zur Gründung eines Gemeinschaftsunternehmens in China entschließen konnte, obwohl der größte Kunde des Unternehmens, VW, schon 1985 mit der chinesischen Holdinggesellschaft SAIC ein Joint Venture vereinbart hatte, die Shanghai Volkswagen Automotive Company Ltd., und sechs Jahre später gemeinsam mit dem ältesten chinesischen Automobilhersteller FAW in Changchun die FAW-Volkswagen Automotive Company Ltd. gründete. Von VW wurde Bosch wohl gedrängt, nach China zu gehen, und Bierich war dazu auch entschlossen, doch gab es offenbar Probleme, einen geeigneten Partner zu finden, da die chinesische Automobilzulieferindustrie aus kleinen Herstellern mit eher lokalem Geschäft bestand. 1993 unternahm man dann einen neuen Anlauf mit einem China-Konzept, das über die Intensivierung des Verkaufs und die Vergabe von Lizenzen hinaus die Gründung von Joint Ventures für Dieselausrüstungen, für Zündkerzen und für den Handel mit Bosch-Erzeugnissen vorsah. Die Volksrepublik, so hieß es darin, entwickle sich «infolge der eingeleiteten Liberalisierung zu einem bedeutenden Absatzmarkt bei RB-Ez [Bosch-Erzeugnissen]».[125] Ein Jahr später war man diesem Ziel näher gekommen. Bosch kündigte im April 1994 an, sechs Joint Ventures in China zu vereinbaren und in diese Gemeinschaftsunternehmen 330 Mio. US-Dollar zu investieren. Im *Bosch-Zünder* wurden bereits Fach- und Führungskräfte für China gesucht.[126] Die chinesische Regierung hatte inzwischen erkannt, dass sich die Automobilindustrie des Landes ohne leistungsstarke Zulieferer nicht weiterentwickeln konnte und rollte für Bosch nicht nur sprichwörtlich den roten Teppich aus. Hermann Scholl, der Vorsitzende der Ge-

Abb. 83: Eröffnung des ersten Bosch-Service Centers in Guangzhou, China (2003)

schäftsführung, wurde am 14. April 1994 von Ministerpräsident Li Peng in der
Großen Halle des Volkes empfangen.[127] Li Peng galt im Westen als Hardliner,
seit er 1989 das Kriegsrecht verkündet hatte, war aber zugleich einer der ein-
flussreichsten Fürsprecher der wirtschaftlichen Öffnung. Schon im September
1994 konnte Bosch mit der Firma CNEMS ein erstes Joint Venture in China
vereinbaren. In Shanghai entstand auf Initiative von Geschäftsführer Hansjörg Manger das Gemeinschaftsunternehmen United Electronic Systems Co.,
Ltd. (UAES) für die Fertigung und den Vertrieb von Systemen und Komponenten für Benzinmotoren.[128] In den ersten Jahren war das China-Geschäft
für Bosch keineswegs ein Selbstläufer. Man musste 1997 feststellen, die Auf-
nahmefähigkeit des chinesischen Automobilmarkts überschätzt zu haben.[129]
Zwei Jahre später fasste Bosch seine China-Aktivitäten in einer Holdinggesellschaft in Shanghai, der Bosch (China) Investment Ltd., zusammen.

In China musste sich das Unternehmen auf einen nach ganz eigenen
Regeln gewachsenen Markt einstellen. Eine Kraftfahrzeugindustrie war hier
erst nach dem Zweiten Weltkrieg entstanden, und erst seit den Wirtschafts-
reformen der 1980er Jahre begann diese Branche in China rasch zu wachsen.
Importe und Joint Ventures mit ausländischen Herstellern waren daher für
die Versorgung des wachsenden Marktes von privaten Autokäufern von großer

Bedeutung. VW war mit seinem in Shanghai hergestellten Santana seit 1996 Marktführer. Abseits der urbanen Ballungszentren herrschten aber andere Fahrzeugtypen vor, die einfachen Modelle, zumeist Kleinfahrzeuge, chinesischer Hersteller. Dem musste Bosch sich anpassen, denn man wollte auch mit der einheimischen Automobilindustrie ins Erstausrüstungsgeschäft kommen.

2003 gehörte China erstmals zu den zehn wichtigsten Auslandsmärkten der Bosch-Gruppe, allerdings lag das bevölkerungsreichste Land der Erde in diesem Ranking nur auf Platz zehn, hinter Österreich und Südkorea. In den folgenden Jahren änderte sich dies. Mit der Gründung der Bosch Automotive Diesel Systems (RBCD) startete 2004 eine dritte Phase des China-Geschäfts, das nun einen wichtigen Stellenwert in der Strategie des Konzerns einnahm und zu einem neuen Schwerpunkt der globalen Aktivitäten ausgebaut wurde. Die RBCD war gemeinsam mit der Wuxi-Weifu-Gruppe gegründet worden, doch hielt Bosch 67 Prozent des Grundkapitals und war damit erstmals Mehrheitseigentümer eines Unternehmens in China. Die Tochtergesellschaft errichtete ein großes Werk in Wuxi bei Shanghai, einem auch bei ausländischen Investoren sehr beliebten Standort, der gerne «kleines Shanghai» genannt wird. Das am 18. November 2005 eröffnete Werk mit zunächst 1800 Mitarbeitern nahm die Fertigung von Dieseleinspritzsystemen auf und konnte sich dabei auf ein Technisches Zentrum Diesel stützen, das Bosch ebenfalls in Wuxi errichtete.[130] Fast parallel dazu entstanden in China Werke der BSHG und des Geschäftsbereichs Power Tools für Industriewerkzeuge. 2006 eröffnete Bosch Rexroth ein Werk in Peking und in Hangzhou errichtete Bosch eine Fertigung für Verpackungsmaschinen.[131] Später kamen ein Technisches Zentrum in Suzhou und ein Wintertestzentrum in der Inneren Mongolei hinzu. 2010 hatte Bosch bereits 22 Tochtergesellschaften in China.[132] Die weitaus meisten von ihnen befinden sich zu 100 Prozent im Eigentum von Bosch, was die chinesischen Bestimmungen inzwischen zulassen und von ausländischen Investoren gerne genutzt wird, weil eine alleinige Kontrolle das «Absaugen» technischen Wissens erschwert, womit in China auch Bosch bittere Erfahrungen machen musste.

Seit 2005 erlebt die Bosch-Gruppe in China ein Wachstum, wie es in ihrer Geschichte bis dahin nur einmal der Fall gewesen war, im USA-Geschäft vor 1914. Von Platz 20 der umsatzstärksten Bosch-Märkte stieg das Land innerhalb von zehn Jahren bis auf Platz drei. Allein 2009 nahm der Umsatz von Bosch in China um 29 Prozent zu und 2010 sogar um 44 Prozent.[133] Entsprechend wuchs auch die Zahl der Mitarbeiter in China. 2004 hatte die Bosch-Gruppe dort rund 10 700 Beschäftigte, 2011 bereits rund 30 000, das entspricht einem Anteil von etwa 10 Prozent an allen Beschäftigten weltweit.[134] Damit ist China nach Deutschland das Land mit den meisten Mitarbeitern der Bosch-Gruppe. In Changzhou wurde im Juli 2011 der tausendste Bosch Car

Service in China mit einem traditionellen Löwentanz eröffnet. Im gleichen Jahr kündigte der eigens für die Region Asien-Pazifik zuständige Bosch-Geschäftsführer Uwe Raschke an, 40 weitere regionale Vertriebsbüros in China zu eröffnen.[135] Die neue, im April 2011 eröffnete China-Zentrale in Shanghai kündet auch architektonisch von den Ambitionen, die Bosch in diesem Land inzwischen hat.

Das sprunghafte Wachstum warf das Problem auf, genügend qualifizierte Fachkräfte zu finden. Auch wollte Bosch die überwiegende Zahl der Leitungspositionen mit chinesischen Mitarbeitern besetzen. So ging man dazu über, Kontakte zu zahlreichen Universitäten zu knüpfen und sich dort mit Campus Touren zu präsentieren. Allein 2006 bewarben sich 20 000 chinesische Studenten bei Bosch.[136] Der Anteil chinesischer Manager konnte auf 90 Prozent gesteigert werden.[137] Bosch genießt wohl auch deshalb in China einen guten Ruf. Einer neueren Umfrage zufolge gehört das Unternehmen unter 500 ausländischen Firmen zu den 20 mit dem besten Image.[138] Daran knüpft sich bei vielen Bosch-Mitarbeitern in China die Erwartung, dass das Unternehmen dort nicht nur mit seinen Produkten, sondern auch mit seiner Kultur angenommen wird. Peter Pang, der frühere Präsident der Robert Bosch China Investment Ltd., sieht zwischen Bosch-Werten und chinesischer Kultur keinen Widerspruch: «Viel von den Lehren des Konfuzius findet sich auch in den Bosch-Werten.»[139] Doch zweifellos besteht nicht für alle Bosch-Werte im heutigen China eine Affinität. Welche Probleme sich dabei ergeben können, zeigte zuletzt die harsche Kritik am Verkauf von Überwachungstechnik der Bosch Security Systems nach China.[140]

In den letzten Jahrzehnten baute Bosch nicht nur in China und Japan, sondern auch in anderen Ländern Ost- und Südostasiens seine Präsenz stark aus. In Südkorea wurde nach ähnlichem Muster 1985 ein Vertriebsbüro errichtet, worauf der Abschluss von Joint Ventures und die Gründung einer Regionalgesellschaft folgten. Es lassen sich dort, wie in anderen Ländern, aber auch eigene Akzente erkennen. So ist bei Bosch in Korea der Bereich Forschung und Entwicklung besonders stark vertreten. In Yongin besteht seit 1997 ein Technisches Zentrum. Einschließlich der Joint Ventures hatte Bosch 2011 in Korea 3600 Mitarbeiter. Da sich das Unternehmen inzwischen aus zwei großen Joint Ventures, Kefico und SB LiMotive, zurückgezogen hat, dürfte diese Zahl in nächster Zeit allerdings abnehmen. Singapur spielt inzwischen eine wichtige Rolle für das Handelsgeschäft von Bosch, in Taiwan wurde 2011 die Unipoint-Gruppe übernommen und auch in Vietnam besteht eine Fertigung.

Einen starken Zuwachs nahm im letzten Jahrzehnt auch das Indien-Geschäft, das freilich mit der Entwicklung in China nicht Schritt halten konnte. Dem Umsatz nach gehört Indien immer noch nicht zu den wichtigsten Auslandsmärkten von Bosch, doch zählt es zu den Ländern mit den meisten Be-

Abb. 84: Schulung für Bosch-Elektrowerkzeuge in Indien (2011)

schäftigten der Unternehmensgruppe. Die indischen Bosch-Gesellschaften haben insgesamt rund 18 000 Mitarbeiter. Seit den 1950er Jahren ist Bosch dort durch die Tochtergesellschaft Mico vertreten, die lange Zeit nur Dieselerzeugnisse für den lokalen Markt herstellte. Heute firmiert die indische Tochtergesellschaft unter dem Namen Bosch Ltd.[141] Wichtigster Standort ist nach wie vor Bangalore. In Indien sind vor allem preisgünstige Kleinwagen gefragt. Marktführer sind Maruti-Suzuki und Hyundai. Unter den europäischen Herstellern liegt die V W-Gruppe mit einem vergleichsweise bescheidenen Absatz von etwa 53 000 Pkws im Jahr vorn. 2008 rüstete Bosch in Indien den von Tata Motors hergestellten Kleinwagen Tata Nano u. a. mit einer elektronischen Motorsteuerung aus. Das anspruchsvolle High-Tech-System musste dafür wesentlich vereinfacht und an die regionalen Anforderungen angepasst werden, doch war man bei Bosch überzeugt, dass es gelingen würde, auf diese Weise mit elektronischen Motorsteuerungen auch den rasant wachsenden Kleinwagenmarkt in Indien zu erreichen, durch eine Art «Intel-inside»-Effekt für Billigautos.[142] Einen besonders hohen Anteil an den Aktivitäten von Bosch in Indien hat heute die Informationstechnologie. Die Robert Bosch Engineering and Business Solutions Ltd. entwickelt dort Software für die Bosch-Gruppe, überwiegend für technische Systeme und Produkte.

Ganz anders entwickelte sich das Geschäft in Russland. Dort hatte die Bosch-Gruppe Anfang 2013 erst rund 3100 Mitarbeiter, obwohl der Anteil ausländischer Automobilmarken nach dem Einbruch des Marktes während der

Krise von 2008/09 weiter stark angestiegen ist und etwa ein Fünftel aller neu zugelassenen Pkws auf deutsche Hersteller entfallen. Wichtigster Fertigungsstandort der Bosch-Gruppe in Russland ist Engels bei Saratow an der Wolga, knapp 900 Kilometer von Moskau entfernt. Das dortige Bosch-Werk stellt Zündkerzen, Lambda-Sonden und Teile von Benzineinspritzsystemen her. In der Kraftfahrzeugtechnik fehlt es dem Unternehmen in Russland bisher noch an leistungsfähigen lokalen Partnern, die in der Lage wären, sich so an der Fertigung zu beteiligen, wie es nach den Bestimmungen des Landes erforderlich wäre, um hohe Importsteuern zu vermeiden. Der Unternehmensbereich Gebrauchsgüter ist in Russland mit einem Werk für Elektrowerkzeuge in Engels und einem Hausgerätewerk der BSHG in der Nähe von St. Petersburg vertreten.

In Brasilien gehört Bosch seit langem zu den größten deutschen Unternehmen, nach VW und Daimler-Benz. Das Land war schon in den 1980er Jahren einer der wichtigsten Auslandsmärkte von Bosch und einer der Staaten mit der höchsten Zahl von Bosch-Mitarbeitern. In der rasch wachsenden brasilianischen Automobilindustrie sind heute VW und Fiat Marktführer. Bosch hat seit 1960 ein Werk in Campinas, rund 100 Kilometer nördlich von São Paulo. Dort befinden sich auch der Sitz der Regionalgesellschaft Robert Bosch Ltda. und ein Werk der Bosch Thermotechnik Lateinamerika. Ein weiterer wichtiger Standort ist seit 1975 Curitiba im südbrasilianischen Bundesstaat Paraná. Das dortige Dieselwerk hatte Anfang 2012 über 3000 Mitarbeiter. Nachdem in Lateinamerika lange Zeit nicht solche Umsatzsteigerungen wie in Asien erzielt werden konnten und das Werk in Manaus geschlossen werden musste, richten sich nun auch bei Bosch große Erwartungen an den derzeitigen Wirtschaftsboom Brasiliens. Durch etwa 1000 Bosch Car Service Stationen ist das Unternehmen hier eine der bekanntesten ausländischen Firmen. Seit langem ist in Brasilien auch die Bosch Rexroth AG vertreten, die vor einigen Jahren in Pomerode (Bundesstaat Santa Catarina) ein weiteres Werk für die Fertigung von Hydraulikkomponenten und -modulen in Betrieb nahm.

Über 125 Jahre hinaus

Mit Jubiläen hatte man sich bei Bosch früher schwer getan. Die Festveranstaltung zum 50-jährigen Bestehen des Unternehmens im Herbst 1936 war von den Konflikten mit der Stuttgarter Gauleitung überschattet und für das 100-jährige Jubiläum hatte die Geschäftsführung vorgegeben, dass es «in eher bescheidenem Rahmen» gefeiert werden sollte.[143] Statt einer teuren Festveranstaltung zog man es 1986 vor, eine Stiftung zur Förderung der Wissenschaft und des wissenschaftlichen Nachwuchses zu gründen, die Robert Bosch Jubiläumsstiftung 1986, die elf Jahre später in Hans L. Merkle-Stiftung umbenannt wurde. Das 125-jährige Jubiläum sollte anders begangen werden, man wollte Botschaften vermitteln und die Marke kommunizieren, das Unternehmen sollte zum Ereignis werden. Von langer Hand wurden insgesamt 850 Aktivitäten geplant, ein eigenes Jubiläumslogo wurde auf Schildern, Fahnen und in den Geschäftskorrespondenzen verwandt. Den Höhepunkt bildete die Jubiläumsgala, die am 19. Mai 2011 in der Stuttgarter Neuen Messe mit 2000 Gästen gefeiert wurde, unter ihnen der damalige Bundespräsident Christian Wulff, der Ministerpräsident von Baden-Württemberg, Winfried Kretschmann, und der frühere US-Außenminister Henry A. Kissinger. Viel stärker als bei früheren Jubiläen wurden nun die Mitarbeiter einbezogen. An Standorten in aller Welt gab es für sie und ihre Familien einen «Experience Day». Die Feiern sollten nicht nur in geschlossenen Räumen stattfinden, neben dem Arbeitsplatz auch den Privatbereich erreichen und emotional ansprechen. Bosch präsentierte sich bunt und offen. Zur Stimmung der Mitarbeiter trug natürlich auch bei, dass die Sorgen um die Arbeitsplätze, die es noch zwei Jahre zuvor gegeben hatte, verflogen waren. Das Unternehmen war aus der schweren Wirtschafts- und Finanzkrise gestärkt hervorgegangen und hatte einen neuen Umsatzrekord erzielt.

Nach dem Jubiläumsjahr stand bei Bosch wieder ein Chefwechsel an, der sechste in der Geschichte des Unternehmens. Franz Fehrenbach schied zum 30. Juni 2012 aus der Geschäftsführung aus und übernahm den Vorsitz des Aufsichtsrats und der RBIK. Fehrenbach gehörte inzwischen zu den wenigen deutschen Unternehmern, deren Wort auch außerhalb der Wirtschaft Gewicht hatte, als ein Konzernchef, der offen sagte, dass Märkte Regeln brauchen und mit seiner Bankenschelte aussprach, was viele dachten. Es war auch bekannt, dass Bundeskanzlerin Angela Merkel ihn schätzte und auf seinen Rat als Experte für die Autobranche hörte.[144] Für die *Süddeutsche Zeitung* war Fehrenbach «einer der beliebtesten Manager Deutschlands».[145] Dabei ging es ihm nie um Popularität. Vielmehr fand er in der Öffentlichkeit vor allem deshalb Gehör, weil er nicht in ein vorgefügtes Schema passte, als ein Unternehmer, der gegen die Gier vieler Bankiers wetterte und der als Chef des größten Automobilzulieferers der Welt die Auszeichnung «Ökomanager des Jahres» erhalten hatte. Doch wer ihn dafür bewunderte, musste auch zur Kenntnis nehmen, dass Fehrenbach für eine Rückkehr zur 40-Stunden-Woche ohne Entgeltausgleich eintrat und eine gesetzliche Regelung zur Begrenzung überzogener Managergehälter als Eingriff in die Rechte von Aufsichtsräten und Gesellschaftern ablehnte.[146]

Innerhalb des Unternehmens trug Fehrenbach viel zur Etablierung einer offenen Kommunikationskultur bei, etwa durch die neuen Corporate-Dialogveranstaltungen, die weltweit an Bosch-Standorten nach einheitlichem Konzept stattfinden, als moderierte Diskussionen oder als Townhall-Meetings mit bis zu 1000 Mitarbeitern. In der Regel wurden sie anlässlich von Besuchen Fehrenbachs an den jeweiligen Standorten durchgeführt.[147] Auf diese Weise

Abb. 85: Franz Fehrenbach dankt allen Jubiläums-Projektteilnehmern (2011)

kam erstmals eine größere Zahl von Mitarbeitern in vielen Ländern mit dem Vorsitzenden der Geschäftsführung direkt in Kontakt. In China nahmen beispielsweise 4000 Mitarbeiter an den beiden Townhall-Meetings teil, die 2007 in Wuxi und Suzhou durchgeführt wurden. Nach Angaben des *Bosch-Zünders* wirkte die Möglichkeit, den Bosch-Chef kennenzulernen, dort «wie ein Magnet».[148] Nicht anders war es in Indien beim Townhall-Meeting in Bangalore.[149] Fehrenbach war von den Vorteilen einer offenen Kommunikation zutiefst überzeugt. Indem er mehr Mitarbeiter erreichte als seine Vorgänger, wurde er nicht nur den Erwartungen im Zeitalter der Kommunikationsgesellschaft gerecht. Er konnte dadurch auch das neue Leitbild und die Bosch-Werte einschließlich des Qualitätsanspruchs vielen im Unternehmen glaubwürdig vermitteln.

Fehrenbachs Nachfolge im Vorsitz der Geschäftsführung trat Volkmar Denner an. Es war, wie schon 2003, eine Stabübergabe zwischen zwei «Eigengewächsen» des Unternehmens, erneut kam der neue G1 aus dem Kreis der Geschäftsführer und wiederum wechselte sein Vorgänger in den Vorsitz des Aufsichtsrats, um von dort aus, als A1, die Geschäftsführung zu kontrollieren. Auch Denner hatte seine berufliche Karriere bei Bosch begonnen und war dem Unternehmen stets treu geblieben. Nach der Promotion als Physiker an

Abb. 86: Verleihung des Preises für Verständigung und Toleranz des Jüdischen Museums Berlin an die Robert Bosch GmbH. Von links nach rechts: Christof Bosch, Franz Fehrenbach, Henry A. Kissinger, W. Michael Blumenthal (14. 11. 2009)

der Universität Stuttgart war er 1986 im Alter von 29 Jahren bei Bosch als Fachreferent im Geschäftsbereich Halbleiter und elektronische Steuergeräte eingetreten. Vor seiner Berufung in die Geschäftsführung im Januar 2006 hatte er den Geschäftsbereich Automobilelektronik geleitet, als Geschäftsführer war er dann für Forschung und Entwicklung zuständig. Denner gilt als der beste Internetexperte in der Unternehmensleitung. Ihm wird eine große Fähigkeit bescheinigt, Mitarbeiter zu motivieren, und ihm wird zugetraut, Bosch auch im Zeitalter des Web 3.0 erfolgreich leiten zu können. «Der Mann für Bosch 3.0», kommentierte die *FAZ* seine Berufung zum Vorsitzenden der Geschäftsführung.[150] Schon zwei Tage vor seinem Amtsantritt am 1. Juli 2012 wandte sich Denner in einem Brief an die Mitarbeiter. Darin betonte er «den Anspruch auf Kontinuität in der Unternehmensleitung» und die Bedeutung der Bosch-Werte, setzte aber auch gleich einen neuen Akzent. «Wir wollen Produkte – hierzu zähle ich neben Hardware auch Software und Dienstleistungen –, die unsere Kunden begeistern, geschaffen von Menschen mit Leidenschaft und Herz.» Für die weitere Ausarbeitung der unternehmensstrategischen Schwerpunkte bat er – auch das war neu – die Mitarbeiter um ein Feedback zu zwei Fragen: «1. Was hat sich bei Bosch bewährt, was sollten wir auf jeden Fall beibehalten? 2. Was sollten wir verändern, um uns für die Zukunft erfolgreich aufzustellen?»[151]

An Herausforderungen wird es Denner nicht fehlen. Das ergibt sich schon aus der zunehmenden Größe der Unternehmensgruppe, die nun erstmals mehr als 300 000 Mitarbeiter hat, und aus den bestehenden Disproportionen in der Fertigungs-, Führungs- und Beschäftigtenstruktur. Die Bosch-Gruppe ist nach wie vor stark von der Kraftfahrzeugtechnik abhängig. Auf diesen Unternehmensbereich entfielen 2010 59 Prozent des Umsatzes.[152] In der Unternehmensleitung ist der Grad der Durchmischung immer noch gering. Nur sehr wenige Geschäftsführer hatten bisher nicht die deutsche Staatsangehörigkeit und noch nie wurde eine Frau in die Geschäftsführung von Bosch berufen. Der Anteil der Frauen in Führungspositionen hat sich freilich zwischen 1997 und 2012 nahezu verdreifacht, auf etwa 10 Prozent.[153] Der Frauenanteil an den Beschäftigten der Bosch-Gruppe in Deutschland erreichte dagegen 2011 mit 21,0 Prozent einen neuen Tiefststand, nachdem er 1990 noch bei 30 Prozent gelegen hatte. Diese Entwicklung ist allerdings in erster Linie dadurch bedingt, dass durch die zunehmende Automatisierung viele sogenannte einfache Tätigkeiten mit hohem Frauenanteil wegfielen.[154]

Wenige Tage vor dem Chefwechsel von Fehrenbach zu Denner gab Bosch die Errichtung eines neuen Unternehmensbereichs Energie- und Gebäudetechnik zum 1. Januar 2013 bekannt.[155] Der neue Unternehmensbereich, zu dem die Geschäftsbereiche Sicherheitstechnik, Thermotechnik und Solarenergie gehören, dürfte sich trotz des im März 2013 beschlossenen Ausstiegs aus der Solartechnik zu einem starken Standbein in der «Nicht-Kraftfahrzeugtechnik» entwickeln. Unter den Zukunftsprojekten des Unternehmens ist das

Tab. 21 Unternehmens- und Geschäftsbereiche der Bosch-Gruppe (Stand 1. 1. 2013)

Kraftfahrzeugtechnik	Industrietechnik	Gebrauchsgüter	Energie- und Gebäudetechnik
Gasoline Systems	Drive and Control Technology	Power Tools	Thermotechnology
Diesel Systems	Packaging Technology	Household Appliances	Security Systems
Chassis Systems Control			Solar Energy
Electrical Drives			
Starter Motors and Generators			
Car Multimedia			
Automotive Electronics			
Automotive Aftermarket			
Steering Systems			

Abb. 87: Volkmar Denner (2012)

«Internet der Dinge und Dienste» schon länger eines der wichtigsten. Denner lässt dafür nun neue Geschäftsmodelle entwickeln. Bei Bosch sieht man im Web 3.0 ein großes Potenzial, etwa indem Fahrzeuge mit ihrer Umgebung vernetzt werden und Produkte mit eigenen Internetadressen untereinander kommunizieren. Man erwartet, dass sich die Weltwirtschaft dadurch in ähnlicher Weise verändern wird wie nach der Einführung des Internets. Das Software- und Systemhaus Bosch Software Innovations soll auf vielen Gebieten eine intelligente Vernetzung von Dingen und Diensten leisten, etwa im Bereich Elektromobilität als Plattform für die Vernetzung von Ladestationen, Fahrzeugen und Energieversorgern.

Bosch wird auch seine Forschungs- und Entwicklungskapazitäten weiter ausbauen. 2015 soll das neue, für 310 Mio. Euro errichtete Zentrum für Forschung und Vorausentwicklung in Renningen bei Leonberg eröffnet werden. Rund 1200 Naturwissenschaftler, Ingenieure und Techniker werden dort arbeiten.[156] Innerhalb der Kraftfahrzeugtechnik wird sich damit der Trend fortsetzen, dass ein immer größerer Anteil der FuE-Leistungen auf die Zulieferer entfällt. Eine weitere Zukunftsperspektive, die Elektromobilität, wird bei Bosch als Langzeitprojekt gesehen, da vor 2020 nicht mit einer größeren Zahl von Elektroautos gerechnet werden kann.[157] Nachdem das Joint Venture mit Samsung SDI im September 2012 beendet wurde, wird Bosch die Entwicklung von Speicherzellen vorerst alleine weiterführen, in der neu gegründeten

Tochtergesellschaft Robert Bosch Battery Systems. 2013 wird das erste voll-
elektrische E-Fahrzeug mit einem Batteriepack von Bosch, der Fiat 500e, in
Serie gehen.[158]

Eine wichtigere Rolle werden innerhalb der Bosch-Gruppe in Zukunft
Dienstleistungsgeschäfte einnehmen. Das Bosch Communication Center mit
rund 5000 Mitarbeitern bietet den Geschäftskunden des Unternehmens
bereits an, Dienstleistungen in den Bereichen Marketing, Rechnungswesen,
Sicherheit, Einkauf, IT, Logistik und Personalwesen zu übernehmen. Im
Dienstleistungsbereich sind bei der Bosch-Gruppe seit Ende der 1990er Jahre
auch zahlreiche Start-ups entstanden, von denen sich viele erfolgreich ent-
wickeln. Stellvertretend seien hier nur einige von ihnen genannt: die Bosch
Engineering GmbH, ein Anbieter von Entwicklungs-Dienstleistungen in der
Kraftfahrzeugtechnik, die ETAS GmbH, ein Anbieter von Entwicklungs- und
Applikationswerkzeugen für elektronische Systeme, die SupplyOn AG, ein
Internetservice für die Automobil- und Fertigungsindustrie, und die Bosch
Energy and Building Solutions GmbH (BEBS), die auf Dienstleistungen zur
Steigerung der Energieeffizienz in gewerblichen Gebäuden spezialisiert ist.

Abb. 88: Grundsteinlegung für das Zentrum für Forschung und Vorausentwicklung in
Renningen, mit Franz Fehrenbach, Winfried Kretschmann, Volkmar Denner und
Klaus Dieterich (27. 9. 2012)

Fazit

Wer zu Bosch kommt, wird über kurz oder lang zu hören bekommen, dass dieses Unternehmen «anders» sei. Die Gründe dafür, so heißt es dann, seien «historisch bedingt». Tatsächlich hat sich die Robert Bosch GmbH stets durch ein recht eigenes Profil ausgezeichnet, an dem mit bemerkenswerter Konsequenz festgehalten wurde und dem das Unternehmen heute nach wie vor verpflichtet ist. Für die Unternehmensverfassung gilt dies ebenso wie für die Unternehmenskultur und einige Grundsätze der Geschäftspolitik. Das Streben nach finanzieller Unabhängigkeit und ein hoher Qualitätsanspruch gehören seit mehr als hundert Jahren zu den Prinzipien dieses Unternehmens, aber auch das Bekenntnis zu sozialer Verantwortung und eine gewisse Konsenskultur. Selbst wenn sich Bosch sicherlich nicht in jeder Hinsicht vom Mainstream der deutschen und europäischen Unternehmenslandschaft absetzt, handelt es sich doch um ein ganz und gar unverwechselbares Unternehmen. Bemerkenswerterweise hat dieses Profil durch die beschleunigte Globalisierung der letzten 20 Jahre keineswegs an Konturen verloren. Es passt dazu, dass Bosch nie seinen Unternehmenssitz änderte, mit seinem Kerngeschäft stets in derselben Branche verblieb und in mehr als 125 Jahren erst den siebten Chef hat. Dabei handelte es sich nicht um einen zwangsläufigen Prozess, den es als gegeben darzustellen gilt, sondern um die Folge bewusster Entscheidungen, in die viele Faktoren eingingen. Die vorliegende Unternehmensgeschichte fragt deshalb, warum bestimmte Wege eingeschlagen wurden, wie Herausforderungen beantwortet und Rückschläge verarbeitet wurden.

Zu den besonderen Merkmalen der Unternehmensgeschichte von Bosch gehört an erster Stelle, dass sie ohne die Person und den Einfluss des Firmengründers nicht zu verstehen ist. Robert Bosch prägte das Unternehmen zeit seines Lebens und über seinen Tod hinaus in vieler Hinsicht. Er war nicht nur der Gründer und die unbestrittene Führungsfigur der Firma, die sich unter seiner Leitung von einer Werkstatt im Stuttgarter Westen zu einer globalen Marke entwickelte. Mehr als 30 Jahre lang verkörperte Robert Bosch auch im juristischen Sinn das Unternehmen. Erst um die Wende vom 19. zum 20. Jahrhundert entstand in Ansätzen ein institutionalisiertes Management und erst 1917, mit der Umwandlung des Personenunternehmens in eine Aktiengesellschaft, wurde die Firma zu einer eigenen, von ihrem Gründer getrennten

Rechtspersönlichkeit. Seine nachhaltigste Wirkung erzielte Robert Bosch nicht mit seinen geschäftlichen Erfolgen, so beeindruckend diese auch zweifellos waren, sondern indem er glaubwürdig für Prinzipien und Werte eintrat, die er in der Kultur des Unternehmens verankerte und an denen sich auch die Geschäftspolitik auszurichten hatte. Soziale Verantwortung und internationale Verständigung gehörten dazu, aber auch Boschs Anspruch, nur «vom Besten das Beste» herzustellen sowie sein bekanntes Motto «lieber Geld verlieren als Vertrauen».[1] Für Robert Bosch war sein Unternehmen nicht nur ein Wirtschaftssubjekt, sondern auch ein sittlicher Auftrag, und umgekehrt machte sich «gutes» Verhalten seiner Überzeugung nach auch wirtschaftlich bezahlt. Die Arbeiter konnten davon profitieren, wie bei der frühen Einführung des Achtstundentags, wehrten sich jedoch auch gegen Vorgaben des Unternehmers, wie beim Streik von 1913; aber präsent waren die Prinzipien Boschs überall in der Firma, wie eine ungeschriebene Betriebsordnung.

Mit seinem Testament und einer Fülle ergänzender Richtlinien wollte der Firmengründer sicherstellen, dass das Unternehmen, das er wenige Jahre vor seinem Tod in eine GmbH umwandeln ließ, später in seinem Geist weitergeführt würde. Darauf verpflichtete er eine Gruppe von Personen seines besonderen Vertrauens, die er als Testamentsvollstrecker einsetzte. Sie sollten nicht nur das Erbe verwalten, sondern den Auftrag weiter erfüllen. Hätte es, wie so oft in Familienunternehmen, einen rebellischen Erben gegeben, wäre die Geschichte der Robert Bosch GmbH möglicherweise anders verlaufen. Doch Robert Bosch hinterließ bei seinem Tod im Jahr 1942 als Firmenerben den minderjährigen Sohn Robert Bosch d. J. und ließ es in den recht verwinkelten Richtlinien für die Testamentsvollstrecker offen, ob der Sohn später einmal die Leitung und die Kapitalmehrheit des Unternehmens erhielt oder ob die Robert Bosch GmbH an die schon länger bestehende Vermögensverwaltung Bosch (VVB) überging. In jedem Fall sollten die Geschäfte nach den Vorstellungen des Firmengründers geführt werden.

Vor diesem Hintergrund wurde nach dem Krieg die Deutung des Testaments zur Machtfrage im Unternehmen und die Berufung auf die Prinzipien Robert Boschs d. Ä. diente nun der Legitimation von Ansprüchen. Hans Walz, Boschs Nachfolger in der Geschäftsführung, und Geschäftsführer Alfred Knoerzer wirkten auf Robert Bosch d. J. dementsprechend ein und drängten ihn schließlich aus der Rolle des zukünftigen Unternehmenschefs. Unter Hans L. Merkle wurde Bosch endgültig ein Managerunternehmen, in dem der Vorsitzende der Geschäftsführung das alleinige Sagen hatte, auch gegenüber dem Aufsichtsrat. Von den Werten Robert Boschs war nun weniger die Rede, doch das Unternehmen behielt sein eigenes Profil und die Geschäftspolitik folgte weiterhin, etwa hinsichtlich der finanziellen Unabhängigkeit, den vom Firmengründer aufgestellten Maximen.

Unter Berufung auf den Willen Robert Boschs d. Ä. entstanden 1964 auch die seitdem bestehenden Eigentums- und Kontrollstrukturen. Die Testamentsvollstrecker brachten die Erben des Firmengründers, vor allem den Sohn Robert Bosch d. J., dazu, in eine Übernahme des Unternehmens durch die VVB, die spätere Robert Bosch Stiftung GmbH, einzuwilligen. Robert Bosch d. J. hatte inzwischen seine früheren Hoffnungen auf den Erhalt des Familienunternehmens aufgegeben und sah die Errichtung einer gemeinnützigen Stiftung als sinnvolle, positive Lösung. Eine Umwandlung des Unternehmens in eine börsennotierte Aktiengesellschaft lag allen Beteiligten fern. Heute ist die Robert Bosch GmbH durch ihre Unternehmensverfassung ein Gegenmodell zum Shareholder-Value-Ansatz.

Das 1964 begründete «Doppelstiftungsmodell», in dessen Rahmen die Robert Bosch Stiftung GmbH heute 92 Prozent der Anteile der Robert Bosch GmbH hält, während 93 Prozent der Stimmrechte bei der Robert Bosch Industrietreuhand KG (RBIK) liegen, führte zu einer neuen Form der Konsenskultur innerhalb der Corporate Governance, die sich nicht unmittelbar aus dem Vermächtnis Robert Boschs ableitet, aber auch nicht im Gegensatz dazu steht. Da stets mehrere Gesellschafter der RBIK dem Aufsichtsrat und der Geschäftsführung der Robert Bosch GmbH angehören und der Vorsitzende der Geschäftsführung auch Gesellschafter der RBIK ist, werden Konflikte allenfalls innerhalb der Leitungsgremien, nicht aber zwischen ihnen ausgetragen. Dem entspricht, dass der ausscheidende Vorsitzende der Geschäftsführung seit Jahrzehnten nahtlos in den Aufsichtsratsvorsitz der Robert Bosch GmbH wechselt. Das Unternehmen ist mit diesem Modell nicht schlecht gefahren, das entgegen aller neueren Corporate-Governance-Regeln mehr auf Konsens und Kontinuitätssicherung als auf Kontrolle ausgerichtet ist. Doch muss dies nicht so bleiben. Wenn es einmal nicht gelingen sollte, Konsens herzustellen, oder wenn eine weitere Beschleunigung der Globalisierung es nicht mehr zulässt, einen Konzern dieser Größenordnung in einem derart eng verwobenen Kreis zu leiten, kann sich das historisch gewachsene Modell als Nachteil erweisen.

Dem raschen Aufstieg der Firma Bosch in den Jahrzehnten vor 1914 lag kein Masterplan zugrunde. Robert Bosch hatte zunächst nicht einmal ein strategisches Konzept für das von ihm gegründete Unternehmen und seine Prinzipien wirkten sich nur insofern aus, als er – nicht zuletzt durch hohe Löhne – schon frühzeitig einen Stamm von Facharbeitern aufbauen konnte, talentierte Mitarbeiter an sich zu binden verstand und die Produkte der Firma durch ihre Qualität überzeugten. Entscheidend war für den geschäftlichen Aufschwung, dass Bosch zunächst eher zufällig das richtige Produkt zum richtigen Zeitpunkt hatte: den Magnetzünder. Durch neue Konstruktionen, vor allem den ab 1902 hergestellten Hochspannungsmagnetzünder, wurde diese Technik so verbessert, dass das Unternehmen mit der beginnenden Motorisierung des Straßenverkehrs ein exponentielles Wachstum mit jährlichen Umsatzsteigerungen von bis zu 110 Prozent (1906) erlebte. Der Schwerpunkt der Fertigung lag nun im Bereich Kraftfahrzeugausrüstungen, woran sich bis heute nichts geändert hat.

Dass Bosch sich unter den führenden Kfz-Zulieferern der Welt etablierte und sich stets in dieser Spitzengruppe behaupten konnte, ist eine weitere bemerkenswerte Kontinuität in der Geschichte dieses Unternehmens, besonders wenn man bedenkt, dass die deutsche Automobilindustrie erst sehr viel später eine solche Position auf dem Weltmarkt erlangte. Möglich war dies nur, weil Bosch immer wieder mit neuen Spitzenprodukten Technologieführer werden konnte, mit dem Hochspannungsmagnetzünder und dann mit der Dieseleinspritzpumpe, in den 1970er Jahren mit der elektronisch gesteuerten Benzineinspritzung, später mit den elektronischen Fahrdynamiksystemen und in den 1990er Jahren mit den Dieselhochdrucksystemen. Bosch hat natürlich nicht nur in der Kraftfahrzeugtechnik zahllose Innovationen hervorgebracht, sondern auch in den «Nicht-Kraftfahrzeug»-Bereichen, in der Kommunikationstechnik, bei Hausgeräten, in der Thermotechnik, bei Elektrowerkzeugen u. a. mehr. An den Anfängen des Fernsehens war die Bosch-Gruppe ebenso beteiligt wie an der Entwicklung von Navigationsgeräten. Aber für das Unternehmen gab eben der Stand der Kfz-Technik schon wegen der Dominanz dieses Bereichs den Takt vor, wie auch Organisation und Führung des Unternehmens ganz auf den K-Bereich zugeschnitten waren.

Bei weitem nicht alle Innovationen von Bosch sind zu wirtschaftlichen Erfolgen geworden und das Unternehmen konnte auch nicht mit allen Technologieschüben Schritt halten – in den 1920er Jahren drohte beispielsweise der technologische Anschluss an die damals führenden US-Hersteller verloren zu gehen. Aber Bosch konnte Rückstände auch immer aufholen und behauptete vor allem im Übergang von der Elektrotechnik zur Elektronik und Mikrosystemtechnik, der auch in der Kfz-Technik einen Paradigmenwechsel bedeutete, seine Marktpositionen durch Innovationen. Oft war das Unternehmen nicht der «First Mover» im Wettlauf um neue Technologien und musste erst einen Vorsprung von Wettbewerbern einholen, in anderen Fällen war aber auch erst Bosch in der Lage, neue Konstruktionen zur Serienreife zu entwickeln, wie etwa beim Dieseleinspritzsystem Common Rail. Das weltweite Vertriebsnetz, die Bosch-Service-Stationen wie auch die von Bosch gefertigten Elektrowerkzeuge und Hausgeräte trugen zwar dazu bei, das Unternehmen als Marke zu etablieren. Aber entscheidend waren technische Innovationen, weil nur durch sie das Erstausrüstungsgeschäft gesichert werden konnte. Die Innovationsorientierung ist für einen führenden Kfz-Ausrüster noch wichtiger als für die Automobilhersteller, denn mit Design kann der Zulieferer keine Marktanteile gewinnen. Da Bosch als Kraftfahrzeugausrüster schon relativ früh eine starke Position erlangt hatte, profitierte das Unternehmen auf diesem Gebiet dann auch von positiven Feedback-Effekten des Marktes. Man konnte in größeren Serien fertigen als die meisten Wettbewerber und dadurch die Kosten senken. Für die Automobilhersteller, die einen großen Teil ihrer Baureihen mit Bosch-Produkten ausrüsteten, wurde es wiederum teuer, den Zulieferer zu wechseln.

Dass Bosch dadurch eine sehr starke Marktposition als Kraftfahrzeugaus-rüster erlangte, führte aber auch dazu, dass lange Zeit wenig auf die Interessen und Bedürfnisse der Kunden eingegangen wurde, dass Entwicklungszeiten zu lange dauerten und auf allen Ebenen ausgeprägte Hierarchien bestanden. Bosch galt als zu bürokratisch und zu wenig flexibel. Dies änderte sich auch durch den Ausbau der Kommunikationstechnik in den 1970er und 1980er Jah-ren nicht, zumal die wichtigsten Kunden hier öffentliche Auftraggeber waren. Da derartige Verkrustungen mit der Globalisierung des Wettbewerbs zuneh-mend zu einer Belastung wurden, versuchte die Geschäftsführung wiederholt, diese Hindernisse mit neuen Programmen wie dem 1991 begonnenen Conti-nuous Improvement Process (CIP) und dem acht Jahre später eingeführten Leitbild BeQIK (Qualität, Innovation, Kundenorientierung) abzubauen.

Die frühe Internationalisierung des Geschäfts, die sich bei Bosch feststel-len lässt, hing eng mit der erfolgreichen Fokussierung auf den Magnetzünder und die Kraftfahrzeugtechnik zusammen. Da der deutsche Automobilmarkt vor dem Ersten Weltkrieg erst schwach entwickelt war, konnte ein Kfz-Zulie-ferer nur Technologieführer werden, wenn er auf dem Weltmarkt expandierte, besonders aber in den großen Automobilnationen Frankreich und USA. Bosch gelang dies mit dem Magnetzünder, der auf dem US-Markt Umsatzrekorde erzielte, die alle Erwartungen übertrafen; so erwirtschaftete das Unternehmen 1913 schließlich fast 89 Prozent des Umsatzes außerhalb Deutschlands – ein Wert, der allerdings unter Bedingungen erreicht wurde, die nicht mit den heu-tigen vergleichbar sind, denn Bosch hatte damals eigentlich nur ein Produkt. Doch ändert dies nichts an der Tatsache, dass der Name Bosch nur 20 Jahre nach Gründung des Unternehmens als Werkstatt mit zwei Beschäftigten zu einer Weltmarke geworden war. Dieser frühe internationale Erfolg prägte sich in das Selbstverständnis der Unternehmensleitung ein. Der Weltmarkt und vor allem der US-Markt bildeten fortan den Maßstab für geschäftlichen Er-folg. Nach dem Verlust der wichtigsten Auslandsmärkte im Ersten Weltkrieg wollte man in einem zweiten Internationalisierungsschub unbedingt zu frü-herer Größe zurückkehren, doch war die amerikanische Konkurrenz nun durch ihre preisgünstigeren, in Großserien gefertigten Produkte überlegen und nach 1933 schränkten dann politische Vorgaben und die zunehmende Kriegsrüstung das Auslandsgeschäft ein.

In den 1950er und 1960er Jahren stieg der Umsatz vor allem durch die Nachfrage auf dem Binnenmarkt, da in der Bundesrepublik nun der Über-gang zur Massenmotorisierung stattfand. Obwohl das Auslandsgeschäft laufend ausgebaut wurde, entfielen zwei Drittel des Umsatzes und mehr auf Deutschland. Erst im Krisenjahr 1974 lag der Anteil des Auslands nach mehr als 40 Jahren wieder bei über 50 Prozent. In der anschließenden dritten Phase der Internationalisierung errichtete Bosch wieder eigene Werke in den USA und kam mit der immer stärkeren japanischen Automobilindustrie nicht nur über Lizenzverträge, sondern auch über Joint Ventures ins Erstausrüstergeschäft. Doch entfielen 1990 immer noch 83 Prozent des Umsatzes auf Europa. Erst mit der Beschleunigung der Globalisierung ab den 1990er Jahren begann sich dies zu ändern, ab 2005 vor allem durch die hohen Zuwächse im China-Geschäft. Auch 2010 lag der Umsatzanteil Europas noch bei 59 Prozent, nun allerdings einschließlich Osteuropas, und der Anteil Deutschlands belief sich nur noch auf 23 Prozent. Abgesehen von den beiden Weltkriegen gab es für Bosch immer dann Rückschläge auf dem Weltmarkt, wenn sich der Preiswettbewerb verschärfte, wie dies in den 1920er und in den 1980er Jahren der Fall war. Wegen seiner hohen Qualitätsansprüche und hohen Entwicklungskosten hatte das Unternehmen dann einen schweren Stand, aber gerade diese Posten machten eben auch seine Stärke aus.

Bosch war schon vor hundert Jahren ein multinationales Unternehmen, das seine Erzeugnisse aber ausschließlich in Deutschland entwickelte und nicht in grenzüberschreitender Arbeitsteilung fertigte. Dies begann sich erst im Zuge der jüngsten Globalisierungsphase ab Mitte der 1990er Jahre zu ändern. Nun wurden Fertigungsprozesse innerhalb der Unternehmensgruppe global arbeitsteilig organisiert, Leitungspositionen auch außerhalb Europas verstärkt mit Mitarbeitern aus dem jeweiligen Land besetzt und die Kommunikation mehrsprachig ausgebaut. Bosch ist auf dem Weg zu einem transnationalen Unternehmen, aber in vielen Bereichen, gerade auch auf den zentralen Leitungsebenen, nach wie vor sehr deutsch. Es gibt zwar einen Geschäftsführer, der eigens für den Raum Asien-Pazifik zuständig ist, doch kein Asiate ist bei Bosch bisher in die oberste Führungsebene berufen worden.

Versucht man unter Berücksichtigung der verschiedenen Stränge der Unternehmensentwicklung die wichtigsten Zäsuren und Weichenstellungen in der Geschichte von Bosch zu benennen, so ist zunächst der fulminante Aufstieg vor dem Ersten Weltkrieg dazuzurechnen, als sich das Unternehmen innerhalb von zehn Jahren vom Kleinbetrieb zum Weltmarktführer bei Magnetzündern entwickelte. Eine markante Schnittstelle lässt sich dann in der zweiten Hälfte der 1920er Jahre ausmachen, mit der Überwindung der Krise von 1926, dem Einstieg in die Dieseltechnik im Jahr 1927 und dem Beginn der ersten Diversifizierung durch die Herstellung von Elektrowerkzeugen im Jahr 1928. Damals wurde das Fundament des Unternehmens erneuert und erweitert. Einen weiteren bedeutenden Einschnitt bedeutete die Übertragung der Geschäftsanteile der Familie Bosch auf die VVB, die spätere Robert Bosch Stiftung, und die

Gründung der Robert Bosch Industriebeteiligung GmbH, der späteren RBIK, im Jahr 1964, unmittelbar nach Beginn der Ära Merkle. Eine neue Phase wurde schließlich auch um die Jahrtausendwende eingeleitet, als das Unternehmen mit einem Erneuerungsprogramm auf die Veränderung der Marktstrukturen durch die beschleunigte Globalisierung, aber auch auf den gesellschaftlichen Wandel reagierte. Durch den Ausstieg aus der Kommunikationstechnik fiel zugleich der zweitgrößte Unternehmensbereich weg.

Die Zeit des Dritten Reiches gehört so gesehen nicht zu den Phasen, in denen Weichen für die weitere Entwicklung des Unternehmens gestellt wurden, doch war sie für Bosch von größter Bedeutung, weshalb sie in dieser Unternehmensgeschichte auch besonders ausführlich behandelt wurde. Die nationalsozialistische Diktatur lief der Unternehmenskultur von Bosch zuwider. Gleichzeitig konnte das Unternehmen durch die Automobilkonjunktur nach 1933 beachtliche Umsatzsteigerungen und Gewinne erzielen, die sich durch den Rüstungsboom noch weiter erhöhten. So versuchte der Vorstand um Hans Walz einen Spagat. Um die Einsetzung eines überzeugten Nationalsozialisten in die Unternehmensleitung zu verhindern, traten Walz und Karl Martell Wild in die NSDAP ein. Walz wurde außerdem Mitglied der SS und des «Freundeskreises Reichsführer SS», um nützliche politische Kontakte zu gewinnen. Dies hielt ihn nicht davon ab, ebenso wie Robert Bosch vor Hitlers Kriegsplänen zu warnen. Doch gleichzeitig führten die neuen, eigens für den Bedarf der Wehrmacht errichteten Werke in Kleinmachnow und Hildesheim immer größere Rüstungsaufträge aus.

Im Unterschied zu vielen anderen Unternehmern hielt die Leitung von Bosch damals an bestimmten Prinzipien fest, was sich vornehmlich im nichtöffentlichen Raum zeigte. Geschäftsführung und Personalleitung setzten sich für jüdische und «halbjüdische» Mitarbeiter ein, Walz und Bosch unterstützten insgeheim Hilfsaktionen für verfolgte Juden; an der «Arisierung» von Firmen und Immobilien war Bosch nur in vergleichsweise geringem Umfang und in den meisten Fällen im Einvernehmen mit den jüdischen Eigentümern beteiligt. Doch während der Kreis um Robert Bosch dem Regime gegenüber auf immer größere Distanz ging, nahm die Rüstungsproduktion der Robert Bosch GmbH und ihrer Tochtergesellschaften immer weiter zu. Entziehen konnte sich das Unternehmen dem nicht, da seine Erzeugnisse für alle motorisierten Einheiten der Wehrmacht, besonders aber für die Luftwaffe und die Panzerstreitkräfte, unentbehrlich waren. Gleichwohl nahm Bosch damit eine Entwicklung, die mit den Prinzipien seines Gründers nicht vereinbar war.

Bosch hatte schon im Ersten Weltkrieg den größten Teil des Umsatzes mit Heeresaufträgen bestritten. Doch anders als damals rüstete das Unternehmen nun die Wehrmacht mit High-Tech für einen rassenideologisch motivierten Angriffskrieg aus, zum Nutzen eines Regimes, das wichtige Grundsätze der

«Bosch-Kultur» mit Füßen trat. Natürlich gab es auch viele, die dies anders sahen und die Prinzipien Robert Boschs mit der nationalsozialistischen Ideologie zu verbinden versuchten, etwa die Qualitätsorientierung, die finanzielle Unabhängigkeit und die sozialen Leistungen. In seinen letzten Lebensjahren wurde der Unternehmensgründer von den Nationalsozialisten denn auch propagandistisch vorgeführt und vieles deutete darauf hin, dass die «Bosch-Kultur» über kurz oder lang nach dem nationalsozialistischen Betriebsideal umgedeutet werden sollte oder mit dem wachsenden Einfluss des Militärs und der Rüstungsbehörden auf das Unternehmen zu einer Synthese verschmelzen würde. Wie weit die Spanne der Verhaltensweisen während des Krieges reichte, wird angesichts der Tatsache deutlich, dass insgesamt rund 20 000 Zwangsarbeiter bei der Bosch-Gruppe eingesetzt wurden, darunter rund 1200 KZ-Häftlinge. Die russischen Arbeiter und Kriegsgefangenen waren entgegen aller Prinzipien des Unternehmens Willkürakten und Denunziationen ausgesetzt, im Werk Langenbielau wurden KZ-Häftlinge brutal misshandelt. Gleichzeitig bewahrte Bosch in Feuerbach «halbjüdische» Mitarbeiter vor der Deportation und Walz unterstützte zusammen mit einigen weiteren Vertrauten Robert Boschs wie kaum ein anderer Unternehmer den Widerstand gegen Hitler, indem sich der «Bosch-Kreis» mit Carl Goerdeler verschwor, der bei Bosch als Berater angestellt worden war. Angesichts dieser scharfen Gegensätze greift jedes pauschale Urteil über Bosch im Dritten Reich zu kurz. Die besondere Kultur dieses Unternehmens ging im Nationalsozialismus nicht unter, durch die offensichtlichen Widersprüche verlor sie aber ihre frühere Integrationskraft. Für die einen war sie eine Art Schutzraum gegenüber dem Regime, für andere ein Relikt, und nicht wenige glaubten, sie für das nationalsozialistische System instrumentalisieren zu können. Zu einem dauerhaften Bruch führte dies bei Bosch allerdings nicht. Das Unternehmen berief sich nach dem Krieg mehr denn je auf seine traditionellen Werte, da es nun wegen seiner starken Marktposition und seines Beitrags zur Kriegsrüstung in das Fadenkreuz der alliierten Entflechtungspolitik geriet.

Aus der Sicht der Geschäftsführung ist dies nachvollziehbar, aber auch in der Belegschaft setzte sich die Bosch-Tradition fort, obwohl ein großer Teil der Arbeiter erst während des Rüstungsbooms eingestellt worden war und die Einberufungen während des Krieges wie auch die betriebsbedingten Entlassungen nach Kriegsende zu erheblichen Einschnitten führten. Nachdem es in den ersten Nachkriegsjahren wegen der Entnazifizierung und der zukünftigen Wirtschaftsordnung zu scharfen Auseinandersetzungen zwischen dem Betriebsrat und der Geschäftsführung gekommen war, spielte sich mit Beginn des «Wirtschaftswunders» wieder ein ausbalanciertes Verhältnis von Kooperation und Konflikt ein. Der Betriebsrat konnte sich bei Bosch selbst als Teil der Unternehmenstradition verstehen, war doch Robert Bosch einer der wenigen

Großindustriellen gewesen, die sich frühzeitig für die Bildung von Betriebsräten eingesetzt hatten. Schwer getan hatte sich der Firmengründer dagegen
mit Gewerkschaftsvertretern, die politische Forderungen in das Unternehmen
hineintrugen, obwohl er selbst lange mit der Arbeiterbewegung sympathisiert
und sozialdemokratisch gewählt hatte. Unter den Bosch-Arbeitern war der
linke Flügel der Arbeiterbewegung vor 1933 stark vertreten, was vor und nach
dem Ersten Weltkrieg zu politisch aufgeladenen Arbeitskämpfen führte. In
der Bundesrepublik war die Belegschaft dann trotz des vergleichsweise hohen
Lohnniveaus kampfbereit, wenn es im Tarifbezirk darum ging, kürzere Arbeitszeiten, höhere Löhne und bessere Arbeitsbedingungen zu erreichen. 1963,
1967, 1971, 1973, 1978 und 1984 wurde gestreikt, die «Boschler» kämpften erst
für die 40-Stunden-Woche, dann für die 35-Stunden-Woche. Doch war das
Verhältnis zwischen Betriebsrat und Geschäftsführung nicht so konfrontativ
wie in vielen anderen Großunternehmen, es gab einen gewissen Konsens, man
informierte sich frühzeitig gegenseitig und versuchte, sich abzustimmen. Als
es während der Rezession von 1974 erstmals seit Jahrzehnten zu einem massiven Stellenabbau kam, handelte die Betriebsrats-Legende Richard Rau mit
Hans L. Merkle umfangreiche Sozialpläne aus. Dass die Geschäftsführung in
der Krise von 1993 die Kürzung von Lohnzulagen und einen massiven Stellenabbau beschloss, wurde dann fast allgemein als Verletzung der sozialen
Tradition des Unternehmens angesehen und als ein Verstoß gegen die «Bosch-
Kultur». Der Stellenabbau erwies sich im Nachhinein für die Unternehmensleitung als Fehler, weil im anschließenden Aufschwung Fachkräfte fehlten. Als
Lehre daraus wurde bei späteren Konjunkturabschwüngen und besonders in
der Krise von 2008/09 der Beschäftigtenstand in den deutschen Werken so
weit wie möglich durch Kurzarbeit erhalten. Die Geschäftsführung kehrte
damit zu der Erkenntnis des Unternehmensgründers zurück, dass die Fachkräfte das wichtigste Kapital von Bosch sind.

Bei allen Erfolgen des Unternehmens ist die Geschichte von Bosch auch
reich an Krisen. Abgesehen von den Folgen der beiden Weltkriege handelte es
sich dabei um Wirtschaftskrisen, von denen der Automobilmarkt besonders
hart getroffen wurde und auf die das Unternehmen meistens nicht gut vorbereitet war. Der schwerste dieser Einbrüche, die Krise von 1926, ist heute praktisch nicht mehr bekannt. Damals brachen die Aufträge nicht nur wegen einer
Krise des Automarkts weg, sondern auch, weil Bosch mit zu hohen Kosten
fertigte. Da die vorangegangene Inflation viel Kapital vernichtet hatte, geriet
das Unternehmen an den Rand der Zahlungsunfähigkeit. Die Beschäftigtenzahl ging innerhalb von acht Monaten um mehr als 40 Prozent zurück, größtenteils durch Entlassungen. In der Weltwirtschaftskrise der Jahre 1929 bis
1932 setzte Bosch dagegen stärker auf Kurzarbeit als vergleichbare Großunternehmen und versuchte besonders den Stamm von Facharbeitern so lange wie

möglich zu halten. Die Beschäftigtenzahl ging damals freilich auch deshalb nicht so stark zurück, weil sie wegen der vorangegangenen Krise von 1926 bereits auf einem vergleichsweise niedrigen Niveau lag. Möglicherweise wollten Robert Bosch und der Vorstand aber auch Massenentlassungen wie im Jahr 1926 vermeiden, weil das Unternehmen damals zu viele Fachkräfte mit wertvollem Know-how verloren hatte. Das wäre eine Analogie zu den Lehren, die mehr als 60 Jahre später aus dem Stellenabbau in der Krise von 1993 gezogen wurden. Die Ölpreiskrisen von 1974 und 1979 wurden bei Bosch auch als Unternehmenskrisen wahrgenommen, weil man wegen eines zu großen Sortiments von Verlust-Erzeugnis-Klassen sehr anfällig war. Merkle reagierte darauf mit der Verringerung solcher Fertigungsbereiche, was mit Werksschließungen und Entlassungen einherging. Vor allem durch die Krise von 1979 wurde der Geschäftsführung bewusst, dass Bosch sich stärker als bisher auf einen Preiswettbewerb einzustellen hatte und darauf schlecht vorbereitet war. Doch hielt die Anpassung nicht mit dem wachsenden Preisdruck Schritt, der von der Globalisierung der Zulieferbranche ausging. Die Rezession von 1993 traf das Unternehmen dann mit noch größerer Wucht, weil die Kosten nach wie vor zu hoch lagen.

Die untersuchten Krisen, auch die von 2008/09, verliefen bei Bosch in einer ähnlichen Kurve wie in der Automobilindustrie, mitunter trafen sie das Unternehmen als Zulieferer noch härter. Dabei unternahm Bosch in den letzten 80 Jahren große Anstrengungen, um die Abhängigkeit von der Kraftfahrzeugtechnik durch eine Diversifizierung der Fertigung zu verringern. Schon in den Jahren 1928–1932 kam es aus Enttäuschung über das geringe Wachstum des Automarkts zu einem ersten großen Diversifizierungsschub, mit dem Bau von Elektrowerkzeugen und Kühlschränken, der Übernahme von Blaupunkt, Junkers und Kino-Bauer sowie der Beteiligung an der Fernseh AG. Ein zweiter Schub begann in der Ära Merkle mit der Gründung der Bosch Siemens Hausgeräte GmbH (BSHG) im Jahr 1967, setzte sich dann in den 1980er Jahren mit der Ausweitung der Kommunikationstechnik durch die Übernahme von ANT, Telenorma und Teldix fort und erreichte unter Bierich den Höhepunkt. Nach hohen Verlusten trennte sich Bosch dann von diesem Bereich. Mit der Übernahme von Rexroth und Buderus nach der Jahrtausendwende kam es zu einem neuen Anlauf. Bosch expandierte nun recht erfolgreich auf den Gebieten Industrie-, Energie- und Gebäudetechnik, erlitt mit seinem 2008 begonnenen Engagement in der Solartechnik aber wiederum hohe Verluste und musste dieses Geschäftsfeld nach fünf Jahren aufgeben. 2010 entfielen immer noch 59 Prozent des Umsatzes der Bosch-Gruppe auf die Kraftfahrzeugtechnik, deutlich mehr als 1990. Bei der Suche nach weiteren Standbeinen ergab sich oft das Problem, dass Bosch die jeweiligen Märkte und die eigene Marktposition nicht richtig einschätzte. Am besten fuhr man mit der Übernahme bewährter

Marktführer wie Junkers, Buderus oder Rexroth, die sich durch eigene Kompetenz behaupteten. Nach wie vor ist Bosch aber in hohem Maße von der Konjunktur des Automobilmarkts abhängig. Wenn dieser Markt abstürzt, trifft dies Bosch nicht weniger als die Automobilhersteller. Wie sich zuletzt im Jahr 2010 zeigte, hat das Unternehmen bisher aber auch jeden scharfen Einbruch durch einen anschließenden, nicht weniger steilen Aufschwung im Bereich Kraftfahrzeugtechnik überwunden.

Bosch stellte sich der Herausforderung der Globalisierung und hielt dabei zugleich an seinem besonderen, historisch gewachsenen Profil fest. Wie erfolgreich das Unternehmen dabei war, zeigt schon der sprunghafte Anstieg der Beschäftigtenzahl. Hatte die Bosch-Gruppe 1970 noch rund 120 000 Mitarbeiter, so waren es 1990 etwa 180 000 und weitere 20 Jahre später schon fast 300 000. Als Kfz-Ausrüster gilt das Unternehmen heute auf dem Weltmarkt vor allem wegen seiner Unabhängigkeit von den einzelnen Automobilkonzernen in Verbindung mit einer hohen internationalen Präsenz als Erfolgsmodell, weil die amerikanischen Zulieferer von der Marktmacht ihrer Großkunden erdrückt werden und die japanischen Ausrüster nach wie vor stark auf japanische Automobilhersteller ausgerichtet sind. Auf absehbare Zeit wird die Kraftfahrzeugtechnik das Kerngeschäft von Bosch bleiben, zumal in diesem Bereich mit dem Thema Elektromobilität langfristig eine Perspektive besteht, für die das Unternehmen gut aufgestellt ist. Weitere Schwerpunkte werden in nächster Zeit wohl die Energietechnik und der Ausbau des Dienstleistungsangebots bilden, wobei es nach den Lehren aus den bisherigen Diversifizierungen entscheidend darauf ankommen wird, inwieweit sich Bosch in diesen Bereichen mit einem unverwechselbaren Profil und Wettbewerbsvorteilen aufstellen kann.

Das Unternehmen war während der letzten 15 Jahre wohl nicht nur wegen seiner Innovationen weltweit so erfolgreich, sondern auch, weil es seine Identität dabei nicht verlor. Als nicht börsennotiertes Unternehmen ist Bosch nicht darauf fixiert, unter dem Druck des Kapitalmarkts in jedem Quartal eine möglichst hohe Rendite zu generieren. Das Unternehmen kann sich an langfristigen Zielen ausrichten und hohe Investitionen in Zukunftsprojekte tätigen, die erst nach vielen Jahren zu einem wirtschaftlichen Erfolg werden. Natürlich besteht dadurch auch die Gefahr, dass an Misserfolgen länger festgehalten wird, als es unternehmensexterne Anteilseigner zulassen würden. Insgesamt dürfte sich die Unternehmensverfassung für Bosch aber auch in Zukunft als ein Vorteil erweisen, was nicht ausschließt, dass die Ausgestaltung künftig noch Modifikationen erfahren wird. Dass es bei Bosch während der zunehmenden Globalisierung der letzten Jahrzehnte zu einer Rückbesinnung auf die eigene Geschichte kam, dass man sich wieder stärker der eigenen Werte und der eigenen Unternehmenskultur bewusst wurde, als dies noch vor 20 Jahren der Fall gewesen ist, ist besonders bemerkenswert und ein Lehrstück von grundsätzlicher Bedeutung. Robert Bosch mit seinen bis in die Gegenwart gültigen Grundsätzen und Leitlinien ist wieder zur explizit genannten Bezugsgröße geworden. Eine Rückbesinnung auf die eigene Geschichte lässt sich auch bei anderen Unternehmen feststellen, doch bei Bosch ist dies mit einem bewussten Bekenntnis zu den Prinzipien des Firmengründers verbunden. Nachhaltigkeit des Wirtschaftens, soziale Verantwortung und gesellschaftliches Engagement werden hier nicht wie so oft als modische Schlagwörter gebraucht, sondern auch mit Rückbezug auf die Familie des Gründers und die Aktivitäten der Robert Bosch Stiftung glaubwürdig umzusetzen versucht. Vor diesem Hintergrund erinnerte Christof Bosch, der Enkel des Firmengründers, in einer Rede anlässlich der Feier zum 125-jährigen Unternehmensjubiläum im Mai 2011 daran, dass Robert Bosch sein Erbe immer auch als Auftrag verstanden hat: «Robert Bosch [hat] uns aufgegeben, dafür zu sorgen, dass sein Werk in dem Geist weitergeführt wird, in dem er es aufgebaut hat [...] Es wäre großartig, wenn das Unternehmen konsequent sein Ziel verfolgt, weltweit ‹Technik fürs Leben› zu entwickeln. Eine Technik, die zur Bewältigung der großen Herausforderungen der Zukunft beiträgt und dabei auch – ganz im Sinne meines Großvaters – den Mitarbeitern ein gutes Leben bietet [...] Wir nehmen uns vor, [diese erstaunliche Geschichte des Unternehmens] so weiterzuschreiben, dass Robert Bosch auch in Zukunft stolz darauf sein könnte, seinem Namen in allen Ländern der Welt zu begegnen.»[2]

Anhang

Anmerkungen

Einleitung

1 Notiz vom 10.7.1996, in: Robert Bosch GmbH, Historische Kommunikation [im Folgenden RB], 1 016 175.
2 Vgl. Zeitzeugeninterview mit Christof Bosch vom 22. 9. 2010.
3 Kathrin Fastnacht/Dietrich Kuhlgatz/Dieter Schmitt/Christine Siegel, 125 Jahre Bosch. Technik fürs Leben, Stuttgart 2011.
4 Joachim Scholtyseck, Robert Bosch und der liberale Widerstand gegen Hitler 1933–1945, München 1999.

I. Anfänge und Aufstieg des Unternehmens (1886–1932)

1. Robert Bosch – Porträt eines Gründungsunternehmers

1 Theodor Heuss, Robert Bosch. Leben und Leistung, Neuauflage, Stuttgart/Leipzig 2008 (erste Aufl. Tübingen 1946), S. 24.
2 Theodor Bäuerle, Robert Bosch, S. 21, RB 1 014 020. Bäuerle schätzte das Vermögen von Servatius Bosch auf rund 200 000 Mark. Ebd.
3 Hans-Erhard Lessing, Robert Bosch, Reinbek 2007, S. 14; Toni Pierenkemper, Robert Bosch, der Industrielle. Zum Typus des deutschen Unternehmers in der Hochindustrialisierung, in: *Kultur & Technik* 1/1987, S. 9.
4 Robert Bosch, Lebenserinnerungen (1921), S. 1, RB 1 014 006.
5 Ebd.
6 Zitiert nach: Lessing, Bosch, S. 24.
7 Ebd., S. 17.
8 Theodor Bäuerle, Robert Bosch, S. 24, RB 1 014 020.
9 Margarete Fischer-Bosch, Jugenderinnerungen an meinen Vater Robert Bosch, Stuttgart 1953, S. 10; Lessing, Bosch, S. 14.
10 Fischer-Bosch, Jugenderinnerungen, S. 8 f.; Heuss, Bosch, S. 25.
11 Robert Bosch an Margarethe Bosch, 28. 5. 1940, RB 1 014 019.
12 Fischer-Bosch, Jugenderinnerungen, S. 9; Bosch an Anna Kayser, 18. 4. 1885, RB 1 013 137.
13 Fastnacht/Kuhlgatz/Schmitt/Siegel, 125 Jahre, S. 11; Lessing, Bosch, S. 18 f.
14 Robert Bosch, Lebenserinnerungen (1921), S. 4, RB 1 014 006.
15 Ebd., S. 5.
16 Ebd., S. 6 f.
17 Ebd., S. 8.

18 Aus den Jugendjahren unseres Herrn Robert Bosch, in: *Bosch-Zünder* 9/1921, S. 233.

19 Am 18. 4. 1885 schrieb Bosch aus New York an seine damalige Verlobte Anna Kayser: «Siehst Du, ich bin Socialist». RB 1 014 137.

20 Zitiert nach: Theodor Bäuerle, Robert Bosch, S. 28 f., RB 1 014 020.

21 Fastnacht/Kuhlgatz/Schmitt/Siegel, 125 Jahre, S. 10 f.

22 Heuss, Bosch, S. 101 f.; Lessing, Bosch, S. 73 f.

23 Vgl. Lessing, Bosch, S. 109.

24 Margarete Bosch (später Fischer-Bosch) schloss ihr Studium mit einer agrarhistorischen Dissertation ab. Margarete Bosch, Die wirtschaftlichen Bedingungen der Befreiung des Bauernstandes im Herzogtum Kleve und in der Grafschaft Mark im Rahmen der Agrargeschichte Westdeutschlands, Berlin 1920.

25 Lessing, Bosch, S. 132.

26 Vgl. Joseph A. Schumpeter, The Theory of Economic Development, Oxford 1934; John Hagedoorn, Innovation and Entrepreneurship. Schumpeter Revisited, in: Industrial and Corporate Change 1996, Vol. 5, Nr. 3, S. 883–896.

27 Sei Mensch und ehre Menschenwürde. Aufsätze, Reden und Gedanken von Robert Bosch (Bosch-Schriftenreihe, Folge 1), Stuttgart 1950, S. 56.

28 «Lieber Geld verlieren als Vertrauen», in: *Bosch-Zünder* 2/1919, S. 21.

29 Pierenkemper, Bosch, S. 18.

30 Robert Bosch, Von Vergangenheit, Gegenwart und Zukunft, in: *Bosch-Zünder* 10/1926, S. 223.

31 «Soziales Verständnis», so schrieb Bosch einmal, «habe ich schon von ‹meiner Frau Mutter› geerbt, man könnte schließlich auch von meinem Vater sagen.» Bosch an Closs, 23. 1. 1937, RB 1 014 415.

32 Siehe hierzu S. 65.

33 Felix Pinner, Deutsche Wirtschaftsführer, Berlin 1924, S. 206.

34 Wie aus einem Brief hervorgeht, den Bosch im Januar 1937 an einen Unternehmer in Heidenheim schrieb, ist dieser Spitzname offenbar nicht erst mit der Einführung des Achtstundentags aufgekommen: «Die vielen Anfeindungen, die ich ebensowohl von meinen Kollegen als von den Gewerkschaften zu ertragen hatte, und die mir auch den Namen der ‹rote Bosch› eingetragen haben, sind so annähernd 50 Jahre alt.» Bosch an Closs, 23. 1. 1937, RB 1 014 415.

35 Robert Bosch, Lebenserinnerungen (1921), S. 26, RB 1 014 006.

36 Ebd.

37 Robert Bosch, Für Marx!, in: *Frankfurter Zeitung*, 21. 4. 1925, RB 1 013 103; Robert Bosch, Zur Kandidatur Hindenburg, in: *Stuttgarter Neues Tagblatt*, 21. 4. 1925 [auch in: Bundesarchiv (im Folgenden: BArch) DN 1/112736]; Robert Bosch, Warum charakterlos?, in: *Stuttgarter Neues Tagblatt*, 11. 3. 1932; Bosch an Duisberg, 31. 3. 1932, Bayer-Archiv Leverkusen AS; Heuss, Bosch, S. 468 ff.; Scholtyseck, Bosch, S. 92 f.

38 Zitiert nach: Joachim Scholtyseck, Robert Bosch, die deutsch-französische Verständigung und das Ende der Weimarer Republik, in: Rolf Becker/Joachim Scholtyseck, Robert Bosch und die deutsch-französische Verständigung. Politisches Denken und Handeln im Spiegel der Briefwechsel, Stuttgart o. J., S. 70.

39 Heuss, Bosch, S. 181 f.

40 Die Spende an eine eigens dafür errichtete Stiftung sollte den Ausbau des Neckars zwischen Mannheim und Esslingen ermöglichen. Bis zum Bau der Schifffahrtsstraße sollten die Zinsen der Stadt Stuttgart zugute kommen. Die Arbeiten an diesem Projekt begannen nach dem Ersten Weltkrieg, doch das Kapital der Stiftung war schon bald durch die Inflation entwertet. Heuss, Bosch, S. 268 ff.

41 Lessing, Bosch, S. 138. Vgl. hierzu Claus-Michael Allmendinger, Struktur, Aufgabe und Bedeutung der Stiftungen von Robert Bosch und seiner Firma. Ein Beitrag zur Geschichte des Stiftungswesens in Württemberg von 1900 bis 1964, Stuttgart 1977.

42 Siehe hierzu S. 245 f.

43 Christof Bosch, Robert Bosch und die Boschhöfe. Beitrag für das Königsdorfer Heimatbuch, RB 1 014 299.

44 Felix Olpp, Unser unvergesslicher Herr Bosch, S. 50, RB 1 014 003. Zur Jagdgemeinschaft Robert Bosch vgl. die Unterlagen in: Landesarchiv Baden-Württemberg, Hauptstaatsarchiv Stuttgart P 10.

45 Georg Escherich, Jagderlebnisse (Ms. 1933/34), Bayerisches Hauptstaatsarchiv, Nachlass Georg Escherich, Nr. 35.

46 Theodor Bäuerle, Robert Bosch. Persönliche Erinnerungen, S. 17 (Bl. 18), RB 1 014 001.

47 Ebd.

48 Heuss, Bosch, S. 45 f.

49 Robert Jütte, Die heilende Kraft der Natur. Homöopath und Lebensreformer, in: Robert Bosch. Leben und Werk (Magazin zur Bosch-Geschichte, Sonderheft 1), Stuttgart 2010, S. 54 f. Vgl. hierzu auch Claus-Michael Allmendinger, Robert Bosch und die homöopathische Bewegung in Württemberg, in: Sigrid Heinze (Hg.), Homöopathie 1796–1996. Eine Heilkunde und ihre Geschichte, Berlin 1996, S. 93–100.

50 Heuss, Bosch, S. 538 ff.

51 Ebd., S. 488 ff.

52 Theodor Bäuerle, Robert Bosch. Persönliche Erinnerungen, S. 8 (Bl. 9), RB 1 014 001.

53 Ebd., S. 34 (Bl. 35).

54 Heuss, Bosch, S. 231

55 Festansprache von Hans Walz am 23. 9. 1941, RB 1 013 024.

56 «Lieber Geld verlieren als Vertrauen», in: *Bosch-Zünder* 2/1919, S. 21.

57 Ebd.

2. Die schwierigen Anfangsjahre des Unternehmens

1 Robert Bosch, Lebenserinnerungen (1921), S. 10, RB 1 014 006.

2 Das Haus Rotebühlstraße 75B wurde im Zweiten Weltkrieg zerstört. Auf dem Grundstück befindet sich heute der Klett-Verlag.

3 Ergänzungen von Herrn Bosch zu: Theodor Bäuerle, Robert Bosch, S. 48 f., RB 1 014 020; sowie ein Werkstattplan in Fastnacht/Kuhlgatz/Schmitt/Siegel, 125 Jahre, S 33.

4 Otto Debatin, Sie haben mitgeholfen. Lebensbilder verdienter Mitarbeiter des Hauses Bosch (Bosch-Schriftenreihe, Folge 11), Stuttgart 1963, S. 70 f. Debatin stützt sich hier auf die Erinnerungen eines Mitarbeiters von Bosch, Otto Fischer, der in der Rotebühlstraße 75B aufgewachsen war und später über 40 Jahre lang im Unternehmen arbeitete. Fischer ist nicht zu verwechseln mit dem gleichnamigen Hauptbuchhalter und Schwiegersohn Robert Boschs. Der Hinweis auf die Zigarrenhandlung Otto und Max Rosenfeld findet sich in einer Mitteilung von Boschs späterem Mitarbeiter Hugo Borst an Theodor Heuss. Borst hielt es für wahrscheinlich, dass das Hinterhaus den Rosenfelds gehörte. Borst an Heuss, 20. 6. 1944 (Anmerkung zu S. 93), RB 1 014 155.

5 Robert Bosch, Lebenserinnerungen (1921), S. 10, RB 1 014 006.

6 Heuss, Bosch, S. 91.

7 Lutz Pape/Hans-Jürgen Weinert, Bottichwaschmaschine & Haustelegraph. Anfänge der Elektrotechnik im Haushalt, Braunschweig 1993, S. 62.

8 Marianne Erath, Vom Fernschreiben zum Fernsprechen. Die Geschichte von Telegraf und Telefon im Südwesten, in: Staatsanzeiger für Baden-Württemberg, 4/2010.

9 Wolfgang Leiner, Paul Reisser. Ein württembergischer Pionier der Elektrotechnik, in: Ders. (Hg.), Ausgewählte technikgeschichtliche Vorträge, Stuttgart 1984, S. 174–184.

10 Otto Fischer, Die Geschichte der Firma Robert Bosch 1886–1914 aus ihren Geschäftsbüchern, Sept. 1942, S. 21, S. 31 und S. 45, RB 1 003 062; Karl Erich Born, Wirtschafts- und Sozialgeschichte des Deutschen Kaiserreichs (1867/71–1914), Stuttgart 1985, S. 85.

11 Robert Bosch, Lebenserinnerungen (1921), S. 10, RB 1 014 006.

12 Ergänzungen von Herrn Bosch zu: Theodor Bäuerle, Robert Bosch, S. 47, RB 1 014 020.

13 Wolfgang Leiner, Geschichte der Elektrizitätswirtschaft in Württemberg, Bd. 1: Grundlagen und Anfänge (bis 1895), Stuttgart 1982, S. 167 ff., S. 171 ff. und S. 203.

14 Peter Strunk, Die AEG. Aufstieg und Niedergang einer deutschen Industrielegende, 2. Aufl., Berlin 2000, S. 24.

15 Lessing, Bosch, S. 25, S. 60 und S. 63. Schall und Bosch hatten zusammen in Ulm Militärdienst geleistet und waren seitdem befreundet. Lessing sieht in Schalls Angebot sogar ein entscheidendes Motiv für Bosch, sich in Stuttgart niederzulassen.

16 Otto Fischer, Die Geschichte der Firma Robert Bosch 1886–1914 aus ihren Geschäftsbüchern, Sept. 1942, S. 9 und 16, RB 1 003 062.

17 Robert Bosch, Lebenserinnerungen (1921), S. 10, RB 1 014 006.

18 Reinhart Seiffert, Die Ära Gottlieb Daimlers. Neue Perspektiven zur Frühgeschichte des Automobils und seiner Technik, Wiesbaden 2009, S. 66 f. Das ältere Patent von Siegfried Marcus ließ sich leicht umgehen. Ebd., S. 18. Zur Biografie Nicolaus Ottos vgl. Arnold Langen, Nicolaus August Otto. Der Schöpfer des Verbrennungsmotors, Stuttgart 1949.

19 Robert Bosch, Lebenserinnerungen (1921), S. 10, RB 1 014 006; Otto Fischer, Die Geschichte der Firma Robert Bosch 1886–1914 aus ihren Geschäftsbüchern, Sept. 1942, S. 16, RB 1 003 062.

20 Otto Fischer, Die Geschichte der Firma Robert Bosch 1886–1914 aus ihren Geschäftsbüchern, Sept. 1942, S. 15 und S. 19, RB 1 003 062.

21 Robert Bosch, Lebenserinnerungen (1921), S. 10, RB 1 014 006.

22 Otto Fischer, Die Geschichte der Firma Robert Bosch 1886–1914 aus ihren Geschäftsbüchern, Sept. 1942, S. 17 und S. 19, RB 1 003 062.

23 Ebd., S. 28. Otto Fischer arbeitete seit 1918 bei der Robert Bosch AG, zunächst als Bürogehilfe. In den Jahren 1930–1937 war er Leiter der Hauptbuchhaltung. 1951 heiratete er Margarete Bosch, die älteste Tochter Robert Boschs. Von 1945 bis 1960 war er Geschäftsführer der Robert Bosch GmbH.

24 Ebd., S. 45.

25 Ebd., S. 14, S. 22 und S. 28.

26 Heuss, Bosch, S. 92.

27 Gottlob Honold, Persönliche Erinnerungen, in: *Bosch-Zünder* 9/1921, S. 235.
28 Aus den Erinnerungen des Mechaniker-Mithelfers Schyle an das erste Jahrzehnt der Firma Bosch, in: Debatin, Lebensbilder, S. 172. Otto Fischer ging für das Jahr 1891 ähnlich wie Honold von neun Beschäftigten aus. Otto Fischer, Die Geschichte der Firma Robert Bosch 1886–1914 aus ihren Geschäftsbüchern, Sept. 1942, S. 28, RB 1 003 062.
29 Aus den Erinnerungen des Mechaniker-Mithelfers Schyle an das erste Jahrzehnt der Firma Bosch, in: Debatin, Lebensbilder, S. 172.
30 Otto Fischer, Die Geschichte der Firma Robert Bosch 1886–1914 aus ihren Geschäftsbüchern, Sept. 1942, S. 41, RB 1 003 062.
31 Ebd., S. 28.
32 Ebd., S. 33.
33 Ebd., S. 45.
34 Von der Glühbirne zum Mikroprozessor. 100 Jahre Elektrizität in Stuttgart, hg. von der Elektro-Innung Stuttgart, Stuttgart 1984, S. 13.
35 Heuss, Bosch, S. 94; Gottlob Honold, Persönliche Erinnerungen, in: *Bosch-Zünder* 9/1921, S. 236.
36 Zitiert nach: Fastnacht/Kuhlgatz/Schmitt/Siegel, 125 Jahre, S. 34.
37 Otto Fischer, Die Geschichte der Firma Robert Bosch 1886–1914 aus ihren Geschäftsbüchern, Sept. 1942, S. 27, RB 1 003 062.
38 Ebd, S. 42.
39 Leiner, Geschichte, S. 204 ff. und S. 209 ff.
40 Ebd., S. 215 ff. 1902 wurde dieses Elektrizitätswerk von der Stadt Stuttgart übernommen. Paul Sauer, Das Werden einer Großstadt. Stuttgart zwischen Reichsgründung und Erstem Weltkrieg 1871 bis 1914, Stuttgart 1988, S. 129.
41 Robert Bosch, Lebenserinnerungen (1921), S. 10 f., RB 1 014 006; Heuss, Bosch, S. 92; Otto Fischer, Die Geschichte der Firma Robert Bosch 1886–1914 aus ihren Geschäftsbüchern, Sept. 1942, S. 34 und S. 45, RB 1 003 062.
42 Debatin, Lebensbilder, S. 11.
43 Ebd., S. 13 ff.
44 Ebd., S. 168; Carl Beck, Aus alter Zeit, o. D., RB 1 044 001/3.
45 Debatin, Lebensbilder, S. 44 ff.
46 Ebd., S. 22 ff.
47 Ebd., S. 171.
48 Heuss, Bosch, S. 100.
49 Ebd., S. 96.
50 Theodor Bäuerle, Robert Bosch, S. 50, RB 1 014 020; Lessing, Bosch, S. 69 f.
51 Zitiert nach: Fastnacht/Kuhlgatz/Schmitt/Siegel, 125 Jahre, S. 39.
52 Gottlob Honold, Persönliche Erinnerungen, in: *Bosch-Zünder* 9/1921, S. 235.
53 Debatin, Lebensbilder, S. 172; Vor 50 Jahren führte Robert Bosch den Neunstundentag ein 1894–1944, 25. 4. 1944, RB 1 059 033.

3. Der steile Aufstieg

1 Zitiert nach: Eugen Diesel, Robert Bosch, in: Ders./Gustav Goldbeck/Friedrich Schildberger, Vom Motor zum Auto. Fünf Männer und ihr Werk, 3. Aufl., Stuttgart 1968, S. 269.

2 Vgl. den anschaulichen Bericht aus dem «Autotagebuch» eines der ersten öster-reichischen Automobilisten in: Barbara Haubner, Automobilismus im Kaiser-reich. Auftakt zur Massenmobilisierung oder Freizeitvergnügen für Wohl-habende?, in: Rudolf Boch (Hg.), Geschichte und Zukunft der deutschen Automobilindustrie. Tagung im Rahmen der «Chemnitzer Begegnungen» 2000, Stuttgart 2001, S. 25.

3 50 Jahre Bosch-Zündung im Dienste der Kraftfahrt 1894–1944, 17. 2. 1944, RB 1 014 156.

4 Heuss, Bosch, S. 115.

5 Produktionsstatistik ab 1887, RB 1 007 075.

6 Heuss, Bosch, S. 126; Bilder aus der Vergangenheit, in: *Bosch-Zünder* 4/1919, S. 58 f.

7 Max J. B. Rauck, Das Serienmotorrad wurde 90 Jahre alt, in: Kultur & Technik 10. Jg. (1986), H. 2, S. 92 f.

8 Robert Bosch, Lebenserinnerungen, S. 12, RB 1 014 006; Heuss, Bosch, S. 117 ff; Lessing, Bosch, S. 78. Der von Zähringer entwickelte Niederspannungsmagnetzün-der erhielt das Patent DRP 99 399 vom 11. 6. 1897 («Elektrischer Funkengeber zur Zündung des Explosionsgemisches in Gasmotoren»). Heuss, Bosch, S. 118.

9 Rauck, Serienmotorrad, S. 93. Demnach ist Heuss' Darstellung unzutreffend, wo-nach die für Rüb & Wegelin konstruierten Zünder «noch zu keinem befriedigenden Ergebnis» geführt hätten und Zähringers Erfindung erst im Zusammenhang mit einem Auftrag von Frederick R. Simms (De Dion-Bouton-Dreirad) zustande ge-kommen wäre. Heuss, Bosch, S. 115 ff. (Zitat auf S. 115). Robert Bosch schrieb dage-gen in seinen Lebenserinnerungen zutreffend: «Wir hatten damit Erfolg und brach-ten eine solche Erfindung zuerst an einem Rad von Heinle & Wegelin an.» Allerdings datiert er den Vorgang erst auf das Jahr 1899, was nicht zutreffen kann. Robert Bosch, Lebenserinnerungen, S. 12, RB 1 014 006.

10 Insgesamt kaufte Rüb & Wegelin bei Bosch in den Jahren 1896/97 16 Zünder und auch in den folgenden Jahren blieb die Firma – nun unter dem Namen Heinle & Wegelin – ein wichtiger Kunde des Unternehmens. Otto Fischer, Die Geschichte der Firma Robert Bosch 1886–1914 aus ihren Geschäftsbüchern, Sept. 1942, S. 53, RB 1 003 062.

11 Bosch an Simms, 23. 10. 1897, RB 1 034 137.

12 Frederick R. Simms, The History of the Magneto (Übersetzung), S. 2 ff., RB 1 034 155.

13 Wilfried Feldenkirchen, «Vom Guten das Beste». Von Daimler und Benz zur DaimlerChrysler AG, Bd. 1: Die ersten 100 Jahre 1883–1983, München 2003, S. 46 ff.

14 Robert Bosch, Lebenserinnerungen (1921), S. 12, RB 1 014 006. Lessing bezweifelt die Angabe Boschs und geht von 500–600 U/min aus. Lessing, Bosch, S. 79.

15 Robert Bosch, Lebenserinnerungen (1921), S. 12, RB 1 014 006; Heuss, Bosch, S. 117 ff.; Beiträge von Simms zur Entwicklung der Magnetzündung 1897/98 (soweit aus Briefen Robert Boschs an Simms ersichtlich), RB 1 034 137.

16 Heuss, Bosch, S. 122.

17 Zitiert nach: Ebd.

18 Bosch an Simms, 18. 2. 1898, RB 1 034 137 (mit Zitat); Robert Bosch, Lebenserinne-rungen (1921), S. 12 f., RB 1 014 006.

19 Robert Bosch, Lebenserinnerungen (1921), S. 13, RB 1 014 006.

20 Christoph M. Merki, Der holprige Siegeszug des Automobils 1895–1935. Zur Motori-sierung des Straßenverkehrs in Frankreich, Deutschland und der Schweiz, Wien/Köln 2002, S. 52 ff. und S. 268.

21 Ebd., S. 268 ff; Feldenkirchen, Daimler, S. 59; Robert Bosch, Lebenserinnerungen (1921), S. 13 und S. 16, RB 1 014 006.
22 Merki, Siegeszug, S. 268; Feldenkirchen, Daimler, S. 59.
23 Merki, Siegeszug, S. 270.
24 Gottlob Honold – Ein Pionier des Kraftverkehrs, S. 5, RB 1 013 245.
25 Heuss, Bosch, S. 121 f.
26 Geschichte des Hauses Bosch, Verkaufsorganisation, o. D., RB 1 029 003.
27 Bosch an Simms, 26. 4. 1898, RB 1 034 137. Im Juli 1898 schrieb Bosch an Simms, Wilhelm Maybach hätte ihn besucht und mitgeteilt, dass «Herr Daimler sehr ungehalten gewesen sei, daß ich mich von meinem Versprechen, ihm den Verkauf zu überlassen, zurückgezogen habe». Bosch an Simms, 25. 7. 1898, ebd.
28 Ebd.
29 Geschichte des Hauses Bosch, Verkaufsorganisation, o. D., RB 1 029 003.
30 Bosch an Simms, 17. 11. 1898, RB 1 034 137.
31 50 Jahre Bosch 1886–1936, Stuttgart 1936, S. 232; Die Gebäude der Robert Bosch A.-G. in Stuttgart und Feuerbach, in: *Bosch-Zünder* 3/1920, S. 46 ff.
32 Robert Bosch, Lebenserinnerungen (1921), S. 14, RB 1 014 006; Bilder aus der Vergangenheit, in: *Bosch-Zünder* 4/1919, S. 58 f.
33 Produktionsstatistik ab 1887, RB 1 007 075.
34 Robert Bosch, Lebenserinnerungen (1921), S. 14, RB 1 014 006.
35 Lessing, Bosch, S. 87; Heuss, Bosch, S. 130.
36 Bosch an Eugen Kayser, 25. 3. 1908, RB 1 014 552.
37 Debatin, Lebensbilder, S. 44 ff.
38 Zitiert nach: Heuss, Bosch, S. 139. Zur Entwicklung des Hochspannungsmagnetzünders vgl. auch Gottlob Honold, Wie entstand die Bosch-Lichtbogen-Zündung?, in: *Bosch-Zünder* 2/1921, S. 37 ff.; Gottlob Honold – Ein Pionier des Kraftverkehrs, S. 10, RB 1 013 245; Robert Bosch, Lebenserinnerungen (1921), S. 14 f., RB 1 014 006; Heuss, Bosch, S. 139 ff.; Lessing, Bosch, S. 89 f.
39 Ergänzungen von Robert Bosch zu: Theodor Bäuerle, Bosch, S. 79, RB 1 014 020.
40 Robert Bosch, Lebenserinnerungen (1921), S. 14 f., RB 1 014 006; Ergänzungen von Robert Bosch zu: Theodor Bäuerle, Bosch, S. 79, RB 1 014 020.
41 Heuss, Bosch, S. 138 f.
42 Gottlob Honold, Wie entstand die Bosch-Lichtbogen-Zündung?, in: *Bosch-Zünder* 2/1921, S. 37 ff.; Gottlob Honold – Ein Pionier des Kraftverkehrs, S. 11, RB 1 013 245.
43 Gottlob Honold – Ein Pionier des Kraftverkehrs, S. 10 f., RB 1 013 245.
44 Ebd., S. 11.
45 Produktionsstatistik ab 1887, RB 1 007 075.
46 Patentschrift Nr. 156117, Robert Bosch in Stuttgart, Magnetelektrische Zündvorrichtung für Explosionskraftmaschinen, RB 1 013 245; Gottlob Honold, Wie entstand die Bosch-Lichtbogen-Zündung?, in: *Bosch-Zünder* 2/1921, S. 44.
47 Gottlob Honold, Wie entstand die Bosch-Lichtbogen-Zündung?, in: *Bosch-Zünder* 2/1921, S. 44.
48 Otto Fischer, Die Geschichte der Firma Robert Bosch 1886–1914 aus ihren Geschäftsbüchern, Sept. 1942, S. 53, RB 1 003 062.
49 Ebd., S. 49, S. 53 und S. 56.
50 Bosch an die Direktion der Daimler-Motoren-Gesellschaft, 8. 1. 1910, RB 1 041 007 004.

51 Als 1906 die Disconto-Gesellschaft, eine der größten deutschen Geschäftsbanken, gemeinsam mit der AEG-Tochter Bank für elektrische Unternehmungen anfragte, ob die Elektrotechnische Fabrik Robert Bosch als Aktiengesellschaft an den Kapitalmarkt gehen wollte, erklärte Robert Bosch, «er denke jedoch gar nicht daran, derartiges zu tun». Zitiert nach: Direction der Disconto-Gesellschaft an Bank für elektrische Unternehmungen, 15. 5. 1906, RB 1 014 249.

52 Auskunft über die Firma Bosch 1908, Auskunftei W. Schimmelpfennig, Stuttgart, 19. 2. 1908, RB 1 010 024 061.

53 Merki, Siegeszug, S. 52 ff. und S. 60 ff.

54 Heidrun Edelmann, Vom Luxusgut zum Gebrauchsgegenstand. Die Geschichte der Verbreitung von Personenkraftwagen in Deutschland, Frankfurt am Main 1989, S. 22.

55 Merki, Siegeszug, S. 40. Die Stadt Stuttgart hatte Ende 1897 rund 263 000 Einwohner.

56 Ebd., S. 60 ff.; Edelmann, Luxusgut, S. 20 ff.

57 Reiner Flik, Automobilindustrie und Motorisierung in Deutschland bis 1939, in: Boch (Hg.), Geschichte, S. 51.

58 Robert Bosch, Lebenserinnerungen (1921), S. 16, RB 1 014 006; ders., Warum ich mich von Frederick R. Simms trennen mußte? Zur Klarstellung (Abschrift), S. 1 ff., RB 1 034 147.

59 Frederick R. Simms, The History of the Magneto (Übersetzung), S. 5 f. und S. 8 f., RB 1 034 155.

60 Robert Bosch, Lebenserinnerungen (1921), S. 17, RB 1 014 006.

61 Ebd.

62 Robert Bosch, Warum ich mich von Frederick R. Simms trennen mußte? Zur Klarstellung (Abschrift), S. 4, RB 1 034 147; Heuss, Bosch, S. 160 ff.

63 Robert Bosch, Lebenserinnerungen (1921), S. 16 f., RB 1 014 006.

64 Ebd., S. 17.

65 Zu diesem Zweck arbeitete Borst von Dezember 1904 bis Februar 1906 beim New Yorker Bankhaus Hardt von Bernuth. Wilfried Geissler/Sigrid Borst (Hg.), Hugo Borst 1881–1967. Familienvater, Kaufmännischer Direktor, Privater Kunstsammler und Förderer. Sammler von schöngeistiger und wissenschaftlicher Literatur, Stuttgart 2006, S. 10.

66 Rolf Becker/Frauke Engel, «Unsere beste Reklame war stets unsere Ware». Werbung bei Bosch von den Anfängen bis 1960 (Bosch-Archiv Schriftenreihe, Bd. 2), Stuttgart 1998, S. 10 und S. 20 (Zitat); Borst an Heuss, 3. 6. 1943, RB 1 014 155.

67 Heuss, Bosch, S. 163; Lessing, Bosch, S. 93.

68 Robert Bosch, Lebenserinnerungen (1921), S. 17, RB 1 014 006. Zur Biografie Kleins: Heuss, Bosch, S. 163 ff.

69 Russ Banham, Bosch in the United States. The First 100 Years, Farmington Hills 2006, S. 17.

70 Merki, Siegeszug, S. 19.

71 Banham, Bosch, S. 17 und S. 21.

72 Daniel Alef, Charles and Frank Duryea. Brought us America's first Gasoline-powered car, Santa Barbara 2008.

73 Banham, Bosch, S. 22; Elke Sonnenberg, «At last you can get them …» Bosch-Magnetos in den USA, in: Der Weg zum Global Player. Die Internationalisierung der Bosch-Gruppe (Magazin zur Bosch-Geschichte, Sonderheft 3), Stuttgart 2008, S. 14 f.; Hermann Waker, Meine Jahre bei Bosch, S. 21, RB 1 832 018.

74 Robert Bosch an Hermann Bosch, 27. 2. 1912, RB 1 014 278; Banham, Bosch, S. 26; Fastnacht/Kuhlgatz/ Schmitt/Siegel, 125 Jahre, S. 202.

75 Banham, Bosch, S. 23 und S. 26.

76 Official Bosch Distributors, in: The Bosch News Vol. IV, No. 2, March 1913.

77 In seinen Anmerkungen zur Bosch-Biografie von Bäuerle bezog Bosch dies auf die USA-Reise vom April 1911. Ergänzungen von Robert Bosch zu: Theodor Bäuerle, Robert Bosch, S. 72 ff., RB 1 014 020. In den Lebenserinnerungen aus dem Jahr 1921 heißt es dagegen mit Bezug auf die USA ganz allgemein, «daß unser Erscheinen dort einem Triumphzug glich». Robert Bosch, Lebenserinnerungen (1921), S. 17, RB 1 014 006.

78 Fastnacht/Kuhlgatz/Schmitt/Siegel, 125 Jahre, S. 202; Marlis Prinzing, Der Streik bei Bosch im Jahre 1913. Ein Beitrag zur Geschichte von Rationalisierung und Arbeiterbewegung (Zeitschrift für Unternehmensgeschichte, 61), Stuttgart 1998, S. 57.

79 Cornelius Torp, Die Herausforderung der Globalisierung. Wirtschaft und Politik in Deutschland 1860–1914, Göttingen 2005, S. 105; Feldenkirchen, Daimler, S. 75; ders., Siemens 1918–1945, München 1995, S. 662.

80 Robert Bosch, Von Vergangenheit, Gegenwart und Zukunft, in: *Bosch-Zünder* 10/1926, S. 222. Zur Krise der Automobilindustrie im Jahr 1907 vgl. Feldenkirchen, Daimler, S. 64.

81 Robert Bosch, Von Vergangenheit, Gegenwart und Zukunft, in: *Bosch-Zünder* 10/1926, S. 222.

82 Bosch an Eugen Kayser, 2. 2. 1908, RB 1 014 552.

83 Robert Bosch, Von Vergangenheit, Gegenwart und Zukunft, in: *Bosch-Zünder* 10/1926, S. 222.

84 Siehe Anhang, S. 664 ff., Tabelle «Beschäftigte und Umsätze der Bosch-Gruppe 1886–2012».

85 Die Beschäftigtenzahl der Daimler-Motoren-Gesellschaft lag Ende 1904 bei 3510 und stieg bis 1913 auf 5050 an. Kennzahlen der Daimler-Motoren-Gesellschaft 1890–1925, Daimler AG, Mercedes-Benz Archives & Collection, Feldenkirchen, Daimler, S. 71.

86 Die Arbeiterbewegung bei Bosch, in: *Der Beobachter*, 10. 6. 1913, RB 1 059 008; Prinzing, Streik, S. 2.

87 Robert Bosch, Lebenserinnerungen (1921), S. 31, RB 1 014 006.

88 … auch beim Bosch gibt's nichts umsonst. 100 Jahre Arbeit und Leben in Feuerbach aus der Sicht der Beschäftigten. Ein Buch des Betriebsrats Bosch Feuerbach, Stuttgart 2009, S. 16 ff.

89 Bosch an Kayser, 18. 11. 1908, RB 1 014 552.

90 Robert Bosch, Lebenserinnerungen (1921), S. 22, RB 1 014 006.

91 Prinzing, Streik, S. 20.

92 Personalstatistik 1. 7. 1911–11. 3. 1918, S. 1, RB 1 007 001.

93 Fastnacht/Kuhlgatz/Schmitt/Siegel, 125 Jahre, S. 165.

94 Prinzing, Streik, S. 29 f.

95 Zitiert nach: Heuss, Bosch, S. 403.

96 Hermann Waker, Meine Jahre bei Bosch, S. 13, RB 1 832 018.

97 Zur Biografie Hugo Borsts: Geissler/Borst (Hg.), Borst; Debatin, Lebensbilder, S. 36 ff.

98 Zur Biografie Ernst Ulmers: Ebd., S. 51 ff.

99 Robert Bosch, Lebenserinnerungen (1921), S. 20 f., RB 1 014 006; Heuss, Bosch, S. 168 f.

100 Die Verkaufs-Organisation der Robert Bosch A.-G., S. 2 f., RB 1 029 003; Gründungen und Verlegungen von Verkaufshäusern in den Jahren 1909 bis 1916, ebd.

101 Siehe hierzu S. 41.

102 Feldenkirchen, Daimler, S. 73.

103 Arbeits-Ordnung der Firma Robert Bosch, 16. 7. 1906, RB 1 006 005.

104 Heuss, Bosch, S. 154 ff.

105 Robert Bosch über den Achtstundentag, in: Sei Mensch und ehre Menschenwürde. Aufsätze, Reden und Gedanken von Robert Bosch (Robert Bosch Schriftenreihe, Folge 1), Stuttgart 1950, S. 43.

106 Deutscher Metallarbeiter-Verband, Verwaltungsstelle Stuttgart-Kannstatt [sic] an Bosch, 26. 6. 1907, RB 1 059 033.

107 Bosch an den Deutschen Metallarbeiter-Verband, Verwaltung Stuttgart, 26. 4. 1909, ebd.

108 … auch beim Bosch, S. 20 f.; Heidrun Homburg, Anfänge des Taylorsystems in Deutschland vor dem Ersten Weltkrieg: eine Problemskizze unter besonderer Berücksichtigung der Arbeitskämpfe bei Bosch 1913, in: *Geschichte und Gesellschaft 4* (1978), S. 180 ff.; Uta Stolle, Arbeiterpolitik im Betrieb. Frauen und Männer, Reformisten und Radikale, Fach- und Massenarbeiter bei Bayer, BASF, Bosch und in Solingen (1900–1933), Frankfurt am Main 1980, S. 126 f.

109 Frederick W. Taylor, The Principles of Scientific Management, London 1911; Walter Hebeisen, F. W. Taylor und der Taylorismus. Über das Wirken und die Lehre Taylors und die Kritik am Taylorismus, Zürich 1999.

110 Homburg, Anfänge, S. 182 ff.; Geissler/Borst (Hg.), Borst, S. 12.

111 … auch beim Bosch, S. 20 ff.; Prinzing, Streik, S. 8 und S. 67 ff.

112 Siehe S. 63.

113 Prinzing, Streik, S. 121.

114 Ebd., S. 85 f. 1910 schloss die Ortsverwaltung des DMV mit der Firma eine Vereinbarung zum Schutz der Arbeiter im Akkordsystem. … auch beim Bosch, S. 21.

115 Prinzing, Streik, S. 7 f.

116 Ebd., S. 9.

117 Bosch an den DMV, Verwaltungsstelle Stuttgart, 6. 5. 1913, RB 1 002 073.

118 Nach der wöchentlichen Personalstatistik des Unternehmens arbeiteten am 26. 5. 1913 3698 Arbeiter und 238 Arbeiterinnen in den Werken, am 2. 8. 1913 3466 Arbeiter und 233 Arbeiterinnen. Arbeiterinnen waren also so gut wie gar nicht an dem Ausstand beteiligt. Zahl der Angestellten und Arbeiter vom 11. 7. 1911 bis 11. 3. 1918, RB 1 007 001.

119 Ebd.

120 Prinzing, Streik, S. 10 ff.

121 Klein an Bosch Magneto Company, 10. 6. 1913, RB 1 059 048.

122 Die Arbeiterbewegung bei Bosch, in: Der Beobachter, 10. 6. 1913, RB 1 059 008.

123 Klein an Bosch Magneto Company, 10. 6. 1913, RB 1 059 048; Prinzing, Streik, S. 12; Stolle, Arbeiterpolitik, S. 165.

124 Klein an Heins, Bosch Magneto Company New York, 22. 7. 1913, RB 1 059 048. Bosch gab in seinen Lebenserinnerungen etwas höhere Zahlen an (800 Streikbrecher zu Beginn, 1800 nach einer Woche). Robert Bosch, Lebenserinnerungen (1921), S. 28 f., RB 1 014 006. In der Personalstatistik des Unternehmens wurden die wöchentlichen Eintragungen zwischen dem 14. 7. 1913 und dem 4. 8. 1913 nicht vorgenommen. Zahl der Angestellten und Arbeiter vom 11. 7. 1911 bis 11. 3. 1918, RB 1 007 001.

125 Zahl der Angestellten und Arbeiter vom 11. 7. 1911 bis 11. 3. 1918, RB 1 007 001.
126 Prinzing, Streik, S. 13 f.
127 Homburg, Anfänge, S. 191; Anm. 68.
128 Ebd.; Stolle, Arbeiterpolitik, S. 166 ff.
129 Homburg, Anfänge, S. 192 ff.
130 Stolle, Arbeiterpolitik, S. 161 ff.
131 Prinzing, Streik, S. 128 ff.
132 Ebd., S. 123.
133 Ebd., S. 121ff. und S. 126 f. Zur Biografie Westmeyers vgl. Theodor Bergmann/Wolfgang Haible/Galina Iwanowa, Friedrich Westmeyer. Von der Sozialdemokratie zum Spartakusbund. Eine politische Biographie, Hamburg 1998.
134 Keil an Walz, 12. 1. 1936, RB 1 059 008.
135 Prinzing, Streik, S. 131.
136 Lessing, Bosch, S. 112. Die dort aufgestellte These, Clara Zetkin hätte sich mit dem Streik bei Bosch für die Untreue ihres mit Paula Bosch liierten Gatten rächen wollen, ist reine Phantasie.
137 … auch beim Bosch, S. 29.
138 «Lieber Geld verlieren als Vertrauen», in: *Bosch-Zünder* 2/1919, S. 21.
139 Vorstand der Robert Bosch AG, Unsere Zukunft, Jan. 1919, S. 2, RB 1 832 067; Hermann Waker, Meine Jahre bei Bosch, S. 18, RB 1 832 018.
140 Chronologie der ersten Vertretungen und Fertigungen außerhalb Deutschlands, RB 1 010 024.
141 Vgl. Mira Wilkins, Multinational Enterprise to 1930. Discontinuities and Continuities, in: Alfred D. Chandler/Bruce Mazlish (Eds.), Leviathans. Multinational Corporations and the New Global History, Cambridge 2005, S. 52 f.
142 100 years Bosch in China. Past, Present, and Future, ed. by Bosch (China) Investment Ltd., Shanghai 2009, S. 63.
143 Johannes Bähr/Jörg Lesczenski/Katja Schmidtpott, Handel ist Wandel. 150 Jahre C. Illies & Co., München 2009, S. 120.
144 Anfänge der Bosch-Aktivitäten in Lateinamerika, RB 1 010 024 027.
145 Marcel Grauls, One Hundred Years of Success in Belgium, in: Bosch in Belgium 1907–2007, Brüssel 2007, S. 40.
146 Borst an Heuss, 20. 6. 1944, RB 1 014 155.
147 Becker/Engel, Werbung, S. 11, S. 26 und S. 32 ff.
148 Borst an Heuss, 20. 6. 1944, RB 1 014 155.
149 Becker/Engel, Werbung, S. 38 f.
150 Bosch Automotive, Produktgeschichte im Überblick (Magazin zur Bosch-Geschichte, Sonderheft 2), Stuttgart 2011, S. 14 ff.
151 50 Jahre Bosch, S. 88 ff.
152 Zitiert nach: Heuss, Bosch, S. 201.
153 Ebd., S. 240 und S. 2/5.

4. Der Erste Weltkrieg und die Kriegsfolgen

1 Zahl der Angestellten und Arbeiter vom 11. 7. 1911 bis 11. 3. 1918, RB 1 007 001; Robert Bosch, Lebenserinnerungen (1921), S. 31, RB 1 014 006.
2 Robert Bosch an Anna Bosch, 31. 7. 1914, RB 1 014 140; Heuss, Bosch, S. 256.

3 Bosch an Egnell, 28. 9. 1914, RB 1 014 057. Ein ausführlicheres Zitat aus diesem Brief findet sich in: Heuss, Bosch, S. 262.

4 Heuss, Bosch, S. 257.

5 Ebd., S. 258.

6 Robert Bosch, Lebenserinnerungen (1921), S. 31, RB 1 014 006.

7 Ebd., S. 260.

8 Hermann Waker, Meine Jahre bei Bosch, S. 10, RB 1 832 018.

9 Schreiben Ernst Eisemann & Co. GmbH, 6. 11. 1914, RB 1 014 562.

10 Robert Bosch Personalabteilung an Wezel, 18. 8. 1914, RB 1 010 305.

11 Bosch an Egnell, 28. 9. 1914, RB 1 014 057.

12 Zusammenstellung über Kriegsmaterial 1914–1918, RB 1 013 244; Fastnacht/Kuhlgatz/Schmitt/Siegel, 125 Jahre, S. 202.

13 Siehe Tabelle 2.

14 Zitiert nach: Heuss, Bosch, S. 263.

15 Zusammenstellung über Kriegsmaterial 1914–1918, RB 1 013 244; Anteile berechnet auf der Basis der Umsatzzahlen in Tab. 2 auf S. 81.

16 Zahl der Angestellten und Arbeiter vom 11. 7. 1911 bis 11. 3. 1918, RB 1 007 001.

17 Ebd.

18 Protokoll der Besprechung unter Vorsitz und Leitung Sr Exzellenz Herrn Graf von Zeppelin am 5. 9. 1914, RB 1 013 261.

19 Heuss, Bosch, S. 264.

20 Robert Bosch, Hauptverwaltung, Hugo Borst, Rundschreiben Nr. 123, 28. 10. 1915, RB 1 013 261.

21 Robert Bosch, Verwaltung, an Versuchsbau GmbH Gotha-Ost, 27. 10. 1915, ebd.

22 Borst an Heuss, 9. 12. 1943, RB 1 014 155.

23 Heuss, Bosch, S. 264 ff.

24 Ebd., S. 266 f.; Robert Bosch, Lebenserinnerungen (1921), S. 33, RB 1 014 006; Vollmoeller, der Sohn eines Stuttgarter Industriellen und früheren Nachbars von Bosch, war ein erfahrener und bekannter Pilot. Er hatte vor dem Krieg als Testpilot bei den Rumpler-Werken gearbeitet.

25 Ebd., S. 33 f. (Zitat auf S. 34), RB 1 014 006.

26 Scholtyseck, Bosch, S. 41.

27 Ebd., S. 39; Bernd Sösemann, Politische Kommunikation im «Reichsbelagerungszustand». Programm, Struktur und Wirkungen des Klubs «Deutsche Gesellschaft 1914», in: Manfred Bobrowsky/Wolfgang R. Langenbucher (Hg.), Wege zur Kommunikationsgeschichte, München 1987, S. 630–649.

28 Scholtyseck, Bosch, S. 40.

29 Ebd.

30 Ebd., S. 41.

31 Robert Bosch, Lebenserinnerungen (1921), S. 38, RB 1 014 006.

32 Heuss, Bosch, S. 268. Zur Spende für den Verein Homöopathisches Krankenhaus: Jütte, Kraft, S. 53.

33 Robert Bosch AG, Unsere Zukunft, 23. 1. 1919, S. 1, RB 1 832 067.

34 Hans-Ulrich Wehler, Deutsche Gesellschaftsgeschichte, Bd. 4: Vom Beginn des Ersten Weltkrieges bis zur Gründung der beiden deutschen Staaten 1914–1949, München 2003, S. 65.

35 Geschichte des Hauses Bosch, Verkaufsorganisation, S. 5, RB 1 029 003.

36 Memorandum [an General Ludendorff] vom 11. 2. 1918, RB 1 014 053; Jäckh an Bosch, 10. 2. 1918, RB 1 014 148. Vgl. hierzu: Eberhard Demm, Ein Liberaler in Kaiserreich und Republik. Der politische Weg Alfred Webers bis 1920 (Schriften des Bundesarchivs, 38), Boppard am Rhein 1990, S. 241.

37 Bosch an Naumann, 29. 10. 1918, RB 1 014 055.

38 50 Jahre Bosch, S. 291.

39 Hermann Waker, Meine Jahre bei Bosch, S. 21, RB 1 832 018.

40 Bosch an Kayser, 13. 10. 1907, RB 1 014 552.

41 Ebd.

42 Robert Bosch an Hermann Bosch, 27. 2. 1912, RB 1 014 278.

43 Paul Scheuing war seit 1907 Boschs Rechtsberater. Er hatte damals bei Justizrat Ludwig Kielmayer gearbeitet, der von Boschs Mitarbeiter Hugo Borst mit der Prüfung der Simms-Verträge beauftragt worden war. Borst an Heuss, 20. 6. 1944, RB 1 014 155.

44 Heuss, Bosch, S. 274.

45 Robert Bosch, Lebenserinnerungen (1921), S. 35, RB 1 014 006.

46 Niederschrift über die Aufsichtsratssitzung am 10. 12. 1937, S. 2, RB 1 002 005.

47 50 Jahre Bosch, S. 28.

48 Vertrag zwischen Dr. ing. Robert Bosch und den Herren Gottlob Honold, Hugo Borst, Heinrich Kempter, Ernst Ulmer, Max Rall, 16. 7. 1917, RB 1 001 005.

49 50 Jahre Bosch, S. 28.

50 Werner Schaubel, Untersuchungen über die Zweckbestimmung der VVB und RBTV, 5. 3. 1959, RB 1 001 289.

51 Ebd., S. 2.

52 Vertrag zwischen Herrn Dr. ing. Robert Bosch und der Vermögensverwaltung Bosch GmbH, 11. 3. 1921, RB 1 001 286.

53 Werner Schaubel, Untersuchungen über die Zweckbestimmung der VVB und RBTV, 5. 3. 1959, S. 6, RB 1 001 289.

54 Verkaufsangebot, 30. 4. 1924, RB 1 001 286.

55 Auszug aus einem Schreiben von Walz an Schloßstein, 28. 11. 1947, zitiert nach: Werner Schaubel, Untersuchung über die Zweckbestimmung der VVB und RBTV, 5. 3. 1959, S. 49, RB 1 001 289.

56 Ebd.

57 Banham, Bosch, S. 27 und S. 33. Wie spätere Ermittlungen ergaben, handelte es sich bei Martin E. Kern in Wirklichkeit um Edward Kern, einen ehemaligen Häftling mit deutscher Staatsangehörigkeit. Unter dem falschen Namen hatte er es vor dem Ersten Weltkrieg bis zum Vizepräsidenten des Lkw-Herstellers Mack Brothers gebracht und eine Bank gegründet. Seine Identität flog auf, nachdem er eine Affäre mit der Schauspielerin Marion Davies, einer Geliebten des Pressemagnaten William Randolph Hearst, begonnen hatte. Kerns Biografie soll den Schriftsteller F. Scott Fitzgerald zu der Novelle «The Great Gatsby» inspiriert haben. Frank Whelan, History's headlines: Allentown mansion has a scandalous past: URL: http://www.wfmz.com/History-s-Headlines/History-s-Headlines-Allentown-mansion-has-a-scandalous-past/-/143286/11271212/-/5fgv52z/-/index.html.

58 Peter E. Fäßler, Globalisierung, Köln/Weimar 2007, S. 99 ff.

59 Zeitungsanzeige der ABMC in der *New York Times* vom 26. 1. 1919, abgedruckt in: «Ich bin ein Amerikaner», in: *Bosch-Zünder* 1/1919, S. 15; Becker/Engel, Werbung, S. 11.

60 Weg zum Global Player, S. 18.

61 Heuss, Bosch, S. 300 f.; Stolle, Arbeiterpolitik, S. 323.

62 An die Angehörigen der Robert Bosch A.-G., Stuttgart und Feuerbach und der Bosch-Metallwerk AG, Feuerbach, 15. 11. 1918, RB 1 010 305 001.

63 Ebd.

64 An die Angestellten der Robert Bosch A.-G., Stuttgart und Feuerbach, ebd.

65 Robert Bosch AG, Unsere Zukunft, 23. 1. 1919, S. 3, RB 1 832 067; An die Angehörigen der Robert Bosch A.-G., Stuttgart und Feuerbach und der Bosch-Metallwerk AG, Feuerbach, 15. 11. 1918, RB 1 010 305 001.

66 Robert Bosch AG, Unsere Zukunft, 23. 1. 1919, S. 8, RB 1 832 067.

67 Fastnacht/Kuhlgatz/Schmitt/Siegel, 125 Jahre, S. 203. Nach den von Stolle veröffentlichten Daten waren Anfang 1918 bei Bosch 4580 Arbeiterinnen beschäftigt, im Januar 1919 nur noch 1820. Im Januar 1914 hatte die Zahl der Bosch-Arbeiterinnen erst bei 308 gelegen. Stolle, Arbeiterpolitik, S. 323.

68 Fastnacht/Kuhlgatz/Schmitt/Siegel, 125 Jahre, S. 203; Kennzahlen der Daimler-Motoren-Gesellschaft 1890–1925, Daimler AG, Mercedes-Benz Archives & Collection.

69 Zu Paul Hahns Biografie und seiner Tätigkeit bei Bosch siehe S. 236, S. 242 und S. 245.

70 Heuss, Bosch, S. 316.

71 Ebd., S. 316 (Zitat); Scholtyseck, Bosch, S. 53.

72 Aussperrung und Generalstreik (16. August bis 5. September 1920), in: *Bosch-Zünder* 8/1920, S. 161 ff.; Hermann Waker, Meine Jahre bei Bosch, S. 12, RB 1 832 018; Heuss, Bosch, S. 337. Zum «Steuerkampf» von 1920 vgl. auch Stolle, Arbeiterpolitik, S. 178 ff.

73 Längere Zitate aus diesem Brief Robert Boschs vom 29. 4. 1919 finden sich in: Heuss, Bosch, S. 324. Ein Auszug aus diesem Schreiben wurde in der Mitarbeiterzeitung *Bosch-Zünder* abgedruckt. Zur Frage der Betriebsräte, in: *Bosch-Zünder* 5/1919, S. 79.

74 Stolle, Arbeiterpolitik, S. 175.

75 Ebd., S. 168 f., S. 214 ff. und S. 237 ff.

76 Siehe Anhang, S. 664 ff., Tabelle «Beschäftigte und Umsätze der Bosch-Gruppe 1886–2012».

77 Robert Bosch AG, Unsere Zukunft, 23. 1. 1919, S. 6, RB 1 832 067.

78 VKS Referat 3, Die Organisation des Verkaufs der Bosch-Erzeugnisse, RB 1 029 003

79 Dieter Schmitt, Casa Bosch. Erste Vertretung in Argentinien, in: Bosch-Magazin 2008, S. 12. Auf der Überfahrt nach Argentinien schrieb Bosch 1921 an Bord der «Brabantia» den ersten Teil seiner Lebenserinnerungen. Während er in Argentinien war, starb in Stuttgart sein Sohn Robert Bosch jr.

80 Hermann Waker, Meine Jahre bei Bosch, RB 1 832 018; Official Bosch Distributors, in: The Bosch News Vol. IV, No. 2, March 1913.

81 FEG an VH/ST/GL-T betr. Daten zur Geschichte der VH und BD, 27. 7. 1965, RB 1 029 003.

82 40 Jahre Bosch-Dienst Hamburg 1921–1961, Hamburg 1961, S. 6, RB 1 062 001. Der Inhaber dieses ersten Bosch-Dienstes, Max Eisenmann, musste im Dritten Reich wegen seiner jüdischen Herkunft emigrieren. Die Firma wurde damals von Alfred Kruse, einem Werksleiter aus Stuttgart, übernommen.

83 Geschichte des Hauses Bosch, B. Verkaufsorganisation (1929), RB 1 029 003; Daten zur Geschichte der VH und BD, 27. 7. 1965, ebd.

84 Geschichte des Hauses Bosch, B. Verkaufsorganisation (1929), S. 10, RB 1 029 003; Aus unseren Verkaufshäusern und Vertretungen, in: *Bosch-Zünder* 10/1923, S. 234.

85 Daten zur Geschichte der VH und BD, 27. 7. 1965, RB 1 029 003.

86 Dietrich Worbs, Funktionalität und Repräsentation. Das Bosch-Geschäftshaus in Berlin-Charlottenburg, in: Art for innovation. Repräsentanz Berlin, hg. von der Zentralabteilung Anlagen und Bauten der Robert Bosch GmbH, Stuttgart 2003, S. 8–17; Geschichte des Hauses Bosch, B. Verkaufsorganisation (1929), RB 1 029 003; Bosch-Verkaufshäuser, 5. 3. 1931, ebd.; K. D. Heinrich, 75 Jahre Standort Berlin, in: *Bosch-Zünder* 10/1984, S. 3.

87 Geschichte des Hauses Bosch, B. Verkaufsorganisation (1929), RB 1 029 003.

88 50 Jahre Bosch, S. 165 ff. und S. 240.

89 Produktionsstatistik ab 1887, RB 1 007 075; Bosch Automotive, S. 16 f.

90 Heuss, Bosch, S. 347; 50 Jahre Bosch, S. 132 ff.

91 Heuss, Bosch, S. 349.

92 Aus unseren Verkaufshäusern und Vertretungen, in: *Bosch-Zünder* 10/1923, S. 234. Keinen Erfolg hatte dagegen die 1923 eingeführte «Bosch-Glocke», die mit einem Glockenton Autofahrer warnte, wenn der Reifendruck nachließ. Sie machte nur unter den besonderen Bedingungen der Inflation Sinn, weil Reifen damals wegen des Kautschukmangels außerordentlich teuer waren. Vgl. 50 Jahre Bosch, S. 135.

93 Siehe hierzu S. 130 ff.

94 50 Jahre Bosch, S. 32.

95 Die Eisemann-Werke AG musste damals eine Kapitalerhöhung vornehmen, wollte aber nicht von der Dresdner Bank abhängig werden. Nach Angaben von Robert Bosch erfolgte die Beteiligung während des Krieges. Der nach 1945 erstellte Untersuchungsbericht der amerikanischen Militärregierung über Bosch datiert den Vorgang in das Jahr 1912. Ergänzung von Robert Bosch zu Theodor Bäuerle, Robert Bosch, S. 160, RB 1 014 009 002; Office of Military Government for Germany (U.S.) [im Folgenden OMGUS], Property Division, Decartelization Branche, In Sachen des Bosch-Konzerns, Feststellungen und Anordnungen, S. 19, RB 1 011 135.

96 50 Jahre Bosch, S. 32 und S. 242.

97 Ausarbeitung betr. Mea, 26. 9. 1941, S. 2, RB 1 022 037.

98 Ebd., S. 1–8; Bosch an Bücher, 18. 5. 1928, RB 1 014 401.

99 Robert Bosch und die Presse o. D. (1995), S. 3 ff. und S. 6 f. RB 1 014 787 001. Über den Zeitpunkt dieser Beteiligung gibt es unterschiedliche Angaben. Ebd., S. 6.

100 Heuss, Bosch, S. 466. Hugenberg hatte während des Ersten Weltkriegs den Scherl-Verlag übernommen und baute sich ein Medienimperium auf, das in der Weimarer Republik einen großen Teil der deutschen Presselandschaft umfasste.

101 Zu Reuschs Umgang mit den Zeitungen des Gutehoffnungshütte-Konzern, zu denen außer dem *Schwäbischen Merkur* auch der *Fränkische Kurier* in Nürnberg und die *Münchener Neuesten Nachrichten* gehörten, vgl. Johannes Bähr/Ralf Banken/Thomas Flemming, Die MAN. Eine deutsche Industriegeschichte, München 2008, S. 263 f. und S. 266.

102 Borst an Heuss, 5. 5. 1944, RB 1 014 155.

103 Heuss, Bosch, S. 311 f.

104 Ebd., S. 312.

105 Alexander Michel, Von der Fabrikzeitung zum Führungsmittel. Werkzeitungen industrieller Großunternehmen von 1890 bis 1945 (Beiträge zur Unternehmensgeschichte, Bd. 96), Stuttgart 1997, S. 147.

106 Ebd., S. 152. Demnach trat Debatin am 24. Mai 1918 in die Robert Bosch AG ein. Heuss nennt als Eintrittsdatum September 1918. Zu diesem Zeitpunkt wechselte

Debatin in das Vorstandssekretariat. Heuss, Bosch, S. 313; Michel, Fabrikzeitung, S. 152.

107 Robert Bosch und die Presse, o. D. (1995), RB 1 014 787 001.

108 Zum Geleit, in: *Bosch-Zünder* 1/1919.

109 Dieter Schmitt, Theodor Bäuerle (1882–1956). Engagement für Bildung in schwierigen Zeiten (Schriftenreihe zur Bosch-Geschichte, Bd. 3), Stuttgart 2005, S. 56 ff.

110 Debatin an Borst, Vorschläge für eine Zeitschrift der Arbeiterschaft der Robert Bosch A.-G., RB 1 832 067.

111 Michel, Fabrikzeitung, S. 149.

112 Ebd., S. 156 ff.

113 Ebd., S. 149, S. 153 und S. 163.

114 Ebd., S. 128.

115 Ebd., S. 164 f.

116 Ebd., S. 161.

117 «Lieber Geld verlieren als Vertrauen», in: *Bosch-Zünder* 2/1919, S. 1.

118 Robert Bosch AG, Bericht über das 5. Geschäftsjahr, in: *Bosch-Zünder* 4/1922, S. 85; Freiwillige Leistungen der Robert Bosch AG für ihre Gefolgschaft, Okt. 1937, S. 9, RB 1 043 002.

119 Pinner, Wirtschaftsführer, S. 210; Otto Debatin, Robert Bosch GmbH und NSDAP, S. 3, RB 1 013 078.

120 Freiwillige Leistungen der Robert Bosch AG für ihre Gefolgschaft, Okt. 1937, S. 9, RB 1 043 002.

121 Heuss, Bosch, S. 404 f.

122 Unser elftes Geschäftsjahr, in: *Bosch-Zünder* 5/1928, S. 97; Heuss, Bosch, S. 405.

123 Heuss, S. 407 f.

124 Ebd.

125 Ebd., S. 407.

126 Ebd., S. 408.

127 Ebd., S. 408 ff.; Unser zwölftes Geschäftsjahr, in: *Bosch-Zünder* 6/1929, S. 122.

128 Heuss, Bosch, S. 409 f.; Unser elftes Geschäftsjahr, in: *Bosch-Zünder* 5/1928, S. 97; Unser zwölftes Geschäftsjahr, in: *Bosch-Zünder* 6/1929, S. 122.

129 Unser zwölftes Geschäftsjahr, in: *Bosch-Zünder* 6/1929, S. 122.

130 So wurde zum Beispiel das historische Kapitel in der Festschrift zum 50-jährigen Unternehmensjubiläum als «Entwicklung des Hauses Bosch, 1886 bis 1936» betitelt. 50 Jahre Bosch, S. 19.

131 Heuss, Bosch, S. 409.

132 Ebd., S. 406.

133 Ebd., S. 407.

134 Vgl. hierzu Martin L. Müller, Bausparen in Deutschland zwischen Inflation und Währungsreform 1924–1948. Wohnungsbaufinanzierung im Spannungsfeld zwischen Staat und privaten und öffentlichen Bausparunternehmen (Schriftenreihe der Zeitschrift für Unternehmensgeschichte, Bd. 4), München 1999, S. 70 ff.

135 A. Utzinger, in: *Elektrotechnische Zeitschrift*, 28. 12. 1922, S. 1539.

136 Ernst Durst, Die Berufsausbildung des Mechanikers in der allgemeinen Feinmechanik, 5. Aufl., Stuttgart 1949.

137 Gottlob Honold, Persönliche Erinnerungen, in: *Bosch-Zünder* 9/1921, S. 236.

138 Die Lehrlingsabteilung bildete in den ersten 25 Jahren insgesamt 937 Lehrlinge aus, von denen nur 288 bei Bosch blieben. Ansprache zum 25-jährigen Bestehen der Lehrlingsabteilung, 2. 7. 1938, RB 1 013 024.

139 Die Lehrlings-Ausbildung bei der Robert Bosch A.-G. [Vortrag von August Utzinger vom 26. 11. 1921], in: *Bosch-Zünder* 1/1922, S. 9.

140 Lehrlingsausbildung bei den BOSCH-Diensten, RB 1 043 008.

141 Richtlinien für gewerbliche Lehrlinge der Robert Bosch A.-G., o. D., RB 1 043 008.

142 Die Lehrlings-Ausbildung bei der Robert Bosch A.-G. [Vortrag von August Utzinger vom 26. 11. 1921], in: *Bosch-Zünder* 1/1922, S. 9 ff.

143 Richtlinien für gewerbliche Lehrlinge der Robert Bosch A.-G., o. D., RB 1 043 008; Heuss, Bosch, S. 391.

144 50 Jahre Bosch, S. 274.

145 Die Lehrlings-Ausbildung bei der Robert Bosch A.-G. [Vortrag von A. Utzinger vom 26. 11. 1921], in: *Bosch-Zünder* 1/1922, S. 9.

146 50 Jahre Bosch, S. 274.

147 Conrad Matschoß (Hg.), Robert Bosch und sein Werk, Berlin 1931, S. 85; Fastnacht/Kuhlgatz/Schmitt/Siegel, 125 Jahre, S. 203.

148 Vgl. hierzu und zum Folgenden: Matschoß (Hg.), Bosch, S. 85 ff.; 50 Jahre Bosch, S. 232 ff.; Die Gebäude der Robert Bosch A.-G. in Stuttgart und Feuerbach, in: *Bosch-Zünder* 3/1920, S. 46 ff.

149 Die «Bosch-Stadt», in: *Bosch-Zünder* 1/1930, S. 13.

5. Die Krise von 1926 und die Diversifizierung in der Weltwirtschaftskrise

1 Heidrun Edelmann, Der Umgang mit dem Rückstand. Deutschlands Automobilindustrie in der Zwischenkriegszeit, in: Boch (Hg.), Geschichte, S. 42 f.; Flik, Automobilindustrie, S. 71 f.

2 Merki, Siegeszug, S. 40.

3 Edelmann, Luxusgut, S. 111; Feldenkirchen, Daimler, S. 95; Flik, Automobilindustrie, S. 74.

4 Flik, Automobilindustrie, S. 74.

5 Carsten Thieme, Krisenbewältigung durch Kooperation? Fusionsprozeß und Marktordnungsversuche bei Daimler-Benz 1924–1932, in: Boch (Hg.), Geschichte, S. 95 f.; Gerald D. Feldman, Die Deutsche Bank und die Automobilindustrie, in: Zeitschrift für Unternehmensgeschichte 44. Jg. 1999/1, S. 4 ff.; Feldenkirchen, Daimler, S. 102 f.

6 Gerald D. Feldman, Die Deutsche Bank vom Ersten Weltkrieg bis zur Weltwirtschaftskrise 1914–1933, in: Lothar Gall/Gerald D. Feldman/Harold James/Carl-Ludwig Holtfrerich/Hans E. Büschgen, Die Deutsche Bank 1870–1995, München 1995, S. 242 ff.

7 Günter Neliba, Die Opel-Werke im Konzern von General Motors (1929–1948) in Rüsselsheim und Brandenburg. Produktion für Aufrüstung und Krieg ab 1935 unter nationalsozialistischer Herrschaft, Frankfurt am Main 2000, S. 26 f. und S. 32 ff.

8 Siehe hierzu S. 130 ff.

9 Erich Klaiber, Unsere neuen Magnetzünder, in: *Bosch-Zünder* 7/1925, S. 157 f.; 50 Jahre Bosch, S. 63 f.; Stolle, Arbeiterpolitik, S. 192.

10 50 Jahre Bosch, S. 221 f.; Jürgen Bönig, Die Einführung von Fließbandarbeit in Deutschland bis 1933. Zur Geschichte einer Sozialinnovation, Teil 1, Münster/Hamburg 1993, S. 334 und S. 340 ff.

11 Friedrich Schildberger, Übersicht über den Bosch-Wettbewerb, 10. 9. 1948, S. 1 f., RB 1 041 003. Zur Batteriezündung siehe auch oben S. 42 f. und S. 77.

12 Zitiert nach: Heuss, Bosch, S. 385.

13 Im August 1925 waren bei der Robert Bosch AG 11 914 Arbeiter und Angestellte beschäftigt. Einschließlich der Verkaufshäuser lag die Beschäftigtenzahl Ende 1925 sogar bei 12 862. Jahresbericht für 1925, S. 1, RB 1 003 460; Unser neuntes Geschäftsjahr, in: *Bosch-Zünder* 8/1926, S. 175. Rechnet man noch die Robert Bosch Metallwerk AG hinzu, lag die Beschäftigtenzahl Ende 1925 bei 14 188. 50 Jahre Bosch, S. 292.

14 Robert Bosch, Von Vergangenheit, Gegenwart und Zukunft, in: *Bosch-Zünder* 10/1926, S. 223.

15 Ebd.

16 Jahresbericht für 1926, S. 2, RB 1 003 461.

17 Vgl. Ludwig Preller, Sozialpolitik in der Weimarer Republik, Unveränderter Nachdruck, Kronberg/Düsseldorf 1978, S. 364 ff.

18 Fastnacht/Kuhlgatz/Schmitt/Siegel, 125 Jahre, S. 73 f.

19 Fritz Blaich, Die Wirtschaftskrise von 1925/26 und die Reichsregierung. Von der Erwerbslosenfürsorge zur Konjunkturpolitik, Kallmünz 1977.

20 Thieme, Krisenbewältigung, S. 98 f.

21 «Lieber Geld verlieren als Vertrauen», in: *Bosch-Zünder* 2/1919, S. 21.

22 Jahresbericht für 1926, S. 2, RB 1 003 461.

23 Robert Bosch, Von Vergangenheit, Gegenwart und Zukunft, in: *Bosch-Zünder* 10/1926, S. 223.

24 Unser neuntes Geschäftsjahr, in: *Bosch-Zünder* 8/1926, S. 175.

25 50 Jahre Bosch, S. 65 ff.; Bosch Automotive, S. 16.

26 Friedrich Schildberger, Übersicht über den Bosch-Wettbewerb, 10. 9. 1948, S. 2, RB 1 041 003.

27 Siehe hierzu S. 130 ff.

28 Hans Walz, Grundsätzliche Betrachtungen, 1. 12. 1966, S. 4, RB 1 001 487.

29 Ebd.

30 Price, Waterhouse & Co. an Robert Bosch AG, 13. 5. 1926, RB 1 003 015.

31 Robert Bosch AG an Jakob Goldschmidt, 10. 4. 1926, BArch R 2/2006.

32 Ebd.

33 50 Jahre Bosch, S. 32; Heuss, Bosch, S. 385.

34 Heuss, Bosch, S. 385 f.

35 Ausarbeitung betr. Mea, 26. 9. 1941, S. 2, RB 1 022 037.

36 Robert Bosch an Margarete Bosch, 14. 10. 1927, Privatarchiv Familie Zundel.

37 Robert Bosch, Fortsetzung des Aufschriebs meiner Lebenserinnerungen, begonnen am 22. 5. 1930, S. 3, RB 1 014 007.

38 Ob der Tod von Hermann Borst, einem Bruder Hugo Borsts, der ebenfalls bei Bosch arbeitete, mit diesen Vorgängen in Zusammenhang stand, ließ sich nicht klären. Hermann Borst starb im Frühjahr 1926. Todesanzeige Hermann Borst, RB 1 044 001/4; Geissler/Borst (Hg.), Borst, S. 16.

39 Siehe hierzu S. 132 ff.

40 Robert Bosch, Fortsetzung des Aufschriebs meiner Lebenserinnerungen, begonnen am 22. 5. 1930, S. 2, RB 1 014 007.

41 Ergänzung von Robert Bosch zu Theodor Bäuerle, Robert Bosch, S. 76, RB 1 014 020.

42 Borst an Heuss, 5. 5. 1944, RB 1 014 155.

43 Heuss, Bosch, S. 444.

44 Robert Bosch, Fortsetzung des Aufschriebs meiner Lebenserinnerungen, begonnen am 22. 5. 1930, S. 2 f., RB 1 014 007.

45 Theodor Bäuerle, Robert Bosch. Persönliche Erinnerungen, S. 16 (Bl. 17), RB 1 014 001.

46 Geissler/Borst (Hg.), Borst, S. 14 ff.

47 Robert Bosch, Fortsetzung des Aufschriebs meiner Lebenserinnerungen, begonnen am 22. 5. 1930, S. 2, RB 1 014 007.

48 Die Kunstsammlung ging nach Borsts Tod an die Stuttgarter Staatsgalerie über, die Büchersammlung an die Württembergische Landesbibliothek.

49 Dem alten Vorstand hatten Hugo Borst, Hermann Fellmeth, Otto Heins, Max Rall, Hans Walz und Karl Martell Wild als ordentliche Mitglieder angehört, Hermann Bosch, Guido Gutmann, Richard Hochstetter, Emil Kirchdörfer und Erich C. Rassbach als stellvertretende Mitglieder. Im neuen, Ende Oktober 1926 gebildeten Vorstand waren Hans Walz, Karl Martell Wild und Hermann Fellmeth ordentliche Mitglieder. Hinzu kamen Guido Gutmann, Max Rall und Erich C. Rassbach als stellvertretende Mitglieder.

50 Ungefähre Uebersicht über die Gliederung der Robert Bosch Aktiengesellschaft (1919), RB 1 004 097.

51 Umstrukturierung Anfang 1927 (Organigramm), ebd.

52 Ebd., S. 83.

53 Siehe S. 125.

54 Siehe S. 109.

55 Produktionsstatistik ab 1887, RB 1 007 075.

56 Stolle, Arbeiterpolitik, S. 200.

57 Gliederung der Robert Bosch A.-G., in: *Bosch-Zünder* 4/1927, S. 84 f.

58 Bönig, Einführung, S. 123.

59 Denkschrift vom 28. 11. 1929, S. 3, RB 1 002 080.

60 Ebd., S. 3 f.

61 Bönig, Einführung, S. 335; Stolle, Arbeiterpolitik, S. 191 f.

62 Stolle, Arbeiterpolitik, S. 202.

63 Ebd., S. 195.

64 FAL-Jahresberichte 1926–1929, RB 1 003 461 – RB 1 003 464.

65 Stolle, Arbeiterpolitik, S. 198 f. und S. 324. Stolle schließt dagegen aus dem Vergleich mit 1923, «daß für den Fall Bosch die These von der zunehmenden Frauenarbeit nicht zu belegen ist.» Ebd., S. 199.

66 50 Jahre Bosch, S. 143; Friedrich Schildberger, Bosch und der Dieselmotor, Stuttgart 1950, S. 22 f.

67 Bähr/Banken/Flemming, MAN, S. 273 ff.

68 Hermann Scholl, 40 Jahre elektronische Benzineinspritzung, Rede anlässlich des Symposiums in Frankfurt 11. 06. 2007, S. 5, RB 3 0005 764.

69 50 Jahre Bosch, S. 145; Bosch Dieseleinspritzung. Höhepunkte eines Jahrhunderts. Ein Rundgang durch das Museum des Geschäftsbereichs Einspritzsysteme für Dieselmotoren, Stuttgart o. J.

70 50 Jahre Bosch, S. 146.

71 Bähr/Banken/Flemming, MAN, S. 273.

72 50 Jahre Bosch, S. 146.

73 Ebd., S. 147.

74 Ergänzungen von Robert Bosch zu: Theodor Bäuerle, Bosch, S. 163, RB 1 014 009.

75 Ebd.

76 Lessing, Bosch, S. 127; Wild an Rall 21./22. 1. 1925, RB 1 222 028 001.

77 Ergänzungen von Robert Bosch zu: Theodor Bäuerle, Bosch, S. 163, RB 1 014 009.

78 So bescheinigte etwa der Inhaber des Lehrstuhls für Maschinenbau an der Eidgenössischen Technischen Hochschule Zürich, Kurt Wiesinger, dem Acro-Motor im November 1924 ein «überraschend günstiges Ergebnis». Gutachten des Maschinen-Laboratoriums der Eidgenössischen Technischen Hochschule Zürich, Wiesinger, 17. 11. 1924, RB 1 222 028 001.

79 Wild an Rall, 21./22. 1. 1925, ebd. (Zitat); Lippart an Debatin, 25. 2. 1952, RB 1 832 016. Vgl. Lessing, Bosch, S. 128.

80 Lippart an Debatin, 25. 2. 1952, RB 1 832 016; Alfred Meyer, Erinnerungen, S. 10, ebd.; Lessing, Bosch, S. 128.

81 Alfred Meyer, Erinnerungen, S. 10, RB 1 832 016.

82 Bemerkung zu dem Entwurf eines Lizenzvertrages zwischen der Acro und Zoller (Mr/Kr.), 4. 2. 1925, RB 1 222 028 001.

83 50 Jahre Bosch, S. 151 f.

84 Ebd., S. 148.

85 Ebd., S. 150.

86 Alfred Meyer, Erinnerungen, S. 11, RB 1 832 016.

87 Ergänzung von Robert Bosch zu: Theodor Bäuerle, Robert Bosch, S. 163 ff., RB 1 014 009.

88 Siehe hierzu S. 121 ff.

89 Carl-Friedrich Baumann, 175 Jahre Henschel. Der ständige Weg in die Zukunft, 1810–1985, Moers 1985, S. 65.

90 Schildberger, Bosch, S. 29 ff.; Eduard Klein, 50 Jahre M. A. N.-Fahrzeug-Dieselmotoren. Ein historischer Rückblick von der Geburtsstätte des Dieselmotors anlässlich des 50jährigen Jubiläums des kompressorlosen Fahrzeug-Dieselmotors, in: *ATZ Automobiltechnische Zeitschrift* 75. Jg. (1973), Nr. 4, S. 115–117.

91 Niederschrift über die Sitzung des Aufsichtsrats am 13. 9. 1932, RB 1 002 005.

92 Fischer-Bosch, Jugenderinnerungen, S. 29. In ähnlicher Form findet sich das Zitat auch in: Ergänzung von Robert Bosch zu Theodor Bäuerle, Robert Bosch, S. 163 ff., RB 1 014 009.

93 Friedrich Schildberger, Übersicht über den Bosch-Wettbewerb, 10. 9. 1948, S. 2, RB 1 041 003.

94 Denkschrift vom 28. 11. 1929, S. 3 (Bl. 34), RB 1 002 080.

95 Bosch an Bücher, 18. 5. 1928, RB 1 014 401.

96 Denkschrift vom 28. 11. 1929, S. 3 (Bl. 34), RB 1 002 080.

97 Protokoll der 2. VAS am 12. 10. 1926, RB 1 002 077; Vera Dendler, Mitteilung aus Barcelona. Erste Vertretung in Spanien, in: Magazin zur Bosch-Geschichte 2008, S. 7.

98 Denkschrift vom 28. 11. 1929, S. 2 (Bl. 33), RB 1 002 080.

99 Protokoll der 26. VAS am 4. 12. 1929, ebd.

100 Vera Dendler, Beginn einer langen Freundschaft. Deutsch-französische Gemeinschaftsproduktion bei Paris, in: Robert Bosch GmbH (Hg.): Der Weg zum Global Player, S. 27 f.

101 Protokoll der 23. VAS am 1. 6. 1929, RB 1 002 080.

102 Ebd.

103 Heuss, Bosch, S. 430. Lucas hatte 1926 den früheren Konkurrenten C. A. Vandervell & Co. Ltd. (CAV) übernommen.

104 Niederschrift über die Aufsichtsratssitzung am 6. 6. 1930, RB 1 002 005.

105 Umsätze RBMC ABMC, 7. 6. 1930, RB 1 011 016.

106 Ebd.; Banham, Bosch, S. 32 f.

107 Ebd.

108 Protokoll der 20. VAS am 7. 1. 1929, RB 1 002 080.

109 Ebd.

110 Banham, Bosch, S. 34.

111 Ebd.; Heuss, Bosch, S. 379 f.

112 John Kenneth Galbraith, Der große Crash 1929. Ursachen, Verlauf, Folgen, 4. Aufl., München 2005 (engl. Orig. The Great Crash 1929, Boston 1954).

113 Denkschrift vom 28. 11. 1929, S. 16, RB 1 002 080.

114 Protokoll der VAS am 4. 12. 1929, ebd.; American Bosch Corporation, 9. 6. 1941, S. 2d, RB 1 022 031 004.

115 American Bosch Corporation, 9. 6. 1941, S. 1, RB 1 022 031 004.

116 Thieme, Krisenbewältigung, S. 99. 1926 wurden in Deutschland 32 000 Personenkraftwagen hergestellt, 1932 36 000. Ebd. Zum Absatzrückgang der Automobilindustrie in der Weltwirtschaftskrise vgl. Edelmann, Luxusgut, S. 129 ff.

117 Unser vierzehntes Geschäftsjahr, in: *Bosch-Zünder* 6/1931, S. 121.

118 Ebd.

119 Zitiert nach: Thomas Schnabel, Geschichte von Baden und Württemberg 1900–1952, hg. vom Haus der Geschichte Baden-Württemberg, Stuttgart 2000, S. 135.

120 Ebd. Vgl. hierzu Thomas Schnabel, «Warum geht es in Schwaben besser?» Württemberg in der Weltwirtschaftskrise 1928–1933, in: Ders. (Hg.), Die Machtergreifung in Südwestdeutschland. Das Ende der Weimarer Republik in Baden und Württemberg 1928–1933, Stuttgart 1982, S. 184–209.

121 Württemberg ist noch besser dran …, in: *Bosch-Zünder* 1/1933, S. 1 f.

122 Jahresbericht der Fabrikleitung 1930, S. 1 und S. 4, RB 1 003 465.

123 Jahresbericht der Fabrikleitung 1931, S. 1, RB 1 003 466.

124 Heinrich August Winkler, Der Weg in die Katastrophe. Arbeiter und Arbeiterbewegung in der Weimarer Republik 1930 bis 1933, Berlin/Bonn 1987, S. 24.

125 Jahresberichte der Fabrikleitung 1931–1933, RB 1 003 466 – RB 1 003 468.

126 Unser fünfzehntes Geschäftsjahr, in: *Bosch-Zünder* 9/1932, S. 169.

127 Ebd., S. 169 f. Zur Umsatzentwicklung siehe Anhang, S. 664 ff., Tabelle «Beschäftigte und Umsätze der Bosch-Gruppe 1886–2012».

128 Der Auslandsumsatz des Unternehmens lag 1930 bei 20 Mio. RM, 1931 und 1932 jeweils bei rund 26 Mio. RM. Niederschrift über die Sitzung des Aufsichtsrats vom 7. 3. 1935, RB 1 002 005. Zum Anteil des Exports am Umsatz siehe Anhang, S. 664 ff., Tabelle «Beschäftigte und Umsätze der Bosch-Gruppe 1886–2012».

129 Produktionsstatistik ab 1887, RB 1 007 075.

130 Jahresbericht der Fabrikleitung 1932, S. 1, RB 1 003 467; Feldenkirchen, Siemens, S. 663; Kennzahlen der Daimler-Motoren-Gesellschaft, von Benz & Cie. und der Daimler-Benz AG, Daimler AG, Mercedes-Benz Archives & Collection; Christian Pierer, Die Bayerischen Motorenwerke bis 1933. Eine Unternehmensgründung in Krieg, Inflation und Weltwirtschaftskrise, München 2011, S. 228; Manfred Grunert/Florian Triebel, Das Unternehmen BMW seit 1916, München 2006, S. 578 ff.; Bähr/Banken/Flemming, MAN, S. 268.

131 Siehe Tabelle 9.

132 Ebd.

133 Unser sechzehntes Geschäftsjahr, in: *Bosch-Zünder* 3/1933, S. 33.

134 Bei Daimler-Benz waren 1932 differenzierte Arbeitszeiten zwischen 38 und 48 Wochenstunden eingeführt worden. Thilo Lang, Das Investitionsverhalten Metall verarbeitender Unternehmen in Württemberg 1924–1936. Zwischen Rationalisierungsmaßnahmen und Kapazitätserweiterungen (Stuttgarter historische Studien zur Landes- und Wirtschaftsgeschichte, Bd. 5), Ostfildern 2004, S. 114.

135 Wir Arbeiter und die Wirtschaftskrise, in: *Bosch-Zünder* 11/1931, S. 259.

136 Ebd.

137 Jahresbericht der Fabrikleitung 1933, S. 1, RB 1 003 468.

138 Robert Bosch, Die Verhütung künftiger Krisen in der Weltwirtschaft, Stuttgart 1932 (Sonderdruck aus der Zeitschrift Paneuropa, Mai 1932). Zitate auf S. 19 und S. 23.

139 Bosch an Max Fischer, 5. 4. 1928, RB 1 014 566.

140 Protokoll der VAS vom 12. 10. 1926, RB 1 002 077.

141 Ideal-Werke für drahtlose Telefonie A.G., 18. 9. 1941/9. 11. 1950, RB 1 011 140 001. Zum Konflikt mit der AEG wegen der AEG-Mea siehe S. 100.

142 50 Jahre Bosch, S. 184.

143 Produktionsstatistik ab 1887, RB 1 007 075.

144 50 Jahre Bosch, S. 184 ff.

145 Ebd., S. 191 ff.; Bettina Höcherl, Der gute Geist für jede Küche. Der Bosch-Kühlschrank, in: Bosch-Magazin 2008, S. 18 f.

146 Niederschrift der Aufsichtsratssitzung vom 9. 3. 1933, RB 1 002 005.

147 50 Jahre Bosch, S. 191.

148 10-Jahresbericht des BTH 3 (1. 4. 1930 – 31. 3. 1940), S. 1 f., RB 1 010 443.

149 Ebd., S. 1 ff.; Daten zur Geschichte der Bosch-Erzeugnisse 1887–1939, 7. 3. 1960, RB 1 010 024 006.

150 Blaupunkt GmbH (Hg.), Blaupunkt. Die Werbegeschichte einer Marke, Hildesheim 2007, S. 11; Manfred Overesch, Bosch in Hildesheim 1937–1945. Freies Unternehmertum und nationalsozialistische Rüstungspolitik, Göttingen 2008, S. 278.

151 Siehe S. 150.

152 Ideal-Werke für drahtlose Telefonie A.G., 18. 9. 1941/9. 11. 1950, RB 1 011 140 001.

153 Bericht des Vorstandes über das vierzehnte Geschäftsjahr, in: *Bosch-Zünder* 6/1931, S. 122.

154 Bericht des Vorstandes über das siebzehnte Geschäftsjahr, in: *Bosch-Zünder* 3/1934, S. 41.

155 Kilian J. L. Steiner, Ortsempfänger, Volksempfänger und Optaphon. Die Entwicklung der deutschen Radio- und Fernsehindustrie und das Unternehmen Loewe, 1923–1962, Essen 2005, S. 125 ff.

156 Ebd., S. 123 ff.; Otto R. Oeschner, 50 Jahre Fernsehtechnik bei Bosch, in: Bosch Fernseh 1929–1979, Ms. 1979, RB 1 610 021.

157 Steiner, Ortsempfänger, S. 124.

158 Rainer Haus/Hans Sarkowicz, Energie effizienter nutzen. 75 Jahre Thermotechnik von Bosch, München 2007, S. 99 ff. Zur Gründung der Junkers & Co. GmbH und zum unternehmerischen Selbstverständnis von Hugo Junkers vgl. auch Lutz Budraß, Flugzeugindustrie und Luftrüstung in Deutschland 1918–1945 (Schriften des Bundesarchivs, 50), Düsseldorf 1998, S. 42 ff.

159 OMGUS, Property Division, Decartelization Branche. In Sachen des Bosch-Konzerns, Feststellungen und Anordnungen, S. 19 f., RB 1 011 135; Heuss, Bosch, S. 452.

160 OMGUS, Property Division, Decartelization Branche. In Sachen des Bosch-Konzerns, Feststellungen und Anordnungen, S. 19 f., RB 1 011 135. Nach einer anderen Version hat sich der von der Deutschen Bank bei Junkers eingesetzte Treuhänder auf der Suche nach einem Käufer an Bosch gewandt. Aktennotiz über den Verkauf von Junkers & Co. GmbH, 29. 8. 1941, Landeshauptarchiv Sachsen-Anhalt, Abt. Dessau [im Folgenden LHASA, DE] Junkers Wärmetechnik Dessau Nr. 35, Bl. 1; Bosch an Junkers, 15. 11. 1932, ebd., Bl. 43. Zur Geschichte von Junkers und zum Verkauf von 1932 vgl. auch: Kurzer Abriss aus der Geschichte der Firma Junkers & Co. G.m.b.H., Dessau (Ico), LHASA, DE Junkers Wärmetechnik Dessau, Nr. 51.

161 Aktennotiz über den Verkauf von Junkers & Co. GmbH, 29. 8. 1941, LHASA, DE Junkers Wärmetechnik Dessau, Nr. 35, Bl. 1; Bosch an Junkers, 15. 11. 1932, ebd., Bl. 43.

162 Budraß, Flugzeugindustrie, S. 320 ff.; Haus/Sarkowicz, Energie, S. 112 f.

163 Heuss, Bosch, S. 458 f.; OMGUS, Property Division, Decartelization Branche, In Sachen des Bosch-Konzerns, Feststellungen und Anordnungen, S. 21, RB 1 011 135.

164 OMGUS, Property Division, Decartelization Branche, In Sachen des Bosch-Konzerns, Feststellungen und Anordnungen, S. 21 f., RB 1 011 135. Zur Scintilla AG siehe unten S. 161.

165 Die «Noris» Zünd-Licht A.G. vom 1. 1. 1926 bis 31. 12. 1926, S. 1 ff. und S. 7, RB 1 022 036 007. Die Noris Zündlicht AG wurde ab 1957 als Werk Nürnberg der Robert Bosch GmbH weitergeführt. Zur Südinteressen GmbH: OMGUS, Property Division, Decartelization Branche, In Sachen des Bosch-Konzerns, Feststellungen und Anordnungen, S. 21 f., RB 1 011 135.

166 OMGUS, Property Division, Decartelization Branche, In Sachen des Bosch-Konzerns, Feststellungen und Anordnungen, S. 21, RB 1 011 135.

167 Die Eisemann-Werke, die Noris Zünd-Licht AG und die Eugen Bauer GmbH gingen später in der Robert Bosch GmbH auf, Junkers & Co. in der Bosch Thermotechnik GmbH, die Blaupunkt GmbH im Geschäftsbereich Car Multimedia. Von der Marke Blaupunkt und dem Handelsgeschäft mit Autoradios und Navigationssystemen trennte sich Bosch im Jahr 2008.

II. Bosch im Dritten Reich (1933–1945)

1. Die Bosch-Gruppe im Wirtschaftsaufschwung der NS-Zeit (1933–1939)

1 Christoph Buchheim, Die Erholung von der Weltwirtschaftskrise 1932/33 in Deutschland, in: Jahrbuch für Wirtschaftsgeschichte 2003/1, S. 13 ff.

2 Unser sechzehntes Geschäftsjahr, in: *Bosch-Zünder* 3/1933, S. 33.

3 Buchheim, Erholung, S. 18 ff.

4 Gesetz über Änderung des Kraftfahrzeugsteuergesetzes. Vom 10. April 1933, in: RGBl. I 1933, S. 192. Besitzern älterer Fahrzeuge wurde es wenige Wochen später erlaubt, die Kraftfahrzeugsteuer durch eine einmalige Zahlung abzulösen.

5 Feldenkirchen, Daimler, S. 123; Edelmann, Luxusgut, S. 157 ff.

6 Edelmann, Luxusgut, S. 167.

7 Dorothee Hochstetter, Motorisierung und «Volkgemeinschaft». Das Nationalsozialistische Kraftfahr-Korps (NSKK) 1931–1945, München 2005, S. 185. Vgl. auch Edelmann, Luxusgut, S. 167.

8 Der Anteil der Wehrmacht am Absatz der deutschen Automobilindustrie lag noch 1938 bei knapp 5 Prozent. Edelmann, Luxusgut, S. 196 f.

9 Bericht des Vorstandes über das siebzehnte Geschäftsjahr, in: *Bosch-Zünder* 3/1934, S. 41.

10 Robert Bosch, Das Auto für das ganze Volk, in: *Bosch-Zünder* 3/1933, S. 36.

11 Robert Bosch AG, Geschäftsbericht 1934, Stuttgart 1935, S. 3.

12 Anders als in der Steuerbilanz mussten die stillen Reserven in der publizierten Handelsbilanz nicht ausgewiesen werden. Steuerbilanzen der Robert Bosch AG bzw. Robert Bosch GmbH aus dieser Zeit konnten nicht ausfindig gemacht werden. Zum Problem der unterschiedlichen Bewertungsvorschriften in den damaligen Handels- und Steuerbilanzen vgl. Mark Spoerer, Von Scheingewinnen zum Rüstungsboom. Die Eigenkapitalrentabilität der deutschen Industrieaktiengesellschaften 1925–1941 (VSWG Beihefte Nr. 123), Stuttgart 1996, S. 62 ff.

13 Demnach erzielte Bosch im Geschäftsjahr 1940 einen Reingewinn von rund 29,9 Mio. RM, während der im Geschäftsbericht ausgewiesene Gewinn bei 3,4 Mio. RM lag. Die stillen Rücklagen, die bis Ende 1940 gebildet worden waren, beliefen sich auf 106 Mio. RM. Bericht der Deutschen Revisions- und Treuhand-Aktiengesellschaft Berlin über die bei der Robert Bosch GmbH, Stuttgart, vorgenommene Prüfung des Jahresabschlusses zum 31. 12. 1940, S. 17, RB 1 003 093; Robert Bosch GmbH, Geschäftsbericht 1940, S. 14.

14 Unser achtes Geschäftsjahr, in: *Bosch-Zünder* 7/1925, S. 155; Robert Bosch GmbH, Geschäftsbericht 1941, S. 18.

15 Bericht der DRT über die bei der Robert Bosch GmbH vorgenommene Prüfung des Jahresabschlusses zum 31. 12. 1940, S. 62, RB 1 003 093.

16 So Erich Carl Rassbach in der Geschäftsführersitzung vom 8. Juni 1938. Protokoll der Vorstandssitzung am 8. 6. 1938, RB 1 002 088.

17 Bipartite Control Office, Bipartite Decartelisation Commission, Bosch Report, Vol. I, Final Determination and Order, p. 3, U. S. National Archives and Records Administration [im Folgenden: NARA] RG 260, 17/252/1-1; OMGUS, Property Division, Decartelization Branche, In Sachen des Bosch-Konzerns, Feststellungen und Anordnungen, S. 3, RB 1 011 135.

18 Siehe Anhang, S. 664 ff., Tabelle «Beschäftigte und Umsätze der Bosch-Gruppe 1886–2012».

19 Robert Bosch AG, Geschäftsbericht 1936, S. 3.

20 Zur Umwandlung in eine GmbH siehe S. 166 ff. Die Geschäftsführung unterschied sich vom früheren Vorstand hauptsächlich dadurch, dass ihr Robert Bosch als Vorsitzender angehörte, nachdem er bis dahin Aufsichtsratsvorsitzender gewesen war. Sonst gab es nur zwei Veränderungen. Mit Erich Carl Rassbach wurde 1937 ein ehemals stellvertretendes Vorstandsmitglied Geschäftsführer und gleichzeitig stieg Ernst Durst, der dem Vorstand der AG nicht angehört hatte, zum stellvertretenden Geschäftsführer auf.

21 Robert Bosch AG, Geschäftsbericht 1936, S. 7.

22 Robert Bosch AG, Geschäftsbericht 1935, S. 8; Robert Bosch GmbH, Geschäftsbericht 1938, S. 11; WOL Jahresbericht 1941, S. 1, RB 1 003 476.

23 Jahresbericht der Fabrikleitung 1933, RB 1 003 468; WOL, Jahresbericht 1941, S. 1, RB 1 003 476.

24 50 Jahre Bosch, S. 264 f.

25 Otto Debatin, Freiwillige Leistungen der Robert Bosch A.-G. für ihre Gefolgschaft, in: *Bosch-Zünder* 10/1927, S. 181. Vgl. hierzu auch: 50 Jahre Bosch, S. 269. Zur damaligen Lohnentwicklung in der württembergischen Metallindustrie vgl. Lang, Investitionsverhalten, S. 182 ff.

26 50 Jahre Bosch, S. 262 und 267. Zu dieser Festschrift siehe auch S. 175.

27 10-Jahresbericht des BTH3 (1. 4. 1930–31. 3. 1940), 19. 4. 1940, S. 14, RB 1 010 443.

28 Robert Bosch AG, Geschäftsbericht 1935, S. 5; Robert Bosch AG, Geschäftsbericht 1936, S. 5; Hans-Christoph Graf von Seherr-Thoss, Die deutsche Automobilindustrie. Eine Dokumentation von 1886 bis heute, Stuttgart 1974, S. 315.

29 Protokoll der Vorstandssitzung am 8. 6. 1938, RB 1 002 088.

30 Zur Entstehung des Volkswagenwerks vgl. Hans Mommsen/Manfred Grieger, Das Volkswagenwerk und seine Arbeiter im Dritten Reich, Düsseldorf 1996.

31 Robert Bosch GmbH, Geschäftsbericht 1938, S. 5; Heuss, Bosch, S. 576 f.

32 Protokoll der Vorstandssitzung am 8. 6. 1938, RB 1 002 088.

33 Ebd.

34 Ebd.

35 Ebd.

36 So die Aussage von Karl Martell Wild in: Ebd.

37 Protokoll der Vorstandssitzung am 8. 6. 1938, RB 1 002 088.

38 Edelmann, Luxusgut, S. 193 ff.

39 Siehe hierzu S. 202 ff.

40 OMGUS, Property Division, Decartelization Branche, In Sachen des Bosch-Konzerns, Feststellungen und Anordnungen, S. 22, RB 1 011 135.

41 Bosch erwarb 1935 50,9 Prozent des Aktienkapitals der Scintilla. Diese Beteiligung wurde zunächst bei den Schweizer Vermögensverwaltungsgesellschaften der Bosch-Gruppe untergebracht, der Industria Kontor AG und der Robertina AG, die vom Züricher Rechtsanwalt Gustav Hürlimann geleitet wurden. Die Entwicklung der Bosch-Beteiligung an der Scintilla AG ist dokumentiert in RB 1 022 054. Vgl. auch Gouvernement Provisoire de la République Française, Ministère des Finances, Affaire Scintilla, o. D., Archives du Ministère des affairs étrangères et européennes, La Courneuve, 2 AEF 3168. Zur Geschichte der Scintilla AG: Geschichte der Scintilla AG (Ms.), RB 1 608 001; 25 Jahre deutsch-schweizerische Verwaltungsbank AG 1933–1958 (Ms.), S. 30 ff., RB 1 608 002.

42 10-Jahresbericht des BTH 3 (1. 4. 1930–31. 3. 1940), S. 2, RB 1 010 443.

43 Bericht des Wirtschaftsprüfers Dr. Gustav Trauth über die Prüfung der wirtschaftlichen Entwicklung von Kriegsende bis zum 20. 6. 1948 bei der Metallerzbergbau Westmark GmbH, Traben-Trarbach, Landeshauptarchiv Koblenz [im Folgenden: LHA Koblenz] 540, 001, Nr. 486; Rechtsanwälte Dr. Pfander/Dr. Drescher/Peter Rößler/Dr. Franck an die Restitutionskammer beim Landgericht Koblenz, 11. 5. 1949, LHA Koblenz 583,1, Nr. 4020.

44 OMGUS, Property Division, Decartelization Branche. In Sachen des Bosch-Konzerns, Feststellungen und Anordnungen, S. 20, RB 1 011 135.

45 Robert Bosch GmbH, Geschäftsbericht 1937, S. 8.

46 Aktenvermerk über eine Rücksprache mit Herrn Dr. Banneitz am 21. 1. 1935 und mit Herrn Staatssekretär Ohnesorge und Herrn Dr. Banneitz im Reichspostministerium am 31. 1. 1935, RB 1 610 021.

47 Zur «Arisierung» der Loewe-Beteiligung an der FESE siehe S. 191 f. Vgl. auch Steiner, Ortsempfänger, S. 222 ff. und S. 229 ff.

48 Otto R. Oeschner, 50 Jahre Fernsehtechnik bei Bosch, in: Bosch Fernseh 1929–1979, Ms. 1979, S. 2, RB 1 610 021.

49 Prospekt der Fernseh Aktiengesellschaft, Berlin (1938), RB 1 610 002; Der Einheits-Fernsehempfänger E 1, ebd.

50 Robert Bosch AG, Geschäftsberichte 1936–1937; Haus/Sarkowicz, Energie, S. 114.

51 Robert Bosch AG, Geschäftsbericht 1938, S. 8; Haus/Sarkowicz, Energie, S. 114; OMGUS, Property Division, Decartelization Branche. In Sachen des Bosch-Konzerns, Feststellungen und Anordnungen, S. 20, RB 1 011 135.

52 Robert Bosch GmbH, Geschäftsbericht 1938, S. 9; Robert Bosch AG, Geschäftsbericht 1935, S. 6.

53 Robert Bosch GmbH, Geschäftsberichte 1936–1938.

54 Wolfgang König, Der Volksempfänger und die Radioindustrie. Ein Beitrag zum Verhältnis von Wirtschaft und Politik im Nationalsozialismus, in: Vierteljahrschrift für Sozial- und Wirtschaftsgeschichte 90/2003, S. 269–289; ders., Volkswagen, Volksempfänger, Volksgemeinschaft. «Volksprodukte» im Dritten Reich. Vom Scheitern einer nationalsozialistischen Konsumgesellschaft, Paderborn 2004.

55 Robert Bosch GmbH, Geschäftsbericht 1938, S. 9.

56 Blaupunkt-Werke GmbH an Robert Bosch GmbH, Patent- und Lizenzabteilung, 27. 9. 1948, RB 1 011 137 001; Robert Bosch GmbH, Geschäftsbericht 1938, S. 9.

57 Bericht Körber über einen Besuch bei Magneti-Marelli am 29. 4. 1935, RB 1 034 046; Bericht Körber über eine Unterredung mit Herrn Bruno Quintavalle, Marelli-MABO, am 30. 10. 1936, ebd.; Bosch dal 1904 in Italia, Mailand 2004, S. 43 ff.

58 Zur Gründung der C.A.V.-Bosch Ltd. siehe S. 137.

59 «Lucas said that it was the approach of the 1939 war which enabled it to do that.» Competition Commission, Report on the Supply of Electrical Equipment for Mechanically Propelled Land Vehicles, 18. 12. 1963, Part II, p. 32, http://www.competition-commission.org.uk/rep_pub/reports/1960_1969/fulltext/025c03.pdf.

60 Der Verkauf war offenbar auch nur als vorübergehende Lösung gedacht, wie Bosch-Justitiar Karl Thomä in einer Besprechung vom November 1940 berichtete: «Auf Grund gewisser Abmachungen, die damals mit Lucas getroffen wurden und auf Grund unserer technischen Leistungsfähigkeit ist die Hoffnung nicht unbegründet, daß wir unabhängig vom militärischen Ausgang des Kampfes mit England im Laufe der Jahre in eine für uns auf technischem und finanziellem Gebiet günstige Position bei CAV werden wieder einrücken können.» Karl Thomä, Aufzeichnung vom 5. 11. 1940, RB 1 011 107

61 Heuss, Bosch, S. 601; Dendler, Beginn, S. 26 ff.

62 Karl Thomä, Aufzeichnung vom 5. 11. 1940, S. 7, RB 1 011 107; Scholtyseck, Bosch, S. 420. Zur Übertragung der Auslandsbeteiligungen auf die Mendelssohn-Gruppe in Amsterdam und den Rückkauf während des Krieges siehe S. 203 f. und S. 206 f.

63 Der Umsatz der UABC lag 1933 bei 3,4 Mio. US-Dollar, stieg dann bis 1937 auf 9,2 Mio. US-Dollar und ging nach dem Verkauf des Rundfunkgerätegeschäfts auf 3,5 Mio. US-Dollar im Jahr 1938 zurück. American Bosch Corporation, 21. 12. 1939 (Abschrift des Berichts Dr. Fischer), RB 1 011 081.

64 Ebd. Zum Verkauf der UABC-Aktien an die Mendelssohn-Gruppe in Amsterdam und zum Rückkauf während des Krieges siehe S. 203 f. und S. 205 ff.

65 Die Eigentumsverhältnisse waren mit Hilfe von zwei tschechischen Rechtsanwälten getarnt worden. Nach der Besetzung Prags konnte sich die Ideal Radio AG enttarnen, was man bei Bosch begrüßte. Karl Thomä, Aufzeichnung vom 5. 11. 1940, S. 8, RB 1 011 107.

66 Bericht über die Robert Bosch GmbH, Prag, o. D., RB 1 022 029.

67 Karl Thomä, Aufzeichnung vom 5. 11. 1940, S. 8, RB 1 011 107.

68 Als Folge des japanisch-chinesischen Krieges entstanden ein neuer Bosch-Dienst in Peking und neue Bosch-Departments auf dem Gebiet der Mandschurei. Walter Genthner, Ein Bosch-Mann reist nach China, in: *Bosch-Zünder* 5/1939, S. 98 ff.; Bähr/Lesczenski/Schmidtpott, Handel, S. 144 f.

69 Fastnacht/Kuhlgatz/Schmitt/Siegel, 125 Jahre, S. 203.

70 Siehe hierzu S. 193 f. und S. 195 ff.

71 Nach Angaben der Deutschen Revisions- und Treuhand-Aktiengesellschaft stieg der Umsatz der Robert Bosch GmbH zwischen 1939 und 1940 von 223,6 Mio. RM auf 229,1 Mio. RM. Unter Abzug der durchlaufenden Umsätze der DLMG ergab sich dagegen ein Rückgang von 199,7 Mio. RM (1939) auf 185,2 Mio. RM (1940). Bericht der DRT über die bei der Robert Bosch GmbH vorgenommene Prüfung des Jahresabschlusses zum 31. 12. 1940, S. 21 f., RB 1 003 093.

72 Ebd.

73 Auch nach Ansicht von Heuss hatte sie lediglich «eine formale Bedeutung», weil das Unternehmen nie eine anonyme Aktiengesellschaft gewesen wäre, sondern stets «den Charakter eines Personal- und Familienunternehmens» behalten hätte. Heuss, Bosch, S. 602.

74 Heuss nahm sogar an, dass die Robert Bosch unbekannten Erben zusammengenommen «machtmäßig stärker gestellt» gewesen wären als Boschs eigene Erben. Ebd., S. 277.

75 Siehe hierzu S. 122 ff.

76 Zitiert nach: Heuss, Bosch, S. 275.

77 Johannes Bähr/Axel Drecoll/Bernhard Gotto, Flick im Dritten Reich, München 2008, S. 111 f.

78 Als Lehre aus den Erfahrungen während der Weltwirtschaftskrise wurden bereits in einer Notverordnung vom September 1931 wichtige Reformen eingeführt. Vgl. hierzu Sylvia Engelke/Reni Maltschew, Weltwirtschaftskrise, Aktienskandale und Reaktionen des Gesetzgebers durch Notverordnungen im Jahre 1931, in: Walter Bayer/Mathias Habersack (Hg.), Aktienrecht im Wandel, Bd. I: Entwicklung des Aktienrechts, Tübingen 2007, S. 570–618.

79 Gesetz über Aktiengesellschaften und Kommanditgesellschaften auf Aktien vom 30. 1. 1937, in: RGBl. I 1937, S. 107–165. Vgl. hierzu: Johannes Bähr, Unternehmens- und Kapitalmarktrecht im «Dritten Reich». Die Aktienrechtsreform und das Anleihestockgesetz, in: Ders./Ralf Banken (Hg.), Wirtschaftssteuerung durch Recht im Nationalsozialismus. Studien zur Entwicklung des Wirtschaftsrechts im Interventionsstaat des «Dritten Reichs», (Veröffentlichungen des Max-Planck-Instituts für europäische Rechtsgeschichte Frankfurt am Main, Bd. 199), Frankfurt am Main 2006, S. 50 ff.

80 Gesetz über Aktiengesellschaften und Kommanditgesellschaften auf Aktien vom 30. 1. 1937, in: RGBl. I 1937, S. 159 f. (§ 257).

81 Niederschrift über die Aufsichtsratssitzung am 10. 12. 1937, S. 3, RB 1 002 005.

82 Diese Sicht findet sich auch noch in der zum 100-jährigen Unternehmensjubiläum erschienenen Chronik. Hans Konradin Herdt, Bosch 1886–1986. Porträt eines Unternehmens, Stuttgart 1986, S. 85.

83 Als Beispiel: Robert Bosch AG wird GmbH, in: *Berliner Tageblatt*, 11.12.1937. Die Zahl der Aktiengesellschaften ging in Deutschland zwischen 1935 und 1938 von 7840 auf 5353 zurück. Bähr, Unternehmens- und Kapitalmarktrecht, S. 55.

84 Niederschrift über die Aufsichtsratssitzung am 10.12.1937, RB 1 002 005.

2. «Boschgemeinschaft» und «Volksgemeinschaft»: Bosch, die NSDAP und der NS-Staat

1 Gemeinsam mit Theodor Bäuerle hatten Bosch und Walz 1926 die Stuttgarter Ortsgruppe des Vereins zur Abwehr des Antisemitismus gegründet. Der Verein war 1890 in Berlin entstanden und arbeitete in den 1920er Jahren eng mit der linksliberalen DDP zusammen, der Bosch nahe stand.

2 Otto Schwarz, Vom Werden und Wirken der Betriebszelle Bosch der NSBO, in: *Bosch-Zünder* 4/1934, S. 74 f.

3 Hans Walz, Kurze Darstellung der Beziehungen zur NSDAP und SS (Beilage zum Fragebogen), 27. 8. 1945, S. 1, RB 1 013 033.

4 Vgl. Scholtyseck, Verständigung; Willy Schloßstein, Betrifft: Einstellung des Herrn Robert Bosch und seiner Mitarbeiter zum Nazi-Regime, 20. 1. 1947, S. 3, Staatsarchiv Ludwigsburg [im Folgenden: StA Ludwigsburg] EL 902/20, Bü 87568.

5 Bosch an Keppler, 23. 2. 1933, abgedruckt in: Becker/Scholtyseck, Bosch, S. 178. Im März 1933 notierte Georg Escherich nach einem Gespräch mit Robert Bosch in Berlin, dieser sei «klug genug sich mit der jetzigen Lage abzufinden» und hätte «Fühlung mit der neuen Regierung aufgenommen.» Tagebuch Georg Escherich 1933, Eintrag 17.3., Bayerisches Hauptstaatsarchiv, Nachlass Escherich 20; Scholtyseck, Bosch, S. 119.

6 Paul Sauer, Württemberg in der Zeit des Nationalsozialismus, Ulm 1975, S. 26 ff.; Thomas Schnabel, Württemberg zwischen Weimar und Bonn 1928 bis 1945/46 (Schriften zur politischen Landeskunde Baden-Württembergs, Bd. 143), Stuttgart 1986, S. 181 ff. Zur Biografie Murrs: Paul Sauer, Wilhelm Murr. Hitlers Statthalter in Württemberg, Tübingen 1998; Joachim Scholtyseck, «Der Mann aus dem Volk». Wilhelm Murr, Gauleiter und Reichsstatthalter in Württemberg-Hohenzollern, in: Michael Kißener/Joachim Scholtyseck (Hg.), Die Führer der Provinz. NS-Biographien aus Baden und Württemberg (Karlsruher Beiträge zur Geschichte, 2), Konstanz 1997, S. 477–502; Walter Nachtmann, Wilhelm Murr und Karl Strölin. Die «Führer» der Nazis in Stuttgart, in: Hermann G. Abmayr (Hg.), Stuttgarter NS-Täter. Vom Mitläufer bis zum Massenmörder, Stuttgart 2009, S. 187–197.

7 Schnabel, Württemberg, S. 183. Nach der Reichstagsbrandverordnung vom 27. 2. 1933 konnten alle Personen, die «staatsfeindlicher Gesinnung» verdächtigt wurden, ohne Anklage und Beweise in «Schutzhaft» genommen werden.

8 Zitiert nach: Scholtyseck, Verständigung, S. 82.

9 Hans Walz, Beilage zum Fragebogen: Kurze Darstellung der Beziehungen zur NSDAP und SS, 27. 8. 1945, S. 1, RB 1 013 033; Scholtyseck, Bosch, S. 119 f.

10 Bosch an Escherich, 15. 5. 1933, abgedruckt in: Becker/Scholtyseck, Bosch, S. 180 ff.

11 Bosch an Rümelin, 12. 4. 1933, zitiert nach: Scholtyseck, Bosch, S. 120.

12 Bosch an Escherich, 15. 5. 1933, abgedruckt in: Becker/Scholtyseck, Bosch, S. 180.

13 Schloßstein an die Spruchkammer Stuttgart, 20. 7. 1947, S. 12, RB 1 013 109.

14 Bosch an Mauk, 22. 9. 1933, RB 1 014 081; Scholtyseck, Bosch, S. 127 f.

15 Bosch an Mauk, 3. 10. 1933, RB 1 014 081; Bosch an Keppler, 9. 1. 1934, RB 1 014 582 (Zitat); Bosch an Keppler, 13. 1. 1934, ebd.; Scholtyseck, Bosch, S. 128.

16 Heuss, Bosch, S. 597; Sabine Brantl, Haus der Kunst, München. Ein Ort und seine Geschichte im Nationalsozialismus, hg. vom Haus der Kunst, München, München 2007, S. 56–63.

17 Hans Walz, Beilage zum Fragebogen: Kurze Darstellung der Beziehungen zur NSDAP und SS, 27. 8. 1945, RB 1 013 033. Ähnlich: Otto Debatin, Robert Bosch GmbH und NSDAP, S. 3, RB 1 013 078.

18 NSDAP-Mitgliedskarte Hans Walz, BArch 31XX Reichskartei der NSDAP; Scholtyseck, Bosch, S. 153. Schloßsteins NSDAP-Mitgliedschaft wurde allerdings später für nichtig erklärt, weil er mit einer «Halbjüdin» verheiratet war. Schloßstein an die Spruchkammer Stuttgart, 20. 7. 1947, RB 1 013 109, Bl. 2 ff.

19 Scholtysecks Darstellung, wonach Fellmeth gemeinsam mit Walz und Wild die Aufnahme in die NSDAP beantragt hätte, ist unzutreffend. Fellmeth wurde 1934 förderndes Mitglied der SS, eine häufig gewählte «Alternative» zur NSDAP-Mitgliedschaft. Scholtyseck, Bosch, S. 153; Spruchkammer Stuttgart, Spruch gegen Hermann Fellmeth vom 6. 3. 1947, S. 7, StA Ludwigsburg EL 902/20, Bü 93826; Erklärung Fellmeth vom 23. 1. 1947, RB 1 013 060, Bl. 11.

20 Rassbach wurde förderndes Mitglied der SS, was besonders bemerkenswert ist, weil er die amerikanische Staatsbürgerschaft besaß und erst im Herbst 1940 auf politischen Druck hin die deutsche Staatsbürgerschaft annahm. Meldebogen Erich Carl Rassbach, 25. 4. 1946, StA Ludwigsburg EL 802/20, Bü 104068; Erich C. Rassbach, Eidesstattliche Erklärung, 13. 10. 1947, ebd.

21 Nach Heuss gab es einen vergeblichen Versuch des Landesjägermeisters, Robert Bosch zur NSDAP-Mitgliedschaft zu bewegen. Heuss, Bosch, S. 597. Einen weiteren, ebenfalls vergeblichen Versuch unternahm 1937 der mit Robert Bosch gut bekannte SS-Offizier Gottlob Berger. Scholtyseck, Bosch, S. 152 und S. 602, Anm. 199. Zur Verbindung mit Berger siehe S. 177 f.

22 Zu Daimler-Benz vgl. Feldenkirchen, Daimler, S. 137 f.; Hans Pohl/Stephanie Habeth/Beate Brüninghaus, Die Daimler-Benz AG in den Jahren 1933 bis 1945. Eine Dokumentation (Zeitschrift für Unternehmensgeschichte, Beiheft 47), Stuttgart 1986, S. 19 f.

23 Scholtyseck, Bosch, S. 159; Gottlob Berger, Zur Geschichte der Robert Bosch GmbH 1933–1948, S. 3, RB 1 013 084.

24 Anlage I/ zu Frage 8 (Anhang zu: Hans Walz, Kurze Darstellung der Beziehungen zur NSDAP und SS (Beilage zum Fragebogen, 27. 8. 1945), RB 1 013 033, Bl. 16. Aus den überlieferten Personalakten der SS geht das Eintrittsdatum nicht hervor. Die SS-Offiziersakte von Walz beginnt erst mit seiner Ernennung zum Untersturmführer im September 1938. SS-Personalbogen Hans Walz, BArch SSO/220B. Zunächst beabsichtigte Walz, in die SA einzutreten, was aber von Murr verhindert wurde.

25 Nach Walz' Darstellung bahnte sich die Verbindung zur SS über Zahlungen an, die diese Organisation Bosch und anderen Unternehmen regelrecht abpresste. Als Gegenleistung hätte die SS in Aussicht gestellt, Schutz vor Eingriffen des Parteiapparats zu gewähren und «einen unserer Herren zum besseren Schutz der Firma mit einem SS-Rang auszustatten.» Robert Bosch und die Vorstandskollegen hätten ihn gebeten, «im Interesse der Firma das persönliche Opfer zu bringen.» Hans Walz, Kurze Darstellung der Beziehungen zur NSDAP und SS (Beilage zum Fragebogen), 27. 8. 1945, S. 2 ff., RB 1 013 033.

26 Otto Debatin, Zum 1. Mai, in: *Bosch-Zünder* 4/1933, S. 51. Vgl. hierzu Scholtyseck, Bosch, S. 152.

27 Siehe hierzu S. 103.

28 Scholtyseck, Bosch, S. 152.

29 Spruchkammer 11 Stuttgart, Spruch gegen Otto Debatin, 28./29. 5. 1948, S. 8, StA Ludwigsburg EL 902/20 Bü 103816; Otto Debatin, Bescheinigung für Erwin Kussing, 8. 3. 1948, RB 1 832 058.

30 NSDAP-Mitgliedskarte Ernst Durst, BArch 31XX Reichskartei der NSDAP.

31 Otto Henne, Vertraulicher Bericht an die Direktion z. Hd. Dr. Otto Fischer, 15. 4. 1947, RB 1 832 058.

32 Ebd.

33 Menzel forderte eine Abfindung in Höhe von 1 Mio. RM. Auf Druck der Landesregierung musste sich Bosch zu einem Vergleich bereit erklären und eine Abfindung in Höhe von 100 000 RM zahlen. AGL an PSH betr. Dr. Menzel, 7. 1. 1957, RB 1 094 006/7.

34 Nach dem Geschäftsbericht 1946 waren gegen Kriegsende rund 3300 Arbeiter und rund 1450 Angestellte des Unternehmens Mitglied der NSDAP oder ihrer Unterorganisationen SA und SS. Bei den Arbeitern entsprach dies einem Anteil von 15 Prozent, bei den Angestellten einem Anteil von 28 Prozent. Umgerechnet auf die Gesamtzahl der Beschäftigten ergibt sich ein Anteil von 17,5 Prozent. Bei der unmittelbar nach Kriegsende vom Betriebsrat durchgeführten «Aktion zur Säuberung von Nationalsozialisten» wurde eine Belegschaft von rund 6900 Arbeitern und Angestellten durch Fragebögen erfasst. Nach Angaben des Betriebsratsvorsitzenden Eberle hatten etwa 20 Prozent dieser Beschäftigten der NSDAP und ihren Gliederungen angehört, wobei sich der Anteil bei den Arbeitern auf 11,8 Prozent belief, bei den Angestellten auf 36 Prozent und bei den leitenden Angestellten auf 73 Prozent. Robert Bosch GmbH, Geschäftsbericht 1. 1. 1945–30. 6. 1946, S. 11. Eugen Eberle/Peter Grohmann, Die schlaflosen Nächte des Eugen E., Erinnerungen eines neuen schwäbischen Jacobiners, Stuttgart 1982, S. 163.

35 Zum Anteil der NSDAP-Mitglieder bei den Trillke-Werke siehe S. 605, Anm. 58.

36 Berufungsausschuß Hildesheim (Review Board), Entnazifizierung, an die Militärregierung 117, Special Branch, Hildesheim, 1. 12. 1947, Niedersächsisches Landesarchiv, Hauptstaatsarchiv Hannover, Nds 171 Hildesheim, Nr. 70820; Betriebsrat Blaupunktwerke Berlin-Wilmersdorf an Betriebsrat Blaupunkt Apparatebau GmbH, 22. 10. 1946, RB 1 707 001; Betriebsrat Blaupunkt Apparatebau GmbH an Hans Teich, 1. 11. 1946, ebd.

37 Siehe hierzu S. 184 f.

38 Waren wir ein nationalsozialistischer Betrieb?, in: *Bosch-Zünder* Jan./Febr./März 1947, S. 1.

39 Spruchkammer 11 Stuttgart, Spruch gegen Otto Debatin, 28./29. 5. 1948, S. 7, StA Ludwigsburg EL 902/20, Bü 103816.

40 Waren wir ein nationalsozialistischer Betrieb?, in: *Bosch-Zünder* Jan./Febr./März 1947, S. 1.

41 Eberle/Grohmann, Nächte, S. 74. Der Werkzeugmacher Eberle hatte seit 1928 der KPD angehört. Er war nach der nationalsozialistischen Machtübernahme in «Schutzhaft» genommen worden und hatte seine Arbeit bei der Firma Kodak verloren. Bei Bosch wurde er im Januar 1934 in der Kühlschrankfertigung eingestellt. Eberle war von 1945 bis 1952 Betriebsratsvorsitzender der Robert Bosch GmbH. Im Februar 1952 wurde er gemeinsam mit zwei anderen Betriebsräten fristlos entlassen, weil er in einer Betriebsversammlung eine Entschließung gegen die Wiederbewaffnung eingebracht hatte. Von 1948 bis 1984 gehörte Eberle dem Stuttgarter Stadtrat an.

42 Otto Debatin, Robert Bosch GmbH und NSDAP, S. 4, RB 1 013 078. Walz hielt die von Debatin für «Spenden an Kirchen und Juden» angesetzte Summe für zu niedrig. Er ging davon aus, dass sich dieser Betrag auf etwa 1,1 Mio. RM belief. Hans Walz, Erklärung, 28. 7. 1948, S. 21, RB 1 013 036.

43 Die Feier des 21. März bei der Robert Bosch A.-G., in: *Bosch-Zünder* 3/1934, S. 52.

44 Bericht über die Besprechung zwecks Beilegung der Differenzen zwischen der Firma Robert Bosch AG Stuttgart und der Deutschen Arbeitsfront am 1. 12. 1937, S. 3, StA Ludwigsburg PL 502/29, Bü 96.

45 Ebd., S. 6.

46 Heuss, Bosch, S. 466.

47 Zitiert nach: Scholtyseck, Bosch, S. 154. Zur Gleichschaltung der Presse in Württemberg nach 1933 vgl. Schnabel, Württemberg, S. 352 ff.

48 Scholtyseck, Bosch, S. 154 f.

49 Ebd., S. 155 f.

50 Ebd., S. 40 und S. 184.

51 Zur Biografie Schachts vgl. Christopher Kopper, Hjalmar Schacht. Aufstieg und Fall von Hitlers mächtigstem Bankier, München/Wien 2006.

52 Scholtyseck, Bosch, S. 184 f.

53 50 Jahre Bosch, S. 242. Zu dieser Festschrift siehe auch S. 159 f.

54 Otto Debatin, Robert Bosch GmbH und NSDAP, S. 10, RB 1 013 078.

55 Ebd., S. 2 f.

56 Hartmut Berghoff/Cornelia Rauh-Kühne, Fritz K. Ein deutsches Leben im 20. Jahrhundert, Stuttgart/München 2000, S. 105 ff.

57 Reinhard Vogelsang, Der Freundeskreis Himmler, Göttingen 1972, S. 22 ff.

58 Die Mitglieder wurden zunächst zu den Reichsparteitagen in Nürnberg eingeladen, ab 1938 dann zu monatlichen Vortragsabenden im Berliner Haus der Flieger. Kranefuß organisierte für den Kreis auch mehrfach Exkursionen, darunter in die Konzentrationslager Dachau und Sachsenhausen. Ebd. Ob Walz an diesen Exkursionen teilnahm, lässt sich nicht feststellen, da Teilnehmerlisten nicht überliefert sind und vermutlich auch nicht geführt wurden.

59 SS-Personalbogen Hans Walz, BArch SSO/220B. Nach Angaben Gottlob Bergers ist Walz bei der SS als Unterscharführer aufgenommen worden, was dem Rang eines Unteroffiziers entsprach. Gottlob Berger, Zur Geschichte der Robert Bosch GmbH 1933–1948, S. 3, RB 1 013 084.

60 Scholtyseck, Bosch, S. 159.

61 Scholtyseck vermutet dagegen, dass Walz bereits dem Keppler-Kreis angehört hatte und später in diesem Zirkel verblieben wäre, um weiterhin eine «‹Parteiabsicherung› gegen Gauleiter Murr» zu behalten. Ebd. Wann Walz dem «Freundeskreis» beigetreten ist, lässt sich nicht eindeutig belegen, weil kein Dokument erhalten ist, aus dem dieses Datum hervorgeht. Die überlieferte SS-Offiziersakte von Hans Walz beginnt mit einer Eintragung vom 11. September 1938. SS-Personalbogen Hans Walz, BArch SSO/220B. Der Bremer Großkaufmann Karl Lindemann, der ebenfalls dem «Freundeskreis Reichsführer SS» angehörte, vermutete nach dem Krieg, dass Walz erst 1935 dazu gekommen war. Karl Lindemann, Erklärung unter Eid, 28. 2. 1947 (NI-5514), zitiert nach: Vogelsang, Freundeskreis, S. 153. Nach Angaben seines Anwalts Rudolf Scheuing ist Walz erst ab 1937 zu den Treffen des «Freundeskreises» eingeladen worden. Rudolf Scheuing an die Spruchkammer 6, Stuttgart-Bad Cannstatt, 22. 4. 1948, S. 8, StA Ludwigsburg EL 902/20, Bü 87568. Zu Walz' Eintritt in die SS siehe S. 172.

62 Anders als die Gauleitung boykottierte die SS nicht die Festveranstaltung zum Unternehmensjubiläum und als nach dem Jubiläum eine Untersuchung gegen Walz durchgeführt wurde, konnte dieser erklären, «die SS lege Wert darauf, zu betonen, dass sie an der Festschrift nichts auszusetzen habe.» Zitiert nach: Bericht über die Besprechung zwecks Beilegung der Differenzen zwischen der Firma Robert Bosch AG Stuttgart und der Deutschen Arbeitsfront am 1. 12. 1937, S. 5, StA Ludwigsburg PL 502/29, Bü 96. Die SS war bei der Jubiläumsfeier durch Obersturmbannführer Ludolf-Hermann von Alvensleben, den Chef des SS-Abschnitts Stuttgart, vertreten.

63 Scholtyseck, Bosch, S. 162 f.

64 Ebd., S. 161 ff. Zur Biografie Bergers vgl. ders., Der «Schwabenherzog». Gottlob Berger, SS-Obergruppenführer, in: Michael Kißener/Joachim Scholtyseck (Hg.), Die Führer der Provinz. NS-Biographien aus Baden und Württemberg, Konstanz 1997, S. 77–110.

65 Der Weg zum Frieden, in: *Bosch-Zünder* 7/1935, S. 135–140.

66 Als zusammenfassende Darstellung hierzu vgl. Adam Tooze, Ökonomie der Zerstörung. Die Geschichte der Wirtschaft im Nationalsozialismus, München 2007, S. 248 ff.

67 Zitiert nach: Willy Schloßstein, Einstellung des Herrn B. und seiner Firma zum Nazi-Regime, Juli 1945, S. 5, RB 1 013 076. Vgl. hierzu auch Scholtyseck, Bosch, S. 206.

68 Otto Debatin, Robert Bosch GmbH und NSDAP, S. 10, RB 1 013 078.

69 Rundschreiben Walz betr. Politischer Schulungskurs, 20. 2. 1939, RB 1 043 024/6. Der Schulungskurs der Betriebsgemeinschaft der Robert Bosch GmbH vom 13. März bis 30. Juni 1939 (DAF-Schulungslehrgang Nr. 96), RB 1 043 024/6; Otto Debatin, Robert Bosch GmbH und NSDAP, S. 13, RB 1 013 078.

70 Zur Biografie Bühlers vgl. Gerhard Taddey, Zwischen Widerstand und Gestapo. Dr. Hugo Bühler, Abwehrbeauftragter der Firma Bosch in Stuttgart, in: Zeitschrift für Württembergische Landesgeschichte 70. Jg. (2011), S. 455–488. Taddey stützt sich einseitig auf die Entlastungszeugnisse in Bühlers Spruchkammerakte. Bei Bosch war zunächst Otto Debatin, der Personalchef und stellvertretende «Betriebsführer», Abwehrbeauftragter gewesen. Zum Verhalten Bühlers als Abwehrbeauftragter der Robert Bosch GmbH siehe S. 184, 186 und S. 232 f.

71 Debatin an Wild, 29. 3. 1947, RB 1 832 058. Der stellvertretende Geschäftsführer Ernst Durst wies Mitarbeiter schriftlich an, nur mit seiner Zustimmung Mitteilungen an Bühler zu geben. Auszug aus den Aussagen des Herrn Hermann Müller, früher ZW/BWL Assistent bei Dr. Sw. Vom 29. 3. [o. J.], StA Ludwigsburg EL 902/20, Bü 97890.

72 Felix Olpp, Unser unvergesslicher Herr Bosch, S. 12, RB 1 014 003. Zur «Sudeten-krise» von 1938 vgl. Heinrich August Winkler, Geschichte des Westens. Die Zeit der Weltkriege 1914–1945, München 2011, S. 852 ff.

73 Zitiert nach: Felix Olpp, Unser unvergesslicher Herr Bosch, S. 12, RB 1 014 003.

74 Kundgebung für Freundschaft und Frieden, in: *Bosch-Zünder* 10/1938, S. 186.

75 Ebd.

76 Willy Schloßstein, Einstellung des Herrn B. und seiner Firma zum Nazi-Regime, Juli 1945, S. 7, RB 1 013 076. Zu den Verbindungen zu Schairer und Mannheimer vgl. Scholtyseck, Bosch, S. 228 und S. 230 ff.

77 Zitiert nach: Scholtyseck, Bosch, S. 286.

78 Otto Debatin, Robert Bosch GmbH und NSDAP, S. 12 f., RB 1 013 078. Nach dieser Quelle erhielt Bosch die Auszeichnung «Nationalsozialistischer Musterbetrieb» als 416. Unternehmen in Deutschland.

79 Ebd., S. 13.

80 Siehe hierzu S. 245.

81 Siehe hierzu S. 246 f.

82 Hans Walz, Kurze Darstellung der Beziehungen zur NSDAP und SS (Beilage zum Fragebogen), 27. 8. 1945, S. 1 f., RB 1 013 033; Scholtyseck, Bosch, S. 162.

83 Scholtyseck, Bosch, S. 162. Außer einem ominösen Hinweis von Berger gibt es kein Indiz für die Existenz eines Dokuments, das dessen Behauptung belegen würde. Daher muss dieses Gerücht der ausgeprägten Phantasie Bergers zugeordnet wer-den. Zur Glaubwürdigkeit Bergers vgl. Scholtyseck, «Schwabenherzog», S. 99. Ein ebenso fragwürdiger Zeuge war der entlassene Entwicklungsleiter Menzel, der Bergers Behauptung bekräftigt haben soll. Vermerk betr. Gottlob Berger, 27. 9. 1973, RB 1 013 084.

84 Vgl. Hans Walz, Kurze Darstellung der Beziehungen zur NSDAP und SS (Beilage zum Fragebogen), 27. 8. 1945, S. 1 f., RB 1 013 033.

85 Heuss, Bosch, S. 621. Vgl. hierzu Scholtyseck, Bosch, S. 415. Das Zitat findet sich auch in: Theodor Heuss/Reinhold Maier/Theodor Bäuerle/Hermann Binder, Erklärung für Hans Walz, 18. 2. 1946, RB 1 013 034; Hans Walz, Kurze Darstellung der Beziehun-gen zur NSDAP und SS (Beilage zum Fragebogen), 27. 8. 1945, S. 7, RB 1 013 033.

86 Auszug aus dem veröffentlichten Tagebuch des hingerichteten früheren deutschen Botschafters von Hassell, 11. 8. 1939, StA Ludwigsburg EL 902/20, Bü 93826, Anlage 49 zum Ermittlerbericht im Spruchkammerverfahren gegen Hermann Fellmeth, 3. 12. 1946. Das Zitat findet sich auch in: Scholtyseck, Bosch, S. 302.

87 Der Chef der Sicherheitspolizei und des SD an den Reichsführer SS, Feldkomman-dostelle, 5. 10. 1943, BArch SSO/220B (SS-Offiziersakte Hans Walz).

88 Der SS-Richter beim Reichsführer SS und Chef der Deutschen Polizei an das Haupt-amt SS-Gericht, München, 21. 5. 1943, ebd.; Der SS-Richter beim Reichsführer SS und Chef der Deutschen Polizei an den Chef der Sicherheitspolizei und des SD, 5. 12. 1943, ebd.

89 Vermerk über Telefongespräch mit SS-Oberführer Kranefuß, 30. 4. 1943, ebd.; Ver-merk über Telefongespräch mit SS-Gruppenführer Berger, 30. 4. 1943, ebd.

90 Kranefuß an Himmler, 21. 4. 1943, abgedruckt in: Vogelsang, Freundeskreis, S. 145 ff. (Zitat auf S. 147).

91 Johannes Bähr, «Bankenrationalisierung» und Großbankenfrage. Der Konflikt um die Ordnung des deutschen Kreditgewerbes während des Zweiten Weltkrieges, in:

Harald Wixforth (Hg.), Finanzinstitutionen in Mitteleuropa während des Nationalsozialismus (Geld und Kapital, Bd. 4), Stuttgart 2001, S. 71–94.

92 Erwin Bohner, Zeugnis, 11. 2. 1946, RB 1 013 038; Scholtyseck, Bosch, S. 367; Bähr, «Bankenrationalisierung», S. 88 ff.

93 Diese Rede wurde später unter der Bezeichnung «Feuerbacher Rede» bekannt, doch fand sie in Wirklichkeit im Verwaltungsgebäude der Robert Bosch GmbH in der Militärstraße (heute Breitscheidstraße) statt. Rede Walz vom 12. 7. 1943, RB 1 013 024 (auch in: RB 1 013 241 und in: StA Ludwigsburg EL 902/20, Bü 87568, Anlage 42a, datiert mit 17. 7. 1943).

94 Ebd., S. 1. Vgl. Scholtyseck, Bosch, S. 364 und S. 366.

95 Scholtyseck, Bosch, S. 366; Hans Walz, Kurze Darstellung der Beziehungen zur NSDAP und SS (Beilage zum Fragebogen), 27. 8. 1945, S. 6, RB 1 013 033.

96 Zitiert nach: Scholtyseck, Bosch, S. 366.

97 Scholtyseck, Bosch, S. 384 (Zitat); Tilman Fichter/Eugen Eberle, Kampf um Bosch, Berlin 1974, S. 158; Luckau an Bühler, 17. 1. 1947, StA Ludwigsburg EL 902/20, Bü 97890.

98 Wolfgang Kress, Anton Hummler und Max Wagner – zwei Arbeiter leisten Widerstand. URL: http://www.stolpersteine-stuttgart.de; Hans Teich, Hildesheim und seine Antifaschisten. Widerstandskampf gegen den Hitlerfaschismus und demokratischer Neubeginn 1945 in Hildesheim, Hildesheim 1979, S. 125 ff.

99 Spruchkammer Stuttgart, Aussage Ernst Rogowski, 13. 2. 1947, StA Ludwigsburg EL 902/20 Bü 70680; Greiner an Gönnenwein, 30. 4. 1947, ebd. Nach dieser Aussage Rogowskis wurde der deutsche Abwehrbeauftragte bei Lavalette von einer Widerstandsgruppe erschlagen.

3. Bosch und die Juden

1 Die Stuttgarter Ortsgruppe des «Abwehrvereins» mit ihren etwa 200 Mitgliedern konnte im Stuttgarter Bürgertum keinen großen Einfluss gewinnen. Martin Ulmer, Antisemitismus in Stuttgart. Studien zum öffentlichen Diskurs und Alltag, Berlin 2011, S. 365 f.

2 Scholtyseck, Bosch, S. 267 f.

3 Siehe S. 189.

4 Zum Fall Landauer siehe unten S. 185.

5 Siehe S. 185.

6 Vgl. hierzu Scholtyseck, Bosch, S. 281.

7 Aufstellung von Juden und Halbjuden, die in den letzten 12 Jahren in der Robert Bosch GmbH in Beschäftigung standen bzw. noch stehen, 20. 9. 1945, RB 1 013 068.

8 Jörg Kurz, Chronik der Stadt Stuttgart 1933–1945 (Veröffentlichungen des Archivs der Stadt Stuttgart, Bd. 30), Stuttgart 1982, S. 39; ähnlich: Ulmer, Antisemitismus, S. 23.

9 Scholtyseck, Bosch, S. 268.

10 Aufstellung von Juden und Halbjuden, die in den letzten 12 Jahren in der Robert Bosch GmbH in Beschäftigung standen bzw. noch stehen, 20. 9. 1945, RB 1 013 068.

11 Zuvor hatte es in Landauers Abteilung wegen der Anfeindungen eine Abstimmung über ihn gegeben. Obwohl die Mehrheit der Kollegen für ihn stimmte und angeblich nur wenige gegen ihn hetzten, war Landauer entschlossen, zu emigrieren. Otto Debatin, Robert Bosch GmbH und NSDAP, S. 9, RB 1 013 078.

12 Wie Landauer bis Kriegsende überlebte, ist nicht bekannt, doch hat Bosch ihm dabei geholfen, indem das Unternehmen seine nichtjüdische Ehefrau als Kontoristin einstellte. Aufstellung von Juden und Halbjuden, die in den letzten 12 Jahren in der Robert Bosch GmbH in Beschäftigung standen bezw. noch stehen, 20. 9. 1945, RB 1 013 068.

13 Auszug aus einem Bericht des Dr. Friedrich Menzel an Gauleiter Murr (Februar 1942), StA Ludwigsburg EL 902/20, Bü 93 826 (Spruchkammerakte Fellmeth), Anlage 41 zum Ermittlerbericht im Spruchkammerverfahren gegen Hermann Fellmeth, 3. 12. 1946.

14 Otto Debatin an die Spruchkammer 11, Stuttgart-N, Klageschrift-Erwiderung, 7. 1. 1948, S. 11, StA Ludwigsburg EL 902/20 Bü 103816. Debatin zitiert hier aus dem Bericht Menzels an Murr vom 24. 2. 1942. Fritz Landauer lebte später als Fred Salomon in Long Island bei New York. StA Ludwigsburg EL 350I, Bü 28247.

15 Otto Debatin, Robert Bosch GmbH und NSDAP, S. 8 f., RB 1 013 078. Der Abwehrbeauftragte Bühler stellte das Verhalten seines Rivalen Debatin im Fall Johanan nach dem Krieg anders dar. Hugo Bühler, Tätigkeit bei der Firma Bosch GmbH, o. D., S. 9, RB 1 010 195.

16 Aufstellung von Juden und Halbjuden, die in den letzten 12 Jahren in der Robert Bosch GmbH in Beschäftigung standen bezw. noch stehen, 20. 9. 1945, RB 1 013 068.

17 Nichtarische Vertreter der Robert Bosch GmbH, 2. 10. 1945, ebd.

18 Junkers & Co. GmbH an Firma Curt Reinhardt, Leipzig, (Vertraulich), 25. 2. 1938, LHASA, DE Junkers Wärmetechnik Dessau Nr. 96.

19 Aufstellung von Juden und Halbjuden, die in den letzten 12 Jahren in der Robert Bosch GmbH in Beschäftigung standen bezw, noch stehen, 20. 9. 1945, RB 1 013 068.

20 Beate Meyer, «Jüdische Mischlinge». Rassenpolitik und Verfolgungswahn 1933–1945, Hamburg 2001, S. 237 ff.

21 Scholtyseck, Bosch, S. 281; Interview mit Fritz Nast-Kolb, o. D., RB 1 842; Fritz Nast-Kolb, «Ich überlebte, weil Bosch half», ebd.; Fritz Nast-Kolb, Jahrgang 1916, in: Johannes Steinhoff/Peter Pechel/Dennis Showalter (Hg.), Deutsche im Zweiten Weltkrieg. Zeitzeugen sprechen, München 1989, S. 408–410; Zeitzeugeninterview Losten vom 23. 9. 2010; Hugo Bühler, Tätigkeit bei der Firma Bosch GmbH, o. D., S. 12, RB 1 010 195.

22 Eberhard Röhm/Jörg Thierfelder, Schützende Hände über «Juden» und «Mischlingen»: Die Stuttgarter Firmen Paul Lechler und Robert Bosch, in: Dies., Juden, Christen, Deutsche 1933–1945, Bd. 4: 1941–1945, Teil 2, Stuttgart 2007, S. 460 f. und S. 465; Hugo Bühler, Tätigkeit bei der Firma Bosch GmbH, o. D., S. 12, RB 1 010 195.

23 Röhm/Thierfelder, Hände, S. 469 ff. Friedrich Haarburger war ein Sohn des Reutlinger Industriellen Karl Haarburger. Die 1942 in einem Konzentrationslager ermordete Malerin Alice Haarburger war eine Tante Friedrich Haarburgers. Mit der Chemikerin Martha Haarburger war er nicht direkt verwandt.

24 Hugo Bühler, Tätigkeit bei der Firma Bosch GmbH, o. D., S. 12, RB 1 010 195.

25 Ebd., S. 10; Interview mit Fritz Nast-Kolb, o. D., RB 1 842.

26 Hugo Bühler, Tätigkeit bei der Firma Bosch GmbH, o. D., S. 10, RB 1 010 195. Bühler dürfte dann auch erreicht haben, dass sein Studienfreund Konrad Wittwer durch das Arbeitsamt Bosch zugewiesen wurde und im Sicht- und Zerlegebetrieb unterkommen konnte. Schon zuvor hatte er durch seine Beziehungen die in Amsterdam wohnende Schwester Wittwers, Marianne Seligmann-Heilner, mit ihrem Mann und ihrem Sohn vor der Deportation nach Auschwitz gerettet und ermöglicht, dass diese jüdische Familie in die Schweiz ausreisen konnte. Hugo Bühler, Tätigkeit bei der Firma Bosch GmbH, o. D., S. 11, RB 1 010 195.

27 Siehe hierzu S. 222.

28 Siehe S. 225 f.

29 Scholtyseck, Bosch, S. 274.

30 Zur Biografie Adlers vgl. Fritz Richert, Karl Adler. Musiker, Verfolgter, Helfer. Ein Lebensbild, Stuttgart 1990.

31 Zitiert nach: Richert, Adler, S. 64 f.

32 Scholtyseck, Bosch, S. 273.

33 Richert, Adler, S. 70.

34 Kurz, Chronik, S. 778 und S. 794.

35 Stellungnahme zur Frage der Zwangsarbeiter-Entschädigung, Stand 20. 8. 1998, RB 1 012 037. Nach Scholtyseck hatten allein die Zahlungen, die über das Konto in Amsterdam liefen, einen Gegenwert von rund 500 000 RM. Scholtyseck, Bosch, S. 273.

36 Hierzu und zum Folgenden vgl. Scholtyseck, Bosch, S. 280 f.; Röhm/Thierfelder, Hände, S. 474 ff.; Maria Zelzer, Weg und Schicksal der Stuttgarter Juden. Ein Gedenkbuch, hg. von der Stadt Stuttgart (Veröffentlichungen des Archivs der Stadt Stuttgart, Sonderband), Stuttgart 1964, S. 230–240, sowie http://www.zeichen-der-erinnerung.org/n5_1_haarburger_martha.htm.

37 Paul Sauer, Ganze Familien wurden in den Tod geschickt. Die Deportation von württembergischen und hohenzollerischen Juden am 1. Dezember 1941 von Stuttgart nach Riga, in: Konrad Pflug/Ulrike Raab-Nicolai/Reinhold Weber (Hg.), Orte des Gedenkens und Erinnerns in Baden-Württemberg, Stuttgart 2007, S. 304–310.

38 Der Kontakt kam wohl über eine Freundin Haarburgers zustande, doch war die Chemikerin auch eine Kusine von Bona Schloßstein, deren Mann das Privatsekretariat von Robert Bosch leitete. Bona Schloßstein, Erklärung, 2. 2. 1946, RB 1 013 034.

39 Taddey, Widerstand, S. 473; Martha Haarburger, Bescheinigung für Hugo Bühler, 14. 1. 1946, StA Ludwigsburg EL 902/20 Bü 97890.

40 Zelzer, Weg, S. 228 und S. 238 ff.; Scholtyseck, Bosch, S. 280 f.; Röhm/Thierfelder, Hände, S. 474 ff.; Susanne Rueß, Stuttgarter jüdische Ärzte während des Nationalsozialismus, Würzburg 2009, S. 322 ff.; Klaus Steinke, «In den Abgrund – und jenseits wieder hinauf». Umgangsweisen mit dem Bösen: Dr. med. Marga Wolf und ihre Helferinnen und Helfer. URL: http://www.stolpersteine-stuttgart.de.

41 Walz wurde am 2. Januar 1969 als «Gerechter unter den Völkern» geehrt. Die Ehrenurkunde wurde ihm am 13. März 1970 vom israelischen Gesandten in Stuttgart überreicht. Richert, Adler, S. 80 ff.; Walz, Hans, in: Daniel Fraenkel/Jakob Borut (Hg.), Lexikon der Gerechten unter den Völkern, Deutsche und Österreicher, Göttingen 2005, S. 278 f.

42 Walz an Adler, 13. 4. 1970. Zitiert nach: Scholtyseck, Bosch, S. 282.

43 Felix Olpp, Unser unvergesslicher Herr Bosch, S. 14a, RB 1 014 003; Scholtyseck, Bosch, S. 270.

44 Die Verkäufer des Hauses Affalterstraße 8 bescheinigten Bosch nach dem Krieg, dass der im Kaufvertrag vom 21. 9. 1938 vereinbarte Preis von 260 000 RM angemessen war, und verzichteten auf einen Rückerstattungsanspruch. Im Gegenzug erhielten sie von Bosch Immobilien in Bad Boll und Stuttgart-Feuerbach. Vergleich zwischen den Erben und Erbeserben des am 1.9.1930 verstorbenen Herrn Leo Meyer und der Firma Robert Bosch GmbH, 6.3.1950, RB 1 024 114; Beschreibung der Ersatzgrundstücke, ebd. Das Haus Büchsenstraße 102 A gehörte bis zum Oktober 1938 der Familie Levy und war von ihr zu einem Teil an die Robert Bosch GmbH vermietet worden. Eine Maklerfirma bot dem Unternehmen das gesamte Grundstück zum Kauf an, vermutlich weil die Eigentümer emigrieren mussten. Nach späteren Angaben war der Kaufpreis mit 68 000 RM angemessen. Doch stellte sich nach dem Krieg heraus, dass der Verkauf nicht korrekt im Grundbuch eingetragen und damit rechtsunwirksam war. Da sich das Grundstück rechtlich gesehen weiterhin im Besitz der Levys befunden hatte, traten deren Erben 1950 die Ansprüche wegen des Kaufpreises an Bosch ab. Amtsgericht Stuttgart, Schlichter für Wiedergutmachung, Vergleich in der Rückerstattungssache Max Lane und andere gegen die Firma Robert Bosch GmbH, 9.8.1950, RB 1 024 115.

45 Otto Rosenfeld war auch Vorsitzender des Stuttgarter Schachclubs. Seine Biografie und sein Schicksal im Dritten Reich werden literarisch beschrieben in: Peter Schweickhardt, Ehrenvorsitzender Rosenblum. Eine Erzählung, Stuttgart 2007.

46 Jewish Restitution Successor Organisation, Stuttgart Regional Office, an Pulkowski, 15.6.1951, RB 1 024 602 001; Martini an Schoenfeldt (JRSO), 12.7.1951, ebd.; Aktennotiz betr. Erwerb des Grundstücks Herdweg 63, 21.10.1949, ebd. Das Haus Herdweg 63 wurde im Krieg zerstört. Bosch verkaufte das Ruinengrundstück 1953 an den Thieme-Verlag.

47 Amtsgericht Stuttgart, Schlichter für Wiedergutmachung, Vergleich vom 25.11.1949, RB 1 024 116 001.

48 Rechtsanwälte Dr. Ostertag und Dr. Ulmer an den Schlichter, Wiedergutmachungsbehörde Stuttgart, Rückerstattungsantrag Namens Dr. h.c. Richard Heilner gegen Firma Robert Bosch GmbH und andere, 23.11.1948, S. 3 f. und S. 6 f., RB 1 024 304. Heilner hatte Bosch einst für die Paneuropa-Union angeworben, beide hatten auch der Deutsch-Französischen Gesellschaft angehört. Anita Ziegenhofer, Botschafter Europas. Richard Nikolaus Coudenhove-Kalergi und die Paneuropa-Bewegung in den zwanziger und dreißiger Jahren, Wien/Köln 2004, S. 111 f.; Scholtyseck, Bosch, S. 103 und S. 193. Einige Angaben zu Heilners Biografie finden sich in: http://www.dillmann-gymnasium.de/schule/geschichte/ehemalige.html; Die Heilner-Brüder aus Urspringen, in: http://www.hdbg.de/auswanderung/docs/heilner_bio.pdf.

49 Rechtsanwälte Dr. Ostertag und Dr. Ulmer an den Schlichter, Wiedergutmachungsbehörde Stuttgart, Rückerstattungsantrag Namens Dr. h.c. Richard Heilner gegen Firma Robert Bosch GmbH und andere, 23.11.1948, S. 6 f., RB 1 024 304; Dr. Ing. Friedrich Bihl, Wertschätzung des Grundstücks Herdweg 94 und 94/1, 19.1.1939, ebd.; REA an FIH, EEA/Th, BW/WEL u. a., 3.5.1949, ebd.

50 Knoerzer an REA betr. Rückerstattungsantrag Heilner, 5.5.1949, ebd. Knoerzer und Heilner hatten sich ursprünglich im Tennisklub Weißenhof kennengelernt. Ebd.

51 Amtsgericht Stuttgart, Schlichter für Wiedergutmachungssachen, Vergleich in der Rückerstattungssache des Dr. Richard Heilner, Aktenzeichen S 1 262, 10.9.1949, RB 1 024 305.

52 Dies gilt für eine Immobilie in der Bismarckallee 56 in Frankfurt-Bockenheim, die der Adler & Oppenheimer AG gehörte hatte und am 18. März 1937 für

46 000 RM an die Robert Bosch GmbH überging. Bei zwei Grundstücken in Budapest, die Bosch 1936 bzw. 1939 erwarb, ist es nicht eindeutig, ob die Verkäuferin jüdischer Herkunft war. Aufstellung über jüdische Fabriken und Geschäftshäuser gekauft seit 1933, 23. 8. 1945, RB 1 024 502; Aufstellung über jüdische Wohnhäuser und Grundstücke, gekauft seit 1933, 23. 8. 1945, ebd.; Ungeklärt, ob jüd. Besitz, 23. 8. 1945, ebd.

53 Protokoll der öffentlichen Sitzung der Spruchkammer Stuttgart-Schönleinstr. 11 am 6. 3. 1947, S. 2, StA Ludwigsburg EL 902 / 20, Bü 93826.

54 Rechtsanwalt Rupp an die Herren Testamentsvollstrecker, 31. 8. 1951, RB 1 001 258; Abschrift der Verhandlung vor dem Preußischen Notar im Bezirke des Oberlandesgerichts Frankfurt a. M., 7. 3. 1934, RB 1 013 267; Vertragsantrag vom 9. 11. 1934, ebd.

55 Vermerk betr. Privatsekretariat Dr. Robert Bosch, 5. 3. 1937, BArch R 8 136 / 3397. Demnach hatte sich Schloßstein zunächst für die Bayerische Wolldeckenfabrik Bruckmühl AG interessiert, die sich nicht in jüdischem Eigentum befand. Da in beiden Fällen kein Zusammenhang mit der Fertigung der Bosch-Gruppe bestand, dürfte es für Bosch dabei um eine Kapitalanlage gegangen sein.

56 Felix Olpp, Unser unvergesslicher Herr Bosch, S. 14a ff., RB 1 014 003; Verlagerungsbetriebe, Stand 1. 1. 1945, RB 1 013 156; Niederschrift über die Sitzung der RBTV am 17. 11. 1950, S. 6, RB 1 001 258.

57 Felix Olpp, Unser unvergesslicher Herr Bosch, S. 14i, RB 1 014 003.

58 Schloßstein an Testamentsvollstrecker, 12. 3. 1951, S. 8, RB 1 001 258, Felix Olpp, Unser unvergesslicher Herr Bosch, S. 17 f., RB 1 014 003.

59 Felix Olpp, Unser unvergesslicher Herr Bosch, S. 17 f., RB 1 014 003.

60 Ebd., 14g f.; Schloßstein an Testamentsvollstrecker, 8. 11. 1950, S. 8, RB 1 001 258; Schloßstein an Testamentsvollstrecker, 12. 3. 1951, S. 7, ebd. Nachdem die Victoria-Aktien aus dem Erbe Robert Boschs nicht mehr blockiert waren, überredete Olpp den Bosch-Enkel Georg Zundel, sich diese Wertpapiere auf sein Erbteil anrechnen zu lassen. Der Wert des Aktienpakets stieg später so stark an, dass Zundel einen Teil davon an Hamann verkaufte, um ein Waldgut in Kärnten zu erwerben. Mit dem Erlös konnte er dann auch noch ein Studentenwohnheim in Tübingen-Lustnau bauen. Felix Olpp, Unser unvergesslicher Herr Bosch, S. 14d f., RB 1 014 003. Olpps Darstellung nach soll Zundel seine restlichen Victoria-Aktien später doch an der Börse verkauft haben. Ebd.

61 Niederschrift über eine Sitzung des Aufsichtsrats der Robert Bosch GmbH am 18. 10. 1949, RB 1 002 008. Zur «Arisierung» der Metallerzbergbau Westmark siehe S. 162.

62 Steiner, Ortsempfänger, S. 225 f. Siegmund Loewe war 1934 aus der jüdischen Gemeinde ausgetreten und galt dann wegen seines jüdischen Vaters als «Mischling». Ebd., S. 35 und S. 231.

63 Bereits 1934 wollte Goerz erreichen, dass das Reichswirtschaftsministerium Robert Bosch bei der Firma Loewe als Treuhänder einsetzt. Steiner, Ortsempfänger, S. 29 f.

64 Niederschrift über eine Sitzung des Aufsichtsrats der Robert Bosch GmbH am 18. 10. 1949, RB 1 002 008. Zur Herkunft der Gattin von Paul Goerz: Goerz an die Militär-Regierung Det. 122, Hildesheim, 21. 8. 1945, Niedersächsisches Landesarchiv, Hauptstaatsarchiv Hannover, Nds 171 Hildesheim, Nr. 70820. Zu Rassbach siehe S. 591, Anm. 20.

65 Aktennotiz über eine Besprechung am 30. 11. 1937, Landesarchiv Berlin B Rep. 025–08, Nr. 4331/55 (WGA).

66 Ebd.; Steiner, Ortsempfänger, S. 230.

67 Die Firma Loewe wurde denn auch bald nach ihrem Rückzug aus der FESE vom Reichsluftfahrtministerium übernommen. Steiner, Ortsempfänger, S. 235 ff.

68 Vermerk REA betr. Rückerstattungsfälle, 13. 11. 1950, RB 1 013 156.

69 Steiner, Ortsempfänger, S. 307 ff.; Vergleich in der Rückerstattungssache 81 WGA 386.51, 14. 1. 1965, RB 1 610 026. Siehe hierzu auch S. 379 f.

4. Die Beteiligung an der Aufrüstung und die Rüstungsproduktion im Zweiten Weltkrieg

1 Zur Enteignung der Junkers-Flugzeugwerk AG und der Junkers-Motorenbau GmbH im Jahr 1933 vgl. Budraß, Flugzeugindustrie, S. 320 ff.

2 10-Jahresbericht des BTH3 (1. 4. 1930 – 31. 3. 1940), 19. 4. 1940, S. 12 f., RB 1 010 443.

3 Von einer «Obstruktionspolitik» (Scholtyseck) oder «Hinhaltetaktik» (Lessing) des Unternehmens gegenüber dem Reichsluftfahrtministerium und dem Heereswaffenamt kann jedenfalls nicht die Rede sein. Scholtyseck, Bosch, S. 134; Lessing, Bosch, S. 137. Scholtyseck stützt sich hier lediglich auf eine Notiz Robert Boschs vom 24. 4. 1936, in der in dieser sich mit dem Hinweis auf den Bau der Ausweichwerke und andere finanzielle Belastungen einem Spendengesuch der NSDAP verweigert hat. Ebd., S. 596, Anm. 102; Heuss, Bosch, S. 597. Die Behauptung, dass sich Bosch gegenüber den Vorgaben der Militärs widerspenstig verhalten hätte, geht auf Rechtfertigungsschriften zurück, die nach Kriegsende verfasst worden sind. Vgl. beispielsweise Willy Schloßstein, Einstellung des Herrn B. und seiner Firma zum Nazi-Regime, RB 1 013 076.

4 Scholtyseck und Lessing datieren die Gründung des Dreilindenwerks auf 1937. Scholtyseck, Bosch, S. 134; Lessing, Bosch, S. 137. Zur Entstehung des Dreilindenwerks siehe unten S. 195 ff.

5 Zur Rolle Knoblauchs siehe auch S. 195.

6 Aussage George Hansen vom 24. 2. 1948, zitiert nach: Hans Walz, Erklärung, 28. 7. 1948, S. 2, RB 1 013 036.

7 Becker/Scholtyseck, Bosch, S. 204.

8 Ebd.

9 Bericht der DRT über die bei der Robert Bosch GmbH vorgenommene Prüfung des Jahresabschlusses zum 31. 12. 1940, S. 53, RB 1 003 093 (Umsatz jeweils ohne durchlaufenden Umsatz der DLMG).

10 Im Jahr 1940 entfielen 51 Prozent des Umsatzes der Robert Bosch GmbH (ohne durchlaufenden Umsatz der DLMG) auf 30 Großabnehmer. Allein an Daimler-Benz gingen Lieferungen im Wert von rund 23 Mio. RM, was einem Anteil von rund 10 Prozent entsprach. Die direkten Behördenlieferungen, vor allem an das Reichsluftfahrtministerium, beliefen sich auf insgesamt 12,5 Mio. RM. Ebd., S. 22.

11 Siehe Anhang, S. 664, Tabelle «Beschäftigte und Umsätze der Bosch-Gruppe 1886–2012».

12 Pierer, Die Bayerischen Motorenwerke, S. 44.

13 Budraß, Flugzeugindustrie, S. 210. Schon damals sollten die wichtigsten Zulieferer für den Flugzeugbau, darunter auch die Zünderfertigung von Bosch, aus Sicherheitsgründen in die Mitte des Reichs verlagert werden, was aus Kostengründen aber nicht durchgeführt werden konnte. Ebd.

14 Bosch an Mauk, 22. 12. 1933, in: Becker/Scholtyseck, Bosch, S. 204.

15 Budraß, Flugzeugindustrie, S. 352.

16 Besprechungen am 16. 6. 1934, BArchM RL 3/287. Knoblauch war 1927–1931 Abteilungschef im Heereswaffenamt gewesen. Es ist davon auszugehen, dass Bosch ihn eigens für die Verhandlungen mit den Rüstungsbehörden einstellt hat. Wie die Verbindung Knoblauchs zur Robert Bosch AG zustande kam, lässt sich nicht mehr feststellen. Bei Bosch arbeitete Knoblauch bis 1939 als «Beauftragter der Robert Bosch A.-G. Stuttgart, Verkaufsbüro Berlin-Charlottenburg». Zur Biografie Knoblauchs: Dermot Bradley/Karl-Friedrich Hildebrand/Markus Rövekamp, Die Generale des Heeres 1921–1945, Bd. 7: Knabe-Luz, Osnabrück 2004, S. 22 f.

17 Vertrag zwischen dem Reichsluftfahrtministerium und der Firma Robert Bosch Aktiengesellschaft, Stuttgart, 16. 8. 1934/3. 9. 1934, RB 1 606 003. Bei der Finanzierung legte Bosch Wert darauf, das neue Werk aus eigenen Mitteln und nicht mit Krediten des Reichs zu errichten, weil es zu den Grundsätzen der Firma gehörte, sich nicht von Fremdfinanzierungen abhängig zu machen. Kreditprotokoll Nr. 257/39, 14. 10. 1940, BArch R 8 121/286.

18 Besprechungen am 25. 5. 1934, BArchM RL 3/287. Zur Entstehung des Dreilindenwerks und zur Geschichte der Dreilinden Maschinenbau GmbH vgl. Angela Martin, Ich sah den Namen Bosch. Polnische Frauen als KZ-Häftlinge in der Dreilinden Maschinenbau GmbH, hg. von der Berliner Geschichtswerkstatt, Berlin 2002, S. 215–299.

19 Vertrag zwischen dem Reichsluftfahrtministerium und der Firma Robert Bosch Aktiengesellschaft, Stuttgart, 16. 8. 1934/3. 9. 1934, RB 1 606 003.

20 Johannes Bähr, Industrie im geteilten Berlin (1945–1990): Die elektrotechnische Industrie und der Maschinenbau im Ost-West-Vergleich: Branchenentwicklung, Technologien und Handlungsstrukturen (Einzelveröffentlichungen der Historischen Kommission zu Berlin, Bd. 83), München 2001, S. 23 ff.; Sigfrid von Weiher, Berlins Weg zur Elektropolis. Ein Beitrag zur Technik- und Industriegeschichte an der Spree, Göttingen/Zürich 1987, S. 137 ff.

21 Bericht über die Sitzung am 1. 10. 1934 im Reichswirtschaftsministerium, Abteilung VIII, betr. Bauvorhaben der Firma Bosch in Dreilinden, BArch R 3 901/20712.

22 Hermann Bauer, Bosch und seine Beteiligung an der Rüstung, S. 1, RB 1 013 062.

23 So heißt es in einem Vermerk über eine Besprechung vom 27. Juli 1934: «Die Differenzen zwischen den Vorschlägen von L. D. und der Firma werden, im allgemeinen durch Nachgeben der Firma Bosch, beseitigt.» Besprechungen am 27. 7. 1934, BArchM RL 3/287. Bosch hatte sogar Sorge, dass das Dreilinden-Projekt unerwünschte Konkurrenz bekommen könnte, wie aus dem Vermerk über eine Besprechung am 11. September 1935 hervorgeht: «Die Firma [d. i. Bosch] ist beunruhigt wegen des Anlaufens von Entwicklungsarbeiten bei der Firma Siemens. Ihr wird ausdrücklich bestätigt, dass der Vertrag bezüglich Dreilinden volle Gültigkeit hat.» Besprechungen am 11. 9. 1935, BArchM RL 3/299.

24 Reichsminister der Luftfahrt an Robert Bosch AG, Direktion, 3. 9. 1934, RB 1 606 003; Besprechungen am 19. 8. 1935, BArchM RL 3/287.

25 Paul Vogelsang war 1920 in die Robert Bosch Metallwerk AG in Feuerbach eingetreten. Seit 1924 war er dort kaufmännischer Leiter. Heinrich Walchenbach arbeitete seit 1928 bei Bosch. Zu Vogelgsang vgl. Paul Vogelgsang tritt in den Ruhestand, in: *Bosch-Zünder* 12/1957, S. 254; Otto Debatin, Paul Vogelgsang, in: RB 1 044 005/3. Ein handschriftliches Manuskript der Erinnerungen Vogelgsangs findet sich in: RB 1 606 004.

26 Budraß, Flugzeugindustrie, S. 353; ders., Zwischen Unternehmen und Luftwaffe. Die Luftfahrtforschung im «Dritten Reich», in: Helmut Maier (Hg.), Rüstungsforschung im Nationalsozialismus. Organisation, Mobilisierung und Entgrenzung der Technikwissenschaften (Geschichte der Kaiser-Wilhelm-Gesellschaft im Nationalsozialismus, Bd. 3), Göttingen 2001, S. 161 f.; Constanze Werner, Kriegswirtschaft und Zwangsarbeit bei BMW, München 2005, S. 32 ff.

27 Richard van Basshuysen (Hg.), Ottomotoren mit Direkteinspritzung. Verfahren, Systeme, Entwicklung, Potenzial, Wiesbaden 2007, S. 11; Kyrill von Gersdorff/ Kurt Grasmann, Flugmotoren und Strahltriebwerke, München 1981, S. 169 f.; Pohl/ Habeth/Brüninghaus, Daimler-Benz, S. 98 ff.; Bosch-Benzindirekteinspritzung für Flugmotoren, 12. 1. 2012, RB Luftfahrt 016/005.

28 Daimler-Benz AG an das Reichsministerium der Luftfahrt, Abt. LC 3, Herrn Flieger-Hauptstabsingenieur Eisenlohr, 23. 8. 1939, BArchM RL 3/587.

29 G. F. C. C., Etude sur le groupe Robert Bosch en Allemagne et à l'étranger, Sept. 1947, Archives du Ministère des affairs étrangères et européennes, La Courneuve, GMFB 2/312/2.

30 Bis Ende 1938 sollte eine Produktion von 100 Einspritzpumpen pro Monat erreicht werden. Bei Bosch sah man darin «außerordentliche, nie geplante Anforderungen, die Neueinstellung, Neuschulung usw. zur Folge haben». Robert Bosch GmbH (Durst/Lippart) an das Reichsluftfahrtministerium, z. H. Dipl. Ing. Mahnke, 22. 7. 1938, RB 1 606 003.

31 Ebd.; Kreditprotokoll Nr. 257/39, 14. 10. 1940, BArch R 8 121/286; Bericht der DRT über die bei der Robert Bosch GmbH vorgenommene Prüfung des Jahresabschlusses zum 31. 12. 1940, S. 22, RB 1 003 093. Der Gewinn der DLMG im Geschäftsjahr 1939 belief sich demnach auf 900 000 RM.

32 Zitiert nach: Hermann Bauer, Bosch und seine Beteiligung an der Rüstung, RB 1 013 062.

33 Ebd.

34 An den Investitionen in Höhe von 24 Mio. RM beteiligte sich Bosch mit einem Betrag von 10,8 Mio. RM aus eigenen Mitteln. Weitere 13,2 Mio. RM wurden durch einen Kredit der reichseigenen Luftkontor GmbH (ab 1940: Bank der deutschen Luftfahrt) aufgebracht. Reichsminister der Luftfahrt und Oberbefehlshaber der Luftwaffe, LF 3, von Hellingrath, an Luftkontor GmbH Berlin-Schöneberg, 21. 11. 1939, BArch R 8 121/286.

35 Produktionsstatistik seit 1887, RB 1 007 075.

36 Bosch-Benzindirekteinspritzung für Flugmotoren, 12. 1. 2012, RB Luftfahrt 016/005.

37 Besprechungen am 19. 8. 1935, BArchM RL 3/299.

38 Besprechungen am 11. 9. 1935, ebd.

39 Dietrich Steiner, Firmenchronik der Blaupunkt-Werke, S. 7, RB 71 1003.

40 1944 entfielen von der Fertigung der Blaupunkt GmbH 45 Prozent auf Aufträge von Bosch und der DLMG, 55 Prozent auf direkte Aufträge des Heeres und der Luftwaffe. Das Unternehmen verfügte nun über eines der am besten ausgerüsteten Hochfrequenzlaboratorien Deutschlands. Vermerk über eine Besprechung am 20. 1. 1944 betr. Blaupunktwerke GmbH, Wilmersdorf, BArch R 8 121/148; Auszug aus dem Aktenvermerk vom 26. 8. 1943 wegen Dreilinden Maschinenbau GmbH, Kleinmachnow, ebd.

41 Overesch, Bosch, S. 24 f., S. 28 f. und S. 40 ff.

42 Ebd., S. 45.

43 Overesch, Bosch, S. 40.

44 Ebd., S. 40 ff., S. 43 ff. und S. 52 f.; Niederschrift über Besprechungen in Berlin, betr. Standortwahl für AW II am 8./9. 9. 1937, 13. 9. 1937, Werksarchiv Bosch Hildesheim I/2; Bericht über die Entwicklung des Werkes bis zum Herbst 1953, 25. 10. 1953, ebd.

45 Otto Debatin, Robert Bosch GmbH und NSDAP, S. 21, RB 1 013 078.

46 Dass die Standortsuche sieben Monate lang dauerte, war nicht von Bosch beabsichtigt, sondern den unklaren Vorgaben und der Einflussnahme der verschiedenen beteiligten Behörden geschuldet. Overesch sieht in der langen Standortsuche «auch einen hinhaltenden Widerstand der Robert Bosch GmbH gegen eine Teilnahme an der Rüstungswirtschaft». Overesch, Bosch, S. 54. Er verweist dabei auf die Einstellung von Hans Walz gegenüber dem Nationalsozialismus und Walz' Verbindung zu Goerdeler. Beides stand jedoch in keinerlei Bezug zur Entscheidung über das Ausweichwerk in Norddeutschland.

47 Zitiert nach: Overesch, Bosch, S. 41.

48 Barbara Hopmann, Von der Montan zur Industrieverwaltungsgesellschaft (IVG), 1916–1951, Stuttgart 1996, S. 71 ff.; Bähr/Drecoll/Gotto, Flick-Konzern, S. 143.

49 Kurze Zusammenfassung der wichtigsten Punkte aus der Besprechung vom 28. 6. 1937 im Heereswaffenamt, betreffend Ausweichwerk II (AW II), Werksarchiv Bosch Hildesheim I/2.

50 Mantelvertrag zwischen dem Deutschen Reich, vertreten durch das Oberkommando des Heeres, und der Firma Robert Bosch GmbH, 2.11./20. 12. 1938, ebd.

51 Bericht über die Entwicklung des Werkes bis zum Herbst 1953, 25. 10. 1953, Werksarchiv Bosch Hildesheim I/2; Overesch, Bosch, S. 31. Gesellschafter der ELFI waren zu 98 Prozent die Robert Bosch GmbH und zu 2 Prozent die Eugen Bauer GmbH.

52 Carl Martin Dolezalek, der aus einer bekannten Ingenieursfamilie stammte, galt als eine der Hoffnungen der deutschen Maschinenbauwissenschaft, hatte aber keine Professur erhalten, weil er nicht Mitglied der NSDAP war. Erst 1940 trat Dolezalek in die Partei ein. 1955 wurde Dolezalek als Professor an die Technische Hochschule Stuttgart berufen. Er gründete in Stuttgart das Institut für Industrielle Fertigung und Fabrikbetrieb, das heutige Fraunhofer-Institut für Produktionstechnik und Automatisierung. Otto Kienzler, Carl Martin Dolezalek 70 Jahre, in: VDI-Nachrichten, 15. 10. 1969, S. 25; Overesch, Bosch, v. a. S. 261 f.; Helmut Trischler/Rüdiger vom Bruch, Forschung für den Markt. Geschichte der Fraunhofer-Gesellschaft, München 1999, S. 371 ff.; Öffentliche Sitzung des Entnazifizierungs-Hauptausschusses Hildesheim, 30. 5. 1949, Niedersächsisches Landesarchiv, Hauptstaatsarchiv Hannover, Nds 171 Hildesheim, C. M. Dolezalek. Max Clostermeyer, ein früherer Berufsoffizier, arbeitete seit 1923 bei Bosch. Er gehörte der NSDAP und auch der SS an. Overesch, Bosch, S. 78; Spruchgericht 18, Spruchkammer, Urteil in dem Spruchgerichtsverfahren gegen Max Clostermeyer, 22. 11. 1948, Niedersächsisches Landesarchiv, Hauptstaatsarchiv Hannover, Nds 171 Hannover, Nr. 17494. 1951 trat Clostermeyer wieder bei Bosch ein, in die technische Leitung des Zünderwerks. Lebenslauf Max Clostermeyer, RB 1 094 001/17.

53 Bericht über die Entwicklung des Werkes bis zum Herbst 1953, 25. 10. 1953, Werksarchiv Bosch Hildesheim I/2; Overesch, Bosch, S. 32 f.

54 Zitiert nach: Overesch, Bosch, S. 63.

55 Ebd., S. 165; Elektro- und Feinmechanische Industrie GmbH, Denkschrift der Geschäftsleitung, 9. 6. 1941, S. 7, Werksarchiv Bosch Hildesheim I/2.

56 Overesch, Bosch, S. 217.

57 Elektro- und Feinmechanische Industrie GmbH, Denkschrift der Geschäftsleitung, 9. 6. 1941, S. 7, Werksarchiv Bosch Hildesheim, I/2.

58 Nach einer Statistik der Trillke-Werke waren am 1. 3. 1945 300 von 2208 deutschen Beschäftigten (13,6 Prozent), aber rund 27 Prozent der männlichen deutschen Belegschaft Mitglied der NSDAP. Stand der Belegschaft und Rückgang des NS-Einflusses in den Trillke-Werken, Werksarchiv Bosch Hildesheim. Vgl. Overesch, Bosch, S. 252. Bei der Robert Bosch GmbH lag der Anteil der NSDAP-Mitglieder an den deutschen Beschäftigten bei knapp unter 20 Prozent. Siehe S. 173.

59 Bericht über die Entwicklung der Firma Trillke-Werke GmbH Hildesheim (Stand März 1944), Werksarchiv Bosch Hildesheim I/8; Overesch, Bosch, S. 33.

60 Zitiert nach: Overesch, Bosch, S. 151.

61 Ebd.

62 Overesch, Bosch, S. 152 f.

63 Ebd., S. 31; Zeitzeugeninterview Fricke vom 6./7. 5. 2010.

64 Bericht über die Entwicklung des Werkes bis zum Herbst 1953, 25. 10. 1953, Werksarchiv Bosch Hildesheim I/2; Overesch, Bosch, S. 31.

65 Overesch, Bosch, S. 38, S. 163 und S. 237; Zeitzeugeninterview Fricke vom 6./7. 5. 2010.

66 Oeffentliche Urkunde über die Gründung der «Industria Aktiengesellschaft», mit Sitz in Chur, 22. 5. 1930, RB 1 011 039; Aufstellung, 14. 1. 1931, ebd.; Hans Walz, Darstellung zur Industria Kontor AG und zur Robertina AG (März 1931), RB 1 011 138 001; Vermerk ZR vom 26. 8. 1985, RB 1 011 149 002.

67 Hans Walz, Darstellung zur Industria Kontor AG und zur Robertina AG (März 1931), RB 1 011 138 001.

68 Vermerk ZR vom 26. 8. 1985, RB 1 011 149 002; Abschrift REA/Gr 26. 3. 1952 betr. American Bosch Corporation, S. 2 f., RB 1 022 031 004. Die Nakib war 1929 von der Danatbank und der Stockholms Enskilda Bank gegründet worden. Anfang 1934 kontrollierte Bosch rund 82 Prozent der ausgegebenen ABC-Aktien. Von der Bosch-Beteiligung an der UABC befanden sich wiederum 39,4 Prozent im Besitz der Nakib, 16,9 Prozent gehörten formal Mendelssohn Amsterdam, 39,2 Prozent gehörten der Industria Kontor AG und der Robertina AG, 4,5 Prozent der Firma E. Eisemann. Ebd.

69 Aktennotiz Willy Schloßstein, 21. 11. 1947, RB 1 013 039. Eine Rolle mag auch gespielt haben, dass die Schweizer Regierung damals den Transfer von Erträgen aus deutschen Wertpapieren, die in der Schweiz verwahrt wurden, nicht mehr zulassen wollte. S. Kuhn an O. Fischer, 13. 7. 1936, RB 1 011 086 007.

70 Zitiert nach: Aktennotiz Willy Schloßstein, 21. 11. 1947, RB 1 013 039. Dass Bosch die Auslandsgesellschaften damit auch vor dem Zugriff des NS-Staats schützen wollte, wie Scholtyseck meint, trifft nicht zu. Vgl. Scholtyseck, Bosch, S. 232. Vielmehr stimmten die deutschen Behörden der Transaktion ausdrücklich zu, da sie genau das einbrachte, was Göring im Oktober 1936 von den Unternehmen verlangt hatte:

einen hohen Devisenbetrag für das Reich. Abgesehen davon befanden sich die Aktien der Auslandsgesellschaften ja bereits in der Schweiz und in den Niederlanden, nur eben im Besitz von Gesellschaften, die zur Bosch-Gruppe gehörten.

71 Vertrag zwischen der Robert Bosch GmbH und Mendelssohn & Co., Amsterdam, 6./7. 4. 1937, RB 1 022 071; Gegenüberstellung der Verkaufs- und Rückkaufspreise, 26. 9. 1940, RB 1 022 071; Bericht Thomä, 5. 11. 1940, S. 6, RB 1 011 107; Abschrift REA/Gr 26. 3. 1952 betr. American Bosch Corporation, S. 2 f., RB 1 022 031 004; Gegenüberstellung der Verkaufs- und Rückkaufspreise, 26. 9. 1940, RB 1 022 071; Scholtyseck, Bosch, S. 233. Mendelssohn Amsterdam übernahm später noch die Scintilla AG/Guma und die Ascot Water Heaters Ltd. Insgesamt zahlte Mendelssohn Amsterdam umgerechnet rund 7,37 Mio. RM an Bosch. Gegenüberstellung der Verkaufs- und Rückkaufspreise, 26. 9. 1940, RB 1 022 071.

72 Robert Bosch AG an die Wirtschaftsgruppe der Elektro-Industrie, Berlin, 26. 6. 1935, RB 1 011 086 007.

73 Zu Mannheimers Werdegang und seinen Geschäftspraktiken vgl. Julius H. Schoeps, Das Erbe der Mendelssohns. Biographie einer Familie, 2. Aufl., Frankfurt am Main 2011, S. 316 ff.; André Kostolany, Mehr als Geld und Gier, 2. Aufl., München 2006, S. 15 f.; Scholtyseck, Bosch, S. 230 ff.

74 Siehe S. 139.

75 Ebd., S. 320 f.; Christoph Kreutzmüller, Händler und Handlungsgehilfen. Der Finanzplatz Amsterdam und die deutschen Großbanken (1918–1945), Stuttgart 2005, S. 45. Die frühere Muttergesellschaft in Berlin, das Bankhaus Mendelssohn & Co., war bereits Ende 1938 nach einer «Arisierung» durch die Deutsche Bank in Liquidation gegangen.

76 Bericht Thomä, 5. 11. 1940, S. 2, RB 1 011 107.

77 Ebd., S. 3.

78 Scholtyseck, Bosch, S. 293; Ulf Olsson, Stockholms Enskilda Bank and The Bosch Group 1939–1950, Stockholm 1998, S. 14 f.; Aktennote betr. Besprechung mit Baron Waldemar von Oppenheim, 3. 11. 1939, RB 1 011 107.

79 Vertrag zwischen der SEB, der AB Planeten und der Robert Bosch GmbH, 5. 12. 1939, RB 1 011 120 001; Olsson, Stockholms Enskilda Bank, S. 14 f. Vgl. ferner Gerald Aalders/Cees Wiebes, Stockholms Enskilda Bank, German Bosch and I. G. Farben. A short history of cloaking, in: Scandinavian Economic History Review, Vol. 33 (1985), No. 1, S. 25–50; Gegenüberstellung der Verkaufs- und Rückkaufspreise, 26. 9. 1940, RB 1 022 071.

80 Olsson, Stockholms Enskilda Bank, S. 14 ff.

81 Abschrift REA/Gr 26. 3. 1952 betr. American Bosch Corporation, S. 2k, RB 1 022 031 004; Olsson, Stockholms Enskilda Bank, S. 16 ff.; Aktennote vom 14. 6. 1945, RB 1 194 019; Gegenüberstellung der Verkaufs- und Rückkaufspreise, 26. 9. 1940, RB 1 022 071.

82 Bericht Thomä, 5. 11. 1940, S. 5 ff., RB 1 011 107; Gegenüberstellung der Verkaufs- und Rückkaufspreise, 26. 9. 1940, RB 1 022 071. Die Beteiligung an der britischen Firma Ascot erwarb ein niederländisches Unternehmen von der Nakib.

83 Dabei handelte es sich um folgende Gesellschaften: American Bosch Corp. (New York/Springfield), Robo AB (Stockholm), A/S Magneto (Kopenhagen), A/S Automagnet (Oslo), SA Allumage Lumière (Brüssel), Robert Bosch AG (Genf), Equipo Bosch SA (Barcelona), Robert Bosch SA (Buenos Aires), Scintilla AG/Guma (Solothurn), Industria Kontor AG (Chur), Robertina AG (Glarus), Amsterdamsche Maatschappij voor Nijverheidsbelangen (Amsterdam), N. V. Internationale Trust & Administratie Maatschappij «Fundus» (Maastricht). Gegenüberstellung der Verkaufs- und Rückkaufspreise, 26. 9. 1940, RB 1 022 071.

84 Ebd.

85 Ebd., S. 21 f.; Scholtyseck, Bosch, S. 425.

86 Department of Justice, War Division, Economic Warfare Section, Report on the Activities of Robert Bosch G.m.b.H. in the Fuel Injection Industry, 16. 6. 1943, p. 24 ff., NARA RG 122, Box 2.

87 Fritz Mannheimer hatte die Aktien dort als Sicherheit für einen Kredit hinterlegt. Abschrift REA/Gr 26. 3. 1952 betr. American Bosch Corporation, S. 2n, RB 1 022 031 004; Office of Alien Property Custodian, Annual report for the period March 11, 1942 to June 30, 1943, Reprint, New York 1977, S. 63.

88 Olsson, Stockholms Enskilda Bank, S. 22 ff.

89 Ebd., S. 25.

90 Ebd. Die Robert Bosch GmbH, Genf, und Aktien der Scintilla AG/Guma wurden bereits 1941 in die Schweiz verkauft.

91 Excerpt from Documents pertaining to the Gold Transaction, S. 9 ff. und S. 18, RB 1 104 019 001.

92 Ralf Banken, Edelmetallmangel und Großraubwirtschaft. Die Entwicklung des deutschen Edelmetallsektors im «Dritten Reich» 1933–1945 (Jahrbuch für Wirtschaftsgeschichte, Beiheft 13), Berlin 2009; Unabhängige Expertenkommission Schweiz – Zweiter Weltkrieg, Die Schweiz und die Goldtransaktionen im Zweiten Weltkrieg (Veröffentlichungen der UEK, Bd. 16), Zürich 2002, S. 43 f. und S. 55 ff.

93 Die Alliierten hatten bereits in der Londoner Erklärung vom 5. Januar 1943 die neutralen Länder vor Geschäften mit Raubgut aus dem deutschen Herrschaftsbereich gewarnt. Unabhängige Expertenkommission Schweiz – Zweiter Weltkrieg, Schweiz, S. 149.

94 Excerpt from Documents pertaining to the Gold Transaction, S. 21, RB 1 104 019 001.

95 Diese Wertpapiere blieben bis Kriegsende beim Bankhaus Leu deponiert. Das Depot wurde unter dem Namen von Célestine Frei-Meyer, der Ehefrau des Schweizer Bosch-Vertrauensmanns Max Frei geführt, ebd., S. 23 ff. und S. 29.

96 Mira Wilkins, The history of foreign investments in the United States, 1914–1945 (Harvard studies in business history, 43), Cambridge/Mass., S. 541.

97 Olsson, Stockholms Enskilda Bank, S. 28 ff.

98 G. F. C. C., Etude sur le groupe Robert Bosch en Allemagne et à l'étranger, Sept. 1947, Archives du Ministère des affairs étrangères et européennes, La Courneuve, GMFB 2/312/2; Dreilinden Maschinenbau GmbH, Kleinmachnow, Bericht der Geschäftsführer über das 5. Geschäftsjahr (Kalenderjahr 1940), BArch R 8 121/286; Martin, Bosch, S. 249.

99 Siehe S. 161.

100 Willi Glasbrenner, Arbeit und Rüstung. Die Geschichte des Arbeitsdienstes und der Firma «Bosch» in Crailsheim 1933–1945, Crailsheim 2009, S. 95 ff. und S. 106 ff.

101 Ebd., S. 141. Als Begründung gab man bei Bosch nach dem Krieg an, in Crailsheim hätten sich entgegen den Zusicherungen der Behörden nicht genügend geeignete Arbeitskräfte gefunden. Hermann Bauer, Bosch und seine Beteiligung an der Rüstung, S. 2, RB 1 013 062; Betriebsgeschichte des Außenwerkes Bamberg, 17. 7. 1954, S. 1, RB 1 070 005.

102 Glasbrenner, Arbeit, S. 141 und S. 160; Schreiben Az.2 f.-X-Dr. L./Sto., 16. 3. 1942, BArchM RW 21–65/12.

103 Zweigstelle Nürnberg des Landesarbeitsamts Bayern an den Planungsreferenten beim Reichsstatthalter in Bayern, Flierl, 10. 8. 1939, RB 1 070 144 001; Betriebsgeschichte [o. D.], RB 1 070 005; Das Außenwerk 1 – Bamberg, RB 1 070 144 001.

104 Das Außenwerk 1 – Bamberg, RB 1 070 144 001.

105 Betriebsgeschichte des Außenwerkes Bamberg, 17. 7. 1954, S. 2 ff., RB 1 070 005.

106 Die Manurhin stellte Fleischereimaschinen, Munitionsmaschinen und Pistolen her. Im Frühjahr 1940 war der gesamte Verwaltungsrat geflüchtet. Der Firmensitz war nach Cusset bei Vichy verlegt worden. Deutsche Revisions- und Treuhand AG, Niederlassung Straßburg, Bericht des kommissarischen Verwalters betreffend Maschinenbauwerke AG, Mülhausen/Elsass, 20. 5. 1941, Archives Départementales du Haut-Rhin, Colmar, Purg 54075; Rüstungskommando Straßburg, Aktennotiz vom 17. 10. 1940, ebd.

107 Aktenvermerk, 9. 9. 1940, ebd. Bosch galt bereits zu diesem Zeitpunkt als «Hauptinteressent» für das Manurhin-Werk in Burzweiler. Ebd.

108 Rundschreiben WOL Rosenberg betr. Foa 2 – Bosch Gliederung/Neues Außenwerk, 29. 10. 1940, RB 1 004 088; Mietvertrag, 8. 10. 1940, Archives Départementales du Haut-Rhin, Colmar, Purg 54075; Kaufvertrag, 10. 10. 1940, ebd.; Vereinbarung über Einräumung eines Vorkaufsrechts, 8. 10. 1940, ebd.

109 Joachim Scholtyseck, Der Aufstieg der Quandts. Eine deutsche Unternehmerdynastie, München 2011, S. 570.

110 Hermann Bauer, Bosch und seine Beteiligung an der Rüstung, RB 1 013 062.

111 Im September 1943 hatte die Sundgau Maschinenbau GmbH 3213 Beschäftigte. Unter ihnen befanden sich 2872 Elsässer, 160 Deutsche, 30 Franzosen sowie Zwangsarbeiter aus mehreren Ländern, aber auch einige Schweizer. Sundgau Maschinenbau GmbH, Zusammenstellung der in den geschützten Betrieben des A. O. III Rü Straßburg i. E. beschäftigten Arbeitskräfte nach dem Stand vom 21. 9. 1943, BArchM RW 20–5/41.

112 Siehe hierzu S. 203 ff.

113 Economic Warfare Section, Department of Justice, Confidential Report June 16, 1943, in: Department of Justice, War Division, Economic Warfare Section, Report on the Activities of Robert Bosch G.m.b.H. in the Fuel Injection Industry, 16. 6. 1943, p. 38, NARA RG 122, Box 2 (auch in: RB 1 010 249). Die Beschäftigtenzahl stieg bei Lavalette bis Juni 1943 auf 437 an. Zahl der mit Geräten oder Teilen nach Bosch-Konstruktion Beschäftigten bei den Nachbauern, Zulieferern und Außenwerkstätten, sowie zusätzlicher Leutebedarf, RB 1 051 062.

114 Hans Walz, Erklärung, 28. 7. 1948, S. 23, RB 1 013 036.

115 Robert Bosch GmbH, Verkaufshaus Berlin, Bericht über die Ostreise von Ernst Gmelin (Leiter des Verkaufshauses Berlin) in der Zeit vom 1.5.–13. 5. 1944, 2. 6. 1944, RB 1 013 148. Die BDK-Werke waren heereseigene Betriebe unter treuhänderischer Leitung von Bosch.

116 Fastnacht/Kuhlgatz/Schmitt/Siegel, 125 Jahre, S. 203.

117 Zur Zahl der Einberufungen: Robert Bosch GmbH, Geschäftsbericht 1946, S. 10. Zur Zwangsarbeit siehe S. 218–235.

118 Siehe Tabelle 14.

119 Siehe Anhang, S. 664 ff., Tabelle «Beschäftigte und Umsätze der Bosch-Gruppe 1886–2012».

120 G. F. C. C., Etude sur le groupe Robert Bosch en Allemagne et à l'étranger, Sept. 1947, Archives du Ministère des affairs étrangères et européennes, La Courneuve, GMFB 2/312/2; Personalstand vom 31. 12. 1944, RB 1 007 086.

121 G. F. C. C., Etude sur le groupe Robert Bosch en Allemagne et à l'étranger, Sept. 1947, Archives du Ministère des affairs étrangères et européennes, La Courneuve, GMFB 2/312/2. Der Umsatz von Blaupunkt lag 1939 bei 30,0 Mio. RM, 1940 bei 17,5 Mio. RM und 1941 bei 28,5 Mio. RM. Ebd.

122 B. I. O. S. Final report No. 551, German Wireless Communication, mainly with reference to Cm, Dm and Pulse Technique, London 1946; Wolfgang Scharschmidt, Röhrenhistorie. Die Technikgeschichte der Elektronenröhre, Bd. 4: Deutsche Wehrmachtsröhren, Dessau 2010.

123 Overesch, Bosch, S. 218; Zahl der mit Geräten oder Teilen nach Bosch-Konstruktion Beschäftigten bei den Nachbauern, Zulieferern und Außenwerkstätten, sowie zusätzlicher Leutebedarf, RB 1 051 062; Robert Bosch GmbH, Geschäftsbericht 1944, S. 4.

124 Joseph Hoppe, Fernsehen als Waffe. Militär und Fernsehen in Deutschland 1935–1950, in: Museum für Verkehr und Technik (Hg.), Ich diente nur der Technik. Sieben Karrieren zwischen 1940 und 1950 (Schriftenreihe des Museums für Verkehr und Technik Berlin, Bd. 13), Berlin 1995, S. 76.

125 Ebd., S. 67 ff.

126 Ebd., S. 78.

127 Speer war der Ansicht, «dass das Reich sich nicht an Privatgesellschaften beteiligen solle, wenn hierzu nicht eine ganz zwingenden Notwendigkeit vorläge». Ebd., S. 74 ff. und S. 78 f.

128 So die Darstellung von Paul Goerz in einem Schreiben an Eric C. Rassbach. Goerz an Rassbach, 14. 1. 1944, RB 1 610 021. Vgl. Hoppe, Fernsehen, S. 80 f.

129 Der Ring elektrische Ausrüstungen wurde von Bosch-Geschäftsführer Erich Carl Rassbach geleitet, der Sonderausschuss T-15 von seinem Kollegen Ernst Durst.

130 Der Reichsminister für Bewaffnung und Munition an die Geschäftsführung der Robert Bosch GmbH, 3. 3. 1943, RB 1 013 064.

131 Walter Schiedt, Erklärung, 11. 12. 1946, RB 1 013 064; Leistungsbericht der Siling-Werke GmbH, erstattet zur Erlangung der ersten Anerkennungsurkunde im Leistungswettkampf deutscher Betriebe (Mai 1944), RB 1 611 001/2. Zur Geschichte der Christian Dierig AG vgl. Christian Dierig AG Augsburg (Hg.), Das Werk von fünf Generationen – 150 Jahre Dierig, Augsburg 1955.

132 Hermann Bauer, Bosch und seine Beteiligung an der Rüstung, RB 1 013 062.

133 Alfred Konieczny, Das KZ Groß-Rosen in Niederschlesien, in: Ulrich Herbert/Karin Orth/Christoph Dieckmann, Die nationalsozialistischen Konzentrationslager. Entwicklung und Struktur, Bd. 1, Göttingen 1998, S. 317.

134 Siling-Apparatebau GmbH an die Kriminalpolizei Stuttgart, 26. 2. 1952, ITS Digitales Archiv Doc. No. 82111434#1.

135 Der Ingenieur Theodor Baumann arbeitete seit 1921 bei Bosch und war seit 1929 technischer Leiter des Öler-Werks. Personalstammkarte Theodor Baumann, RB 1 094 011; Leitende Bosch-Männer, Baumann, in: *Bosch-Zünder* 5/1959, S. 103. Alfred Brack war 1936 in die Robert Bosch GmbH eingetreten und hatte hier u. a.

als kaufmännisch-organisatorischer Berater der Vertragsfabriken gearbeitet, Lebenslauf Alfred Brack, RB 1 611 003.

136 Leistungsbericht der Siling-Werke GmbH, erstattet zur Erlangung der ersten Anerkennungsurkunde im Leistungswettkampf deutscher Betriebe (Mai 1944), S. 5 f., RB 1 611 001/2. Nach einer späteren Aussage sind bis zu 1200 Arbeiter von Stuttgart nach Langenbielau umgesetzt worden. Spruchkammer Stuttgart, Kammer 7, Feuerbach, Aufgliederung der Spruchbegründung zum Verfahren Langenbielau, durchgeführt in der Zeit vom 22. 9.–24. 10. 1947, S. 8, RB 1 611 002.

137 Leistungsbericht der Siling-Werke GmbH, erstattet zur Erlangung der ersten Anerkennungsurkunde im Leistungswettkampf deutscher Betriebe (Mai 1944), RB 1 611 001/2.

138 Hermann Bauer, Eidesstattliche Erklärung, 20. 3. 1946, StA Ludwigsburg EL 902/20, Bü 90 857 (Spruchkammerakte Hermann Bauer).

139 Spruchkammer Stuttgart, Kammer 7, Feuerbach, Aufgliederung der Spruchbegründung zum Verfahren Langenbielau, durchgeführt in der Zeit vom 22. 9.–24. 10. 1947, S. 59 f., RB 1 611 002. In Langenbielau und Reichenbach waren Außenlager des KZ Groß-Rosen errichtet worden. Alfred Konieczny, Langenbielau I (Bielawa), in: Wolfgang Benz/Barbara Distel (Hg.), Der Ort des Schreckens. Geschichte der nationalsozialistischen Konzentrationslager, Bd. 6: Natzweiler, Groß-Rosen, Stutthof, München 2007, S. 377–380.

140 Zu dieser Verlagerung siehe S. 202. Vgl. auch Overesch, Bosch, S. 237.

141 Hermann Bauer, Eidesstattliche Erklärung, 20. 3. 1946, StA Ludwigsburg EL 902/20, Bü 90 857 (Spruchkammerakte Hermann Bauer). Bauer vertrat bei dieser Besprechung Ernst Durst, den Leiter des Sonderrings T-15.

142 Ebd. In Bezug auf Bosch soll Milch zu Bauer gesagt haben «so etwas eigensinniges wie Sie und Ihre Firma ist mir noch nicht vorgekommen». Ebd.

143 Bericht des BW Mai 1945 – Dezember 1949, Flieger-Angriffe auf die Feuerbacher- und Stuttgarter-Werke, RB 1 024 454.

144 Hermann Bauer, Bosch und seine Beteiligung an der Rüstung, S. 3, RB 1 013 062.

145 In den kleinen Orten der Umgebung kam schon bald das Gerücht auf, hier würde Hitlers «Wunderwaffe» V2 von Bosch montiert. Tatsächlich handelte es sich um eine technisch wenig anspruchsvolle Zündkerzenproduktion. Ernst Heimes, Ich habe immer nur den Zaun gesehen. Suche nach dem KZ Außenlager Cochem, 4. Aufl., Koblenz 1999, S. 170.

146 Hermann Bauer, Bosch und seine Beteiligung an der Rüstung, S. 3, RB 1 013 062; Robert Bosch GmbH, Abteilung Widu/WEL an Bauleitung A7, 6. 4. 1944, RB 1 636 001.

147 Bericht über die Besichtigung der Grube «Rothe Erde» in Deutschoth am 3./4. 6. 1944, RB 1 024 350; ROWA GmbH an die Bauleitung «Rothe Erde», 21. 8. 1944, ebd.

148 Verlagerung der Einspritzpumpenfertigung von der Dreilinden Maschinenbau GmbH, Kleinmachnow, in die Flugmotorenwerke Ostmark/Brünn, RB 1 606 004; Abschlussbericht über die Tätigkeit des Bosch Stoßtrupps in FO-Brünn in der Zeit vom 5. 8. 1943 bis 4. 4. 1944, RB 1 606 003. Aufnahmefirma in Politz war die Konkordia-Spinnerei Stöhr & Co.

149 In dem rund 2000 Quadratmeter großen «Blaupunkt-Bunker» unterhalb der Tribünen wurden Kondensatoren gefertigt. Fertigungsverlagerungen Stand 1. 1. 1945, RB 1 013 156; Blaupunkt-Werke GmbH an Studio Bochum, 19. 2. 1990, RB 1 707 027.

Unzutreffend ist, dass Blaupunkt dort seit 1938 Zünder für Flugabwehrwaffen hergestellt hat. Diese Darstellung findet sich in: Thomas Schmidt, Das Berliner Olympia-Stadion und seine Geschichte, Berlin 1983, S. 19.

150 Der Gauleiter und Reichsstatthalter im Sudetengau, Verlagerungsausschuss, an Firma Junkers & Co, GmbH, 11. 8. 1944, LHASA, DE Junkers Wärmetechnik Dessau, Nr. 122.

151 Das Außenwerk 1 – Bamberg, RB 1 070 144 001.

152 Aktennotiz, 5. 10. 1944, RB 1 024 475.

153 Liste derjenigen Gegenstände, die von der Robert Bosch GmbH Stuttgart zum Schutz gegen Luftangriffe in der Grube der Salzwerk AG Heilbronn untergebracht wurden, 27. 6. 1945, RB 1 024 488; Liste der Kunstwerke, die von der Robert Bosch GmbH, Stuttgart, im Salzbergwerk Heilbronn verlagert sind [sic], 9. 10. 1945, ebd.

154 Zusammenstellung der Verlagerungsorte und Verlagerungsbetriebe der Robert Bosch GmbH (einschl. SGMG), RB 1 024 453.

155 Holger Lange, Bosch im Krieg, in: *Reutlinger Nachrichten* vom 23. 4. 2011.

156 Zusammenstellung der Verlagerungsorte und Verlagerungsbetriebe der Robert Bosch GmbH (einschl. SGMG), RB 1 024 453; Robert Bosch GmbH, Geschäftsbericht 1945.

157 Das Areal der Maschinenfabrik Giengen wurde später von Bosch erworben. Dort entstand ein Hausgerätewerk, das heute zur BSH Bosch und Siemens Hausgeräte GmbH gehört. In Reutlingen führte Bosch nach dem Krieg die Produktion bis 1953 als Außenwerk weiter. 1964 wurde dort die Ulrich Gminder AG von Bosch übernommen.

158 Siehe Jahresbericht 1947, Belegschafts-Verhältnis einschl. Außenwerke und Außenstellen (ohne TOGE) RB 1 003 478.

159 Siehe Personalstand am 31. 12. 1944, RB 1 007 086.

160 Stand am 23. 12. 1942, RB 1 007 086; Personalstand vom 31. 12. 1944, ebd.; Das Außenwerk 1 – Bamberg, RB 1 070 144 001.

161 Vgl. Tooze, Ökonomie, S. 592 f.

162 Unsere Betriebsgemeinschaft. Ein Leistungsbericht der Robert Bosch GmbH Kriegsjahr 1940/41, Ms. Stuttgart 1941, S. 191 ff., RB 700 004.

163 Helmut Leinß, Vor zwanzig Jahren, RB 1 044 003/4.

164 Ebd.; Niederschrift der Sitzung des Aufsichtsrats der Robert Bosch GmbH am 21. 10. 1948.

165 Beim Rückzug gelang es nur noch, 25–30 Waggons mit Maschinen herauszubringen, von denen etwa 20 in Stuttgart ankamen – das waren weniger als 10 Prozent des Maschinenparks, den Bosch 1943 mit 300 Waggons nach Langenbielau transportiert hatte. Hermann Bauer, Bosch und seine Beteiligung an der Rüstung, S. 5, RB 1 013 062.

166 Zum Kriegsende in Hildesheim vgl. Overesch, Bosch, S. 248.

167 Vermerk betr. Bericht von Kretschmer über Reise nach Berlin, Dessau und Apolda vom 2.–24. 7. 1945, 26. 7. 1945, RB 1 606 003.

168 Paul Vogelgsang tritt in den Ruhestand, in: *Bosch-Zünder* 12/1957, S. 254; Auszug aus dem Journal des NKWD/MWD-Speziallagers Buchenwald über Heinrich Walschtenbach [d. i. Walchenbach], 21. 12. 1998, RB 1 606 025.

169 Kurz, Chronik, S. 1020 ff.; Sauer, Murr, S. 150 ff.; Roland Müller, Stuttgart zur Zeit des Nationalsozialismus, Stuttgart 1988, S. 529 ff.; Nachtmann, Murr, S. 197; Scholtyseck, Bosch, S. 536.

170 Robert Bosch GmbH, Geschäftsbericht 1946, S. 10.

171 Overesch, Bosch, S. 282 ff.

172 G.F.C.C., Etude sur le groupe Robert Bosch en Allemagne et à l'étranger, Sept. 1947, Archives du Ministère des affairs étrangères et européennes, La Courneuve, GMFB 2/312/2.

173 Zu den stillen Rücklagen von 1940 siehe S. 586, Anm. 13; zur Umsatzentwicklung siehe die Tabelle im Anhang, S. 664.

5. Außerhalb der «Boschgemeinschaft»: Die Zwangsarbeiter

1 Mark Spoerer, Zwangsarbeit unter dem Hakenkreuz, Stuttgart 2001, S. 15 und S. 223. Vgl. auch Ulrich Herbert, Fremdarbeiter. Politik und Praxis des «Ausländer-Einsatzes» in der Kriegswirtschaft des Dritten Reiches, 3. Aufl., Bonn 1999.

2 Ebd., S. 221 ff. und S. 226.

3 Entsprechende Bestimmungen enthielten § 6 und § 52 des Abkommens betreffend die Gesetze und Gebräuche des Landkriegs vom 18. 10. 1907, RGBl. 1910, S. 107 ff.

4 Spoerer, Zwangsarbeit, S. 151 f.

5 Ebd., S. 158.

6 Sowjetische Kriegsgefangene erhielten etwa 8 RM/Woche, andere Kriegsgefangene rund 16 RM/Woche, während ein deutscher Industriearbeiter im Durchschnitt 51 RM pro Woche verdiente. Zudem bekamen die Kriegsgefangenen ihren Lohn nur in Lagergeld ausgezahlt. Ebd., S. 165 f.

7 Ulrich Herbert, Zwangsarbeit im «Dritten Reich». Kenntnisstand, offene Fragen, Forschungsprobleme, in: Gabrielle Hauch (Hg.), Industrie und Zwangsarbeit im Nationalsozialismus. Mercedes-Benz – VW – Reichswerke Hermann Göring in Linz und Salzgitter, Innsbruck 2003, S. 16; Tooze, Ökonomie, S. 618.

8 Mark Spoerer, Profitierten Unternehmen von KZ-Arbeit? Eine kritische Analyse der Literatur, in: Historische Zeitschrift Bd. 268 (1999), H. 1, S. 61–91.

9 Luckau an Wild, 16. 6. 1947, RB 1 012 003.

10 Hans Walz, Erklärung vom 22. 7. 1947, S. 22, RB 1 013 036.

11 Ders., Erklärung, 22. 7. 1947, RB 1 013 034, Bl. 68.

12 Otto Debatin, Robert Bosch GmbH und NSDAP, S. 18, RB 1 013 078.

13 Hans Walz, Erklärung, 28. 7. 1948, S. 22, RB 1 013 036.

14 RB 1 012 046 (Feuerbach einschl. Crailsheim); RB 1 012 042–1 012 044 (Langenbielau).

15 Zwangsarbeit in Stuttgart, 1939–1945. Ein Gedenkblatt, S. 5 http://www.geissst-rasse.de/file_download/19/zwangsarbeit.pdf.

16 Rundschreiben BOL 1 betr. Arbeitseinsatz von Kriegsgefangenen bei Bosch, 31. 12. 1940, RB 1 012 004. Zum Zwangsarbeitereinsatz in Stuttgart vgl. Müller, Stuttgart, S. 411–425.

17 Rundschreiben PEL betr. Unterkunft für ausländische Arbeitskräfte, 28. 3. 1941, RB 1 012 005.

18 Spoerer, Zwangsarbeit, S. 81 f.

19 PEL (Debatin) an alle Leitungen und an die Abteilungsvorstände der Verwaltung, 6. 11. 1942, RB 1 012 005.

20 Personalstatistik Stand 23. 12. 1942, RB 1 007 086.

21 Aktenvermerk über eine Besprechung am 18. 11. 1942, BArch R 8 121/197.

22 Robert Bosch GmbH, Abt. BPL 2, Beschäftigtenmeldung 30. 11. 1944, RB 1 012 003, Bl. 12.

23 Namenslisten Werke Feuerbach, RB 1 012 025 und RB 1 025 027.

24 Zuchthausarbeit gab es zwar nicht erst im Dritten Reich, doch befand sich in den Strafanstalten nun eine große Zahl politisch Verfolgter, so dass auch hier von nationalsozialistischem Unrecht auszugehen ist. Einen Eindruck davon vermitteln die Berichte von Alfred Hausser, der als Leiter eines illegalen kommunistischen Jugendverbands 1936 zu 15 Jahren Zuchthaus verurteilt wurde und als Häftling ab 1939 für Bosch arbeiten musste. Manfred Dautel, Ehemalige Zwangsarbeiterinnen und Zwangsarbeiter in Stuttgart. Ein Beitrag zur noch nicht erforschten Geschichte der Stadt Stuttgart, hg. von der IG Metall Stuttgart, VVN-BdA Stuttgart und der Interessengemeinschaft der ehemaligen Zwangsarbeiterinnen und Zwangsarbeiter unter dem Naziregime, Stuttgart 1997, S. 12 ff.

25 Die Zahl der im Zuchthaus Ludwigsburg für Bosch beschäftigten Häftlinge stieg während des Krieges auf fast 300 an. Ende 1944 waren im Zuchthaus Celle 332 Häftlinge und im Zuchthaus Brandenburg 41 Häftlinge für Bosch bzw. die Trillke-Werke und die DLMG beschäftigt. Für die Siling-Werke arbeiteten im November 1944 70 weibliche Strafgefangene des Zuchthauses Jauer/Eulengebirge. Für die Fertigung im Zuchthaus Schwäbisch Hall ist keine Beschäftigtenzahl bekannt. Unterlagen hierzu finden sich in RB 1 012 003 und RB 1 012 006.

26 Hans Walz, Erklärung, 28. 7. 1948, S. 22, RB 1 013 036.

27 Luckau an Wild, 16. 6. 1947, RB 1 012 003. Luckau bediente sich noch in diesem Schreiben aus dem Jahr 1947 der NS-Terminologie («Angehörige der jüdischen Rasse oder jüdisch versippte»).

28 Liste Zwangsarbeiter Trillke-Werke GmbH, Hildesheim, RB 1 012 007. Bei ELFI/Trillke-Werke waren demnach während des Krieges insgesamt 3122 ausländische Arbeiter beschäftigt, darunter auch 14 Arbeiter aus Bulgarien, Spanien und der Schweiz sowie neun Staatenlose.

29 Martin, Bosch, S. 33, S. 265 und S. 269.

30 Ebd., S. 275 ff.

31 Ebd., S. 270.

32 Haus/Sarkowicz, Energie, S. 114 f. Wilhelm Stoll, der das Unternehmen während des Krieges geleitet hatte, gab dagegen an, dass in den Werken Dessau und Asch bei Kriegsende 1800 ausländische Arbeiter beschäftigt gewesen wären. Öffentliche Sitzung der Spruchkammer 3 Vaihingen, Protokoll der öffentlichen Sitzung am 14. 6. 1948 im Verfahren gegen Wilhelm Stoll, StA Ludwigsburg EL 920/20, Bü 74674.

33 Hierzu und zum Folgenden siehe Tabelle 15 auf S. 224.

34 Personalstand vom 31. 12. 1944, RB 1 007 086.

35 Beschäftigtenmeldung vom 30. 11. 1944, RB 1 012 003.

36 6451 abzüglich der 261 zu den Siling-Werken in Langenbielau umgesetzten Zwangsarbeiter. Namenslisten in RB 1 012 025 und RB 1 012 027.

37 Stand 5. 3. 1945 (Zahl der in Sammelunterkünften untergebrachten ausländischen Arbeiterinnen und Arbeiter). Martin, Bosch, S. 270.

38 Stand 30. 9. 1944. Overesch, Bosch, S. 251.

39 Liste Zwangsarbeiter Trillke-Werke GmbH, Hildesheim, RB 1 012 007. Siehe hierzu Anm. 28 auf dieser Seite.

40 Stand 1. 5. 1944, Leistungsbericht der Siling-Werke GmbH (Mai 1944), S. 6, RB 1 611 001/2.

41 Namenslisten in RB 1 012 025 und RB 1 012 027.

42 RB 1012 014.

43 Haus/Sarkowicz, Energie, S. 114 f.

44 Verlagerungsbetriebe Blaupunkt, 1. 1. 1945, RB 1 012 003.

45 Laut Zeitzeugenbericht in: Heimes, Zaun, S. 179.

46 Hans Walz, Erklärung, 22. 7. 1947, RB 1 013 034, Bl. 68.

47 Zur Abteilung Crailsheim: Glasbrenner, Arbeit S. 160; zum Außenwerk Bamberg: Ausländereinsatz während des Krieges in AW1, RB 1 070 144 001.

48 Scholtyseck, Bosch, S. 382.

49 Martin, Bosch; dies./Ewa Czerwiakowski (Hg.), Muster des Erinnerns. Polnische Frauen als KZ-Häftlinge in einer Tarnfabrik von Bosch, Berlin 2005, S. 51 f.; Overesch, Bosch, S. 213 ff.; Stefan A. Oyen/Manfred Overesch, «Starter für den Krieg». Bosch Hildesheim im Dritten Reich, in: Andreas Heusler/Mark Spoerer/Helmuth Trischler (Hg.), Rüstung, Kriegswirtschaft und Zwangsarbeit im «Dritten Reich», München 2010, S. 107–137.

50 Spoerer, Zwangsarbeit, S. 226.

51 Martin, Bosch, S. 275 ff.; Verlagerungsbetriebe Blaupunkt, 1. 1. 1945, RB 1 012 003; Jan Pankiewicz, Erinnerungsbericht (Zitat auf S. 4 und S. 9), Archivum Muzeum Gross-Rosen, 4293/DP.; Leistungsbericht der Siling-Werke GmbH (Mai 1944), RB 1 611 001/2.

52 http://www.kreuzbergmuseum.de/zwangsarbeit/zwangs_frkr/Koepenicker. htm. Demnach waren im Blaupunkt-Werk II in der Köpenicker Str. bis 1942/43 19 jüdische Zwangsarbeiterinnen eingesetzt. Dass bei Blaupunkt auch an anderen Standorten in Berlin jüdische Dienstverpflichtete arbeiten mussten, die später deportiert wurden, belegt das von Götz Aly dokumentierte Schicksal der Familie Samuel. Götz Aly, Im Tunnel. Das kurze Leben der Marion Samuel 1931–1943, Frankfurt am Main 2004. Hinweise auf den jüdischen Arbeitseinsatz bei Blaupunkt finden sich auch in: Wolf Gruner, Der geschlossene Arbeitseinsatz deutscher Juden, Berlin 1997, S. 164 und S. 226.

53 Verlagerungsbetriebe Blaupunkt, 1. 1. 1945, RB 1 012 003; Jan Pankiewicz, Erinnerungsbericht (Zitat auf S. 4 und S. 9), Archivum Muzeum Gross-Rosen, 4293/DP. Auf einen Zusammenhang mit dem ebenfalls 1943 vom KZ Dachau nach Groß-Rosen verlegten «Kommando Wetterstation», einer Forschungsstelle für Hochfrequenzforschung, gibt es in den ausgewerteten Berichten und Unterlagen aus der Gedenkstätte Groß-Rosen keine Hinweise. Zu dieser Forschungsstelle vgl. Alfred Konieczny, «Kommando Wetterstelle» im KL Groß-Rosen, Wałbrzych 1994; zum Konzentrationslager Groß-Rosen vgl. Isabell Sprenger, Groß-Rosen. Ein Konzentrationslager in Schlesien, Köln 1996; dies./Walter Kumpmann, Groß-Rosen – Stammlager, in: Benz/Distel (Hg.), Ort, S. 195–221; Konieczny, Groß-Rosen.

54 Zum KZ-Außenlager Langenbielau vgl. Konieczny, Langenbielau, S. 377 ff.

55 DLMG/KGL betr. Besuch in Deutschoth, 9. 8. 1944, RB 1 024 350; Bericht über Besprechung betr. Küchenerrichtung für ROWA am 18. 8. 1944, 18. 8. 1944, ebd.; ROWA GmbH an die Bauleitung «Rothe Erde», 21. 8. 1944, ebd. Zu dieser Zeit bestand in Deutsch-Oth, wo auch für das Volkswagenwerk eine Untertagefabrik errichtet wurde, bereits ein Außenlager des KZ Natzweiler.

56 Die Häftlinge des KZ-Außenlagers wurden am 1. September 1944 abtransportiert und später im Salzbergwerk Kochendorf bei Heilbronn eingesetzt. Klaus Riexinger, Deutsch-Oth (Audun-le-Tiche), in: Benz/Distel (Hg.), Ort, S. 75 f.

57 Robert Bosch GmbH, Abteilung Widu/WEL an Bauleitung A7, 6. 4. 1944, RB 1 636 001.

58 Vgl. Heimes, Zaun, S. 180.

59 Hans Walz, Erklärung 22. 7. 1947, RB 1 013 034.

60 Spruchkammer 11 Stuttgart, Spruch gegen Otto Debatin, 28./29. 5. 1948, S. 8, RB 1 832 001. Unter anderen versicherte auch ein früherer Stalag-Verwalter, die Kriegs-gefangenen seien «von den Organen der Robert Bosch GmbH anständig und menschlich behandelt» worden. Wilhelm Dick, Erklärung, 7. 12. 1946, StA Ludwigs-burg EL 902/20, Bü 103816.

61 Auslandsbriefprüfstelle Wien, Stimmungsbericht, 4. 9. 1942 (NI-1208), NARA T-301, Roll 12/1201. Vgl. hierzu Scholtyseck, Bosch, S. 380.

62 Zeugenaussage Eberle im Spruchkammerverfahren Hans Walz, EL 902/20, Bü 87568.

63 Dautel, Zwangsarbeiterinnen, S. 4.

64 Rundschreiben 1. 2. 1945 betr. Boschstollen am Siegelberg, RB 1 013 268.

65 Emil Schmid an Betriebsrat Mühlhausen, 29. 8. 1947, zitiert nach: Dautel, Zwangs-arbeiterinnen, S. 6.

66 Protokoll über die Verpflegung russischer Kriegsgefangener im Arbeitskommando 3096 bei der Robert Bosch GmbH, Stuttgart, Betriebsteil Mühlhausen a. N., 18. 10. 1945, RB 1 012 003.

67 De Gületen an Abt, 11. 10. 1946, StA Ludwigsburg EL 902/20, Bü 103816.

68 Oskar Kiess, Wesentliche Gesichtspunkte über die Behandlung und den Einsatz ausländischer Arbeitskräfte im Lichtwerk, 18. 2. 1948, RB 1 012 003.

69 PEL (Debatin) an alle Leitungen und an die Abteilungsvorstände der Verwaltung, 6. 11. 1942, RB 1 012 005.

70 Ebd.

71 Ruud de Koning, Brieven van mijn Vader Henk de Koning uit Duitsland en Tsjechië 1942–1945, Assen 2008.

72 Martin/Czerwiakowski (Hg.), Muster, S. 51 f.

73 Martin, Bosch, S. 161 und S. 195; dies./Czerwiakowski (Hg.), Muster, S. 51.

74 Martin, Bosch, S. 151.

75 Overesch, Bosch, S. 231 und 233 (Zitat); Zeitzeugeninterview Fricke vom 6./7. 5. 2010.

76 Overesch, Bosch, S. 239; De Gületen an Abt, 11. 10. 1946, StA Ludwigsburg EL 902/20, Bü 103816. Hans Teich, der nach dem Krieg Betriebsratsvorsitzender der Trillke-Werke wurde, berichtete, dass im Saal des Werkzeugbaus Zuchthäusler in einem Drahtkäfig eingeschlossen arbeiten mussten. Teich, Hildesheim, S. 66.

77 Oyen/Overesch, «Starter für den Krieg», S. 131.

78 Overesch, Bosch, S. 239.

79 Zitiert nach: Ebd., S. 227.

80 Zeitzeugeninterview Fricke vom 6./7. 5. 2010.

81 Spruchkammer Stuttgart, Kammer 7, Feuerbach, Aufgliederung der Spruch-begründung zum Verfahren Langenbielau, durchgeführt in der Zeit vom 22. 9.–24. 10. 1947, S. 9, StA Ludwigsburg EL 902/20, Bü 78 868 (auch in: RB 1 611 002).

82 Ebd., S. 17 ff. Die Arbeiterin Veronika Dietz, die Adler die Lebensmittel und das Geld übergeben hatte, wurde der Gestapo gemeldet und kam in KZ-Haft.

83 Ebd., S. 22 und S. 55. Adlers Witwe klagte später vergeblich gegen die Robert Bosch GmbH. Nach Ansicht des Gerichts konnte ein vorsätzlicher Mord nicht nachgewiesen werden. Die Straftat war inzwischen verjährt. StA Ludwigsburg EL 317 III, Bü 114.

84 Spruchkammerverfahren gegen Hans Walz, StA Ludwigsburg EL 902/20, Bü 87568; Debatin an Wild, 29. 3. 1947, RB 1 832 058.

85 Zeugenaussage Eberle im Spruchkammerverfahren gegen Hans Walz, Protokoll der öffentlichen Sitzung der Spruchkammer Bad Cannstatt am 9. 6. 1948, StA Ludwigsburg EL 902/20, Bü 87568.

86 Debatin an Wild, 29. 3. 1947, RB 1 832 058.

87 Spruchkammer Stuttgart, Kammer 7, Verfahren Langenbielau, 24. 10. 1947, StA Ludwigsburg EL 902/20, Bü 78868; Zentral-Spruchkammer Nord-Württemberg, Spruch gegen Theodor Baumann, 31. 8. 1950, ebd., Bl. 183 und Bl. 187; Personalstammkarte Theodor Baumann, RB 1 094 011; Leitende Bosch-Männer, Baumann, in: *Bosch-Zünder* 5/1959, S. 103.

88 Spruchkammer Stuttgart, Kammer 7, Feuerbach, Aufgliederung der Spruchbegründung zum Verfahren Langenbielau, durchgeführt in der Zeit vom 22.9.–24. 10. 1947, StA Ludwigsburg EL 902/20, Bü 78868.

89 Jan Pankiewicz, Erinnerungsbericht (Zitat auf S. 4 und S. 9), Archivum Muzeum Gross-Rosen, 4293/DP. Bei der Evakuierung des KZ Groß-Rosen im Januar 1945 wurden die Häftlinge des Blaupunkt-Kommandos in das KZ Dora-Mittelbau verlegt. Von dort wurden sie vor Kriegsende in das KZ Bergen-Belsen gebracht, wobei sie auch einen der berüchtigten Todesmärsche erleiden mussten.

90 Zitiert nach: Spruchkammer 11, Stuttgart, Spruch gegen Otto Debatin, 28./29. 5. 1948, S. 8, RB 1 832 001 (StA Ludwigsburg EL 902/20 Bü, 103816). Ein ausführlicheres Zitat aus diesem Aushang Debatins findet sich in: Scholtyseck, Bosch, S. 380.

91 Zitiert nach: Spruchkammer 11 Stuttgart, Spruch gegen Otto Debatin, 28./29. 5. 1948, S. 8, RB 1 832 001.

92 Ob Bühler in diesem Fall auch eine aktive Rolle gespielt hat, ließ sich bei polizeilichen Ermittlungen nach dem Krieg nicht mehr feststellen. Polizeipräsidium Stuttgart, Informationsdienst, an die Spruchkammer Stuttgart, 12. 12. 1946, RB 1 010 195.

93 Debatin an Wild, 29. 3. 1947, RB 1 832 058. Siehe hierzu auch: Scholtyseck, Bosch, S. 381.

94 Leistungsgrad der ausländischen Zivilarbeiter und Kriegsgefangenen, alle Werke, 23. 6. 1943, RB 1 012 005.

95 Vgl. hierzu die Angaben zu einer Untersuchung der Reichswirtschaftskammer, einer Studie für das Rheinland und Westfalen und der bekannten Krupp-Studie in: Spoerer, Zwangsarbeit, S. 186 ff.; Tooze, Ökonomie, S. 618. Nach diesen Untersuchungen lagen französische Zivilarbeiter bei 80–90 Prozent der deutschen Normleistung, männliche Zivilarbeiter aus der Sowjetunion bei 60–100 Prozent, während Zivilarbeiterinnen aus Osteuropa die Leistungsfähigkeit deutscher Arbeiterinnen erreichten. Nur KZ-Häftlinge und im Baugewerbe eingesetzte sowjetische Kriegsgefangene hatten mit 50 Prozent der deutschen Norm oder noch weniger einen deutlich geringeren Leistungsgrad. Zur Arbeitsproduktivität der Zwangsarbeiter bei den Trillke-Werken siehe S. 230.

96 Zu den Zahlungen deutscher Unternehmen an Zwangsarbeiter vor 2000 vgl. Spoerer, Zwangsarbeit, S. 248. Zu Bosch vgl. auch: Bosch muss Zwangsarbeiter nicht entschädigen, in: Stuttgarter Nachrichten, 26. 1. 2000.

97 Karl Gutbrod, Gedankenskizze zum Thema Zwangsarbeit, 21. 2. 1999, RB 1 012 037. Ähnlich: Stellungnahme zur Frage der Zwangsarbeiter-Entschädigung, 20. 8. 1998, RB 1 012 037.

98 Ise Bosch an Bierich, 10. 12. 1998, RB 1 016 730. Vgl. dazu den Antwortbrief Bierichs vom 17.12 1998, sowie eine Notiz vom 17. 2. 1999, ebd.

99 Susanne-Sophia Spiliotis, Verantwortung und Rechtsfrieden. Die Stiftungsinitiative der deutschen Wirtschaft, Frankfurt am Main 2003, S. 49.

100 Hans L. Merkle, Stellungnahme zu dem Grundsatzpapier für das Bundeskanzleramt, 12. 2. 1999, RB 1 012 037.

101 Zitiert nach: Spiliotis, Verantwortung, S. 286.

6. Der Bosch-Kreis und der Widerstand gegen Hitler

1 Scholtyseck, Bosch, S. 200 f.

2 Der «Rote Hahn». Künstler, Polizeidirektor, Widerständler 1883–1952. Ein Gedenkblatt, hg. von der Stiftung Geißstraße Sieben, Stuttgart o. J.; Willy Schloßstein, Einstellung des Herrn B. und seiner Firma zum Nazi-Regime, Juli 1945, S. 6, RB 1 013 076.

3 Heuss, Bosch, S. 544.

4 Schmitt, Bäuerle.

5 Ebd., S. 97.

6 Christoph Markschies, Carl und Friedrich Goerdeler, in: Joachim Mehlhausen, Zeugen des Widerstands, Tübingen 1999, S. 151 ff. und S. 161 ff; Sabine Gillmann/Hans Mommsen (Hg.), Politische Schriften und Briefe Carl Goerdelers, München 2003; Daniela Rüther, Der Widerstand des 20. Juli auf dem Weg in die Soziale Marktwirtschaft. Die wirtschaftspolitischen Vorstellungen der bürgerlichen Opposition gegen Hitler, Paderborn 2002, S. 315 ff.; Hans Mommsen, Alternative zu Hitler. Studien zur Geschichte des deutschen Widerstands, München 2000. Zur Kontroverse um Goerdelers Haltung gegenüber dem Antisemitismus vgl. Peter Hoffmann, Carl Goerdeler and the Jewish Question, 1933–1942, Cambridge 2011; Christof Dipper, Der Deutsche Widerstand und die Juden, in: Geschichte und Gesellschaft 9 (1983), S. 349–380. Als Heroisierung aus dem Freundeskreis Goerdelers: Gerhard Ritter, Carl Friedrich Goerdeler und die deutsche Widerstandsbewegung, Stuttgart 1954.

7 Werner Abelshauser, Rüstungsschmiede der Nation? Der Kruppkonzern im Dritten Reich und in der Nachkriegszeit 1933 bis 1951, in: Lothar Gall (Hg.), Krupp im 20. Jahrhundert. Die Geschichte des Unternehmens vom Ersten Weltkrieg bis zur Gründung der Stiftung, Berlin 2002, S. 303 ff.

8 Hans Walz, Meine Mitarbeit an der Aktion Goerdeler, S. 1, StA Ludwigsburg EL 902/20, Bü 87568. Scholtyseck übernimmt diese Schilderung von Walz, ohne sie zu hinterfragen. Scholtyseck, Bosch, S. 208 f.

9 Markschies, Goerdeler, S. 166.

10 Karl E. Thomä, Erinnerungen an die Zusammenarbeit mit Dr. Karl Goerdeler, o. D. (1974), S. 1, RB 1 013 178.

11 Siehe hierzu S. 204.

12 Willy Schloßstein, Einstellung des Herrn B. und seiner Firma zum Nazi-Regime, Juli 1945, S. 7, RB 1 013 076.

13 Markschies, Goerdeler, S. 164.

14 Hans Walz, Meine Mitarbeit an der Aktion Goerdeler, S. 4, StA Ludwigsburg EL 902/20, Bü 87568.

15 Scholtyseck, Bosch, S. 226.

16 Vgl. Klaus-Jürgen Müller, Generaloberst Ludwig Beck. Eine Biographie, 2. Aufl., Paderborn 2009.

17 Scholtyseck, Bosch, S. 300.

18 Zitiert nach: Susanne Preuss: Warum bringt denn den Kerle niemand um? In: *FAZ. NET*, 16. 8. 2011.

19 Scholtyseck, Bosch, S. 332 ff.

20 Zitiert nach: Ebd., S. 336.

21 Nach einer im August 1945 erstellten Rekonstruktion erhielt Goerdeler von der Robert Bosch GmbH folgende Zahlungen: 1937 20 000 RM, 1938 60 000 RM, 1939 60 000 RM, 1940 70 000 RM, 1941 80 000 RM, 1942 100 000 RM, 1943 100 000 RM, 1944 50 000 RM. Durch Belege nachweisbar waren lediglich Zahlungen in Höhe von insgesamt 181 000 RM. Hinzu kam noch ein Darlehen an Goerdeler in Höhe von 60 000 RM. Zahlungen an Herrn Dr. Goerdeler, 24. 8. 1945, RB 1 013 082. Mit Unterstützung von Bosch konnte Goerdeler 1943 das Hofgut Katharinenplaisir im Landkreis Heilbronn erwerben. Scholtyseck geht davon aus, dass Goerdeler etwa 250 000 RM Gehalt und rund 450 000 RM für «Verschwörungszwecke» erhielt. Joachim Scholtyseck, Robert Bosch und der Boschkreis als finanzielle, geistige und politische Unterstützer des Widerstands vom 20. Juli 1944, in: Detlev J. Blesgen (Hg.), Financiers, Finanzen und Finanzierungsformen des Widerstands (Schriftenreihe der Forschungsgemeinschaft 20. Juli 1944 e. V., Bd. 5), Berlin 2006, S. 40.

22 Hans Walz, Meine Mitarbeit an der Aktion Goerdeler, S. 9, StA Ludwigsburg EL 902/20, Bü 87568.

23 Ebd.

24 Scholtyseck, Bosch, S. 482.

25 Schmitt, Bäuerle, S. 102 ff.; Scholtyseck, Bosch, S. 161 f. Zur Verbindung des Bosch-Kreises mit Berger siehe S. 177 f.

26 Scholtyseck, Bosch, S. 393 ff.

27 Ebd., S. 390.

28 Siehe S. 181.

29 Scholtyseck, Bosch, S. 481 f.

30 Gert Nylander, German Resistance Movement and England. Carl Goerdeler and the Wallenberg Brothers, Stockholm 1999, S. 31 ff. und S. 46 ff. (Carl Goerdeler, Undated memorandum, which was written in Stockholm in 20 May, 1943).

31 Scholtyseck, Bosch, S. 432 f.

32 Karl E. Thomä, Erinnerungen an die Zusammenarbeit mit Dr. Karl Goerdeler, o. D. (1974), S. 7, RB 1 013 178.

33 Heinz Bardua, Stuttgart im Luftkrieg, Stuttgart 1967; Bericht des BW Mai 1945 – Dezember 1949, Flieger-Angriffe auf die Feuerbacher- und Stuttgarter-Werke, RB 1 024 454; Scholtyseck, Bosch, S. 532.

34 Zitiert nach: Scholtyseck, Bosch, S. 498.

35 Ebd., S. 498 f.

36 Ebd., S. 503 f.

37 Ebd., S. 502 f. Zu Fischers Nominierung durch Goerdeler vgl. ebd. S. 482.

38 Ebd., S. 504 f.

39 Ebd., S. 505 ff. und S. 512 ff.

40 Ebd., S. 522 ff.; Frank war Politischer Beauftragter der Verschwörer für Baden gewesen, Fischer für Württemberg.

41 Ebd., S. 525 f.

42 Ebd., S. 526 f. So auch die Darstellung in: Walz an Kiesinger, 29. 4. 1960, RB 1 013 084.

43 Scholtyseck, Bosch, S. 528 f.

44 Albrecht Fischer wurde vor Kriegsende auf Weisung Bergers, der nun Chef des Kriegsgefangenenwesens war, aus dem KZ Sachsenhausen entlassen, Hahn wurde von der Roten Armee aus dem Zuchthaus Brandenburg befreit. Ebd., S. 528 und S. 531.

45 Ebd., S. 525.

46 Berger kam bereits 1951 frei. Bosch half ihm, entlastende Erklärungen für das Entnazifizierungsverfahren beizubringen, und stellte ihn als Gebäude- und Maschinenverwalter beim Stuttgarter Zeitungsverlag ein, an dem die Familie Bosch über die DVA beteiligt war. Dort wurde Berger schon bald wegen rechtsradikaler Agitation entlassen. Anschließend kam er in der Vorhangschienenfabrik MHZ in Musberg bei Böblingen unter. Die Robert Bosch GmbH finanzierte einen Anwalt, der für Berger eine Rente aus dessen früherer Tätigkeit als Lehrer einklagte. Walz setzte sich für ein Gnadengesuch ein, nachdem Berger 1960 wegen landesverräterischer Beziehungen zu einer Haftstrafe verurteilt worden war. Mit einer Beihilfe und Aufträgen, etwa dem Verfassen von Erinnerungen an die NS-Zeit, unterstützte das Unternehmen Berger bis zu dessen Tod im Jahr 1975. Scholtyseck, «Schwabenherzog», S. 107 ff.; Walz an Kiesinger, 29. 4. 1960, RB 1 013 084; Vermerk Schreiber betr. Gottlob Berger, 27. 9. 1973, ebd.

47 Zu Definition und Abgrenzung dieser Kategorien der historischen Widerstandsforschung vgl. Gerhard Botz, Methoden- und Theorieprobleme der historischen Widerstandsforschung, in: Helmut Konrad/Wolfgang Neugebauer (Hg.), Arbeiterbewegung – Faschismus – Nationalbewußtsein. Festschrift zum 20jährigen Bestand des Dokumentationsarchivs des österreichischen Widerstandes und zum 60. Geburtstag von Herbert Steiner, Wien/München 1983, S. 137–151.

48 Scholtyseck, Bosch.

7. Tod und Vermächtnis Robert Boschs

1 Siehe hierzu auch S. 28 und S. 30.

2 Ansprache des Herrn Bosch, in: *Bosch-Zünder* 22. Jg., H. 5/6, Mai/Juni 1940, S. 49. Vgl. Heuss, Bosch, S. 637 f. Zur Spende für die Stiftung Homöopathisches Krankenhaus Stuttgart: Oberfinanzpräsident Württemberg an Reichsminister der Finanzen, 7. 1. 1944, BArch R 2/20902.

3 *Bosch-Zünder* 10–12/1941, S. 81 und 83. Nach Scholtyseck hatte Bosch diese Ehrung Gottlob Berger zu verdanken, der sie DAF-Chef Ley mit der Drohung abgepresst habe, die Auszeichnung sonst direkt bei Hitler zu erwirken. Vermutlich handelte es sich auch dabei um eines der Märchen, mit denen Berger immer wieder versuchte, Eindruck zu machen. Scholtyseck stützt sich auf eine Aussage Bäuerles, der auch in anderen Fällen Bergers Phantasien gerne Glauben schenkte. Scholtyseck, Bosch, S. 358. Siehe hierzu auch S. 243 und S. 595, Anm. 83.

4 Reusch an Margarete Bosch, 13. 8. 1941, Rheinisch-Westfälisches Wirtschaftsarchiv [im Folgenden RWWA] 130–400101290, Bl. 16; Informationsdienst der Stadt der Auslandsdeutschen Stuttgart, 22. 9. 1941, Stadtarchiv Stuttgart 13/93.

5 Reusch an Margarete Bosch, 3. 10. 1941, RWWA 130–400101290, Bl. 10; Felix Olpp, Unser unvergesslicher Herr Bosch, S. 20 ff. (Bl. 39 ff.), RB 1 014 003.

6 Heuss, Bosch, S. 617.

7 Bosch an Heuss, 4. 3. 1942, RB 1 014 154. Zunächst war für diesen Auftrag der Historiker Johannes Haller im Gespräch, möglicherweise auch der Technikhistoriker Conrad Matschoß, der 1931 ebenso wie Heuss einen Band über Robert Bosch herausgegeben hatte. Debatin an Heuss, 17. 7. 1946, RB 1 832 058; Bosch an Haller, 20. 3. 1942, RB 1 014 014.

8 Heuss an Bosch, 6. 3. 1942, RB 1 014 154.

9 Theodor Heuss (Hg.), Robert Bosch, Stuttgart 1931.

10 Heuss an Margarete Bosch, 20. 11. 1945, RB 1 014 738.

11 Ernst Wolfgang Becker, Theodor Heuss, Bürger im Zeitalter der Extreme, Stuttgart 2011; Elke Seefried (Hg.), Theodor Heuss. In der Defensive, Briefe 1933–1945, München 2009, S. 44 f.

12 Hans Walz, Anmerkung zu Werner Schaubel, Untersuchungen über die Zweckbestimmung der VVB und RBTV, S. 44 unten, 7. 4. 1959, RB 1 001 289, S. 54; Felix Olpp, Unser unvergesslicher Herr Bosch, S. 29 (Bl. 51), RB 1 014 003.

13 *Bosch-Zünder* Sonderheft zum 12. 3. 1942, S. 5 ff.

14 Ebd., S. 12 f.: Die Deutsche Wochenschau Nr. 603, März 1942.

15 *Bosch-Zünder* Sonderheft zum 12. 3. 1942, S. 15 ff.; Heuss, Bosch, S. 18.

16 Boschs älteste Tochter sagte später zu ihrer jüngsten Schwester: «Wie haben wir uns geschämt.» Zeitzeugeninterview Madelung vom 16. 3. 2011.

17 Ebd.

18 Elly Heuss-Knapp, Bürgerin zweier Welten. Ein Leben in Briefen und Aufzeichnungen, hg. von Margarethe Vater, 3. Aufl., Tübingen 1963, S. 287; Seefried (Hg.), Defensive, S. 465 ff.

19 Robert Bosch GmbH an das Arbeitsamt Heidelberg, 16. 8. 1944, RB 1 832 058.

20 Siehe S. 90 f.

21 Karl Schreiber, Diskussionsbeitrag über die Robert Bosch Stiftung, 31. 5. 1978, S. 18, RB 1 044 005/2.

22 Bosch hatte sich bei seinen Nachfolgeregelungen schon seit 1924 mit der Figur eines «Erbendirektors» beschäftigt, den er später als «Familiendirektor» bezeichnete. Werner Schaubel, Untersuchungen über die Zweckbestimmung der VVB und RBTV, 5. 3. 1959, S. 14 ff., RB 1 001 289.

23 Robert Bosch, Verfügung von Todes wegen, 31. 5. 1938, RB 1 001 081. Leinss, Scheuing und Stribeck waren bereits seit 1921 Gesellschafter der VVB, Walz und Wild seit 1924 und Fellmeth seit 1927, Bohner seit 1939. Als Personen, die als Testamentsvollstrecker geeignet wären, wurden im Testament vom 31. 5. 1938 genannt: Carl Bosch, Otto Debatin, Alfred Knoerzer, Max Rall, Erich C. Rassbach, Ernst Rupp und Willy Schloßstein. Nachdem Carl Bosch 1940 gestorben war, wurde Carl Goerdeler an seiner Stelle als «Ersatz-Testamentsvollstrecker» eingetragen.

24 Ebd., S. 7.

25 Ebd., S. 7 f.

26 Nach den VVB-Richtlinien, deren letzte Fassung vom 23. Dezember 1937 datiert, sollte ein Familiendirektor bei der VVB die Majorität erhalten, sofern er «die ihm gestellte Aufgabe, Führer der Unternehmungen der Robert Bosch GmbH zu sein, wirklich, d. h. in der Art und in dem Umfang, wie ich es getan habe» erfüllt. Richtlinien für die Vermögensverwaltung Bosch GmbH vom 19. 7. 1935 mit Nachtrag vom 23. 12. 1937, RB 1 001 198.

27 Robert Bosch d. Ä. an Robert Bosch d. J. (Januar 1939), Abschrift vom 18. 7. 1953, RB 1 001 260. Siehe das Zitat aus diesem Brief auf S. 278.

28 Die Stammeinlagen beliefen sich auf insgesamt 280 000 RM. Davon entfielen 200 000 RM auf die Erbengemeinschaft. Die Gesellschafter Hermann Fellmeth, Arthur Leinss, Richard Stribeck, Paul Scheuing, Hans Walz und Karl Martell Wild hatten Beteiligungen von jeweils 10 000 RM, Erwin Bohner eine Beteiligung von 20 000 RM. Liste der Gesellschafter der Vermögensverwaltung Bosch GmbH nach dem Stand am 31. 12. 1942, RB 1 058 098.

29 Vermögensverwaltung Bosch GmbH an den Reichsminister der Finanzen, 30. 7. 1943, BArch R 2/20902, Bl. 104 ff.; Oberfinanzpräsident Württemberg an Reichsminister der Finanzen, 7. 1. 1944, ebd., Bl. 101 f.; Finanzamt für Körperschaften in Stuttgart an den Oberfinanzpräsidenten Württemberg, 20. 10. 1942, ebd., Bl. 111 ff.

30 Vermögensverwaltung Bosch GmbH an den Reichsminister der Finanzen, 30. 7. 1943, ebd., Bl. 107.

31 Telegramm Goerdelers an Ministerialrat Meuschel, Reichsfinanzministerium, 6. 6. 1944, ebd., Bl. 123; Vermerk Reichsfinanzministerium betr. Auflösung der Vermögensverwaltung Bosch GmbH, 8. 7. 1944, ebd., Bl. 128; Reichsfinanzminister an den Oberfinanzpräsidenten Württemberg, 8. 9. 1944, ebd., Bl. 129.

32 Rechtsanwalt Ludwig Meyer an Ministerialrat Meuschel, 10. 10. 1944, ebd., Bl. 131.

III. Anpassungs- und Transformationsprozesse zwischen Wirtschaftsboom und Wirtschaftskrisen (1945 bis 1983)

1. Wiederaufbau im Schatten von alliierter Entflechtungspolitik und innerbetrieblichen Auseinandersetzungen

1 Vgl. Schreiben vom 8. 9. 1945, RB 1 001 487.

2 Vgl. dazu Notiz vom 18. 10. 1945 und rückblickend dazu vom 1. 11. 1948, RB 1 002 193.

3 Vgl. dazu die Erklärung vom 7. 3. 1947, RB 1 010 163 sowie bereits den Brief Knoerzers an den Aufsichtsrat vom 8. 4. 1946, RB 1 001 487. Zu den biographischen Hintergründen und den Karrieren bei Bosch vgl. die kurzen Porträts in: *Bosch-Zünder* 4/1952, S. 61 (Otto Fischer); *Bosch-Zünder* 5–6/1952, S. 88 (Alfred Knoerzer); ebd., S. 89 (Walter Lippart). Siehe auch Niederschrift der Aufsichtsratssitzung vom 22. 5. 1946, RB 1 002 007.

4 Vgl. die Niederschrift der Sitzung vom 30. 10. 1945, RB 1 001 256.

5 Vgl. dazu das 53-seitige Gutachten von Schaubel zu «Untersuchungen über die Zweckbestimmung der VVB und der RBTV» vom 5. 3. 1959, RB 1 001 289.

6 Eine abschließende Vereinbarung der Erben über die Auseinandersetzung des Nachlasses erfolgte Ende 1951. Vgl. dazu den Auseinandersetzungsplan als Anhang der Niederschrift der TV-Sitzung (TVS) vom 22. 10. 1951, RB 1 001 259 sowie der «abschließende Bericht» der TV über die Durchführung der Nachlassauseinandersetzung vom 13. 1. 1954, RB 1 001 261.

7 Vgl. ebd., S. 45.

8 Vgl. Notiz über «die Entwicklung der Anweisungen der Gesellschafter an die Geschäftsführer vom Jahre 1947 bis heute» vom 12. 11. 1958, RB 1 001 270.

9 Notiz der Beratungen des TV-Gremiums vom 2. 12. 1947, RB 1 001 257.

10 Besprechungsnotiz vom 10. 4. 1947, in: Ebd.

11 Vgl. dazu u. a. die ausführliche Darstellung von Albrecht Fischer «Betr. Inhaftierung von Herrn Walz 1945–1947», RB 1 013 034.

12 Vgl. dazu die Beispiele anderer Unternehmensführer in: Paul Erker, Toni Pierenkemper (Hg.), Deutsche Unternehmer zwischen Kriegswirtschaft und Wiederaufbau. Studien zur Erfahrungsbildung von Industrieeliten, München 1999.

13 «Ich war bei eigener Lebensgefahr einer der aktivsten Gegner des Naziregimes, die es überhaupt gegeben hat», schrieb Walz etwa in einem seiner Entlassungsgesuche. Vgl. die Denkschriften RB 1 012 050 sowie Abschriften der Entlassungsgesuche RB 1 013 034.

14 Notiz Walz vom 22. 7. 1947 sowie Brief vom 16. 7. 1947, RB 1 013 034 (Original-Akte im Staatsarchiv Ludwigsburg: EL 902/20, Büschel 87568).

15 Die Unterlagen zum Spruchkammerverfahren vgl. RB 1 012 050.

16 Vgl. dazu und zum Folgenden Niederschrift der TVS vom 5. 11. 1948, RB 1 001 257.

17 Ebd.

18 Ebd.

19 Ebd., S. 3. Einem späteren und abweichend zusammengesetzten Arbeitsausschuss des Aufsichtsrates sollte diese Kompetenzfülle im Übrigen explizit nicht zustehen.

20 Ebd., S. 5.

21 Ebd. Vgl. auch die ausführliche Notiz zur RBTV Robert Bosch GmbH vom 1. 11. 1948, in: Ebd. Zur weiteren Debatte vgl. auch Niederschrift über die TV-Sitzung vom 3. 12. 1948, in: Ebd.

22 Vgl. «Vorschläge zur Änderung des Gesellschaftsvertrags der Robert Bosch GmbH, die zweckmäßigerweise vor Inkrafttreten des Betriebsverfassungsgesetztes getroffen werden sollten», Schreiben Schloßstein an die TV vom 28. 10. 1952, RB 1 001 259.

23 Vgl. Niederschrift über die TV-Sitzung vom 5. 11. 1952, in: Ebd. Fellmeth war schon Mitte Dezember 1948 verstorben.

24 Niederschrift der TVS vom 3. 12. 1952, RB 1 001 259. Walz reklamierte fortan für sich die Position als «Vorsitzender der Geschäftsführung» und ließ sich auch entsprechendes Briefpapier drucken, ungeachtet der Tatsache, dass es diesen Begriff im GmbH-Gesetz nicht gab. Erst durch einen eigenen Gesellschafterbeschluss am 25. 2. 1953 wurde Walz zumindest intern zum Vorsitzenden der Geschäftsführung bestellt.

25 Ebd., S. 6.

26 Ebd., S. 3.

27 Ebd., S. 4.

28 Vgl. dazu … auch beim Bosch, S. 63 f. sowie Zeitzeugeninterview Rau vom 9. 11. 2005, in: RB, Interviewtranskripte. Ausführlich zu dieser Phase aus der Perspektive Eberles: Fichter/Eberle. Kampf

29 Vgl. dazu auch allgemein Paul Erker, Ernährungskrise und Nachkriegsgesellschaft. Bauern und Arbeiterschaft in Bayern 1943 bis 1953, Stuttgart 1990.

30 Vgl. dazu auch die kurze Notiz im *Bosch-Zünder* 1–3/1947, S. 2.

31 Allerdings gab es auch Bosch-intern eine anhaltende Debatte über die bestehenden Lohngruppen der gelernten Arbeiter im Zeitlohn (A-Zeitlöhner) und der angelernten bzw. ungelernten B- und C-Stücklöhner und deren Relationen zueinander. Vgl. dazu u. a. *Bosch-Zünder* 9/1952, S. 210.

32 Vgl. dazu die Stellungnahme im *Bosch-Zünder* 4–5/1951, S. 61 f.

33 Bericht der GF an den Aufsichtsrat für die Zeit vom 1. 4.–30. 6. 1953, S. 5, RB 1 002 901.

34 Vgl. allgemein zur alliierten Entflechtungspolitik Volker Berghahn, Unternehmer und Politik in der Bundesrepublik, Frankfurt 1985, S. 84 ff.

35 Vgl. dazu etwa BIOS Final Report No. 60, Robert Bosch GmbH vom 6. 7. 1945, RB 1 011 142 008. BIOS Report No. C29 342 vom 5.–12. 10. 1945 sowie CIOS Target Report No. 5 45 vom 25.–29. 6. 1945 und FIAT Final Report No. 573 vom 4. 12. 1945, in: Ebd.

36 Vgl. dazu auch «Bewertung des von den Alliierten entnommenen geistigen Eigentums», Juni 1948, RB 1 011 137 004 und 005.

37 Vgl. dazu aus der Sicht von Bosch den Bericht vom 22. 9. 1948, RB 1 011 143 001 sowie auch das 30-seitige Gutachten vom 20. 12. 1948 über die Rechtswidrigkeit der ganzen Aktion, das Bosch dazu eingeholt hatte, RB 1 011 137 002. Dagegen aus der Perspektive des französischen Sequesters siehe den Bericht vom 19. 1. 1946, in: Archives du Ministère des affaires étrangères et européennes, La Courneuve, 2 AEF 183 und AB 232 3 und schließlich den Bosch-Bericht «Etude sur le groupe Robert Bosch en Allemagne et á l'ètranger», Sept. 1947, GMFB 2312 2.

38 Erst im Jahr 1960 konnte Bosch die ausgelagerten Unternehmensteile wieder zurückerwerben und in den Firmenverband integrieren. Vgl. dazu auch, allerdings sehr kursorisch, einen Vortrag Merkles über «Ein deutsches Unternehmen in Frankreich. Die Bosch-Gruppe und der Neubeginn in den deutsch-französischen Beziehungen ab 1945», als Druckfassung Bonn 1995.

39 Vgl. dazu und zum Folgenden die ausführliche Darstellung von Alfred Knoerzer, «Die Bosch-Entflechtung – ein Rückblick», in: *Bosch-Zünder* 2 /1952, S. 26–31, sowie die umfangreiche, auch aus den Akten erarbeitete Darstellung von Wilhelm Lampert, damals Leiter des Patent- und Lizenzwesens bei Bosch, über die «Geschichte des Entflechtungs- und Entkartellierungsverfahren der Robert Bosch GmbH 1947–1952», Ms. 61 Seiten, März 1987, RB 1 011 149 001.

40 Niederschrift der TVS vom 17. 3. 1947, RB 1 001 257.

41 Vgl. Protokoll der TVS vom 2. 12. 1947, in: Ebd.

42 Notiz FAL vom 11. 8. 1947, RB 1 011 138 002.

43 Ebd.

44 Vgl. Schreiben an das Wirtschaftsministerium vom 19. 8. 1947, in: RB 1 011 144 006.

45 Vgl. dazu im Einzelnen Lampert, Entflechtungs- und Entkartellierungsverfahren, S. 21 und auch die Mitteilung im *Bosch-Zünder* 4–5 /1948, S. 1 ff. sowie zur Anordnung auch RB 1 011 130 002.

46 Vgl. dazu die 14-seitige Notiz von Knoerzer und Fischer über «Die wirtschaftlichen Wirkungen der geplanten Entflechtung des Bosch-Firmenverbandes» vom 31. 8. 1948, RB 1 011 143 001. Als Quintessenz wurde dabei ein erheblicher technischer Rückschritt für die deutsche Kraftfahrzeugindustrie mit all seinen wirtschaftlichen Folgen prognostiziert.

47 Vgl. die Argumentationsführung im Detail in der «Robert Bosch GmbH, Einwandserklärung vom Mai 1948», in: RB 1 011 132 002. Zur Debatte über die Verhandlungsstrategie vgl. auch Niederschrift der TVS vom 15. 4. 1948, RB 1 001 257.

48 Dazu hatte man sich zunächst mühsam die entsprechende juristische Fachliteratur in den USA besorgt. Einen eminenten Aufwand erforderte auch die sogenannte Einstellungsaktion, d. h. Bosch war gezwungen, allen Geschäftspartnern nach den Gesetzen Nr. 56/78 fragliche bzw. verbotene Vertragsabsprachen zu kündigen bzw. einzustellen, was unter dem Strich für 65 Lizenz- und Geschäftsverträge, 117 Bosch-Dienst-Verträge, 1868 Lieferverträge und zahllose weitere Verpflichtungsscheine für Wiederverkäufer von Bosch-Erzeugnissen zutraf. Vgl. dazu ausführlich Lampert, Entflechtungs- und Entkartellierungsverfahren, S. 39–44.

49 Auch hierzu gibt es ein ausführliches, zum Teil wörtliches Protokoll des Oral Hearings, in: Ebd. Zum Ablauf des Hearings vgl. auch die eindrucksvolle Schilderung bei Lampert, Entflechtungs- und Entkartellierungsverfahren, S. 34 ff. Zu den zum Teil ausführlichen Memoranden der Betriebsräte, etwa der Hildesheimer Werke vgl. RB 1 011 138 003. Siehe auch «Betriebsräte gegen Bosch-Entflechtung», in: Hannoversche Presse vom 19. 10. 1948.

50 So war etwa der von Bosch vorgelegte «Ausführungsplan» auf vier Jahre angelegt. Vgl. dazu Knoerzer, Bosch-Entflechtung, S. 28. Vgl. auch ein 53-seitiges Gutachten der bizonalen Verwaltung für Wirtschaft (des Vorläufers des Bundeswirtschaftsministeriums) vom Februar 1949 über «Das Dezentralisierungsverfahren Nr. 1 gegen die Firma Robert Bosch GmbH, Stuttgart», RB 1 011 145 002.

51 Vgl. die Anordnung RB 1 011 155 007.

52 Lampert berichtet dazu in seiner Darstellung, dass diese Schrift im Bosch-Archiv nicht zu finden gewesen sei und wohl verloren gegangen sein müsse. Tatsächlich findet sich die Eingabe aber als «In the Court of Deconcentration Appeals, in the Matter of Bosch, Bipartite Deconcentration Action No. 1, on Appeal from the Bipartite Decartellization Commission – Brief of Robert Bosch GmbH and the Executors under the will of Robert Bosch by Rudolf Mueller» (daneben werden auch die weiteren Rechtsanwälte George Nebolsine, John Foster, Pierre Lepaulle, Eugen Thomä, Wilhelm Lampert und Hans W. Kamberg genannt), RB 1 011 129 002.

53 Vgl. dazu auch die Unterlagen RB 1 011 137 001.

54 So auch die Argumentation im Exposé vom 21. Juli 1951, S. 20, RB 1 011 145 001.

55 Vgl. das Schreiben sowie eine ausführliche Darstellung des Dekartellierungsverfahrens durch Knoerzer an Erhard vom 24. 2. 1949, RB 1 011 145 003.

56 Vgl. das Memorandum, in: RB 1 011 145 001 sowie auch Lampert, S. 49 f.

57 Bericht der GF auf der TVS am 15. 6. 1951, RB 1 002 007.

58 Ebd., S. 2.

59 Das Memorandum, in: RB 1 011 146 002.

60 Schreiben McCloys an Ministerpräsident Maier vom 3. 1. 1952, RB 1 011 146 003.

61 Vgl. dazu im Detail die Verhandlungsnotizen und Protokolle sowie den Erlass, RB 1 011 146 001 bis 1 011 146 003. Intern hatte sich die Bosch-Führung dazu entschlossen, bei einem Scheitern der Vergleichsverhandlungen keinerlei weitere Zugeständnisse zu machen und «dann eben das Urteil entgegenzunehmen.» Vgl. Protokoll der TVS vom 11. 1. 1952, S. 8, RB 1 001 260.

62 Vgl. dazu etwa die Notiz Merkles über ein Gespräch mit einem der damals involvierten Rechtsanwälte vom 13. 7. 1972, RB 1 015 052.

63 Zur langen Vorgeschichte des GWB vgl. Volker Berghahn, Unternehmer und Politik in der Bundesrepublik, Frankfurt 1985, S. 152 ff. sowie auch Lisa Murach-Brand, Antitrust auf deutsch. Der Einfluß der amerikanischen Alliierten auf das Gesetz gegen Wettbewerbsbeschränkungen nach 1945, Tübingen 2004.

64 Knoerzer, Bosch-Entflechtung, S. 30. Vgl. auch den Bericht Knoerzers in der TVS am 20. 2. 1952, RB 1 001 260.

65 So auch die Einschätzung Knoerzers, Bosch-Entflechtung, S. 31.

66 Vgl. dazu die ausführliche Darstellung im Geschäftsbericht für die Zeit vom 1.1.1945 bis zum 30. 6. 1946 sowie auch der gesonderte Geschäftsbericht für den Aufsichtsrat für die Zeit vom 1. 7. bis 31. 12. 1945, in: RB 1 001 119.

67 Vgl. dazu detailliert Geschäftsbericht für die Zeit vom 1. 7. 1946 bis 31. 12. 1947, in: Ebd.

68 Vgl. dazu den 20-seitigen Bericht Knoerzers über die USA-Reise vom 4. 11. bis 8. 12. 1952, RB 1 002 101.

69 Ebd.

70 Ebd., S. 16.

71 Notiz von Walz an die TVS vom 18. 5. 1953, RB 1 001 260.

72 Zitiert nach: Gerhard Greiner, Bericht über eine Konzernuntersuchung bei der Firma Robert Bosch GmbH vom Juli 1963, S. 153, RB 1 035.

73 Im Januar 1955 konnte etwa der Umzug des neuen Lichtwerks Feuerbach in neue Fabrikationsräume abgeschlossen werden, die fast zwei Jahre zuvor, im Mai 1953 in Angriff genommen worden waren. Vgl. dazu *Bosch-Zünder* 1/1955, S. 27–29.

74 Vgl. dazu auch die Angaben bei Greiner, insbesondere im Teil 2 zur «Marktstellung des Konzerns», S. 2 /126, RB 1 035.

75 Vgl. dazu Protokoll der TVS vom 11. 6. 1956, RB 1 001 263.

76 Vgl. Protokoll der Aufsichtsratssitzung vom 8. 12. 1954, RB 1 011 135 002. 1952 hatte die Eigenkapitalquote noch 51,2 Prozent betragen, 1955 war sie bereits auf 41,6 Prozent abgesunken, und sie sollte in den folgenden Jahren die 30-Prozent-Marke unterschreiten.

77 Niederschrift der TV-Sitzung vom 11. 10. 1955, RB 1 001 262.

78 Vgl. dazu die Zusammenstellung VKM vom 25. 8. 1953, RB 1 002 102.

2. Vom Familien- zum Stiftungsunternehmen: Der lange Weg zur neuen «Verfassung des Hauses Bosch»

1 Protokoll der TVS vom 11. 1. 1952, RB 1 001 260.

2 Das Schreiben von Walz vom 12. 5. 1952, abgedruckt in der Autobiographie Zundels. Vgl. Georg Zundel, «Es muss viel geschehen!» Erinnerungen eines friedenspolitisch engagierten Naturwissenschaftlers, Berlin 2006, S. 108.

3 Der Brief vom Januar 1939 als Abschrift vom 18. 7. 1953, RB 1 001 260.

4 Am 29. Januar 1953, mit seinem 25. Geburtstag, endete etwa die Verwaltungsaufgabe der Testamentsvollstrecker für das nicht von Vor- oder Nachvermächtnisanordnungen beschwerte Vermögen des jungen Bosch, aber dieser erklärte sich mit einer weiteren Vermögensverwaltung durch das Gremium einverstanden.

5 Vgl. dazu die diversen Schriftwechsel und Notizen zu der intensiven Debatte um Art und Umfang des Ausbildungsplanes, die sich bis in den Herbst 1953 hinzogen, RB 1 002 102.

6 Protokoll der TVS vom 17. 8. 1953, in: Ebd.

7 Vgl. dazu die von den gesammelten Vertretern des TV-Gremiums, des Aufsichtsrates und der GF übereichte und von Eugen Diesel verfasste Denkschrift, in: *Bosch-Zünder* 3/1953, S. 26–29.

8 Rede von Walz auf dem Herrenabend vom 21. 12. 1953, S. 9 f., RB 1 013 025.

9 Vgl. Protokoll der TVS vom 12. 10. 1953, RB 1 001 260. Das löste auch umfangreiche Überlegungen über die künftige Zusammensetzung des Gremiums und die Nach-

folgeregelung für die ausscheidenden Mitglieder aus. Vgl. dazu ausführlich Protokoll der TVS vom 13. 6. 1953, RB 1 001 260. Walz sperrte sich dabei nun auch nicht
mehr gegen einen möglichen Eintritt Knoerzers in das TV-Gremium. Es ging
schließlich auch darum, eine neue Geschäftsordnung der TV zu entwerfen, in der
die Frage der freiwilligen bzw. erzwungenen Niederlegung des TV-Amtes infolge
hohen Alters oder eines schlechten Gesundheitszustandes geregelt wurde.

10 Vgl. Niederschrift der TVS vom 5. 2. 1953, RB 1 001 260.

11 Niederschrift der TVS vom 25. 11. 1954, S. 4, RB 1 001 261.

12 Niederschrift der TVS vom 15. 12. 1954, in: Ebd.

13 Rede von Walz auf dem Herrenabend am 20. 12. 1954, RB 1 013 025.

14 Ebd., S. 2 f.

15 Protokoll der TVS am 14. 11. 1956, S. 25, RB 1 001 263.

16 Vgl. dazu den Bericht Robert Boschs d. J. auf der TVS am 25. 11. 1959, RB 1 001 266,
S. 3–6.

17 Vgl. dazu Protokoll der TVS vom 5. 2. 1959, RB 1 001 266.

18 Vgl. Denkschrift von Walz über die Nachfolgefrage vom November 1956, RB 1 013 026.

19 Zum Ausscheiden von Max Dehn, der erst auf Druck eine Rücktrittserklärung
unterschrieb, vgl. TVS vom 24. 4. 1959, RB 1 001 266.

20 Ebd., S. 6.

21 Ebd., S. 14. Zur kurzen und einvernehmlichen Debatte über die Denkschrift vgl.
TVS vom 4. 12. 1956, S. 7 ff., RB 1 001 263. Es stellt sich allerdings die Frage, inwieweit sich Walz später an seine eigenen Prinzipien hielt, denn im Dezember 1958, als
wieder einmal die Benennung von TV-Nachfolgern auf der Tagesordnung stand,
schlug Walz den damaligen Geschäftsführer Frei («als unzweifelhaftes Boschfor-
mat») vor. Knoerzer wiederum schlug Lippart, ebenfalls noch amtierender Bosch-
Geschäftsführer, vor. Im Dezember 1958 notierte Walz denn auch einige inzwischen
von ihm geänderte Sichtweisen zu seinem damaligen Gutachten. Vgl. Notiz vom
8. 12. 1958 als vorbereitende Ausführungen zur TVS am 12. 12. 1958, RB 1 001 265.

22 Vgl. dazu die ausführliche Debatte in der TVS am 24. 1. 1957, S. 5 ff., RB 1 001 264.

23 Dazu und zum Folgenden Niederschrift der TVS vom 12. 3. 1958, RB 1 001 265.

24 Ebd., S. 5.

25 Die Änderungen und Ergänzungen betrafen vor allem zwei Punkte: Erstens ging es
um die in § 13 festgelegte Ausübung des Stimmrechts und die Vertretung von minderjährigen Gesellschaftern. Vgl. dazu die umfangreiche Ausarbeitung von Walz
über «Gedanken und Motive zur Änderung des § 13 des Gesellschaftsvertrags der
RB GmbH» vom 4. 12. 1956, RB 1 001 263 sowie auch Protokoll der TVS vom
14. 11. 1956, S. 6 ff., in: Ebd. Zweitens ging es um die Berechnung des sogenannten
Schemakurses, d. h. des Kurses, zu welchem Gesellschafter, die ihre Geschäftsanteile veräußern wollten oder mussten, abgefunden wurden. Vgl. dazu die ausführliche Denkschrift von Walz vom November 1956 über «den Kaufpreis von Geschäftsanteilen der Robert Bosch GmbH» mit umfangreichen Anlagen und weiteren
Kommentaren der Rechts- und Bilanzabteilung, RB 1 013 026.

26 Vgl. Niederschrift der Sitzung des TV-Arbeitsausschusses vom 27. 1. 1959, RB 1 001 266.

27 Schaubel-Gutachten vom 5. 3. 1959, S. 52, RB 1 001 289.

28 Notiz von Walz vom 7. 4. 1959, RB 1 001 289.

29 Vgl. etwa Protokoll der TVS vom 5. 12. 1960, S. 11 f., RB 1 001 267 und Protokoll der
TVS vom 23. 3. 1961, in: Ebd.

30 Das Gutachten vom Januar 1959, RB 1 001 490, das sich bezeichnenderweise im NL Knoerzer fand.

31 Ebd., S. 2.

32 Dem Ausscheiden von Otto Fischer gingen offenbar Missstimmungen und ein Zerwürfnis von Fischer mit Knoerzer voraus, so zumindest die Darstellung Fischers in einem Brief an Walz vom 3. 6. 1956, RB 1 001 263, vgl. auch die Debatte darüber in der Sitzung der TVS am 22. 6. 1956, in: Ebd. Wenig später, im Oktober 1962 schied Walter Lippart durch seinen überraschenden Tod aus.

33 Protokoll der TVS vom 29. 3. 1960, S. 2, RB 1 001 267.

34 Brief vom 25. 11. 1960, RB 1 001 487.

35 Vgl. TVS vom 12. 12. 1958, S. 10, RB 1 001 265.

36 So die Darstellung in der Gesprächsnotiz von Knoerzer vom 13. 2. 1961, in: Ebd.

37 Hans Walz, Robert Bosch. Der Mann und das Werk, in: *Bosch-Zünder* 9/1961, S. 197–206. Dort auch die weiteren Festreden.

38 Niederschrift der Sitzung des TV-Arbeitsausschusses vom 27. 1. 1959, RB 1 001 266.

39 Ebd., S. 5.

40 Ebd., S. 4.

41 Ebd., S. 5.

42 Ebd.

43 Vgl. Protokoll der TVS vom 8. 12. 1961, S. 23, RB 1 001 268.

44 Protokoll der Versammlung der Familienmitglieder am 7. 5. 1962, in RB 1 001 269. Vgl. auch den umfangreichen «Bericht über den gegenwärtigen Stand der Untersuchungen zur Frage VVB-Weg» vom 15. 6. 1962, RB 1 001 269.

45 Niederschrift der TVS vom 28. 6. 1962, S. 4, RB 1 001 269. Vgl. auch «Stellungnahme zu dem von Frau FiBo gestellten Wunsch nach einem Mitbestimmungsrecht in der VVB» vom 22. 6. 1962, in: Ebd.

46 Protokoll der Familienversammlung vom 7. 5. 1962, S. 6 ff., RB 1 001 269.

47 Vgl. dazu den Brief von Fischer-Bosch an Zundel vom 21. 12. 1962, in: NL Zundel. Auch die spätere Darstellung dieses Problemkomplexes in seiner Autobiographie ist eher kryptisch und von der nachträglichen Sicht der Dinge verzerrt. Vgl. Georg Zundel, «Es muss viel geschehen!» Erinnerungen eines friedenspolitisch engagierten Naturwissenschaftlers, Berlin 2006, S. 164.

48 Notiz über eine Besprechung Zundels mit Margarete Fischer-Bosch sowie Olpp und Schaubel vom Sekretariat Bosch am 20. 12. 1962, in: Ebd.

49 Protokoll der TVS vom 28. 6. 1962, S. 7, RB 1 001 269 sowie Besprechungsnotiz von Rupp mit Fischer-Bosch vom 10. 7. 1962, in: Ebd. Vgl. außerdem Bericht von Walz vom 21. 2. 1963 über die Unterredung mit Zundel am 18. 1. 1963, in: NL Zundel.

50 Gutachten vom 21. 2. 1963, in: NL Zundel.

51 Ebd., S. 3/.

52 Ebd., S. 64.

53 Vgl. Brief der TV «an die Erben des Herrn Robert Bosch» vom 18. 4. 1963, in: NL Zundel. Die Kommission setzte sich zusammen aus dem Rechtsanwalt Ernst Rupp als Familienvertreter-TV, Knoerzer, dem inzwischen ins TV-Gremium kooptierten Heinz Küppenbender, Mitglied der Geschäftsführung von Carl Zeiss, und schließlich auch Merkle.

54 Vgl. dazu etwa die Notizen und den Brief von Felix Olpp an Zundel vom 13.5. und 25. 5. 1963 in Vorbereitung auf das bevorstehende Gespräch Zundels mit Knoerzer am 22. 5. 1963, in: NL Zundel, wo Olpp sich eindeutig auf die Seite der Familie stellt und Zundel von vorschnellen Zusagen abrät.

55 Vgl. Niederschrift der TVS vom 31. 5. 1963, S. 8 ff., RB 1 001 270.

56 Ebd., S. 9.

57 Ebd.

58 Ebd.

59 Vgl. dazu den TV-Beschluss vom 15. 10. 1963, in RB 1 001 270 sowie auch Brief Knoerzers an Paula Zundel vom 27. 9. 1963, in: NL Zundel.

60 Vgl. Niederschrift der TVS vom 20. 3. 1963, in: RB 1 001 270.

61 Dessen Text allerdings von Walz selbst verfasst worden war, wie Knoerzer später einmal notierte. Vgl. Transkript Notizen Knoerzers vom 6. 10. 2005, RB 1 001 492.

62 Niederschrift der TVS vom 28. 11. 1963, RB 1 001 270.

63 Ebd., S. 3.

64 Ebd., S. 5.

65 Ebd.

66 Ebd.

67 Niederschrift der TVS vom 23. 3. 1964, S. 2, RB 1 001 271.

68 Aktenvermerk vom 31. 3. 1964, in: NL Zundel.

69 Protokoll der TV–Verhandlungsausschuss-Sitzung vom 2. 4. 1964, in: Ebd. Vgl. dazu auch den Entwurf des Schreibens an Zundel, RB 1 001 272.

70 Vgl. Protokoll der TVS-Besprechung vom 2. 6. 1964, RB 1 001 271.

71 Ebd.

72 Ebd., S. 4.

73 Vgl. dazu Rahmenprotokoll über die Inkraftsetzung des Vertragswerks VVB RBIG am 26. 6. 1964, in: NL Zundel. Erste Vorvereinbarungen zur VVB waren schon am 26. 3. 1964 getroffen worden. Vgl. die Unterlagen, RB 1 017 435.

74 Brief vom 26. 6. 1964 von Fischer-Bosch an Knoerzer, RB 1 001 271. Als Kompromiss wurde schließlich ausgehandelt, dass der Entlastungserklärung ein von Georg Zundel verfasster Zusatz angehängt wurde, der lautete: «Jedoch bin ich der Meinung, dass es heute der Wunsch meines Großvaters wäre, mich in die Geschicke der Firma mit eingreifen zu lassen.» Vgl. dazu die Besprechungsnotiz vom 27. 6. 1964, in: Ebd.

75 Inwieweit dieser Stimmrechtsverzicht rechtlich korrekt war und nicht gegen das GmbH-Recht verstieß, wurde damals nicht thematisiert. Das sollte erst später als Problem aufkommen.

76 Vgl. dazu auch Graf zu Dohna, Die Rolle der Robert Bosch Industrietreuhand KG aus rechtlicher Sicht vom 3. 6. 2002 sowie die Ausarbeitung von Peter Adolff, Die Rolle der Robert Bosch Industrietreuhand KG im Rahmen der Bosch-Unternehmensverfassung vom 30. 5. 2002, in: RB 1 848 061 bzw. 1 848 063.

77 Ebd., S. 2.

78 Die hierzu von allen Familienmitgliedern unterzeichnete Vereinbarung vom 26. 6. 1964, in: Ebd.

79 Die zwölfseitige Vereinbarung vom 26. 6. 1964, RB 1 001 490. Das gesamte Konvolut des «Vertragswerks des Hauses Bosch vom 26. Juni 1964» siehe RB 1 017 434.

80 Vgl. Hans Walz, Grundsätzliche Betrachtungen vom 1. 12. 1966, RB 1 001 487.

81 Ebd.

82 «Die Entscheidungen, die die Gesellschafter unserer Firma mit Bezug auf ihre Anteile fassen mussten, treffen mich besonders hart», schrieb Felix Olpp später im

Dezember 1964 an Paula Zundel. «Ich kenne ja aus eigenem Miterleben den Willen unseres unvergesslichen Herrn Bosch, den er in seinem Testament verankert und ausgelegt wissen wollte. Daran ändert auch alle Schönfärberei, die man nachträglich versucht, nichts. Aber es ist nun einmal geschehen und wir können nur hoffen, dass alles recht wird.» Brief vom 25. 12. 1964, in: NL Zundel.

83 So auch die Einschätzung des Enkels von Robert Bosch, Christof Bosch, im Zeitzeugeninterview vom 19. 2. 2008 (Transkript S. 9), in: RB 1 229 055 sowie im Zeitzeugeninterview vom 22. 9. 2010.

84 Vgl. Zeitzeugeninterview Christof Bosch vom 19. 2. 2008, S. 35, in: RB 1 229 055.

85 Niederschrift über die Gesellschafterversammlung der VVB vom 30. 9. 1964, in: Ebd.

86 In der Folgezeit initiierte Robert Bosch d. J. die Aktion «Gute Arbeit», die zur Grundlage des weiteren Qualitätsmanagements von Bosch wurde. Vgl. dazu u. a. den Bericht im *Bosch-Zünder* 1/1971, S. 5.

87 Das Memorandum vom 9. 11. 1966, RB 1 001 312.

88 Ebd., S. 1.

89 Ebd. S. 5. Vgl. dazu auch ergänzende und im selben Sinn argumentierende «Grundsätzliche Betrachtungen» durch Walz vom 1. 12. 1966, RB 1 001 493.

90 Niederschrift der RBIG-Sitzung vom 26. 11. 1970, RB 1 001 329.

91 Vgl. Richtlinien für die RBIG vom 22. 6. 1965, RB 1 001 306.

92 Ebd., S. 9.

93 Niederschrift der RBIG-Sitzung vom 25. 3. 1971, RB 1 001 331.

94 Robert Bosch und Eva Madelung gründeten Mitte 1971 die Stiftung für Bildung und Behindertenförderung GmbH, 2005 umbenannt in Heidehof Stiftung GmbH. Im November 1971 betrieb auch Georg Zundel Pläne für eine eigene Stiftungsgründung. Diese erfolgte als Berghof-Stiftung für Konfliktforschung ebenfalls noch Ende 1971.

95 Vgl. dazu die Niederschrift der RBIG-Sitzung vom 27./28. 5. 1971, RB 1 001 332.

96 Vgl. dazu die Ansprache von Merkle bei der Trauerfeier am 30. 4. 1974, RB 1 013 015.

97 Notiz vom 18. 2. 1974, RB 1 022 236.

98 Vgl. dazu im Einzelnen Protokoll der RBIG-Sitzung vom 25. 3. 1976, RB 1 001 359.

99 Niederschrift der RBIK-Sitzung vom 31. 3. 1977, S. 10 ff., RB 1 001 361.

100 Zu den komplizierten Einzelheiten der Durchführung der Kapitalerhöhung und den Verhandlungen mit der Familie im Vorfeld vgl. die umfangreichen Unterlagen im NL Stein (RB 1 017 670), dort etwa die Notiz Steins vom 16. 5. 1977.

101 Vgl. dazu Notiz Stein vom 28. 1. 1976, RB 1 017 669.

102 Niederschrift der RBIK-Versammlung vom 30. 6. 1977, RB 1 001 362.

103 Ebd., S. 8.

104 Vgl. dazu bereits den Brief von Bosch an Stein vom 7. 7. 1978, RB 1 017 671. Zu den einzelnen Modellen und Problemen der Mitarbeiterbeteiligung vgl. die Niederschrift der RBIK vom 6. 4. 1978, RB 1 001 368. Noch im Februar 1980 heißt es dazu allerdings in einer Notiz Steins: «Wir sind gegenüber Georg Zundel noch im Wort und müssen ihn gelegentlich unterrichten.»

105 Niederschrift der RBIG vom 23. 6. 1976, RB 1 001 360 sowie auch Notiz Schaubel vom 17. 7. 1978, RB 1 001 369.

106 Niederschrift der RBIK-Sitzung vom 5. 4. 1979, RB 1 001 374.

107 Vgl. die Notiz vom 13. 2. 1978, RB 1 001 368.

108 Vgl. dazu im Einzelnen Niederschrift der RBIK vom 12. 6. 1982, RB 1 001 388 sowie auch Rundschreiben IK 90 von Merkle / Stein am 21. 6. 1982, in: Ebd.

109 Vgl. dazu Unterlagen zur RBIK vom 24. 11. 1982, RB 1 001 391 sowie vom 23. 6. 1983, RB 1 001 392.

110 Vgl. Zeitzeugeninterview Christof Bosch vom 22. 9. 2010. Ein Beispiel dafür ist auch der von Robert Bosch im April der RBIG vorgetragene Wunsch, die Einrichtung eines Familienvertreters auch nach Begleichen sämtlicher Verbindlichkeiten aus dem Vertrag von 1964 beizubehalten. Dazu konnte sich Merkle als Vorsitzender der RBIG-Gesellschafter jedoch nicht durchringen. Ihm schwebe eine «Wohlwollenserklärung» anstelle irgendwelcher Zugeständnisse an Bosch vor. Diesem solle lediglich zugesagt werden, dass die Beratergruppe [gemeint war das Gesellschaftergremium] zu gegebenem Zeitpunkt prüfen werde, ob und wieweit die Vorstellungen von Bosch verwirklicht werden können. Vgl. Niederschrift der RBIG vom 10. 4. 1975, RB 1 001 354.

111 Peter Adolff, Die Rolle der Robert Bosch Industrietreuhand KG im Rahmen der Bosch-Unternehmensverfassung, 30. 5. 2002, S. 3, RB 1 848 063.

112 Bereits Ende April 1978 hatte der damalige Kuratoriumsvorsitzende der Bosch Stiftung, Karl Schreiber, in einem Brief an Merkle geradezu entsetzt auf die von Seiten des Unternehmens für 1977 angekündigte Kürzung der Dividende und damit der an die Stiftung gehenden Mittel von 40 auf 36 Mio. DM reagiert. Vgl. Brief Schreibers an Merkle vom 27. 4. 1978 sowie den Antwortbrief Merkles vom 18. 5. 1978, in: NL Stein (1 017 408). Eine ähnliche Debatte zwischen Stiftung und Unternehmen gab es im Mai 1982 um die Dividendenpolitik des Jahres 1981. Vgl. dazu den Brief Merkles an Schreiber vom 17. 5. 1982, in: Ebd. Im Februar 1982 hatte nun aber auch Robert Bosch im Namen der Familiengesellschafter in einem Brief an die RBIK bzw. Merkle darauf hingewiesen, dass die von Seiten des Unternehmens zugebilligte Vorzugsdividende nicht mehr ausreiche, die steigende steuerliche Belastung der Familiengesellschafter durch die Erhöhung des Wertes der im Familienbesitz befindlichen Geschäftsanteile der Robert Bosch GmbH zu kompensieren. Die Steuerlast übersteige vor allem angesichts der künftigen Vermögens- und Einkommensteuergesetze die finanziellen Möglichkeiten der Familie bei weitem. Vgl. Brief Bosch an Merkle vom 4. 2. 1981, RB 1 017 408.

113 Vgl. dazu Zeitzeugeninterview Adolff vom 15. 3. 2010.

114 Vgl. dazu auch Christof Bosch, in: Robert Bosch 1928–2004, Stuttgart 2004, S. 35.

115 Zeitzeugeninterview Christof Bosch vom 19. 2. 2008, S. 10. Robert Bosch schlug später eine zweite berufliche Karriere als Psychologe und Psychotherapeut ein. Vgl. dazu die ausführliche Würdigung in den Ansprachen zur Trauerfeier am 28. 9. 2004, in: Robert Bosch 1928–2004, Stuttgart 2004.

116 Vgl. Walz auf der TVS vom 28. 6. 1962: «RB hat ein Anrecht darauf, dass seine Testamentsvollstrecker Verständnis für ihn aufbringen; diese haben nicht abweichenden Auffassungen oder abseitigen juristischen Auslegungsmöglichkeiten nachzugehen, sondern den Willen RBs zu vollziehen.»

117 Vgl. etwa Nina Grunenberg, Die Wundertäter. Netzwerke der deutschen Wirtschaft 1942 bis 1966, Frankfurt 2008, S. 199.

118 Vgl. dazu auch Zeitzeugeninterview Christof Bosch vom 22. 9. 2010.

3. Unternehmensorganisation und Unternehmensstrategie zwischen «Wirtschaftswunder» und Ölpreiskrisen

1 Schreiben der WOL vom 16. 3. 1953, RB 1 002 093.

2 Niederschrift der TVS vom 17. 5. 1960, S. 6, RB 1 001 267.

3 Abschlussbericht vom 13. 3. 1962 sowie die einzelnen Sitzungsprotokolle vom 2. 2. 1961 bis zum 12. 2. 1962, RB 1 047 116.

4 Vgl. auch die Präsentation des Berichts auf der TVS am 28. 6. 1962, S. 9 ff., RB 1 001 269.

5 Daneben traten als weitere zentrale organisatorische Kategorien die Zentral-, Geschäfts-, Fertigungs- und Verkaufsbereiche. Vgl. Anlage zur GFS vom 20. 7. 1965, RB 1 002 105.

6 Vgl. dazu das Schreiben Merkles über die Änderungen in der Zuständigkeit der Führungsbereiche vom 24. 2. 1967, RB 1 017 086.

7 Vgl. die Grundsätze in der Fassung vom 20. 2. 1967, RB 1 017 242.

8 Die acht Geschäftsführer waren Hans L. Merkle, Klaus G. Alberts, Hans Bacher, Willi Hofmann, Kurt Losten, Karl Schreiber, Paul A. Stein und Gustav Wagner. Robert Bosch war am 27. Mai 1971 aus der Geschäftsführung ausgeschieden. Stellvertretende Geschäftsführer waren Konrad Eckert, Alfred Hetzel und Rudolf Scharpff, Mitglieder der Geschäftsleitung schließlich Ulrich Mertz und Kurt Schips. Vgl. dazu die detaillierte Aufstellung der 111 Direktoren und Geschäftsführer des obersten Führungskreises von Bosch im Geschäftsbericht für 1971, S. 5–7.

9 Vgl. dazu die ausführliche Notiz Merkles vom 9. 9. 1971, als Anhang zur Niederschrift der RBIG vom 21. 9. 1971, RB 1 001 335 sowie das streng vertrauliche Sonderprotokoll über die GFS am 30. 8. 1971, RB 1 230 002 015.

10 Vgl. *FAZ*-Bericht zu Merkles Aufruf an die Unternehmer vom 12. 7. 1971.

11 Vgl. dazu Merkle, Führung im multinationalen Unternehmen, in: Ders., Dienen und Führen. Erkenntnisse eines Unternehmers, Stuttgart 2001, S. 183 ff.

12 Anlass war der Rücktritt von Rudolf Scharpff, der als verantwortlicher Geschäftsführer für das Konsumgüter-Geschäft von Bosch im Zuge der Blaupunkt-Krise von Merkle zum Rückzug gedrängt worden war. Vgl. dazu Niederschrift der GFS vom 27. 3. 1979, RB 1 001 374 sowie Brief Merkles an die RBIK vom 22. 1. 1979, in: Ebd. Vgl. auch den Artikel «F1 soll sich von F5 getrennt haben. Hans Merkle irritiert die Führungskräfte der Bosch-Gruppe mit seiner neuen Personalpolitik», in: *TOPICS* Nr. 4, Jg 3, vom 12. 3. 1979, S. 3–4.

13 Vgl. Niederschrift der RBIK vom 24. 11. 1982, RB 1 001 389.

14 Vgl. dazu *Manager Magazin* 1/1978 sowie ein großes Merkle-Interview in *Manager Magazin* 3 (1983), S. 76–88. Bei der Kür des Managers des Jahres landete Merkle hinter Siemens-Chef Plettner und dem Karstadt-Vorstandsvorsitzenden Walter Deuss nur auf Platz 3. Vgl. *Industriemagazin* 12 (1977), S. 14–16.

15 Vgl. dazu das Schreiben Merkles an die RBIK-Gesellschafter vom 3. 5. 1974, RB 1 001 347.

16 Dazu kam im Frühjahr 1983 noch ein international besetzter Beirat für Forschung und Entwicklung, in dem u. a. der Präsident von Exxon saß. Wie genau dieses Netzwerk funktionierte, lässt sich nur schwer rekonstruieren. Seine Hauptfunktion dürfte der schnelle Informations- und Gedankenaustausch gewesen sein, auch im Sinne einer industriewirtschaftlichen Diplomatiepolitik. Spektakulär war dabei ein anderer politischer Schritt Merkles: Im Juni 1979 trat er, nur wenige Tage nach der

Nominierung von Franz Josef Strauß zum Kanzlerkandidaten der Unionsparteien, aus der CDU aus.

17 Eine der wenigen Ausnahmen war die Rede Merkles zum 100-jährigen Firmenjubiläum im September 1986 unter dem Titel «Robert Bosch und sein Werk», in: Ders., Dienen und Führen, S. 239–266.

18 Ebd., S. 250.

19 Erste Planungen dazu waren schon 1964 gestartet worden, einschließlich einer eigenen Studienreise in die USA mit Besichtigung von dutzenden von Verwaltungsgebäuden. Vgl. den 43-seitigen (!) Bericht über das «Studium der Lösungen von Verwaltungsgebäuden im Hinblick auf das neue Verwaltungszentrum in Gerlingen» vom November 1964, RB 1 028 050 002.

20 «Einer der grundlegenden ökonomischen Irrtümer unserer Zeit ist, man könne sich leisten, was man sich leistet, auch wenn man sich mehr leistet, als man selbst leistet».

21 Vgl. dazu den Sammelband, der erschienen ist als Hans L. Merkle, Dienen und Führen. Erkenntnisse eines Unternehmers, Stuttgart 2001.

22 Vgl. GFS vom 17. 3. 1965, RB 1 002 105.

23 Vgl. dazu etwa Zeitzeugeninterview Gutbrod vom 27. 10. 2005, Transkript S. 4 und handschriftlicher Anhang., in: RB 1 229 072.

24 Vgl. dazu die Protokolle der GFS vom 5. und 19. 10. 1965, RB 1 002 105.

25 Niederschrift der RBIG vom 25. 11. 1965, RB 1 001 309.

26 Allerdings gab es tatsächlich schon in einer Reihe anderer Branchen wie Textil oder Chemie lange vor dem Konjunktureinbruch von 1967 Krisenerscheinungen.

27 Vgl. dazu die entsprechenden Meldungen in der *Frankfurter Allgemeinen Zeitung*, im *Industriekurier*, in der *Süddeutschen Zeitung* und im *Handelsblatt* vom 28. 10. 1965, als Pressespiegel-Anhang zum Protokoll der RBIG-Sitzung vom 25. 11. 1965, RB 1 001 309.

28 Vgl. Pressespiegel zur Bilanzpressekonferenz am 6. 7. 1966, als Anhang zum Protokoll der RBIG vom 30. 7. 1966, RB 1 001 315.

29 Vgl. zum Stand der Planungsrechnung bei Bosch das Memorandum vom 23. 3. 1966, RB 1 018 007 1.

30 Protokoll der RBIG vom 15. 3. 1967, RB 1 001 306.

31 Vgl. Pressespiegel zur Bilanzpressekonferenz am 12. 7. 1967, als Anhang zum Protokoll der RBIG vom 29. 7. 1967, RB 1 001 325.

32 Vgl. *Bosch-Zünder* 3/ 1971, S. 50–53.

33 Vgl. dazu das Organigramm Stand 3. 6. 1977, RB 1 001 364 sowie auch Geschäftsbericht 1974 ff.

34 Bericht vom 14. 6. 1974, RB 1 016 888.

35 Niederschrift der Sonder-GFS vom 26. 7. 1974, RB 1 230 005 022.

36 Ebd.

37 Ebd., S. 3.

38 Vgl. die Pressedokumentation zur Bilanzpressekonferenz vom 13. 7. 1976, in: Ebd.

39 Vgl. dazu die Ausführungen mit angehängter Grafik auf der GPI-Tagung am 1. 12. 1977 zur Lagebeschreibung der Bosch-Gruppe, RB 1 002 885.

40 Schreiben vom 29. 1. 1979, RB 1 001 374.

41 Ebd., S. 7.

42 Niederschrift der GFS vom 25. 8. 1980, in: ebd.

43 Niederschrift der GFS vom 6. 4. 1981, RB 1 001 384.

44 Niederschrift der GFS vom 18. 5. 1981, in: ebd.

45 Vgl. dazu aus der inzwischen reichhaltigen Literatur zum Zuliefersystem in der Automobilindustrie Stephanie Tilly, Das Zulieferproblem aus institutionenökonomischer Sicht. Die westdeutsche Automobil-Zulieferindustrie zwischen Produktions- und Marktorientierung (1960–1980), in: Jahrbuch für Wirstchaftsgeschichte 2010/1, S. 137–160; Manfred Deiß, Volker Döhl (Hg.), Vernetzte Produktion. Automobilzulieferer zwischen Kontrolle und Autonomie, Frankfurt 1992; Heinz-Rudolf Meißner, Die Teile und die Herrschaft. Die Reorganisation der Automobilproduktion und der Zulieferbeziehungen, Berlin 1994.

46 Zeitzeugeninterview Schnabel vom 18. 12. 2006, S. 5.

47 Zur technischen Entwicklung im Einzelnen vgl. Walter Kaiser, Bosch und das Kraftfahrzeug. Rückblick 1950–2003, Stuttgart 2004.

48 Aufstellung vom 11. 2. 1955, in: ebd.

49 Vgl. dazu und zum Folgenden Gerhard Greiner, Bericht über eine Konzernuntersuchung bei der Firma Robert Bosch GmbH vom Juli 1963, insbesondere hierzu Teil 2 zur «Marktstellung des Konzerns», RB 1 035.

50 Vgl. dazu die Aufstellung bei Greiner, S. 230 und S. 235.

51 Ebd., S. 19.

52 Vgl. Protokoll der TVS vom 23. 3. 1964, S. 17, RB 1 001 271.

53 Die Entwicklung des Kfz-Ausrüstungsgeschäfts zwischen 1952 und 1982 im Einzelnen vgl. nach den Angaben zu den Umsätzen des K-Bereichs in den Monatsberichten der Geschäftsführung an den Aufsichtsrat sowie den Berichten an die RBIK, RB 1 001 306 ff., 1 002 902, 1 002 931, 1 002 933, 1 002 936, 1 002 939.

54 Vgl. dazu etwa Protokoll der GFS vom 23. 9. 1975, S. 6, RB 1 230 006 025.

55 Vgl. dazu für die Zeit von 1975 bis 1981 mit Prognosen und Planungen für 1982 bis 1985 die Aufstellung von Umsatz und Investitionen in diesen beiden Bereichen vom 2. 7. 1982, RB 1 230 013 017.

56 Schreiben Merkle an die Gesellschafter der RBIK vom 26. 3. 1979, RB 1 001 374. Vgl. dazu auch den Artikel von Richard Gaul über «Computer am Steuer», in der *ZEIT* vom 23. 3. 1979, S. 19.

57 Vgl. dazu auch den Vortrag von Bacher bei der offiziellen Eröffnung des TZA am 30. 4. 1970, RB 1 018 007 2 sowie auch Bachers Vortrag über die Entwicklung der Elektronik im Kfz-Bau vom 18. 4. 1977, RB 1 018 007 4 und über «Kraftfahrzeugausrüstung – Möglichkeiten und Aufgaben für Bosch» vom Herbst 1976, RB 1 018 007 3.

58 Protokoll der GFS vom 14. 8. 1978, in: RB 1 230 009 020.

59 Vgl. die Aufstellung vom Juni 1973, RB 1 015 267.

60 Vgl. Vermerk Steins vom 17. 1. 1975, RB 1 017 503 1.

61 Bericht Merkles auf der RBIK vom 10. 4. 1975, RB 1 001 352. Vgl. dazu auch die ausführliche Schilderung der Entwicklungen von Merkle auf der GPI-Tagung vom 27. 8. 1975, RB 1 015 021.

62 Vgl. dazu auch «Aufsichtsrats-Diplomatie», in: *Frankfurter Allgemeine Zeitung* vom 4. 6. 1975.

63 Vgl. dazu Vermerk Merkles über Telefonat mit Ulrich von der Deutschen Bank am 12. 9. 1975 und am 1. 12. 1975, RB 1 015 021.

64 Scholl war für die Bereiche K1 bis K4, Eckert für K5 und K6 verantwortlich.

65 «Die gegenwärtige Lage wird für die schwierigste wirtschaftliche Situation seit der Währungsreform gehalten», so stand es etwa im Protokoll der Sitzung des Beirats der Herstellergruppe Teile und Zubehör vom 30. 5. 1975, S. 4 ff., in: RB 1 015 267. Vgl. auch Protokoll der Herstellergruppenversammlung vom 26. 9. 1974, in: ebd.

66 Der Ersatzteilstreit zeichnete sich schon in den frühen 1950er Jahren ab; er zog sich dann über viele Jahre hin und erreichte gegen Ende der 1970er Jahre schließlich seinen Höhepunkt. Vgl. dazu näher Tilly, Zuliefererproblem, S. 150 ff.

67 Protokoll der Herstellergruppenversammlung vom 10. 11. 1977, S. 4, in: RB 1 015 267. Zum damaligen Konzentrationsprozess in der Zulieferindustrie vgl. auch Peter Odrich, Zulieferer in der Klemme, in: *Frankfurter Allgemeine Zeitung* vom 2. 6. 1979.

68 Brief Merkles an die Gesellschafter der RBIG vom 22. 11. 1973, RB 1 001 345.

69 Vgl. Protokoll der GFS vom 12. 12. 1977, RB 1 230 008 030. Zu den auch später immer wieder auftretenden rasch wechselnden Anforderungen, etwa im Dieselbereich, vgl. auch Zeitzeugeninterview Riesenberg vom 11. 4. 2007, S. 15, RB 1 229 040.

70 Protokoll der GFS vom 17. 5. 1976, RB 1 230 007 012.

71 «VW gegen Bosch», in: Spiegel vom 30. 1. 1978, S. 97.

72 Protokoll der GFS vom 19. 2. 1979, RB 1 230 010 001 sowie vom 2. 4. 1979, RB 1 230 010 008.

73 Niederschrift der Sitzung der RBIK vom 27. 11. 1980, S. 8, RB 1 001 381.

74 Vgl. dazu auch die Beratungen auf der Erstausrüstungs-Tagung von Bosch am 30. 5. 1983, in: *Bosch-Zünder* 6/1983, S. 1.

75 Die Geschichte von MICO und Bosch in Indien kann nachgerade als exemplarisch für die Probleme und politischen Verwicklungen der deutschen Auslandsinvestitionen der 1970er Jahre in Indien bzw. im asiatischen Raum gelten und harrt noch einer detaillierten Untersuchung. Vgl. dazu eingehende Unterlagen in: RB 1 017 527 1–2.

76 Zu den Investitionsüberlegungen in Brasilien vgl. ebd.

77 Vgl. dazu die Angaben zu den Auslandsbeteiligungen von Bosch bei Greiner, S. 165 ff. sowie die Schilderung von Karl Thomä über den «Wiederaufbau unserer Auslandsbeziehungen» im *Bosch-Zünder* 6–7/1954, S. 86–87.

78 Vgl. dazu Niederschrift der TVS vom 20. 3. 1963, S. 12, RB 1 001 270.

79 Vgl. dazu Geschäftsbericht 1960 sowie Handelsblatt vom 22. 9. 1961 und Greiner, S. 177 ff.

80 Vgl. im Einzelnen die Aufstellung vom 31. 12. 1967, RB 1 696 096.

81 Vgl. dazu die Presseberichterstattung zur Ankündigung Merkles am 20. 3. 1969 als Anlage zum Protokoll der RBIG vom 27. 3. 1969, in: RB 1 002 111.

82 Ein Vorläufer war die 1956 gegründete Netola Verwaltungs AG in Glarus. Vgl. dazu RB 1 022 054.

83 Vgl. dazu der Vermerk Merkles vom 11. 7. 1968 sowie vom 19. 1. 1971 und 2. 2. 1971, RB 1 696 096.

84 Vgl. dazu die Übersicht über die Ertragslage in den Regionalgesellschaften vom 2. 4. 1974, RB 1 696 004.

85 Vgl. Protokoll der GFS vom 23. 5. 1967, S. 2, RB 1 002 107 und u. a. Besuchsnotiz Knoerzer in Birmingham bei Lucas am 13./14. 4. 1961, RB 1 002 101. Vgl. auch Harold Nockolds, Lucas – The First 100 Years, London 1979, S. 127 ff. und S. 231 ff. Als Beispiel für die Beobachtung durch Bosch vgl. etwa Protokoll der GFS vom 6. 3. 1978, S. 11, RB 1 230 009 006.

86 Zu den entsprechenden Gesprächen und Verhandlungen, u. a. im Oktober 1953 und im November 1955, vgl. RB 1 002 102.

87 Vgl. Protokoll der GFS vom 12. 2. 1968, S. 5, RB 1 230 001.

88 Vgl. Protokoll der GFS vom 15. 6. 1970, in: Ebd. Die Übernahme unter Beteiligung von Bosch zerschlug sich dann aber bald.

89 Vgl. dazu Antrag zur GFS vom 5. 7. 1976, RB 1 230 006 001.

90 Vgl. Protokoll der GFS vom 21. 2. 1977, RB 1 230 008 001.

91 Protokoll der GFS vom 6. 2. 1978, S. 6, RB 1 230 009 003.

92 Vgl. dazu auch Zeitzeugeninterview Scholl und Todenhöfer.

93 Protokoll der GFS vom 24. 11. 1983, S. 15, RB 1 230 014 030.

94 Vgl. dazu die Notiz zu den «Aktivitäten der Bosch-Gruppe in Südostasien» vom 7. 6. 1972, RB 1 230 003 021.

95 Protokoll der GFS vom 26. 4. 1966, RB 1 002 106.

96 Zum Kontext vgl. Christopher Neumaier, Dieselautos in Deutschland und den USA. Zum Verhältnis von Technologie, Konsum und Politik 1949 bis 2005, Stuttgart 2010.

97 Vgl. dazu Protokoll der GFS vom 26. 6. 1972, RB 1 230 003 021.

98 Brief von Borg-Warner vom 11. 6. 1975, RB 1 017 501–1.

99 Vgl. Antrag zur GFS vom 16. 12. 1976 sowie Schreiben an die RBIK-Gesellschafter vom 21. 12. 1976, RB 1 001 365.

100 Im Juni 1977 hatte sich Bosch eine Chance geboten, sein USA-Engagement im Elektronik-Bereich zu verstärken. Die erst seit zwölf Jahren existierende Firma American Microsystems Inc. (AMI) trat an Bosch heran und bot eine 25 prozentige Beteiligung für umgerechnet gut 30 Mio. DM an. Das Unternehmen mit 3600 Beschäftigten und einem Umsatz von 67 Mio. Dollar verfügte vor allem über FuE-Expertise bei integrierten Schaltkreisen und in der für Bosch wichtigen MOS-Technologie. Zur Entwicklung der Halbleiter-Technologie und dem entsprechenden Know-how bei Bosch, welches das Unternehmen bald in direkte Konkurrenz zu großen Elektronikkonzernen wie Motorola und Siemens brachte, vgl. Kaiser, Bosch, S. 129–145 sowie u. a. den Vortrag von Callsen, dem damaligen Entwicklungsleiter für elektrisches Kraftfahrzeugzubehör über «Die Bedeutung der Halbleiter für die Bosch-Produktion des Kraftfahrzeugs» am 23. 3. 1961 vor dem Testamentsvollstrecker-Gremium, RB 1 001 268. Zur Halbleiter-Strategie von Bosch vgl. auch den Bericht zum «Stand der gegenwärtigen Halbleiteraktivitäten bei RB» auf der GFS vom 7. 2. 1977, RB 1 230 008 001, das Papier vom 30. 11. 1979, RB 1 847 116 und die «Halbleiter-Studie Baur» vom November 1982, RB 1 230 013 028.

101 Vgl. Protokoll der GFS vom 9. 4. 1979, in: RB 1 230 010 012.

102 Zusammenstellung vom 14. 11. 1979, in: RB 1 230 010 033.

103 Protokoll der GFS vom 10. 11. 1980, S. 6, in: RB 1 230 011 029.

104 Vgl. dazu «Benutzung des Namens BOSCH in USA», vom 25. 3. 1969, RB 1 230 002 001–030 sowie «Geschichte der Rechte am Namen und an der Marke BOSCH in USA» (ohne Datum), RB 1 241 040.

105 Ebd., S. 2.

106 Vgl. dazu Notiz zur RBIK vom 23. 3. 1983, RB 1 001 389.

107 GF-Mitteilung vom 6. 11. 1981, RB 1 230 012 030.

108 Ebd.

109 Notiz vom 9. 6. 1981, RB 1 017 039 sowie auch Reisebericht Indien vom 16. 9. 1980, RB 1 017 040.

110 Vgl. Geschäftsbericht 1970, S. 13 f.

111 Vgl. dazu allgemein auch Frank Uekötter, Umweltgeschichte im 19. und 20. Jahrhundert, München 2007.

112 Vgl. der Vortrag abgedruckt in: *Deutsche Zeitung* Nr. 45 vom 10. 11. 1972, S. 31–34.

113 Ebd.

114 Protokoll der GFS vom 19. 11. 1973, RB 1 230 004 026.

115 Vgl. etwa den erhellenden und kritischen Diskussionsbeitrag von Klaus Möbius aus dem Kieler Institut für Weltwirtschaft vom November 1971 über «Das Umweltproblem aus wirtschaftlicher Sicht», RB 1 046 026.

116 Vgl. die Aufstellung vom 8. 1. 1974, RB 1 046 057 sowie bereits die Zusammenstellung für eine Erhebung der IHK Stuttgart vom 7. 3. 1972, RB 1 046 049 001.

117 Notiz RB 1 046 057.

118 Aufstellung der zwischen Dezember 1971 und April 1973 erschienenen *Bosch-Zünder*-Artikel vom 25. 10. 1973, RB 1 046 057.

119 Referat vom 6. 7. 1972, RB 1 046 086.

120 GF-Richtlinie vom 15. 1. 1973, RB 1 005 016.

121 Vgl. dazu Geschäftsbericht 1976, S. 10, sowie Anhang zum Protokoll der GFS vom 20. 7. 1976, RB 1 230 007 018.

122 Vgl. dazu Protokoll der Ratio-Tagung vom 4./5. 6. 1975, RB 1 027 001 1. Mitte Januar 1979 wurde eine Untersuchung über «Gesundheitsgefahren durch Asbest und Blei. Bericht über Stand der Sicherheitsmaßnahmen bei Robert Bosch» erstellt. Vgl. RB 1 030 087. Und zwei Jahre später legte Bosch erstmals auch einen eigenen «Energiereport» vor. Dieser enthielt neben einer kurzen Darstellung der weltweiten Energielage und der Energieentwicklung bei Bosch auch einen detaillierten Maßnahmenkatalog mit den wichtigsten laufenden und geplanten Einsparungsmaßnahmen. Vgl. Energiereport Robert Bosch GmbH 1980, RB 1 030 072. Offensichtlich blieb dies aber eine einmalige Aktion, denn weitere Berichte sind in den Folgejahren nicht erschienen.

123 Vgl. dazu die Unterlagen zur GFS vom 19. 11. 1979, RB 1 030 010 009.

124 Vgl. Notiz der ZT vom 8. 2. 1980, RB 1 030 061.

125 Vgl. dazu etwa den Bericht über «Die Brennstoffzelle», im *Bosch-Zünder* 8 / 9 / 10 / 1964, S. 166 –168.

126 Vor allem zur Frühphase in den 1880er bis 1930er Jahren vgl. Gijs Mom, The Electric Vehicle: Technology and Expectations in the Automobile Age, Illinois 2004.

127 Vgl. den Bericht vom 10. 10. 1961 zur Brennstoffzelle sowie einen weiterer Bericht zu Bleibatterien, RB 1 047 017.

128 Vgl. dazu u. a. Vortrag «Bosch im Elektromobil» vom 8. 5. 1967, RB 1 069 001 sowie Notiz vom 22. 12. 1967, in: ebd.

129 Vgl. dazu die diversen Zeitungs- und Zeitschriftenberichte RB 1 069 002 1.

130 Vgl. etwa Reisebericht vom 16. 3. 1967, RB 1 047 016.

131 Vgl. Protokoll der GFS vom 13. 4. 1970, S. 5, RB 1 230 001 001. Vgl. dazu auch die diversen Entwicklungsberichte von 1973, RB 1 010 302.

132 Bosch experimentierte etwa mit Methanol und sauren Elektrolyten betriebenen Brennstoffzellen. Vgl. dazu auch den Bericht des Bosch-Entwicklungszentrums in Schwieberdingen aus dem Jahr 1970 (BOSCH heute. Informationen Schwieberdingen. Der neue Standort), Stuttgart 1970, S. 15.

133 Das galt allerdings zunächst vor allem für die CO_2-Emission, während die Emission unverbrannter Kohlenwasserstoffe noch ein Problem darstellte. Vgl. dazu auch Hermann Scholl, Elektronisch gesteuerte Benzineinspritzung – Weiterentwicklung der Jetronic, in: Bosch Technische Berichte H. 1, November 1969, S. 1–12.

134 Vgl. dazu u. a. Geschäftsbericht 1972, S. 13 und 1973, S. 10.

135 Protokoll der GFS vom 29. 11. 1973, S. 15, RB 1 001 345.

136 Vgl. das Interview abgedruckt auch in: *Bosch-Zünder* 10/1971, S. 240–241. Vgl. dazu den Bericht des Bosch-Entwicklungszentrums in Schwieberdingen aus dem Jahr 1970 (BOSCH heute. Informationen Schwieberdingen. Der neue Standort), Stuttgart 1970, S. 14, und Protokoll der GFS vom 7. 4. 1975, S. 4 f., RB 1 001 350.

137 Protokoll der GFS vom 19. 11. 1973, RB 1 230 004 026.

138 Pressemeldung mit der Liste der Projekte in: RB 1974 1104.

139 Pressemitteilung vom Mai 1975, in: RB 1975 0506.

140 Vgl. dazu Protokoll der GFS vom 10. 2. 1975, S. 2, RB 1 230 006 003.

141 Rede Bachers am 7. 1. 1981, RB 1 018 007 4.

142 Vgl. dazu Notiz vom 12. 10. 1973, RB 1 022 301 sowie vom 30. 10. 1979, in: Ebd.

143 Rede Bachers am 28. 10. 1981, RB 1 018 007 4.

144 So die Formulierung in einem Artikel des *Bosch-Zünders* vom März 1974.

145 Rede Bachers am 28. 10. 1981, RB 1 018 007 4.

146 Protokoll der GFS vom 24. 11. 1983, S. 6 ff., RB 1 230 014 030.

4. Zwischen Amerikanisierung und Japanisierung: Fertigungsorganisation und Arbeitswelt

1 Vgl. dazu umfassend Harm G. Schröter, Americanization of the European Economy. A compact survey of American economic influence in Europe since the 1880s, Dordrecht 2005. Im Einzelnen zu deutschen Unternehmen vgl. Christian Kleinschmidt, Der produktive Blick. Wahrnehmung amerikanischer und japanischer Management- und Produktionsmethoden durch deutsche Unternehmer 1950–1985, Berlin 2002 und Susanne Hilger, «Amerikanisierung» deutscher Unternehmen. Wettbewerbsstrategien und Unternehmenspolitik bei Henkel, Siemens und Daimler-Benz (1945 / 49–1975), Wiesbaden 2004. Nach wie vor grundlegend zur Amerikanisierung der deutschen Wirtschaft Volker Berghahn, Unternehmer und Politik in der Bundesrepublik, Frankfurt 1985.

2 Die Berichte und Fragenkataloge in: RB 1 028 002 005 bis 007.

3 Ebd., S. 33.

4 Amerika-Reise 1955, BSP 1 Wagner, in: RB 1 028 030 001.

5 Vgl. etwa Protokoll der 30. FWS vom 25. 3. 1954 mit einer Fülle von Einzelreferaten zu Detailproblemen, RB 1 027 012 8 oder die 40. FWS vom 21. 7. 1955, RB 1 027 013 2. Siehe auch das Protokoll der 1. Rationalisierungs-Tagung vom 27. 4. 1956, RB 1 027 013 4.

6 Bericht auf der GFS vom 24. 6. 1959, in: RB 1 002 093.

7 Bericht über die 86. Werksleiter-Tagung vom 29. 4. 1960, RB 1 047 122.

8 Vgl. Betriebsanalyse Gesamt-Bosch von 1959, RB 1 068 001 1. Siehe auch die knapp 180 Seiten starken Jahresberichte der WOL für 1951 und 1961, RB 1 003 481.

9 Amerika-Bericht 1960 von Hofmann, Kilgus, Bacher, Hohnacker, S. 11, in: RB 1 028 056 001.

10 TVS-Protokoll vom 1. 7. 1958, RB 1 001 265.

11 Denkschrift vom 2. 4. 1959, RB 1 002 095.

12 Zusammenstellung der Freiwilligen Sozialleistungen der Robert Bosch GmbH für 1960 vgl. RB 1 001 267.

13 Vgl. Protokoll der 6. Ratio-Tagung vom 30. 10. 1958, S. 3 1–3 12, die unter dem Generalthema «Intensivierung unserer Rationalisierungsbemühungen im Blick auf die weitere Konkurrenzfähigkeit im Exportgeschäft und den zu erwartenden gemeinsamen Europäischen Markt» stand, RB 1 027 006 3.

14 Das Verfahren mit vorbestimmten Zeiten war 1940 in den USA von den Consulting-Ingenieuren Maynard, Stegemerten und Schwab entwickelt worden. Die drei hatten ihre Erkenntnisse 1948 unter dem Titel «Methods-Time Measurement» in einem Buch publiziert, das sofort weit über die USA hinaus Aufsehen erregte. 1951 gründete Maynard dann die MTM Association for Standards and Research, die die Qualität des Verfahrens sicherte, das nun seinen Siegeszug rund um den Globus antrat.

15 Vgl. dazu auch die detaillierten Einführungstexte und Datenblätter, RB 1 046 112.

16 «Einführung in das MTM-Verfahren» vom 5. 10. 1960, in: Ebd.

17 US-amerikanische Beratungsunternehmen brachten Anfang der 1950er Jahre das MTM-Verfahren auch nach Europa, zuerst nach Schweden, wo 1955 die erste europäische MTM-Vereinigung gegründet wurde, dann auch in die Schweiz, Holland und Frankreich. Vgl. zur historischen Entwicklung die Jubiläumsschrift der Deutschen MTM-Vereinigung e. V. zum 40-jährigen Bestehen: «MTM – Von Anfang an richtig», Hamburg 2002, S. 9–28.

18 Survey of Manufacturing of Bosch von B. Payne vom 16. 12. 1959, RB 1 002 103, S. 1.

19 Ebd., S. 2 ff.

20 Vgl. Protokoll TVS, S. 4 f. vom 29. 6. 1960, RB 1 001 267.

21 Vgl. dazu die einzelnen Besprechungsberichte vom Juli 1960 bis Sommer 1961, RB 1 068 001 2.

22 Vgl. dazu B. Payne, Summary of Management Control Area vom 5. 1. 1961, RB 1 068 001 1. Vgl. dazu auch Besprechungsnotiz vom 15. 12. 1960, RB 1 068 001 2 sowie Besprechungsbericht vom 11. 4. 1961, ebd.

23 Bericht über eine FEH-Besprechung vom 17. 4. 1961, RB 1 068 001 1. Vgl. zur Einführung des MTM im Lichtwerk auch den MTM-Aufsatz im *Bosch-Zünder* 2/1964, S. 28–31.

24 Vgl. dazu etwa als Zwischenbilanz nach sechs Jahren «erfolgreich praktiziertes MTM-System» den MTM-Aufsatz anlässlich der in Stuttgart abgehaltenen 4. internationalen MTM-Konferenz im *Bosch-Zünder* 9/1966, S. 172–175. Bruce Payne wurde zwischen April 1971 und November 1972 noch einmal für Bosch beratend tätig. Diesmal ging es um Rationalisierungen im Vertriebs- und Verwaltungsbereich, wobei aber anders als 1962 die Tätigkeit der Consulting-Ingenieure als wenig erfolgreich beurteilt wurde. Vgl. dazu die Unterlagen RB 1 068 002 2.

25 Vgl. dazu auch: … auch beim Bosch, S. 94 f.

26 Franziska Böhles, «Der Capo hat uns die Werkstatt gezeigt», Arbeitsmigration bei Bosch, Die ersten ‹Gastarbeiter› am Standort Feuerbach, in: Reinhard Johler/Felicia Sparacio (Hg.), Abfahren. Ankommen. Boschler sein. Lebensgeschichten aus der Arbeitswelt, 2. Aufl., Tübingen 2011, S. 240; Wolfgang Malchow, Die Rolle der Italiener für die Wirtschaft in Baden-Württemberg. Vortrag 15. 7. 2005 beim Italienischen Generalkonsulat, Stuttgart. Anlässlich des 50. Jubiläums der deutsch-italienischen Abkommen über die Anwerbung von italienischen Arbeitskräften nach Deutschland, RB 1 044 017.

27 Ulrich Herbert, Geschichte der Ausländerpolitik in Deutschland: Saisonarbeiter, Zwangsarbeiter, Gastarbeiter, Flüchtlinge, München 2001, S. 205.

28 Ebd., S. 223 ff.; Werner Abelshauser, Deutsche Wirtschaftsgeschichte seit 1945, München 2004, S. 319 f.; Miriam Hessler, «Ich habe viele Erinnerungen an hier». Wie aus ‹Gastarbeitern› Mitbürger geworden sind, in: Reinhard Johler/Felicia Sparacio (Hg.), Abfahren. Ankommen. Boschler sein. Lebensgeschichten aus der Arbeitswelt, 2. Aufl., Tübingen 2011, S. 305.

29 Personalstatistik, Beschäftigtenstand 31. 12. 1960, RB 1 007 087; Ausländische Arbeiter 1969–1975, RB 1 007 088 f.; Beschäftigung ausländischer Mitarbeiter bei RB und TOGE, Vergleich 1967 zu 1970, 30. 10. 1970, RB 1 158 008.

30 Ausländische Arbeiter 1969–1975, RB 1 007 088 f.; Personalstatistik, Beschäftigtenstand 1. 12. 1973, RB 1 007 089 und Beschäftigtenstand 1. 1. 1976, RB 1 007 090.

31 Malchow, Die Rolle der Italiener, RB 1 044 017.

32 Siehe Tabelle 16.

33 Monika Mattes, «Gastarbeiterinnen» in der Bundesrepublik. Anwerbepolitik, Migration und Geschlecht in den 50er bis 70er Jahren, Frankfurt am Main 2005, S. 129 und S. 186; Gastarbeiter: Entwicklungshilfe für Reiche?, in: Der Spiegel vom 22. 11. 1971, S. 138 ff.

34 Beschäftigung ausländischer Mitarbeiter bei RB und TOGE, Vergleich 1967 zu 1970, 30. 10. 1970, RB 1 158 008.

35 Ebd.

36 Ebd.

37 Zeitzeugeninterview Sautter vom 19. 10. 2010.

38 Personalstatistik, Beschäftigtenstand 31. 12. 1960, RB 1 007 087, und Beschäftigtenstand 1. 1. 1976, RB 1 007 090; Beschäftigung ausländischer Mitarbeiter bei RB und TOGE, Vergleich 1967 und 1970, 30. 10. 1970, RB 1 158 008; Ausländische Mitarbeiter Bosch-Gruppe Inland, 4. 2. 1976, ebd.

39 Zeitzeugeninterview Sautter vom 19. 10. 2010.

40 Ebd.

41 Ebd.

42 Per Moneta, in: Der Spiegel vom 7. 10. 1964, S. 44 ff.

43 Zeitzeugeninterview Sautter vom 19. 10. 2010.

44 Bericht der 86. Werksleiter-Tagung vom 16. 5. 1960, RB 1 047 122.

45 Zitat aus einem Brief des türkischen Arbeiters Aram M., zitiert nach: Karin Hunn, «Nächstes Jahr kehren wir zurück». Die Geschichte der türkischen «Gastarbeiter» in der Bundesrepublik, Göttingen 2005, S. 214, Anm. 35. Vgl. auch Betül Özyakan, Es gibt keine Probleme, es gibt nur Herausforderungen, in: Johler/Sparacio (Hg.), Abfahren, S. 143 f.

46 Schreiber an Springer, 10. 3. 1965, RB 1 059 001.

47 Bosch nimmt ausländische Arbeiter in Schutz. Bosch Presse-Information, 11. 3. 1965 RB 1965 0305.

48 Beschlüsse der GFS am 24. 9. 1973, RB 1 230 004 021.

49 Beschäftigung ausländischer Mitarbeiter bei RB und TOGE, Vergleich 1967 und 1970, 30. 10. 1970, RB 1 158 008.

50 Mattes, «Gastarbeiterinnen», S. 319.

51 Beschäftigung ausländischer Mitarbeiter bei RB und TOGE, Vergleich 1967 und 1970, 30. 10. 1970, RB 1 158 008.

52 Ebd.

53 Zitiert nach: Böhles, «Der Capo …», S. 250.

54 Vgl. den 15-seitigen Bericht vom 1. 7. 1963, RB 1 059 002.

55 Vgl. dazu Anweisung Nr. 2, Lohnauseinandersetzungen 1966, RB 1 093 003.

56 Vgl. dazu auch Robert Bosch GmbH, Geschäftsbericht 1965, S. 12.

57 Vgl. dazu u. a. den Reisebericht USA 1964 von Kilgus Haas, RB 1 027 012 13.

58 Vgl. dazu auch den Vortrag «Wertanalyse – eine Methode zur Kostensenkung», auf der 16. Ratio-Tagung vom 1. 10. 1964, RB 1 027 001 9.

59 Rede Bachers, RB 1 018 007 2.

60 Ende der 1950er Jahre hatte man daher u. a. den Schmierpumpenbetrieb veräußert und die Herstellung von Scheinwerfern und Lichtmaschinen für Fahrräder eingestellt.

61 Protokoll der GPI vom 20. 12. 1973, S. 3 f., RB 1 002 882.

62 Vgl. dazu Vortrag Raible auf der 23. Ratio-Tagung vom 4. / 5. 6. 1975, RB 1 027 001 1.

63 Protokoll der GPI vom 20. 12. 1973, S. 4, RB 1 002 882.

64 Vortrag Bachers vom 21. 10. 1976, RB 1 018 007 4.

65 Vgl. Besuchsbericht Kilgus Wunderlich vom Oktober 1962, RB 1 028 018 011 und Notiz vom 10. 11. 1965, RB 1 028 026 006.

66 Vgl. dazu auch die Besuchsberichte von der Werkzeugmaschinen-Ausstellung 1970 in Chicago sowie von der Europäischen Werkzeugmaschinenausstellung in Hannover 1977, RB 1 028 026 007 und RB 1 028 055 002.

67 Vgl. dazu GFS-Protokoll vom 8. 9. 1980 zu den Beratungen über Dialogsysteme für Materialwirtschaft und Fertigung in den Feuerbacher Werken, RB 1 230 011 024. Dieser fundamentale Prozess ist für die deutschen Unternehmen noch kaum untersucht. Vgl. dazu allgemein James W. Cortada, The Digital Hand: How Computers Changed the Work of American Manufacturing, Transportation, and Retail Industries, Oxford 2003.

68 Vgl. Protokoll der GFS vom 29. 9. 1981, S. 4, RB 1 230 012 026.

69 Vgl. dazu Notiz der Personalstelle vom 28. 9. 1970, RB 1 093 008.

70 Vgl. die Gedächtnisniederschrift der Gespräche vom 10. 9. 1970, RB 1 093 008.

71 Vgl. dazu … auch beim Bosch, S. 93 f.

72 Ebd. sowie Zeitzeugeninterview Rau vom 9. 11. 2005, Transkript, in: RB 1 229 067.

73 Protokoll der GFS vom 15. 10. 1973, S. 1, RB 1 230 004 032.

74 Vgl. GFS-Beschluss vom 12. 11. 1973, RB 1 230 004 025.

75 Ein im Sommer 1970 aufgestellter «Generalplan Feuerbach» etwa sah die umfassende Sanierung und den Neu- bzw. Umbau des Werks mit einem Volumen von 100 Mio. DM in den folgenden zehn Jahren vor, ein gewaltiges Vorhaben, das Ende 1976 tatsächlich erst zu rund einem Drittel umgesetzt worden war, da wegen der räumlichen Enge erst Neubauten nach dem Abriss der Altanlagen erfolgen konnten. Vgl. dazu die Debatten in den Geschäftsführungssitzungen am 28.6. und 25. 11. 1976, RB 1 001 360.

76 Vgl. die Zusammenstellung für die Jahre 1973 bis 1982, RB 1 007 096. In den Jahren 1977 bis 1981 erfolgte dann aber wieder ein deutlicher Rückgang, ehe im Krisenjahr 1982 die Kurzarbeit (152.000 Manntage) wiederum rasant anstieg.

77 Vgl. Bericht Merkle auf der RBIK vom 29. 9. 1977, RB 1 001 363.

78 Vgl. dazu Bericht auf der GFS vom 20. 3. 1978, RB 1 230 009 019 sowie … auch beim Bosch, S. 106.

79 Vgl. dazu die diversen Aufrufe und Streiklageberichte, RB 1 059 002.

80 Protokoll der GFS vom 15. 11. 1982, S. 2; vgl. dazu auch GFS vom 24. 7. 1981 und vom

19.10.1981 sowie Anlage zur GFS vom 7.5.1982 zur künftigen Modifizierung der Entlohnung, in: Ebd.

81 Vgl. dazu den Bericht im *Handelsblatt* vom 23.6.1983, auch diskutiert auf der RBIK am 23.6.1983.

82 Ebd.

83 Vgl. dazu Karl Lauschke, Mehr Demokratie in der Wirtschaft. Die Entstehungsgeschichte des Mitbestimmungsgesetzes von 1976, Düsseldorf 2006, sowie Ralph Greifenstein / Leo Kißler, Mitbestimmung im Spiegel der Forschung. Eine Bilanz der empirischen Untersuchungen 1952–2010, Berlin 2010.

84 Protokoll der GFS vom 14.6.1971, RB 1 230 001 001.

85 Vgl. dazu «Mitbestimmung bei Bosch erst 1978», in: *Stuttgarter Zeitung* vom 16.7.1976 und Brief Merkles an die Gesellschafter der RBIK vom 28.7.1976, RB 1 001 388.

86 Vgl. GFS vom 2.5.1977, S. 7 f., RB 1 230 008 020.

87 Erklärung des Konzern- und Gesamtbetriebsrats der Robert Bosch GmbH, RB 1 230 008 021.

88 Der Brief vom 11.7.1977, in: Ebd.

89 Vgl. dazu die umfangreichen Unterlagen und internen Arbeitspapiere zur Verfassungsbeschwerde im Nachlass des für Rechtsfragen zuständigen Bosch-Geschäftsführers Stein, in: RB 1 022 236.

90 Ebd.

91 Vgl. dazu den Bericht in den *Stuttgarter Nachrichten* vom 11.11.1978, RB 1 022 236. Vgl. dazu auch Knud Andresen/Ursula Bitzegeio/Jürgen Mittag (Hg.), Nach dem Strukturbruch? Kontinuität und Wandel von Arbeitbeziehungen und Arbeitswelt(en) seit den 1970er-Jahren, Bonn 2011.

92 Vgl. dazu das Zeitzeugeninterview Rau vom 9.11.2005, Transkript S. 8, in: RB 1 229 067.

93 Ebd.

94 Ebd., S. 14.

95 Der 28-seitige Reisebericht vom 23.2. bis 14.3.1964, RB 1 028 051 001.

96 Japan-Reise vom September 1968 sowie vor allem die große, 160-seitige Japan-Studie vom März 1969, RB 1 028 052.

97 Vgl. dazu die Rede Bachers vom 29.11.1971 über «Eindrücke von einer Japanreise», RB 1 018 007 3.

98 Vgl. den Bericht vom November 1974 und vom Februar 1976, RB 1 114 003 1 bzw. RB 1 047 115.

99 Vgl. zum Japanbesuch Merkles die Unterlagen RB 1 690 005 sowie Notiz vom 20.6.1980, RB 1 028 057.

100 Vgl. Kleinschmidt, Blick, S. 366 ff.

101 Ausführlicher Bericht vom 29.1.1981, RB 1 127 219.

102 Vgl. ebd., S. 5 f.

103 Vgl. auch den Bericht der Studiengruppe auf der Geschäftspolitischen Informationstagung am 27.2.1981, RB 1 002 889 sowie GFS vom 9.2.1981, RB 1 230 012 002.

104 Vgl. Protokoll der 1. Sitzung vom 10.4.1981 sowie auch die Protokolle der weiteren Sitzungen, RB 1 127 219.

105 Diskussionsgrundlage für die GFS am 19.2.1982, RB 1 230 013 002.

106 Rede Bachers vom 25.5.1982, RB 1 018 007 4. Diese Fertigungstagung war auch deshalb bemerkenswert, da hier erstmals seit vier Jahren wieder die (255) Fertigungs-

verantwortlichen der Bosch-Gruppe zusammenkamen. Siehe auch den Bericht «Kosten senken, Kosten senken …», in: *Bosch-Zünder* 5/1982, S. 1.

107 Vgl. Besprechungsbericht vom 2. 9. 1981, RB 1 018 007 4 sowie vor allem auch die ausführlichen «Gedanken zur Fertigung in den 80er Jahren – Gesetzliche und tarifpolitische Entwicklung», vorgetragen auf der GPI am 2. 12. 1981, RB 1 002 889.

108 Vgl. dazu einen Teil der Vorträge, RB 1 127 126.

109 Vortrag Kochs über «Die zukünftige Fertigung bei RB» am 8. 5. 1984, S. 16, RB 1 127 126.

5. Die Phase der «wilden Diversifikation»: Beteiligungsstrategie und Einstieg in neue Geschäftsfelder

1 Daneben gab es auch weitere, allerdings bald wieder erfolglos aufgegebene Diversifikationsbemühungen, wie den Anfang der 1970er Jahre in Zusammenarbeit mit der Bausparkasse «Wüstenrot» betriebenen Einstieg in den «Strukturbau», d. h. die Fertighaus-Produktion. Vgl. dazu u. a. Brief Merkles an die RBIK vom 20. 11. 1973, RB 1 001 345.

2 Vgl. dazu allgemein u. a. Morten Reitmayer, Ruth Rosenberger (Hg.), Unternehmen am Ende des ‹goldenen Zeitalters›. Die 1970er Jahre als Gegenstand der Unternehmens- und Wirtschaftsgeschichte, Essen 2008.

3 Zu Gerling vgl. u. a. Brief Merkle an Schieren vom 6. 10. 1975, RB 1 015 309 045 sowie zur Allianz-Beteiligung Brief Merkles an Schieren vom 30. 7. 1981, in: Ebd.

4 Notiz vom 21. 9. 1961, RB 1 047 059.

5 Vgl. dazu auch Protokoll der TVS vom 28. 11. 1963, RB 1 001 280.

6 Ebd.

7 Aktennotiz über eine Besprechung vom 25. 3. 1964, RB 1 064 001–1 sowie auch Bericht Merkles auf der RBIG vom 26. 11. 1964, RB 1 001 306.

8 Besprechungsnotiz vom 21. 7. 1965, RB 1 064 001–1.

9 Vgl. Brief an das Bundeskartellamt vom 13. 1. 1966 sowie auch die Zusammenstellung namhafter Zusammenschlüsse der Industrie elektrischer Konsumgüter seit 1958, in: Ebd.

10 Bericht der *Süddeutschen Zeitung* vom 12. 3. 1966, in: Ebd.

11 Vgl. dazu Bericht Merkles auf der RBIG-Sitzung vom 24. 3. 1966, RB 1 001 310.

12 Notiz vom 19. 4. 1966 sowie die ausführliche Darlegung der Entwicklung, in: Ebd.

13 So etwa der Titel des Vortrags des Bundeskartellamtspräsidenten Günther auf den Baden-Badener Unternehmergesprächen am 8. 3. 1966. Vgl. dazu die Notiz Merkles vom 11. 3. 1966, in: Ebd. Merkle war im Übrigen auch bei den Beratungen der GWB-Novelle im Bundeskanzleramt im Februar 1965 involviert, bei denen die Wirtschaftsvertreter offenbar einige Bedenken äußerten. Vgl. dazu Brief Merkles an Bundeswirtschaftsminister Schmücker vom 12. 2. 1965, RB 1 015 033.

14 Vgl. dazu das ausführliche Memorandum zum «zweiten Weg» der Hausgeräte-Zusammenarbeit Bosch Siemens vom 2. 5. 1966, RB 1 064 008.

15 Detaillierte Besprechungsberichte und -protokolle zwischen Juni und September 1966, RB 1 064 001–2.

16 So der Bericht Merkles auf der GFS vom 5. 12. 1966, RB 1 002 106. Vgl. auch das Fernschreiben des Bundeskartellamts an Bosch vom 22. 11. 1966, RB 1 064 001–2.

17 Vgl. dazu u. a. «Survey of the European Market for Household Appliances» von

F. W. Hohage, einem der Vertriebsmanager der BSHG, vom 2.7.1967, in: Pressemitteilung RB 1967 0705 vom Juli 1967.

18 Genau genommen wurde 1981 ein Gewinn von insgesamt 55 Mio. DM verzeichnet, der bis 1983 auf 94,5 Mio. DM stieg, was allerdings nur einer Umsatzrendite zwischen zwei und drei Prozent entsprach. Vgl. RB 1 015 016–003. Zu detaillierten Aufstellungen der Umsätze nach Erzeugnisgebieten, unterteilt nach den drei Hauptmarken Bosch, Siemens und Constructa für die Zeit 1975 bis 1977, vgl. RB 1 064 001–1.

19 Vgl. Protokoll der GFS vom 22.4.1968, RB 1 002 108 sowie auch die Berichte in den Geschäftsberichten 1967, S.15 f., 1968, S.12 f., 1969, S.23 f. und 1970, S.24 ff. Die bewegte Geschichte der kartellrechtlich prekären Organisation des Hausgeräte-Geschäfts von Bosch war aber damit noch nicht zu Ende. Ende November 1972 erfolgte eine erste Neuorganisation der gemeinsamen Hausgeräte-Aktivitäten, deren wesentliches Ergebnis ein Übergang vom Vertragskonzern zum gesellschaftsrechtlichen Konzern war. Zum 1. Januar 1978 erfolgte dann eine weitere organisatorische Neuordnung der Hausgeräte-Kooperation von Bosch und Siemens, die eine weitere Straffung der Führungsorganisation sowie eine Zusammenführung des Personals zu einer einheitlichen BSHG-Belegschaft beinhaltete. Der vorerst letzte Akt vollzog sich schließlich im Oktober 1982, als die AEG sich krisenbedingt von ihren Haushaltsgeräte-Bereichen trennte und Bosch-Siemens daraufhin die Neff GmbH übernahm, wofür wiederum das Bundeskartellamt nach einer formellen Vorprüfung grünes Licht gab.

20 Vgl. dazu u. a. Bosch Fernseh 1929–1979 (Festvorträge zum Firmenjubiläum am 31.5.1979), Darmstadt 1979.

21 Vgl. dazu die Zusammenstellung der Verkaufsumsätze der Tochtergesellschaften 1948 bis 1977, RB 1 003 072.

22 Vgl. dazu und zum Folgenden die Unterlagen RB 1 610 026. Hier das Memorandum vom 11.7.1963.

23 Notiz vom 6.11.1963, in: Ebd. Zur Loewe- und Branchengeschichte vgl. auch Steiner, Ortsempfänger.

24 Vgl. dazu u. a. die Besprechungsnotizen Bosch-Siemens vom 22.6.1967, RB 1 017 520.

25 Vgl. dazu Auszug aus dem Protokoll der RBIG vom 29.6.1967, RB 1 017 520.

26 Vgl. dazu auch Geschäftsbericht 1973, S.16.

27 Zeitzeugeninterview mit Horst Sandvoss, dem damaligen Sprecher der Blaupunkt-Geschäftsführung, Transkript S. 6 f., in: RB 1 229 087.

28 Vgl. Protokoll der GFS vom 20.3.1978, S.11, RB 1 030 009.

29 Vgl. Protokoll der GFS vom 13.3.1978, S.13, in: Ebd.

30 So die rückblickenden Äußerungen eines ehemaligen Blaupunkt-Managers in einem Zeitzeugeninterview, in: RB 1 229 087.

31 Vgl. dazu u. a. Niederschrift der RBIK vom 28.9.1978, S. 6 f., RB 1 001 374.

32 So Merkle auf der GFS vom 2.7.1979, S. 7, RB 1 030 010.

33 Vgl. Protokoll der GFS vom 19.3.1979, RB 1 230 001 sowie Niederschrift der RBIK vom 5.4.1979, S.14 ff., RB 1 001 374.

34 Wovon allerdings knapp 40 Mio. DM aufgrund des Ergebnisabführungsvertrages zwischen Blaupunkt und der Robert Bosch GmbH steuerlich absetzbar waren, so dass man netto nur etwa 16 Mio. DM verlor.

35 Niederschrift der RBIK vom 28.6.1979, RB 1 001 376.

36 Vgl. dazu die interne Prognoserechnung und Markteinschätzung vom 13. 2. 1981, RB 1 017 217.

37 Brief Merkle an Plettner vom 12. 10. 1978, RB 1 017 511.

38 Auch wenn im Sommer 1983 wieder Gespräche über mögliche Kooperationen zwischen Philips Grundig, Siemens und Bosch Blaupunkt geführt wurden. Vgl. Gesprächsvermerk Schips vom 14. 6. 1983, RB 1 017 519.

39 Vgl. Bericht auf der GFS vom 26. 5. 1975 sowie Aktennotiz vom 21. 4. 1975, RB 1 230 006 001.

40 Ebd., S. 5. Tatsächlich hatte es schon früher immer wieder Kontakte und Verhandlungen zwischen Bosch und Messerschmitt gegeben, erstmals 1964, als es um die Nutzung von Fertigungskapazitäten ging. Eine von Messerschmitt dabei offenbar ins Spiel gebrachte direkte Beteiligung von Bosch über 26 Prozent wurde damals jedoch «angesichts der Risiken der Luft- und Raumfahrtindustrie für nicht vertretbar» gehalten. Vgl. Protokoll GFS vom 18. 2. 1964, RB 1 002 098.

41 Ausführliche Notiz zu MBB vom 17. 12. 1976, S. 2 f., RB 1 022 397.

42 Vgl. die Aufstellung in: Ebd. Zur MBB-Geschichte im Kontext der Entwicklung der deutschen Luft- und Raumfahrtindustrie vgl. u. a. Christopher Magnus Andres, Die bundesdeutsche Luft- und Raumfahrtindustrie 1945–1970. Ein Industriebereich im Spannungsfeld von Politik, Wirtschaft und Militär, Frankfurt 1996 sowie Hartmut Schneider, Neue politische Ökonomie und Technologiepolitik. Fallstudie am Beispiel der Luftfahrtindustrie, Berlin 1980.

43 Protokoll der GFS vom 20. 12. 1976, S. 5, RB 1 230 008.

44 Notiz zur Verhandlungslinie vom 21. 7. 1977, RB 1 022 397.

45 Vgl. den Bericht in der *Deutschen Zeitung* vom 7. 7. 1978, S. 14 sowie weitere Presseberichte, RB 1 022 397.

46 Protokoll der GFS vom 9. 10. 1978, in: Ebd.

47 Brief Merkle an Plettner vom 28. 12. 1978, in: RB 1 022 379 –1.

48 Ebd.

49 Studie vom 13. 2. 1979, RB 1 030 072.

50 Vgl. dazu etwa auch den Vortag von Hans Gissel, Vorstandsmitglied von AEG-Telefunken, über «Kommunikationstechnik – Auf dem Weg zur Integration der Dienste» auf einem technischen Kolloquium am 8. 10. 1981, als gedruckte Fassung RB 1 017 486. Allgemein zum technischen Wandel in diesem Bereich Oskar Blumtritt, Nachrichtentechnik. Sender, Empfänger, Übertragung, Vermittlung, München 2005 sowie Gerald Brock, The second information revolution, Cambridge 2003 und Alfred D. Chandler, Inventing the electronic century. The epic story of the consumer electronics and the computer industries, New York 2001.

51 Vgl. dazu allgemein Peter Strunk, Die AEG. Aufstieg und Niedergang einer Industrielegende, Berlin 2000, S. 104 ff.

52 Vgl. Protokoll der GFS vom 29. 11. 1979, S. 18, RB 1 001 376.

53 Die vorgesehene Laufzeit betrug zehn Jahre bei einer Effektivverzinsung von 6,43 Prozent, allerdings ohne jegliche Sicherheiten.

54 Vgl. dazu Brief Dürrs an Merkle vom 20. 3. 1981, RB 1 017 509 –1.

55 Ebd., S. 15.

56 Vgl. *Stuttgarter Zeitung* vom 7. 8. 1981, RB 1 017 483. Dort auch weitere Presseausschnitte.

57 Vgl. dazu den ausführlichen Bericht über den Stand der Verhandlungen auf der RBIK-Sitzung vom 25. 6. 1981, RB 1 001 384.

58 Niederschrift der RBIK-Sitzung am 25. 6. 1981, S. 11 ff., RB 1 001 384.

59 «AEG-Poker: SEL oder Bosch», in: *Stuttgarter Nachrichten* vom 14. 8. 1981.

60 Vgl. dazu Protokoll der GFS zum Verhandlungsstand «TC» vom 14. 9. 1981, RB 1 017 483.

61 So auch Bericht Merkles auf der RBIK-Sitzung vom 2. 12. 1981, RB 1 001 386.

62 Vgl. Protokoll der RBIK vom 28. 9. 1981, in: Ebd.

63 Das «Dossier TC» vom 24. 9. 1981, in: Ebd. Zu den komplizierten gesellschaftsrechtlichen Details vgl. den umfangreichen Bericht Steins an den Aufsichtsrat vom 19. 10. 1981, in: Ebd.

64 Vgl. dazu auch die umfangreiche, fast 200 Seiten starke Auftragsstudie von Rolf-Dieter Leister (Beratungsinstitut für Informations- und Kommunikationstechnik) über den Telematik-Verbund und seine strategische Ausrichtung und Marktchancen vom 2. 12. 1981, RB 1 017 490–1.

65 Ebd., handschriftliche Notizen des Protokollführers zur Debatte.

66 Vgl. dazu Vermerk Merkles vom 6. 11. 1981 über ein Gespräch mit Christians von der Deutschen Bank im Bundeskanzleramt, RB 1 017 485.

67 Vgl. dazu die Notiz «Absicherung des AEG-Risikos» vom 29. 9. 1981, RB 1 017 490–2. Vgl. auch Vermerk Merkles über Gespräche mit Bundeswirtschaftsminister Graf Lambsdorff vom 5. 11. 1981, RB 1 017 485.

68 Vgl. das Vertragswerk Telekommunikation vom 20.11. und 1. 12. 1981, RB 1 017 482.

69 Vgl. dazu etwa der Bericht in der *Börsen-Zeitung* vom 3. 12. 1981. Im Januar 1982 holte sich Bosch neben der mit neun Prozent beteiligten Allianz AG die J. M. Voith GmbH als weiteren Partner ins Boot, die als reiner Kapitalinvestor mit einer stimmrechtslosen Unterbeteiligung von 24,9 Prozent in die Telenorma einstiegen.

70 Vgl. dazu im Einzelnen Strunk, AEG, S. 130 ff. sowie die Schilderung von Dürr in seiner Autobiographie, Heinz Dürr, In der ersten Reihe. Aufzeichnungen eines Unerschrockenen, Berlin 2008, S. 201 ff.

71 Aktennotiz der Bosch-Rechtsabteilung vom 14. 9. 1982, RB 1 017 484.

72 Briefwechsel zwischen Bosch und AEG von Januar/Februar 1983, RB 1 017 486.

73 Vgl. dazu das Schreiben Merkles an Dürr vom 24. 6. 1983, in: Ebd.

74 Vgl. «Fall AEG – Kein Lehrstück für eine erfolgreiche Sanierung», in: *Frankfurter Rundschau* vom 17. 9. 1984, in: Ebd.

75 Vgl. Protokoll der GFS vom 22. 12. 1981, RB 1 001 387.

76 Vgl. Protokoll der GFS vom 18. 1. 1982, in: Ebd.

77 Niederschrift der Sonder-GFS vom 9. 2. 1982, in: Ebd.

Zwischenbilanz

1 Protokoll der GFS vom 26. 5. 1964, RB 1 002 098.

2 Vgl. die einzelnen Ertragszahlen zu den Erzeugnisklassen als Anhang zur Niederschrift der GFS vom 1. 10. 1982, RB 1 230 013 001–037.

3 Vgl. dazu auch Zeitzeugeninterview Adolff vom 15.3. und 17. 4. 2011.

4 Zitiert nach der nach wie vor treffenden Charakterisierung von Bosch in dem Artikel von Rainer Frenkel über «Das Erbe des ‹roten Bosch›», in: *DIE ZEIT* vom 9. 7. 1976, S. 19.

IV. Bosch und die Herausforderungen der Globalisierung (1984–2012)

1. Umbruch und Kontinuität im Schatten konjunktureller Wechsellagen (1984–1993)

1 Vgl. dazu u. a. Franz Fehrenbach, Er war ein durch und durch glaubwürdiger Mann, in: Marcus Bierich. Im Spiegel seiner Familie, Freunde und Weggefährten, Frankfurt am Main 2010, S. 352 ff.

2 Vgl. dazu auch die Charakterisierung im *Industriemagazin* vom Oktober 1985, S. 22.

3 Vortrag Bierichs auf dem ersten LD-Forum am 6. 9. 1985, RB 1 017 147.

4 Ebd., S. 8.

5 Ebd., S. 12.

6 Ebd., S. 36 f.

7 Ebd., S. 25.

8 Ebd., S. 30.

9 Bosch ist nicht zu bremsen, in: *Industriemagazin* vom Oktober 1985, S. 29–32.

10 Robert Bosch GmbH, Geschäftsberichte 1984 und 1987.

11 Die Welt vom 8. 7. 1988, S. 10.

12 Vgl. dazu u. a. den Bericht in der *Hannoverschen Allgemeinen Zeitung* vom 7. 7. 1988 sowie in der *Heilbronner Stimme* vom 8. 7. 1988.

13 Vgl. Protokoll der RBIK vom 27. 6. 1984, RB 1 848 006.

14 Vgl. dazu «Duell der Giganten», in: *Manager Magazin* 12/1985, S. 8–10 sowie *Stuttgarter Zeitung* vom 22. 11. 1985, S. 7 und *Welt am Sonntag* vom 31. 7. 1988, S. 23.

15 Rede Bierichs auf der GPI vom 21. 12. 1987, S. 12 f., RB 1 002 898.

16 Anlage 4 zum Protokoll der Aufsichtsratssitzung vom 29. 4. 1987, S. 4, RB 1 848 025.

17 Anlage 2 zum Protokoll der Aufsichtsratssitzung vom 30. 6. 1989, S. 3 f., RB 1 848 027.

18 Vgl. die Präsentation des Unternehmensbereichs Kraftfahrzeugausrüstung auf der Aufsichtsratssitzung am 25. 6. 1990, S. 8 f., RB 1 848 028.

19 Anlage 4 zum Protokoll der Aufsichtsratssitzung vom 29. 4. 1987, S. 5, RB 1 848 025.

20 Bosch stärkt sein Engagement in Frankreich, in: *Bosch-Zünder* 10/1989, S. 1; Adolf Ahnefeld, Große Wachstumschancen vorhanden, in: Ebd., S. 4.

21 Zeitzeugeninterview Scholl vom 21. 10. 2010.

22 Antrag zur GFS 19. 3. 1990, DDR: Standort für K-Fertigung, RB 3 0005 047 001. VW hatte damals mit dem VEB IFA Kombinat Pkw ein Joint Venture zur Errichtung einer Fertigung in Zwickau abgeschlossen, Daimler-Benz hatte mit dem Kombinat IFA eine gemeinsame Lkw-Fertigung in Ludwigsfelde bei Berlin vereinbart.

23 Ebd.

24 Ebd.

25 Zeitzeugeninterview Scholl vom 21. 10. 2010.

26 Vgl. das zehnseitige Protokoll vom 32. 12. 1984, RB 1 016 832 002.

27 Vgl. dazu Aktennotiz zum McKinsey-Projekt vom 29. 1. 1985, RB 1 016 832 001.

28 Ebd.

29 Vgl. dazu die diversen Besprechungsberichte in: Ebd.

30 Vgl. dazu etwa auch Bericht Bierich auf der RBIK vom 28. 11. 1985, S. 9, RB 1 848 005.

31 Notiz vom 3. 5. 1985, RB 1 016 832 001.

32 Protokoll der RBIK-Sitzung vom 26. 11. 1987, S. 7, RB 1 848 007.

33 Vgl. dazu etwa den Bericht Schips F 6 auf der Aufsichtsratssitzung vom 1. 7. 1986, RB 1 848 024.

34 Protokoll der RBIK-Sitzung vom 27. 3. 1987, S. 8, in: RB 1 848 008.

35 Rede Bierich auf der GPI vom 21. 12. 1987, S. 26, RB 1 002 898.

36 Vgl. dazu auch den Bericht auf der RBIK-Sitzung vom 10. 6. 1989, S. 8 f., RB 1 848 008.

37 Ebd.

38 Vgl. dazu etwa Anlage 3 zum Aufsichtsratssitzungsprotokoll vom 30. 6. 1989, RB 1 848 027 und Unterlage zur GFS am 22. 5. 1989, RB 1 016 832 002.

39 Vgl. auch Zeitzeugeninterview Ahnefeld vom 6. 8. 2012.

40 Vgl. Protokoll der RBIK-Sitzung vom 25. 3. 1993, S. 4, RB 1 848 010.

41 Vgl. dazu Schreiben Gutbrod an Adolff vom 31. 1. 1989, RB 1 848 008.

42 Vgl. der Vortrag Weber vom 14. 3. 1991, RB 1 848 029.

43 Notiz vom 9. 7. 1991, RB 1 016 832 002. Vgl. auch bereits den Bericht «Suche nach Alliierten», in: *WirtschaftsWoche* vom 3. 6. 1988, S. 48–64.

44 Vgl. Tischvorlage zur RBIK-Sitzung vom 20. 3. 1990, RB 1 848 009.

45 Niederschrift der RBIK-Versammlung vom 24. 11. 1994, S. 6 ff., RB 1 848 011.

46 So Schiefer in seinem Bericht vor dem Bosch-Aufsichtsrat. Vgl. Anlage 3 zur Niederschrift der Aufsichtsratssitzung vom 27. 4. 1995, RB 1 002 751.

47 Vgl. den Bericht in der *Stuttgarter Zeitung* vom 1. 7. 1994, «Jetzt kocht der Bosch-Vize selbst».

48 Vgl. die Debatte im Aufsichtsrat vom 27. 4. 1995, RB 1 002 751.

49 Vgl. dazu Gesprächsleitfaden für Besprechung F1 mit Aufsichtsratmitgliedern von Blaupunkt am 26. 4. 1993, RB 1 016 218.

50 Vgl. Bericht zur Geschäftslage auf der RBIK-Sitzung vom 27. 6. 1996, RB 1 848 012.

51 Vgl. dazu auch den Lagebericht auf der RBIK-Sitzung vom 20. 3. 1997, RB 1 848 013.

52 Ebd., S. 5.

53 Vgl. dazu Niederschrift der RBIK-Sitzung vom 20. 3. 1997, S. 8, RB 1 848 013.

54 Brief vom 24. 9. 1998, RB 1 848 014.

55 Vgl. dazu die Berichte auf der RBIK-Sitzung vom 18. 3. 1999 und vom 22. 6. 1999, RB 1 848 014.

56 Vgl. dazu Protokoll der RBIK-Sitzung vom 16. 3. 2000, RB 1 848 060.

57 Robert Bosch GmbH, Geschäftsbericht 1970, S. 45; Robert Bosch GmbH, Geschäftsbericht 1980, S. 27.

58 Robert Bosch GmbH, Geschäftsbericht 1980, S. 22 ff.; Weg zum Global Player.

59 Weg zum Global Player, S. 35.

60 Banham, Bosch, S. 64.

61 Ebd.

62 Ebd.

63 Robert Forrant, Metal Fatigue. American Bosch and the Demise of Metalworking in the Connecticut River Valley, Amityville 2009.

64 Banham, Bosch, S. 65.

65 Hans L. Merkle, The economic situation and the business in the Bosch Group in 1985, 22. 10. 1985, RB 1 015 1334.

66 Robert Bosch GmbH, Geschäftsbericht 1990, S. 15.

67 Bierich: US-Markt wird zum «Schlachtfeld», in: *Stuttgarter Zeitung* vom 16. 9. 1987.

68 Robert Bosch GmbH, Geschäftsberichte.

69 Der Umsatz der Bosch-Gruppe in Nord-, Mittel- und Südamerika lag 1985 bei rund 3,5 Mrd. DM, 1990 bei knapp 3,4 Mrd. DM. Robert Bosch GmbH, Geschäftsbericht 1995, S. 5; für 1990 berechnet aus den Angaben, in: Robert Bosch GmbH, Geschäftsbericht 1990, S. 4 und S. 26.

70 Robert Bosch GmbH, Geschäftsbericht 1995, S. 23.

71 Siehe Tabelle 17.

72 Hans K. Herdt, Bosch bleibt Bosch, in: Börsen-Zeitung vom 10. 7. 1993.

73 Robert Bosch GmbH, Geschäftsbericht 1990, S. 26.

74 GFS Fernost vom 12. 11. 1992, RB 1 021 082.

75 GPI–Vortrag am 28. 5. 1990, Dr. F. Scholl/F7, RB 3 0005 047 002.

76 Zeitzeugeninterview Scholl vom 21. 10. 2010; Robert Bosch GmbH, Geschäftsbericht 1972, S. 23 f.; Robert Bosch GmbH, Geschäftsbericht 1973, S. 25.

77 Robert Bosch GmbH, Geschäftsbericht 1999, S. 12.

78 *Der Spiegel*, 34. Jg., H. 30, 21. 7. 1980; Konrad Seitz, Die japanisch-amerikanische Herausforderung. Deutschlands Hochtechnologie-Industrien kämpfen ums Überleben, 2. Aufl., München/Bonn 1991, S. 192.

79 Seitz, Herausforderung, S. 210.

80 So der Bericht über Bosch im *Industriemagazin* vom Oktober 1985, S. 18.

81 Vgl. dazu die detaillierte Analyse über die «Schwächen des UBK – und wie sie überwunden werden können» auf einer internen Klausurtagung am 11. 4. 1991, S. 15 ff., RB 1 016 838.

82 Ebd., S. 21.

83 Aktennotiz zur Lage im Unternehmensbereich K vom 4. 9. 1990, RB 1 016 838.

84 Robert Bosch GmbH, Geschäftsbericht 1989, S. 2.

85 Vgl. das Referatmanuskript zur GPI vom 18. 12. 1989, RB 1 016 822 001.

86 Vgl. dazu den detaillierten Bericht von Zimmerer (K5/L) auf der GPI-Tagung am 16. 12. 1991, RB 1 101 020 1.

87 Ebd., S. 2.

88 Ebd., S. 4.

89 Vgl. ebd., S. 8 ff.

90 Bericht Zimmerer als Anlage 3 zur Niederschrift der Aufsichtsratssitzung vom 27. 6. 1996, RB 1 002 751.

91 Vgl. ebd., S. 6.

92 Vgl. ebd., S. 8.

93 Ebd., S. 9.

94 Vortrag auf der GPI vom 19. 12. 1997, S. 8 f., RB 3 0005 764.

95 So die schonungslose Analyse der Unternehmensberatungsgruppe Thomas Group, vgl. dazu vor allem den Vortrag von Philip J. Lovell auf dem LD-Forum am 9. 9. 1999 über «Interne Prozesse bei Bosch: Anmerkungen eines Außenstehenden», S. 3, RB 1 217 032.

96 Ebd.

97 Ebd.

98 Vgl. dazu Vortrag Rojahn (F4A) auf der F-Klausur am 2. 5. 2001, RB 1 214 055 003.

99 Ebd., S. 5.

100 Vgl. dazu auch den Vortrag von Peter J. Marks über das Bosch Production System vor dem Aufsichtsrat am 21. 3. 2003, RB 1 848 066.

101 Der Begriff kommt aus dem Japanischen und kann mit «laden laden» übersetzt werden.

102 Vgl. die Schilderung in: … auch beim Bosch, S. 131.

103 Im Würgegriff der Konzerne, in: *Der Spiegel* 17/1993, S. 118 ff.

104 Siemens AG. Mehrheit an Bendix Electronics erworben, in: *Handelsblatt* vom 18. 7. 1988.

105 Zitat von Walter Kunerth, Leiter des Geschäftsbereichs Automobiltechnik der Siemens AG, zitiert nach: Machtkämpfe unter der Motorhaube, in: *Industriemagazin*, Juli 1989, S. 97.

106 Vermerk betr. BMW, Besprechung am 23. 1. 1991, RB 1 195 027 (Zitat); Vermerk betr. BMW, LZV für SG, 30. 11. 1990, ebd.

107 Vermerk betr. BMW, LZV für SG, 30. 11. 1990, ebd.

108 Vgl. Protokoll der RBIK-Sitzung vom 23. 11. 1990 und vom 9. 4. 1991, RB 1 848 009.

109 Vgl. auch der ausführliche Antrag zu den Kostenanpassungsmaßnahmen auf der GFS vom 5. 3. 1991, RB 1 002 428.

110 Protokoll der RBIK-Sitzung vom 9. 4. 1991, S. 11, RB 1 848 009.

111 Vgl. *Börsen-Zeitung* vom 5. 7. 1991 sowie auch der Kommentar ebd. («Ein hoher Preis») am 6. 7. 1991.

112 Vgl. auch den Bericht im *Wall Street Journal* vom 5. 7. 1991.

113 Vgl. *Manager Magazin* vom August 1991, S. 15–24 und dort ein Interview mit Bierich.

114 Ebd., S. 15.

115 Ebd.

116 Ebd.

117 Vortrag auf der GPI vom 3. 6. 1991, S. 46 ff., RB 1 016 823 002.

118 Ebd., S. 65.

119 Vgl. den ausführlichen Bericht über die Entwicklung des Unternehmensbereichs K durch Scholl am 26. 11. 1991 vor dem Aufsichtsrat, RB 1 848 030.

120 Vgl. den ausführlichen Bericht über «Entwicklungen in der Zulieferindustrie» auf der Aufsichtsratssitzung vom 28. 4. 1992, RB 1 848 030.

121 Protokoll der RBIK-Sitzung vom 24. 11. 1992, RB 1 848 009.

122 Anlage zum Protokoll der Aufsichtsratssitzung vom 17. 6. 1993, RB 1 002 751.

123 Ebd., S. 3.

124 Ebd., S. 6.

125 ARS 23. 11. 1993 – Personal- und Strukturmaßnahmen 1991–1993, RB 1 230 024 027.

126 Informationskonzept zur Personalkostensenkung, Bl. 2, Anlage 2 zur Unterlage zur GFS 25. 1. 1993, RB 1 230 024 003.

127 Auto 1992/93. Jahresbericht VDA 1992/93, S. 21.

128 Vgl. dazu Notiz zum Gespräch mit dem GBR am 27. 1. 1993, RB 1 016 838.

129 Vgl. Protokoll der RBIK-Sitzung vom 25. 3. 1993, S. 16, RB 1 848 010.

130 Die Erklärung vom 23. 3. 1993, RB 1 016 254 001.

131 Ebd.

132 Protest vor der Zentrale, in: *Bosch-Zünder* 4/1993, S. 2; GFS 26. 4. 1993, RB 1 230 024 011; Zeitzeugeninterview Löckle vom 4. 11. 2011. Nach Angaben von Löckle lag die Teilnehmerzahl bei rund 15 000.

133 Fehrenbach, in: Bierich, Spiegel, S. 360. Vgl. dort auf S. 355 zur Beurteilung der damaligen Konfrontation.

134 Zeitzeugeninterview Löckle vom 4. 11. 2011.

135 Vgl. Zeitzeugeninterview Ahnefeld vom 6. 8. 2012. Vgl. auch dazu Zeitzeugeninterview Todenhöfer vom 5. 7. 2010, S. 25 f.

136 Vgl. Zeitzeugeninterview Todenhöfer.

137 Vortrag Bierich auf der GPI vom 24. 5. 1993, RB 1 016 655 001.

138 Ebd., S. 9.

139 Protokoll der RBIK vom 25. 3. 1993, RB 1 848 010.

140 Ebd., S. 3.

141 So auch das Urteil von Franz Fehrenbach, in: Bierich, Spiegel, S. 356.

142 Vgl. dazu Abdruck eines persönlichen Briefes von Bierich vom Mai 1993, in: Ebd., S. 256 ff.

143 Robert Bosch GmbH, Geschäftsbericht 1993.

144 Ebd., S. 59; Referat F1 zur Geschäftslage, GFS 20. 6. 1994, RB 3 0005 764.

145 Mitte 1993 ging die Geschäftsführung für das vierte Quartal des Jahres von einem negativen Betriebsergebnis in Höhe von 313 Mio. DM aus. Darin waren «Aufwendungen für Personalanpassungen» in Höhe von 370 Mio. DM enthalten. Finanzprogramm 1993/Ausgabe Juni der Robert Bosch GmbH und Bosch-Gruppe Welt, 1. 6. 1993, RB 1 230 024 015.

146 Robert Bosch GmbH, Geschäftsbericht 1993, S. 7 (Zitat) und S. 44.

147 So Tilman Todenhöfer in seinem Erinnerungsbeitrag, in: Bierich, S. 421 ff.

148 Robert Bosch GmbH, Geschäftsberichte.

149 Robert Bosch GmbH, Geschäftsberichte 1938–1992; Tabelle Mitarbeiterstruktur: Frauen-Männer, Bosch-Gruppe Inland 1989–2012, RB 1 007 198.

150 Vgl. dazu … auch beim Bosch, S. 110 f.

151 Vgl. dazu Bericht auf der GFS vom 18. 5. 1992, RB 1 002 428.

152 Ebd.

153 Notiz bzw. Unterlage zur GFS vom 4. 5. 1992, in: Ebd.

154 Schreiben vom 10. 11. 1992, RB 1 016 254 001. Dort auch weitere Protestbriefe und die Resolution des Gesamtbetriebsrats vom 29. 10. 1992 sowie das Antwortschreiben der Geschäftsleitung vom 6. 11. 1992, in dem die Kürzung der außertariflichen Zulagen mit Hinweis auf die kommenden schwierigen Zeiten des Unternehmens verteidigt wird.

155 Vgl. Bericht Bierich auf der RBIK vom 30. 6. 1988, S. 13, RB 1 848 008.

156 Strukturveränderungen am Standort Feuerbach, Robert Bosch GmbH, Presse-Information vom 12. 3. 1993, RB 1 230 024 027.

157 Vgl. dazu die Lageanalyse zu Bosch aus dem Jahr 1992 von gewerkschaftlicher Seite, S. 38, RB 1 016 254 001.

158 Zitiert nach: … auch beim Bosch, S. 123.

159 Vgl. Notiz vom 29. 3. 1993, RB 1 016 838; ARS 23. 11. 1993 – Personal- und Strukturmaßnahmen 1991–1993, 18. 11. 1993, RB 1 230 024 027.

160 Niederschrift der GFS-Klausur vom 21./22. 12. 1993, RB 1 192 307.

161 Ebd.

162 Der Bericht als Anlage 3 zur Niederschrift der Aufsichtsratssitzung vom 16. 4. 1996, RB 1 002 751.

163 Ebd., S. 2.

164 Ebd., S. 4.

165 Vgl. dazu u. a. den Bericht in den *Stuttgarter Nachrichten* vom 10. 5. 1996.

166 Vgl. dazu etwa den Brief von Scholl und Todenhöfer an die Fraktionsvorsitzenden der rot-grünen Regierungskoalition vom 13. 6. 2001, RB 1 848 059.

167 Vgl. dazu die interne Notiz vom 26. 4. 1999, RB 1 245 007.

168 Protokoll der Aufsichtsratssitzung vom 29. 11. 2001, RB 1 848 066.

169 Vgl. Protokoll der Aufsichtsratssitzung vom 10. 12. 2003, in: Ebd.

170 Vgl. … auch beim Bosch, S. 126 f.; siehe hierzu auch S. 520.

2. Der Übergang ins digitale Zeitalter

1 Zeitzeugeninterview Scholl vom 21. 10. 2010.

2 Johannes Bähr, Die «amerikanische Herausforderung». Anfänge der Technologiepolitik in der Bundesrepublik Deutschland, in: Archiv für Sozialgeschichte 35 (1995), S. 118.

3 Walter Kaiser, Bosch und das Kraftfahrzeug. Rückblick 1950–2003, 2. Aufl., Stuttgart/Leipzig 2008, S. 223 ff.

4 ZBR, Kommentar zur Analyse der FuE-Aktivitäten, 18. 12. 1989, RB 3 0005 047 001.

5 Kaiser, Bosch, S. 221.

6 So beispielsweise in dem Rückblick, den Hermann Scholl vor seinem Wechsel an die Spitze des Aufsichtsrats gab. Entwicklung der Bosch-Gruppe: Rückblick und Ausblick, GPI vom 23. 6. 2003, S. 7, RB 3 0005 764.

7 Vgl. Kaiser, Bosch, S. 234 f.

8 FuE-Aufwendungen der Bosch-Gruppe 1984–1989, RB 3 0005 047 002.

9 Siehe S. 460 ff. und S. 448.

10 Beschluß über die Errichtung eines Beirats für Forschung und Entwicklung bei der Robert Bosch GmbH (Entwurf), 13. 3. 1979, RB 1 030 066.

11 Kaiser, Bosch, S. 236.

12 LD-Forum vom 13./14. 6. 1996, S. 1, RB 3 0005 764.

13 Robert Bosch GmbH, Geschäftsbericht 1999, S. 10; Robert Bosch GmbH, Geschäftsbericht 1989, S. 9.

14 Robert Bosch GmbH, Geschäftsbericht 2010, S. 23 und S. 25.

15 Die deutschen Automobilzulieferer hatten 2001 eine durchschnittliche FuE-Quote von 5,2 Prozent des Umsatzes. Die Siemens AG gab 2010 5,1 Prozent des Umsatzes für FuE aus, die BMW Group 4,6 Prozent. Steffen Kinkel/Gunter Lay, Automobilzulieferer in der Klemme. Vom Spagat zwischen strategischer Ausrichtung und Auslandsorientierung, in: Mitteilungen aus der Produktionsinnovationserhebung, hg. von der Hans Böckler Stiftung und dem Fraunhofer Institut für Systemtechnik und Innovationsforschung, Nr. 32, März 2004; Siemens AG, Geschäftsbericht 2010, München 2011, S. 2; BMW Group, Geschäftsbericht 2010, München 2011, S. 36. Zur Entwicklung der FuE-Quote bei Bosch siehe Grafik 11.

16 Kaiser, Bosch, S. 109.

17 Hermann Scholl, 40 Jahre elektronische Benzineinspritzung, Rede anlässlich Symposium in Frankfurt 11. 9. 2007, RB 3 0005 764; Kaiser, Bosch, S. 110 f.; Holger Bingmann, Antiblockiersystem und Benzineinspritzung (Anti-Blocking System and Fuel Injection), in: Horst Albach, Culture and Technical Innovation. A Cross-Cultural Analysis and Policy Recommendations (Akademie der Wissenschaften zu Berlin, Research Report 9), Berlin/New York 1994, S. 760 ff.

18 Kaiser, Bosch, S. 111 f.; Holger Bingmann, Mensch – Politik – Kultur. Einflüsse auf die technische Entwicklung bei Daimler-Benz, Diss. rer. pol. Freie Universität Berlin, Berlin 1990, S. 281 ff.

19 Kaiser, Bosch, S. 114.

20 Ebd., S. 121.

21 Ebd., S. 122.

22 Ebd., S. 121; Zeitzeugeninterview Scholl vom 5. 7. 2010.

23 Bosch Automotive. Produktgeschichte im Überblick (Magazin zur Bosch-Geschichte, Sonderheft 2), o. J., S. 43.

24 Zeitzeugeninterview Scholl vom 21. 10. 2010.

25 Kaiser, Bosch, S. 126 ff.

26 Hermann Scholl, 40 Jahre elektronische Benzineinspritzung, Rede anlässlich Symposium in Frankfurt 11. 9. 2007, S. 15, RB 3 0005 764.

27 Kaiser, Bosch, S. 148; Bingmann, Antiblockiersystem, S. 771.

28 Bingmann, Antiblockiersystem, S. 772.

29 Kaiser, Bosch, S. 152

30 Vgl. Kaiser, Bosch, S. 159; Bingmann, Mensch, S. 301 ff.

31 Kaiser, Bosch, S. 147; Bingmann, Antiblockiersystem, S. 775.

32 Vermerk F42 betr. ABS Entwicklung des Geschäftszweiges bei RB, 24. 7. 1986, RB 1 010 072.

33 Bingmann, Mensch, S. 309 ff.; Kaiser, Bosch, S. 161 (Zitat).

34 Kaiser, Bosch, S. 166.

35 Bingmann, Antiblockiersystem, S. 789 f.; Kaiser, Bosch, S. 165.

36 Bingmann, Antiblockiersystem, S. 805.

37 Kaiser, Bosch, S. 166 und S. 169.

38 Ebd., S. 167.

39 Ebd., S. 167 ff.

40 Ebd., S. 170 und S. 183 (zum Marktanteil 2003); Wachsen oder weichen, in: Wirtschaftswoche Nr. 28, 5. 7. 1990, S. 117 (zum Marktanteil 1990).

41 Kaiser, Bosch, S. 171 ff.

42 Ebd., S. 175 ff.

43 Ebd., S. 181.

44 Tanz um die Gummihütchen, in: *Der Spiegel* 45/1997, 3. 11. 1997, S. 248–257; Hermann Winner, Mercedes und der Elch: die perfekte Blamage, in: Die Welt vom 21. 10. 2007.

45 Tanz um die Gummihütchen, in: *Der Spiegel* 45/1997, 3. 11. 1997, S. 256.

46 Kaiser, Bosch, S. 182 f.

47 «Wir bringen Boxberg ins Haus», in: *Bosch-Zünder* 8–9/1999, S. 9.

48 Ebd.

49 Kaiser, Bosch, S. 183 und S. 185 f.

50 Ebd., S. 185 ff.; Robert Bosch GmbH, Geschäftsbericht 2005, S. 39.

51 Hermann Scholl, Rückblick und Ausblick, GPI vom 23. 6. 2003, RB 3 0005 764.

52 Ebd.

53 Vgl. S. 409–421.

54 Kaiser, Bosch, S. 192 f.

55 Ebd., S. 195.

56 Von der Karte zum Pfadfinder, in: *Auto Bild*, 23. 2. 2006.

3. Von der Restrukturierung zum Wandel: Der Erneuerungsprozess in den 1990er Jahren (1993–2003)

1 Vgl. dazu «Bosch bleibt Bosch», in: *Börsen-Zeitung* vom 10. 7. 1993 sowie *Stuttgarter Zeitung* vom 30. 6. 1993 und schließlich das Interview mit Scholl in der *Stuttgarter Zeitung* vom 28. 10. 1993.

2 Vgl. Einleitungsrede Scholls auf dem ersten LD-Forum am 13./14. 6. 1996, RB 1 142 036.

3 Vgl. dazu Vortrag Scholl auf der GPI vom 19. 12. 1997, S. 10, RB 3 0005 764.

4 Ebd.

5 Ebd., S. 12.

6 Fehrenbach, in: Bierich, Spiegel, S. 357.

7 Die Umsatzrendite stagnierte in diesen Jahren allerdings bei kaum mehr als zwei Prozent.

8 Vgl. dazu die Unterlagen zum Gespräch GF und LD-Kreis vom 29.9./1. 10. 1993, RB 1 192 307.

9 Vgl. Referat-Manuskript Scholls zur geschäftspolitischen Lage, u. a. auch auf der GPI am 16. 12. 1993 vorgetragen, S. 13, RB 3 0005 764.

10 Ebd.

11 Ebd., S. 38 f.

12 Ebd., S. 45.

13 Vgl. dazu auch die Protokolle der LD-Gespräche vom 9. 2. 1994 und vor allem auch der F-Klausur vom 9./10. 5. 1994, RB 1 192 310 bzw. 1 192 308.

14 Vgl. das Interview in der *Stuttgarter Zeitung* vom 28. 10. 1993.

15 Vgl. ebd.

16 Vgl. dazu etwa den Bericht in der *Börsen-Zeitung* vom 1. 7. 1994.

17 Vgl. dazu die Berichte in der *Börsen-Zeitung* vom 10. 5. 1996 und im Handelsblatt vom 9. 5. 1996 sowie *Frankfurter Allgemeine Zeitung* vom 16. 5. 1997. Zur Wirtschaftsplanung für 1997 vgl. die detaillierten Unterlagen zur RBIK vom 26. 11. 1996, RB 1 848 012.

18 Vortrag Scholls auf der GPI vom 18. 12. 1995, S. 7, RB 3 0005 764

19 Vgl. Vortrag Scholls auf dem LD-Forum am 13./14. 6. 1996, in: Ebd.

20 Vgl. dazu die Erzeugnisklassenrechnung 1987 als Unterlage zur GFS vom 26. 9. 1988, RB 1 230 019 013.

21 Vgl. EZKL-Erfolgsrechnung 1995, Unterlage zur GFS vom 3. 6. 1996, RB 1 230 027 011 sowie auch der Vortrag Scholls auf der GPI am 16. 12. 1996, S. 9 f., RB 3 0005 764.

22 Vgl. ebd., S. 10.

23 Vortrag Scholls auf der GPI vom 19. 12. 1997, S. 15, RB 3 0005 764.

24 Ebd.

25 Protokoll der RBIK vom 23. 6. 1994, S. 9, RB 1 848 011.

26 Vgl. Protokoll der RBIK vom 23. 3. 1995, S. 3, in: Ebd.

27 Vgl. dazu auch Scholl auf der Aufsichtsratssitzung vom 27. 4. 1995, in: Ebd. Was Bosch allerdings nicht gelang. Vgl. dazu Protokoll der Aufsichtsratssitzung vom 12. 12. 2002, S. 4, RB 1 848 066.

28 Vgl. dazu den Bericht von F4D über «Kraftfahrzeugausrüstung – Herausforderungen und Chancen des Marktes für Erstausrüstung» auf der Aufsichtsratssitzung vom 22. 4. 1997, RB 1 848 013, und bereits zuvor unter demselben Titel den Vortrag auf der GPI vom 16. 12. 1996, RB 1 002 697.

29 Vgl. dazu die Pressemeldung vom 12. 4. 1996, RB 1 016 496 001.

30 Vgl. dazu die Notiz vom 10. 6. 1985, in: Ebd.

31 Vgl. «Bündnis gegen Bosch», in: *Manager Magazin* 2/1988, S. 8–11.

32 Vgl. dazu auch die ausführliche Notiz vom 21. 2. 1996, die auch der RBIK vorgelegt wurde, RB 1 848 012.

33 Vgl. den Bericht in der *Stuttgarter Zeitung* vom 20. 2. 1996.

34 Vgl. Notiz vom 17. 4. 1989 sowie die diversen Verhandlungsprotokolle Bosch-Allied von Januar und Februar 1990 sowie, nach Unterbrechungen, von Juni bis Oktober 1992, RB 1 016 496 001.

35 Vgl. dazu etwa auch den Bericht von Scholl auf der Aufsichtsratssitzung vom 20. 3. 1996, RB 1 002 751.

36 Im Oktober 1998 hatte man zusätzlich noch im Bereich Bremssysteme für Nutzfahrzeuge ein Gemeinschaftsunternehmen mit Knorr-Bremse und Allied Signal gegründet. Vgl. dazu den Bericht auf der RBIK vom 26. 11. 1998, RB 1 848 014.

37 Rede Scholls auf dem LD-Forum am 29./30. 6. 1998, RB 3 0005 764 sowie auch Scholl auf der RBIK-Sitzung vom 26. 11. 1998, RB 1 848 014.

38 Ebd., S. 4.

39 Vgl. dazu u. a. den Vortrag von Wolfgang Chur über «Verbesserung der Kundenbeziehungen» auf der Aufsichtsratssitzung vom 25. 11. 1999, RB 1 848 066.

40 Vgl. dazu die Aufstellung über die Umsätze mit den zehn größten Abnehmern 1993 und 1994, RB 1 848 010.

41 Vortrag Lovell auf dem LD-Forum vom 9./10. 9. 1999, S. 1, RB 1 217 032.

42 Vgl. dazu Ansprache Scholls auf der GPI–Versammlung am 17. 12. 1998, S. 22, RB 3 0005 764.

43 Vgl. dazu Sonder-Niederschrift der GFS vom 9. 7. 1999, RB 1 214 056 001.

44 Vgl. dazu Vortrag Scholls auf dem GPI-Treffen vom 18. 6. 2001, RB 3 0005 764, sowie die detaillierte Erzeugnisklassen-Erfolgsrechnung für 2000 als Anlage zur GFS vom 11. 6. 2001, RB 1 230 032 011.

45 Vgl. dazu auch den weiteren Status-Bericht zu den Verlustgebieten auf der F-Klausur vom 21./22. 1. 2003, RB 1 242 187.

46 Vgl. dazu etwa Rede Scholls auf dem LD-Forum am 15. 12. 2000, RB 3 0005 764.

47 Vgl. dazu Rede Scholls auf dem LD-Forum vom 17. 12. 2001, in: Ebd.

48 Vgl. auch Bericht Scholls zur Geschäftslage auf der RBIK-Sitzung vom 28. 11. 2002, RB 1 848 061.

49 Auto 94/95. Jahresbericht VDA, S. 25; Robert Bosch GmbH, Geschäftsbericht 2004, S. 31.

50 Max Straubel, Elektronische Dieseleinspritzregelung (EDC), in: *Bosch-Zünder* 1/1987, S. 5.

51 Kaiser, Bosch, S. 89.

52 Protokoll der GPI vom 23. 6. 2003, RB 3 0005 764.

53 Kaiser, Bosch, S. 92 f.

54 Ebd., S. 89 f.

55 Ebd., S. 94.

56 Referat F 1, GPI 17. 12. 1998, RB 3 0005 764.

57 Ludger Meyer, Dieselboom bringt Arbeit, in: *Bosch-Zünder* 1–2/1999, S. 1.

58 Ebd.; Referat F 1, GPI 17. 12. 1998, RB 3 0005 764.

59 Vgl. dazu auch den detaillierten «Statusbericht Diesel» auf der Aufsichtsratssitzung vom 25. 11. 1999, RB 1 848 066.

60 Guido Reinking/Thomas Fröhlich, Quasi-Monopolist Bosch kommt beim Diesel unter Druck, in: *Financial Times Deutschland*, 31. 8. 2000.

61 Vgl. dazu Ansprache Scholl auf der GPI-Versammlung am 17. 12. 1998, S. 5 f., RB 3 0005 764.

62 Guido Reinking/Thomas Fröhlich, Quasi-Monopolist Bosch kommt beim Diesel unter Druck, in: *Financial Times Deutschland*, 31. 8. 2000. Dieser Bericht löste eine direkte Intervention von Bosch beim VW-Vorstand aus. Vgl. den Brief vom 6. 9. 2000 an den damaligen FuE-Vorstand bei VW, Martin Winterkorn, RB 1 848 060.

63 Siehe S. 519.

64 VDA, Jahresberichte 1995, S. 17 f.; 2001, S. 36; 2006, S. 35; Robert Bosch GmbH, Geschäftsbericht 2010, S. 41.

65 Diesel-Marktanteil bald 41 Prozent. Vom Stinker zum Hightech-Motor. Selbstzünder sind in Deutschland beliebter denn je, in: *Auto Bild*, 5. 6. 2002.

66 Vgl. VDA, Jahresberichte.

67 Thomas Fromm, Deutschlands Diesel-Missionare, in: *Süddeutsche Zeitung*, 7. 1. 2012.

68 Vgl. dazu und zum Folgenden den ausführlichen Bericht über den Unternehmensbereich Produktionsgüter auf der Aufsichtsratssitzung vom 23. 11. 1990, RB 1 848 028.

69 Vgl. dazu den Bericht auf der Aufsichtsratssitzung vom 26. 6. 1997, RB 1 002 750.

70 Vgl. dazu Protokoll der Aufsichtsratssitzung vom 27. 7. 1996, S. 3 f., RB 1 002 751.

71 Vgl. dazu u. a. die Berichte in der *Frankfurter Allgemeinen Zeitung* vom 19. 4. 2000 und der *Süddeutschen Zeitung* vom 6. 4. 2000, S. 29.

72 Vgl. dazu u. a. den Bericht auf der RBIK-Sitzung vom 30. 11. 2000, RB 1 848 060.

73 Vgl. dazu auch Bericht zum Stand der Integration auf der RBIK-Sitzung vom 15. 3. 2001, in: Ebd.

74 Vgl. dazu und zum Folgenden den ausführlichen Vortrag von Wörner über «Struktur, Steuerung und Situation der BSHG» auf der GPI vom 16. 12. 1991, RB 1 101 020 1.

75 Vgl. ebd., S. 9.

76 Vgl. ebd., S. 11.

77 Vgl. dazu den Bericht und strategischen Rückblick BSHG vom 2. 2. 2004, RB 1 244 001 003 1/2.

78 Vgl. dazu den Bericht auf der RBIK-Sitzung vom 4. 5. 2001, RB 1 848 060.

79 Vgl. ebd., S. 3.

80 Vgl. ebd., S. 5.

81 Vgl. Bericht zum Stand des Buderus-Erwerbs auf der Sitzung der RBIK am 29. 10. 2001, RB 1 848 061.

82 Ebd.

83 Ebd.

84 Vgl. Bericht auf der Aufsichtsratssitzung vom 10. 12. 2003, RB 1 848 066.

85 Ebd., S. 2.

86 Rede Scholl zur geschäftspolitischen Ausrichtung der Bosch-Gruppe auf dem GPI vom 18. 6. 2001, RB 3 0005 764.

87 Robert Bosch GmbH, Geschäftsbericht 1999, S. 5.

88 Zeitzeugeninterview Fehrenbach vom 23. 7. 2010.

89 Zitiert nach: Ludger Meyer, «Haben sie mehr Mut», in: *Bosch-Zünder* 6–7/1999, S. 1.

90 Darauf nahm Scholl in seinen Vorträgen vor der GPI am 17. 12. 1998 und der GPI vom 16. 12. 1999 ausdrücklich Bezug, RB 3 0005 764.

91 Siehe S. 465.

92 Schlußwort F1, LD-Forum 9./10. 9. 1999, S. 3 f., RB 30 005 764.

93 Ebd., S. 6 f.

94 Ebd., S. 18 f.

95 Stärker um unsere Kunden kämpfen, in: *Bosch-Zünder* 10–11/1999, S. 1.

96 Ebd.

97 Was tun Sie für Ihre Kunden?, in: Ebd., S. 3; Ludger Meyer, BMW erlebt einen neuen Bosch, in: Ebd.

98 Status Projekt «BeQIK» – Laufende Aktivitäten (Anlage 6 zum Schreiben F4E vom 9. 11. 1999), RB 1 232 043 62.

99 Status Projekt «BeQIK» – Programmname/Logo (Anlage 4 zum Schreiben F4E vom 9. 11. 1999), ebd.

100 Status Projekt «BeQIK», 24. 9. 1999 (Unterlage zur GFS am 4. 10. 1999), ebd.

101 Robert Bosch GmbH, Geschäftsbericht 1999, S. 11.

102 Und für BeQIK gingen sie sogar ins Kloster, in: *Bosch-Zünder* 12/2000, S. 4.

103 Rückmeldungen der Teilnehmer in den sechs LD-Seminaren «BeQIK: Mut zur Veränderung» Februar bis Juli 2000, 30. 8. 2000, RB 1 232 419.

104 Hüter des Grals, in: *Manager Magazin*, 22. 3. 2001.

105 Franz Fehrenbach, Auf der Grundlage von CIP, in: *Bosch-Zünder* 1–2/2000, S. 3.

106 Vgl. Zeitzeugeninterview Fehrenbach vom 23. 7. 2010.

107 Bericht F4B zu Tagesordnungspunkt 5 der ARS der RB GmbH am 25. 11. 1999, RB 1 002 769.

108 Gunter Epple, «Wir unternehmen den Wandel», in: *Bosch-Zünder* 5–6/2001, S. 1.

109 Dietmar H. Lamparter, Kulturrevolution auf schwäbische Art, in: *DIE ZEIT*, 30. 8. 2001; Hüter des Grals, in: *Manager Magazin*, 22. 3. 2001; Karsten Langer, Ritter der Tafelrunde, in: *Manager Magazin*, 18. 12. 2003.

110 Antworten auf BeQIK-Fragen, in: *Bosch-Zünder* 12/2000, S. 4.

111 Bundesministerium für Arbeit und Sozialordnung, Unternehmenskultur, Arbeitsqualität und Mitarbeiterengagement in den Unternehmen in Deutschland, Berlin 2008.

112 Franz Fehrenbach, Bosch kraftvoll weiterentwickeln, LD-Forum 18./19. 12. 2003, RB 1 204 513.

113 Vgl. dazu auch BeBosch-Unsere Werte. Stand und weiteres Vorgehen, Notiz vom 25. 4. 2001, RB 1 214 055 003.

114 Hermann Scholl, Be Bosch – Unsere Werte LD-Forum 17./18. 12. 2001, RB 3 0005 764.

115 Ebd.

116 Statusberichte «Bosch-Werte» – Befragung durch Unicorn (Unterlage zur F-Klausur am 16. 10. 2001), 11. 10. 2001, RB 1 232 0351.

117 Ebd.; Unicorn Consultants GmbH, Werteorientierung und Kulturwandel bei Bosch, RB 1 242 291.

118 Vgl. Protokoll der RBIK-Sitzung vom 25. 3. 1988, RB 1 848 008.

119 Vgl. ebd.

120 Vgl. ebd., S. 4.

121 So das Urteil von Ahnefeld in: Bierich, Spiegel, S. 412.

122 Vgl. dazu das Abkommen in der Neufassung vom 29. 4. 1987 sowie die Liste der GF-Referate in den Familienratssitzungen zwischen 1968 und 1985, RB 1 016 730.

123 So die Erinnerungen von Irmgard Bosch, in: Ebd., S. 346.

124 *Stuttgarter Zeitung* vom 20. 7. 1995, S. 8.

125 Vgl. dazu Protokoll der RBIK-Sitzung vom 26. 11. 1996, RB 1 848 012 sowie vgl. auch Brief Adolffs an Bierich vom 1. 8. 1996, RB 1 016 178 001.

126 Vgl. ebd.

127 Vgl. Protokoll der RBIK vom 25. 11. 1999, RB 1 848 014.

128 Vgl. dazu Rundschreiben der RBIK vom 6. 3. 2002, RB 1 848 061.

129 Robert Bosch d. J. starb im August 2004. Vgl. dazu die Reden und seine Würdigung in einer allerdings unveröffentlichten Gedenkschrift: «Robert Bosch 1928–2004. Zum Gedenken an Robert Bosch 29. Januar 1928–2. August 2004. Ansprachen der Trauerfeier am 28. September 2004 Gerlingen-Schillerhöhe», gedruckt 2005. Bierich war bereits Mitte März 2000 aus der RBIK ausgeschieden. Er starb – zwei Monate nach Merkle – am 25. 11. 2000.

130 So unter anderem die Formulierung in einem Bericht der *Stuttgarter Nachrichten* vom 29. 9. 2000.

131 Adolff war 31 Jahre Gesellschafter der RBIK, länger als jeder andere. Er war zudem 23 Jahre unter wechselnden Vorsitzenden (Merkle, Bierich, Scholl) Mitglied des für die Geschäftsführer zuständigen Personalausschusses.

132 Vgl. Graf zu Dohna, Die Rolle der Robert Bosch Industrietreuhand KG aus rechtlicher Sicht, MS 19 Seiten vom 3. 6. 2002, RB 1 848 061. Diese Studie war, ungeachtet ihrer zum Teil anderen Darlegungsweise und Argumentationsführung, kein «Gegenpapier» zu Adolff, sondern entstand in enger Abstimmung mit diesem und nimmt deshalb auch immer wieder direkten Bezug auf dessen Papier.

133 Peter Adolff, Die Rolle der Robert Bosch Industrietreuhand KG im Rahmen der Bosch-Unternehmensverfassung, MS 37 Seiten vom 30. 5. 2002, in: RB 1 848 063. Vgl. zu den Umständen des Zustandekommens auch Zeitzeugeninterview Adolff vom 15. 3 und 17. 4. 2010.

134 Die Studie wurde später von Scholl anlässlich der Verabschiedung von Adolff Ende Juni 2007 als «juristisch fundierte Analyse der Gesellschafterfunktionen» und «wichtige Grundlage für [den] Konsens» gewürdigt. Vgl. Redemanuskript Scholl vom 25. 6. 2007.

135 Vgl. dazu Notiz der Besprechung vom 26. 6. 2002, RB 1 848 061.

136 Ebd. Gegenwärtig setzt sich der Kreis der RBIK-Gesellschafter aus zehn Persönlichkeiten zusammen: Christof Bosch, Siegfried Dais, Volkmar Denner, Franz Fehrenbach, Jürgen Hambrecht (ehemaliger Vorstandsvorsitzender der BASF), Olaf Kübler (ehemaliger Präsident der ETH Zürich), Lars G. Josefsson (ehemaliger Präsident und CEO der Vattenfall AB), Michael Otto (Aufsichtsratsvorsitzender der Otto-Gruppe), Urs Rinderknecht (ehemaliger Generaldirektor der UBS) und Tilman Todenhöfer. Als Altgesellschafter nahmen daneben lange Jahre noch Peter Adolff (ehemaliges Vorstandsmitglied der Allianz) und Bo Berggren (ehemals Präsident und CEO des schwedischen Kupferbergbaukonzerns – und ältestem Unternehmen der Welt – Stora Kopparberget) teil.

137 Vgl. Protokoll der RBIK-Sitzung vom 30. 11. 2000, S. 10 ff., RB 1 848 060.

138 Vgl. dazu Pressemitteilung Bosch vom 27. 11. 1992 sowie den ausführlichen Bericht zur Kapitalerhöhung auf der Aufsichtsratssitzung vom 24. 11. 1992, RB 1 848 030.

139 Vgl. dazu Protokoll der RBIK-Sitzung vom 25. 11. 1997, RB 1 848 013.

140 Vgl. zum Thema Familiendividende u. a. Notiz vom 8. 3. 1985 sowie vom 26. 3. 1987, RB 1 016 730.

141 Ebd., S. 2, in: Ebd.

142 Notiz vom 14. 11. 1991, in: Ebd.
143 Vgl. Protokoll der RBIK-Sitzung vom 28. 2. 2001, S. 6, RB 1 848 060.
144 Vgl. ebd.
145 Vortrag F3 zur Aufsichtsratssitzung vom 29. 11. 2001, RB 1 848 066.
146 Vgl. dazu auch die Diskussionsgrundlage zur F-Klausur vom 2. 5. 2001, RB 1 214 055 003.
147 Vgl. dazu Notiz zur F-Klausur vom 16. 10. 2001, RB 1 214 056 001.
148 Vgl. dazu auch Bericht zur Langfristplanung der Bosch-Gruppe auf der RBIK-Sitzung vom 13. 6. 2002, RB 1 848 065.
149 Vgl. ebd.
150 Unterlage zur «Behandlung interner Wachstumsprojekte» für die F-Klausur vom 4. 11. 2002, RB 1 232 0581.
151 Vgl. ebd., S. 2 f.
152 Rede Scholl auf dem LD-Forum am 20. 12. 2002, RB 3 0005 764 3.
153 Vgl. ebd.
154 Rede Scholl auf dem GPI-Treffen vom 23. 6. 2003, S. 12, RB 3 0005 764.

4. Globalisierung, Diversifikation und Werteorientierung (2003–2012)

1 Navigation ins Aus, in: Manager Magazin, 23. 11. 2001; Spätzünder, in: *Manager Magazin*, 25. 10. 2002.
2 Neuer Bosch-Chef kommt aus dem Hause, in: *Frankfurter Allgemeine Zeitung*, 13. 12. 2002.
3 Dagmar Deckstein: Ein «Junger Wilder» hält die Zündkerze, in: *Süddeutsche Zeitung* 14. 12. 2002.
4 Franz Fehrenbach (F1) an die Mitarbeiter der Bosch-Gruppe/To the Associates of the Bosch Group, 1. 7. 2003, RB 1 204 997.
5 «Wichtig: Den Wandel vorantreiben», in: *Bosch-Zünder* 7–8/2003, S. 3.
6 Vgl. Der Unterschätzte, in: *Frankfurter Allgemeine Zeitung*, 18. 11. 2004; Der Kulturrevolutionär, in: *Financial Times Deutschland*, 9. 1. 2004.
7 Vortrag F1/Fehrenbach LD-Forum 18./19. 12. 2003, RB 1 204 513.
8 Vortrag G1/Fehrenbach LD-Forum 20./21. 12. 2006, RB 1 204 516.
9 Bosch-Welt rückt enger zusammen, in: *Bosch-Zünder* (Deutschland), 1/2009, S. 1.
10 Vortrag Fehrenbach, GPI, 21. 06. 2002, RB 1 204 521.
11 Protokoll der Geschäftsführer-Klausur-Sitzung am 10. 10. 2003, RB 1 242 322.
12 Vortrag G1/Fehrenbach LD-Forum 17. 12. 2004, RB 1 204 514.
13 «Wissen über die Herkunft stärkt die Corporate Identity von Organisationen». Bosch-Chef Franz Fehrenbach über die Bedeutung von Geschichtsbewusstsein, in: Heike Bühler/Uta-Micaela Dürig (Hg.), Tradition kommunizieren. Das Handbuch der Heritage Communication. Wie Unternehmen ihre Wurzeln professionell vermitteln, Frankfurt am Main 2008, S. 149.
14 Vortrag G1/Fehrenbach LD-Forum 18./19. 12. 2003, RB 1 204 513. Zum Zitat aus dem Testament Robert Boschs siehe S. 249 f.
15 «Wissen über die Herkunft», S. 143.
16 Vortrag G1/Fehrenbach LD-Forum 17. 12. 2004, S. 51, RB 1 204 514 (Zitate); Zeitzeugeninterview Fehrenbach vom 23. 7. 2010.
17 Navigation ins Aus, in: *Manager Magazin*, 20. 12. 2001.
18 Probleme mit der Wunderbremse, in: *Auto Bild* 20/2004.

19 Vortrag G1/Fehrenbach, Geschäftslage und Weiterentwicklung der Bosch Gruppe, S. 35, GPI 30. 06. 2004, RB 1 204 523.

20 Grafiken BA20&21 (0-mileage) und BA40&42 (field) Bosch responsibility, RB 1 204 559.

21 Robert Bosch GmbH, Geschäftsbericht 2004.

22 Zeitzeugeninterview Fehrenbach vom 25. 5. 2011. Von Anfang der 1980er Jahre bis 2010 lag das durchschnittliche jährliche Wachstum des gesamten Umsatzes bei 7,5 Prozent und des internen Umsatzes bei 5 Prozent. Vortrag G1/ Fehrenbach, LD-Forum 22. 12. 2010, S. 5, RB 1 204 519.

23 Zeitzeugeninterview Fehrenbach vom 23. 7. 2010.

24 Vortrag G1/Fehrenbach, LD-Forum 21. 12. 2005, RB 1 204 515.

25 Im gleichen Zeitraum stieg die Zahl der Beschäftigten bei Bosch Rexroth von 15 049 auf 18 701. Umsätze und Mitarbeiter Bosch Rexroth AG 2 001–2011, RB 1 706 032.

26 Vortrag G1/Fehrenbach, LD-Forum 21. 12. 2005, RB 1 204 515.

27 Ebd.

28 Robert Bosch GmbH, Geschäftsberichte 2000–2010.

29 Bosch leidet mit der US-Autoindustrie, in: *Handelsblatt* 1. 2. 2007.

30 Robert Bosch GmbH, Geschäftsbericht 2006.

31 Vortrag G1/Fehrenbach LD-Forum 19./20. 12. 2007, RB 1 204 517.

32 Vortrag G1/Fehrenbach LD-Forum 20./21. 12. 2006, RB 1 204 516.

33 Robert Bosch GmbH, Geschäftsbericht 2003, S. 19.

34 Vortrag G1/Fehrenbach LD-Forum 20./21. 12. 2006, RB 1 204 516.

35 Dialog. Informationen der IGM-Betriebsräte und Vertrauensleute für die Beschäftigten bei Bosch Feuerbach Nr. 5, Juli 2006.

36 … auch beim Bosch, S. 127.

37 550 Mio. Euro für Reutlingen, in: *Manager Magazin online*, 14. 6. 2006; Bosch-Werk in Rommelsbach: Am 24. August schließen die Tore, in: *Reutlinger General-Anzeiger*, 19. 7. 2009; Köhler und Mappus bei Bosch, in: *Reutlinger General-Anzeiger*, 18. 10. 2010.

38 Robert Bosch GmbH, Geschäftsbericht 2007.

39 Franz Fehrenbach, From Strategic Direction to Action, LD-Forum 19./20. 12. 2007, RB 1 204 517.

40 Robert Bosch GmbH, Geschäftsbericht 2007.

41 Robert Bosch GmbH, Geschäftsberichte 2000–2010.

42 Vortrag G1/Fehrenbach, LD-Forum 21. 12. 2005, RB 1 204 515.

43 Zeitzeugeninterview Fehrenbach vom 23. 7. 2010.

44 Martin-W. Buchenau, Der grüne Franz, in: *Handelsblatt*, 4. 6. 2008.

45 Siehe hierzu S. 531 ff.

46 Vgl. Bosch Automotive, S. 46 ff., sowie: Robert Bosch GmbH, Geschäftsbericht 1967; Entwicklungsbericht Fahrzeug mit Hybridantrieb 1973, RB 1 010 032; Presseinfo 1973 «Ein neuer Hybridantrieb für Kraftfahrzeuge», RB 1973 0810,

47 «Rendite muß steigen», in: *Automobilwoche*, 19. 5. 2008 (Interview von Bernd Bohr mit Automotive News Europe).

48 Bosch-Chef schmiedet Batteriepakt. Autozulieferer gründet mit Samsung Gemeinschaftsunternehmen für alternative Energietechnik, in: *Handelsblatt*, 17. 6. 2008; Joint Venture von Bosch und Samsung SDI auf dem Erfolgskurs. SB LiMotive startet Fertigung von Lithium-Ionen-Batterien, SB LiMotive, Presse-Information November 2010.

49 Bosch und Samsung gehen getrennte Wege bei den Batterien, in: *Financial Times Deutschland*, 5. 9. 2012.

50 Robert Bosch GmbH, Geschäftsbericht 2008, Bosch Vision.

51 Siehe hierzu auch S. 547.

52 Entwicklung Bosch-Geschäftsbereich Power Tools 2001–2011, RB 1 010 024 074; Christoph Herrmann/ Günter Moeller, Innovation – Marke – Design. Grundlagen einer neuen Corporate Governance, Düsseldorf 2006, S. 107 f.

53 Bosch Sicherheitssysteme GmbH, Sicherheitslösungen mit System. Individueller Schutz für Menschen, Objekte und Werte, Stuttgart 2010.

54 Martin-W. Buchenau, Der neue Star der Sicherheitsbranche, in: *WirtschaftsWoche*, 22. 6. 2012.

55 Gert van Iperen, Bosch ist mit Sicherheitssystemen weltweit auf Wachstumskurs, 25. 12. 2012, RB 2012 09520.

56 Bosch Sicherheitssysteme GmbH, Sicherheitslösungen.

57 Vgl. Bernd Rudolph, Hintergründe und Verlauf der globalen Finanzkrise 2008, in: Johannes Bähr/Bernd Rudolph, Finanzkrisen 1931–2008, München 2011, S. 143–241.

58 Ulrich Schäfer, Alle Bänder stehen still, in: *Süddeutsche Zeitung*, 28. 10. 2008.

59 Absatzflaute: BMW stoppt Produktion, Bosch schickt Mitarbeiter in den Urlaub, in: *Spiegel Online Wirtschaft*, 27. 10. 2008.

60 Die Kurzarbeit kommt wieder, in: *Stuttgarter Nachrichten*, 28. 10. 2008; Kurzarbeit bei Bosch, in: *Süddeutsche Zeitung*, 6. 11. 2008.

61 Bosch schickt Zehntausende in verlängerte Ferien, in: *Spiegel Online Wirtschaft*, 12. 12. 2008.

62 Bosch meldet Kurzarbeit an, in: *Stuttgarter Zeitung*, 12. 1. 2009.

63 Bosch reagiert mit Kurzarbeit auf die Absatzflaute, *Spiegel Online Wirtschaft*, 12. 1. 2009.

64 Niederschrift über die Gesellschafterversammlung der RBIK am 11. 12. 2008.

65 Siehe hierzu S. 441 f.

66 Zeitzeugeninterview Fehrenbach vom 23. 7. 2010.

67 Niederschrift über die Gesellschafterversammlung der RBIK am 11. 12. 2008.

68 Robert Bosch GmbH, Geschäftsberichte 2008 und 2009.

69 Zeitzeugeninterview Löckle vom 4. 11. 2011.

70 Ebd.

71 Ebd.

72 Ebd.

73 Vgl. hierzu u. a. VDA, Jahresbericht 2010, S. 10.

74 Zeitzeugeninterview Fehrenbach vom 23. 7. 2010.

75 Bosch verkauft Blaupunkt, in: *Handelsblatt*, 18. 12. 2008; Bosch verschenkt Traditionsmarke, in: *Süddeutsche Zeitung*, 17. 5. 2010.

76 Niederschrift über die Gesellschafterversammlung der RBIK am 15. 12. 2009; Zeitzeugeninterview Fehrenbach vom 23. 7. 2010.

77 Kurzarbeit rettet 300 000 Jobs, in: *Süddeutsche Zeitung*, 2. 1. 2010.

78 Martin-W. Buchenau, Bosch sieht noch kein Ende der Krise, in: *Handelsblatt*, 17. 6. 2009.

79 Niederschrift über die Gesellschafterversammlung der RBIK am 30. 06. 2009.

80 Martin-W. Buchenau, Bosch sieht noch kein Ende der Krise, in: *Handelsblatt* vom 17. 6. 2009.

81 Personalkosten rasch anpassen, in: *Bosch-Zünder* 3/2009, S. 5.

82 Den Dialog weiter stärken, in: *Bosch-Zünder* 3/2009, S. 5.

83 Bosch begibt Anleihe in Höhe von 1,1 Milliarden Euro, 4. 6. 2009, RB 2009 0602.

84 Zitiert nach: Zeitzeugeninterview Löckle vom 4. 11. 2011.

85 Ebd.

86 Den Dialog stärken, in: *Bosch-Zünder* 3/2009, S. 5.

87 Durststrecke bis 2009, in: *Manager Magazin*, 15. 9. 2009.

88 Kurzarbeit rettet 300 000 Jobs, in: *Süddeutsche Zeitung* 2. 1. 2010.

89 Robert Bosch GmbH, Geschäftsbericht 2009, S. 18 und S. 70, sowie Anhang, S. 664 ff., Tabelle «Beschäftigte und Umsätze der Bosch-Gruppe 1886–2012».

90 Verband der Automobilindustrie, Jahresbericht 2010, S. 22 f.

91 Robert Bosch GmbH, Geschäftsbericht 2009; Personalabbau bei Bosch-Rexroth: Von Teilzeit bis Abfindung mit Turboprämie, in: *Mainpost*, 24. 2. 2010.

92 Auftragsbücher von Bosch Rexroth füllen sich rasant, in: *Frankfurter Allgemeine Zeitung*, 2. 5. 2011; Umsätze und Mitarbeiter Bosch Rexroth AG 2001–2011, RB 1 706 032.

93 Robert Bosch GmbH, Geschäftsbericht 2009: Entwicklung Geschäftsbereich Power Tools 2001–2011, RB 1 010 024 074.

94 Robert Bosch GmbH, Geschäftsbericht 2009, S. 17.

95 Ebd.

96 Robert Bosch GmbH, Geschäftsbericht 2010, S. 16.

97 Vortrag G1/Fehrenbach, LD-Forum 22. 12. 2010, RB 1 204 519.

98 Susanne Preuß, Boschs Bankenschelte, in: *Frankfurter Allgemeine Zeitung* 28. 1. 2010; Bosch kündigt erster Bank die Zusammenarbeit, in: *Financial Times Deutschland*, 28. 1. 2010; Bosch-Chef bejubelt Goldman-Ermittlungen, in: *Financial Times Deutschland* 21. 4. 2010; Unternehmer knöpfen sich die Banken vor, in: *Handelsblatt*, 7. 9. 2011.

99 Martin Buchenau, Fehrenbach und sein AA-, in: *Handelsblatt*, 30. 6. 2009.

100 Bosch verschiebt Baubeginn für Solarfabrik, in: *Frankfurter Allgemeine Zeitung*, 6. 2. 2012.

101 Haus/Sarkowicz, Energie, S. 91.

102 Ebd., S. 121; Das Fenster wird zum Kraftwerk, in: *Bosch-Zünder* 4/2007, S. 4.

103 Bosch kauft Solarfirma Ersol, in: *Frankfurter Allgemeine Zeitung*, 2. 6. 2008.

104 Ebd.

105 Über Ersol strahlt die Sonne, in: *Bosch-Zünder*, 1/2009, S. 1.

106 Rede von Bundeskanzlerin Merkel bei der Grundsteinlegung zur Erweiterung der Solarzellenfertigung der ersol Solar Energy AG (Bosch Gruppe), 24. 3. 2009. URL: http://www.archiv.bundesregierung.de (Zitat); Grundstein für Ausbau der Solarproduktion gelegt. Bei ersol entstehen 1100 neue Arbeitsplätze, Bosch Presse-Information 24. 3. 2009.

107 Bosch greift nach Aleo Solar, in: *Frankfurter Allgemeine Zeitung*, 3. 8. 2009; Bosch fürchtet fünf harte Jahre im Solargeschäft, in: *Financial Times Deutschland*, 22. 6. 2011; Bosch verschiebt Baubeginn für Solarfabrik, in: *Frankfurter Allgemeine Zeitung*, 6. 2. 2012.

108 Bosch verschiebt Baubeginn für Solarfabrik, in: *Frankfurter Allgemeine Zeitung*, 6. 2. 2012.

109 Bosch Solar Energy erstmals als Generalübernehmer. Solarstromanlage auf den Dächern des Bosch-Parkhauses versorgt 250 Haushalte, Januar 2010, RB 2010 0110.

110 Zukunftstechnik wird zur Pleitebranche, in: *WirtschaftsWoche* 23. 10. 2012.

111 Bosch plant neue Solarfabrik in Malaysia. Statement von Franz Fehrenbach, Bosch Media Service, 22. 6. 2012; Bosch schlägt bei Conergy zu, in: *Financial Times Deutschland*, 21. 12. 2011.

112 Bosch verschiebt Baubeginn für Solarfabrik, in: *Frankfurter Allgemeine Zeitung*, 6. 2. 2012.

113 Ebd.

114 Ebd.; Bosch-Tochter macht Werk in Spanien dicht, in: *Handelsblatt*, 11. 6. 2012; Bosch zieht den Stecker, in: *Handelsblatt*, 29. 8. 2012.

115 Bosch stellt die Fotovoltaik auf den Prüfstand, in: *Stuttgarter Zeitung*, 1. 11. 2012; Bei Siemens geht die Sonne unter, in: *Süddeutsche Zeitung*, 22. 10. 2012.

116 Entscheidung getroffen. Bosch beendet Aktivität im Bereich Photovoltaik, 22. 3. 2013, RB 2013 03015.

117 Robert Bosch stößt sein Solargeschäft ab, in: *Frankfurter Allgemeine Zeitung*, 23. 3. 2013.

118 «Fakten muss man akzeptieren», in: *Bosch-Zünder* online, 22. 3. 2013.

119 Bosch steigt aus der Fotovoltaik aus, http://www.stuttgarter. zeitung.de, 22. 3. 2013.

120 Robert Bosch stößt sein Solargeschäft ab, in: *Frankfurter Allgemeine Zeitung*, 23. 3. 2013.

121 China jetzt die Nummer drei in der Bosch-Welt, in: *Bosch-Zünder* 2011/2, S. 7.

122 100 years Bosch in China, S. 85 ff.

123 Ebd., S. 95.

124 Ebd., S. 97.

125 GFS 8. 2. 1993, RB 1 230 024 004.

126 100 years Bosch in China, S. 101; Mitarbeiter gesucht, in: *Bosch-Zünder* 1/1993, S. 3.

127 Bosch-Chef Scholl verhandelt mit Li Peng in Peking, in: *Stuttgarter Zeitung*, 15. 4. 1994; «Wir wollen rasch produzieren». Hermann Scholl in China, in: *Bosch-Zünder* 4/1994, S. 1.

128 Neues Unternehmen in China, in: *Bosch-Zünder* 8/1994, S. 1; 100 years Bosch in China, S. 103.

129 Bericht F4D über den Markt für Erstausrüstung Kfz-Technik, Aufsichtsratssitzung vom 22. 4. 1997, RB 1 002 767.

130 China nimmt Fahrt auf und Bosch ist dabei, in: *Bosch-Zünder* 1/2007, S. 8.

131 Ebd.

132 Robert Bosch GmbH, Geschäftsbericht 2010, S. 126 f.

133 Robert Bosch GmbH, Geschäftsbericht 2009, S. 17; Robert Bosch GmbH, Geschäftsbericht 2010, S. 17. «China wird der größte Markt sein», in: *Bosch-Zünder* 1/2011, S. 7; China jetzt die Nummer drei in der Bosch-Welt, in: *Bosch-Zünder* 2/2011, S. 7.

134 Robert Bosch GmbH, Geschäftsbericht 2004, S. 54; Michael Freitag, «Ohne China fehlte einiges», in: *Manager Magazin*, 20. 10. 2010.

135 Bosch Opens Its 1000th Bosch Car Service Center in China, July 2011, RB 2011 00711; «China wird der größte Markt sein», in: *Bosch-Zünder* 1/2011, S. 7.

136 Robert Bosch GmbH, Geschäftsbericht 2006, S. 66.

137 100 years Bosch in China, S. 113.

138 Ebd.

139 Zitiert nach: «Zur rechten Zeit am richtigen Ort», in: *Bosch-Zünder* 1/2007, S. 9.

140 Christoph Giesen/Max Hägler, Bosch will Überwachungstechnik nach China verkaufen, in: *Süddeutsche Zeitung*, 8. 12. 2012.

141 Dietrich Kuhlgatz, Wasser für Felder, Kraft für Autos. Bosch in Indien, in: Weg zum Global Player, S. 40 ff.

142 Dietmar H. Lamparter, Bosch macht die Inder stark, in: *DIE ZEIT*, 15. 5. 2008.

143 GFS 13. 2. 1984, RB 1 230 015 005.

144 Merkels erster Mann für gewisse Fragen, in: *Handelsblatt*, 22. 4. 2010.

145 Bosch bekommt einen neuen Chef, in: *Süddeutsche Zeitung*, 30. 3. 2012.

146 Vortrag G1/ Fehrenbach, LD-Forum 18./19. 12. 2003, RB 1 204 513; «Die Büchse der Pandora ist geöffnet». Interview mit Bosch-Chef Franz Fehrenbach, in: *Handelsblatt*, 17. 12. 2007.

147 Corporate Dialogveranstaltungen, 6. 4. 2006, RB 1 252 039.

148 An zwei Orten mit 4000 Mitarbeitern im Gespräch, in: *Bosch-Zünder International* 8/2007.

149 Indien: Treff mit dem Chef, in: *Bosch-Zünder* 6/2006, S. 7.

150 Der Mann für Bosch 3.0, in: *Frankfurter Allgemeine Zeitung*, 30. 3. 2012

151 Information von Volkmar Denner, Mitglied der Geschäftsführung 29. 6. 2012, RB 1 253 001.

152 Robert Bosch GmbH, Geschäftsbericht 2010.

153 Diversity bei Bosch. Entwicklung Frauenanteil in Führungspositionen SL 1-LD 1997–2012, RB 1 235 049.

154 Mitarbeiterstruktur: Frauen-Männer, Bosch-Gruppe Inland 1989–2012, ebd.

155 Änderungen in der Geschäftsführung der Robert Bosch GmbH, Bosch Media Service, 29. 6. 2012.

156 Bosch legt Grundstein zu neuem Zentrum für Forschung und Vorausentwicklung, Bosch Media Service, 27. 9. 2012.

157 Bosch besinnt sich auf die alte Stärke, in: *Handelsblatt*, 19. 3. 2012; Elektroautos: Durchbruch erst ab 2020, in: *Bosch-Zünder* 1/2013, S. 20.

158 Robert Bosch Battery Systems gegründet. Bosch baut Entwicklung und Produktion effizienter Speichertechnologie aus, 13. 12. 2012, RB 2012 1208.

Fazit

1 «Lieber Geld verlieren als Vertrauen», in: *Bosch-Zünder* 2/1919, S. 21.

2 Rede Christof Boschs bei der Jubiläumsgala am 19. 5. 2011, S. 2 ff., RB 2011 05506.

Beschäftigte und Umsätze der Bosch-Gruppe (1886–2012)

Jahr	Beschäftigte[1]	Umsatz in Mark/RM/DM/EUR	Auslands-Anteil in %
		Mark	
1886/1887	3	5 700	
1888		9 300	1
1889		15 000	1,7
1890		19 000	1,5
1891	10	25 500	2,2
1892	25	35 100	12,9
1893	2	27 600	22,4
1894	4	30 000	7,4
1895		38 900	8,5
1896	14	80 600	3,3
1897		101 700	9,4
1898	9	163 300	14,7
1899	28	236 000	15,8
1900	37	295 900	
1901	54	369 500	
1902	77	Nicht ermittelbar	
1903	145	Nicht ermittelbar	
1904	283	842 500	
1905	472	1 726 000	
1906	611	3 624 000	78,9
1907	944	Nicht ermittelbar	86,7
1908	1 103	7 938 000	87,7
1909	2 066	12 836 000	89,6
1910	3 002	19 628 000	87,2
1911	3 552	22 286 000	86,5
1912	4 959	33 147 000	83,8
1913	4 542	26 862 000	88,7
1914	3 611	23 560 000	77,1
1915	3 895	33 126 000	12,7
1916	5 639	47 513 000	9,8
1917	8 253	77 652 000	8,5

Jahr	Beschäftigte[1]	Umsatz in Mark/RM/DM/EUR	Auslands-Anteil in %
1918	9 249	73 462 000	8,5
1919	6 208	62 539 000	14,8
1920	7 794	Inflation	57,4
1921	6 444	Inflation	40,2
1922	8 491	Inflation	49,2
1923	10 621	Inflation	Inflation
		RM	
1924	9 769	49 445 000	34,6
1925	13 808	72 825 000	31,6
1926	6 752	47 521 000	41,1
1927	10 267	71 370 000	34,1
1928	11 333	83 029 000	40,6
1929	10 292	85 227 000	43,5
1930	8 367	67 465 000	46,5
1931	8 658	55 940 000	48,6
1932	8 548	48 443 000	55,7
1933	11 455	60 314 000	34,8
1934	15 216	96 605 000	22,0
1935	16 396	111 129 000	16,5
1936	18 599	134 705 000	15,9
1937	19 817	158 319 000	17,4
1938	23 103	182 900 000	11,6
1939	21 580	217 927 000	9,3
1940	23 161	225 446 000	10,3
1941	24 650	248 080 000	9,9
1942	25 288	328 782 000	11,1
1943	22 879	368 845 000	12,7
1944	22 124	364 652 000	7,4
1945	4 975	50 351 000	0
1946	9 432	49 209 000	0
1947	10 541	57 137 000	4,1
		DM	
1948	10 812	85 Millionen	5,4
1949	12 533	188 Millionen	10,3
1950	20 836	258 Millionen	10,5
1951	19 432	385 Millionen	13,3
1952	20 493	419 Millionen	13,6
1953	26 441	469 Millionen	16,7
1954	31 357	599 Millionen	18,0

Jahr	Beschäftigte[1]	Umsatz in Mark/RM/DM/EUR	Auslands-Anteil in %
1955	37 997	757 Millionen	17,0
1956	38 488	860 Millionen	18,8
1957	44 459	967 Millionen	18,4
1958	51 001	1 153 Millionen	19,8
1959	60 000[2]	1 495 Millionen	19,2
1960	71 000	1 741 Millionen	19,1
1961	70 000	1 883 Millionen	20,5
1962	69 500	2 031 Millionen	19,6
1963	75 048	2 232 Millionen	35 (21)[3]
1964	87 112	2 650 Millionen	35
1965	89 723	2 970 Millionen	34
1966	85 720	3 168 Millionen	36
1967[4]	84 714	3 051 Millionen	39
1968	93 367	3 751 Millionen	40
1969	109 897	4 719 Millionen	40
1970	119 502	5 508 Millionen	39
1971	114 800	5 606 Millionen	40
1972	107 483	5 765 Millionen	46
1973	113 023	6 461 Millionen	48
1974	115 171	7 076 Millionen	52
1975	105 553	7 281 Millionen	52
1976	105 827	8 319 Millionen	51
1977	110 459	9 160 Millionen	49
1978	117 754	9 618 Millionen	49
1979	120 487	10 804 Millionen	51
1980	121 584	11 809 Millionen	54
1981	115 869	12 950 Millionen	56
1982	112 154	13 812 Millionen	56
1983[5]	109 660	14 352 Millionen	55
1984	131 882	18 373 Millionen	53
1985	140 374	21 223 Millionen	54
1986[6]	147 378	21 719 Millionen	51
1987	161 343	25 365 Millionen	50
1988	165 732	27 675 Millionen	51
1989	174 742	30 588 Millionen	52
1990	179 636	31 824 Millionen	51
1991	181 498	33 600 Millionen	48
1992	177 183	34 432 Millionen	47
1993	164 506	32 469 Millionen	49
1994	156 464	34 478 Millionen	54

Jahr	Beschäftigte[1]	Umsatz in Mark/RM/DM/EUR	Auslands-Anteil in %
1995	158 372	35 844 Millionen	56
1996	172 359	41 146 Millionen	61
1997	179 719	46 851 Millionen	65
1998	188 017	50 333 Millionen	65
1999	194 335	54 579 Millionen	66
2000	196 880	61 717 Millionen	72
		Euro	
2001	218 377	34 029 Millionen	72
2002	225 897	34 977 Millionen	72
2003	229 439	36 357 Millionen	71
2004[7]	238 847	40 007 Millionen	72
2005[8]	248 853	41 461 Millionen	73
2006	257 754	43 684 Millionen	74
2007	267 562	46 320 Millionen	75
2008	282 758	45 127 Millionen	74
2009	274 530	38 174 Millionen	76
2010	276 418	47 259 Millionen	77
2011	295 256	51 494 Millionen	77
2012	306 272	52 464 Millionen	77

1 Bis einschließlich 1966 sind die Mitarbeiterzahlen zum Jahresende ermittelt. Ab 1967 ist der Jahresmittelwert festgehalten. Bis 1958 ohne Regionalorganisationen und ohne Tochtergesellschaften.

2 Von 1959 bis einschließlich 1962 liegen nur die gerundeten Mitarbeiterzahlen vor.

3 Bis 1962 Anteil Export am Gesamtumsatz; ab 1963 Export und Außenumsätze der Auslandsgesellschaften.

4 Zum 1. Januar 1968 wurden alle Umsätze als Nettobeträge (ohne Mehrwertsteuer) behandelt. Die Umsatzbeträge vor 1968 wurden als Bruttoumsätze errechnet, die die Umsatzsteuer alter Art enthielten. Zum Vergleich betrug für 1967 der Umsatz nach alter Rechnung 3210 Mio. DM.

5 Zum 1. Januar 1984 wurden erstmalig die Umsätze des Konsolidierungskreises der Telefonbau und Normalzeit Lehner & Co (Telenorma) einbezogen. Zur Vergleichbarkeit lag der Umsatz des Vorjahres 1983 unter Einbezug der Telenorma bei 16 126 Mio. DM.

6 Im Jahr 1987 wurden der Bosch-Siemens Hausgeräte-Konzern Inland und die ANT Nachrichtentechnik GmbH anteilig in den Jahresabschluss einbezogen. Zur Vergleichbarkeit lag der Umsatz des Vorjahres 1986 unter anteiligem Einbezug dieser beiden Beteiligungen bei 23 807 Mio. DM.

7 Rückrechnung für 2004 nach den internationalen Rechnungslegungsvorschriften „International Financial Reporting Standards" (IFRS): Umsatz 38 954 Mio. Euro; Mitarbeiter Welt (Jahresmittel) 234 000 (gerundet); davon Inland 107 000 (gerundet).

8 Der Konzernabschluss 2005 wurde erstmals nach den IFRS erstellt. Davor wurden die Vorschriften des Deutschen Handelsgesetzbuches angewandt.

Abkürzungsverzeichnis

Bosch-interne Abkürzungen

ABC	American Bosch Corporation
ABM Beteiligungs GmbH	Allianz Bosch MTU Beteiligungsgesellschaft
ABMC	American Bosch Magneto Corporation
ABS	Antiblockiersystem
AGL	Leitung für Angestelltenfragen
ALI	Autofahrer-Leit- und Informationssystem
AMBAC	American Bosch Arma Corporation
AN	ANT Nachrichtentechnik GmbH
ANT	ANT Nachrichtentechnik GmbH
ARS	Aufsichtsratssitzung
ASR	Antriebsschlupfregelung
ATN	AEG-Telefunken Nachrichtentechnik GmbH
AW	Außenwerk
BBT	BBT Thermotechnik GmbH
BD	Bosch-Dienst
BDK-Werke	Bosch-Dienst K-Werke
BEBS	Bosch Energy and Building Solutions GmbH
BeQIK	[Programmname: Betriebsergebnis, Qualität, Innovation, Kundenorientierung]
BOL	Büro der Leitung für Wirtschaftskontrolle und Organisation
BP	Blaupunkt
BPL	Büro der Personalleitung
BPS	Bosch Production System
BPWG	Blaupunkt-Werke GmbH
BSH	BSH Bosch und Siemens Hausgeräte GmbH
BSHG	Bosch-Siemens Hausgeräte GmbH
BTH	Büro der Technischen Hauptleitung
BüW	Werk Bühl/Bühlertal
BW	Bautenwerk
C	Unternehmensbereich Kommunikationstechnik
CIP	Continuous Improvement Process
D-Jetronic	[Elektronische Benzineinspritzung; D = Drucksteuerung]
DLMG	Dreilinden Maschinenbau GmbH
EDC	Electronic Diesel Control (Elektronische Dieselregelung)
EKL	Einkaufsleitung
ELFI	Elektro- und Feinmechanische Industrie GmbH

ESP	Elektronisches Stabilitäts-Programm
EVA	Elektronischer Verkehrslotse für Autofahrer
EZKL	Erzeugnisklasse
F 1 bis 8	Führungsbereiche 1 bis 8
FAL	Fabrikleitung
FDR	Fahrdynamikregelung
FEG	Firmen- und Erzeugnisgeschichte
FEMSA	Fabrica Española Magneto S.A.
FESE	Fernseh AG/ GmbH
FIS	Führungsinformationssitzung
FSV	Zentralbereich Forschung, Stoffe und Verfahren
FWS	Fertigungs-Weiterentwicklungssitzung
G1	Group Executive Sector 1
GBR	Gesamtbetriebsrat
GF	Geschäftsführung
GFS	Geschäftsführersitzung
GPI	Geschäftspolitische Information
Ico	Junkers & Co. GmbH
IDS	Identifikation digitalisierter Straßen
IW	Isolitwerk
Jco	Junkers & Co. GmbH
K 1–9	Geschäftsbereiche des Unternehmensbereichs Kraftfahrzeugausrüstung
K-Jetronic	[Mechanisches Benzineinspritzsystem]
KE-Jetronic	[Benzineinspritzsystem]
KFL	Kaufmännische Fabrikleitung
K-Gebiet	Kraftfahrzeugtechnik-Gebiet
KGL	Kaufmännische Geschäftsleitung
LD	Leitungen und Direktoren
L-Jetronic	[Elektronisches Benzineinspritzsystem, L = Luftmenge]
LW	Lichtwerk
MABO S.A.	[Italienische Bosch-Beteiligung, Anfangsbuchstaben von Marelli und Bosch]
MC	Geschäftsbereich Mobile Kommunikation
MICO	Motor Industries Co. Ltd.
MIPS	Materialflussorientiertes Informations-, Produktions- und Steuerungs-System
MW	Metallwerk
Nakib	N. V. Administratiekontoor voor Internationale Belegging
ND	Nippondenso
NK-Bereich	Nicht-Kraftfahrzeugtechnik-Bereich
NT	Northern Telecom
PEL	Personalleitung
PN	Produktbereich Private Netze
PSH	Personal- und Sozialhauptleitung
PTO	Produkt-Team-Organisation
RB	Robert Bosch GmbH

RBCD	Bosch Automotive Diesel Systems Co., Ltd.
RB d. Ä.	Robert Bosch der Ältere
RB d. J.	Robert Bosch der Jüngere
RBES	Robert Bosch Espanola SA
RB-Ez	Bosch-Erzeugnisse
RBIG	Robert Bosch Industriebeteiligung GmbH
RBIK	Robert Bosch Industrietreuhand KG
RBMC	Robert Bosch Magneto Company
RBTV	Robert Bosch Testamentsvollstrecker
RBUS	Robert Bosch Corporation (USA)
REA	Rechtsabteilung
ROWA	[Tochtergesellschaft, Zusammensetzung aus den Namen Rogowski und Walz]
SAVEM	[französische Vertriebsgesellschaft von Bosch]
SBC	Sensotronic Brake Control
SG	Geschäftsbereich Starter und Generatoren
SGMG	Sundgau Maschinenbau GmbH
TEH	Technische Hauptleitung
TFL	Technische Fabrikleitung
TN	Telefonbau und Normalzeit Lehner & Co.
TOGE	Tochtergesellschaft(en)
TOL	Technische Oberleitung
TT	Geschäftsbereich Thermotechnik
TTM	Time to Market
TV	Testamentsvollstrecker
TVS	Sitzung der Testamentsvollstrecker
TZA	Technisches Zentrum Autoelektrik
UABC	United American Bosch Corporation
UAES	United Automotive Electronic Systems Co., Ltd.
UBG	Unternehmensbereich Gebrauchsgüter und Gebäudetechnik
UBI	Unternehmensbereich Industrietechnik
UBK	Unternehmensbereich Kraftfahrzeugtechnik
UC	Unternehmensbereich Kommunikationstechnik
UC-ON	Produktbereich Öffentliche Netze
VAS	Vorstandsausschuß-Sitzung
VGO	Versuchsbau GmbH Gotha-Ost
VH	Verkaufshaus
VKH	Verkaufs-Hauptleitung
VKS	Verkaufsleitersitzung
VVB	Vermögensverwaltung Bosch GmbH
VWH	Verwaltungs-Hauptleitung
WEL	Werksleitung
WIDU GmbH	[Tochtergesellschaft, Zusammensetzung aus den Namen Wild und Durst]
WOL	Leitung für Wirtschaftlichkeit und Organisation
ZBR	Zentralabteilung Betriebliches Rechnungswesen
ZR	Zentralabteilung Recht

ZT	Zentralbereich Technik
ZW	Zünderwerk

Andere Abkürzungen

a. D.	außer Dienst
AB	Aktiebolag (Aktiengesellschaft)
Acro	American Crude Oil Corporation
AEG	Allgemeine Elektricitäts-Gesellschaft
AG	Aktiengesellschaft
Agfa	Aktiengesellschaft für Anilinfabrikation
AKZO	Algemene Koninklijke Zout Organon
AMI	American Microsystems, Inc.
AT&T	American Telephone & Telegraph Company
ATZ	Automobiltechnische Zeitschrift
BArch	Bundesarchiv
BArchM	Bundesarchiv, Abteilung Militärarchiv
BASF	Badische Anilin- & Soda-Fabrik
BDA	Bundesvereinigung der deutschen Arbeitgeberverbände
BDC	Berlin Document Center
BDI	Bundesverband der deutschen Industrie
B.I.O.S.	British Intelligence Objectives Sub-Comittee
BMW	Bayerische Motoren Werke
BRIC	Brazil, Russia, India, China
BTX	Bildschirmtext
BVG	Betriebsverfassungsgesetz
CAV oder C.A.V.	C. A. Vandervell & Co. Ltd.
CDU	Christlich Demokratische Union Deutschlands
CeBIT	Centrum für Büroautomation, Informationstechnologie und Telekommunikation
CFRoI	Cash Flow Return on Investment
C.I.O.S.	Combined Intelligence Objectives Sub-Comittee
CNC	Computerized Numerical Control
CNEMS	Chinese Engine Management Systems Corp. Ltd.
Corp.	Corporation
DAF	Deutsche Arbeitsfront
DB	Daimler-Benz
DDP	Deutsche Demokratische Partei
DDR	Deutsche Demokratische Republik
DEC	Digital Equipment Corporation
Delco	Dayton Engineering Laboratories Company
DIHT	Deutscher Industrie- und Handelstag
DM	Deutsche Mark
DMV	Deutscher Metallarbeiter-Verband
DRT	Deutsche Revisions- und Treuhand AG
DV	Datenverarbeitung

DVA	Deutsche Verlags-Anstalt
DVP	Demokratische Volkspartei
e. V.	eingetragener Verein
EDV	elektronische Datenverarbeitung
EEG	Erneuerbare-Energien-Gesetz
EETPU	Electrical, Electronic, Telecommunication & Plumbing Union
EFTA	European Free Trade Association
EG	Europäische Gemeinschaft
EPA	Environmental Protection Agency
ETAS	Engineering Tools, Applications and Services GmbH
ETH	Eidgenössische Technische Hochschule
EWG	Europäische Wirtschaftsgemeinschaft
FAW	First Automotive Works
FEA	Société Financière d'Equipment Automobile
FIAT	Field Investigation Agency, Technical
Fiat	Fabbrica Italiana Automobili Torino
FuE	Forschung und Entwicklung
G.F.C.C.	Groupe Français du Conseil de Contrôle
GEC	General Electric Company
Gestapo	Geheime Staatspolizei
GM	General Motors
GmbH	Gesellschaft mit beschränkter Haftung
GSM	Global System for Mobile Communications
GWB	Gesetz gegen Wettbewerbsbeschränkungen
h. c.	honoris causa
I. G. Farben/	
IG Farben	Interessengemeinschaft Farbenindustrie
IBM	International Business Machines Corporation
IE	Industrial Engineering
IFRS	International Financial Reporting Standards
IG Metall	Industriegewerkschaft Metall
IG-Vertrag	Interessengemeinschafts-Vertrag
IHK	Industrie- und Handelskammer
Inc.	Incorporation
ISDN	Integrated Services Digital Network
IT	Informationstechnik / Information Technology
ITS	International Tracing Service
ITT	International Telephone & Telegraph Corp.
IVG	Industrieverwaltungsgesellschaft
JD	Jahresdurchschnitt
jr.	Junior
JRSO	Jewish Restitution Successor Organization
k. A.	keine Angabe
KdF	Kraft durch Freude
Kfz-Ausrüster	Kraftfahrzeug-Ausrüster
KG	Kriegsgefangener
KG	Kommanditgesellschaft

KHD	Klöckner-Humboldt-Deutz
KKR	Kohlberg Kravis Roberts & Co.
KKS	Kapitalkostensatz
KL	Konzentrationslager
KPD	Kommunistische Partei Deutschlands
KZ	Konzentrationslager
LHA	Landeshauptarchiv
LHASA	Landeshauptarchiv Sachsen-Anhalt
Lkw	Lastkraftwagen
Ltd.	Limited
M	Mark
MAN	Maschinenfabrik Augsburg-Nürnberg
Manurhin	Manufacture de Machines du Haut-Rhin
MBB	Messerschmitt-Bölkow-Blohm
MHZ	Mechanischer Hachtel-Zug
Mio.	Million
MIT	Massachusetts Institute of Technology
Montan GmbH	Verwertungsgesellschaft für Montaninteressen GmbH
MOS	Metal Oxide Semiconductor
Mrd.	Milliarde
MS/Ms.	Manuskript
MTM	Methods-Time Measurement
MTU	Motoren- und Turbinen-Union Friedrichshafen GmbH
MW	Megawatt
MWD	Sowjetisches Ministerium für innere Angelegenheiten
NABCO	Nippon Air Brake Co. Ltd.
NARA	National Archives and Records Administration
NCF	Nachhaltiger Cash Flow
NKWD	Sowjetisches Volkskommissariat für innere Angelegenheiten (Narodny kommissariat wnutrennich del)
NL	Nachlass
NS	Nationalsozialismus
NSBO	Nationalsozialistische Betriebszellenorganisation
NSDAP	Nationalsozialistische Deutsche Arbeiterpartei
NSKK	Nationalsozialistisches Kraftfahr-Korps
NT	Nachrichtentechnik
o. D.	ohne Datum
o. J.	ohne Jahr
OKH	Oberkommando des Heeres
OMGUS	Office of Military Government for Germany (U. S.)
Opec	Organization of the Petroleum Exporting Countries (Organisation erdölexportierender Länder)
Pkw	Personenkraftwagen
PS	Pferdestärke
pty	proprietary limited company
RCA	Radio Corporation of America

RGBl.	Reichsgesetzblatt
RGW	Rat für gegenseitige Wirtschaftshilfe
RM	Reichsmark
RWE	Rheinisch-Westfälisches Elektrizitätswerk AG
RWTH	Rheinisch-Westfälische Technische Hochschule
RWWA	Rheinisch-Westfälisches Wirtschaftsarchiv
S&H	Siemens & Halske
SA	Sturmabteilung
S.A.	Sociedad Anónima/Société Anonyme
SAIC	Shanghai Automotive Industry Corporation
SD	Sicherheitsdienst des Reichsführers SS
SEB	Stockholms Enskilda Bank
SEL	Standard Elektrik Lorenz
SEV Marchal	Société Anonyme pour l'Equipement Electrique des Vehicules
SNIAS	Société Nationale Industrielle Aérospatiale
SPC	Statistical process control (Statistische Prozessregelung)
SPD	Sozialdemokratische Partei Deutschlands
SS	Schutzstaffel
StA	Staatsarchiv
Stalag	Stammlager
T&N	Telefonbau und Normalzeit Lehner & Co.
TDI	Turbocharged Direct Injection
TQM	Total Quality Management
UBS	Union Bank of Switzerland/ Union de Banques Suisses
UEK	Unabhängige Expertenkommission Schweiz – Zweiter Weltkrieg
URL	Uniform Resource Locator
US-$	US-Dollar
UTC	United Technologies Corporation
V2	Vergeltungswaffe 2
VDA	Verband der Automobilindustrie
VDI	Verein Deutscher Ingenieure
VDO	Vereinigte Deuta-Ota
VEB	Volkseigener Betrieb
VHS	Video Home System
VSWG	Vierteljahrschrift für Sozial- und Wirtschaftsgeschichte
VW	Volkswagen AG

Abbildungsnachweis

Quellen- und Literaturverzeichnis

A. Unveröffentlichte Quellen

Bestände des Bosch-Archivs

Robert Bosch GmbH, Historische Kommunikation, Stuttgart-Feuerbach (RB)

1 001	Gesellschafter (1895 bis 2004)
1 002	Aufsichtsrat und Geschäftsführung (1909 bis 2010)
1 003	Rechnungswesen (1887 bis 2006)
1 004	Gliederungspläne und Organisation (1914 bis 2007)
1 006	Arbeitsordnungen, Betriebsvereinbarungen, Tarife (1901 bis 2007)
1 007	Personalstatistiken, Löhne, Gehälter, Statistiken (1886 bis 2008)
1 010	Kleine Ablieferungen (1889 bis 2010)
1 011	Entflechtungsverfahren Bosch (1926 bis 1997)
1 012	Ausländer- und Gefangeneneinsatz WK II (1939 bis 2007)
1 013	Hans Walz (1883 bis 2007)
1 014	Robert Bosch d. Ä. (1883 bis 2007)
1 015	Hans L. Merkle (1935 bis 2003)
1 016	Marcus Bierich (1983 bis 1993)
1 017	Paul Adolf Stein (1942 bis 2007)
1 018	Hans Bacher (1968 bis 1982)
1 020	Hermann Scholl (1962 bis 1994)
1 022	Zentralabteilung Recht (ZR); Verträge und Vereinbarungen (1892 bis 2003)
1 024	Liegenschaften (1900 bis 2006)
1 025	Marktforschung (1954 bis 1970)
1 027	Rationalisierungstagungen (1946 bis 1986)
1 028	Reiseberichte (1928 bis 1986)
1 029	Verkaufshäuser (1918 bis 2003)
1 030	Zentralbereich Technik (ZT) (1977 bis 1983)
1 034	Auslandsvertretungen, Auslandsgesellschaften (1898 bis 2005)
1 035	Konzentrationsakten (1962/63)
1 038	Continous Improvement Process (CIP) (1994 bis 2008)
1 039	Bosch-Archiv (ZÖF); Historische Kommunikation (C/CCH) (1918 bis 2010)
1 041	Verkauf, Marketing (1887 bis 1981)
1 043	Sozialwesen, Ausbildung, Weiterbildung (1904 bis 2008)
1 044	Mitarbeiter (1886 bis 2007)
1 046	Büro der Fertigungshauptleitung (BFE) (1933 bis 1981)
1 047	Fertigungsentwicklungs-Leitung (FWL) (1935 bis 1976)
1 051	Markenrecht (1909 bis 1968)
1 058	Robert Bosch Stiftung, Robert-Bosch-Krankenhaus (1939 bis 2009)
1 059	Arbeitskämpfe, Betriebsrat (1906 bis 2004)

1 062   Bosch-Dienste (1921 bis 2006)

1 064   Bosch-Siemens-Hausgeräte GmbH (1944 bis 2004)

1 065   Fertigung WK II, Kriegsschäden (1910 bis 1994)

1 068   Zusammenarbeit mit Unternehmensberatern (1960 bis 1981)

1 070   Werk Bamberg (1933 bis 2005)

1 093   Günter Bensinger (1954 bis 1992)

1 094   Personalakten (1880 bis 1991)

1 099   Geschäftsbereich K6/Hydraulik/Pneumatik (1962 bis 1988)

1 101   Marcus Bierich (1976 bis 1994)

1 102   Geschäftsbereich K5/Diesel-Einspritzsysteme (1946 bis 2001)

1 104   K-Verkaufsorganisation (1982 bis 1988)

1 116   Zentralabteilung Recht (ZR) (1974 bis 1992)

1 118   Zentralabteilung Recht (ZR) (1955 bis 1995)

1 122   Tilman Todenhöfer (1950 bis 1994)

1 127   Hubert Zimmerer (1964 bis 1995)

1 131   Zentralabteilung Recht (ZR) (1965 bis 1995)

1 132   Robert Bosch d. J. (1963 bis 1996)

1 158   Personal- und Sozialwesen (PSW) (1919 bis 2007)

1 192   Tilman Todenhöfer (1970 bis 2005)

1 194   Verkauf der Bosch REGEs vor dem Zweiten Weltkrieg (1937 bis 1999)

1 195   Hermann Eisele und Hubert Zimmerer (1986 bis 1999)

1 204   Franz Fehrenbach (1961 bis 2004)

1 214   Robert Oswald und Kurt Liedtke (1984 bis 2007)

1 217   Peter Marks (1997 bis 2005)

1 219   Zentralabteilung Controlling, Planing, M&A (1969 bis 1994)

1 222   Acro-Motor (1894 bis 1955)

1 229   Interviews mit ausgeschiedenen und noch aktiven leitenden
           Mitarbeitern/Zeitzeugen (Transkripte)
           040   Klaus Riesenberg Zeitzeugeninterview vom 11. 4. 2007
           055   Christof Bosch, Zeitzeugeninterview vom 19. 2. 2008
           067   Richard Rau, Zeitzeugeninterview vom 9. 11. 2005
           072   Karl Gutbrod Zeitzeugeninterview vom 27. 10. 2005
           087   Horst Sandvoß Zeitzeugeninterview
           088   Dieter Schnabel Zeitzeugeninterview vom 18. 12. 2006

1 230   Geschäftsführersitzungen (GFS) (1969 bis 1999)

1 232   Wolfgang Chur (1999 bis 2008)

1 235   Familie und Beruf – Frauen – Mitarbeiternetzwerke (2009)

1 241   Zentralabteilung C/IP (1907 bis 1974)

1 242   Wolfgang Drees (1997 bis 2005)

1 244   Gotthard Romberg (1995 bis 2009)

1 245   Wolfgang Malchow (1972 bis 2002)

1 252   Zentralabteilung C/HD (Human Resources Development and
           Organizational Development with CIP/Coordination) (bis 2008)

1 253   Volkmar Denner (2012)

1 606   Dreilinden Maschinenbau (DLMG) (1934 bis 2008)

1 608   Scintilla (1920 bis 2004)

1 610   Fernseh GmbH/AG (FESE) (1929 bis 2003)

1 611	Siling-Werke GmbH (1919 bis 1949)
1 636	WIDU GmbH (1944 bis 1947)
1 676	Borg Warner Corp. (1973 bis 1988)
1 696	Robert Bosch Internationale Beteiligungen AG (1954 bis 2004)
1 706	Bosch-Rexroth AG (2001 bis 2005)
1 707	Blaupunkt (BP) (1943 bis 2007)
1 832	Nachlass Otto Debatin (1918 bis 1994)
1 842	Nachlass Fritz Nast-Kolb (1916 bis 2000)
1 848	Ablage Peter Adolff (1976 bis 2009)
3 000	Pressedokumentation
3 0005	C/CC-Ablieferungen (Unternehmenskommunikation)
6 001	Fotosammlung

Bestände anderer Archive

Archives Départementales du Haut-Rhin, Colmar
Purg 54075

Archives du Ministère des affairs étrangères et européennes, La Courneuve
2 AEF 3168
GMFB 2/312/2

Archivum Muzeum Gross-Rosen, Wałbrzych
4293/DP

Bayer-Archiv Leverkusen
Autographensammlung (AS)

Bayerisches Hauptstaatsarchiv, München
Nachlass Georg Escherich

Bundesarchiv, Berlin (BArch)
Abt. R – Deutsches Reich

R 2	Reichsfinanzministerium
R 3901	Reichsarbeitsministerium
R 8121	Bank der deutschen Luftfahrt AG
R 8136	Reichskreditgesellschaft AG
SSO	SS-Offiziersakten [ehem. BDC]
31XX	Reichskartei der NSDAP [ehem. BDC]

Abt. DDR

| DN 1 | Ministerium der Finanzen |

Abt. Militärarchiv, Freiburg i. Br. (BArchM)

RL 3	Generalluftzeugmeister
RW 20	Rüstungsinspektionen
RW 21	Rüstungskommandos

Daimler AG, Mercedes-Benz Archives & Collection
Kennzahlen der Daimler-Motoren-Gesellschaft, Benz & Cie. und Daimler-Benz AG,
Internationaler Suchdienst, Bad Arolsen (ITS), Digitales Archiv
Doc. No. 82111434#1

Landesarchiv Baden-Württemberg – Hauptstaatsarchiv Stuttgart
P 10   Jagdgemeinschaft Robert Bosch

Landeshauptarchiv Koblenz (LHA Koblenz)
540   Bezirksämter für Wiedergutmachung und verwaltete Vermögen
583,1   Landgericht Koblenz

Landeshauptarchiv Sachsen-Anhalt, Abteilung Dessau (LHASA, DE)
Junkers Wärmetechnik Dessau

Landesarchiv Berlin
B Rep. 025–08   Wiedergutmachungsämter von Berlin

Niedersächsisches Landesarchiv, Hauptstaatsarchiv Hannover
Nds 171 Hannover   Entnazifizierungsbehörden im Regierungsbezirk Hannover
Nds 171 Hildesheim Entnazifizierungsbehörden im Regierungsbezirk Hildesheim

Privatarchiv Familie Zundel, Salzburg

Rheinisch-Westfälisches Wirtschaftsarchiv, Köln (RWWA)
130–400101   Gutehoffnungshütte Oberhausen AG, Nachlass Paul Reusch

Staatsarchiv Ludwigsburg (StA Ludwigsburg)
EL 317 III   Staatsanwaltschaft Stuttgart, Nationalsozialistische Gewaltver-
                              brechen
EL 902/20   Spruchkammer 37 – Stuttgart: Verfahrensakten
PL 502   Sammlungsgut der US-Militärregierung zur Dokumentation der
                              NS-Belastung

Stadtarchiv Stuttgart
13/93   Informationsdienst der Stadt der Auslandsdeutschen Stuttgart

U.S. National Archives and Records Administration, College Park, Maryland
RG 122   Federal Trade Commission
RG 260   Records of the U. S. Occupation Headquarters, World War II
T-301   Records of the U. S. Chief of Counsel for War Crimes, Nuremberg
                              Military Tribunals

Werksarchiv Bosch Hildesheim
I/2   Gründung, Verträge
I/8   Elfi, Trillke, Bosch

B. Zeitzeugeninterviews

Dr. Peter Adolff am 15. 3. 2010 und 17. 4. 2010
Dr. Adolf Ahnefeld am 6. 8. 2012
Dr. Christof Bosch am 22. 9. 2010
Franz Fehrenbach am 23. 7. 2010 und 26. 5. 2011
Karl Josef Fricke am 6./7. 5. 2010
Alfred Löckle am 4. 11. 2011
Kurt Losten am 23. 9. 2010
Dr. Eva Madelung am 14. 3. 2011
Hermann Meyer am 29. 3. 2011

Gerhard Sautter am 19. 10. 2010
Prof. Dr.-Ing. Hermann Scholl am 5. 7. 2010 und 21. 10. 2010
Tilman Todenhöfer am 5. 7. 2010 und 21. 10. 2010
Renate Zundel am 8. 3. 2011

C. Veröffentlichte Quellen

Geschäfts- und Jahresberichte

Robert Bosch AG: Geschäftsberichte 1917–1936
Robert Bosch GmbH: Geschäftsberichte 1937–2012
Jahresberichte VDA 1992–2010

Amtliche Mitteilungsblätter

Reichsgesetzblatt (RGBl.)

Werkszeitungen- und zeitschriften

The Bosch News 1913
Bosch-Zünder Jg. 1919–2013

Schriften und Reden von Robert Bosch, Erinnerungen an Robert Bosch

Bäuerle, Theodor:	Robert Bosch, RB 1 014 020.
Bosch, Robert:	Lebenserinnerungen (1921), RB 1 014 006.
Bosch, Robert:	Die Verhütung künftiger Krisen in der Weltwirtschaft, Stuttgart 1932 (Sonderdruck aus der Zeitschrift Paneuropa, Mai 1932).
Fischer-Bosch, Margarete:	Jugenderinnerungen an meinen Vater Robert Bosch, Stuttgart 1953.
Olpp, Felix:	Unser unvergesslicher Herr Bosch, RB 1 014 003.

Sei Mensch und ehre Menschenwürde. Aufsätze, Reden und Gedanken von Robert Bosch (Bosch-Schriftenreihe, Folge 1), Stuttgart 1950.

Walz, Hans: Robert Bosch. Der Mann und das Werk, in: *Bosch-Zünder* 9 (1961), S. 197–206.

Schriften von Hans L. Merkle

| Merkle, Hans L.: | Dienen und Führen. Erkenntnisse eines Unternehmers, Stuttgart 2001. |
| Merkle, Hans L.: | Ein deutsches Unternehmen in Frankreich. Die Bosch-Gruppe und der Neubeginn in den deutsch-französischen Beziehungen ab 1945, Bonn 1995. |

D. Zeitungen und Zeitschriften

Auto Bild
Automobilwoche
Berliner Tageblatt

Bild-Zeitung
Börsen-Zeitung
Deutsche Zeitung
Elektrotechnische Zeitschrift
Financial Times Deutschland
Frankfurter Zeitung/Frankfurter Allgemeine Zeitung/FAZ.NET
Handelsblatt
Hannover, Allgemeine Zeitung
Havard Business Review
Heilbronner Stimme
Industriekurier
Industriemagazin
Mainpost
Manager Magazin
Reutlinger General-Anzeiger
Reutlinger Nachrichten
Der Spiegel
Süddeutsche Zeitung
Stuttgarter Nachrichten
Stuttgarter Neues Tagblatt
Stuttgarter Zeitung
Teknikens Värld
VDI-Nachrichten
Wallstreet Journal
Die Welt
Welt am Sonntag
WirtschaftsWoche
DIE ZEIT

E. Internet- und Filmquellen

Die Deutsche Wochenschau Nr. 603, März 1942
http://www.competition-commission.org.uk/rep_pub/reports/1960_1969/full-
  text/025c03.pdf.
http://www.dillmann-gymnasium.de/schule/ geschichte/ehemalige.html;
http://www.hdbg.de/auswanderung/ docs/heilner_bio.pdf.
http://www.geissstrasse.de/file_download/19/zwangsarbeit.pdf.
http://www.kreuzbergmuseum.de/zwangsarbeit/zwangs_frkr/Koepenicker.htm.
http://www.stolpersteine-stuttgart.de
http://www.zeichen-der-erinnerung.org

F. Literatur

Aalders, Gerald/Wiebes, Cees: Stockholms Enskilda Bank, German Bosch and I. G. Farben. A short history of cloaking, in: Scandinavian Economic History Review, Vol. 33
  (1985), No. 1, S. 25–50.
Abelshauser, Werner: Rüstungsschmiede der Nation? Der Kruppkonzern im Dritten

Reich und in der Nachkriegszeit 1933 bis 1951, in: Lothar Gall (Hg.): Krupp im 20. Jahrhundert. Die Geschichte des Unternehmens vom Ersten Weltkrieg bis zur Gründung der Stiftung, Berlin 2002, S. 267–472.

Abelshauser, Werner: Deutsche Wirtschaftsgeschichte seit 1945, München 2004.

Ahnefeld, Adolf: Für viele waren es Sternstunden, in: Marcus Bierich, S. 409–414.

Alef, Daniel: Charles and Frank Duryea. Brought us America's first Gasoline-powered car, Santa Barbara/Ca. 2008.

Allmendinger, Claus-Michael: Robert Bosch und die homöopathische Bewegung in Württemberg, in: Sigrid Heinze (Hg.): Homöopathie 1796–1996. Eine Heilkunde und ihre Geschichte, Berlin 1996, S. 93–100.

Allmendinger, Claus-Michael: Struktur, Aufgabe und Bedeutung der Stiftungen von Robert Bosch und seiner Firma. Ein Beitrag zur Geschichte des Stiftungswesens in Württemberg von 1900 bis 1964, Stuttgart 1977.

… auch beim Bosch gibt's nichts umsonst. 100 Jahre Arbeit und Leben in Feuerbach aus der Sicht der Beschäftigten. Ein Buch des Betriebsrats Bosch Feuerbach, Stuttgart 2009.

Aly, Götz: Im Tunnel. Das kurze Leben der Marion Samuel 1931–1943, Frankfurt am Main 2004.

Andres, Christopher Magnus: Die bundesdeutsche Luft- und Raumfahrtindustrie 1945–1970. Ein Industriebereich im Spanungsfeld von Politik, Wirtschaft und Militär, Frankfurt am Main 1996.

Andresen, Knud/ Bitzegeio, Ursula/ Mittag, Jürgen (Hg.): Nach dem Strukturbruch? Kontinuität und Wandel von Arbeitsbeziehungen und Arbeitswelt(en) seit den 1970er-Jahren, Bonn 2011.

Bähr, Johannes: Die «amerikanische Herausforderung». Anfänge der Technologiepolitik in der Bundesrepublik Deutschland, in: Archiv für Sozialgeschichte 35 (1995), S. 115–130.

Bähr, Johannes: «Bankenrationalisierung» und Großbankenfrage. Der Konflikt um die Ordnung des deutschen Kreditgewerbes während des Zweiten Weltkrieges, in: Harald Wixforth (Hg.): Finanzinstitutionen in Mitteleuropa während des Nationalsozialismus (Geld und Kapital, Bd. 4), Stuttgart 2001, S. 71–94.

Bähr, Johannes: Industrie im geteilten Berlin (1945–1990): Die elektrotechnische Industrie und der Maschinenbau im Ost-West-Vergleich: Branchenentwicklung, Technologien und Handlungsstrukturen (Einzelveröffentlichungen der Historischen Kommission zu Berlin, Bd. 83), München 2001.

Bähr, Johannes: Unternehmens- und Kapitalmarktrecht im «Dritten Reich». Die Aktienrechtsreform und das Anleihestockgesetz, in: Ders./Ralf Banken (Hg.): Wirtschaftssteuerung durch Recht im Nationalsozialismus. Studien zur Entwicklung des Wirtschaftsrechts im Interventionsstaat des «Dritten Reichs» (Veröffentlichungen des Max-Planck-Instituts für europäische Rechtsgeschichte Frankfurt am Main, Bd. 199), Frankfurt am Main 2006, S. 35–69.

Bähr, Johannes/Lesczenski, Jörg/Schmidtpott, Katja: Handel ist Wandel. 150 Jahre C. Illies & Co., München 2009.

Bähr, Johannes/Drecoll, Axel/Gotto, Bernhard: Flick im Dritten Reich, München 2008.

Bähr, Johannes/Banken, Ralf/Flemming, Thomas: Die MAN. Eine deutsche Industriegeschichte, München 2008.

Banham, Russ: Bosch in the United States. The First 100 Years, Farmington Hills 2006.

Banken, Ralf: Edelmetallmangel und Großraubwirtschaft. Die Entwicklung des deutschen Edelmetallsektors im «Dritten Reich» 1933–1945 (Jahrbuch für Wirtschaftsgeschichte, Beiheft 13), Berlin 2009.

Basshuysen, Richard van (Hg.): Ottomotoren mit Direkteinspritzung. Verfahren, Systeme, Entwicklung, Potenzial, Wiesbaden 2007.

Baumann, Carl-Friedrich: 175 Jahre Henschel. Der ständige Weg in die Zukunft, 1810–1985, Moers 1985.

Becker, Ernst Wolfgang: Theodor Heuss, Bürger im Zeitalter der Extreme, Stuttgart 2011.

Becker, Rolf/Engel, Frauke: «Unsere beste Reklame ist unsere Ware». Werbung bei Bosch von den Anfängen bis 1960 (Bosch-Archiv Schriftenreihe, Bd. 2), Stuttgart 1998.

Becker, Rolf/Scholtyseck, Joachim: Robert Bosch und die deutsch-französische Verständigung. Politisches Denken und Handeln im Spiegel der Briefwechsel, Stuttgart o. J.

Benz, Wolfgang/Distel, Barbara (Hg.): Der Ort des Schreckens. Geschichte der nationalsozialistischen Konzentrationslager, Bd. 6: Natzweiler, Groß-Rosen, Stutthof, München 2007.

Berghoff, Hartmut/Rauh-Kühne, Cornelia: Fritz K. Ein deutsches Leben im 20. Jahrhundert, Stuttgart/München 2000.

Berghahn, Volker: Unternehmer und Politik in der Bundesrepublik, Frankfurt am Main 1985.

Bergmann, Theodor/Haible, Wolfgang/Iwanowa, Galina: Friedrich Westmeyer. Von der Sozialdemokratie zum Spartakusbund. Eine politische Biographie, Hamburg 1998.

Bierich, Marcus. Im Spiegel seiner Familie, Freunde und Weggefährten, Frankfurt am Main 2010.

Bingmann, Holger: Antiblockiersystem und Benzineinspritzung (Anti-Blocking System and Fuel Injection), in: Horst Albach: Culture and Technical Innovation. A Cross-Cultural Analysis and Policy Recommendations (Akademie der Wissenschaften zu Berlin, Research Report 9), Berlin/New York 1994, S. 736–821.

Bingmann, Holger: Mensch – Politik – Kultur. Einflüsse auf die technische Entwicklung bei Daimler-Benz, Diss. rer. pol. Freie Universität Berlin, Berlin 1990.

Blaich, Fritz: Die Wirtschaftskrise von 1925/26 und die Reichsregierung. Von der Erwerbslosenfürsorge zur Konjunkturpolitik, Kallmünz 1977.

Blaupunkt GmbH (Hg.): Blaupunkt. Die Werbegeschichte einer Marke, Hildesheim 2007.

Blumtritt, Oskar: Nachrichtentechnik. Sender, Empfänger, Übertragung, Vermittlung, München 2005.

Boch, Rudolf (Hg.): Geschichte und Zukunft der deutschen Automobilindustrie. Tagung im Rahmen der «Chemnitzer Begegnungen» 2000, Stuttgart 2001.

Böhles, Franziska: «Der Capo hat uns die Werkstatt gezeigt», Arbeitsmigration bei Bosch, Die ersten ‹Gastarbeiter› am Standort Feuerbach, in: Johler/Sparacio (Hg.): Abfahren, S. 237–251.

Böhles, Franziska: Es gibt keine Probleme, es gibt nur Herausforderungen – Betül Özyakan, in: Johler/Sparacio (Hg.), Abfahren, S. 141–147.

Bönig, Jürgen: Die Einführung von Fließbandarbeit in Deutschland bis 1933. Zur Geschichte einer Sozialinnovation, Teil 1, Münster/Hamburg 1993.

Born, Karl Erich: Wirtschafts- und Sozialgeschichte des Deutschen Kaiserreichs (1867/71–1914), Stuttgart 1985.

Bosch Automotive, Produktgeschichte im Überblick (Magazin zur Bosch-Geschichte, Sonderheft 2), Stuttgart 2011.

Bosch Dieseleinspritzung. Höhepunkte eines Jahrhunderts. Ein Rundgang durch das Museum des Geschäftsbereichs Einspritzsysteme für Dieselmotoren, Stuttgart o. J.

Bosch Fernseh 1929–1979 (Festvorträge zum Firmenjubiläum am 31. 5. 1979), Darmstadt 1979.

BOSCH heute. Informationen Schwieberdingen. Der neue Standort, Stuttgart 1970.

Bosch dal 1904 in Italia, Mailand 2004.

Bosch Sicherheitssysteme GmbH, Sicherheitslösungen mit System. Individueller Schutz für Menschen, Objekte und Werte, Stuttgart 2010.

Bosch, Margarete: Die wirtschaftlichen Bedingungen der Befreiung des Bauernstandes im Herzogtum Kleve und in der Grafschaft Mark im Rahmen der Agrargeschichte Westdeutschlands, Berlin 1920.

Botz, Gerhard: Methoden- und Theorieprobleme der historischen Widerstandsforschung, in: Helmut Konrad/Wolfgang Neugebauer (Hg.): Arbeiterbewegung – Faschismus – Nationalbewußtsein. Festschrift zum 20jährigen Bestand des Dokumentationsarchivs des österreichischen Widerstandes und zum 60. Geburtstag von Herbert Steiner, Wien/München 1983, S. 137–151.

Bradley, Dermot/Hildebrand, Karl-Friedrich/Rövekamp, Markus: Die Generale des Heeres 1921–1945, Bd. 7: Knabe-Luz, Osnabrück 2004.

Brantl, Sabine: Haus der Kunst, München. Ein Ort und seine Geschichte im Nationalsozialismus, hg. vom Haus der Kunst, München, München 2007.

Brock, Gerald: The second information revolution, Cambridge 2003.

Buchheim, Christoph: Die Erholung von der Weltwirtschaftskrise 1932/33 in Deutschland, in: Jahrbuch für Wirtschaftsgeschichte 2003/1, S. 13–26.

Budraß, Lutz: Flugzeugindustrie und Luftrüstung in Deutschland 1918–1945 (Schriften des Bundesarchivs, 50), Düsseldorf 1998.

Budraß, Lutz: Zwischen Unternehmen und Luftwaffe. Die Luftfahrtforschung im «Dritten Reich», in: Helmut Maier (Hg.): Rüstungsforschung im Nationalsozialismus. Organisation, Mobilisierung und Entgrenzung der Technikwissenschaften (Geschichte der Kaiser-Wilhelm-Gesellschaft im Nationalsozialismus, Bd. 3), Göttingen 2002, S. 142–182.

Bundesministerium für Arbeit und Sozialordnung, Unternehmenskultur, Arbeitsqualität und Mitarbeiterengagement in den Unternehmen in Deutschland, Berlin 2008.

Chandler, Alfred D.: Inventing the electronic century. The epic story of the consumer electronics and the computer industries, New York 2001.

Cortada, James W.: The Digital Hand: How Computers Changed the Work of American Manufacturing, Transportation, and Retail Industries, Oxford 2003.

Dautel, Manfred (Red.), Ehemalige Zwangsarbeiterinnen und Zwangsarbeiter in Stuttgart. Ein Beitrag zur noch nicht erforschten Geschichte der Stadt Stuttgart, hg. von der IG Metall Stuttgart, VVN-BdA Stuttgart und der Interessengemeinschaft der ehemaligen Zwangsarbeiterinnen und Zwangsarbeiter unter dem Naziregime, Stuttgart 1997.

Debatin, Otto: Sie haben mitgeholfen. Lebensbilder verdienter Mitarbeiter des Hauses Bosch (Bosch-Schriftenreihe, Folge 11), Stuttgart 1963.

Deiß, Manfred/Döhl, Volker (Hg.): Vernetzte Produktion. Automobilzulieferer zwischen Kontrolle und Autonomie, Frankfurt am Main 1992.

Demm, Eberhard: Ein Liberaler in Kaiserreich und Republik. Der politische Weg Alfred Webers bis 1920 (Schriften des Bundesarchivs, 38), Boppard am Rhein 1990.

Dendler, Vera: Beginn einer langen Freundschaft. Deutsch-französische Gemeinschaftsproduktion bei Paris, in: Robert Bosch GmbH (Hg.): Der Weg zum Global Player, S. 26–29.

Dendler, Vera: Mitteilung aus Barcelona. Erste Vertretung in Spanien, in: Magazin zur Bosch-Geschichte 2008, S. 7.

Diesel, Eugen: Robert Bosch, in: Ders./Gustav Goldbeck/Friedrich Schildberger: Vom Motor zum Auto. Fünf Männer und ihr Werk, 3. Aufl., Stuttgart 1968, S. 257–308.

Dipper, Christof: Der Deutsche Widerstand und die Juden, in: Geschichte und Gesellschaft 9 (1983), S. 349–380.

Dürr, Heinz: In der ersten Reihe. Aufzeichnungen eines Unerschrockenen, Berlin 2008.

Durst, Ernst: Die Berufsausbildung des Mechanikers in der allgemeinen Feinmechanik, 5. Aufl., Stuttgart 1949.

Eberle, Eugen/Grohmann, Peter: Die schlaflosen Nächte des Eugen E., Erinnerungen eines neuen schwäbischen Jacobiners, Stuttgart 1982.

Edelmann, Heidrun: Der Umgang mit dem Rückstand. Deutschlands Automobilindustrie in der Zwischenkriegszeit, in: Boch (Hg.): Geschichte, S. 41–48.

Edelmann, Heidrun: Vom Luxusgut zum Gebrauchsgegenstand. Die Geschichte der Verbreitung von Personenkraftwagen in Deutschland, Frankfurt am Main 1989.

Engelke, Sylvia/Maltschew, Reni: Weltwirtschaftskrise, Aktienskandale und Reaktionen des Gesetzgebers durch Notverordnungen im Jahre 1931, in: Walter Bayer/Mathias Habersack (Hg.): Aktienrecht im Wandel, Bd. I: Entwicklung des Aktienrechts, Tübingen 2007, S. 570–618.

Erath, Marianne: Vom Fernschreiben zum Fernsprechen. Die Geschichte von Telegraf und Telefon im Südwesten, in: Staatsanzeiger für Baden-Württemberg, 4/2010.

Erker, Paul: Ernährungskrise und Nachkriegsgesellschaft. Bauern und Arbeiterschaft in Bayern 1943 bis 1953, Stuttgart 1990.

Erker, Paul/ Pierenkemper, Toni (Hg.): Deutsche Unternehmer zwischen Kriegswirtschaft und Wiederaufbau. Studien zur Erfahrungsbildung von Industrieeliten, München 1999.

Fäßler, Peter E.: Globalisierung, Köln/Weimar 2007.

Fastnacht, Kathrin/Kuhlgatz, Dietrich/Schmitt, Dieter/Siegel, Christine: 125 Jahre Bosch. Technik fürs Leben, Stuttgart 2011.

Feldman, Gerald D.: Die Deutsche Bank und die Automobilindustrie, in: Zeitschrift für Unternehmensgeschichte 44. Jg. 1999/1, S. 3–14.

Feldman, Gerald D.: Die Deutsche Bank vom Ersten Weltkrieg bis zur Weltwirtschaftskrise 1914–1933, in: Lothar Gall/Gerald D. Feldman/Harold James/Carl-Ludwig Holtfrerich/Hans E. Büschgen, Die Deutsche Bank 1870–1995, München 1995, S. 137–314.

Fehrenbach, Franz: Er war ein durch und durch glaubwürdiger Mann, in: Marcus Bierich, S. 352–362.

Feldenkirchen, Wilfried: Siemens 1918–1945, München 1995.

Feldenkirchen, Wilfried: «Vom Guten das Beste». Von Daimler und Benz zur DaimlerChrysler AG, Bd. 1: Die ersten 100 Jahre 1883–1983, München 2003.

Fichter, Tilman/Eberle, Eugen: Kampf um Bosch, Berlin 1974.

Flik, Reiner: Automobilindustrie und Motorisierung in Deutschland bis 1939, in: Boch (Hg.): Geschichte, S. 49–84.

Forrant, Robert: Metal Fatigue. American Bosch and the Demise of Metalworking in the Connecticut River Valley, Amityville 2009.

Fraenkel, Daniel/Borut, Jakob (Hg.): Lexikon der Gerechten unter den Völkern, Deutsche und Österreicher, Göttingen 2005.

50 Jahre Bosch 1886–1936, Stuttgart 1936.

Galbraith, John Kenneth: Der große Crash 1929. Ursachen, Verlauf, Folgen, 4. Aufl., München 2005 (engl. Orig. The Great Crash 1929, Boston 1954).

Geissler, Wilfried/Borst, Sigrid (Hg.): Hugo Borst 1881–1967. Familienvater, Kaufmännischer Direktor, Privater Kunstsammler und Förderer. Sammler von schöngeistiger und wissenschaftlicher Literatur, Stuttgart 2006.

Gersdorff, Kyrill von/Grasmann, Kurt: Flugmotoren und Strahltriebwerke, München 1981.

Gillmann, Sabine/Mommsen, Hans (Hg.): Politische Schriften und Briefe Carl Goerdelers, München 2003.

Glasbrenner, Willi: Arbeit und Rüstung. Die Geschichte des Arbeitsdienstes und der Firma «Bosch» in Crailsheim 1933–1945, Crailsheim 2009.

Grauls, Marcel: One Hundred Years of Success in Belgium, in: Bosch in Belgium 1907–2007, Brüssel 2007.

Greifenstein, Ralph/Kißler, Leo: Mitbestimmung im Spiegel der Forschung. Eine Bilanz der empirischen Untersuchungen 1952–2010, Berlin 2010.

Grunenberg, Nina: Die Wundertäter. Netzwerke der deutschen Wirtschaft 1942 bis 1966, Frankfurt am Main 2008.

Gruner, Wolf: Der geschlossene Arbeitseinsatz deutscher Juden, Berlin 1997.

Grunert, Manfred/Triebel, Florian: Das Unternehmen BMW seit 1916, München 2006.

Hagedoorn, John: Innovation and Entrepreneurship. Schumpeter Revisited, in: Industrial and Corporate Change 1996, Vol. 5, Nr. 3, S. 883–896.

Haubner, Barbara: Automobilismus im Kaiserreich. Auftakt zur Massenmobilisierung oder Freizeitvergnügen für Wohlhabende?, in: Boch (Hg.): Geschichte, S. 23–40.

Haus, Rainer/Sarkowicz, Hans: Energie effizienter nutzen. 75 Jahre Thermotechnik von Bosch, München 2007.

Hebeisen, Walter: F. W. Taylor und der Taylorismus. Über das Wirken und die Lehre Taylors und die Kritik am Taylorismus, Zürich 1999.

Heimes, Ernst: Ich habe immer nur den Zaun gesehen. Suche nach dem KZ Außenlager Cochem, 4. Aufl., Koblenz 1999.

Herbert, Ulrich: Fremdarbeiter. Politik und Praxis des «Ausländer-Einsatzes» in der Kriegswirtschaft des Dritten Reiches, 3. Aufl., Bonn 1999.

Herbert, Ulrich: Geschichte der Ausländerpolitik in Deutschland: Saisonarbeiter, Zwangsarbeiter, Gastarbeiter, Flüchtlinge, München 2001.

Herbert, Ulrich: Zwangsarbeit im «Dritten Reich». Kenntnisstand, offene Fragen, Forschungsprobleme, in: Gabrielle Hauch (Hg.), Industrie und Zwangsarbeit im Nationalsozialismus. Mercedes-Benz – VW – Reichswerke Hermann Göring in Linz und Salzgitter, Innsbruck 2003.

Herdt, Hans Konradin: Bosch 1886–1986. Porträt eines Unternehmens, Stuttgart 1986.

Herrmann, Christoph/Moeller, Günter: Innovation – Marke – Design. Grundlagen einer neuen Corporate Governance, Düsseldorf 2006.

Hessler, Miriam; «Ich habe viele Erinnerungen an hier». Wie aus ‹Gastarbeitern› Mitbürger geworden sind, in: Johler/Sparacio (Hg.): Abfahren, S. 305–320.

Heuss, Theodor: Robert Bosch. Leben und Leistung, Neuauflage, Stuttgart/Leipzig 2008 (erste Aufl. Tübingen 1946).

Heuss, Theodor (Hg.): Robert Bosch, Stuttgart 1931.

Heuss-Knapp, Elly; Bürgerin zweier Welten. Ein Leben in Briefen und Aufzeichnungen, hg. von Margarethe Vater, 3. Aufl., Tübingen 1963.

Hilger, Susanne: «Amerikanisierung» deutscher Unternehmen. Wettbewerbsstrategien und Unternehmenspolitik bei Henkel, Siemens und Daimler-Benz (1945/49–1975), Wiesbaden 2004.

Hochstetter, Dorothee: Motorisierung und «Volksgemeinschaft». Das Nationalsozialistische Kraftfahr-Korps (NSKK) 1931–1945, München 2005.

Höcherl, Bettina: Der gute Geist für jede Küche. Der Bosch-Kühlschrank, in: Magazin zur Bosch-Geschichte 2008, S. 16–19.

Hoffmann, Peter: Carl Goerdeler and the Jewish Question, 1933–1942, Cambridge 2011.

Homburg, Heidrun: Anfänge des Taylorsystems in Deutschland vor dem Ersten Weltkrieg. Eine Problemskizze unter besonderer Berücksichtigung der Arbeitskämpfe bei Bosch 1913, in: Geschichte und Gesellschaft 4 (1978), S. 170–194.

Hopmann, Barbara: Von der MONTAN zur Industrieverwaltungsgesellschaft (IVG), 1916–1951, Stuttgart 1996.

Hoppe, Joseph: Fernsehen als Waffe. Militär und Fernsehen in Deutschland 1935–1950, in: Ich diente nur der Technik. Sieben Karrieren zwischen 1940 und 1950 (Schriftenreihe des Museums für Verkehr und Technik Berlin, Bd. 13), Berlin 1995, S. 53–88.

100 Jahre Feuerbach – siehe … auch beim Bosch gibt's nichts umsonst.

100 years Bosch in China. Past, Present, and Future, ed. by Bosch (China) Investment Ltd, Shanghai 2009.

Hunn, Karin: «Nächstes Jahr kehren wir zurück». Die Geschichte der türkischen «Gastarbeiter» in der Bundesrepublik, Göttingen 2005.

Johler, Reinhard/Sparacio, Felicia (Hg.): Abfahren. Ankommen. Boschler sein. Lebensgeschichten aus der Arbeitswelt, 2. Aufl., Tübingen 2011.

Jütte, Robert: Die heilende Kraft der Natur. Homöopath und Lebensreformer, in: Robert Bosch. Leben und Werk (Magazin zur Bosch-Geschichte, Sonderheft 1), Stuttgart 2010, S. 52–55.

Kaiser, Walter: Bosch und das Kraftfahrzeug. Rückblick 1950–2003, Stuttgart 2004.

Kinkel, Steffen/Lay, Gunter: Automobilzulieferer in der Klemme. Vom Spagat zwischen strategischer Ausrichtung und Auslandsorientierung, in: Mitteilungen aus der Produktionsinnovationserhebung, hg. von der Hans Böckler Stiftung und dem Fraunhofer Institut für Systemtechnik und Innovationsforschung, Nr. 32, März 2004.

Kißener, Michael/Scholtyseck, Joachim (Hg.): Die Führer der Provinz. NS-Biographien aus Baden und Württemberg (Karlsruher Beiträge zur Geschichte, 2), Konstanz 1997.

Klein, Eduard: 50 Jahre M.A.N.-Fahrzeug-Dieselmotoren. Ein historischer Rückblick von der Geburtsstätte des Dieselmotors anlässlich des 50jährigen Jubiläums des kompressorlosen Fahrzeug-Dieselmotors, in: ATZ Automobiltechnische Zeitschrift 75. Jg. (1973), Nr. 4, S. 115–117.

Kleinschmidt, Christian: Der produktive Blick. Wahrnehmung amerikanischer und japanischer Management- und Produktionsmethoden durch deutsche Unternehmer 1950–1985, Berlin 2002.

König, Wolfgang: Der Volksempfänger und die Radioindustrie. Ein Beitrag zum Verhältnis von Wirtschaft und Politik im Nationalsozialismus, in: Vierteljahrschrift für Sozial- und Wirtschaftsgeschichte 90/2003, S. 269–289.

König, Wolfgang: Volkswagen, Volksempfänger, Volksgemeinschaft. «Volksprodukte» im Dritten Reich. Vom Scheitern einer nationalsozialistischen Konsumgesellschaft, Paderborn 2004.

Konieczny, Alfred: Das «Kommando Wetterstelle» im KL Groß-Rosen, Wałbrzych 1994.

Konieczny, Alfred: Das KZ Groß-Rosen in Niederschlesien, in: Ulrich Herbert/Karin Orth/Christoph Dieckmann: Die nationalsozialistischen Konzentrationslager. Entwicklung und Struktur, Bd. 1, Göttingen 1998, S. 309–326.

Konieczny, Alfred: Langenbielau I (Bielawa), in: Benz/Distel (Hg.): Ort, S. 377–379.

Koning, Ruud de: Brieven van mijn vader Henk de Koning uit Duitsland en Tsjechië 1942–1945, Assen 2008.

Kopper, Christopher: Hjalmar Schacht. Aufstieg und Fall von Hitlers mächtigstem Bankier, München/Wien 2006.

Kostolany, André: Mehr als Geld und Gier, 2. Aufl., München 2006.

Kreutzmüller, Christoph: Händler und Handlungsgehilfen. Der Finanzplatz Amsterdam und die deutschen Großbanken (1918–1945), Stuttgart 2005.

Kurz, Jörg: Chronik der Stadt Stuttgart 1933–1945 (Veröffentlichungen des Archivs der Stadt Stuttgart, Bd. 30), Stuttgart 1982.

Lang, Thilo: Das Investitionsverhalten Metall verarbeitender Unternehmen in Württemberg 1924–1936. Zwischen Rationalisierungsmaßnahmen und Kapazitätserweiterungen (Stuttgarter historische Studien zur Landes- und Wirtschaftsgeschichte, Bd. 5), Ostfildern 2004.

Langen, Arnold: Nicolaus August Otto. Der Schöpfer des Verbrennungsmotors, Stuttgart 1949.

Lauschke, Karl: Mehr Demokratie in der Wirtschaft. Die Entstehungsgeschichte des Mitbestimmungsgesetzes von 1976, Düsseldorf 2006.

Leiner, Wolfgang: Geschichte der Elektrizitätswirtschaft in Württemberg, Bd. 1: Grundlagen und Anfänge (bis 1895), Stuttgart 1982.

Leiner, Wolfgang: Paul Reisser. Ein württembergischer Pionier der Elektrotechnik, in: Ders. (Hg.), Ausgewählte technikgeschichtliche Vorträge, Stuttgart 1984, S. 174–184.

Lessing, Hans-Erhard: Robert Bosch, Reinbek 2007.

Markschies, Christoph: Carl und Friedrich Goerdeler, in: Joachim Mehlhausen: Zeugen des Widerstands. Ehemalige Studenten der Universität Tübingen, die im Kampf gegen den Nationalsozialismus starben, 2. Aufl., Tübingen 1998, S. 142–172.

Martin, Angela: Ich sah den Namen Bosch. Polnische Frauen als KZ-Häftlinge in der Dreilinden Maschinenbau GmbH, hg. von der Berliner Geschichtswerkstatt, Berlin 2002.

Martin, Angela/Czerwiakowski, Ewa (Hg.): Muster des Erinnerns. Polnische Frauen als KZ-Häftlinge in einer Tarnfabrik von Bosch, Berlin 2005.

Matschoß, Conrad (Hg.): Robert Bosch und sein Werk, Berlin 1931.

Mattes, Monika: «Gastarbeiterinnen» in der Bundesrepublik. Anwerbepolitik, Migration und Geschlecht in den 50er bis 70er Jahren, Frankfurt am Main 2005.

Meißner, Heinz-Rudolf: Die Teile und die Herrschaft. Die Reorganisation der Automobilproduktion und der Zulieferbeziehungen, Berlin 1994.

Merki, Christoph M.: Der holprige Siegeszug des Automobils 1895–1935. Zur Motorisierung des Straßenverkehrs in Frankreich, Deutschland und der Schweiz, Wien/Köln 2002.

Meyer, Beate: «Jüdische Mischlinge». Rassenpolitik und Verfolgungswahn 1933–1945, Hamburg 2001.

Michel, Alexander: Von der Fabrikzeitung zum Führungsmittel. Werkzeitungen industrieller Großunternehmen von 1890 bis 1945 (Beiträge zur Unternehmensgeschichte, Bd. 96), Stuttgart 1997.

Mom, Gijs: The Electric Vehicle: Technology and Expectations in the Automobile Age, Illinois 2004.

Mommsen, Hans/Grieger, Manfred: Das Volkswagenwerk und seine Arbeiter im Dritten Reich, Düsseldorf 1996.

Mommsen, Hans: Alternative zu Hitler. Studien zur Geschichte des deutschen Widerstands, München 2000.

«MTM – Von Anfang an richtig», hg. von der Deutschen MTM-Vereinigung, Hamburg 2002.

Müller, Klaus-Jürgen: Generaloberst Ludwig Beck. Eine Biographie, 2. Aufl., Paderborn 2009.

Müller, Marin L.: Bausparen in Deutschland zwischen Inflation und Währungsreform 1924–1948. Wohnungsbaufinanzierung im Spannungsfeld zwischen Staat und privaten und öffentlichen Bausparunternehmen (Schriftenreihe der Zeitschrift für Unternehmensgeschichte, Bd. 4), München 1999.

Murach-Brand, Lisa: Antitrust auf Deutsch. Der Einfluß der amerikanischen Alliierten auf das Gesetz gegen Wettbewerbsbeschränkungen nach 1945, Tübingen 2004.

Nachtmann, Walter: Wilhelm Murr und Karl Strölin. Die «Führer» der Nazis in Stuttgart, in: Hermann G. Abmayr (Hg.): Stuttgarter NS-Täter. Vom Mitläufer bis zum Massenmörder, Stuttgart 2009, S. 186–197.

Nast-Kolb, Fritz: Jahrgang 1916, in: Johannes Steinhoff/Peter Pechel/Dennis Showalter (Hg.): Deutsche im Zweiten Weltkrieg. Zeitzeugen sprechen, München 1989, S. 408–410.

Neliba, Günter: Die Opel-Werke im Konzern von General Motors (1929–1948) in Rüsselsheim und Brandenburg. Produktion für Aufrüstung und Krieg ab 1935 unter nationalsozialistischer Herrschaft, Frankfurt am Main 2000.

Neumaier, Christopher: Dieselautos in Deutschland und den USA. Zum Verhältnis von Technologie, Konsum und Politik 1949 bis 2005, Stuttgart 2010.

Nockolds, Harold: Lucas – The First 100 Years, London 1979.

Nylander, Gert: German Resistance Movement and England. Carl Goerdeler and the Wallenberg brothers, Stockholm 1999.

Olsson, Ulf: Stockholms Enskilda Bank and the Bosch Group 1939–1950, Stockholm 1998.

Overesch, Manfred: Bosch in Hildesheim 1937–1945. Freies Unternehmertum und nationalsozialistische Rüstungspolitik, Göttingen 2008.

Oyen, Stefan A./Overesch, Manfred: «Starter für den Krieg». Bosch Hildesheim im Dritten Reich, in: Andreas Heusler/Mark Spoerer/Helmuth Trischler (Hg.): Rüstung, Kriegswirtschaft und Zwangsarbeit im «Dritten Reich», München 2010, S. 107–137.

Pierenkemper, Toni: Robert Bosch, der Industrielle. Zum Typus des deutschen Unternehmers in der Hochindustrialisierung, in: Kultur & Technik 1/1987, S. 4–18.

Pape, Lutz/Weinert, Hans-Jürgen: Bottichwaschmaschine & Haustelegraph. Anfänge der Elektrotechnik im Haushalt, Braunschweig 1993.

Pierer, Christian: Die Bayerischen Motorenwerke bis 1933. Eine Unternehmensgründung in Krieg, Inflation und Weltwirtschaftskrise, München 2011.

Pinner, Felix: Deutsche Wirtschaftsführer, Berlin 1924.

Pohl, Hans/Habeth, Stephanie/Brüninghaus, Beate: Die Daimler-Benz AG in den Jahren 1933 bis 1945. Eine Dokumentation (Zeitschrift für Unternehmensgeschichte, Beiheft 47), Stuttgart 1986.

Preller, Ludwig: Sozialpolitik in der Weimarer Republik, Unveränderter Nachdruck, Kronberg/Düsseldorf 1978.

Prinzing, Marlis: Der Streik bei Bosch im Jahre 1913. Ein Beitrag zur Geschichte von Rationalisierung und Arbeiterbewegung (Zeitschrift für Unternehmensgeschichte, 61), Stuttgart 1989.

Rauck, Max J. B.: Das Serienmotorrad wurde 90 Jahre alt, in: Kultur & Technik 10. Jg. (1986), H. 2, S. 82–94.

Reitmayer, Morten/Rosenberger, Ruth (Hg.): Unternehmen am Ende des ‹goldenen Zeitalters›. Die 1970er Jahre als Gegenstand der Unternehmens- und Wirtschaftsgeschichte, Essen 2008.

Richert, Fritz: Karl Adler. Musiker, Verfolgter, Helfer. Ein Lebensbild, Stuttgart 1990.

Riexinger, Klaus: Deutsch-Oth (Audun-le-Tiche), in: Benz/Distel (Hg.), Ort, S. 75–76.

Ritter, Gerhard: Carl Friedrich Goerdeler und die deutsche Widerstandsbewegung, Stuttgart 1954.

Robert Bosch 1928–2004, Stuttgart 2004.

Röhm, Eberhard/Thierfelder, Jörg: Schützende Hände über «Juden» und «Mischlingen»: Die Stuttgarter Firmen Paul Lechler und Robert Bosch, in: Dies., Juden, Christen, Deutsche 1933–1945, Bd. 4: 1941–1945, Teil 2, Stuttgart 2007, S. 451–477.

Der «Rote Hahn». Künstler, Polizeidirektor, Widerständler 1883–1952. Ein Gedenkblatt, hg. von der Stiftung Geißstraße Sieben, Stuttgart o. J

Rudolph, Bernd: Hintergründe und Verlauf der globalen Finanzkrise 2008, in: Johannes Bähr/Bernd Rudolph, Finanzkrisen 1931 und 2008, München 2011, S. 143–241.

Rueß, Susanne: Stuttgarter jüdische Ärzte während des Nationalsozialismus, Würzburg 2009.

Rüther, Daniela: Der Widerstand des 20. Juli auf dem Weg in die Soziale Marktwirtschaft. Die wirtschaftspolitischen Vorstellungen der bürgerlichen Opposition gegen Hitler, Paderborn 2002.

Sauer, Paul: Ganze Familien wurden in den Tod geschickt. Die Deportation der württembergischen und hohenzollerischen Juden am 1. Dezember 1941 von Stuttgart nach Riga, in: Konrad Pflug/Ulrike Raab-Nicolai/Reinhold Weber (Hg.): Orte des Gedenkens und Erinnerns in Baden-Württemberg, Stuttgart 2007, S. 304–310.

Sauer, Paul: Das Werden einer Großstadt. Stuttgart zwischen Reichsgründung und Erstem Weltkrieg. 1871 bis 1914, Stuttgart 1988.

Sauer, Paul: Wilhelm Murr. Hitlers Statthalter in Württemberg, Tübingen 1998.

Sauer, Paul: Württemberg in der Zeit des Nationalsozialismus, Ulm 1975.

Scharschmidt, Wolfgang: Röhrenhistorie. Die Geschichte der Elektronenröhre, Bd. 4: Deutsche Wehrmachtsröhren, Dessau 2010.

Schildberger, Friedrich: Bosch und der Dieselmotor, Stuttgart 1950.

Schmitt, Dieter: Casa Bosch. Erste Vertretung in Argentinien, in: Magazin zur Bosch-Geschichte 2008, S. 10–13.

Schmitt, Dieter: Theodor Bäuerle (1882–1956). Engagement für Bildung in schwierigen Zeiten (Schriftenreihe zur Bosch-Geschichte, Bd. 3), Stuttgart 2005.

Schnabel, Thomas: Geschichte von Baden und Württemberg 1900–1952, hg. vom Haus der Geschichte Baden-Württemberg, Stuttgart 2000.

Schnabel, Thomas: «Warum geht es in Schwaben besser?» Württemberg in der Weltwirtschaftskrise 1928–1933, in: Ders. (Hg.): Die Machtergreifung in Südwestdeutschland. Das Ende der Weimarer Republik in Baden und Württemberg 1928–1933, Stuttgart 1982, S. 184–209.

Schnabel, Thomas: Württemberg zwischen Weimar und Bonn 1928 bis 1945/46 (Schriften zur politischen Landeskunde Baden-Württembergs, Bd. 143), Stuttgart 1986.

Schneider, Hartmut: Neue politische Ökonomie und Technologiepolitik. Fallstudie am Beispiel der Luftfahrtindustrie, Berlin 1980.

Schoeps, Julius H.: Das Erbe der Mendelssohns. Biographie einer Familie, 2. Aufl., Frankfurt am Main 2011.

Scholtyseck, Joachim: Der Aufstieg der Quandts. Eine deutsche Unternehmerdynastie, München 2011.

Scholtyseck, Joachim: «Der Mann aus dem Volk». Wilhelm Murr, Gauleiter und Reichsstatthalter in Württemberg-Hohenzollern, in: Kißener/Scholtyseck (Hg.): Führer, S. 477–502.

Scholtyseck, Joachim: Robert Bosch und der liberale Widerstand gegen Hitler 1933–1945, München 1999.

Scholtyseck, Joachim: Robert Bosch, die deutsch-französische Verständigung und das Ende der Weimarer Republik, in: Becker/Scholtyseck, Bosch, S. 44–116.

Scholtyseck, Joachim: Robert Bosch und der Boschkreis als finanzielle, geistige und politische Unterstützer des Widerstands vom 20. Juli 1944, in: Detlev J. Blesgen (Hg.): Financiers, Finanzen und Finanzierungsformen des Widerstands (Schriftenreihe der Forschungsgemeinschaft 20. Juli 1944 e. V., Bd. 5), Berlin 2006, S. 33–51.

Scholtyseck, Joachim: Der «Schwabenherzog». Gottlob Berger, SS-Obergruppenführer, in: Kißener/Scholtyseck (Hg.): Führer, S. 77–110.

Schröter, Harm G.: Americanization of the European Economy. A compact survey of American economic influence in Europe since the 1880s, Dordrecht 2005.

Schumpeter, Joseph A.: The Theory of Economic Development, Oxford 1934.

Schweickhardt, Peter: Ehrenvorsitzender Rosenblum. Eine Erzählung, Stuttgart 2007.

Seefried, Elke (Hg.): Theodor Heuss. In der Defensive, Briefe 1933–1945, München 2009.

Seherr-Thoss, Hans-Christoph Graf von: Die deutsche Automobilindustrie, Stuttgart 1974.

Seitz, Konrad: Die japanisch-amerikanische Herausforderung. Deutschlands Hochtechnologie-Industrien kämpfen ums Überleben, 2. Aufl., München/Bonn 1991.

Seiffert, Reinhard: Die Ära Gottlieb Daimlers. Neue Perspektiven zur Frühgeschichte des Automobils und seiner Technik, Wiesbaden 2009.

Sösemann, Bernd: Politische Kommunikation im «Reichsbelagerungszustand». Programm, Struktur und Wirkungen des Klubs «Deutsche Gesellschaft 1914», in: Manfred Bobrowsky/Wolfgang R. Langenbucher (Hg.): Wege zur Kommunikationsgeschichte, München 1987, S. 630–649.

Sonnenberg, Elke: «At last you can get them …» Bosch-Magnetos in den USA, in: Der Weg zum Global Player. Die Internationalisierung der Bosch-Gruppe (Magazin zur Bosch-Geschichte, Sonderheft 3), Stuttgart 2008. S. 12–15.

Spiliotis, Susanne-Sophia: Verantwortung und Rechtsfrieden. Die Stiftungsinitiative der deutschen Wirtschaft, Frankfurt am Main 2003.

Spoerer, Mark: Profitierten Unternehmen von KZ-Arbeit? Eine kritische Analyse der Literatur, in: Historische Zeitschrift Bd. 268 (1999), H. 1, S. 61–91.

Spoerer, Mark: Von Scheingewinnen zum Rüstungsboom. Die Eigenkapitalrentabilität der deutschen Industrieaktiengesellschaften 1925–1941 (VSWG Beihefte Nr. 123), Stuttgart 1996.

Spoerer, Mark: Zwangsarbeit unter dem Hakenkreuz, Stuttgart 2001.

Sprenger, Isabell: Groß-Rosen. Ein Konzentrationslager in Schlesien, Köln 1996.

Sprenger, Isabell/Kumpmann/Walter: Groß-Rosen – Stammlager, in: Benz/Distel (Hg.); Ort, S. 195–221.

Steiner, Kilian J. L.: Ortsempfänger, Volksempfänger und Optaphon. Die Entwicklung der deutschen Radio- und Fernsehindustrie und das Unternehmen Loewe, 1923–1962, Essen 2005.

Stolle, Uta: Arbeiterpolitik im Betrieb. Frauen und Männer, Reformisten und Radikale, Fach- und Massenarbeiter bei Bayer, BASF, Bosch und in Solingen (1900–1933), Frankfurt am Main 1980.

Strunk, Peter: Die AEG. Aufstieg und Niedergang einer deutschen Industrielegende, 2. Aufl., Berlin 2000.

Stuttgart im Luftkrieg, Stuttgart 1967.

Taddey, Gerhard: Zwischen Widerstand und Gestapo. Dr. Hugo Bühler, Abwehrbeauftragter der Firma Bosch in Stuttgart, in: Zeitschrift für Württembergische Landesgeschichte 70. Jg. (2011), S. 455–488.

Taylor, Frederick W.: The Principles of Scientific Management, London 1911.

Teich, Hans: Hildesheim und seine Antifaschisten. Widerstandskampf gegen den Hitlerfaschismus und demokratischer Neubeginn 1945 in Hildesheim, Hildesheim 1979.

Thieme, Carsten: Krisenbewältigung durch Kooperation? Fusionsprozeß und Marktordnungsversuche bei Daimler-Benz 1924–1932, in: Boch (Hg.): Geschichte, S. 85–108.

Tilly, Stephanie: Das Zulieferproblem aus institutionenökonomischer Sicht. Die westdeutsche Automobil-Zulieferindustrie zwischen Produktions- und Marktorientierung (1960–1980), in: Jahrbuch für Wirtschaftsgeschichte 2010/1, S. 137–160.

Tooze, Adam: Ökonomie der Zerstörung. Die Geschichte der Wirtschaft im Nationalsozialismus, München 2007.

Torp, Cornelius: Die Herausforderung der Globalisierung. Wirtschaft und Politik in Deutschland 1860–1914, Göttingen 2005.

Trischler, Helmut/Bruch, Rüdiger vom: Forschung für den Markt. Geschichte der Fraunhofer-Gesellschaft, München 1999.

Uekötter, Frank: Umweltgeschichte im 19. und 20. Jahrhundert, München 2007.

Ulmer, Martin: Antisemitismus in Stuttgart. Studien zum öffentlichen Diskurs und Alltag, Berlin 2011.

Unabhängige Expertenkommission Schweiz – Zweiter Weltkrieg: Die Schweiz und die Goldtransaktionen im Zweiten Weltkrieg (Veröffentlichungen der UEK, Bd. 16), Zürich 2002.

Vogelsang, Reinhard: Der Freundeskreis Himmler, Göttingen 1972.

Wehler, Hans-Ulrich: Deutsche Gesellschaftsgeschichte, Bd. 4: Vom Beginn des Ersten Weltkrieges bis zur Gründung der beiden deutschen Staaten 1914–1949, München 2003.

Weiher, Sigfrid von: Berlins Weg zur Elektropolis. Technik- und Industriegeschichte an der Spree, Göttingen/Zürich 1987.

Das Werk von fünf Generationen – 150 Jahre Dierig, Augsburg 1955.

Werner, Constanze: Kriegswirtschaft und Zwangsarbeit bei BMW, München 2005.

Wilkins, Mira: The history of foreign investments in the United States, 1914–1945 (Harvard studies in business history, 43), Cambridge/Mass. 2004.

Wilkins, Mira: Multinational Enterprise to 1930. Discontinuities and Continuities, in: Alfred D. Chandler/Bruce Mazlish (Eds.): Leviathans. Multinational Corporations and the New Global History, Cambridge 2005, S. 45–80.

Winkler, Heinrich August: Geschichte des Westens. Die Zeit der Weltkriege 1914–1945, München 2011.

Winkler, Heinrich August: Der Weg in die Katastrophe. Arbeiter und Arbeiterbewegung in der Weimarer Republik 1930 bis 1933, Berlin/Bonn 1987.

«Wissen über die Herkunft stärkt die Corporate Identity von Organisationen». Bosch-Chef Franz Fehrenbach über die Bedeutung von Geschichtsbewusstsein, in: Heike Bühler/Uta-Micaela Dürig (Hg.): Tradition kommunizieren. Das Handbuch der Heritage Communication. Wie Unternehmen ihre Wurzeln professionell vermitteln, Frankfurt am Main 2008, S. 142–153.

Zelzer, Maria: Weg und Schicksal der Stuttgarter Juden. Ein Gedenkbuch, hg. von der Stadt Stuttgart (Veröffentlichungen des Archivs der Stadt Stuttgart, Sonderband), Stuttgart 1964.

Ziegenhofer, Anita: Botschafter Europas. Richard Nikolaus Coudenhove-Kalergi und die Paneuropa-Bewegung in den zwanziger und dreißiger Jahren, Wien/Köln 2004.

Zundel, Georg: «Es muss viel geschehen!» Erinnerungen eines friedenspolitisch engagierten Naturwissenschaftlers, Berlin 2006.

Personenregister

Kursive Seitenzahlen verweisen auf Bildunterschriften.

Unternehmensregister

Nicht aufgeführt sind die Robert Bosch GmbH und die früheren Rechtsformen dieses Unternehmens.